同济大学中央高校基本科研业务费专项基金资助

哲学的颂歌

——柏拉图对话的现代解读

（上册）

李革新　著

同济大学出版社
TONGJI UNIVERSITY PRESS

内 容 提 要

本书对柏拉图的主要对话进行了系统而完整的解读，试图揭示柏拉图对话的字里行间的“微言大义”。在解读过程中，作者首先突出和强化了柏拉图对话中蕴含的理论性和体系性，确立了柏拉图的古典理性主义原则。其次参考和引用了儒释道等中国古代哲学的很多观点，以扩展和深化对柏拉图基本观点的理解，并且揭示柏拉图哲学和中国古代哲学的内在一致性。再次，依据柏拉图古典理性主义对近现代西方哲学中如霍布斯、康德、尼采、胡塞尔、海德格尔等人的哲学思想进行分析和批判，以求反思现代性的起源、矛盾和出路。通过这种解读，作者试图使我们重新理解哲学和政治的基本含义和关系，以及重新理解哲人、知识、语言、理性、爱欲等重要问题，并且对我们全面理解柏拉图古典哲学、近现代西方哲学和中国古代哲学有所帮助，最终对我们的人格成长和政治完善有真正的助益。

本书可供西方哲学、政治哲学的爱好者及研究者参考。

图书在版编目(CIP)数据

哲学的颂歌：柏拉图对话的现代解读：全2册/李革新著. —上海：同济大学出版社，2015.5
(同济人文社科丛书/江波主编. 第5辑)
ISBN 978-7-5608-5734-3

Ⅰ.①哲… Ⅱ.①李… Ⅲ.①柏拉图(前427～前347)—哲学思想—研究 Ⅳ.①B502.232

中国版本图书馆CIP数据核字(2014)第312305号

哲学的颂歌——柏拉图对话的现代解读(上册)
李革新 著
责任编辑 丁会欣 熊磊丽 责任校对 张德胜 封面设计 张 微

出版发行 同济大学出版社 www.tongjipress.com.cn
(地址：上海市四平路1239号 邮编：200092 电话：021-65985622)
经 销 全国各地新华书店
印 刷 同济大学印刷厂
开 本 850mm×1168mm 1/32
印 张 29.25
字 数 517000
版 次 2015年5月第1版 2015年5月第1次印刷
书 号 ISBN 978-7-5608-5734-3

定 价 88.00元(全2册)

目　录

绪论

第一章　哲人的理论沉思 …………………………………… (1)
　第一节　直观至善——《理想国》解读(哲人篇) ……………… (2)
　第二节　无知即真知——《泰阿泰德》解读………………… (68)
　第三节　走出"语言的洞穴"——《克拉底鲁》解读 ……… (107)
　第四节　展示"不二法门"——《巴门尼德》解读 ………… (134)

第二章　哲人的政治行动 ………………………………… (155)
　第一节　傲视政治——《申辩》解读 ……………………… (156)
　第二节　顺服法律——《克里托》解读 …………………… (177)
　第三节　大悲哲人心——《斐多》解读 …………………… (187)
　第四节　内圣外王——《理想国》解读(政治篇) ………… (229)
　第五节　"推人事以明天道"——《蒂迈欧》解读 ………… (327)
　第六节　中和之道——《政治家》解读 …………………… (380)
　第七节　寻找立法者——《米诺斯》解读 ………………… (408)
　第八节　哲人的"神道设教"——《法律篇》解读 ………… (419)

第三章　哲人与智者 ……………………………………… (517)
　第一节　伪哲人的真相——《智者》解读 ………………… (518)
　第二节　美德出于智慧——《普罗塔戈拉》解读 ………… (557)
　第三节　驯服修辞学——《高尔吉亚》解读 ……………… (603)
　第四节　论辩也疯狂——《欧绪德谟》解读 ……………… (627)

第四章　哲人与诗人 ……………………………………… (649)
　第一节　文以载道——《斐德罗》解读 …………………… (650)

第二节　爱欲止于至善——《会饮》解读 ……………………（693）
第三节　技艺高于灵感——《伊安》解读 ……………………（764）

第五章　哲人与政治人 …………………………………………（771）
第一节　修身为本——《阿尔喀比亚德》解读 ………………（771）
第二节　破除“法执”——《欧绪弗洛》解读 …………………（789）
第三节　勇敢出于智慧——《拉凯斯》解读 …………………（802）

第六章　哲人与年轻人 …………………………………………（810）
第一节　因智慧得快乐——《斐莱布》解读 …………………（810）
第二节　与“道”为友——《吕西斯》解读 ……………………（837）
第三节　节制指向至善——《卡尔米德》解读 ………………（851）
第四节　致良知——《美诺》解读 ……………………………（866）

结束语 ……………………………………………………………（888）

参考文献 …………………………………………………………（892）

后记 ………………………………………………………………（894）

绪 论

怀特海曾经说,整个两千五百年的西方哲学史就是对柏拉图哲学的注解。这反映了柏拉图哲学在西方哲学中的决定性作用。可以说,柏拉图哲学是整个西方哲学的奠基石,西方哲学中的很多问题都来自柏拉图哲学。但是西方人对于柏拉图的研究和理解又有多少合乎柏拉图的原意呢?或者说,西方哲学在多大程度上歪曲了柏拉图的哲学呢?如果我们回顾一下对于柏拉图哲学的研究史,这个问题似乎就能够获得比较明确的答案。我们大体上可以说对于柏拉图的研究和接受已经存在两大传统。一个是西方基督教世界的传统,一个是东方的伊斯兰教—犹太教传统。这两个传统存在非常大的差异性,这种差异性为我们重新认识柏拉图哲学提供了重要的参照系。

一、柏拉图哲学的西方基督教传统

在西方基督教世界中,对柏拉图哲学的研究和理解主要有基督教的、现代性的、后现代性的三个方面。

第一是基督教的理解。基督教在古罗马帝国兴起,并且很快成为古罗马帝国的国教。后来日耳曼蛮族虽然灭亡了古罗马帝国,却接受了基督教教义,基督教成为中世纪统一欧洲的唯一精神力量。在和希腊人、犹太人、摩尼教等宗教的论争中,基督教为了证明自己的教义的合理性,开始借用古希腊哲学为自己辩护。因此,中世纪哲学是以基督教信仰为前提,以“信仰寻求理解”(fides quaerens intellectum)为目的而展开的。在“信仰寻求理解”的原则下,西方基督教接受了古希腊的柏拉图主义和亚里士多德主义哲学,并且形成了基督教神学的奥古斯丁主义和托马斯主义。奥古斯丁主义主要是以柏拉图主义哲学来理解基督教信仰,在整个中世纪都占有主导性的地位。即使在16世纪天主教会把托马斯主义规定为天主教会的正统思想之后,奥古斯丁主义也仍然是新教神学家的重要理论来源。可以说,奥古斯丁确立了基督教对柏拉图主义的接受和理解。但是我们应该看到，奥古斯丁主要是接受了新柏拉图主义的思想。而以柏罗丁为代表的新柏拉图主义和柏拉图对话是具有原则性差异的。新柏拉图主义主要是依据柏拉图《蒂迈欧篇》中的思想，围绕着世界的起源与归宿的基本问题展开。但是这个问题也不是柏拉图对话的主要问题。柏拉图关心的主要问题是政治和哲学的关系问题。根据新柏拉图主义理解柏拉图对话是远远不够的。随着西罗马帝国的灭亡以及柏拉图学院的关闭，伟大的希腊哲学也越来越与西方人疏离了。柏拉图的著作大多遗失，几乎没有人真正读过柏拉图对话。亚里士多德的哲学理论，除了逻辑学，也几乎不为人所知。所以中世纪基督教世界对柏拉图哲学的理解是非常有限的。另外，最重要的变化是在中世纪基督教世界中，哲学不再是最高的、最神圣的，而成了宗教信仰的婢女。可以说，基督教信徒并不关心柏拉图对话的真实精神，他们更加关心的是如何理解基督教信仰，如何在和犹太教、摩尼教等宗教的论争中进行辩护。这种对柏拉图哲学的宗教利用本身就已经是对柏拉图哲学的歪曲了。因为柏拉图写作对话时没有为某种宗教信仰辩护的意图，如果我们根据某种宗教信仰理解柏拉图就不可能真正理解柏拉图。可以说，基督教神学的出现改变了西方哲学的基本问题，把柏拉图对话中的哲学和政治的关系问题转变为哲学和宗教的关系问题。这种转变决定了后来整个西方文化的“西方性”，时至今日也仍然决定了现代人的基本问题和思维方式。

第二是现代性的理解，主要是德国古典哲学的理解。在现代性的开端，西方近代哲人虽然重视古希腊科学和哲学，但是他们并不真正推崇古希腊科学和哲学，而是试图超越古希腊哲学和中世纪宗教，在现代科学进步的基础上建立一种全新的更高综合性的世界观和人生观。所以他们既试图战胜古希腊哲学，也试图战胜基督教哲学。这种进步观念或者抗争性决定了现代西方哲学的基本精神。这也导致他们对古希腊哲学采取了否定和批判的态度，而不是“实事求是”的态度和方法。随着现代性的深入，现代性不断面临来自内部和外部的危机，特别是卢梭对现代性理性主义的批判，使现代性面临巨大的理性主义危机，现代哲人不得不寻求从古希腊古典哲学中重建现代性的理性主义基础。德国古典哲学的主要目的就是要解决这个问题。康德首先开始进行理性批判的工作。他认为要继续推进现代科学和民主政治，就应该认识理性本身。这种理性批判的最终结果就是通过《纯粹理性批判》以理论理性为现代科学奠基，通过《实践理性批判》以实践理性为现代道德奠基，而现代科学和现代道德构成了现代文明的两大基石。这样康德就以自己的方式完成了对现代性的理性主义奠基和辩护。但是康德哲学却陷入了所谓的二元论和不可知论的困境。这导致后来德国哲人对他的批判。黑格尔试图以"绝对理性"来解决这种二元论分裂，他以辩证法的思辨方法建立了一个无所不包的思辨理性主义体系。而且他还把历史问题带入哲学问题中，把历史看作是人类达到理性和自由王国的过程，从而最终确立了历史理性主义，这种历史理性主义成为现代性的最高成果，因此黑格尔把自己的哲学看作是哲学的终点和历史的终点。我们也把德国古典哲学看作是现代性哲学理论的最终完成。由此可见，德国古典哲学之所以被称为古典哲学，意味着它是对古希腊古典哲学的理性主义精神的继承、借鉴和发展。但是德国古典哲学同样没有真正理解古希腊哲学的兴趣和需要，同样是从现代科学和现代政治的需要出发，改造和使用古希腊哲学的。例如康德指出："我在这里决不想涉足于文字上的考证，来确定这位崇高的哲学家在他的表达上所联结的意义。我只指出，不论是在通常的谈话中还是在文章中，通过对一个作者关于他的对象所表明的那些思想加以比较，甚至就能比他理解自己还要更好地理解他，这根本不是什么奇谈怪论，因为他并不曾充分规定他的概念，因而有时谈话乃至于思考都违背了自己的本意。"[1]也就是说，康德认为自己在现代性的原则下可以比柏拉图本人更好地理解柏拉图。这反映了德国古典哲学对古希腊哲学和柏拉图对话的基本态度。但是这也就意味着在德国古典哲学中，政治需要压倒了哲学需要，哲学又成了现代科学和现代政治意识形态的婢女。哲学成了低于科学和政治的东西。所以他们不是在推崇和颂扬哲学，而是在利用和贬低哲学。在柏拉图对话中，哲学才是最崇高、最神圣的事业，政治和历史等其他一切都是俗事。在他看来，政治生活的最高目的应该指向哲学，而不是哲学反过来服务于世俗政治，以哲学为政治辩护。而且在柏拉图对话中，哲学和科学

---

[1] 康德：《纯粹理性批判》，邓晓芒译，人民出版社，2004年版，第270页。

是一回事，并未出现哲学和科学的分裂。现代以来的哲学和科学的分裂是理性主义在现代性中衰败的表现和结果。也就是说，现代性虽然推崇理性主义，但是现代性并未真正理解古希腊理性主义的含义。由此可见，近现代哲学也是根据自己的需要和意图对待古希腊哲学和柏拉图对话，没有如实地理解柏拉图哲学的兴趣。

第三是后现代性的理解。后现代主义最初开始于德国浪漫主义，德国浪漫主义兴起于对现代性理性主义的反对和批判。他们否定现代性的理性主义，认为理性主义不能真正认识生命的意义和世界的真相。所以他们试图超出现代性的理性主义视野，去发掘古希腊哲学中的非理性主义因素，以这种更加完整和真实的非理性主义理解世界和人生。但是正如德国古典哲学是根据现代性的目的利用了古希腊哲学中的理性主义一样，浪漫主义则出于反现代性的目的而利用了古希腊哲学中的非理性主义。他们虽然都自认为认同古希腊文化，把古希腊看作是自己的精神故乡，但都没有真正认识古希腊哲学和文化的兴趣和需要，都是片面地接受和发展了古希腊哲学中的某个方面。后现代主义的奠基者主要是尼采和海德格尔。尼采认为现代性理性主义压抑和损害了生命，是颓废的虚无主义的一种形式。他认为这种虚无主义是西方形而上学传统造成的，而整个西方传统形而上学都是柏拉图主义的延续，所以反对形而上学就是反对柏拉图主义。在他看来，柏拉图不过是被苏格拉底败坏的希腊青年，因此尼采把批判的矛头指向了苏格拉底。在《悲剧的诞生》中，他认为苏格拉底开启了某种全新的哲学生活方式。“苏格拉底是理论乐观主义者的原型，他相信万物的本性皆可穷究，认为知识和认识拥有包治百病的力量，而错误本身即是灾祸。深入事物的根本，辨别真知灼见与假象错误，在苏格拉底式的人看来，乃是人类最高尚的、甚至唯一的真正使命。从苏格拉底开始，概念、判断和推理的逻辑程序就被尊崇为在其他一切能力之上的最高级的活动和最堪赞叹的天赋。”[1]从此以后，各种哲学思潮相继兴起，求知欲不断泛滥，普遍的知识之网逐渐笼罩全球。因此在尼采看来，苏格拉底是科学秘教的传播者，使现代人陷入科学乐观主义的幻想之中。

---

[1] 尼采：《悲剧的诞生》，周国平译，北京三联书店，1986 年版，第 64 – 65 页。

但是这种知识乐观主义服务于利己主义的目标，其结果就是子弑其父、友杀其友的普遍杀戮的“实践的悲观主义”。所以他彻底否定现代性理性主义，试图在酒神的悲剧精神和后来的超人理想中确立生命的价值和意义。可以说，尼采是出于反现代性的需要来理解和反对柏拉图的，他也没有如实理解柏拉图的兴趣。海德格尔不过是沿着尼采的道路继续前进。他同样出于反现代性的意图而反对柏拉图和亚里士多德，认为现代性导致人类被连根拔起的无家可归状态，而现代性的根源就在于传统形而上学，“无家可归状态是从存在的天命中在形而上学的形态中产生，靠形而上学巩固起来，同时又被形而上学作为无家可归状态掩盖起来”。[1] 西方传统形而上学的历史命运或者形而上学对存在的遗忘首先发生在柏拉图把存在看成是“理念”的思想中。理念就是存在者的形式或者外观，在认识存在者的理念或者本质的过程中，存在者的存在反而被忽略了，存在开始从其源始开端处脱落，这一脱落被他称为“无蔽境界之瓦解”。“自此以后把在阐释为理念就支配着全部西方思想贯穿其变异的历史直到今天。”[2]所以他试图通过解释学的方式解构整个西方哲学史。同样，他也试图到前苏格拉底哲学中寻找精神归宿，通过对巴门尼德、赫拉克利特等哲人的重新解释，开创所谓的后哲学—后形而上学的存在—历史的新时代。可以说，后现代主义是出于反现代性的目的而理解古希腊哲学和柏拉图哲学的。后现代主义同样没有如实理解柏拉图哲学的兴趣。从柏拉图对话的基本观点看，后现代主义在哲学和诗歌的斗争中最终选择了诗歌。这也就意味着他们对哲学和政治都“一无所知”。虽然他们也关注哲学和政治，却并未认真地思考哲学和政治的本质。

综上所述，整个西方哲学史确实是对柏拉图的注解，但是这种注解却是基于对柏拉图对话的歪曲和利用。在整个西方哲学的发展过程中，基督教以后的西方人都是在按照自己的需要和意图来理解古希腊和柏拉图哲学。他们都没有兴趣和意愿按照柏拉图的意图去理解柏拉图。这意味着哲学在他们的理解中都被贬低了，哲学始终作为一种工具被理解和利

---

[1] 海德格尔：《海德格尔选集》(上)，孙周兴编译，上海三联书店，1996 年版，第 383 页。

[2] 海德格尔：《形而上学导论》，熊伟，王庆节译，商务印书馆，1996 年版，第 180 页。

用，哲学成为他们为宗教、政治或者科学进行辩护或者论证的手段，哲学的独立性、神圣性和崇高性几乎完全消失了。仅从这一点看，我们也可以说西方“哲人”并不是柏拉图的“嗣子”，而是柏拉图的“逆子”。可以说，整个西方哲学应该分为基督教以前的哲学和基督教以后的哲学，两种哲学传统形成了一种西方哲学中的“古今之争”。重新理解和认识这种古今之争，对于我们研究整个西方哲学是至关重要的。而这种研究至今还没有真正的开始。

二、柏拉图哲学的伊斯兰教—犹太教传统

在西方哲学的传统之外，还存在柏拉图哲学研究的“第二条道路”，即伊斯兰教—犹太教传统。这种传统的被发现主要归功于列奥·施特劳斯。施特劳斯认为在对柏拉图的研究传统中，还存在一种非西方基督教式的模式，即犹太教和伊斯兰教的传统。其重要代表是犹太教哲人迈蒙尼德和伊斯兰教哲人阿尔法拉比。他们同样在所谓的“启示宗教”的压制下研究柏拉图哲学，但是他们对柏拉图的理解和西方基督教传统的理解是完全不同的。换言之，他们对于柏拉图的理解是政治的理解，而不是宗教的理解。因为他们并不是把伊斯兰教或者犹太教看作是“宗教”，而是律法。正如施特劳斯指出：“犹太人和穆斯林所理解的启示的特征是律法(Torah)，而非信仰。相应地，伊斯兰和犹太哲学家在反思启示时首先关注的不是一个信条或者一套教义，而是一种社会秩序，如果这种秩序是无所不包的话，它就不仅规范行为，而且规范思想或者意见。如此理解的启示就把自身交由忠诚的哲学家来将之解释为完美的律法和政治秩序。”❶根据犹太教正统观点，犹太教的核心是律法或者托拉(Torah)。摩西律法体现了犹太人与上帝的独特关系，是犹太人成为上帝选民的独特身份的表现，犹太人由此严格区别于其他民族。迈蒙尼德指出：“作为我们的信仰的准则，《律法书》是唯一的。我们坚信除了我们的导师摩西的《律法

❶ Leo Strauss. Persecution and the Art of Writing [M]. Chicago and London: The University of Chicago Press. 1952. P9－10.

书》外，从来没有过，也绝不会再有其他什么神圣的律法书。”[1]所以摩西律法构成了犹太教的核心，对摩西律法的共同信仰和遵守构成了犹太人的基本生活方式。这种律法主义的宗教观导致犹太教哲人对柏拉图和亚里士多德哲学的理解和接受，即着眼于律法，而不是信仰。哲学理性主义被用来为律法的合理性进行论证，而不是为信仰的合理性进行论证。所以犹太教的理性主义可以称为律法主义的理性主义。相反，由于基督教更加看重内心的信仰，认为上帝的启示主要体现在对上帝的内在信仰和爱的行为中，所以基督教的理性主义具有内在化的、主观化的特征，可以称为信仰主义的理性主义。因此，是侧重于公共生活的律法还是侧重于个人内在的信仰，构成了犹太教哲学和基督教哲学的根本区别。这种对宗教的不同理解也导致了哲学的地位在伊斯兰—犹太教世界和基督教世界中的根本差异。在伊斯兰—犹太教世界中，律法高于哲学，哲学必须服务于政治律法，哲学的自由活动始终受到了政治—神学因素的制约，哲学的地位正如它在古希腊世界中一样是含混的、不确定的，必须在政治—宗教法庭上为自己辩护。所以犹太教哲人和伊斯兰教哲人都清楚地意识到自己在政治宗教社会中的地位，自觉维护了神圣律法的崇高性和必要性，没有发生哲学对于宗教的公开反叛。而在基督教世界中，由于对内在理智和灵性生活的过分重视和对外在公共律法生活的过分轻视，由于哲学成功地为基督教进行了辩护，从而获得了官方的认可而更加稳固，所以哲学的合法性问题或者说哲学与政治的关系问题被忽略了，由此导致托马斯·阿奎那必须在哲学的法庭上为宗教神学辩护，因此进一步导致现代性的哲学对基督教的公开反抗。为了建立民族国家，现代哲学把基督教驱逐出政治世界，把宗教信仰看作是纯粹私人的问题，试图建立一个完全世俗化、哲学化、理性化的政治世界。由此可见，基督教世界把哲学和宗教作为基本问题的思维方式，就已经为现代性的出现准备了条件。

施特劳斯认为伊斯兰教—犹太教传统更加符合柏拉图对话的根本精神和真实意图。因为柏拉图从来都是根据政治生活来理解宗教的。宗教并不被看作是个人的信仰，而是公共政治生活的一部分。而政治生活的

[1] 摩西·迈蒙尼德：《迷途指津》，山东大学出版社，2000年版，第348页。

核心是法律，所以为了提高法律的有效性和权威性，也为了提高人民的道德水平，法律必须以神的名义订立。因此宗教、政治和法律是三位一体的，不可分割的。这就是柏拉图《法律篇》中反复说明的基本原则。所以对于柏拉图来说，没有独立于政治生活的宗教问题。宗教的核心并不是信仰或者启示，或者说，上帝的启示并不是什么神秘的、内在的体验和召唤，而是律法。基督教把启示看作是上帝的、内在的召唤和信仰，这本身就已经背离了柏拉图对话的基本精神。而犹太教和伊斯兰教哲人则继承了柏拉图的这种基本观点，依据律法来理解上帝的启示。因此施特劳斯认为犹太教的哲学理性主义的理论根源就是柏拉图的理性主义。“官方的犹太教是律法主义的，并因此是理性主义的。这种理性主义从外来的哲学理性主义中获得了最强有力的支持，其在柏拉图关于上帝的概念中找到了完美的表达，他把上帝看作是一个通过仰望不变的、无生命的理念创造出宇宙的工匠。”❶所以犹太教和伊斯兰教哲人都把柏拉图的《法律篇》看作是杰出的“先知书”或者“启示书”，把柏拉图看作是最大的先知。哲学和律法，而不是哲学和信仰，构成了犹太教和伊斯兰教的哲学理性主义的基本问题。虽然柏拉图似乎没有遭遇到“启示宗教”的问题，但是柏拉图已经正确思考了哲学与神学—政治的关系，正确地把启示和律法联系在一起了。这就为后代哲人理解哲学、政治与宗教的关系确立了最根本的方向和原则。可以说，柏拉图研究史中的伊斯兰教—犹太教传统为我们超出西方基督教传统，重新理解柏拉图对话提供了很好的参照。这样，对于柏拉图哲学的研究似乎有了两大系统，即西方基督教的系统和阿拉伯—犹太教的系统。❷

三、柏拉图哲学的中国化

时至今日，我们可以设想柏拉图经学史中的“第三条道路”，也就是“柏拉图哲学的中国化”的可能性。随着西学东渐，我国对西方哲学和文

---

❶ Leo Strauss. Spinozas' Critique of Religion [M]. Chicago and London: The University of Chicago Press. 1965. P17.

❷ 关于伊斯兰教传统中对柏拉图哲学的研究可以参看程志敏著《阿尔法拉比与柏拉图》。

化的研究越来越深入。正如当年佛教传入中国的时候一样,我们对西方哲学和文化的认识、理解和研究也必然是一个漫长而曲折的过程。在20世纪初,我们首先关注的是西方的科学技术和民主政治,于是产生了“中体西用”之类的争论,在维护中国文化道统的前提下利用西方的科技甚至政治手段,实现中华民族的复兴。当然其中最重大的事件就是马克思主义的传播和实践,不论在“体”的方面还是在“用”的方面都对中国传统产生了巨大影响。从20世纪80、90年代以来,我们开始关注西方的哲学、美学和基督教等方面,例如尼采、萨特等存在主义哲学、基督教神学等研究热点。这些研究和关注似乎也是要解决中国现代性的“体”的问题。21世纪以来,我们开始进一步关注古希腊哲学,特别是在施特劳斯的影响下,对柏拉图哲学的关注和研究不断提升。这个过程表明我们正在试图全面理解西方的政治、哲学、宗教和文化等问题。时至今日,我们不能再只是简单地认同或者反对西方文化,而必须首先客观地研究和理解西方文化,然后再决定是接受还是反对。我们对待西方文化的认识应该从狂热地、盲目地、无批判地接受和膜拜的阶段走向清醒地、冷静地认识和反思的阶段,这才是对待西方哲学和文化的正确态度。

具体到柏拉图哲学方面,国内对于柏拉图哲学的理解主要还是受到了基督教传统、现代性传统、后现代性传统的影响。正如前文已经表明的,西方人对柏拉图哲学的认识和理解始终是受到他们自己的问题意识的引导,没有如实理解柏拉图哲学的兴趣。如果我们简单地跟随,就不可能真正认识柏拉图哲学。所以我们必须自己重新认识柏拉图。本书对柏拉图对话的解读有意识地加入了一些“中国元素”,试图利用中国传统的儒释道三家的思想来理解柏拉图对话。这也许可以看作是柏拉图经学史上的“第三条道路”。当然中国哲学内部也充满了分歧和矛盾,例如主要有儒释道三家的分别。但是在笔者看来,和现代哲学的根本特质相比,这三家之间的差异仍然可以说是自家内部的差异,它们之间的差异是可以忽略不计的。在古今之争的大背景下,我们应该看到强调中国古典哲学和古希腊古典哲学的相同性和一致性,以便更好地认识现代性的根本问题和困难,找到解决现代性危机的合理方法。因此我们不应该扩大或者夸大中国古典哲学和希腊古典哲学的差异性,坚持“求同存异”,两者之间的相同性是主要的，差异性是次要的。当然，我们的最终目的还是复兴古典哲学意义上的哲学生活，而不是为了解决某种政治或者历史问题，包括现代性问题。因为我不是专门研究中国哲学的，对中国哲学所知有限，这个解读工作还非常粗糙，错误之处在所难免，其主要目的还是抛砖引玉，以期来者。

柏拉图哲学中国化的“第三条道路”的正当性首先在于对古希腊哲学和文化的认识。古希腊罗马哲学和基督教以来的西方哲学是非常不同的。第一，从源流看，古希腊文化实际上是东方文化的一部分，古希腊人包括柏拉图在思维方式上更接近东方人。中古阿拉伯哲人阿尔法拉比曾经概述了这种流传过程。“据说这种科学远古的时候存在于迦勒底人(Chaldean)那里，他们是伊拉克人(al-Iraq)。后来这种科学流传到了埃及人那里，从那里传给了希腊人，在希腊人那里一直保持到后来再传给叙利亚人，然后传给阿拉伯人。这种科学中的每一件东西靠希腊语而流传，后来是靠叙利亚语，最后是阿拉伯语。”[1]所以古希腊文明可以说是东方文明的一部分，根据东方思想理解柏拉图也就更加准确和恰当一些。当然，我们不能因为古希腊哲学和文化属于古代东方传统，就认为东方人可以更好地理解古希腊哲学和文化。正如不能认为柏拉图是西方人，西方人就可以更好地理解柏拉图一样。在追求哲学智慧的道路上，我们最终必须消除所谓的民族和文化的差异性，才能达到智慧的最高峰。如果哲学的探究受制于政治历史文化的局限，这种哲学就不可能是真正的哲学。第二，从哲学基本问题看，基督教以来的西方哲学是以哲学和宗教的关系为基本问题的，而古希腊哲学的基本问题是哲学和政治的关系问题。这种基本问题的差异决定了古今哲人的思维方式的差异。在西方哲人看来，宗教和哲学的关系是最根本的问题。不论是中世纪基督教还是现代性、后现代性都受到了这个基本问题的支配和影响。宗教和哲学的关系之所以成为现代哲学的根本问题，一方面，从哲学问题的内部看，在中世纪世界中，基督教信仰彻底压倒了哲学理性，哲学理性成了为信仰服务的奴隶，导致哲学生活的窒息。这种压迫导致了文艺复兴以后哲学对信仰的

[1] 程志敏：《阿尔法拉比与柏拉图》，华东师大出版社，2008年版，第27页。

反抗。启蒙运动试图完全以哲学和科学的理性彻底压倒信仰，否定信仰，确立理性的至高无上的地位。这种启蒙主义对理性的推崇本身就是信仰主义的，是非理性的，导致了浪漫主义、后现代主义对启蒙理性主义的反对。可见基督教以来的欧洲文明都是围绕理性和信仰的关系展开的。另一方面，从现实政治角度看，哲学和宗教之所以成为主要问题，还在于受到了西方独特的政治历史问题的影响。在中世纪，基督教是欧洲唯一的、统一性的精神力量，罗马天主教会是整个欧洲的唯一的统治者。天主教既是神圣的，也是世俗的。随着世俗国家力量的不断成长壮大，世俗国家开始试图摆脱罗马天主教会的控制，试图建立独立的现代民族国家。于是，基督教，或者准确地说，罗马天主教会成为各国独立运动中最主要的敌人。对罗马天主教会的反对也必然进一步延伸到对基督教教义的反对。所以现代西方哲人才提出了政教分离的主张，主要目的就是把基督教驱逐出现代民族国家，使现代民族国家得以顺利建立。但是在这个过程中，"经随术变"，现代哲人并未保持对政治生活的独立性和超越性，而是试图成为自己国家的代言人和立法者，哲学开始为政治服务。也就是说，在宗教、政治和哲学的三角关系中，哲学和政治结合起来共同反对宗教。所以在西方现代性的发展过程中，哲学和宗教的关系成为最根本的问题，宗教而不是政治成为哲学最主要的对立面。

但是在古希腊世界中，没有独立于城邦的教会组织，没有独立的神职人员，也不存在超政治的宗教问题。政治城邦和宗教是完全融为一体的。因此古希腊哲人从未把哲学和宗教看作是主要矛盾。相反，哲学和政治城邦的矛盾才是主要问题。我们知道，哲学是对自然的研究，以追求永恒不变的真理。智者学派曾经把自然和文明对立起来，推崇一种反文明的自然法则，认为只有在非政治的自然生活中，人才能获得最真实的生活。但是苏格拉底和柏拉图认为这种把自然和政治文明对立起来的观念是错误的。也就是说，自然并不是政治文明之外的东西，政治文明本身就是自然的一种表现形式。柏拉图认为人是政治的动物，政治生活就是合乎人性的自然生活。对政治的认识就是对自然的认识。只有通过对政治文明的认识，我们才能最终认识自然整体本身。这就是政治哲学的产生及其意义。哲人对政治文明的考察使得他认识到一切现实政治制度都是不完美的、不正义的。于是他就对政治生活的神圣性和权威性产生了怀疑。如果这种怀疑在城邦中的年轻人中扩展开来,就会对城邦的统一、团结和秩序产生危害。政治人民就会起来反对和迫害哲人。苏格拉底之死被看作是哲学和政治的矛盾关系的最大象征。所以哲人认识到哲学生活可能对政治生活产生危害,由此导致政治对哲学的迫害。同时,哲人也认识到政治生活是哲学生活的基础和根本,如果破坏了政治生活,哲学生活也必将受到牵连,"皮之不存,毛将焉附",所以哲人必须在追求真理的同时尽可能维护现实政治,在最大程度上协调和化解这个冲突。于是,解决哲学和政治的冲突矛盾,也就成为哲人关注的首要问题。柏拉图的整个对话都是在展示并且试图解决这个矛盾。

因此,古希腊哲学和近现代西方哲学关注的基本问题是非常不同的。由于现代西方文化是由哲学和宗教的关系问题决定的,现代西方人对柏拉图哲学的理解就会受到这个基本问题的限制,就可能存在严重的偏差和误解。虽然我们也不能完全否定现代西方文化的合理性和正当性,但是仍然可以从严格科学哲学自身的基本原则来说明现代西方哲学的基本错误。换言之,现代西方哲学的基本问题的特殊性导致现代西方哲学在寻求建立"严格哲学"的道路上是不严格和不彻底的。也就是说,虽然西方哲学享有"哲学"之名,但至今都没有成为苏格拉底和柏拉图的严格意义上的"哲学"。这是我们批判近现代西方哲学的最根本的原因。我们应该看到,西方哲人在建立民族国家的过程中,自觉地为自己的国家服务,导致现代西方哲学成了政治意识形态。这可以说是对哲学的最大利用和扭曲。我们可以推测,一旦他们向往的民族国家已经建立起来,他们面临的政治和宗教的问题获得了解决,那么他们关注的基本问题即哲学和宗教的冲突问题也就消失了,现代西方哲学的政治历史使命也就完成了,现代西方哲学理论也就会退出历史舞台了。这就是所谓的"后哲学时代"。当然,在所谓的"后哲学时代",哲学并不是消失了,而是应该重新理解自己,把自己从政治意识形态中解放出来。而这个工作如果借助于柏拉图对话,就能够更好地完成。回到柏拉图对话,对于我们理解严格意义上的哲学生活是至关重要的。这就是柏拉图对话对于当代哲学的重要意义。换言之,近现代西方的哲学和宗教的关系问题并不是一个永恒的哲学问题,而是一个欧洲特殊的政治历史问题。而柏拉图关注的哲学和政治的关系问题,才是一个永恒的哲学问题,不会随着政治历史的变迁而改变。因为柏拉图哲学的基本问题是基于人性的自然差异性,这种自然差异性是不会随着文明历史而改变的。也就是说,对政治中的人性的自然差异性的认识才是彻底的、无前提的哲学研究,哲学只有在对政治和人性的研究中才能成为哲学,哲学只有直面政治生活才能真正理解自己。相反,如果哲学把宗教作为自己的对立面,把神学问题作为主要问题,这种哲学本身就已经非常神学化了,大大偏离了古典哲学的问题意识。同样,如果哲人以设计和实现某种政治制度为自己的根本目标,忘记了超政治的哲学生活的根本意义,这种哲学就堕落为政治意识形态。如果哲学受到了政治或者宗教问题的制约和束缚,哲学就不再是对自然的认识和研究,就不再是彻底的、无前提的绝对之学。或者说,如果一种哲学思考受到特定的宗教教义的制约,受到某种特定的政治观念的束缚,这种哲学研究的整个视野和思维都会发生偏差,哲学生活的超政治本质和意义就被遗忘和抛弃了。鉴于现代西方文化的基本问题和政治历史的独特性,可以说,现代西方文化确实是一种非常"特殊"的文明。这也就意味着现代西方文化似乎根本就不具有"普世性"。但是在当前,现代西方文化却已经成了一种"普世性"的文明,这不得不说是一种世界历史命运的捉弄。因此面对整个西方哲学,我们必须重提"古今之争"的根本问题,"正本清源",在柏拉图的严格哲学的意义上反思现代西方哲学和文化。

与古希腊哲学相似,在中国古代哲学中,哲学和政治的关系始终是中国古代哲学的基本问题,而哲学和宗教的关系几乎不是问题。中国哲人几乎没有认真严肃地对待过宗教问题,既没有对某种宗教教义的批判,也没有把宗教作为自己的敌人。即使是朱熹的排佛也只是出于现实政治的原因,而不是出于哲学原因。在中国的政治现实中,没有独立的神职人员,也没有独立于国家主权之外的教会。在古代中国,皇帝本人往往同时就是最高的教主。也就是说,王权和教权是统一的。这种统一性在最大程度上维护了国家的统一和和谐,实现了国家的本质同一性。因为任何正常的国家都应该是政教合一的。中国古代哲学不存在基督教世界中的教权和王权的紧张关系,不存在消除教权、维护王权的政治历史问题。因此,中国哲人也没有面临建立民族国家问题,没有需要反对的、超国家的宗教教会的问题,正如在古希腊也没有超城邦的教会一样。可以说,古希腊哲学和中国传统哲学具有更多"家族相似性"。因此,中国古代哲人最关心的不是宗教问题,而是政治问题,即如何完善自己的国家,也就是所谓的"修身、齐家、治国、平天下"。中国古典哲人把自我的完善和国家的完善统一起来,而自我的完善是国家得到完善的根本方法。这种对国家的完善并不是像现代西方哲人一样,根据一种抽象的政治理论和观念去推翻现实国家,建立一种新型体制的国家,而是站在哲学—天道的层面,在现实生活中通过因势利导的方式、通过精忠报国的方式来完善国家。可以说,哲学和政治的关系是中国古代哲人首先关注的问题。从中国哲学传统内部看,儒家和道家、佛教的区分就类似于政治和哲学的划分。从大体上说,儒家和道家是中国文化的两大传统。儒家是强调入世的,道家是强调出世的。儒家的入世就是强调直接参与政治生活,报效国家,完善政治生活,承担起对国家的政治责任。道家的出世就是过一种超出政治生活的合乎自然的哲学生活。庄子的至人、真人、神人都是世外高人,他们蔑视人间事务,过着一种出世的自由逍遥的生活。儒家和道家、佛教虽然表面上是对立的,但是其实是对立统一、一脉相承的。因为道家、佛教的出世理想的存在,可以使人们从更高层次看待政治生活,因此得以提高政治生活的精神品质。儒家对政治生活的维护是道家的出世理想得以可能的前提条件。没有政治生活的稳定,一切崇高的理想都是难以实现的。所以哲学和政治的划分同时也表明了哲学和政治的对立统一关系。这种关系在苏格拉底和柏拉图那里同样表现得非常明显。一方面,他们也有强烈的入世之志。苏格拉底一生没有离开过雅典,希望通过和人们的交往而改善他们,使雅典获得复兴。柏拉图则对雅典失望后试图在叙拉古实现自己的政治抱负,最后在雅典城外建立学院教书育人。另一方面,苏格拉底和柏拉图也是出世的。苏格拉底拒绝参与实际的政治活动,一生远离实际的政治活动。柏拉图也强调在一切现实政治社会中,哲人并不有必须承担统治国家的责任。哲人对永恒的理念世界的关注和认识就是哲人的出世性质的一种表现。其次,中国文化中对哲学和政治的根本划分还表现在儒释道三家内部传统中关于哲人和俗人的划分。孔子在很多地方对比了君子和小人。例如“君子周而不比，小人比而不周。”(《论语·为政》)“君子怀德，小人怀土；君子怀刑，小人怀惠。”(《论语·里仁》)“君子喻于义，小人喻于利。”(《论语·里仁》)等等。老子哲学也有关于圣人和百姓的划分：“众人熙熙，如享太牢，如春登台。我独泊兮，其未兆；沌沌兮，如婴儿之未孩；傫傫兮，若无所归。众人皆有余，而我独若遗。我愚人之心也哉，沌沌兮！俗人昭昭，我独昏昏。俗人察察，我独闷闷。澹兮，其若海，望兮，若无止。众人皆有以，而我独顽且鄙。我独异于人，而贵食母。”(《道德经》，第二十章)“上士闻道，勤而行之；中士闻道，若存若亡；下士闻道，大笑之。不笑不足以为道。”(《道德经》，第四十二章)庄子在《逍遥游》中关于大鹏和小鸟的区分也是对哲人和俗人的划分，所谓：“小知不及大知，小年不及大年。奚以知其然也？”(《庄子·逍遥游》)禅宗中也有关于圣人和凡夫的区分。“一迷即是凡夫，一悟即是圣人”。这种划分同样是对人性的自然差异性的认识，而对人性的自然差异性的认识是政治哲学的第一原则。这种划分是和柏拉图对哲人和俗人的划分是一致的。柏拉图在《理想国》中明确指出，俗人一生都在梦中，他们看到的都是影像，而不是真实。只有哲人是清醒的，能够认识事物的真相。所以哲人才有智慧，才有资格统治人民。哲人是天生的王者。总而言之，在中国哲学传统中，哲学和政治的关系问题是他们最关注的问题。[1]

具体来说，柏拉图哲学中的很多观念和中国哲学中的很多观念存在很大一致性，例如圣王观念、天人合一观念、性善论、和谐精神、中道辩证法等。我们在此可以粗略地比较和说明一下。

第一，柏拉图坚持“人是政治的动物”的观点。他认为政治生活是唯一的合乎人性自然的生活，我们不能脱离政治生活认识人性。人的人性

[1] 我不同意“中国古代没有哲学”的观点。哲学是人的理性的认识活动，这种理性认识活动是人类的基本活动。古今中西概莫能外。所以古代中国当然存在哲学认识活动。使用“哲学”概念可以使我们更好开展古今中西的对话，使哲学的真理得以呈现出来。当代最重要的就是古今中西的对话交流。否则，这种对话就无法进行，就可能陷入对西方、人性、哲学的错误理解，失去认识西方，认识自己，认识人性的机会。我们只能各自封闭在自己的话语体系中，置真理于不顾，自说自话，自娱自乐而已。

只有在政治生活中才能从潜能成长为现实。也就是说,每个人都有其特定的自然天性,这种自然天性只有在政治生活中才能获得发展和实现。同时,每个人都是作为政治生活的一个角色或者身份而存在的,他的一言一行都必须按照自己的名分来规定,他的本质就是通过这种政治角色或者身份来界定的。脱离了这种政治身份,一个人没有其他的本质。因此对政治生活的认识是哲学研究的唯一起点和根本问题。政治生活是无所不包的大全,是对一切和人类生活相关的事物的总括。政治绝对不是和其他领域并存的一个独立领域,而是一个所有领域都必须从属于其中的领域。因此近代哲学家如霍布斯·卢梭试图排除政治文明而认识人性的方式是错误的。同样,把政治看作是和经济、文化、宗教等领域不同的特殊领域,这也是西方现代哲学对政治的一种片面理解。

中国哲学传统从来都把政治生活作为人的唯一可能的生活方式,没有根据一种政治生活之外的生活设想人性的自然。因此对于国家的政治责任就是每个人的人生的根本意义所在。例如我们耳熟能详的“精忠报国”、“国家兴亡,匹夫有责”之类的俗语。每个人都必须按照自己的社会角色或者身份的要求而生活。所以中国哲学没有设想一种独立于政治身份的个人,不重视所谓的个人和私生活。因为任何个人都是在某个国家中的个人,国家比个人具有更高的真实性,个人必须服务于国家,个人的生活意义就体现在他对国家的责任和义务中。所以中国哲学是以政治教化为根本。只有在国家的首要性被贬低之后,人的政治性被贬低了,现代哲学意义上的个人主义才会出现。所以个人主义并不是历史进步的表现,而是政治生活或者国家理念败坏之后的表现。

第二,柏拉图认为人是理性的动物。政治生活是合乎人性自然的生活,政治生活中最重要的要素就是道德和法律。而道德和法律本质上是理性的产物。政治理性就首先体现为法律和道德。所以道德和文明并不是反人性的、反自然的,而是人性的自然需要。人需要道德和法律就像需要饮食一样。但是柏拉图进一步看到,这种政治理性是不完美的,在某种程度上违反了理性的自然。一切政治生活都没有达到最高的理性—自然生活。只有在哲学生活中,理性才能获得最大程度的发展和实现,才能达到真正的理性—自然生活。哲人依据自然的生活也就是依据理性的生活。因此他区分了哲学生活和政治生活,力图使人从政治生活上升到哲学生活。

古代中国哲学也认为人的本性是理性,"心之官则思",所以古代哲学非常重视知识的学习。《论语》首篇就是"学而",这就表明儒家把"学"放在了首要地位。"君子食无求饱,居无求安,敏于事而慎于言,就有道而正焉,可谓好学也已。""学而不思则罔,思而不学则殆。""十室之邑,必有忠信如丘者焉,不如丘之好学也。"儒家认为学习是人格成长的唯一方法。"古之学者为己,今之学者为人"。所以一般认为儒家重视道德而不重视学习,这是错误的看法。儒家认为知识的学习是没有止境的,所谓"儒者以一事不知为耻"。同样,道家的老子、庄子也强调理性能力的发展和完善。他们对一般世俗知识的否定其实是对理性和知识的最高推崇。所谓"大智若愚"、"大辩若讷"。也就是说,政治生活中的理性是不完全的,只有哲学生活的中的理性才是完全的。道家和佛教充分体现了古典意义上的哲学生活。

第三,柏拉图提出了性善论的观点。他通过对政治生活中的人性的观察,得出了性善论的观点,认为人性本善,所有人都在追求善,对善的追求是人的共同本质。尽管人们在外在行为上会表现出各种邪恶,但是这种邪恶只是出于人们的无知,即对善的无知。因此柏拉图认为恶的根源是无知,而不是人性的本质。如果消除了无知,也就消除了恶。要消除恶,就应该追求智慧。这种观点导致对道德教化和哲学教化的重视。因此道德和法律是合乎人性的,并不是违反人性的,它们可以帮助人们更好地追求善。柏拉图最终得出了至善论的目的论。"止于至善"则是人性的唯一的最高目标。而一切性恶论则把严刑峻法放在首要位置,这无疑包含了对人性的一种蔑视和粗暴。

中国哲学也坚持性善论的立场。例如孟子的"四端说"。且荀子的性恶论在中国哲学中始终没有太高的地位。这也是基于对政治生活中的人性的认识得出的结论。"人之初,性本善,性相近,习相远。"这种性善论的观点才进一步导致对道德教化的重视。所以中国传统哲学重视道德教育,原因就在于道德和法律有利于我们实现人生的幸福和快乐,道德比利益更加重要。单纯的物质利益并不能够帮助人们获得幸福和至善。只有在善被认为首先和物质财富相关的观念下,功利主义和享乐主义才会出现。同样,只有在性善论被贬低了,法律和刑罚观念才会上升。

第四,柏拉图对人性的研究进一步发现了人性的自然差异性。每个人都有自己的天性,每个人的天性都是不同的,这种天性不是文明教育可以完全改变的。不能以同样的标准和方法对待所有人,我们必须按照每个人的自然天性进行适当的教育。他提出了因材施教、因势利导的教育原则。人性的自然差异性中最重要和最根本的差异是哲人和俗人的差异,也就是爱智慧的人和爱名利的人的差异。他还认识到,在一切现实政治生活中,人性的自然都或多或少受到了不正义的对待。只有在理想国中,每个人的天性才能获得"如其所是"、"恰如其分"地教育和实现。理想国是按照每个人的自然天性安排其社会等级和职位的国家。这就是绝对的自然正义的原则。所以理想国是完美的政治生活的标准,是唯一合乎自然正义的国家。

中国哲学也区分了人性的自然差异性。中国传统哲学中把人分为三六九等,这种划分可能主要是一种社会等级制的划分,其中也蕴含着对人的自然天性的差异性的认识。社会等级制是理性等级制的一种低级替代品,它要求每个人应该依据自己的自然等级或者社会等级生活。其中最重要的就是孔子对君子和小人的区分,这种区分就是出于对人性的自然差异性的认识。孔子重视的是君子教育,正如柏拉图重视的是护卫者和统治者的教育。君子教育是一种道德教育和智慧教育,因此是一种精英教育或者贵族教育,是以对人的人格的培养和塑造为根本目标,这被古典哲人看作国家兴衰存亡的根本。所谓"人存政举,人亡政息"。只有在忽视和贬低了人性的自然差异性后,人和人之间的无差别的平等主义才会出现。

第五,对哲人和俗人的自然差异性的发现使得柏拉图提出了哲人王的观念。因为人是理性的动物,只有充分地发展了理性的人才是真正的人。哲人就是充分发展了理性能力,实现了人性的本质的人。哲人是人的典型和原型。因此哲人才是真正有资格的统治者。哲人凭借理性和智慧而自然地就是王者,即使哲人没有任何政治权力,哲人也是天生的王者,其他的一切王者都是不够资格的。哲人王是一切王者的样本和领袖。

可以说，哲人王是柏拉图对人性的最完美状态的设想，也是对最完美的王者的设想。哲人王的观念是柏拉图古典政治哲学的最高原则。

中国哲学自古以来就推崇“圣王”的观念。儒家道统中的周公和孔子、道家传统中的老子和庄子等人被推崇为所有帝王的老师。在他们看来，统治的唯一正当性就在于统治者的智慧和德性。真正的统治者应该是这种智慧和德性具足的圣人。只有圣王才不会败坏权力，才能实现普遍的正义和幸福。圣王的观点可以说是对人性的最高可能性的设想，或者说是对完美的人的设想。因为中国古代哲学推崇圣王，所以中国古代哲学中没有自由民主的观念。因为自由民主制的观念只有在我们否定了这种人性的最高可能性后才能发展起来。只有在认为智慧和真理无法获得之后，人们才会相信民主和共识的重要性。但是民主并不能够保证智慧和真理的发现，三权分立的制衡机制也同样不能防止权力的腐败。

第六，对政治文明的研究使柏拉图进一步得出了他关于自然的观点。他认为真正的自然并不是物理事物，而是理念、至善、灵魂及理性。人是理性的动物，不能脱离理性认识自然，自然本身必然是合乎理性的。只有合乎理性的方面才是自然本质的方面，而不和理性相关的方面就是不自然的非本质的方面。因此自然也就是理性统治非理性的整体，就是秩序与和谐的整体。反自然就是非理性统治理性，就是混乱与无序。因此和肉体感官相关的物理现象的自然只是对理性—理念的自然的模仿。同样，灵魂是理性认识的承担者，肉体从属于灵魂。灵魂比肉体更加真实，灵魂而不是肉体才是人的本质方面。理性是灵魂的自然。灵魂的本质是理性，而不是欲望。因此感官认识是对理性认识的一种模仿和分有。理性认识不是通过感官的向外的认识，而是向灵魂内部的返观和回忆。这样柏拉图就得出了理性主义的自然观。文明和自然并不是对立的关系，而是完美性等级上的高低关系，是整体和部分的关系。文明是自然的一部分，是自然之花，而自然是包含文明在内的整体和大全。政治文明应该根据自然整体来完善自己。柏拉图对整个宇宙自然的设想就是基于他对完美国家和完美人的设想。这就是“推人事以明天道”的“天人合一”的思想。“天人合一”是从人道上升到天道而得出的。如果说中国哲学的根本

精神是天人合一，那么柏拉图哲学的根本精神也是天人合一。❶

在自然宇宙观方面，中国哲学也坚持了天人合一、“推人事以明天道”的基本原则。因此古代哲学并不把自然看作是和人的生活无关的物理现象，而是同样具有智慧和德性的现象。例如《周易》中的“天行健，君子以自强不息。地势坤，君子以厚德载物”。天、地、人被称为“三才”。人生活在天地之间，天地是德性的最高典范，而不是单纯的物理现象。人的生活是对天道和地道的模仿。这样人类就不是生活在一个纯粹偶然性的毫无精神和目的的物理宇宙中，而是生活在一个生生不息的德性宇宙中。人的生命的最高意义就是“参天地之化育”，“成己成物”。这就是中国古代哲学中的“天人合一”的根本精神。只有在自然宇宙被设想为纯粹机械性的物理现象时，“天人分裂”的观点才会出现，主体和客体的二元论才会出现，对自然的征服才会成为人类活动的首要目标。

第七，这种自然观导致柏拉图进一步提出了无知之知的智慧观。哲学是对自然的研究，哲学是对智慧的追求。智慧就是对自然的认识，这意味着智慧只有在超出文明、上升到自然之后才能获得。文明总是以语言观念的形式存在的，所以智慧就不是以任何观念的形式存在的。也就是说，智慧是不能用语言概念传达的。这种超出语言概念的智慧被苏格拉底称为无知之知。真正的智慧或者知识就是无知之知。而一切以语言概念形式存在的知识都不是绝对知识。因为无知之知超出了一切语言概念，直接面向自然—事实本身，它不会随着人类文明的变化而变化。因此无知之知是严格意义上的绝对知识、普遍知识和直观知识。这样，无知之知就构成了对一切概念知识的检验和批判。可以说，无知之知才是真正的科学，哲学或者科学的最终目的就是达到无知之知。柏拉图对无知之知的肯定是他追求和坚持严格科学的理想的表现。科学是理性的最高训练和成果。只有在严格科学中，人性才能达到最高的智慧的完善性。因此科学并不是和人性无关的，并不是单纯的数学或者理论的演绎，而是人

---

❶ 近现代西方哲学的重要特征就是主客对立。但是这种主客对立并不是西方哲学的目的，而是要解决的困难和问题。可以说，这种主客体的分离和对立恰恰由于没有坚持“推人事以明天道”的路线导致的。所以要克服主客体分裂，就必须回到古典哲学之中。

的最高的生活方式。所以在柏拉图哲学中，不存在科学主义和人文主义的分裂。

中国哲学中的智慧观也是坚持无知之知，认为真正的智慧就是无知之知。孔子指出："吾有知乎哉？无知也。有鄙夫问于我，空空如也；我叩其两端而竭焉。"（《论语·子罕》）老子也指出："知不知，尚矣；不知知，病也。圣人不病，以其病病，是以不病。"（《老子》，七十一章）庄子也指出："知止其所不知，至矣。孰知不言之辩，不道之道？若有能知，此之谓天府。注焉而不满，酌焉而不竭，而不知其所由来，此之谓葆光。"（《庄子·齐物论》）"闻以有翼飞者矣，未闻以无翼飞者也；闻以有知知者矣，未闻以无知知者也。"（《庄子·人间世》）僧肇在《般若无知论》中也指出："夫有所知，则有所不知。以圣心无知，故无所不知。不知之知，乃曰一切知。故经云，圣心无所知无所不知，信矣。是以圣人虚其心而实其照，终日知而未尝知也。故能默耀韬光，虚心玄鉴，闭智塞聪，而独觉冥冥者矣。"可以说，中国古代哲学中的反智论恰恰是对智慧和科学的最高认识的结果，是穷尽了逻辑分析和概念思辨后的最后结论。在这种最高智慧面前，就不存在现代意义上的科学知识概念，不存在所谓的科学知识的进步。现代意义上的科学知识恰恰是对真正的智慧已经一无所知的表现。只有在真正的智慧已经被遗忘了以后，现代科学的进步才会出现。

第八，和智慧的观念相关，是至善与和谐的观念。智慧就是至善，而至善就是和谐。柏拉图在很多对话都指出哲学的根本精神就是追求和谐。所谓和谐就是各种异质事物的合乎比例的安排。他对数学的重视主要就是因为数学体现了和谐，因为数学和比例相关，而和谐的本质就是比例的适当。所以他认为哲学家就是真正的音乐家，哲学家是把灵魂的和谐作为自己追求的根本目标。灵魂的和谐状态就是理性统治非理性的状态。哲学的意图也是协调理性和非理性的关系。一个哲人肯定是理性和非理性达到了高度和谐的状态。同样，他也认为真正的政治家也是音乐家，政治家追求政治的正义，而正义就是和谐，就是塑造身体和灵魂的和谐，整个国家的各个阶层之间的和谐，乃至追求整个宇宙的和谐。因此柏拉图对和谐的追求包括对哲学和政治的和谐的追求才是更加需要强调和

重视的。❶

中国哲学的最大特征之一也是追求和谐。中国古代哲学认为天道就是围绕中道而运行的。《周易》展示的哲学精神就是天地人的中道与和谐，八卦六十四爻的交互演变就是对中道精神的演绎。合乎中道和谐就是善和吉，违反中道和谐就是恶和凶。老子也认为天道的根本原则就是中道。"天之道，损有余而补不足，人之道，损不足而补有余。"(《道德经》，第七十七章)所以人应该效法天道，追求和谐和中道。政治礼法就是根据和谐的原则制定的。"礼之用，和为贵。先王之道，斯为美；小大由之。有所不行，知和而和，不以礼节之，亦不可行也。"(《论语·学而》)人们对礼法的维护也是对和谐的追求。大同世界和小康社会的基本特征就是和谐。《春秋》的书名就是强调政治生活的均衡性和中庸性。天道和人道都是围绕中道和和谐的原则周而复始地运动的。因为对中道和和谐的认识和追求，所以中国哲学没有历史进步的意识。只有在中道和谐的观念被否定之后，历史的进步才被作为一种观念提出来。

第九，我们还可以提到柏拉图关于宗教的观点。他没有一种独立于政治生活的宗教观念。他认为宗教本质上是政治生活的一部分，根本不存在超政治的宗教信仰。他的宗教设想也是围绕他的政治理想和人格理想进行的。柏拉图没有所谓"启示宗教"的观念，但这并不是他的历史局限性，而是他对人类政治生活和哲学智慧的认识的结果。也就是说，启示宗教只有在信徒眼中才是存在的。在真正的哲学家眼中没有启示宗教。因为启示宗教也是一种"神道设教"的做法，可以使国家成为在道德上更加健全和完善的国家。因此柏拉图也没有设想一种非宗教化的世俗生活。他认为完全世俗化的国家只能是一个道德败坏的国家。他在《理想国》和《法律篇》中设想的国家都是宗教国家。

中国哲学传统中同样没有把宗教作为独立的问题看待。在中国古代政治中，宗教生活主要是祭祀祖先的活动。这种宗教祭祀主要是出于维

---

❶ 施特劳斯似乎过于强调柏拉图对话中哲学和政治的冲突了，他可能是为了反对现代性对哲学和政治的同一性的追求。但是我们不能把这种意图带入到对柏拉图对话的理解中。柏拉图对话根本上是要解决哲学和政治的冲突，当然他的方式不同于现代性的方式。

护政治统一性的考虑。所谓"慎终,追远,民德归厚矣"。因此,宗教生活是政治生活的一部分,宗教活动必须合乎国家政治需要。任何宗教只有在某个国家中才是可能的。一个人可以不是任何特定宗教的信徒,但他必须是一个国家的公民,这是政治和宗教的本质区分,政治生活才是人无所逃避的主宰和命运。可以说,中国政治和哲学中保持了完整的政治哲学观念。西方人从所谓启示宗教的信仰观点出发,认为中国古代宗教是一种低级的原始的宗教,而基督教之类的启示宗教才是高级的宗教。这种宗教观本身就是反政治的信仰主义偏见。只有在把宗教作为宗教看待时,对非宗教化的世俗社会的设想才会出现。

综上所述,柏拉图哲学和中国传统哲学在根本精神上是非常相近的,而西方基督教——近现代西方哲学则和柏拉图哲学的基本精神具有很大差异性。这种相似性并不是想当然的和一厢情愿的附会,而是基于对人性的事实和真理的认识。这种人性的事实和真理,不论对于东方人还是西方人,都是相同的。首先,人是政治的动物,人是理性的动物,人是向善的动物,这是人性的共通性。这种相同性并不会因为文化和历史的表面上的差异性而消失。从某种意义上说,文化对人性的改造和塑造是有限的,因为人性本身的可塑性是有限的。所以古代人和现代人、东方人和西方人的人性归根到底是相同的,没有本质性的差异。我们应该透过文化的帷幕看到人性的事实。人性的共同性是我们能够进行跨文化交流的基础和保证,也是我们可以获得唯一的绝对真理的保证。其次,哲学思考就是突破历史和文化的差异而认识事实本身。也就是说,一切严格的和彻底的哲学思考,必须超出一切政治和文化的局限性,无前提地直接认识自然本身。这也就是现象学所推崇的"面向事实本身"。而事实本身是同一的、不变的。所以只要我们学会进行正确的、严格的哲学思考,就会得出相同的结论。所谓"东方有圣人,西方有圣人,此心同,此理同"。柏拉图在《米诺斯》中也指出:"在认识相同的东西上,那些有智慧的人,无论是希腊人还是外邦人,都会相互一致。"但是首要的原初的事实本身乃是人性的事实。对自然或者事实的考察就是对人性本身的考察。认识自然首先就是认识人性。可以说,"直面人性本身"才是一切科学哲学的根本原则,人性的事实和真理才是我们思考和衡量一切问题的根本。一切问题都必须回溯到人性的事实和真理之上。因为人性是在政治生活中展现出来的,政治哲学是对政治生活中的人性的观察和认识。所以政治哲学是"第一哲学"。如果不能摆脱文化和历史的束缚和干扰,那么我们就不能进行严格的、正确的哲学思考。

"柏拉图哲学的中国化"不是在提倡文化民族主义。笔者虽然推崇中国传统文化,但是并不想以中国传统文化"曲解"柏拉图哲学,而是旨在揭示柏拉图哲学和中国传统哲学的相似性和一致性。因为真理是同一的,没有民族性和文化性的区分。如果一种真理能够受到文化传统的决定和影响,那么这种真理就不是真理。所以笔者以中国哲学的某些思想解读柏拉图的目的并不是对民族文化的辩护,而是试图深化对柏拉图哲学的理解,进而深化对真理的认识。对于中国人来说,中国传统文化不是一种单纯的概念和语言,而是融入我们的血液和生活之中的,是内化为我们的生命的一部分的,所以用中国传统文化的一些观点解读柏拉图能够使我们更深入地理解柏拉图。我们研究西方哲学,如果只是局限在语言概念文字层面,就不可能有真实、深切的体悟和理解,也违背了我们研究哲学的初衷。哲学是爱智慧,智慧是活生生的,而不是仅仅局限在文字概念的层面。因此我们必须根据人性和生命的事实去理解文字概念,而不是受到语言概念的束缚和限制。概念分析和语词训诂当然是必要的,但是概念分析最终应该服务于思想和生命。我们是因为真理和生命的需要而研究哲学的,不是单纯地出于对异域文化的好奇心而研究西方哲学的。但是当前我们对于柏拉图的理解仍然大多仅仅停留在表面的语言文字上。例如学术界关于"idea"的翻译问题一直有所争论。如果只是从语言字面上进行分析,我们就不可能真正理解柏拉图使用"idea"的意图。希腊文理念(idea,eidos)一词出于动词观看(idein),即可见的东西,后来比喻为心灵之眼所看见的东西。因此只有超出了语词,深入到人性或者灵魂的事实之中,才能理解这个语词的含义。我们真正应该关注的是对人性的事实的认识,而不是对语词概念的分析。这要求我们必须把语言概念的问题放在政治生活中来理解,而不是单纯就语言本身理解语言。所以我们只有超出书本和文字才能理解书本和文字。如果我们过于看重语言文字,只关注语言文字的正确,而对人性的事实和真理无知,那我们就是在舍本逐末、缘木求鱼。语言永远都是指示性的，事实本身才是一切语言的目的。因此哲学研究应该透过语言看到事实本身。我们应该“得意忘言”，而不是局限在“语言的洞穴”中。而人性的事实和真理是我们解读一切经典文本的最终根据。只要这个大方向和大原则是正确的，细节上的对错就是次要的。只有在大原则和大方向上是正确的，我们才能判断在细节上的对错。

四、解释学的基本原则

本书对柏拉图对话的解读采取了古人的注经和解经方式，即先略述相关段落，然后说明其含义。这种解经式解读的好处在于不打乱柏拉图对话本身的写作思路，避免了望文生义、断章取义的弊端。其次也能够使我们更好地理解柏拉图的写作思路，使我们沿着柏拉图的思路思考，尽可能做到像他那样思考。我们知道，柏拉图对话包含了很多弦外之音、言外之意，现代人往往不容易理解。所以笔者有意穿插了很多论述，这些论述是对柏拉图本人蕴含在其对话中的思想的扩展性阐述，并且尽可能和现代哲学的某些观点进行分析和对比，目的是力图深化和扩大我们在相关问题上的理解和讨论。所以笔者的解读并不是为了在柏拉图研究著作中再加上一本，而是力图使得柏拉图对话再次恢复活力，展示出他和现代哲学思想进行对话的智慧和力量。现代人特别是青年人往往喜欢现代哲学，以为现代哲学更加“先进”，更加“科学”，并且以此贬低和忽视古代哲学中的智慧。这其实是对现代哲学的真实意义无能分析和批判的表现，是对古代哲学中包含的真理缺乏认识的表现。通过对柏拉图的解读，笔者试图通过这些论述把青年人引向柏拉图，使他们更加深入地理解柏拉图对话的意义。然后我们就能够对现代哲学中的很多错误一目了然，就能够顺利地驶过现代哲学的错误纷呈的汪洋大海，最终达到真理的彼岸。

这种解经式的解读方式试图呈现古人对真理和智慧的深刻认识。在古人看来，自然是永恒不变的，人性是永恒不变的，所以真理是唯一的、不变的。因此重要的是我们重新认识到圣人曾经认识到的真理，而不在于提出和圣人不同的真理。一切所谓不同的真理只是各种无知和错误的表现。只有在我们不知道什么是唯一真理之后，才会有“各种”真理出现。

所以古代人重视的是智慧真理的传承和教化，而不是一味地创新。所谓“薪火相传”。这种对学术传承的重视才使得真理和智慧得以长久地流传。而标榜自我、另起炉灶的“创新”被看作是一种无知和浅薄的体现，标新立异或者独树一帜一直受到贬低。相反，现代人往往喜欢标新立异，标榜自我，追求所谓的“前无古人，后无来者”的全新创造，但这只是表明了我们的无知、轻浮和浅薄。如果深入经典之中，我们就会发现所谓的那些“新思想”都已经被古人思考过和批评过了。“太阳底下无新事”。我们的“自我意识”越是强烈，就离真理越远。如果我们寻找真理，就必须放下浮躁的自负的心态，好好读一下古人的著作，去理解其中包含的真理，而不要妄自尊大、自以为是。所以笔者在解读过程中，尽可能不加入自己的观点和思想，尽可能把柏拉图本人没有说出来的思想说出来和说清楚。如果有的地方偏离了柏拉图本人的思想，那并不是笔者的创新，而是笔者的无知和愚蠢。

如果说对柏拉图哲学的研究存在三大道路和传统，那么这并不是意味着柏拉图对话可以被随意地理解和解释。这涉及对现代解释学的认识和评价。解释学并不是“人云亦云”，“各说各话”。按照海德格尔和伽达默尔等人的历史主义解释学理论，人是处在历史性的“解释学处境”中的，我们不可能超出自己的历史处境，获得对古代著作的、合乎作者原意的理解和解释，因此一切解释都是历史性的，一切解释或者认识都是有“前见”的。我们和作者的“历史间距”是不可能克服的。这就意味着在海德格尔和伽达默尔等人看来，我们没有衡量正确和错误的最终标准，一切解释都可能是正确的，也都可能是错误的。一切解释都属于开放性的历史对话。这样，人们阅读经典不能是为了获得真理，而只能是随心所欲、经随术变的解释。这种解释学观点否定了绝对的、唯一的真理的可能性，使得人们以轻浮和浅薄的心态对待古代经典。但是我们应该看到，否定真理本身就是一个真理。否定真理存在的人其实不知道自己在说什么。这就是苏格拉底一直批判的“以无知为有知”的双倍的无知。这种无知是最大的无知。这种相对主义和蒙昧主义是导致学术败坏的最大原因。所谓“道术为天下裂”。因此，我们必须认识到，关键不是否定真理，而是确定“真理是什么”。施特劳斯为我们提供了一个标准。他认为我们必须按照作者的意图理解作者。因为柏拉图在写下每一句话的时候，都是有明确的意图的。对于我们来说，这个主观意图就是一个客观标准，我们必须把他的意图作为衡量一切解读的标准。我们必须克服自己的主观性，才能理解柏拉图的主观性，而不是以我们的主观性曲解柏拉图的主观性。柏拉图的意图是我们理解柏拉图对话的唯一"客观性"依据。所以并不是所有解释都是正当的和合理的，只有合乎柏拉图原意的解释才是正当的、合理的。这种解释学原则意味着我们对古典著作的解读必须超越我们自己的思维方式和历史视野，必须克服历史带给我们的阻碍和局限。如果我们不能超越自己所处的文化和历史的局限性，就会始终封闭在自己的文化和历史处境之中，导致无知和愚昧。当然，我们可以反问，柏拉图的观点就一定是真理吗？对此，还有一个确定真理的基本依据，即如果各个不同文化传统中的伟大思想家都不约而同地得出了同一个结论，那么这个结论我们就可以认为是真理。具体说，如果苏格拉底、柏拉图、孔子、老子和释迦牟尼等圣人得出了相同的结论，那么这个结论就是真理。笔者认为这是确定真理的最好方式。所以一切跨文化研究的意义就在于突破一切文化传统的局限性，认识真理本身。所以，"柏拉图哲学的中国化"并不是要把柏拉图纳入到中国文化的体系之中，根据中国文化对柏拉图对话进行改造或者歪曲，而是最终超出一切文化传统，最终达到对事实和真理本身的认识。

最后，我们应该知道，我们读书，追求真理的目的是什么。首先，真理是可能的，真理也是唯一的，因为人对善的认识和追求是不变的，所以，人性是不变的，不会随着历史和文化而变化，或者说，历史和文化对人性的影响是有限的，人性的变化范围是极为有限的。我们可以依据人性的事实发现超历史、超文化的真理。可以说，人性的事实和真理是我们克服历史的局限性的最终依据。人性的自然是永恒的尺度和标准，我们只有通过不断回溯到人性的自然，才能对文明历史的弊端进行校正。人性的自然既内在于文明之中，又在一切文明之外。在人性的自然面前，所谓的创造新历史、新文化都是无稽之谈。柏拉图在《理想国》中关于政体演变的"历史哲学"已经穷尽了一切人类历史的可能性。其次，我们不应该脱离人生的理想和自我的完善理解"真理"。人的一切行为都是在追求善。人对真理的追求也是对至善的追求。人们作恶的原因就是因为没有认识至善。因此一切善的最终目的都指向自我的、人格的完善，人格的完善就是至善。如果一个真理不是有助于人格或者自我的完善，那么它就不是真理。所以，只有善的，才是真的、美的，真善美是同一的，它们统一于人格的完善。最后，阅读古代经典的目的就是“贴近圣人心迹”，效法圣人，提升自己的人格境界和智慧水平。只有在古代经典中，才保存了对人性的自然的完整的认识和揭示。因为它们受到的历史和文化的干扰最小。阅读古代经典，可以使我们对人性的自然有所认识，最终有助于我们完善自己的人格。“古之学者为己，今之学者为人”。我们读书不是为了咬文嚼字、吹毛求疵，或者显示自己的卓越才华，而是为了提升自己的精神境界和人格层次。这种自我完善的最高目标就是成为哲人。“做人就是做哲人”。所以我们面对古代经典，应该尽可能消除自己的历史性和文化性，尽可能消除自己的傲慢和无知，用真正的智慧和至善来完善自己。这样我们才能从古代经典中获得教益，否则就会失去完善自己的可能性。

因此我们看到，柏拉图对话一方面是理论性的，涉及对一些根本问题的思考和讨论；另一方面也是人格性的，柏拉图对话是以苏格拉底的哲人形象为核心展开的，描述或者塑造了理想哲人苏格拉底的形象。可以说，学习哲学的最高目标就是成为哲人，我们不能脱离哲人理解哲学。离开了哲人，我们就不可能理解哲学。所以在本书的次序安排上，笔者旨在突出柏拉图对话中的人格因素，即苏格拉底的哲人形象，围绕哲人的理论沉思、政治实践、个人交往等方面来重新安排柏拉图的对话。第一部分是哲人的理论训练，这是哲人的上升之路和生成之路。包括了《理想国》中的第六、七两卷，《泰阿泰德》、《克拉底鲁》、《巴门尼德》四篇对话。其中主要探讨了成为哲人所必需的自然天赋、知识的问题、语言的问题和辩证法问题。第二部分是哲人的下降之路，即哲人的政治行动。在哲人的政治行动中，哲人和政治的冲突是首先应该关注的，包含了《苏格拉底的申辩》、《克里托》、《斐多》三篇对话。但是我们不能强化哲人和政治的冲突。哲人实际上并不和任何政体冲突，哲人随缘地生活在任何一个政体之中，并且努力把其中的人引导向至善。其次是哲人的直接统治，即柏拉图关于哲人王的思想，包括《理想国》、《政治家》、《蒂迈欧》三篇对话。主要说明哲人是天生的王者，哲人王的统治是最合乎自然的、正义的统治。最后是哲人的间接统治，包括《米诺斯》和《法律篇》。主要是说明在哲人不能直接统治的情况下，哲人通过立法的方式进行统治。法律的统治次于智慧的统治，也是接近智慧的统治。第三部分是反映哲人和智者的交往，包括《智者》、《普罗泰戈拉》、《高尔吉亚》、《欧绪德谟》等对话。这里体现的是哲人和智者的冲突。智者是相对主义、主观主义和个人主义等思想的传播者，他们是哲人的最大敌人。所以柏拉图对智者的批判是他的对话的主要内容之一。第四部分是哲人和诗人的交往，包括《斐多》、《斐多罗》、《伊翁》等对话。这里体现的是哲人和诗人的对立。诗人并不关心真理，但是诗人善于迎合民众，所以诗人在政治生活中往往具有很大影响。柏拉图旨在使诗人服从哲人的思想和原则，能够做到文以载道。第五部分是哲人和政治人的交往，包括《阿尔喀比亚德》、《拉凯斯》、《欧绪弗洛》三篇对话。政治人是直接参与政治活动的人，他们对政治生活具有重大的影响力。柏拉图试图展示哲人对政治人的驯服。哲人只有驯服政治人，才能最大程度地改善政治生活。最后部分是哲人和年轻人的交往，包括《斐莱布》、《吕西斯》、《卡尔米德》、《美诺》等对话。主要展示哲人对年轻人的哲学教化。哲人的教化总是因材施教的，苏格拉底和不同的年轻人进行不同主题的对话，涉及快乐、友谊、节制和美德教育等问题，其最终目的是为了培养未来的哲学家。

总而言之，哲学是最高尚的生活方式。哲学的目的是真理、自由和至善。每个人都在追求自由、真理和至善，但是只有通过哲学，这种追求才能获得最终的实现。一切其他生活方式和追求都或多或少地偏离了这个终极目标。真理、自由和至善是唯一的、绝对的和永恒的，所以哲学的追求不会受制于任何政治、文化和历史的束缚和局限。如果我们认为哲学是政治、历史或者文化的组成部分，因此受制于这些因素，例如黑格尔把哲学看作是时代的产儿，这就是对哲学的神圣性的贬低和无知。哲学本质上是从一切历史文化中超越出来，达到自然的真理的努力。借助于对自然的真理的认识，哲学成为通向人生的最高幸福和完满的唯一道路。因此只有把哲学、自然的真理、人性的幸福结合起来，我们才能从事真正的哲学研究。如果哲学只是一种文字概念的学术研究，就会产生“食洋不化”和“食古不化”,哲学的意义就会被贬低和歪曲。现代西方哲学的败坏就在于不再关注人格的完善这个最重要、最根本的目标。或者说,他们把人生的幸福仅仅理解为世俗的身体的快乐和舒适,这是对人性和幸福的最大无知和贬低。只有我们在最彻底和最完全的意义上理解人的幸福,才能真正理解柏拉图意义上的哲学。通过对柏拉图对话的解读,我们就会看到,柏拉图全部对话的最终意义就是对哲学生活的揭示和歌颂。我们学习柏拉图对话的目的就是要重新认识超政治的哲学生活的崇高和神圣的意义,把哲学从一切历史文化和意识形态中拯救出来,最终实现人性的最高可能性,达到人格完善和人生幸福的顶峰。因为哲学是对人性尊严的最高辩护,哲学是人生的最高幸福的实现,哲人是人性可能性的最高成就。

第一章
哲人的理论沉思

一般都认为哲学是理论概念的抽象思辨和训练。但是我们往往没有真正彻底地理解理论思维的含义。在古希腊，理论（thoeria）的最初含义就是静观。也就是说，哲人通过理论沉思，最终超出了现象世界，达到了对永恒的真理的直接认识。或者说，哲学的理论沉思首先是逻辑性的和概念性的，但是哲学思辨最终必须扬弃一切逻辑和概念，直面事实本身，使真理在内心中达到直接的呈现。这才是哲学的理论沉思的最终目标。如果哲学始终局限在概念思辨中，没有上升为理性直观，哲学的理论沉思就仍然是不彻底的。可以说，逻辑思辨和理性直观是哲学的理论沉思的两个最根本的方面，缺一不可。就此而言，分析哲学只是局限在逻辑概念中，没有上升为理性直观。而现象学则局限在直观中，没有经受和扬弃逻辑思辨。用佛教术语来表达，哲人的理论沉思就是“出世间法”。

在这一章中，首先讨论了《理想国》中柏拉图关于哲人和智慧的观点。哲人是一种非常特殊和稀有的人，哲人是追求智慧的人，智慧在于对实相和至善的直观认识。而俗人只局限在感官之知和现象之知，很难认识哲人的真相。因此哲人的世俗形象和真实形象是非常不同的。其次，讨论了《泰阿泰德》中柏拉图关于知识的观点，对知识的定义的探讨同样以无知结束。本篇对话也同样展示了无知之知的智慧观。再次，讨论了《克拉底鲁》中的语言问题，揭示了语言和智慧的关系问题。语言是我们追求智慧的工具和路标。但是如果我们始终封闭在语言之中，就永远不能获得智慧。我们只有走出语言概念的洞穴，达到纯粹的理性直观，才能获得真实的智慧。最后，讨论了《巴门尼德》中柏拉图关于“完备的辩证法”的观点。这种完备的辩证法的实质告诉我们，只有通过辩证法，扬弃概念本身，才能达到对理念实相的直接直观。这种完备的辩证法类似于儒家、道家的中道辩证法和佛教中的“不二法门”。

第一节　直观至善——《理想国》解读(哲人篇)

本节是对《理想国》的第六卷和第七卷的解读。之所以把柏拉图关于哲人的论述独立出来,目的在于把哲人和政治问题分开,以便更好地考察柏拉图关于哲人的本质、培养、作用等问题的论述。从一定意义上说,只有理解了柏拉图关于哲人的设想,我们才能理解他关于哲学的设想。哲人的本质和意义才是一切柏拉图对话的核心。可是后人却只关注他的哲学理论,而忽略了他塑造的哲人苏格拉底的形象和意义。我们应该知道,哲人是纯粹理性的人,哲人远远超出了我们一般人的理解力和想象力,所谓"大象无形"。哲人的真实形象是无法以概念语词展示的,所以我们必须充分发挥自己的理性化的想象力,以理性化的诗意方式展现哲人的形象和风采。这也是柏拉图和庄子等人要采用诗意的文学形式表现哲人形象的原因。

第六卷

在提出了哲人王的思想后,苏格拉底必须说明他所理解的哲人究竟是什么样子。他首先对哲人和俗人进行了区分,把哲人从大众中揭示出来。他认为哲人和俗人的主要区别就在于哲人是把握永恒不变的事物的人,能够看到真实的原型,能够根据原型进行复原工作,制定出关于美善、正义的法律,并且守护这些法律。俗人就是不知道真实的事物,不能看到绝对真实的原型,只是关注变动不居的感官现象的人。他们是无知、愚蠢而又反复无常的。哲人具有知识,俗人只有意见。所以苏格拉底紧接着就对知识和意见进行了区分。知识是关于存在的认识,意见是关于现象的认识。哲人就是爱知识的人,俗人就是爱意见的人。具体来说,永恒不变的东西就是至善,变动不居的东西就是善的影像。哲人始终关注善本身,虽然他的生活是变动的,但是他的内心对善的关注凝视是不变的。哲人凭借对至善的直观,超越了外在现象界的影响,内心始终和善道合一,处于高度宁静喜乐之中。正如孔子指出的："君子无终食之间违仁，造次必於是，颠沛必於是。"(《论语·里仁》)相反，俗人只是追求善的影像，他们不能分辨真假，总是"以幻为真"、"颠倒梦想"，内心始终处于喜怒无常和焦灼不安的状态，他们的一生就像是在梦中，他们不能担当很大的政治责任。正如孔子指出的："君子不可小知，而可大受也；小人不可大受，而可小知也。"(《论语·卫灵公》)

苏格拉底对哲人和俗人的划分是依据其理性主义的根本原则。在他看来，一方面人是理性的动物，人的本质是相同的。另一方面，人又天生是不同的，这种不同主要在于理性能力方面。人的自然差异性的核心就是理性的差异性。[1] 具体来说，哲人是天生喜好探究事物的真理的人，不满足于既定的传统观念，而是力求独立认识自然的真相。在这种认识活动中，他们的理性能力获得了巨大的发展，因此人格也获得了巨大升华和完善。而所谓民众则是遵守祖传风俗的权威的人，满足于传统的世界观和价值观，没有特别强烈的理智热情，更多热情指向了财富或者权力等。因此他们的理性没有获得很大发展，也没有获得真正的幸福和安宁。在苏格拉底看来，哲人和俗人的这种异质性是不可还原、不可通约的，而且也是无法通过后天的教育消除的。这也意味着教育不能改变人的自然天性，只能对人的自然进行修正和完善。我们不能过高估计教育的作用，所谓"江山易改本性难移"。因此苏格拉底从未想把所有的俗人都变为哲人，因为对智慧和真理的爱欲永远是极少数人才有的，哲人永远只能是极少数人。

苏格拉底对哲人和俗人的划分是理解古典哲学的根本切入点，也是其政治哲学的基础。"苏格拉底之有别于在他之前的哲人，乃因为这一事实：他在智性异质性(noetic heterogeneity)中发现了整全或自然的核心。整全不是一，也不是同质的，而是异质的。……正因为如此，苏格拉底创立了政治科学。"[2]也就是说，人人都在追求善，但是只有智慧和理性才能

---

[1] 当然人的差异性也可能在力量方面不同，但是力量方面的差异不是人所特有的差异，所以不能把这种差异作为人的差异。

[2] 施特劳斯等：《苏格拉底问题》，刘小枫编，华夏出版社，2005年版，第49页。

发现至善，所以政治权力的正当性只能来自人的理性和智慧。只有这种拥有了理性和智慧的人才有资格掌握政治权力，才能引导国家和人民走向至善。否则，“以盲引盲”，最终只能是害人害己。因此只有哲人才是天生的统治者或者政治家，其他人则必须接受哲人的统治和引导。这就是古典政治理性主义的基本原则。

相反，现代启蒙运动试图消灭哲人和俗人的自然区分。正如宗教改革把俗人变成了僧侣，把僧侣变成了俗人，取消了神圣和世俗的划分。启蒙运动的目的就是要把哲人变为俗人，把俗人变为哲人，建立一个全民性的“哲人王国”。在启蒙主义看来，人的理性差异性是微小的，或者说是人为造成的，可以通过正确的理性的“方法论”使所有人都能够平等地发现真理。人的理性差异性是可以通过全民性的普及教育消除的。所以启蒙主义者提出了“教育万能”的口号。这表明启蒙主义对人为教育的作用估计过高，也就是对人的自然差异性估计过低。启蒙运动既降低了哲学的价值和意义，又提高了政治的目标和作用。因此启蒙主义既没有真正理解哲学，也没有真正理解政治。这样就对哲学和政治双方面都造成了一种危害。这种错误至今仍然还在延续。为了克服现代性的错误，我们就必须重新理解苏格拉底关于人的理性差异性的观点，重视苏格拉底关于哲人和俗人的自然划分。

苏格拉底对哲人和俗人的区分和孔子对小人和君子的区分是相似的。例如孔子也指出：“君子周而不比，小人比而不周。”(《论语·为政》)“君子怀德，小人怀土；君子怀刑，小人怀惠。”(《论语·里仁》)“君子喻于义，小人喻于利。”(《论语·里仁》)“君子坦荡荡，小人长戚戚。”(《论语·述而》)可以说，苏格拉底的哲人教育和孔子的君子教育都是精英教育。这种精英教育是一个国家社会得到维持和提升的关键。只有统治者是优秀的，整个国家才是优秀的。不论是苏格拉底还是孔子都是在确立一种新的理想人格。这种对新的理想人格的确立有三个方面的原因。第一，这是对早期的按照出身或者地位区分人的一种变革。古代社会是贵族制，贵族制是世袭制。一个人天生是奴隶，或者天生是贵族，这是无法改变的。但是贵族可能变坏，平民也可能变好，所以社会学的政治身份不能限定人的自然，因此不可能使国家达到真正的正义。第二，他们认识到只有按照人的自然划分才是真正合乎正义的。人和人是不同的，人和人的不同在于他的理性的天赋。有的人理性能力强，有的人理性能力弱，那么统治的正当性就在于理性能力强的人统治理性能力弱的人。这才是合乎自然的正义原则。顺应自然、合乎自然是政治正义的唯一原则。通过对人性的自然的揭示，他们的政治哲学思想表现出更高的真理性和正义性，体现了他们对严格的政治科学的追求。第三，因为他们发现了人的自然差异性，所以对于人的教育就成为他们的首要工作。他们坚持"有教无类"的教学原则，也就是给不同的人以不同的教育，使他们的天性获得发展和完善。然后再把不同天性的人安排在政治社会的不同位置，使他们各得其所、各尽其能，这样整个国家的运作就是和谐有序的。否则，不顾人性的自然差异性，不对每个人进行恰如其分的教育和安置，整个国家就不可能达到和谐和幸福。可以说，随着对人性的看法的改变，他们对真正的理想政治社会的看法也发生改变。

一、哲人的理想形象

接下来，苏格拉底列举了哲人应该具备的基本条件，或者为哲人画了一个理想形象。根据这幅理想图像，我们可以说，哲人就是"完人"、"真人"、"原人"。只有哲人合乎人的理念，是人的原型。因为哲人是纯粹理性的人，他的情感和欲望被完全驯化了，内心始终保持高度的和谐和喜乐。因此哲人是人性的自我实现和自我完善的顶峰。"做人就是做哲人"。做哲人才是我们的最高的人生理想和终极目标。其他一切理想和这个理想相比都是低级的。

第一，哲人必须热爱和追求永恒实体的知识。哲学就是爱智慧。哲人首先是最富有爱欲的人，哲人是真正的爱者。哲人的爱欲是最强烈的。因为对智慧的爱要求我们必须全力以赴、废寝忘食、舍生忘死，三心二意的人就不可能获得智慧。子曰："士志于道，而耻恶衣恶食者，未足与议也。"(《论语·里仁》)在《会饮》中，苏格拉底充分展示了哲人的爱欲。哲人的爱欲是指向无形无相的理念至善的，和俗人的爱欲指向对象完全不同。所以在俗人看来，哲人似乎是没有任何爱欲的，是无情无欲的，就像是"活死人"。但是这只是对哲人的表面的错误认识，俗人根本不理解哲人的爱欲活动。如果我们要理解哲人的爱欲的实质和特点，就应该读读《会饮》。可以说，哲人是唯一获得了爱欲的终极满足的人，俗人的爱欲则是始终得不到满足的。这是哲人和俗人在爱欲状态上的差异。另外，哲人的好学求知不同于俗人的好学求知。俗人的求知只是为了获得谋生的手段，知识或者技艺在他们那里是服务于生命欲望的，并不是最高的目标，也不是能借以改造生命的手段。在哲人那里，求知是唯一正确的生活方式，求知是改造生命、完善自我的方法。苏格拉底把一生都用在和人们讨论各种哲学问题上，其他人只是偶然的讨论哲学问题，而苏格拉底的生命重心就是哲学思考。在他那里，求知是净化灵魂的唯一方式。这可以说是他和其他人最大的不同。孔子也把好学作为自己生命的最重要最根本的活动。“君子食无求饱，居无求安，敏于事而慎于言，就有道而正焉，可谓好学也已。”(《论语·学而》)学习也是改变自己的天性偏差的唯一方式。“好仁不好学，其蔽也愚；好知不好学，其蔽也荡；好信不好学，其蔽也贼；好直不好学，其蔽也绞；好勇不好学，其蔽也乱；好刚不好学，其蔽也狂。”(《论语·阳货》)因此在孔子看来，好学是完善自我的唯一方式。

其次，哲人的智慧是关于永恒不变的事物的知识。从一定意义上说，苏格拉底对“定义”的探究就是对不变的实体的探究。在他看来，这种严格的定义必须是在任何情况下都适用的。这种实体就是“变中的不变”，是“多中的一”。在柏拉图哲学中，这种实体就是理念，理念也就是永恒不变的真实的存在。而智慧就是对理念实相的直观。没有这种直观，就没有智慧。哲人的爱欲是在对理念的注视直观中获得了终极满足。一般人不会承认存在这种永恒不变的实体，但是我们可以说，如果不存在这种永恒不变的实体，就不能说这个世界是变化无常的。对变化的认知本身就必须以对不变者的认知为前提。所以我们应该把注意力从生成者转向不变者，认识那个不变者，并且最终和不变者合为一体，这样我们的心灵就能够达到最高的智慧和幸福。否则我们的一生就浑浑噩噩，醉生梦死。

可以说，古往今来的大圣人都是在追求这种不变者。当孔子说“逝者如斯夫不舍昼夜”时，他的心灵就和不变者融为一体了。因为他的心灵始终和不变者结合在一起，所以才告诉曾子“吾道一以贯之。”这个“一”就是不变者。通过对不变者的认识，他最终摆脱了颠沛流离的命运，始终处于“知其不可为而为之”的智慧和“不义而富且贵，于我如浮云”的安宁超然境界中。老子的“道”也是不变者。道不是任何事物，但是道又贯穿在一切事物中，因此一切事物才能成其所是。“昔之得一者：天得一以清；地得一以宁；神得一以灵；谷得一以盈；侯得一以为天下正。”（《道德经》，第三十九章）圣人就是得道之人。他超越了生灭变化的世界，不再为尘世的利益患得患失，因此他的内心世界始终处于“无为”的超然境界中。“是以圣人处无为之事，行不言之教。万物作焉而不辞，生而不有，为而不恃，功成而弗居。夫唯弗居，是以不去。”（《道德经》，第二章）佛陀也试图引导我们摆脱和超越生灭变化的世界，达到对不变者的认识。这种不变者就是空性或者自性。所谓“诸行无常，诸法无我，涅槃寂静”。佛陀的教言告诉我们，不要在变化之外寻找不变者，变化是唯一的不变者。如果我们始终持续地观照变化，我们就能逐渐超出变化不定的现象世界，而达到永恒不变的绝对真实的世界，也就是空性或者佛性真实呈现的境界。这样我们的内心也就逐渐达到了“涅槃寂静”。这种纯粹静观觉知的状态就是纯粹理性的状态，就是智慧的升起和得道。

再次，苏格拉底还认为哲人必须是博学的。他必须是爱知识的全部，而不是某一部分知识。如果只爱知识的某一部分，这样的人就只是专家，是技术性的人才，他的求知仍然是服务于他的生命欲望的。哲人则学习所有知识，并且能够举一反三，触类旁通。所以哲人不能只是某个领域的专家和人才。在《回忆苏格拉底》中，色诺芬也强调苏格拉底的博学。“贤明的古人在他们所著的书中遗留下来的宝贵的遗产，我也和他们共同研讨探索，如果我们从古人的书中发现什么好的东西，我们就把它摘录出来，我们把能够这样彼此帮助看作是极大的收获。”[1]孔子也指出：“君子不器”。达巷党人则称赞孔子：“大哉孔子，博学而无所成名。”（《论语·子罕》）子夏曰：“博学而笃志，切问而近思，仁在其中矣。”也就是说，只有当一个人把自己的全部生命热情投入到求知活动中时，他的生命才会发生

[1] 色诺芬：《回忆苏格拉底》，吴永泉译，商务印书馆，1984 年版，第 37 页。

改变，才会从对名利的追求转变为对智慧的追求。通过对知识的追求，哲人超出了感官和现象的领域，达到了超感官的理性世界。这就是灵魂的净化和自我的完善。因此哲人之求知是为了完善自我和人格，而不是为了获得某种学问或者技艺。所谓“今之学者为人，古之学者为人”。现代科学一方面是“为了科学而科学”，越来越局限在一个狭小的局部领域；另一方面，其根本目的并不是为了灵魂的净化，而是为了肉体的欲望和享乐。这就是现代科学的败坏和堕落。

第三，哲人必须是热爱真实、追求真理的人，他必定是厌恶虚假的。真实与智慧最接近。什么是虚假呢？简单地说，现象世界的一切事物都是虚假不实的。我们总是认为感官现象世界的事物是真实的、可靠的，是可以认识和把握的，我们可以在这个世界上获得最终的幸福和满足。因此俗人沉溺于现象“假有”之中，把这种虚假不实的事物看作是真实的，而把那些看不见摸不着的事物看作是虚幻的。在哲人看来，这就是“颠倒梦想”、“认妄为真”。这个现象世界不值得我们过于专注和执着，我们应该对这个世界持一种超然的态度。正如巴门尼德对存在和非存在的区分一样，只有不可见的存在才是真实的，而可见的现象都是非存在，是不真实的。所以哲人对真实的追求必然引导他超出现象世界。哲人对虚假现象的厌恶就引发他对现象世界的“出离心”。在苏格拉底那里，真实的世界就是理念的世界，只有对理念世界的认识才能够获得真理。因为他对现象世界升起了出离心，所以他对政治和自己的生死命运也持一种超然静观的态度。如果没有这种对真实世界的追求，他就不可能产生对现象世界的虚假性的认识和超越。现象世界的虚假性同样要求我们对自己的心灵保持“真诚”。也就是说，我们是相信自己的感官认识，还是相信自己的理性认识。当我们不再依赖感性认识，而依赖理性认识时，就能够认识现象世界的虚假性而超越现象世界，进入到永恒真实的理性世界。因此对自己的心保持“至诚”就是依据理性认识而生活。《大学》也提出了“诚意正心”的观点。“所谓诚其意者，毋自欺也。如恶恶臭，如好好色，此之谓自谦。故君子必慎其独也。小人闲居为不善，无所不至，见君子而后厌然，掩其不善，而着其善。人之视己，如见其肺肝然，则何益矣。此谓诚于中，形于外，故君子必慎其独也。”一个人在面对自己的欲望情感时，如果对自己的微小邪恶的欲念心存侥幸，就会逐渐在更大的事情上自欺，最终就会无法无天、为所欲为。所以一个人必须对自己的一切活动进行严格审视。俗人就是习惯于自欺欺人，总是不能真诚面对事实真相，安于浑浑噩噩醉生梦死的生活，通过“没有真理”，“人都是要死的”之类话来麻痹自己、安慰自己。这是我们不能成为哲人、圣人的根本原因。《中庸》提出了“至诚”的观点。“诚者，天之道也；诚之者，人之道也。诚者不勉而中，不思而得，从容中道，圣人也。诚之者，择善而固执之者也。”也就是说，天道无欺，我们不能认识天道，就是因为我们总是沉溺于感官现象世界。如果一个人对自己的理性保持至诚，把寻求真实作为自己的终极目标，不给自己寻找任何借口，他就能够达到“至诚如神”的天人合一的境界。在这种境界中，他无所不知、无所不通。这就是圣人或者哲人的境界。佛教也对现象世界的虚假性和真正世界的真实性进行了反复说明，例如《金刚经》中的“凡所有相，皆是虚妄。”“一切有为法，如梦幻泡影。如露亦如电，应作如是观。”真正的实相是无形无相的，只有依靠理性才能认识。我们应该使自己尽可能超出这个世界，最终摆脱生死轮回，获得无上正等正觉。

第四，哲人是节制的，没有贪欲。哲人没有俗人的七情六欲，没有对财富和功名的贪婪。因为他的欲望已经完全转向对真实知识的追求。一个人不能同时既爱财富，又爱智慧。据说，苏格拉底路过市场时，看到很多商品，他只是说：“这么多东西啊，可我一样也不需要。”他家徒四壁，一贫如洗，每天只是乐于和人讨论哲学问题。在他看来，哲人的节制才是真正的美德，而俗人的节制和美德只是出于对贪婪和恐惧的压抑。色诺芬在《回忆苏格拉底》中指出：“一个不能自制的人和最愚蠢的牲畜有什么分别呢？那不重视最美好的事情，只是竭尽全力追求最大快感的人，和最蠢笨的牲畜有什么不同呢？只有能自制的人才会重视实际生活中最美好的事情，对事物进行甄别，并且通过言语和行为，选择好的，避免坏的。”[1]“每一个人的本分岂不就是把自制看作是一切德行的基础，首先在自己心里树立起一种自制的美德来吗？有哪个不能自制的人能学会任何的好事，

[1] 色诺芬：《回忆苏格拉底》，吴永泉译，商务印书馆，1984 年版，第 173 页。

或者把它充分地付诸实践呢?”[1]俗人的节制都是因为财物不足或者胆子不够大而不得不节制,这种节制就不是真正的节制。俗人的欲望没有得到升华,而只是得到了压抑。俗人仍然以肉体的快乐为目的,而哲人关注的是心灵的快乐。古人也常说:“人到无求品自高”、“无欲则刚”,这都可以说是真正的哲人的节制美德。因为哲人的爱欲已经在智慧中获得了终极的满足,所以他面对一切诱惑都能够处之泰然。例如柳下惠的“坐怀不乱”并不是出于对欲望的压抑,而是因为他的爱欲已经在智慧中获得了满足,肉体的快乐对他已经没有吸引力了。正如孔子所说:“饭疏食饮水,曲肱而枕之,乐亦在其中矣。不义而富且贵,于我如浮云。”(《论语·述而》)“贤哉,回也! 一箪食,一瓢饮,在陋巷,人不堪其忧,回也不改其乐。贤哉,回也!”(《论语·雍也》)这就是我们常说的“孔颜乐处”。宋明理学中所谓“存天理灭人欲”的“灭”应该理解为“引导”。人的爱欲应该被引导到热爱智慧上来。知识净化心灵,智慧净化爱欲。节制是净化心灵的一种方法。净化就是治疗,治疗人的欲望之疾病。佛教也把贪欲看作是人的“三毒”之一,把消除贪欲作为自己的基本主题之一,提倡“以戒为师”,重视“戒”在获得内心的安定和智慧的重要性。

第五,哲人是心胸广大、志存高远、气象博大的。他在人和神的事情上都追求完整完全、尽善尽美,对永恒真实的世界的追求使哲人超越了人世间的成败得失、功名利禄、爱恨情仇;他对人间事务完全保持一种超然安宁的态度,处于一种“依据自然而生活”的天人合一的境界。正如庄子描述的真人:“独与天地精神往来,而不敖倪于万物。不谴是非,以与世俗处。其书虽环玮,而连犿无伤也。其辞虽参差,而諔诡可观。彼其充实,不可以已。上与造物者游,而下与外死生、无终始者为友。其于本也,弘大而辟,深闳而肆;其于宗也,可谓稠适而上遂矣。虽然,其应于化而解于物也,其理不竭,其来不蜕,芒乎昧乎,未之尽者。”(《庄子·天下》)可以说,哲人达到了无我之境。因为他没有自我,所以哲人不会像俗人那样心胸狭隘、鼠目寸光、斤斤计较。阿里斯托芬的喜剧大大地嘲笑了苏格拉底,但他不恼怒,反而乐观其成。可以说他的心中没有任何烦恼和愤恨,

[1] 色诺芬:《回忆苏格拉底》,吴永泉译,商务印书馆,1984年版,第33页。

内心始终是安宁和平和的。他只以真理为向导，对真理的热爱使他超过了对自我的爱。因此他没有自我夸耀之心，不会为了抬高自己而诋毁他人，也不会刚愎自用、固执己见。所谓"子绝四，毋意，毋必，毋固，毋我。"(《论语·子罕》)颜渊喟然赞叹孔子的气象："仰之弥高，钻之弥坚，瞻之在前，忽焉在后！夫子循循然善诱人：博我以文，约我以礼。欲罢不能，既竭吾才，如有所立卓尔；虽欲从之，末由也已！"(《论语·子罕》)叔孙武叔毁孔子，子贡辩护说："无以为也，仲尼不可毁也。他人之贤者，丘陵也，犹可踰也；仲尼，日月也，无得而踰焉。人虽欲自绝，其何伤于日月乎？多见其不知量也！"(《论语·子张》)

第六，哲人是勇敢且不怕死的。哲人不关心自己的身家性命，只关心真理，所以哲人不怕死。在《会饮》中，阿尔喀比亚德歌颂了苏格拉底在战斗中的勇敢。在《斐多》中，柏拉图展示了苏格拉底的慷慨就义。面对死亡，苏格拉底谈笑风生，无忧无惧，因为他已经超越了生死的感性的认识和分别，达到了"齐生死"的境界。"生有何欢，死有何惧"。在哲人看来，贪生怕死是无知的表现。在《申辩》中，他就指出如果死亡是彻底的结束，那么死亡就是最好的休息，难道我们要害怕这种休息吗？或者死亡是新生的开始，如果我们这一世好好学习哲学，那么在新的人生中我们必定有更好地开始，我们同样不必害怕这种美好的新的人生。因此贪生怕死是缺乏理性的无知的表现，是我们的理性灵魂被感官肉体束缚的表现。哲人的勇敢是出于理性和智慧的勇敢，因此是真正的勇敢，而俗人的勇敢只是出于无知、贪欲，因此都不是真正的勇敢。在《普罗泰戈拉》中，苏格拉底试图使普罗泰戈拉认识到勇敢出于智慧，而不是在于大胆。这都是对"血气之勇"的贬低。儒家传统讲究"无欲则刚"、"仁者无敌"。真理或者仁比生命更加重要。"志士仁人，无求生以害仁，有杀身以成仁。"(《论语·卫灵公》)"仁者必有勇，勇者不必有仁。"在《中庸》中，孔子也推崇南方之强，贬低北方之强。"宽柔以教，不报无道，南方之强也，君子居之。衽金革，死而不厌，北方之强也，而强者居之。故君子和而不流，强哉矫！中立而不倚，强哉矫！国有道，不变塞焉，强哉矫！国无道，至死不变，强哉矫！"佛教也推崇"勇猛精进"，认为出家是真正的大丈夫的行为，说法也要像"狮子吼"，面对真理，不能怯懦。而对嗔恨的激情，佛教却大加贬低，认为嗔恨是三毒之一,会使人堕落地狱,所以最重要的就是消灭嗔恨。这种嗔恨就是血气之勇的根源。

第七,哲人必定是讲究信誉,坚持正义,性格温和,而不是粗鲁暴戾的人。因为哲人超越了人世间的功名利禄、利害得失,所以他不会损人利己,没有比哲人更加可信的人。俗人之所以不可信主要就在于他关心个人的利害得失,会出尔反尔、反复无常。哲人的可信不是出于沽名钓誉,而是基于他的淡泊名利和高风亮节。他知道和珍视比世俗的物质利益更加宝贵的东西。同样,哲人的可信并不只是遵守诺言,而是对义的认识或者对真理的坚持。所谓"言不必信,行不必果,唯义所在"。可以说,哲人超出了世间的名利,达到了内心真实的正义和和谐。所以哲人不会自欺欺人,始终保持真诚。根据色诺芬《回忆苏格拉底》的记载,在克里托布洛斯让苏格拉底把自己介绍给别人做朋友时,苏格拉底只是如实地介绍,丝毫没有溢美之词,他说:"我想当我称赞你的时候,我不能说任何一句不真实的话。"❶在他受到了不公正的判决被拘押期间,克里同试图劝说他逃跑,但是他认为必须首先进行理性的论证,证明逃跑是不是合乎理性,否则就不能逃跑。他认为一个正义的人无论在什么条件下,都绝对不能以恶抗恶,不能以非正义的行为反对非正义的行为。"一个人在任何情况下都不能作恶。"❷因此,色诺芬指出:"关于正义,苏格拉底并不隐瞒自己的看法,而总是通过他的行为把自己的心意显示出来。在他的私人生活方面,他严格遵守法律并热情帮助别人;在公众生活方面,在法律所规定的一切事上他都服从首长的领导,无论是在国内或是从军远征,他都以严格遵守纪律而显著地高出于别人之上。"❸"当他做议会主席的时候,他不让群众做出违反法律的决议来,为了维护法律,他抵抗了别人所无法忍受的来自群众的攻击。当三十僭主命令他做违背法律的事的时候,他曾拒绝服从他们。当他们禁止他同青年人谈话并吩咐他和另外一些公民把一个

---

❶ 色诺芬:《回忆苏格拉底》,吴永泉译,商务印书馆,1984年版,第72页。

❷ Plato. *The Collected Dialogues of Plato* [M], Edited by Edith Hamilton and Huntington Cairns, Princeton University Press, 1963. 49B. P34.

❸ 色诺芬:《回忆苏格拉底》,吴永泉译,商务印书馆,1984年版,第161页。

人带去处死的时候，只有他一个人因这个命令与法律不合而拒绝执行。当他因米利托斯的指控而受审的时候，别的被告都习惯于在庭上说讨好法官的话，违法地去谄媚他们、祈求他们，许多人常常由于这种做法而获得了法官的释放，但苏格拉底在受审的时候却决不肯做任何违法的事情，尽管如果他稍微适当地从俗一点，就可以被法官释放，但他却宁愿守法而死，也不愿违法偷生。"❶苏格拉底的性格也是非常温和的，这种温和不是天生的，而是因为学习哲学后，心灵获得了净化，达到了超然境界的表现。据说他的妻子性格粗野顽劣，经常和他大吵大闹，他人都难以忍受和理解，询问苏格拉底为什么还和她在一起，苏格拉底回答说，如果他能够和这样的人相处，那么他还和什么人不能相处呢。据说，苏格拉底在和人辩论时，对方因为辩论失败而恼羞成怒，打了他，苏格拉底并未还击，只是说："他不知道该什么时候戴上面具从这里走出去了，他不知道怎么办才好了。"当然，这种温和并不是懦弱或者胆怯，其中自有庄重和威严。对比孔子的教导，我们看到，孔子特别强调信。"人而无信，不知其可也。大车无輗，小车无軏，其何以行之哉？"(《论语·为政》)因此孔子以文、行、忠、信作为"四教"。曾子也说："吾日三省吾身——为人谋而不忠乎？于朋友交而不信乎？传不习乎？"孔子也推崇正义。"君子喻于义，小人喻于利。"(《论语·里仁》)"君子义以为上。君子有勇而无义为乱，小人有勇而无义为盗。"孔子的性格则是"温而厉，威而不猛，恭而安。"(《论语·述而》)子贡认为孔子具有夫子"温、良、恭、俭、让"的品德和性格。

第八，哲人在学习方面必定聪明敏锐、记忆力强、过目不忘。如果很快忘记所学，就不是善学。我们知道，人和人在学习方面的天赋确实是不同的。有的人善于学习，有的人不善于学习。也就是说，哲人必须天生具有很高的理性能力。一个人如果很愚钝，理性学习能力不好，就不可能热爱学习，不可能从事哲学。苏格拉底在理性能力方面是超出常人的。他是一个天生的哲人。他善于学习各种知识，并且能够从学习中获得快乐。根据色诺芬的记载："他总是和数学家、政治家、神学家等有学问的人来往，向他们学习，并且能够敏锐地洞察到对方的观点的缺陷，从而颠覆对

❶ 色诺芬：《回忆苏格拉底》，吴永泉译，商务印书馆，1984年版，第161页。

方的观点。”这是他能够实行辩证法和助产术的原因。没有这种超常的对知识学问的辨析能力，是不可能进行辩证法对话的。孔子也强调“学而时习之，不亦乐乎。”如果不能体会到学习之乐，就不可能具有很高的理性天赋。所以孔子的自我评价就是“默而识之，学而不厌，诲人不倦，何有於我哉？”（《论语·述而》）孔子认为“文”的意思就是：“敏而好学，不耻下问，是以谓之‘文’也。”孔子对于学生也强调必须善于举一反三，触类旁通。否则就不教授他。“不愤不启，不悱不发。举一隅不以三隅反，则不复也。”（《论语·述而》）

第九，哲人必定是天性和谐、适度、平衡，因为适度和真理相关。适度就是合乎自然。哲人完全以合乎自然或者合乎真理作为自己的唯一原则，没有自己的主观性和个人性。因为中道就是以合乎自然为唯一原则，适度也就是中道，所以哲人也就是坚持中道的人。哲人不会做任何过度激进和极端的事情，他也没有任何极端的思想和观点。他在自己的内心达到了节制、正义和和谐。可以说，苏格拉底的自知无知就是适度或者中道的体现。这种无知之知一方面解构或者消除了世俗的知识和意见，一方面又坚持了真理和知识的可能性。因此苏格拉底才能随时随地和自然、事实保持一致。通过和自然保持一致，苏格拉底消除了自我的执见和定见，达到了智慧的顶峰。孔子也强调中道和适度的重要性，认为“过犹不及”。同时他也强调权变的重要性。因为适度和权变相关，“可与共学，未可与适道；可与适道，未可与立；可与立，未可与权。”（《论语·子罕》）他也看到了中庸之道的难得。“中庸之为德也，其至矣乎！民鲜久矣。”（《论语·雍也》）我们可以在狂狷之间寻求中道。“不得中行而与之，必也狂狷（倦）乎！狂者进取，狷者有所不为也。”（《论语·子路》）

以上是苏格拉底列举的哲人的九大品质。虽然他的这些论述似乎是随意的，也没有进行论证，容易被我们忽略。但是这些品质中包含了哲人的本质和奥秘，其核心是对永恒存在和真理的认识或追求。这种认识或者追求使哲人超出了人世间，达到了超世间的智慧。其他的品质或者德性都是从这个特点产生出来的。我们只有深入理解了哲人的这些品质和特点，才能从中发现真正的哲人的本质。只有理解了“什么是哲人”，我们才能理解“什么是哲学”。为此，我们应该从我国古代经典中寻找相似的观点来展开和比较,这样我们对哲人的认识就能够理解得更加丰富和深刻。只有这样,我们才能理解苏格拉底强调哲人永远只能是极少数人的原因,也才能克服现代性以来对哲人的误解。可以说,现代性的错误就在于对哲学或者哲人的误解,而尼采、海德格尔等人对哲学或者哲人的否定也是基于现代性的哲学误解。因此回归对哲学和哲人的正确理解是我们克服现代性的关键。

二、哲人的现实形象

苏格拉底描述的哲人的理想形象和哲人的现实形象相差太远了。这遭到了阿得曼托斯的反驳,他提出了“哲人无用论”和“哲人坏蛋论”。阿得曼托斯指出,如果哲人真的如此优秀,为什么在现实国家中,哲人要么被看作是无用的,要么被看作是坏蛋。我们应该如何看待哲人的这种现实形象呢?这里体现了城邦和哲人的关系。苏格拉底分别回答了这两个问题。

第一,对哲人无用论的批判。

苏格拉底首先用“船喻”解释了这种情况。在他看来,最优秀的人物和城邦的关系总是不愉快的。他把城邦比喻为船,把实际统治者比喻为船长,把野心家比喻为水手,把航海家比喻为哲人。他指出,因为航海家拥有航海知识,所以只有航海家才是真正的船长。但是没有人会重用航海家,船长和水手都不会接受航海家。也就是说,哲学家无用并不是哲学家的原因,而是世人不重用哲学家造成的。同样,哲学家也不会为了被重用而卑躬屈膝,巴结权贵。因此哲人虽然很有智慧,具有经天纬地之才,但是他们却往往不见容于世,只能做隐士或者世外高人。“哲人无用论”体现的是哲人和城邦的疏离关系。哲人和君主对于国家的目标有不同的看法,几乎是不可能达成一致的。一般统治者往往都是把霸业作为自己的目标,而哲人往往以王道、仁政作为自己的政治理想,因此哲人的政治理想往往得不到认可,哲人也不得不远离政治。更有甚者,哲人的政治理想还可能触怒执政者,遭致执政者的迫害。因此哲人和政治的关系往往是不愉快的。例如苏格拉底就始终坚持不参与政治事务。在《申辩》中,他自述他的“精灵”阻止他参与政治,认为如果他参与政治早就一命呜呼了。他的直接政治活动很少。他曾经以公民身份参加三次战役，在公元前406年曾经担任五百人会议法庭的主席，最后就是受到美勒托等人的控告走上法庭。在《理想国》中他指出，哲人只有在理想国中才有义务参与政治，在其他任何国家都不会参与政治。柏拉图本人也曾经三次去叙拉古，试图为之立法，但是最终都以失败告终。这也反映了哲人和现实政治的紧张关系。

我国的孔子、老子、孟子、庄子等圣人也不能见容于世。孔子35岁时，鲁昭公被鲁国掌权的三桓季孙氏、叔孙氏、孟孙氏击败，逃到齐国，孔子便离开鲁国到齐国。鲁定公九年，51岁的孔子仕鲁，鲁国颇有起色，但是孔子与鲁公、季桓子等在道德与政见上的分歧难以弥合，孔子最终去鲁适卫。孔子率众弟子周游列国，辗转于卫、曹、宋、郑、陈、蔡、叶、楚等地，然而均未获重用。其间，在匡、宋、蒲等地，孔子一行多次被困遇险。孔子希望被重用，把自己比作待价而沽的商品。“沽之哉！沽之哉！我待贾者也！”(《论语·子罕》)但是孔子也绝不会为了被重用而违背自己的原则。“富而可求也，谁执鞭之士，吾亦为之。如不可求，从吾所好。”(《论语·述而》)所以孔子曾经发出了避世之叹：“道不行，乘桴浮于海。从我者，其由与?”(《论语·公冶长》)最终孔子弃政从文，认为从事教育就是从事政治。老子也看到了哲人和政治的紧张关系，自己的政治理想不能得到实现。“吾言甚易知，甚易行。天下莫能知，莫能行。言有宗，事有君。夫唯无知，是以不我知。知我者希，则我者贵。是以圣人被褐而怀玉。”(《道德经》，第七十章)庄子也看到哲人和政治的紧张关系，不愿为了政治生活而放弃哲学生活。“庄子钓于濮水。楚王使大夫二人往先焉，曰：‘愿以境内累矣！’庄子持竿不顾，曰：‘吾闻楚有神龟，死已三千岁矣。王巾笥而藏之庙堂之上。此龟者，宁其死为留骨而贵乎？宁其生而曳尾于涂中乎?’二大夫曰：‘宁生而曳尾涂中。’庄子曰：‘往矣！吾将曳尾于涂中。’”(《庄子·秋水》)

第二，对“哲人坏蛋论”的批判。

接下来，苏格拉底分析了哲人坏蛋论。他指出哲学被误解的最大原因在于那些自称搞哲学的人败坏了哲学。他解释了哲人败坏的原因。他认为一个完美的哲人的那些天赋是很难在一个人身上同时成长起来的，即使有也只能是极少数人。天赋优异之人始终是少数，这是大自然的法则。大多数人是平庸之辈。教育对一个天赋薄弱的人的影响是有限的，但是对于天赋出众的人的影响则是巨大的。这些天赋如果得到很好的教育，就会成为优异的人才。如果没有受到很好的教育，它们就会比差的天赋得到的结果更坏，成为恶魔似的人物，因此成了整个国家的危害者。他们对于国家或者个人的危害要远远大于一般普通人。同样，一个天生的哲学家的成长过程也会受到巨大的干扰。人民看到他天资卓越，前途无量，于是都奉承他，巴结他，娇纵他，最后他自己变得妄自尊大、骄奢自满，不能听取他人的忠告和建议，最后败坏堕落。或者，人们看到他走向了哲学之路，逐渐变得刚正不阿，无所畏忌，人民感到无法从他那里获得个人的私利，于是就会通过私人阴谋或者公开控告等手段阻止他、陷害他，这样他就逐渐不能从事哲学研究而败坏了。天纵之才就是这样败坏的。在这些天生的哲人不能从事哲学后，那些天赋不适合学习哲学的"小人"就会乘虚而入，他们追求的是哲学中的名声和利益。他们学习哲学的结果只是学会了诡辩，没有任何知识。这样的人就是智者(sophist)。智者同样是天赋比较良好的人，但是还没有达到可以学习哲学的高度，他们最终都成为颠倒是非、混淆黑白、能言善辩的演说家、诡辩家。他们善于掌控民众的心理和情绪，善于观察民众的喜好和意见，然后去迎合民众，操纵民众。民众喜欢的，他们就称为好的，民众不喜欢的，他们就称为坏的，根本不关心是非、善恶、对错。如果言辞不奏效，他们还会使用行动强加于人民，使用例如剥夺公民权、罚款和死刑等惩治不服从的人。智者窃取了哲人之名，他们的活动极大损害了哲人的形象和名声。

真正的哲人和智者是完全不同的。哲人一心追求真理，直到自己的理性和永恒不变的实体结合在一起，他的心灵才能停止追求。哲人的爱欲追求止于智慧和至善。在《会饮》中，柏拉图展示了这个过程和秘密。哲人的求知是为了灵魂净化和自我完善，而不是为了传授和获利。而智者学习哲学的目的是为了支配他人，或者是为了获得财富和权力。真正的哲人学习哲学是为了完善自己。"古之学者为己，今之学者为人。"当他真正获得了智慧后，就会发现其实没有智慧可以传授，即使可以传授，也不是可以通过语言传达的。所以哲人才自称"无知"，他的唯一知识就是无知之知。也就是说，真正的知识是要学习者的灵魂的明心见性、回光返照才能获得的，不是通过语言可以传达的。相反，智者认为智慧可以传播，并且以传授他人美德和智慧自诩。他们就会心安理得地收取学费，获得利益。“君子学道则爱人，小人学道则易使也。”(《论语·阳货》)从表面上看，哲人和智者的最大差别在于是不是收取学费，但是实际上却是关于智慧的看法不同。因为哲人和智者很难区分，人们往往把智者等同于哲人，把智者的败坏看作是哲人的败坏，最终玷污了哲学的名声，使哲学成为不受欢迎的东西。

现代启蒙主义者非常类似于柏拉图批判的智者，现代哲学在一定意义上就是智者哲学。在现代社会中，智者赢得了哲人之名，哲学似乎成为了受欢迎的角色，试图承担拯救人类、造福人类的使命。现代哲学认为知识是可以传播的，通过知识的传播最终达到整个社会的启蒙，从而最终建立起哲学的千年王国，实现全人类的终极幸福。但是这个哲学王国其实是智者的王国，其中学术服务于政治和欲望，科学技术成为了意识形态，成为极权主义起源的根本原因。在哲学的政治意识形态化的过程中，哲学已经消失了。我们也看到在当代哲学中兴起了一个巨大的“为智者平反”的浪潮。因此我们必须努力捍卫苏格拉底和柏拉图的哲学事业，重新理解哲学生活的本质，重新为哲学生活的正当性进行辩护。

同样，在我国古典哲学中，智者非常类似于佞者。孔子讨厌那些佞者。“焉用佞？御人以口给，屡憎于人。不知其仁，焉用佞？”(《论语·公冶长》)这些佞者为了能够在论辩中打败对手，不惜颠倒黑白混淆是非，根本不关心真理和事实。但是由于他们拥有极强的演说和论辩能力，他们的言辞具有很大的煽动性和鼓动性，能够很容易地控制和支配人民，这样他们对国家的危害就是最大的。另一方面，因为孔子也到处劝说他人、教导他人，他似乎也被人看作是佞者。[1] 他认为自己的善辩是出于对佞者的厌恶。“非敢为佞也，疾固也。”(《论语·宪问》)孟子也是以“好辩”著称，但是孟子的好辩是为了真理和正义，而不是为了炫耀自己的演说术或者为了控制他人。所以孟子说：“我亦欲正人心，息邪说，距陂行，放淫辞，以

---

[1] 同样，苏格拉底也往往被看作是智者。这是对哲人和智者的本质差异性缺乏认识的结果。

承三圣者。岂好辩哉,予不得已也。"(《孟子·滕文公下》)老子也指出,真理的言辞是朴实的不华丽的,不会为了说服人而采取华丽的言辞。那些善于论辩的人往往对真理一无所知。"信言不美,美言不信。善者不辩,辩者不善。知者不博,博者不知。"(《道德经》,第八十一章)因为真理是离言绝相的,所以哲人也是"刚毅木讷"、"大智如愚"的。

苏格拉底继续进行解释。剩下的学习哲学的人只有五种人。第一种是出身高贵又受过良好教育的人。他们处于流放之中,因此没有受到国家的腐蚀,依然能够学习哲学。第二种人是天性卓越,又生活在一个狭小的国家中,他根本不关心政治,因此能够认真研究哲学。第三种人是天性优异,自觉放弃了低贱的职业和技艺,改行从事哲学。第四种人是由于身体的缺陷或者病弱,不能参与政治,所以一直从事哲学。第五种人是苏格拉底式的人,他们从事哲学是出于神迹或者天意。他们是少数人中的少数人。他们体验到了哲学的快乐和幸福,充分看到了政治民众的疯狂无知,知道在当前的城邦中没有什么是健康的,也没有人可以作为他的盟友来援助他们,就像一个人落入野兽群中。所谓"君子不党"。他们既不愿意参与作恶,也不能单枪匹马地对抗这些野兽,他们只能保持沉默,只关心自己的事情,看到别人干坏事,只求自己能够不沾染罪恶和不义,最后怀着善良的愿望和美好的期待离开这个世界。阿得曼托斯认为能够做到这一点也算不错了。

哲人的这种政治处境就是"穷则独善其身"。这样的哲人是自发性地产生的,他们的出现不是来自国家的有目的的培养,而是来自他们的自然理性,来自对真理和智慧的热爱和追求。他们自然地不喜欢功名利禄,不能在这些事物中感到满足和快乐。他们自然地产生了追求真理的冲动和需要,并且逐渐成为他们的唯一需要和追求,并且能够最终在哲学真理中获得人性的最高完善。我们可以说,这样的哲人是天生的哲学家,他们成为哲人是出于他们的天性和自我教育。现实国家对于这样的哲人的产生是没有任何功劳或者帮助的。所以哲人不亏欠这个现实国家,他没有为国家效力的政治义务。这样的国家对哲人是不友好的。哲人在这样的国家也是孤立的。在这样的国家中,一个哲人只能保持洁身自好,不和俗人同流合污。哲人在这样的国家中只能做隐士。因为这样的现实国家是常态，所以“哲人做隐士”是常态。

中国有一个很长久的隐士传统，《论语》中就记载很多隐士，他们似乎对孔子的政治活动并不感兴趣。孔子虽然在列国之间游走，谋求实现自己的政治抱负，但是他对隐士也是非常尊重和推崇的。《论语》中记载：“楚狂接舆歌而过孔子曰：‘凤兮！凤兮！何德之衰？往者不可谏，来者犹可追。已而，已而！今之从政者殆而！’孔子下，欲与之言。趋而避之，不得与之言。”（《论语·微子》）在这样的国家中，哲人能够保持自己的纯洁和完美、全身而终就已经是最好不过的了。例如曾子在临死时曰：“启予足！启予手！《诗》云：‘战战兢兢，如临深渊，如履薄冰。’而今而后，吾知免夫！小子！”（《论语·泰伯》）同样，老子哲学和庄子哲学更加是一种隐士哲学。老子描述了圣人的崇高气象：“古之善为道者，微妙玄通，深不可识。夫唯不可识，故强为之容；豫兮，若冬涉川；犹兮，若畏四邻；俨兮，其若客；涣兮，其若凌释；敦兮，其若朴；旷兮，其若谷；混兮，其若浊。”（《道德经》，第十五章）在《庄子》中记载了很多仙风道骨、闲云野鹤般的隐士或者真人。例如在《逍遥游》中，庄子借助接舆之口说：“藐姑射之山，有神人居焉，肌肤若冰雪，绰约若处子。不食五谷，吸风饮露，乘云气，御飞龙，而游乎四海之外。其神凝，使物不疵疠而年谷熟。”他们描述的这种隐士之美好使人产生了强烈的出世想象和出世冲动，对中国士人产生了巨大影响。在佛教中，小乘佛教也大多接近于这种出世的隐士。小乘圣人阿罗汉的境界就是满足于自己个人的出世和解脱，而大乘佛教看到了“兼济天下”的重要性，强调“普度众生”在个人解脱上的重要性。

同样，苏格拉底也认为这种“独善其身”的层次和境界并不是最高的、最好的。最好的境界是哲学家获得了充分的成长，并且能够保护自己和国家的利益。所以苏格拉底构想了一个哲人王统治的理想国。在这个理想国中，所有人的自然天性都能够获得最大程度的发展。每个人的自我实现就是成为自己的天性所要求和允许的那种人，而不是违反自己的自然天性。只有合乎自己的自然天性的才是真实的、美好的。进而，每个人都能够在国家中获得适合自己天性自然的工作岗位。这就是各得其所、各尽其能、各安其位。因为任何人都只擅长做一种工作，所以从事这个工作职位是实现他的自然的唯一方式。每个人的自然都是在政治社会中从潜能变为现实的。没有政治国家，个人的自然只能处于潜能状态，无法达到现实。所以政治国家对于个人的自然的实现是必不可少的。因为只有哲人才能够准确发现每个人的自然潜能，并且帮助每个人实现自己的自然，所以只有在哲人王统治的理想国中，才能达到最高的正义和幸福。这样在理想国中，不但哲人达到了最高的自我完善，每个人也都在哲人的指导和教育下获得了自我的实现。可以说，理想国的状态就是“达则兼济天下”。

苏格拉底同样具有这种“兼济天下”的大乘菩萨道精神。他虽然并不承担统治国家的责任和义务，但是他仍然尽可能地完善自己的国家。在《申辩》中，他把自己比作牛虻，他不停地叮咬身边的公民，希望他们能够觉醒起来，提升国家的道德精神。他看到，在希腊民主化的过程中，希腊精神正在逐渐衰落，所以他以这种教育的方式承担了对国家的义务。但是他的这种工作并未得到国家的认可，反而最终成为判处他死刑的原因。因此苏格拉底虽然强调哲人的“明哲保身”，但是他更加强调哲人的“兼济天下”、“普度众生”的重要性。同样，孔子也是如此。他的一生颠沛流离，他的政治理想几乎不能得到认可和接受，但是他始终在为自己的政治理想奋斗。他把自己的这种生活状态定义为“知其不可为而为之”。这是因为他看到了自然的真理，体验到了人性的最高完善和幸福，所以他希望把自己的这种人生智慧扩展到整个政治国家中，希望所有人都能够实现自己的自然天性。但是因为这种政治智慧不能得到现实国家的认可，所以始终不能得到实现。大乘佛教也坚持类似的理想。菩萨道主张自度度人，自利利他。大乘佛教认为“发菩提心”对自我的解脱是至关重要的。一个人的解脱只有和其他众生的解脱结合起来，才有可能实现自我真正的解脱。一个只关心自己解脱的人是不可能有很高成就的。仅仅满足于自我的救赎和实现是小乘佛教的理想，所以应该把自我的救度和他人的救度结合起来。

在苏格拉底看来，现行的国家制度都不适合哲学家的培养和成长，它既不关心也不鼓励哲人的成长，对哲学持不友好的态度。当前的哲学研究方式是一个人在少年时研究哲学，在他开始接触哲学中最难的辩证法推理时就放弃了学习。但是他却仍然认为自己已经学习了哲学，是一个哲学家了。于是他们就满足于听听他人的哲学辩论，哲学成为了消遣娱乐的活动。哲学因为这种政治制度而败坏，一些天生适合学习哲学的人没有机会学习哲学，而一些不适合学习哲学的人则混入哲学圈，试图从中获得好处和利益，最终败坏了他自己和哲学本身。相反，如果哲学能够在一个理想的国家中受到公正地对待，能够建立恰当的教育和选拔机制，使天生适合学习哲学的人从小受到适当的教育，那么天生的哲人将来能够成长为真正的哲人，这于国于民都是最重要的。

苏格拉底设想的学习哲学的步骤是：在年少时，学习适合儿童学习的内容，在成人后，要注意身体健康，为哲学研究准备好身体条件。在灵魂达到成熟阶段后，加强对心灵的锻炼。在身体衰老后，就摆脱政治军事工作，专门从事哲学研究。如果一个哲人能够统治国家，那么他就能够利用自己的智慧使国家尽可能达到完善，每个人在其中都能够实现自己的天性。那么这无疑将是人类能够建立起来的最好的国家。这样的哲学就确实是“神物”(Holy)。这样的哲人就接近于神人。和哲学相比，其他一切都只不过是人事，而人事是微不足道的。可以说，成为哲人是最美好的人生理想，没有什么比成为哲人更加神圣和重要的了。所以我们应该尽可能使自己变得神圣，摆脱狭隘的低贱的世俗气息。和哲学相比，诸神也不是神圣的。在《斐德罗》中，苏格拉底也暗示，诸神也只有在对神圣的理念世界的观照中才能获得自己的纯洁和神圣性。在苏格拉底的头脑中，只有哲学才配得“神圣”(Holy)之名。相比之下，现代人对于哲学的理解都太过于世俗化了，都是在世俗和低级的含义上理解哲学，甚至只是把哲学看作是各种学科中的一种。我们很少把哲学和人格塑造结合起来，更很少把哲学和神圣性结合起来。如果只是这样理解哲学，我们就不能理解苏格拉底和柏拉图的哲学观。我们必须认真对待苏格拉底和柏拉图的哲学观，理解他们如此设想哲学的意义和意图。这样我们才能“像苏格拉底理解自己那样理解他”。

阿得曼托斯认为苏格拉底的这种设想根本不可能被接受，尤其是色拉叙马霍斯之类的人。苏格拉底要求不要再挑起他和色拉叙马霍斯的冲突了，“他们刚刚交了朋友”。我们可以说，这是柏拉图对哲人和僭主的结合的暗示，也暗示理想国是哲人和僭主的结合的产物。按照阿尔法拉比的解释，这就是苏格拉底的方式和柏拉图的方式的区别所在。也就是说，苏格拉底是完全非暴力的和非政治的。这意味着苏格拉底无能处理和非哲人的关系。而色拉叙马霍斯却是善于和非哲人打交道的。或者说，色拉叙马霍斯是完全政治化的。只有完全非政治化的人和完全政治化的人的结合，才能建立理想国。哲人更加适合的角色就是“帝王师”。但是我们看到，哲人和僭主的结合是脆弱的。正如我们在古代哲人的政治经历中经常看到的那样，哲人几乎无法说服僭主或者强人。或者说，如果哲人和僭主的联合意味着哲人向暴力妥协，那么这肯定是苏格拉底坚决反对的。因为这种妥协就意味着向非正义的妥协，而且这种妥协的道路没有尽头的。我们最终就会毁灭哲学。所以苏格拉底立刻跳过了这个问题。柏拉图也没有公开地宣扬这种结合。这就是所谓的“实与而文不与”。

接下来，苏格拉底讨论如何改变民众对哲人的看法，如何说服民众的问题。理想国的实现不能通过暴力手段，只能通过说服的方式。民众之所以难以被说服，是因为他们从来没有看到过哲人统治的城邦，他们更多看到的是现实的、拙劣的城邦。应该告诉他们真正的哲学家是什么样子的，消除他们对哲学的厌恶。苏格拉底认为只要和风细雨地、潜移默化地教育民众，他们就一定会改变对哲学家的看法。因此必须向民众澄清哲人和智者的区别，不要把智者当作哲人。因为民众对哲学的厌恶来自智者对哲学的败坏。智者们到处都在相互争论，心中充满了敌意，还经常进行人身攻击。他们只在乎自己是不是能够在论辩中战胜对手，而不在乎真理、是非善恶。但是真正的哲学家专心致志于真实存在，无暇关注琐碎人事，更不会和他人争吵。他的注意力放在永恒不变的理性事物上，并且尽力模仿它们，使自己尽可能变得有秩序和神圣。当哲学家把在彼岸世界看到的原型施加到国家和个人身上而去塑造它们时，就仿佛是一个塑造节制、正义等美德的杰出工匠。哲学家对城邦和人民的塑造就像是绘画。人民的天性就是他的画板，他要先把画板擦擦干净，对人性进行净化，然后勾画一幅政治制度的草图，接着对细节进行充实和润色，最后是不断进行完善，直到达到至善完美的境界。可以说，哲人就是这种“制度画家”。在哲人的统治下，国家和人民能获得真正的正义和幸福。如果民众相信了关于真正哲学家的这些看法，就不会粗暴地对待哲学家了。他们知道了哲学家的意图和方法后，肯定会心甘情愿地接受他的统治。苏格拉底指出这样的哲学家不必很多，一个就足够了。由此可见，人民和哲人不是敌对关系，而哲人和诗人、哲人和智者才是真正的敌对关系。诗人和智者才是哲人的真正敌人。说服他们比说服民众要困难得多。

三、哲人的教育

对哲人的教育不同于对护卫者的教育。对护卫者的教育虽然也是精英教育，但因为这种教育还没有学习辩证法，所以仍然是基础教育。辩证法的学习才是“最大的学习”。哲学学习的核心内容和最高层次就是辩证法。可以说哲人的教育是精英教育中的精英教育。

（一）哲人的认识对象——善的理念

为了继续揭示哲人的真相，苏格拉底开始讨论哲人的学习和教育问题。他认为最大的知识是关于善的理念的知识，最大的学习就是关于善的理念的学习。“善的理念是最大的知识问题，关于正义等等的知识只有从它演绎出来的才是有用和有益的。现在我差不多深信你知道，这就是我所要论述的，你也听我说过，关于善的理念我们知道得很少；如果我们不知道它，那么别的知识再多对我们也没有任何益处，正如别的东西，虽拥有而不拥有其善者，于我们无益一样。或如我们拥有一切而不拥有其善者，你认为这有什么益处呢？或者懂得别的一切而不懂美者和善者，这有什么益处呢？”❶苏格拉底的这段话告诉我们：一方面，至善的知识是最重要的，其他一切知识都低于善的知识。只有依据善的知识，其他知识才是有意义的。这意味着哲学首先和根本上是关于至善的认识。忘记了这一点，也就背叛了哲学。其他一切知识都只有在哲学的至善知识的引导下才能真正具有价值和意义。对于这种观点，在《斐多》中，苏格拉底在回顾自己学习哲学的过程中表明，他曾经陷入深刻的精神危机，即他怀疑和否定了自古以来的传统观念，但是新的哲学却同样不能使他满意。所以他不得不自己探索哲学，他认为至善才是世界如此存在的根本原因，而用其他任何观点解释这个世界的存在和运作都是不恰当的。在《蒂迈欧》

❶ 柏拉图：《理想国》，郭斌和、张竹明译，商务印书馆，1986 年版，505a。

中，柏拉图则把造物主作为至善的代表和象征，宇宙的创造和运行都是按照至善理念安排的，所以这是一个最好的宇宙。可以说，对至善的关注和追求是苏格拉底和柏拉图的哲学的根本精神。自然哲人的错误就在于没有思考至善问题。或者说，哲学是关于善的知识，科学是关于其他事物的知识。哲学高于科学，科学必须接受哲学的指导。没有了哲学的引导，科学就会陷入盲目性。这是我们理解哲学和科学的关系的基本原则。另一方面，苏格拉底告诉我们，人们关于善的知识知之甚少。这种知之甚少并不是说至善是不可知的，而是说认识至善非常困难。哲学就是对至善的纯粹理性直观。这种理性直观的知识是离言绝相，不可言说的。所以哲学关于至善的知识是非概念性的超语言的，至善知识不是科学意义上的概念知识。因此哲学关于至善的知识就是无法普及和传达的。这是关于至善的知识的特有的“困难”。而科学是概念性的知识，是相对清晰和明确的，也是可以表达和传授的。现代性以来的基本错误就是哲学不再把至善作为自己的根本问题，反而把为现代科学奠基作为根本问题。这样一来，哲学成为了科学的奴仆，哲学就不能引导科学，而最终现代科学也抛弃了哲学。这种堕落使现代哲学和现代科学成为政治意识形态的组成部分，把功利主义作为自己的唯一目标，最终把功利或者享乐作为至善的替代物。

接下来，苏格拉底又指出：“每一个灵魂都在追求善，都把它作为自己全部行动的目标。人们直觉到它的确实存在，但又对此没有把握；因为他们不能充分了解善究竟是什么，不能确立起对善的稳固的信念，像对别的事物那样。”（柏拉图：《理想国》，505e）对于苏格拉底的这段话，我们可以做如下理解。首先，他在这里明确表达了性善论的人性论思想。他把人的动机和意图作为理解人性的根本法则，而不是单纯通过外在行为认识人性。在他看来，只有把握了人的动机和意图，才是对人性的真正的认识。人的外在行为可能是卑劣的，但是他的动机仍然是向善的。这就是“透过现象看本质”。这种考察方式体现了苏格拉底的理性主义、乐观主义的思维方式。这种考察人性的方式是我们必须认真学习和继承的。现代性以来的人性论的基本错误就是不再按照人的动机理解人的本性，也就是不再按照善的理念来理解人性。我们必须再次回归到苏格拉底的这种基本考察方式上来。其次，人在善的问题上是无知的。虽然人们的本性是追求善，也直觉到善的存在，但是人们对善的认识却并不是确定无疑的。这暗示我们对于善的认识是非常困难的。因为对善的认识需要理性的直观，理性的直观只有在我们扬弃了一切概念性知识和肉体感官干扰之后才能达到，才能够进行。因此能够看到至善本身的人只能是极少数的哲人，大多数人只认识和追求善的影像，即财富、地位和权力等。因为哲人认识到了至善本身，所以他获得了最高的智慧和幸福，而俗人因为只认识和追求善的影像，所以他们的生活才充满了痛苦和不幸。

苏格拉底接下来指出，人们在善的问题上是莫衷一是、众说纷纭的。有的人认为善是快乐，有的人认为善是知识。但什么是快乐或者知识，他们却含糊不清。善是快乐的观点后来就成为伊壁鸠鲁主义的基本原则，也是后来的功利主义的基本原则。善是知识的观点就类似于斯多亚派的观点，把德性看得比快乐更重要。但是他们把快乐和知识分离开是不对的。不论把善理解为快乐还是知识，都是不全面的。在《斐莱布》中，苏格拉底探讨了善是快乐还是知识的问题，他认为善是快乐和知识的结合。知识必然带来快乐，真实的快乐必然来自知识。康德也坚持至善是德性和幸福的结合，缺乏任何一个方面都不是至善。但是康德认为这种结合在现世是非常困难的，所以人们只能把至善作为来世的信仰的对象。我们可以说，康德之所以求助于信仰，原因在于他否定了理性直观的可能性，否定了至善可以通过理性直观呈现的可能性。苏格拉底和柏拉图则肯定了理性直观的可能性，因此他们不需要把信仰作为自己的哲学的补充。可以说，康德仍然没有摆脱基督教的思维方式，没有达到真正严格古典哲学的层次。

格劳孔要求苏格拉底不要总是谈别人关于善的观点，而是谈谈自己的观点。苏格拉底表示自己还没有能力对善进行解释。这当然不是说苏格拉底对至善没有认识和证悟。善是无相无形的；善是离言绝相、言语道断的；善是无思无为的。我们无法对善进行感性的语言的描述，也无法通过概念的方式进行解释和说明。因为善本身是最高的概念，是无法通过较低的概念说明的。我们借助于语言对善本身的描述并不就是善本身。对善的一切描述和呈现都是指引性的、中介性的，如果我们不能亲自直观到善本身,那么这种对善本身的描述就是没有实质意义的。所谓"如人饮水,冷暖自知"。只有我们亲自看到善本身,我们才能成为哲人。哲人教育的根本目标就是看到善的理念,也就是"见道"或者"得道"。

苏格拉底表示可以通过三个比喻来说明自己关于善本身的理解。这种比喻的方式可以说是对至善理念的"诗意呈现"。比喻的方式就是以熟悉的事物说明不熟悉的事物。当然比喻的方式并不是对对象的直接揭示和说明,但是我们通过比喻的方式可以使对象得到一定程度的显现。柏拉图实际上大量使用这种比喻的方式,例如在《会饮》、《斐德罗》等对话中。这种方式是哲学的必要补充。如果没有诗意的比喻的方式,哲人对最高实在的解释会十分困难。所以智慧本身就是非常贫乏的。所谓"大智如愚"。

1. 太阳喻

苏格拉底认为自己探讨"善的儿子"更加合适,这个"善的儿子"就是我们可见世界的太阳。"善在可见世界中所产生的儿子——那个很像它的东西——所指的就是太阳。太阳跟视觉和可见事物的关系,正好像可理知世界里面善本身跟理智和可理知事物的关系一样。"(柏拉图:《理想国》,508c)我们知道,太阳照亮了可见世界,使我们的视觉能够看到事物。否则,再明亮的眼睛也无能为力。同样,善的功能和作用就像可见世界的太阳那样,善的理念照亮了理念世界,使得理念世界能够被认识。至善不但对于认识对象,而且对于认识主体也是先决性条件。"这个给予知识的对象以真理给予知识的主体以认识能力的东西,就是善的理念。它乃是知识和认识中的真理的原因。真理和知识都是美的,但善的理念比这两者更美——你承认这一点是不会错的。正如我们前面的比喻可以把光和视觉看成好像太阳而不就是太阳一样,在这里我们也可以把真理和知识看成好像善,但是却不能把它们看成就是善。善是更可敬得多的。"(柏拉图:《理想国》,509a)

对于苏格拉底的这个比喻,我们可以做如下理解。

第一,作为认识对象的理念是善的理念决定的。至善是纯粹的光明。至善之光使得一切理念都得以敞开自身,而具有了可知性。一切理念的本质都是完美性,这种完美性就来自善本身。所以善的理念是一切理念的共同本质。一切理念都分有善的理念。善的理念是最普遍的理念，一切理念最终都回归到善的理念之中。所谓“一是一切，一切是一”。在善的太阳的照亮下，各个理念才能够被灵魂的眼睛看到，成为可知的对象。理念的可知性来自至善理念。这也意味着对一切理念的认识都是对至善本身的认识。我们必须把一切认识活动和目的最终都回溯到对至善本身的认识。只有达到对至善本身的认识才是获得了知识或者智慧。正如在《欧绪德谟》中苏格拉底指出的，智慧就是至善。现象是对理念的分有和模仿，是不完全真实和完善的，对现象的认识不可能达到智慧。理念才是我们的真实的认识对象，而现象永远不能成为严格意义上的认识对象。

第二，人的理性认识能力也是善的理念赋予的。认识能力就像是视觉一样，如果没有太阳光，就不可能看见任何事物。如果没有善的理念的照亮，人的理性认识能力就会变成“精神的瞎子”。“人的灵魂就好像眼睛一样。当他注视被真理与实在所照耀的对象时，它便能知道它们了解它们，显然是有了理智。但是，当它转而去看那暗淡的生灭世界时，它便只有意见了，模糊起来了，只有变动不定的意见了，又显得好像是没有理智了。”(柏拉图:《理想国》,508d)灵魂的本质就是理性，理性的本质就是直观，在灵魂中的纯粹理性本身就是至善。所以对至善的认识需要灵魂获得净化，也就是使灵魂的理性从欲望和情感的干扰和束缚中解脱出来。人的灵魂越是获得了理性的净化，理性的认识能力就越强大，就越是能够直观至善本身。人的灵魂只有时刻关注善和真实，才能变得富有理性，否则如果灵魂习惯于关注善的影像和现象，就逐渐变得丧失了理性。因此至善和理智是一回事。

第三，其他理念只有合乎善的理念才是有益的。只有在我们把握了善的科学知识之后，其他科学知识才是有意义和有价值的。正义的理念也依赖于善的理念，善决定了正义。因为正义就是合乎自然。善就是自然的实现。如果我们没有对自然的认识和实现，就没有绝对意义上的正义。“一个人如果不知道正义和美怎样才是善，他就没有足够的资格做正义和美的护卫者。我揣测，没有一个人在知道善之前能足够地知道正义和美。”(柏拉图:《理想国》,506a)所以对善的认识是至关重要的。真正的科学是关于善的科学，真正的智慧是关于善的智慧。人类的科学知识应该把认识至善置于首要的地位。哲人必须对善具有完全的知识。哲人就是认识了善本身的人。在柏拉图理念论中，真善美是统一的。

第四，善的理念决定了美的理念，美的理念从属于善的理念，只有善的才是美的。美是善的外观和形象，而不是相反。善必定采取美的形象，而美的形象必定内涵着善。美和善是同一的。美是善的感性显现。善的一定是美的。不美的就是不善的。不善之美也不是美。因此认为善的理念和美的理念是无关的或者认为善的理念从属于美的理念，都是错误的。美的理念之所以比其他理念具有优先性，仅仅在于美是可以感觉的对象，因此是引导我们进入理念世界的最方便的入口。正如在《斐德罗》中指出的："因为只有美注定了最能向感官显示，并且最为感官所爱"。[1] 也就是说，对美的认识不是个人的主观感觉行为，而是纯粹理智行为。因为审美判断并不是感官判断，而是理智判断。作为理智判断，柏拉图把美的标准诉诸美的理念本身，而不是任何个人的主观感觉和判断，这样就达到了科学的精确性和严格性。正如苏格拉底在《斐多》中指出的："如果有人告诉我，一个对象所以美的原因是由于它有华丽的色彩或形状或任何其他这样的属性，我会蔑视所有这些解释，它们都混乱不堪，我将简单地、直接地、无疑是愚蠢地坚持这种解释，即美的对象之所以美的原因在于绝对的美本身存在于其中，和它相关联，不论这种联系以何种方式出现。"[2]

总而言之，善是纯粹的光明，是构成理念世界的最高原则。善统摄诸理念，善是理念中的理念，是诸理念之王。因此善的地位和能力远远高于一切其他理念。"知识的对象不仅从善得到它们的可知性，而且从善得到它们自己的存在和实在，虽然善本身不是实在，而是在地位和能力上都高于实在的东西。"（柏拉图：《理想国》，509b）各种理念都分有善，因为按照

---

[1] Plato. *The Collected Dialogues of Plato*, Edited by Edith Hamilton and Huntington Cairns, Princeton University Press, 1963. 254d. P497.

[2] Plato. *The Collected Dialogues of Plato*. Edited by Edith Hamilton and Huntington Cairns, Princeton University Press, 1963. 100D. P81.

理念的本质,每个理念都是绝对完美之物,而善是完美本身,因此一切其他理念只有分有善才是完美的。至善是现象世界和理念世界的共同本原。因为这个共同的本原,真和美才是可能的。在真善美的关系上,柏拉图认为善决定了美和真的理念。

但是现代认识论却不再把至善作为认识可能性的前提条件,现代认识论提出了认识主体和认识客体的问题,然后,提出了主体和客体如何达到一致的问题。这种思维方式可能是现代认识论的二元论困境的根本原因之一。在柏拉图看来,至善是一切认识得以可能的条件。至善是纯粹的光明,是认识主体和认识客体的共同本原。在这个共同本原中,根本不存在认识主体和认识客体的分离问题,不存在这种二元论困境的问题。只有在我们遗忘了至善本身之后,二元论困境才得以出现。如果我们把主体和客体都回溯到至善本身之后,这种二元论困境也就自然消除了。因此我们在讨论"认识如何可能"的时候,必须首先关注至善本身。没有至善,我们对世界的认识就是不可能的。因此善的理念决定真的问题。善高于真。没有善就没有真。离开了善本身,就没有真正的认识活动。认识的主体和客体的同一性只有在至善条件下才是可能的。至善和知识是同一性的。真正的认识就是对至善的认识。对一切其他事物的认识都只有从属于对至善的认识才是有意义的。

2. 线段喻

接下来,苏格拉底用线段喻说明善的理念。线段喻也同样分为认识对象和认识主体两个方面。在认识对象方面,他首先把线段分为可知部分和可见部分。可见部分又分为影像部分和实物部分,可知部分分为几何学理念和纯粹理念。这样认识对象就被分为四个等级和层次。

苏格拉底特别对几何学理念和纯粹理念的差别进行了说明。他认为几何学、算学这类学问是从一些假设开始的,把这些假设看成已知的,不需要对它们作任何说明。从这些假设出发,通过首尾一贯的推理,最后达到结论。虽然人们利用各种可见的图形,讨论它们,但是思考的实际上是这些图形所摹仿的那些东西。他们所讨论的并不是他们所画的某个特殊的正方形或某个特殊的对角线等,而是正方形本身、对角线本身等等。他们所作的图形乃是实物,但是他们又把这些东西当作影像,他们实际要看到的是只有用思想才能“看到”的那些实在。因此数学研究的特点在于必须要用假设，人们不能超出这些假设，不能向上达到原理本身。而且在研究过程中人们还必须利用实物作为影像。

相反，关于纯粹理念的知识是理性凭着辩证法而达到的那种知识。在这里假设仅仅被用作一定阶段的起点，以便从这个起点一直上升到一个高于假设的世界，上升到绝对原理。在达到绝对原理之后，又回过头来把握那些以绝对原理为根据提出来的东西，最后下降到结论。在这过程中，不使用任何感性事物，而只使用理念，从一个理念到另一个理念，并且最后归结到理念。在此，苏格拉底没有对这种理念知识的辩证法进行充分说明。在《巴门尼德》中，柏拉图对于这种完备辩证法进行了充分的展示和说明。这种辩证法最终包含了对自身的扬弃，从而达到理性直观的最高阶段。

苏格拉底对认识对象的四个等级的划分是按照真实性程度区分的。其中，影像的真实性是最低的，实物的真实性位居其次，几何学理念的实在性又高一些，纯粹理念的真实性是最高的。我们看到，数学理念和纯粹理念的差别就类似于科学和哲学的差别。第一，科学是对事物的规律性的认识，事物的规律性确实比任何具体事物更加真实。规律控制着事物的变化和存在。但是因为任何规律都是某种事物的规律，随着该事物的消失，规律也会消失。从这个意义上看，规律的真实性仍然是有限的。纯粹理念则是绝对的真实性，没有任何的依赖性。即使一切具体事物都消失了，纯粹理念的存在也不会受到任何影响。而善的理念的真实性又是一切理念中最高的。即使一切理念都消失了，善的理念也不会消失。这体现了柏拉图的彻底理性主义的思维方式和立场。第二，这里还提出了数学方法和哲学方法的差异。数学方法是借助于假设和图像的。数学原理把握的对象仍然是有限的，仍然是“多”。哲学辩证法则要求扬弃“多”，超越一切感性事物的有限性，从假设上升到“绝对原理”，“一是一切，一切是一”。任何个体事物的存在都以所有事物的存在为前提条件，任何一个事物都包含了所有事物的信息，各种事物虽然是差异性的，但是它们也都共同组成了自然整体性之“一”。纯粹理性的认识就是超出可见事物的差异性，达到差异性中的同一性。这种同一性也就是至善本身。在对这种同一性的至善的直观觉知中，哲人的灵魂逐渐超出了可见事物的差异性，达到了无差别的同一性的真理。这种绝对使哲人获得了绝对安宁和超然。在这种绝对安宁和超然中，逐渐产生了最深沉的幸福和喜悦。在这种超然的喜悦中，哲人就能够无我地、自然地对待一切事物，使一切事物成其所是、各得其所。“成己成物”、“参天地之化育”。因此哲人没有任何方法、没有任何立场。“法无定法”。他完全以善本身作为自己的基本原则和立场，而随时随地改变自己的具体观点和立场。这就是从绝对原理下降到具体事物的含义。这意味着哲学辩证法是通过概念思辨的彻底化，扬弃一切理念和概念，最终达到对善本身的理性直观。

接下来，苏格拉底也把主体灵魂认识能力划分为四种。这种划分与对认识对象的划分是一致的。最高认识能力是理性(intellection)，相当于可知世界的纯粹理念的认识对象。第二种认识能力是理智(thought)，对应于可知世界的几何学理念的认识对象。第三种认识能力是信念(trust)，对应于可见世界的实物对象。第四种认识能力是想象(imagination)，对应于可见世界的影像对象。

四种认识能力也同样对应不同程度的真实性。理性的真实性是最高的，想象的真实性是最低的。理性具有最高的真实性，理智或者知性次之，而信念的真实性又低于理智或者知性。这里的“信念”对应的应该是感觉、感知。感觉并不具有很高真实性。例如人们一般都认为“眼见为实”，“信以为真”，这就是把感觉和信念联系起来的表现，也就是对感觉的真实性的信念。普罗泰戈拉在说“人是万物的尺度”时，就是在推崇感觉的真实性。但是这种对感觉的信念恰恰是哲人要超越的。哲人不承认感觉的真实性，认为感觉认识是粗糙的、模糊的，感觉认识的对象也是转瞬即逝、变动不居的。而变化和不真实性相关。相反，纯粹理性具有最高的真实性。理性本身是不变的，至善存在本身也是不变的。纯粹理性只是单纯的静观觉知，这种静观觉知独立于一切感觉和现象。因此在亚里士多德哲学中，理性本身是最高的不动的，理性本身被看作是“神”。

线段喻的基本含义就是指出善本身和理性的最高性和真实性。善本身处于理念世界的顶峰，甚至不仅仅属于理念世界，而是属于一切世界。理性必须从可见世界上升到可知世界，再从可知世界上升到至善本身。

理性和至善是一回事。理性就是对至善的直观认识，理性只有在对至善的直观中才能完全实现。理性对至善的直观也就是灵魂的净化，即理性从欲望和情感中解脱出来。因此至善就是理性，理性就是至善，两者在最终的意义上是一个东西。

我们可以把线段喻和康德哲学进行对比。在认识对象划分上，康德哲学也划分了现象和本体。现象的真实性低于本体的真实性。但是本体的真实性却是无法认识的。现象是可见的，因此是可知的，本体是不可见的，因此是不可知的。也就是说，康德把可知和可见等同起来，把不可见和不可知等同起来。我们的知识就是关于现象的可见事物的知识。相比之下，柏拉图对可见世界和可知世界的划分类似于现象世界和本体世界的划分。但是他认为对于可见事物只有意见，没有知识。只有对于可知对象才有知识，真正的知识是对可知世界的理念对象的认识。在这一点上，康德和柏拉图几乎是完全相反的。其次，在认识主体方面，康德把人的认识能力分为感性、知性和理性三个部分。感性是表象的接受能力，相当于柏拉图的信念能力，对应的是可见世界的实物对象。知性是自发性的提供概念范畴的能力，是进行综合判断的能力，是和数学原理、自然科学原理相关的能力。这种能力相当于柏拉图的和几何学数学相关的理智能力。但是康德的知性能力是和可见的现象世界相关的，而柏拉图的知性能力是和可知世界相关的。理性是原理的能力，是对知识进行最高综合的能力，理性以理念为对象。但是康德认为理性对理念的认识只能导致先验幻相，因为理念对象不能被直接直观，我们对理念没有任何经验，所以对理念的任何判断都是既不能证实也不能证伪的。最后康德否定了理性的认识能力，而推崇理性的实践能力。当康德把纯粹理性和道德实践能力结合起来时，也就是把善和理性结合起来了。在柏拉图那里，理性对应的是纯粹理念知识，也就是关于善的知识。但是柏拉图的理性首先仍然是一种认识能力，是对善本身的直观认识，而不是道德实践能力。在这一点上，康德和柏拉图也几乎是对立的。康德讨论的想象力和柏拉图的含义也是不同的。康德讨论的想象力是知性判断力的一部分，而柏拉图的想象类似于幻想，是最不真实的能力。

小结

根据柏拉图关于善本身的这些论述，我们大体上可以做出一点总结。

第一，至善论是目的论的，善是人追求的唯一的、自明的、最终的目的。在他看来，每个人都在追求美好的生活，人们对一切事物的追求都是对善的追求，无人会自觉地追求恶。也就是说，任何人都把追求对象看作是善，这也意味着“认识先于行动，认识引导行动”，即“知先行后”。确立知先行后的基本立场就是透过人的外在行动而把握和考察人性的理性动机。这种动机论的性善论类似于康德的“善良意志”，体现了苏格拉底的理性主义人性论的基本思路。苏格拉底要求我们不要迷失在人们的各种外在行为中，应该学会时刻去观察人们背后的动机和目的。只有把握了人们的意图和动机，我们才能真正理解人们的行为，否则我们就不可能理解人们的外在行为。仅仅认识人们的外在行为不可能真正认识这种行为的本质，也不是理性主义的思维方式。例如，人们都追求财富和健康，但是这种追求行动是建立在把财富和健康看作是善的前提上的，如果他们把财富和健康看作是恶的，就不会再去追求。快乐是人们追求的，痛苦是人们都逃避的。但是如果快乐最终会带来厄运，人们自然也会逃避快乐。同样，如果为了保全生命而割掉身体的一个部分，人们也会忍受这种痛苦，因为生命是更高的善。人们都喜欢和追求长生不死。但是如果活着成了痛苦，人们也会抛弃生命。人们都向往永恒，但是人们不会选择遗臭万年的永恒，而是会选择流芳百世的永恒。永恒如果不是和善联系在一起的，人们也不会追求永恒。因此只有把善看作是人们生活的中心，以向善的视角认识人类的生活，我们才能理解人性的奥秘。这是柏拉图提出性善论的根本原因。但是现代性以来对人性的认识都逐渐偏离了性善论，以单纯的快乐论或者权力意志论作为人性的本质，这都是片面的。例如马基雅维里认为我们“应该”关注“人们实际如何生活，而不是人们应该如何生活”。这就是要把人们的外在行为作为认识人性的根本依据，而放弃了从意图和动机理解人性的基本原则。这种方法当然偏离了苏格拉底的理性主义动机论的人性论。理性主义动机论必然导向性善论。这是我们观察人性的唯一合理的角度和立场。

第二,至善论是宇宙论的。善也是整个宇宙的目的。人是宇宙的一部分,如果人的本性就是对善好的追求,那么宇宙的本性也是对善好的追求。也就是说,不但人的存在是对善的追求,一切事物的存在都是在追求善。这就是柏拉图的“天人合一”、“推人事以明天道”的哲学原则。我们通过对人性的认识而达到对宇宙的认识。宇宙的本质和奥秘离不开人性的本质和奥秘。例如一切动植物一方面都力图保全自己的生命,因为它们都把生命看作是善。另一方面动物也会为了种族的延续而牺牲自己的生命。个体存在只是种族存在的一种形式,种族的生命更接近于永恒,这样永恒就被看作是善的一种形式。宇宙也是接近于永恒的存在。因此在柏拉图和亚里士多德哲学中,没有提出创世论的宇宙论。因为只有永恒存在的宇宙才是接近于至善的存在。宇宙的永恒性是宇宙的至善性的必要条件。如果宇宙是能够毁灭的,那么这样的宇宙就是蕴含了恶的宇宙。可以说,人类的性善论也要求宇宙的永恒性。即使柏拉图承认了偶然性,但是这种偶然性也是在必然性的支配下的。或者说,恶是在善的支配下的。恶是不真实的,善才是唯一真实的。在《蒂迈欧》中,柏拉图充分说明了这种至善论的宇宙论的设想。但是现代宇宙论则都倾向于把宇宙看作是偶然性的产物,其中没有任何目的论的原则,否定了至善论的宇宙论。这样人类的性善论本质也就被否定了。这对于人类的精神生活和政治生活是毁灭性的。

第三,至善论是形式论、本体论的。形式就是理念,理念就是形式。苏格拉底的至善论是一种理性主义的方法论,特点是把人们追求的具体对象都抽象掉了,把这些具体对象都看作是质料性的,然后从这些不同对象中抽象出了共同的至善本质。也就是说,虽然人们追求的对象是各种各样的,但是这一切事物都被认为是善的。善是这些对象的共同特征,即“形式”(form)。所以善本身就是形式论或者理念论的。善蕴含在人类甚至宇宙的一切目的和存在中,所以善是最普遍的形式或者理念。这是善的普遍性。同时善的形式是永恒不变、不生不灭的。这是善的永恒性。这样,柏拉图就把一切事物都区分为质料和形式两个方面,其中质料是非本质性的,形式是本质性的。质料是非实在性的,形式是实在性的。形式对于质料具有决定性和主导性。质料必须从属于形式。这就是善的本体论。但是现代性以来，人们普遍接受了德谟克利特的原子论，否定了至善论的首要性和真理性。虽然原子也是形式，但是人们还是倾向于把原子看作纯粹的质料。现代物理学倾向于寻求最终的粒子或者质料，不再关心事物的形式方面。而且形式被看作是偶然的，质料才是永恒的最终的实在。事物的差异性不再被看作是决定性的、实在性的，同质论的宇宙论成为当代主导性的宇宙观。但是离开了形式，我们就不可能真实地认识宇宙。这种对形式的贬低和对质料的推崇最终导致对至善论、本体论的否定。

第四，善是一元论的。至善是宇宙的本体，是宇宙存在和追求的唯一目的。宇宙就是一种善的体系。而恶不过是善的缺失。恶不具有任何实在性。或者说，善是存在，恶是非存在。这样，柏拉图的宇宙就是一个依据存在者的真实性构成的等级次序。因此，他根本否定了善恶二元论的宇宙论，没有为恶留下任何存在，保证了宇宙的至善性。善的一元论意味着善是最原初的、最古老的。善是宇宙的最初开端，也是宇宙的终极目的。这样我们对最原初的东西的追求就是对至善的追求。相比之下，基督教也是把最古老的和至善的联系起来。上帝是至善，上帝的存在先于世界的存在。现代性以来，随着对基督教的反对，开端和至善分离开来，开端或者古老被看作是没有价值属性的偶然状态，或者被看作是低级的、原始的粗鄙状态，这样宇宙本身的至善性就被否定了。人类就生活在一个没有任何意义和价值的宇宙中，这就导致“天人分裂”或者“主客二分”的结果。

第五，善的自然论。至善就是自然，自然就是至善。自然并不是和文明对立的低级存在。自然高于文明。文明只是自然的一部分，只是对自然整体的模仿和分有。只有从文明上升到自然才能真正实现至善。自然就是理念、形式、种类。从潜能和现实的角度看，一切个体性事物内在地蕴含了种类的自然，个体事物的存在目的就是把种类的自然从潜能状态转变为现实状态。潜能和现实是自然的存在方式。善就是最大程度上实现自己的种类之自然。这就是个体性的完美性的含义。个体意义上的至善的实现是种族意义上的至善的实现的唯一方式。如果不确保个体意义上的至善的实现，种族意义上的至善也会随之消失。整体意义上的至善就蕴含在个体意义上的至善之中。所以理想国的本质就是合乎自然，也就是给予每个个体相应的、合乎自然的工作和地位，使其成其所是、各得其所、各尽其能。因此理想国就是一种至善的国家，是真正意义上的“王道乐土”。每个人在其中都实现了自己的至善和自然。现代性把自然和文明片面地对立起来，认为文明高于自然，否定了自然的至善本质。这是现代性的最大错误之一。

第六，善的隐晦性。善本身是难以认识的。因为善本身是不能通过感官认识的。感官认识是粗糙的，肤浅的，虽然也包含了真理的颗粒，但是距离真理仍然是遥远的。而人们却都习惯于通过感官认识事物，要让他们学会使用理性认识事物是非常困难的。这也是人们都在追求善的表象，而不去追求善本身的原因。人们追名逐利都是在追求善的表象。善本身却和名利无关。要使人们追求善本身，就必须发展自己的理性认识能力。发展理性认识能力的方法就是首先学习辩证法的方法，扬弃一切概念的语言的逻辑的知识，这种知识永远只是意见。从而使理性本身的直观能力发展出来，进而能够直观至善本身。所以理性的发展和灵魂的净化是一回事，灵魂的净化就是理性从感官欲望的束缚中解放出来。随着灵魂的净化，善本身就在净化了的灵魂理性中显现出来，实现了灵魂和至善的同一。但是这种同一性是无法言说的。因为灵魂的净化包括了对感官的排除和对语言概念的扬弃两个方面，只有在纯粹理性直观的状态中，才能亲自看到善本身，才能洞见至善的奥秘。俗人因为没有获得灵魂的净化，所以他们就不能认识善本身，只能认识和追求善的影像。他们的生活就是颠倒梦想，始终处于梦一般的、不真实的状态中。

以上是对柏拉图的至善论的简单说明。我们还需要做进一步的扩展性的解释。在西方文化中，一种最主要的扩展就是把柏拉图的善理念和基督教的上帝联系起来。上帝的根本性质之一就是至善。但是这种改变的结果就是至善本身不再是认识的对象，而是信仰的对象。在柏拉图至善论中，至善是理性直观的对象，至善可以在理性直观中真实地呈现出来。而至善的上帝却是不可知的。这也许是基督教和柏拉图的最大区别之一。如果我们要复兴柏拉图的哲学，就必须克服基督教的信仰主义，重新认识理性的本质。而理性和至善是同一的。一方面，我们要克服单纯把理性看作是工具理性，看作是和逻辑概念联系在一起的能力的错误观点。（其实，康德已经指出这种理性只是知性。）重新认识到理性的本质是超越了语言和概念的纯粹直观，这种纯粹直观才是理性的最高阶段。另一方面，我们还必须批判现代性以来强调理性的有限性的错误观点。我们应该看到，僵化地讨论理性是有限的还是无限的，是没有意义的。具体而言，理性的本质是无限的、神圣的。只是在俗人的染污的灵魂中，理性被感官和情欲所遮蔽，因此俗人的理性是有限的。在哲人的获得了净化的灵魂中，理性摆脱了感官欲望的束缚，所以哲人的理性是无限的，可以直接认识至善本身。因此哲人意味着人性的最高可能性，是人性的真正实现者。

我们还可以进一步通过老子的道、孔子的仁和佛教的真如等概念来理解柏拉图的至善论。

第一，老子的道和柏拉图的善。老子的道一般有宇宙生成论、本体论、方法论等含义。道是最原初的，是一切事物最根本的法则。“道冲，而用之或不盈，渊兮似万物之宗。挫其锐，解其纷，和其光，同其尘，湛兮似或存。吾不知其谁之子，象帝之先。”（《道德经》，第四章）这里似乎表明道是一切事物的创生者，万事万物都是从道产生出来的。道是最源始的存在，它贯穿一切事物之中，又不是任何事物。同时道又是恍恍惚惚、窈兮冥兮，是不能以语言去描述的，但是却是极为真实可信的。“孔德之容，惟道是从。道之为物，惟恍惟惚。惚兮恍兮，其中有象。恍兮惚兮，其中有物。窈兮冥兮，其中有精。其精甚真，其中有信。自古及今，其名不去，以阅众甫。吾何以知众甫之状哉？以此。”（《道德经》，第二十一章）道存在于一切事物之中，使一切事物成其所是。“昔之得一者：天得一以清；地得一以宁；神得一以灵；谷得一以盈；侯得一以为天下正。”（《道德经》，第三十九章）道体和至善具有很多相同之处。

同样，道和理性相应。善的难知在于理性的难得。而道体是不可以感官认识的，也不能以语言描述。“视之不见名曰夷，听之不闻名曰希，搏之不得名曰微。此三者不可致诘，故混而为一。其上不皦，其下不昧。绳绳不可名，复归于无物。是谓无状之状，无物之象，是谓惚恍。迎之不见其首，随之不见其后。执古之道，以御今之有，能知古始，是谓道纪”。

(《道德经》,第十四章)因为道不是任何可见事物,所以也可以称为无。"天下万物生于有,有生于无。"这里的"无"也就是指道体。道遍在于一切事物之中,但是道不是任何一个事物,所以道没有名称。对道的认识不是通过感官认识的,而是通过纯粹理性认识的。"不出户,知天下;不窥牖,见天道。其出弥远,其知弥少。是以圣人不行而知,不见而明,不为而成。"(《道德经》,第四十七章)对世界的认识必须最终回归到对自我的认识,对事物的认识最终就是对自我的认识。因此圣人或者哲人不会迷失在外物之中,而是反求诸己,返身而诚,达到了绝对的智慧。圣人是得道之人,与道合一的人,是道的化身。

从方法论的角度看,道是支配万物周而复始的运动的中道。"反者,道之动;弱者,道之用。"(《道德经》,第四十章)也就是说,物极必反,万事万物都向自己的对立面转化。所以万物都在围绕一个中心运动,这个中心就是道。道是在事物的对立统一中体现自己的作用。"天下皆知美之为美,斯恶已;皆知善之为善,斯不善已。故有无相生,难易相成,长短相较,高下相倾,音声相和,前后相随。"(《道德经》,第二章)万物都是对立统一的存在,中道是万物都遵循的根本原则。任何事物本身都包含了存在和非存在两个因素,是存在和非存在的对立统一。这是一切事物本身的最高和最普遍的原则,也是我们认识和把握一切事物的根本方法论原则。同样,柏拉图的至善也是一切事物的核心和根本,一切事物的运动变化都是围绕至善进行的。至善和中道是一回事。

简言之,老子的道具有原初性、本体性、中道性的三层含义。可以说,老子的道就是"自然"。"道生之,德畜之,物形之,势成之。是以万物莫不尊道而贵德。道之尊,德之贵,夫莫之命而常自然。"(《道德经》,第五十一章)但是这个自然不是现代科学意义上的自然,而是作为万物的同一性和整体性的自然。自然是最初的、最源始的,自然本身先于任何个体事物。自然是整体性的"一",任何事物都是个体性的"多"。万事万物都处于自然之中,但都不是自然本身。自然是对立面的统一,它把一切对立性的事物都统一于自身,个体事物的差异性只有在自然的同一性中才是可能的。所以道就是"多中的一","变中的不变"。自然是把一切对立面都统一于自身的大全。自然达到了一切对立面的统一,因此自然超越了一切对立面,并且贯穿于一切对立面之中。下面的这句话总结了道的三层含义。“有物混成,先天地生。寂兮寥兮,独立不改,周行而不殆,可以为天地母。吾不知其名,字之曰道,强为之名曰大。大曰逝,逝曰远,远曰反。故道大,天大,地大,王亦大。域中有四大,而王居其一焉。人法地,地法天,天法道,道法自然。”(《道德经》,第二十五章)

第二,孔子的仁和柏拉图的善。在孔子哲学中,仁更像是一种精神。追求仁善是消除人性的恶的基本方式。“苟志于仁矣,无恶也。”(《论语·里仁》)如果一个人开始把仁作为自己的人生目标,这个人就开始向仁本身前进了。仁并不脱离个体的主观意志,并不是一种外在的客观性的存在。“仁远乎哉? 我欲仁,斯仁至矣。”(《论语·述而》)柏拉图的善也是内在于每个人的内心世界之中,是每个人的最终追求目标。君子或者圣人就是获得了仁本身的人。“君子而不仁者有矣夫,未有小人而仁者也。”(《论语·宪问》)柏拉图的哲人也是看到至善本身的人。具有仁的精神的君子或者圣人能够体会到最高的快乐。“仁者无忧”。柏拉图也认为哲人才是最快乐的。仁不但是个体性的主观精神,也是一种客观精神。同样,柏拉图的善本身不但是主观的、内在的,同时也是客观的、超越的。仁的客观性在于摆脱了主观情感和欲望的变化,超越了一切个人性。所以仁本身也是普遍性的。在颜渊问“仁”时,孔子曰:“克己复礼,为仁。一日克己复礼,天下归仁焉。为仁由己,而由人乎哉?”颜渊曰:“请问其目?”子曰:“非礼勿视,非礼勿听,非礼勿言,非礼勿动。”(《论语·颜渊》)“克己复礼”就是消除自己的欲望、情感和利益,达到礼所要求的普遍性和客观性。这种普遍性和客观性是政治生活达到正义性的必要条件。

孔子的仁并不是循规蹈矩地遵守礼法。仁和智是不可分的。达到仁的方式是学习或者追求智慧。子夏曰:“博学而笃志,切问而近思,仁在其中矣。”(《论语·子张》)但是追求智慧的目的就是追求仁本身,而不是仁的影像。只有把仁作为智慧的根本,才能获得智慧。否则,没有仁善的智慧就不是智慧。“里仁为美。择不处仁,焉得知?”(《论语·里仁》)柏拉图也认为人性的本质就是追求至善。智慧就是对至善的认识。因此智慧就是至善,至善就是智慧。对至善的追求就是对智慧的追求。没有智慧就不可能认识至善。“至善非善”,至善本身是超越世俗的道德礼法的。至善处于道德的彼岸。如果我们始终关注和追求仁本身，我们就能够洞见仁善的实相，我们就能够把仁本身置于自己的个体利益和生命之上。“志士仁人，无求生以害仁，有杀身以成仁。”（《论语·卫灵公》）从这样意义上说，仁是一种无我的大公精神。这种大公精神是政治生活所必需的智慧和德性。君子是具有了无我的大公精神的仁者。柏拉图也强调只有看到了善的理念的人才是合格的统治者。只有看到了善本身的人才能超越善的影像，才能够具有政治生活必需的大公精神。因此只有真正的仁者才能真正地爱人和恨人。“唯仁者能好人，能恶人。”（《论语·里仁》）因为仁者没有个人的私欲和偏见，所以只有仁者才能秉公执法，公正无私，才是真正合格的统治者。他能够使每个人都获得自我实现。“夫仁者，己欲立而立人，己欲达而达人。能近取譬，可谓仁之方也已。”（《论语·雍也》）可以说，孔子的仁者就是柏拉图的哲人王。

第三，我们还可以把柏拉图的善和佛教的真如进行比较。“真如：真者真实之义，如者如常之义，诸法之体性离虚妄而真实，故云真，常住而不变不改，故云如。唯识论二曰：‘真谓真实，显非虚妄。如谓如常，表无变易。谓此真实于一切法，常如其性，故曰真如。’或云自性清净心，佛性，法身，如来藏，实相，法界，法性，圆成实性，皆同体异名也。唯识述记二本曰：‘真以简妄，如以别倒。初简所执，后简依他。或真以简有漏非虚妄故，如以简无漏非有为故。真是实义，如是常义，故名真如。’探玄记八曰：‘不坏曰真，无异曰如。前则非四相所迁，后则体无差别，此约始教。又不变曰真，顺缘称如。由前义故，与有为法非一。由后义故，与有为法非异。二义同为一法，名曰真如。’大乘止观曰：‘此心即自性清净心，又名真如，亦名佛性，亦名法身，亦名如来藏，亦名法界，亦名法性。’往生论注下曰：‘真如是诸法正体。’教行信证证卷曰：‘无为法身即是实相，实相即是法性，法性即是真如，真如即是一如。然则弥陀如来从如来生，示现报应化种种身也。’杂阿含经二十一曰：‘以一乘道，净众生，离忧悲，得真如法。’”（《丁福保佛学大词典》）《大乘起信论》曰：“一切法从本已来，离言说相，离名字相，离心缘相，毕竟平等，无有变异，不可破坏，唯是一心，故名真如。”根据印顺法师在《辨法法性论讲记》中的说法：“什么是真如？真是表示它不是虚妄的，有现二就是虚妄，有能取、所取，能诠、所诠，就是虚妄。现在无能取、所取，能诠、所诠，这就是不虚妄，名为真。什么是如？如乃如如不二，一模一样，平等平等，没有变异，没有差别，名为如。如有心、有境的差别，是不如；有能诠、所诠的差别，是不如；有此、有彼，有多、有少，有这、有那，就是不如。总之，有二(落入相对界)，就是不如。如真正的平等，超越相对的差别界，就是真真的如。法性没有能取、所取，能诠、所诠的差别，所以就是真如性。真如性是法性的别名。”总而言之，真是真实不虚，如是如常不变，合真实不虚与如常不变二义，谓之真如。又真是真相，如是如此，真相如此，故名真如。真如是法界相性真实如此之本来面目，恒常如此不变不异，不生不灭，不增不减，不垢不净，即无为法。

至善类似于真如。真如是最真实的存在，至善也是最真实的存在。一切现象都是真如的显现。一切现象都是至善的影像。一切事物莫不分有至善的理念。我们必须善于从影像回到本质实在。真如是无形无相的，至善也是无形无相的，真如是无法用感官去认识的，至善也是不可以用感官去感知的，只能以理性去直观。真如是不生不灭，完满不动的，至善也是完满的，永恒不变的。真如就是“本来面目”，智慧就是对“本来面目”的认识。善是一切事物追求的目的，这意味着认识至善就达到了“涅槃寂静”。至善和智慧就是主观性和客观性达到绝对同一的状态。真如也就是自性。“何其自性本自清净，何其自性本不生灭，何其自性本自具足，何其自性本无动摇，何其自性能生万法。”(《坛经·行由品》)柏拉图的至善也是非善非恶，任何善恶都是人的分别心的产物。柏拉图的至善类似于佛教的佛性或者自性。

总而言之，以上的比较都是为了扩展我们对柏拉图的至善论的理解，并不一定准确。我们对柏拉图的至善论的理解仍然不够充分和重视，这对于我们理解柏拉图的整个思想是非常不利的。只有尝试在更加广阔的视野中理解善理念，我们才能有所突破，我们的理解才不会太狭隘和肤浅。

第七卷

3. 洞穴喻

接下来，苏格拉底提出了关于至善论的第三个比喻。对于这个比喻，我们可以做“政治的理解”和“非政治的理解”。第一，在政治的理解中，洞穴比喻的是政治世界，举着火把的人比喻的就是政治家、诗人和智者，被囚禁者比喻的就是人民，火光中的影像比喻的就是政治事物，火光比喻的就是至善之光或者真理之光，锁链比喻的就是他们头脑中的政治法律道德观念或者“意识形态”。苏格拉底认为所有人首先生活在洞穴中，洞穴的本质是封闭性的。所谓“人以群分、物以类聚”。政治家、诗人和智者是政治洞穴的支配者、操纵者，人民是无能认识事物的真相的，他们把事物的影像看作是事物本身。大多数人一生都生活在这种虚假的洞穴中，从来没有看到事物的真相。只有哲人在摆脱了政治观念的束缚之后，才能认识到事实真相。第二，在“非政治的理解”或者哲学形而上学的理解中，洞穴世界比喻的就是可见世界。举着火把的人就是比喻肉体和感官。被囚禁者比喻的就是灵魂。影像比喻的就是可见事物。火光比喻的就是太阳光。这意味着灵魂对事物的认识都是受到肉体的限制和欺骗的。只有哲人的灵魂在摆脱肉体的限制后，才能认识事物的真相即理念世界。不论是政治洞穴还是肉身洞穴，柏拉图的这个比喻都是非常深刻的。洞穴是人类的基本处境，所有人都首先处于洞穴之中，对真相的认识都需要对洞穴的超越。

在这两种理解中，“政治的理解”是“哲学的理解”的基础和前提。政治是哲学的母体。政治也是我们认识一切事物的出发点。只有通过对政治人事的认识，我们才能最终上升到对天道的认识。如果认为哲学的理解是政治的理解的前提和基础，那么就陷入了智者派或者现代性的思想路线了。近代哲学的主体形而上学问题就是这种错误认识的产物。近代哲学的主体性问题的困难就在于主体是无世界的主体。这种无世界的主体是哲学理性主义所要求的。也就是说，从洞穴喻的角度看，我们只有超出政治洞穴，才能获得绝对的真理，那么我们就必须成为“无世界的主体”。在古典哲学中，哲人就是无世界的主体。但是现代哲学没有区分哲人和俗人，所以它无法解决自己的主体性困境。海德格尔哲学的最大贡献就在于指出了主体的世界性。“此在总是在世界之中的存在”、“此在就是共在”。但是他却因此否定了超出政治洞穴或者肉身洞穴的可能性，因此也就否定了哲学真理的可能性。这表明他同样没有摆脱近代哲学的非政治化倾向或者形而上学倾向。因为他没有回到对世界—洞穴的政治理解上，所以对哲学的理解也就是非政治化的或者形而上学。而不理解政治，也就不能理解哲学。只有通过对政治生活的观察和认识，才能最终克服形而上学。

接下来，在指出了人类的洞穴处境之后，苏格拉底探讨了哲人的上升之路和下降之路，也就是哲人如何超出洞穴和如何返回洞穴的问题。这也是《理想国》的核心问题即哲人的生成问题。如果没有这种对洞穴的超越和返回，我们就无法理解这个比喻的深刻含义。

第一阶段：哲人的上升之路

任何情况都会有例外。苏格拉底指出，总会有个人偶然地摆脱了锁链的束缚，能够自由的活动，他会发现自己看到的只是影像，然后他会看到火光——火光并不是阳光——最终他会沿着光明之路，走出洞穴，看到真实的太阳。在看到真实世界之际，他首先会不习惯，感到痛苦。所以他应该首先学习观看阴影，其次学习观看倒影，再次在夜里观看天象月光和星光，最后再观看太阳本身。

这里的“太阳”也就是至善本身。善本身是宇宙世界的最终实相。一切都是善的影像和显现。至善是最真实的也是最美的。“无论如何，我觉得，在可知世界中最后看见的，而且是要花很大的努力才能最后看见的东西乃是善的理念。我们一旦看见了它，就必定能得出下述结论：它的确就是一切事物中正确者和美者的原因，就是可见世界中创造光和光源者，在可理知世界中它本身就是真理和理性的决定性源泉”。（柏拉图：《理想国》，517b）我们总是迷失在善的影像中，而忘记了真实的善本身。哲人和俗人的区别就在于，哲人追求和看到善本身，而俗人追求善的影像。看到善本身就是得道，哲人是得道之人。智慧就在于看到善本身。虽然看到善本身是非常困难的，需要付出巨大的努力，但仍然是可能的。因此柏拉图始终认为只有极少数人能够成为哲人。这是因为我们都习惯于使用感官认识，而不习惯于使用理性认识。感官只能认识善的影像，只有纯粹理性才能认识善本身。我们不能因为善本身的难以认识，就否定了人的理性认识能力。不可知论的错误就在于认为大多数人做不到的，就是所有人都做不到的。而柏拉图区分了哲人和俗人，指出大多数俗人做不到的，极少数哲人却可以做到。

可以说,柏拉图哲学的顶峰就是对至善本身的理性直观。我们学习哲学的最终目的就是看到至善本身。舍此没有其他目的。看到至善本身的回报也是巨大的,那就是无上的快乐、安宁和满足,哲人的爱欲获得了终极性的满足。这在《会饮》中苏格拉底进行了鲜明的揭示。我们的爱欲总是追求善,但是因为无知,我们总是追求善的影像,而不是追求善本身。我们的爱欲不可能在善的影像中获得终极满足。所以我们在一生中总是感到不满足。可以说,歌德塑造的浮士德就是这种人的代表。他的生活就是不停地追逐各种目标,他无法也不能让自己的爱欲停息下来。只有在临死的幻觉中,他的爱欲才能感到一点点满足,但是这种爱欲的满足却是他的死期的到来。可以说,这种人生是愚昧无知的体现。我们不能使自己的爱欲去追逐善的影像,而应该追求善本身。所以我们应该努力成为哲人,这样我们的人性才能获得最大的实现。进一步,只有爱欲获得真正满足的人才能发起菩提心和慈悲心,才能真正地自度度人、自利利他,才能进行真正的政治活动。

当然,苏格拉底也看到,爱欲获得终极满足的哲人对于洞穴中的政治生活会感到索然无味,对功名利禄、荣华富贵都不感兴趣。"那些已达到这一高度的人不愿意做那些琐碎俗事,他们的心灵永远渴望逗留在高处的真实之境。"(柏拉图:《理想国》,517d)因此,苏格拉底指出,哲人不愿回到洞穴。他如果回到洞穴,会感到很不习惯。哲人说的话也不会被人民接受,人民甚至会把他作为妖言惑众的人抓起来处死。所以在现实城邦中哲人最好明哲保身做隐士,否则就可能死于非命。苏格拉底的这段话反映了哲人和民众的冲突,即智慧和无知的冲突。民众不能真正理解哲人,民众只能按照自己的观念来理解哲人,所以他们就会误解哲人。"佣人眼中无英雄"。这种冲突是无法消除的,也就是说,我们不可能使所有人都成为哲人,所以最好的办法就是哲人必须善于明哲保身,尽可能隐藏自己的智慧,尽可能不和民众发生冲突。当然哲人真正拥有智慧后就会发现其实没有智慧可得。因为智慧是对至善实相的直观认识,当至善实相呈现出来之际,人为的智慧就消失了。故"无智亦无得"。如果认为还有智慧可得,就仍然是没有智慧。所以苏格拉底认为自己没有智慧,这恰恰是他获得了最高智慧的表现。

接下来，苏格拉底指出，如果要看到善本身，就必须进行灵魂的转向，也就是灵魂的净化。“知识是每个人灵魂里都有的一种能力，而每个人用以学习的器官就像眼睛。——整个身体不改变方向，眼睛是无法离开黑暗转向光明的。同样，作为整体的灵魂必须转离变化世界，直至它的‘眼睛’得以正面观看实在，观看所有实在中最明亮者，即我们所说的善者。”(柏拉图:《理想国》,518c)这种灵魂的转向包含了两个方面。一方面是从变化的洞穴世界转向不变的实在世界。现象事物总是变动不居的，我们不可能对它们有任何真理性的认识。对现象的认识只能得到意见。要获得知识，我们就必须从可见世界转向可知世界，从“多”转向“一”。只有对善之“一”的认识才是最高的真理。另一方面，这种灵魂的转向也是从感性认识转向理性认识。我们习惯于使用感官认识，这是我们不能获得真理的根本原因。要获得真理，我们就必须转向使用理性认识。一切感官认识都是不真实的。感性认识只是理性认识的初级的低级的形式。因此苏格拉底和柏拉图始终反对智者的“人是万物的尺度”的观点，确立了“哲人是万物的尺度”的新观点。只有在我们能够正确使用理性认识时，至善实相才会显现出来，我们才能获得知识和真理。而真理或者知识就在我们心中，知识并非从外部灌输进来的。这也是“回忆说”的基本思想。认识就是回忆。回忆就是向我们内心世界，而不是去心外寻找真理。理念实相本来就存在于我们灵魂之中。只是在我们出生后由于肉体的污染，我们逐渐忘记了理念实相，因此灵魂才只知道关注外部事物，最终迷陷入无知和愚昧。虽然每个人的心中都存在理念和真理，但是这种知识是潜在的，只有哲人才能把这种潜在的真理转变为现实的真理。因为只有哲人具备了超出常人的天赋才能，并且能够获得最好的后天教育，最终他能够把灵魂的眼光从变化的洞穴世界转向不变的实在世界，从感性认识转向理性认识，最终能够发现真理。所以要获得真理和快乐，就必须“返身而诚”，“明心见性”，“回光返照”，消除肉体和欲望的污染和干扰，使灵魂获得理性的净化，才能发现心中的真理。这里的观点是和《斐德罗》、《美诺》等的观点是一致的。

苏格拉底进一步说明了灵魂本身的视力或者理性直观的问题。他认为灵魂本身就具有视力。“这方面或许有一种灵魂转向的技巧，即一种使灵魂尽可能容易尽可能有效地转向的技巧。它不是要在灵魂中创造视力，而是肯定灵魂本身有视力，但认为它不能正确地把握方向，或不是在看该看的方向，因而想方设法努力促使它转向。”(柏拉图:《理想国》，518c)苏格拉底认为心灵本身拥有视力，这种灵魂的视力就是理性。理性就是纯粹的直观觉知。这种纯粹的理性觉知就是灵魂的内在光明。只有理性才是灵魂的真实本质，因此灵魂的本质就是理性之光。但是我们的肉体欲望却往往使得这种光明被掩盖和遗忘。所以在大多数情况下，我们都是追随肉体的欲望，使灵魂的理性之光服务于肉体欲望。但是理性的这种纯粹觉知之光在任何情况下都仍然在现实地发生作用。例如即使我们闭上眼睛，虽然看不到任何事物了，但是我们的理性视力仍然看到了这种“看不到”。所以一个盲人也同样完好地拥有灵魂的视力。一个失聪的人也同样拥有完好的听力。因此不论肉体欲望如何掩盖理性之光，这种灵魂的视力都是不生不灭的，是永远不会丧失的。“心灵的优点似乎确实有比较神圣的性质，是一种永远不会丧失能力的东西；因所取的方向不同，它可以变得有用而有益，也可以变得无用而有害。”(柏拉图:《理想国》，519a)苏格拉底认为，虽然灵魂先天地拥有视力，但是灵魂本身却不一定能够很好地使用自己的理性视力。如果灵魂的视力能够始终看到至善本身，那么他就最终能够成为哲人。如果灵魂的视力只是用来注视善的影像，那么他就是俗人。所以关键不是灵魂的视力本身的差异，而是灵魂的观看方向的差异。从先天理性认识能力的意义上说，哲人和俗人没有差异，他们都是理性的动物。但是从爱欲方向的意义上看，哲人和俗人又是先天不同的。他们的爱欲的差异性导致了他们的理性视力方向的差异性。可以说，爱欲的差异性是哲人和俗人的理性差异性的决定性因素。要改变一个人，或者要进行灵魂的转向，根本的方法就是改变这个人的爱欲，使他从爱名利转向爱智慧。所以灵魂的转向也就是爱欲的转向。

苏格拉底指出，俗人的灵魂迷失的原因就在于理性被欲望和情感所遮蔽。“假设这种灵魂的这一部分从小就已得到锤炼，已经因此如同释去了重负——这种重负是这个变化世界里所本有的，是拖住人们灵魂的视力使它只能看见下面事物的那些感官的纵欲如贪食之类所紧缠在人们身上的。——假设重负已释,这同一些人的灵魂的同一部分被扭向了真理,它们看真理就会有同样敏锐的视力,像现在看它们面向的事物时那样。”(柏拉图:《理想国》,519b)也就是说,如果一个人的理性认识从肉体的欲望和情感解放出来,他就能够认识到真理。如果我们总是习惯于使理性混杂在情欲之中,灵魂的视力就受到了束缚和损害,我们就只能沉陷在洞穴世界之中,永远不得超生。这种把灵魂的理性从欲望中解放出来的活动也被称为“净化”。哲学本质上就是净化。在《斐多》中,苏格拉底就把智慧和美德都称为“灵魂的净化”,认为哲人就是“活死人”,哲人就是始终追求灵魂净化的人。净化也就是治疗,治疗灵魂的欲望和无知之病。灵魂的本性是纯粹理性,是轻盈和光明,但是因为肉体欲望的污染,灵魂变得滞重和愚昧。俗人就是灵魂得病的人,哲人就是灵魂获得了治愈的人。进一步,净化和解脱的灵魂才是自由的灵魂。自由并不是情欲的随心所欲,而是理性从情欲中解脱出来的状态。而被情欲控制的灵魂像是不自由的奴隶。如果我们真正地热爱和追求自由,就应该追求自己灵魂的净化。再进一步,只有获得净化的灵魂才能上升,灵魂的净化也就是灵魂的上升。在《斐德罗》中,苏格拉底描述了灵魂的上升过程。灵魂只有逐渐地克服沉重的欲望,才能重新获得向上飞翔的力量,最终达到天界之外看到至善至美的理念世界。这也是哲人的“出世间法”。

在苏格拉底看来,我们要认识真理,就必须“向内求”,擦拭掉灵魂上面的各种污染物,使灵魂的理性之光重新发出光明。“相信每个人的灵魂里有一个知识的器官,它能够在被习惯毁坏了迷盲了之后重新被建议的这些学习除去尘垢,恢复明亮(维护这个器官比维护一万只眼睛还重要,因为它是唯一能看得见真理的器官)”。(柏拉图:《理想国》,527e)一般而言,纯粹理性之光是被感性感觉和知性概念所蒙蔽和遮盖的。不但是肉体感官会掩盖理性之光,而且我们的意见和观念也会掩盖理性之光。我们要恢复理性之光,就不但要消除感官情欲的局限性,还必须消除思想观念的局限性。这正是苏格拉底的“无知之知”的根本意义。无知之知就是对一切思想概念的解构和扬弃,从而使灵魂获得了完全的空灵和纯净,这样纯粹理性的直观之光明才能开发出来。一旦纯粹理性之光被重新激发起来,真理就会呈现出来,真理就包含在纯粹理性之中。所以成为哲人有两个方面，一个是要摆脱肉体洞穴的情欲的束缚，一个是要摆脱政治洞穴的观念的束缚。当然灵魂的理性之光是始终在发射光明的，不会因为我们的擦拭还是不擦拭而有任何差别。我们的无知和局限是自我施加的。理性之光是最根本的真实的存在，而一切概念语言性的理解都是在理性直观的基础上才产生的。所以应该说，理性比理解更加根本和源始。相反，海德格尔认为理解比理性更加源始，试图以“理解”解构“理性”的观点是错误的。

柏拉图的净化说和回忆说和佛教的观点是非常相似的。在佛教看来，人人皆有佛性。诸佛和众生的自性、本心是一样的。众生和佛的区别就在于迷与悟。一迷是凡夫，一悟便是佛。我们追求智慧、洞见实相的根本方法就在于“明心见性”，“打开本来面目”。在《坛经》中，神秀大师的偈：“身是菩提树，心如明镜台，时时勤拂拭，莫使惹尘埃。”表明我们心灵中本来就存在真理，但是我们的肉体欲望却掩盖了这种真理，所以获得真理的最终方法就是净化灵魂，使内心中的真理展现出来。而慧能大师的偈：“菩提本无树，明镜亦非台，本来无一物，何处惹尘埃。”则更进一步指出神秀大师的偈仍然是着相的，因此不彻底不究竟。慧能大师的偈直接揭示了无相的实相。灵魂的至善之光和理性之光是最真实的存在。当我们最终认识了实相之后，就会发现实相就是无相。所谓“一是一切，一切是一”。所以柴陵郁禅师也曾作了一首禅偈：“我有明珠一颗，久被尘劳关锁，今朝尘尽光生，照破山河万朵。”其偈意是每个人身上都有一颗属于自己的明珠，此明珠就是成佛之正因，智慧的根本。但是大多数人却不能认识到这一点，随波逐流，丧失自我。如果有情众生能透过梵行修持、参禅体证，磨去古镜苔痕，还已神珠明光，不但能拨云见日、茅塞顿开、见诸法实相，草木山河亦因此蒙受光明。这种“明心见性”的方法是我们成佛的根本和关键。

老子的认识论也和柏拉图的认识论非常相似。老子认为圣人是得道之人，圣人是自然之道的化身。圣人致力于对道和万物的理性的静观。这种理性认识需要排除感官认识的干扰，最终达到对道本身的完全认识。“致虚极，守静笃。万物并作，吾以观复。”（《道德经》，第十六章）所谓“致虚极，守静笃”就是要排除感官认识的干扰，使纯粹理性认识能力获得发挥。只有纯粹理性才能认识道本身。这是追求智慧和追求世俗学问的差异性的原因。“为学日益,为道日损”。也就是说,追求世俗学问依赖的是感性的认识方式即见多识广,而追求智慧依赖的是自己内心世界的纯粹理性的认识观察。这也意味着,对世界的认识必须最终回归到对自我的认识,对事物的认识最终就是对自我的认识。“不出户,知天下;不窥牖,见天道。其出弥远,其知弥少。是以圣人不行而知,不见而明,不为而成。”(《道德经》,第四十七章)因此圣人或者哲人不迷失于外物,而是反求诸已,返身而诚,证悟了绝对的智慧。

孟子的认识论也和柏拉图的这种思想相似。所谓“万物皆备于我,返身而诚,乐莫大焉。强恕而行,求仁莫近焉。”(《孟子·尽心上》)其中,“万物皆备于我”,强调一切事物都离不开我心。所谓的外物仍然离不开自己的心,心和物是不可分的。即便我们能够设想一种独立于心的外物,其仍是心的一种设想。这种观点并不是“外物是心的创造产物”的主观唯心主义,而是外物不能离开心而存在的“唯识论”。所以我们达到真理的方法就是返回内心世界。“尽其心者,知其性也,知其性则知天矣。”(《孟子·尽心上》)因此,对天道的认识就是对人性的认识,认识人性就是认识天道,所谓“天人合一”。对人性的认识就是对自我的认识。而对自我的认识就是对理性和欲望的关系的认识。通过这种自我认识,我们就能够认识到欲望和情感并不是心灵的本质,只有理性才是心灵的本质,我们应该使理性从欲望中解放出来,使自己的灵魂获得净化。心灵获得净化后,真理或者天道就会在心灵中呈现出来。因此对本心或者灵魂的认识是认识天道的唯一方法。而发现真理才是人能够获得的最大快乐。人的爱欲只有在这种认识中才能获得最大满足。所以我们要追求快乐,就应该追求真理,追求至善。

第二阶段:哲人的下降之路

苏格拉底继续指出,哲人在通过灵魂的转向和上升,在走出了政治洞穴和肉身洞穴、认识到至善真理之后,还应该回到政治洞穴。因为只有哲人才是唯一有资格的合乎自然的统治者,只有哲人掌握政治权力才能够实现理想国。“没受过教育不知道真理的人和被允许终身完全从事知识研究的人,都是不能胜任治理国家的。这个结论不也是很对的,而且还是上述理论的必然结论吗？因为没受过教育的人不能把自己的全部公私活动都集中于一个生活目标；而知识分子又不能自愿地做任何实际的事情，而是在自己还活着的时候就想象自己已离开这个世界进入乐园了。"（柏拉图：《理想国》，519b）也就是说，在一切国家中，人民群众没有关于至善和真理的知识，他们的理性没有发展起来，被自己的欲望和利益支配，所以他们没有资格掌握权力，他们掌握权力只能败坏权力，也就是"铜铁当道，国破家亡"。同时，单纯的知识分子也不能掌握权力，他们献身于纯粹的学术生活，从中获得自己的快乐和满足，对于世间政治的权力和荣誉没有兴趣，是"出世间"的隐士。他们缺少对世道人心的观察和认识，所以他们也不适合做统治者。这类人的代表就是《泰阿泰德》中的塞奥多洛和泰阿泰德等数学家。最终只有看到了至善和真理的哲人才能胜任统治者的工作，能够引导人民走向正义和幸福的道路。

苏格拉底认为在理想国中，我们必须强迫哲人回到洞穴，委屈他们过一种低级的政治生活。因为理想国的目标并不是某个人的幸福，而是整个国家的幸福。"我们的立法不是为城邦任何一个阶级的特殊幸福，而是为了造成全国作为一个整体的幸福。它运用说服或强制，使全体公民彼此协调和谐，使他们把各自能向集体提供的利益让大家分享。而它在城邦里造就这样的人，其目的就在于让他们不致各行其是，把他们团结成为一个不可分的城邦公民集体。"（柏拉图：《理想国》，519e）这里，苏格拉底把整个国家的幸福作为最高目标。所有个人的幸福都必须服从于整体的幸福。施特劳斯曾经指出，在这样一个整体上幸福的国家中没有一个人是幸福的。他的意思似乎是指在这样的整体中每一个个体都不再作为个体被看待，而是作为整体的一部分被看待，这样一来，每个个体都被片面地误解了。他似乎不同意为了整体的幸福，我们可以牺牲个体的幸福。或者，我们即使牺牲了个体的幸福，就一定能够获得整体的幸福吗？或者，整体的幸福能够不以个体的不幸福为前提和代价吗？或者，整体的幸福不是个体的幸福的总和吗，如果每个个体都不幸福，那么整体如何是幸福的呢？但是我们似乎还是应该为苏格拉底的这个设想进行辩护。因为在一个真正幸福的国家中，是没有现代意义上的"个人"的。现代意义上的"个体"是个人主义、享乐主义的产物。因为这种个体的出现本身就是政治败坏的表现。只有在政治共同体已经不能把全体人民整合统一在一起之后，人们才开始关注个体的存在，才开始关注个体的感受和利益。在理想的政治设想中，是不能设想这种“个体”的。在一个真正的政治共同体中，没有个体的利益，没有个体的感觉，没有个体的幸福。每个个体都已经和国家共同体的利益和感觉完全地结合在一起了。而在一切现实国家中，个体的利益和感觉都已经和国家的利益和感觉产生了某种程度的分裂和疏离。因此所谓独立的“个体”(除非是哲人)是没有价值和意义的，也是孤独和可悲的。因为人是群居或者城邦的动物，每个人都试图在更大的共同体中寻找到自己的位置和价值意义，所以政治共同体的存在对于每个人都非常重要。人们对于理想国家的设想和追求永远都是美好的、可贵的。这就是柏拉图的理想国的样板性意义。相反，犬儒主义否定了这种政治理想主义，似乎通过愤世嫉俗、特立独行来证明自己的存在和意义。这种观点作为个人生活方式是可以接受的，但是作为一种政治理论就是对政治和人性的无知的体现。所以苏格拉底曾经嘲笑了第欧根尼的虚荣心。可以说，苏格拉底是在真诚地设想理想国，他是以玩笑的方式谈论了一个严肃的问题。他的这种政治设想和儒家的大同世界、老子的小国寡民、庄子的至德之世、基督教的天国具有某种相似性。但是现代性的政治理想主义、普世主义却与之相去甚远。现代性本质上是一种政治理想主义的狂热运动。所以阅读《理想国》，对于我们克服现代性的政治理想主义具有重要意义。理想国作为一个永恒的合乎自然的标本，是我们调整和改善一切现实政治生活的标准。

但是苏格拉底对于最完美的理想国的设想，也最终消除了人们对一切现实政治的热情。也就是说，和理想国比起，一切现实的国家政治都是拙劣的、低级的，都不值得人们为之奋斗和献身。苏格拉底暗示我们，理想国是如此完美，以至于完全超出了人力的范围，人不可能通过自己的力量建立起来。凡是凭借人力建立起来的国家都不是这个理想国。所以理想国的重要意义就在于它通过确立一种政治理想主义，最终消除了一切政治理想主义。也就是说，柏拉图告诉我们，真正值得为之奋斗的不是实现某种政治理想，而是过一种哲学生活。因为并不是每个人都能够在政治共同体中获得终极性满足和实现。哲人只有在超出政治生活的哲学生活中，在“独与天地精神往来”中才能获得终极性满足。

苏格拉底为了说服哲人进行统治，他设想了如下的劝告词：“哲学家生在别的国家中有理由拒不参加辛苦的政治工作，因为他们完全是自发地产生的，不是政府有意识地培养造就的；一切自力更生不是被培养而产生的人才不欠任何人的情，因而没有热切要报答培育之恩的心情，那是正当的。但是我们已经培养了你们——既为你们自己也为城邦的其他公民——做蜂房中的蜂王和领袖；你们受到了比别人更好更完全的教育，有更大的能力参加两种生活。因此你们每个人在轮值时必须下去和其他人同住，习惯于观看模糊影像。须知，一经习惯，你就会比他们看得清楚不知多少倍的，就能辨别各种不同的影子，并且知道影子所反映的东西，因为你已经看见过美者、正义者和善者的真实。因此我们的国家将被我们和你们清醒地管理着，而不是像如今的大多数国家那样被昏昏然地管理着，被那些为影子而互相殴斗，为权力——被当作最大的善者——而相互争吵的人统治着。事实是：在凡是被定为统治者的人最不热心权力的城邦里必定有最善最稳定的管理，凡有与此相反的统治者的城邦里其管理必定是最恶的。”（柏拉图：《理想国》，520b－d）

这可以说是苏格拉底对哲人王理想的一种辩护和说明。在其他国家中，哲人是自发产生的，国家没有自觉培养哲人，所以哲人也没有义务为国家服务。在这样的国家中，哲人可以不参加政治，可以明哲保身地做隐士。当然这也并不是说哲人可以对抗国家。苏格拉底根本没有“个人可以对抗国家”的观念。哲人在行为上仍然会自觉地做一个好公民，尽管他在思想上并不认同国家。相反，在理想国中，哲人则有义务参加实际政治工作。因为在理想国中，哲人是国家有意识地培养教育出来的。哲人的统治可以造就国家最大的善。第一，哲人的统治是依据自然而统治。哲人能够最清晰地看清每个人的自然天性，然后对每个人进行因材施教的教育和训练，再把他们安排在适合于其天性的工作岗位上，使每人都能成其所是，各得其所。这样每个人都能够幸福地度过自己的一生。而每个当事人由于受到自己的欲望和认识的影响，并不一定认识自己的天性自然，可能会去做出很多错误的决定和规划，最终使自己的一生在错误和悔恨中度过。所以哲人王的统治是“王道政治”，是“王道乐土”。只有在哲人王的统治下才能实现普遍的幸福和正义。因为哲人的统治是依据自然而统治,所以哲人的统治是“无为而治”。其次,哲人是看到了至善实相的人,哲人在这种直观至善中获得了最高的智慧和幸福,所以哲人对世俗的政治权力已经不感兴趣了,他不会为了权力和人争斗。一个国家只有在消除了权力争斗之后,才能达到最好的治理。如果人们为了权力和利益进行无休止地争斗,那么这种争斗必然会败坏国家。现代政治哲学中的三权分立制度就是承认了这种争斗的必然性,并且试图利用这种争斗达到某种相互制衡。三权分立具有实践上的可行性,但是如果我们把这种原则作为最好的政治原则,那就是对政治的本质无知的表现了。可以说,三权分立是为了可行性而牺牲了理想性。相反,柏拉图的理想国则是强调“德位合一”的政治理想主义原则。有德必有位,有位必有德。如果人们都能够自觉地遵守这种原则,使权力和智慧结合起来,那么这无疑是政治生活的最高成就。即使这个原则在实践上不能被人们接受和实行,我们也不能因此否定它的真理性和至善性。只有在思想上始终坚持这种原则,始终以这种理想原则衡量我们的政治实践生活,我们才有可能认识到自己在实践上的不完美性,才有可能逐渐消除这种不完美性,而提高政治生活的道德和智慧水平,否则我们就会逐渐沉沦在拙劣的政治生活中,而无能自知自觉了。如果因为这个政治理想是不现实的而放弃这个理想,去选择一个更加现实的可行的理想或者原则,这是“取法乎下”的方法。而古代哲人是坚持“取法乎上”的原则。“取法乎上仅得其中”,“取法乎下”还能够获得什么呢?儒家的圣人政治就是强调德位合一的政治理想。儒家传统中推崇“禅让制”的原因就是有德者居之,强调“德位合一”的政治理想主义原则。

最后苏格拉底指出:“只有当你能为你们未来的统治者找到一种比统治国家更善的生活时,你才可能有一个管理得好的国家。因为,只有在这种国家里才能有真正富有的人来统治。当然他们不是富有黄金,而是富有幸福所必需的那种善和智慧的生活。如果未来的统治者是一些个人福利匮乏的穷人,那么,当他们投身公务时,他们想到的就是要从中攫取自己的好处,如果国家由这种人统治,就不会有好的管理。因为,当统治权成了争夺对象时,这种自相残杀的争夺往往同时既毁了国家也毁了统治者自己。"(柏拉图:《理想国》,521b)在他看来,除了真正的哲学生活而外,没有什么生活方式能使人轻视政治权力。只有哲人才能做到视金钱和权力如浮云和粪土。只有让不爱权力的哲人掌权,才能消除政治对手之间的争斗,国家的政治权力才能成为为每个公民谋求利益的工具,所谓"大道之行,天下为公",这样才能实现整个国家的正义和幸福。在这里,苏格拉底明确区分了两种生活方式,即政治生活和哲学生活。政治生活是世间生活,其主要目标就是财富和荣誉。哲学生活是出世间的生活,其主要目标就是智慧。在他看来,只有哲学生活才是最好的、最神圣的生活。一个真正的哲人是不会追求世间政治权力的。政治生活是哲学生活的基础,没有了稳定的政治生活,哲学生活是不可能的。而哲学生活也是政治生活确保自己的健康发展的前提条件,没有这个条件,政治生活的败坏就不可避免。哲学生活的存在不断为政治生活输入理性的因素,使政治生活能够尽可能地保持理性,尽可能不陷入追逐利益和荣誉的狂热之中。维护哲学生活,也就是维护政治生活,所以柏拉图才不遗余力地为哲学生活辩护,确立哲学生活的地位和意义。这对于整个人类生活来说是至关重要的。❶

哲人作为王者,并不仅仅在实际掌握国家政治权力的意义上才有效。哲人天生就是王者。在《政治家》中,苏格拉底就指出,哲人自然地、天生地就是王者。哲人即使没有实际地掌握政治权力,哲人凭借他的智慧就已经是王者了。因为在古典哲人看来,理性和智慧是政治统治的正当性的唯一根据。在《回忆苏格拉底》中,色诺芬就描述了一个哲人王苏格拉底的形象。他虽然不是实际的统治者,但是他凭借自己的智慧可以为每个人提供最好的指导,使身边的每个人都能够得到最好的利益,这样的苏格拉底实际上就已经是一个王者了。这种观点和儒家的素王、佛教的法王、道家的"内圣外王"的观点是相似的。这也意味着在可能的条件下,哲人应该自觉地和自己的国家合作。他们要改善国家,应该通过合作的方式,而不是对立的方式。因为哲人超越了一切政治体制,达到了自然和逍遥的高度,所以哲人和任何政体都没有原则性的冲突。但是现代性以来,

---

❶ 庄子推崇出时间的哲学生活的政治意义也在于此。

知识人大多都是智者式的，而不是哲人式的。现代知识分子总是把自己置于国家之上，总是试图通过改变国家体制的方式来改善政治生活，这是非常无知、傲慢和危险的。因为政治问题绝不是通过简单的制度变革可以解决的。政治问题的关键是人性的教育问题，而不是制度问题。“人存政举，人亡政息”。如果我们没有培养足够好的人，那么新国家就仍然是一个败坏的国家。我们把国家的败坏仅仅归结于制度因素，是对人性的事实的无知。

综上所述，洞穴喻包含了哲人的上升之路和下降之路。哲人的上升之路是哲人的培养和形成之路。其主要的教育方法就是回忆说所暗示的“自我教育”。成为哲人并不是单纯的博览群书，最重要的是学会观察自己的内心活动，在这种自我观察和自我认识中，逐渐认识到内心的一切观念和欲望的虚假性，逐渐摆脱这些欲望和观念的支配，最终超出肉身洞穴和政治洞穴，使自己安住在纯粹理性的直观和觉察之中，并且在这种纯粹理性觉察中获得最大的安宁和快乐。这是人的理性能够达到的顶峰，是人性的最高实现。哲人的下降之路则是表明哲人是天生的统治者，是最合乎自然的统治者。只有在他的统治下，一切人和物才能实现自己的自然，达到自己的完美性。同样，也只有在理想国的条件下，哲人的教育和生成才摆脱了偶然性和自发性，理想国的存在是哲人存在、哲学生活存在的根本保证。理想国的最终目的是为了哲学和理性的利益。我们现在有了现代科学意义上的大学，似乎有了实现哲人的教育和培养的必然条件，似乎可以在最大程度上维护哲学的利益，哲学似乎在现代社会中获得了最好的保证。但是如果我们认识到，只有在通过辩证法学习扬弃了一切语言概念，扬弃了一切欲望和情感的束缚，通过纯粹理性直观到至善本身之后，真正的哲人才能生成，那么我们对此就不会过于乐观了。这些外在条件并不是培养哲人的决定性条件。哲学教育的根本是自我教育，外在条件只是诱因。这意味着哲人的教育和出现仍然无法摆脱偶然性。在现代性的条件下，培养哲人的任务甚至变得更加遥不可及了。现代性以科学和自由的名义扼杀哲学。我们同样必须穿越现代性特有的愚昧和无知，才能成长为一个哲人。无知和愚蠢的俗人永远是大多数，这是大自然的法则，不可能通过科学的进步或者人为的教育有所改变。

（二）哲人的学习科目

哲人的学习内容分为两个层次。

第一个是预备性科目。主要是学习数学、几何学、立体几何学、天文学和声学。学习这些内容的目的都是为了使哲人的灵魂能够离开可见世界，转向可知世界。这些研究都是在于使我们摆脱感官事物的影响，转向对不可见事物的研究。"除了研究实在和不可见者外我想不出任何别的学习能使灵魂的视力向上。"（柏拉图：《理想国》，529b）苏格拉底借助于数学说明可感事物和可知事物的区分。例如看到一个手指，这是感官认识能够确定的，但是如果要说大小、轻重、多少、软硬等时，感官认识就不能清楚地确定了。这时就需要借助于理性的思考和判断。所以感官认识天生是粗糙的、有缺陷的。这也包含了对普罗泰戈拉等智者的相对主义和感觉主义的批判。如果我们把个人的感觉性质转换为数学值，那么个人感觉的含混性就被消除了，从而达到了科学研究的精确性。❶ 同样，理性的数学研究可以帮助我们将灵魂从感官世界上升到理智世界，这就是灵魂的净化。毕达哥拉斯学派也把数学研究看作是灵魂净化的方法。柏拉图继承了这种看法。在天文学方面，苏格拉底批判了当时的天文学，认为天文学仍然是对可见事物的研究，这种研究根本不能起到净化灵魂的作用。我们看到，现代物理学之类也是都停留在对可见事物的研究上，也不能起到净化灵魂的作用。所以他认为研究天文学的目的是为了从运动变化的事物中发现绝对不变的比例关系。因为天体运行法则是最接近数学的理性主义的，所以苏格拉底推崇天文学，推崇太阳、月亮等宇宙天体。但是和纯粹数学相比，天体运行法则也不是精确的。在和声学研究方面，他认为毕达哥拉斯学派浪费了很多精力去听具体的声音，真正的和声学也是研究音符中的比例关系，而不是研究具体的音调。总而言之，一切学习科目的总原则就是："如果它迫使灵魂看实在，它就有用。如果它迫使灵魂看产生世界，它就无用。"（柏拉图：《理想国》，526e）总而言之，在柏拉图那里，科学研究具有净化灵魂的作用和意义，它并不服务于功利主义的

❶ 康德的《纯粹理性批判》的重要意图也是把模糊的感官性质转变为精确的数学性质。

目的，而是具有净化灵魂、把灵魂从肉体欲望中解放出来的目的。真正科学研究并不服务于任何政治目的，只服务于研究者个人的灵魂净化。这才是对科学研究的唯一正确的合乎理性的本质的理解。正是因为柏拉图如此理解科学研究，所以他的科学研究可以避免现代科学的意识形态化倾向。我们必须复兴柏拉图的这种科学观，克服现代性以来的科学观。

第二个学习科目和层次是辩证法学习。前面的科学研究都是准备性的，就像是法律的序言。科学研究对应的仍然是可知世界中的第一部分，仍然没有上升到对纯粹理念和善本身的研究。这些科学研究的目的最终都应该指向辩证法的学习。“如果研究这些学科深入到能够弄清它们之间的相互联系和亲缘关系，并且得出总的认识，那时我们对这些学科的一番辛勤研究才有一个结果，才有助于达到我们的既定目标，否则就是白费辛苦。”（柏拉图：《理想国》，531d）这种关注纯粹理念或者概念之间的相互联系的研究就是哲学辩证法。辩证法学习才是真正的哲学学习。学习哲学就是学习辩证法。

那么，应该如何理解柏拉图的哲学辩证法呢？

第一，辩证法的本质。辩证法的本质首先是纯粹理性的概念推理，不依赖于任何感性。“当一个人企图靠辩证法通过推理而不管感官的知觉，以求达到每一事物的本质，并且一直坚持到靠思想本身理解到善者的本质时，他就达到了可理知事物的顶峰了，正如我们比喻中的那个人达到可见世界的顶峰一样。”（柏拉图：《理想国》，532a）也就是说，辩证法和感性现象无关，辩证法是对理念之间的联系的认识和揭示。柏拉图最初设想的理念是独立的、自在的，理念之间并不是相互依赖的。例如大的理念并不依赖于小的理念，大之为大并不是因为小。应该看到，柏拉图肯定理念的实在性和独立性是为了克服智者派的相对主义。但是如果我们只是坚持理念之间的独立性，不能看到它们之间的相互依赖性和联系性，那么就仍然没有达到最高的智慧。通过辩证法的学习，就可以认识各个理念之间的联系，最终认识到一切理念都是相互联系的，每个理念的存在都是以其他一切理念的存在为前提的，理念之间构成了一个统一性的整体。这样，辩证法就达到了哲学的最高原理或者第一原理即“一是一切，一切是一”。“辩证法是唯一的这种研究方法，能够不用假设而一直上升到第一原理本身，以便在那里找到可靠根据的。”（柏拉图：《理想国》，533c）在《巴门尼德》中，柏拉图展示的“完备的辩证法”就是对“一切是一，一是一切”的论证。他通过揭示一切理念之间的相互联系，最终扬弃了一切理念。

第二，辩证法的目的。辩证法的目的就是看到实在，即直观至善本身。“只有辩证法有能力让人看到实在，也只让学习过我们所列举的那些学科的人看到它，别的途径是没有的。”（柏拉图：《理想国》，533a）实在或者至善是辩证法始终必须瞄准的终极性目标，不能有任何偏离，否则辩证法就会变为诡辩术。当辩证法达到了“一切是一，一是一切”的绝对原理后，辩证法就会认识到这个“太一”就是至善。至善的理念蕴含在一切理念之中。至善的实在性高于一切理念的实在性。至善才是最高的实在，其他一切事物都是至善的影像。一切差异性的事物都是影像性的，是介于存在和非存在之间的。只有作为“一”的至善才是唯一的存在和实在。辩证法最终就是要扬弃一切语言概念名相的差异性，达到对一切事物的最普遍本质即至善的认识。可以说，至善才是事实本身或者自然本身。对至善和事实本身的认识才是智慧。辩证法和智慧是一回事。我们对任何理念的认识归根到底是对至善理念的认识。

第三，辩证法的特征。至善本身是没有名相的。对至善的认识也必须是超越一切名相的。辩证法要求我们必须扬弃一切知性概念和范畴。因为知性概念和范畴是和感性事物相关的。一切概念都是有限的和人为的。如果我们只是局限在概念中认识事物，那么我们的认识就仍然受到了主观性的限制。所以要认识事实本身或者至善本身，就必须扬弃一切语言概念，通过纯粹理性直观事实本身。可以说，辩证法最终达到的就是纯粹理性直观。只有辩证法才是纯粹理性的认识方式，是合乎至善实在本身的认识方式。“意见是关于产生世界的，理性是关于实在的；理性和意见的关系就像实在和产生世界的关系，知识和信念的关系、理智和想象的关系也像理性和意见的关系。”（柏拉图：《理想国》，534a）也就是说，这种纯粹理性直观就是灵魂的净化的最终目的。在我们扬弃了感性认识和概念认识之后，我们的灵魂获得了最高的净化。我们的灵魂的理性认识就变得清晰和精确，就像是老子的“玄鉴”，至善或者事实本身最终就能够在理性心灵的明镜中最大程度地映现出来。可以说，辩证法也是灵魂净化的根本方式之一。辩证法也必然包含了对自身的扬弃。当我们能够以纯粹理性直观事实本身之际，当我们的灵魂和至善达到绝对同一，一切人为的方法论包括辩证法都必须丢弃掉。因此辩证法在最高层次上是非概念超语言的，是达到纯粹理性直观的唯一方式。

第四，辩证法的地位。辩证法是一切科学和哲学研究之顶峰。“辩证法像墙头石一样，被放在我们教育体制的最上头，再不能有任何别的学习科目放在它的上面是正确的了，而我们的学习课程到辩证法也就完成了？”（柏拉图：《理想国》，534e）在这里，柏拉图区分了三种学问。第一类是实用的技术科学。“一切其他的技术科学则完全或是为了人的意见和欲望，或是为了事物的产生和制造，或是为了在这些事物产生出来或制造出来之后照料它们。”（柏拉图：《理想国》，533b）也就是说，这种实用性的技术科学总是和感性事物相关，总是为了满足人们的欲望和需要而产生。我们现代技术就是柏拉图所说的这类东西。现代技术是实用主义、功利主义和享乐主义的表现。第二类是作为辩证法的准备性科目的纯粹理论科学。“至于我们提到过的其余科学，即几何学和与之相关的各学科，虽然对实在有某种认识，但是我们可以看到，它们也只是梦似地看见实在，只要它们还在原封不动地使用它们所用的假设而不能给予任何说明，它们就还不能清醒地看见实在。因为，如果前提是不知道的东西，结论和达到结论的中间步骤就也是由不知道的东西组成的，这种情况下结果的一致又怎能变成真正的知识呢？”（柏拉图：《理想国》，533c）纯粹理论科学因为不是对至善本身的认识，所以纯粹理论科学仍然不是最彻底和最究竟的。柏拉图所说的这种理论科学就是现代学科分类中的所谓“基础学科”。当然现代科学是实用性的技术和纯粹理论科学的结合。第三类最高的科学是哲学辩证法。只有辩证法能够最真实的认识最高的实在。“一个能正确论证每一事物的真实存在的人你不赞成把他叫作辩证法家吗？一个不能这样做，即不能对自己和别人作出正确论证的人，你不赞成说他没有理性，不知道事物的实在吗？”（柏拉图：《理想国》，534b）如果一个人能用辩证法把善的理念和其他一切事物区分开来，并给它作出定义，并且能够根据实在本身而不是用意见来考察一切事物，能够在正确的方向上将论证进行到底，这样的人才拥有真正的知识，这样的人就是真正的哲学家。辩证法是对最高实在的认识。只有辩证法才能被称为是真正彻底严格的哲学。哲学辩证法是一切科学中的最高科学。我们看到，辩证法、理性、实在、至善是同一性的关系。辩证法是对最高至善实在的认识，这种认识需要扬弃一切概念名相，通过这种辩证扬弃，才能产生纯粹理性的直观认识，最终在这种理性直观中才能达到对至善本身的认识。

比较一下康德和黑格尔关于辩证法的观点，以利于加深我们对柏拉图的辩证法的理解。康德对辩证法的理解是消极性的。在他看来，理性的认识对象是理念。但是理念超越了知性概念，理念不能通过范畴或者概念认识，理性一旦使用知性概念去认识理念，就产生了先验幻相。所以康德最后列举了四组二律背反，表明我们对这些相反的判断无法做出最终的定论。这表明康德看到了我们对理念的认识必须是非概念化的。这是康德对辩证法的本质特征的难能可贵的揭示。但是康德否定了理性直观，认为这种非概念化的认识不是科学的认识。他把现代科学特别是数学和力学作为科学的典范，科学的认识必须是通过范畴进行的。这样一来，康德对于科学的理解就偏离了柏拉图关于严格科学的理解。按照柏拉图的看法，辩证法是非概念性的认识。这种非概念化的认识方式是扬弃了一切概念范畴，通过理性直观实相本身的认识方式。因此理性直观认识才是真正契合事实本身的认识。而概念化的认识总是局限在概念之中，这样就会偏离事实本身。我们要认识事实本身就必须超越感性直观和知性概念的主观性，达到纯粹理性直观，这样我们才能和事实相符合。因此从最终意义上说，辩证法就是"通过概念超越概念"。黑格尔辩证法同样是对柏拉图辩证法的一种变形。他试图积极地理解辩证法，建立了一个概念辩证法的思辨体系。他的辩证法把绝对理性作为基础和开始，把感性和知性都看作是理性的一个阶段，打破康德关于现象和本体、理性和知性的二元划分，揭示"实体就是主体"，达到主客体的绝对同一性。但是黑格尔的辩证法演绎并没有扬弃思辨概念本身，从而进入理性直观的最高阶段。相反，黑格尔哲学仍然局限在概念思辨之中，甚至把实在和概念等同起来了。这恰恰是违反了辩证法的根本目标即扬弃范畴概念，以纯粹理性直观至善实在本身。黑格尔只是通过正反合的辩证法为现代意识形态进行辩护。柏拉图的辩证法指出，实在和至善都是非概念性的，我们只有在超越了一切概念之后的理性直观中才能把握实在本身。

柏拉图的辩证法和孔子的中庸之道可以进行比较。孔子曾经作了“十翼”来阐明《周易》的辩证法，把卜筮之书《周易》改变为人文之书，把《周易》的辩证法运用到人文精神的领域。“天下何思何虑？天下同归而殊途，一致而百虑。天下何思何虑？日往则月来，月往则日来，日月相推而明生焉。寒往则暑来，暑往则寒来，寒暑相推而岁成焉。往者屈也，来者信也，屈信相感而利生焉。尺蠖之屈，以求信也；龙蛇之蛰，以存身也。精义入神，以致用也；利用安身，以崇德也。过此以往，未之或知也；穷神知化，德之盛也。”（《周易・系辞》）而易教的目的就是达到“洁净精微”的纯粹理性状态。在这种洁净精微的纯粹理性状态中，就能够使至善实相本身直接呈现出来。借助于至善实相的认识，我们就能够扬弃一切概念和意见，契合事实本身，也就是能够达到“中道”。孔子说：“君子之于天下也，无适也，无莫也，义之于比。”（《论语・里仁》）也就是说，只有在纯粹理性直观的状态中，我们才能时刻以事实本身为标准，才能摆脱一切观念和想法的束缚。当事实本身发生变化时，我们的思维和立场也自然随之变化。这就是“变中的不变”。所以圣人是没有任何个人的观念和立场的，圣人就是至善和天道的化身。孔子同样看到中道是难以实现的。因为扬弃一切概念和思维，达到纯粹理性本身，是非常困难的。如果我们不能始终保持中道，我们就只能在过和不及之间保持中道。“不得中行而与之，必也狂狷乎！狂者进取，狷者有所不为也。”（《论语・子路》）只有始终以至善和事实本身为依据，使用中道辩证法，我们才能消除自己的主观性和概念性的局限性。

柏拉图的辩证法和老子的辩证法也可以进行比较。“天下皆知美之为美，斯恶已；皆知善之为善，斯不善矣。有无相生，难易相成，长短相形，高下相盈，音声相和，前后相随，恒也。是以圣人处无为之事，行不言之教，万物作而弗始，生而弗有，为而弗恃，功成而弗居。夫唯弗居，是以不去。”（《道德经》，第二章）圣人就是始终同时看到事物的两端，因此圣人不会偏执于任何一端。圣人会根据事物的现实状态，不断调整自己的观点和立场，引导事物向至善状态发展。当事物达到自己的至善状态后，圣人不居功自傲，因为这不过是事物本身的自我实现而已。柏拉图的辩证法和庄子的辩证法也可以进行比较。“物无非彼，物无非是。自彼则不见，自知则知之。故曰彼出于是，是亦因彼。彼是方生之说也，虽然，方生方死，方死方生；方可方不可，方不可方可；因是因非，因非因是。是以圣人不由，而照之于天，亦因是也。是亦彼也，彼亦是也。彼亦一是非，此亦一是非。果且有彼是乎哉？果且无彼是乎哉？彼是莫得其偶，谓之道枢。枢始得其环中，以应无穷。是亦一无穷，非亦一无穷也。故曰莫若以明以指喻指之非指，不若以非指喻指之非指也；以马喻马之非马，不若以非马喻马之非马也。天地一指也，万物一马也。”（《庄子·齐物论》）庄子认为一切事物都是相互对立相互依赖而存在的，这也就意味着任何事物都没有最终的真实性。所以最终的实在就是超越一切差异性的存在。这个实在就是道本身。真正的智慧就是超越一切差异性，达到对绝对同一性的认识。俗人迷失在事物的差异性和多样性中，而圣人扬弃了事物的差异性和多样性，把握了“多中的一”，“变中的不变”。

佛教的辩证法就是缘起性空论。《阿含经》给“缘起”下的定义是“此有故彼有，此生故彼生，此无故彼无，此灭故彼灭。”这句话的意思是说：宇宙间一切事物都没有绝对存在，都是以相对的依存关系、相互和合而存在。其中若欠缺某一些因素条件，这一法就不会生起；生起之后，若是某一些因素条件发生变化，这一法的本身也随之发生变化。因此，所谓宇宙就是一个层层无尽的因果之链。在这个因果之链中，没有绝对意义上的原因和结果。在时间上说，是因果相续，因前复有因，因因无始；果后复有果，果果无终。在空间上说，是主从相联，主旁复有主；没有绝对的中心；从旁复有从，没有绝对的边际。其次，佛教指出，凡是缘起的事物，都是没有不变的自性的，因此一切事物便处于“空性”的状态。空性是千差万别的各种事物的最普遍的共同性。这也意味着空性就是最实在的实相。在对事物的空性的认识中，我们就能够超越这个生灭变化的世界，达到对不变的实在世界的认识。所以我们最终应该超越和扬弃一切事物的差异性，而专注于事物的普遍实在和空性。佛教的空性就等同于柏拉图的至善。

（三）哲人的学习阶段

哲人早期的学习和其他护卫者的学习是一致的，包括接受音乐教育、初等数学、军事和体育教育等。苏格拉底强调对孩子的教育不能采取强迫的方式，而是要用做游戏的方法，就是“寓教于乐”的方法，使孩子在游戏中快乐地学习。教育者应该在游戏中认真细致地考察他们的天性，对不同天性的孩子进行不同的教育。哲人的学习阶段大致上包含四个阶段。

第一次选拔是从二十岁起，挑选出那些具有学习天赋的孩子，要求他们把小时候分散学习的各种课程内容加以综合，研究各种知识相互间的联系以及它们和事物本质的关系。当然，这个阶段的学习不是辩证法学习，而是学习预备性科目，即数学、几何学、立体几何学、天文学、和声学。虽然这些科目是不同的，但它们都指向同一个目的，即借助于图形来认识不可见的理念。学习这些内容的目的是为了使哲人的灵魂能够离开可见世界，上升到可知世界。当研究者逐渐认识了理念世界的真理后，他就能够达到辩证法的最高原理“一切是一，一是一切”。苏格拉底认为这是能获得真正知识的唯一途径，也是研究者有无辩证法天赋的最主要的试金石。因为能在联系中看事物的就是一个辩证法者，不然就不是一个辩证法者。由此可见，现代科学最初是从分门别类的研究开始的，形成了各种各样的学科门类。当代科学正在逐渐走向综合性和交叉性的研究，这也是对事物之间的必然联系的认识的结果。如果始终停留在分门别类的科学中，就永远不能认识事物的本质。只有达到“一切是一，一是一切”的最高原理，才是达到了真正知识。但是当代科学的综合性并不意味着它们能够达到哲学的第一原理，因为只要现代科学认识还依赖逻辑、数学、概念等工具，就永远不能达到纯粹理性直观，就永远不能直接认识至善本身。

第二次挑选是选出其中最富辩证法天赋的青年，在他们年满三十的时候，用辩证法考试他们，看他们哪些人能不用眼睛和其他的感官，跟随着真理达到实在本身。在这里，苏格拉底指出了辩证法蕴含的危险，即搞辩证法的人可能违反法律。他用“养子喻”说明这个问题。养子是指潜在的哲人，阿谀奉承之徒是智者，父母是城邦及其法律。潜在哲人由于受到智者的教育，变得对城邦法律不再敬重和服从，对传统的城邦意识形态怀疑起来，认为城邦的法律并不是神圣的真实的。“当他多次被驳倒并且在许多地方被驳倒时，他的信念就会动摇，他会变得相信，光荣的东西也不比可耻的东西更光荣；而当他在关于正义、善以及一切他们主要尊重的东西方面都有了同样的感受时，你试想，此后在尊重和服从这些传统方面他会怎样行事呢？他一定不会还跟以前一样地尊重和服从了。”他就不再忠诚于自己的城邦，转而对其他城邦的习俗、法律充满了好奇，并且采取那种生活方式，于是他就成为一个违法者。所以苏格拉底认为：“不让他们年纪轻轻就去尝试辩论，这不是一个很重要的预防办法吗？我认为你一定已经注意到了，年轻人一开始尝试辩论，由于觉得好玩，便喜欢到处跟人辩论，并且模仿别人的互驳，自己也来反驳别人。他们就像小狗喜欢拖咬所有走近的人一样，喜欢用言辞咬人。”（柏拉图：《理想国》，539b）误用辩证法的结果是损坏了自己和整个哲学在世人心目中的信誉。要么变为厌辩症，要么变为诡辩术。这两种结果都损害了哲学。但是一个年龄大些的人就不会这样疯狂，他宁可效法那些为寻找真理而进行辩驳的人，而不会效法那些只是为了磨嘴皮子玩儿的人。因此苏格拉底要求只有到一定年龄阶段才能学习辩证法。学习辩证法的目的就是扬弃一切理念或者概念，无所依凭的直接使用理性去认识善本身。

第三次挑选是他们在35岁完成理论学习之后，参加实践工作的锻炼和选拔。他们被派到洞穴里去，负责指挥战争或其他适合青年人干的公务，让他们获得足够的实际经验，在这些公务中接受考验，看他们是否能在各种诱惑面前坚定不移或者看他们是否会畏缩、出轨。正如孟子所说的：“故天将降大任于斯人也，必先苦其心志，劳其筋骨，饿其体肤，空乏其身行，行弗乱其所为，所以动心忍性，曾益其所不能。人恒过，然后能改。困于心，衡于虑，而后作。徵于色，发于声，而后喻。入则无法家拂士，出则无敌国外患者，国恒亡。然后知生于忧患难与共，而死于安乐也。”（《孟子·告子下》）只有能够经受艰苦考验的人才是合格的护卫者和统治者。因为通过哲学的学习，他们的灵魂已经发生了转向，得到了净化，已经能够不再受到肉体感官的苦乐感受的支配，能够摆脱自己个人利益和荣誉的诱惑，内心世界始终和至善结合在一起。这样的人也就是孟子所说的“大丈夫”。“富贵不能淫，贫贱不能移，威武不能屈：此之谓大丈夫。”（《孟子·滕文公下》）

第四次选拔是50岁之后，受教育者中达到最高知识即至善知识的人进入统治者行列。那些在实际工作和知识学习的一切方面都经受了最后考验的人们，将被要求把灵魂的目光转向上方，注视着照亮一切事物的光源即至善。在看见了善本身的时候，他们以它为原型，管理国家、公民和他们自己。在剩下的岁月里，他们用大部分时间来研究哲学；但是在轮到值班时，他们每个人都要不辞辛苦管理繁冗的政治事务，为了城邦的幸福而走上统治者的岗位。当他们培养出了像他们那样的继承人，可以取代他们充任卫国者的时候，他们就可以辞去职务，专心研究哲学，直到进入天国乐土。在他们死后，国家将为他们建立纪念碑，象祭神那样地祭祀他们。我们看到在现实历史中，孔子、释迦牟尼、老子、苏格拉底、柏拉图等哲人都被像神一样尊崇。他们在生前享受了人生的最大幸福，死后也受到了最大的爱戴，所以做一个哲人是人生唯一正确的追求。

四、结束语

在本节中，苏格拉底明确区分了哲人和俗人、政治的生活和哲学的生活。在他看来，政治生活是可怜的、不幸的，哲学生活才是真正幸福的生活。哲人是看到善本身的人，换言之，哲人就是得道的人。效仿克尔凯郭尔说的，做人就是做基督徒；我们要说，做人就是做哲人。哲人一方面是超越了政治洞穴和肉体洞穴的人，他以自己的纯粹理性直观到了世界的实相，内心和至善实相达到了绝对同一，从而获得了智慧、正义、节制和勇敢的整全德性。哲人在自己的灵魂中建立了理性统治情欲的政体。他的内心没有痛苦、烦恼、嗔恨和愚痴，始终是平静、安宁、幸福、慈悲的，充满了“慈、悲、喜、舍”的“四无量心”。另一方面，哲人又勇于投身于政治生活中，以自己的智慧和德性改善政治权力，驯服人民的欲望，启蒙潜在哲人的心智，国家只有在哲人的统治下才能实现最大的幸福和正义。所以哲人是人能够达到的最高可能性。哲人是万物的尺度，哲人就是人的原本和原型，就是“人之极”，崇尚哲人就是“立人极”。我们应该看到，柏拉图的全部对话一方面传达了某些哲学理念，另一方面也塑造了苏格拉底的哲人形象。我们不能只关注他的哲学理论，不关注他塑造的哲人形象。从一定意义上说，苏格拉底的哲人形象更加重要。

因此我们应该在圣人、君子、真人或者菩萨的高度上理解苏格拉底的哲人概念。哲人是和儒家的圣人、道家的真人、佛教的菩萨处于同一个层次的概念，否则我们对哲人的理解就太低级太世俗化了。在儒家传统中，《周易》中的“圣人”是通晓和揭示天地神明之变化的人：“圣人有以见天下之赜，而拟诸其形容，象其物宜，是故谓之象。圣人有以见天下之动，而观其会通，以行其典礼，系辞焉以断其吉凶，是故谓之爻。言天下之至赜而不可恶也，言天下之至动而不可乱也。拟之而后言，议之而后动，拟议以成其变化。”圣人制作《周易》就是为了显示天地神明变化的奥秘，进而实现人世的正义和幸福。所以孔子赞叹曰：“《易》，其至矣乎！夫《易》，圣人所以崇德而广业也。知崇礼卑，崇效天，卑法地。天地设位，而《易》行乎其中矣。成性存存，道义之门。”(《周易·系辞》)在道家传统中，老子认为圣人和俗人的境界是完全不同的，他们的生活理想和智慧层次是完全不同的。“众人熙熙，如享太牢，如春登台；我独泊兮其未兆，如婴儿之未孩，儽儽兮若无所归！众人皆有余，而我独若遗。我愚人之心也哉，沌沌兮！俗人昭昭，我独昏昏；俗人察察，我独闷闷。澹兮其若海，飂兮若无止。众人皆有以，而我独顽且鄙。我独异于人，而贵食母。”(《道德经》，第二十章)圣人的境界远远超出了一般人的认识能力，和自然之道保持一致。“古之善为士者，微妙玄通，深不可识。夫唯不可识，故强为之容：豫兮若冬涉川，犹兮若畏四邻，俨兮其若容，涣兮若冰之将释，敦兮其若朴，旷兮其若谷，混兮其若浊。孰能浊以静之徐清？孰能安以久，动之徐生？保此道者不欲盈。夫唯不盈，故能敝不新成。”(《道德经》，第十五章)庄子的至人也是如此：“草食之兽，不疾易薮；水生之虫，不疾易水。行小变而不失其大常也，喜怒哀乐不入于胸次。夫天下也者，万物之所一也。得其所一而同焉，则四支百体将为尘垢，而死生终始将为昼夜，而莫之能滑，而况得丧祸福之所介乎！弃隶者若弃泥涂，知身贵于隶也。贵在于我而不失于变。且万化而未始有极也，夫孰足以患心！已为道者解乎此。……夫至人者，上窥青天，下潜黄泉，挥斥八极，神气不变。今汝怵然有恂目之志，尔于中也殆矣夫！”(《庄子·田子方》)“夫至人者，相与交食乎地而交乐乎天，不以人物利害相撄，不相与为怪，不相与为谋，不相与为事，翛然而往，侗然而来。”(《庄子·庚桑楚》)

我们要注意，苏格拉底在区分政治生活和哲学生活时，根本没有提到“宗教生活”。因为在他看来，没有所谓独立的宗教生活。要么，一种宗教是政治的，是政治生活的一部分，例如荷马宗教。这种宗教和政治是不可分离的，我们不可能建立一个没有宗教信仰的彻底世俗的政治社会。因为一个极端的世俗社会本身必须被神圣化之后才能建立起来。要么，一种宗教是哲学的，哲学以宗教的外形出现。这样宗教就是哲学生活的一种大众形式。例如奥尔菲斯教或者基督教。柏拉图的哲学很大程度上吸取了奥尔菲斯教的精神，把这种宗教哲学化。同样基督教也在发展过程中被哲学化了。哲学和基督教的对立并不像一般认为的那样严重，正如尼采指出的基督教是大众的柏拉图主义。所以在古典哲人看来，根本没有“独立”的宗教生活。因此孔子、老子、亚里士多德等人都没有独立的“宗教哲学”。我们现在习惯于依据现代性的思维方式，把哲学和宗教相对立，把政治和宗教相对立，这表明我们都已经大大偏离了古典哲学的思维模式。这样我们就不可能理解苏格拉底的哲学精神。要理解苏格拉底的哲学意义，我们就必须超越和扬弃现代性的思维模式，也就是说，必须消解哲学和宗教、政治和宗教的对立关系，把哲学和政治的关系作为最基本的问题来思考。只有这样我们才能回到古典政治哲学的最原初的“合乎自然”的思维方式之中。

第二节　无知即真知——《泰阿泰德》解读

对话的主要人物是苏格拉底、泰阿泰德和塞奥多洛。对话的主题是探讨“什么是知识”。知识就是智慧，知识就是真理。它实际上就是对什么是真理的探讨。这可以说是哲学的自我反思和自我审视，或者说它关注的是哲学本身。追问什么是知识，就是追问什么是哲学。联系到泰阿泰德和苏格拉底的一体两面的关系，我们可以把这篇对话看作是哲人之间或者哲人内部的自我对话，苏格拉底和泰阿泰德的对话就是苏格拉底的自我对话。

一、引子 143d

对话一开始是欧几里德和忒尔西翁的对话。欧几里德说泰阿泰德在战斗中受了重伤，又染上了痢疾，几乎快要死亡了。然后他又提到了泰阿泰德和苏格拉底在很早时间的一次对话，他把这次对话记录了下来。在忒尔西翁的要求下，他的仆人开始读这次对话记录。为什么柏拉图要提到泰阿泰德快要死亡这件事呢？我们可以推测这是对苏格拉底之死的一种回应和暗示。因为我们可以说，泰阿泰德和苏格拉底是一体两面的，泰阿泰德可以看作是青年苏格拉底的影子或者副本。所以在对话最后，苏格拉底提到了自己将要接受审判的事件。这次对话就是在两个人的死亡事件之间进行的。这也暗示了哲学和政治、哲学和死亡的关系。正如在《斐多》中苏格拉底展示的著名观点即“学习哲学就是实践死亡”，我们可以进一步阅读《斐多》以理解哲学和死亡的关系。在接下来的对话中，我们就可以看到柏拉图对苏格拉底和泰阿泰德的亲缘性关系的说明。

二、知识的第一个定义

首先是苏格拉底和几何学家塞奥多洛的谈话。苏格拉底表示他更加关心居勒尼的青年，希望能够和其中的杰出青年聊一聊。塞奥多洛推荐了自己的学生泰阿泰德。他认为他貌似苏格拉底，也是塌鼻暴睛，不但具有敏捷的理智和从容的气度，而且作战也十分勇敢，在钱财上也慷慨大方。这些特征都和苏格拉底极为相似，这暗示了苏格拉底和泰阿泰德的亲缘性关系。于是苏格拉底决定对这个青年进行考察。

鉴于泰阿泰德在学习几何学，以及在理智上的特长，苏格拉底决定和他讨论什么是知识的问题。泰阿泰德给出了第一个定义。“知识是各种科学和技艺”。但是这个定义几乎不值一驳。苏格拉底表明他问的不是知识的种类，而是知识的定义或者本质。苏格拉底列举了“泥”的定义和“平方根”的定义来说明自己的想法。知识是复数，但是知识的定义却只能是单一的。正如美德是复数，但是美德的本质必然是单一的。知识的这个定义或者本质是各种知识中的共同性，这种共同性不能等同于各种知识的性质。泰阿泰德显得对这种哲学谈话方式和思维方式不熟悉而缺乏信心。可见苏格拉底开创了一种独特的哲学思考的方式。一般人几乎很难理解苏格拉底的这种哲学思考方式及其意义。

苏格拉底决定鼓励他。他说自己母亲是接生婆，他自己的工作也是接生婆式的，也就是助产术的技艺。他还要求泰阿泰德不要把自己的这个秘密泄漏出去。因为世界上的人不会理解他的这个工作，会认为他是古怪的人，只是在引诱他人陷入困惑和绝望。这次苏格拉底暗示了世人对哲人的不理解和敌视。虽然苏格拉底并不害怕被世人误解，但是他仍然坚持隐藏自己的技艺或者身份。这种隐藏也就是明哲保身的方法。哲人不可能和俗人混同为一，哲人也不要试图消除这种疏离和差异。为了和平相处，哲人只能选择隐藏自己。

接下来他说明了接生婆具有的基本特征。例如她必须曾经生育过，但是现在已经不能生育了。她能够准确判断一个妇女是不是怀孕，能够使用药物和符咒。同时她还必须是最好的媒婆，能够正确给男女配对，以便生出最优秀的后代，否则就只是一个愚蠢的皮条客。我们看到，苏格拉底对接生婆的这些特征的描述和他自己的辩证法或者助产术的特征是一致的。接下来他用大段话说明了自己的助产术的性质。"我的助产术在很多方面和她们的助产术是相同的，不同在于我关心男人而不是女人。我关心的是他们的灵魂的工作，而不是肉体。我的技艺最重要的地方是有能力对后代进行所有可能的检验，以确定这个幼稚的想法是幻觉或者说错误，还是有生命的真理。我和一般的接生婆一样是不能产生真理的。通常反对我的理由是我总是询问他人问题，而从来不能表达自己的观点。因为我没有智慧，这确实是真的。"❶苏格拉底表明，通过助产术，他使很多人取得了进步，虽然他从来没有教授过他们什么知识。但是世人并不理解苏格拉底的这种工作的意义，而轻视他，不再和他亲近，在离开他以后，他们的思想产儿流产，对错误思想的关注也胜过对真理的关注。同时苏格拉底也看到很多人并不需要他，他们的心灵从来不生育，他只好把他们

---

❶ Plato. *Theaetetus*. Translated by M. J. Levett, rev. Myles Burnyeat. In *Complete Works*. Edited, with Introduction and Notes, by John M. Cooper, Hackett Publishing Company. 1997. 150b－d.

介绍给智者。

苏格拉底的这段话旨在说明真理或者答案就在每个人的心中，他的工作只不过是把他人内心中的真理接生出来。也就是说，在苏格拉底看来，我们只要回光返照，忠实于自己的理性，我们最终就能够发现心中的真理。这种观点和《美诺》、《斐德罗》中的“回忆说”是一致的。这种观点是把哲人和智者区分开的关键。苏格拉底认为智慧是对实相的认识，如果学习者不能反躬自问，单纯地依靠外界的教育和灌输，是不可能认识真理的。所以智慧不可能通过语言传达，智慧是不可教的。智者认为智慧可以像水一样从一个杯子流入另一个杯子，似乎通过语言教育可以使所有人都等同地掌握智慧。这种依赖语言的智慧当然是虚假的。

苏格拉底通过这种“夫子自道”，来鼓励泰阿泰德不要害怕回答不了问题，勇敢地继续进行对话。

三、第二个定义：知识就是感觉 151e

1. 和泰阿泰德的对话

泰阿泰德勇敢地给出了第二个定义，即知识就是感觉。这个定义类似于经验主义或者感觉主义的定义。苏格拉底立刻把这个定义和普罗泰戈拉的“人是万物的尺度”的观点联系起来。根据这种观点，我们会认为一切事物都是对某个人显现(appear)出来的样子，事物本身是(is)什么，最终完全依赖于个人对它的感觉。事物本身似乎没有任何特定的本质规定性，它的本质或者性质都依赖于某个人的感觉。例如一阵风吹过来，一个人感到冷，另一个人感到热。风本身没有冷热之分，冷热只是个人的感觉，我们对于风的冷热的判断是依据个人的感觉。这种观点意味着个人的感觉是判断真理的标准和根据。苏格拉底对普罗泰戈拉的观点进行引申，指出：“这种理论意味着没有任何事物凭借它自身就是这一个事物，没有任何事物你能够正确地称呼它为每个事物或者某种类事物。”(Plato. *Theaetetus*. 152d)如果我们把一个事物称为“大”，那么它同时也是“小”；称为“重”，同时也是“轻”，诸如此类。也就是说，这种理论认为一切事物的性质都是相对性的，根本不存在不变的、自在的东西，一切都随着我们对它的感觉而变化，因此我们最终对一物既可以做任何判断，也不可以做任何判断。进一步，苏格拉底认为除了巴门尼德之外，荷马、赫拉克利特和恩培多克勒等人都可以归入此列。这种分类和《克拉底鲁》中的观点是一致的。他认为我们必须向这支以荷马为首的大军发动反击。他们的观点具有强大的影响力，不论在自然事物、身体健康和学习知识等方面，人们似乎都认为运动优于静止，生成比存在更加真实，认为运动是存在和变化的根源，而静止是非存在和毁灭的根源。

苏格拉底进一步把运动派的观点激进化和彻底化了。如果感觉（识）是事物（境）和我们的感官（根）相遇即运动的产物，这种感觉既不涉及事物本身的性质，也不涉及我们感官的性质。如果一切都在变化，那么我们不能肯定一个事物会以同样方式向"我们本人"显现，因为"昨日之我非今日之我"，感觉主体本身也在不断变化，所以同样不存在任何保持不变的同一个感觉主体。这意味着"感觉就是知识"的判断也是不可能做出的，因为这种判断预设了同一个不变主体的存在。

苏格拉底继续对感觉主义进行批判。他指出有两类人，第一类是未入门者。他们是相信"眼见为实"的俗人，只相信自己的双手能够把握的事物，否则就是不真实的，也不承认行为、过程或者任何不可见的事物是真实的。泰阿泰德认为他们"非常粗野"。第二类人是一些科学家或者哲学家。他们认为运动有两种，一种是主动的，一种是被动的。两种运动相互作用产生了万事万物，这些事物都是成双成对的。感觉和被感觉者相互作用，颜色、声音等都是感觉和被感觉者相互作用的产物。这是对感觉的运动学解释（后来霍布斯等人也是如此解释感觉的）。如果我们肯定感觉，就必须肯定运动，两者是相互关联的。对感觉的推崇必然导致认为没有任何事物是凭借自身而存在的，一切事物都是在相互作用中产生的，作用者必须和承受者相互作用，没有作用者就没有承受者，没有承受者也就没有作用者，两者相互依存，并且可以相互转化。作用者可以变为承受者，承受者可以变为作用者。所以最终也不可能区分哪个是主动的，哪个是被动的，"孰知其极"，最终无法确定哪个是真实的，哪个是不真实的。所以运动派最终会认为没有不变的实体性的东西，一切事物都是处于相互转化和运动之中的。一旦我们要诉诸静止的事物，就会遭到这些人的反对。这最终取消了科学哲学的可能性，也最终否定了任何事物凭借自身是真的、善的、美的。因为真假、是非、善恶都是依据人们的主观需要和感觉。也就是说,运动派感觉主义不但否定了科学哲学的可能性,也否定了政治生活中的是非、善恶的绝对性。如果政治生活中的是非、善恶不具有绝对性,或者显得具有绝对性,那么它们就不会被人们接受和实行。这将是对政治生活的摧毁。这种观点就是相对主义和主观主义的典型代表,在现代哲学中同样具有强大的影响力。

通过这种彻底化,苏格拉底否定了这种"主体不同,事物不同"的个人主义、主观主义和相对主义的观点。他之所以反对这种相对主义观点,是因为这种观点最终必然否定一切客观性的标准和根据,因此否定真理的存在,最终否定科学哲学的可能性和必要性,而走向虚无主义。所以反对相对主义、主观主义、个人主义成为柏拉图的根本任务。他提出理念论的原因就是要肯定事物本身依据自身而不是个人感觉而存在的本质规定性和客观性,从而维护哲学科学的可能性。这也是亚里士多德后来区分实体和偶性的原因。实体是不变的,偶性是变化的,其目的就是在协调变化和不变的关系,维护科学哲学的可能性。近代哲学区分了第一性质和第二性质,第一性质即广延似乎不依赖于人的感觉,是物质的本质规定性;而像颜色、声音、气味等第二性质则依赖于人的感觉,受到了人的感觉的制约,并不是事物本身固有的本质。近代哲学的这种区分在一定意义上维护了事物的客观性。但是由于颜色、声音等性质等被看作是主体性的"观念"或者"表象",我们对事物的认识不过是对我们自己的观念或者表象的认识,而事物本身是什么,我们几乎无法知道,这样近代经验主义最终走向了怀疑主义,否定了对事物的客观认识的可能性。在后来的德国唯心主义中这种客观性被彻底否定了。

运动派的这种观点可以和佛法的观点进行比较。唯识论认为一切"识"都是人的"根"和境的"尘"相互结合产生的,即六根、六尘和六识,一共组成十八界。佛教也认为事物都是"因缘和合而生",一切事物都处在无穷无尽的相互联系和作用的因果之网中,所以只有空性才是万物的真如实相。但是佛法要求我们最终要"转识成智",认为这些现象都是生生灭灭的假有,我们必须超越这些假有,而转向不变的真如实相。也就是说,唯识论最终否定了感觉认识的真理性。而普罗泰戈拉等人的感觉主义则肯定了这种认识的真理性。所以两者的目的是完全相反的,不能等同起来。

苏格拉底对运动派的观点表述如此真切,以至于泰阿泰德认为自己无法确定苏格拉底是肯定这些观点,还是反对这些观点。苏格拉底认为自己对这类问题一无所知,他的目的只是为泰阿泰德进行接生,使泰阿泰德得出自己的看法。根据柏拉图的一贯看法,他当然是反对这种观点。这种观点是如此"真实"和强大,似乎对它们的否定是不可能的。但是我们应该看到,任何对运动的肯定和承认都以某种绝对不变的参照点为前提的。只有相对于某个参照点,我们才能得出运动的感觉。当赫拉克利特得出"一切皆流,无物常驻"的理论观点时,他必须已经处于绝对静止的观察点上才能得出这种结论。但是他却没有看到这一点。这就是他对自己的思想和观点的无知,这种无知就是苏格拉底批判的最大的无知。但是这种无知却往往显示为智慧。所以对运动派感觉主义的批判就是对这种无知的批判。进一步我们还可以说,对运动的推崇和对感觉的推崇是一致的,而对静止的推崇和对理性的推崇就是一致的。如果我们要把理性主义的推理坚持到底,那么我们最终就会推崇静止和不变。这也是柏拉图最终要肯定客观存在的静止不变的理念世界的原因。这是他的哲学理性主义的必然要求。由此,我们也能够理解老子对静止的推崇(静为躁君),佛教对寂静涅槃的推崇都是他们的理性主义彻底性的必然结果。

苏格拉底进一步考察感觉的真假问题。他以梦、疯狂、错觉为例,指出如果一切感觉都是真实的,那就不存在真实的感觉和虚假的感觉。如果感觉是无误的,我们将无法区分清醒和做梦。但是泰阿泰德认为我们不能否认疯子或者做梦的人的感觉是不真实的。苏格拉底则指出凭借感觉,我们是无法区分清醒或者做梦的,我们没有最终的标准来区分我们当下是在清醒中还是在梦中。泰阿泰德也承认我们现在可能是在"梦中说梦"。因为我们不能仅仅根据时间长短来区分真实性,不能因为梦的时间短,而人生的时间长,就认为人生是真实的,梦是虚假的。如果我们不能区分感觉的真假,那么我们最终就区分现实和想象,也就无法区分常态和变态。这种现象在心理学中非常常见。精神分裂症患者的主要病因就在于他们无法区分现实和想象。如果一切感觉都是真实的,正常人最终就和精神病人无法区分，这也就意味着所有人都是精神病人。所以认为一切感觉都是真实的，不存在虚假感觉的观点必然会陷入这种混乱。因此为了避免这种错乱，我们必须承认存在虚假的感觉，感觉并不都是真实的，否则就无法区分想象和现实。我们必须寻找到最终的标准和根据。这种标准只能是理性。理性是我们确定感觉的真假的标准。一切感觉都必须接受理性的认识和考察，理性可以使我们分辨真实的感觉和错误的感觉。最终我们就能够确定，只有和理性的静观一致的感觉才是真实的，和理性相反的感觉就是虚假的、错误的感觉。这种考察和《斐莱布》中对快乐的分析一样。快乐也是一种感觉，快乐同样存在真假问题，并不是所有快乐都是正确的或者真实的，还存在虚假和错误的快乐，我们应该选择真实和正确的快乐，而否定虚假的、错误的快乐。

苏格拉底进一步考察感觉主义的主体问题。他指出由于感觉的“我”在不断变化，“我”就不可能是一个具有同一性的感觉者，事物本身也不是具有同一性的被感觉者，所以根本上就不可能存在任何感觉。因为一切都是转瞬即逝的，所以我们也将无法表达和思考我的感觉。感觉者和被感觉者都是瞬间变易的，我的感觉也将不再是我的感觉，因为“我”已经发生了变化，物也不再是某个物，因为它也是瞬间变化的。我和物只是瞬间地偶然性地结合在一起，然后转瞬即逝，一同消失。如果一切皆动，将无物无我。但是感觉主义却认为“我”的感觉不会欺骗我，“我”是不会犯错误的，“我”是绝对的“阿基米德点”，任何人都无权评判我的感觉的真实性。所以当普罗泰戈拉把“我”作为阿基米德支点的时候，他就把“我”作为真理性的最终标准。但是当苏格拉底把他的观点激进化后，我们发现实际上这个“我”是不存在的。这种观点和佛教中的“诸法无我，诸行无常”非常接近，只是佛教要求走出这种感觉主义的牢笼，否定这种感觉主义的真实性，进入理性主义，涅槃寂静状态。

接下来，苏格拉底继续考察我们能否把感觉和认识等同起来。他说使他感到惊奇的是普罗泰戈拉为什么不认为猪或者狒狒等动物也可以是万物的尺度。因为一切动物也都在感觉，它们的感觉和人的感觉本质上没有什么不同。所以肯定人的感觉是万物的尺度，也必须同样肯定动物的感觉是万物的尺度。其次，苏格拉底指出，如果认为每个人都是万物的尺度，那么这最终意味着对一切教育的毁灭。“如果一个人凭借感觉判断的任何东西对他而言都是真实的；如果无人可以比他更好地评判他的经验，或者没有人声称更有资格检验他人的判断，辨别它是正确的还是错误的；还有，我们反复说过，如果只有每个人本人才是他自己的世界的评判者，而且这些评判都是正确的、真实的；那么，我的朋友，普罗泰戈拉凭什么是智慧的人，这种智慧使他认为自己有资格教导他人并且收取可观的学费？而我们，这些和他相比无知的人，有什么必要去坐在他的脚边学习呢？——如果我们每个人都是自己的智慧的尺度？”(Plato. *Theaetetus*. 161d)苏格拉底还暗示，普罗泰戈拉本来也可以把神作为万物的尺度。神似乎更有资格作为万物的尺度，而泰阿泰德则立刻表示赞同这个观点。所以普罗泰戈拉简单地把人作为万物的尺度是缺乏充分根据的。

苏格拉底最终表明感觉和认识不能等同起来。他首先举了字母的例子。我们虽然感觉到一个字母，例如看到一个字母的形状或者听到一个字母的发音，但是我们却可能并不认识这个字母，即不知道这个字母的“意义”。所以感觉并不是认识。再比如，一个人可以认识某物，但是他可能并不在感觉这个某物，例如在回忆时。如果我们把感觉和认识等同起来，那么就意味着我们在没有感觉的时候就没有在认识，在认识的时候就一定在感觉。但是事实上，我们经常在认识的时候没有在感觉，在感觉的时候没有在认识。所以感觉不是认识。感觉总是即时性的，记忆则是持久性的。记忆是认识，而不是感觉。感觉是身体性的，记忆是灵魂性的。所以真正的认识是灵魂的活动，而不是感觉活动。最后苏格拉底得出结论，感觉不是知识。

这里我们就可以理解柏拉图之所以提出回忆说的原因。回忆以记忆为前提，而记忆则是理性的功能，肯定了理性对于感觉的优先性。在《斐莱布》中，苏格拉底指出，欲望也以记忆为前提，没有记忆就没有欲望，这样他就把理性置于对欲望的优先地位。回忆说还必须进一步以灵魂的轮回存在为前提，这样就肯定了灵魂对于身体的优先性。因此对灵魂存在的肯定也是理性主义彻底化的必然结论。所以回忆说对记忆的推崇就是对理性认识的推崇。回忆说是理性主义彻底化的必然结论。否则我们就不得不推崇感觉和身体，而这必然否定理性认识的可能性和真理性。

2. 和塞奥多洛的对话 164c

由于年轻的泰阿泰德只是不断附和苏格拉底，苏格拉底感到自己表现得似乎轻浮琐碎，和泰阿泰德的对话可能引起普罗泰戈拉的不满。于是他转向塞奥多洛，要求塞奥多洛为普罗泰戈拉辩护，因为塞奥多洛是普罗泰戈拉的保护人。他为什么认为几何学家塞奥多洛是智者普罗泰戈拉的保护人呢？塞奥多洛的一个说法提供了一条线索，即他对和苏格拉底进行哲学辩论不感兴趣，因为他已经"从玄谈转向几何学"。当然，他并未说明自己为什么从哲学论辩转向几何学。但是我们完全可以推测到，他之所以转向几何学，是因为他感到哲学玄谈不可能成为严格科学，也就是说，他认为在人文哲学学科中不具有任何的确定性和真理性，因此一切争论都是毫无意义的玄谈。而数学几何学等则具有确定性和真理性，我们能够对其中的对错进行分析和确定，所以只有数学科学中的争论才是有意义的。塞奥多洛之所以发生这种"几何学转向"，恰恰就是他受到了智者普罗泰戈拉等人的影响。普罗泰戈拉的"感觉就是知识"的说法导致人们普遍认为所谓的知识是因人而异的，是相对主义的，因此不具有任何确定性，所以根本不存在非数学意义上的知识，只有数学知识才是具有确定性的不带有相对主义倾向的知识。这就是塞奥多洛转向几何学研究的原因。这使我们想起胡塞尔在决定以哲学为事业时的犹豫。胡塞尔的犹豫就在于哲学有没有可能也是一种严格科学。当然最终他转向了哲学，认为哲学可以是一种严格科学，并且为此奉献了一生。❶ 塞奥多洛则没有做出这种决定，放弃了哲学作为严格科学的可能性。苏格拉底则坚持哲学是严格科学的立场，在他看来，如果我们不能在哲学上坚持严格科学的理想，我们就不可能在其他任何学术上贯彻严格科学的原则。哲学作为严格科学才是一切其他科学的奠基。所以他才要求塞奥多洛加入论辩，试图克服塞奥多洛的"几何学转向"的相对主义前提，使他能够重新对哲学论辩中的严格科学性树立信心。

---

❶ 现代学术对人文主义和科学主义的区分也是这种相对主义的结果。其前提就是人文主义没有真理，科学主义才存在真理。但这是现代性的一种重大的错误和偏见。我们必须重新回顾苏格拉底在这个问题上的观点。

接下来苏格拉底向塞奥多洛提出了一个困难的问题,即一个人是否可能既认识某物又不认识这个事物。这个问题似乎包含了回忆说的暗示,但是现在我们不能确定。这个问题在后面的对话188a处关于虚假判断的讨论中再次被提及,并且成为整个谈话的主导性问题。但是此处并未展开,只是埋下了一个伏笔。

(1) 苏格拉底首先以气壮山河的气势为普罗泰戈拉的立场进行了辩护。大意如下:不要找一个孩子作为对手,这样即使你驳倒了对方,也并不意味着驳倒了我。承认一个人既知道又不知道一物是可能的。感觉前的人和感觉后的人可以是同一个人。我们每个人的感觉并不都是独特的。我们应该肯定人和人是不同的,因此同一个事物对不同的人才显得不同。存在聪明的人,聪明人能够使事物变好。关键是一种思想能不能使人变得更好,而不在于这种思想是不是更加真实。聪明人对于国家是有益的,智者是聪明人,智者应该收费。虽然有些人比别人更聪明,但是没有人会错误地思考,每个人的想法都是对的。

这是苏格拉底在对话中经常使用的方法,即把对手的观点充分清晰地表达出来,让人觉得对手的观点似乎就是他的观点一样。这是苏格拉底善于"移情"的表现。他能够深入到任何人隐秘的内心世界之中,以自己的口说出对手的观点。由此我们可以推知,苏格拉底对人世的一切观点和活动都了如指掌,他确实是心理学的大师,是深谙世道人心的观察家,是熟知人性的活动家,而不是不知人间世事的书呆子和只会埋头研究故纸堆的老学究。

苏格拉底的辩护受到了塞奥多洛的称赞。于是苏格拉底要求和塞奥多洛对话。塞奥多洛以自己年老体衰、力不从心为借口,不愿参加对话,但是苏格拉底坚持让他参加对话,替普罗泰戈拉进行辩护。苏格拉底为什么坚持让塞奥多洛加入论辩呢?我们可以推测这是为了教育他。因为塞奥多洛是受到普罗泰戈拉的影响而转向几何学研究的,他不再承认政治事物中存在严格科学的可能性,不再关心人间事物。苏格拉底试图通过对话,使他重新认识到政治事物的真理性,重新关心政治事物。这样我们就可以理解苏格拉底后面的"离题话"的原因了。

苏格拉底认为要批判普罗泰戈拉,就必须首先澄清他的真实想法。

他认为普罗泰戈拉一方面承认每个人在知识方面都是自足的,他的感觉就是他的标准;另一方面又承认有些人比其他人更加善于判断好坏,确实存在聪明人。苏格拉底首先肯定了世界上确实存在两种人即聪明的人和愚蠢的人,"只要世界各地的人们在生活和工作,他们就到处寻找教师和统治者,为他们自己,为其他生物,为所有人类事务的指导。同样,那也会发现有些人认为自己能够进行教导和领导。在所有这些事例中,我们正可以说明,人们确实相信在他们之中存在智慧和无知的区别吗?"(Plato. *Theaetetus*. 170b)意思是说,世界上可以分为两类人,一种是进行统治和教育的人,一种是需要教育和统治的人。所谓"劳心者治人,劳力者治于人。"

苏格拉底进一步指出人的想法并不总是同样真实的,而是有真有假的。如果每个人的想法都是真实的,那么就不存在虚假的想法,也就不存在聪明人和愚蠢的人了。针对普罗泰戈拉的这种观点,如果承认每个人的意见都是真实的,那么同样存在成千上万的反对普罗泰戈拉的观点,如果他肯定了这些人的观点是真实的,那么他就必须承认自己的观点是不真实的。但是他却不会承认自己的观点是错误的。同样,既然一切观念都是真实的,那么这些反对的观点也是真实的,但是它们却是反对普罗泰戈拉的观点的,而且反对者的观点远远超过了普罗泰戈拉的观点,所以普罗泰戈拉无法避免陷入自相矛盾的困境。因此普罗泰戈拉的著作《真理》一书根本就不具有任何真理性。

我们可以指出,普罗泰戈拉看到并且肯定了观念的多样性、差异性,却无法在各种观点之间进行分析判断,只是笼统地肯定它们的真实性,这是普罗泰戈拉的多元主义、平等主义的立场的表现。而多元主义和平等主义是雅典民主制的思想基础,普罗泰戈拉是民主制的辩护人。所以对他的这种观点的批判实际上就是对多元主义和平等主义的批判,同时也就是对民主制的批判。而苏格拉底同样看到了人间各种观点的多样性,但是他认为在这种多样性中必然存在唯一性和真理性,各种观点并不是同样真实的,必然有的观点真实一些,有的观点虚假一些。从逻辑彻底性的角度分析,我们对于多样性的承认必然是以对唯一性的认识为前提的,也就是说只有在对唯一性、绝对性有所认识的前提下,我们才能做出

"一切观点都是平等的"判断。因此"一切观点都是平等的"的观点肯定高于"其他一切"观点,它本身具有评判所有观点的至上性和唯一性,但是它本身却又否定了自己的至上性和唯一性,所以它是自我否定的和自相矛盾的,它就不是正当的、合理的唯一性的观点。因此,我们必须另外寻找真正的、唯一性的观点。对这种唯一性和绝对性的观点的寻求也就是对于真理的寻求。如果我们等同地肯定所有观点,就是放弃了寻求真理。

苏格拉底进一步把这种观点引申到政治问题方面。这种观点认为每个国家都可以做出它们认为正确的决定。只要国家认为它们是合法的,它们就是正当的。没有人或者国家比其他人或者国家更聪明。一切风俗、法律和政策都是正确的,没有真实性或者正确性的差别。我们可以说这就是多元主义、平等主义的政治理论。但是这显然不符合政治常识。人类政治生活总是在正确和错误之间进行选择,总是选择正确的观点,而避免错误的观点。政治生活的这种特征就证明了人类观点中正确和错误的区分是存在。这也证明了政治生活存在真理、追求真理的倾向,虽然政治生活不能真正彻底地认识真理,不能遵循彻底的真理。政治生活的这种特征证明了在某些哲学流派和理论中否定真理的错误和无知。普罗泰戈拉的这种观点就证明了他对政治问题的无知,他没有认真严肃地对待政治生活。所以他既不能引导人们正确地思考哲学问题,也不能引导人们正确地思考政治问题。而苏格拉底则认真地对待政治生活中关于正确和错误的争论和思考,并且进一步引导人们对哲学问题中的正确和错误进行思考。所以不论在政治生活中还是在哲学生活中都存在唯一的绝对的真理,这种真理是值得我们去追求的。这样我们就可以理解苏格拉底下面的离题话的含义了。

(2) 接下来苏格拉底说了一段奇怪的离题话。(Plato. *Theaetetus*. 172c－177c)他首先提到了一种奇怪的现象,即一个花费大量时间研究哲学的人为什么会在政治法庭的辩护中显得荒唐可笑。这似乎是柏拉图对"历史上的苏格拉底"在法庭上的自我辩护的含蓄批评。可以说,"历史上的苏格拉底"似乎也不懂政治,他的智慧还是不完全的。接下来苏格拉底提到两种人,一种人是在法庭之类的环境中长大的,另一种人是在哲学探讨中长大的。前一种人类似于奴隶，后一种人类似于自由人。自由人有闲暇，从容悠闲地进行谈话，以追求真理为目的。而演讲者或者奴隶式的人则匆匆忙忙计较时间，是从事辩论的奴隶，追求个人利益才是他的目的。因此他变得焦虑而狡诈，心术不正，讨好主人，性情乖戾暴躁，没有健全的观念。哲学家则从来不去公众场合，不参加政治活动，他们离群索居，独来独往，漠视人间世界，从来不留意身边的俗事，而是喜欢探究天上地上的事物。他举了泰勒斯掉入井中的传说的例子来证明自己的看法。哲人对于人间的荣华富贵都嗤之以鼻，对于政治权势、财富、出身等都不屑一顾。当哲学家被迫谈论人间事务时，他显得笨拙愚蠢，孤立无援，像个大傻瓜，所有人都会嘲笑他。但是当哲学家和其他人探讨哲学问题时，思考什么是正义之类问题时，其他人就会显得不知所措，心慌意乱，因为对于这些问题，这些人一无所知。哲学家则能够得心应手，从容应对，深思熟虑，洞察秋毫。

塞奥多洛认为如果苏格拉底的这段话能够说服每个人，政治社会就会变得有较多的和平和较少的邪恶。这句话显示了塞奥多洛对政治人性的无知。苏格拉底立刻指出，他不可能说服所有人，因为哲学理性的说服永远是有限的，并不是所有人都能够遵循理性的引导。所以哲人永远只能是极少数人。因此“恶永远不可能消失”，善永远有它的对立面。只有在神的世界才没有邪恶，神的世界是至善的世界。人世间是善恶共同存在的，邪恶的魔鬼不断出没于这个世界。不追求善就会趋向恶。所以我们应该不断地选择善，而规避恶。但是仅仅认为人“应该”善良公正是幼稚的愚蠢的，人必须自己努力追求神的正义，显示自己的正义和精神，这才是智慧。接下来苏格拉底对统治者进行了批判。和哲学的这种卓越和智慧相比，政治统治者都是低劣的粗陋的。但是他们却认为自己是伟大的，正义的，以耻为荣，不知道自己是一个傻瓜。苏格拉底认为他们必然会遭到惩罚，不可能获得神圣的幸福，永恒的幸福世界不会接受他们，而受到不敬神的惩罚和地狱之类的惩罚。这是比死亡更加可怕的惩罚，他们会在这个世界中不断轮回。但是他们也同样并不会理会苏格拉底的这段警告。

我们应该如何理解柏拉图的这段离题话呢？我们可以从两个角度来

理解。一方面,柏拉图的这段话显得是在为苏格拉底辩护。“自然的好人”苏格拉底被看作“政治的坏人”而处死。这说明政治生活虽然追求正确和错误,却往往不能确定真正的好坏。好人常常被看作是坏人,坏人常常被看作是好人。如果政治生活不能真正区分好坏,就意味着政治生活是愚蠢的、危险的。所以政治生活如果要避免覆灭的危险,就必须善于区分好坏,只做对自己有益的决策,而不做错误的决策。可以说,区分好坏,而不是区分敌友才是政治生活的首要问题。施米特认为区分敌友是政治生活的首要问题是错误的,他仍然受到自由主义的影响。区分好坏对于政治生活才是决定性的首要的问题。当普罗泰戈拉认为一切政治法律都是正确的时候,他实际上就是认为法律就是正义,否定了法律存在好坏的差别的问题,取消了政治生活的区分好坏的必要性和可能性。只有通过区分好坏对错,我们的政治生活才有可能始终保持正义,避免政治生活因为错误的政策走向毁灭。但是只有哲学家才善于区分好坏,因为哲学家是研究自然的人,他的认识超出了法律正义的范围,能够看到比单纯的法律正义更高的自然正义。自然正义是法律正义的最终标准。哲学家根据自然正义的标准对于法律正义提出了批判和质疑,使得政治家再次审视自己的决策的正确性,从而使他能够尽可能做出正确的决策。所以,政治家如果想做出正确的决断,就必须倾听哲学家的忠告。哲人研究自然正义。否定了自然正义也就是否定了哲学。但是哲学家对自然正义的研究可能会危及政治的稳定性、法律的权威性,法律的正义会在自然的正义面前被怀疑和否定,所以他会被认为是不正义的,被认为是政治生活的敌人而遭到不公正地对待。这就是柏拉图所说的恶的根源。另一方面,柏拉图也是暗示哲学家应该懂得政治事务,而不能够对政治事务漠不关心、茫然失措。他必须对人间事务了然于胸,老练通达,能够在政治生活中发挥巨大的作用。也就是说,哲学家必须看到,政治生活是理性的最初展示,政治生活中存在真理的颗粒。脱离了政治生活,我们就不可能获得完整的哲学知识。如果看不到政治生活中的理性和真理,就不可能真正研究哲学科学。这就是政治生活对于哲学研究的重要性的体现。像普罗泰戈拉这样的智者之所以在哲学理论上否定真理,就是因为他不能认真正确地考察政治生活中的对错善恶问题导致的。如果我们不能严肃地对待政治生活，我们就最终不能严肃地对待哲学生活。[1] 所以我们必须在政治生活中寻求哲学的真理。政治生活中的关于真理和错误问题的争论是我们在哲学中追求真理的最初根据。这也就意味着建立严格的政治科学是可能的和必要的，而订立法律就是理性的精确使用的重要方面。如果哲学家对人间事务漠不关心，放弃在政治生活中寻求真理，最终政治生活就会陷入非理性的危机之中。在动荡危机的政治生活中，哲学生活最终也会受到危害。所以苏格拉底和塞奥多洛的对话实际上就对塞奥多洛的一种含蓄的批评，是苏格拉底要和塞奥多洛进行论辩的根本动机。总而言之，这段离题话展示了哲学家和政治生活的冲突。通过这种冲突，柏拉图试图对哲学和政治进行调和。柏拉图最终强调的不是哲学和政治的冲突，而是哲学和政治的和解。和解才是柏拉图哲学思考的最终目的。

(3) 进一步的考察 177c—184b。苏格拉底指出，普罗泰戈拉会认为国家的一切法律都是正义的，但是这似乎意味着国家在任何时候都知道什么对自己是有益的，或者国家似乎认为只要它认为有益，它就实际上有益。这无疑是十分可笑的。我们的判断和法律并不一定带来好处，自认为有益和实际上有益并不是一回事。只有实际上带来好处的法律才是有益的，否则就是有害的。所以并不是所有法律都是正义的、有益的。虽然国家制定法律是为了国家的利益，但是当国家制定坏的法律的时候它就违背了自己的意图，不能够达到自己的目的。[2] 所以苏格拉底指出并不是每个人都是事物的尺度。无知的人绝对不能是事物的尺度，只有比较聪明的人才是事物的尺度。这种观点我们可以进一步引申为只有哲学家才是万物的尺度。这就是柏拉图或者苏格拉底的最大“创新”。如果荷马史诗确立的是“诸神是万物的尺度”，普罗泰戈拉等人确立的是“每个人是万物的尺度”，那么柏拉图和苏格拉底确立的就是“哲人才是万物的尺度”。可以说，整个柏拉图对话展示的就是“哲人是万物的尺度”的根本观点。哲人之所以能够成为万物的尺度，是因为哲人认识自然，效法自然。自然

[1] 在当代的哲学研究中几乎没有人认真地对待政治生活，或者完全地理解政治生活，可以说这是哲学研究衰败的根源。

[2] 这和《理想国》第一卷中苏格拉底和色拉叙马霍斯的对话是一致的。

意味着整体性和完善性，对自然的认识引导哲人成为超人和完人。一般世人只是在政治习俗中完善自己，一切法律习俗都是有限的或者片面的，所以俗人的这种完善是有限的，而哲人以自然为标准来完善自己，自然是最高的完善，所以哲人的完善是一种无限的完善。哲人本质上是对自然的模仿，是自然的人格化象征。从这个意义看，哲人是万物的尺度也就是“自然是万物的尺度”。所以哲人根本上是依据自然而生活，而不是依据法律习俗而生活。

苏格拉底似乎并未完全否定“感觉就是知识”的意义。他认为如果把“感觉就是知识”限定在一定范围内也是正确的，是很难被驳倒的。苏格拉底的这种看法我们可以在现象学中找到。胡塞尔现象学的感性直观也就是限定在特定范围内的感觉。例如当下的感知活动。在胡塞尔看来，这种感知的自明性是不可能被驳倒的，所以他才把现象学称为“实证主义”。因为在特定的范围内，感觉的真实性是不容置疑的，确实可以作为科学认识的自明性的开端。这是胡塞尔早期的描述现象学的基本起点。但是我们不可能仅仅停留或者满足于单纯的感知的自明性，科学研究必然要求我们扩展到更大的领域。但是可以把这种感知的自明性扩展延续到什么范围，无法确定，或者很难把这种自明性继续延伸下去而不违背自明性原则。因此在后来他转向先验现象学，试图寻找感知自明性背后的先验自我的自明性，就似乎背离了他对于感知自明性的忠诚。

苏格拉底要求对这个定义再次进行考察。塞奥多洛指出赫拉克利特学派正在鼓励人们接受这种观点，他们都陷入了一种骚动不安的疯狂之中，他们都极力避免在心中保留任何静止不变的东西，要和静止之物战斗到底，和他们讨论不可能得出任何结果。唯一和他们的观点不同的就是巴门尼德学派。苏格拉底认为我们必须同时对两种立场和观点都进行考察。首先是对赫拉克利特派的考察。苏格拉底指出一切事物都在运动。存在两种运动，即位移和改变。感觉是在行动者和承受者之间产生的。承受者成为感觉者，行动者则拥有某些性质，而不是变成性质本身。如果一切都在运动变化，那么颜色本身也会发现变化，会变成“非颜色”而不再是颜色，这样我们也就无法用任何一个名称称呼它。感觉也会立刻变为“非感觉”，知识也会立刻变为“非知识”。最后的结论就是：“对任何事物都可以做任何判断,也可以不做任何判断。他们将不能用语言表达他们的观点。"(Plato. *Theaetetus*. 183a)所以如果否定了事物的稳定性、不变性,那么我们就不可能做出任何判断,甚至连认为"感觉就是知识"的判断也不可能得出,否则就是违背了他们自己的观点。接下来应该是对巴门尼德派的考察。巴门尼德派的基本观点是认为宇宙是一,并且是静止的。苏格拉底认为巴门尼德是令人敬畏的,深邃而高贵的,在年轻时曾经和巴门尼德讨论过。这次讨论就记载在《巴门尼德》中。但是他表示如果在这里展开对巴门尼德派的考察,就可能耽误我们对知识的定义的探究,而且巴门尼德的观点涉及范围极广,不应把他的问题作为细枝末节的问题考察。所以他要求我们暂时搁置对巴门尼德派的考察。[1]

四、第三个定义:知识是真实的判断 184b

苏格拉底接下来开始再次和泰阿泰德对话,重新考察知识的定义。苏格拉底引导性地指出,我们的感觉总是通过眼睛和耳朵等感官进行的,感官本身并不是感觉,它们只是一种工具性的东西。我们身上有很多感官,每种感官的作用和功能是不同的,不能相互置换。但是这些不同的感官最终会聚在一起。我们之所以能够把不同感官结合在一起,形成统一性的感知,是依靠了一种单一性的东西,他把这种单一性质的东西称为心灵。"如果我们的身上藏有很多感觉器官,就像是木马一样,但是却没有单一的形式,例如心灵或者其他什么东西,——通过它所有感觉汇集起来,好像感官都是工具,我们用心灵感觉一切可感的东西。"(Plato. *Theaetetus*. 184a)也就是说,苏格拉底已经认识到,在单一性的心灵的"统觉"中,多样性的感官感知才能结合为一个整体,形成了一个整体性的事物的观念。所以真正的感觉主体不是感官,而是心灵。[2] 心灵是感觉的认识的主体,感官是心灵认识的工具。这就意味着我们把知识的定义仅仅停留在感觉层面是远远不够的。例如动物也有感觉,但是动物却没有知识,所以仅仅局限在感觉范围内不可能回答知识的定义问题。这样苏格

---

[1] 这种双方面的考察在《智者》中也进行了讨论。

[2] 这可以和《楞严经》中"七处征心"的探讨进行比较。

拉底就实现了“向内转”的思路。“心之官则思”。感官本身并不思考，甚至并不感觉，感觉本质上是心灵的功能和活动。甚至整个身体都是灵魂的工具，身体并不是第一位的，心灵才是第一位的。心灵把各种感官共同协调起来，使得我们可以完整地感知事物，否则，我们就会陷入感觉分裂之中。因此柏拉图的“心灵”就起到了类似于康德所谓“统觉”的作用。感官之间各司其职，但是心灵是把它们协调起来的主导者。正是心灵通过各种感官去认识各种事物，我们最终才获得关于事物的知识。这样苏格拉底就把心灵的概念引入知识或者认识的活动中，而克服了单纯局限在感觉范围内探讨认识问题的错误。

苏格拉底进一步提出一些抽象观念来肯定心灵的存在和作用。例如“存在”或者“不存在”、“相似”或者“不相似”，数目如奇数、偶数等，这些普遍的抽象的概念都是无法被感觉的，没有哪一个器官去感知它们。所以只有心灵可以把握和使用它们，它们都是心灵的工具，心灵借此思考一切事物。同样，我们能够进行言说和思考，这些活动都是心灵的活动。在这里，苏格拉底区分了两种对象，即可感对象和不可感对象。这两类对象在后面的对话会进一步提到，而在《理想国》中柏拉图区分了可见对象和不可见对象，这两种区分是一致的。不可见对象的提出是确立严格的哲学科学的基本前提。也就是说，知识和不可见对象相关，而意见和可见对象相关。而不可感对象的存在同时是我们确定心灵或者灵魂存在的重要标志。因此只承认可感对象是真实的观点是错误的。我们可以通过触觉器官感知事物的软硬，但是我们却无法感知这些事物的“存在”以及它们的存在的对立等。(苏格拉底的这种看法和胡塞尔《逻辑研究》中的观点几乎完全一样)。正是我们的心灵在对它们的存在或者对立进行比较、反思和判断。但是反思、判断是以心灵中的印象为前提的，也就是感觉变为印象，保存在心灵中，然后我们的心灵对这些印象进行比较判断。反思和判断是后来的，感觉和印象是先在的。但是苏格拉底认为知识不在于感觉和印象，而在于反思和判断。不是在感觉和印象中，而是在反思和判断中才能把握事物的存在和真理。“知识并不是在经验中，而是在对经验的理性推理过程中发现的。似乎不是在经验中而是在理性反思中才能把握存在和真理。”(Plato. *Theaetetus*. 186d)所以我们不能在感觉和印象中寻找真理，而应该在反思判断中寻找真理。这样泰阿泰德就得出了第三个关于知识的定义："知识就是真实的判断。"(Plato. *Theaetetus*. 187d)

这个定义大体接近于"理性主义"的定义，是容易被广泛接受和认可的。例如近代哲学就认为知识就是判断，知识的大厦就是由各种前后一贯的判断和推理组成的。所以科学和哲学的重要任务就是首先确定最简单最原初最真实的判断。然后我们从最基本的简单的正确的判断开始，逐渐推进到复杂的抽象的判断，其中的每个判断都必须是自明性地从前面的判断中推出来的，这样就能够形成真理性的知识科学体系。例如笛卡尔确立了"我思故我在"的第一原理，然后从这个第一原理推出了上帝存在和世界存在的判断，由此建立了现代科学的形而上学基础。康德对科学知识的探究是从"先天综合判断"入手的。这些先天综合判断是一些具有绝对真理性的判断，通过对这些判断的研究我们可以找到使这些判断得以成立的先天条件。如果我们能够找到这样的先天的普遍的条件，那么我们就能够依据这些先天条件，不断地扩大知识的范围，因而无限地推进科学知识的进步。

但是苏格拉底却要求对"知识就是判断"进行反思和批判。什么是判断？判断是如何可能的？这个问题似乎并不是那么清楚明白。苏格拉底首先把判断分为两种，即真实的判断和虚假的判断。如果要知道什么是真实的判断，首先必须知道什么是虚假的判断。那么什么是虚假的判断？对此苏格拉底感到犹豫不决。这和《智者》中客人对虚假判断的思考相似。正如普罗泰戈拉的名言揭示的，智者否定存在虚假判断，认为一切判断都是真实的，因为我们不可能思考和言说非存在，只能思考和言说存在，存在是真实的，所以我们的一切判断都是真实的。所以智者认为根本不存在虚假判断。这种观点看似荒唐，但是要否定这种观点却并不是容易的。苏格拉底当然是肯定存在虚假判断的。因为否定了虚假判断的存在，也就是否定了判断的真理和错误的问题，取消了科学哲学的可能性问题。所以对于他来说，主要目的就是找出虚假判断形成的原因。

苏格拉底把认识对象分为可感对象和不可感对象，并且对两类对象的判断分别进行了考察，试图找到区分虚假判断和真实判断的标准。

1. 对可感对象的考察:蜡板喻

他重新提出了在165b处提到的问题,即有没有可能既知道一个事物又不知道这个事物。这个问题是苏格拉底探讨最大的无知即“以无知为有知”的原因。我们似乎可以这样理解苏格拉底的这个问题,即我们对于一个事物有印象,这就是知道,但是这个印象只是保存在我们心中,我们在当下并未回想起这个印象,这就是不知道。这个问题似乎和“回忆说”相关。但是苏格拉底又认为他指的并不是先认识后来遗忘这种“中间状态”。而回忆说似乎涉及遗忘的问题。苏格拉底强调他指的是既知道又不知道的状态。按照我们一般的看法,知道和不知道似乎是对立的,我们不可能既知道又不知道某物。但是恰恰是这种看法否定了虚假判断的可能性。因为如果我们确实地知道一个事物,我们不可能做出虚假判断;同样,如果我们确实不知道一个事物,我们也不可能做出虚假判断,即不存在的事物是不可能被思考的。这种看法和《智者》中的观点是一致的。也就是说,对于完全存在的事物,我们会做出真实判断,对于完全不存在的事物,我们不可能做出任何判断。所以只有对于既存在又不存在的事物才能做出虚假判断。或者,只有在我们既知道又不知道的情况下,才能做出虚假判断。

苏格拉底首先指出,虚假判断似乎就是把两个存在的事物“互换”的结果,也就是把一个事物认作是另一个事物,所以虚假判断就是一种“误解”。与此相似,在《智者》中柏拉图把非存在解释为相异,相异似乎就是把一个看作另一个,虚假判断就是对作为相异的非存在的判断,类似于此处的“误解”。当泰阿泰德说我们可能“确实真的在思考虚假事物”时,苏格拉底立刻指出他这个说法的悖论和错误。他也否定了把虚假判断看作是误解的观点。如果我们在同时思考两个事物,我们不可能把一个当作是另一个;同样,如果我们在思考一个事物,也不可能把这个当作另一个。所以不能把虚假判断看作是误解。既然我们要考察虚假判断产生的条件,就必须承认存在既知道又不知道的情况的可能性。如果不存在既知道某物又不知道某物的情况,那么就不可能出现虚假判断。在苏格拉底看来,这就是我们思考虚假判断问题的起点。

因此,苏格拉底重新提出既知道又不知道的可能性。一个人认为他知道的事物实际上是他不知道的这种情况是可能的，也就是“以不知为知”是可能的。苏格拉底提出了“蜡板说”来说明这种可能性。想象我们心中有一块蜡板，或大或小，或纯或杂，或软或硬，或者这块蜡板在一切方面都非常完美。对于某个事物，我们通过视觉听觉等感觉在心中蜡板上留下印记，就像是印章一样，如果印象保留着我们就记得它，如果印象被抹去了我们就不知道它。从感觉和印象的关系方面，苏格拉底首先列举了真实判断的四种条件：①在对两个事物都没有感觉的情况下，如果对两个事物都有印记时，不会做出误解的虚假判断。或者只对其中一个事物有印象，对另一个事物没有印象时，也不会做出虚假判断，或者对于两个事物都没有印象也不会做出虚假判断，或者把没有印象的事物当作有印象的事物而做出虚假判断。②在同时感觉两个事物的情况下，不会把其中一个当作另一个，或者对于他都没有感觉到的事物，他也不会把其中的一个当作另一个，或者他把没有感觉到的一个事物当作另一个他感觉到的事物。③在对于他既有感觉又有印象的事物的情况下，对于感觉和印象一致的两个事物，他不会把一个当作另一个。④在对于他既有感觉又有印象的事物的情况下，对于感觉和印象一致的事物，他不会把这个事物当作他仅仅感觉到的另一个事物，他也不会把他没有感觉和印象的事物当作另一个他不知道和没有感觉的事物。或者他也不会把他没有感觉和印象的事物当作另一个他没有印象的事物，或者当作另一个他没有感觉的事物。(Plato. *Theaetetus*. 192a－c)在这四种情况下，都不存在虚假判断的可能性。或者说，在对于两个有印象的事物如果在当前没有感觉时我们不会发生错误，如果只对于其中一个有印象但是对于另一个既无印象也无感觉，同样不会发生错误。或者对两个事物都既无感觉又无印象，也不会发生错误。

所以虚假判断只能产生在以下两种情况中：第一，对于两个事物有印象，在同时感觉它们时，把它们的印象相混淆，这就会导致虚假判断。第二，只感觉到其中一个，但是把这个感觉赋予另一个有印象的事物。这也会导致虚假判断。总之是感觉和印象发生了混淆，没有匹配起来，感觉和印记的不符合是虚假判断的根源。(Plato. *Theaetetus*. 194b)泰阿泰德似乎对这个定义非常满意。我们可以把这种理论称为“符合论”。这种符合论强调的是认识者的感觉和印象之间的一致性，而不是认识和对象之间的一致性。所以在纯粹感觉的领域中，我们不会做出虚假判断，在纯粹印象的领域中我们也不会做出虚假判断。恰恰是在感觉和印象进行匹配时，我们可能进行感觉和印象不一致的匹配，这样就是做出虚假判断。

我们在进行判断时，不能仅仅停留在感觉领域，还必须深入到内心记忆和印象的世界中去。判断就是对感觉和印象的关系的判断。这就是判断的基本含义和前提条件。例如"这是苹果"的判断就是以感觉中的苹果和印象中的苹果进行比较对照的结果。如果没有这种在先的印象，我们的判断就是不可能的。那么在先的这种印象怎么产生的呢？当然是以前的感觉的结果。以前的感觉作用我们的心灵，并且把这种印象保留在我们的心灵，在以后的感觉经验中，这种印象就和当下的感觉对象进行比较对照，然后进行判断。如果我们对一个事物完全没有印象，我们就不会做出任何判断。例如动物也在感觉，但是动物没有语言活动或者观念活动，因此动物并不进行判断。我们能够进行判断，必定以内心中的某种东西为前提才能进行判断。这种东西被柏拉图称为印象，在近现代哲学中印象也往往被称为观念。观念和感觉的符合被看作是真理的标准，这是近代经验论的基本立场。康德的知性论就是探讨如何进行判断的问题。在他看来，因为我们心中存在先天范畴，我们使用先验范畴去整理我们的感觉表象，才能进行判断。因为先天范畴是普遍性的，所以我们的判断才具有普遍有效性。这样他就把科学知识的有效性置于我们心中的先天观念之中。康德还指出，范畴也是一种表象，一种和时间性相关的表象。所以康德的范畴概念也接近柏拉图的印象概念。苏格拉底认为"思维就是灵魂的自我对话，判断就是把心中的想法陈述出来。"这就表明了判断的这种内在主观条件。即使我们没有把自己的想法表达出来，我们也仍然在进行判断。

但是苏格拉底立刻提出了两种"心灵蜡板"的问题。(Plato. *Theaetetus.* 194d)有人的心灵像一块质地均匀、厚实平滑的好蜡板，通过感官产生的影像被印在这块蜡板上，这些印记是清晰的、深刻的，延续很长时间。这种人才思敏捷，博闻强记，能够进行良好地思考和学习，不容易出错。有人的心灵像一块粗糙的蜡板，质地不纯，太软或者太硬，蜡板太软的人学得快，但是忘得也快；太硬的人则相反，学得慢忘得也慢。而且这些粗糙的蜡板混杂一些泥土或者灰尘，影像不清晰。这些人最容易做出虚假的判断，当他们感觉某些事物时，不能很好地把相应的印记给予当下的感觉，所以一直在错误地进行感觉和判断。

这种两块蜡板的比喻实际上是对哲人和俗人的一种区分。哲人是天生的好蜡板，他们善于认识和判断，并且不容易发生错误；俗人的蜡板则是低劣的蜡板，容易发生错误，并且即使错误了也不认为自己错误了。这也就是"以不知为知"的原因。所以柏拉图认为哲人和俗人的区分是自然的区分，两者的差别不可能通过后天的教育消除。哲人是天生的，而且因为天生的好蜡板并且能够接受适当的教育的情况是罕见的，所以哲人始终只能是极少数人。哲人的判断是真实的，俗人的判断是虚假的。虚假判断就是"以不知为知"，这是最大的无知的来源。苏格拉底和柏拉图反复批判的就是这种无知。从无知之知的立场看，一切判断都是意见。真实的判断就是真实的意见，而虚假的判断就是虚假的意见。意见就是介于知识和无知之间的，因此也是介于真理和错误之间的。所以即使是真实的判断也并不就是严格意义上的知识。但是这种观点在近代哲学中被颠覆了。近代哲学不再强调两种人的区分。近代哲学家认为每个人的心灵都是一样的蜡板，只要按照正确的方法论原则，任何人都能够获得真理。而在柏拉图看来，人的认识能力是存在先天差别的，这不是通过方法论可以消除的。所以近代哲学本质上是平等主义和普遍主义的。这种平等主义否定了人的自然的差异性，或者认为这种差异性是可以通过后天的教育消除的。并且进一步，近代哲学把知识和判断等同起来。知识就是判断。因此只要我们找到知识真实性的普遍条件，我们就能够获得真实的知识。这样柏拉图区分知识和意见、把判断和意见等同起来的观点也被颠覆了。这种颠覆其实也就是近代"欧洲科学危机"的根源。

2. 对不可感对象的考察：鸟笼喻

苏格拉底对自己的反复探究或者自认为的愚蠢感到厌恶。这实际上是他对真理的狂热的表现。他指出虚假的判断不存在于感觉中，也不存在于印象中，而是存在于感觉和印象是否符合中。他感到这个定义仍然是不充分的。因为他又想到了一种"非感觉印象"。蜡板喻或者符合说不能解释那些关于非感觉对象的判断。什么是非感觉对象呢？就是那些不能诉诸感官感知的对象，例如数字。我们对数字本身不会有什么感觉。但是人们在计算活动中仍然可能会发生错误，如把 11 误认为 12。这种虚假判断的根源不能归之于感觉和印象的不一致，必然有另外的原因。当然这种虚假判断仍然是属于"以不知为知"的错误类型，也就是"既知道又不知道某物"的情况。这样苏格拉底就进一步远离了判断中的感觉因素，排除了感觉在认识科学中的重要性或者必要性，而深入到人的理性认识活动本身之中。

于是苏格拉底开始对"什么是认识"进行考察。他认为我们虽然在使用"知道"、"不知道"之类语词，但是我们实际上并不知道什么是知识。(Plato. *Theaetetus*. 196e)如果我们不知道什么是知识，那么我们又如何能够思考什么是认识呢？但是我们仍然不能避免使用这些语词，否则我们就根本不能进行任何讨论了。因此他首先给出了"知道"的一般定义即"持有知识"(having knowledge)。而他对这个定义进行了修正，即知道就是"拥有知识"(possessing knowledge)。他认为持有和拥有是不同的。例如你买了一件衣服，这就是"拥有"，但是你没有穿在身上，这就是没有"持有"这件衣服。知识也可以是一种拥有但可能不持有的东西，就像一个人抓了一些小鸟，把它们关在笼子中，他就是"拥有"小鸟但是并不"持有"小鸟。而心灵就类似于这样的鸟笼，里面装有各种知识的小鸟。在一个人小的时候，这个鸟笼可能是空的，随着他的长大，鸟笼里面的知识小鸟越来越多。在它们没有被注意或者应用时，它们就是被拥有而不是被持有。这时虽然我们拥有关于数字的知识，但是我们并不持有关于数字的知识。这就是"既知又不知"的状态，即他虽然知道某些知识，但是他会认为他不知道这些知识。他要知道这些知识，就是重新学习他已经知道，但是他认为自己不知道的知识。这种重新学习就是持有知识的小鸟。当我们要持有关于数字的知识时，我们就是要捕捉数字知识的小鸟。根据这种看法，"印象"就是我们拥有的，但是在我们没有感觉相应事物时，我们就不知道我们拥有该类事物的印象。捕捉小鸟也就类似于捕捉印象。如果我们捕捉了正确的小鸟，我们就做出了正确的判断，否则就会做虚假的判断。虚假判断就产生于对知识之鸟的错误捕捉，即"知识的误置就会导致虚假的判断。”(Plato. *Theaetetus*. 199c)这样他就进一步以知识和知识的误置取代了感觉和印象的误置。这样苏格拉底似乎就成功解释了概念知识或者数学知识中存在的虚假判断问题。关于两类对象的虚假判断的问题似乎都得到了完满的解决。知道了虚假判断产生的根源,我们就知道了真实的判断的根源,也就知道了知识的本质和定义。真实判断就是知识没有发生误置的情况,即我们正确地捕捉了心灵中的知识小鸟。

但是苏格拉底立刻对这种“唯理论”中的虚假判断再次进行考察。心灵为什么会错误地捕捉?如果我们持有关于某种事物的知识,我们的心灵一定会认识它们,不会做出虚假判断。所以泰阿泰德认为我们做出虚假判断,肯定在于“无知”,而不在于知识本身。我们必须假定无知也和知识一起在心灵中飞跃,如果人们捕捉了无知,就会做出虚假判断;如果捕捉了知识,就做出正确判断。但是苏格拉底问道,一个做出虚假判断的人不会认为自己做出的是虚假判断,他会以同样真实肯定的态度面对自己的虚假判断,他的内心信念和做出真实判断的人的内心信念是一样的,也认为自己是在做正确判断。这样一来,我们就仍然面临最初的批评,即“一个人既拥有知识,又拥有无知,这种状态使得他把一个事物的知识等同于另一个事物的知识,或者他对于两个事物都无知,但是却把一个等同于另一个。或者把他知道的一个事物的知识等同于另一个他不知道的事物的知识。或者我们在知识和无知之上还有另一种知识,我们可以凭借这种知识区分知识还是无知,但是这种更高的知识却被关在另一个笼子之中,对于这种知识,即使他并不随时认识即持有这种知识,但是却始终拥有并且知道它们。”(Plato. *Theaetetus*. 200b)也就是说,如果我们不能确定什么是知识,就不可能确定什么是无知,两者是联系在一起的。一个无知的人不可能知道自己的无知,一个做出虚假判断的人不会对自己的虚假判断有任何意识,如果他意识到了自己的无知以及因为无知而导致的虚假判断,那么他就已经在做出真实判断了。所以诉诸无知和知识的区分来区分真实判断和虚假判断是不可能的。除非我们已经获得了知识的定义,从而确定了无知的定义,否则把无知作为虚假判断的根源同样是不能成立的。所以苏格拉底指出,我们不能在不知道“什么是知识”的情况下考察虚假判断。只有在我们已经知道“什么是知识”的情况下,才能区分虚假判断和正确判断。我们不能把知识和判断等同起来,判断问题以知识问题为前提。通过考察判断问题而定义什么是知识的方法是不能成立的。这也就意味着"知识是真实判断"的观点是不能成立的。这暗示了无知之知是唯一知识的观点,同时也表明现代哲学科学把知识和判断等同起来的观点是不能成立的。

综上所述,苏格拉底认为虚假判断(以无知为有知)产生于我们"既知道又不知道"的情况下。我们把知道的事物看作不知道的事物,或者把不知道的事物看作是知道的事物,因此我们做出了虚假判断。或者说,"以不知为知"就是虚假判断的根源。相反,"知之为知之,不知为不知"则是一切真实判断的根据。这样我们就可以理解,苏格拉底反复揭示和批判的"以不知为知"是最大的无知,是灵魂中的恶的根源,世人几乎都是以不知为知的。这种"以不知为知"非常接近于柏拉图所谓的"意见"。意见都是以判断的形式出现的。意见恰恰具有这种模棱两可的性质。在主体方面,意见是介于知识与无知之间的。我们不能说意见的主体没有知识,因为他总是有一些观点和判断,但是我们也不能说意见的主体有知识,因为他的判断和观念都是未经考察没有根据的。同样,在客体方面,意见的对象是介于存在和不存在之间的,我们不能说这个对象不存在,因为我们确实感知到它,但是我们也不能说它是确定的存在,因为它随时在改变。所以从主客体两个方面我们到看到,意见本身就处于知识和无知、存在和不存在之间,具有一种模棱两可的性质。一切意见都具有某种确定性,同时也具有某种不确定性,这意味着一切意见似乎都是虚假判断,也似乎都是真实判断。这样我们确实就难以区分哪些判断是真实的,哪些判断是不真实的。虚假判断就是在"以不知为知"和"以不存在为存在"的两种状态中做出的。这种状态就是我们的日常生活状态,就是我们的现象世界或者政治世界的状态。我们的日常意见或者判断都是具有虚假性的。正是因为清楚地看到了这种情况,苏格拉底才始终坚持对于一切意见或者判断进行考察,揭示出其中的虚假性。而我们通常都忘记了自己的意见判断的虚假性,而把它们看作是绝对真实的东西,并且因此不停地相互反对和批判,"是其所非,非其所是",忘记反思自己的观念的真实性,我们其实不过是在虚假和错误的海洋中相互打斗而已。因此,柏拉图根据知识的理想构想出的理念科学就是对这个问题进行反思的结果。作为认识客体的理念是不变的绝对的对象,作为认识主体的纯粹理性也是不变的绝对的,所以两者作为认识主体和认识客体的关系才符合严格科学的标准,只有理念科学才合乎严格科学的标准,只有关于理念的知识才是真实的知识。但是柏拉图同样提醒我们"理念是什么"本身就是一个问题,理念论只是提供了一个反思这种困难的理想模型或者坐标系,不能因此认为理念论解决了这个问题,否则我们就忽视了柏拉图面临的这种困境。甚至可以说,正是这种困境才是一切哲学思考中更加真实和根本的东西。这就意味着只有无知之知才具有最终的确定性和真理性。苏格拉底的最终的结论就是无知之知。无知之知才是唯一的真实的知识,是衡量一切判断的最终依据。

既然判断的真实和虚假不能诉诸无知和知识的区分,那么一个判断是不是真实的,似乎更在于判断的人是不是相信自己的判断,于是信念取代知识似乎成了判断真实性的决定性标准。于是泰阿泰德接下来就把信念纳入到知识定义之中。

五、第四个定义:知识是真正的信念(belief)加上解释(interpretation)

于是泰阿泰德很快就得出一个观点,即知识就是正确的信念(意见)。也就是说,问题不在于我们是不是做出了正确的判断,而在于我们是不是认为自己做出了正确的判断。如果我们认为自己做出了正确的判断,我们就是正确的;如果我们认为自己做出了虚假的判断,我们就是错误的。所以信念似乎就成为知识或者判断正确错误的标准了。

这种信念(belief)和知识的区分和后来的基督教的信仰和理性的区分是非常一致的。只是一般的信念不一定指向神,而基督教的信仰是指向神的信念。但是苏格拉底立刻反驳,真正的信念并不等于知识。仅仅根据自己的主观信念是不能区分知识和无知的。如果信念成为知识的标准,那么实际上就否定了知识的客观性标准,最终转向了知识的主观性标准,这就和普罗泰戈拉的主观主义没有任何区别了。所以泰阿泰德对于知识的这个定义是非常拙劣的。苏格拉底以演说家和律师的例子轻易地否定了这种说法。他们使用说服的技艺使人们相信错误虚假的东西，陪审团也总是根据他们的信念做出判决。如果信念就是知识，那么他们就不会做出错误的判决。但是实际上他们经常做出错误的判决，他们拥有信念但是并不拥有知识。所以信念不能等同于知识。一般认为知识是认识和事实本身相符合的状态。但这并不是知识的定义，或者只是一种对于知识的本质的抽象的描述，对其中的每个概念都仍然需要进一步的考察。在苏格拉底看来，我们可能根据信念做出错误的判断，而根据知识却不会做出错误的判断。所以知识高于信念或者信仰。信念属于主观性的范畴，而知识则是属于客观性的范畴。知识是主观性力图符合客观性，而信念是客观性力图符合主观性。所以两者根本具有不同的目的和方向。追求知识的人会逐渐变得客观，超出自身。追求信念的人则力图返回主观性，把一切都纳入到自己的主观性的范围之内。应该说，追求知识的人才是真正的人，他力图克服自己的主观性，而追求信念的人则是病态的人，他力图使一切都符合、顺从他的主观性，所以他是自恋的人，也是无知的人。最终一个信念是不是真实的，不能依靠信念本身来确定，我们必须根据信念之外的标准来判断。那么这个标准是什么呢？只能是事实本身。这意味着不能在单纯主观性领域内解决真理标准问题。

于是泰阿泰德立刻纠正了自己的说法，认为“知识就是真实的信念加上解释”。所谓解释就是以已知的事物说明未知的事物。如果对事物做出了解释，那么他对于该事物就有知识；如果不能做出解释，就属于无知。苏格拉底反问到，如何才能把可知的事物从不可知的事物中区别出来。实际上我们有时很难做出区分，“熟知非真知”，当我们把注意力转向那些似乎很熟悉的事物时，发现并不能够清楚地或者肯定地认为自己就认识它们。

于是苏格拉底对这种“信念加解释”的观点重新进行了表述。这种观点可以认为是原子论或者还原论的思想，即认为一切事物都由基本元素构成，这些基本元素不能进一步归于其他事物。基本元素是不可知的，只能用它自身来指称，甚至不能说它们“存在”或者“不存在”，甚至也不能添加“只有”、“它”、“各自”、“这”等术语，这些添加都超出了它们自身，它的名称就是它的全部。基本元素之外的事物都是复合物。我们对复合事物的认识就是对它们的解释,对这些事物的解释是以这些基本元素的名称进行的,因此解释就是由这些名称组成的。这些复合的事物是可知的,也就是可以解释的,对于它们的解释就是知识。解释总是对原因的解释。如果我们能够对某事物有真实的信念,并且能够说明该事物的原因,或者表明我们的主观性信念的客观性根据,这就是知识。所以单纯的信念并不是知识,如果加上对这种信念的解释就是知识。

我们同样可以结合基督教中的信仰和理性的关系扩展对这个定义的理解。基督教有个基本说法是"信仰寻求理解,理解追求信仰。"理解本身只有借助于信仰才能弥补自己的先天不足,同时信念必须借助于理解才能更好地说明自己的真理性。但是信念或者信仰仍然是第一位的,理解是服务于信仰或者信念的。由此导致信仰对理解或者理性的严重压抑,并且导致现代哲学和科学对信仰的造反。所以这里确实存在信念和理解哪一个更高的问题,或者是信仰服务于理解还是理解服务于信仰的问题。当然对于基督教传统来说,是理解服务于信仰的。但是这种观点只不过是通过理解来强化自己的主观性的信念而已,并不以客观事实本身为导向,并不以达到客观真理为目的。所以如果信念优先于理解,那么最终就是对主观信念的强化,而不是对客观真理的追求。相反,如果理性优先于信念,在理性的彻底探究的引导下,我们将可能摧毁一切貌似绝对的真理和观点,最终达到无知之知的结论。所以无知之知是彻底理性主义的最终必然结果。它必然和一切意见或者信念保持距离,构成对一切信念或者观念的反讽。也就是说,坚持彻底的理性主义的严格科学的立场,最终只能达到无知之知的结果,否则都不是彻底的理性主义和严格科学。这是我们反思和检验一切真理和非真理的唯一标准。理性或者理解是帮助我们超出主观性达到客观性的唯一的引导者。但是这种理性主义的解构主义对一切政治生活的权威性都是危险的,所以也需要进行协调。

接下来,苏格拉底开始对这种信念加解释的观点进行考察。他以字母和音节为例证。音节是字母的组合,这意味着知道一个音节也就是知道它所包含的字母,知道其中的字母也就知道这个音节,两者必然是一致的,因此如果字母是不可知的,那么音节也是不可知的。其次,若整体并不等同于它的部分,整体也是单一的东西,也就是说音节也是不同于字母的单一的东西，那么这就意味着音节也成为和字母一样的“基本元素”。如果字母作为基本元素是不可知的，那么音节作为基本元素也是不可知的。

通过这种论证，苏格拉底就否定了这种还原论的思想。我们可以说，这种还原论实际上就是形而上学。形而上学就是把一种事物还原为另外一种或者几种事物，以这些不可感知的基本元素解释我们感知到的事物。但是如果这些基本因素都是不可知的，那么它所组成的事物也必然是不可知的。近代哲学的原子论也是采取了这种还原论的路线，把事物的性质归结为基本元素。似乎对于事物的认识就是对这些元素的认识。而洛克等人的哲学认识论最终陷入了不可知论的泥潭，走向了自我否定。现象学则试图忠实于“现象”，不再进行这种还原论的思维，直面事实本身。但是胡塞尔的先验现象学最终似乎也无法避免这种还原论的思路。苏格拉底则采取了哲学目的论的考察方法。在他看来，宇宙整体上是不可知的，但是人类事物还是具有一定的可知性的。哲学目的论就是通过对人事的认识达到对宇宙整体的认识，即“推人事以明天道”。这种认识并不以真理性认识自居，而是承认这只是“相似性的解释”的方法。因此纯粹的思辨哲学也必然是可知论和不可知论的中和。世界既不是完全可知的，也不是完全不可知的，而是处于可知和不可知之间的。无知之知就是可知和不可知的中和之道。

接下来，苏格拉底开始对“解释”的含义进行分析。他认为解释有三种含义。第一，解释是用语言表达自己的观念，构造出相应的观念的影像，以使别人理解自己的观点。这意味着任何人都可以在不同程度上进行解释，因此任何人也都具备知识。但这是和我们的常识相违背的。因为总是有人聪明，有人愚蠢，总是有的观点正确，有的观点错误。并不是所有人都等同地拥有知识。关键是要区分正确与错误，而不是表达自己的观点。所以解释并不就是指表达自己的观点。第二，解释是完整地列举出事物的所有元素，即说出一个事物的各个组成部分。苏格拉底认为即使我们具有这样的元素表，有时也并不能够确定某个事物是一个事物的组成部分还是另一个事物的组成部分，就像我们最初学习字母表的时候经常犯错一样，一会儿认为这个字母属于这个音节，一会儿认为属于那个音节。而且确定哪个事物是构成某个事物的元素，这本身不是元素表可以解决的，我们必须根据元素表之外的标准来确定元素表的内容。再者，如果事物本身不等于它的组成部分，那么这种解释就更加没有意义。例如我们说出了一个人的组成部分，并不就因此理解了这个人。所以解释并不就是列举出事物的所有部分。第三，解释就是指出事物的差别。这类似于我们对“定义”的定义，即定义是种加属差。种类是普遍性，属差是个别性。如果我们只是拥有关于同类事物的共同性，我们对于这个事物就没有知识。只有我们知道了这个事物不同于其他事物的个别性，我们才算是对这个事物有知识。解释就是指出这个事物的个别性的差异。但是苏格拉底指出，如果我们对某个事物已经拥有了信念，就表明我们已经把它和同类事物区分开了，我们已经对它的差异性拥有了知识。所以对某个事物的信念似乎就意味着对它的知识，再去附加一个解释就是画蛇添足。这样解释无非就是说出我们已经知道的东西，也就是说解释必须以知识为前提。这是和我们现在对知识的定义相矛盾的。如果解释是认识差异，而认识就是求知识。但是求知识必须以知道什么是知识为前提。所以只有在我们已经知道什么是知识的前提下我们才能追求知识。最终苏格拉底表明“知识就是正确信念加上关于差异的知识”的观点仍然是错误的。

最后苏格拉底忠告泰阿泰德，因为他接受了今天的检验，所以如果他后来获得了某种答案，这个答案会比较好；如果他仍然没有获得答案，那么他会变得更加温和谦卑，因为他认识到了自己的无知。求知的前提就是“知之为知之，不知为不知。”他还指出，哲人的技艺可以使年轻人变得更加慷慨大度，更加具有美的气质。这种慷慨大度是智慧增长的结果。智慧使人的心胸更加宽广开阔，摆脱了各种观念的束缚，进入到无尽的自由的境界。美的气质则是年轻的灵魂得到哲学净化的结果。灵魂的美胜于身体的美。哲学是灵魂的美容术，可以使人的灵魂摆脱欲望的纠缠和干扰，变得纯洁、安宁和清静。这也是苏格拉底对哲学的再次颂扬。

接下来苏格拉底立刻提到了他的政治处境，即他必须去王宫门廊，去对付美勒托对他的控告。这暗示了苏格拉底的死亡，和对话开头的提到了泰阿泰德的死亡前呼后应。这里也再次暗示了哲学和政治的冲突。哲学的纯洁美好和政治的紧迫困顿形成鲜明的对照。然后苏格拉底和塞奥多洛约定第二天上午在此见面，接下来的对话就是《智者》和《政治家》。这样柏拉图就把他的后期对话和《申辩》等早期对话联系起来，使得他的后期对话显得是对早期的对话的补充，由此组成了一个封闭的对话体系，也取消了早期对话和后期对话的这类无聊划分的意义。也就是说，他的意图在于使我们更多去关注苏格拉底这个哲人、他所思考的问题以及他的思考方式，而不是某些所谓的"学术研究"。

六、结束语

这篇对话对于什么是知识的探讨是步步深化的。对话首先从最简单、最普通的定义"感觉就是知识"开始。这个感觉主义或者经验主义的定义必然最终陷入主观主义和相对主义的困境，最终必然否定哲学科学的可能性。所以苏格拉底对于"感觉是知识"的批判是对相对主义、主观主义的批判，也是对哲学科学的维护。接下来，苏格拉底表明感觉本身并不是知识，对感觉的判断才是知识，但是判断得以可能的前提是必须事先有一个标准或者尺度，这个标准就被定义为印象。判断就是对感觉和印象之间的关系的判定，于是知识就是感觉和内心印象的符合。但是苏格拉底又发现，内心中的某些观念是非感觉对象，对于它们我们没有任何印象，我们如何进行判断呢？于是他提出了鸟笼喻，证明虚假判断是出于知识的误置。但是这种知识的误置是如何可能的呢？如果是出于无知，那么困难问题在于我们对自己的无知也是无知的。也就是说，我们并不会认识到自己的无知。我们在做出虚假判断的时候也会持有真实的确定的信念。只有在我们知道什么是知识的前提下，我们才能知道什么是无知，所以用无知来解释虚假判断的产生是不能成立的。这也就意味着把知识和真实判断等同起来的定义是不能成立的。判断的真实和虚假依赖于我们对知识本身的认识。只有在我们已经知道了什么是知识的前提下，我们才能区分真实判断和虚假判断。于是个人的主观信念似乎成为区分知识的真假的标准。也就是说我们信以为真的就是知识，不信以为真的就不是知识。但是如果知识就是信念，那么就再次陷入了主观主义的困境。

人们往往对于自己的判断具有正确性的信念,但是他的判断却同样可以是错误的,所以主观信念不能作为知识的真实性的标准。最后知识似乎就是真实的信念加解释。如果我们能够对自己的信念进行解释和说明,我们的信念就是具有客观性根据的知识了。但是解释和说明同样并不意味着信念就是知识,因为解释有对有错,而且对某个事物的差异性的解释本身就已经是知识了,这样我们就把结果看作是前提了,在我们还没有获得知识的定义的时候我们就已经使用了知识的概念。所以这个最后的定义也被证明是不能成立的。最终这篇对话以不知道什么是知识的定义结束。

那么应该如何理解这篇令人困惑的对话呢?本篇对话可以说是对无知之知的最好展示。因为本篇对话是对知识的探讨,但是却最终以无知结束。只有首先知道知识的本质,我们才能知道无知的含义。如果我们对知识本身不能有所认识,那么我们又如何确定自己的无知呢?对无知的认识也以对知识的认识为前提。但是苏格拉底的展示表明,我们首先认识到的却是自己的无知。我们不能确定知识是什么,但是却能够确定自己对知识的无知。这种对自己的无知的认识本身就是最确定的知识。知识必须是真实的确定的。所以无知之知就成为我们能够达到的最初的也是最确定的知识。

第一,严格科学的理想原则。苏格拉底和柏拉图一生都是在追求严格科学。苏格拉底对严格精确的定义的追求就是他的科学精神的表现。苏格拉底对认识活动的考察类似于近代哲学的"认识论转向",例如康德对认识能力的考察。康德是在现代科学特别是几何学的背景下来思考什么是知识的。也就是说,康德对现代科学知识本身的真理性并不怀疑,认为它们就是知识的典型代表。因此他的目的就不是考察什么是知识,而是知识是如何可能的。他认为我们可以通过研究现代科学知识找到知识的可能性的条件。柏拉图认为几乎不存在任何现成的知识的范本,所以他对知识的可能性的探讨并不以某种知识例如几何学为范本。如果我们把几何学作为知识的范本,这意味着我们已经知道什么是知识了。可以说,柏拉图坚持了更加严格的知识的严格性和精确性原则,使他不接受任何现成的科学知识。康德则降低了知识的精确性和严格性的标准,把知识的定义降低到现代科学知识的层次上,他的目的只是从中得出关于知识的普遍有效性的条件，为现代科学的普遍有效性进行辩护和论证。这是柏拉图和康德在科学知识问题上的根本区别。

他们对知识的理解上的差异来源于他们追求知识的目的的差异。苏格拉底和柏拉图坚持了纯粹理论科学的态度和动机，并不重视科学研究中的实用性，因此他们超越了一切实践动机和政治诉求，没有使科学哲学活动服务于政治目的和政治利益，更加看重哲学科学的理论品格。他们认为在这种理论品格中，体现了人性的最高成就，也就是哲学生活的非实践的超政治品格即通过哲学来净化和完善自己的灵魂。相反，近现代哲学也都在追求成为严格科学。如康德对科学的形而上学的追求，黑格尔对思辨科学的追求，胡塞尔对作为严格科学的现象学的追求，甚至海德格尔早期对基础存在论的建构，都有一种对知识或者科学本身的探究。但是现代哲学科学的根本目标乃是体现在它的实践动机上。现代哲学科学总是追求实践性和可行性，所以它才重视实验。这种实践的动机降低了现代哲学科学的严格性和理论性。可以说现代哲学科学的首要特征就是功利主义。只有能够在实践上被证实，在实践中是有益的，才被认为是知识。这种功利性和实践性使得现代科学成为政治性的意识形态的因素。现代科学哲学不再坚持严格科学的理想，认为科学不过是人类政治生活的一部分，因此力图和政治结盟，自觉服务于政治利益，谋求建立一个"哲学世界"的乌托邦理想。可以说这是对哲学科学的最大误解和误用。现代极权主义就根源于现代科学哲学的理论品格的败坏。

第二，严格科学和理念论科学。我们可以设想柏拉图是在理念论科学的前提下来设想什么是知识的，虽然在本篇对话中柏拉图对理念论只字未提。理念论是柏拉图提出的解答严格科学知识的尝试。柏拉图认为严格科学不能是对可见的和可变的现象之物的认识，必须是对不可见的永恒不变的事物的认识。这种事物就是理念。理念就是一切现象最完美的原型和范本，被看作是"作为自然的自然"。只有理念才是严格科学的真正对象。对理念的知识才是严格科学的知识。所以柏拉图提出理念论是为了回答严格科学的可能性的问题。进一步，理念是最高的对象，是无法通过语言概念界定和描述的对象，所以理念就是只可直观的对象。真正的严格科学就是超出了语言概念的直观知识，一切概念性演绎性的知识都必须以直观知识为前提和起点。我们必须在通过语言进行定义时学习对事实本身进行理性直观。对理念的直观就是科学和智慧。但是柏拉图同时也提醒我们，理念论只是他在严格科学的理想原则下提出来的假说，理念论仍然是需要验证的。所以柏拉图后期对理念论进行了不断反思。柏拉图并未把理念论作为教条主义的理论进行传授。

但是出于功利主义的目的，现代科学开始转向对现象之物的认识，并且把对现象之物的认识作为知识的本质。不论是经验论还是唯理论都把对现象世界的认识作为自己的首要目的。因此他们也都否定了理念世界的存在。例如康德认为对现象的认识是科学知识，和经验现象无关的就不是知识。所以他对知识的定义和柏拉图对知识的定义是完全相反的。这种对本体理念的否定导致后来的实证主义和感觉主义的兴起。这和苏格拉底曾经批判的普罗泰戈拉主义是一致的。这必然最终否定了科学知识的可能性。柏拉图出于对严格科学的坚持，认为在对现象事物的认识上，我们不能得出精确的认识，只能有近似的解释。这种解释只能是意见。意见要上升为知识，必须经过理性的检验和考察。意见是可能错误的，知识是绝对不会错误的。现代性把知识看作是现象的认识，表明现代科学已经成为了政治意识形态。而柏拉图因为坚持真正的认识是对永恒不变的对象的认识，所以他避免了科学知识成为政治意识形态。

第三，对于严格科学的追求的最终结论就是无知之知。理念论并不意味着什么是知识的问题获得了最终的解决。作为严格科学的设想，理念论仍然只是一种尝试性的回答。所以按照苏格拉底和柏拉图的科学理想，科学探究的最终结论只能是无知之知。达到无知之知是坚持严格科学的理想的必然结果。因为严格科学要把一切问题进行到底，这种坚持到底的怀疑主义精神认为一切概念和真理都必须接受考察和检验。这种怀疑主义必然最终摧毁一切貌似确定性的科学知识。除了自己的无知，我们什么也不知道。无知之知是严格科学的最终结论。无知之知是理性主义的唯一真理。也就是说，我们不知道什么是知识，这就已经是一种知识了。我们认识到自己的无知就已经不是无知了。或者说，我们不能确定地知道什么是真理，但是我们可以确定地知道我们不知道真理，而这就是人能够达到的最高的真理。关于什么是知识的问题实际上就是关于什么是真理或者真理标准的问题。这种无知之知就是柏拉图的所有对话都在暗示的一个真理。苏格拉底的无知之知不是对人的理性的否定,而恰恰是对人的理性的肯定,对人的理性的展示。因此我们不能把苏格拉底的这种怀疑主义和后来的怀疑主义等同起来。现代以来的怀疑主义倾向于认为人的理性认识是有限的,自在之物是不可知的,所以理性认识不是我们的向导。这种倾向甚至最终否定了理性认识本身,认为我们应该信仰上帝,以对上帝的信仰克服理性的局限性。这都是基督教和现代性以来的观点,用这种观点去理解苏格拉底和柏拉图的无知之知是错误的。因此苏格拉底以无知之知最终肯定了理性本质的无限性。无知之知就是绝对知识、普遍知识、直观知识。只是在俗人那里,因为理性被情欲所遮蔽,所以是有限的。而哲人的灵魂获得了净化,理性的无限性获得了实现。因为柏拉图的科学知识达到了无知之知的结论,所以他避免了科学哲学被政治利用,避免了哲学科学成为政治意识形态。

现代哲学科学倾向于获得具体的肯定性的原理和规律,然后对这些原理进行利用,为国家的利益服务,不可避免地成为政治意识形态和功利主义的推动者。所以现代科学哲学不再坚持无知之知的原则,不再坚持严格科学的理想和原则。它不再对自己所依据的概念和假设进行考察和检验,而是对这些概念和假设信以为真。只有在否定无知之知的前提下,现代科学才能不断取得"进步",知识才能不断地积累,知识才能"爆炸"。但是这些种类繁多、似是而非的科学知识不过是我们认识真理和智慧的障碍。正如《庄子》中的混沌之死所揭示的,我们越是在微小的次要的事物问题上有知,我们就越是在宏大的重要的问题上无知。所谓局部性的知识的进步是以整体性的智慧的死亡为代价的。

第四,严格科学的无知之知的实质内涵。无知之知首先是否定性、消极性的观点。苏格拉底凭借无知之知对一切观念进行考察的活动可以说就是解构主义的活动,所以苏格拉底是解构主义的大师。但是他的解构主义并不是后现代主义的解构主义。他的解构主义并不是反对什么,而是要"面向事实本身"。所谓"面向事实本身"就必须首先从一切观念中解放出来,使自己的内心没有任何特定的先入之见,这样才能使事实本身"就其自身显示自身"。后现代主义的解构主义的目的不是直面事实本身,而是旨在反对传统,以建立一种和传统观点对立的观念,所以后现代主义仍然是教条主义的,或者固执于某种特定观念的。对于后现代主义来说,重要的是反对什么,而不是发现真理。苏格拉底的解构主义是不持任何特定观念的,他的目的是真理本身或者事实本身。对他来说,重要的是发现真理,而不是反对什么。而他的无知之知最终扬弃一切观念,使心灵从一切观念中解放出来,保持空灵的自由状态。苏格拉底的无知之知类似于龙树菩萨的中观论空宗立场,他所从事的也是“善灭诸戏论”的工作,即致力于破除人们内心中的各种固执的观念,使人们从这些观念中解放从来。只有坚持无知之知的立场,我们才能对一切观念进行考察、分析和批判,同时又不陷入任何特定观念之中,使心灵摆脱一切特定的观念,达到“无所住”的自由境界。

但是无知之知同时也是肯定性的观点。无知之知本质上是对于政治文明的扬弃,从而进入到比文明更高的自然状态的方法。语言观念是政治文明的基本要素,因此摆脱了观念也就是摆脱了政治文明。而没有观念的生活就意味着“依据自然而生活”。所以无知之知对于政治文明方面是消极性的否定性的,但是对于自然方面是肯定性的积极性的。所谓“为学日益,为道日损”。无知之知是为道的方法。为学和为道并不是矛盾的,而是相互促进的。为学是为道的方法,为道是为学的目的。为学最终达到了为道,即无知之知。求道的人最终必须把一切意见、观念都扬弃掉,重新使得心灵达到空灵的境界,否则心灵被意见、观念塞满阻塞,就不是智慧了。但是智慧就是无知之知。一切所谓的知识都是人类的有限性的体现,如果我们达到了自然事实本身,就意味着我们超越了人类学的局限性,也就意味着我们达到了“天人合一”的境界,在这个境界中,是没有人类主观性的地位的,也就没有智慧的地位,智慧最终展示的就是自我否定,即无知之知。如果我们认为有知识可以学习,就仍然没有达到知识的本质,“无法可得”,这就是佛教的“无所得智”。智慧仍然是人为之物,仍然不是事实本身。智慧就包含了对智慧的否定。当我们完全和事实本身合一之后,这时就无所谓智慧了。所以智慧必然是谦卑的,无知之知是真正达到了与事实同一的表现。无知之知是超越人类文明,合乎自然天道的表现。“知不知,尚矣;不知知,病也。夫唯病病,是以不病。圣人不病,以其病病，是以不病。”(《道德经》，第七十一章)“吾有知乎哉？无知也。有鄙夫问於我，空空如也；我叩其两端而竭焉。”(《论语·子罕》)因此无知之知是理性主义的最终结论。无知之知抵制了一切实践欲望的冲动，所以必然导向无为。在现实的政治世界中，各种观点、思想、学说甚嚣尘上，欺世盗名，妖言惑众，人们为了观念而厮杀、争斗、分裂，虽然其中根本性的还是利益之争，但是观念之争却必然涉足其间，于是观念之争和利益之争纠缠在一起。人们往往给自己的利益斗争粉饰一种观念的外衣，隐藏或者美化自己的名利欲望。所以消除一切观点和意见就是消除人类纷争，达到自由和平的必要方法。无知之知对于人生的意义就在于它使得我们超越了政治生活，摆脱了各种观念的诱惑和支配，而达到了自由。

第五，无知之知的科学意义。只有无知之知才能带来真正的启蒙、自由和智慧。无知之知所展示的是心灵的自由空灵状态。通过无知之知达到的自由才是真正的、彻底的自由。这样的人的行为不再受到政治观念原则和标准的控制和支配，也摆脱了自己的欲望的支配，也就是说，真正的启蒙和自由不是具有所谓的正确判断，而是在于保持内心的空灵状态。无知之知导向真正的启蒙、自由、智慧。

这种观点对于我们理解“什么是启蒙”具有重大意义。近现代以来的启蒙主义认为启蒙就是以正确的知识取代错误的知识。但是什么是正确的知识呢？那就是现代科学的知识。但是这些科学知识同样是有限的、可疑的。我们即使具有了这种科学知识，也并不意味着我们就拥有了智慧和自由。相反，我们同样被这些观点所遮蔽和束缚。三百年的历史证明现代启蒙主义最终导致了极大的野蛮和蒙昧。因此启蒙不可能是政治性和社会性的，只能是个体性的。真正的启蒙是苏格拉底式的启蒙，是以无知之知进行的启蒙。这种启蒙才能使我们达到孔子所谓的“勿意、勿必、勿固、勿我”的自由和智慧的状态。无知之知不是任何特定的观点和学说，因此真正的智慧是无法言说和无法传播的。真知本身是离言绝相的，真知只有通过自我反思和自我净化才能获得，是对自己的本性的认识和净化。因此无知之知本身是不可言说的，只能“显示”。我们可以“意会”到这种无知之知，但是我们却无法真正言说这种无知之知。我们只能通过言说“展示”那个不可言说的东西。通过知识展示无知，通过言说展示不可言说者，这可以说就是柏拉图的整个对话的精神。

无知之知的观点对于我们理解现代科学也具有重大意义。现代科学的目的是建立严格的科学大厦。但是现代科学的严格性是非常成问题的。退一步说，即使我们按照严格清晰性建立了绝对正确的形而上学科学，严格科学能够作为理论体系进行表述和传授吗？任何确定的科学理论都会引起无穷无尽的反对者和批判者。即使我们可以毫无困难地进行传授，那就可以达到全人类的启蒙吗？我们必须看到，任何特定的知识、学说、理论都是教条化的，对真理的无反思的教条性的学习和接受本身就是愚昧的开端。如果不加反思地接受一种真理，这本身就不是真理的态度和方式。所以我们似乎必须"为了真理而反对真理"。真理是具体的，也是处于流变中的。真理本身不可能是固定的学说和教条。真理在于对事实本身的直接认识，这种直接认识不能借助于任何其他的理论学说。这就意味着建立一种科学的形而上学不可能达到启蒙的目的，甚至是反启蒙的。所以真理是不可传授的，即使能够传授，对真理的单纯学习也并不就是认识了真理。真理必须是每一个热爱真理的人自己亲身去认识和体验的，真理不可能从任何现成的固定的教条中获得。一切教导只是外缘和外因，认识真理最终还在于学习者明心见性，自己亲自看到事实本身。

第三节　走出"语言的洞穴"——《克拉底鲁》解读

本篇对话是关于语言名称的起源问题。针对赫谟根尼的习俗主义观点，苏格拉底强调了语言名词的自然性，即语言名称是对自然的模仿。针对克拉底鲁的自然主义观点，苏格拉底强调了语言名称的习俗性。在他看来，单纯的习俗主义或者自然主义都是错误的片面的。语言的真正本质是具有自然性和习俗性的双重性，语言名称的本质就是处于习俗与自然之间。其次，苏格拉底指出，语言的作用是指示事物的工具，语言的意义来自它所指示的事物。但是如果我们仅仅通过语言认识事物，将不能真正认识事物。如果我们要真实地认识事物，就必须摆脱和扬弃语言。

这种超语言的认识方式就是对理念的直观，这种对理念的直观就是回忆说。可以说，这种超语言的认识方式是和理念论、回忆说联系在一起的。因此苏格拉底在教导我们必须学习同时“从语言两边”才能理解语言的本质。本篇对话可以说是柏拉图的语言哲学。

一、与赫谟根尼的对话

赫谟根尼是习俗派的代表。针对赫谟根尼的这种观点，苏格拉底首先指出，名称是我们从城邦政治生活中获得的，名称是城邦政治生活的必要组成部分，这是名称的政治性或者习俗性的表现。没有城邦政治生活，我们就无从接受任何名称。所以语词概念首先是政治性的习俗性的，政治生活也是和名称、概念联系在一起的。两者是一体两面、缺一不可的关系。不把名称和政治联系起来，就是对两者的本质一无所知。所以我们在思考名称或者概念问题时不能脱离政治生活，同样，我们在思考政治问题时也不能脱离名称概念。否则，对于两者我们都不可能获得真正的认识和把握。

（一）第一个结论：名称是对自然的模仿

1. 反对主观主义

习俗派是语言问题上的主观主义。根据习俗派的观点，我们可以随意称呼和改变事物的名称，而且无论怎么称呼都是正确的，所以名称问题就不存在正确和错误的问题，因为正确与错误关系到一个标准问题，而名称仅仅是一个习俗问题，习俗本身是无所谓对错的。只要所有人都同意和认可，那么这个名称就是正确的，否则就是错误的。所以名称问题如果存在对错，那也完全是一种约定俗成的问题，根本就不存在对错。我个人把一匹马叫作人，和别人把人叫作马等都是正确的。同一个事物可以有不同的名称，各种名称都指称同一个事物，每一个名称都是正确的，没有对错之分。“自然没有把名字给予任何事物，所有名称都是一种习俗和使用者的习惯。”[1]

---

[1] Plato. *Cratylus*. Translated by Benjamin Jowett. In *The Collected Dialogues of Plato*, Edited by Edith Hamilton and Huntington Cairns, Princeton University Press, 1963. 384d.

但是这种观点也暗含着对政治生活中的真理性的取消，也为政治生活的强权派提供了基础。如果名称中不存在真假对错，那么就意味着政治生活本身无所谓正确或者错误，这恰恰就是习俗派观点隐含的必然的推论结果。而赫谟根尼根本认识不到这种观点的危险性。苏格拉底通过对名称的自然性的追问，最终探讨的还是政治生活中的真理性问题。如果我们不能在政治生活中发现真理的颗粒，那么就意味着我们根本不能发现任何真理。政治生活中的常识意见是真理的颗粒，政治生活是我们探究真理的起点和地基，离开了政治生活的真理性，我们就无从发现真理。因此，这篇对话虽然以探讨名称的真理性为基本问题，但是其中隐含着对哲学生活和政治生活的双重关注。可以说，柏拉图对话中的一切问题都最终导向哲学和政治这两大主题。

苏格拉底以判断或者命题是否存在真假开始进行提问。赫谟根尼承认我们的判断或者命题存在真假，我们可能做出一个正确的判断，也可能做出一个错误的判断。苏格拉底继续问，既然命题存在真假，作为命题一部分的名称也可能存在真假。对此，赫谟根尼非常容易地承认了，但是他并未真正理解其中蕴含的意义。苏格拉底的意思当然是命题的对错在于它是否合乎事实，同样，名称的对错也在于是否合乎事实。这就暗示了名称和事实的必然性关系，以及事实是衡量名称的对错的标准。

接下来苏格拉底提到了普罗泰戈拉的观点，即“人是万物的尺度。对我来说，事物就是对我显现的样子，对你来说，事物就是对你显现的样子。”苏格拉底表明了赫谟根尼和普罗泰戈拉之间的相同之处。这是一种典型主观主义的观点。这种主观主义认为个人的主观性是唯一的真理标准。如果一切真理都是依据个人的主观性，那么最终的结论就是认为根本没有客观真理，一切都是依据人为的主观性而存在的。但是否定真理本身就是一种真理，“没有真理”的判断本身就是“真理”。所以否定真理存在的人并不知道自己在说什么。这种不自知就是苏格拉底明确反对的“无知”。赫谟根尼的观点其实是普罗泰戈拉主义在语言问题上的表现。这种语言学上的主观主义就是完全封闭在语言现象之中，对语言所指向的事实本身一无所知和视而不见。在《智者》中，柏拉图就指出智者哲学是以巴门尼德的“存在存在，非存在不存在”为基础的，但是这种观点就是以智者把自己封闭在语言现象之中,对事实本身视而不见或者一无所知为前提的。这显示了《克拉底鲁》和《智者》之间的相关性。

这种主观主义的错误在于它必然以对客观主义的预设为前提。如果每个人都是主观性的,每种观点都是个人主观性的认识,那么这种判断本身却是客观主义的,或者至少显得是客观主义的。因此主观主义也必然是自我否定的。这种主观主义在现代哲学中非常强大。现代哲学在一定程度上就是这种主观主义的观点。唯物主义、唯心主义、实证主义、视角主义、多元主义等都可以说是这种主观主义的表现。视角主义本身必然是超越一切视角的,因为它是以对一切视角的超越为前提的,只有超越了一切视角才能得出视角主义,所以视角主义本身不是视角主义。多元主义本身不是多元主义的。多元主义也必须是超越一切多元主义的,对于多元性的肯定就必然蕴含中对一元论的否定和排斥。个人主义也是如此,个人主义必然预设了集体主义,只有在一个非个人主义的状态下我们才能谈论个人主义。对个人主义的彻底坚持最终必然否定一切个人主义。

苏格拉底并未对这种主观主义观点的正确和错误进行分析,而是认为如果承认了普罗泰戈拉的主观主义和个人主义的命题,就无疑否定了人和人之间存在智慧和愚蠢的区分,否认存在好人和坏人的区分。这是和我们的常识相矛盾的,也是和智者派的立场相矛盾的。智者派恰恰就是要强调人和人之间的智慧和愚蠢的区别,并且以这种区别为基础,对年轻人进行教育并且收取费用。如果否定了人和人之间的智愚之别,那么智者派最终就走向自相矛盾和自我否定。而智者派中恰恰就包含了这种平等主义的观点。

苏格拉底最终得出结论:"事物并不是和个人相关的,所以事物并不等同地在所有时刻始终属于所有人,它们必须被看作拥有自己的专门的和永恒的本质,它们并不和我们相关,或者受我们的影响,按照我们的想象摇摆不定,而是独立的,保持它们自己的本质和自然给它们规定的联系。"(Plato. *Cratylus*. 386e)在此,苏格拉底揭示了事物对于人类主观性的独立性,事物并不依赖于人类的主观性而存在。这是他对主观主义和习俗主义的否定和批判。柏拉图的理念论可以说就是对事物的客观性和自在性的揭示。理念论就是以事物的独立本质的存在为前提的。理念就是对事物的独立本质的指示。理念不同于概念，概念往往被看作是人类思维的产物，而理念则强调的是其存在的独立性和客观性。现代哲学往往倾向于主观主义，把事物看作是人类主观性的构造产物，历史主义就是这种主观主义的最大代表。实证主义虽然似乎强调了事物的客观性，但是实证主义把一切存在都还原为感官感受的立场也表明了其主观主义的本质，实证主义把自己看作是人类历史发展的最高产物的观点则是其历史主义的表现。所以我们必须在这种思路中理解柏拉图的理念论，否则智者派的主观主义和习俗主义就无法克服。如果我们把名称看作是纯粹的人为之物，完全是约定俗成的产物，那么名称和事物之间的关系就被彻底勾销了，我们通过名称认识事物的可能性也就不存在了。但是通过名称认识事物只能认识事物的形象。在理性直观的意义上，我们才可以撇开名称直接认识事物本身。只有通过这种纯粹的理性的直观认识，才能认识事物的真相。柏拉图的对理念世界的直观就是对这种理性认识的揭示和肯定。但是通过名称认识事物毕竟也是一种必要的认识，是我们理性认识事物本身的入口，没有了这种中介性的认识，就不可能达到理性的认识。所以我们不能否定或者低估凭借名称认识事物的重要性或者必要性。

2. 反对欧绪德谟的平等主义

苏格拉底接下来对欧绪德谟的平等主义进行批判。“所有事物平等地在同一时刻和始终属于所有人。但是如果美德和邪恶总是平等地属于所有人，那么就不可能有些人是好人，有些人是坏人。”(Plato. *Cratylus*. 386d)也就是说，如果事物的名称什么人都可以命名，不论谁进行命名，都是正确的。这种平等主义也是个人主义和主观主义的一种形式。这种个人主义和平等主义最终必然导致对真理性的取消。正如美德和邪恶并不是平等地属于所有人一样。在命名的问题上，总是有些人的命名好一些，有些人的命名差一些。这种命名上的好坏表明了命名是一种技艺。而任何技艺总是有些人好一些，有些人差一些，并不是所有人都同等地掌握所有技艺，因此并不是所有人的命名都是同等的好。这种平等主义错误的根源就在于没有结合日常政治生活来看待语言或者名称的本质问题，仅仅抽象地孤立地思考语言问题，不可能认识语言的本质。

对此，苏格拉底从和事物相关的行为即技艺问题入手批判这种平等主义。他认为我们做任何事情都必须按照一定的方法，但是并不是所有方式都是正确的。在所有这些方法中，只有合乎自然的方式才是唯一正确的方式。而使用名称也是我们做事情的一种方式。正如我们做事情使用工具一样，名称也是一种工具。名称作为工具，在主观性方面，是我们用来交流信息思想的工具，在客观性方面，是我们按照事物性质对事物进行区分的工具。因此名称可以说是一种交流教育和区分事物性质的工具。这种工具正如一切工具一样，有的人使用的好一些，有的人使用的坏一些。其中教师是使用名称工具最好的人。因为教师是通过语言进行工作的。使用语词进行教育活动是教师的技艺。但是教师对于名称工具的使用是由国家法律规定的。也就是说，事物的名称是什么，如何正确使用这个名称，最终是国家法律规定的。再进一步，国家的法律是立法者制定的，所以只有立法者才能命名，“并不是所有人都有能力命名，只有名称的制造者才能命名，他就是立法者，在所有技艺家中，这种人是最少的”。(Plato. *Cratylus.* 389a)人是政治的动物，同时人也是说话的动物。人类的政治生活一开始就和名称语言联系在一起。那么语言和名称是如何出现的呢？在柏拉图看来，这首先是一个政治立法的问题。人类最初的立法者就是最初的命名者。可以说这种立法者是政治文明生活的奠基者。苏格拉底最终表明，并不是每个人都有资格和能力进行命名。命名就是立法。命名并不是单纯地起名字，而是涉及国家政治生活的问题，是国家政治生活的一部分，是国家的最初的法律。当然，按照苏格拉底的观点，只有哲人才是真正的立法者，所以真正的立法者就是哲人。《法律篇》就揭示了这个问题。[1] 不论是一般意义上的立法者还是哲人都是人类中最少的部分。

再进一步，立法者是如何制造名称的呢？我们制造任何工具都必须

---

[1] 尼采和海德格尔也看到了名称的这种奠基和立法的性质。他们认为最初的立法者命名者是诗人，这是对柏拉图的观点的反对。

根据模型或者原型制造，立法者也要根据名称的原型制造。名称的原型当然就是事物的本质，也就是一个事物被称为这个事物的原因。在柏拉图看来，本质就是外观。也就是说，我们首先是凭借事物的外观区分事物的，所以事物的本质就在于事物的外观，外观就是形式、理念。这里柏拉图暗示我们，不要到事物背后寻找事物的本质，本质就在表面。这样柏拉图就否定了一切形而上学。形而上学的基本思路就是把一个事物解释为或者还原为另外一个事物，所以形而上学总是寻找事物背后的本质。而理念论则把事物的本质限定在事物的表面，不要去事物背后寻找本质。理念指的是一类事物的外观的共同性，即共相。尽管个体事物之间存在差异性，但是一类事物的外观总是存在相似性的。理念就是类本质。尽管可能任何个别事物都不完全符合类本质，但是类本质毕竟决定了一类事物的共同性。正如我们不可能找到两个完全相同的事物一样，一切事物或多或少都存在差异性，同样我们也不可能找到完全没有任何相似性的事物。一切事物虽然千差万别，但是一切事物之间多多少少都存在一定的相似性，即"一切即一"。例如"存在"就是所有事物的最大的共同性。这种相似性就是类本质，就是事物的共相，也就是理念所谓意指的那个东西。所以命名者在进行命名时依据的是事物的自然或者理念，是一类事物的共同性或者理想型。名称是对事物的自然或者本质的反映和模仿。名称来自理念，理念是名称的本原。通过名称，我们认识事物的理念自然，只有理念才是最本原的名称。我们必须善于通过名称认识事物的自然理念。这是柏拉图对名称和理念的关系的揭示。所以名称不单纯是人类的约定，而是对事物的自然的认识的结果和表现。所以命名必须合乎自然。

苏格拉底进一步指出，虽然事物的理念是同一的，但是因为立法者总是从属于不同的文明圈，立法者总是某个国家的立法者，所以他们不会使用相同的音节制作名称。他们必须根据自己国家的习俗和传统进行命名。这就意味着立法者受制于自己的政治属性，这是名称的文明性或者约定性的原因。立法者总是或多或少地受到他的文明性或者习俗性的干扰和制约，不能完全根据事物的自然或者理念进行命名。但是立法者本来是"应该"只按照事物的自然或者理念制作名称的，只有这样制作的名称才是合乎自然的，也就是最好的。所以立法者虽然是名称的提供者，但是他仍然不是最终意义上的命名者。他的制作或者模仿就可能是不完美的不精确的。在他看来，完美的命名者完全是按照自然制造名称的。命名者必须是超越一切政治国家的人，而立法者首先是政治人，所以立法者并不是最终的命名者。我们必须善于超越这些文明约定之物，去发现文明背后的自然。所以苏格拉底指出，最终的命名者只能是哲学家。只有哲学家才是唯一的命名者。"立法者的工作是提供名称，要想正确地提供名称，辩证法家必须指导立法者的工作。"(Plato. *Cratylus*. 390d)辩证法家就是哲学家。立法者只是提供了名称，而真正的命名者是哲学家。只有哲学家才是真正完全看到自然，效法自然，并且最精确地模仿自然的人，哲人制作的名称才是最合乎自然的，因此是最精确的名称，也就是最好的名称。这意味着立法者必须接受哲学家的指导，从而使得他的命名尽可能合乎自然。最终苏格拉底得出了自己的结论。"名称是自然的，并不是每个人都知道如何正确地对事物进行命名。"(Plato. *Cratylus*. 391b)虽然我们每天都在使用语词，但是几乎没有人关心语词的自然来源。这是我们对语言的本质的无知的表现。名称的习俗性掩盖了名称的自然性。通过揭示语言和自然的关系，我们可以更好地确立自己和自然的关系。语言揭示了人和自然本身的本原性关系，以及人对于自然的根本依赖性。

（二）对第一个结论的考察 391b

在赫谟根尼同意了"名称是自然的"观点以后，苏格拉底试图检验一下这个观点的正确性。他首先提到了必须向诗人荷马学习。他认为荷马对于名称的使用是非常合乎自然的，荷马似乎对事物进行了精确的命名。在苏格拉底的解释中，荷马似乎就是一个善于发现自然的哲学家。但是我们应该看到，实际上，苏格拉底把荷马、赫拉克利特和普罗泰戈拉都看作是同一个阵营中的人，这种观点在《泰阿泰德》中也得到了证实。对普罗泰戈拉等智者的批判必须推进到对赫拉克利特等自然哲人的批判，进一步推进到对荷马的批判。他们都是"运动派"的拥护者，即都坚持一切都是运动的。接下来，苏格拉底也提到了诸神最善于命名，那么根据柏拉图一贯的观点，诸神就是哲学家的象征。所以在苏格拉底的解释中，诗人荷马和诸神似乎都成为了哲学家。但是，我们看到，苏格拉底在这种强调荷马的正确性的伪装下，却开始对荷马进行革命性的“颠覆”。荷马是希腊习俗的制定者，对荷马的批判就是对希腊政治文明的批判。苏格拉底实际上通过重新解释诸神的名称的自然性，颠覆了希腊政治的权威性或者神圣性，所以他才不断要求政治诸神的宽恕，不断说自己是受到了欧绪弗洛的激励，不断强调自己是在胡说八道，认为自己不知道自己在说什么。这可以看作是哲学家柏拉图对诗人荷马的挑战。我们可以把这种批判看作是希腊传统中的哲学和诗歌之争的一种表现。但是他们并不是为了斗争而斗争，他们是为了真理而斗争。所以根本问题是谁的解释更加合乎自然。只有合乎自然的观点才是唯一正确的。所以哲学和诗歌之争最终必须回溯到是否合乎自然的根本问题上来。

苏格拉底的解释是通过词源学的方式进行的。在这种词源学的解释中，苏格拉底反复强调，因为名称的意义来自自然事物，所以我们不会受到名称拼写这种习俗方面的改变的影响。“表达同一事物的音节也可以被伪装起来，使无知者认不出它们的本来面目，以为它们表示不同事物，而实际上它们表示的事物是相同的。”(Plato. *Cratylus.* 394a)也就是说，在苏格拉底看来，我们要善于超越语言文字的假象，直接认识事实本身，只有我们认识了事实本身，才能超越名称的局限性，这样名称的音节的改变才不会影响我们理解名称的含义，所谓“得意忘言”。如果我们始终封闭在语言之中，我们的认识就只能是意见，而不是知识和智慧。因此合乎自然是名称的正确性的唯一标准。这种词源学方法使得苏格拉底得心应手、游刃有余地解释各种名称。这意味着他超越了一切名称，达到了“直面事实本身”的最高境界。他已经摆脱了名称的束缚，获得了最高的自由。他完全是依据自然而生活的，也是依据自然而认识的。否则，如果局限在名称语言的范围之中，画地为牢，自缚手脚，就不可能充分地进行这种词源学解释。这种词源学的方式一方面显示为是对古代含义或者古人的意图的一种推测和探究，一方面却是一种返古开新的立法活动。在这种重新解释中，注入了哲人的启蒙工作。这部分对话非常类似于迈蒙尼德的《迷途指津》的工作，可以和《迷途指津》对照阅读和理解。海德格尔在其后期也擅长进行词源学的解释，但是他对自然本身一无所知。他的词源学解释更多是一种习俗主义的解释，而不是试图揭示语言的自然性本质，进而他也不可能达到对语言本身的超越而直面事实本身。

1. 对诸神之名的考察：400d—408e

在对诸神之名的解释中，苏格拉底认为诸神之名来自其本性自然。诸神之名是对其自然的反映。对名称的考察是对神的本性的考察，神的本性自然蕴含在其名称之中。这种考察当然就是“不虔敬”的行为。诸神是政治权威性的根据，考察神的本性是哲人的理性认识活动的一部分。这就是苏格拉底的“解神话化”工作。在这种解释中，诸神的神圣性消失了，诸神成了可以被我们理解的神。虽然苏格拉底始终表示自己对诸神一无所知，他只是根据诸神之名推测诸神的本性，或者只是在推测诗人给诸神命名时的意图是什么，至于诸神的本性究竟是什么，无法最终得知的。但是对于哲人而言，只要回光返照，明心见性，世界和诸神都是可知的。世界的本质就是理性和至善，诸神的本质也莫不如此。

他首先认为阿伽门农的名字表示行动刚毅，坚忍不拔。阿特柔斯的名字表示愚蠢、大胆、摧毁。帕罗普斯指只能看到眼前事物。宙斯是伟大的“理智之子”，是苏格拉底特别推崇的神。而宙斯的父亲克洛诺斯则指愚蠢。这样，苏格拉底为宙斯的革命和统治进行了辩护。宙斯的祖父乌拉诺斯则是指“向上看”，在哲学家看来，“向上看”是代表心灵净化和纯洁的方式。苏格拉底以哲学家的理性方式解释政治立法者的意图，就把立法者的意图哲学化、理性化了。这也是尼采认为苏格拉底导致希腊悲剧衰落的原因。但是尼采对哲学和理性的认识是依据启蒙主义的理性观念，而不是依据柏拉图的理性观念。所以我们应该看到，尼采的批判更多的是针对现代性启蒙主义，而不是苏格拉底和柏拉图的理性主义。

在对诸神的探讨中，苏格拉底插入了对英雄和凡人的考察。他认为英雄和凡人的名称容易被误解，因为他们的名称通常来自祖先。但是凡人的自然容易改变，所以容易发生“名不副实”的情况。他认为“守护神”是善良聪明的人的代表。“英雄”是爱欲的代表，英雄来自爱神。有趣的是苏格拉底认为哲学家和修辞学家是英雄的后代，这实际上暗示了哲学家的爱欲自然。哲学家是最有爱欲的人，凭借爱欲，哲学家超越了人世。最后，他认为“人”的名称则是指明了人的思考和理性，“人这个词意味着其他动物从来不检验、考虑或者探究(ὰναθρει)它们看到的事物，只有人不仅看(öπωπε)，而且还考虑和探究他所看到的事物，因此在所有动物中，只有人可以被正确地称为ανθρωποδ，这个词的意思就是αναθρων α öπωπεν(探究所看到的东西)。”(Plato. *Cratylus*. 399c)“灵魂”(Psyche)是指呼吸和再生，是掌握肉体的自然的力量。在肉体问题上，他似乎肯定了奥菲斯教的看法，肉体是灵魂的坟墓，是对灵魂的惩罚。

他接下来继续考察诸神。他首先强调自己对于诸神一无所知。我们可以把苏格拉底的这种说明看作是一种掩饰的方法。他在这种掩饰下考察诸神的本性。他认为自己并不是探究诸神的奥秘，而是探究给予诸神名称的立法者的意图和用意。他首先考察灶神和家庭女神赫提斯，灶神和火相关。他认为灶神的名字是赫拉克利特赋予的。他为什么首先从灶神开始？也许家庭是政治生活的基本单位。在他看来，克洛诺斯和瑞亚都是指河流，也和赫拉克利特的“一切皆流”的观点一致。忒提斯指清泉。宙斯前面已经讲过。波塞冬指脚上的锁链，是被河水挡住去路的意思。冥神普路托(也即哈得斯)是财富的赐予者，财富来自土地。苏格拉底认为死人之所以不再回到人世，是因为冥神把死人束缚住了。他认为冥神普路托是用最大的欲望把死人束缚住的，这种最大的欲望就是向善的欲望。这表明在苏格拉底看来，地狱是至善之地，至福之地，是最美好的地方，所以死人都不愿意回到人世来。同时，苏格拉底认为死神是最完善的智者，是另一个世界的保护者。这就意味着苏格拉底试图改变人们对于地狱的看法，希望我们消除对死亡的恐惧。这也和《申辩》、《斐多》中苏格拉底的观点和表现是一致的。

接下来，苏格拉底认为德墨忒耳是食物的提供者。赫拉是爱人的意思。阿波罗是指和谐之神，是“推动……到一起来”的含义。而缪斯和音乐的名称都和哲学思考相关，这意味着哲学和音乐都追求和谐。这种观点在《智者》等对话中也提出过。对于狄奥尼修斯，苏格拉底认为有严肃的解释和开玩笑的解释。他没有提到严肃的解释，而是说明了开玩笑的解释。他甚至认为诸神也喜欢开玩笑。那么狄奥尼修斯的含义就是指葡萄的赐予者，指人失去理智却认为有理智。对于性欲女神阿弗洛狄特的开玩笑的解释是指泡沫中诞生。雅典娜既指武功，也指理智，特别是神的理智。赫淮斯托斯指光明的君主。阿瑞斯指男子气和战神。这时苏格拉底要求不要再谈论诸神了,他害怕了。但是赫谟根尼要求他再谈一下赫尔墨斯。苏格拉底认为赫尔墨斯和语言相关,是解释者,也指发明和谋划。其儿子潘有两种形式,一个是属神的,一个是属人的,指一切事物的言说者和推动者。他最终以语言之神赫尔墨斯结束了对诸神的考察。这实际上就和这篇对话的主题即语言问题对应起来了。而在《斐德罗》的最后,苏格拉底就是以向大神潘祈祷结束关于修辞学的对话的。

2. 对自然神的考察:408e—410e

这部分相对比较简单。但是在当时人们认为自然事物也是具有神性的,阿那克萨格拉就曾经认为太阳是燃烧的石头而被判刑。所以对于自然事物的谈论也是危险的。但是苏格拉底在欧绪弗洛的名义之下进行探讨。他认为太阳指把人聚集,推动万物。月亮指从太阳那里接受光。月份指减少,星辰指暗光。对于火和水他感到很难,他认为可以使用外来词的方式解释。他还特别说明了这种外来词方式的用处,并且后面反复使用了这种方式。空气指流动,季节指划分,年指更新的整体。

3. 对人间事物即美德的考察:411a—421c

他认为命名者都以运动现象解释人间事物。在他看来,最初的命名者在命名时可能是晕头转向的,他们把自己的内在主观状态看作世界的客观真实状态,认为没有任何事物是稳定的或者永恒的,这个世界永远都在运动变化。所以和人间生活相关的那些词汇都表示事物在运动、变化和发生。

例如,智慧是运动和流变的观念,判断是对发生的沉思。新则是对创造的期待。知识表示灵魂善于追随事物的运动,既不超前也不落后。理智表示与事物伴随的灵魂的进步,好是对快速运动的敬重。正义是主宰、贯穿一切事物之中的力量,非正义就是对穿透性的正义的阻碍。勇敢是反流变,与正义相反对。男性表示向上流变,女性似乎表示向下流变。技艺是心灵的拥有。发明是伟大成就的意思。关于"美德",苏格拉底首先认为自己还不太明白,随后认为美德就是运动的停止。但是按照运动原则,美德的这种含义恰恰是错误的。所以他认为美德应该指灵魂的永远流动。他还认为美德的最合适的含义应该是"适宜"(αρετη)。他认为邪恶是灵魂中的坏的运动，是变坏、跛行、停止等。胆怯是指灵魂被锁链捆绑。困难是指不去。丑就是阻碍流动，美是指心灵和心灵的工作。有益指运动的快速，有害指阻碍运动。

对于苏格拉底的这些解释，赫谟根尼认为苏格拉底会造成可疑的后果，是在向雅典娜吹奏一首序曲。苏格拉底认为这是造词者的错误。人们为悦耳改变了很多词的词法，使得人们无法通过语词的拼写认识语词的含义。例如日子就是和欲望期待相关的。而为了悦耳好听改变语词的拼写，就是一种单纯地迎合人类主观喜好的做法。这种做法恰恰是遗忘自然，违反自然的表现。所以他认为应该恢复语词的古代拼写形式。

苏格拉底继续进行解释。快乐是谋取利益的行动。麻烦是对运动的阻碍。情欲是灵魂的沸腾冲动。欲望是吸引灵魂的运动。期待是对不存在的欲望。爱是没有原因的流动，是通过眼睛导入的一种影响。意见是追求或者发射。思考是把灵魂的运动用于事物的本质。自愿是屈服和不抵抗。必然性意味着无知和错误。真理是神的运动，是神圣运动的含义。谬误是运动的对立面。"名称"的含义是指"借助它来寻找"，名称是我们借以发现和认识事物的工具。这是苏格拉底对名称的中介性指示性的最好揭示。所以我们不能停留在名称上，而是要通过名称寻找事实本身。他还认为存在是运动，非存在是不运动。这种观点和现代哲学的基本立场几乎是一致的，特别是海德格尔的"存在即时间，存在即生成"的观点是一致的。但是苏格拉底—柏拉图的存在始终是存在者的存在，他根本没有谈到海德格尔所谓的"存在"本身。

我们应该如何看待苏格拉底的这些解释？我们当然要认真对待，但是因为我们不能精确把握古希腊语，也就无法精确地断定他的解释的准确性和正确性。而且我们必须记住，苏格拉底本人就要求我们不要太关注语词的精确性，对于文字或者语言的精确性的关心最终可能导致我们对事实真相的忽视。关键是我们通过这种原则性的方向和思路去认识和反思语言文字和自然事实的关系。如果我们直接把握了事实本身，那么语言文字并不是必要的。

（三）对名称的本性的考察 421c—428a

在进行了复杂的考察之后，苏格拉底又回到了名称本身上来。既然名称是对自然的模仿,那么名称是如何模仿事物的呢?或者我们是如何发明基本词的呢?是根据什么原则制作基本词的呢?苏格拉底进行了更为深入细致的考察。

苏格拉底第三次提到了把不懂的词看作是外来词。因为年代久远,名称的最初形式可能发生了变化,但是我们却并不知道。所以古代语言可能是更加真实和质朴的语言,而现代语言则可能为了悦耳等原因具有更多的人为性,而偏离了名称的本质含义。这可以说是文明历史对于“自然”的掩盖和遗忘。在苏格拉底看来,如果我们无法发现一个词的自然基础,那么通过把它理解为外来词的方法,既保护了名称语词的自然基础的原则,也扩大了考察名称的自然基础的视野和范围,更加有利于扩展这种观点的适用性。

苏格拉底认为一切词可以分为基本词和派生词。基本词是不可再分的,是真正的名称。那么怎么分析基本词呢?他开始从组成名称的字母开始。他要求我们不要考虑语词的发音,只关注其词法。我们往往通过肢体动作来模仿事物的性质,所以语音并不是必要的,不通过语音,我们也可以模仿事物。但是如果说语音不是必要的,那么文字似乎是更加不必要的。人们在日常生活中的交流并不需要文字。但是苏格拉底强调书写或者文字的重要性,这里似乎体现了苏格拉底的“书写中心论”。他只关注书写和词法,而不关心声音和语义。后现代主义者认为应该重视语音,反对书写的逻各斯主义。我们似乎可以说,语音是自然的,但语义是约定的。语音可以模仿,但是语义需要学习。不懂语义,语音就是没有任何意义的声音。这也体现了语言本身的自然性和习俗性的双重性质。苏格拉底对于书写和词法的关注也许是体现了他对书籍本身的重视。没有书写就没有书籍,就没有传承。人的文明主要依赖于经典书籍。后现代主义是一种新形式的习俗主义,它对声音的推崇和对书写文字的贬低,就可能导致对书籍意义的贬低,进而导致蒙昧主义和虚无主义。

他指出,名称是对事物的模仿,但是名称的模仿不同于音乐和绘画。他试图把字母的模仿和音乐的模仿、绘画的模仿区分开。音乐和绘画模仿事物的表面,而名称模仿事物的性质和本质。既然名称通过字母模仿事物,那么就应该把名称中的字母分开,对字母进行分类。对字母的分类和对事物的分类是一致的。这样我们就可以把字母和对象结合起来，就像是绘画一样。用一个字母或者几个字母的结合代表或者模仿一类事物。这几个字母的结合就是所谓的音节。在用音节构成各种名词和动词后，然后再通过名词和动词的结合构成完整的语言。他认为古人使用什么样的方式构造语词，我们就应该使用什么方式去理解古人的意图。这种方式是探究古人的意图的基本方法。他再次声明自己只是在探究古代命名者的意图，并不是在探究诸神。他强调自己的这些说法是荒诞可笑的，正如在《理想国》中，他认为自己关于理想国的说法是荒诞可笑的一样，以此掩盖了自己的严肃思考。

接下来苏格拉底展示了自己的这种荒唐的设想。ρ和ι模仿运动，Φ、Ψ、σ、ξ模仿哆嗦、沸腾、震撼、震惊等，δ和τ模仿盲目和静止在某处，λ模仿平滑运动，γ模仿黏滑的运动，ν模仿内在，α模仿尺寸，η模仿长度，o模仿圆，最后他得出结论："立法者把一切都还原为字母和音节，用它们构成名称和符号，然后再通过对它们的模仿，复合出其他符号。"（Plato. *Cratylus*. 427d）一切名称都是由字母构成的，所以名称对事物的模仿最终是通过字母的模仿实现的。至此，苏格拉底最终结束了对于"名称是对自然的模仿"的解释和论证。

二、与克拉底鲁的对话

和克拉底鲁的对话是对自然派的批判。在对话一开始，赫谟根尼就复述了克拉底鲁的自然派观点，即认为"名称是自然的，而不是约定俗成的——名称并不是人们一致同意使用的那种声音的一部分——名称的真实性或者正确性对于希腊人或者野蛮人来说都是一样的。"（Plato. *Cratylus*. 383a）克拉底鲁认为名称的真实性或者正确性依据于自然，而不是习俗。我们只应该根据自然衡量名称的正确性，合乎自然的名称就是真实的或者正确的。因此他不承认名称的习俗性，习俗对于名称没有意义和价值。针对这种自然主义的观点，苏格拉底也进行了批判。

（一）名称与习俗

苏格拉底首先表示自己的解释并不是确定无疑的，这是为了引导克拉底鲁发表自己的看法。但是克拉底鲁认为苏格拉底说得很对，并且认为苏格拉底似乎在发表神谕。苏格拉底认为他对自己的智慧一直感到恍惚不自信，不得不经常停下来反问自己在说什么。因为在他看来，没有比自我欺骗更加糟糕的事情了。接下来，他几乎复述了和赫谟根尼对话开始时的观点和思路，即提供名称在于指导，命名是一种技艺，作为技艺，有些名称必然好些，有些必然坏些，正如有些法律制定的好些，有些法律制定的坏些。这就意味着并不是所有的名称都是正确的，即合乎自然的。苏格拉底实际上是在思考我们衡量名称命名的好坏的标准是什么。如果仅仅坚持名称是对自然的模仿，而忽视了其中习俗的干扰或者作用，我们就不可能真正认识语言的本质。克拉底鲁并未理解苏格拉底隐含的对他的批判，还是认为所有名称都是正确的。这意味着克拉底鲁和习俗主义一样，同样否定了语言问题中的真假判断问题。在苏格拉底看来，既然名称是对自然的模仿，那么是不是合乎自然就是我们评判一个名称的真假好坏的标准。克拉底鲁却似乎否定了这个标准，认为所有名称都是正确的。这才是苏格拉底要批判克拉底鲁的关键。这意味着克拉底鲁并未把自然看作是名称的好坏的标准。所以他既没有看到自然，也没有看到习俗。习俗或者语言是对自然的模仿，但是一些坏的名称即并不合乎自然的名称也同样被人们使用了，它们的含义也没有因此变得更加混乱。这暗示习俗在名称的提供和使用中具有重要的意义。这就是苏格拉底对语言的习俗性的肯定和强调。我们只有同时从习俗和自然两个方面才能正确认识语言的本质。

苏格拉底认为名称和事物不同。名称是人为的，出于技艺；事物是自然，不是人为。事物本身不存在正确和错误，只有人为的东西才存在正确和错误。他假定，如果认为名称和事物是一回事，那么就会导致可笑的结果，即根本不存在名称，因为这意味着名称也成为了事物。❶ 所以，名称只是对事物的指称和模仿，名称和事物具有相似性。"正确制定的名称大部分都是由恰当的、与事物相似的字母组成，否则就不会有名称和事物的相似性。"(Plato. *Cratylus*. 433c)但是名称并不具有事物那样的存在，认为名称和事物具有相同的存在是可笑的。既然名称是一种人为的模仿，那

❶ 这和《智者》中 244d 的观点是一致的。

就存在好坏之分。因为立法者有好坏之分。苏格拉底指出，虽然有些词法的模仿并不好，但是并不妨碍人们在习俗中的交流使用，所以习俗具有其独立性的价值和意义。我们不能因为模仿得不像就否定名称的正确性。所以苏格拉底似乎转向了赫谟根尼的习俗派观点。他强调名称就是名称，模仿就是模仿，名称不是事实本身，名称只是指示性的中介性的。

接下来苏格拉底又复述了关于字母的模仿。他甚至认为对自然的模仿，即合乎自然也是一种习俗约定，是和自己的约定。"表达我的意思既可以从不相似的东西开始，也可以从相似的东西开始。如果这是对的，那么你就与自己建立了一种约定。名称的正确性来自习俗，因为不相似的字母也同样可以表示相似的字母，只要它们能够被习俗和约定所批准。"(Plato. *Cratylus*. 435b)在此他强调习俗在表达我们的思想上是有贡献的。如果没有习俗的维护，我们对于自然的模仿也是不可能的。所以自然和习俗是相反相成的，缺少任何一方，另一方也就会立刻消失。所以我们必须同时维护自然和习俗两个方面，保持两者的平衡和中道。这才是真正哲人的智慧的立场。与此一致，在哲学生活和政治生活两个方面，我们也必须善于维护两者的和谐和平衡。政治生活是哲学生活的基础，如果破坏了政治生活，我们的哲学生活也是无法维持的，就成为无源之水，无本之木。同时，哲学生活是政治生活的理想和目标，如果丧失了这个超政治的理想和目标，政治生活就会成为纯粹的权力斗争的场所，这样的政治生活也不可能很好地维持下去。所以为了哲学，我们也要维持政治，必须尊重习俗，尊重常识。同时，为了政治，我们也必须维护哲学，使政治避免陷入虚无和野蛮。

如果没有这种习俗在决定正确性上的权威性，如果一切名称都必须和事物本身相似，相似性是名称的唯一的标准，这意味着我们必须创造一种"理想语言"。"如果我们能够始终或者几乎始终使用完全恰当的相似性的东西来表达事物，那么这几乎是语言最完善的状态，与之相反的则是最不完善的。"Plato. *Cratylus*. 435c.❶但是理想语言是难以完成和达到

❶ 莱布尼茨在近代首先提出了建立这种理想语言的理想，而20世纪的语言哲学中就出现了理想语言学派。

的。因为理想语言是“一对一”的命名，所以名称的普遍性就几乎不存在了，或者名称最终就是对某个事物的编号，而这种编号必然是无穷无尽的，因为事物的个体性是无穷无尽的，所以这种“理想语言”是不可使用的。正是因为有了习俗的约定俗成，我们就能够化繁为简，就能够在不相似的意义上使用语言，因为语言的目的和意义就是表达事物，所以只要能够有助于我们认识和传达事物，当前的包含了相似性和不相似性的语言就已经足够了。因为克拉底鲁坚持名称是自然的，苏格拉底就指出了语言名称的使用中习俗的存在和作用，使他认识到习俗的作用和意义，使他明白语言的意义不是由自然的相似性决定的，而是由习俗决定的。我们可以用相似的方式，也可以用不相似的方式进行表达，只要人们之间已经相互约定好了这个用法。所以约定和习俗对于表达思想是有帮助的，不能单纯认为名称就是自然。

（二）名称与认识 435e

接下来，苏格拉底开始从认识论的角度，通过考察名称的用途，进一步考察名称的正确性。

根据克拉底鲁的观点，名称和事物是一致的。所以我们可以通过名称认识事物，认识了名称也就认识了事物。但是苏格拉底暗示，名称是事物的信息，名称只是一种指导和发现的方法。如果我们只是根据名称认识事物，就存在巨大的危险。“你难道看不到，根据名称去认识事物，分析它们意义的人，处在受骗的巨大危险中吗？”（Plato. *Cratylus*. 436b）因为命名是一种技艺，命名者总是根据自己的主观性进行命名。如果他的主观性是错误的，即他没有真实地认识事物，那么他就不可能提供正确的名称，如果我们根据他的命名认识事物，那么我们就不可能真正认识事物的本质。根据这种看法，苏格拉底表示以运动现象命名人间事物的做法就是错误的、片面的，这种命名对于我们认识事物的本质是有害的。因为同样存在很多静止的事物。他列举了很多表达静止的好名称。例如，知识是灵魂在事物面前停止。稳当是静止。探讨是河流停滞。忠实是指运动的停止。记忆是灵魂的静止。无知是与神在一起的进步。所以好的名称也可以表达静止，如同前面的以运动表达好含义的名称一样。表示好的名称既可以是以运动命名的，也可以是以静止命名的。虽然表示静止的名称少一些，但是我们不能因为少就忽视它们。在苏格拉底看来，古人在命名问题上是自相矛盾的，他们受到了自己的主观性的干扰，未能完全达到合乎自然。所以我们不能根据名称认识事物，否则我们可能被误导。

第二，苏格拉底继续更加深入的提问和反思。如果我们都是凭借名称认识事物的，那么最初的命名者是如何认识事物的。命名者必须具有关于事物的知识，但是他肯定不是通过名称认识事物的，因为这时还没有名称。既然最初的命名者可以不借助名称认识事物，那么我们也可以不借助于名称认识事物。“让我们假定，只要你愿意，都可以通过名称的中介来学习事物；我们也假定，你可以通过事物本身来学习事物。这好像是一种更加高尚、更加清晰的方式——一种方式是学习事物的相似形象，相似形象传达了事物的真理，相似形象和真理被设想为一致的；另一种方式是学习事物的真理，真理和真理的相似形象只是被适当地设想。……我怀疑我们如何能够学习或者发现事物的真实存在。但我们可以承认，事物的知识并不是从名称中派生出来的。获得事物知识必须学习和研究事物本身。”(Plato. *Cratylus*. 439a－b)可以说，这两种认识方式对应的是意见和知识两种东西。通过名称认识事物获得的就是意见。名称只是事物的相似形象，是对事物本身的模仿，所以我们借助于名称认识事物就难免出现错误，这种认识只能是意见。意见存在正确和错误的区分。而抛开名称直接认识事物本身，这种认识才是知识。知识本身是绝对正确的没有错误的。这也是区分知识和意见的一个主要标准。在《美诺》中，苏格拉底曾经指出，知识和意见的区分是正确的意见是没有被理性绑定的，而知识是被理性绑定的。从意见上升到知识的方法就是回忆。

从一定意义上说，语言和名称都是人类文明的产物，如果我们始终依赖语言认识事物，那么我们就可能认为一切事物都是围绕人的认识而旋转，最终就不能认识事物的自然。事物的自然是指事物的内在规定性，这种内在规定性并不依赖于人的主观性，否则，我们就和智者一样陷入主观主义的人类中心论。所以要认识事物的自然，我们就必须克服自己的主观性，不通过语言直接认识事物本身。这也就是所谓的“直面事实本身”。直面事实本身就是“就其自身认识自身”，也就是“以物观物”或者“以道观物”。也就是说，只有超越了人类的主观性，事实本身才能就其自身显现出来，而不是作为人类学的产物显现出来。例如，“太阳”存在吗？太阳不是我们人类赋予的一个星球的名称吗？如果没有人类，太阳仍然是太阳，但是确实就没有了太阳，因为作为名称的“太阳”是人类学的产物。以此类推，最终我们只能说它什么也不是，但是说它什么也不是，也不对，因为这种判断仍然是人类学的产物。所以我们最终对它一无可说。“说似一物却不中”。归根到底，它就是它自身，超越了人类的一切言说和判断。但是说“它存在着”也是不彻底的，因为“存在”也是人类学的产物。所以我们最终只能陷入无言、无名的境地。只有这样才能够与之相应。这种无名无言的境界就是“天人合一”、“物我两忘”的境界。这种“天人合一”、“物我两忘”可以说是一切认识论的顶峰。这种认识论原则意味着我们对自己的人类学属性的超越。这种认识论方式就是柏拉图的回忆说。回忆说的核心就是对理念的直观，也就是现象学意义上的“本质直观”。回忆说的“本质直观”也就是对这个认识论理想的坚持。这个理想始终作为最高理想和原则召唤着认识者去实现最高的真理性的认识。这就是柏拉图的严格科学的理想。

回忆说强调的就是排除语言，直接认识事物本身。他在《美诺》、《斐多》、《斐德罗》中指出，只有通过回忆的方式才能获得对事物的真理性认识。回忆的本质就是灵魂的净化。因为回忆就是涤除内心中的各种欲望和观念，使心灵达到绝对虚静纯洁的境地。只有在这种心灵的虚静纯洁中，事物本身才能直接在心灵中呈现出来，因此知识和真理是通过灵魂的净化获得的。对名称的扬弃和摆脱就是对灵魂的净化方式之一。因为名称是意见的存在形式和表现形式。这些意见和观念一方面可以帮助我们认识事物，但是另一方面又阻碍了我们对事物本身的认识。如果我们总是局限在语言观念之中，总是习惯于驰骋语言，就容易把自己的语言、观念看作是事物本身，就容易迷失在语言制造的汪洋大海之中。智者就是这种“迷失于语言”之中的典型，他们忘记了事实本身，把语言看作是事实了。在《智者》、《欧绪德谟》中柏拉图都展示了智者的这种错误倾向。对于名称的摆脱就是对于人类学主观主义因素的摆脱。如果我们始终“以名观物”，那么我们不可能达到严格科学认识的客观性和真理性。我们必须不断地时刻回溯或者回忆这个最高原则和理想，因为我们随时都会违背这个理想，陷入主观性中。这种认识论理想必须作为原则确立下来，以此时刻调整校正我们在认识论上的不彻底性和不严格性。现代性以来否认了这种认识论理想的可能性，不能理解这种认识论原则的意义，所以现代哲学必然陷入主观主义或者主体性形而上学的泥潭。

第三，苏格拉底表示，我们不要认为对于事物的命名必须按照同一个原则来进行，按照运动的原则，或者按照静止的原则。两种方式原则我们都可以采用，单纯推崇任何一种原则都是片面的。但是他仍然认为用运动的原则命名事物也许是"真诚"的，但是却是"错误"的。针对这种运动派，苏格拉底认为应该通过假设存在"绝对之物"的方式认识事物。这就是理念论的最初动机。在《斐多》中，苏格拉底就指出："我建议那些从你们很熟悉的我的原则开始，也就是，我始终假定存在绝对的美、绝对的善、绝对的大以及诸如此类的事物。"[1]绝对之物是永恒不变的，是完美的理想的标准。可以说在柏拉图那里，理念就是自然。自然状态就是事物的理想状态。一切事物的存在目的都是要实现自己的最佳状态，即使在这种最佳状态后就必然走向衰落和灭亡。一个事物只有实现了自己的最佳状态即自然之后，它的存在才是完满的，它才达到了自我实现。或者说，尽管个体事物是不断变化的，但是事物的类本质是相对永恒的，个体事物的存在意义就是实现自己的类本质。理念就是类本质，因此理念就是一切个体事物的目的。在苏格拉底看来，按照事物的目的和自然认识事物，就是"绝对地"认识事物，就是按照事物本身认识事物。理念论体现了苏格拉底的哲学目的论。名称只是引导我们去认识事物的目的和自然的工具。如果我们把自己封闭在人为的名称中，我们就错失了事物的自然目的。

苏格拉底对自己的原则进行了说明。首先，从思考和言说的角度，我们根本不能谈论流变之物。因为在我们谈论时，流变事物立刻就已经变为另外的事物，所以事物只有多多少少保持一定的不变性的，才能谈论事

---

[1] Plato. *Phaedo*. Translated by Hugh Tredennick. In *The Collected Dialogues of Plato*, Edited by Edith Hamilton and Huntington Cairns, Princeton University Press, 1963. 100b. P81.

物。否则我们对事物的谈论就是不可能的。如果真如赫拉克利特说的“一切皆流,无物常驻”,那么这个判断本身也是不可能得出的。我们之所以能够得出这个判断,这本身就已经是“有物常驻”的表现了。所以苏格拉底认为不保持一定的不变性的事物也是不存在的。虽然事物总是在变化,但是在这种变化中总是存在一定的不变性,这是我们能够辨别和区分事物的基本前提。根本不存在任何不变性的事物也是不存在的,正如根本不存在任何变化的事物是不存在的,两者是等值的判断和结论。巴门尼德否认存在变化的事物,赫拉克利特否认存在不变的事物,两者的结论都是片面的,没有达到整体性的真理。看不到这一点,我们就没有学会真正的哲学辩证法。其次,从事物的目的论角度看,事物虽然都在变化,但是事物的变化是有目的的。目的是事物变化的原因,而作为原因,目的是不变的,所以目的就是“变中的不变者”,运动中的静止者。通过这个不变的目的,我们认识或者理解了事物的运动变化的根源。认识到了这个原因,我们才能理解或者认识事物的运动变化。因此,运动变化并不是事物的真正状态,而是事物实现自己的目的的方式或者手段,一切事物都因为追求自己的目的而在运动和变化,通过对于目的的认识,我们就超越了事物的运动,我们恰恰在运动中发现了不变者。虽然任何一个个体事物都在实现自己的目的后走向死亡,但是我们可以在事物的“类”中找到个体事物的最终目的,这个类本质就是一切个体事物的最终目的。所以一切个体事物都附属于自己的类本质。当然,一切类本质也会灭亡,类本质也不是最终的目的。但是新的类本质又会产生,我们从类本质中发现了相对的永恒性。那么绝对的永恒性存在吗?我们或许可以说,没有绝对性就是最终的绝对性,没有永恒性就是最终的永恒性,没有不变者就是最终的不变者。这就是我们发现的最终的绝对性和永恒性。但是我们也可以说,在柏拉图哲学中,最终的绝对者永恒者就是善本身。善本身是引导和支配一切事物存在和变化的原因。我们的一切认识和存在的意义就在于实现至善本身。如果不把至善作为理解一切事物的根本原因,我们就不可能真正认识事物本身。在《斐多》中他强调了自己的这种至善论的认识论原则。

对于赫拉克利特的这种观念,苏格拉底首先从哲学和真理的角度进行了批判。“如果一切皆流,无物常驻,那么我们也不能合理地说有知识。

因为知识也不能继续是知识，除非它能始终常驻和存在。”（Plato. *Cratylus*. 440a）也就是说，如果我们坚持这个观点，那么就不存在认识主体和认识客体。任何认识主体都随时变化，而认识客体也随时变化，没有任何人在认识，也没有任何事物被认识。所以也就根本不存在知识和真理。因为知识作为知识，本身也要保持不变性，否则，知识本身发生了变化，知识就不再是知识了。（我们只能说，没有真理是唯一的真理。）如果否定了知识和真理，那么也就是否定了一切认识的意义。但是“一切皆流”这个判断本身也是认识的结果。如果否定了一切认识的可能性，那么“一切皆流”作为认识的结果也是不能存在的，所以赫拉克利特的观点是自我否定的，因此是根本不成立的。如果赫拉克利特的观点要成立，就必须肯定存在永恒不变的东西。只有存在不变的认识主体和认识客体，哲学才是可能的。因为从现实中来看，始终存在认识者和被认识者，这就证明美、善、知识等都是始终存在的，它们并不会像河流一样不停地流动。如果否定了哲学，也就不会有人再希望接受教育，也就没有谁更聪明或者愚蠢，和名称相关的学习教育也因此被否定。“没有一个聪明人会把自己或者自己头脑的教育置于名称的力量之下。他也不会相信名称或者名称的给予者，不会相信任何把他自己和其他存在者谴责为不真实的不健康状态的知识。”（Plato. *Cratylus*. 440c）也就是说，学习最初是通过名称来进行的。如果一切皆流，那么名称也就随时在变化，名称或者概念的作用或者意义也就不存在了，我们就不能进行任何学习活动了。其结果就是否定一切智慧和愚蠢、正确和错误等区分的蒙昧主义和虚无主义。这正是苏格拉底和柏拉图毕生反对的恶劣思想。

苏格拉底又从政治和教育的角度批判了赫拉克利特哲学。赫拉克利特的哲学不但毁灭了哲学，也毁灭了政治。虽然苏格拉底在这里没有明确提到政治教育。因为政治生活同样需要诉诸绝对性和永恒性。人类社会总是分为不同的国家，因此政治生活总是封闭的。为了维持国家的同一性，每个国家都必须把自己说成是绝对的最好的，这样人民生活在这样的国家中才能感受到自豪，而爱国心是公民的基本德性。人民才能在国家的整体性中找到自己的最终认同。这种认同使得他们不再只是关注自己的个人利益，而是关注更大的更高的国家利益，国家利益是使得个人超越个人利益的必要条件。而这种对于个人利益的超越就是对自己的动物性的超越,在这种对动物性的超越中,人才获得了人性,人的人性才得到维持。因此如果国家的目的是过一种高尚的生活,国家就必须最大程度上把自己神圣化、绝对化、永恒化,把自己看作是人类生活中最高的神圣性事物。每个公民只有相信自己的国家的绝对性,才能最大程度上获得自己的人性,超越自己的动物性。所以国家的存在是维持人性的必要条件,而神圣的绝对的国家的存在则是维持较高的人性的必要条件。如果我们相信赫拉克利特的哲学,对一切永恒绝对之物都保持蔑视的态度,那么国家的绝对性和永恒性也是不可能的,这样人民就不会在政治生活中提升自己的人性。否定了国家的绝对性,也就是否定了人性的可能性,人们将最终陷入蒙昧主义虚无主义的深渊。因此,赫拉克利特的哲学对于政治生活也同样是毁灭性的。从政治生活的角度我们也需要批判赫拉克利特哲学。

自然派和习俗派都会危及政治生活。习俗派对于名称的习俗性的强调也是以对习俗的无知为前提的。他们认为习俗是可以随便改变的,正如名称是可以随便改变的。但是习俗的权威性和正当性要求习俗不能是随意可变的。自然派根本无视习俗,但是它本身就处于习俗之中,因为它对自然并没有真实的认识。不理解习俗就不能理解自然,不理解自然也不能理解习俗。自然派和习俗派都没有看到名称问题的政治性。没有从政治角度看待名称语言问题,所以不是全面的智慧的方式。

总而言之,根据赫拉克利特的哲学,一切言说和思考都是不可能的。我们最终将毁灭哲学和政治。因此不论从哲学角度还是从政治角度,都需要批判赫拉克利特哲学。和巴门尼德的哲学成为智者哲学的基础和来源一样,赫拉克利特的哲学也构成了智者哲学的思想基础。智者派玩弄语词的诡辩论的相对主义思想,确实受到了巴门尼德和赫拉克利特的影响。所以对巴门尼德和赫拉克利特的批判就是对智者派的批判的一个必要方面。赫拉克利特的思想虽然是真诚的,但却是错误的。我们理解和评价一种哲学,不能仅仅看其本身,还必须看其结果,这才是完整地观察和思考事物的方式,也就是"知人论世"的评价原则。赫拉克利特的哲学即使是正确的,也是需要被批判的,因为坏的结果本身就是对他的正确性的否定和批判。苏格拉底劝告克拉底鲁好好想想,虽然克拉底鲁答应了苏格拉底，但是他并未被苏格拉底说服。柏拉图给我们留下了一个悬念，或者未解之谜。或者他没有使得自己的观点“显得像是”确定无疑的“绝对真理”。可以说，柏拉图展示的只是辩证法的净化。辩证法净化的结果就是“无知之知”。

最后，从哲学和政治的关系看，语言一方面和政治相关，一方面和哲学相关。从语言和政治的关系上，政治生活本身就是语言性的、观念性的，这就是所谓的“正名”，这样理解的语言是实质性的，所以我们必须重视语言。从语言和哲学的关系看，语言并不是最终的事实，语言是虚假性的，所以我们又必须贬低语言，才能直面事实本身，达到知识和真理。

三、结束语

本篇对话的含义有两层。第一，指出名称具有自然和习俗两方面，单独推崇任何一个方面都是不完全的。所以苏格拉底对赫谟根尼强调名称的自然性，而对克拉底鲁强调名称的习俗性。他试图使他们完整地看到名称的两重性。有些名称是对自然的精确模仿，有些不是精确模仿。对于精确的模仿我们当然可以认出名称的本质，但是对于不精确的模仿，我们也同样可以正确使用这个名称，所以名称具有双重本质。如果名称仅仅是对自然的精确模仿，我们就不能使用那些不精确的模仿的名称。如果名称根本不是对自然的模仿，完全是人的随意创造，那么就切断了人和自然本身的联系，就会最终否定一切知识和真理。[1] 第二，我们要真正认识事物，必须超出名称。不论是习俗派还是自然派，都没有直接认识自然。他们围困在语言名称的牢笼中，不能认识事实本身。哲学认识的最

[1] 唯名论类似于自然派的观点，实在论类似于习俗论的观点。但是不论是唯名论还是实在论都没有真正地把握名称的本质。唯名论揭示了名称的虚假性，强调名称不是事实，不能停留在名称上，但是极端唯名论否定了名称的真实性和必要性，这是不对的。名称仍然是一种“有”，只是一种“假有”。但是“假有”也是“有”。实在论认为名称是实在的存在，事实必须合乎名称或者概念，这就是把人为的东西强加于自然的事物。所以当苏格拉底强调“直接认识事物本身”时，他看到了摆脱语言名称认识事物的重要性。如果我们习惯于以语言概念认识事物，那么我们就最终无法把握事物本身。只有在纯粹直观中，事实本身才能如实地显示出来。

终目的是要超越扬弃一切人为之物，把握事实本身。名称最终仍然是人为之物。所以扬弃一切语言观念是我们认识事实本身的必要条件。苏格拉底最终强调，我们应该摆脱一切名称直接认识事物本身。苏格拉底的词源学技艺显示他几乎已经完全超越了语词，他是依据自然而认识的，这就是他作为哲学家的自由和超越。

我们可以对比维特根斯坦的图像论和游戏说。维特根斯坦的图像论类似于自然论，而其游戏说类似于习俗论。图像论强调的就是语词的意义来自它的对象，语言是对事实本身的描述。他可能感到这种看法并不是彻底的和完备的，所以他才进一步提出了游戏说。游戏说强调的就是语言的意义来自使用，来自生活世界。这个生活世界就是政治性习俗性的。两种看法是相互补充的，只承认任何一种都是片面的。所以他要求我们同时从语言的两边考察语言的本质。这是对语言的正确的完备的态度和立场。

我们还可以对比海德格尔的语言哲学。海德格尔认为"语言是存在的家"，"语词破碎处，无物存在。"这种观点否定了不通过名称直接认识事物的可能性。他把语言本体化或者存在论化了，以此否定了超语言的可能性。同时这种语言存在论也把人封闭在语言的牢笼之中了，人不可能超出语言的洞穴，语言之外的事实本身被完全否定和掩盖了。海德格尔的语言存在论或者语言本体论是习俗主义的顶峰，是人类中心论和历史主义的一种表现，而且构成了他的文化民族主义的基础。"对民族主义的起源具有决定性的事物：将语言解释为自然之物：赫尔德（Herder）。"[1]因此他才认为语言和语言之间的交流是不可能的，不同文化之间的交流也是不可能的。我们应该看到，语言的根本意义在于其指示性或者显示性，语言本身没有独立性和自在性。我们可以透过语言认识事物，但是语词并不是事物本身，事实必然是超越语言的，语言只是人为的产物。只有在我们超越了语言的局限性后我们才能真正认识事物本身。所以才有"默照"的认识方式，也就是苏格拉底的不通过语言认识事物的回忆说认识论。正确的观点应该是"语词破碎处，有物存在。"如果认为语言和事物会

[1] 施特劳斯：《霍布斯的宗教批判》，杨丽等译，华夏出版社，2012 年版，第 54 页。

同时消失，这否定了超越语言概念的理性直观认识的可能性。这是主观主义的形而上学。

我们还可以结合我国古代哲学的观点来理解柏拉图的语言哲学。孔子强调正名思想："名不正，则言不顺；言不顺，则事不成；事不成，则礼乐不兴；礼乐不兴，则刑罚不中；刑罚不中，则民无所措手足。故君子名之必可言也，言之必可行也。君子於其言，无所苟而已矣！"(《论语·子路》)也就是说，他认为在政治生活中名分是非常重要的。这是对人类政治生活中的语言现象的关注。但是他也强调"无言"，"子曰：'予欲无言。'子贡曰：'子如不言，则小子何述焉？'子曰：'天何言哉？四时行焉，百物生焉，天何言哉？'"(《论语·阳货》)也就是说，孔子认为在哲学生活中，语言活动的意义是有限的。如果我们仅仅局限在语言中就不能认识事实本身。所以我们必须学习无言之教。老子认为语言都是指向器物的，道体是离言绝相的，所以道体本身是没有名称的。"道可道，非常道；名可名，非常名；无，名天地之始；有，名万物之母"。(《道德经》，第一章)"道隐无名，夫唯道，善始且善成。"我们对道体的认识也不能通过语言传达。因为一切语词都是感性或者知性的，它们都是用来描述现象事物的，因此不能用来描述纯粹理性的道。对道的认识是通过纯粹理性的静观，而不是凭借感官去认识事物。"知者不言，言者不知。塞其兑，闭其门，挫其锐，解其纷，和其光，同其尘，是谓玄同。"(《道德经》，第五十六章)在排除了感官干扰的状态中，在"致虚极，守静笃"的玄同状态中，我们就可以通过理性去认识道本身，达到和道的同一性状态，这种状态也就是智慧。与道合一的玄同境界是没有任何语言可以描述的。庄子认为："夫言非吹也，言者有言。其所言者特未定也。果有言邪？其未尝有言邪？其以为异于音，亦有辩乎？其无辩乎？道恶乎隐而有真伪？言恶乎隐而有是非？道恶乎往而不存？言恶乎存而不可？道隐于小成，言隐于荣华。""可乎可，不可乎不可。道行之而成，物谓之而然。恶乎然？然于然。恶乎不然？不然于不然。物固有所然，物固有所可。无物不然，无物不可。"(《庄子·齐物论》)禅宗的基本原则是"教外别传，不立文字"，认为真正的智慧是无法用语言传达的。但是禅宗也强调"不离文字"，因为语言是我们理解佛教精义的重要引导。所以依文解意、断章取义是错误的；但是"离经一字，即是叛道"，我们又必须依靠经典去印证我们的学习和体验，否则就是旁门左道。所以我们必须明白“得意忘言”，“言语道断”，也必须时刻以经典检验自己的思想。一个真正的哲人必须是超越语言的洞穴的。当然，语言是不可离开的，但是语言的传达是有限的。没有语言我们就不能够成为人，但是如果只是局限在语言中，我们就永远不能认识事实本身。

从各大文明圈的传统都可以看到，语言的最初形成就是来自对自然事实的模仿。古代文字大多是象形文字，这种模仿是自然而然的。但是如果只有这种模仿，就不可能产生文字，所以必然存在不依赖于模仿的东西，这种东西就是约定俗成的文明，虽然文明归根到底仍然是对自然的模仿。在这种约定俗成的习惯性的力量下，人们封闭在自己的文明传统中，不再去观照自然，模仿自然。这样他们就可能越来越偏离自然，远离自然。所以为了重新激发文明传统的活力，我们必须经常返本开新，追根溯源，然后拨乱反正、正本清源，重新认识文明传统的自然源头。一切伟大的革新者都是对自然的重新发现。超越文明的迷雾，走向自然的源头。当我们走到起点时，我们就必须要超越语言文字，直接认识自然。文明促成自然，对于人而言，没有文明就不可能成就自然。人的自然只能在文明中才能成就，所以文明并不是反自然的，智者把文明和自然对立起来是错误的。以自然为标准，以自然为师，来重新纠正我们在文明传统中偏离自然的习惯性错误和偏差，使人的自然尽可能合乎自然本身，达到文明的复兴。

第四节　展示“不二法门”——《巴门尼德》解读

柏拉图写作《巴门尼德》的目的是十分难以把握的。他也没有对自己的写作目的进行任何暗示。关于这篇对话的目的和意图，两千年来始终众说纷纭。例如陈康先生就认为：“柏拉图的著作已几乎每篇是一个谜，或每篇包含一个谜了；然而《巴曼尼得斯篇》乃是一切谜中最大的一个。”[1]

---

[1] 柏拉图：《巴曼尼得斯篇》，陈康译注，商务印书馆，1982 年版，第 7 页。

对于这篇对话的解释大体上可以分为逻辑的解释和形而上学的解释。逻辑的解释认为这篇对话只是一种逻辑训练和趣味游戏，没有什么值得认真对待和研究的必要性。例如泰勒就认为："《巴门尼德》从来就是一篇精心制作的'趣味游戏的作品'，并且建筑在把它当作任何其他东西基础上的一切解释（包括本人早先的一个解释）大体上都是错误的。"❶形而上学的解释则以新柏拉图主义为代表，用"太一"的形而上学体系来解释。当代有的研究者认为这篇对话的目的是针对巴门尼德学派否定多和运动的观点，旨在"拯救现象"。例如汪子嵩先生认为："否定'多'和'运动'也就是否定现象，而柏拉图的相论是承认多和运动的现象的，因此就产生了拯救现象的问题。"❷泰勒也认为柏拉图写作这篇对话只是在和巴门尼德学派"否定现象"的思想开一个玩笑。但是严格的柏拉图怎么可能写作一篇不知所云的对话呢？我们怎么能够以这种简单草率肤浅的态度对待这篇对话呢？

一般认为，柏拉图在这篇对话中反思了理念论本身存在的困难，展示了理念之间的辩证关系。但是笔者认为，在这篇对话中，柏拉图要求我们通过"完备的辩证法"扬弃一切概念名相的逻辑思辨，最终上升到理性直观，直接认识自然一事实本身或者存在本身。也就是说，完备的理性认识包含两个方面或者阶段，第一个阶段是理性的逻辑思辨的阶段。逻辑思辨的完备形式就是这篇对话展示的完备的辩证法。这种完备的辩证法最终必然是对逻辑思辨本身的扬弃。即所谓的"善灭诸戏论"。我们可以把完备的辩证法称为"中道辩证法"或者"不二法门"。在扬弃了一切概念名相后，理性认识就上升到第二阶段即理性直观的阶段。理性的本质就是直观。对于理性直观的含义，柏拉图曾经在《理想国》、《会饮》、《斐德罗》、《克拉底鲁》中都进行了充分的揭示。在他看来，只有在理性直观的状态中，至善或者理念的实相才能展示出来，从而达到灵魂和至善的同一。苏格拉底或者柏拉图一般使用"无知之知"来表达这种理性直观的绝对认识。有知之知是理性的第一阶段的知识，而无知之知是理性的第二阶段

❶ 泰勒：《柏拉图——生平及其著作》，谢随知等译，山东人民出版社，1996年版，第499页。

❷ 汪子嵩等：《希腊哲学史》第二卷，人民出版社，1993年版，第912页。

的知识。无知之知是对一切有知之知的扬弃。一切有知之知都是对现象和部分的认识，因此一切有知之知都是有限知识、逻辑知识、相对知识，因此不是真正的知识。而无知之知是对本质实相和整体大全的认识，因此无知之知是无限知识、绝对知识、直观知识。这种关系类似于康德的知性之知和理性之知。但是康德否定了理性的直观之知的可能性。由于充分展示了逻辑辩证和理性直观的双重含义，可以说，这篇对话是柏拉图哲学的最高学说，是柏拉图所有对话的顶峰。

一、"第一部分"对理念论的反思

本篇对话是唯一以前苏格拉底的自然哲人为篇名的对话，突显了巴门尼德在所有自然哲人中的崇高地位，以及他的哲学对于柏拉图的重要性。在《泰阿泰德》中，柏拉图认为："巴门尼德本人在我眼中，就像荷马所说的，是'可敬又可畏的'。"[1]因此甚至有人认为柏拉图就是一个巴门尼德主义者。对话发生的地点是在城外。发生的时间是很久以前，当时苏格拉底还是一个年轻人，在巴门尼德面前，他只有求教的份，不是进行反讽式对话的主导者。"在柏拉图的对话中巴门尼德占有崇高的地位，特别是在《巴门尼德》中他取代了以前对话中苏格拉底的位置成为领导对话的人，少年苏格拉底在他面前简直像个小学生一样。"[2]这篇对话正如柏拉图的很多对话一样，都是由某个人转述的。这篇对话是安提丰转述的，而安提丰是听皮所多鲁讲述的。这种转述性降低了对话的真实性和严肃性，增加了对话的神秘性和不确定性因素。可以说，柏拉图的每篇对话都是对存在者整体的模仿。

《巴门尼德》分为两个部分，第一部分是反思理念论的问题。在对话开始之前，苏格拉底首先提到了芝诺的关于反对"多存在"的论文，目的是对巴门尼德的"一存在"和"一切是一"的辩护，但是论文的内容不得而知。芝诺认为自己的这篇论文是在年轻好胜心驱动下的作品，因此似乎不值

---

[1] Plato. *Theaetetus*. in *The Collected Dialogues of Plato*. Edited by Edith Hamilton and Huntington Cairns. Princeton University Press. 1963. 183e.

[2] 汪子嵩等：《希腊哲学史》第二卷，人民出版社，1993年版，第665页。

得重视。小苏格拉底则表示了对这篇论文的质疑。在他看来，如果一个事物由于分有多而是多，同时由于分有一而是一，这是可以理解的。但是如果一本身就是多，或者多本身就是一，这是令人难以接受的。因为在他看来，事物本身必须是自身同一的，不能包含矛盾，否则就不可理解。借此苏格拉底申明了他的"仅凭自身而存在"的理念论立场。

理念论的基本立场是，理念是"仅仅凭借自身而存在"。这就是说理念是自在的，大是大本身，美是美本身，善是善本身等。柏拉图之所以提出这种理论，是出于对自然的认识和对科学哲学的坚持。他认为事物是千差万别的，我们不能把千差万别的事物等同于一种事物。而事物之间的差异性表明事实本身必定有自己的本质规定性，这种内在的本质规定性不能依赖于任何其他事物。否则，如果任何事物的本质存在都是依据其他事物，那么就意味着这个事实没有任何规定性和确定性，事物之间的差异性也就不存在了。肯定事物的差异性和自在性，哲学科学的认识才是可能的和必要的。其次，如果否定事物之间的差异性和确定性，那么就不可能进行任何思考和认识活动，这样就否定了哲学认识的可能性和必要性。再者，理念论的这种自在论立场也多少出于他反对智者的相对主义的需要。相对主义认为一切事物都依赖于人的主观性因素，事物本身是没有自己的本质规定性的，这正是普罗泰戈拉的"人是万物的尺度"的含义。而柏拉图的理念论就是要肯定一个完全独立于人类世界的自在独立的世界，它并不依赖于人为之物而存在。即使没有人类世界，这个世界也自然地自在地存在。这个自在世界构成了人类主观世界的基础和本原。只有能够通过人类世界发现自在世界，才是真正的智慧。如果否定存在一个独立于人类认识而存在的世界，认为一切认识和事实都随着人类学的主观性而变化，就会陷入主观主义和相对主义的误区。这就最终否定了科学哲学的可能性。这种看法却被康德看作是"独断论"。

苏格拉底强调存在独立的理念世界，而现象世界是对理念世界的模仿，巴门尼德试图揭示这种理念论的矛盾。第一，如果假定存在独立于现象世界的理念世界，现象世界的事物是对理念世界的模仿或者分有，那么有没有人、水、火等事物的理念，有没有污秽、卑劣之物的理念。对此，苏格拉底感到"不确定"。他认为如果认为存在卑劣之物的理念，是和理念论的基本立场相矛盾的。对于苏格拉底的这种担忧，巴门尼德认为："苏格拉底，因为你还年轻，哲学还没有牢牢地抓住你，但我认为总有一天会这样的。到那时你就不会轻视任何事物了，而现在你还年轻，你仍然在意世人的想法。"[1]第二，分有难题。如果理念和现象是分有的关系，那么这种分有是部分地分有还是整体地分有。如果是整体性地分有，那么作为自身是一又是同的理念就必须同时存在于许多事物之中，那么它就必然与自身分离，这样它就成为多和不同。如果是部分地分有，那么，理念本身就被分割为不同的部分，一的理念就成为多，而不再是一。同样，对于大、相等、小的理念也可以做出这样的推断，这样就陷入自相矛盾之中。第三，"第三者"难题。如果理念是独立存在的，那么在大的理念和大的事物之间会必然存在第三者，因为我们只有通过这个"第三者"的大，才能把大的理念和大的事物联系起来而被称为大，这样就会存在无数大的理念。为此，苏格拉底首先提出了主观主义的解决方案，他试图否定理念的客观自在性，把理念看作是一种内心的思想。但巴门尼德指出，如果理念是思想，那么作为思想，理念必须是关于某物的思想。但是作为思想对象的事物的性质本身同时也是一个理念，这个理念也同样是思想，这意味着事物似乎也在思考，同时也意味着因为思想以思想为对象，思想本身却因没有对象而不思想了，所以认为理念是内心的思想是不成立的。于是苏格拉底又提出了客观主义的方案，认为理念是一类事物的"类型"，这类事物按照这个原型被制造出来。但是巴门尼德认为如果理念是独立存在的，那么模仿者和被模仿者既是相似的，又是不相似的，所以仍然面临"无数理念"的问题，客观主义的方案也是不成立的。第四，不可知论难题。巴门尼德认为如果理念是独立存在的，那么理念就根本是不可认识的。因为每个理念都是仅仅依据自身而存在，理念世界的各种理念处于相互关系之中，而现象世界的事物处于相互关系中。两个世界没有任何关系，在我们的现象世界中就不存在任何理念，这样我们对理念世界的认识就是不可能的。同样，知识是对理念的认识，但知识也是一个理念，而我们并不

---

[1] Plato. *Parmenides*. in *The Collected Dialogues of Plato*. Edited by Edith Hamilton and Huntington Cairns. Princeton University Press. 1963. 130e.

拥有知识的理念,所以我们不可能认识任何理念。最终巴门尼德认为根据这种看法,拥有知识本身的神也不可能认识我们这个世界,理念论最终否定了神的认识。

总而言之,理念论的问题就是所谓的“分离问题”,分离问题是由于强调理念的依据自身而存在的自在性而产生的。在巴门尼德看来,解决这个问题的方法不是否定理念,而是必须学会从理念之间的关系来理解理念。因此巴门尼德最终仍然同意自在的理念确实存在于事物之中,也同意如果否定了理念存在,就否定了哲学。“如果一个人由于所有这些困难以及其他类似的困难,拒绝承认事物的理念的存在或者在每一类事物中区分确定的理念,只要他不允许每一事物具有始终相同的性质,他将无法把他的思想确立在任何一点上,这样一来,他将彻底摧毁所有讨论的意义。”(Plato. *Parmenides*. 135c)在巴门尼德看来,只有经过“完备的辩证法”的训练,我们才能真正认识自在的世界,才能理解理念“仅仅依据其自身而存在”的深层意义。这是第一部分的最后结论。

二、“第二部分”的“完备辩证法”

在第二部分,巴门尼德展示了完备的辩证法。巴门尼德认为如果要克服理念论中存在的困难,青年苏格拉底必须接受更加严格的训练,这种训练就是芝诺在其论文中使用的方法。但是苏格拉底将比芝诺更加彻底,推进到对不可见事物的思考中。巴门尼德还告诫苏格拉底,不能仅仅局限在假设和考察事物存在的情况,也必须学会假设和考察事物不存在的情况。所以他提出了一个总则:“无论你假设任何事物存在或不存在或具有其他性质,你必须考虑它与其自身的关系,它与你选择的其他事物中的任何一个事物或若干事物或所有事物的关系。然后,那么无论你假设某事物存在或不存在,你必须研究你所选择的事物之间的相互关系及其与任何某一事物的关系,如果你真的想要在彻底的论证之后发现真理的话。”(Plato. *Parmenides*. 136b－c)青年苏格拉底认为这个方法将是极为困难的和没完没了的,因此他要求巴门尼德展示一下这种完备的辩证法。巴门尼德在表示了困难,进行了一些推脱后答应了他的要求,以自己的“一存在”的基本命题为例进行展示,而对话者也由青年苏格拉底转变为最年轻的亚里士多德。我们无法确定他是不是后来的亚里士多德。但是如果我们把他假设为哲学家亚里士多德,可以更好地理解这篇对话。这意味着这篇对话就是两个哲学家之间的对话,这在柏拉图的对话中是不多见的。这样,我们可以把这篇对话看作是柏拉图对亚里士多德的批判的一种回应。

在"第二部分"中,巴门尼德展示了8个推理。第一个推理是:"如果一存在,就不能对它做任何断言。"这个推论重点考察"一"本身,先后得出了13个判断。包括:①一不是多。②一不能有部分,不是整体。③一没有开端、中间和终结。④一是无限定的。⑤一没有形体。⑥一不存在于任何地方,既不能在其他事物中,也不能在其自身中。⑦一既不静止也不运动。⑧一不和其他事物相同或者相异,也不和自身相同或者相异。⑨一不和其他事物相似或者不相似,也不和其自身相似或者不相似。⑩一不和其他事物相等或者不相等,也不和其自身相等或者不相等。⑪一不在时间中,一既不和其他事物同龄、年长或者年轻,也不和自身同龄、年长或者年轻。⑫一不存在。⑬一没有名称,不能被感知、思考和谈论,一是不可知的。结论是:"如果一不存在,你就不能说它'拥有'任何东西,或者存在任何'属于'它的东西。因此,它不能拥有名字或者被谈论,也不会存在任何关于它的知识、感觉或者意见。它不能被命名,不能被谈论,不是知识或者意见的对象,不能被任何生物感知。"(Plato. *Parmenides*. 142a)第二个推论是:"如果一存在,就可以对它做任何断言。"在这个推理中,巴门尼德得出了和第一组推论完全相反的判断。因为存在和一是不同事物。①一既是部分又是整体。②一是多,在数量上无限。③一是有限定的。④一有开端、终端和中间。⑤一有形体。⑥一既在自身中又在其他事物中。⑦一既静止又运动。⑧一既和其他事物相同或者相异,又和自身相同或者相异。⑨一既和其他事物相似或者不相似,又和其自身相似或者不相似。⑩一既和其他事物接触或者不接触,又和自身接触或者不接触。⑪一既和其他事物相等或者不相等,又和其自身相等或者不相等。⑫一在时间中,一既和其他事物同龄、年长或者年轻,也和自身同龄、年长或者年轻。⑬一存在、在变动中。⑭一有名称,可以被感知、思考和谈论,一是可知的。结论是:"可以说,一拥有某些东西,也存在某些拥有一的东西，就像过去现在和将来一样。所以存在对于它的知识、意见和感知，实际上我们现在进行的活动都是关于一的。进而，它拥有名称，能够被谈论；实际上它确实能够被命名和被谈论，上面所谈到的属于其他东西的所有其他特征都同样真实地属于一。”(Plato. *Parmenides*. 155e)。接下来的推论是十分类似的。第三组推论是“如果一存在，就可以对多做任何断言。”第四组推论是：“如果一存在，就不能对多做任何断言。”第五组推论是：“如果一不存在，就可以对它做一切断言。”第六组推论是：“如果一不存在，就不能对它做任何断言。”第七组推论是：“如果一不存在，就可以对多做任何断言。”第八组推论是：“如果一不存在，就不能对多做任何断言。”

这八组推论可以按照不同标准进行分类。按照一和存在是不是结合划分，从一和存在不结合的推论是1、4、6、8组，其中，第1、4组是考察一和存在不结合，第6、8组是考察一和非存在不结合。从一和存在结合的推论是2、3、5、7组。其中，第2、3组考察一和存在结合，第5、7组考察一和非存在结合。按照一和多(其他事物)来划分，对一本身的考察的推论是1、2、5、6组，其中，第1、5组是肯定性的结论，第2、6组是否定性的结论。对多本身的考察的推论是3、4、7、8组。其中，第3、7组是肯定性的结论，第4、8组是否定性的结论。第1组的结论导向第6组，第2组的结论则导向第5组。陈康教授认为，第1、4、6、8组是仅在思想上可能的，是消极的，第2、3、5、7组是实际上可能的，是积极的[1]。我们看到，理念之间的结合或者分离是任意的，我们可以证明一个理念不能和另一个理念结合，也可以同样证明这个理念可以和同一个理念结合。分离问题似乎就这样被消解了。

总而言之，这八组推论几乎构成了一个推论的迷宫，它们两两相反，不论哪一组推论，几乎总是有另外一个推论是和它相互矛盾、相互否定的，我们不能得出任何确定性的结论。因此在八组推论的最后，巴门尼德得出的结论是：“不论一存在或者不存在，一和多，既相对于自身又相对于彼此，既完全是一切，又不是一切，既看起来是一切，又看起来不是一切。”(Plato. *Parmenides*. 166c)这是一个令人困惑乃至绝望的结论。因为这

[1] 柏拉图：《巴曼尼得斯篇》，第410页。

个结论几乎没有告诉我们任何实质性的答案，使我们陷入更深的困惑之中，而且它似乎敞开了一个完全未知的领域，使我们不知所措、无所适从，以至于我们不得不怀疑这个结论的意义。而柏拉图也没有对这四组“自相矛盾”的推理和判断做出任何说明和解释，他似乎只是满足于在这篇对话中展示“逻辑学之谜”或者“存在之谜”。那么我们应该如何理解这种晦涩的推理呢？我们只有不拘泥于柏拉图的繁琐论证，而是尽力把握其基本意图和结论，才能不陷入那些论证之中而不知所云了。

三、“完备辩证法”的两层含义

首先可以说，这种“完备的辩证法”的目的确实是要揭示各个理念之间的相互联系，克服前期只强调理念的自在性的倾向。例如，大的理念当然不能依赖于小的理念，大的理念并不是比较的结果和产物，否则，大的理念就可能在另外一种比较中成为小的理念，这样，理念本身的自在性就丧失了，真理绝对性的标准就不存在了，就陷入了相对主义和主观主义，也就否定了哲学科学的可能性。[1] 所以我们首先必须“自在地”设想理念，肯定理念的自在性。但是理念之间毕竟还是存在相互联系的。如果一切理念都仅仅只“是其自身”，这就意味着我们不可能通过任何其他理念说明它。如果它不能以任何方式被说明和规定，那么这就意味着它“什么也不是”，我们对它就不能有任何认识，那么它就几乎是“虚无”了。如果它是虚无，那么它的绝对的自在性和本质规定性也就不存在了，这是和理念论的逻辑起点相矛盾的。因为理念最初就是被设定为自身具有本质规定性的绝对之物。因此，一个理念必须和其他理念有关系，只有在这种必然的相关性中，它的本质规定性才能得到说明，它才能“是其自身”。其次，这种联系还表现在我们对理念—名称的主观使用上。如果我们能够使用大的理念或者名称去指称一个大的事物，那么我们必然在主观意识中已经以对小的理念的意识为前提了，我们能够使用运动的理念或者名称去指称一个运动的事物，也是以对静止的理念的意识为前提了。否则，我们无法使用大的理念、运动的理念，乃至一切理念，我们的一切言

---

[1] 这种观点在《斐多》中也进行了说明。

说和判断活动就是不可能的了。所以至少在我们的主观使用中，理念之间的联系也是必然的。如果我们只是强调理念的自在性，就必然陷入分离难题。这就要求我们应该学会在联系中，也就是在辩证法中思考理念。

所以，在这八组推论中，巴门尼德展示了各种对立的理念之间相互推演的可能性。我们可以从一个理念过渡到另一个对立的理念，理念之间是相互对立的，也是相互依存的，构成了对立统一的关系。这就意味着，如果否定了小的理念，也就否定了大的理念。否定了运动的理念，也就否定了静止的理念。否定了存在的理念，也就否定了非存在的理念。所以在各种对立的理念之间建立一种必然性的联系是可能的，通过这种联系，各种理念组成了一个理念世界的整体。这种从理念到理念的推演类似于黑格尔的《逻辑学》对理念的推演。但是黑格尔的目的是要确立各个理念之间的正反合的辩证发展关系，从而为现代性的基本原则进行辩护。而柏拉图则是要通过展示理念之间的相关性，使我们进一步去直观认识事实本身。因此我们不但要看到理念的自在性，也要看到理念的联系性，这样才能完整地理解理念问题。所以在《巴门尼德》中，柏拉图是在试图完善他的理念论，通过对理念之间的联系性的展示和强调，解决早期理念论的分离问题。没有这种补充和完善，理念论就是不完全的，也就不能避免分离问题。这种思想尝试一般被称为"通种论"。陈康先生就指出："通种论的基本思想是，每一对最普遍的极端相反者皆相通，而且每一'最普遍的种'皆和其他的'最普遍的种'相通。"（柏拉图：《巴曼尼得斯篇》，第 20 页）

但是，解决理念论本身的困难并不是柏拉图的主要目的。为此，我们需要理解柏拉图提出理念论的意图，而他的意图则基于他对哲学的看法。哲学的目的是认识事实本身，理念论的基本意图也就是要求直观事实本身。当柏拉图说"大是大本身，小是小本身，美是没本身，善是善本身"时，我们应该意识到，柏拉图是在通过所谓的"理念"让我们直观事实本身。在他看来，理念是形式，形式是区分事物的标志，只有通过形式才能认识事物。所以形式是事物的本质，形式优先于质料，形式高于质料。形式—理念是真正的理性意义上的自然，可以称为是"作为自然的自然"。而感官现象意义上的自然不是绝对意义上的自然，只是对理性的形式—自然的模仿,形式—理念是感官现象意义上的自然得以成立的本原或者本体。我们认识现象世界,本质上就是认识理念世界。理念世界决定了现象世界,现象世界的存在和变化依据理念世界。现象世界是流变的,是介于存在和不存在之间的,而且我们的感官认知能力太粗糙,也不可能达到绝对的确定性。现象世界不是独立自在的,它会随着人类的主观性而变化。因此对于现象世界的精确认识是不可能的,只能形成意见,不能获得真理。所以柏拉图要求我们转向形式—理念世界。理念世界是不可见的,但是我们可以通过理性去认识。只有对这个世界的认识才能达到确定性的科学,这种科学认识即是"合乎自然"。因此柏拉图最终通过假设存在一个自在的理念世界,扬弃了现象世界。如果我们认识了理念世界,我们就可以认识一切现象世界,这就是"以不变应万变"。否则,我们追在变化莫测的现象后面,永远得不到真理和安宁。因此,柏拉图提出理念论就是强调事实本身的自在性,这种自在性要求认识者必须尽可能超出自己的主观性,扬弃了一切人类学因素,包括感性、语言、道德、宗教等政治文明事物,才能认识自在自然的事实本身。可见,柏拉图提出理念论的意图一方面是要帮助我们从各种相对性的意见分歧中解放出来,走向寻找绝对真理的道路。另一方面,也是防止我们"直接"地以感性方式认识自然事实,要求我们从理性—形式方面认识自然事实本身。

因此,在柏拉图看来,重要的是自在的事实,而不是人为的理论。一切人为的理论都是戏论,在认识实相的过程中,必须扬弃一切理论、戏论。所以他不断提示我们,他的理念论也是一种人为的假设或者戏论。理念论只是"意指"了一种永恒的自然,理念论并不是自然和事实本身。理念论只是一个路标,我们必须沿着这个路标去认识事实本身,而不是停留在这个路标上面。我们如果要认识事实本身,就需要扬弃理念论。所以我们可以设想,在《巴门尼德》中,柏拉图试图通过这种完备的辩证法,揭示理念的相对性和依存性,或者理念对于事实本身的指示性和中介性,最终引导我们去扬弃他的理念论,直观至善实相本身。他通过"二律背反"或者"不二法门"的方式,通过双重肯定或者双重否定的方式揭示了理念的相对性和有限性。也就是说,他向我们展示了我们可以通过"合理的推论"得出完全相反的结论,这些推论本身都是相互对立的,每个结论都有一个相反或者对立的结论或者命题。正如正电子和负单子一旦撞击，就会立刻湮灭一样，所以这些对立命题最后告诉我们，没有任何命题是绝对的确定的，总是有一个对立命题来否定它。我们必须学会同时从正面和反面看待任何一个命题，学会超出一切概念命题来认识事实本身。如果我们停留在任何一个命题上面，认为这个命题就是事实，我们就不可能认识事实。正如柏拉图在《智者》中指出的，事实本身和判断本身是完全不同的"类型"。事实是自然，而判断是人为。事实高于判断，自然高于人事。我们仅仅借助于语言概念和判断是不可能达到事实本身的，而是应该通过"双遣双非"或者"不二法门"的方式，揭示并且扬弃语言概念的有限性，从语言观念的囚笼中解脱出来，才能认识事实本身。因此理念论和辩证法最终都只是我们寻找事实和真理的一个"方便法门"，并不因此就是真理。在追求真理的过程中，语言或者理念永远只是手段而非目的，我们不能因为手段而忘记目的。这就是所谓"得意忘言，得鱼忘筌"。"当你使用一个语词的时候，你是在用它指示某物，你能一次或多次使用它。但在这两种情况下，你都是在谈论具有这个名称的事物。虽然你可以多次说出同一个语词，但是你必须始终意指同一个事物。"(Plato. *Parmenides*. 147d)理念论包括辩证法只是"指"，而那个不可言说的事实真理才是"月"。在完备的辩证法中，柏拉图就展示了这个"月"或者事实。存在—事实本身是在理性直观中自然呈现的，是无法用语言传达的。所谓"只可意会，不可言传"。由此可见，《巴门尼德》这篇对话的最终目的就是引导我们扬弃语言概念的思辨，理性地直观存在本身。

四、面向存在之谜

哲学起源于惊奇。首要的惊奇就是对存在的惊奇。一般人都不会思考"存在之谜"，他们认为一切都是很熟悉很自然的，没有什么好惊奇的。但是如果我们能够看得更远一些，想象一下，我们处在茫茫宇宙中，经历了无数的时间和空间，那么我们就会感到存在的神秘性或者虚幻性，我们实际上处在一个根本无法看清和明白的氛围之中。古往今来的伟大哲人都看到了这个难以参透的存在之谜。亚里士多德也指出："存在是什么，换一句话说，实体是什么，不论在古老的过去，在现在，以至永远的将来，都是个不断追寻而总不会得到答案的问题。”[1]尼采指出：“在那散布着无数闪闪发光的太阳系的茫茫宇宙的某个偏僻角落，曾经有过一个星球，它上面的聪明的动物发明了认识，这是‘世界历史’的最为妄自尊大和矫揉造作的一刻，但也仅仅是一刻而已。在自然作了几次呼吸之后，星球开始冷却，聪明的动物只好死掉。——即使我们能够编出这样一个寓言，我们也还是没有充分说明在自然中人类的智力看上去是多么可怜、虚幻和易逝，多么无的放矢和没有根据。”[2]海德格尔指出：“所有我们所列举的这一切确实都在，但是，一旦我们想要去捕捉这个在时，我们却又总是扑空。我们在此所询问的在，几乎就是无。而我们却又时刻存有戒心，深怕去说全体在者是无(不在)。但是这个在始终是不可寻得的，几乎就像这个无一样或者简直确实是这样。”[3]维特根斯坦指出：“世界是怎样的这一点并不神秘，而世界存在着，这一点是神秘的。用永恒观点来观察世界，就是把它看作一个整体——一个有界限的整体。把世界作为一个有限整体的感觉是神秘的。”[4]可以说，哲学就是以存在或者存在者整体为根本问题的，所以哲学被称为形而上学。哲学、形而上学或者科学试图认识世界和存在的真相，但是谁又能够保证，哲学或者科学最终认识的就是世界的真相？

所以在近现代西方哲学中，人们普遍认为存在和思维之间存在巨大的鸿沟，达到存在和思维的同一是极其困难的任务。现代哲学家试图提出各种理论解决这个问题。经验论主张“存在就是被感知”，最终走向了实证主义和怀疑主义，而唯理论则通过把思维和存在看作是唯一实体的两个属性解决二元分离问题，但是最终走向了形而上学独断论。德国古典哲学试图吸收经验论和唯理论各自的成果，在主观唯心论的基础上解决存在和思维的问题。康德通过提出先验自我以求保证科学知识的客观有效性，保证思维和存在的同一性，留下了二元论和不可知论的困难。黑

---

[1] 苗力田主编：《古希腊哲学》，中国人民大学出版社，1989年版，第507页。

[2] 尼采：《哲学与真理》，田立年译，上海社会科学院出版社，1993年版，第100页。

[3] 海德格尔：《形而上学导论》，熊伟译，商务印书馆，1996年版，第36页。

[4] 维特根斯坦：《逻辑哲学论》，贺绍甲译，商务印书馆，1996年版，第104页。

格尔则提出了绝对精神的概念，以绝对精神的辩证发展来解决思维和存在的同一性问题，提出了“实体就是主体，主体就是实体”的观点。现代性的哲学家都试图以理性主义方式解决存在之谜，认为存在之谜最终可以在我们的理性概念认识中完全解决。

后现代性的哲学家则否定了现代性哲学家的这些理论尝试。尼采和海德格尔等人重新强调存在本身的神秘性或者不可知性，否定了现代性哲学通过理性认识存在本身的可能性。在他们看来，永恒不变的“存在”是形而上学的虚构和假设。没有存在，只有生成。在认识论上，因为没有存在也就是意味着没有可以认识的对象，所以他们认为，没有真理，只有解释。我们的一切认识都是主观主义的解释而已。但是他们的这种观点同样是错误的。他们之所以能够得出这样的真理或者结论，就在于他们认为自己处于一个“绝对的历史时刻”，一切文化都衰败的时刻，这种文化的衰败使一切文化的真实面目得以显现出来，他们因此可以揭穿传统形而上学的“存在的谎言”，还“存在”以“生成”的真实面目。在尼采和海德格尔看来，我们不能通过理性主义的方式认识存在或者生成，只能通过非理性主义的“诗学”方式把握存在或者创造存在。世界或者存在本身是没有任何特定属性的，一切都依赖于我们看待世界的视角和历史前提。他们试图以相对主义或者非理性主义的方式解决存在之谜。

柏拉图解答“存在之谜”的方式和他们都是不同的。一方面，柏拉图反对非理性主义的方式。我们必须通过理性主义方式认识存在之谜，非理性主义的方式不可能认识存在之谜。非理性是存在整体的组成部分，但是非理性并不具有认识的能力，非理性中蕴含的理性才是认识的主体。另一方面，他认为我们的理性认识首先是概念思维，用康德的话说，就是知性范畴的方式。但是概念思维是非常有限的，只能认识现象和局部事物。或者说，概念思维只能获得意见，不能获得知识。因此，我们必须上升到更高的理性认识阶段，即理性直观的阶段。这种理性直观是一种超越语言概念思维的理性认识方式。这种理性直观的方式也被称为无知之知的方式，即扬弃了一切概念理论和语言的直接认识方式。只有扬弃了逻辑的概念之知，我们才能上升到超语言的直观之知。当然，柏拉图也告诉我们，这种理性直观方式只有极少数人才能达到。因为理性直观需要认识者的整个人格或者自我的提升和完善，而这种完善和净化是极其困难的。大多数人的理性认识都受到了肉体的欲望和情感的支配和干扰，因此无法达到纯粹理性直观的高度。只有极少数的哲人能够在最大可能的程度上摆脱肉体和欲望的束缚和干扰，使自己的心灵达到纯粹理性直观的状态，即老子所谓的“玄鉴”，至善实相才能在他的心灵中呈现出来。可见，柏拉图的完备辩证法和无知之知要求我们超越一切相对性、差异性的观点而达到无二无别的最高智慧。因此无知之知是真知，而其他一切知识都是意见。

可以说，存在本身必然是包含了一切对立面于自身的。这也就意味着存在本身是无规定者，是不可规定的。要认识存在本身，必须超越一切语言概念的分别。因为对存在的任何规定都是人为的，因此都不是自然本身或者存在本身。甚至存在本身也不是“事实”，因为“事实”也是一个概念，也是一种我们人为的“规定”。但是存在本身不可言说并不意味着不可认识，并不意味着它是神秘莫测的，而是意味着它是直接的自我显示的。所以我们必须以理性直观的方式才能认识存在本身。柏拉图经常用“看”来表达对理念的直观。对理念的直观也就是对存在的直观。只有在这种直观中，存在本身才能“作为其自身”呈现出来，这才是真理的获得和实现。一切哲学的思考和追求实际上都是致力于这个目标的。因此我们可以设想，当我们直观到存在本身时，我们必须已经扬弃了人类语言观念的有限性，这就意味着我们只能处于沉默的无言的无名的状态。只有这种状态才能契合自然存在本身，才是真理的自我呈现。因此真理也是不可言说的，一旦诉诸言说，人为之物就插入进来，事实和真理就可能立刻隐匿了，我们也就从自然真理中脱落出来，陷入了人类学的局限性之中。也就是说，我们必须学会同时从“语言的两边”看。从语言的这边看是“有”，从语言的那边看就是“无”，两者都是对事实本身的意指，只不过是在不同的条件下使用的名称不同而已。如果我们只是执着于语言，就不可能真正认识事实本身。事实和真理必然是离言绝相的。对存在者整体的真理的认识就必须既依赖于语言概念，同时又必须最终彻底扬弃语言和概念。因此，对存在本身的认识必须“通过语言超越语言”。或者对存在者整体的认识必须一方面借助于任何事物，同时又必须扬弃任何事物，这样才能通过理性直观达到对存在本身的真理性认识。因此，对存在的认识要求一切认识者的内心必须是无住、无念和无我的。一切有所住、有执着都不能达到存在者整体的真理。存在本身是包含了一切对立面于自身的，因此存在本身必然是超越一切对立性和差异性的同一性。对于这种同一性，我们是不能通过差异性的方法论认识的，只能通过同一性的方法论才能认识。这种同一性的方法论就是完备的辩证法或者不二法门，其结论就表现为超越一切世俗之知的无知之知。无知之知就达到了无住、无念和无我，因为一切意见、观念和自我都是个别性、差异性的产物。无知之知扬弃了一切差异性而达到了最高的同一性。无知之知是包含了一切差异性，同时又消除了一切差异性的确定性认识。真正的安住在无知之知，我们就消除了困惑，达到了智慧。正如柏拉图在《阿尔喀比亚德前篇》中指出的："对于你不知道的，当你意识到了自己不知道它，你还会困惑于这些东西吗？"[1]和这种无知之知的智慧相比，一切所谓的知识都是片面的、狭隘的、有限的，因此都不足以称为智慧。例如对于生死、利害、是非、得失、荣辱等等，人们往往都是趋利避害，但是他们其实都是以不知为有知。而真正的哲人超越了这些差异性，超越了世人的这些分别计较，因为他看到了这些观念的虚假性，不再被这些观念支配，显示出了不同于世人的无知之知和大智若愚的智慧。

同样，针对这篇对话中关于"一和多"的关系问题，我们应该指出，在言说同一性时，必然以多样性为前提；在言说多样性时，也必然以同一性为前提。这意味着一切言辞都是以对立面为前提的，所以我们在说到其中任何一方时必须同时说到另一方，只看到其中任何一个方面都是愚蠢的错误的。这就要求我们不要落"文字相"。我们可以这样设想，存在本身当然是存在形式或者理念差别的，不存在无差别的同一性整体和认识，这就是所谓的"多"。但是事实本身并不把这种差异性作为差异性确认下来，因为事实本身没有自我意识或主观意识。因此事实之间的差别实际上只是通过我们人类的语言观念和思维才被确认和固定下来的，只是在我们人类的主观性中，这种差异才被作为差异来对待的。当我们用自己

---

[1] 柏拉图：《阿尔喀比亚德前篇》，梁中和译，华夏出版社，2009 年版，117c，第 119 页。

的观念语言去认识事实本身时，我们就不再是“以物观物”，不再是“就其自身认识自身”了，而是“以己度物”了。所以在我们面对事实本身的形式差异性时，如果我们不通过人为的形式—观念去确认这种差异性，不把这种差异性作为差异性来对待，我们不作任何主观性的界定和区分，在内心中不用任何人为观念去对应它，这就意味着我们重新达到了事实本身，即“就其自身认识自身”。这就是所谓的“一”。因此最终我们可以说，“一切不是一”，因为事物的差异性的确是存在的，不存在事实本身的无差别的同一性的状态。但是因为事实本身并不把这种差异性作为差异性，因此如果我们不对其进行主观性区分，不以差异性看待它们，那么事物本身的差异性对于我们的主观性而言就是不存在的，所以我们就可以说，“一切就是一”。这种方式就是以同一性的方式对待一切事实本身的差异性，这就是“一即一切，一切即一”的根本立场。但是这种同一性立场最终意味着取消了一切立场和观念，它本身不是任何立场和观念。而摆脱一切人为语言观念判断的束缚就是绝对的自然的自由境界。由此可见，达到这种同一性的真理认识确实是不可言说的，因为一切言说都意味着差异性的出现。虽然真理不可言说，但是事实真理却可以在我们的“行动”中显示出来。言说是中介性的，而行动是直接性的。从这个意义看，行动高于言说，行动构成了人生更加根本性的领域。而一切行动中最大的行动就是哲人的教育培养，其次是政治实践。

虽然我们不可能通过语言观念把握存在本身，但是我们必须借助于语言观念才能把握存在本身。因为言说是一种显现方式，言说有助于我们认识存在本身。但是如果我们执着于语言概念，就可能遗忘存在本身，这样语言言说就是一种遮蔽，因此我们又不能停留在言说中。这种两面性要求我们必须善于“通过语言超越语言”，通过可说去显示不可说者。这种超越只有借助于语言理念之间的辩证法才能实现，也就是在可说和不可说之间的辩证法中契合存在本身。这也就是要求我们必须学会同时看到事物的两面性，既要学会从事实的独立性差异性进行思考，就其自身进行思考，同时也应该学会从事实和事实之间的依存性联系性进行思考。这就是进行完备的辩证思考的能力。学会了这种辩证思维方式，我们就能够从容地思考任何问题，而不被任何问题所困扰了，也就是达到了“不惑”的境界，人类的一切问题因此得到了最终的消解。这种认识才是理性主义的真实含义。

柏拉图的这种哲学智慧和古往今来的各大圣贤的哲学智慧是一致的。首先，佛教中的不二法门就和柏拉图的完备辩证法是一致的。不二法门是指显示超越相对、差别之一切绝对、平等真理之教法。从佛教哲学来看，“不二”即是“非此非彼又即此即彼”、“众生平等”、“自他平等”、“心佛平等”等，是佛教认知世界万事万物的方法与观念，演绎阐述的是世间万物本质与表象的关系。通过不二法门就可以进入佛教的圣境，可以直见圣道，也就是达到了超越生死的涅槃境界。《维摩诘经》记载，文殊师利问维摩诘：“我等各自说已。仁者当说，何等是菩萨入不二法门？”维摩诘默然不应。文殊曰：“善哉善哉。乃至无有文字语言，是真入不二法门。”龙树菩萨在《中论》中指出：“不生亦不灭；不常亦不断，不一亦不异；不来亦不出，能说是因缘，善灭诸戏论，我稽首礼佛，诸说中第一。”《坛经》中也指出：“出语尽双，皆取对法，来去相因，究竟二法尽除，更无去处。”（《坛经·付嘱品》）华严宗大师法藏指出：“一全是多，方名为一；又多全是一，方名为多。多外无别一，明知是多中一；一外别无多，明知是一中多。”（《华严义海百门》）所以，要达到实相般若，必须离言绝相，扬弃一切概念名相，以理性直观实相本身。例如《金刚经》中指出：“如来者，即诸法如义。若有人言如来得阿耨多罗三藐三菩提，须菩提，实无有法，佛得阿耨多罗三藐三菩提。须菩提，如来所得阿耨多罗三藐三菩提，于是中无实无虚，是故如来说一切法皆是佛法。须菩提，所言一切法者，即非一切法，是故名一切法。”（《金刚经·究竟无我分第十七品》）圣严法师也指出：“任何能被知道、了解或体会的，都是有限的。……本际的无限是很难理解的。我们所知道的一切，不管是短暂的或持久的，都存在于特定的时空中。……没有一样东西是本际，但本际却涵盖一切。……真相是：我们无法以心来知道本际。体验过它的人，无法描述或指认它。”[1]这里的本际就是存在本身。要把握本体或者本际，就必须摆脱一切语言概念的分别性，最终达到了非概念的直观之知。可以说，在佛教的八万四千法门中，不二法门是最

---

[1] 圣严法师：《禅无所求》，华夏出版社，2009年版，第213—214页。

高境界。一切世间智都是相对的分别心的产物，因此才有了利害得失、爱恨情仇、是非成败等烦恼、痛苦和不幸。真正的哲人看到了这些观念和意见的相对性和虚假性，所以不再受到这些观念和意见的支配，从而达到了涅槃寂静、常乐我净的永恒境界。禅宗的“参话头”和面对“存在之谜”的惊奇也是非常类似的。在临济宗的参话头中，就是要修行人升起大疑情，在这种大疑情中，修行人甚至忘记了自己是谁。正如吹气球一样，他最终将会吹破这个气球，而忽然开悟，从这个大疑情中立刻解脱出来。如果不面对这种存在之谜，我们就不可能真正获得“开悟”。而在开悟后，这种大疑情当然就消失了，但是开悟也立刻就消失了。对于开悟的人，存在之谜也得到了解答，消除了神秘性。因此开悟是对存在之谜的理性主义解答，开悟意味着看到了存在的实相。我们可以认为，柏拉图面对“存在之谜”，也同样产生了“大疑情”。虽然我们无法推知他是不是看到存在的实相，但是他确实是“至诚”地面对存在之谜的，这就已经接近于开悟的状态了。同样，在道家中，也特别阐述了这种扬弃概念名相，达到理性直观的认识方式。老子指出：“道可道，非常道；名可名，非常名；无名，天地之始；有名，万物之母。故常无，欲以观其妙；常有，欲以观其徼。此两者，同出而异名，同谓之玄。玄之又玄，众妙之门。”（《道德经》，第一章）也就是说，道是离言绝相的，我们不能依靠语言概念去认识道。我们要认识道，就必须消除一切语言概念分别，使自己的内心达到纯粹理性直观的状态。“致虚极，守静笃。万物并作，吾以观复。夫物芸芸，各复归其根。归根曰静，静曰复命。复命曰常，知常曰明。不知常，妄作，凶。”（《道德经》，第十六章）所以圣人使自己持守中道，不落两边。“天下皆知美之为美，斯恶已；皆知善之为善，斯不善矣。有无相生，难易相成，长短相形，高下相盈，音声相和，前后相随，恒也。是以圣人处无为之事，行不言之教，万物作而弗始，生而弗有，为而弗恃，功成而弗居。夫唯弗居，是以不去。”（《道德经》，第二章）庄子也指出：“物无非彼，物无非是。自彼则不见，自知则知之。故曰彼出于是，是亦因彼。彼是方生之说也，虽然，方生方死，方死方生；方可方不可，方不可方可；因是因非，因非因是。是以圣人不由，而照之于天，亦因是也。是亦彼也，彼亦是也。彼亦一是非，此亦一是非。果且有彼是乎哉？果且无彼是乎哉？彼是莫得其偶，谓之道枢。枢始得其环中，以应无穷。是亦一无穷,非亦一无穷也。故曰莫若以明以指喻指之非指,不若以非指喻指之非指也;以马喻马之非马,不若以非马喻马之非马也。天地一指也,万物一马也。"(《庄子·齐物论》)也就是说,在庄子看来,如果我们只是以分别性和差异性的方式认识世界,就不可能达到真正的哲学智慧。认识道本身,只有超越一切概念名相,在理性直观中,使道本身直接呈现出来。"闻以有知知者矣,未闻以无知知者也。瞻彼阕者,虚室生白,吉祥止止。"(《庄子·人间世》)在不二法门和无知之知的哲学智慧面前,一切关于差异性分别性的知识都是片面的狭隘的意见。或者如《金刚经》所说,"凡所有相,皆是虚妄","实相非相",一切以有限的"相"(理念)去认识和规定实相(存在本身)的观点都是片面的。也就是说,不二法门和无知之知是同一个意思,基本观点就是"一是一切,一切是一"。所谓"一花一世界,一叶一菩提"。这是我们面对存在之谜的最高智慧。

五、结束语

综上所述,柏拉图在《巴门尼德》中展示的"完备的辩证法"或者"不二法门",一方面是对理念之间的关系的反思,揭示理念之间的相对性和联系。另一方面,也是要求我们扬弃一切逻辑的概念思辨,上升到理性直观,不借助于任何理念直接认识事实本身。如果我们认识了事实本身,那么理念论就可以抛弃了。同样,在我们通过辩证法扬弃了理念论之后,我们就会看到,辩证法仍然是观念性的东西,仍然是人为之物。完备的辩证法必然同样包含了辩证法的自我扬弃。只有扬弃了辩证法本身,我们才能直面事实本身。作为人为之物的最高成就,辩证法或者不二法门确实是理论理性的最高科学,也是智慧的最充分展示。辩证法或者不二法门就是训练哲人的方法论。哲人只有通过完备的辩证法或者不二法门的训练,在"言语道断、心行处灭"的境地,才能真正上升到理性直观的高度,直接认识事实本身,最终达到真理和自由的境界。

总而言之,虽然古代圣人的思想表面上千差万别,但他们的实质教诲是一致的,即以中道辩证法的"不二法门"扬弃一切世间的有知之知,达到绝对的"无知之知"的智慧。中道辩证法的"不二法门"是手段,而"无知之知"的智慧是目的。世间智慧都是有差异性和分别性的。因此这种世间智慧都是有限的、狭隘的，是以无知为有知。而哲学智慧则破除和扬弃了这些世间智慧，达到了无差别的同一性智慧。在这种超越了一切差异性和分别心的智慧中，圣人以同一性的心态对待一切事物，使万事万物都能够以其本来面目呈现出来，所谓“成己成物”、“与物为春”。我们对存在的认识不是为了认识而认识，而是通过这种认识达到最高的智慧、自在和幸福。如果看不到这种认识的意图，就不可能理解这种认识。一般人对于这种自由智慧和幸福是一无所知的，所以他们不能理解圣人和哲人的这种认识的意义。但是对于一个人认识到存在者整体的人而言，他的内心必然体验到了至高无上的真理和至乐，达到了人性完善的顶峰。

第二章
哲人的政治行动

人是政治的动物。政治是每个人都必须面对的根本问题。政治是无所逃于天地之间的,它关系到每个人的切身命运。虽然哲人通过理论沉思达到了对于政治生活的超越,但是哲人也同样生活在政治国家中。所以哲人也必须关心政治。"如果我们不追求美好的政治,那么坏的政治就会来找我们。"在哲人看来,政治问题不可能通过政治手段(暴力革命或者制度创新)解决,只能通过人性的教育的方式解决。因此哲人并不向往或者期待任何特定的政治制度,并不认为政治制度的实现就能够保证全人类的幸福的实现。通过政治手段达到的幸福是有限的低级的,更高的幸福只能在超政治的生活方式即哲学生活中才能实现。所以哲人最终致力于哲人人格的教育和培养。他通过改善个人的人性的方式使自己生活于其中的政治社会变得更好。美好的政治只能是好人组成的。而真正的好人只能是哲人,所以哲人王的政治就是最美好的政治。或者说,王道政治是我们衡量一切现实政治的好坏的唯一标准。这也就意味着哲人和任何政治制度都是存在冲突的,因为任何现实政治都无法达到王道政治的美好。哲人必定根据王道政治的原则批判一切现实政治。但是这也意味着哲人可以和任何现实政治和谐相处,因为王道政治的实现是极其困难的,超出了人力的范围。所以哲人只能通过哲学教育的方式改善一切现实政治。借用佛教术语来说,哲人的这种政治行动是哲人的入世行动,是哲人的"世间法"。

本章分为三个部分。首先讨论了哲人和政治的冲突主题。《申辩》中展示了哲人和政治的冲突。这种冲突显示了哲人对于政治生活的超越性。哲人本质上是超政治的,哲人并不隶属于任何现实的国家或者城邦。同时这种冲突也显示了哲人对政治生活的更高期待,哲人认为政治生活不能受到对权力和财富的诱惑和支配,而应该尽可能地合乎理性和智慧。进一步还讨论了《克里托》中哲人对于国家法律的服从。哲人对法律的服从和俗人对于法律的服从是不同的。俗人对于法律的服从是出于畏惧,而哲人对法律的服从是出于对智慧的推崇，即他认为法律是对智慧的一种模仿，他对法律的服从本质上是对智慧的服从。所以哲人对法律的服从和他对法律的蔑视并不是矛盾的。《斐多》讨论的主题可以说是哲人和政治的和解问题。哲人面对不义的死亡，并未表现得慷慨激昂或者义愤填膺，而是泰然处之和视死如归。这意味着哲人并不在意和政治的冲突，哲人追求的是和政治的和解。这种和解是最高的完满的智慧所要求的。其次，探讨了哲人的直接统治问题。《理想国》中柏拉图探讨了关于哲人王及其各种变体的问题。真正的政体是哲人王政体。任何其他政体都是对哲人王政体的模仿和分有，所以并不是真正的政体。只有在哲人王的国家中，才能实现依据自然而统治的绝对正义。而在任何其他政体中，都没有真正实现这种绝对的自然的正义。所以柏拉图通过对理想政体的探讨否定了一切通过人为的政治革命实现完美政治的政治理想主义的真理性。而《蒂迈欧》是对《理想国》的补充和完成，《蒂迈欧》讨论的是理想国中的宇宙论问题，即理想国需要什么样的宇宙论世界观。同时，《蒂迈欧》也是对《理想国》中的哲人王政体的"宇宙论模仿"。《政治家》则试图更加精确地讨论了哲人王统治的问题，并且指出了哲人王统治的目的就是使国民在体质上和人格上都达到中和的健康状态。最后，讨论了哲人的间接统治。哲人的出现是罕见的，哲人的生命也是有限的，因此哲人直接统治的国家也是有限的。因此哲人统治的更加现实方式只能是通过法律的方式进行间接统治。《米诺斯》讨论的主题是"谁是真正的立法者"。柏拉图最后指出，真正的立法者只能是哲人，其他的立法者只是对哲人的模仿。《法律篇》讨论的就是哲人应该如何立法的问题。其中的重点就是哲人必须通过神道设教的方式进行立法。法律是对智慧的模仿，法律的统治低于智慧的统治，所以《法律篇》讨论的是第二等好的国家，同时也是更加容易实现的国家。

第一节　傲视政治——《申辩》解读

《申辩》是柏拉图对话中唯一以苏格拉底命名的对话。柏拉图似乎以此暗示《申辩》是苏格拉底的真实言论，暗示这篇对话对于苏格拉底的专属性质。但是我们看一下色诺芬记载的苏格拉底的申辩，就会发现他的记载和柏拉图的记载非常不同，因此柏拉图的申辩似乎未必是苏格拉底的真实申辩。我们无法断定谁的记载是真实的，但是申辩的历史真实性并不重要。事实或者思想的真理性远远高于历史的真实性。我们如果关注其历史真实性，就会错过柏拉图在《申辩》中向我们展示的东西，也就不会理解柏拉图写作《申辩》的真实意图。可以说，柏拉图的用意是要通过这种方式把我们的目光引向苏格拉底这个人的身上，而苏格拉底是哲人的典范，所以关注苏格拉底也就是关注哲人。[1] 也就是说，如何理解哲人，如何理解哲人和政治的关系，这才是柏拉图重点向我们展示的。

这篇对话展示的是哲人苏格拉底和政治法庭的冲突。在这种冲突中，哲人苏格拉底在政治法庭上的"傲慢"被大大突出了。这种傲慢是哲人特有的傲慢，来自哲人对智慧的追求和对实相的洞见。柏拉图以此暗示哲学生活高于政治生活，我们应该追求哲学生活，而不是政治生活。

一、第一次申辩

1. 苏格拉底的开场白

苏格拉底首先指出原告的控告是虚假的，而他的话是真话。他表示自己不是演说家，他的说话方式是不加修饰的，对法庭的言辞也完全陌生。在这里，苏格拉底表明了哲人和智者、诗人在言说方式上的差异性。在《普罗泰戈拉》、《会饮》等对话中，苏格拉底都强调了哲人和智者、诗人的言说方式的差异。这种差异是由于言说的意图的不同而产生的。哲人的言说的目的是揭示真理。诗人或者智者的说话目的是说服他人。如果我们说话的目的是为了发现真理，那么我们的言说才是真话；如果只是为了说服他人，那么我们的言说就可能不在乎真理，而是如何控制对方或者迎合对方。哲人只关注真理，而不考虑其他，这是苏格拉底强调演说家的话是假话，而他的话是真话的原因。可以说，苏格拉底对说话方式的捍卫

---

[1] 对比尼采的自传《瞧，这个人》。而这句话来自《圣经》中人们对耶稣的指认。

本身就是对真理的捍卫。

但是苏格拉底也往往被看作是智者或者演说家，甚至对苏格拉底的控告本身就是基于对苏格拉底是智者的看法而提出的，而且至今人们对于苏格拉底是智者还是哲人仍然争论不休。苏格拉底当然不是智者，而是真正的哲人。他和他人谈话的目的不是为了说服他人，而是为了试图揭示在每个人心中都存在的真理。结合苏格拉底的整个一生，我们就可以做出明确的判断。但是因为民众往往不能明确区分哲人和智者，所以苏格拉底被误解也就是非常正常的。苏格拉底的这种遭遇可以和孔子进行对比。微生亩曾经问孔子："丘何为是栖栖者与？无乃为佞乎?"而孔子回答说："非敢为佞也，疾固也。"（《论语·宪问》）也就是说，孔子并不喜欢在语词上和人一争高下，但是因为他对人们的顽固和无知的痛恨，所以他才到处与人论辩，显得是一个佞者。

接着，苏格拉底把原告分为两类：早先的原告和现在的原告。早先的原告是无名无姓的隐形人，是一群看不见的对手。苏格拉底不知道应该如何辩解，也没有人为苏格拉底辩护。他们相互之间以讹传讹，造成整个城邦对苏格拉底的敌视态度。其中的代表就是喜剧诗人阿里斯托芬。他在《云》中表现的苏格拉底形象深入人心，对苏格拉底本人造成了不良影响。现在的原告就是诗人和爱国者的代表美勒托、政治家和实业家的代表阿尼图斯、演说家吕孔。这总体上反映了哲人苏格拉底的三种敌人。早先的原告实际上是整个城邦，暗示了哲人和整个城邦的对立关系。但是，我们应该看到，城邦实际上错误地把哲人看作了智者。但是哲人不是智者，哲人和智者是对立的。智者才是城邦的真正敌人，而哲人并不是城邦的敌人。如果城邦能够真正区分哲人和智者，这种误会和冲突也许就不会发生了。从这个意义看，哲人苏格拉底并未真正成为城邦的被告，他是以智者形象展示在整个城邦面前的，哲人在法庭上是隐身的。哲人苏格拉底是被作为智者处死的。所以苏格拉底的案件是一个冤案。在苏格拉底之前的阿那克萨戈拉曾经被城邦判罪，之后的普罗泰戈拉也被雅典城邦驱逐，这些事件反映的都是城邦和智者的冲突，而不是城邦和哲人的冲突。原则上，哲人不会和任何城邦发生冲突。哲人依据自己的智慧会尽可能改善城邦，而智者则试图从城邦中获得个人的私利。

2. 针对早先原告的申辩 19b—24b

接下来，苏格拉底首先针对早先的原告进行辩护。他的主要意图就是把哲人和其他人区分开，这涉及哲人在公众中的形象问题。通过这种区分苏格拉底揭示了哲人的真实面目，这也是苏格拉底的一种自我展示和说明。

首先，政治哲人和自然哲人的区分。早先的原告主要是把苏格拉底看作是无神论者，喜欢探究天上地下、万事万物的秘密，能够用较弱的论证打败较强的论证。他提到了阿里斯托芬的喜剧。苏格拉底表示，他对自然哲学的研究毫无兴趣，所以他根本不是这种自然哲人。在《斐多》中，苏格拉底在回顾自己早年的哲学学习时，也提到他曾经学习自然哲学。但是很快他就发现自然哲学不能满足他的理性要求，不能揭示世界存在的原因，反而使他变得更加混乱无知，所以他最终抛弃了自然哲学。在《回忆苏格拉底》中，色诺芬也认为苏格拉底曾经学习自然哲学，但是他最终放弃了自然哲学。因为自然哲学忽视政治城邦，而政治城邦是一切研究得以可能的根本前提和基础。在苏格拉底看来，自然哲学对自然的研究实际上是以忽视人类的政治生活为前提的，或者是以非人的物理法则理解人类的城邦生活，所以自然哲学根本不关心、不理解人类政治生活的独特性。不理解政治生活，就不可能理解自然本身。因为人类是自然的一部分，把人类和自然区分开是错误的。而且在他看来，对自然的研究也必须以对人类及其政治生活的研究为基础和前提。人类对非人类的事物、政治事物对非政治事物具有优先性。这种思路就是“推人事以明天道”。这也是苏格拉底的政治哲学转向的根本原因。政治哲学才是“第一哲学”。

其次，哲人和智者的区分。苏格拉底表示自己并不授业收费。收取学费是智者的特有行为。收费并不是一个贪财爱财的简单问题，而是涉及如何理解智慧的原则问题。首先，智者收费的前提就是智慧是可以传授的，智慧可以像水一样通过语词从一个人的内心流入另一个人的内心。但是苏格拉底认为智慧是不可传授的，所以他没有什么可以传授，也就不能收取任何学费。因为在他看来，智慧就是看到至善本身，这种对至善的观看本身就要求扬弃一切言辞。所以言辞在发现真理的问题上是没有帮助的。同样，苏格拉底也认为真理就在每个人心中，我们要获得智慧和真理，必须回光返照、直指本心。在这个过程中，言辞的作用是极其有限的。只有学习者真正实行这种认识，他才能获得智慧。其次，当智者为了收取学费而传授智慧时，他就不再关心学习者的自然天性，而是关心学习者的财产。这就意味着只有那些能交得起学费的人才能接受教育，这样他们的教育活动最终只是面向富家子弟，使富家子弟有更多参与政治的机会和条件，这种教育必然导致寡头政治的兴起。但是智者在理论上却是民主政治的推崇者。因此智者的实践活动最终颠覆了他们的理论原则，智者是无法达到言行一致的。苏格拉底不收学费，则意味着他并不关心学生的财产，而是关心学生的自然天性。他的教育活动是“有教无类”、“因材施教”，他试图给予每个人适合他们天性的教育。因此苏格拉底的教育实现了严格意义上的正义和平等，反而维护了民主政治的健康存在和发展。第三，智者虽然关注人事，但是他们并不理解政治人事的实质。他们片面地区分了自然和习俗，抬高自然，贬低习俗，但是他们并未实现政治哲学转向。因为智者的哲学基础仍然是自然哲学，他们只不过是把自然哲学的观点运用到了政治生活中。苏格拉底才开始独立地认识人类政治，而不是把政治文明看作是反自然的反人性的。相反，他认为自然整体是异质性的，人类的政治文明是自然的一种展现形式。自然整体高于政治文明，文明只是自然之花。哲学的道路就是从自然的这个部分上升到自然整体性本身。因此苏格拉底是不反对政治文明的，反而认为政治文明是我们认识自然、上升到自然的必要起点。智者由于否定了政治习俗的真实性，也就不能真正认识自然，推崇自然。苏格拉底以卡里亚的例子说明自己对智者的技艺一无所知，他自己并不是智者。

苏格拉底进一步说明了自己背负恶名的原因。在客观方面看，苏格拉底背负恶名在于城邦人民把他看作是自然哲人或者智者了，但他并不是自然哲人或者智者。在主观方面看，苏格拉底还必须揭示哲人的智慧的“特殊性”。因为按照德尔斐神谕的看法，苏格拉底是最智慧的。而苏格拉底认为自己根本没有任何智慧，对于这种神谕心存疑虑。但是神又不可能欺骗人。所以他决定“试探”一下神谕的正确性。（按照《圣经》的看法，不可试探神）。这种试探的方法就是寻找那些聪明人，看他们是不是比自己更聪明。于是苏格拉底肩负了这个神谕，开始了自己的哲学生活。他主要寻找了三类知识人，即政治家、诗人和行业专家。这种考察的结果就是他发现这些知识人虽然自认为自己很聪明，但是其实他们都不知道自己无知，他们都是以无知为有知。最后苏格拉底明白了真正的智慧是神的财产，人的智慧是有限的。人的智慧只是知道自己无知而已。神并不是真的认为他是智慧的，而是以他的名字为例说明这个问题而已。苏格拉底认为这些考察使得自己四面树敌，引发了人们对他的嫉恨。

在这里，苏格拉底提出了"智慧就是无知之知"的观点。我们应该如何理解这种智慧观呢？一方面，无知之知是获得智慧的必要条件。我们知道，智慧在于对实相至善的直观，这种纯粹理性的直观是离言绝相的，也就是说，只有在我们的心灵摆脱了感官的束缚，扬弃了语言概念的遮蔽之后，我们的理性之光才能发展起来，才能直接观看实相本身。因此对实相的认识本身就需要对一切观念知识的扬弃。如果我们的心灵中还充满了各种观念和概念，那么就不可能认识事实本身。苏格拉底的无知之知就是对一切概念观念的审视和扬弃。因此无知之知是直观知识、直觉知识，而不是概念性的推论性的知识。通过无知之知，苏格拉底的内心得到了净化，使心灵达到绝对无知的空灵状态，纯粹理性的直观认识充分发展起来，这使他得以直接认识事实本身。另一方面，无知之知是获得智慧的最后结论。当我们看到实相后，就会知道，真理或者智慧就是如实地认识事物本身，事实本身依据其自身显现出来，"法尔如是"，这就是"如实智"。因此无知之知就是实相知识和绝对知识。在这种事实的自我呈现中根本不存在主观性的意识和自我，所以也根本就不存在人为的"智慧"了。这就是"无所得智"、"无智亦无得"。真正拥有智慧后就会发现其实没有智慧可得。如果认为还有智慧可得就仍然是没有智慧。我们的理性就仍然被这些"智慧"所遮蔽，而不能认识实相获得智慧了。所以苏格拉底的无知之知是最高智慧的表现。智慧本身就是对自己的无知的认识。无知之知只能展示和显示，而不可言传和教授。作为直观知识，无知之知是一切推论性知识的前提，我们的一切推理都是在直观知识的基础上才可能；同时，无知之知也是一切推论性知识的最终结论，一切推理最终都会回到非概念性的对事实本身的直观知识上。只有在我们没有把推论进行到底而仍然停留在推理的半途之中的时候,在事实本身没有显现出来的时候,我们才会得出一些概念性的知识,这种知识就是意见。要获得知识就必须扬弃意见。

苏格拉底之所以能够达到这种无知之知,就是在于他的"理智的诚实"或者"至诚"。《中庸》中讲"至诚如神"。这种理智的诚实或者至诚就是对自己心中的观念观察得一清二楚,绝对不把自己不知道的东西混入到自己知道的东西中,所以智慧就是孔子所谓的"知之为知之,不知为不知,是知也。"(《论语·为政》)俗人都没有把这种"理智的诚实"贯彻到底,都是满足于浅尝辄止、人云亦云,把意见看作是真理,并且因此相互争论不休。可以说,意见的本质就是以无知为有知。相反,哲人把这种至诚的观察和反思贯彻到底,从而不被任何观念所迷惑和遮蔽,最终扬弃了以无知为有知的"最大无知",达到无知之知的理性空灵的境界。一切事物都在这种理性空灵之中得到最清晰的展现。这种理性的空灵就是智慧。

我们可以进一步联系中国古代哲学来理解苏格拉底的无知之知。孔子指出:"吾有知乎哉?无知也。有鄙夫问于我,空空如也;我叩其两端而竭焉。"(《论语·子罕》)孔子的这种看法和苏格拉底非常相似。孔子也认为自己是无知的,不认为自己有任何智慧。他只是在他人来请教自己时,善于辩证地启发性地教导对方,使对方也能够认识事实真相。老子也指出:"知不知,上,不知不知,病。圣人不病,以其病病,是以不病。"(《道德经》,七十一章)也就是说,能够知道自己一无所知,这就是最高智慧。不知道自己不知道,以无知为有知,这才是最大的疾病。圣人就是消除了这种无知之病的人。庄子也指出:"知止其所不知,至矣。孰知不言之辩,不道之道?若有能知,此之谓天府。注焉而不满,酌焉而不竭,而不知其所由来,此之谓葆光。"(《庄子·齐物论》)如果把所谓的学问当作智慧,那么就是穷尽生命也不能完结,真正的智慧不是去追求那些外在的学问,而是通过"坐忘"、"心斋"等方式达到无知无识的境界。僧肇在《般若无知论》中也指出:"夫有所知,则有所不知。以圣心无知,故无所不知。不知之知,乃曰一切知。故经云,圣心无所知无所不知,信矣。是以圣人虚其心而实其照,终日知而未尝知也。故能默耀韬光,虚心玄鉴,闭智塞聪,而独觉冥冥者矣。"所以圣哲的最高智慧就是无知之知,无知之知是最高智慧的体现。

苏格拉底表示自己对神的伺奉使自己既无暇参与政治生活，也无暇顾及私人生活，对神的伺奉使他一贫如洗。他认为自己始终是把神谕作为自己人生的原则，他的人生就是在实践神谕。所以他是真正敬神的，指控他是无神论者是不正确的。这是对指控的第一项罪名的申辩。我们应该如何理解苏格拉底的这种说法呢？可以说，苏格拉底的神就是自然本身。什么是自然？自然是整体大全，是最高的存在本身。因此自然是形式和质料、理性和非理性、必然和偶然、现象和本质、有限和无限等所有对立面的综合体。自然的真实含义远远大于现代科学意义上的纯粹机械论的自然。神也不过是自然的一个组成部分。哲人往往把自然称为神，例如斯宾诺莎也把自然和上帝等同起来，自然也类似于我国的"天命"观念。自然高于神，神高于人，因此自然高于人。对于神的服从本质上就是对自然的服从。而政治文明也不过是自然的一部分，政治文明是自然之花。哲人服从整体，而不是服从部分。自然是哲人的唯一权威，哲人的生活是"效法自然"。因此苏格拉底更多崇拜的是太阳、月亮等宇宙诸神，而不是奥林帕斯诸神。可以说，苏格拉底是天生的哲人，他从事哲学生活是基于自然的安排，也就是依据自然而成为哲人的。他的自然天性使他无法过俗人的生活，正如我们不能强迫俗人过哲人生活一样。哲人是依据自然而生活，不是依据习俗而生活。这样苏格拉底依据的就是自然的正义，而不是习俗的正义。自然的正义高于习俗的正义，哲人的正义高于民众的正义。因此苏格拉底安身立命的根基是超人类政治文明的自然，哲人是完全非主观主义、非意志主义的。

接下来苏格拉底指出，自己的哲学考察活动吸引了很多富家子弟的追随。他们喜欢听苏格拉底盘问他人，并且学习苏格拉底的榜样，到处盘问他人，结果触怒了很多人。人们都把怒火发向苏格拉底，认为是苏格拉底把错误的观点传达给了这些年轻人。但是苏格拉底指出，如果人们仔细询问他们从苏格拉底那里学习了什么，没有人能够说出来。这样的人同样也是道听途说、人云亦云、"以无知为有知"。在苏格拉底看来，这些人也不知道自己在做什么，他们对自己的指控没有真实的根据。这可以看作是他对第二项罪名即败坏青年的申辩。但是苏格拉底也意识到自己的哲学活动可能带来了不良影响。在《理想国》中,他就表示年轻人不应该学习辩证法,“搞辩证法的人会违反法律”。这表明哲学辩证法不能轻易地展示出来,哲学应该远离政治城邦。因此柏拉图最终把哲学学园建立在城邦之外。

3. 针对现在原告的申辩 24b—28b

苏格拉底继续针对现在的原告进行申辩。这三类原告是诗人和爱国人士代表美勒托、政治家和职业家代表阿尼图斯、演说家代表吕孔。可以说,他们不过是早先的原告的代表人。苏格拉底认为要通过批判他们,消除人们对自己的错误看法是不可能的。接下来苏格拉底对两项罪名进行了申辩。

针对第一个罪名即败坏青年,苏格拉底开始和美勒托的对话。首先,对话的问题是谁能够使青年人变好,最终美勒托认为所有雅典人都在使青年人变好。这种观点反映了其民主主义的观点。这种观点的错误在于否认人和人的差异性,否认美德教育是一种特殊的技艺,正如否认政治是一种特殊的技艺一样。但是苏格拉底暗示,教育和政治都是一种技艺,并不是每个人都擅长的。因为任何技艺永远都是只有极少数人擅长的。政治和教育的技艺也只能是极少数人擅长的。也就是说,只有哲人才是真正的教育家,只有哲人才对人性的本质和至善的理念有清楚的认识。其次,苏格拉底指出,恶人对和他交往的人产生坏的影响,善人对他人产生好的影响。没有人和他人交往是为了受到坏的影响和伤害。任何人都在追求善好,人们交朋友也是为了获得善好。人们喜欢和苏格拉底交往也是为了获得好处。这样苏格拉底就表明自己是好人,而不是坏人,他不可能败坏青年。再次,苏格拉底询问美勒托,如果一些青年确实受到他的败坏,那么必须分清他是有意识的还是无意识的。如果他是有意识地败坏青年,那么他本人也会受到来自被败坏了的青年的败坏。但是没有人会自愿受到伤害,所以他不会有意识地败坏青年。如果他对于青年的败坏是无意识的,那么苏格拉底认为对于这种情况应该私下进行劝告,而不是直接诉诸法庭。美勒托的做法只能显示他根本不关心青年人的教育。只有苏格拉底才真正关心青年人的教育,他的一生就是献身于青年人的教育。如果我们关心国家,关心政治,那么我们就应该献身于青年人的教育。

针对第二个罪名即不相信国家的诸神而引入新神的罪名，苏格拉底继续盘问美勒托。苏格拉底指出美勒托的控告词中认为自己是无神论者，又认为他引入新神是自相矛盾的。美勒托错误地把阿那克萨戈拉的观点安在了苏格拉底的头上。苏格拉底申辩的关键点是把超自然的存在(being)和超自然的活动(act)联系起来，通过肯定神的活动，而肯定神的存在。具体地说，他是通过活动(生成)推出存在的。活动是可见可知的，而单纯的存在是不可见、不可知的。或者说，重要的是神的活动，而不是神的存在。例如我们一般并不会把"观念性的存在"看作是"真实"的存在。"口袋里的一百元不是观念中的一百元"。但是观念性的存在却对我们的生活产生了巨大影响。人是观念性的动物。我们的生活总是和各种观念联系在一起的，甚至是由各种观念决定的。如果观念决定了实在的生活，那么我们还能否定观念存在的真实性吗？甚至观念的真实性高于感官的物理的真实性。这也是一切观念论唯心主义产生和存在的根源。例如我们可以否定上帝的存在，但是上帝存在作为一种观念仍然会影响到我们的生活，对我们产生作用。而产生作用就等同于存在。把神的存在和神的活动等同起来，是我们理解苏格拉底的神的观点的关键。所以对于存在问题，我们应该通过对政治人世活动的考察来理解，而不是抽象地进行形而上学的概念性的认识。这也就意味着神学问题首先是政治生活问题，而不是哲学形而上学问题。在哲人看来，世界和人性的本质是理性和至善。诸神的本质也莫不如此。并不存在不可知的诸神。但是哲人对诸神存在的肯定并不意味着哲人也是宗教信徒。哲人对理性和至善的追求超越了他对诸神的信仰。与其祈祷诸神的护佑，不如一心追求智慧和至善，"自求多福"。正如孔子所说："丘之祷也久矣。"但是哲人并不是现代无神论者。无神论并不能反对宗教。因为从纯粹逻辑学的角度看，肯定上帝存在和否定上帝存在是等值的判断，都是对神的存在做出的一种断言。因此无神论本质上也是一种宗教神学思想。按照康德的看法，对上帝的存在是无法做出肯定性或者否定性的任何断言的。因为这种断言超出了我们的知识的范围，所以我们在理论上对上帝是否存在只能采取"存疑"的态度。如果我们超出了纯粹理性思辨的立场，我们就可以在实践上肯定上帝的存在。这也体现了康德从对政治实践活动的观察而得出上帝存在的思路。康德的错误在于他否定了理性的无限性,否定了世界、上帝和人心的三位一体的共同性关系。这是由于他错误地理解理性和信仰的关系导致的。他没有看到,因为俗人的理性是有限的,所以在追求至善的道路上,需要信仰的引导。信仰只是俗人的必需品,而哲人的理性是无限的,他凭借理性认识就可以达到终极真理和至善,所以根本不需要信仰的引导。因为真理就是在心中,只要净化灵魂,明心见性,世界和上帝的至善本质就会清晰地呈现出来。

4. 对陪审团的演说 28b—35e

接下来,苏格拉底开始对整个陪审团进行申辩。他指出,虽然自己的哲学行动触怒了很多人,招致自己的杀身之祸,但是他不会因此放弃哲学生活。他以阿基琉斯自比,说明人们采取任何行动之前,首先关心的是这种行为是否正确,而不是利害得失。这里也反映了苏格拉底的理性主义视角,正如他一贯坚持的“无人自愿作恶”的观点一样。也就是说,人的一切行为和决定中伴随着理性的认知。人们趋利避害的行为也是在关于正确性的认识之下做出的。人们总是把功名利禄看作是正确的善的,所以人们才去追求。人们总是把灾难不幸看作是错误的恶的,所以人们才千方百计躲避。每个人都是知行合一的。任何人在采取某种行动之前都会认为自己的行动或者决定是正确的。当然也存在虽然人们认为自己的行为是错误的,但是人们仍然会去做的现象。这种知行不合一的现象根本原因还是在于人们“以无知为有知”的无知。如果一种知识观念不能指导人的行动,那么这种知识根本不是知识,只有真正决定人的行动的知识才能够被称为是知识。但是俗人的这种知识往往都是意见,而不是哲人意义上的知识。因为世人认识是有限的,所以他认为正确的行动有可能是错误的,他认为能够带来好处的行为可能带来坏处。“熙熙攘攘皆为利来,痴痴蠢蠢皆纳祸去”。因此只有在人们对什么是正确和善好有了真实的认识之后,人们才能避免犯错和不幸。这也就意味着只有哲人才能避免犯下认识的错误,因为只有哲人才拥有关于至善的真理和智慧。因此知先行后才是正确的理性主义立场,而知后行先是非理性主义的思想。可以说,苏格拉底没有被人们的表面外在行为所迷惑,他通过外在表象认识人们的内在意图动机，他认为只有把握了人们行为的动机才是真正理解人们的行为。这体现了他对人性奥秘的洞察，也是他得出“性善论”的基本思路。这就意味着提高人的理智完善性比实践的完善性更加重要。康德认为实践理性高于理论理性，似乎否定了理论认识优先于实践的古典哲学立场。政治实践在我们认识真理上具有优先性，我们应该通过对政治生活的观察而进入到哲学思考中。但是这不应该是我们推崇实践、贬低理论的原因。

苏格拉底指出，神指派他过一种哲学生活，这是他的神圣使命和天职。他不能因为怕死而放弃哲学生活。放弃哲学生活才是渎神的行为。在他看来，怕死是以无知为有知的无知的表现。怕死就是把死亡看作是最大的邪恶。没有人真正知道死亡究竟是怎么一回事。这种无知是最应该受到惩罚的。他知道自己不拥有关于死亡的知识，他不会把死亡看作是最大的恶而害怕死亡，也不能因为害怕死亡而放弃哲学生活。因此他宁可服从神而不是服从人。他将继续对每个人进行规劝，表明只有美德、善才能带来财富和幸福。人们不应该只关心获得金钱和名誉，而不关心真理和灵魂的完善。

我们可以把这段话看作是苏格拉底对哲学生活的辩护，可以把苏格拉底看作是哲学的殉道者。但是哲人的殉道和其他人的殉道都不同。哲人并不是为了某种理想、爱情、信仰、观念等殉道，这样的殉道者本质上都是无知者。在哲人看来，其实“无道可殉”。哲学不是任何这类观念或者神圣之物。哲人是自然的效法者，是自然的人格化身。哲人并不会使自己依附于某种更高的东西，哲人根本上是自由自在的，哲人本身就是最高的存在。所以哲人会选择明哲保身，颐养天年。[1] 苏格拉底之所以显得是为了捍卫哲学而死，其实根本原因是因为他感到自己年老体衰，不能继续从事哲学，活着已经没有意思了，所以他才自愿接受民主法庭的审判。如果读一下色诺芬的《申辩》，我们会对这种观点有更清楚的认识。

苏格拉底指出如果人们听取了阿尼图斯的建议，判处他死刑，那么他们将伤害他们自己，对他不会有任何伤害。因为好人不可能被伤害。苏

---

[1] 参看庄子的圣人。

格拉底以牛虻自比，神派遣他到雅典，就是为了让他起到牛虻的作用，每天飞来飞去，到处叮咬人们，唤醒、劝导每个人，使他们能够在道德和智慧上有所进步，从而改善城邦政治。他完全献身于城邦公民的教育工作，完全忽略了个人生活。所以他的贫穷就是他伺奉神谕的证明。这段话表明了哲人对于城邦政治的重要性和意义。哲人不是犬儒主义者，哲人对政治仍然抱有乐观主义的希望。他的任务就是使国家中的每个人都尽可能变得完善。正如《中庸》所讲的"人存政举，人亡政息"。只有教育出来更好的人，我们的政治生活才能提高和完善。否则，单纯的制度变革是无济于事的。所以哲人的政治行为不是通过直接变革政治制度的方式参与政治，而是通过教育人民的方式参与政治。这种方式更持久更深远，所谓"百年树人"。后来柏拉图、孔子等人都是献身于教育事业，就是出于对政治生活的这种洞见而采取的政治行动。改善政治的根本方法是改善人性。但是哲人的这种行为只是导致人们的厌恶和误解，所谓"良药苦口、忠言逆耳"。"闻过则喜"是非常难以做到的。这也是苏格拉底、柏拉图、孔子等哲人遭人误解和嫉恨的原因。

接下来，苏格拉底说明自己为什么不参与政治，为什么从来不在公共场合公开地就国家大事提出建议。其原因就在于他的"精灵"(daemon)禁止他参与政治。他说这个精灵在他的童年就出现了，精灵的声音总是禁止他想去做的事情，而不命令他去做什么。精灵阻止他参与政治，因为正义的人必须远离政治，否则就会早早死于非命。如何理解苏格拉底的精灵呢？我们推测，苏格拉底的精灵只能是指理性。哲人只能服从理性，而不能服从任何东西。正如在《斐多》中，苏格拉底对自己的梦的服从一样。首先，理性本身是最神秘的谜。理性是纯粹的认识。但什么是认识呢？我们对世界的认识究竟是什么意思呢？世界是一个整体，认识主体和认识客体都是世界的一部分，那么我们对世界的认识就是世界的自我认识。所以根本就不存在认识主体和认识客体。但是世界为什么需要自我认识呢？无疑这个问题仍然是一个谜。其次，理性作为纯粹认识，就是纯粹的静观觉知。理性认识一切，理性本身是静止无为的。理性并不是行动的发起者，欲望和情感才往往是人们行动的推动者。虽然理性无时无刻不在起作用，但是人们往往不能正确接受理性的指导，而服从于自己的欲望和情感。只有哲人才能最大程度地升华自己的爱欲，才能清晰地听到理性的呼声，并且遵循理性的指导行动。第三，政治生活往往是由非理性的欲望和情感支配的，政治世界是以爱欲为根本的。所以理性精灵才禁止哲人参与政治。但是为了哲学生活的缘故，哲人仍然需要介入政治生活，把理性带入到政治生活中，使政治生活尽可能具有理性因素，其主要方式就是对城邦中的人们进行道德和智慧的教育。哲人的存在本身就是对政治生活的非理性倾向的抵制和消解。

苏格拉底列举了自己的“政治行动”，以此表明哲人介入政治生活的危险性。一个是民主政治时期的十将军事件，一个是寡头政治时期的勒翁事件。在这些事件中，他都坚决抵制邪恶的决定，维护法律的权威和正义。这也显示哲人是最好的公民。哲人不会屈服于任何邪恶，也不会参与作恶。现在我们往往倾向于认为哲人是好人，而不是好公民。这种看法是片面的。哲人必定同时就是好公民。没有人比哲人更可能是好公民。因为没有人比哲人更加无私无畏，从而能够更好地完善国家了。一个所谓的好公民如果不同时就是一个好人，就不可能真正有利于国家。[1]哲人和政治城邦的冲突其实往往都是和一些利欲熏心、无法无天之徒的冲突。政治生活往往都是被这些胆大妄为、无法无天的强人控制的，始终存在大量的非理性的邪恶。所以对于哲人而言，最好的方法就是远离政治，避免受到无谓的伤害。但是哲人虽然远离政治，哲人却并不是政治冷漠主义者，而是以教育的方式、通过完善人性的方式积极参与政治，改善政治。

苏格拉底指出，他从未作恶，因为好人不可能伤害任何人。在《理想国》中，苏格拉底对这个观点进行了论证。在《克里托》中，苏格拉底也坚持了不能“以恶抗恶”的观点。可以说，只有哲人才是严格意义上的好人。我们一般意义上的好人往往都是道德模范，这样的好人往往只是安分守己、循规蹈矩、墨守成规的人。他们的智慧没有开发出来，不知道遵守法

[1] 对比纳粹时期的德国。德国战犯并不认为自己的作为是错误的，因为他们只是在遵守元首的命令。可以说他们是好公民，但是不是好人。这样他们的行为最终危害了德国，而不是拯救了德国。从这个意义看，他们并不是好公民。

律道德的真实意义，不能真正以理智控制自己的欲望和情感。正如尼采指出的，人们选择做这样的好人只是因为他们没有能力作恶，做好人的成本比较低，需要的能力比较小，所以他们才选择做好人。而哲人作为好人则和这样的好人不同。哲人具有洞见实相的智慧，并且从智慧中获得了终极性的满足和快乐，能够以理性完全控制自己的欲望和情感，认识了城邦的道德法律的真正意义，因此在世俗的政治生活中自觉自愿地遵守道德法律。他消除了自己的一切私利和偏见，不会为了任何私利而去伤害任何人，即使是对于自己的敌人。(耶稣的教诲也是如此)。同样，也没有人能够伤害哲人。因为哲人超越了世间的功名利禄、利害得失，获得了出世间金刚一般的智慧和至善，所以他不会被任何人伤害。

苏格拉底还指出，自己从未做过任何人的老师，虽然他和各种各样的人进行谈话，给人们提供各种指导，但是他从未传授过任何学说。这段话表明哲人没有任何学说，没有任何固定的观点和立场。正如孔子所谓的“勿意、勿必、勿固、勿我”。哲人洞见到实相本身，因此他也扬弃了一切概念学说。真理实相是超越一切语言概念的。一切所谓的思想学说都是人为的、片面的、虚幻的。哲人始终以事实为根据，以至善为目的，并且随时随地根据每个人的具体天性和问题进行不同的教导。哲人的教导总是因机施教、因材施教的。至善本身虽然是不变的、同一的，但是每个人的自然不同，他达到至善的道路就是不同的。哲人试图使每个具体的个人达到属于他自己的完善性，而不是灌输一套普遍主义的理论学说。所以哲人是真正遵循了个人主义的教育原则的。相反，一切有特定的立场、“主义”和观点的人都是教条主义的，都是以无知为有知的“无知者”。他们被自己的学说所蒙蔽，而没有看到事实本身，这就是“所知障”。现代性的错误就在于这种观念论形而上学，总是以一套普遍主义理论为先导，为了各种虚幻的观念和学说相互争论不休。因此也对个人的自然差异性越来越不尊重。我们越是在语词上分别执着，就越是远离事实和真理。所谓龙树菩萨指出：“不生亦不灭；不常亦不断，不一亦不异；不来亦不出，能说是因缘，善灭诸戏论，我稽首礼佛，诸说中第一。”真正的哲人必然“善灭诸戏论”。

接下来苏格拉底列举了自己的哲学生活的证人，表明他们都从自己的哲学活动中获得了益处。如果人们从他的哲学活动中受到了伤害，那么这些人应该会起诉他。这些人并未控告他，说明他们都从他那里受到了益处。这是对败坏青年的罪名的反驳，也表明哲人的存在对于政治生活是必不可少、难能可贵的。

最后，苏格拉底表示他决不为苟活而哀求。这又一次显示了苏格拉底的傲慢。可以说，他的傲慢来自他的理性原则。他认为必须把一切情感性因素排除出去，不能把情感因素加入到法庭审判之中，法官也不能把正义作为一种恩惠来分发。只有纯粹理性的立场才能达到真正的正义。因为只有他知道什么是真正的善好。因此苏格拉底认为自己的这种傲慢是在履行自己的政治宗教责任，他比原告更加虔诚。他试图通过这种展示傲慢的方法把哲学理性因素加入非理性的政治生活中。这种理性在政治生活中是非常罕见的。也就是说，苏格拉底的理性的傲慢是治疗政治生活的非理性疾病的药物。在他的这种傲慢面前，政治生活的非理性倾向被抑制了，人们对政治生活的狂热也随之降低了。随着政治狂热的降低，人们的理性能力才能开始得到提升，即使这种提升是非常有限的。因此苏格拉底的傲慢一方面是捍卫了哲学的尊严，另一方面也是提升了政治生活的理性品质。我们应该从这两个方面理解苏格拉底的傲慢。

二、第二次申辩

苏格拉底以微弱多数(281 票对 220 票)被判有罪。他表示这个判决在意料之中。他知道民众对哲人的误解根深蒂固。但是他却对两者的票数相差之少感到意外。这暗示他认为不可能有这么多的人能够认识哲人的真相，并且支持哲人。苏格拉底在分析这个判决结果时非常冷静，仿佛是在说别人的事。这也反映了苏格拉底在政治法庭上面对生死判决时的超然态度。

苏格拉底表示依照法律程序，他应该提议缴纳罚款。但是他认为自己完全献身于完善城邦公民的道德品质，而忽视个人生活，对于国家具有最大的贡献，自己应该获得国家的奖励，而不是惩罚。国家应该出钱供养他。对于监禁和放逐，他表示他不愿意在监狱中度过余生，也不同意被放逐。因为无论他到那里，都会有青年人跟随他，最终他还是会被人们驱逐。同样他也不愿意放弃哲学生活。他认为不可一日不讨论善，这是一个人能做的最好的事情。“一种不经受考察和反思的生活是不值得过的。”

我们对苏格拉底的“反思”该如何理解？我们每个人似乎都会反思，那么苏格拉底的反思和我们的反思有什么不同？首先，苏格拉底的反思是一种自我审视。哲人的反思是最彻底最究竟的，而不是一知半解、浅尝辄止的。可以说，哲人的这种反思最终是非概念性的单纯的理性觉知和审视。也就是说，他时刻对自己的观念保持审视的态度。当他对一切观念都保持审视态度时，他就达到了“无念”、“无住”的状态。“应无所住而生其心”。这种“无念”、“无住”的状态意味着一切观念都被他扬弃了，他的心中没有了任何观念，这也就是“无知之知”。这种无知之知使他的心灵保持自由、空灵的状态。可以说，苏格拉底的一生都保持在这种无知无念状态中，这是自我反思达到的最高境界。相反，民众的生活是非反思性的，他们依据习俗法律的观念而生活。哲人的反思则迫使人们对自己的传统进行反思，从而完善自己的法律和传统。当然这种非反思性对于国家法律的稳定和权威是必不可少的，我们千万不能忽视或者蔑视这种非反思性的重要性和必要性。在现代性的批判风气中，我们过于低估了这种非反思性的意义。当然如果一个国家始终循规蹈矩、因循守旧，那么最终也会危及国家和民众的健康生活。但是如果一个国家始终处于争论之中，在任何事情上都无法达成共识，那么这个国家的权威性和稳定性就会受到巨大损害。其次，通过反思达到的无知之知也就意味着哲人超出了人类文明的一切观念，进入到自然整体性的高度和境界。也就是说，他是站在自然整体性的角度反思作为自然一部分的人类的政治生活的。这种从整体性而来的反思就是一种超人类的“自然的视角”，类似于上帝的视角。当哲人站在自然整体性的角度反思人类生活时，他就不是从人类内部看待人类的，而是从人类外部看待人类的。这种视角导致哲人以类似于看待动物的方式看待人类，就像是神看待人一样。所以老子说：“圣人不仁，以百姓为刍狗。”哲人把人类看作是大自然的一分子，从这种自然整体性上反思大自然是如何设计人类的，人类是如何根据这种设计安排生活的等等。在这种反思中，哲人才洞悉了人类的本性，发现了什么样的人和生活是最好的至善的，并且找到了实现这种美好生活的最好的教育方式。圣人都是谋求全局和万世的人，只有站在自然整体性的视角上才能做到这一点。“不谋全局者不足谋一域，不谋万世者不足谋一时。”如果我们要解决一时一地的问题，必须具有永恒的自然的视角才能够做到。如果我们不能超越人类本身，我们就不能达到这种自然的正义和美好，就会受到自己的民族、国家、时代等人类学因素的影响，这样我们的认识和思考就是短浅的有限的。

最后苏格拉底表示，如果他一定要缴纳罚款，他提议罚款一明那。他的这次申辩无疑更加“激怒”了陪审团。于是他被判处死刑。

三、第三次申辩

1. 苏格拉底对判他死刑的人的讲话

苏格拉底首先表示自己的一生是幸福的，因为他把一生都用于从事哲学生活。正如在《理想国》中指出的，哲学生活是最幸福的生活。他认为他们之所以判处他死刑，不是出于理性的证据，而是出于非理性的无耻和懦弱。也就是说，哲人具有“上帝之眼”，对每个人的起心动念都观察得一清二楚、一览无余，几乎没有人能够坦然地面对哲人，每个人在哲人面前都感到自惭形秽、如坐针毡。因为他们不能正视自己的无知和缺点，也不能忍受哲人指出他们的错误，不能接受哲人对他们的教导。所以民众为了获得内心的安宁，为了能够不再看到自己的缺陷和错误，最好的方法就是“杀死哲人”。正如尼采指出的，现代人为了获得舒适的生活，才杀死了上帝。这种舒适的生活要求消除一切道德或者智慧上的不安。苏格拉底的被处死，大概也是出于这种怨恨和敌视的心态，出于无能追求至善而自惭形秽的心态。

他表示哲人不会用低贱的方式讨好他人以获得活命。这同样表明苏格拉底以理性主义的态度反对非理性主义的判决。在他看来，理性和智慧不能用来逃避死亡，而是用来逃避罪恶。逃避死亡并不难，难的是逃避罪恶。他现在逃避了罪恶，而陷入了死亡。相反，那些判处他死刑的人不能逃避罪恶，复仇会很快降临到这些人身上。他们通过惩罚他人来逃避罪恶是不能得逞的。我们知道，智慧就是至善，无知就是罪恶。智慧是用来追求至善的,或者只有在追求至善的时候,我们才能获得智慧。智慧和至善是一回事。罪恶则都是因为无知而产生的。如果我们消除了无知,我们就能够消除罪恶。因此要想逃避罪恶,就必须追求智慧。只有看到了理念实相,我们才能不被感官、观念和各种表象所迷惑,我们的一切选择、决定和行动才能是正确的。没有智慧,没有看到世界和人性的真相,我们就会被这些外在的事物所迷惑,我们的选择和行为就不可能是正确的。例如面对死亡,大多数人都竭力逃避,把死亡看作是最大的恶。但是在哲人看来,我们对死亡是无知的,并不真正知道死亡究竟是怎么一回事,我们害怕死亡是无知的表现。所以哲人认为"生有何欢,死有何惧"。苏格拉底预言的复仇只是表明他们会受到自己的无知的惩罚。这里苏格拉底显得是心怀怨恨地在诅咒那些判处他死刑的人。但是哲人的内心中是没有任何怨恨的,他的内心因为智慧而始终是安宁而快乐的。所以他不会诅咒和伤害任何人。他的言外之意其实是表明,因为没有人再来劝导他们求知和向善,他们就会变得更加邪恶和无知,邪恶和无知自然会给他们带来惩罚。所以苏格拉底最后劝告他们应该尽力向善。

2. 对判他无罪的人的讲话

苏格拉底首先试图使他们理解自己的处境和决定。他说如果他要做出什么错事,精灵的警告就会出现,而在今天,精灵的警告始终没有出现。这说明他接受审判是正确的,他应该接受这个判决结果。

苏格拉底对他们的讲话是敞开心扉、开诚布公的。他把自己的这种境遇归因于自己的精灵,而不是出于自己的决定。他自己似乎只是在被动服从精灵的指导。这里体现了苏格拉底是完全非激情的、非意志主义的。他根本没有殉道的"激情"。这种非意志非激情恰恰表明苏格拉底的内心是极度安宁和超然的。这也表明真正的哲人是"无为"、"无我"的。只有做到无为、无我,才能达到非意志主义的超然境界。我们推测,苏格拉底试图以这种非激情心态消除这些人对他的同情心。而同情心也是非理性的东西,因此也是需要理性净化的东西。一切非理性的欲望和情感都是灵魂的理性的净化所要消除的。正如他对那些判处他死刑的人的讲话,是要以理性的药物医治他们的敌视、怨恨和无知一样。因此苏格拉底即使死到临头,仍然不忘以理性的方式净化人们的灵魂。

接下来，他揭示了关于死亡的两种观点。一种观点认为死亡是一种毫无知觉的湮灭。他指出，这种无知觉就像是无梦的睡眠。这种无梦的睡眠是最香甜的，所以死亡是不可怕的，进入死亡是美好的。我们看到，后来的伊壁鸠鲁继承和发展了这种观点。他认为，当死亡没有来临的时候，我们当然不用害怕，而当死亡来临的时候，我们已经不存在了。所以死亡没有什么好怕的。第二种观点认为死亡是灵魂从这个世界移居到另一个世界。他认为如果死亡是这样的，他的灵魂就可以抵达另一个世界，在那个世界他将能够看到奥尔菲斯、荷马、赫西俄德、埃阿斯、帕拉墨得斯、奥德修斯等人。这将是非常有趣的经历。他在那个世界将仍然从事哲学生活，继续考察每个人的心灵，与他们探讨和争论，以此度过他的时光。他劝告人们应该满怀信心地看待死亡。哲人超越一切利害得失，内心因为智慧而获得了最大程度的完满，所以一切外在的利害得失对于哲人是"浮云"。利害得失只是对小人才是重要的。哲人超越了生与死，任何事情都不能伤害哲人。

这段话是苏格拉底试图医治人们对死亡的恐惧，正如《斐多》就是对死亡的恐惧之情的净化和治疗。在他看来，仇恨、同情和恐惧都是我们需要净化和医治的疾病。一切七情六欲、五欲六尘都是灵魂迷恋感官的无知的体现，它们都是灵魂的不正义和疾病。真正健康的灵魂是完全依赖理性认识而生活的，摆脱了一切欲望和情感的支配，内心始终处于极度的安宁和超然之中。我们应该尽可能地趋向人性的这种完满的境界。

最后苏格拉底说："我去死，你们去活，谁的前途更幸福，只有神知道。"这句话也体现了苏格拉底完全非激情的超然态度。他并不是大义凛然、慷慨就义，而以完全旁观者的态度看待自己的死亡。在《斐多》中，苏格拉底表明，哲人的灵魂在死后将摆脱肉体的束缚，能够看到美好的真实世界，将会居住到至善之地。在《理想国》中，苏格拉底也表示，只有哲人才能在死后的灵魂轮回中选择至善的生活方式，避免其他灵魂可能犯下的错误。如果没有学习哲学，灵魂没有获得真正的净化，一个道德模范也可能会因为贪婪在下一世选择罪恶的生活方式。这都体现了他对哲学生活的辩护和歌颂。

四、结束语

公元前385年，苏格拉底得到平反。美勒托被判处死刑，其他人被放逐。人们在广场上为苏格拉底树立了雕像。历史似乎是公正的。但是历史的正义只是来自时过境迁之后，人们摆脱了当时的利害得失导致的偏见和不正义，从而能够更加客观理性地认识当时的事件。因此历史本身无所谓正义，真正起作用的是理性，而不是历史。重要的是我们能不能提升自己的理性认识，抑制利益和情欲对我们的选择和行为的影响。人们往往被自己的利益和欲望支配，不能做出理性的选择和行动。因此这种历史的悲剧可能仍然是无法避免的。

苏格拉底的申辩是他在政治法庭上对哲学生活的辩护，他把对哲学生活的政治审判变为他对政治的哲学审判。苏格拉底的傲慢本身就说明了他对政治的俯视态度。[1] 这种哲学审判的目的就是把哲学理性灌注到非理性的政治生活中，以哲学理性净化政治城邦。在苏格拉底看来，哲学就是对灵魂和城邦的净化，就是对人性的情欲之疾病的治疗。人性唯一正确的目标就是达到无所待的理性、自由和幸福。这样他的基本意图仍然是把人们从政治生活引向哲学生活。

尼采曾经站在反现代哲学的立场上，认为对苏格拉底的审判是正当的。但是尼采的这种观点却是以对哲学的现代性理解为前提的。也就是说，尼采对哲学的理解仍然是现代性的理解，而不是苏格拉底的哲学观。古典哲学一方面认为只有哲人凭借其智慧高于国家，其他任何俗人都不可能也不应该高于国家。另一方面它又强调即使哲人在智慧上高于国家，哲人在实践上也不能违反国家的法令。这就是古典哲学的圆融智慧。但是现代哲学没有这种圆融的智慧，始终没有正确理解哲学和政治的基本含义，没有正确处理哲学和政治的关系。在现代性的状态下，哲学被政治意识形态化，政治则被哲学形而上学化了。现代性一方面提高哲学，贬

---

[1] 子贡问孔子曰："今之从政者何如?"孔子回答说："噫！斗筲之人，何足算也！"庄子也展示了很多蔑视政治生活的例子。但是哲人的这种傲慢并不是现代性以来特有的以反对国家和法律为荣的傲慢。

低政治，似乎纵容每个人都蔑视政治，每个人都似乎以反对国家政府为荣。政治国家不再是个人成长和生活的主导者，而是个人的欲望和利益的维护者和服务者。这样，现代性似乎非常容易走向无政府主义。另一方面，现代性又不断抬高政治，贬低哲学，为了防止个人主义可能导致的无政府主义的危险，现代性不断强调法律的至高无上和强权政治的必要性，这样现代性似乎又可能走向国家主义和极权主义。现代政治始终在这两种极端状态之间摇摆。因此现代性必须重新从古典哲学中学习关于哲学和政治的真正观点，以此指导自己的哲学理论和政治实践，才能使自己摆脱内在的局限和冲突，这就是古典哲学对于现代政治和现代哲学的真正意义。否则，现代性将可能在自己的疯狂中毁灭。

第二节　顺服法律——《克里托》解读

这篇对话的内容是克里托劝告苏格拉底逃跑，苏格拉底要求对逃跑的合理性进行论证。根据这种理性主义的论证，苏格拉底得出了“一个人在任何情况下都不能作恶”的观点。每个人都是在法律的指导下成长和生活的，不论在什么情况下都有遵守法律的义务。因此一个人面对法律只有两个选择，要么遵守法律，要么完善法律。任何人都没有超出法律和违反法律的权利。在这个意义上，苏格拉底以“以德报怨”的方式证明自己是雅典城邦的最虔诚的好公民。

一、关于死亡的对话

拂晓时，克里托来监狱探视苏格拉底。苏格拉底仍然在沉沉的睡梦之中。克里托对苏格拉底的这种镇定自若、泰然处之感到惊奇。这显示了哲人把个人生死置之度外的超然态度。苏格拉底表示自己已经年老，不应该对死亡感到害怕。克里托则说年老并不是人们不再抱怨死亡的原因。苏格拉底此时没有表现出慷慨就义的豪情、激情，也没有明确透露自己凭借智慧而超越生死的奥秘，因为克里托只是一个富有的商人，没有学习哲学的天赋。我们可以说，哲人和俗人在面对死亡上的差异是基于哲人的理性主义和俗人的非理性主义的差异。哲人按照严格的理性主义原则生活，他洞察到自己的无知，并且安住在这种无知中，借此而超越了因为“以无知为有知”而造成的一切差异分别和好坏取舍，因此达到了生死一如的超然境界。而俗人则按照不严格的理性主义或者非理性主义的原则生活，把生看作是好的，把死看作是坏的，因此他们才会贪生怕死。但是按照严格的理性主义的立场来看，我们对生和死的奥秘都没有真实的知识。贪生怕死只是“以无知为有知”的表现。

接下来，克里托告诉苏格拉底，朝圣的船只很快就会返回，他马上就要被处死了。苏格拉底一副听天由命的态度，并且说自己刚刚做了一个梦，梦中一个白衣女子告诉他，“第三天他会抵达令人快乐的弗提亚”。这个弗提亚是冥府中的福地。克里托认为这个梦毫无意义，但是苏格拉底却相信这个梦的预言。

我们如何理解苏格拉底的这个梦的预言呢？如果我们联系佛教中关于“预知时至”的说法，我们或许就会清楚了。佛教认为修行好的人在临死前都可能有“预知时至”的现象出现，会有诸佛菩萨来接引修行者，引导他去死后可能去的地方。佛教认为当一个人超越了肉体欲望的束缚，达到了灵魂的绝对净化后，他就能够超越时空、感官等的局限性，和诸佛菩萨沟通交流，获得常人没有的神通，能够知道和决定自己死后的去向。苏格拉底的这个梦和佛教的这种说法惊人的一致。他能够预知自己的死期和去处，说明苏格拉底已经凭借哲学理性彻底净化了自己的灵魂，消除了灵魂中的罪恶和业力，获得了彻底的自由和解脱。他即将往生的弗提亚应该相当于佛教中的极乐世界或者诸天净土。这是理性主义哲人应有的归宿。因此苏格拉底对于自己的死亡是超然的，甚至充满乐观主义的信心。他不能接受克里托的劝告在此就已经揭示了。

二、关于逃跑的对话

接下来，克里托开始劝说苏格拉底逃跑，苏格拉底则从理性主义原则进行了反驳。

克里托认为他有营救苏格拉底的义务，否则大多数人会认为他重钱财而轻朋友，他将背上这个可耻的恶名。这说明克里托的动机是出于大多数人的看法，而不是出于对真理的认识。苏格拉底认为我们不应该顾忌大多数人的想法，只应该考虑智慧的人的想法。这虽然是一个容易理解和接受的真理，但是因为人们往往无法区分智慧和愚蠢，因为“人言可畏”，所以他们往往倾向于“随大流”，根据大众的意见生活。克里托就认为大多数人的想法也不能不顾忌，苏格拉底的死刑判决就是大多数人的意志决定的。苏格拉底则表示，他希望大众能够有无限的能力为害，这样他们也就有无限的能力为善。大多数人既不能使人聪明，也不能使人愚蠢，他们的行为总是随意和任性的。

从这段话中我们可以理解：第一，大多数人的看法和意见也就是常识或者社会舆论，人们的生活往往是由这些常识和意见支配的。这些常识和舆论构成了人类生活的道德政治基础。没有这种大多数人的意见和舆论，人类社会是很难维持下去的。所以我们不能轻易地否定或者贬低这些常识和舆论。哲学应该从这些常识开始。第二，这种社会舆论、民众意见也往往成为压制性的力量，使得人们不轻易做出越轨和出格的事情，所谓“唾沫星子淹死人”。正义和真理往往在这种社会舆论之下被掩盖和扭曲，特立独行之士不得不承受巨大的舆论压力。这是俗人对哲人产生误解和迫害的根源。第三，普通民众是平庸的大多数。他们无能为善，也无能作恶。他们的理性是微弱的，他们更多是凭借习俗和习惯而生活。这也意味着启蒙主义的理想即大规模地改造人性或者国民性是不可能成功的。人性是不变的或者变化是极为有限的。因此苏格拉底不可能是民主政治的支持者。民主政治往往容易成为胆大妄为的野心家的工具，民众是容易被欺骗和掌控的。第四，在哲人看来，民众意见和社会舆论是不值得考虑的。哲人是依据理性而生活，而不是依据习俗舆论而生活。也就是说，哲人以是否合乎理性原则来选择和决定自己的行为。苏格拉底接下来的论证将鲜明地展示这种生活原则。

接下来，克里托继续从三个方面进行劝说。第一，在朋友方面，苏格拉底不能让自己的死使朋友背负恶名，他不必担心逃跑会给朋友带来麻烦。他不能做出让“亲者痛、仇者快”的行为。第二，在金钱方面，克里托表明很多人都愿意出资帮助苏格拉底逃跑，他提到了《斐多》中的对话主角西米和克贝。第三，在家人方面，苏格拉底应该为自己的儿子着想，承担抚养儿子的职责，不能一死了之。

苏格拉底根据自己的理性主义原则反驳克里托的说法。

他首先表示，如果克里托的这些劝告是理性的，他还能应对；如果没有任何理性，只是出于朋友的热情，那么他将无能为力。苏格拉底重申了自己的一贯的理性主义原则。他不会随便接受任何意见，他坚持对一切观点和意见进行考察，不会因为当前的处境而放弃这个原则。他将只服从理性的原则，而拒绝一切非理性的东西。他不善于应对非理性的情况例如暴力和热情。我们做任何事情都不应该出于情感，而只应该出于理性。

首先，理性与意见。苏格拉底开始考察“民众意见”。他指出，民众的意见并不都是正确的。有些意见是正确的，因此是值得尊重的；有些意见是错误的，因此是不值得尊重的。我们必须对民众的某个意见进行理性的分析，然后决定是不是尊重这个意见。我们只能尊重正确的合理的意见，而不尊重错误的不合理的意见。只有聪明人的意见是正确的，所以我们应该尊重聪明人的意见，而不是其他人的意见，否则我们就会自讨苦吃，把身体和灵魂都搞坏。在此，苏格拉底教导我们，关键不是某个意见是不是大多数人的意见，而在于这个意见是不是合乎理性。我们不能屈从于民众的暴力。人多并不意味着真理。“大多数人的同意”并不是知识，我们要善于从意见上升到知识。如果把大多数人的共识或者同意作为知识，就等于放弃了古典理性主义的原则。我们知道，现代政治哲学是建立在契约论基础上的，而契约论的本质就是把大多数的共识作为合法性或者正当性的基础。从这个意义看，现代契约论是反古典政治哲学的。

其次，理性与高尚。苏格拉底指出，真正重要的事情是活得好，而不是活着。活得好和活得高尚、正义是一回事。只有合乎理性的选择才是高尚的、正义的，我们的选择和行为应该和自己的理性保持一致，而不是仅仅出于顾及民众意见的原因。出于民众意见的选择往往不是高尚的、正义的。他认为逃跑问题上涉及的花钱、名声和抚养孩子等问题都是民众意见，并不是正确的。在他看来，合乎理性的原则才是为善，违反理性的原则就是作恶。高尚或者活得好不在于物质方面或者道德方面，这种高尚或者美好是极为有限的，只有建立在理性主义基础上的美好和高尚才是真实的。这意味着哲人是好人，哲学生活是唯一美好高尚的生活。

第三，理性与作恶。苏格拉底再次表述了自己的一贯看法即无人自愿作恶，人都在追求善。人作恶都是出于环境的被迫。但是环境的被迫并不是我们作恶的理由。一切客观的原因都只有基于主观原因才能发挥作用。如果我们在主观上具有了完善的智慧，那么任何环境都不可能强迫我们作恶。因此把作恶归结于环境仍然是无知的表现，无知是一切恶的最终原因。他认为作恶在任何意义上都是可耻的。“一个人在任何情况下都不能作恶。”[1]即使受到不公正的对待，也不能作恶。因此以恶抗恶、以牙还牙是错误的。他不能因为自己受到了冤枉，就可以以恶的方式进行报复。在《理想国》中，苏格拉底也论证了这个原则。“好人不可能伤害任何人，也不会被任何人伤害。”因为好人不具有伤害他人的功能，或者伤害他人是和好人的本质相违背的。好人是使他人变好，而不是使他人变坏。也就是说，好人在试图伤害他人的时候他就已经不再是好人了。因为一切伤害行为都是出于怨恨、嫉妒、贪婪、无知等，这些都是灵魂的不正义的表现。一个好人的内心是没有这些罪恶的企图和想法的。当一个人试图伤害他人时，他就已经首先伤害了他自己，而且对他人的伤害反过来也会引起他人对自己的伤害，任何对他人的伤害归根到底都是对自己的伤害。“冤冤相报何时了”。所以真正的好人会“以德报怨”，终止和结束相互伤害的恶性循环。

我们必须明白，只有哲人是真正严格意义上的好人。哲人是超越了一切功名利禄、利害得失的人，因此哲人不会因为这些东西而去伤害他人。同样哲人也不会被任何人所伤害。因为哲人认识到了人生幸福的最重要的原则是智慧，他一生只追求智慧，也试图使他人具有智慧。有智慧的人不可能伤害任何人，也不会被他人伤害。可以说，理性或智慧是每个人最深刻的引导者。但是这种理性的引导往往被欲望和情感的力量所掩盖和扭曲。只有恢复纯粹理性的认识，我们才能真正消除罪恶。智慧和

---

[1] Plato. *Crito*. Translated by Hugh tredennick. In *The Collected Dialogues of Plato* , Edited by Edith Hamilton and Huntington Cairns, Princeton University Press, 1963. 49B. P34.

向善是一回事,无知和罪恶是一回事。只有智慧才是人生幸福的保证,只有智慧才能确保我们驾驶生命的小舟穿越人生的大海。这可以说是苏格拉底理性主义原则的最高结论。这个观点也是苏格拉底不违反法律判决私自逃跑的根本原因。只有理解了苏格拉底的这个原则,我们才能理解苏格拉底其人及其哲学。

这种"以德报怨"的思想在孔子、老子、耶稣、佛陀、圣雄甘地都有所表述。老子认为:"为无为,事无事,味无味。大小多少,报怨以德。"(《道德经》,第六十三章)"善者吾善之,不善者吾亦善之,得善。"圣人是无我无为的,没有自我的私利、意志和偏见,所以圣人不会因为个人的利益或者偏见而伤害任何人,反而是尽可能成就他人。圣人也不会被任何人伤害。"盖闻善摄生者,陵行不遇兕虎,入军不被甲兵。兕无所投其角,虎无所措其爪,兵无所容其刃。夫何故?以其无死地。"(《道德经》,第五十章)因为圣人善于提前避开危险的处境,即使陷入危险处境,因为他是无我无欲的,所以也不会被任何人伤害。只有患得患失的人才会被他人伤害。一切伤害归根到底都是自我伤害,都是出于无知。孔子也提出"以直报怨"的观点。"或曰:'以德报怨,何如?'子曰:'何以报德?以直报怨,以德报德。'"(《论语·宪问》)他虽然似乎反对以德报怨,但是这个"直"就是正义,就是大公无私意义上的正直。这种正直只有在超越了个人恩怨的前提下才能做到。孔子还指出圣人善于避开危险处境,没有任何人可以伤害圣人。"贤者辟世,其次辟地,其次辟色,其次辟言。"(《论语·宪问》)佛陀更是强调圣人会"以德报怨",没有人可以伤害圣人。例如因为前世的因果,佛陀的哥哥总是对佛陀充满怨恨,数次想谋害佛陀,而佛陀都始终原谅和宽恕他,最后还帮助他成佛。《新约》中耶稣也提出了"爱你的仇敌"的原则。《旧约》强调"以牙还牙、以眼还眼"的报复原则。这种适度的报复容易平复人内心的怨恨,使人内心保持健康。但是这并不就意味着这种原则是合乎理性主义的。这种观点容易为人们作恶提供理论基础,因而是错误的。我们在行为实践上难免作恶,但是我们绝不能在理论理性上为作恶辩护。(汤武革命的困难就在于此)。性善论的真理告诉我们没有人会做自己认为是错误的邪恶的事情,每个人都只是做自己认为正确的事情。所以关键不在于为恶辩护,而是如何确立真理和至善的权威。

总而言之，苏格拉底把和克里托关于逃跑的对话转换为对自己的理性主义原则的论证。

三、关于法律的对话

在确立了好人或者哲人不能“以恶抗恶”的根本观点后，苏格拉底开始具体探讨法律的问题。他指出，如果我们和他人签订了一份契约，就应该履行契约。同样，我们每个人都和自己的国家签订了法律契约，如果我们没有征得法律的同意，就擅自违反契约，这样做就是罪恶的，就会给每个人带来伤害。如果每个人都可以随便违反法律，这个国家就不可能存在下去。

接下来，苏格拉底采取了“移情法”，模仿法律的口吻说话。苏格拉底似乎和法律融为一体了。法律首先指出苏格拉底的生命是法律给予的，婚姻法允许他的父母结婚并且生下了他。抚养和教育的法律使苏格拉底能够长大成人。苏格拉底和他的祖先都是法律的仆人，法律是苏格拉底的主人。所以他应该比尊重父母还要尊重法律和国家。反对父母是一种罪恶，反对国家是更大的罪恶。如果他不能说服国家改变法律，就应该服从国家法律，接受法律施加于他的任何惩罚。

法律继续说，如果公民对法律不满，他可以离开这个国家。如果公民对法律是满意的，他就应该遵守国家法律。在这种情况下，不服从法律就是罪恶的。因为法律是他们的父母，是他们的卫士。否则，他既不试图说服法律，也不试图服从法律，就是罪恶的。

法律认为苏格拉底对法律是满意的。他几乎从来没有离开过雅典，在所有活动中都一直服从法律。他还在这个国家生儿育女，并且接受了法庭的审判。如果他因为死到临头而追悔莫及，那么他就是一个贪生怕死的小人。如果他不满意法律，他完全可以离开雅典，去往斯巴达或者克里特，但是他都没有去。

法律继续设想，如果他逃跑了，或者逃往法律修明的国家，或者逃往无法无天的国家。如果他逃往政法修明的国家，例如底比斯或者麦加拉，那么那个国家的人们会把他看作是法律的摧毁者、败坏者，人们就会相信雅典法庭对他的审判就是正确的。如果他逃往无法无天的国家，例如贴撒利，那里的人们不会嘲笑他，蔑视他，但是在这样的国家中他的生活将没有任何意义，他一生关于正义和真理的谈话也会成为人们的笑柄。同样，他以不能以抚养孩子为借口逃跑。因为他逃跑或者被处死都会有朋友帮助他抚养孩子。法律最后说，我们应该首先考虑正义，而不是考虑子女、生命、名誉或者其他任何东西。这样在他去另一个世界时，他才能坦然面对冥府判官的审判。法律认为不能把他的同胞犯下的错误和法律的错误等同起来。在这里法律似乎认为法律永远是正义的，只是人在执行法律时才会犯错误。

最后苏格拉底表示他仿佛真的听到了法律的这些话。所以他不可能不服从法律的正义。因此他应该放弃逃跑，按照神的指引去做。

我们应该如何理解苏格拉底的这段辩护词呢？我们知道，苏格拉底处在希腊民主制时代。在民主制时代，法律的神话性或者神圣性逐渐消失了，法律的权威性也随之降低，人们对于法律普遍丧失了敬畏和虔诚之心。违法乱纪的言行大行其道、司空见惯。法律问题的关键是敬畏或虔诚，如果人们对于法律没有了虔诚和敬畏，那么再多再完备的法律也无济于事，形同虚设。如果一个国家的公民都已经不再敬畏法律，都试图通过违法乱纪来获得个人的好处，那么这个国家就处于败坏和危险的境地了，所谓"民之多幸，国之不幸"。所以苏格拉底设想的法律之言是他试图消除人们对法律的蔑视而做的，他试图重新唤起人们对法律的敬重之心。他强调法律的重要性，强调法律是个人的保护者、抚养者，尊重法律是公民的基本义务，人们无论如何不能犯上作乱、违法乱纪。因此苏格拉底才认为自己是最虔诚的。

但是如果我们认为苏格拉底只是一个法律至上论者或者道德主义者，就是错误的。

首先，苏格拉底维护的是法律的理念或者本质。他对法律本身的辩护暗示真正的法律必须是理性的产物，而不是利益和欲望的产物。只有法律是理性的产物，才能保证法律本身的正义性。这样我们对法律的遵守才可能接近绝对的正义。可以说，苏格拉底在此维护的是法律的理念、原型或者本质，或者说真正意义上的法律。真正的法律就应该是他在这种假想中展示的那样。我们应该像他这样认识法律的本质。一切法律的制定者和法律的服从者都必须如此理解法律的本质。这也是他对人们总是蔑视法律的狂妄自大之疾病的“净化”。他指出,没有法律,我们的生活就是不可能的。但是只有法律,我们的生活也是不可能的。所以苏格拉底是真正严格意义上的立法者。他的辩护词本身就是对一切立法者的最好教育。一切立法者如果看到了苏格拉底的辩护词,都应该尽可能理性地制定和完善法律,而不是把法律看作是统治者个人的利益产物。正如在《理想国》中色拉叙马霍斯曾经推崇的那样。通过揭示法律的理性本质,苏格拉底也表明一切出于个人利益和欲望的法律都不是法律,都是“伪法律”。对于伪法律,人们当然没有服从的义务。但是具体什么法律是伪法律,却并不是容易确定的。严格来说,只有哲人才是真正的立法者,只有哲人建立的法律才是真实的法律。这也就意味着我们面对的法律往往都是出于个人私欲的伪法律。我们应该认识到法律的理性本质,并且在这个意义上维护法律。

其次,因为苏格拉底要展示法律和理性的本质关系,所以在这个辩护词中,苏格拉底对法律本身的不正义只字未提。或者说,他隐藏了法律本身蕴含的不正义。但是在《理想国》和《政治家》等对话中,苏格拉底则揭示了法律本身蕴含的不正义。《理想国》强调理想的国家是凭借智慧直接统治的国家,法律的统治不能达到自然的绝对正义。在《政治家》中,苏格拉底分析了法律的局限性和知识的重要性,认为法律是出于理性的,法律是对知识的模仿。也就是说,和理性的正义或者自然的正义相比,人为的法律的正义永远都是不完全的粗糙的。理性的正义就是“一个人在任何情况下都不能作恶”、“不能以恶抗恶”。苏格拉底对法律的正义的辩护其实已经在前面的这个理性的正义中完成了。违反法律的恶的不正义在理性的正义中已经被消除和驳斥了。苏格拉底展示的宁可“杀身成仁”,而绝不“苟且偷生”的选择就是出于理性的正义。理性的正义高于法律的正义,法律的正义只有根据理性的正义才能得到说明和辩护。我们对法律的改革也只有根据理性的正义才是可能的。只有理性的或者自然的正义才是绝对的正义。哲人真正推崇的是自然的正义,而不是法律的正义。哲人最终以自然的正义贬低了法律的正义。哲人最终服从的是自然理性的正义,而不是法律的正义。因此哲人在理性或者知识上并不敬畏法律。

最后,哲人在实践上不违反法律。每个人都在追求善,但是由于人们的无知,由于人们不能自律地节制自己的欲望和情感,他们会在自己的利益和欲望的控制下做出伤害自己和他人的事情。为了尽可能减少和避免这种伤害,才必须制定法律。这是圣人建立法律的最初的原因。法律是不得已而为之的权宜之计。俗人往往把法律看作是对自己的束缚和压制。俗人对法律的服从不是出于理性,而是出于恐惧。而哲人自觉自愿地服从法律。哲人对于法律的服从是出于理性的认识,是因为法律是智慧的模仿和分有。哲人对法律的服从本质上是对智慧的服从。哲人因为其智慧,他能够自律地控制自己的欲望,不需要法律的统治。哲人的守法和虔诚不同于普通公民的守法和虔诚。哲人是法律的最好的维护者,是严格意义上的好公民。

四、结束语

哲人在理性认识上是超越法律的,在行为实践上是顺服法律的。哲人在心灵上对法律的蔑视和在行为上对法律的遵守是并行不悖的。如果哲人只是反对法律,那么他和亡命徒也就没有区别;如果他只是遵守法律,那么他和民众也就没有区别。哲人并不是违法乱纪的阴谋家或者“思想犯”,也不是法律至上论者或者道德主义者。哲人本质上是超越政治法律的。因为只有哲人才更加清楚和真实地认识到法律的本质。这种超越意味着哲人既不会敬畏法律,也不会违反法律。可以说,哲学高于法律只有从哲人对法律的服从中才能得到说明。哲人对法律的维护归根到底是对哲学的维护。没有法律,哲学就容易丧失自我意识;没有哲学,法律也容易迷失方向。因此维护法律就是维护哲学,只有从法律的正义才能上升到理性的正义。

我们可以指出,“随心所欲不逾矩”就是哲人通过遵守礼法而超越礼法的表现。也就是说,礼法并不是我们的自由生活的障碍物,而是我们的政治生活的基本保障。只有通过对礼法的严格遵守,我们才能磨炼我们的心智和行为,最终使我们的心灵处于法律框架之中而又不再感到束缚和压抑。这才是我们的心灵的上升之路。只有在严格礼法的训练中我们才能培养自己的心智，克服自己的欲望和缺陷，最终成长为一个好公民或者哲人。所谓“克己复礼为仁”、“非礼勿视、非礼勿听、非礼勿言、非礼勿动。”或者如孟子所说：“故天将降大任于斯人也，必先苦其心志，劳其筋骨，饿其体肤，空管其身行，指乱其所为，所以动心忍性，曾益其所不能。人恒过，然后能改。困于心，衡于虑，而后作。徵于色，发于声，而后喻。入则无法家拂士，出则无敌国外患者，国恒亡。然后知生于忧患难与共，而死于安乐也。”(《孟子·告子(下)》)没有这种顺服礼法的训练，我们的心灵就会妄自尊大、无法无天、为所欲为，变得无知和粗俗。现代自由主义推崇个人的欲望的放纵，每个人似乎都以反对法律为荣，这是我们正在变得野蛮、粗俗、愚昧的表现。这对于我们的人格成长是非常有害的。

第三节　大悲哲人心——《斐多》解读

我们知道，这篇对话的主题是关于灵魂不死的探讨。因为苏格拉底即将被处死，所以讨论这个题目是合情合理的。苏格拉底表示他希望通过对这个问题的讨论能够使自己相信灵魂不死，这样他在生命的最后时刻就能够坦然面对自己的死亡。对此，罗素认为苏格拉底显得不够伟大，因为这表明他仍然害怕死亡。应该说，罗素并未真正理解苏格拉底的真正目的和博大慈悲的内心世界。苏格拉底讨论这个问题的目的并不是为了自己，而是为了和自己同处囚室的学生们。学生们面对苏格拉底的死亡，痛苦万分，他们不能接受苏格拉底即将死亡的事实，也不能坦然地面对死亡本身。苏格拉底凭借智慧已经达到了“生死一如”的超然境界，根本不会被死亡吓倒。因此在面临死亡的时刻，苏格拉底保持着坦然和微笑，而学生们则都痛哭流涕。苏格拉底希望他们不要被死亡吓倒，希望他们以智慧的态度面对死亡。他的这种态度可以称为“反向关怀”。也就是说，面临死亡的人反而劝告周围的人不要难过，要以坦然的心态面对死亡。能够进行“反向关怀”正是一切伟大圣贤的基本特征。苏格拉底希望学生们不要因为自己的死亡而放弃哲学，希望他们都能够继续哲学生活。可以说，这篇对话是体现苏格拉底的慈悲心的作品。

苏格拉底是无辜受死的,因此这篇对话还涉及一个古老的难题,即“义人受难”的问题。我们可以和《圣经》中的《约伯记》和“耶稣受难”的事迹比较一下。约伯通过承认上帝的伟大和自己的卑微而接受了自己的无辜受苦。上帝是一切事物的原因和奥秘,面对上帝的伟大,任何人都是卑微的,因此任何人的痛苦也都是微不足道的,真正的信徒应该完全皈依上帝,相信上帝的安排,不因为自己的悲惨命运而责备上帝。耶稣是通过对《旧约·诗篇》中的那个义人受难的认同而接受自己的无辜受苦。他把自己看作是诗篇中的那个义人,把自己的命运看作是对《诗篇》的证实,因此是对上帝的律法和存在的证实。不论是约伯还是耶稣,他们都最终通过信仰的方式消除“自我”而获得了解脱。苏格拉底作为哲人是通过依据智慧而获得了解脱。真正的智慧就是无知之知。正如他在《申辩》中所说的,我们对于死亡是无知的,任何关于死后状况的观点都可能是错误的,哲人不能被错误的虚假的观点所支配。死亡并不一定是坏事,面对死亡,我们无须害怕,也无须欢呼,只要我们一生坚持崇高的哲学生活,那么我们就度过了最好的一生;如果灵魂不死,那么在死后我们的灵魂也一定会获得最好的报偿。所以灵魂是不是不死,并不重要,关键是我们一生都坚持哲学生活。这就是柏拉图对哲学生活的辩护。在古典哲人看来,真正的信仰也不过是正确的意见而已,而意见只是对哲学的真理的模仿和分有。

一、引子

本篇是伊奇和斐多在佛利城的对话,是斐多对苏格拉底最后一天的忆述。当时在场的人有三类人。本地人斐多、克里同、安提斯泰尼、阿波罗多洛斯等;底比斯人齐贝和西米等;麦加拉人欧几里德等。柏拉图却因病缺席。柏拉图为什么没有出现呢?我们可以猜测,他没有见证苏格拉底的死亡。这意味着在他心目中苏格拉底没有死,苏格拉底永远活在他的心中。我们可以说这是柏拉图对老师的最好的辩护和歌颂。对话地点是在监狱中,监狱的意象首先是现实的监狱。其次,监狱是肉体的象征,身体就是灵魂的监狱,人生就是在监狱中,因此死亡就是从肉体监狱中的解放。最后,“监狱”是政治生活的象征。监狱首先是政治性的产物。而且政治生活就是礼法制度等建构起来的《理想国》中是以洞穴比喻政治生活，这里则是以监狱比喻政治生活。这是对政治生活的本质的揭示和含蓄批判。但是我们必须看到，没有这种政治和法律的束缚，我们作为人的生活就根本不可能。所以我们对政治本身的批判必须是有限度的，必须是隐秘的。公开的无节制的"反政治"是无知和野蛮的表现。

斐多首先说明了苏格拉底迟迟没有被处死的原因。因为派往得洛斯朝圣的船刚好在审判的头一天出发了，在船返回之前不能处死犯人。朝圣是对忒修斯救人性命的感谢，这和苏格拉底将被处死形成了对比。这也再次说明了政治宗教事件对于一切人包括哲人的影响。苏格拉底因为政治宗教事件而被判处死刑，也因为政治宗教事情而缓刑。当然，这种政治影响对于哲人是无所谓的，因为哲人关注的是永恒不变的理念世界，因此是超出政治社会的命运束缚的。

伊奇要求斐多讲述一下当天的情形，斐多愉快地同意了。对他而言，"不论是我自己讲苏格拉底，或是听别人讲，借此能想起他，总是我莫大的快乐"。[1] 斐多和《会饮》开篇阿波罗多洛斯的表现和观点是一致的。这说明了苏格拉底对于青年人的美好影响，哲人和哲学能够给人带来最高的快乐。这是由苏格拉底的智慧和人格魅力决定的。如果我们不能对苏格拉底产生由衷的敬爱，就不可能真正进入哲学的殿堂。不能理解哲人就不能理解哲学。

斐多首先谈到了自己当时的感受。他并不为苏格拉底的死亡而难过，因为苏格拉底是怀着从容不迫、毫无畏惧，甚至是快乐的心情在等待死亡，他的气度、神情都无法让人产生悲伤的感觉。斐多猜测苏格拉底肯定可以往生到更好的世界去，所以他没有了悲伤，但是他也没有感到讨论哲学的快乐，因为苏格拉底毕竟快要死去了。所以这次对话场景是一种悲欣交集的混合情感。他们一会儿哭，一会儿笑，快乐和痛苦交织在一起。正如《会饮》中指出的，哲人是同时善于悲剧和喜剧的，哲人剧是综合了悲剧和喜剧的新剧。苏格拉底用自己的最后时刻演出了一场悲剧和喜剧混合的戏剧。他以喜剧的形式演出了自己的悲剧性死亡。这可以说是

---

[1] 柏拉图：《斐多》，杨绛译，中国国际广播出版社，59d。

苏格拉底对死亡的恐惧的"净化"。如果我们不能从死亡的恐惧中解脱出来,我们就不可能真正体验生命的快乐。所谓"未知死,焉知生。"因此苏格拉底以喜剧的方式演出自己的死亡悲剧,这正是他的慈悲心的表现。而慈悲来自智慧,或者和智慧是密不可分的。

二、第一次论辩:哲人乐死的证明

接下来,斐多开始回忆那天的情形。他们到监狱时,苏格拉底的枷锁已经被解开了。枷锁意味着政治,意味着政治对人的束缚。临死的苏格拉底即将从政治束缚中解放出来了。苏格拉底的妻子任娣也在。苏格拉底和妻子的关系是他的政治关系的体现,因为婚姻关系也是一种政治的法律关系。他一生也没能以哲学教化他的老婆,这也暗示了哲学的理性说服的有限性,因为哲学需要回光返照、明心见性,而这并不是任何人都能轻易做到的。苏格拉底把妻子送走意味着哲学让俗人走开,哲学对话必须避免俗人的干扰。

苏格拉底坐起来,抚摸着自己的一条腿谈起了自己的感受。大意是快乐和痛苦总是相伴而行,形影不离。现在枷锁被解开后,痛苦走了,快乐就来了。但是这并不是苏格拉底的最终意思。在《斐莱布》中,苏格拉底试图寻找没有痛苦的纯粹快乐。一切动态的快乐都以痛苦为前提,静态的快乐才是纯粹的快乐。不苦不乐的状态最接近纯粹的快乐,这种快乐就是哲学生活的快乐,即对理念世界的凝视静观中的快乐,也就是古典哲人所谓的"纵浪大化中,不喜亦不惧"的快乐。这意味着政治带来的痛苦和哲学带来的快乐交织在一起。

因为苏格拉底提到了伊索,齐贝就插嘴说,他听说苏格拉底把伊索寓言改编成了诗歌,又作诗颂扬阿波罗。很多人例如诗人、智者艾凡(或译厄文努斯)对苏格拉底作诗的行为都感到迷惑不解。所以齐贝希望苏格拉底能够解释一下。苏格拉底说,他作诗是为了检验一下他的梦的含义。他在梦中总是听到一个声音要求他作诗,以和文艺女神结交。他曾经认为哲学就是最好的音乐或者诗歌,认为从事哲学就是在作诗。但是现在他对这种观点感到怀疑。

对于这一段话,我们可以这样理解。首先,梦意味着人生本身。所谓人生如梦。人的灵魂进入肉体后，只能通过感官去认识事物，这种感官认识是粗糙的，这样对事物的认识是模糊的，只能看到事物的影像，在苏格拉底看来，这种认识就像是梦一样。而且，肉体的人同样必须处在政治生活中，在《理想国》中，苏格拉底曾经用洞穴比喻政治社会，并且说俗人一生都在梦中。可以说，苏格拉底在此是以梦来比喻自己的尘世人生。其次，梦中的声音应该是指理性的呼声。苏格拉底的精灵应该是纯粹理性本身。他对梦中的声音的服从就是对理性本身的服从。哲人除了服从理性，不能服从任何东西。哲人对法律的服从也是因为法律是理性的产物，只是法律的理性是僵化的片面的理性。理性本身就是神秘的，正如梦也是神秘的一样。再次，纯粹理性要求苏格拉底和政治生活和解。这种和解是一种更高的理性的要求。因为真正的理性精神恰恰是消除了一切对立和冲突的和谐。他要和文艺女神的结交可以说也就是和政治的“和解”。我们知道，在古希腊，诗人是政治生活的奠基者，诗是政治社会的构成因素。而古希腊哲人总是和诗人以及政治生活发生冲突。苏格拉底也不例外。但是他始终认为哲学本身就是诗歌，就是最高尚最优美的音乐。这种观点在其他对话中也反复提出过。哲学不能仅仅是理论或者言词，哲学的最高成就应该是哲人的人生本身，哲人的生命本身才是最好的音乐和诗歌，哲人真正实现了人性的最高完善。但是哲人的生命之歌却往往得不到政治生活的承认和接受。因为哲学所要达到的和谐和完善的程度要远远高于政治所要求的和谐和完善的程度。既然哲学和政治都在追求和谐和完善，那么它们就应该尽可能的消除相互的冲突。因此苏格拉底回顾自己的一生，认为自己坚持和政治生活的对立冲突是片面的狭隘的，应该以更好地方式改善政治。也就是说，哲人应该以自己的人格存在本身，而不是以理论教诲的方式来完善政治。所以他写诗本身就是他和政治社会和解的表现。最后，这种和解不同于黑格尔意义上的和解。黑格尔意义上的哲学和政治的和解是追求政治和哲学的同一，而苏格拉底并不追求这种同一性，因为人性的自然的差异性，这种同一性在他看来是不可能的。他要求的和解是包含了哲学和政治的紧张和冲突的和解，即孔子所说的“君子和而不同”意义上的和解。现代性追求的哲学和政治的同一性只能导致对哲学和政治的双重损害，既损害了哲学的神圣性，也危害了政治的稳定性。如果说，在《申辩》中他表现的是和政治社会的冲突，那么在此他想要留下一个和政治和解的最终形象。这是他对后人的最终遗教，也是哲人的最后的政治行为。

苏格拉底接着说，自己不会写诗。这表明哲人是非诗性的。哲人擅长的是思辨，是以理性的论证和洞见引导自己。写诗则需要想象力，需要跟着灵感或者情感走，所以哲人无能写诗。这也是对人的天性自然的差异性的确认。人和人的天性是不同的。这种差异也同时意味着人的各种天性是有高下之分的，并不是平等的。具体而言，人的天性的差异在于人的理性能力的高低。人是理性的动物，理性的差异性、等级性就是人的自然的等级性的根据。一个人的理性能力越高，他的自然天性等级就越高。这意味着哲人的天性高于一切其他人的自然，包括诗人的自然。只有哲人才能完全实现人的理性本质。

苏格拉底说他只能改编伊索寓言。伊索据说穷苦出身，相貌丑陋，曾经在希腊各地流浪，后来被卖为奴隶。他是哑巴，后来神奇地恢复了说话能力，善于讲寓言故事。大家都喜欢伊索说故事，也都敬佩他过人的聪明。伊索曾经靠机智救朋友和主人的急难；凭机智避免敌人的伤害，解除奴隶的桎梏。后被德尔菲人陷害致死。后来的大多数寓言故事都归于伊索名下。伊索寓言是民间智慧之集大成。伊索寓言大多是动物故事，其中大多用豺狼、狮子等凶恶的动物比喻人间的权贵，揭露他们的专横、残暴，虐害弱小，反映了平民或奴隶的思想感情；有的则总结了人们的生活经验，教人处世和做人的道理。伊索的时代是古希腊民主制建立和发展的时代，因此，伊索寓言是古希腊民主制社会的平民精神的体现。在这个民主化的过程中，荷马史诗中的贵族道德逐渐被抛弃了，平民道德取代了贵族道德。我们知道，苏格拉底出身于平民，对荷马史诗也颇有微词。虽然伊索寓言更多表达了底层人民对统治者的批判和揭露，但是苏格拉底并不是借助伊索寓言表达自己对政治生活的悲愤，因为苏格拉底对于政治生活没有任何非理性的过高期望。而且我们也不应该以他的出身来理解他对伊索寓言的态度，因为他已经完全超出了自己的政治身份。或许在他看来，伊索寓言比荷马史诗包含了更多智慧，他试图以伊索的智慧取代荷马的智慧。因此，苏格拉底对伊索寓言的推崇就是对其智慧的肯定。

接下来,苏格拉底要求西米转告艾凡能够听从自己的劝告,跟随自己去死。他似乎是在劝爱好哲学的人都跟随自己去自杀。这是对哲人乐死的暗示。也就是说,哲人并不害怕死亡,因为哲人是依据自然而生活。自然是大全,是整体性。整体性对应的是理性,而局部性对应的是感性。服从整体性就是服从理性,服从感性就是服从非理性。哲人并不会执着于局部性的事物,而是始终处于整体性之中。就生命而言,生和死构成了一个整体,单纯地贪生就是脱离了整体性。因此当哲人站在自然整体性中的时候,他超越了生死的感性分别,以整体性的自然视野宁静而乐观地对待生死的整体性,这就是所谓的"生死一如"的境界。当然苏格拉底的这个劝告更多是对这个智者的嘲弄和反讽,我们不要当真。

苏格拉底接着说,任何国家的法律和道德都认为自杀是绝对不允许的。他以奥尔菲斯教的教义来说明自杀的非法性。在这个教义看来,人是监狱的囚犯,囚犯不能擅自打开牢门逃走。这里把肉体比作灵魂的监狱,灵魂不能杀死肉体获得自己的解脱。这似乎也是对他在《克里托》中的不能逃跑的论证的补充。然后他又接着说,我们是神的仆人,诸神是我们的主人,我们不能未经诸神的允许就自杀。只有诸神同意了,我们才能结束自己的生命。这种观点和《法律篇》中的观点接近,而反对自杀也是各大宗教如基督教、佛教的共同教义。

齐贝立刻反驳说,既然如此,哲人乐于去死就是渎神的错误的,傻子怕死反而是服从诸神的。这也暗示了苏格拉底的死亡事件中的自杀倾向。也就是说,苏格拉底是自愿赴死的。因为按照色诺芬的《申辩》中的说法,苏格拉底更多是因为老年不能继续从事哲学,活着也没有意思了,所以正好借此机会一死了之。这表明苏格拉底把哲学看作自己的生命,他热爱哲学胜过热爱生命。在他看来,单纯活着是没有意义的,我们应该追求生命的质量,而不是数量。因此哲人乐死本质上是对哲学生活的颂扬。这也意味着苏格拉底的死亡不是一个错误的悲剧,而是一个偶然性导致的喜剧了。换言之,苏格拉底的死并不是为哲学而死的殉道,因为哲人是最高的,所以哲人无道可殉。如果把苏格拉底的死看作是一种殉道,就是没有真正理解哲人和哲学。

苏格拉底回应说,他把对这个问题的答复看作是新的自我辩护。他必须很好地考虑如何给世人留下一个好印象,因为他在法庭上给世人留下了不好的印象。这也是他要和政治和解的一种暗示。当然两次辩护的主题不同,面对的对象也不同。前者是面对政治性的民众,而后者是面对哲学的门徒。但是苏格拉底只是简单地表示自己之所以乐死,是因为死后可以到诸神那里去,并不是摆脱诸神的监管。因为好人好报,他一定能够往生更好的世界,所以他乐于死亡。这里苏格拉底暗示了哲学生活是最美好的生活,不论生前还是死后,他都能够过最美好的生活。

西米对这个简短的回答并不满意,要求苏格拉底给出进一步解释。这时克里托表示,狱卒要求苏格拉底少说话,话说多了会影响毒药药性。但是苏格拉底对于能不能多活一会儿毫不在意。他接着解释哲人乐于死亡的原因。"许多人不懂哲学。真正的追求哲学,无非是学习死,学习处于死的状态。他既然一辈子只是学习死,学习处于死的状态,一旦他认真学习的死到了眼前,他倒烦恼了,这不是笑话吗?"(柏拉图:《斐多》,64a)苏格拉底的这种说法非常著名。如何理解他的这种哲学观呢?学习哲学就是练习死亡,就是处于死的状态。这种死的状态应该是指一个人只根据理性支配自己的生命活动,而摆脱了肉体欲望的支配的状态。在这种状态中,哲人表现得是无欲的,或者他的欲望是微弱的,他的欲望完全服从他的理性认识。这样哲人就表现得缺乏一般人的七情六欲,没有了对世间的财富、权力、爱情等之物的追求和爱欲。这种无欲的状态也就是无为、无我的状态。这种无为、无我的状态就类似于死人的状态。但是哲人毕竟还是活人。那么哲人做什么呢?哲人只是理性地静观。哲学是纯粹理性生活,纯粹理性的哲学生活就是只静观觉知而没有任何欲望和造作的生活。哲学的这种练习死亡就是"只觉知,不造作"。因此哲学生活的根本特点就是做"活死人",是内心安住不动而又无所不知的状态。这种理性的静观类似于佛教的禅定和涅槃,也类似于宋明理学提倡的"存天理、灭人欲"的境界。相反,如果一个人被欲望和激情所支配,往往就不会有真正的理性认识。现代哲学家却否定了古代哲学的真理,试图为欲望辩护。例如近代哲学奠基人霍布斯就认为欲望而不是理性才是人的本质。"幸福不在于心满意足而不求上进,旧道德哲学家所说的那种终极的目的和最高的善根本不存在。欲望终止的人,和感觉与映像停顿的人都同样无法生活下去。幸福就是欲望从一个目标到另一个目标不断地发展，达到前一个目标不过是为后一个目标铺平道路。”❶没有欲望的人就不是在活着，因此他试图为欲望进行“平反”，依此建立了现代政治哲学的基本原则。可见，霍布斯以来的现代哲学是和古典哲学完全对立的。

西米被苏格拉底这种说法逗笑了。他当然不理解这种说法。于是苏格拉底又进行了解释。哲人是安贫乐道的。在物质生活方面，哲人对吃喝玩乐、饮食男女、衣食住行都漠不关心，哲人根本瞧不起这些物质方面的事物。哲人不愿把自己贡献给肉体，而是尽可能离开肉体，使灵魂摆脱肉体。在求道方面，哲人认为感觉是不可靠的，灵魂带着肉体去追求真理是不可能成功的。因此灵魂要认识真理，必须尽可能摆脱肉体的干扰。“如果思想集中，不受外物干扰——一切声音、形象、痛苦、喜乐都没有，尽量撇开肉体，脱离肉体的感觉，专心一意地追求真实，这该是最适于思想的境界的吧。”（柏拉图：《斐多》，65c）这里苏格拉底说明肉体欲望对于认识真理是不利的。要认识真理就必须摆脱肉欲的干扰。所以哲人特有的“沉思”（meditation）就是要消除欲望情感对于人的理性认识的干扰，最终达到无偏见的绝对真理。在《会饮》中，柏拉图曾经两次展示苏格拉底的出神沉思的状态。在《斐德罗》中，苏格拉底在“哲人的迷狂”中诗意地展示了灵魂理性对理念世界的直接直观。这就是灵魂的上升过程。在这种上升中，灵魂摆脱了肉体，并且在直观理念世界中获得了净化和至善。苏格拉底的沉思和佛教的禅定（meditation）观念非常相似。没有这种禅定沉思，就无法消除身体对于理性的干扰，也就不可能达到对实相的直接认识。而完全寂灭的状态就是既扬弃了肉体和欲望，也扬弃了一切概念的状态，在这种寂灭状态中，灵魂才能只凭借理性如实直观事实本身。智慧只有在灵魂看到理念实相之后才能出现，否则就只能是俗人的意见。沉思就是扬弃概念分别，返回自然事实本身。这就是“由定生慧”的含义。这种沉思也和老子的“致虚极，守静笃，万物并作，吾以观复”的认识论思想是一致的。我们还可以结合庄子的“心斋”或者“坐忘”的观念来理解。心斋也指一种排除思虑和欲望的精神修养方法。《庄子·人间世》有寓言

❶ 霍布斯：《利维坦》，黎思复译，商务印书馆，1985年版，第72页。

说:颜回向孔子请教游说专横独断的卫国国君的方法,孔子叫他先做到“心斋”,并指出这不是祭祀之斋,而是精神上的斋戒。回曰:“敢问心斋?”仲尼曰:“若一志,无听之以耳而听之以心;无听之以心而听之以气。听止于耳,心止于符。气也者,虚而待物者也。唯道集虚。虚者,心斋也。”(《庄子·人间世》)心斋就是抛弃了感官,用虚无之心去对待万物。“坐忘”是:“堕肢体,黜聪明,离形去知,同于大通,此谓坐忘。”(《庄子·大宗师》)也就是说,忘却自己的形体,抛弃自己的聪明,摆脱形体和观念的束缚,与大道融通为一,这就叫坐忘。郭象注:“夫坐忘者,奚所不忘哉?即忘其迹,又忘其所以迹者,内不觉其一身,外不识有天地,然后旷然与变化为体而无不通也。”儒家的《大学》也阐明了这种认识论的真理。《大学》是大人之学,大人就是哲人,大学之道就是哲学之道。“大学之道,在明明德,在亲民,在止于至善。知止而后有定,定而后能静,静而后能安,安而后能虑,虑而后能得。物有本末,事有终始。知所先后,则近道矣”。《大学》在讲到修身时也指出:“所谓修身在正其心者,身有所忿懥,则不得其正,有所恐惧,则不得其正,有所好乐,则不得其正,有所忧患,则不得其正。心不在焉,视而不见,听而不闻,食而不知其味。此谓修身在正其心。”[1]这都是指出了情感欲望对于人的理性认识的反作用,只有摒弃爱欲才能达到正确客观的认识。

苏格拉底接着指出,真正热爱智慧的人应该尽可能摆脱肉体,肉体是妨碍我们获得真理的重要原因。人们都是肉体和欲望的奴隶。肉体使我们充满了热情、欲望、恐惧、愚昧等,由此导致各种冲突、拉帮结派、战争等。这里苏格拉底强调了肉体爱欲对于理性认识的消极影响。我们看到现实生活中确实如此,所谓“利令智昏”。所以现代哲学家例如霍布斯、尼采等人为肉体和欲望的辩护是错误的非理性主义观点。这意味着把肉欲置于最高的地位,理性只是为欲望服务的工具。这都是没有真正理解理性的本质的表现。理性的本质就是静观,在这种静观中哲人可以达到最高的幸福和真理。因此古典哲学中更多强调了灵魂理性对于肉体欲望的主导性和支配性,更多对于肉体欲望采取了消极否定的立场。当然,片面

[1] 朱熹:《四书章句集注》,辽宁教育出版社,1998年版,第6页。

地否定爱欲也是不对的。所以在《会饮》中，苏格拉底强调了爱欲和理性的协调性，理性的增长是和爱欲的增长相关的。人的理性之所以高于动物，似乎就是因为人的欲望高于动物。所以我们必须看到欲望和理性的同步性关系。因此关键不是消灭欲望或者为欲望平反，而是净化爱欲，以正确的方法引导我们的欲望去做理性认识正确的事情，这样才能达到灵魂的幸福和谐。

苏格拉底指出，既然肉体对于认识真理是消极的，只有等到死后，我们才能真实地认识真理，获得纯粹知识，所以哲人是最不怕死的。这可以说是苏格拉底对哲人乐死的最终证明。哲人爱真理胜过爱生命。因为哲人最不怕死，所以哲人是最勇敢的。其他人的勇敢都是基于各种其他考虑或者激情，所以都不是真正的勇敢。同时，哲人也是最节制的。哲人的节制不同于一般人的节制。一般人的节制只是出于贪婪或者拮据，如果不节制，可能吃了上顿没下顿，所以不得不节制。而哲人的节制在于他对生命欲望本身的超然。最后，哲人是最正义之人。一般人的正义都是出于各种外在利益的顾虑，哲人的正义不是出于任何名利的考虑，而是出于对真理本身的认识。哲人之所以具备了这些真正的德行，是因为哲人拥有智慧。哲人是出于智慧而获得了这些德性。“一切美德只可用一件东西来交易。这是一切德性的标准货币。这就是智慧。不论是勇敢或节制或公正，反正一切真正的美德都是由智慧得到的。”（柏拉图：《斐多》，69b）《会饮》展示了哲人苏格拉底具足的这四种美德。从体用关系看，智慧是体，其他美德是用。一般人没有智慧这个美德之体，所以不可能真正具有美德之用。一般人的这些德性只是对哲人德性的模仿，他们的德性都是出于恐惧和放纵，所以不配称为德性。这可以说是苏格拉底对政治德性的贬低。这和《普罗泰戈拉》的主题是一致的。也就是说，一切美德都依赖于智慧。没有智慧就没有美德。因为智慧是不可教的，所以美德是不可教的。《普罗泰戈拉》的主题“知识就是美德”正是对这个洞见的一个说明和论证。

接着，苏格拉底提出了“美德净化说”的看法。“自制呀，公正呀，勇敢呀，包括智慧本身都是一种净化。”（柏拉图：《斐多》，69b）这个说法是苏格拉底从奥尔菲斯教中借用的说法，但是他把奥尔菲斯教给哲学理性化了。

我们现代人一般认为这种净化的思想具有很强的宗教色彩。但是把净化和宗教联系起来是非常片面甚至错误的，是不符合古典哲学家的观点的。净化在这里首先是一种哲学思想，意味着灵魂从肉体中摆脱出来，或者进一步说是理性从爱欲中摆脱出来。苏格拉底指出，哲学家就是努力使灵魂从肉体中获得净化的人，他的一生就是追求成为一个真正的哲学家。完全依据理性而生活，而不是依据欲望而生活，这应该是净化的基本含义。我们也可以结合中国传统哲学来理解这种净化的思想。儒家的修身或"至诚"也是自我净化的一种思想。"所谓齐其家在修其身者，人之其所亲爱而辟焉，之其所贱恶而辟焉，之其所畏敬而辟焉，之其所哀矜而辟焉，之其所敖惰而辟焉。故好而知其恶，恶而知其美者，天下鲜矣。"(《大学》)修身的前提是诚意正心，诚意正心必须通过至诚的方式进行。至诚就是对自己的内心欲望和观念活动都观察地一清二楚，历历在目，通过这种自我观察，就逐渐使自己从这些欲望和观念活动中摆脱出来，最终才能"成己成物"。因此《中庸》强调"至诚之道"。"诚者物之终始，不诚无物。是故君子诚之为贵。""唯天下至诚，为能尽其性；能尽其性，则能尽人之性；能尽人之性，则能尽物之性；能尽物之性，则可以赞天地之化育；可以赞天地之化育，则可以与天地参矣。"王阳明的"致良知"也类似于这种净化含义。致良知就是限制和消除肉体欲望，使肉体欲望不会干扰我们的理性觉知。他认为"良知者，心之本体"。"心者，身之主也。而心之虚灵明觉，即所谓本然之良知也。"他把排除了"私欲"和外物干扰的"本心"称为良知，良知便是心的形而上的本体，它处在虚灵明觉和恒照的状态。因此，这个良知本身就是天道。"夫良知即是道。良知之在人心，不但圣贤，虽常人亦无不如此。若无有物欲牵蔽，但循着良知发用流行将去，即无不是道。"而道教和佛教中的净化思想更是非常鲜明和突出，相关论述更是数不胜数。

总之，在这个论证中，苏格拉底揭示了哲学生活的本质和奥秘，即学习哲学就是处于死亡的状态中。哲人是齐生死的。正如庄子所说："古之真人，不知说生，不知恶死。其出不欣，其入不距。翛然而往，翛然而来而已矣。不忘其所始，不求其所终。受而喜之，忘而复之。是之谓不以心捐道，不以人助天，是之谓真人。若然者，其心志，其容寂，其颡頯凄然似秋，暖然似春，喜怒通四时，与物有宜而莫知其极。”（《庄子·大宗师》）哲人凭借理性的认识达到了绝对的自然整体性，所以没有任何的偏好、分别和执着。所谓“生死一如”，哲人正是凭借这种认识和智慧达到了逍遥游的自由境界。但是哲人乐死，却并不求死，因为哲人处于“无可无不可”的自由自在状态，所以他没有“非如此不可”的局限性和有限性。求死或者自杀仍然是不自由、没有解脱的表现。同样，哲人也乐生，但是哲人并不贪生。甚至可以说只有哲人能够真正体会到和享受到生命的乐趣。凡人始终处于各种烦恼的逼迫之下，也处于死亡的逼迫之下，这都妨碍了他们对于生命乐趣的真实体验。哲人超越了一切局限性，达到了整体性，不再受到各种欲望情感的支配和束缚，因此达到了绝对的自由，从而能够充分享受生命的乐趣。

我们看到，苏格拉底的这个论证的基础是灵肉二元论。他借用了奥尔菲斯教的教义，认为生命是灵魂和肉体的结合，灵魂是一种不同于肉体的实体，灵魂可以在肉体死后继续存在。人死之后灵魂就从肉体中解放出来，再次转世投胎。但是在这里，灵魂不死的原则是没有经过论证的。或者正如后面的论证显示的，要证明灵魂不死是非常困难的。这也导致了后来人对于灵魂概念的批判。例如，康德认为灵魂只是一个理性理念，我们对灵魂本身没有任何经验，所以不能用知性范畴去描述界定这个理性理念，任何这种界定只是导致先验幻相。例如当我们说灵魂是存在的，这就是使用知性范畴去界定灵魂，这种界定只是一个先验幻相，和灵魂本身没有任何关系。尼采则以生命或者肉体概念反对灵魂的概念。他认为灵魂是虚构的概念，只有肉体才是真实的。但是我们应该看到，苏格拉底的这种观点实际上是表示理性是灵魂的本质，理性对于欲望应该具有绝对的支配性意义。灵魂是主导性的主动性的东西，它决定了肉体的运动。肉体只有从属性的意义，肉体本身并不说话，并不思考，并不批判。只有灵魂本身才是思考的主体，任何依据肉体反对灵魂的批判也只是灵魂的自我批判。这种批判是错误的，其错误的根源在于根本不认识灵魂的本质，是一种基于无知的批判。同样，我们也可以说，任何对理性本身的批判也是理性的自我批判。只要我们在进行思考，我们就不可能摆脱理性的支配和指导。这也意味着“理性至上性”的基本原则是无法反驳的。因此关键不在于否定理性的至高无上性，而在于如何理解理性本身，如何使我们的理性获得最高程度的发展和提升。因此我们要净化自己，不但要学会控制自己的欲望，而且还必须学会控制自己的思维。这就是所谓的“思维修”或者“善护念”。正确的思维是一种技艺。如果我们不能正确思维，我们就会受到巨大的伤害，这种伤害比欲望带来的伤害还要大。对于正确思想的训练和控制更加重要。现代性的知识爆炸并不是思维的解放，而是思维的混乱，因为我们不会正确思维了，所以才产生了这么多的知识和学说。真理是唯一的，真理是简单的，真理是质朴的。现代知识已经违背了真理的本质。

三、第二次论辩：灵魂不死的证明

苏格拉底的回答是以灵魂不死为前提的，因此遗留下来的问题是“灵魂是不是不死的”。只有在证明灵魂不死的前提下，苏格拉底的对死后灵魂可以去美好世界的希望才是可能的。所以齐贝指出，大多数人对于死亡的恐惧就在于他们认为肉体死后灵魂也会随之消失，苏格拉底必须对死后灵魂继续存在进行论证。

1. 灵魂生前存在的证明

(1) 相反相生论证明 70c—72d

苏格拉底首先谈到了一个灵魂轮回复活的古老传说，即活人是由死人转世投生的。接下来他对这个古老传说的真理进行逻辑论证，也就是相反相生论的论证。一切东西都有对立面，一切东西都是从自己的对立面中产生出来的，也只能从自己的对立面产生出来。正如大小、动静、快慢等都是相反相成，生和死也是相反相成，因此生出于死，死出于生。“自然向来是周全的，不会在这一件事上只顾一面。”(柏拉图:《斐多》,71e)这个论证可以说是对自然本身的“中和之道”的揭示。自然本身就是“致中和”而已。自然整体的运动是周而复始、循环往复、永无休止。正如季节的循环往复，生命活动的循环往复等。自然本身就是对立面的相互转化，在这种循环往复中没有终结和开端，一切开端同时就是终结，一切终结同时就是开端，因此没有事物真正产生，也没有事物真正消失，一切开端和终结都是我们进行限定的结果。我们面对的是一个无限的周而复始循环往复的运动过程。所谓"一阴一阳之谓道"、"生生之谓易"、"反者道之动"。"不死亦不灭,不断亦不常,不一亦不异,不来亦不出。"而能量守恒定律也揭示了宇宙的这种永恒轮回。尼采的永恒轮回思想似乎也是基于这种对自然的观察。

苏格拉底还指出,如果自然的变化只是单向性的,而不是相互转化的,那么最终世界就会处于同一性状态,也就是死寂的状态。这是不合乎自然事实的。因此他批判了阿那克萨戈拉的"万物混同为一"的理论。这种万物一体的理论否定了事物的本质差异性,肯定了一种无差异性的同一性,因此不是真正的同一性。苏格拉底也坚持了同一性。但是他的同一性是包含了差异性的同一性,也就是说,理念论是对事物的差异性的肯定。但是事物的差异性最终仍然会构成一个整体性,这种整体性就是在善的同一性的基础上建立起来的,是依据善的理念的同一性。因此自然的运动不是单向性的运动,而是循环往复的。同样,灵魂的运动也必定合乎自然的运动,也是一种循环往复的运动。这样苏格拉底就证明了灵魂的轮回转世的真实性。可以说,这是"以自然为师"的外在的论证。

(2) 回忆说证明 72e—77c

接下来,齐贝又给出了一个从"认识就是回忆"的角度进行的证明。这是一个从灵魂内部进行的论证。

苏格拉底开始和西米进行对话。他首先从日常经验开始,一个人记得的东西必定是他从前已经知道的,从已经知道的东西获得的认识就是回忆。回忆不但是对相同事物的回忆,而且还是对不相同事物的回忆。也就是说,人们会通过一个事物回忆起另外的相关事物,例如"触景生情"之类的。接下来,苏格拉底指出,如果相同事物能够引起人们的回忆,那么人们肯定是对记忆中的事物和眼前的事物进行比较产生的。这种对事物的相同性的比较意味着人们已经对"相同性"本身有了认识。但是相同性本身却并不是能够被人感知到的,因此相同性就是一种非感知的抽象的东西。那么人们如何对这种相同性有所认识呢?在苏格拉底看来,我们只能假设存在相同性的理念,我们对相同性的理念的认识必定不是基于肉体的认识,因为基于肉体感官的认识都不可能看到相同性本身。我们通过肉体感官认识的相同性都或多或少是不相同的。"我们开始用眼睛看，耳朵听，或者运用任何感觉的时候，我们已经从不知什么地方，得到这个相等的概念了。”(柏拉图:《斐多》,75b)在他看来，我们对相同性的认识只能凭借灵魂。这意味着我们的灵魂在生前就认识了相同性的理念，所以在今生才能使用相同性的理念。如果认识就是回忆，那么灵魂肯定就是在肉体出生以前就存在了。这就是回忆说对灵魂生前存在的证明。

回忆说和理念论、净化说是相关的。在《斐德罗》中，苏格拉底指出，人的灵魂都是看到过理念的，否则就不可能投生为人。没有看到过理念的灵魂就成为动物的灵魂，只有看到的理念灵魂才能成为人的灵魂。这是人的共业。所以理念先天地内在于人的灵魂之中。只有对理念的认识才是知识和智慧，人要获得知识并不是通过感官认识现象，而是回光返照，深入自己的内心，发现内心中先天存在的理念和真理。所以追求真理不假外求。这种返观内照的前提就是灵魂的净化。灵魂的本质是理性，只有把灵魂的理性从肉体欲望、情爱中解放出来，使理性成为老子意义上的“玄鉴”，才能最终认识理念、获得真理。灵魂对理念的认识之所以需要净化和回忆，原因在于肉体对灵魂的污染。灵魂在投入身体中后，耽于肉体的苦乐，蒙蔽了自己的眼睛，陷入无知、无明之中，遗忘了自己的内在真理。所以，只有净化灵魂，使灵魂从肉体中解脱出来，才能真正回忆起理念。哲学生活就是“自净其意”的生活。这和佛教的“自心本净，客尘所染”的说法是相似的。佛教也区分了真心和妄心，妄心就是受到肉体干扰遮蔽的认识，真心是摆脱了肉体干扰的纯粹理性的认识。真心是理性认识，妄心是感性认识，必须把感性认识上升到理性认识。因为我们忘记了真心，所以才在妄心中颠倒梦想。但是妄心也是真心的一种表现形式。禅宗认为凡夫都是忘却自家宝藏，向外驰求真理，真正的智慧和求道就是回到“本来面目”而已。理性就是灵魂的本来面目。

这种理念论和近代哲学中的天赋观念论非常接近。在苏格拉底看来，如果我们不首先具有了某些观念，那么就不可能进行任何认识。任何现实中的感性认识活动都是以某些非感性的认识为前提。例如动物也有感觉，但是动物没有认识，因为动物没有概念。所以概念是我们的认识活动得以可能的必要条件。近代的唯理论哲学就是在揭示和说明概念对于认识的必要性的问题。康德的先验范畴学说也是在说明这个问题。一切经验认识都是直观和概念的结合的结果，也就是以先天性自发性的知性范畴去统觉感性杂多的活动。没有这种知性范畴，就不可能有任何经验性认识。所以人的认识活动不是单纯的感觉活动，而是直观和概念结合的结果，缺一不可。我们一般只是看到了认识的感性来源，忽视了认识的知性来源。至于先天范畴的来源问题，康德把这种知性范畴看作是人的主体性的先天具有的。这和柏拉图通过论证灵魂生前看到理念的思路没有根本不同。胡塞尔现象学的本质直观也是为了解决认识中的范畴观念的问题。通过对相似性和可能性两个概念的说明，他认为本质或者范畴不能是感性的经验认识的产物，范畴概念可以通过直观的方式被给予，这种方式就是本质直观或者范畴直观。他以对“是”的直观和充实说明了范畴直观的真实性，以此确立了现象学的基本原则。在胡塞尔看来，只有把范畴的本质和来源归结为一种特殊的直观，才能达到科学的自明性和严格性，即必须把科学的一切概念和范畴都归结为直观，要么是感性直观，要么是本质直观，这样才能实现严格科学的理想和原则。

因此，柏拉图提出理念论和回忆说的首要原因是对严格科学的追求，也就是他追求主体和客体的绝对一致性或者绝对真理的表现。理念论本身具有绝对性和严格性的诉求。例如几何学的概念总是比一切现实对象都要完美和严格，不能在现实中被绝对展示出来，这就反映了现实本身的不完美性，也就是感性认识的不完美性。我们必须设想一种更加具有严格性绝对性的认识，这种认识只能是理性认识。理性认识也只能是灵魂的能力，而不是肉体的感官能力。所以严格科学要求灵魂的存在或者理性认识的存在。正如康德的先验统觉和胡塞尔的先验自我的概念一样。通过几何学的事例，我们认识到我们拥有绝对的认识对象，绝对的认识对象要求绝对的认识主体即灵魂。绝对认识对象是真实的，所以绝对认识主体也是真实的，灵魂或者自我必然也是真实的。当然柏拉图并未否定感性认识的作用。感性认识的作用在于对理性认识的回忆的触发。灵魂忘记了自己曾经看到的理念，感性认识可以激发灵魂再次回忆起理念。所以这种激发论并不意味着感性认识决定了理性认识，理性认识产生于感性认识，而是肯定了理性认识优先于感性认识。灵魂对理念本身的认识优先于感官对现象事物的认识。理念是真正的认识对象，灵魂是真正的认识主体。现象不是认识对象，肉体感官也不是认识主体。我们要追求绝对真理，就必须扬弃日常经验认识。当我们明白了柏拉图的这种真理意图，那么他的具体理论设想就不再重要了，关键是我们必须像柏拉图那样去设想真理和追求真理。所以是不是存在理念和灵魂，这并不重要，我们也无须纠缠在理念论和回忆说的正确或者错误上。我们首先要关注的是柏拉图的意图，而不是他的具体理论。

2. *灵魂死后存在的"同类相亲说"证明* 77c—84c

西米指出，灵魂在出生前存在并不能证明在死后也存在，苏格拉底应该能够证明灵魂在肉体死后也继续存在，以便消除人们对死亡的恐惧。所以接下来苏格拉底重点从灵魂本身的性质进行证明。

苏格拉底指出，凡是能够分解的东西都是复合的，而单一的东西不会分解。复合的东西时刻在变化，不能保持同一性，单一的东西始终不变，能够保持同一性。苏格拉底把这种思想和现象、理念的问题结合起来。他指出，理念是单一的、绝对的、不变的，现象则是复合的、相对的、变化的。理念是看不见的，是无形的，只能用理性去认识。现象则是能够感觉到的，是有形的，可以通过感官去认识。所以整个世界划可以分为可见的和不可见的两个部分，不可见的是不变的，可见的是变化的。人同样是由两个部分构成的，一部分是肉体，一部分是灵魂。肉体和可见的东西相近，灵魂和不可见的东西相近。灵魂凭借肉体感官去认识事物时，就被带进变化不定的状态，不能认识事物的真相，糊里糊涂，迷失了方向。当灵魂不是凭借肉体感官而直接认识事物时，就能够获得智慧。"当灵魂回归自身之际，它就上升到纯粹的、永恒的、不朽的、不变的王国，它们和灵魂具有同类的本性。灵魂一旦获得独立，摆脱束缚，始终伴随着理念而不再迷路漂泊，就通过和相同本性之物的交往，居留在那个绝对的、永恒的、不变的王国。我们把灵魂的这种境界称为智慧。"❶这是苏格拉底对智慧最清晰的定义。智慧不仅是对无知的认识，也是对理念实相的直接认识。灵魂最根本的目标就是获得智慧。智慧才是最值得追求的，对智慧的追

---

❶ Plato. *Phaedo*, Translated by Hugh Tredennick. In *The Collected Dialogues of Plato*, Edited by Edith Hamilton and Huntington Cairns, Princeton University Press, 1963. 79d.

求才是一个人最崇高最伟大的事业。这样,苏格拉底就证明了灵魂是和神圣的、不朽的、智慧的、不可分解的、不变的东西相似,而肉体和凡俗的、现世的、多样性的、分解性的、变化不定的东西相似。所以灵魂不会被吹散,在肉体死后也能够保持永恒的存在。

苏格拉底再次重申了前面的观点,即学习哲学就是超越肉体,处于死亡的状态,就是练习死亡。这样的灵魂在离开人世以后,就会到不朽的神圣的纯洁的世界去,脱离人世间的谬误、愚昧、恐惧、疯狂,以及一切罪恶,永远和天神相处在一起。这里和佛教的"出离心"的观点非常相似。佛教强调的出离心就是对这个世界的看破和放下,不要贪恋这个世界,这样灵魂才能获得净化和解脱。贪恋这个世界的灵魂则不可能获得解脱,总是迷恋肉体的欲望和享乐,认为看得见摸得着的有形体的东西才是真实的,能吃能喝能够满足肉体欲望的东西才是真实的,看不见摸不着的东西都是虚幻的。这种灵魂就逐渐获得了和肉体相似的性质,不能摆脱肉体,必定再次进入轮回。苏格拉底列举了和佛教一致的具有贪、嗔、痴"三毒"的人的轮回命运,认为他们都会投生为动物。只有哲人的灵魂才能往生极乐世界。他们凭借智慧解救自己。学习哲学是拯救灵魂的唯一方法。因为灵魂通过肉体认识世界永远是不真实的,就好像从监狱的窗口向外张望,根本不能看到真正的世界。这样灵魂就沉溺于极端的无知愚昧之中。"哲学呢,让人明了,灵魂受监禁是为了肉欲,所以监禁它的主要帮手正是囚徒自己。这一点是最可怕的事。"(柏拉图:《斐多》,83a)也就是说,囚禁灵魂的正是灵魂自己。灵魂能够轮回就是灵魂没有真正获得净化的结果。真正净化的灵魂就不会再次轮回了。因为灵魂贪恋肉体,执着于有形有相的事物,所以它才再次轮回。灵魂被囚禁是灵魂自作自受的结果。灵魂的救赎也必须是自我救赎,自度自救。具体而言,灵魂的本性是理性,如果理性被欲望支配,这就是灵魂的自我囚禁。人们越是沉溺于快乐或者痛苦等情感中,就越是被肉体束缚,越是把这个世界看作是绝对的、真实的和唯一的,这样的灵魂就越是不可能从这个世界解脱,会再次投胎到这个世界之中。相反,理性支配欲望就是灵魂的自由状态。只有哲学能够提升理性,从而引导灵魂,解救灵魂,劝导灵魂尽量避开肉体,离弃感觉,宁静自守,只关注凝视理念本身,沉浸于对理念世界的直观,彻底摆脱欲望情爱的支配。所以哲人学习知识、自我节制和勇敢,都是为了摆脱轮回。可以说,哲学就是让灵魂重新回复自己的理性本性。哲学就是净化,就是使理性重新获得对欲望的支配权。“哲学家的灵魂相信它应当摒弃欢乐和痛苦的情感,在平静中生存,应当追随理智,永远跟着理智走。它认识到什么是真实而神圣的,就单把这个作为自己的粮食。这是认识,而不是什么意见或主张。”(柏拉图:《斐多》,84b)也就是说,知识或者智慧决定了灵魂的来世的命运和归宿。智慧就在于对理念的直观。理念是无形无相的,是可知的而不可见的对象。对理念的直观可以使灵魂逐渐从肉体和现象的束缚中解脱出来。哲人的灵魂就是达到对理念的绝对直观的人。因为灵魂在生前就看到过理念,所以今生再次看到理念就是回忆。人的灵魂的纯洁性也就在于对理念的直观,并且在这种理性直观中获得最高的幸福。诸神也是通过对理念的直观而获得了灵魂的净化和满足。

纯粹理性的哲学生活是宁静直观的生活。理念世界类似于佛教的“一真法界”。哲人追求的就是对理念世界的凝视静观。智慧就在于对理念的直观。灵魂只有在对理念世界的直观中才能获得最终满足。只有直观到理念的灵魂才能摆脱生死的轮回。人的灵魂在这种智慧状态中才能获得绝对的安宁和止息,这也是爱欲的终极满足状态。所谓“寂灭为乐”。这种境界和佛教的“涅槃”境界几乎是完全一致的,也类似于孟子所说的“不动心”的境界,或者庄子的“心斋”、“坐忘”。这也就是亚里士多德意义上的“神”的境界。一般人因为灵魂没有净化,不能看到理念,所以都没有智慧,这样他们的爱欲始终不能获得终极的满足,他们的人生也就是不圆满、不完美的。只有哲人的人生获得了终极的圆满至善的境界。只有我们真正品尝到了哲学生活的美好,才能真正蔑视和摆脱尘世生活的诱惑。因为我们没有真正品尝到哲学生活的快乐和美好,所以才在肉体世界中追求和进取。当我们达到智慧的完美境界后,我们就认识到智慧就是佛教所谓的“无所得智”。所以苏格拉底才声称自己没有智慧,认为自己拥有智慧本身就是没有智慧。

在这种纯粹理性的生活中,我们彻底摆脱感觉和肉体的诱惑,摆脱死亡、快乐、痛苦等情感反应,进入彻底的理性主义的境界。在彻底的理性主义境界中,就没有了肉体上的出生或者死亡、快乐或者痛苦之类问题了，也就没有了对这些现象或者问题的任何情感反应。一切贪恋、逃避、恐惧也都是没有最终意义的。只是灵魂没有看到肉体的虚幻性，把这种虚幻的东西看作是真实的，并且把自己完全束缚在肉体之上，所以一切灵魂的受苦正是灵魂自己的愚昧导致的。“娑婆世界，爱欲为本”。人对于这个世界的贪恋是他们的痛苦的根源。但是这个世界本质上却是无法执着的，因为这个世界的本质就是即生即灭，我们对这个世界的执着就像是用竹篮去打水，只能失望而归。所以我们必须以无常、无我的态度对待这个世界，才是如实地对待这个世界。智慧就是和这个世界的即生即灭的本质相一致的知识。如果我们以执着的不变的态度对待这个世界，就不是如实地对待这个世界。这就是一切愚昧和痛苦的根源。可以说，“一切皆空”是彻底的理性主义的必然结论。哲人充分认识到这个世界的虚幻性和无常性，不把这个世界看作是真实的，所以哲人表现得无情无爱。但是哲人并不是冷血动物，而是有了更大的情爱。这种情爱就是对于真理的追求，就是对更真实和更美好的生活的追求，以及对于一切受苦的众生的慈悲心。哲人因此试图引导众生走向真实的哲学生活，最终摆脱生死轮回。可以说，苏格拉底的观点和佛教表现出惊人的一致性。佛教认为众生轮回的根本是无明。无明也就是无知。因为无明无知，灵魂不认识自己的真实本质，而把肉体看作是真实的，把自己束缚在肉体上。如果灵魂认识到自己的本质，不再和肉体联系起来，那么灵魂就能够迅速从生死轮回中解脱出来了。“云何无明？善男子，一切众生从无始来，种种颠倒，犹如迷人，四方易处，妄认四大为自身相，六尘缘影为自心相，譬彼病目，见空中华及第二月。善男子，空实无华，病者妄执，由妄执故，非唯惑此虚空自性，亦复迷彼实华生处，由此妄有轮转生死，故名无明。”（《圆觉经·文殊菩萨章》）所以最终的解脱是依靠智慧。智慧不是为了现世的利益，而是来世的解脱。

对于苏格拉底来说，“唯智能度”，只有哲学能够拯救人的灵魂。他根本没有考虑凭借信仰得救的问题。一般认为信仰就是对神的信仰，而神是不可知的，这意味着对神的信仰者就是对不可知者的信仰，信仰者把自己的人生安立在不可知的东西之上。信仰者并不思考神是什么，这种思考本身就是渎神的。但是把不可知者作为自己生命的立足点，这就是无知和愚昧。这就是基督教中的“因信称义”的本质。其次，还有一种“因行称义”的教义。这种教义认为对神的信仰就是对神的律法的遵守，神通过律法进入到人类的生活之中，对神的律法同样是不能怀疑的。但是在哲人看来，这种不加怀疑的服从遵守也是无知愚昧的体现。因为一切律法都不可能达到完全的正义。我们要追求真理和正义，就必须回光返照，反躬自问，把一切置于哲学反思的法庭上。当一个人完全沉溺于沉思之中时，他就完全摆脱了和肉体相关的一切，一切爱恨情仇、功名利禄等都被他扬弃了，进入到理念实相的直观之中。在对理念实相的直观中，他的灵魂爱欲能够达到最高的满足，从而变得无欲无求了。这就是至善的境界。这种至善的境界就是神的境界。这种智慧状态就是灵魂的得救状态。所以苏格拉底根本就没有考虑过所谓信仰的问题，没有把信仰的拯救作为灵魂拯救的方式。在他看来，信仰只是一种意见，最多只是一种正确的意见，而意见是对知识的模仿或者分有，因此知识高于意见，我们不应该停留在意见中，而是应该从意见上升到知识。现代人把信仰和理性并列起来，认为信仰也是达到真理的一种方式。这是对古典哲人的背叛，也是对真理的无知。

四、第三次论辩 84c

苏格拉底讲完这些后陷入了沉默，他似乎在回顾这个论证。他看到西米和齐贝窃窃私语，就问他们是不是认为自己的回答仍然不够周全。他鼓励西米把自己的疑惑说出来，不要有所顾忌。他把自己比作临死时的天鹅，天鹅之歌是对自己要去美好世界的歌颂，并不是贪恋这个世界的哀歌，或者是对死亡的恐惧。所以他就像天鹅一样在临死前也毫无忧愁悲苦，乐于回答任何质疑。

（一）西米和齐贝的困惑

西米讲述了自己的困惑，他用琴、琴弦和音乐的关系进行说明。他认为肉体就像是琴和琴弦，灵魂就像是肉体的各部分的和谐。如果肉体有病，灵魂就会首先失调和消失，所以灵魂比肉体更加脆弱，先死的是灵魂。苏格拉底以笑鼓励西米。齐贝也说出了自己的困惑，他和西米的观点正好相反，认为灵魂比肉体更加坚韧和持久，但是灵魂仍然会死。灵魂就像是衣服，肉体就像是纺织工，纺织工当然比衣服持久，但是在最后一件衣服穿完后，纺织工也会死去。我们无法确定这一次的死亡是不是最后的死亡。如果这一次的死亡是最后的死亡，那么就仍然无法消除人们对死亡后灵魂就会消失的恐惧。对灵魂的持久性的证明并不就是灵魂永远不死的证明。

这时，柏拉图突然打破了斐多的回忆模式，转而描述斐多和伊奇对这两个疑问的感受。他们表示这两个疑问对他们的打击很大。但是苏格拉底并未惊慌失措，他仍然不慌不忙地回答了他们的反驳。他首先鼓励青年人不要丧失对于论证的信心，不要变成"厌恶论证的人"，就像有人成为"厌恶人类的人"一样。他认为厌恶人类的人和厌恶论证的人有相同的原因。厌恶人类是由于对人性认识不足产生的。人性的基本特点就是极端的人很少，大多数是中间的普通人。即使进行坏蛋比赛，胜出的人也是极少的。如果我们对人性有了这样的认识，我们就不会对人性太乐观，因为极端高尚的完美的人始终是极其罕见的。我们也不会对人性太悲观，因为极端罪恶和邪恶的人也是少之又少的。这样我们就不会过于厌恶人类，也不会很爱人类。在苏格拉底看来，凭借这种认识，我们就可以"超越人类"，以超人的态度审视人类，在和他人交往的时候就能够保持"平常心"。相比，启蒙主义对人性过于乐观主义了，认为可以通过知识传播和普及，实现全人类的人性的普遍改善，从而最终建立地上的哲学天国。而存在主义又对人性过于悲观主义了，认为末人世界正在到来，高贵的神圣的东西都消失了，人类进入了普遍的虚无主义状态，世界进入了"世界历史的黑夜"。这些观点其实都是对人性的自然的无知。

苏格拉底接着指出，对论证的厌恶也是出于无知。我们必须首先认识"论证的本性"。厌恶论证的人首先是轻信了一些论证，后来遇到相反的论证，然后又遇到其他的论证，最后对所有的论证都不再相信，认为论证是毫无意义的，根本不能发现真理。有些人则喜欢到处和人争论，以为自己是天底下最聪明的人，他们也同样发现一切言论都是不确定的，最终只是以玩弄论证取乐，智者就是这种人。苏格拉底认为这些厌恶论证的人不怪自己的头脑不清楚，却怪论证本身没有意义。可以说，厌恶论证导致虚无主义、蒙昧主义的产生，这和教条主义一样是非常错误和危险的。

因此苏格拉底要求我们应该提防厌恶论证的危险,我们心中不能有成见,认为论证都是没准儿的。我们应该鼓起勇气,拿出大丈夫的英勇气概,努力寻找真正的论证。“说不定真有一套正确的论证,而且是可以学到的,可是这个厌恨论证的人就永远求不到真理,没法儿知道事物的本质了。”(柏拉图:《斐多》,90d)这表明了苏格拉底对哲学论证的坚持。我们必须遵循逻辑论证的引导,并且把这种引导贯彻到自己的生活之中,而不是仅仅局限于耍嘴皮子。例如在《克里托》中,苏格拉底要求对是不是应该逃跑进行论证,并且完全遵守论证的结论。同时也表明,放弃论证,就等于放弃对真理的追求。他认为真理始终是可能的。经验和历史不能肯定或者否定真理的可能性。哲学论证高于一切历史和经验。从逻辑论证本身看,否定真理本身也已经是真理了。所以真理是不能否定的,关键不是有没有真理,而是我们确定和追求什么样的真理。我们必须看到,苏格拉底捍卫论证的目的和意图仍然是捍卫哲学生活本身。坚持论证不一定获得真理,但是放弃论证就一定不能获得真理。对论证本身的捍卫就是对理性认识的捍卫。对理性的捍卫本身就是对真理的捍卫。理性就是真理本身。即使对于灵魂不死的论证失败了,那么这种论证本身就已经捍卫了哲学生活,所以仍然是胜利了。他把自己的一生演绎成为捍卫哲学生活的典范。他用自己的人生完成了对于一切论证的辩护,他的人生本身就是理性哲学的化身。即使一切论证都失败了,他也没有失败。对于论证的坚守构成了他的生活和人格的核心。

但是另一方面,苏格拉底也告诫自己不要变成“爱争论,没教养”的人。他指出:“这种人不理会事情的是非,只自以为是,要别人和他一般见解。我想,我和这种人至少有一点不同。别人对我的见解是否同意,我认为是次要的。我只是急切要自己相信。我的朋友,瞧我这态度多自私呀。”(柏拉图:《斐多》,91a)这话首先是对智者的批判。智者大多数都以言词论辩吸引人,而对真理本身并不关心。例如普罗泰戈拉和高尔吉亚等。在《欧绪德默》中,柏拉图展示了智者沉迷于论辩的疯狂性。喜欢论辩的人大多数并不关心真理。这种洞见在孔子、老子、庄子、佛陀等人的言论中也经常可以看到。其次,这段话也表明苏格拉底把追求真理作为首要的目标。他不在乎自己的面子或者荣誉,我们应该关心真理胜过关心自己。但是真理并不是和我们自己的生命没有关系的，通过追求真理，我们可以使自己的生命获得完美和圆满。所以追求真理又是和自己绝对相关的。苏格拉底表明他的论证不是为了他人，而是为了自己，是为了说服自己，使自己的观点和真理完全融合一致。这仍然是孔子所谓的“古之学者为己，今之学者为人”。我们求知是为了自己，是为了完善自己，而不是为了向别人炫耀。哲人的自私是完全献身于对真理的追求，而真理本身是无私的。所以哲人的自私是为了消除自私，这种自私就绝不是自私。因此最后苏格拉底要求学生“少想苏格拉底，多想真理。”如果学生因为害怕自己的问题会伤害临死的苏格拉底，那么就是对真理的不诚实。正如亚里士多德所说的“吾爱吾师，吾更爱真理。”所以苏格拉底要求自己要打起精神，不要因为时间紧迫，而欺骗自己和学生，把对真理的追求进行到底。

但是我们必须同时看到逻辑论证的局限性。论证并不是真理。一切论证都是为了使事实本身显现出来。真理只是在论证中呈现出来。所以我们必须得意忘言，不能固执在语言文字之中。正如佛教指出的“依文解义，三世佛冤；离经一字，即是叛道。”一切文字论证都是“文字般若”，但是文字只是指示性、引导性和中介性的，我们必须通过文字的意义进入到“观照般若”中，观照般若就是要求顺着语言文字的指示去看事实本身。所以我们必须学会观照的技艺。观照的技艺就是禅定止观的技艺。当我们最终看到实相后，我们就达到了“实相般若”。当达到了实相般若后，我们才能最终获得智慧。这就是佛教的戒、定、慧三学的含义。儒家传统中也强调这种原则。例如，颜回听到孔子的教诲，从来不会反驳，而是回去默默思考，最终反而能够有所获得。这都是依据言辞进行观照获得智慧的结果。相反，喜欢争论的人往往是迷失在言辞之中，无能进行观照。不能观照就永远不能看到实相，这样一切言辞都失去了最终的目标和意义。所以虽然很多人学习了很多知识，但是因为他们不能进行观照，他们永远没有智慧。“学道者众，得道者寡”。这也就是普及知识不能达到启蒙的原因。所以，言辞、观照和智慧是三位一体的。这三者要是脱节了，我们就不可能真正获得智慧。只有把这三者密切结合起来，我们才能真正获得智慧。

（二）苏格拉底的“第二次远航”

在进行完了这些准备性工作以后，苏格拉底开始正式回复他们的疑问。

1. 对西米的回答 91b—95a

首先，苏格拉底指出，在“认识是回忆”和“灵魂是音调的和谐”两个理论之间存在矛盾。因为“认识就是回忆”的理论确立了灵魂是单一性的，不是复合性的。但是“灵魂是和谐”的理论却认为灵魂是复合性的。所以西米必须在这两个理论之间进行选择。西米肯定了认识就是回忆的理论，不赞同灵魂是和谐的理论。这样他就否定了自己的最初观点。其次，从灵魂存在善恶差别的现象批判灵魂和谐论。和谐是对音调的调节恰当，音调调和得越好，和谐就越好。因此和谐是绝对的唯一的，和谐就是恰如其分，合乎自然，恰到好处。但是人的灵魂却是有差异性的，有的灵魂有美德，有的灵魂邪恶。如果美德就是灵魂的和谐，那么邪恶就是灵魂的不和谐。如果只是把灵魂比作和谐，就忽略了灵魂之间的品质差异，或者否定了灵魂中存在邪恶，把所有的灵魂都看作是同样的。这是和日常经验事实不符合的。只有哲人的灵魂才是真正和谐的，凡人的灵魂或多或少都是不和谐的。所以把灵魂比作音调的和谐是错误的。最后，从灵魂统治肉体的现象批判和谐论。人有很多部分组成，只有灵魂才是人的主宰者。灵魂并不总是顺从肉体的感觉，灵魂经常反对肉体，因此实际的情况是灵魂主管身体的各个部分，对肉体进行统治。灵魂是独立的，并不依赖肉体。这样苏格拉底比较容易地反驳了西米的观点，确立了灵魂对于肉体的独立性。

2. 对齐贝的回答 95a—107c

接下来苏格拉底开始对齐贝的问题进行回答。齐贝的问题显然比西米的问题更加困难。所以他首先夫子自道，从自己学习哲学的经历开始讲起。

（1）前理念论时期

苏格拉底学习哲学的第一个阶段是自然哲学时期。他说自己年轻时喜好研究自然哲学，探究万物的生成和消失的原因。但是最后，他陷入了精神危机。“我天生是不配做这种研究的。我可以给你一个充分的证据。

我研究得完全糊涂了。我原先以为知道的事，别人也都知道的事，经过这番研究，我全糊涂了。”(柏拉图:《斐多》,96c)为什么苏格拉底认为这种自然哲学并不能告诉人们真理呢？自然哲学是以自然事物来解释自然事物的起因，通过探究事物的起源来探究事物的原因。当自然哲学家把水、火、土、气、原子等作为万事万物的起源时，他们实际上只是以一种事物解释所有事物，以B来解释A，这种思想我们称为本原论。这种本原论就是形而上学。因为形而上学就是以某种事物解释所有事物，试图发现“多中的一”。但是这种本原究竟是什么，自然哲学家们众说纷纭，莫衷一是。事物为什么产生和消灭，为什么是这个样子，自然哲学不能给出任何有意义的回答。自然哲学破坏了人们的常识观念，却不能为人们提供真实的人生指导。他们的解释对于我们认识世界，认识自己的生活意义没有任何帮助，因为自然哲学并不关心人类的精神需要。这是苏格拉底陷入精神危机的根源。现代自然科学也存在这个问题。现代自然科学试图发现世界的最终元素，提出了各种不同的学说。这些学说也是相互对立的，而且对于人类的现实生活几乎漠不关心。即使现代科学希望自己的理论能够对人类的生活有所帮助，也仅仅是限于控制自然，造福人类的物质福利方面。对于人类更高的精神需要来说，现代科学是漠不关心或者无能为力的。

第二个阶段是精神哲学时期。苏格拉底开始学习阿那克萨戈拉的心灵哲学。他认为既然阿那克萨戈拉认为世界是由智慧的心灵安排的，智慧的心灵是世界的起因。那么，阿那克萨戈拉肯定会告诉他，智慧的心灵必然把世界万物都安排得各得其所、各尽其能，所以一切事物都处于最好的状态。心灵的本质就是追求至善。心灵和至善必定是一回事。至善是事物存在的根本原因。每个事物的存在都是为了促进整体性存在的至善。也只有在世界的整体性的至善中，我们才能理解每个事物的存在和原因。“如有人要追究某一件东西为什么出生，为什么破坏，为什么存在，他得追究这件东西在这个世界上什么样儿最好——或处于什么被动状态，或怎么样儿的主动。其他东西也一样。谁要追求原因，他只要追究什么样儿最好、最最好。”(柏拉图:《斐多》,97d)当我们确立了世界存在的至善的原因后，就能够理解什么是不好的坏的状态和原因。这就是苏格拉底试图从阿那克萨戈拉哲学那里获得的世界观，实际上也是他自己试图建立的世界观。苏格拉底在学习了阿那克萨戈拉的作品后发现，阿那克萨戈拉并没有把心灵确定为世界事物的原因，他仍然把世界的原因归结为物质本身，比如气、以太、水等。虽然他提出了努斯或者心灵的概念，但是却并未把心灵看作是至善，混淆了事物的原因和原因的条件。这种精神哲学和自然哲学没有实质性差别。这种精神哲学同样不关心善恶的问题，也就是说，虽然这种精神哲学对世界的本原提出了和自然哲学不同的答案，但是恰恰因此，它是作为对自然哲学的反动而出现的，它的精神和自然哲学中的物质没有本质的不同，最终仍然不可能真正克服自然哲学，仍然是一种不识善恶的"瞎子哲学"。这对于苏格拉底的精神困惑没有任何帮助，不能给他提供生活的向导。

我们可以说，苏格拉底是在以道德哲学的思考方式探究世界的原因。我们对于世界本原的探讨不能脱离人类的道德生活。因为人是道德的动物，或者说人是一种追求道德善恶的动物。人们总是在追求美好和善。如果我们不能对好和善有所认识，那么就无法真正追求任何东西。所以对至善的探讨是首要的。只有确立了至善的本质，我们才能生活下去。因为我们是追求善的动物，所以世界本身也必然是包含至善的存在。不但人是追求善的动物，而且一切事物也都在追求善。因此对世界的起因的探讨就是对世界的至善的探讨。世界必须和必定是按照至善的原因制造和安排的。我们认识了世界的善，也就认识了世界的原因和本质。对世界的认识就是对世界的至善状态的认识。目的就是原因，目的就是本质。善是世界的原因和目的。世界的现实状态是由至善的原因决定的。一切事物都是按照至善的原因产生的。即使在我们看来是邪恶的错误的东西，也是根据至善的目的产生出来的。我们必须确立世界的至善状态，把这个状态作为世界的原因和目的。这样的状态和目的必然是唯一性的绝对性的。这就是苏格拉底的哲学目的论的思考方式。根据这种思想，他认为心灵的本性是目的论的，心灵必然以对至善的认识为前提，心灵必定是对至善的认识、选择和追求。这是一种理性主义的思维方式，而理性主义的思维方式必定也是一种乐观主义的思维方式。只有这种思想才能克服自然哲学带来的混乱。

(2) 理念论时期(太初有理)

苏格拉底决定改变哲学研究的整个思路,他首先否定了自然哲学的感性认识方式。“我不想追究真实了。我决计要小心,别像看日食的人那样,两眼看着太阳,看瞎了眼睛。他得用一盆水或别的东西照着太阳,看照出来的影像。看太阳是危险的。如果我们用眼睛看世间万物,用感官去捉摸事物的真相,恐怕我的灵魂也会瞎。”(柏拉图:《斐多》,99e)在他看来,感官不能认识事物的真相,如果我们只是凭借感官认识事物,我们最终就会变得愚昧无知。凭借感官认识事实本身是不可能的。凡是只相信感官认识的人都是粗俗的没有教养的。

接下来,苏格拉底说明了他提出理念论哲学的经过。我们虽然对理念论耳熟能详,但是我们真正把握了理念论的基本精神了吗?即使在今天,理念论也仍然是一种需要我们努力地精心地理解的晦涩而又重要的哲学思想。我们尝试从四个方面解释苏格拉底的理念论。

第一,理念论和语言哲学。苏格拉底认为我们应该凭借概念去认识事物。凭借概念的认识方式才能认识事物的本质。这种方式就是理性主义的认识方式。“我想,我得依靠概念,从概念里追究事物的真相。也许我这比喻不很恰当。因为凭概念追究事物的真相,绝不是追究事物的影子;这就好比说‘追究日常生活的细节’一样不恰当了。我绝不是这个意思。反正我思想里的概念,是我用来追究一切事物本相的出发点。”(柏拉图:《斐多》,100a)这可以称为苏格拉底的“语言学转向”。这种语言学转向的核心也就是理性主义认识方式的确立。苏格拉底看到,我们在认识事物时总是不可避免地使用语言或者概念。那么语言或者概念的本质是什么?简单地说,概念或者名称就是对事物的异质性的确认。理念论是关于事物的性质的认识。事物的名称来自事物的性质。名称和性质具有同一性。事物的性质是事物如其所是的原因。我们对于事物的认识实际上是对事物的性质的认识。事实本身或者事实的构成是无法直接认识的。我们给不同事物不同的名称。这意味着事物之间存在本质性的差异性。世界是一个整体,但是这个整体是由各种异质性的事物组成的。我们不能只看到世界的整体性,而忽视世界事物之间的差异性。因此理念论是从事物的性质和名称问题开始的。苏格拉底的“凭借概念认识事物”

的根本含义在于概念和事实的一致性。事物的本质就存在于事物的概念之中。黑格尔的思辨哲学可以说把这种思想发挥得淋漓尽致。概念比事物更加真实,事物只有合乎概念才有真实的存在。事物的存在和发展就是依据自己的概念。

自然哲学的错误就是忽视或者混淆了事物的差异性。自然哲学试图以一种事物解释所有事物,以"一解释多"。但是在这种解释中,自然哲学就把事物的差异性抹杀了。这样对事物的认识就不可能是真实的认识。自然哲学的这种错误的根源就在于自然哲学没有看到认识活动中的概念的介入。这种概念的介入就已经否定了事物的无差别的同一性。概念是人类的认识的必要部分。这涉及对概念的本质的认识。苏格拉底的理念论就是要对概念的本质进行揭示。我们必须首先对概念的本质有所认识,才能对自己的认识活动的本质有所认识。

当然,如果我们仅仅凭借语言概念认识事物,也不能完全达到真理性。在《克拉底鲁》中,苏格拉底就指出,我们应该不依靠概念直接认识事物。如果我们能够直接认识事物,我们就不需要借助于概念的认识。这种超概念的认识方式才是更加合乎事物本身的认识。因为概念是人为之物,只是对事物的一种指示。概念是固定化的,事物是流变性的,以不变的东西把握变化的东西是不可能成功的。当我们关注于事物的概念时,流变的事物却正在不断地远离它的概念。事物似乎没有一刻能够和它的概念完全符合。如果我们要达到对事实本身的终极性的认识,那么我们必须最终采取超概念的理性认识方式。

第二,理念论与至善论。我们还应该进一步认识到,理念论是完美主义的目的论的产物。理念是完美之物。完美之物就是绝对之物。理念论的基本精神就是以完美之物解释不完美之物,以"完美的 A"解释"不完美的 A"。我们可以这样理解苏格拉底的这种假设。当我们以 B 来解释 A 的时候,我们就必须再对 B 进行解释,接着我们只能再用 C 来解释 B,以此类推,以至无穷,最终我们无法得到确定的答案。为了防止这种无穷回溯,就必须假定一个最终之物,这就是绝对的理念。这个绝对的理念只能是至善的完美之物。"我建议那些从你们很熟悉的我的原则开始,也就是,我始终假定存在绝对的美、绝对的善、绝对的大以及诸如此类的事物。”(Plato. *Phaedo*. 100b)这个原理我们可以称为苏格拉底的“第一原理”。

在他看来，语言或者概念本身就包含了理想和至善的元素。正如几何学的圆的概念就包含了圆的理想状态，圆的概念比任何现实的圆都更“圆”。这意味着概念比现实事物更加具有完美性、精确性和严格性。所以在柏拉图看来，几何学是我们理解理念论的重要依据。依此类推，一切概念都比现实事物都更加完美和善。可见，理念论是苏格拉底追求完美主义至善论的必然结果，而语言学的概念是他提出理念论的最初出发点。理念就是一切事物追求的目的。理念就是目的，理念就是原因。理念就是标准。理念就是尺度。这是理念论的最初含义和基本精神。理念论并不是以另外的非感性的事物解释感性事物，理念和事物的根本差别是完美性的差别。例如，他以红的理念解释红的事物，一切红的事物都不比红的理念更加红和纯粹。这样他实际上旨在引导我们去观看和追求那个更加完美的存在，而不是关注这些不完美的存在。因此理念论就是导向理想主义完美性的一种目的论学说。苏格拉底把绝对完美的理念看作是一切事物的原因，这意味着我们必须到至善事物中寻找事物的原因，而不是用另外的事物解释感官事物。所以理念论并不是形而上学。相反，理念论恰恰是反对本原论的形而上学的。如果我们仅仅只是把理念论看作是自欺欺人的“形而上学”，那么我们就完全不能理解柏拉图提出理念论的意图和目的，我们也就根本不能理解柏拉图的哲学对话了。苏格拉底借助于理念论确立了至善论的世界观。理想主义至善论是理念论的首要精神。

假设存在绝对的善、美、大等理念，我们可以把这个观点称为苏格拉底的“第一原理”。真正的思考必须从绝对完美性开始。当我们看到苏格拉底肯定了概念的实在性时，首先应该意识到这种“概念实在论”本质上是至善论的目的论学说，也就是说，我们对概念的实在性的肯定实际上是对存在的完美性的肯定，或者是对绝对完美性的至善的肯定。即使概念的实在性不是真理，那么我们对绝对完美性的肯定也仍然是真理。如果不确定这样一个绝对完美性的开端和基础，我们的所有思考都将无法进行。如果我们只是关注现实事物，而忘记了绝对完美性之物，我们就缺乏最终的方向和目标，我们的认识将不会是正确的，我们的生活将是痛苦的。所以一切现实事物都是这种绝对完美性的显现。对绝对完美性的本源的回归就是我们人生的必然目标和道路。像柏拉图的回忆、庄子的坐忘、佛教的涅槃、儒家的参天地之化育都可以说是在不同程度上的向绝对完美之本源的回归。相反，现代哲学不再从至善完美之物开始，也就是不再从理性主义开始。从绝对完美性开始是一切彻底理性主义的开端。

黑格尔的唯心主义是近代哲学中概念实在论的代表，他认为概念是事物的本质和目的，事物必须符合概念。他的哲学似乎是对苏格拉底的理想主义的复兴。但是他的历史主义却偏离了苏格拉底理念论的基本精神。当他认为世界历史会按照绝对理念的目的论发展时，他就过高地估计了理念对于现实的统治力量。也就是说，事物对于概念的符合并不是一个历史过程。事物对于概念的符合永远是不完美的。在苏格拉底看来，事物对于概念的符合不是一个历史过程，这种符合和历史没有任何关系。在他看来，只有在哲人的沉思状态下，事物和概念的符合才是完全一致的。在这种沉思状态中，事实本身如其所是地呈现出来。而在世界历史的状态下，事物和概念的符合永远是不可能的。因此如果黑格尔不是在自欺欺人的话，那么他的这种观点应该是他为现代性立法的目的使然。

第三，理念论与分有说。在解释事物和理念的关系上，苏格拉底提出了分有说或者模仿说。在他看来，事物是不完美的，理念是完美的。事物在完美性上低于理念。理念是事物的本原，事物是理念的摹本。我们必须根据理念解释事物的原因。事物的本质是对理念的分有和模仿。事物都追求合乎自己的理念，但是事物在完美性上永远达不到理念的完美性。这表明理念论同时也是自然哲学。“假如有人跟我说，美的原因是颜色可爱，或是形状好看等等，我都不理会，因为颜色、形状等东西，使我迷惑不解。我只简简单单，或许是笨笨地抓住这一个原因：为什么一件东西美，因为这件东西里有绝对的或沾染了绝对的美（随你怎么说都行），不管它是怎样得到了这绝对的美。”（柏拉图：《斐多》，100d）这里表明苏格拉底抛弃了感官认识，不用感官认识解释事物的原因。我们只能使用理念说明事物的原因，也就是说，事物对至善的追求是事物存在和生成的原因。如果我们使用另外的性质解释美的性质，那么我们就错过了美的性质，这样我们还必须使用另外的性质解释这个性质，以此类推，以至无穷，所以这种解释思路是不能使我们理解事物之所以如此的原因。如果我们把理念看作是事物的原因，那么事物之所以如此就在于它对完美至善的追求。事物之所以美就在于它对美的分有或者追求。这样苏格拉底就建立了一个理念论的至善论的世界观。至善的理念则统摄其他一切理念，贯穿其他一切理念，是世界的最高最终的目的和本原。一切都导向至善。一切都是对至善的模仿和分有。

分有说是理性主义认识论的必然部分。如果我们只是关注对现象之物的认识，我们永远不可能达到认识的绝对真理性和严格性。分有说实际上就是要求我们不要局限在感官认识的范围之内，不能局限于感官认识的相对性之中，使我们从对感官事物的认识转向对理性理念的认识。正如现实中的圆比不上圆本身。感官认识不可能满足严格科学的标准和理想。感官认识是粗糙的模糊的。正是出于这种严格科学的理想，苏格拉底才贬低了感官认识的重要性。但是理念论并不反对感觉自明性。当它用美本身来解释美的现象，而不是用其他原因解释时，理念论实际上恰恰忠实于感性的现象世界。而且它还要求我们超出不完美的美，去直接认识美本身。因此分有说提供了一条从感性现象上升到理性理念的道路和方法。

第四，理念论与相反相斥论。理念论的另一个重要特点就是绝对主义，是苏格拉底反对智者派相对主义的根本思想。相反相斥论体现了理念论的这种绝对主义。

苏格拉底对理念论进行进一步的解释。西米比苏格拉底大，但是比斐多小，那么西米到底是大还是小呢？还是大小在相互比较中产生的，因此就根本不存在大小呢？进一步类推，一切性质都是在相互比较产生的，所以根本没有任何确定性的事物，一切都是相对的。这就是相对主义的基本观念。而苏格拉底提出的相反相斥论是反对相对主义的。他认为一切理念都是依据本身而存在的，并不是依据相互的关系而存在。大就是大，小就是小，大小并不是在相互比较中才存在的。美就是美，丑就是丑，美和丑也不是在相互比较中才存在的。如果我们把一切理念都看作是相互依赖而存在的，那么最终就必然否定一切绝对性的标准和原则，陷入相对主义的泥潭之中。但是事物也确实存在相互依赖的情况,对此,苏格拉底认为当对立面出现时,这个理念就避开或者消失了,而不是转换为对立面。“任何相反的两面,正面永远是正面,不是反面,也不能成为反面。反面出现,正面早就没有了,消失了。”(柏拉图:《斐多》,103a)这里,苏格拉底为了坚持绝对主义的立场,似乎就否定了前面相反相生论的理论。所以有人就提出了异议。前面的相反相生论是为了证明生死相互轮回转化而提出的。苏格拉底回答说:“我们以前讲的是具体的事物,具体的事物,相反相生。我们现在讲的是抽象的概念,抽象的概念,不论在我们内心或是身外的世界上,正面绝不能成为反面。”(柏拉图:《斐多》,103b)也就是说,苏格拉底在理念和事物之间进行了区分。相反相生论适用于现实事物,相反相斥论适用于理念世界。两者适用的对象和范围是不同的。但是接下来他进一步指出,“不仅相反的概念相互排斥,一切具体的东西,尽管并不彼此相反,却往往包含相反的性质,某一种东西是某一概念的具体形式,另一种东西体现了相反的概念,这两件东西如果碰到一起,其中一件或是回避了,或者就是消灭了。”(柏拉图:《斐多》,104c)这样苏格拉底又把相反相斥论扩展到具体事物之中。因为一切具体事物都是对抽象理念的分有,所以它们也必定具有理念的相反相斥的性质。不仅理念相互排斥,而且具体事物也相互排斥。这是因为具体事物从属于它们的理念的缘故。

我们看到,这种相反相斥论是为了确立理念论的绝对主义,以反对智者派的相对主义而提出的。但是在《巴门尼德》中,苏格拉底却探讨了理念的相互转化问题,这就是所谓的“通种论”。通种论似乎要否定理念论的绝对主义。因为理念本身也是一种特定的规定性,所以理念本身也确实是相对性的。要达到绝对的认识,就必须扬弃理念的相对性。但是通种论似乎更多是在揭示一种不借助任何概念而直接认识事实本身的绝对主义的认识方式。在《克拉底鲁》中,苏格拉底就提出一种不借助概念的直接的认识方式。因为借助于概念的认识也是不真实的,概念或者理念仍然是“假名安立”的。真正的理性认识既要摆脱感性认识,也要摆脱一切知性概念范畴。因此,理念是实相,构成了一切现象的本原。同时理念也是无相,即理念是不可能通过肉体感官去认识的,是不可见的存在。所以理念既是实相又是无相，是无相之相。既然理念是无相之相，理念论最终是无相的绝对主义。既然是无相的绝对主义，那么理念之间的相互分别和差异就是次要的。各种理念之间的至善的同一性才是更加重要的。这种至善的同一性才是苏格拉底最终要追求的真理。因此不论苏格拉底最终得出什么结论，他对绝对真理的追求是不变的，一切唯真理是从。

(3) 对灵魂不死的再次论证

根据理念论的相反相斥论，苏格拉底对灵魂不死进行论证。正如冷来时，热就跑掉了；大来时，小就跑掉了。当死亡来时，灵魂就跑掉了。身体并不具有生命，身体是凭借灵魂而具有生命。生命的反面是死，灵魂的本质和死是不相容的，所以灵魂是不死的。灵魂碰到死，就回避了或者逃跑了。一个人死了，就是身体死了，灵魂却跑掉了。这样苏格拉底就回答了齐贝的问题。

但是西米似乎对苏格拉底的论证仍然感到心存疑惑，苏格拉底也认为应该对论证进行更加仔细的思考。我们应该把有限的生命投入到无限的哲学思考之中。但是时间是有限的，已经不能容许他们继续探讨下去了。

五、苏格拉底的大地神学 107c—115a

在证明了灵魂不死之后，苏格拉底讲述灵魂在死后的命运就是自然而然、顺理成章的了。

(一) 大地神话序曲

苏格拉底指出，假如灵魂是不死的，我们就不仅应该今生今世爱护我们的灵魂，也应该永生永世爱护我们的灵魂。如果疏忽了灵魂，那么危险是很大的。人死后，守护神就会带着亡灵到亡灵聚集的地方，然后接受审判，每个亡灵都会得到相应的报应。死亡并不就是终结，恶人也不能逃脱自己的罪恶。人死后只有“修养”(如同佛教的业)能够带走。灵魂必须通过追求智慧和美德净化自己，这样才能不受到惩罚，被天神带领到适当的“净土”去。贪恋肉体的灵魂会受到惩罚，继续轮回。罪恶的灵魂则接受更大的惩罚。不同的亡灵都会安排去往地球不同的地方。

（二）大地的真相

接下来，苏格拉底认为人们大多误解了地球的构造，没有真正认识地球。因此他开始描述地球的真相。第一，大地是球形的，位于天空中央。它不需要被其他东西托着，它有平衡力，借助四周相同的力量保持自己的位置。第二，大地是巨大的。我们只是居住在海边很小的一个区域。地球上还有其他各种各样的空间。其他人类居住在不同的地方。这和佛教认为的人类只是居住在四大部洲之一的“南瞻部洲”观点非常相似。地球本身是纯洁的，位于纯洁的天上。在苏格拉底看来，一般认为的人类生活在地球表面上是错误的。实际上我们生活空气中间，但是我们却以为自己生活在地球表面上。我们因为体弱或者懒惰，不能上升到空气的表面上去。第三，接下来苏格拉底开始讲诉地球的真相。如果我们的灵魂上升到空气的表面，从空气上面看地球和我们现在看到的地球是完全不同的。那个地球是绚丽多彩的，非常明亮，地球上生长的东西也都是非常美好。地球上的各种东西比我们现在看到的任何东西都更加美好、纯洁和亮丽，没有任何的污垢。地球表面装饰着各种宝石金银等珠宝。那里的人类从不生病，寿命也比我们长得多。他们的视觉、听觉、智慧等都比我们优越得多。他们也有神庙，诸神就居住在神庙里。他们能够和天神直接交往，接受天神的启示和教导。

苏格拉底在这里描述的真实的地球和《阿弥陀经》中描述的西方极乐世界、《药师琉璃光如来本愿功德经》中描述的东方净琉璃世界是非常接近的。或者，这种净土和基督教中的天国形象也是非常类似的。这种相似性不能不令人感到惊奇。苏格拉底为什么要描述一种全新的地球形象呢？我们可以设想，在灵魂从肉体中解脱出来以后，灵魂获得了净化，一个获得净化的灵魂看到的世界将是全新的形象，和灵魂受到污染后看到的世界肯定是不同的。在一个获得净化的灵魂眼中没有污秽罪恶，我们之所以能够看到污秽和罪恶，原因就在于我们灵魂内在的污秽和罪恶。或者说，我们看到的外部世界的样子是我们灵魂本身投射其上的结果。灵魂纯净则世界纯净。灵魂污秽则世界污秽。这和佛教《维摩诘经》中的“心净则土净”、“秽土就是净土”的观点也是一致的。在释迦牟尼佛看来，娑婆世界是净土，而只是在我们看来娑婆世界是不纯净的。赫拉克利特也认为:"在神看来世界是完美的,只是在人类看来才是有好有坏的。"所以我们认为世界不美好时,这只是我们灵魂不美好的表现。我们要净化世界,必须首先净化我们的灵魂。苏格拉底所说上升到空气的表面也就是在暗示灵魂追求净化过程中的上升。没有获得净化的灵魂不可能上升到地球的表面。净化的灵魂上升到空气的表面后,就能够看到真实的地球,真实的天空、光明。没有获得净化的灵魂看到的世界就是败坏的,受到腐蚀的。我们也可以说,这个故事是《理想国》中洞穴喻的翻版。正如我们在政治洞穴中不能看到事物的真相,我们的灵魂只有摆脱政治洞穴的假象才能看到事物的真相。《斐德罗》中也描述了灵魂上升的过程,以及灵魂在上升到地球表面后对上方的理念世界的直观。理念世界处于现象世界之外,也处于诸神的上方。我们只有净化灵魂,努力上升,才能看到理念世界。在这里,苏格拉底描述的是对下方的地球世界的直观。两者都是灵魂获得净化后看到的真实形象。

在描述了地球表面的真相后,苏格拉底描述了地球下面的地狱的真相。他描述到地球下面有很多河道、火河和巨大的裂隙即地狱。主要有四条大河,即大洋河、苦河、火河和冥河,还有一条河叫呜咽河。所有的河都流进地狱。这段描述我们也可以对比佛教中关于地狱的描述。

这样,苏格拉底就重新改造了我们关于天堂和地狱的认识。这是和他的关于灵魂不死的教导相关的。在我们确立了灵魂不死的思想后,我们必须进一步确立灵魂死后的命运。这就涉及对天堂和地狱的描述和想象。

(三)大地的正义:灵魂的大地之旅

在讲完了大地的真相后,苏格拉底开始讲诉各种亡灵的末日审判。他说,在人死后,所有的亡灵都要按照生前的作为接受审判。和前面一样,他区分了四种灵魂。第一种是不善不恶的亡灵,他们进入苦湖,接受洗练。第二种是做过好事的亡灵,按照功德给予报答。第三种是邪恶的亡灵。他们将接受惩罚,最终也能获得赦免。但是对于犯了大恶的亡灵就要进入地狱,永远不能出来。最后一种亡灵是哲人的亡灵。他们不到下界去,而是直接升到净土,住到地球的表面。在那儿没有躯体,一直住着,将来还会到更美好的地方去。因此,人的一生就应该努力修养道德,追求智慧，将来的收获是美好的。我们不要关心肉体的享乐，应该努力追求智慧，净化灵魂，以节制、正义、勇敢等美德装饰灵魂，这样他在离开这个世界的时候就会无忧无虑、往生净土。

最后，苏格拉底指出，一个有头脑的人不会把自己的这些话当真，但是他讲诉的灵魂的命运也是基本正确的。他认为这个信仰是值得的。“我想敢于有这么个信念并不错，也是有价值的。因为有这个胆量很值当。”(柏拉图:《斐多》，114d)这里，苏格拉底似乎诉诸信仰。对于哲人或者圣人来说，灵魂的存在和不死是一种完全清楚明见的事实，他们无需诉诸任何非理性的东西。但是对于俗人来说，只能依靠信仰来支持灵魂的存在和不死，通过信仰的引导，俗人最终也能够净化自己的灵魂，达到对灵魂不死的见证。因此相信和服从有智慧的人的话就是明智的。但是信仰并不是真实的得救的形式。我们可以说，信仰是智慧的模仿和分有。信仰只是意见，而不是知识，智慧是不可能通过语言传授的方式获得的。智慧必须回光返照，直观到理念实相本身才能获得。信仰是引导我们走向智慧的方式。只是我们在没有获得智慧之前，最好首先凭借信仰的形式，走上正确的道路。我们最终只有凭借智慧才能获得解脱。但是在基督教以来，信仰似乎成为了独立的甚至更高的解脱方法，以至于有了理性和信仰的对立。应该说这是一个伪命题。信仰是意见，而不是真理。如果信仰不是迷信，信仰应该引导我们追求智慧。在我们达到了智慧后，信仰就完成了自己的使命。因此信仰本身没有独立的价值和意义。信仰只有指向智慧才是有意义的，这是我们理解信仰和理性的关系的基本立场。我们还必须看到，信仰主义是宗教改革的产物，因此是现代性的意识形态的产物。信仰或者意见是民众的意识形态，抬高了信仰或者意见的地位就等于抬高了民众的地位。信仰主义可以说是个人主义、自由主义和民主主义的一种表现形式。这是我们正确认识信仰问题的关键。在古典哲人眼中，根本没有信仰、意见或者虔诚的地位。

这个故事表明苏格拉底改变了理性论证的方式，采取了诗意想象的方式。这是把理性论证和诗意想象结合起来的典范。我们不论是采取哲学论证的方式还是诗意想象的方式，目的都是追求智慧和真理。追求智慧和真理的目的都是为了美好的人生，两种方式我们最好结合起来使用。这样才能够达到对年轻人的教导,使他们能够走向哲学生活。哲学生活不论是从哪个方面看都是值得我们追求的,是最美好的生活方式。

六、尾声

苏格拉底讲完以后,克里托问苏格拉底关于身后事还有什么要交代的。苏格拉底说道:"如果你放任自己,不能按照我现在和过去曾经展示的生活方式生活,那么不论你现在如何和我一条心,都不会有任何好处。"(Plato. *Phaedo*. 115b)也就是说,如果他们能够按照他平时的教导过一种哲学生活,就是对他最好的报答。这也就是见贤思齐,从善如流的生活方式。我们应该"效法苏格拉底",像苏格拉底那样生活,通过观想苏格拉底,达到和苏格拉底的人格同一性。但是他也感到自己无法说服克里托。克里托是凡夫,无能过哲学生活,对于哲学的论证也不能接受。苏格拉底告诉克里托,他对于自己的身体无所谓,随便怎么处理都行。这个肉体并不是苏格拉底,他的灵魂将离开这个肉体。这里显示了苏格拉底对于肉体的蔑视态度,这正是哲学生活包含的超然忘我的自由境界。

然后苏格拉底去洗澡,学生们感到巨大的不幸就要来临了。他们一致认为苏格拉底就像是他们的父亲,他们从此就要成为孤儿,感到了巨大的痛苦。最后狱卒送来了毒药。狱卒也哭了,认为苏格拉底是他见到过的最高尚、最温和、最善良的人。然后苏格拉底平平静静、高高兴兴地把毒药喝了下去。学生们终于忍不住了,眼泪哗哗地流了下来。苏格拉底要求他们不要哭,人最好在安静中死去,这样灵魂才不会受到干扰。(佛教也如此认为)。他们赶紧止住了眼泪。最后苏格拉底躺下来,身体逐渐变冷,最后他告诉克里托应该向医药神阿斯克勒皮俄斯(Asclepius)献祭一只公鸡,然后他离开了这个世界。

关于苏格拉底的最后遗言,后人有各种猜测。首先,这表明了苏格拉底和政治的和解,因为按照当时希腊习俗,人在治愈疾病后应该向医药神献祭,这表明了苏格拉底是遵从城邦政治习俗的,他没有在行为上和城邦对立。其次,我们还应该知道,医神是太阳神与凡人女子所生。幼时他师从半马人克戎习得医术,技艺高超,具有起死回生之力。因此他触怒了宙斯,后者用雷将他劈死。在希腊神话传统中,人与诸神之间最大的区别就是人是有死的，而诸神是不死的。当医神的技艺掌握了凡人生死的奥秘，并有能力救死者重生时，他就消除了神和人的界限。这是他遭受惩罚的原因。如果死亡是最大的疾病，那么消灭死亡、起死回生就是最高超的医术。因此苏格拉底和医神的相似性就在于他也试图克服死亡的这种疾病。苏格拉底试图证明灵魂的不死，就是要证明人身上的不死性，从而消除人和神的传统区分。准确地说，苏格拉底是旨在医治死亡引起的恐惧的疾病。我们不能克服肉体的死亡，但是我们可以凭借智慧克服死亡带来的恐惧。在古典哲人看来，七情六欲都是人生的疾病，对死亡的恐惧是最大的疾病之一。只有医治了死亡恐惧的疾病，人们才能更好地享受生命的乐趣。他通过证明灵魂不死，告诉世人死亡只不过是灵魂从肉体中的解脱，死亡是快乐的事情，而不是悲伤的事情。在此，苏格拉底试图取代医神的地位，净化人们对死亡的恐惧。苏格拉底的这种做法和佛陀极其相似。佛陀在《佛遗教经》中说："世实危脆、无坚牢者，我今得灭，如除恶病。此是应舍之身，罪恶之物，假名为身，没在老病生死大海，何有智者，得除灭之，如杀怨贼，而不欢喜。"[1]换句话说，人的生命是一个过程，这个过程的核心就是修行，修行的方法就是学习哲学，学习哲学就是对灵魂进行治疗和净化。最终我们可以说，苏格拉底才是大医王，真正的医神。而佛陀也自比为医生："我如良医！知病说药，服与不服，非医咎也。又如善导，导人善道，闻之不行，非导过也。"(《佛遗教经》)

七、结束语

本篇对话的主题是非常丰富的。首先是对灵魂不死的论证，就像其他柏拉图对话都各自探讨一个主题一样。当然在整个对话中，似乎没有得出灵魂不死的确切结论，这也和柏拉图的其他对话相似。最后苏格拉底诉诸对灵魂不死的信仰，认为这种信仰是值得的冒险，比相信灵魂会死要好得多。如果按照《会饮》中的观点，苏格拉底曾经表示，人们希望死后灵魂存在，这就意味着灵魂本身就是不死的。欲望决定存在。或者说，灵魂的本性确实是不死的，只是我们对这个奥秘是无知的，所以我们才希望

[1] 本篇对话和《佛遗教经》有很多契合之处。

灵魂不死，害怕灵魂会死。我们应该根据智慧，相信灵魂的不死。其次，相信灵魂不死有利于尘世的道德生活。因为灵魂不死，我们在今生的所作所为就不会随着我们的死去而化为泡影。我们的善行会获得报答，我们的恶行会获得惩罚。虽然希求报答的愿望并不高尚，但是却可以有力地促进我们的善行。所以我们必须在今生弃恶从善。"诸恶莫作，众善奉行"。因此康德才指出，灵魂不死是实现和追求更高道德生活所必须的。再次，这篇对话是苏格拉底教导后人如何面对死亡。每个人都要死亡，如何面对死亡是每个人都必须面对的问题。认识或者相信灵魂不死对于我们的生命也是至关重要的。可以说，不能正确地面对死亡也就不能正确地面对生命。如果人们在生命中始终处于对死亡的恐惧中，他们就不能充分享受生命的乐趣。可以说不会死，也就不会活。"未知死，焉知生"。对死亡的超然态度就是对死亡的恐惧的净化，对死亡的恐惧的净化是我们充分体验到生命的纯洁性和神圣性的重要条件。如果我们不能超越死亡，生命对于我们就是一种疾病。通过对灵魂不死的认识和信仰，就能够克服死亡对于生命的伤害，使我们充满对生命的永生的希望和热情。再次，这篇对话是苏格拉底教导我们如何面对不义的死亡，或者如何面对政治的不义。因为苏格拉底的死亡不是正常的死亡，而是暴死或者死于非命。面对政治的不义，我们现代人往往是倾向于抱怨、抗议，甚至造反或者革命。但是这种方式对于人生的完善和提升是极为有限的。因为政治生活的不义是政治生活的常态，我们不可能建立一个绝对正义的政治社会。所以我们必须学会面对和承担随时随地存在的政治不义。如果我们只想改造社会，却不想改造自己，那么永远也不可能建立完美的社会。自我改造的首要内容就是对不义的承担和超越。苏格拉底教导我们，应该学会超然地面对政治的不义，不要过于激愤地面对不义。这种超然来自哲学生活的理想。哲学生活高于政治生活。但是哲学生活并不反对政治生活。哲学生活就寓于政治生活之中。我们应该更加关心的是哲学生活的可能性和完美性，而不是关注政治生活的不完美性。政治生活达到的完美性永远是低级的有限的，我们应该把自己的精力全力以赴地投入到哲学生活中。当我们在哲学生活获得了充分的快乐和智慧后，就能够超越的泰然的面对政治生活及其不义。或者说，如果我们以出世的哲学心态面对政治世界，政治生活的不义就不会显得特别严重和痛苦了。哲学生活给予我们的快乐是永恒的，不会随着政治生活的不义而消失和减弱，我们越是在哲学生活中感到自足和快乐，我们就越是对政治生活的不义和缺憾“泰然处之”。政治首先和人的生命相关。如果不能超越生死，就不可能超越政治。可以说，苏格拉底对于生死的超越就是对政治生活的超越。他对政治的超越也表现为他和政治的和解。苏格拉底和政治的和解并不是对政治的妥协，也不是像现代性那样追求的哲学和政治的同一性，而是真正超越了政治的有限性的表现。苏格拉底的死亡本身就是一个政治事件，他如何对待这个政治事件，同时就是他如何对待政治的表现。政治就是命运。但是哲学超越了命运，支配了命运。他对于死刑的顺从本身就是他的自由的体现，而不是他的局限性的体现。即使政治可以支配他的生命，但是不能支配他的精神。所以谋求政治的自由并不在于建立自由的政治制度，而在于对政治本身的超越态度。这也就是“随心所欲不逾矩”的含义。我们可以被迫承担自己的政治命运，也可以自由地承担自己的政治命运。自由地承担政治需要对政治的本质有所认识。只有我们清楚地认识了政治的本质，才能更好地超越政治。以超越的态度对待政治，这本身就是最好的政治参与。通过这种超越，政治的重要性被贬低了，人们能够把更多精神专注于对自己人格的完善上，而不是对政治问题的关注上。“古之学者为己，今之学者为人。”他对于死亡的超然同时就是他对于政治的超然。我们必须把死亡和政治结合起来才能更好地理解苏格拉底的死亡。最后，这篇对话是对苏格拉底的菩萨道和慈悲心的展示。慈悲心是智慧的重要果实和表现。没有慈悲心，就不可能有智慧。而智慧必然表现为慈悲心。因此我们不要执着于这篇对话中苏格拉底的哲学论证，不要急于指出苏格拉底的论证中的错误。我们必须善于透过文字去发现文字背后的东西，“意在言外，言不尽意”。当我们透过文字去理解这篇对话时，就会发现和注意到苏格拉底以自己的不义命运展示的那种慈、悲、喜、舍的“四无量心”。他面临着不义的死亡，但是却没有表现出任何的悲愤和不安。这种不义的死亡对他没有任何的干扰和影响，他的心中没有任何对死亡的恐惧，反而努力消除他人对于死亡的恐惧和悲伤。这就是他对于死亡恐惧的净化，是他出于对世人的大爱和慈悲的“反向关怀”。当然这种大爱和慈悲来自哲学生活。所以学习哲学，过哲学生活，这是苏格拉底的终极教诲。他似乎是在告诉我们：“你们看，我现在面临死亡，但是我并未感到愤怒和恐惧，我坦然地接受这种命运。这意味着我根本不关心自己个人的生死命运，我更关心的是对智慧的追求。”因此苏格拉底通过表现对死亡的无惧，而突出哲学生活的美好。和哲学生活的美好相比，死亡算不了什么。如果我们的一生在这么美好的哲学生活中度过，死后是不是存在灵魂也就不那么重要了。

第四节　内圣外王——《理想国》解读（政治篇）

《理想国》大体上可以说由四场论辩组成。第一场论辩是第一卷，是苏格拉底和玻勒马霍斯、色拉叙马霍斯的论辩，是对于正义的初步论辩，以最终说服了色拉叙马霍斯结束。第二场论辩是第二卷到第四卷，是苏格拉底和格劳孔、阿得曼托斯的论辩，是对什么是正义的国家和正义的个人的讨论。苏格拉底描绘了正义的国家和个人的本质。第三场论辩是第五卷到第七卷，是玻勒马霍斯、格劳孔和阿得曼托斯共同发起的，是要求苏格拉底进一步说明如何建立正义的国家和如何培养正义的个人的问题，涉及哲人的塑造和培养的最高问题。第四场论辩是从第八卷到第十卷，是对非正义的国家和个人的批判，主要是对僭主的批判。其后对正义者幸福和不正义者不幸福的讨论是对格劳孔的回应，第十卷对诗歌的批判则是对阿得曼托斯的回应。

柏拉图为什么要探讨理想的国家？这涉及对人性的认识。人是政治的动物，“城邦之外，非神即兽。”因此我们不能到政治生活之外探究人的本质。对理想国家的设想就是对人的完美自然的设想。我们要成为一个完美的人，要获得人世的幸福，只能在理想的国家中寻找。因此理想国是我们实现自己的本性的唯一场所。即使是一个哲人也只能在理想国中充分实现自己的人性。同样，国家不是一个机械论的装置，也不是纯粹功能性的组织，国家本质上就是一个人的扩大版。准确地说，理想国就是“放大的哲人”，一个理想的国家本质上就类似于一个哲人。而哲人则是微观的理想国。哲人是万物的尺度，柏拉图是按照哲人的本质构想理想国家的本质的。理想国就是一个哲人的“政治学模拟”，正如《蒂迈欧》中的宇宙是哲人的“宇宙学模拟”一样。哲人和国家的本质同构性是我们理解哲人和国家的关键。但是在现代性的非政治化或者泛政治化的倾向中，哲人的本质和国家的本质被越来越深地误解和扭曲了。重读《理想国》可以有助于我们重新学习如何严肃或者崇高地设想政治问题。因为政治是不可逃避的命运，我们不得不严肃地对待政治。如果我们不关心美好的政治，最终就会被败坏的政治所支配。这就是“政治哲学是第一哲学”的含义。

一、第一场论辩

第一卷

第一卷是《理想国》的第一场论辩，是苏格拉底和玻勒马霍斯、色拉叙马霍斯的论辩，是对正义的初步论辩。

在《理想国》开头，苏格拉底自诉，他和格劳孔一起到比雷埃夫斯港参加向女神的献祭。这是暗示了《理想国》的政治宗教背景。政治宗教是一切哲学科学的基础。一切哲学对话都是在政治宗教背景下展开的。我们必须小心谨慎地对待政治。因此柏拉图把《理想国》的整个哲学对话安排在雅典之外的一个夜晚中。这暗示了哲学和政治的紧张关系，同时也表明即使哲学高于政治，哲学仍然必须学习尊重政治，不能因为哲学探究而危害到政治社会。也就是说，我们必须尽可能地谋求哲学和政治的和解。真正的哲人不会妄自尊大地反对国家。然后，苏格拉底认为希腊人的赛会并不比色雷斯人的更好。这似乎表明苏格拉底认为文明的希腊人并不是在任何方面都比野蛮人要好，暗示了苏格拉底对希腊政治文明的批判。

克法洛斯的儿子玻勒马霍斯以暴力方式强行留住了苏格拉底。这里显示了哲学理性总是会遇见暴力的敌对和压制，哲学理性并不能够说服所有人。这似乎表明对正义的理想国的探讨是以非正义的暴力为前提的。没有这种非正义的暴力，就没有正义的理想国的对话。当然，哲人不会被任何暴力所支配和压制。哲人会顺应暴力而扭转暴力，使一切非正义、非理性的事情向正义和理性的方面转化。因此这个情节最终显示了哲学理性对暴力的征服和驯化。

1. 苏格拉底和克法洛斯的谈话

克法洛斯是一个富有的商人。《理想国》以苏格拉底和他的谈话开始，似乎表明哲学思考应该从政治常识开始。真正的哲学思考不是从概念出发的，而是从常识出发的。因为在政治常识中恰恰包含了真理的颗粒，因此只有沿着普通人的常识观念提供的开端，我们才可能发现真理的源头。如果无视常识，我们就找不到真理的道路，我们的思考就会迷失在空洞的概念迷魂阵中。现代哲学特有的形而上学性就在于它试图以某些抽象概念来改造现实政治生活，使活生生的政治现实适用于抽象空洞的概念。这是现代哲学没有正确理解哲学和政治的本质和关系的表现。

克法洛斯提到他随着爱欲的减退，喜欢上了哲学清谈。他希望苏格拉底多来和他谈论哲学。这里暗示了哲学的非爱欲的本质。哲学只有摆脱了对尘世的爱欲才能真正出现和生长。如果我们执着于尘世的荣华富贵、功名利禄，就不可能进入哲学智慧的大门。但是如果我们只是因为年老体衰、爱欲减退才开始喜爱哲学，仍然不是真正热爱哲学。因为正如《会饮》中揭示的，哲学的爱欲是最高的爱欲，从事哲学需要爱欲的最大动力。所以克法洛斯并不真正喜爱哲学，并不真正懂得哲学的奥秘。同时，这也是对《理想国》的非爱欲本质的一个暗示。理想国是一个哲人统治的理性主义国家，因此是一个非爱欲的国家。但是如果我们明白，哲人是真正驯服了爱欲的人，他把爱欲升华为了理性，那么我们就可以说，哲人才是真正实现和满足了爱欲的人，理想国才是一个爱欲获得了最终实现和满足的、真正爱欲化的国家。这种爱欲的完全实现和满足也是理想国的绝对正义性的一个标志。

苏格拉底表示他喜欢和年长者谈话，因为他们更加有智慧，但是实际上未必如此。他当然明白克法洛斯并不真正理解哲学，因此他向克法洛斯请教一个最通俗的问题，即年老的晚景是痛苦还是快乐。这个问题暗示了我们应该如何度过自己的一生才能无怨无悔。这个问题也就是《理想国》的基本主题，即做一个正义的人，还是做一个非正义的人。或者说，是做一个哲人还是做一个俗人。但是苏格拉底把这个问题转化为克法洛斯的当前生活，体现了他的因人而异、因机施教的对话技艺。

克法洛斯认为老年人对于晚年有两种态度。一种人认为不能吃喝玩乐了，生活没有了意义。另一种人认为晚年摆脱了爱欲的奴役，可以清心寡欲、心平气和。因此他认为关键不在于年老，而在于性格。但是性格还不是智慧。只有智慧才能带来真正的幸福，而无知则必然带来痛苦，这才是苏格拉底希望得到的回答。所以苏格拉底故意说，他的幸福晚年是因为财富。这是他在询问财富和幸福的关系。按照苏格拉底的一贯立场，财富和幸福没有必然关系，财富对于人生的幸福并不重要。但是我们的无知导致我们认为财富是人生幸福的保障，所以无休止地追求财富。克法洛斯也承认了这一点。但是他又强调坏人即使有钱，也不能享受满足和安宁。这里他又强调了道德和幸福的关系。在他看来，道德就是遵纪守法，是我们获得幸福的保证，道德比金钱对于幸福更加重要。没有道德，我们就不可能幸福。但是苏格拉底认为习俗礼法意义上的道德对于幸福并不是至关重要的。他仍然想让克法洛斯说出智慧和幸福的根本关系。

因此苏格拉底进一步追问道德问题，希望说明道德和财富的关系。克法洛斯表示财富的好处就在于可以使人问心无愧，即在活着的时候可以不用作假骗人，死后要到另一个世界去时也不必因为亏欠神的祭品和人的债务而胆战心惊。也就是说，财富可以使人在道德和宗教事务上没有亏欠，使人心安理得，问心无愧。这种看法暗示财富是道德的基础和前提。没有财富，也就谈不上道德。这合乎我们一般人的看法。例如管仲就指出："仓廪实而知礼节，衣食足而知荣辱。"孔子也认为治理人民应该先富之后教之。我们现代人也认为只有把经济建设或者物质文明搞上去了，精神文明才能搞上去。这从一定程度上看当然是正确的，但是仅此还是远远不够的。苏格拉底仍然强调幸福和智慧的关系，智慧才是幸福和道德的基础。

因为克法洛斯提到了财富和道德的关系，所以苏格拉底直接切入到正义问题。正义就只是"实话实说，欠债还钱"吗？这样做会不会有时并不正义呢？这也合乎一般人关于正义的基本看法。这种正义观构成了我们的政治道德生活的基本原则。但是苏格拉底还是在暗示正义和智慧的一致性。只有智慧才能达到正义。克法洛斯显然没有能力认识到这一点,所以他去献祭了。他的道德和正义仅限于循规蹈矩、墨守成规的常识观念和生活方式。但是这种生活和观念也是我们必须尊重和维护的。我们的政治社会就是建立在这种循规蹈矩之上的,如果没有了这种“不反思”的循规蹈矩,我们的政治社会就不可能稳定和建立。特别是在现代性的条件下,当每个人似乎都在反思,都拥有真理时,对常识的维护就更加重要了。哲学智慧从政治常识开始,哲学智慧不能随意地破坏政治常识,否则哲学智慧也将成为无源之水、无本之木。哲学高于政治,但是哲学不能危害政治。

2. 苏格拉底和玻勒马霍斯的谈话

玻勒马霍斯继续了这个话题。他赞同诗人西蒙尼德的看法,即“欠债还钱就是正义。”苏格拉底表示这个定义不清楚,需要进行考察。第一,我们首先应该区分朋友和敌人,然后再确定对待他们的方式。对朋友应该给予善,对敌人应该给予恶。因此“正义就是给予每个人以恰如其分的报答。”但是这个定义把正义和战争联系起来,所以这个定义显然是非常片面的。第二,苏格拉底要求进一步探讨正义在和平时期的作用。玻勒马霍斯认为正义在订立契约时有用。他仍然是在商业经济领域中理解正义。正义最初的含义就是财富的分配公平,所以从经济财富问题切入正义问题也是理所当然的。但是如果仅仅局限在经济领域理解正义,对正义的理解还是太狭隘了,这不是苏格拉底想要的答案。第三,苏格拉底继续盘问对方。在经济领域中,有正义的人有用,还是有技艺的人有用。只有正义,没有技艺是没用的。只有技艺,没有正义也是不行的。因此只有正义和技艺结合起来才是最好的。“德才兼备”才是最好的。这里苏格拉底强调了正义和技艺的联系,而技艺是智慧的低级形式,所以苏格拉底在此仍然是在暗示智慧和正义的关系。正如在《普罗泰戈拉》、《斐多》中,苏格拉底曾经指出的,智慧是正义的根本和基础,没有智慧就没有正义。智慧是美德之“体”,其他美德如正义和勇敢只是美德之“用”。玻勒马霍斯不能理解苏格拉底的这种思路,所以他开始变得晕头转向了。第四,波勒马霍斯仍然坚持最初关于“正义就是助友害敌”的定义,于是苏格拉底开始探讨朋友的定义，即朋友是看上去好的人还是真正的好人。因为坏人也可能伪装成好人，或者人们没有能力区分好人和坏人，这样我们在帮助朋友的时候可能就是在帮助坏人，在打击敌人的时候就可能是在打击朋友。所以苏格拉底指出，朋友必须是真正的好人，敌人必须是真正的坏人。只有在朋友真是好人时，帮助朋友才是正义的；在敌人真是坏人时，损害敌人才是正义的。所以简单认为"正义就是助友害敌"是片面的。这样，苏格拉底就把敌友问题转换为好坏问题。我们知道，好坏问题或者善恶问题是苏格拉底对话的核心主题。他的对话往往把一切问题最终都回溯到善恶问题。可以说只有像苏格拉底那样思考才是在沿着正确的道路前进，否则我们的思考就是漫无目的的胡思乱想，而我们还会无知地把这种胡思乱想当作新思想新发现。这就是苏格拉底批判的"以无知为有知"的"最大的无知"。这种无知就是恶。智慧是善，无知是恶。没有智慧的人就不可能是好人。第五，因为这个定义中涉及伤害他人的问题，苏格拉底进一步问好人能够伤害他人吗？一个好人如果伤害了他人，还算是好人吗？在他看来，真正的义人不能伤害任何人，即使他人伤害他，他也不会"以恶抗恶"。伤害任何人都是不正义的。因为好人不能使用他的美德使人变坏，否则就不能称为义人，所谓"冤冤相报何时了"。"以恶抗恶"只能导致无穷无尽地相互伤害。所以好人不能伤害任何人，即使是他的敌人。玻勒马霍斯接受了苏格拉底的这种观点。这可以说是关于正义的这一段探讨的顶峰。

苏格拉底本人就实践了这种"以德报怨"的德性和智慧。他的一生没有伤害过任何人，即使面对法庭的审判，他也是无怨无悔地接受了自己的死刑判决。耶稣的"爱你的敌人"也是这种"以德报怨"的典范。老子的"以德报怨"也是强调这种严格意义上的德性。佛教的慈悲心也是强调这种德性和智慧。可见，如果我们达到了德性和智慧的顶峰，我们就会发现古今中外的圣人们得出的都是同一个结论。

3. 苏格拉底和色拉叙马霍斯的谈话

色拉叙马霍斯非常不满苏格拉底的"虚伪"或者"无知"，像一头野兽一样冲上来，对苏格拉底发起了进攻。他首先像普罗泰戈拉一样对苏格拉底的谈话方式表示反对，认为苏格拉底应该直截了当地说出自己的观点，不能只是提问而不回答。这表明智者或者僭主对于哲人的论辩没有兴趣和耐心，他们是行动的人，而不是“坐而论道”的人。苏格拉底表示被他的样子（即野蛮和暴力）吓坏了。当然苏格拉底不会被智者或者僭主之类的人吓住，他只是借此显示了智者和僭主的野蛮性。

色拉叙马霍斯指出苏格拉底是在使用“反讽法”。这种反讽法就是苏格拉底的辩证法。他表示自己不知道某个问题的答案，要求对方给出定义，然后他和对方一起探讨定义的真理性，最终使得对话者明白自己的定义的错误和自己的无知。在苏格拉底看来，知道自己无知就是智慧，因为这种无知之知扬弃了一切概念的语言的有知，使他的心灵达到了空灵清明的理性状态，一切事物的实相都能够时刻清晰地展现在他的理性之眼面前，所以他凭借“无知之知”达到了“无所不知”。但是一般人头脑中被各种各样的观念占据，根本无能认识事物实相，却认为自己聪明伶俐、无所不知，因此反而陷入了最大的无知中。因此苏格拉底的反讽法并不是把某种固定的观点强加于任何人，其目的是为了使对方自己发现真理。因为真理内在于每个人的心中，所谓“如人饮水，冷暖自知”。而且真理是无法用语言传达的，通过语言传达的真理并不是真理，每个人必须亲自发现真理，这样的真理才是具体的活生生的。因此只有反讽法才是合乎真理的。这是苏格拉底的助产术或者反讽法的真实含义。

色拉叙马霍斯并不理解苏格拉底反讽法的真实含义。他直接给出了自己的定义：“正义就是强者的利益。”他的定义不再局限于低级的经济领域，而是上升到政治领域。这是色拉叙马霍斯的头脑高于玻勒马霍斯的地方。所以他也是苏格拉底更加强劲的对手。这个定义的含义就是“谁强谁统治”，每个统治者都试图制定有利于自己的法律，但是统治者却把这个法律说成是对所有人都有利，要求其他人都服从法律。实际上这个法律只对统治者有利，对被统治者没有利益。

苏格拉底要求对这个定义进行考察。他指出，统治者总是制定有利于自己的法律，但是统治者也会犯错误，因此统治者有时会制定实际上不利于自己的法律。这样强者将危害自己的利益从而使自己成为弱者。正如一切技艺家都因为其技艺的正确性而获得其名称，一个统治者如果是真正的统治者，他就不应该犯错误。如果他还能犯错误，他就不是真正的统治者。“统治者真是统治者的时候,是没有错误的。”这里苏格拉底仍然在暗示智慧对于利益和正义的重要性,智慧才是真正的利益。统治者的正义只有在智慧和知识的前提下才是可能的。智慧是正义的绝对条件和前提,没有智慧就没有正义。因此进一步的推论就是真正的统治者就是哲学家。但是色拉叙马霍斯此时还不能承认和接受这一点。正如老子所说“自知者明,自胜者强。”真正的强者在于他的智慧,而不是蛮力。这段论证也可以看作是苏格拉底的“正名哲学”。名称并不只是语词,它本身就包含了本质和正确性,所谓“名副其实”。一个事物或者人要合乎他的名称,也就是要合乎知识和正确。这也是柏拉图的理念论的基本含义。

苏格拉底又从技艺的角度继续考察这个定义。一方面,人类社会有各种职业,每种职业或者称谓都标明某种特定的技艺,而不是标明赚钱牟利。例如医生是指示医术的技艺,而不是指赚钱的方式。这是苏格拉底对技艺和牟利的区分,不能混淆技艺和利益。技艺的本质在于它指向某种事物的自然,而不是在于它的获利。另一方面,技艺总是和利益相关,技艺必然追求和带来利益。每种技艺都有自己的利益。技艺的利益一方面是指技艺本身的尽善尽美。人们的技艺水平是不同的。有人的技艺高超,有人的技艺则低下。但是因为各种技艺都是专门的特殊的技艺,每种技艺只关注自己的领域和对象,所以每种技艺先天都是有欠缺的,这种专门的技艺不能达到更高意义上的整体性。因此任何一种技艺都需要其他技艺的补充和校正。简言之,社会整体由各种职业和技艺组成,每种职业都只是关注自己的领域。这种各自为战的状态并不一定带来整个社会的和谐和统一,所以必须由更高更大的技艺来协调各种技艺和职业。这个更大的技艺就是政治的技艺。也就是说,政治的技艺不是追求某种任何特殊的利益,而是谋求整体的利益,它的任务就是协调各种技艺和利益。所以政治的技艺恰恰没有自己的特殊利益,而是追求普遍的整体的利益。如果政治的技艺能够做到这一点,就必须依靠哲学的技艺。哲学严格来说不是“技”或者“艺”,而是“道”。所谓“技进于艺,艺进于道”。只有哲学的技艺才能弥补政治的技艺可能包含的无知之误。因此政治的技艺依赖于哲学的技艺,或者政治的法律依赖于哲学的智慧。哲学的智慧是对自然的认识和揭示,而自然是唯一的最高的标准。因此只有合乎自然才是绝对的真理，才能消除无知和错误。各种技艺是对智慧的使用。智慧是技艺的"体"，技艺是智慧的"用"。当然，这个自然并不是感官意义上的现象，而是"作为自然的自然"，也就是永恒不变的自然。因此自然就是理念，理念就是自然。理念内在于灵魂本身，所以对理念的认识就是灵魂对自己的认识。真理的发现就是灵魂的自我认识。所谓"心外无物"。

苏格拉底进一步指出，技艺并不只是追求自己的完美，而是追求它所应用于其上的对象的利益。如果技艺到了炉火纯青的境界，技艺就会和自己的对象融为一体，技艺者就会完全顺其自然、得心应手、无时不中了。技艺会完全合乎对象的本质和自然，使对象获得最大的利益。因此技艺的利益并不在自身，而是在于使对象完全合乎自身。技艺的最大利益就是没有任何自己的利益，完全以对象的利益为自己的利益。所以苏格拉底指出，任何技艺都不是为它自身，而是为它的对象服务的。古人讲究"成己成物"，只有成物，才能成己。只为自己的利益，就不可能成就自己。只有舍弃自己，达到无我，才能成就自己。因此技艺的最高境界就是近于道本身，达到"物我两忘"、"天人合一"的境界。

这时色拉叙马霍斯开始逐渐赞同苏格拉底的观点了。技艺是支配其对象的，因此技艺不能只顾及自己的利益，而不考虑对象的利益。这就意味着强者不可能只考虑自己的利益，而不考虑弱者的利益。真正的统治者必须全心全意地考虑被统治者的利益。只有这样统治者才能实现自己的最大利益。这样色拉叙马霍斯关于"正义就是强者的利益"的观点就被颠倒为"正义就是弱者的利益"了。但是他还不甘心失败。他立刻发表了一大通演说。色拉叙马霍斯对比了正义的人和不正义的人在现实生活中的各种利益得失。好人总是吃亏，坏人总是占便宜。不正义的人总是最快乐，正义的人总是最痛苦。所以他认为做坏事就必须彻底和极端，不能小打小闹，这样强者就会成为最高的统治者和正义者。所谓"大盗窃国"。最后他说："不正义的只要干得大，总是比正义更有力，更如意，更气派。"色拉叙马霍斯的这个演讲可以称为"僭主颂"。

这个演说可以说是现实主义政治哲学的代表。马基雅维里乃至整个现代政治哲学都是建立在这种现实主义政治哲学的基础上的。对这种现实主义政治哲学的反思和批判是我们重新理解柏拉图政治哲学的重要起点。这种观点非常符合我们对现实生活的感受和认识。所谓"成王败寇"就是这种现实主义政治哲学的观点。如果我们认可和接受了这种观点，那么我们就向野蛮和无知妥协了。苏格拉底竭尽全力要反对和批判的就是这种观点包含的无知和野蛮。他从理性主义性善论的角度指出，人们对于财富和权力的争夺都是基于对"好"的理解和追求。只有在人们把财富和权力看作是好的前提下，人们才会去追求这些东西。但是这些东西只是善的影像，并不是善本身。如果我们认识了善本身，我们就不会再去追求善的影像了。因此世人对财富和权力的追求在于他们对好的错误理解，在于他们的无知，而不在于财富和权力本身。因此如果我们要获得真正美好的生活，就应该认识善好本身，这种认识就是哲学。苏格拉底就为我们展示了这种哲学生活。但是色拉叙马霍斯以及现代性的政治哲学家都没有看到这一点，或者不承认这一点。他们只是看到了人们你死我活、尔虞我诈的行为的表象，而没有追究这些活动背后的动机和意图。因此他们对人性的认识是片面的狭隘的。可以说，现实主义政治哲学是基于对人性的事实和真理的无知。

当色拉叙马霍斯发表完演讲要走开时，苏格拉底阻止他，认为这是涉及每个人的人生道路的重大问题，不能不经过证明和考察就扬长而去。苏格拉底表示他无论如何不相信，不正义比正义更加有利。因此他接下来从"无人自愿统治"的观点开始讨论，这个简短的讨论蕴含着很多层含义。首先，一般人都不愿意担任公职，因为担任公职是为了被统治者的利益，而不是为了他们自己的利益，因此人们才要求报酬。这句话表明了政治权力的公益性本质。所谓"天下为公"。其次，现实情况是，人们都愿意做官，愿意统治，而不愿被统治。这表明人们都在试图通过做官来谋求自己的私利，而不是一心为公，舍己为人。这样的人都不适合做统治者。这句话表明在现实政治生活中，政治权力的公益性被扭曲了，政治权力成为了谋取个人私利的工具。第三，只有好人才是合格的统治者。因为好人不会为了名利而做官，不会假公济私，贪污受贿，贪图名利被他视为可耻。所以只有好人才能把国家治理好。这句话表明了苏格拉底的"贤人政治"的观点。只有"选贤与能"才能治理好国家。第四，好人不愿统治，没有政治野心。好人宁可被人统治，也不愿统治他人。因为这类事务是非常低级和繁琐的，对于追求智慧来说，没有任何帮助。好人首先关心的是自我完善，然后才考虑去帮助他人。这句话表明好人对政治权力的蔑视，正如《理想国》后面揭示的。第五，我们必须强迫好人做官，如果好人或者哲人不统治，坏人就会来统治，那么这就是更大的不幸和惩罚。最大的惩罚是坏人统治，好人被统治。这样好人也往往难以独善其身。好人必须为了避免这种更大的惩罚出来做官。所以对好人的惩罚就是让他当官，这是对好人施加的不正义。但是这种不正义和最大的不正义相比仍然是最小的。这也就是“两害相权取其轻”。哲人是真正的好人，哲人关心政治是不得已而为之的。这句话表明了理想国是建立在对哲人的不正义的前提下的。哲人遭受的不正义（自我牺牲）维护了国家人民的正义。第六，苏格拉底进一步指出，如果全国都是好人，那么就不需要有人做官了，也不会像现在这样大家都争着当官。这句话表明国家生活的统治和被统治并不是“最佳”的状态，因为人性的参差不齐、欲壑难填、愚昧无知，人类的公共生活变得危机四伏，所以必须建立统治和被统治的政治秩序。这也是不得已而为之的办法，正如法律和道德的制定也是不得已而为之的办法。这类似于“大同和小康之辩”。总而言之，苏格拉底的这一段话几乎包含了理想国的所有内容，包含了他对人类政治生活的深刻观察和反思。

接下来，苏格拉底从三个方面反驳色拉叙马霍斯关于“不正义的人过得好”的观点。第一，正义和智慧。色拉叙马霍斯认为不正义是美德和智慧，不正义的人是又聪明又好的人，正义者是既笨又坏的。他完全否定了人们把不正义看作是邪恶和不道德的主流观点。这也显示了他对权力意志的推崇和对普通道德的蔑视。苏格拉底反驳说正义的人不会想要胜过其他的正义者，只想胜过不正义者。不正义者既想胜过正义者也想胜过不正义者。苏格拉底指出，有知识的人并不想要胜过同类，只想胜过无知的人就行。因为知识在于对自然的正确认识，而自然正确是唯一的。无知识的人既想要胜过不同类的人，也想要胜过同类的人，因为他对于自然正确一无所知，只能把胜过他人作为正确或者好的标准。这意味着正义者是又好又聪明的人，而不正义者是又笨又坏的人。这样他就证明了正义就是智慧和善，不正义就是愚蠢和恶。第二，正义和力量。色拉叙马霍斯认为“不正义是强有力”。苏格拉底指出任何团体如果要做出违背正义的事,其彼此之间必须是正义的。否则就会产生分裂和冲突,从而变得无能为力。所谓“盗亦有道”。可见人是道德的动物。非道德也必须以道德为前提,正义比非正义更加根本和原始。相反,正义的人则可以彼此友好和谐,他们能够做出更加强大和有力的事情。同样,如果不正义发生在一个人身上,这个人就会和自己为敌,自相矛盾而不能行动,也不能对抗正义者。所以不正义者根本不能做出任何决定和行动,根本不是强有力的人,正义者才是强大有力的人。所谓“正义终将战胜邪恶”、“邪不压正”。第三,正义和快乐。色拉叙马霍斯认为“不正义者更好更快乐”。苏格拉底反驳说,任何事物都有其特定的长处和用处,因此任何事物都有其特定的德性。心灵也有其功能和德性,如果心灵失去了其特有的德性,就不能很好地发挥其功能。正义是心灵的德性,不正义是心灵的邪恶,是心灵的德性的丧失。因此正义的心灵生活得好,不正义的人生活得坏。生活得好的人快乐,生活得坏的人不快乐。因此正义者是快乐的,不正义者是不快乐的。快乐是有利的,不快乐是不利的。这样苏格拉底就彻底反驳了色拉叙马霍斯的观点。色拉叙马霍斯似乎接受了苏格拉底的观点,两个人私下里成为了好朋友。但是苏格拉底却表示对正义的问题仍然没有答案,这就为下面的对话奠定了基础。

这段对话显示了哲人对僭主的驯服,暗示了哲人和僭主的结合。这种结合是柏拉图对话的主题之一。因为哲人是纯粹理论的人,僭主是纯粹行动的人。只有理论和实践相结合,我们才能产生实际的政治结果。只停留在纯粹理论中或者只局限于纯粹的行动中,都不可能产生好的政治结果。所以柏拉图暗示哲人和僭主的结合。这也是阿尔法拉比所说的苏格拉底的方法和柏拉图的方法的区别。从实际历史看,哲人很少直接做统治者,而是更多适合做“帝王师”。当然,我们必须对这种结合保持高度的警惕和质疑。从实际状况看,哲人几乎不能说服僭主,僭主也不可能服从哲人。僭主是被自己的欲望支配的,哲人的智慧几乎无法进入他的内心。哲人和僭主的结合几乎是不可能成功的。因此哲人对于政治的干预应该更多停留在“教化”的范围,不能进入到实际的权力和决策层中。从历史上看,涉足政治的哲人几乎没有好下场。所以苏格拉底强调哲人应该是非政治的,哲人应该远离政治是一种真知灼见的真理。

二、第二场论辩

第二卷

第二场论辩是从第二卷到第四卷，是苏格拉底和格劳孔、阿得曼托斯的论辩，是对什么是正义的国家和正义的个人的讨论。苏格拉底首先描绘了正义的国家和个人的应然状态或者理想状态。

格劳孔对色拉叙马霍斯的轻易认输表示不满。他是歌者和勇士，类似于孔子的弟子子路。他向苏格拉底发起进攻。他首先列举了三种善。第一种善是我们追求它只是为它本身，并不顾及它的后果。例如单纯的快乐或者娱乐。快乐的结果有时是有益的，有时是有害的。第二种善是我们爱它既是为它本身，也是为它的后果。例如视力好，身体健康，明白事理。身体健康本身就是善，而且身体健康也可以使我们更好地从事其他活动。第三种善是谋利之事，我们追求它不是为了它本身，而是为了它能够带来的利益。格劳孔的言下之意就是指道德和正义。所以苏格拉底认为正义属于第二种。而格劳孔却认为，人们追求正义不是为了正义本身，而是为了正义带来的名和利。苏格拉底承认这种看法是一般人的主流看法。

接下来，格劳孔从三个方面对色拉叙马霍斯的观点进行了复述，并且表示虽然他并不相信这些观点，但是希望听听苏格拉底对正义的辩护，解答他内心的困惑。第一，正义的本质和起源。格劳孔坚持了契约论的正义观。人们都因为做过不正义的事而尝到甜头，也都遭受过不正义的危害。最后人们决定订立法律契约，把守法的叫作正义的，所以正义就是最好和最坏的折中。最好的就是做了坏事不受惩罚，最坏的就是受了罪而没法报复。正义并不是因为其本身善而被人们追求，而是因为人们没有力量去做不正义的事。真正强有力的人是不会顾及法律和正义的。这种契约论的正义观意味着正义只是人们之间的一种约定，没有自己的自然本质。这也就意味着根本没有正义。这种观点和后来的霍布斯的观点是一致的。霍布斯认为在自然状态下，人人为敌。为了脱离暴死的命运，人们才订立契约，设立法律，维护和平。因此正义或者法律并不是人们真正想要追求的善。这种观点把暴力或者利益看作是更加根本的，而正义和道德法律都是后来的人为的。可以说，这种观点是基于对人性的无知。人是政治、道德的动物，人类社会从诞生之初就是道德性的。处在政治文明之前的自然人是不存在的。我们不能到政治文明之外去设想人的本性。对于人类自身而言，正义、道德和法律比非正义、非道德更加根本。格劳孔之类的人都没有认识到人性的自然，他们关于道德法律的契约论观点是错误的。第二，格劳孔指出做正义的事情的人并不是出于自愿，而是没有能力。如果有条件有能力，那么几乎没有人会愿意追求正义。所谓"人不为己，天诛地灭。"他举了一个著名的"古各斯指环"的比喻。一个人只要有可能就会尽可能做坏事，做正义的事都是被迫的。这和尼采的"权力意志论"非常相似。尼采也认为道德起源于非道德，人们追求道德只是因为自己的权力意志的衰弱。真正有权力意志的人根本就不会顾及道德，反而会蔑视道德，或者要重新建立道德。最高权力意志者是新道德的立法者。这也表明了尼采对于人性的本质的无知。第三，格劳孔认为不正义者最快乐。他把正义者和不正义者都极端化或者典型化，对正义者和不正义者进行了对照。他认为不正义者坏事做绝，有名有利，其最高境界就是"嘴上仁义道德，肚子里男盗女娼"。正义者则拥有"大逆不道"之名，"国人皆曰可杀"，而他仍然大义凛然，以身殉道。临死前他可能会后悔自己不应该做正义的人，而应该做不正义的人。因此不正义的人才是求真务实的人。他们在做官、婚娶、经商、诉讼、祭祀方面都将比正义者做得好，世人和诸神将都会给不正义者安排更好的生活。所以不正义者要比正义者快乐。

接下来，阿得曼托斯也发起攻击。他把正义和不正义的问题引入到诗人和诸神的领域之中。他提到了荷马、赫西俄德、俄耳甫斯、品达等。他首先引述了诗人对正义的颂扬和对不正义的谴责。接着，他又引述了诗人的相反说法，认为美德虽然是好的，但是很艰苦，而邪恶则很容易、很快乐。诸神给好人多灾多难，给坏人种种幸福。即使做了恶事，只要善于祭祀和符咒，就能驱神役鬼，获得赦免。他看到这些说法对年轻人造成了很大的危害，不知道自己应该做什么样的人了。智者也宣扬"貌似远胜真实"，认为有正义之名远比有正义之实要好得多。他还列举了三种神学思想，即无神论的观点、神不关心人间事务的观点和诸神可以被贿赂的观点。[1] 既然如此，我们就没有理由选择正义的生活，拒绝不正义的生活。因此，关键问题就是必须说明正义和不正义本身究竟是什么，而把两者的名都丢掉，单纯地考察正义和不正义本身。因为不正义者可以有正义之名，并且因此获得各种好处。正义者可能没有正义之名，成为“道德的悲剧英雄”。也就是说，我们必须探讨正义本身对心灵产生了什么影响，而不要考虑它在社会生活方面带来的影响。如果能够证明我们可以单单从正义本身获得报偿，正义本身就能够带来幸福和快乐，而不需要任何来自社会的报偿。那么年轻人就能心甘情愿地选择过正义的生活，而拒绝不正义的生活。否则人们只能选择沽名钓誉、阳奉阴违、趋炎附势的不正义者的生活。这样阿得曼托斯就把正义问题和心灵问题联系起来了。这是对格劳孔的观点的深化和强化，同时也拉开了哲人和诗人之争的序幕。可以说，如果诗人具有真知灼见，没有宣扬那么多关于诸神和道德的不利言论，哲人就不会和诗人为敌，那么哲人和诗人的矛盾也就不存在了。

我们可以看到，柏拉图对正义的理想国的探讨建立在对不正义的极端展示的前提下。如果我们简单地认为柏拉图缺乏对于政治现实的深刻认识就错了。柏拉图同样看到了政治生活的基本事实，他的政治哲学就是从这种政治现实出发的。而马基雅维里所谓的“不是关心人们应该怎么生活，而是关心人们实际上怎么生活”的现实主义原则，其实已经被柏拉图思考过和批判过了。马基雅维里只看到了人们现实生活的表象，而没有通过表象看本质。因此他对人性的自然是缺乏真实的认识的。而柏拉图是从人的动机和目的出发理解人性的。只有理解了人们行为的动机和目的，我们才能真正理解人们的外在行为。这应该是一个基本常识，但是现代哲人却遗忘了这个基本常识。进一步，我们也可以说，马基雅维里的现实主义其实也是一种“理想主义”。当他要求我们“应该”按照“现实法则”思考和生活时，他的“应该”不也是一种理想主义原则吗？他的这种现实主义只是一种不自觉的理想主义，是对自己的原则和前提缺乏充分反思的理想主义。马基雅维里“不知道自己在说什么”。这正是苏格拉底

---

[1] 可以参考在《法律篇》第十卷关于这三种观点的讨论。

所批判的“最大的无知”。苏格拉底和柏拉图的政治理想主义是建立在对人性的充分认识和对自己的哲学原则进行充分反思的前提下的。可以说，只要人们在进行理论思考，这种思考就是理想主义的，或者说是观念主义、唯心主义的。因此根本不存在所谓的“现实主义”，理想主义才是更加根本和原始的。我们最需要思考和关注的不是现实如何，而是理想如何。

苏格拉底决定“以大见小”，先考察城邦的正义，再来考察个人的正义。

苏格拉底决定首先从一个城邦的成长看正义和不正义的成长。在他看来，人是政治的动物，因此国家先于个人。没有国家，就没有个人。个人的正义必须在国家的正义中寻找。在理想国家中，国家的正义和个人的正义不是两个东西，而是一个东西。也就是说，国家的正义和灵魂的正义都是合乎自然的正义。但是在现实国家中，政治的正义难以达到哲人的正义。政治的正义往往局限在法律的正义中，而哲人的正义是自然的正义。自然的正义高于法律的正义。因此我们仅仅在政治范围中寻找正义是不够的。只有超出政治的正义，我们才能发现绝对的、自然的正义。理想国的正义就是对哲人的自然正义的模仿和分有。

（一）国家的起源

苏格拉底首先从城邦的起源开始。这个过程可以划分为两个阶段。第一个阶段是“猪的城邦”。他认为人们组成城邦是因为人类需要很多东西，例如粮食、衣服、住房等。个人是不能自足的，人们必须共同协作。而且人们天生是不一样的，各人性格不同，适合不同的工作。一个人只从事一个工作，其效率就会比较高，劳动分工是有益的。如果一个人制作所有生活必需品，那么他的生活将是艰难的。这样苏格拉底就提到了各行各业的人，农夫、鞋匠、织布工人、牧羊人、商人、雇佣工人等。

这是苏格拉底对人类社会起源的劳动分工论的解释。他把人类社会建立在一个相互需要、休戚与共、相互帮助的基础上。在他看来，政治文明并不是对人性的压抑和强制，而是出于人类生存的必要条件。因此人是政治的动物，人类社会的存在是合乎人性的、自然的。人的这种政治状态就是人的自然状态。我们不能从人类社会之外去设想人性的本质。在古典哲人看来，人是一种不同于其他动物的动物，这种动物的属性就是具有道德性和政治性。因此对这种动物的本性的认识必须从政治和道德的角度进行。正如马有马的属性，牛有牛的属性，只有认识了这些动物的不同属性，我们才是认识了这种动物，对人的本质的认识也是如此，只有从道德文明的角度才能认识人性的自然。如果我们无视人类和其他动物的不同属性，就不能真正认识人类这种动物了。所以古典哲人致力于研究道德和政治文明的问题，以此认识人类的本质自然，并且把这种认识看作是认识一切事物和问题的根本出发点。政治哲学被看作是"第一哲学"。相反，现代哲学家如霍布斯、洛克等人的社会起源论则认为人本质上并不是政治性或者道德性的。每个人本质上可以独立生活，人和人的关系并不是相互需要、共同合作的。人们之所以结合成为一个政治共同体，只是为了防止相互的残杀和伤害。因此政治社会起源于对人性的贪欲的压制和约束，道德和政治并不是人的本质需要。这表明，他们都试图在政治社会之外设想了一种人性的自然，他们认为政治和道德都是后来的，不是原初的。他们倾向于把人类看作是一种非道德和非政治的动物，也就是说，他们试图抹杀人类这种动物和其他动物的属性差别，不再从政治和道德的角度理解人性，否定了人性的政治性和道德性的属性。❶ 一切事物依据其属性差别而被认识，因此现代哲学就不能认识人类动物的特殊本性了，也就取消了政治哲学或者道德哲学。而政治哲学是第一哲学，取消了政治哲学，也就取消了一切哲学。所以我们只有看到人是一种不同于其他动物的动物，这种动物是有道德和政治的动物，重新把道德和政治作为认识人性的唯一正确前提，我们才能真正理解人性，回到古典政治哲学的原初视野。现代政治哲学本质上都是反政治的，因此是反人性的，都是出于

---

❶ 这意味着现代哲学太把道德当作道德了，这种立场其实是一种道德主义的立场。这种道德主义立场根本没有理解道德和政治的本质。而古典哲人没有道德主义的狭隘意识。在古典哲人看来，从政治和道德角度理解人性并不就意味着把人和动物区分开了，拥有道德和政治文明的人类仍然是一种动物。政治和道德只是人这种动物的一种属性或者特征，这种属性或者特征并不是把人和动物区分开的标准。我们不要认为把道德和文明赋予人类就否定了人性的动物性。只有哲人凭借理性和智慧才真正消除了自己的动物性，达到了人性的最高可能性。

对人性的无知。当卢梭把现代政治哲学中的“自然状态论”推进到底，他就发现在政治社会之前的人根本就不是人，只是动物。从动物到人类，其实没有道路可行。卢梭试图从道德和政治角度重新理解人性，但是他没有进一步看到人性的自然差异性，仍然坚持了人和人的自然同一性，所以他也没有超出现代性的政治哲学的思维方式。他的民主主义也只是给现代性的政治哲学披上了一层道德的外衣，并未回到苏格拉底的政治智慧。现代政治哲学对人性的理解是非常抽象和形而上学的，因此是非常片面和错误的。

苏格拉底设想了这个城邦中人们的生活。人们将仅仅满足于口腹之欲，健康和平地度过一生，无疾而终。在这样的国家中没有对名誉的追求，没有贪欲导致的战争，甚至没有语言，没有道德，人像羊群一样生活。这被格劳孔称为“猪的城邦”。这个猪的城邦类似于在《政治家》中苏格拉底描述的黄金时代的人们的生活，也似乎和老子、庄子的“至德之世”非常接近。老子认为：“不尚贤，使民不争；不贵难得之货，使民不为盗；不见可欲，使民心不乱。是以圣人之治，虚其心，实其腹，弱其志，强其骨。常使民无知无欲，使夫智者不敢为也。为无为，则无不为。”（《道德经》，第三章）“小邦寡民。使有什伯之器而不用；使民重死而不远徙。虽有舟舆，无所乘之；虽有甲兵，无所陈之。使民复结绳而用之。甘其食，美其服，安其居，乐其俗。邻邦相望，鸡犬之声相闻，民至老死，不相往来。”（《道德经》，第八十章）庄子认为：“故至德之世，其行填填，其视颠颠。当是时也，山无蹊隧，泽无舟梁；万物群生，连属其乡；禽兽成群，草木遂长。是故禽兽可系羁而游，乌鹊之巢可攀援而窥。夫至德之世，同与禽兽居，族与万物并，恶乎知君子小人哉！”（《庄子·马蹄》）从某种意义上说，“猪的城邦”比后面的“理想国”更加是“理想国”。因为它根本不存在正义问题，所以它才是最正义的国家。格劳孔蔑视“猪的城邦”。在《政治家》中，苏格拉底也并不推崇，因为这个城邦中没有哲学。但是在此，苏格拉底认为这是一个“真正的国家”或者“健康的国家”。因为“猪的城邦”是实现了“政治同一性”的国家，人们没有个人利益的分裂，人们都把国家利益作为自己的利益。但是“猪的城邦”的政治同一性是无差别的同一性，所以是比较低级的同一性，类似于马克思的原始共产主义。在后面设想的哲人王统治的理想国中，理想国的同一性是有差异性的同一性，是包含了哲学智慧的政治同一性，因此是值得推崇的政体。

第二个阶段是“繁华的城邦”或者“发烧的城邦”。人们不会满足于“猪的城邦”中的简单生活，他们的欲望导致城邦膨胀或者发展。这个城邦着重于满足人们更多的对舒服生活的需要。例如睡椅、调味品、香水、歌妓、蜜饯、绘画、刺绣、象牙等。其他各种职业和人员也相继出现，例如猎人、艺术家、诗人、演员、教师、厨师、保姆、医生等。这样人们就需要更大的土地和资源。这种无限膨胀的欲望必然导致战争。贪欲是战争的根源。所以这样的城邦需要军队。在这样的国家中同样谈不上正义的问题。

发高烧的国家是物欲膨胀的国家。这种物欲的膨胀不但导致国家之间的战争，也导致国家内部的分裂。因此发烧的国家缺乏“政治同一性”，更加不符合国家的理念。从这个意义上看，发烧的城邦是比“猪的城邦”更加低级的国家，但是发烧的城邦因为文明获得了发展，所以它又高于“猪的城邦”。“发高烧的国家”和历史上的现实国家更加相似。历史上的现实国家都追求各种欲望，都不可避免地进行战争，同时内部也陷入勾心斗角的分裂。这种“发高烧的国家”也类似于“现代国家”。现代国家以对舒适生活的追求为目的，不再试图节制人的欲望，而是试图通过技术和劳动生产力的提高来创造无限的物质财富，以此满足人们的无限欲望，以此消除贫穷和战争的根源而达到永久和平。但是古典哲人看到，“欲壑难填”，“不患寡而患不均”，物质财富无论如何增长，都不可能真正解决人对物质财富的贪婪，所以我们仍然需要依靠道德。正如康德所说，如果不关注道德，魔鬼也可以组成一个国家，那么人的国家和魔鬼的国家、强盗的国家将无法区分。所以要净化国家就必须重视道德。只有道德成为人们的基本需要，人们的欲望才能得到一定的抑制，人性的尊严和正义才能得到一定实现。因此道德对人性的塑造是更加重要和根本的。对道德的需要也是人性的自然需要之一。

（二）国家的净化

苏格拉底接下来讨论“发高烧的城邦”的净化。理想的城邦就是净化的城邦。理想国的建立开始于这种净化。而对正义和不正义的国家的考察也同时开始。城邦的净化实际上是通过对护卫者和统治者的教育实现的。

1. 护卫者的教育 374a

“发高烧的城邦”面临战争，所以国家需要军队，必须选拔有军事才能的人。苏格拉底首先讨论了护卫者应该具备的品质。他们必须感觉敏锐、要勇敢、要有激情和高昂的士气。他们还必须对敌人凶狠，对朋友温和，就像警犬一样。否则他们的内部冲突将毁灭国家。为了把勇敢和温和这两种相反的品质结合在一起，苏格拉底以狗的例子说明两种品质结合的可能性。狗之所以能够这样做，是通过认识和不认识区分敌友的。他认为我们可以通过对护卫者的适当教育，使他们同时具备这两种相反的品质。

接下来苏格拉底讨论护卫者的教育问题。教育的基本方法就是用体育训练身体，用音乐陶冶心灵。

第一方面是音乐教育问题。音乐教育就是诗歌和故事的教育。苏格拉底认为在教体操之前先讲故事，故事可以塑造孩子的心灵。因此只能讲好的故事，拒绝坏的故事。这要求国家必须对故事的编者进行审查。这也是柏拉图的一贯立场。例如在《法律篇》中，他也讨论了关于文艺审查和游戏审查的问题。

根据这种观点，苏格拉底对荷马和赫西俄德等诗人进行了批判。他认为他们关于英雄和诸神的描述对年轻人的教育是非常不利的。他们把诸神描写得丑恶不堪，例如诸神的弑父、明争暗斗等。这种故事使人们无法对诸神感到敬畏，无助于培养孩子的美德。他认为对这些故事最好闭口不谈，不能让这些故事传入到城邦之中。苏格拉底制定了两条关于神的本质的标准。第一，神是善的。神只是善的原因，不是一切事物的原因。这和后来基督教的神义论是一致的。为了解释至善的上帝为什么创造了存在恶的世界，奥古斯丁把恶的原因归结于人的自由意志。神对恶人的惩罚也是为他们好。第二，神是不变的。神是尽善尽美的，因为智慧、勇敢、至善的心灵状态是最坚固稳定，不容易改变的。神一旦改变就意味着神变坏了，这和神的本质是违背的。而且神不能有任何形象，神也不会乔装改扮欺骗世人。他认为诗人必须根据他制定的这两个原则描述诸神,不能随意诽谤诸神,亵渎神明,以此使护卫者能够成为敬畏神明的人。苏格拉底关于诸神的立法对后来的基督教产生了重要影响。

在这个论述中,苏格拉底讨论了谎言的问题。一种谎言是真实的谎言,即心灵上的谎言。这种谎言凭借人的无知而欺骗他人,是人和神都反对的。另一种是有知的谎言,即语言上的谎言,人们知道它是谎言。但是人们并不讨厌这种谎言,而是经常会使用这种谎言。这种谎言是一种药物,可以防止人们作恶,利用谎言达到训导教化的目的。这种谎言和后面的"神道设教"的"高贵的谎言"是一致的。

第三卷

苏格拉底指出,护卫者除了敬畏神明,还必须具有勇敢的德性。护卫者应该怕做奴隶胜于怕死。为此,首先要改变人们关于地狱的看法,不能把地狱看作是可怕的。如果地狱不是可怕的,护卫者就不会怕死,就能够勇敢战斗。苏格拉底要求删去对地狱的可怕的描述。这和《克拉底鲁》中对冥神的赞扬是一致的。同时,护卫者还必须具有自我克制的美德。因此他要求删去对英雄的嚎啕痛哭、伤心欲绝、欢喜大笑等失态的描述,使护卫者学习自我克制的美德。这种自我克制可以使护卫者能够控制饮食等肉体上的快乐欲望,因而更加容易服从统治者的命令。

这是苏格拉底的"删诗"的行为。这是苏格拉底试图以"哲人"取代"贵族"或者"英雄"的一个政治行为。这里反映了哲人和诗人对人性的不同认识。苏格拉底对人性的认识是更加清晰和完整的,而荷马对人性的认识是片面的粗浅的。也就是说,在苏格拉底看来,理性是人性的本质,所以哲人是人的最高代表。而荷马认为荣誉或者激情是人的本质,贵族或者英雄是人的最高代表。所以荷马对政治生活的设想仍然是原始的低级的,他推崇的是祖传的贵族政治。而苏格拉底的理性主义使他对政治的本质有更加正确的认识和设想,所以他才要制定新道德和新人格理想,即哲人王的理想国取代传统意义上的贵族政治。新法的制定在于对人性的自然的认识。只有对人性的自然有更加准确的认识的人才能立法,只有合乎人性的自然的立法才能万古长存,永垂不朽。否则就只能是昙花一现。苏格拉底的删诗和孔子的"删诗"相似。孔子"删诗说"是司马迁首倡的："古者《诗》三千余篇，及至孔子，去其重，取可施于礼义，上采契、后稷，中述殷、周之盛。至幽、厉之缺，始于衽席，故曰《关雎》之乱以为风始，《鹿鸣》为《小雅》始，《文王》为《大雅》始，《清庙》为《颂》始。三百五篇孔子皆弦而歌之，以求和《韶》《武》《雅》《颂》之音，礼乐自此可得而述，以备王道，成六艺。"（《史记·孔子世家》，中华书局，1959）后汉班固同意司马迁之说："古有采诗之官，王者所以观风俗，知得失，自考正也。孔子纯取周诗，上采殷，下取鲁，凡三百五篇，遭秦而全者，以其讽诵，不独在竹帛也。"[1]因此苏格拉底的删诗和孔子的删诗都是政治立法的行动，其中包含了更加理性的对政治和人格的完美性的设想。从传统政治秩序看，这是他们的"非圣无法"的政治行动。

接下来，苏格拉底开始讨论故事的形式和风格问题。他区分了叙述和模仿两种形式。阿得曼托斯显然不熟悉这种划分。苏格拉底解释说，叙述是诗人以自己的眼光和口吻说话，表达自己的感情。模仿是诗人以故事中的人物说话，把自己同化于他人，在模仿时诗人隐藏了自己。他认为悲剧和喜剧是单纯的模仿，酒神赞美诗等是叙述，史诗则结合了两种风格。苏格拉底在讨论故事风格时提到了护卫者的模仿问题。在他看来，人在小时候就像一张白纸，天生都善于模仿，教育最初就是通过模仿进行的。或者说，人性就是原材料，模仿就是原材料的赋形问题。但是一个人不可能成功模仿很多种东西，只能模仿一种。所以护卫者应该放弃一切其他模仿，只模仿勇敢、节制、虔诚等人。他们在模仿好的对象时，就会逐渐变得和那个对象相似或者相同，逐渐培养了良好的人格。如果一个人什么都去模仿，那么他的品质必定是比较低下的。这表明他不能区别好坏，不能培养成良好的德性。对于这种教育或者模仿的问题我们是非常熟悉的。所谓"孟母三迁"，"习惯成自然"，"近朱者赤，近墨者黑"，"学习雷锋好榜样"，"效法耶稣"、"效法苏格拉底"，"榜样的力量是无穷的"等。可以说，模仿是人格塑造和养成的基本方法。苏格拉底对诗歌体裁的讨论仍然是基于护卫者的人格教育的问题。

接下来，苏格拉底和格劳孔进一步讨论诗歌的曲调问题。他认为歌

---

[1] 《汉书·艺文志》，中华书局1962年版。

词不能出现悲伤和哀婉的语词，必须拒绝挽歌式曲调，例如吕底亚调和伊奥尼亚曲调这种“靡靡之音”，不利于护卫者的勇敢品质的培养。他赞同两种曲调，一个是模仿战斗中视死如归、奋不顾身的勇敢者。一个是模仿和平时谦虚谨慎、从善如流、顺受其正的人。格劳孔表示，这种曲调是多利亚曲调和弗里其亚曲调。孔子在回答颜渊问为邦之道时，也说：“行夏之时，乘殷之辂。服周之冕，乐则《韶》、《舞》。放郑声，远佞人；郑声淫，佞人殆。”（《论语·卫灵公》）在乐器上，苏格拉底认为应该抛弃竖琴和长笛，只能接受阿波罗的七弦琴。这种工作都是对“城邦的净化”。

在诗歌的节奏问题上，他认为不应该接受复杂的旋律和多变的节奏。音乐必须配合“生活的节奏”，而不是让“生活的节奏”配合音乐。也就是说，我们必须根据道德人格的教育原则来区分、筛选和决定采取哪些节奏。好言辞、好音调、好风格、好节奏都来自好的精神状态，这种好的精神状态是指智力、道德的良好状态，能够使护卫者潜移默化地受到良好的熏陶和教育，形成良好的道德品质。一个人如果小时候受到很好的教育，变得温文尔雅、彬彬有礼、见贤思齐、从善如流、嫉恶如仇，等他长大成人，就能够自然而然地成为一个优秀的人。好的节奏伴随好的文词，坏的节奏伴随坏的文词。他再次强调必须监督诗人的创作，防止他们宣扬不好的人和事。

在这里，苏格拉底讨论了美、善、爱、礼的关系。第一，他认为美的音乐必须是善的。只有善的才是美的。美必须以善作为自己的灵魂。善是美的本质，美是善的显现。善是美之体，美是善之用。这是我们理解美和善的本质的重要观点。在现代性以来，美和善被分裂开来。艺术似乎可以摆脱道德或者善的本质，为所欲为。这正是苏格拉底坚决反对的。正如孔子所说：“里仁为美，择不处仁，焉得知？”（《论语·里仁》）第二，苏格拉底还强调，我们必须有发自肺腑的对美和善的爱和追求。如果我们对美和善没有真心的热爱，那么美和善就不能有效地塑造我们的人格。正如孔子所说的：“知之者不如好之者，好之者不如乐之者。”（《论语·雍也》）只有当我们对美和善的对象达到了“乐之”的时候，才能真正在内心深处追求和模仿美好的对象。如果我们没有这种自发性的爱，就不能真正体会到善和美的教育意义。很多人没有这种对美好事物的爱欲，所以他们虽然在行为上也遵纪守法，但是他们的人格并没有得到真正塑造。第三，他还强调正确的爱是对美的事物的有节制的和谐的爱。爱也有正确和错误的区分。正确的爱和任性放纵是完全不同的。所谓"发乎情，止乎礼"，"非礼勿视、非礼勿听、非礼勿言、非礼勿动"。我们的爱恨情仇的表达必须合乎礼法，不能像野蛮人那样放纵无礼。这都体现了理性主义的人格理想原则。最后，苏格拉底指出，音乐教育的最终目的就是对美的爱。这种对美的爱也就是对善的爱，也就是对合乎礼法的中和人格的塑造。内在的精神美和外在的形体美必须结合起来，内在的美必然体现在外在的行为举止上。

综上所述，苏格拉底对诗歌、音乐问题的讨论都是着眼于护卫者人格的道德教育展开的。也就是说，苏格拉底对人的灵魂有了更加全面和真实的认识，对人的理性和情欲的关系有了更加准确的认识，因此他致力于把理性精神引入到政治生活中。这种理性首先就表现为实践理性，即以理性控制和引导情欲为基本原则。其次表现为理论理性，即对至善实相的理性直观。而荷马对人性的理性本质缺乏足够的认识，因此对人格教育和政治制度的问题也缺乏充分和完整的设想。

第二方面是体育教育问题。苏格拉底认为护卫者一生都必须接受严格训练。护卫者不能酗酒，不能贪食，不能吃甜食和糕点，不能贪睡。各种食物都能咽下，各种恶劣环境都能够适应。饮食必须简单，因为复杂的音乐产生放纵，复杂的饮食产生疾病。简单质朴的音乐产生节制的心灵，简单质朴的食物产生健康。一旦放纵和疾病滋生，医生和律师就会大受欢迎。可以说，法官和医生的出现是国家的教育变坏的表现。在一个治理良好的城邦中，人们没有时间生病，一个良好的心灵也不会花时间打官司。但是苏格拉底认为在理想国中也需要医生和法官。他们必须是好的医生和法官，好的医生并不是以身体医治身体，而是以心灵医治身体。身体健康是为了更好地服务于国家。好的法官则是以心灵医治心灵。他自己公正无私，对非正义有清楚认识，善于医治人们心中的不正义。这两种技艺都针对身心健全的公民，身体不健康的人就让他们自然地死去，心灵败坏的人就处以死刑。当然有了好的心灵品格，就能够得到好的体质，心灵的训练比身体的训练要重要得多。

苏格拉底进一步指出，身体的训练并不是为了身体健康，而是为了心灵中的激情部分。因此学习音乐和体育都是为了心灵，为了培养文武双全、德才兼备的全面发展的公民。“因为节奏和旋律会最善于潜入灵魂的深处，并且会有力地抓住它，使灵魂各部分变得优雅，使他变得温文尔雅，这样他就受到了正确的教育。否则结果就会相反。进一步，因为一个人受到恰当的节奏和旋律的教养，他将会对有欠缺的东西，对于技艺或者自然的不良产物，具有最敏锐的感觉。而且，由于他厌恶这些坏的东西，他将赞美那些美好的事物，并且获得快乐，把它们吸收入灵魂之中，受到它们的滋养而成为一个高贵的人。在他还小的时候，还不能理解理智的语言之前，他就会自然地谴责和憎恶丑恶的东西。当他能够理解理智的语言时，由于同类相亲，他将立刻认出理智，他将最热烈地欢迎它。”❶否则，如果一个人只关注体育，就会变得四肢发达，头脑简单，性格会变得残暴野蛮；如果一个人只关注文艺音乐，性格又会变得过于软弱和柔弱。完整的人格教育应该尽可能避免两者都趋向极端。他认为音乐教育针对的是心灵中的理性部分，体育教育针对的是心灵中的激情部分。所以音乐和体育的目的就是培养性格和完善人格，使心灵中的理性部分和激情部分达到和谐。孔子也强调文和质的和谐平衡，“质胜文则野，文胜质则史。文质彬彬，然后君子。”(《论语·雍也》)苏格拉底把从事这种全面教育的政治家称为最好的“音乐家”。所以政治家是塑造公民的性格和灵魂的音乐家。公民的灵魂是他的原材料，培养完善的道德人格是政治家的最高的使命和任务。在《政治家》中，苏格拉底对《理想国》这一部分进行了重新表述。

这里体现了柏拉图对政治目标的设想。他认为公民人格的全面发展是国家的最高目标和责任。拥有良好的公民人格才是一个国家的最大财富。尼采试图复兴这种国家理想，他在《希腊国家》一文中曾经设想国家的目标就是培养天才。当然他的这种设想和柏拉图的设想还是不同的。尼采哲学更多体现了一种激情或者贵族精神，而柏拉图哲学体现了理性

---

❶ Plato. *The Republic of Plato*. Translated by Allan Bloom. A Division of Harper Collina Publishers. 1968. 401d－402a.

主义原则。但是我们现在几乎遗忘了这种政治目标和理想，就像梁惠王对待孟子的仁政思想一样。我们更多把国家的目的设定为富强，把强大和善等同起来。这种目标的前提是国家的强大可以防止他国的侵略。因此这种国家理想实际上是“强盗逻辑”的表现，是现代以来的强权政治的体现。我们应该看到，强大并不等同于美好和善。一个美好的国家是由美好的人组成的，如果没有美好的人，仅仅有丰富的物质财富的国家不可能是一个美好的国家。人性不可能在单纯的物质财富中获得终极满足，人性的尊严也不可能在物质享乐中获得提升。可以说，现代强权政治来自我们对于政治和人性的无知。因此我们现在迫切需要重新认识柏拉图和孔子等古典哲人对人性和政治的思考。

2. 统治者的选拔 412b

苏格拉底首先讨论统治者的条件和资质。统治者是从护卫者中选拔出来的。统治者要年龄大一些，这是“老人政治”的观点。因为老人相对更有理性和智慧。其次，统治者要是最好的人，这是“贤人政治”的观点。贤人能够更好地以德服人。统治者必须有保卫国家的智慧和能力，必须真心热爱和关心国家利益，能够毕生为国家利益鞠躬尽瘁，死而后已。因此只有能够精忠报国的人才能被选为统治者。选拔统治者必须慎之又慎，必须对他们进行严格的考察。第一是在实际工作中的考察，观察他们是不是坚持原则，不易受骗。第二是“劳其筋骨”，把他们安排到最艰苦的环境中去历练他们，看看他们会不会因为艰苦而变节。第三还要把他们放到锦衣玉食的“温柔乡”、“富贵地”中，看看他们会不会因此而丧失原则。只有能够经得起这三种考验的人才能被选拔为统治者，其他的年轻人则做辅助者。总之，统治者必须是具备“富贵不能淫，贫贱不能移，威武不能屈”的大丈夫品格。(《孟子·滕文公下》)在此，苏格拉底没有提到统治者的智慧问题。因为这些德性必须是建立在智慧的基础上的，智慧才是德性的本体。没有智慧的德性是靠不住的。在后面讨论哲人王的部分，苏格拉底才提到“统治者是哲学家”的观点。这是知识和权力的结合，是理想国的绝对正义的必要条件。

(三) 理想国的维护方法和必要措施 414b

在选拔出了护卫者和统治者后，发烧的城邦得到了净化，理想国基本上算是建立起来了。理想国被划分了劳动者、护卫者和统治者三个阶层。苏格拉底在此还没有讨论哲人王的教育问题，更没有提及劳动者的教育问题。在他看来，劳动者的教育根本不需要特别关注。因为劳动技艺都是孔子所谓的“鄙事”，和人的口腹之欲相关，所以并不重要。真正重要的是人的灵魂和人格的教育。如果人的心灵教育好了，物质生活就不再重要了。但是随着现代性把物质财富提高到政治生活的首要地位，劳动也被提高到了前所未有的崇高的地位。于是现代教育也就成为劳动技能的教育。在苏格拉底看来，劳动技能的教育根本不是教育。真正的教育是统治者和护卫者的人格教育和净化。只有他们得到了最好的教育和培养，整个国家才能达到稳定和和谐，而作为第三等级的劳动者对于社会的优劣并不起到决定性的作用。

苏格拉底确立的三个等级暗示了国家的分化问题，三个阶层的和谐团结就成为理想国的关键问题。于是苏格拉底接下来开始讨论理想国的维持问题。

1. 高贵的谎言

苏格拉底讲到了“高贵的谎言”。这个高贵的谎言就是“金银铜铁的神话”。全体公民都是从大地中出生的，具有同一的起源。但是他们却天生有差别，有的人高贵些，有的人低贱些。高贵的人是金银种族，低贱的人是铜铁种族。只有高贵的人统治低贱的人才是合乎自然的，否则违反自然，就会导致国家的毁灭。“铜铁当道，国破家亡”。

这个神话的核心有两点。一方面强调全体公民的同源性。这是为了维护国家的同一性。如果人民都来自同一个祖先，“血脉相连”，那么他们就更加能够相互认同和团结起来。曾子曰：“慎终追远，民德归后矣。”所以单一民族的国家更加能够团结一致，而多民族的国家中人们则往往相互敌视，难以团结。在现代性的个人主义思想中，国家和人民的自我认同和相互认同越来越难，暗含了国家人民分裂的危机。所以现代性的一个重要难题就是如何达成认同感。另一方面强调人民内部的差异性和等级性。因为有人统治，有人被统治，这是政治生活的必然现象。所谓的民主国家也不能摆脱这个基本原则。那么“谁有资格统治”就成为关键问题。按照古典政治哲学的理性主义原则，正如大脑指挥身体，只有聪明智慧的人才有资格统治，其次是有高尚德性的人才有资格统治。所谓“劳心者治人，劳力者治于人”。但是谁会认为自己不是聪明智慧，谁会认为自己不是道德高尚呢？所以这个理性原则在政治实践中必然会遇到巨大的障碍。它显然会遭到大多数人的反对，尤其是在民主制时代。因此我们只能采取神话的方式说明人性的自然差异性。

关于这个神话中的同一性和差异性的问题，我们还可以如此理解。同一性是指人的理性，即人的灵魂都是具有理性的，人和人在纯粹理性的层面上是同一的。而差异性是指人的爱欲的差异性，人和人的差异性在于爱欲的指向性的不同。而爱欲指向对象的高低贵贱决定了人的整个灵魂的等级制。人性的三种等级的差异就在于他们所爱对象的不同。即最高等级是爱智慧，其次是爱名誉，最次是爱金钱。一个人的爱欲决定了这个人在理想国中的等级地位。（对人的教育就是引导和改变其爱欲，使理性的光明发展出来。）所谓“金银种族”就是具有高贵的理性和激情的人，而“铜铁种族”就是具有低贱的欲望和非理性的人。或者说，“金银种族”就是能够以理性统治非理性的人，而铜铁种族就是以非理性统治理性的人。只有理性统治非理性才是合乎自然的，非理性统治理性是反自然的。所以一个合乎自然的正义国家就是金银种族统治铜铁种族、理性统治非理性的国家。苏格拉底提出等级制的根本原因在于他的政治理性主义原则。

对于苏格拉底的等级制，我们还可以做出如下说明。第一，任何一个社会都是等级制的社会。只有在“猪的城邦”中才没有等级制。因此等级制是现实政治的必然因素。即使在民主制社会中，人们也划分为不同的等级（或者社会地位）。对民主的强调最初是为了反对垄断的专制权力。我们必须正视社会本身的等级制，同时应该给等级制提供比较理性的说明。可以说，国家的正义不是在于所有人都是平等的，而是在于三个等级各司其职，各得其所。第二，等级制是劳动分工的需要。一个社会是一个整体性的组织，在这个组织中包含了各个不同的部分，每个部分承担了不同的功能和职责。虽然我们可以认为这些功能都是平等的，是相互依赖、相互需要的，但是它们的重要性确实是不同的。政治社会的等级制一般就分为三个阶层，即劳动者、战士和统治者。他们承担不同的政治功能。

统治者的作用显然比一般劳动者更加重要。所谓“上行下效”的政治原则就显示了这种特点。而越重要的部分就越要求更高的理性智慧，次要的部分必须服从重要的理性的部分。第三，这个高贵的神话是以每个人的自然为最终根据的，它是出于对每个人的自然天性的认可和尊重。人和人天生是不一样的，每个人达到的理性等级是不同的。每个人只能达到自己天性允许的理性等级。如果认为所有人都能够达到相同的理性等级，就是对个人天性的无知和蔑视。苏格拉底没有把等级制变为出身论，而是强调必须对每个人进行考察，按照个人天性中的理性成分确定他的等级。低等级的人可以产生高等级的后代，高等级的人也可能产生低等级的后代，必须根据每个人的理性能力安排不同的等级。孔子也认为：“中人以上，可以语上也；中人以下，不可以语上也。”（《论语·雍也》）也就是说，真正的教育必须是因材施教，因人而异的。教育的目的和意义就在于协助每个人实现他的自然。教育并不能够完全改变人的自然，教育只是完成和补充人的自然，协助人的自然的实现。因此苏格拉底并不承认“教育万能论”。教育的目标并不是把天生不同的人塑造成为千篇一律的人。整齐划一的教育显然是不合乎自然的，是不正义的。然后，把每个人按照他的天性分配到适合的工作岗位上去。这才是合乎自然的、正义的、国家的根本理想和工作目标。这恰恰是实现了真正的个人主义。现代的自由民主制虽然也看到了人性的自然的差异，但是它一方面认为这些差异是可以通过教育消除或者弥补的，一方面又认为这些差异没有高低贵贱之分，这是现代自由主义否定了古典政治理性主义原则的结果。第四，等级制神话使得所有人满足于自己的命运，降低全面战争的可能性。如果人们都对这个神话深信不疑，就会安于自己的地位和命运，就不会试图无限制地展开和所有人的竞争和对抗，他只会和自己等级内部的人进行比较，这就降低了他的贪欲程度，降低了他内心的焦虑和紧张，从而可以容易满足地度过自己的一生。而在一个人人平等的民主制国家中，人和人的竞争将是全面的，每个人都将面临巨大的生存压力，每个人都难以获得人生的满足感和幸福感。可以说，等级制恰恰是古典政治哲学的理性主义原则的必然结论和结果。

这个谎言就是苏格拉底前面提到的“第二种谎言”，即纯粹语言上的谎言，即“神道设教”。这种善意的谎言在于使每个人都能够通过说服的方式实现人性的教育，而不是诉诸暴力。善意的谎言是合乎人性的事实和真理的，只有它才能把人们更好地引导向美好的生活。因为大多数人追求的不是真理，而是幸福。因此关键是人们必须明白自己想要什么，他们的目的是什么，然后以最有效的方式实现目的。如果我们首先是追求幸福的善，所有能够使我们达到善的方式都是可取的，都是可以使用的。当然我们不能使用恶的手段。如果谎言是恶，那么善意的谎言就是最小的恶。如果我们不顾一切地追求真理，反而可能事与愿违，失去我们想要追求的幸福。正如孔子所说：“民可使由之，不可使知之。”(《论语·泰伯》)也就是说，统治者统治人民，指使他们去做应该做的事就行了，不需要让他们明白为什么。因为民众的理性能力没有获得发展，他们不能明白真正的好是什么，不能完全控制自己的欲望，很可能被自己的欲望伤害。所以圣人不告诉民众为什么这么做，只要让他们知道怎么做就好了。就像牧羊人引导羊群去水草丰茂之地一样，他们就可以在无知中接近至善和幸福。哲人最清楚幸福和至善的本质，所以只有哲人王的统治才能实现最普遍的正义和幸福。但是尼采、海德格尔等人在提到谎言的问题时，他们却不再关心这种谎言的理性主义实质，否定了谎言的真理性，认为谎言就是没有理性的任意虚构和解释。这是对谎言的本质的无知。正如真理只有一个，真实的谎言也只能是一种，其核心精神就是理性主义。其他的非理性主义的谎言都是错误的。

这个高贵的谎言就是理想国的“意识形态”或者“宪法”，是苏格拉底的“神道设教”的产物。只有这个神话被人们深信不疑，理想国才能建立在一个坚固的而且合乎自然的基础之上。因为真正的法律并不是文字的，而是刻画在人们心灵中的。如果人民心中没有法律，制定再多法律条文都是没有意义的。这个等级制神话和当时的希腊民主制是不符合的，他认为已经没有人相信了。而格劳孔认为下一代或者后代的后代迟早会相信。因为年轻人容易轻信，“谎言重复一万遍就成了真理”。这也是我们强调要重视青年人教育的根本原因。当然，现代人是不容易轻信的，我们充满了所谓的“怀疑精神”。但是这种“怀疑精神”也正在成为一种流行的教条，而且是一种非常坏的教条。这种怀疑精神正在使我们变得难以接受任何真正的教育，正在使我们变成没有文化教养的野蛮人，也正在瓦解我们的社会的忠诚和团结的精神。所以我们必须看到怀疑精神对整个政治生活的危害性。任何政治生活都是建立在一些教条或者原则的基础上的，这些教条是整个社会得以维系和稳定的根本。例如我国的"三纲五常"也是理性主义的产物。它被看作是天经地义的，这种天经地义就是神道设教的形式。这种观念越是深入人心，越是被广泛地相信和遵守，那么国家就越是能够长治久安。如果一个国家具备了这种世界观，它就几乎不需要太多的法律条文和制度了。因此我们应该看到，轻信并不是不得了的缺点，关键是我们相信的内容是不是合乎真理和至善。如果我们相信圣人的智慧，并且按照圣人的教诲去生活，那么我们可能比凭借自己去认识真理更加容易获得美好的人生。

2. 共产主义

接下来，苏格拉底指出为了防止护卫者变坏，反过来伤害和欺压人民，护卫者不得有任何私有财产。他们都住在军队的营房之中。他们必须同吃同住，除了生活必需品一无所有。粮食定量供应，既不多余，也不短缺。他们唯一获得的就是国家的荣誉。他们应该把荣誉看得高于一切，荣誉是最好的报偿。如果他们开始贪恋财富，他们就蜕变为人民的暴君和敌人。结果就是他们恨人民，人民也恨他们，他们终日忧心忡忡、胆战心惊，恐惧人民甚于恐惧外敌，最终他们和国家都将走向灭亡。

苏格拉底的这种共产主义的设想是最让人诟病的。我们可以做出如下解释。第一，这是为了保证护卫者不败坏而制定的。财富容易使人变坏。如果彻底废除了私有财产的可能性，护卫者就能更好地忠于国家利益，而不是个人利益。所以当官者必须放弃任何个人财产，完全把国家利益作为自己的个人利益，否则他们就很容易假公济私、损公肥私。这样就必然导致国家的腐败和灭亡。这种历史现象我们已经屡见不鲜了。第二，苏格拉底的共产主义只局限在护卫者和统治者阶层，并不涉及劳动者阶层。劳动者等级并不实行共产共妻的制度。他们的欲望是有限的。他们仍然可以保留自己的私有财产。家庭是最初的私有制。但是后来的共产主义成为全民性的，这种共产主义的基础和前提是生产力的巨大发展和物质财富的极大丰富。苏格拉底其实否定了这种可能性。技术只是欲望的工具,技术越是发达,欲望就越是膨胀,人心就越是变得贪婪和丑恶。所以我们不可能通过技术的发展达到普遍富裕的共产主义。第三,反对苏格拉底的共产主义的一个原因还在于,我们过于看重物质财富的重要性,而过于贬低荣誉的重要性。这是小人的心态和视野。我们应该看到,肉体的苦乐感受是一回事,我们如何看待和评价自己的肉体感受是另一回事。只有在我们把肉体感受绝对化之后,我们才会过于看重物质财富的问题。但是人类是不可能仅仅在物质财富中获得终极性满足的。人们都有对荣誉的渴望和追求,也就是他人的认可和尊重。甚至我们对物质财富的无限追求也是为了获得他人的羡慕和认可,而不单纯是为了从中获得享受。和来自他人的认可和荣誉相比,人们宁可放弃肉体的低级的快乐,甚至为了荣誉和尊严而放弃生命。叛徒之所以被鄙视,就在于他把个人的生命看得高于荣誉。所以现代人提出了"承认的政治"的概念,强调人和人的相互承认在政治生活中的重要性。可以说,苏格拉底的共产主义是为了维护国家的长治久安而提出的,也具有深刻的人性论的事实基础。

第四卷

阿得曼托斯对苏格拉底的这个设想提出了怀疑。他认为这样会使得护卫者没有任何幸福可言。苏格拉底认为现在是在探讨全体公民的最大幸福,不能为了某个阶层的幸福而牺牲全体公民的幸福。他是在塑造一个整体性的幸福国家。也就是说,任何人都是作为国家的"公民"被设想的,而不是作为"个人"被设想的。例如农民、皮匠、陶工等,我们在设想他们的本质时不是考虑给予他们多少快乐,而是考虑他们作为公民的职责是什么,他们首先必须符合他们的公民身份,而不是个人的肉体快乐。他认为一个皮匠败坏了还不要紧,如果一个护卫者变坏了,那么对国家的危害是巨大的。因为护卫者和统治者占据社会更多更大的权力和资源,他们的危害就是更大的。如果护卫者能够保持优秀,那么国家就会是一个好国家。这是符合政治学或者社会学的基本事实的。所谓"上行下效"。所以治理国家最根本的就是治理官员。

当然,我们也会批评苏格拉底眼中没有个人。但什么是"个人"?第一，我们一般是以肉体和感觉来界定个人概念的。个人概念首先是和肉体感觉相关的。因此只有在我们看重我们的肉体和感觉时，我们才有了个人的概念。但是对肉体和感觉的重视应该说是非理性主义观念的产物。而苏格拉底的彻底理性主义并不看重个人的肉体和感觉。理性的认识和原则高于肉体的感觉。正如我国古代婚姻强调"父母之命，媒妁之言"的理性秩序，而不强调自由恋爱的感觉一样。对自由恋爱的强调是个人主义、感觉主义的结果。第二，从每个人的生活追求看，我们追求的不是个人性，而是幸福。只有在一个人的个体性成为他的幸福的来源时，个体性才是值得追求的。一个以追求和他人不同的个人性为目的的人是变态的人。为了和他人不一样而做出的任何事情都是无知和疯狂的表现。一个彻底的个人主义会走向疯狂，因为他不可能发现所谓的独一无二的个体性。正如在米兰·昆德拉小说中表达的。我们首先应该关心的是在一种行为中能否获得幸福，而不应该在于是否和他人一样或者不一样。第三，在一个理性主义的同一性国家中，个人的哀怒哀乐都是和国家命运息息相关的。如果他的喜怒哀乐和国家的喜怒哀乐脱节了，那么这个国家就已经开始走向分裂了，已经不再是一个严格意义上的国家了。而我们在现实中看到的国家都不是严格意义上的国家，都不完全符合"国家的理念"。可以说，和国家相比，个人永远是第二位的。国家主义比个人主义更加真实，每个人只有作为国家的一分子才是真实的个人。不从属于任何国家的个人是不存在的。虽然真正严格意义上的国家是几乎不存在的，但是我们仍然需要按照这个原则思考政治问题。而我们受到现代个人主义的影响太深，对个人主义的片面性缺乏深入反思。

苏格拉底进一步说明了国家分裂的原因。正如贫穷和富有都会导致技艺的衰退一样，国家也可能会因为贫穷或者富有而分裂。贫穷会因为粗野、低劣而要求变革；富有会因为奢侈、懒散而要求变革。现实中很多国家内部都是分裂的，所以其实是"多个"国家，其中主要就是分裂为穷人的国家和富人的国家。两个部分又各自分裂为更小的部分。这样的国家并不符合国家的理念。面对国家的内在分裂，苏格拉底强调他是在设想"一个"(one)国家。真正的国家是万众一心、众志成城、同心同德、同仇敌忾的。在这个国家中不分彼此，人民没有自我意识，所有公民都像是一个人,国家也就像是一个人。这种国家理念在现代性的条件下已经被遗忘了。

现代政治哲学试图重建国家的理念。霍布斯强调国家的有机性、整体性、为了实现这种同一性,他强调君主的绝对王权,强调主权的不可分割性,不可转让性,以此消除国家内部一切分裂的可能性。他认为适度的专制也比战乱要好,因此他被看作是专制主义的代表。可以说,霍布斯为了实现国家的同一性,否定了古典政治哲学的理性主义原则,废除了哲学存在的必要性。因此他的政治设想是不合乎自然的真理的。卢梭也认为国家必须是一个有机体,他要求每个人都必须放弃自己的全部的自然自由,以此从国家中获得政治的自由。这样的国家才能成为一个不是由一些个体性的人组成的整体,而是一个同一性的有机整体。这样的国家才符合国家的理念。但是他的民主主义使他否定了古典政治哲学的等级制,因此就否定了自然正义的真理性。后来的现代自由民主制则放弃了这种整体性、同一性的国家理念,在它看来,这种同一性的国家是不可能实现的,或者是必须加以抵制的。因此现代自由民主制国家实行党派政治。党派政治的实质就是承认国家各种不同的利益集团的存在,并且把这种存在合法化、正当化。它并不希望去消除这种内部的分裂,而是悲观主义地认为这种利益分化是不可消除的。因此关键就是利用这种利益斗争,使得国家达到一种相互制衡的平衡状态。这是现代共和制的原则和理念。可以说,这种共和国更多是抱有个人私利的势利之徒组成的团体,本质上和强盗团体没有什么区别。共和制的国家理念比理想国的国家理念要低级得多。所以现代自由民主制国家是遵循了低级意义上的国家概念,并不符合真正的国家理念。黑格尔试图复兴柏拉图的国家理念,赋予现代国家某种所谓的精神性,认为“国家是地上的精神”。但是他本质上仍然是坚持了现代性的功利主义国家理念,不过是给这种国家披上了一层道德精神的外衣。

3. 四条基本原则

为了维持理想国的长治久安,消除理想国面临的分裂危险,苏格拉底进一步讨论了维护理想国的基本条件。第一,这个国家不能太大也不能太小。太小虽然可以相互熟悉,但是却不能御敌自保;太大虽然足以御敌，但又难以维持亲密的团结。这是国家规模问题上的"中庸之道"，也可以称为是"小国寡民"的政治原则。这种设想和《法律篇》中的设想是一致的。但是这个原则很难被遵守。一切统治者都倾向于扩张自己的领土，或者追求更多的财富，或者追求自我保存。所以苏格拉底说这个原则不容易做到。第二，及时甄别和选拔适合的人到适合的岗位上去。举贤荐能，选贤与能，应该任人唯贤，而不是任人唯亲，这是"尚贤"的政治原则。只有德才兼备的栋梁之材进入领导层，才能保持国家的正义和稳定。所以苏格拉底同样反对世袭制和出身论。我国古代的选举原则就是从世袭制到推举制再到科举制。这是符合"依据自然而统治"的理性主义基本原则的。第三，最重要的就是公民的教育和培养。要培养每个人的公民意识，使他们都只是为了国家利益而生活，不把个人私利置于国家利益之上，或者干脆就没有任何个人利益。因此教育的基本精神就是"朋友之间，不分彼此"的公共精神或者兄弟情义。这也是古代政治家重视"友爱"的原因。这种兄弟友爱是实现良好政治的基本条件。如果这种公民教育败坏了，国家的败坏也是必然的。第四，不能让音乐和体育翻新。因为随着音乐和体育的变化，人民的兴趣爱好也会发生变化，他们的思想观念也会发生变化。这样的变化就会逐渐向政治制度领域转移，最终人们对于国家的政治制度也开始感觉不满，于是就会谋求推翻国家制度。所谓"防微杜渐"。所以保持音乐和体育的不变，是维持国家稳定和谐的必要条件。这和《法律篇》中的观点也是一致的。

苏格拉底指出把这些方法措施制定为法律条文是愚蠢的。因为仅仅写在纸上的法律是没有人会遵守的。对于优秀的人，把这些法律强加给他们是对他们的一种侮辱，他们会自然地遵守这些规则。对于卑劣的人，他们也不会在乎和尊重这些规则，这些法律也不会奏效。在良好的国家中不需要这些法律，在不好的国家中这些法律形同虚设，没有任何用处。因此苏格拉底认为法律要尽可能地少，这样我们才能从小对孩子进行法律教育，使这些观念能够"润物无声"，深入人心。否则，统治者就会无休止地制定繁琐的法律，"朝令夕改"，就像是不知道节制的病人一样，所以真正的立法者不应该把精力放在制定法律上，而是放在道德教育上。

我们看到，第一，理想国是一个没有现代意义上的法律的国家。在苏格拉底看来，如果教育做得好，我们就根本不需要法律。如果教育做得不好，我们制定再多法律也没有意义。因此治理国家的关键是对人性的塑造和教育。法律的惩罚都是不得已而为之的。在一个真正治理良好的国家中，根本就不存在惩罚。这是柏拉图的仁政或者美政的基本理想。这种理想和儒家思想是完全一致的。在《论语》中，子张询问政治的四种恶，孔子曰："不教而杀谓之虐；不戒视成谓之暴；慢令致期谓之贼；犹之与人也，出纳之吝，谓之有司。"(《论语·尧曰》)第二，现代人强调依法治国，强调法律的权威性。任何人都不能超越法律。但是如果这些法律本身不是出自于智慧，而是出自于无知和贪婪，那么这样的法律就是有害的。所以我们应该更加看重的是智慧，而不是法律。我们在推崇法律的时候，必须认识到法律的局限性，并且能够依据智慧和理性及时变革法律。第三，现代立法者不关心个人的精神需要，不试图通过法律塑造人民的心灵。法律和人的心灵需要完全脱节了。这样的法律不可能赢得人民的敬畏之心。如果人们没有对法律本身的敬畏之心，再好的法律也是没有意义的。所以古代人强调"人存政举，人亡政息"。关键是人，而不是法。所谓的法治最终也是人治。有了优秀的人，国家自然就会好。否则，制定再完备的法律而没有人遵守也是没有意义的。我们应该根据苏格拉底的这种观点反思我们的法律观念。

4. 最高神的设立

最后，苏格拉底指出，德尔斐的阿波罗还制定了最重要的法律，即祭神的庙宇和仪式，以及对于神、半神、英雄，还有死者的殡葬和安魂退鬼的仪式等。这些是后人不知道的。但是作为城邦的建立者，应该把这些法律的制定委托给阿波罗神，也就是以阿波罗神的名义立法。因此阿波罗神是理想国的最高神，他是宗教法律的制定者，类似于《圣经旧约》中的耶和华。在希腊神话中，阿波罗(Phoebus Apollo)的意思是"光明"或"光辉灿烂"。阿波罗被视为司掌文艺之神，主管光明、青春、医药、畜牧、音乐等，是人类的保护神、光明之神、预言之神、迁徙和航海者的保护神、医神以及消灾弥难之神。在希腊神话中，阿波罗是最多才多艺的，也是最美最英俊的神祇，是男性美的典型。在《克拉底鲁》中，苏格拉底认为阿波罗是指和谐之神，是"推动……到一起来"的含义。尼采在《悲剧的诞生》中认为阿波罗是理性主义的代表。"阿波罗日神，作为一切造型能力之神，同时是预言之神。按照其语源，他是'发光者'，是光明之神，也支配着内心幻象世界的美丽外观。"[1]所以苏格拉底把阿波罗作为最高神，也就是把理性作为最高神。

在古典哲人看来，每个国家都有一个最高神。每个国家也都是一个宗教国家。即使我们不再使用神的语词，最高者或者最神圣者的存在也是必然的。因为最高神的存在是确保国家统一的最好形式。古代人之所以强调祭祀，就是因为祭祀是团结和统一人民的最好方式，也就是实现政治共同体的同一性理想的最好方式。如果每个人都是同一个人或者神的后代，他们就有神圣的责任和义务团结起来。所以在古代国家中，祭祀是最好的政治组织形式，也是最高的政治生活内容。相反，现代国家虽然自诩为是世俗化的国家，但是现代国家的世俗性是被神圣化了的世俗性。也就是说，现代国家把世俗性看作是最高的和唯一的存在，赋予了世俗性以一种神圣性。但是这种神圣性是一种非常低劣的神圣性，是一种否定了神圣性因此不知道自己的神圣性的神圣性，因此也就是一种出于"无知"的神圣性。在把世俗性神圣化后的国家中，人们就自然而然地把技术和享乐绝对化或者神圣化，把世俗王国看作神圣王国，把肉体和感觉看作神圣的灵魂。正是这种错误颠倒导致了现代性特有的一系列世俗化狂热运动。这种世俗化狂热运动没有自我神圣化的前提是不可能出现的。

4. 理想国的正义 427d

在理想国建立起来后，就可以寻找正义的真理了。苏格拉底认为理想国是善的，因此它必然具备智慧、勇敢、节制和正义。首先，理想国是智慧的。因为理想国是出于好的谋划，因此是出于知识。这种知识是统治者具有的。统治者的智慧使得理想国整个都是智慧的。一个智慧的国家并不需要全体公民都是智慧的，政治知识不可能是全体公民都具有的。这和《政治家》的观点也是一致的。这也是柏拉图反对民主制贬低政治知识的基本原因。第二，理想国是勇敢的。勇敢首先是护卫者的德性。勇敢包含对痛苦和恐惧的抵制和对快乐的抵制两个方面。如果认为勇敢只

[1] 尼采：《悲剧的诞生》，周国平译，北京三联书店，1986年版，第4页。

是对可怕事物的承担，这种理解就是片面的。在《普罗泰戈拉》、《法律篇》中，柏拉图都谈到了对勇敢的双重理解。勇敢和激情相关，但是在兽类或者奴隶身上的鲁莽和冲动不能称为勇敢。勇敢不是天生的，是通过法律教育培养起来的德性。勇敢也和知识教育相关。再次，理想国是节制的。节制就是依靠理性和正确的信念指导自己的欲望，就是天性优秀的部分和低劣的部分在“谁应当统治，谁应当被统治”的问题上表现出来的和谐。这种节制就是“自律”，所谓“做自己的主人”就是这个含义。但是自律的节制只有极少数人能够做到，大多数人无能以理智控制自己的欲望，他们只能靠统治者的法律才能做到节制。因此节制贯穿于全体公民中，把最强的、最弱的和中间的都结合起来，造成和谐。最后，理想国是正义的。正义就是每个人在国家中执行一种最适合他的自然天性的工作，有自己应该有的东西，做自己应该做的事情。具体来说，正义就是劳动者、护卫者和统治者三者各司其职，各尽其能，各得其所，互不干扰。否则如果三个等级相互干涉，相互代替，就是不正义。

苏格拉底讨论理想国的正义总是和人的自然相关。什么是人的自然？可以说，人的自然就包含在“人是理性的动物”和“人的政治的动物”的观点中。首先，人是理性的动物，这意味着只有理性统治非理性才是合乎人的自然的。哲人是理性获得了最大发展的人，能够自如地控制自己的欲望，所以哲人是最合乎人的自然的人。同样，理想国家的正义也意味着理性的人对非理性的人的统治。最有资格的统治者就是有智慧理性的人，也就是哲人才是真正的统治者。只有在哲人的统治下，一个国家才能真正实现其自然或者理念。仅次于哲人的是有德性的人。有德性的人接近于有智慧的人，这样的人也能够很好地控制自己的欲望，所谓“非礼勿视、非礼勿听、非礼勿言、非礼勿动”。这样的人一般都德高望重，会受到人们的信赖和爱戴。在他们的统治下，国家也容易达到正义和幸福。其次，人是政治的动物。人的自然并不在政治国家之外，只有在国家中才有人的自然。不能脱离政治思考人的本质和自然。因为每个人的自然理性程度是不同的，只能按照每个人的理性等级分配他相应的政治社会等级。理想国的正义就在于根据每个人的自然而使之各得其所，各安其位。所以理想国的等级制是理性主义的等级制。在理想国中，每个人的理性等级是和他的政治等级完全一致性的。[1] 当然，对极少数哲人来说，他的理性等级超越了政治生活能够达到的理性等级，因此哲人必须在政治生活之上的哲学生活才能实现他的理性本质。再完美的政治也不能完全满足人对理性完美性的追求。这就是政治生活的局限性。所以我们既不能脱离政治思考人的理性自然，也不能仅仅局限在政治中思考人的理性自然。只有把这两个定义同时结合起来，才能真正理解人性的奥秘。

理想国的正义性就是在于它是“依据自然而建立”起来的，也就是依据理性建立起来的。但是古典政治理性主义并不是现代启蒙主义的理性主义。现代启蒙主义的理性主义无视人和人的理性的自然差异性，它认为只要通过正确的教育，每个人都能够自主地使用理性，也就是说，每个人都能够成为哲学家。这样就能够建立一个哲人组成的千年王国。这个千年王国被看作是人类历史的终极目标。我们必须看到，现代启蒙主义之所以表现为这样一种理性主义，根本原因在于它把理性作为和基督教信仰对抗的武器。启蒙主义试图把基督教信仰或者基督教会逐出政治生活之外，把一切置于理性的法庭上。因此它就必然把理性和信仰、哲学和宗教对立起来。这样一来，理性和哲学就被宗教和信仰绑架了。或者说，当启蒙主义者从宗教和信仰的角度理解哲学和理性时，它就已经背离了古典理性主义的政治视野，也背离了古典理性主义关于人的理性自然差异性的基本原则。因此现代启蒙主义的理性主义是反自然的理性主义。这种反自然的理性主义就不再是理性主义，而是一种狂热的非理性主义。启蒙主义者对理性采取的不是理性的态度，而是“信仰”的态度。可以说，启蒙主义本质上也是一种信仰主义。启蒙主义没有能够如实地对待理性。理性本质上是无限的，但是哲人才能达到理性的无限性，而对于大多数人来说，理性是有限的。因此我们必须顺其自然地教育引导每个人，而不把某种抽象的观念和标准强加于每个人身上。实现理想国的关键并不使每个人都成为哲学家，而是使哲学家成为统治者，并且使人们愿意接受

[1] 可以说，一个国家越是接近完美，它就越是接近理性。当然这和我们现实的国家状况非常不同，现实的国家更多是依据权力、地位、出身和财富等标准划分人的等级，因此这种标准是非理性主义的。

哲学家的统治和教育。

（五）个人的正义 434d

苏格拉底继续探讨个人的正义。他把人的灵魂分为欲望、激情和理性三个部分。欲望就是人的心灵用以感觉爱、饥渴等的部分，特别是指饮食男女之类的欲望。每种欲望都要求得到属于自己本性的东西，特定的欲望关系到特定的对象。其次，人并不总是顺应和满足自己的欲望，在人的心灵中还有一种力量在控制人的欲望。如饥渴时不能饮食等，这种东西就是理性。理性部分是用来思考和推理的能力。最后，人的灵魂中还存在激情，是人用来发怒的部分。激情当然属于无理性的部分，似乎和欲望相似。但是苏格拉底认为激情不同于欲望。例如小孩子、兽类都存在激情，但是他们还没有理性。激情如果不被败坏的话，激情总是理性的盟友。因此，如果每个人自身内部的各种品质在自身内各自起各自的作用，这样的人就是正义的人。也就是说，理智是智慧的，应该起统治的作用，为整个心灵的利益而谋划。激情是勇敢的，应该协助理智，服从理智的统治。音乐和体育的作用就是使得理智和激情达到和谐，用良好的言辞和训练培养理性，用和谐与韵律使激情变得温和而文明。欲望是人的心灵中最大的部分，是追求快乐和财富的部分。理性和激情协同起来去控制欲望，一个出谋划策，一个奋勇作战，使欲望不至于控制不该它控制的东西，从而摧毁了整个生命。

如果一个人的激情不论是在快乐中还是在痛苦中都坚持理性的教导，这个人就是勇敢的人。如果一个人的理智起领导作用，懂得三个部分各自的利益，也懂得它们的共同利益，这样的人就是智慧的人。一个人心灵中的三个部分和谐友好，理智起领导作用，激情和欲望都服从理性，而不是反对理性，这样的人就是节制的人。一个正义的人就是不允许灵魂中的各个部分相互干涉，首先自己主宰自己，自身内秩序井然，对自己友善，就像是将低音、高音和中音相互协调一样，组成一个节制的和谐的整体。“正义的人不允许他的灵魂里的每个部分做其他部分的事，不允许他灵魂中的三个部分相互混合，而是切实地使他的灵魂处于良好的秩序之中，并且主宰他自己。他安排自己，做自己的朋友，并且对灵魂的三个部分都友好。”(Plato. *The Republic of Plato*. 443d)由此，苏格拉底表明个人的正义是灵魂内部各个组成部分的相互关系，如果三个部分的关系是合乎自然的，这个灵魂就是正义的，否则就是不正义的，所以个人灵魂的正义不依赖于政治的正义。因为个人灵魂的正义可以达到更高的理性等级，特别是在哲人的灵魂中，所以个人的灵魂的正义高于政治的正义。相反，一个不正义的人就是无知的人，他的灵魂中三个部分相互争斗，相互干涉，欲望试图统治理性和激情，占取领导地位。可以说，灵魂中的一切邪恶、不节制、无知、怯懦等都是三者相互混淆和迷失的结果。最后，苏格拉底指出，美德或者正义就是心灵的健康、美和坚强有力，邪恶或者不正义就是心灵的疾病、丑和软弱无力。因此做正义的人是好的有利的，做不正义的人是坏的不利的。这就是苏格拉底对格劳孔和阿得曼托斯的反驳的最终回答。

我们应该看到，这种严格意义上的正义的人只能是哲人。只有哲人在自己的灵魂内部实现了理性对于激情和欲望的完全统治，达到了真正的正义、节制、勇敢和智慧。因此哲人是绝对的自然意义上的“完人”。哲人的这种绝对正义就在于他对至善理念的理性认识和智慧。智慧是一切美德的本体。在《普罗泰戈拉》中，柏拉图表明美德的本质在于智慧，没有智慧的人就没有美德。只有哲人拥有智慧，所以只有哲人拥有美德。在《会饮》中，柏拉图也暗示，只有哲人苏格拉底才拥有真正的节制、勇敢、正义和智慧。因为他真正实现了理性对激情和欲望的统治。而普通人的美德是出于他律，而不是自律；是出于习惯，而不是出于认识；是出于情感，而不是出于理性。因此俗人的美德只是表面性的，只是对哲人的美德的模仿和分有。可以说，苏格拉底始终在以哲人为原型来设想正义的人的本质。

在这个论证过程中，苏格拉底坚持了国家和个人的同构性原则。他认为国家中存在的东西在人的灵魂中也存在，在个人灵魂中存在的东西在国家中也同样存在。因为国家是由人构成的，国家不过是一个“巨人”。国家的本性奠基于人的本性。国家的三个部分对应灵魂的三个部分，灵魂的三部分与三种德性相对应。个人的智慧和国家的智慧是同一种智慧，个人的勇敢和国家的勇敢是同一种勇敢，个人的节制和国家的节制是同一种节制，个人的正义和国家的正义是同一种正义。离开国家就没有个人，离开了个人也没有国家。国家的正义来自个人的正义。在苏格拉底看来，有五种政体，因此有五种灵魂。美德只有一种，邪恶却有无数。他认为主要有四种邪恶，只有一种好政体就是王政或者贵族政治。由一个卓越的人统治就是王政，由几个优秀的人统治就是贵族政治。具体而言，哲人是真正正义的人，所以理想国本质上应该根据哲人的原型进行设想。理想国不过是哲人的“政治学模拟”，理想国就是一个巨大的哲人。

至此，理想国的主要问题已经讲完了。对败坏的政体的讨论只是附带性的部分。但是柏拉图没有止步于此，反而进行了更加复杂深入的探讨。

三、第三场论辩

第五卷

第三场论辩是第五卷到第七卷，是关于如何建设正义的国家和个人的问题。这涉及哲人的塑造和培养的问题。这部分的主要内容将放在“哲人篇”中讨论。

当苏格拉底要探讨其他四种邪恶政体时，玻勒马霍斯和格劳孔悄悄耳语了一下，他们要求苏格拉底再谈一下“朋友之间，不分彼此”的观点，这个问题和妇女儿童相关。苏格拉底首先进行了推辞，表明自己对这个问题胸无成竹，贸然发言会害人害己，失手杀人，其罪尚小；混淆善恶美丑是非，欺世惑众，其罪无穷。所以他在讲诉自己的观点前先向复仇女神致敬，请求她们的原谅。这也反映了哲人在发表自己的看法时必须小心谨慎，不能无所顾忌。所以古代人都不强调思想自由、言论自由，都不推崇著书立说，就是因为害怕一些错误的言论妖言惑众，迷惑人心。这也是柏拉图为什么把理想国的对话安排在晚上和雅典城外的原因。但是现代人却在言论自由、思想自由的刺激下，越来越放纵，越来越无所顾忌。其结果就是各种错误的思想言论满天飞，整个社会缺乏了统一的思想立场，人们面对这些似是而非的观点感到困惑和迷惘。这种思想上的混乱也是政治混乱的一种表现，也是最危险的混乱。所以“思想犯”成为现代性以来的重要现象。陀思妥耶夫斯基的《罪与罚》、《卡拉马佐夫兄弟》等作品都是描写“思想犯”的作品，揭示了他们祸乱世人导致的灾难和错误。真理是一，错误才是多。真理被埋没在错误的海洋中时，我们就越来越难以发现真理。我们应该看到，思想自由、言论自由本身并不重要，重要的是什么样的思考才是正确的思考，什么样的言论才是正确的言论。如果我们的思想和言论都不正确，那么思想自由和言论自由只能导致更大的错误和灾难。从历史上看，思想自由和言论自由都是为了反对所谓的“封建专制”提出来的，其本身包含的真理性仍然是需要反思和探讨的。我们之所以推崇这种自由，是因为思想自由、言论自由被看作是发现真理的手段。所以我们的目的不是追求这种自由，而是追求真理。如果这种自由不能带来真理，那么我们对它们的推崇就是没有意义的。而且我们追求真理的目的是追求幸福和至善，如果这些自由或者真理不能带来幸福和至善，我们为什么还需要它们呢？我们必须看到，自由的思维并不就是正确的思维。现代人的错误和无知就在于只推崇自由思考，不再推崇正确思考。因为现代人已经遗忘了自然的真理，而认为根本不存在真理。因为没有唯一正确的思维，自由的思考就被等同于正确的思考。但是自由的思考根本不是正确的思考。正确的思考是一种非常严格和高超的技艺，要掌握正确的思维是非常困难的。正如政治的技艺不是所有人都能够掌握的技艺一样，思考的技艺更加不是任何人都能够掌握和学会的技艺。只有极少数人才能够掌握思维的技艺，这就是哲人。所以我们阅读哲人或者圣人经典的目的就是训练自己学会正确的思维。

接下来，苏格拉底提到了著名的“三次浪潮”。这实际上是对如何建立理想国的探讨，是对理想国的具体内涵的展示。他之所以把这三个观点比作“三次浪潮”，意在表明理想国的反传统文明的性质，也表明了理想国的自然正义性。也就是说，三次浪潮冲击的是传统文明、传统观念。一切真正的文明都是依据自然建立起来的。但是因为对自然本身的观察和认识的正确性不同，有的传统文明对自然的认识是片面的，不完全的。而且人类社会的习俗性也会导致最初合乎自然的文明逐渐背离了自己的初衷和基础，逐渐变得反自然。这样就不得不对国家文明进行变革。所以古往今来，一切试图立法或者变法的人都必须向“自然”回溯，从自然中获得真理。可以说，理想国通过向自然的回溯，达到了对传统政治的解构。

柏拉图对话的激进性在这三个浪潮中充分体现了出来。现代性的哲学家也试图通过向自然的回溯奠定新政治文明的基础。但是不论是霍布斯、卢梭还是尼采，都错误地试图在政治道德之外寻找一种自然，试图发现一种前文明的源始的自然。这种思路是把人的自然和动物的自然等量齐观，抹杀了人的自然和动物的自然的差异性。因此他们不可能发现人类的自然，也不可能建立新政治、新文明。正如我们不能在猴子身上寻找自己的本质一样，也不能在人类组建政治社会之前寻找政治的基础。我们只能在道德和政治生活的本质中寻找人性的自然。或者，我们只能在人类的目的中寻找理想人格和理想社会的本质。因为人是目的论动物，目的决定本质，目的才是自然。当苏格拉底把哲学"从天上拉回到人间"，就意味着他认为理性、至善才是自然，这样他就完全否定了非政治化的向源始性或者史前时期寻求"自然"的错误思路。严格地说，自然既在文明之前也在文明之后，既在文明之中也在文明之外，既在文明之下也在文明之上。自然是整体或者大全，文明只是自然的一部分，文明不过是自然之花。整体决定了部分，部分服从于整体。部分依据整体而获得意义和价值，整体也依据部分而被认识。我们应该从部分上升到整体，从文明上升到自然。简单地把自然和文明对立起来是错误的。

（一）第一个浪潮：男女平等 451c

苏格拉底认为应该给予女人和男人同样的音乐和体育的训练。按照当时的风俗传统，这种观点是可笑的。一般认为男女的自然是不同的，应该给予他们不同的教育和工作。这几乎是一切古代国家的基本原则，也符合社会分工的基本要求。但是在苏格拉底看来，这种区分主要还是从生理性的角度做出的。在我们把生理性的自然差异作为男女差异的基本标准时，就意味着放弃了自然理性的原则。相反，理想国是按照自然理性建立起来的。从自然理性的角度看，男女可以进行同样的学习，做同样的工作，这就证明他们具有相同的自然，只是女人比男人稍微弱一些而已。因此他们之间的生理上的自然差异是不必考虑的。理性技艺能力上的差别才是最根本的原则。因为天赋理性能力同样分配在男女之上，男女在学习技艺方面是一样的，因此男女就是平等的，所有工作不论男女都可以参加。我们应该根据技艺理性而不是生物学因素看待男女的平等。这也意味着男女的差异是政治文明塑造出来的,男女不平等是政治文明的产物。可以说,男女平等是苏格拉底对政治理性主义的一种贯彻。

(二)第二个浪潮:妇女儿童公有

苏格拉底认为护卫者没有私有财产,同吃同住。因为男女平等,女人也可以做护卫者。男女护卫者可以相互通婚,婚姻应该尽量神圣,但是他们不能组成一夫一妻制的家庭。因为家庭是私有制的最初形式。一旦护卫者有了自己的小家庭,他们就难免为了自己利益损害国家利益。为了防止护卫者的腐败,苏格拉底才提倡共产共妻的制度。在马克思设想的共产主义社会中也没有家庭。

因为没有家庭,男女护卫者生育的子女也公有,父母不知道自己的子女,子女不知道自己的父母。这也是为了防止私心的产生。同时,按照优生学的原则,应该尽可能让健康强壮的护卫者多生育子女,而让最坏的人尽可能少生育子女。但是这种婚配原则不能公开,因为谁都不会认为自己不配生育。所以只能采取巧妙的抽签方式,使不合格的人在每次求偶的时候都不能如愿,只怪自己运气不好而不怪治理者。苏格拉底还认为要实行计划生育,不但要控制人口质量,还要控制人口的数量,尽可能保持人口的稳定不变。生下来的孩子由相关的官员带到托儿所去,交给保姆抚养。保姆住在城市另外的区域。母亲可以去给孩子喂奶,但是不能让她认出自己的孩子。有缺陷的孩子则秘密处理,以保证品种纯洁和优化。这是苏格拉底提出的维护人种质量的方法。正如我们在牲口的培育上都采取优生学的原则,我们也应该在人类的生育上采取优生学的原则。只是这种原则很难操作,所以才不被采用。但是这并不意味着这种原则是错误的。虽然这个观点不可行,但是苏格拉底决定先不考虑可行性的问题,更重要的是考虑完美性的问题。

至于生育的年龄,女人从二十岁到四十岁,男人从过了跑步速度最快的年龄到五十五岁。不到或者超过这个年龄的人生育的孩子都是非法的,没有获得治理者同意的生育也是非法的。在男人和女人过了生育年龄后,他们可以自由地在一起,但是要防止乱伦。他们生育的孩子则要秘密处理,不应该抚养。那么他们之间的亲属关系如何确定呢?苏格拉底表示,一个人在他结婚后第十个月或者第七个月生育的孩子都看作是自己的孩子，他们之间不能有性关系。但是苏格拉底认为可以允许兄弟姐妹之间发生性关系。这可能是因为兄弟姐妹之间的血缘关系实在无法区分，只能允许这种乱伦的存在了。

其次，苏格拉底讨论了这种公有制的好处就是最大程度上促进了国家的同一性。因为一个国家的至善在于团结统一。对于国家来说，没有比团结统一更大的善，也没有比分裂更大的恶。一个国家如果能够做到同甘共苦、苦乐与共才是最好的国家。如果一个国家中的人民喜怒哀乐各不相同，团结统一的纽带就断裂了。治理得最好的国家就像是一个人那样。“一个国家最大多数的人，对同样的东西，能够同样地说‘我的’，‘非我的’，这个国家就是管理得最好的国家。格：最好最好的。苏：当一个国家最像一个人的时候，它是管理得最好的国家。比如像我们中间某一个人的手指受伤了，整个身心作为一个人的有机体，在统一指挥下，对一部分所感受的痛苦，浑身都感觉到了，这就是我们说这个人在手指部分有痛苦了。这个道理同样可应用到一个人的其他部分，说一个人感到痛苦或感到快乐。格：同样，有如你所说的，管理得最好的国家最象各部分痛痒相关的一个有机体。”[1]对于护卫者而言，由于妻子儿童公有，所以他会把他遇到的任何人都看作和他有关系的，是他的兄弟姐妹，父母子女，这样整个国家就像是一个大家庭。国和家是一体化的同构性的关系。而且在理想国中，每个人都不把自己的身体看作是私有财产，而是属于国家的。他们都超越了各自身体的局限性，每个人的身体感觉都被公共化了。全体公民“同呼吸，共命运”、“有福同享，有难同当”、“精忠报国”，公民的含义也许就在于此。如果公民是一些只关心自己的私利私欲的人，那么这种人就根本不配被称为公民。在苏格拉底看来，如果护卫者具有私有财产，他们就不是名副其实的护卫者。他们会把国家搞得四分五裂，把公有的东西称为“这是我的”，他们就不可能做到团结一致、同心同德、甘苦与共了。苏格拉底还指出，虽然护卫者没有自己的家庭和孩子，没有劳动者等级那样的幸福，但是他们也摆脱了养家糊口这些繁琐无聊的琐事，他们的回报也是巨大的。他们会比奥林匹斯山的诸神还要幸福。因为他们

---

[1] 柏拉图：《理想国》，郭斌和、张竹明译，商务印书馆，1986 年版，462c－d。

会得到人民的全心全意的供养和资助,他们需要的一切都由国家支付。活着时为全国公民所敬重,在死后也能够受到哀荣备至的葬礼。

这种共产主义是我们经常反对苏格拉底的地方。我们认为他忽视了个人的身体和爱欲。但是正如苏格拉底反复强调的,他在此关心的是国家的整体性的幸福,而不是个人的幸福。个人的幸福只有从属于国家的幸福才是真正的幸福,否则就是败坏了的幸福。同样,个人的身体感觉只有和国家的感觉协调一致,才是真正的感觉。由这样的人组成的国家才是真正的国家,否则就是势利小人的,甚至是强盗的国家。因此为了实现国家同一性,每个人的身体感觉都应该被公共化和国家化,这是我们理解柏拉图关于理想国中的身体问题的关键。[1] 在他看来,国家是一个统一的有机整体,国家的存在需要各种工作和职责的组成,我们必须纯粹地设想这些职务的本质,而排除那些非本质性的部分。或者说,理想国只关注国家的纯粹形式理念,不考虑其质料性因素。质料只会干扰理想国的完美性。这是苏格拉底或者柏拉图对政治理性主义原则的彻底贯彻。这和柏拉图在《政治家》中展示的二分法也是一致的。这种理想化或者二分法也类似于胡塞尔现象学的方法。这也可以说是苏格拉底的"正名哲学"。所谓:"名不正,则言不顺;言不顺,则事不成;事不成,则礼乐不兴;礼乐不兴,则刑罚不中;刑罚不中,则民无所措手足。故君子名之必可言也,言之必可行也。君子于其言,无所苟而已矣!"(《论语·子路》)也就是说,每个人都应该按照他在国家中的"名分"、"名义"来设想他的"本质"或者"存在"。名分就是存在的本质,名分之外没有存在或者本质。这样个人就不是作为单独的个体,而是被作为国家的一个"细胞"来考虑。每个人都是国家身体的一个细胞,只有这些细胞精诚团结、共同合作,国家身体才能健康长寿、长治久安,否则,国家身体就要生病和死亡。如果每个人都有各自的利益,每个人都有属于自己的私人身体和私人感觉,这样的人我们怎么能够把他们称为公民呢?由这样的人组成的国家就已经是离心离德、分裂的国家了,不再是一个严格意义上的国家了。当我们只是把国家

[1] 柏拉图的共产主义保留了国家,但是把个人的身体感觉政治化了。马克思的共产主义消灭了国家,却保留了个人身体感觉。

看作是个人利益的维护者时，这个国家理念就已经败坏了。因此自由主义的国家理念是败坏了的国家理念，它把个人的感觉置于最重要的地位，其目的只是为了对抗国家可能给个人带来的伤害。但是一个人如果不是已经生活在国家中，他又怎么可能是一个人呢？如果我们不敬重我们的国家，我们又如何获得人性的尊严？因此，只有在我们已经不再敬重国家，拥有败坏的国家理念后，我们才会看重个人的身体感觉，才会批评苏格拉底不重视个人的身体和爱欲。理想的国家只能是柏拉图所设想的这样，没有其他的可能性。我们之所以会对这种理想国感到恐惧，特别是现代人之所以都患有霍布斯所谓的“恐暴症”，只是因为抱有更强的自私狭隘的精神和心理，对一切自我之外的东西都不信任和怀疑。仅仅局限于个人的自我感觉，这是我们的生命力萎缩和衰弱的体现，是我们的智慧层次和人生境界都大大降低了的体现。但是我们时刻都离不开国家，时刻都在寻求更大的团体，以求达到自我的归宿感和认同感。而美好的国家是美好的人生的必要前提和条件。每个人只有在国家中才能实现自己的价值。当国家的理念堕落后，个人的价值和意义也势必随之堕落。所以坚持美好的国家理想，这是人性价值和人生理想得以实现的必要前提。我们一方面要坚持理想国的理想原则，时刻以理想国衡量和反思我们的现实国家，使现实国家尽可能趋向理想国。另一方面我们也应该看到，理想国是依据“自然”而建立的国家，因此它不是凭借人为的狂热奋斗就可以实现的，理想国是“可遇不可求”的。这才是合乎中道的态度和智慧。我们既要反对政治冷漠主义，也要反对政治理想主义。

苏格拉底把国和家等同起来的思想，和我国古代把“国”和“家”并称的思想是一致的。这些思想蕴含着古典哲人对政治共同体的最宝贵和最美好的理念。儒家的“天下为公”、“大同世界”，也就是这种政治理想的体现。我们把《礼记·礼运》中的“大同、小康”章列出来，以供参考：昔者仲尼与于蜡宾，事毕，出游于观之上，喟然而叹。仲尼之叹，盖叹鲁也。言偃在侧，曰：“君子何叹？”孔子曰：“大道之行也，与三代之英，丘未之逮也，而有志焉。大道之行也，天下为公，选贤与能，讲信修睦。故人不独亲其亲，不独子其子；使老有所终，壮有所用，幼有所长，矜寡、孤独、废疾者皆有所养；男有分，女有归。货，恶其弃于地也，不必藏于己。力，恶其不出于身也，不必为己。是故谋闭而不兴，盗窃乱贼而不作。故外户而不闭，是谓大同。今大道既隐，天下为家，各亲其亲，各子其子，货、力为己；大人世及以为礼，城郭沟池以为固，礼义以为纪，以正君臣，以笃父子，以睦兄弟，以和夫妇，以设制度，以立田里，以贤勇知，以功为己。故谋用是作，而兵由此起。禹、汤、文、武、成王、周公，由此其选也。此六君子者，未有不谨于礼者也，以著其义，以考其信，著有过，刑仁讲让，示民有常。如有为由此者，在执者去，众以为殃。是谓小康。”（《礼记·礼运》）在《孟子·梁惠王上》中，孟子劝告梁惠王实行仁政时也指出：“老吾老，以及人之老；幼吾幼，以及人之幼，天下可运于掌。诗云：刑于寡妻，至于兄弟，以御于家邦。言举斯心，加诸彼而已。故推恩足以保四海，不推恩无以保妻子。古之人所以大过人者无他焉，善推其所为而已矣。”可见，柏拉图关于理想国的设想和儒家关于理想国的设想没有实质性区别。因为他们都看到，人是政治的动物，美好的政治是塑造美好的人性的必要条件。我们要追求成为美好的人，就必须追求美好的政治。即使美好的政治不一定涵盖美好的人的所有内涵。因此放弃了美好的政治理念，也就是放弃成为美好的人的理想。

基督教的天国和柏拉图的理想国也是可以比较的。天国也是一个同心同德、万众一心、不分你我的状态。天国中的身体也被虚无化了。他们的不同在于，天国是建立在对上帝和耶稣基督的信仰之上的，而理想国是建立在自然理性的认识之上的。这里并不是要把理性和信仰对立起来。这种对立是不符合古典理性主义的基本原则的，而是一种基督教信仰主义的产物。从古典理性主义上看，天国只是理想国的一种“神圣”形式，其中蕴含了人的自然理性对人的美好生活的反思和设想。离开了理性对至善的认识和设想，天国信仰也是不可能成立的。所以信仰并不是独立于和对立于理性的，真正的信仰根本上是依赖于理性的。理性决定了信仰。真正的信仰如果不是建立在无知或者对人的理性有限性的固执上，就一定是理性认识的产物。信仰只是对理性的分有和模仿，但是大多数人的基督教信仰都是诉诸人的无知，诉诸人的理性的有限性。因此理性和信仰的对立实际上是理性和无知的对立。而柏拉图告诉我们，知识是善，无知是恶。所以我们应该回到柏拉图的古典理性主义，才能真正解决所谓理性和信仰的关系问题。

接下来，苏格拉底开始讨论这种制度的可行性问题。男女护卫者和他们的孩子都要参加行军打仗。孩子可以在其中学习战争的技艺，即使冒险也是值得的。在军纪方面，对于勇敢优秀的护卫者应该给予各种荣誉和利益。对于战死沙场的勇士也给予无上的荣誉，奉如神明。对于被俘虏的人则让敌人随意处理。对于逃跑的人则下放去做农民或者工匠。苏格拉底还超越了雅典的政治局限性，着眼于整个希腊社会，提出了"泛希腊主义"的政治理想。他认为希腊人必须团结起来，消除希腊各城邦各自为政的状态。他尽力限制希腊人之间的战争，把希腊人之间的战争称为"内讧"。内战的目的只能是使对方知道自己的错误而赔礼谢罪，因此他认为必须禁止屠杀同胞，必须"不准蹂躏土地，不准焚烧房屋"，掠夺财物也要适可而止。这样他试图以"礼仪"限制希腊内战，把礼仪和和平置于战争和屠杀之上。在对外战争上，他认为希腊人应该一致对外，抵抗野蛮人，保护希腊文明。对外战争的目的也是为了维护希腊文明而进行的自卫反击战。希腊人只有作为文明人才是高贵的和自由的，否则希腊人就没有什么可以值得称道和维护的。这样苏格拉底就把和平和文明，而不是战争和野蛮作为普遍的政治理想和目的。在他看来，"平天下"只能通过文明教化的方式感召天下。这和儒家的政治理想同样是一致的，而和现代强权政治完全不同。

（三）第三个浪潮：哲人做统治者 471c

苏格拉底提出了最后的也是最大的浪潮即哲人王的思想。"除非哲学家成为我们这些国家的国王，或者我们目前称之为国王和统治者的那些人物，能严肃认真地追求智慧，使政治权力与聪明才智合而为一；那些得此失彼，不能兼有的庸庸碌碌之徒，必须排除出去。否则的话，我亲爱的格劳孔，对国家甚至我想对全人类都将祸害无穷，永无宁日。我们前面描述的那种法律体制，都只能是海客谈瀛，永远只能是空中楼阁而已。这就是我一再踌躇不肯说出来的缘故，因为我知道，一说出来人们就会说我是在发怪论。"（柏拉图：《理想国》，473d－e）他认为这个观点是更加荒唐可笑的，会引起世人的极大讥笑。格劳孔也表示这种观点是非常荒谬的。这正好和老子所说的"上士闻道，勤而行之；中士闻道，若存若亡；下士闻道，大笑之。不笑不足以为道。”（《道德经》，第四十一章）这意味着真理从来是掌握在少数人手里的。大多数人关心的不是真理，而是现实。但是现实包含了真理的颗粒，现实只是真理的变形而已。没有真理，就没有现实。我们必须善于从现实上升到真理，不能只看到了残缺的颗粒，不能看到完整的真理。如果把常识推进到底，我们就会发现真理，就会明白现实或者常识只是真理的不完全的形式。我们就会选择真理本身，而不是片面的现实。

接下来，苏格拉底开始探讨哲人的概念。他认为哲人是智慧的爱好者，他爱智慧的全部，而不是其中一部分。哲人必定是博学的。他无所不知，无所不学。正如孔子自诩的：“十室之邑，必有忠信如丘者焉，不如丘之好学也。”儒家传统也讲究“儒者以一事不知为耻”。（《论语·公冶长》）只有“学而不厌”的学习者才是真正的爱智者，那些猎奇者不能称为爱智者。然后苏格拉底又指出，如果一个人不能判断什么有益，什么有害，那么他也不是一个爱学习的人。真正的好学必须以辨别善恶、追求真理为根本目的。因此真正的哲人是“眼睛盯着真理的人”。在此，他区分了哲人和俗人。俗人是声色的爱好者，他们只关心可见的现象。他们喜欢美的影像，而不是美本身。哲人关注美本身，而不关注美的影像。因此哲人看到事物本身，他一生在理智的清醒中。俗人一生就像是梦中，他看到的只是影像，把相似的事物看作事物本身。哲人的心中具有知识，俗人心中只有意见。意见不是知识，也不是无知，而是介于知识和无知之间的东西。意见比知识阴暗，比无知要光明。可以说，意见是对知识的分有和模仿。从能力方面看，知识和意见是不同的能力。用康德哲学的术语来说，知识是纯粹理性的能力，意见是知性的能力。从对象方面看，知识是关于存在的，无知是关于非存在的，意见是关于既存在又不存在的。这种东西就是可见现象。知识是关于存在的认识，意见是关于现象的认识。永恒不变的理念是确定的，而现象始终处在不确定的状态中。哲人就是爱知识的人，俗人就是爱意见的人。

接下来，苏格拉底就开始探讨哲人的界定、教育和选拔等问题。这些内容我们放在《理想国·哲人篇》中来论述。在此，我们着重讨论柏拉图的哲人王思想。

首先，柏拉图提出哲人王的意图是对政治权力的驯服。可以说，古往今来，一切圣人思考和关心的就是对权力和欲望的驯服。对政治权力的欲望是人世间最大的欲望，因为人们对于荣耀和财富的追求，可以在政治权力中获得最大的满足。这种欲望也是最难以驯服的欲望。柏拉图设想知识、智慧和权力的结合，这是以智慧驯服权力。因为哲人爱智慧，爱真理，不爱权力，所以哲人不会贪恋权力，滥用权力，他只会把权力看作是惩罚性的劳役。正如在《会饮》中表明的，哲人的爱欲已经在对理念世界的直观中获得了终极满足，所以哲人不会再通过追求世间的政治权力使自己获得满足。这是哲人不爱权力的根本原因。可以说，哲人对权力的摆脱和蔑视不是单单基于道德修养或者自我节制，而是在于爱欲的终极满足。因此哲人对于一切人世的荣耀和幸福都已经漠不关心了，一切世间的快乐，包括权力的快乐，都是微不足道的。他的灵魂欲望已经不再波涛汹涌，正如《斐多》中指出的，哲人是“处于死的状态”，不再有任何的世间欲望。“存天理灭人欲”在哲人身上获得了最大程度的实现。如果没有获得这种终极性的满足，那么我们对世间事物的欲望就不可能彻底停息，就可能试图在权力上满足自己的欲望。所以解决欲望困扰的办法就是彻底满足它，以最高贵的方式满足它，而不是压制它。可以说，哲人以智慧驯服了欲望。其实，“权力”这个概念本身就已经包含了对权力的驯服。因为“权”的含义是秤砣，秤砣就意味着公平，另外，权还是指因地制宜的权变。正如孔子指出的：“可与共学，未可与适道；可与适道，未可与立；可与立，未可与权。”(《论语·子罕》)权变本身就是智慧的体现。所以“权”先于力，只有智慧的人才能掌握权力。权力就是以“权”驯服“力”。

现代性也试图实现知识和权力的结合。现代性的目的就是建立“哲学的千年王国”。这就是现代性的哲学和政治的同一性的理想。其基本思想包含以下几个方面。第一，现代性试图通过科学和知识的进步，实现政治国家的科学化和知识化。科学技术成了现代国家的“意识形态”。现代性对知识的理解却和柏拉图完全不同。现代性的知识概念是为欲望服务的，现代科学和技术本质上是享乐主义的产物；柏拉图的知识概念是净化或者消除欲望的，是理性主义的概念。两者对知识的理解是完全对立的。第二，现代性的哲学王国还试图使全体人民都变为哲学家，每个人都能够自由地使用自己的理性。正如康德和黑格尔所揭示的，只有全体公民都是理性的人时，现代性的哲学王国才能实现。但是使全体公民都成为哲人比柏拉图的哲人王理想更加是乌托邦。如果柏拉图的理想国还有实现的可能性，那么现代性的哲学王国根本没有实现的可能性。最后，现代性并不试图通过智慧和德性驯服权力，而是试图通过“三权分立”的方式驯服权力，认为绝对的权力导致绝对的腐败，所以必须消除绝对的权力。因此最好的方法就是对权力进行分割，使得各种权力之间相互制衡，相互牵制，避免绝对的腐败的产生。因此三权分立也是驯服权力的方式。但是这种方式也暗含了权力的分解和削弱，同时也暗含了对有智慧和德性的人的怀疑或者否定。三权分立虽然在实践上是可行的，但是这种方式在理论上是狭隘的低级的。我们必须在推崇“三权分立”之前首先对其有一个正确的认识和评价。

其次，苏格拉底强调，哲人的统治只能通过借助于某种必然性（偶然性）“迫使”哲人成为统治者。因为在一切现实的国家中，哲人是自发性地出现的，哲人没有参与政治的义务和责任。哲人可以是“逍遥法外”的闲云野鹤之类的隐士。但是由于哲人智慧绝伦，卓尔不群，如果被政治家或者有政治抱负的人发现，就会邀请甚至强迫他担任政治工作，或者掌握政治权力。或者在某些紧急状态下，哲人不得不承担起巨大的政治责任，可能成为实际的统治者。这时，如果按照苏格拉底的设想，把所有十岁以上的孩子送到乡下去，改变他们从父母那里受到的生活方式的影响，用自己制定的习惯和法律培养他们成人，那么就能够最方便地建立其理想国并使理想国能够长治久安、万古长存。因此苏格拉底反复强调这种可能性是存在的，这种偶然性或者必然性是可能出现的。

因为哲人在哲学生活已经获得终极满足或者智慧，所以哲人不会愿意做统治者。理想国的创建和维护意味着对哲人的某种强制性或者不正义。正如《理想国》的对话本身就是建立在这种不正义的前提下的。但是为了广大人民的福祉，为了哲学本身的福祉，哲人参与实际政治是有一定的必要性的。所以哲人在很多时候是做“帝王师”。哲人的存在对于国家总是有益的，哲人总是会以各种方式促进国家的完善。在《政治家》中，柏拉图则指出，哲人本身就是王者。哲人不需要实际地拥有权力，哲人凭借自己的智慧或者政治知识就已经是王者了。哲人是法王或者素王，是无冕之王。例如孔子在当时没有什么地位，但是后来被尊称为“大成至圣先师”，成为了“王者中的王者”。柏拉图曾经三次试图在叙拉古建立理想国，但是都以失败告终，这也说明了哲人成为现实王者的困难。也许哲人做法王或者素王更加现实一些。但是即使哲人在智慧上高于王者，如果哲人不是现实的王者，那么他也必须服从王者。这是我们理解苏格拉底的自觉接受雅典法律判决的原因。

第三，还可以从儒家的政治理念来理解柏拉图的哲人王思想。柏拉图的哲人王就是儒家的“王道政治”或者“圣人政治”。王道政治是儒家提出的一种以仁义治天下的政治主张，与霸道相对。《书·洪范》：“无偏无党，王道荡荡。”《史记·十二诸侯年表》：“孔子明王道，干七十余君，莫能用。”王道政治的核心思想就是“有德者居之，无德者失之”。统治者的智慧和德性是统治者的正当性的根本依据。所谓的“王”字本身就包含了极大的智慧含义。三条横线代表了“天地人”三才，一根竖线代表了对“天地人”的贯通。真正的王者是能够沟通“天地人”三才的人，只有具有最高智慧和德性的人才能达到这种境界。所以王道政治是政治理想主义的最高体现。作为一种政治理想，王道政治是对一切现实政治和统治者的鞭策和引导，一切现实的统治者都应该以王者的标准来要求自己，改造自己，否则就不具有统治的正当性。虽然王道政治在两千年的政治史几乎没有实现过，正如鲁迅在《且介亭杂文集·关于中国的两三件事》指出的：“在中国，其实是彻底的未曾有过王道。”但是我们不能因此否定王道政治的真理性。可行性不等于真理性。正如苏格拉底强调的，我们可以画一个最美的人的画像，但是不能因为这么美的人从来没有存在过，就否定他的美。王道政治是基于对人性的自然的观察和认识而得出的必然结论。也就是说，人的自然本性就是向善，无人自愿作恶。人们作恶是出于无知。所以在智慧和至善的引导下，人们就能够从善如流。政治权力的真正价值在于帮助人们消除他们内心中的无知和恶的力量，从而使人的自然本性得以实现。如果我们放弃了理想国的政治理念，那就是向恶敞开了大门。

现代性政治思想的前提恰恰就是对这种古典政治理想的否定。在现代性看来，既然古典政治理想从来没有实现过，那么就是虚假的错误的，所以我们应该走不同的更加可行的道路。现代性把可行性和真理性等同起来，选择了自由民主制的方法来解决统治的正当性问题。它把统治的正当性归因于人民的普遍同意或者授权，认为只有经过人民的选举才具有统治的正当性。但是人们不可能真正参与政治生活，人民永远是被统治者。即使人民能够选举自认为好的统治者，因为他们的智慧是有限的，容易被蒙骗，他们的决定有可能是错误的，就像是希特勒的情况一样。如果认为根本就不存在神明圣达的人，王道政治是空洞的虚幻的，那么民主制把统治的正当性寄托于人民的普遍同意，同样是非常不靠谱的。由此可见，现代性是以可行性或者实践性作为衡量思想真理性的标准，恰恰表明了现代性以低下的东西衡量和评判崇高的东西。这是真正的"价值的颠覆"，是对真理的扭曲和无知，从而也就是向恶的妥协和退让。

第四，苏格拉底的哲人王政治也就是"无为之治"。理想国是依据自然而统治，这就意味着它不是依据人为而统治，所以哲人王政治就是无为之治。它和我国古代的无为之治思想也是一致的。无为之治原指舜当政的时候，沿袭尧的主张，不做丝毫改变。后泛指以德化民。孔子指出："无为而治者，其舜也与？夫何为哉？恭己正南面而已矣。"（《论语·卫灵公》）朱熹认为"圣人德盛而民化，不待其有所作为也。"这些都表达了儒家的德治主张。第二，道家的政治理想也是无为之治，具体措施是"劝统治者少干涉"和"使民众无知无欲"。无为主要有两层意思：一是顺从天地自然之道，不妄为，不恣意行事，不用过多的法令条规强制约束，否则会适得其反。即"天下多忌讳，而民弥贫"，"民之难治，以其上有为"，因而"治大国若烹小鲜"，统治者要像天地那样无私，"生而不有，为而不恃，成功不居。"二是"无不为"，"爱国治民，能无为乎？"也就是说，统治者应该给老百姓一个宽松自由的环境，无苛政之苦，无重税之忧，人民安居乐业，自然达到"无为而治"、"无为而无不为"、"为无为，则无不治"，在"道法自然"的前提下达到更高的自由和谐的境界。因此无为既有不恣意妄为之意，又有无不为之意，为其所当为，止其所当止。"是以圣人居无为之事，行不言之教，万物作而弗始也，为而弗志也，成功而弗居也。夫唯弗居，是以弗去。"（《道德经》，第二章）统治者的行为要顺应自然和人性，不强作干预，让下属和老百姓各得其所，各尽所能，相安无事，使国家达到长治久安。

相反，现代性的政治则是有为的政治。现代政治在一切方面都是有为的。现代性努力促进技术生产力的发展，努力促进各行各业的竞争，努力提高物质财富的无限增长。它试图打造一个科学技术和物质财富极大丰富的世界，对科学和财富寄予了一种形而上学的政治意义。它认为在这个物质天堂中，人类将消除贫困，消除因贫困导致的战争，消除疾病和无知，消除人和人之间不平等的隔阂和冲突，最终进入没有任何痛苦和苦难的极乐世界。只要人类齐心合力、共同协作，这个理想就一定能够实现。但是我们不得不指出，现代性的这种政治理想虽然是非常崇高和伟大的，却是非常无知和愚蠢的。它是奠基于对古典政治哲学原则的反叛之上，而不是奠基于对人性的无前提的观察和认识之上。也就是说，现代性本质上是一种历史进步主义。现代性的这种政治理想是基于和古代政治理想的“竞争”，现代性试图在古代性面前证明自己的正确性，这样它就不关心自然，甚至会反自然了。一切反自然的东西都是不可能真正存在和长久的。因此现代性的政治理想是不可能实现的。人性的自然在古典政治哲学中得到了最充分的揭示，是我们思考一切问题的根本依据。人性的事实和真理才是我们衡量真理性的唯一标准。

四、第四轮论辩

第八卷

第四轮辩论是从第八卷到第十卷，是关于非正义的国家和个人的讨论，其中涉及对僭主的批判。苏格拉底开始重新回到第四卷结尾的问题，探讨其他的邪恶政体。他区分了五种政体，其中哲人王政体或者贵族政治是唯一正确的政体。其他四种政体依次是荣誉政体、寡头政体、民主政体和僭主政体。他分别论述了这四种政体。在考察了最不正义的一种人之后，就可以把他和最正义的人加以比较，最后弄清楚纯粹正义的人与纯粹不正义的人究竟哪一个快乐哪一个痛苦，以此回答格劳孔的质疑。

他再次强调政体和灵魂的同构性，指出有多少种不同类型的政制就有多少种不同类型的性格。政治制度是从城邦公民的习惯里产生出来的；习惯的倾向决定其他一切的方向。不同政体就意味着不同的人民及其德性。对于苏格拉底的这段话，我们可以做如下理解。第一，政体即政治的形式，是表明国家是以何种关于善的原则建立起来的。因此政体决定了人民的生活方式。政治必然划分为统治者和被统治者，民主政治也不能取消这个问题，因此谁统治谁就成为政治的根本问题。同时，政体的优劣决定于统治者的品质，而不是被统治者的品质。任何政体的划分都是根据统治者的价值导向来区分的。统治者的价值导向决定了人民的价值取向，决定了整个国家社会的目的和内容，决定了整个国家和人民的生活方式。同样，统治者的言行好坏也决定了人民的好坏。这就是所谓的"上行下效"的政治原则。在《论语·颜渊》中，季康子问政于孔子曰："如杀无道，以就有道，何如?"孔子对曰："子为政，焉用杀？子欲善，而民善矣。君子之德风，小人之德草；草上之风必偃。"第二，如果说人民是政治的质料，这种质料是无限的，人类的历史会一直延续下去。但政治的形式即政体是有限的，因此人类的历史也是有限的。所以柏拉图对政体演变史的讨论也就是对人类历史可能性的讨论。可以说，柏拉图已经穷尽了人类历史的可能性。这也就意味着我们对未来的全新的历史可能性的期待是没有任何意义的。一万年后的人类仍然如此生活，因为人性是不变的，人类对幸福的体验和想象也是不变的。所以历史的发展也是有限的。人类历史不过就是这几种政体形式的循环往复的变化而已。现代性的历史进步主义是片面的错误的。正如孔子指出的："殷因于夏礼，所损益，可知也；周因于殷礼，所损益，可知也。其或继周者，虽百世，可知也。"(《论语·为政》)我们往往简单化地看待苏格拉底关于政体演变史的论述，其实，这里蕴含了深刻的"历史哲学"的奥秘。我们不能被历史表面差异所迷惑，而应该学会透过现象看本质，看到人类历史的有限性。不被历史所迷惑，也就不会支持所谓的"历史的进步"，因为历史不过是政治的表现形式，没有独立于政治的历史问题或者历史现象。这样我们才能走出"历史的洞穴"，才能克服现代性的历史主义。现代历史主义是对政治和历史的无知的体现。

（一）荣誉政体——荣誉之善

苏格拉底首先分析理想国衰败的可能性。他认为动摇和颠覆理想国是不容易的，但是既然一切有产生的事物必有灭亡，理想国也是不能永久的，也是一定要解体的。理想国从完美的顶峰状态的衰败，表明世间的完美从来都是短暂的，转瞬即逝的。借此，苏格拉底或者柏拉图告诉我们，再完美的政治生活也是不可贪恋的。和哲学生活的美好相比，理想国也是不值得追求的。所以我们不能过分热衷于政治制度和政治成就，而应该更多关注永恒的至善世界。这种对至善世界的关注可以使我们的灵魂超出轮回而进入永恒的至福之地。

苏格拉底指出，政治国家衰败有自己的特殊原因，即统治者本身的败坏。“政治制度的变动全都是由领导阶层的不和而起的。如果他们团结一致，哪怕只有很少的一致，政治制度变动也是不可能的。”（柏拉图：《理想国》，544e）这也揭示了一个基本的政治事实，即国家的衰败从来都是从统治者的败坏开始的。人民群众败坏的危害是有限的微小的，相对而言，统治者败坏的危害是巨大的。统治者掌握了更多的权力和资源，他们的一切作为都会放大，都会被人民群众看在眼中，并且会自觉或者不自觉地加以效仿。所以治理国家的根本就是治理统治者，只要统治者不败坏，国家就能够长治久安。

1. 起源

苏格拉底指出，理想国统治者的败坏原因在于血统的败坏。统治者虽然是智慧的，但他们有时会弄错，在错误的时节不适当地生了一些孩子。这些孩子就不是优秀的，从他们中选拔出来的最优秀者也算不上优秀。因此，当他们执掌了权力成为护卫者时，便开始蔑视最初的教育，先是轻视音乐教育，然后轻视体育锻炼，导致年轻人愈来愈缺乏教养。从他们中挑选出来的统治者丧失了分辨金种、银种、铜种、铁种的能力。铁和银、铜和金一经混杂起来，便产生了不平衡、不一致和不和谐，必然引起相互之间的仇恨和战争。这种冲突就是“血统的冲突”。在这种冲突中，统治者内部就分化为两种集团。铜铁集团趋向个人的私利，而金银集团则趋向美德和传统秩序。他们在经过相互斗争后取得某种妥协，把土地房屋据为私有，把原先的朋友和供养人变成边民和奴隶。

这里苏格拉底强调了血统的败坏导致理想国的衰败。按照我们前面的理解，金银铜铁的划分是根据理性能力的高低等级划分的，因此血统的混杂根本上就是理性和非理性的混杂，人群中具有神圣理性能力的人越来越少。理性不再是非理性的统治者，非理性开始和理性分庭抗礼，开始追求自己的利益，而置理性的至善于不顾。血统的败坏导致教育的败坏，理性和非理性的分裂导致理想国的分裂。

2. 特点

第一，尊崇统治者，不让战士阶级从事农业、手工业和商业活动，实行公餐制，统治者终身从事体育锻炼、竞技和战争。所有这些方面和理想国的制度是一致的。第二，不让智慧者执掌国家权力，因为这时已经很难找到智慧者了。他们宁可选择较为单纯而勇敢的人来统治国家。他们大部分时间都在从事战争。第三，这种统治者爱好财富，他们有收藏金银的密室，花钱也会很吝啬，但是他们很高兴花别人的钱以满足自己的欲望。这和寡头制度下的统治者相似。第四，他们只重视体育而放弃音乐教育，重视强制教育而不是说服教育。这样他们就不能真正地节制欲望。他们秘密地寻欢作乐，避开法律的监督。

3. 荣誉型个人

第一，他们是好胜好荣誉的人，把胜利和荣誉看得高于一切。第二，比较自信和缺乏文化教养，但是喜欢文化。他们对奴隶严厉，对自由人和蔼，对长官恭敬。他们喜欢体育，不善言辞。第三，爱财，缺乏理性。

苏格拉底描述的这种荣誉政体就是斯巴达和克里特的政体。斯巴达政体在希腊城邦中是独树一帜的。在其他城邦的民主化浪潮中，斯巴达以他们的荣誉政体抵制了这种民主政体。他们虽然在文化上没有什么建树，但是在政治实践上为后人树立了一个重要的范本。在《法律篇》中，雅典客人就是和斯巴达人和克里特人进行了关于法律的对话，这也意味着《法律篇》中的“次好的国家”是以斯巴达和克里特为原型的。这也和《理想国》中的政体次序是一致的。在这种政体中，对个人荣誉的爱超过对公共之善的爱。这也是理想国分裂的根源。在“义利之辨”上，他们还在以荣誉抵制对财富的贪婪，还能够维持人性的尊严，还表现出了一定的理想主义，虽然这种理想主义和理想国的理想主义相比已经大大降低了。后来，卢梭对他的理想国的设想在很大程度上就是以斯巴达而不是以雅典为蓝本的。我们还可以把荣誉政体和后来的中世纪英国贵族政治进行比较。英国贵族是中世纪英国社会的天然主人，具有强烈的主人意识、荣誉感和社会责任感。他们拥有十分广泛的政治、经济和社会权利，在财富、权力、社会政治地位、价值取向和文化生活等方面处于优势地位。他们的行为规范和价值标准成为社会的主导价值取向，能像贵族一样生活是人们的普遍目标。以崇尚法律、追寻自由、强烈的主人意识和社会责任感为核心的贵族政治文化几乎成为了英国的国粹，促成了西方近现代政治文明如分权原则、法治原则、行政从属于立法、政府向选民负责原则等的出现。

（二）寡头政体——财富之善

1. 起源

对私人财产的贪婪逐渐破坏了荣誉政治。统治者开始互相模仿，挥霍浪费，违法乱纪，无恶不作。长此下去，他们越来越看重财富，越来越瞧不起荣誉和善德。终于，好胜的爱荣誉的人变成了爱钱财的人了。在政治选举上，他们规定一个最低限度的财产数目，只有达到这个规定标准的人才能当选。他们用武力或者用恐吓建立起自己的政府后通过了这条法律，建立了寡头政制。

2. 特点

首先，寡头制是一种根据财产资格分配政治权力的制度，使政治权力掌握在富人手里。这个标准的问题在于，富人并不一定是有智慧的人或者有德性的人，根据财产分配权力是一种不符合理性主义的原则。第二，国家是分裂的。这样的城邦必然不是一个，而是两个，即富人的国家和穷人的国家。他们住在一个城里，总是在互相阴谋对付对方。在这种制度下很可能无法进行战争，它的少数统治者要打仗，就必须武装人民群众，但是他们害怕人民甚于害怕敌人。第三，他们又贪财而吝啬。当然和民主制、僭主制相比，他们的贪婪和吝啬还受到一定程度的节制。第四，同一人兼有多种不同的职业，既做农民，又做商人，又要当兵。这意味着他不可能完全做好任何一种工作。第五，允许一个人出卖自己的全部产业，也允许别人买他的全部产业。这就形成了一个所谓的穷人阶层或依附者阶层。贫富差距极度分化。

3. 寡头型个人

第一，崇拜金钱，寸利必得，不断地积攒，“理性和激情将被迫折节为奴。理性只被允许计算和研究如何更多地赚钱，激情也只被允许崇尚和赞美财富和富人，只以致富和致富之道为荣耀。”第二，省俭和勤劳。他们但求满足基本需要，绝不铺张浪费，其他一些欲望均被视为无益而加以抑制。寡头知道区分合理的和不合理的欲望，较好的欲望能够控制较坏的欲望，但是他们也往往在许多欲望之间摇摆。第三，没有文化。他们也不像荣誉政体下还有对文化的爱好，因为对财富的追求占据了他们所有的时间和精力。第四，自我控制。在交易往来和签订契约方面，他们似乎有诚实的名声。但是他的自我控制不是出于劝导和说服，而是用强迫和恐吓，他们是为了保住财产才这么小心谨慎的。他们是某种双重性格的人，内心充满了贪婪和节制的矛盾，在他们身上找不到心灵和谐一致的至善。当然他的较善的部分总能战胜较恶的部分，他们要比许多其他的人更体面些、可敬些。第五，因为他们的省俭吝啬，他们在城邦里往往是一个软弱的竞争者，难以取得胜利和光荣。他们不肯花钱去争夺名誉，他们只肯花费一小部分钱财进行孤家寡人般的战斗。他们宁可失败，也要保全财富。

寡头型个人的特点就是对财富的爱超过对荣誉的爱，但是他对于财富的爱受到了适当的节制。这种人使我们想到韦伯在《新教伦理和资本主义精神》一书中对清教徒的描述。他认为新教徒的信仰使他们一方面对财富和工作充满狂热，一方面保持勤劳和节俭。正是这种新教徒成为了最初的资本家，资本主义就是被这样的人拉动起来的。所以我们可以推测在资本主义创生阶段，寡头型的人在整个社会中发挥了重要作用。但是随着财富的积累，这种精神也逐渐衰退，贪图享乐逐渐成为时代精神。韦伯似乎想通过这本书为没落的资本主义精神寻找新的人格理想。罗伯特·米歇尔斯在《寡头统治铁律》一书中也揭示了一种新的寡头制，提出了“组织意味着寡头统治”的观点。米歇尔斯从组织自身、大众与领袖、社会心理、民主与寡头的关系几个方面论证了寡头倾向在现代组织中的不可避免性。他认为大众为了实现自己的目的就必须采取组织的手段，为了使组织能够良好运转，就必须选举领袖。领袖在长期在位的过程中,逐渐把组织变成了实现自己目的的工具。因此“组织产生寡头”倾向是组织自身、领袖以及大众三者相互作用的结果。组织提供了孕育寡头的基础,领袖主导了寡头的内在运行机制,而大众的特性也促成了寡头的形成。米歇尔斯认为在现代民主制社会中寡头的产生似乎是无法消除的,关键是如实地面对民主体制中的寡头化危险。

(三)民主政体——自由平等之善

1. 起源

寡头统治者逐渐败坏,他们通过收买浪荡子的产业变得愈来愈富有。一方面崇拜金钱,一方面又铺张浪费。破产的世家子弟变成为无产的贫民,象有刺的雄蜂,急切地希望革命。寡头的后辈也变得娇惯放纵,四体不勤,无所用心,对于道德不闻不问。于是穷人和富人相互仇恨,互相妒忌,逐渐分成了穷人的团体和富人的团体。最后贫民在党争中胜利,他们把敌党一些人处死,一些人流放国外。其余的公民都有同等的公民权及做官的机会。官职由抽签方式决定。这样穷人推翻富人的统治建立民主制。

2. 特点

第一,自由。城邦充满了行动自由与言论自由,每个人都被准许想做什么就做什么。每个人都有自己的一套过日子的计划,爱怎么过就怎么过。“如果你有资格掌权,你也完全可以不去掌权;如果你不愿意服从命令,你也完全可以不服从,没有什么勉强你的。别人在作战,你可以不上战场;别人要和平,如果你不喜欢,你也可以要求战争。”于是这个城邦里就会有最为多样的人物性格,有如锦绣衣裳,看上去确实很美。其次是宽容。民主制对建立理想国家时所宣布的庄严原则是蔑视的。民主制度以轻薄浮躁的态度践踏所有这些理想。只要从政时声称自己对人民一片好心,就能得到尊敬和荣誉,完全不问这个人的品行如何。这是一种使人人满意的无政府状态的花哨的管理形式。第三是平等。“在这种制度下不加区别地把一种平等给予一切人,不管他们是不是平等者。”一切人、一切价值、一切快乐都是平等的,没有高低贵贱之分。

3. 民主型个人

民主型的个人就是对欲望的放纵。穷人推崇自由平等的实质是对放纵的推崇。如果寡头型个人还能控制自己的欲望,民主型的个人则不能控制自己的欲望,不能区分必要的欲望和不必要的欲望。不必要的欲望逐渐获取了年轻人的心灵,他们没有理想,没有学问,没有事业心。于是虚假的狂妄的理论和意见乘虚而入,占领了他的心灵。这些错误理论"把行己有耻说成是笨蛋傻瓜,把自制说成是懦弱胆怯,把适可而止和有秩序的消费说成是不见世面,将这些美德都驱逐出境。"它们率领着傲慢、放纵、奢侈、无耻,"称傲慢为有礼,放纵为自由,奢侈为慷慨,无耻为勇敢。"年轻人在一生其余的时间里,将平均地花费钱财、时间、辛劳在那些不必要的欲望上。"他将建立起各种快乐间的平等,在完全控制下轮到哪种快乐,就让那种快乐得到满足,然后依次轮流,机会均等,各种快乐都得到满足。如果有人告诉他,有些快乐来自高贵的好的欲望,应该得到鼓励与满足,有些快乐来自下贱的坏的欲望,应该加以控制与压抑,对此他会置若罔闻,不愿把堡垒大门向真理打开。"他会说,所有快乐一律平等,应当受到同等的尊重。他一天又一天地沉迷于轮到的快乐之中。"他的生活没有秩序,没有节制。他自以为他的生活方式是快乐的,自由的,幸福的,并且要把它坚持到底。"

应该说,苏格拉底对民主制社会的描述是犀利准确、入木三分的。他的这些描述似乎就是在描述我们自己。我们不就是生活在这样一个社会之中吗?在民主制社会中,个人主义、感觉主义、自由主义、平等主义、多元主义、享乐主义、无政府主义大行其道。每个人都是以自我为中心的,把个人作为唯一真实的存在。每个人的感觉和欲望都被极大地放大。只有肉体的享乐是唯一真实的,除此之外不关心其他的事情。这样他的理性能力越来越微弱,变得越来越没有德性和智慧。人们普遍认为不存在绝对的唯一的真理,各种思想和观念都是正确的,各种生活方式也无所谓对错好坏,是非、善恶、美丑的标准被取消了。个人的欲望和快乐成为了唯一的标准和权威。整个社会处于一盘散沙的状态,根本不是一个真正意义上的国家。他们没有因为自由和平等强大起来,反而由于他们的自我放纵,心智极大萎缩了。他们越来越容易被欲望和情感支配,变得越来越无能和渺小。一旦遇到风吹草动,他们就会吓得瑟瑟发抖,寻求强者的保护,这就是所谓的"羊群效应"。这样就为僭主制的出现准备了主观条件。

(四)僭主政体——自我保全之善

1. 起源

僭主政治是指通过非法手段、利用武力夺取城邦最高权力而建立的一种个人独裁政体。民主制社会逐渐让邪恶的人掌权,那些领导像平民,平民像领导的人受到普遍赞扬。如果那些正派的人要约束人民,不再放纵他们,他们就会反对他,那些服从国家法律的人被说成是奴隶,受到辱骂。这样自由就走到了极端。这种自由还会向家庭和动物蔓延。“在家庭中,父亲尽量使自己像孩子,甚至怕自己的儿子,而儿子也跟父亲平起平坐,既不敬也不怕自己的双亲。”在学校里,教师害怕学生,迎合学生,学生反而漠视教师。“年轻人冒充老资格,分庭抗礼,侃侃而谈,而老一辈的则顺着年轻人,说说笑笑,态度谦和,像年轻人一样行事,担心被他们认为可恨可怕。”奴隶与主人、男人与女人之间有完全平等和自由。连动物在这种城邦里也比在其他城邦里不知自由多少倍。“所有这一切使得这里的公民变得非常敏感,只要有谁建议要稍加约束,他们就会觉得受不了,就要大发雷霆。”到最后他们不要任何人管,连法律也不放心。但是物极必反,从极端的自由中产生出来极端的奴役。“不顾一切过分追求自由的结果,破坏了民主社会的基础,导致了极权政治的需要。”(柏拉图:《理想国》,562c)“无论在个人方面还是在国家方面,极端的自由其结果不可能变为别的什么,只能变成极端的奴役。”(柏拉图:《理想国》,564a)因为雄蜂式的强人会在民主社会中大量产生,并且处于主宰地位。富人则巴结讨好雄蜂。穷人受到了两者的盘剥,于是穷人选举元首,劫掠富人。富人反抗穷人,穷人的元首为穷人提供保护,元首因此获得了绝对权力。僭主政治就是从“自我保护”的根上生长出来的。所以僭主政治依据的善的根基就是“自我保护”。最后人民领袖所作所为,控制着轻信的民众。他诬告别人,谋害人命,或将人流放域外,或判人死刑;或取消债款,或分人土地。最后,这种人或被敌人杀掉,或由人变成了豺狼,成了一个僭主。

2. 特点

第一,僭主在早期都是亲民的。“对任何人都是满面堆笑,逢人问好,不以君主自居,于公于私他都有求必应,豁免穷人的债务,分配土地给平民和自己的随从，到处给人以和蔼可亲的印象。”第二，僭主总是首先挑起一场战争，好让人民需要一个领袖。第三，铲除异己。如果他怀疑有人不愿服从他的统治，他便会寻找借口，把他们送到敌人手里，借刀杀人。第四，建立私人卫队，把这个卫队作为他绝对可靠的工具。第五，镇压人民，以人民为敌。僭主是杀父之徒。这时人民才发现自己跳出油锅又入火炕，不受自由人的奴役了，反受起奴隶的奴役来了。本想争取过分的极端自由，却不意落入了最严酷最痛苦的奴役之中了。这是不正义的极端状态，是非人的极端状态。

（五）小结

苏格拉底在此展示和描述了五种政体和五种人格类型，提供了一种“政治类型学”和“人格类型学”。其等级次序的基本标准是理性和欲望的对比关系。一个越好的政体就越富有理性，一个越坏的政体就越没有理性。这五种政体的基本规律就是理性越来越削弱，欲望越来越强烈。这是柏拉图确立的一个纯粹的理性主义的政体等级秩序。合乎理性就是合乎自然，合乎至善。哲人王政体是理性占据最高地位的政体。所以它是最好的最合乎自然的政体。荣誉政体是激情的政体，这时激情开始摆脱理性的引导，激情已经不再配合理性了。但是激情仍然没有屈从于低俗的欲望，它仍然和尊严荣誉结合在一起。在寡头政体中，理性进一步衰败，欲望开始上升，但是理性仍然能够对欲望进行一定的制约。但是对财富的追求已经成为人们的首要生活目标。在民主政体中，穷人比富人更缺少理性，人民变得越来越放纵无度，欲望开始变得无法无天，为所欲为，理性和法律都丧失了对人民的支配权。在僭主制中，欲望达到了最大的放纵，僭主就是欲望的化身，已经没有任何理性可言了。所有人都被自己的欲望所支配，都成为了欲望的奴隶，因此这是一个最没有幸福的最可悲的社会。我们看到，从对智慧的推崇，到对荣誉的追求，再到对财富的追求，再到对自由放纵的追求，再到对权力欲望的追求，这是一个欲望逐渐增大、理性逐渐衰败的过程。这也就意味着任何政治国家的完善都是以理性的注入为根本的。只要一个国家中能够拥有更多的理性，这个国家就是一个接近完美的国家，否则就是名不副实，徒有虚名。

综上所述，苏格拉底对政体演变的描述坚持了理性主义的原则。在他看来，理性就是美德，美德就是幸福，所以理性、美德和幸福是一致的。非理性就是邪恶，邪恶就是不幸福，这三者也是一致的。理性是最高等级的，欲望是最低等级的，只有理性统治欲望才是正确的合乎自然的。否则使理性屈从于非理性，就是反自然的不幸的。在《法律篇》中，柏拉图也指出："没有任何法律或者规则比知识更强大，使理智像一个奴隶一样从属于任何其他事物是不正确的。"❶因为理性是世界和灵魂的本原。理性、至善和自然是一回事。理性是至高无上的不可反驳的，非理性或者暴力根本不能否定理性。因为非理性和暴力都不"说话"，都不"证明"，所有对非理性或者暴力的证明和推崇本质上都是一种理性的行为。但是这种理性行为对自己的理性本质一无所知，处于被蒙蔽和欺骗的状态。只有把逻辑论证进行到底，通过"中道辩证法"和"无知之知"，才能破除虚假的观念和无知，才能打破欲望对理性的蒙蔽。我们只有把理性、美德和幸福统一起来，才能真正达到对人性的完整而真实的认识和理解，我们也只有根据这种原则生活才能获得美好的人生。人的人性只有在这种理性主义原则中才能真正获得实现。当我们把肉体的感觉和欲望置于首要地位，把满足欲望作为首要目标，我们就违背了理性主义的生活方式，使理性服务于欲望。这种无知和愚蠢的生活方式只能给我们带来痛苦和不幸。

苏格拉底在此描述了一种"社会发展史"，这种视角和我们现在习惯于从生产力的发展说明社会发展的视角非常不同。他的观点是一种政治心理学和政治伦理学的考察。他把政体的演变归因于人心或者价值观的变化。他认为政体更迭的基本原因在于"儿子造反老子"。儿子不再崇尚老子的价值观，不再愿意按照老子的生活方式生活。因此在苏格拉底看来，"人心向背"决定了政体的基本走向。如果人心对"什么是好"的认识发生了变化，他们追求的价值目标就会发生变化，整个社会风气就会随之改变，这样他们就会最终改变自己的政治制度。因此柏拉图从来都是把政治和人心结合在一起思考的。这和前面他强调政体和人心的同构性是一致的。我们不能离开人心思考政治。公共政治生活不过是人心的外在

---

❶ Plato, *The Laws of Plato*, Translated by Thomas L. Pangle, Basic Book, Inc. 1980. 875d.

投射和扩大。所以他强调儿童游戏一成不变的重要性,强调音乐教育的重要性,否定了个人私生活的必要性,认为如果我们在个人的私生活中越来越放纵,就不可能在公共生活中变得节制和正义。越是在一个人的时候,我们越是需要严格地自律和节制。因此古人强调"慎独"。这是使公共政治生活变好的重要基础和保证。由此可见,苏格拉底对社会发展史的心理学和伦理学的解释方式强调的是人心的价值取向对于政治政体的决定性作用,而不是强调某些抽象的政治理念的重要性。所谓"世事洞明皆学问,人情练达即文章。"对世道人心和人情世故的观察和认识是我们思考政治问题和哲学问题的基础。没有这种观察和认识,就不可能有真正的政治哲学。现代人都追求某种"政治理念",都试图按照某种理念改造政治制度,而没有考虑人心的变化。这是舍本逐末、不懂政治生活本质和规律的表现。政体不是一个单纯的理念。政体是塑造人心、人性的东西,是关系到生活方式的东西,我们应该把着眼点从政体转向人心。人心才是我们应该关心的首要目标。而人心的首要问题就是如何培养理性、驯服欲望的问题。

第九卷

本卷分为两部分,第一部分是对僭主型个人的讨论,第二部分是对格劳孔的在第二卷提出的第三个问题的回答。

(一) 僭主型的个人

僭主是无法无天的欲望的化身。苏格拉底首先探讨了欲望的问题。他和弗洛伊德一样,也认为梦是欲望的象征。通过观察人的梦境,就可以知道一个人的最真实欲望。当然苏格拉底和弗洛伊德的目的不同。弗洛伊德似乎是在为欲望辩护的,认为欲望才是最真实的最原始的,理性文化都是后天派生的,所以文明应该顺应我们的欲望。苏格拉底是理性主义者,他贬低欲望,强调欲望必须接受理性的指导。真正的文化是理性引导欲望的结果,是欲望和理性的结合。理性比欲望更具有优先性,如果没有理性的引导,欲望的升华就是不可能的。他通过梦的现象,指出:"可怕的强烈的非法欲望事实上在每一个人的心里,甚至在一些道貌岸然的人心里都有。它往往是在睡梦中显现出来的。"(柏拉图:《理想国》,572b)因此对我们的欲望的监管和引导就是至关重要的，如果不受到良好的教育和塑造，那么每个人都可能成为无法无天的暴徒。这种欲望也许就是“潘多拉的盒子”。它是迷人的，但也是可怕的。人类欲望的特点是它的无限性。动物的欲望和想象力都是有限的，被天然地限制在它们的种族特性中，而人类的欲望则借助于想象力而获得了无限的扩大，这使得我们难以获得欲望满足的快乐和安宁。所以我们一生最重要的任务就是驯服欲望。哲人就是彻底征服了自己的欲望的人，僭主就是被自己的欲望征服的人，所以他们是极端相反的人。

应该看到，这种非法的强大的欲望在民主社会中会获得极大的放纵。每个人都开始变得无法无天，为所欲为，理性被逐渐驱逐出去。随着理性的放逐和削弱，激情也变得败坏了，激情开始和欲望结合在一起，进一步导致了欲望的膨胀，直到变得疯狂。所以一个僭主型的个人就是一个没有理性的极端欲望化的人，类似于醉汉、疯子或者色鬼。“他们是醒着时能够干出睡梦中的那种事的人。”这样的人的生活就是铺张浪费，纵情酒色，放荡不羁等等。他们在欲望和激情的控制下，无恶不作，最终把有最强大的欲望的人扶上僭主的宝座。但是僭主并不因此就成为快乐幸福的人，因为他被自己的欲望控制，成了欲望的奴隶，根本体会不到自由和快乐。因为真正的自由是理性统治非理性的状态，是获得了最真实的智慧和至善才能达到的。同样，他也体会不到友爱，因为他不信任任何人。他的内心充满了怀疑、猜忌和恐惧。他不停伤害他人，也时刻害怕他人伤害他。

古希腊雅典的第一位僭主是庇西特拉图（约公元前 7 世纪末～前 527）。他虽然出生贵族，但却通过打击贵族势力获得了平民的信任，利用平民阶层的力量，夺取了雅典的最高统治权，实现了自己的政治野心。上台后的庇西特拉图在政治、经济、文化等方面颁布和实行了一系列有利于平民利益和发展的统治措施，制定过一系列奖励农工商的政策，大规模海外贸易、建设雅典，支持文化，对于继承和发展梭伦改革的成果、壮大雅典工商业奴隶主的经济实力以及对雅典走向繁荣起到了巨大的作用。在现代政治中，最著名的暴君或者僭主应该是希特勒。当然现代暴君和古代僭主不同的地方在于现代暴君同时是理论家，他能够以新理论证明自己的合法性、正当性，因此他不会怀疑自己的正当性、合法性。而古代僭主则不是理论家，他的行为受到更高的理论的限制，因此他知道自己的非法性和不正当性。所以现代暴君和古代僭主相比是有过之而无不及的。

（二）关于不正义不幸福和正义幸福的证明 576c

接下来，苏格拉底开始和格劳孔讨论哲人最快乐、僭主最不幸的问题，以及正义对正义者不利，对不正义者有利的问题。这是对第二卷中格劳孔的第三个问题的回应。

第一，苏格拉底的基本观点是最恶的人也是最不幸的人。他执掌的专制权力愈大，掌权的时间愈长，他的不幸也就愈大，不幸的时间也愈长。"没有一个城邦比僭主统治的城邦更不幸的，也没有一个城邦比王者统治的城邦更幸福的。"（柏拉图：《理想国》，576e）苏格拉底从三个方面进行了证明。

1. 社会学证明 577c

僭主式的个人的心灵中充满奴役和不自由，他的理性部分受着最狂暴的欲望部分的控制和支配。僭主的心灵也是最无能的，最不能做自己想做的事情。因为它永远处在疯狂的欲望驱使之下，充满了混乱和悔恨。同样，在僭主暴君统治下的他人心灵也必定永远是贫穷的和不能满足的。僭主式的心灵充满了恐惧、痛苦、忧患、怨恨、悲伤，是所有人中最不幸的。与之相比，一个实际的僭主更加不幸。他是一个依赖和巴结恶棍的最卑劣的奴隶。他的欲望永远无法满足，他是真正的贫穷人。他一天到晚提心吊胆，他的权力使他更加妒忌，更不忠实可信，更不正义，更不讲朋友交情，更不敬神明。他的住所藏垢纳。他不仅使自己成为极端悲惨的人，也使周围的人成了最为悲惨的人。国家的状况反映了其统治者的境况。他的国家也充满了动荡不安和苦痛。

可以说，苏格拉底以此告诫我们，不要被自己的欲望所支配，特别是不要被自己的权力欲望所支配。如果我们试图通过追求政治权力来获得个人的最高幸福，那么在我们达到权力的顶峰之时，这种不顾一切追求权力的结果最终并不能够带来所谓的幸福和快乐，只能带来最大的不幸。通过追求政治权力来获得个人最高幸福是无知和愚蠢的。我们对政治权力的追求只能是为了天下苍生的幸福，而不是为了自己的幸福，否则我们只能害人害己。这一点同样适用于现代极权主义暴政。我们不得不佩服柏拉图对政治和人心的观察。因为人性是不变的，所以这种观察在千年之后也仍然是准确无误的，而且在未来的人类政治生活中也必定是普遍适用的。

2. 心理学证明 580d

在这个证明中，苏格拉底使用了他对灵魂的三分法，即把灵魂分为理性、激情和欲望。这三个部分分别对应不同的快乐。欲望对应爱金钱，激情对应爱胜利，理性对应学习和智慧，所以三个部分也分别对应着哲学家、爱胜者和爱利者三类人。他认为哲人的快乐最多，他不但体验到金钱欲望带来的快乐，还体验到激情胜利带来的快乐，更加体验到智慧带来的快乐。“看到事物实在这种快乐，除了哲学家而外别的任何人都是不能得到的。”(柏拉图:《理想国》,582c)这种实在就是至善本身。对至善的直观和认识可以给我们带来最纯粹和最深刻的快乐体验。对生灭之物的体验则不能给我们最深刻的快乐体验。这和柏拉图在《会饮》中关于对美本身的直观的观点也是一致的。对美本身的直观可以带给我们至乐。体验到真理的快乐的人是“死而无憾”的。“朝闻道，夕死可矣。”(《论语·里仁》)从这个意义上看，对真理的追求是最值得的。哲人体验到了三种快乐，其中最重要的是理性带来的快乐。哲人是最快乐的人。“三种快乐之中，灵魂中那个我们用以学习的部分的快乐是最真实的快乐，而这个部分在灵魂中占统治地位的那种人的生活也是最快乐的生活。”(柏拉图:《理想国》,583a)

我们可以对比庄子关于“至乐”的论述。庄子描述的这种至乐也就是柏拉图的哲人的至乐。“天下有至乐无有哉？有可以活身者无有哉？今奚为奚据？奚避奚处？奚就奚去？奚乐奚恶？夫天下之所尊者，富贵寿善也；所乐者，身安厚味美服好色音声也；所下者，贫贱夭恶也；所苦者，身不得安逸，口不得厚味，形不得美服，目不得好色，耳不得音声。若不得者，则大忧以惧，其为形也亦愚哉！夫富者，苦身疾作，多积财而不得尽用，其为形也亦外矣！夫贵者，夜以继日，思虑善否，其为形也亦疏矣！人之生也，与忧俱生。寿者惛惛，久忧不死，何之苦也！其为形也亦远矣！烈士为天下见善矣，未足以活身。吾未知善之诚善邪？诚不善邪？若以为善矣，不足活身；以为不善矣，足以活人。故曰：'忠谏不听，蹲循勿争。'故夫子胥争之，以残其形；不争，名亦不成。诚有善无有哉？今俗之所为与其所乐，吾又未知乐之果乐邪？果不乐邪？吾观夫俗之所乐，举群趣者，然如将不得已，而皆曰乐者，吾未之乐也，亦未之不乐也。果有乐无有哉？吾以无为诚乐矣，又俗之所大苦也。故曰：'至乐无乐，至誉无誉。'"（《庄子·至乐》）

3. 本体论证明 563b

苏格拉底试图说明真正的快乐是什么，试图证明除了有智慧的人而外，别的任何人的快乐都不是真实的纯净的，只是快乐的一种影像。他指出，有人认为痛苦和快乐只是相对存在的，没有痛苦就没有快乐，没有快乐就没有痛苦。这种观点是错误的。还有人认为快乐就是没有痛苦，快乐仅仅是痛苦的缺失。这种观点也是错误的。因为俗人没有看到至善实相，所以他们对快乐和痛苦的看法也是错误的。在他看来，第一，只有真实的东西才能带来真实的快乐。第二，真实的东西是永恒不变的东西，生灭变化的东西则没有真实性。第三，永恒不变的实在必定是可知的，生灭变化的东西则不具有可知性。第四，心灵比身体具有更高的实在性。身体不具有心灵的实在性，正如满足身体需要的东西不如满足心灵需要的东西具有真实性一样。第五，如果受到充实的东西和用以充实的东西越是实在，我们所感到的快乐也就越是真实；反之，如果这种东西缺少实在，我们就不能得到真实可靠的充实满足，就不能感受到可靠的真实的快乐。第六，爱利的部分和爱胜的部分只有受到爱智慧的部分的支配才是快乐的。"如果爱利和爱胜的欲望遵循知识和推理的引导，只选择和追求智慧所指向的快乐，那么它们所得到的快乐就会是它们所能得到的快乐中最真的快乐；并且，由于受到真所引导，因而也是它们自己固有的快乐，如果任何事物的最善都可以被说成最是自己的话。……如果作为整体的心灵遵循其爱智部分的引导，内部没有纷争，那么，每个部分就会是正义的，在其他各方面起自己作用的同时，享受着它自己特有的快乐，享受着最善的和各自范围内最真的快乐。"（柏拉图：《理想国》，576d－e）第七，那些被欲望控制的俗人聚在一起只知寻欢作乐，徒劳地用不实在的东西满足心灵的那个不实在的无法满足的部分，他们的快乐之中必然地混杂着痛苦，不过是真快乐的影子和画像。同样，那些充满激情的人如果不假思考不顾理性地追求荣誉、胜利或意气，那么他的爱荣誉爱胜利和意气的满足只能导致嫉妒、强制和愤慨。

最终苏格拉底证明，哲人王者有秩序的欲望离法律和秩序最近，僭主暴君的欲望离法律和秩序最远的。僭主暴君离真正的固有的快乐最远，哲人王者离它最近。“最善者和最正义者是最幸福的人。他最有王者气质，最能自制。最恶者和最不正义者是最不幸的人。他又最有暴君气质，不仅对自己实行暴政而且对他的国家实行暴政。”

第二，苏格拉底向格劳孔证明“正义对正义者有利，对不正义者不利”的观点。他用多头怪兽、狮子和人形的组合体来回答这个问题。多头怪兽象征欲望，狮子象征激情，人形象征理性。如果认为正义对正义者不利，就意味着放纵和加强多头怪兽和狮精的力量，让人忍饥受渴，变得十分虚弱。正确的做法是人应该调解两个精怪之间的纠纷，使它们和睦相处，而不是任其相互吞并残杀而同归于尽。因此，“我们的一切行动言论应当是为了让我们内部的人性能够完全主宰整个的人，管好那个多头的怪兽，还要把狮精变成自己的盟友，使各个成分之间和睦相处，从而促进它们生长。”“所谓美好的和可敬的事物乃是那些能使我们天性中兽性部分受制于人性部分（或可更确切地说受制于神性部分）的事物，而丑恶和卑下的事物乃是那些使我们天性中的温驯部分受奴役于野性部分的事物。”（柏拉图：《理想国》，589d）也就是说，正义本身就是有利的，不正义本身就是不正义的，并不在于它们带来的后果。我们不能愚蠢地认为通过不正义的手段可以获得很多利益好处，认为这些利益和好处更加重要，可以给我们带来真正的快乐。这些不正义的行为本身只会给我们带来不幸，因为我们已经被自己的欲望所支配了，成为了欲望的奴隶。和那些利益好处相比，这种奴役和不幸才是更大的。正如孔子所说：“饭疏食饮水，曲肱而枕之，乐亦在其中矣。不义而富且贵，于我如浮云。”（《论语·述而》）在此，柏拉图再次揭示了智慧、美德和幸福的一致性。在他看来，第一，智慧才是美德，智慧是美德的基础。没有智慧就没有美德。第二，美德就是幸福，正义就是幸福。没有正义和美德就不可能幸福。因为只有哲人才是真正的正义者，所以只有哲人才是真正幸福的人。最后，他表明正义本身就是可欲的,不正义本身就是最不可欲的。最终的结论是"正义有利说"是对的,"不正义有利说"是错的。

接下来,苏格拉底论述了哲人王统治的正当性。因为哲人首先在自己的心灵中建立了理想国,并且使他的整个生活都围绕这个目的秩序展开。首先,他会重视那些能在他心灵中培养起这种品质的学问,通过这种学习加强自己的理性能力,弱化一切非理性的能力。因此学习和好学是哲人的首要特点和品质。正如孔子所说:"君子食无求饱,居无求安,敏于事而慎于言,就有道而正焉,可谓好学也已。"(《论语·学而》)其次,哲人也进行身体的锻炼,但是他的目的不是寻求强壮、健康或美,而是为使自己心灵达到和谐和自制精神。征服心灵必须首先征服身体。正如孔子所说:"射不主皮,为力不同科,古之道也。"(《论语·八佾》)第三,在财富问题上,哲人在追求财富时,会注意和谐和秩序的原则,注视自己心灵里的理性宪法,不让财富的过多或不足引起任何纷乱。不论他是富贵还是贫贱,都不会影响他对于理性智慧和人格完善的追求。正如孔子所说:"君子素其位而行,不愿乎其外。素富贵,行乎富贵;素贫贱,行乎贫贱;素夷狄,行乎夷狄;素患难行乎患难,君子无入而不自得焉。"(《中庸》)第四,在荣誉问题上,如果荣誉能使哲人的人格更完善,他就高兴地接受。如果荣誉可能破坏他的理性秩序,他就避开。所以哲人对于荣誉也是超然的。正如孔子所说:"素隐行怪,后世有述焉,吾弗为之矣。君子遵道而行,半途而废,吾弗能已矣。君子依乎中庸,遁世不见知而不悔,唯圣者能之。"(《中庸》)

因为哲人在自己心灵中建立了理性秩序的正当性和神圣性,所以接受哲人的统治也就是正当的神圣的;因为哲人是快乐的人,所以接受哲人的统治也是快乐的;因为哲人是最幸福的人,所以接受哲人的统治也才能获得幸福。"我们所以说这种人应当成为一个最优秀的人物(也就是说,一个自己内部有神圣管理的人)的奴隶,其目的不是为了使他可以得到与一个最优秀人物相同的管理吗?我们这样主张并不是因为,我们认为奴隶应当(象色拉叙马霍斯看待被统治者接受对自己有害的管理或统治,而是因为,受神圣的智慧者的统治对于大家都是比较善的。当然,智慧和控制管理最好来自自身内部,否则就必须从外部强加。为的是让大家可以在同一指导下成为朋友成为平等者。……制订法律作为城邦所有公民的盟友,其意图就在这里。我们管教儿童,直到我们已经在他们身上确立了所谓的宪法管理时,才放他们自由。直到我们已经靠我们自己心灵里的最善部分帮助,在他们心灵里培养出了最善部分来,并使之成为儿童心灵的护卫者和统治者时,我们才让它自由。——我们这样做的目的也就在这里。"(柏拉图:《理想国》,590c－591a)因此,接受哲人王的统治,才是合乎自然、合乎正义的。只有理性的哲人能够很好地升华自己的欲望,才是引导我们走向幸福生活的精神导师。如果我们反对哲人或者圣人,就会像是迷失的羔羊,最终被自己的欲望所伤害。欲望虽然不是危险的敌人,但是要驾驭欲望却是非常困难的。在我们自己还不能驾驭自己的欲望之前,我们只能接受哲人的理性统治。只有在已经发展了理性之后,我们才能不需要哲人王的统治而自我治理。这种自我治理才是真正的自由的核心。为所欲为只是奴隶,不是自由。

现代自由主义和民主主义的错误在于否定了统治的必要性、正当性。现代政治的这种特点是由现代政治的特有的"抗争性"决定的。现代政治的产生伴随着民族国家的建立。现代政治的反宗教性来自它对基督教的反对,这导致了现代政治特有的世俗化倾向。现代政治的反专制性来自它对封建等级制的反对,这导致了现代政治特有的民主主义和自由主义的诉求。现代政治特有的这种抗争性决定了现代政治特有的片面性和局限性。在追求自由和民主的过程中,现代政治否定了国家或者政府的决定性作用,力图限制国家或者政府的权力,消除国家对个人可能产生的危害。所以现代性认为"政府是必要的恶",提倡"最小政府"的原则。它认为人人都是自由和平等的,每个人应该按照自己的愿望生活,每个人都有能力解决自己面临的问题。所以现代个人不需要国家的教育和引导。国家或者政府的作用只是在于协调人和人在追求个人利益时可能产生的冲突和矛盾。这样,现代政治就否定了国家政府的教育功能,否定了统治的必要性和正当性,进一步导致了现代政治中特有的无政府主义和极权主义的两极震荡。

现代政治是建立在人人拥有相同的理性这个基本原则之上的。现代政治哲学面临的所有困难的根本原因也都是出于这个基本原则。其错误在于对人的理性的自然差异性的忽视和遗忘。古典哲学则建立在对人的理性的自然差异性的认识之上。古典政治哲学认为人和人的理性能力是不同的。有的人高一些,有的人低一些,所以并不是所有人都能够获得真实的善和幸福,大多数都因为无知和愚蠢而遭受了痛苦和不幸。为了获得幸福,大多数理性能力低下的人就应该接受理性能力高超的人的教育和统治,在他们的领导和引导下走向幸福和正义。这就是古典政治哲学的理性主义原则,借此它说明了统治的正当性和必要性,达到了对政治权力的驯服。因此思考政治问题的关键不在于是不是承认统治和被统治的必然性,而在于是受到好的统治还是坏的统治。如果国家统治者是优秀的好人,那么人民就能够受到最好的教育,就能够成为幸福的人。否则就是最大的痛苦和不正义。所以古典哲人坚持"好人统治"的原则。而接受哲人的统治和教育是最好的最合乎自然的。因为哲人的心灵建立了理想秩序,他的理性完全统治了欲望和激情,他的生活是最好的最快乐的,所以接受哲人的统治也是最快乐的最好的。只有接受比我们好的人的教育和统治,我们才能也变得好一些。所以政治问题的关键是我们要接受好人的统治,而不是拒绝一切统治。拒绝一切统治就是对人的政治本质的无知,结果只能导致更坏的政治的出现以及人性的败坏。因此在古典哲学看来,人性是需要教育的,国家政府的首要职责就是教育人民。哲人王就是最好的政治家和教育家。哲人王试图把真正的快乐生活带给人民,虽然人民不能成为哲人,不能体验到哲人的快乐,但是至少让他们分有一点真实的快乐和真理。

最后,苏格拉底指出,"或许天上建有它的一个原型,让凡是希望看见它的人能看到自己在那里定居下来。至于它是现在存在还是将来才能存在,都没关系。反正他只有在这种城邦里才能参加政治,而不能在别的任何国家里参加。"(柏拉图:《理想国》,592b)这段话表明,第一,苏格拉底的真实意图也许是把理想国建立在人的心灵中,也就是说,关键是在心中建立理想国,而不是在地球上建立理想国。如果我们忘记了在自己心灵中建立理想国,却只是关注在社会中实现理想国的可能性,就没有真正理解苏格拉底讨论理想国的意图。《理想国》的意图是首先在心灵中建立理想国,理想国首先揭示的是心灵的真实、完美的秩序关系。如果我们不能在内心中建立理想国的秩序，我们就不可能在现实中建立理想国。而在内心中建立理想国就意味着使自己成为一个哲人。因此我们不能对《理想国》的理解太过于政治化。第二，苏格拉底并不关心理想国是否能够在现实政治中实现。这也恰恰体现了柏拉图讨论理想国时的着眼点首先并不在于政治，而在于哲学。哲学的本质是心灵的净化，所以我们应该首先关注自己的灵魂，而不是政治世界。只有在人们不重视内心的理想国时，人们才关心现实世界的理想国。这种对可行性的忽视恰恰表明了古典政治哲学的对于政治生活的超越性。因为他们更多关注的是理想的真理性问题，而不是理想的可行性问题。这和现代性以来的哲学家例如霍布斯等人是完全不同的。霍布斯就把《利维坦》的可行性作为首要问题。这种对可行性或者实践性的关心导致霍布斯对政治中的理想性和真理性的降低和放弃，也进一步表明了霍布斯（包括卢梭、康德、黑格尔，甚至尼采）已经丧失对政治生活的超越性。现代哲人开始主动迎合政治需要，现代哲学也自觉不自觉地成为了政治意识形态。这都是现代哲人背离古典哲学精神，而逐渐走向媚俗和堕落的体现。第三，苏格拉底暗示了哲人和一切现实政治的疏离。哲人必须远离政治。一方面城邦并不了解哲人，城邦对于哲人是不友善的，哲人的思想和建议不会真正被城邦接受。另一方面，哲人不欠城邦的，哲人没有参与政治的义务。在这样的城邦中参与政治，很可能会导致哲人和城邦的双重伤害。近现代哲人已经遗忘了超政治的哲学生活的基本意义，已经不知道如何走出政治的洞穴。所以他们的一切哲学思考都是在政治洞穴中进行的，都是为政治的洞穴服务的。所以现代哲学堕落为政治意识形态，成为自由民主主义或者极权主义的帮凶。反思海德格尔等人的政治参与，我们可以理解其中的含义。因此只有在理想国中，哲人的培养是国家的自觉行为，哲人有义务参与政治，以回报国家。哲人参政的条件就是他生活在理想国中，否则哲人永远不应该参政。

第十卷

（一）哲学和诗歌之争

在本卷中，苏格拉底重新提到了哲学和诗歌的争论。他表示，虽然他对荷马怀有敬意，但是不能把对个人的尊敬看得高于真理。在他看来，诗人的诗歌对于人的心灵具有腐蚀性。接下来，他对诗人进行了三个批判。

1. 第一个证明：本体论证明

苏格拉底根据实在性把存在者分为三个层次。最实在的是理念。理念是“多中之一”，“变中的不变”。理念类似于种或者类的概念，种总是比个体具有永恒性和真实性。因此对事物的认识就是对种类或者理念的认识。种类或者理念不能是感官认识的对象，只能是理性认识的对象。所以古典哲学的自然不是感官对应的现象，而是理智的对象即理念。理念就是“作为自然的自然”，即真正意义上的自然。理念就是自然，自然就是理念，两者是一回事。所有理念中最真实的是至善理念，高于一切其他理念。这就意味着至善是严格意义上的自然，自然和至善是一回事。所以我们必须改变通常意义上的自然概念，从感官现象意义上的自然上升到理性至善意义上的自然。其次真实的是现象界的实物。苏格拉底认为实物是对理念的分有和模仿，因此实物在真实性上低于理念。因为个体事物是即生即灭，迁流不息的。真实的东西一定是永恒不变的，永恒性和真实性是同一个概念。变化的东西是介于存在和不存在之间的东西。变化的东西只有不完全的真实性。因此对现象实物的认识只能获得意见，而不能达到真理。最少真实性的东西是画家画出来的形象。这种形象是对现象实物的模仿，是更加不真实的。因此艺术和诗歌在真实性上和哲学的对象相比差了三层。诗歌艺术只是幻相的制造者。诗人只是模仿者，而且是对影像的模仿，是对模仿的模仿，所以诗人的模仿是最不真实的。我们应该献身于真实的东西，而不是献身于模仿的东西。

他进一步从战争和指挥问题、城邦治理问题和人的教育问题等方面批评荷马。他把荷马和立法者如斯巴达的莱库古、雅典的梭伦等进行比较。他认为立法者是人民的教育者，而诗人荷马从来不是合格的教育者。没有哪个城邦是因为荷马而治理好的。荷马不是战争的指挥者，也不是任何一种技艺的发明者。他也没有像智者那样创立私立学校，使学生们愿意跟随他学习，从而形成一种“荷马楷模”。而毕达哥拉斯则受到崇敬，他的继承者把这种生活方式称为“毕达哥拉斯楷模”。在他看来，如果荷马真能教育人提高人的品德，就应该有许多青年跟他学习，敬他爱他，而不会让他或赫西俄德流离颠沛，卖唱为生。因此从荷马以来所有的诗人都只是美德或其他东西的模仿者，他们完全不知道真实。诗人除了模仿技巧而外一无所长。他只是能以语词为手段出色地描绘各种技术，只知道通过词语认识事物，而他和听众一样对这些事情一无所知。

2. 第二个证明：知识论证明

苏格拉底又把技艺分为三种，即使用者的技术、制造者的技术和模仿者的技术。其中使用的技艺是人与自然创造一切的目的，一切器具、生物和行为的至善、美与正确都与使用有关。因此，使用者才是对该事物最有经验的，使用者把使用中看到的该事物的性能好坏通报给制造者。然后制造者才能根据使用者的意见进行制作。所以只有使用者才真正拥有知识。制造者只是具有信念，需要听从使用者。

这里，苏格拉底又把使用的技艺放在知识问题的核心。在他看来，人和自然制造事物的目的就是为了使用。这是一种目的论的观点。正如当代商家都需要进行市场调研，根据消费者的需要制造相应的产品。这本来是非常简单的常识。但是我们看到，在现代知识爆炸的时代，人们为了创新而创新，似乎忘记了知识的目的。如果我们不学会使用的技艺，那么制造的技艺就会成为一种灾难。在《欧绪德谟》中，苏格拉底就专门讨论了使用的技艺。他认为只有哲人才真正掌握了使用的技艺。因为哲人认识到事物和个人的真实自然，掌握了智慧和真理，所以哲人能够成人成物，做到物尽其用，人尽其能。否则，我们制造了大量商品，却不知道如何正确使用，就会放纵欲望，"被物所役"，成为物的奴隶。同样，诗人并不制造任何实物，也不是任何事物的使用者。最多可以说，诗人只是语词的使用者。但是语词只是事物的指示者。语言并不具有任何本体论的真实意义。我们掌控了语言并不意味着掌握了任何真实的东西。沉迷于语词之中，就是沉迷于幻象之中。在《智者》中，苏格拉底就对智者的这种语言游戏进行了批判。所以诗人没有任何真实的技艺，他对自己描画的事物之是否美与正确没有任何知识。

3. 第三个证明：心理学证明

苏格拉底又指出，模仿是人的心灵的感性部分的能力，认识是人的心灵的理性部分的能力。感性的部分是低贱的，理性的部分是高贵的。我们应该信赖理性，而不是信赖感觉。“模仿术乃是低贱的父母所生的低贱的孩子。”诗歌作为模仿术就是旨在打动心灵的低贱部分。诗歌总是模仿行动着的个人，这种行动的人总是被欲望和情感所支配，内心充满了各种冲突，其中最大的冲突就是理性和非理性的冲突。因此他身上同时表现出两种相反的势力，一部分是准备听从智慧和法律指引的理性部分，一部分是一味回忆受苦和只知悲叹的非理性的部分。相反，一个高贵的智慧的人会尽可能消除欲望和情感的支配，而听从法律和智慧的劝告。“法律会以某种方式告知：遇到不幸时尽可能保持冷静而不急躁诉苦，是最善的。因为，这类事情的好坏是不得而知的；不作克制也无补于事；人世生活中的事本也没有什么值得太重视的；何况悲痛也只能妨碍我们在这种情况下尽可能快地取得我们所需要的帮助呢！”（柏拉图：《理想国》，604c）也就是说，我们的各种剧烈的欲望和情感活动都是因为过于看重利害得失的表现，而过于看重利害得失的人其实对真正的利害得失是无知的。正如老子所说：“祸兮，福之所倚，福兮，祸之所伏。孰知其极？其无正。正复为奇，善复为妖。人之迷，其日固久！是以圣人方而不割，廉而不刿，直而不肆，光而不耀。”（《道德经》，第五十八章）一个哲人听从理性和智慧的指导，超越了感官现象层面的利害得失，所以他情感、欲望和行动上都显得的是淡然的超然的。因此一个完全理性化的哲人是无情、无欲、无为的人，他的内心始终受到理性的支配，各种情感和欲望都被消解了，因此哲人的内心始终处于和谐而安宁的不动心状态。这种和谐而宁静的不动心状态是人性可能达到的最高境界。

哲人的这种理性境界是诗人所不能理解的，因此也是诗人不能描述模仿和展示的。“那个理智平静的精神状态，因为它几乎是永远不变的，所以是不容易模仿的，模仿起来也是不容易看懂的，尤其不是涌到剧场里来的那一大群杂七杂八的人所容易了解的。”（柏拉图：《理想国》，604e）哲人的生活就是沉思的生活，是最没有戏剧性的故事情节的生活，因此诗人是无法以哲人生活为描述对象的。在《会饮》中，柏拉图通过间接和象征的方式展示和描述了苏格拉底的沉思状态。哲人的这种沉思是对内心和外物的静观觉知，其本身是没有任何内容的纯形式。因此这种沉思本身是贫乏的，不能用语言描绘的。但是这种纯粹理性的沉思状态却是最接近于神的神圣境界,是人性成就的巅峰。在柏拉图看来,只有理性的部分才是值得我们推崇和模仿的,情感和欲望的非理性部分应该是尽可能抑制的。但是从事模仿的诗人却不是模仿心灵的理性部分,为了赢得广大观众的好评,他总是尽力模仿暴躁的多变的性格。诗人总是迎合人的低贱的部分,促进了低贱部分的发展。因此悲剧带来的怜悯和喜剧带来的笑都是不好的。诗人教育出来的人也是多愁善感、不能控制自我的人。不能自我控制的人就是小人,就是低贱的人。而君子则是能够进行自我控制的人。“自胜者强”,“克己复礼为仁”。哲人是“不喜亦不惧”。因此苏格拉底说:“我们完全有理由拒绝让诗人进入治理良好的城邦。因为他的作用在于激励、培育和加强心灵的低贱部分毁坏理性部分,就像在一个城邦里把政治权力交给坏人,让他们去危害好人一样。我们同样要说,模仿的诗人还在每个人的心灵里建立起一个恶的政治制度,通过制造一个远离真实的影像,通过讨好那个不能辨别大和小,把同一事物一会儿说大一会儿又说小的无理性部分。”(柏拉图:《理想国》,605b)由此可见,苏格拉底的反对诗歌是因为诗歌的非理性特征,这种非理性特征和哲人的理性品格是完全对立的。但是如果诗人能够听从哲人的教导,把道德和法律的精神贯穿到诗歌作品中,那么苏格拉底也是允许诗歌进入城邦的,而且城邦是非常需要这种诗歌的。真正良好的诗歌不是放纵欲望和情感的靡靡之音,而是歌颂中和之人的在理性支配下创作的颂歌。“我们是只许可歌颂神明的赞美好人的颂诗进入我们城邦的。如果你越过了这个界限,放进了甜蜜的抒情诗和史诗,那时快乐和痛苦就要代替公认为至善之道的法律和理性原则成为你们的统治者了。”(柏拉图:《理想国》,607a)因此我们可以理解,柏拉图在《法律篇》中就把自己的作品看作是真正的诗歌,是所有诗人和教师都应该学习的诗歌。

综上所述,柏拉图关于哲学和诗歌的争论是着眼于人格的塑造和教育的。我们的一切思考和写作的目的都应该服务于“我们应该塑造怎样的人”这个根本目的。为此,我们就必须首先清楚“什么是真正的人”这个根本目的。古希腊古典哲人和儒释道三教的基本结论就是人是理性的动物,而真正达到纯粹理性化的哲人、圣人、君子是真正的人的本质和原型。理性的首要成就是智慧和知识,其次就是道德和法律。因此越是合乎智慧和法律，就越是合乎真正的人。知识和道德构成了文明的两大核心因素。这意味着，不论我们思考人格教育问题还是政治国家问题都必须按照理性主义原则进行。柏拉图设想的理想国是"礼仪之邦"，是"彬彬有礼"、"温文尔雅"的社会。它力图消除一切暴力的粗野的人格，把理性和文明引入国家政治生活中，只有被理性充分支配的国家才是正当的。一个充斥了过分强烈欲望和情感的社会和人民是没有教养的，违反了人的理性本质。而情欲的力量又是非常强大的。诗人对于理想国的威胁正在于此。他们迎合民众的偏见和喜好，描述和强化人民的情感和欲望，鼓励人民放纵欲望和情感。哲人的教育目标是理性的中和的人。诗人的教育目标是放纵的非理性的人。他们具有不同的政治理想和人格理想。哲人和诗人之争关系的是教育什么样的人的问题，是我们应该如何度过自己的一生的重大问题。因此苏格拉底指出："这场斗争是重大的。其重要性程度远远超过了我们的想象。它是决定一个人善恶的关键。因此，不能让荣誉、财富、权力，也不能让诗歌诱使我们漫不经心地对待正义和一切美德。"(柏拉图:《理想国》，608b)所以，如果我们把荷马史诗和柏拉图对话进行对比就可以发现它们之间的巨大差异。荷马史诗是英雄史诗，它是对希腊民族的早期历史的回忆和怀念，是希腊民族自我意识形成的关键。但是荷马史诗只是英雄史诗，它推崇的人格理想是英雄，或者是有勇无谋，只会逞一时匹夫之勇的阿基里斯，或者如老谋深算、老奸巨猾的奥德修斯。这些英雄都不是建立在对人性的完整的认识和考察之上，都缺乏对人的理性本质的深刻认识。柏拉图对话则重点展示了苏格拉底的哲人形象。这种哲人形象才是柏拉图设想的真正完美的人的典范，他不是以民族性眼光和角度来构思完人的形象，而是以超政治的理性认识达到的。因此只有哲人形象才合乎人性的自然。苏格拉底最终以哲人的人格理想取代了荷马的英雄的人格理想。他推崇智慧，而贬低勇敢。所以诗人和哲人之争涉及到对人性的人格理想的认识，关系到什么人才是完美的人，我们应该做什么样的人的问题。

关于柏拉图构想的哲人的完美形象，我们可以在古代哲学中普遍地看到。当然这种哲人形象在现代哲学中已经丧失殆尽了。《老子》中指出："天地不仁，以万物为刍狗；圣人不仁，以百姓为刍狗。"(《道德经》，第五章)“五色令人目盲;五音令人耳聋;五味令人口爽;驰骋畋猎,令人心发狂;难得之货,令人行妨。是以圣人为腹不为目,故去彼取此。”(《道德经》,第十二章)《论语·八佾》中指出:“《关雎》,乐而不淫,哀而不伤。”“恭而无礼则劳;慎而无礼则葸;勇而无礼则乱;直而无礼则绞。君子笃于亲,则民兴于仁。故旧不遗,则民不偷。”(《论语·泰伯》)《中庸》中指出:“喜怒哀乐之未发,谓之中;发而皆中节,谓之和;中也者,天下之大本也;和也者,天下之达道也。致中和,天地位焉,万物育焉。”《孟子·公孙丑上》中指出:“我四十不动心。”不动心的目的就是“养浩然之气”,“其为气也,至大至刚,以直养而无害,则塞于天地之间。其为气也,配义与道;无是,馁也。是集义所生者,非义袭而取之也。行有不慊于心,则馁矣。”《庄子》中记载:“庄子妻死,惠子吊之,庄子则方箕踞鼓盆而歌。惠子曰:‘与人居,长子、老、身死,不哭亦足矣,又鼓盆而歌,不亦甚乎!’庄子曰:‘不然。是其始死也,我独何能无概!然察其始而本无生;非徒无生也,而本无形;非徒无形也,而本无气。杂乎芒芴之间,变而有气,气变而有形,形变而有生。今又变而之死。是相与为春秋冬夏四时行也。人且偃然寝于巨室,而我然随而哭之,自以为不通乎命,故止也。’”(《庄子·至乐》)范仲淹的“不以物喜,不以己悲”,“先天下之忧而忧,后天下之乐而乐”的人格形象也是哲人的不动心的表现。

(二)灵魂的神话

1. 灵魂的本性

苏格拉底进一步讨论正义的最大报偿。这种最大的报偿和灵魂的不死相关。当他提到“灵魂是不朽不死的”时,格劳孔对这个观点感到非常吃惊。可见,当时希腊人没有灵魂不死的观点。所以泰勒认为正是苏格拉底使灵魂的观点成为一个主导性的观念。可以说,主张灵魂存在和不死,和苏格拉底主张对感官现象世界的超越是一致的。如果我们要超越肉体感官的世界,要追求永恒不变的世界,就不能不主张灵魂的存在和不朽。否则如果只有肉体没有灵魂,随着肉体的死亡,整个世界也随之消失,那么我们对永恒真理的追求就是不可能的。主张灵魂不死是理性主义的必然结论。所以苏格拉底指出,他“应该”这样主张,格劳孔也“应该”这样主张。因为合乎理性的就是应该的,而合乎理性的才是合乎人性的,合乎自然的。因此康德才认为至善的实现需要灵魂不死的信仰，我们应该信仰灵魂的不死。康德还认为“应该”就是“能够”。因为“应该“是我们的理性的要求，理性是我们的先天能力，两者在理性中统一起来，所以不能借口自己能力有限而不去做，不能为自己的任何不合乎理性的行为进行辩护。正如孔子所说：“我未见好仁者，恶不仁者。好仁者，无以尚之；恶不仁者，其为仁矣，不使不仁者加乎其身。有能一日用其力于仁矣乎？我未见力不足者。盖有之矣，我未之见也。”（《论语·里仁》）所以在理性的要求面前，我们不能寻找任何借口为自己开脱。但是苏格拉底的灵魂不死观点并不是一种康德式理性主义“善良意志”的假设，灵魂的存在和不死在我们的心灵获得净化后是可以直接认识到的。这也就是佛教中开示的“明心见性”的真理。因此，对于哲人或者圣人来说，灵魂的存在和不死是一种完全清楚明见的事实，他们无须诉诸任何非理性的东西。但是对于俗人来说，只能依靠信仰来支持灵魂的存在和不死，通过信仰的引导，俗人最终也能够净化自己的灵魂，最终达到对灵魂不死的见证。所以在《斐多》中，苏格拉底试图以理性的方式说服西米等人相信灵魂不死，但是没有成功。最终他只好要求他们信仰灵魂不死，这种信仰是正确的值得的冒险。而哲人在自己活着的时候，已经达到了最高的智慧，获得了完全的至善，达到了“齐生死”的境界。他并不需要信仰灵魂不死，他已经获得了对灵魂实相的彻底认识。

接下来，苏格拉底对灵魂不死进行了论证。首先，每一个事物都有其特有的善与恶。恶是能够毁灭事物的东西，善是能够保存事物的东西。对于灵魂来说，不正义就是灵魂特有的恶。但是不正义并不能够毁灭灵魂，因为不正义者不是死于不正义本身，而是死于他人施加的惩罚。所以如果恶不能杀死灵魂，那么灵魂就是不死的，是永恒存在的。其次，灵魂在数量上也是不增不减的，因为没有一个灵魂会灭亡，所以也没有一个会出生。第三，灵魂是单一的，不是复合的。所以灵魂内部没有矛盾，不会分解。苏格拉底在此对灵魂不死的证明是非常简略的。如果我们要详细理解柏拉图的灵魂观点，我们还需要结合《斐多》、《法律篇》、《斐德罗》等对话。

2. 灵魂的净化

他接下来指出，灵魂是不死的单一的纯净的，但是灵魂的真相始终是被掩盖的。为了认识灵魂的真相，我们必须靠理性的帮助，剥离附着在灵魂上面的肉体或者恶的东西，看清楚它在纯净状况下是什么样的。这样我们就能够发现灵魂的真实的美，关于正义和不正义的问题也会变得更加清晰。他认为灵魂就像海神格劳卡斯像一样，被海水浸泡冲刷得断离碎散，身上又盖上了一层贝壳、海草和石块之类，已经变得面目全非了。所以我们必须把目光转向它的理性部分。理性是灵魂中的神圣和纯洁的部分，是人的灵魂中最高贵的东西。灵魂正是凭借理性才能够和纯粹神圣的理念世界交往。

可以说，柏拉图非常关注人的灵魂净化。这里他也是在讨论灵魂的净化问题。在《会饮》中，他讨论了灵魂如何从爱欲中获得净化，如果爱欲能够顺从理性，追求至美和至善，爱欲和灵魂就能获得净化。哲人就是灵魂的爱欲获得完全的理性净化的人。在《斐多》中，他讨论了灵魂如何从对死亡的恐惧中获得净化。所以它的主题是讨论灵魂的不死。如果灵魂是不死的，那么对死亡本身的恐惧就是没有意义的。关键在于净化灵魂，而不是害怕死亡。可以说《斐多》是一篇洋溢着哲人的广大慈悲心的伟大作品。而整个《理想国》讨论的也就是国家的净化问题。而国家的净化依赖于每个人的净化，最终依赖于哲人的自我净化。归根到底，柏拉图认为哲学是灵魂净化的最好方式。智慧和美德都是对于灵魂的净化。通过学习哲学，我们的灵魂从感官世界中摆脱出来，“除去身上的石块和贝壳”，逐渐认识了永恒不变的美好世界，这样我们的一生才是美好的值得的。所以理念世界的存在，灵魂的不死，都是针对灵魂的净化问题而提出来的，是柏拉图给我们的心灵开出的药方。他希望使我们能够走向真实而美好的人生。

柏拉图在此关于灵魂的污染和真相的观点和佛教关于自性或者真心的观点非常一致。佛教认为我们的自性真心是不生不灭、不增不减、无染无垢的，但是因为我们不知道心灵的本来面目，被无始以来的无明所支配，总是不断造作，妄心逐渐遮蔽了真心。所以成佛的关键就是明心见性，找回自己的真心而已。佛教的基本精神就是“诸恶莫作，众善奉行，自净其意，是诸佛教”。柏拉图哲学和佛教哲学具有深刻的一致性。而儒家和道家的教导也莫不如此。

3. 正义者的回报

在明白了灵魂的真相之后，苏格拉底指出，我们不必祈求正义的报酬和美名，正义本身就是最有益于灵魂自身的。为人应当正义，无论他有没有古各斯的戒指，以及哈得斯的隐身帽。“美德就是灵魂的净化”。接着，他详细说明了正义灵魂的报偿。

首先，灵魂在肉体活着时能够获得最大的回报。正义者首先将得到神的赐福。神必然是爱正义者，恨不正义者的，不能认为神不知道正义和不正义的性质。神必将造福于他所爱的人。“我们必须深信，一个正义的人无论陷入贫困、疾病，还是遭到别的什么不幸，最后都将证明，所有这些不幸对他（无论活着的时候还是死后）都是好事。因为一个愿意并且热切地追求正义的人，在人力所及的范围内实践神一般的美德，这样的人是神一定永远不会忽视的。”（柏拉图：《理想国》，613a）一个正义的人将只关注自己的正义和美德，而不关注自己的吉凶祸福，把吉凶祸福置于不重要的地位。如果一个人一方面关注灵魂的德性，一方面还关注自己的利害得失，那么这样的人肯定就不是真正推崇智慧和美德的人。正如孔子指出的：“士志于道，而耻恶衣恶食者，未足与议也。”（《论语・里仁》）对于一个正义的人，美德就是至善，美德就是幸福，他不需要再从尘世间获得功名利禄的奖赏。他会认为加诸于他的一切都是美好的。他不会怨天尤人，患得患失。正如赫拉克利特指出的：“在神看来一切都是好的，只有人才认为有好有坏。”因为神是整全的视野，他没有分别地对待一切。而人则是有分别的，他才区分好坏。哲人也是类似于神的，他也不区分好坏。在他的心中没有邪恶的事物。他的心达到了超然的无我状态，从这种超然无我的境界中，他体验到了超人般的至乐和幸福，这就是他所能够获得的最大的回报。正如孔子指出的：“贤哉，回也！一箪食，一瓢饮，在陋巷，人不堪其忧，回也不改其乐。贤哉，回也！”（《论语・雍也》）所以他会以感恩的心对待世间的一切。可以说，哲人是没有命运的，他完全超越了自己的命运。这种观点后来被斯多葛派哲人继承下来。世俗之人患得患失，终日忧心忡忡，从来也没有体验过这种至乐，所以世俗之人的生活是可悲的不幸的。其次，正义者还会从人间得到回报。当然这种回报已经不重要了。但是苏格拉底还是指出，“正义者随着年龄的增长，只要愿意，就可以治理自己的国家，要跟谁结婚就可以跟谁结婚，要跟谁攀儿女亲家就可以跟谁攀亲家。”总之他可以获得格劳孔曾经给予不正义者的一切好处。不正义者最后会被捉住受到嘲弄，受到外国人和本国同胞的唾骂。

其次，灵魂在肉体死后的回报。苏格拉底讲诉了一个死后灵魂的故事。这个故事来自勇士厄洛斯的死后见闻。死后的亡灵都经历了三个阶段。第一阶段是亡灵首先来到灵魂的聚集地，这是一片草地。在这里，天上两个洞口，地下两个洞口。有的正义灵魂从天上下来，有的不正义灵魂从地狱出来，受完了相应的业报准备重新投生。每个亡灵都根据生前善恶接受十倍的报偿。天上来的亡灵讲诉他们的美好生活，地下的亡灵讲诉地下的痛苦生活。其中僭主生活是最悲惨的，他们困在地狱中不得出来。第二阶段是亡灵的选择。亡灵共同来到“必然之纺锤”的地方，选择自己来世的生活方式。“必然的纺锤”由八个女妖守护，还有“必然”的女儿“命运三女神”，即拉赫西斯、克洛索和阿特洛泊斯。拉赫西斯唱过去的事，克洛索唱当前的事，阿特洛泊斯唱将来的事。她们共同合唱，形成一个和谐的音调。在此，柏拉图还构想了一个新的宇宙模型。亡灵们来到拉赫西斯面前，拉赫西斯从膝上取下阄和生活模式，登上一座高坛宣布另一轮回的新生即将开始，每个人都将自己选择命运，而不是神决定他们的命运。其中的生活方式各种各样，既包括人的，也包括动物的。“谁拈得第一号，谁就第一个挑选自己将来必须度过的生活。美德任人自取。每个人将来有多少美德，全看他对它重视到什么程度。过错由选择者自己负责，与神无涉。”这里暗示了每个人的命运都是自己的选择，每个人都是自作自受，所谓“祸福无门，唯人自招”。所以把不幸的命运归因于神的安排是无知愚蠢的体现。苏格拉底认为：“这个时刻看来对于一个人是一切都在危险中的。这就是为什么我们每个人都宁可轻视别的学习而应当首先关心寻师访友，请他们指导我们辨别善的生活和恶的生活，随时随地选取尽可能最善的生活的缘故。”（柏拉图：《理想国》，618c）他认为，在这个时刻，我们应该学习理性地“计算”，估价各种事物对善的生活的影响，能够在较善的生活和较恶的生活之间做出合乎理性的选择，不被各种所谓的幸福和权力富贵等诱惑。[1] 他例举了一个在天上享受完了福报的亡灵最终选择了僭主的生活方式。因为他的前世生活虽然是善的，但是他的善只是由于风俗习惯、循规蹈矩、安分守己而已，不是因为学习哲学智慧，所以他没有真正摆脱愚蠢和贪婪，他的善是不可靠的，不能真正抵御来自权势、富贵的诱惑。虽然这个亡灵马上后悔了，但是为时已晚。苏格拉底还指出，那些来自天上的亡灵大多经受不住这种诱惑，都选择了恶的生活方式。这是柏拉图对所谓的"道德楷模"的贬低。因为大多数道德楷模都只是安分守己的人，他们没有理性和智慧。这同时也是对哲学生活的颂扬。只有通过哲学生活获得的智慧和美德才是真实的可靠的，可以帮助我们在这个时刻不被权力和不正义所诱惑。他还指出，那些来自地狱的亡灵则受过极大痛苦，不再被荣华富贵所诱惑，大多选择了善的生活。可以说，在这个时刻，亡灵们的善恶出现了互换。他们的选择都是由于他们前世的"习性"决定的。这和佛教的业力轮回观点非常接近。只有业力消除了，才能不再受到业力的支配而做出错误的选择。苏格拉底列举了几个灵魂的选择。例如奥尔菲斯选择了天鹅的生活，阿伽门农选择了鹰的生活，奥德修斯没有忘记前生的辛苦劳累，抛弃了雄心壮志，选择了无人问津的普通公民的生活。第三阶段是亡灵的投生。在所有亡灵都选择好了自己的生活方式后，他们列队走到拉赫西斯跟前。她给每个灵魂派出一个监护神，引领他们度过自己的一生。监护神把灵魂领到克洛索处，在她的手下方在纺锤的旋转中批准了选择的命运。然后，监护神再把灵魂引领到阿特洛泊斯旋转纺锤的地方，使命运之线不可更改，最后每个灵魂头也不回地从"必然"的宝座下走过。在他们走到勒塞的平原，喝过了忘川之水后，他们便忘了一切。他们睡着了。到了半夜，雷声隆隆，天摇地动。所有的灵魂便全被突然抛起，像流星四射，向各方散开去重新投生。厄洛斯被禁止喝这河的水，他不知道自己是怎样回到自己肉体的。在他睁开眼睛时，天已亮了，他正躺在火葬的柴堆上。最后，苏格拉底指出："如果我们相信它，它就能救助我们，我们就能安全地渡过勒塞之河，而不

---

[1] 这种理性的计算在《普罗泰戈拉》中进行了充分的论证。这种理性的计算不能看作是功利主义的观点。

在这个世上玷污了我们的灵魂。不管怎么说,愿大家相信我如下的忠言:灵魂是不死的,它能忍受一切恶和善。让我们永远坚持走向上的路,追求正义和智慧。这样我们才可以得到我们自己的和神的爱,无论是今世活在这里还是在我们死后(象竞赛胜利者领取奖品那样)得到报酬的时候。我们也才可以诸事顺遂,无论今世在这里还是将来在我们刚才所描述的那一千年的旅程中。"(柏拉图:《理想国》,621c-d)

关于这个神话,我们可以说,第一,这个死后的神话也是苏格拉底的"神道设教",它和前面的"高贵的谎言"一起构成了理想国的意识形态。"高贵的谎言"是关于生的,"死后的神话"是关于死的。相信灵魂不死对于国家的道德生活是至关重要的。如果人们不相信灵魂不死,认为死亡可以勾销一切,他们就可能不再遵纪守法。好人也会因为不能获得报偿而不再愿意行善。如果他们相信灵魂是不死的,相信"善有善报,恶有恶报,不是不报,时候未到,时候一到,一切都报",那么他们就会尽力遵纪守法、弃恶从善,并且在弃恶从善中获得人生真正的幸福。所以道德、法律本身绝对不是对人性的压抑和约束,道德法律本身就是人生幸福的必要条件。没有道德法律,人们永远不可能获得幸福。即使灵魂不死是一种善意的谎言,也是对人心有益的谎言。有益的就是真实的。可以说灵魂不死就是一种认识人心的本性而得出的真理。第二,这个故事的主旨仍然是哲学的颂歌。他暗示只有哲人才能在生前死后获得最大的报偿。只有哲学生活才是真正值得我们追求的。我们应该把全部热情投入到哲学生活之中。这可以说是苏格拉底所有对话的唯一教导。但是哲学生活的美好是"如人饮水,冷暖自知",只有切实把哲学作为一种生活方式的人才能真正体验到哲学的美好,站在哲学门外的人永远也不可能知道哲学生活的美好。只有歌颂哲学的诗歌才是真正美好的诗歌。因此真正的诗歌神话只有"一个",它必须合乎人性的自然,必须合乎理性的法则,因此真正的诗歌就是哲学的颂歌。否则,只是为了追求新奇,而不顾人性的理性真理的诗歌或者神话必然是错误的。现代性以来的浪漫主义、后现代主义等诗歌可以说或多或少都是片面的,背离了古典诗学的"文以载道"的基本原则。尼采、海德格尔等人都试图以非理性的诗歌取代柏拉图的理性的诗歌。他们一方面认为我们不能认识世界的真相,否定了哲学的可能性，另一方面他们认为我们的生活需要诗歌或者神话，所以我们需要创造新诗歌神话。因为他们否定了理性智慧的原则，所以新诗歌神话的创造就是为了生存的需要而进行的随心所欲的创造。这种完全排除哲学的诗歌神话是错误的，是出于对人心的理性本质的无知。他们认为诗歌神话没有是非对错的观点是错误的。我们必须看到，在诗歌神话的问题上，同样存在是非对错，同样存在真理和谬误。诗歌并不是随意的，没有任何章法的。只有以哲学为核心的诗歌才是唯一的和真正的诗歌。可以说，柏拉图的全部对话都是哲学的颂歌，是“诗中的诗”，“歌中的歌”。

（三）结束语

对于当代习惯了现代国家观念的我们来说，柏拉图的理想国是难以理解和接受的。但是树立古典国家观却是至关重要的。我们只有理解了古典国家观，才能理解柏拉图对话，才能理解人性和自然。

第一，理想国的同一性。国家是一个巨人，国家是一个整体性的有机体，它不仅仅是物质性的功能性的，同时也是精神性的，也是有灵魂的。可以说，理想国是巨大的哲人，是哲人的“政治学模拟”。国家的目的在于实现整体的幸福和正义，实现政治的同一性。大同世界、万众一心、同呼吸共命运是理想国家的基本目的和特征。国家的目的不是战争，而是和平，是高尚的生活，而不仅仅是活着。为了实现人民的最大程度的纯洁和团结，理想国本质上是宗教国家，而不所谓的世俗国家。它把两个神话即金银铜铁神话和灵魂轮回的神话作为国家的基石。因为在一个良好的国家中，人民不会败坏，所以就不需要法律来约束和惩罚人民。因此理想国是一个无法的国家。这也就意味着理想国是最人性化的国家。在理想国中，每个人都是作为国家的一个有机组成部分而存在的，并不存在独立于城邦的个人。“个人”都是政治性的公共性的。所谓独立的个体是种虚假的。在一个完美的政治共同体中，每个人都不会意识到自己的个体性。只有在民主自由的国家中，个体性才被作为是首要的。这种独立个体本质上是为了对抗国家权力的败坏而构建起来的，并不具有现实意义上的真实性。

我们现代人已经不再如此理解国家的概念。现代国家坚持政教分离，把宗教和道德驱逐出了公共政治领域，把它们看作是个人的私事。这本来是现代民族国家在建立过程中驱逐和反抗基督教会的做法，但是现在却逐渐成为正当的国家理念。这种政教分离的原则要求国家不介入个人的思想宗教生活。这就意味着国家是非精神性的，国家是功能性的、机械性的。现代国家只关心人民的生命事务如经济财产问题，对人民的精神取向漠不关心。这决定了现代国家的享乐主义的本质特征。现代政治哲学贬低了国家的教育和引导的职能，否认国家必须既负责人民的生命事务，也应该负责人民的精神事务。这样我们就必然在思想领域陷入多元主义的状态。多元主义的基本立场就是认为一切思想都是真实的正确的，因此我们最终无法在各种思想之间进行辨析和分别，只能建立一个"思想超市"，每个人根据自己的想法和喜好选择自己认为好的思想商品，把人最重要的精神问题置于非理性的地步，任凭个人的喜欢决定最重要的问题。这是对人性的蔑视和冷漠。这种多元主义本质上是非理性主义的一种表现形式。现代性认为在精神领域中我们根本没有任何理性的标准，只能使之处于放任自流的无政府状态。我们在私生活的小事中都会仔细考虑，但是在精神选择上却放任自流，这就是现代性特有的冷漠和无知。但是这种愚蠢的做法却自喻为进步和开放。因为现代政治认为自由民主制是人类政治的根本原则和终极理想，所以现代政治不再关心政体问题，废除了古典政治哲学的理性和德性原则。这样一来，政治问题就成为了纯粹的经济和技术问题，这是现代政治的技术主义兴起的根本原因。这也就意味着现代国家更多是一种利益共同体，但是强盗也可以组成一个利益共同体。依据现代国家理念，我们就无法区分真正的国家和强盗团体。这种对理性和德性的否定导致现代强权主义政治的兴起。对理想国原则的放弃是强权政治兴起的根本原因。只有重新反思理想国的精神和原则，我们才能克服现代强权政治的错误。我们应该看到，任何国家都必须设立最高原则和教条，例如宪法，这种最高原则就必定是宗教原则，即使它没有以神的名义立法。所以任何国家都是宗教国家，现代国家本质上也是宗教国家。它以自由、平等、人权等作为最高原则，这种意识形态同样是宗教性的原则。但是这个原则却只关注人的物质需要，不关注人的精神需要，所以它就是一种低俗的败坏的享乐主义的宗教原则。

第二，理想国的正义性。理想国是绝对正义的国家。绝对正义的标准是人性的自然。人性的自然是理性，但是每个人的理性等级是不同的，因此如实地教育和引导每个人的理性自然达到其相应的社会等级，这就是绝对的自然正义。一个人的自然只有依赖于哲人的智慧才能被发现和教育，所以只有哲人王的统治才能实现绝对的正义。哲人的统治是依据自然而统治，这就意味着哲人的统治不是依据人为而统治，也就是无为之治，顺其自然而统治。只有在这种无为之治中才能达到最高的和谐和正义。中国传统的政治著作《春秋》的名称就体现了对政治和谐的追求。春、秋两个季节是冷热均衡的状态，这种均衡状态也就是中庸之道，也就是不偏不倚的中道，政治生活就是对这种均衡和谐状态的追求。《法律篇》之所以是第二好的国家，就是它不再强调依据自然而统治，而是依据法律而统治。法律无能发现每个人的自然理性的等级，也不能做到因材施教、恰如其分。人不可能通过法律建立绝对正义的国家。因此，理想国表达了一种"政治理想主义"。这种政治理想主义是依据自然而统治的严格科学意义上的政治理想主义。我们应该看到，无为之治的理想国是可遇不可求的，不可能通过人为的努力建立一个理想国。其他一切政治理想都是虚假的、反自然的，一切其他政治理想主义都是有为的，这样柏拉图的政治理想主义就取消了一切其他形式的政治理想主义。如果我们始终坚持柏拉图的政治理想主义，就不会献身于其他任何形式的政治理想主义，就不会被任何政治理想所蛊惑。我们应该尽可能促进我们所生活于其中的国家趋向这种政治理想，不应该试图通过政治革命的方式实现这种政治理想。

现代政治哲学本质上也是一种政治理想主义，其基本内容是自由主义和民主主义，进一步就是功利主义和享乐主义。现代政治理想主义降低了人对幸福的理解和追求，只把尘世的幸福看作是最高的唯一的幸福，完全否定了出世间的幸福的可能性和真实性。这种政治理想本质上是基于对基督教信仰和幸福观的反对和否定，由此也决定了现代政治理想的片面性和狭隘性。这种抗争性导致现代性对人性的理解也是狭隘的片面的。它否定了人性的"精神需要"，把人仅仅看作是机械的物质的肉体。浪漫主义和尼采哲学都体现了对这种现代政治理想主义的享乐主义的否定和批判。但是尼采哲学同样也是一种政治理想主义。他对痛苦的颂扬,对勇敢的推崇,对超人的呼唤都是基于对现代性的享乐主义的否定,因此尼采哲学也最终依赖于现代性政治理想主义。尼采最终也没有发现人性的理性自然。

第三,理想国的内在性。理想国的最终意图就是在人的心灵中建立理想国的秩序。我们不要过于外在化或者政治化地理解理想国,它首先是我们的心灵秩序的问题。只有建立在心灵中的宪法才是真正的宪法。如果我们只是追求外在的形式上的宪法,那么这种宪法最终只能是形同虚设,没有实际意义。建立在心灵中的理想国宪法就是以理性控制欲望。理性如何控制情感和欲望的问题是政治哲学的根本问题。用儒家政治传统观点说就是"自天子以至于庶人,一是皆以修身为本。其本乱而末治者否矣。"《理想国》并不是一个被阉割的国家,它也存在爱欲的问题。但是在理想国中,爱欲已经不是一个问题,因为爱欲已经被完全驯化,或者说,个人的个体性已经被完全消解了。欲望和激情得到了理性的引导和转化。所以理想国彻底解决了爱欲的问题,理想国并不是对爱欲保持沉默。从某种意义上可以说,《会饮》是《理想国》的前言,在《会饮》中爱欲的问题就已经解决了。

但是在现代性的政治哲学中,理性已经成为欲望的奴隶,有了所谓的工具理性和价值理性的区分。这种区分本身就是理性已经被贬低的表现。现代科学和技术都是服务于欲望的工具。这是学术的败坏,而学术的败坏是最大的败坏。如果科学家、哲学家们不能控制自己的欲望,如果统治者也不能控制自己的欲望,不能在自己心灵中建立理想国,那么整个社会生活的非理性化倾向就是不可避免的。这样的社会就会越来越远离理想国。当我们每个人都变得放纵无度时,就不可能指望正义的社会,不可能指望幸福来敲门。这也就是古典哲学中"人存政举,人亡政息"的含义。如果我们想要改善我们的政治国家,就首先改善自己的人性,净化自己的人性。不要总是盯着社会的黑暗面,看不到自己人性的弱点。

第四,政治与人性。人是政治的动物。人的自然不同于动物的自然,这是政治哲学的基础和前提。也就是,政治状态就是自然状态。对政治生活的考察就是对自然状态的考察。这就是苏格拉底的哲学考察从常识开始的原因。这种从现实政治观念进行的考察导致我们进一步思考理想国的本质。只有在最完美的国家中，我们的人性才能获得真正的实现。因此"城邦之外非神即兽"，我们不能在政治国家之外解决政治和人性问题。这种哲学探究的结论就是哲人是最完美的人。最完美的国家就是哲人王统治的国家。只有在哲人王的统治下，我们才能实现自己的人性，才能获得真实的正义。因此柏拉图把理想的国家和理想的个人的讨论放在一起，就是暗示它们的同一性。统治者必须是最理性的最智慧的，这是最根本的政治理想和政治原则。首先是有智慧的人做统治者，其次是有德性的人做统治者。放弃了这个原则和理想，就是放弃了国家的理念和本质。因此关键不是消除政治的恶，而是追求政治的善。让最好的人统治我们，而不是拒绝一切人的统治。这才是我们应该追求的。否则只能导致无法无天的败坏和生命的痛苦。

现代性试图重新认识人性的本质。出于对基督教教义的反对，它抹杀了人和动物的本质差异，把人的自然和动物的自然等同起来，以考察动物生活的原则思考人的生活。也就是说，现代性认为只有通过非道德和非政治的方式才能发现人性的本质，所以现代政治哲学构想了一种抽象的前政治的自然状态，从这种自然状态出发来思考政治问题，由此得出了现代自由主义和民主主义的政治原则。这种政治原则也正在把人引导向动物的生活方式。我们只有重新思考苏格拉底和柏拉图反思人性的方式，即道德和政治的方式，才能理解人性的本质。人是政治和道德的动物，人的道德性和政治性恰恰是人类这种动物的特征所在。所以对人性的认识就是对道德和政治的认识，对道德和政治的认识就是对人性的认识。我们不能把道德和文明作为压抑人性的束缚，把反道德和反文明作为人性解放的前提，而是建立一个道德和理性的理想国，才能使人性获得充分的实现。放弃理想国，就是放弃人之为人的尊严和理性。

第五，哲学和政治。柏拉图几乎拒绝了哲人参与政治的必要性和可能性。他似乎暗示正义的理想国是建立在四个不正义的前提下的。第一是对苏格拉底的强迫，第二是格劳孔对非正义的颂扬，第三是哲人和僭主的联合，第四是对哲人的强迫。柏拉图似乎通过理想国的建构暗示我们，绝对正义的理想国是以不正义为前提的。这个不正义就来自对哲人的强制性。如果没有对哲人的不正义，我们就不能实现政治的正义。这样，柏拉图最终贬低了理想国,即使是最完美的理想国也是不值得追求的。他告诫我们不要期待建立完美的政治制度,即使能够建立起来,也会很快衰败;即使不衰败,也会很快成为对人性的新的压抑。这个世界是变动不居的,永远不会停留在完美的状态而不再变化。政治生活是洞穴式的,虚假性的,就像梦的虚假性一样。因此对于人间事务不必太关注。归根到底,我们应该关注自己的灵魂的正义。不要期待建立一个完美的政治制度,而是要尽可能追求完美的自我。完善自己本身就是在改善政治。正如在《会饮》中揭示的,人的爱欲不能在政治生活中获得终极满足,只有在哲学生活中才能获得终极满足。哲人的人性只有在超出政治国家之外才能实现。哲人的上升之路在于首先看到政治德性和法律是理性的产物,然后通过德性和法律的现象进一步看到其背后的理性自然,进而我们就可以扬弃僵化的德性和法律原则,也就是扬弃政治文明,在哲学生活中实现人的理性自然。所以我们的哲学上升之路必须从道德和法律上升,而不是否定道德和法律,把它们看作是对人性的压抑。恰恰是在道德和法律中存在着理性的影子。道德和法律都是理性的不完全表现形式,对理性的分有和模仿,我们要实现理性,就必须扬弃道德和法律的理性,达到自然的完全的理性。所以自然高于文明,文明是自然必不可少的一部分。当然,哲人在充分实现了理性本质后,也需要再次返回到政治国家之中,进行礼法和哲学的教化,使得哲学生活得以延续下去。哲人是出世的,同时也是入世的。哲人应该以出世的心态做入世的事情。

现代人对政治有太高的期待,因为他们并不认识政治的本质,并不认识人性的本质。如果我们对于人性在哲学生活中的完善性有了更高的认识和期待,我们对于政治社会的完美性的期待就会降低了。这也是《理想国》的基本意图。我们永远不可能建立起一个完美的政治社会,即使能够建立一个完美的政治国家,政治国家的完美性和哲学中人性的完美性相比,也仍然是低级的。我们不能用一个较低的完美性取代或者遗忘较高的完美性。这可以说是对一切政治理想主义的批判。这种批判是基于对更高的人性完美性的认识而产生的。因为我们对人性的终极的完美性有了真实的认识,所以我们对在政治社会中获得的完美性就没有了期待。政治达到的完美性永远达不到哲学能够达到的完美性。我们应该追求更高的完美性，而不是较低的完美性。追求哲学的完美性应该超过追求政治的完美性。我们关注哲学应该甚于关注政治。建立完美的制度本身就需要哲学智慧。没有智慧，我们就不可能建立完美的制度。对于政治制度的改革也需要哲学智慧，所以政治最终依赖于哲学。对于哲人来说，他生活在一个什么社会中是无所谓的，他和任何政治制度都是兼容的，并且他的存在本身就可以提升和改善国家政治。因为人性的完善是一切政治生活得以完善的根本。而哲人的存在是政治完美性的必要条件。因此苏格拉底的隐秘教诲是，和哲学生活的美好相比，再美好的政治理想也是不值得追求的。哲人并不是犬儒主义或者政治冷漠主义。犬儒主义并不关心自我的完善，只是专注于对政治生活的对抗和反叛。这是对政治和人性的无知。

柏拉图对哲学和政治的区分表明政治的问题不能通过政治手段解决，也就是说，政治问题只能通过教育的方式。而一切教育首先和最终都是自我教育。自我教育分为两种方式。第一是模仿。最初的教育都是通过模仿进行的。所以我们必须构想一个完美的圣人或者哲人的人格理想，这样我们的自我教育才能“取法乎上”地进行。一切古典作品的基本精神都是力图构想一个完美的圣人或者哲人的形象。所以阅读古典作品就是我们的自我教育的基本方法。这也是我们应该重新理解和重视古典作品的原因。第二，从理论层面看，自我教育就是对真理和智慧的追求。这种追求依赖于哲人的主观能动性。哲人不满足于物质或者荣誉的生活，他们试图寻找智慧和真理。这种对真理的追求需要哲人能够“回光返照”、“发明本心”才能实现，真理不是可以通过语言方式传达的，而自我教育并不是每个人都能够进行的。因此哲人的产生永远不能摆脱偶然性和自发性。

第六，人治与法治。在苏格拉底看来，完美政治的根本是哲人王的出现。只有在哲人王的统治下，我们才能达到绝对的自然正义性。因为真正的善不是可以通过普遍而抽象的法律实现的，而是依赖于哲人的当机立断。正如孔子所说：“君子之于天下也，无适也，无莫也，义之于比。”（《论语·里仁》）所以柏拉图的政治理想是人治，而不是法治。在他看来，完美的法律不是完美政治的保证。一切法律都只是对哲人王的智慧的模仿和分有,法律无能达到真正的自然的正义性。所以关键不在于建立完美的法律制度,而是培养完美的哲人,并且让他们掌握政治权力。例如,我们都会按照足球规则踢球,可以做到绝对不违反足球规则,但是我们不会因此成为球王。球王永远是极少数人。球王并不是通过违反足球规则而成为球王的,而是通过对足球的技艺的掌握而成为球王的。这种对踢球技艺的精通就是一种天赋的人格因素。同样,政治的技艺也是一种高超的技艺,也不是人人都能够精通的。只有拥有真正智慧的哲人才能掌握政治的技艺。只有完美的人掌握了政权,我们才能建立完美的政治。我们不能仅仅通过对政治技艺的精通而达到政治最高的完美性。相反,通过建立完美政治制度的方式达到政治的完美就是不可能的,或者说,这种方式只能达到较低的政治完美性,而不能达到真正的合乎自然的完美性。

但是在现代政治理念中,法治高于人治。现代人相信法律胜于相信个人。现代人试图通过建立完备的法律制度来实现完美的政治。现代政治理想就是努力排除一切偶然性的不可控制的因素,其中最主要的就是统治者的人格性因素,打造一个完美的政治法律制度机器。现代政治理念就是关于完美的"国家机器"的理念。但是人格性的因素能够被完全排除吗?我们能够建立一个像完美机器一样自动运转,无需任何人为因素介入的国家机器吗?只要政治生活是由人构成的,那么人格性的因素就是不可排除的。所以政治只有以人格的教育和塑造为根本目标,才是真正的合乎人性的政治。从这个意义上看,现代性的政治理念是反人性的非人性的。它不以人格教育为自己的目标,否定了人格教育的意义,或者说,政教分离的原则把人格教育划入私人性的事务领域,这无异于把人格教育问题驱逐到了非理性的无政府状态的领域,结果只能是人性的逐渐败坏。我们应该看到,法律的制定和改革都需要人的参与,法律的实行也需要人对法律的敬畏和服从,如果人性败坏了,再完美的法律也无济于事。因此法治归根到底仍然是人治,仍然依赖于人的德性和智慧。

第七,理想国与现代性。一、柏拉图的理想国对于我们理解自己的政治现实有何帮助呢?我们现在在推进现代化,努力建立自由、民主和宪政的新国家。我们认为只有民主和自由才是合乎正义的。自由和民主已经成为世界政治的大势所趋。自由民主被看作是实现社会的普遍正义和幸福的必要条件。但是什么才是真正的自由和民主呢？自由和民主真的合乎正义吗？正如康德指出的，没有道德理性，我们就不可能保持自由和民主。只有理性的加入，才能实现自由和民主。这意味着柏拉图的政治哲学是实现自由和民主的绝对必要条件。因为柏拉图告诉我们，只有我们上升到比自由和民主更高的哲学立场时，才能理解民主和自由。否则对自由民主的推崇只能是人的欲望的进一步放纵。人们对自由民主的追求很可能是没有底线的，这种无限的追求最终将破坏一切自由和民主。可以说，真正败坏自由和民主的人恰恰是那些无条件地推崇自由民主的人。二、自由主义的基本思想前提是认为物质条件对于人的幸福感是决定性的。它没有反思物质条件的有限性。其实人们并不简单地关注物质条件本身，而是更加关注分配公平的问题。再富裕的社会如果不能坚持分配正义，那么人们仍然会感到不满。相反，比较贫穷的国家如果坚持了分配正义，人们就能够认可和接受。这就是“不患寡而患不均”的看法。而且人是观念性的动物。人心不可能在单纯的物质财富中得到满足。人的肉体感受是一回事，人如何理解和评价自己的感受是另外一回事。物质条件或者肉体感受最终依赖于人们对它的意义赋予。所以只关心物质财富的增长不可能真正是对人性的关心。仅仅关注物质财富的增长是不能解决正义问题的，只能助长享乐主义的思潮。三、人也不会在单纯的“相互承认”中获得最终满足。科耶夫的黑格尔解释认为自由民主成为全球性的政治理想，现代政治正在进入“相互承认”的阶段，接下来就是努力实现这种相互承认的政治。可以说，这种观点体现了对人性的自然和哲学生活的无知。和追求他人的承认相比，对真理和智慧的追求是人性的更高的追求，无须获得他人的认可。人性的理性本质只有在这种追求中才能获得完全的实现。人对真理的追求是永恒的，不会随着历史进程而消失。所以以历史否定哲学是愚昧无知的表现。四、自由主义坚持思想自由和言论自由。这种思想自由和言论自由被看作是提高人民的智识水平的方法，而人民知识水平的提高则是建立现代国家的必要条件。但是思想自由和言论自由并不就是获得智慧的真正方法。智慧本身和政治自由没有必然的关系。相反，在所谓的思想自由和言论自由的社会中，真正的智慧追求可能消失了,人们陶醉于语言游戏的恶搞和疯狂之中。真正的智慧并不是通过言论自由可以获得的,智慧根本超越了一切言辞。归根到底,我们不可能建立一种思想自由的社会。即使建立起来了,这样的社会也并不就是文明开化的社会。任何社会都是封闭的有边界的。边界本身就决定了这个社会的限度。五、保守主义作为自由主义的对立面,其实和自由主义没有本质的不同。保守主义把民族和传统的道德价值看作是最高的,试图以此解决自由主义中的个人主义、享乐主义等问题。但是如果只是把自己的民族和传统的道德价值看得更高,把传统的等同于好的,仍然是一种对真理和智慧的无知。如果我们要追求智慧和理性,我们也必须超越和克服保守主义的狭隘性。或者说,关键是要追求理性和智慧,而不在于所谓的民族性或者传统性。六、当前我国最大的问题是人性的败坏。最好的解决办法就是培养素质更高的君子之才。只有这样,我们才能建设好自己的国家。单纯的制度改革并不是解决目前社会困境的根本方法。虽然哲人和国家之间存在紧张关系,但是哲人不会把这种冲突太当真,哲人会和任何他生活于其中的国家保持和谐。他知道我们不可能建立一个完美的社会,所以他不会期望和支持任何一种彻底的政治革命,而是努力促进自己的国家的和谐、稳定和繁荣。正如苏格拉底最后和城邦的和解一样。如果我们期望自己的国家变得更好,那么我们首先自己必须变得更好。必须首先反躬自问,我们是不是一个真正的好人或者好公民。否则我们就没有资格去期望国家的完善。七、所谓的"中国问题"是个伪问题。中国问题首先是"中西之争"的产物。中西之争不过是"古今之争"的一种形式。所以"中国问题"根本上是涉及到古典哲学的真理性和正当性问题。那么我们如何理解古代哲学的真理性和正当性呢?例如孔子没有思考过中国问题,柏拉图也没有思考过希腊问题。因为他们都不是政治性地看待政治问题,而是从哲学教育的角度看待政治问题。所以,当我们关注所谓"中国问题"的时候,我们就已经陷入了现代性的思维模式之中。解决所谓"中国问题"的关键还是人格的教育和塑造问题,是"什么是完美的人"的问题。我们必须把政治问题和人格教育问题结合起来。不明白这个标准和目标,我们的思考和讨论就是漫无边际的。

第五节　“推人事以明天道”——《蒂迈欧》解读

本篇对话的主题是探讨宇宙的本质和生成。参加对话的人是苏格拉底、蒂迈欧、赫墨克拉底和克里提亚。蒂迈欧来自意大利受人称赞的罗克里城邦，他出身高贵而且富有，具有很高的政治地位。而且他还精通哲学，他的智慧似乎比苏格拉底还要高，是一个接近于哲人王的典范。新的宇宙论由他来讲诉就显得真实可信了。克里提亚也是雅典的名门望族，可能是柏拉图的曾祖父。赫墨克拉底的天性和教养也都超过常人。还有一个缺席者，我们无法得知。总之他们都是出身高贵而又智慧圣达的人，在哲学和政治两方面都具有很高的修养和造诣。这也暗示了《蒂迈欧》在柏拉图对话中的层次和水平。

对话的时间是在讨论了理想国的第二天，这也暗示了《蒂迈欧》和《理想国》的密切联系。可以说，《蒂迈欧》是对《理想国》的补充和完善。《蒂迈欧》描述的是理想国“应该”具有的宇宙论观念。这意味着宇宙论并不是和政治无关的，而是政治哲学的一部分。从整个结构看，《蒂迈欧》是对理想国的宇宙论模仿。其中，造物主相当于哲人，诸神相当于护法者，人类相当于民众。三者构成的宇宙就是一个巨大的理想国。这样，在柏拉图的整个对话中，人类、国家和宇宙就构成了三位一体的同构性的体系。这种同构性体系表现了柏拉图的“天人合一”的理性主义观点和原则。也就是说，在古典哲人看来，只有在认识了人性的自然本质之后，才能认识国家和宇宙的本质。我们思考国家和宇宙的本质时必须依据人性的自然来设想，三者本质上是“一以贯之”的关系。因此我们必须按照“理想的人”的形象设想“理想的国家”，也必须按照“理想的人”的形象设想“理想的宇宙”。就宇宙论问题而言，宇宙本身是怎样的，难以得知，但是我们可以根据人性的自然确定我们需要什么样的宇宙论。正如古人所说：“天道遥远而难知，人道切近故易知。”我们对自身的认识要比对宇宙的认识要简单容易一些。如果我们对自己的人性有了清楚的认识，那么我们就可以借此认识宇宙本身的奥秘。人所具有的属性同时也就是宇宙所具有的属性。对人自身的认识同时就是对宇宙的认识。人是小宇宙,是宇宙的一部分,在人的身上,浓缩了整个宇宙的奥秘。所谓"一是一切,一切是一。"所以对人性的认识就是对宇宙本身的认识。通过对人性的认识而达到对宇宙天道的认识,这是我们认识天道的最根本的途径和方式。对宇宙的认识最终依赖于我们对人自身的认识。可以说,理想国家、理想人格和理想宇宙构成了三位一体的同构性关系,宇宙问题是和人生问题联系在一起的。这就是"推人事以明天道"所体现的原则和方法。

一、苏格拉底对理想国的复述 17c—20c

苏格拉底在此对理想国的复述只限于护卫者方面,对哲人王问题只字未提。这也暗示《蒂迈欧》中的"理想历史"和"理想宇宙"都是针对护卫者的教育而提出的。也就是说,苏格拉底似乎感到在《理想国》中对护卫者的音乐和体育教育是不够的,还必须进一步进行更加完整的教育,这种教育就是历史教育和天文教育。所以苏格拉底说:"我的感觉就好像一个人在图画上看高贵的生物,或者在看一种有生命但是却一动也不动的真实生物,从而出现一种愿望:要是它们运动起来而且尽情发挥它们所拥有的能力,那该多好啊!"❶也就是说,在完成了对理想国的讨论后,他感到理想国还是抽象的,没有生命力的,需要进一步画龙点睛,变得更加丰富和饱满,才能使理想国活起来。但是他在这方面无能为力,因为他只善于对和人类政治生活相关问题的论辩和反思,不善于进行宇宙天道等高超问题的谈论。❷ 所以他需要其他人的帮助。他也认为诗人并不比他有这种能力,因为诗人只能模仿他们熟悉的事物,而理想国不是诗人熟悉的,超出了诗人的想象力。智者虽然对这个问题有一定认识,但是他们居无定所,也无法对政治家施加影响。最后只剩下蒂迈欧、赫墨克拉底和克里提

---

❶ Plato. *Timaeus*. in *The Collected Dialogues of Plato*, Edited by Edith Hamilton and Huntington Cairns, Princeton University Press, 1963. 19c.

❷ 色诺芬在《回忆苏格拉底》中也提到苏格拉底也曾经学习物理学、天文学等知识,但是他认为这些知识和人类政治生活脱离,是没有意义的,更为重要的是对人性的自然的认识和人性的教育。

亚这类人。因为他们的学识和修养都是非常高超的,可以助自己一臂之力。也就是说,这类宇宙天道的问题不能和格劳孔、阿得曼托斯之类的青年人讨论,只有蒂迈欧等人才有资格和能力谈论这类问题。所以苏格拉底希望获得他们对理想国的支持。他们也确实没有辜负苏格拉底,为理想国提供了必需的历史观和宇宙论的支持。

二、克里提亚讲述远古历史的传说(理想历史)20d—27a

克里提亚表示,这个故事是埃及祭司告诉梭伦,梭伦告诉他曾祖父,他曾祖父告诉他祖父,他祖父告诉他的。梭伦讲述了自己知道的古希腊历史,但是在埃及祭司看来,他的历史知识不值一提。于是埃及祭司讲诉了更加远古的历史传说。他说,在过去、现在和未来发生了许多次人类的灭亡。最严重的是火灾和水灾。首先是太阳神的儿子驾车偏离轨道,大火毁灭了地球及其人类,幸亏尼罗河保护埃及人免于灾难。后来大洪水毁灭地球时,埃及的牧羊人幸亏得以活命。所以埃及人的长久历史记载了人类多次毁灭的故事。而希腊人则在每次灾难中都毁灭了,重新返回了野蛮状态。希腊人不得不一次次从头开始,他们对于历史没有很长久的记忆,只知道最近一次洪水后的事迹,而不知道更古老的祖先的英雄事迹。其实在这一次大洪水之前还有更古老的祖先,希腊人的祖先大概在一万年以前,比埃及历史还要早一千年。

埃及祭司首先指出,希腊祖先的法律和现在埃及的法律很接近。希腊远古祖先的法律包括:对祭司、手艺人、农民和士兵各个阶层的划分;重视智慧、知识和技艺,如对宇宙的认识;从神那里学习各种技艺;重视预言和神启;重视医疗技艺。这些法律非常完美,都来自热爱战争和智慧的女神雅典娜,连诸神的后代都羡慕不已。其次,他讲述了希腊远古祖先的英雄事迹。大西洋人统治了很大的势力范围,他们试图统治埃及和希腊。雅典人奋起反抗,打败了敌人,解放了各个民族,向全人类展示他们的英勇和智慧。但是后来大洪水毁灭了希腊人,他们的英雄事迹随之消失了。

克里提亚认为这段历史和苏格拉底描述的理想国是一致的。苏格拉底构想的理想国并不是虚构空想,早已经在上古时代实现了。也就是说,希腊远古历史就是《理想国》的历史版本,是“上古的理想国”。这就肯定了苏格拉底的理想国的可行性和现实性。这可以说是克里提亚对苏格拉底理想国的支持。在《阿尔喀比亚德》中，苏格拉底也提到对完美古人的借用。柏拉图是假借埃及人的口吻为希腊人立法，就像尼采假借查拉图斯特拉之口为现代欧洲人立法一样。

我们可以把克里提亚的历史传说看作是一种"历史神学"。这种历史神学关心的不是历史的真实性，而是历史对于当前的政治和人性教育的借鉴作用。历史本质上就是政治史。当我们的政治理念发生变化后，我们的历史观也往往随之改变。因此这段历史传说可以看作是柏拉图对荷马史诗的替换。即荷马史诗只是最近的希腊历史，而克里提亚讲述的希腊历史要比荷马史诗记载的历史早得多，完美得多。这种替换来自荷马和柏拉图的政治理念的变化。荷马史诗传达的政治理念是贵族政治，而柏拉图要传达的是王道政治，只有这种历史神学才合乎理想国的政治设想和人格教育的需要。这里体现了苏格拉底和柏拉图的政治历史观。

应该看到，这种对上古历史的美化不是欺骗，而是"高贵的谎言"。这种谎言合乎政治的真理和人性的真理。在一切古典政治理性主义看来，历史或者国家的开端必须是美好的。这种完美政治时代提供了一个理想的模型或者理念，这种理念是我们衡量一切后来的政治状态的根本标准。而我们作为后人的任务就是再次实现它。所以我们作为后代不能辜负祖先，必须努力向他们学习，把他们的美好政治智慧和德性继承下去。所以古代政治家都重视对祖先的祭祀，祭祀是最重大的政治活动。如果我们认为开端是低级的无知的，未来才是美好的，我们的做法应该是不断否定和超越古代，不断打碎一切文明传统，那么我们会越来越蔑视古代，不再尊重古代及其文明传统，就会越来越陷入到自我崇拜和自我膨胀的状态中，这种自高自大最终会使我们抛弃一切文明和教育，成为没有教养的野蛮人。所以一切古典政治哲人，例如儒家的政治设想，都是"厚古薄今"，都讲述了一种完美开端的历史神话。这是出于对完美人性的思考和教育而提出的。因此真正的历史研究或者历史观念应该服务于完善政治生活的需要，有助于完美人格的教化。我们应该从人性和政治的视角看待和理解历史。例如《史记》、《资治通鉴》等历史书都是服务于政治。但是这种服务于政治并不是讨好当政者，而是"以史为鉴"，提供政治治理的成败得失，以提高统治者的执政水平。

但是在现代性以来，历史学成为了一门独立的学科，历史研究似乎只要关注纯粹客观的历史事实，不能服务于任何政治目的。这种历史研究是不可能有任何真正价值和意义的。可以说，现代性的本质就是历史主义。现代性的这种政治和历史的划分本身就是历史主义的结果。现代性否定了古代人把政治和历史结合起来的基本原则，认为自己的历史研究才是一种科学的进步的客观的研究方法和原则。但是现代性却无法对这种区分提供真理性的说明。只有在我们对政治和人性都变得无知时，我们才无所顾忌地追求"历史事实"和"历史真相"。这种客观主义并不是尊重历史，只是体现了我们对人性和政治的无知。

三、蒂迈欧对宇宙的相似解释（理想宇宙）27b—92c

（一）宇宙的理性方面的创造

在柏拉图的宇宙论中，宇宙是生命体，是可见的神。造物主对宇宙的创造包含了宇宙灵魂和宇宙身体两个方面。

1. 宇宙身体的属性

蒂迈欧首先指出，人们在做每一件事情以前都应该求助于神，努力和神保持一致。这种说法和《法律篇》中柏拉图在讨论法律序言前的开篇相似。在此，我们不要对"神"这个词太敏感，仿佛一提到神就陷入有神论或者无神论的争论之中。这种思维方式本身是形而上学的思维方式，是基督教和现代性意识形态的思维方式。我们只有摆脱现代性的特殊的宗教态度，才能以"平常心"理解柏拉图的神。柏拉图的哲学和现代性意义上的有神论或者无神论无关。他既不"无神论"地否定神，也不是"有神论"地肯定神。一方面他肯定了神的存在。神是更高等级的存在者，人并不是宇宙中的最高存在者。世界宇宙是异质性的，分为不同层次和类型。这是古典宇宙论的基本特征，类似于现代有神论的表现。但是另一方面，他把神看作是人的纯粹理性本质的理想化象征，是理性和智慧的同义词。神高于人，意味着神凭借其智慧和理性高于人。理性就是人身上的神性。如果人能够努力使自己的理性获得净化和提升，人就能够达到神的境界。我们可以根据人的理性本质推论出神"应该"是什么样的。这就类似于现代无神论的立场。所以柏拉图在使用“神”这个词时,一方面顺应了民众对于神的精神需要,保留了神的概念,保持了宇宙论的有神论性质。另一方面又对“神”的观念进行了理性主义的改造,使之成为自己的哲学无神论的一部分。但是,在现代性的意识形态中,有神论和无神论都不同于柏拉图哲学。一方面,有神论认为神创造宇宙,神是宇宙之外的存在者。神是和人绝对异质的,我们不可能通过自己有限的理性认识神的本质,所以人和神的沟通只能是人对神的绝对信仰。这样就产生了理性和信仰的对立。这种对立在柏拉图哲学中是不存在的。柏拉图哲学中只有知识和意见的对立。可以说,西方哲学中理性和信仰的对立是知识和意见的对立的一种变形。我们应该根据柏拉图哲学理解现代哲学中理性和信仰的对立。另一方面,现代无神论否定了神的存在,认为神是人类或者统治者的虚构,是人的无知的产物。人类是宇宙的最高存在,人是人的目的。人类的进步就是从有神论到无神论的过程。同时,现代宇宙论认为宇宙是同质性的,宇宙就是基本粒子的运动场。这种运动是盲目的,没有目的的,所以人的生活也是没有目的,没有方向的。悲观主义和享乐主义就不可能避免地成为主流意识。可以说,现代哲学中这种有神论和无神论对立在柏拉图哲学中是不存在的。有神论和无神论是相互依赖而产生的,两者本质上是同一种思维方式的结果。所以不破除有神论和无神论的虚假对立,就不可能超出现代哲学的思维方式,就不可能真正理解柏拉图的古典哲学。我们不要把对古典哲学的推崇看作是厚古薄今的复古主义,而是因为古典哲学更加合乎自然。自然是永恒的,真理也是永恒的。因此合乎自然就是合乎真理。追求真理才是哲学的根本目的。

然后,蒂迈欧下面的话需要进行详细分析。第一,应该划分永恒存在没有变化的东西和永恒变化没有存在的东西。这里涉及到对存在和生成的划分。存在和生成的关系是哲学的基本问题。存在是永恒不变的,而生成是迁流不息的。传统形而上学以认识存在为根本目标,认识存在是获得真理的唯一方式。现代哲学则否定存在,推崇生成,否定永恒真理的可能性。例如尼采和海德格尔都强调生成的根本性,都致力于解构存在,回归生成。正如赫拉克利特指出的,“一切皆流,无物常驻”。但是存在问题是哲学的根本问题,存在了否定,也就否定了哲学。所以我们看到,尼采和海德格尔等人都否定了哲学，而转向了试学。为了复兴哲学，我们必须改变海德格尔等哲人对存在问题的思想，重新思考柏拉图对存在和生成的划分。应该说，任何对运动生成的认识本身都已经暗含了对永恒不变的认识。只有在永恒不变的视野中，我们才能得出“一切皆流”的命题。否则即使一切皆流，我们也不能得出“一切皆流”的命题。因此永恒不变的存在是不可能被否定的。哲人的目标就是透过变化的事物看到永恒不变的存在。对于柏拉图来说，永恒不变的存在就是理念和至善。至善才是真正的最终的实相。在中道论的意义上，存在和生成必然同时产生，也同时消灭。所谓“此生故彼生，此灭故彼灭”。因此只有同时扬弃存在和生成，灵魂达到虚空寂静的状态，才能够认识永恒不变的至善。灵魂和至善的合一是人能够达到的最高境界。

第二，由理性通过推理来认识的东西是永恒真实不变的，而通过非推理的感觉来把握的东西是不真实的。这种理性和感觉的划分也是柏拉图哲学的基本原则之一。理性认识获得的是知识，感性认识获得的是意见。柏拉图坚决肯定存在超感觉的事物，把理性认识和超感觉的东西联系起来。同时，他还把超感觉的东西和真实性、永恒性联系起来，把感觉和不真实的东西联系起来。感觉对应的是现象，现象是介于存在和不存在之间的东西。感官现象只是对本体实相的分有和模仿。对现象的认识不可能获得真理和知识。在《泰阿泰德》中，柏拉图把只相信感觉事物的真实性的人看作是浅薄的野蛮的人。在《理想国》中，他指出“俗人一生都在梦中”，因为俗人就是只相信感觉的真实性的人。这体现了他对理性的推崇和对感觉的贬低。我们应该看到，推崇感觉的感觉主义本身并不是感觉，而是理性的思想理论。“眼见为实”本身也是一个理性判断。也就是说，我们在把某些事物确定为感觉的现象之际，我们就已经以超感官的存在为前提了。所以关键问题不在于否定超感觉的存在，而是认识这种超感觉的存在，并且获得确定的真理。哲人追求理性的存在，俗人追求感觉的存在，哲人和俗人的划分就是以追求理性的存在，还是追求感觉的存在为基本标准的。

第三，没有原因就没有生成，任何变化生成的东西都有原因。世界是一个由因果链条构成的循环往复的体系。这种因果理论是柏拉图哲学的第三个基本原则。有因必有果,有果必有因。我们可以由因推出果,也可以由果推出因,一切都在因果之中。这种因果性是理性认识得以可能的基本前提。如果事物的变化生成没有因果性,那么我们就不可能认识任何事物。这种因果论类似于佛教的缘起法,所谓"此有故彼有,此生故彼生,此无故彼无,此灭故彼灭。"一切事物的存在都是因缘和合而生,没有现象事物有永恒不变的自性。基督教利用这种因果性理论论证上帝作为第一因的存在。现代哲学则逐渐否定了因果性的客观性,逐渐把因果性主观化了。休谟把因果性归因于人的经验联想,康德则把因果性归因于人先天固有的先验范畴。这种思路类似于唯识论的"三界唯心,万法唯识"。但现代哲学是为了证明现代科学的真理性,而不是灵魂的最终解脱。

第四,如果造物主按照永恒不变的存在创造万物,被造物就是完善的。如果按照变化的东西创造万物,就是不完善的。这里柏拉图把永恒和完善等同起来,把不完善和变化等同起来。他推崇永恒,而贬低变化。这是和推崇完善、贬低不完善相关的。因为完善的基本条件就是永恒性。完善的东西如果发生变化,就只能变得不完善。而能够变得不完善的东西就不是完善的,所以完善的东西是不会变化的,是永恒的。一切变化的东西本身之所以会产生变化就是因为其本身的不完善。正如他在《会饮》中指出的,一切事物都在追求完善,同时一切事物都在追求永恒,这意味着永恒和完善是一回事。这样,我们看到,柏拉图把理性、永恒、至善、实在联系起来,而把感觉、变化、不完善、不实在联系起来。我们要注意这些概念之间的相关性。

第五,宇宙是永恒存在的没有原因的存在,还是有开端的被造物。柏拉图一方面认为宇宙是永恒的。它是造物主按照不变的生命体创造的。另一方面他又认为宇宙天体是可见可触的有形物体。而一切可被感知的事物都是有生有灭的。所以综合柏拉图的观点,他应该是认为宇宙是永恒和变化的结合体。宇宙既有永恒的一面,也有变化的一面。宇宙应该是大全和最高的综合体,把所有的对立面都整合于自身。我们固执于任何一个方面都不能正确认识宇宙。[1] 康德在《纯粹理性批判》中关于宇宙

---

[1] 《周易》的"易"也是变易、简易和不易的三位一体。

的二律背反中指出，我们认为宇宙有开端和没有开端都是可以成立的，因为没有最终的根据确定孰对孰错。我们诉诸的标准是经验，而人的经验序列是无法完成的，我们无法穷尽对宇宙的所有经验，所以我们不能判断世界有无开端。但是，在柏拉图看来，我们虽然在经验上不能穷尽现象，但是事物的种类或者理念是有限的，因此仍然可以是被认识和穷尽的，所谓“万变不离其宗”。

第六，被造物必然有原因。因为宇宙有变化的被创造的一方面。一切被创造者都是由某个主体根据某种原因创造的。柏拉图认为终极原因是造物主神，当然这个神不是基督教有神论信仰主义意义上的神，而是理性主义哲学的神，这种理性之神就是至善本身。至善是一切事物的根本原因，一切事物都是按照至善产生和消灭的。在《斐多》中苏格拉底就强调了这种观点。在此，柏拉图指出要寻找到这个造物主神是极为困难的，他并未否定认识造物主的可能性。这和基督教的信仰主义是完全不同的，而和佛教的开悟成佛的观点比较接近。只有经过艰苦的努力才能认识实相，达到和诸佛法身同一的涅槃境界。接着柏拉图又指出即使找到了造物主，能够把他说出来让人明白，也是不可能的。这种感受和佛陀在开悟后不愿意说法一样。因为俗人的认识是有限的，他们不相信超出自己感官的存在。而最高的至善和真理是无形无相的，超出了人们的感官认识的范围。对于最高的存在，我们只能使用比喻的方式。所以在《理想国》中，柏拉图不得不用太阳来比喻至善。

第七，如果世界是好的，造物主就是善的，他就是使用永恒的模式创造世界。如果世界是不好的，造物主就是不善的，他就是使用变化的模式。根据我们人类的观察和经验，这个世界是最好最完美的世界，所以造物主是世界的完善的原因，造物主使用了永恒的模式创造世界，这个模式只有通过理性推理才能认识。可以说，这个永恒的模式就是灵魂。灵魂是不可见的，而宇宙身体是可见的。可见的宇宙身体是根据不可见的宇宙灵魂创造的。柏拉图的这种观点和莱布尼茨的观点是相似的。所谓“这个世界是所有可能的世界中最好的世界”。但是莱布尼茨是出于为基督教辩护的目的，而柏拉图没有为任何宗教辩护的目的。他得出这个结论的思路是和莱布尼茨不同的。莱布尼茨是借助于所谓的信仰得出这个结论的，而柏拉图是通过对人性和事物的理性观察和认识得到这个结论的。他认为一切人和物都在追求至善。目的才是本质,目的才是本原。既然一切事物都在追求完善,那么完善就是世界的目的和本质。可以说,理性主义必然是目的论的,同时理性主义也必然是乐观主义的。这是柏拉图确立理性主义目的论宇宙论的基本根据。❶ 虽然我们可以反驳说,既然一切事物都在追求完善,就说明一切事物都是不完善的,我们应该否定这种理性主义目的论和乐观主义,但是所谓事物的不完善其实只是假象,是事物没有认识到自己的本来面目的无知的表现。如果我们使自己的心灵获得足够的理性净化,我们就会体会到这个世界的完美。只有在我们的内心充满了贪婪、嗔恨和无知的不净状态时,才会认为这个世界是罪恶的痛苦的。现代性就不承认这个世界是最好最完善的,所以现代人要不断地改造世界,征服世界。这恰恰反映了现代人内心深处的贪婪、无知和焦虑。

第八,对摹本和模式的区分。理性的对象是原本。对于理性的对象,我们可以给出永恒不变的解释,这种解释是无可争辩、不可拒绝和完美无缺的。这种解释也就是真理。理性的对象就是灵魂和理念,只有对它们的认识才能达到知识和真理。模式是对原本的模仿,对通过模仿产生的事物,我们只能获得近似的解释。这种近似的解释就是意见。真理和知识是关于永恒不变的对象的,意见是关于变化生成的对象的。现象是对实在的模仿,意见是对知识的模仿。从原本到模式的创造过程就是从知识到意见的过程。在《美诺》中苏格拉底认为,回忆是从意见上升到知识的过程。现代哲学否定了原本和理念的存在,只追求感官现象的实证知识。但是如果否定了至善和真理,那么根本上就否定了一切认识和知识的可能性,实证主义最终也只能否定自身,而导向蒙昧主义。

第九,蒂迈欧指出,在诸神和宇宙生成的问题上,我们无法在每一个细节上都是精确无误的。因为宇宙身体是模仿的产物,所以我们只能得到"近似的解释"。我们应该对这种"近似的解释"感到满意。这并不表明柏拉图放弃了严格科学的标准,恰恰是因为他对严格科学的坚持,他才意

---

❶ 佛陀也认为这个娑婆世界是完美无缺的净土。我们之所以认为这个世界存在丑恶和痛苦,是因为我们的心灵不清静的原因。

识到对现象事物的认识只能得到意见，而不能得到知识。苏格拉底和柏拉图一生都是在追求严格科学。苏格拉底对严格精确的定义的追求就是他的科学精神的表现，他要求我们必须在通过语言进行定义时学习对事实本身进行理性直观。真正的严格科学就是超出了语言概念的直观知识。老子指出："祸兮，福之所倚，福兮，祸之所伏。孰知其极？其无正。正复为奇，善复为妖。人之迷，其日固久！"（《道德经》，第五十八章）庄子指出："吾生也有涯，而知也无涯。以有涯随无涯，殆已；已而为知者，殆而已矣。"（《庄子·养生主》）但是现代科学否定了理念和至善，否定了柏拉图关于知识和意见的严格划分，认为知识就是关于现象的认识，这种知识只能是具有不确定性的意见。所以康德不得不诉诸于先验主体性为现代科学的确定性进行哲学辩护，这可以说是对柏拉图的哲学的完全颠倒。我们必须认识到这种颠倒中产生的严重问题。正是因为现代性把知识看作是现象的认识，所以现代科学才成为了政治意识形态，这种政治意识形态则是一切极权主义的最终根源。柏拉图因为坚持知识是对永恒不变的对象的认识，所以他才避免了使科学知识成为政治意识形态的严重错误。

在说明了这些基本原则以后，蒂迈欧开始讲诉宇宙创造的过程。首先，他确定了造物主的至善性。"造物主是完善的。创造者对一切都是公正的。他不偏待某些事物，希望一切事物都尽可能像他一样。这一点乃是创造万物和这个宇宙的真正出发点。我们也应凭着人的智慧相信：神希望万物尽可能完善而无缺陷。"（Plato. *Timaeus*. 29e－30a）柏拉图认为造物主是至善，也是出于对人的本性的观察和认识。正如前面揭示的，我们的宇宙是最好的最完善的，所以创造世界的造物主也是至善的。[1] 我们不能设想一个邪恶的造物主。造物主的至善就体现为他的公平正义。他不会偏向任何一个方面或者事物。所谓"天之道，损有余而补不足。"所以

---

[1] 人们也会以世界存在很多邪恶和痛苦来否定世界的美好，也否定造物主的至善。这是基督教以来人们否定上帝存在的重要原因。在柏拉图看来，这个世界上的邪恶和痛苦都来自无知。恶并不是自在的真实的，如果人们消除了无知和愚昧，就会消除邪恶和痛苦，从而认识到世界和人生的完美真相。

宇宙之道就是"致中和"。老子指出："天地不仁，以万物为刍狗；圣人不仁，以百姓为刍狗。"(《道德经》，第五章)现代人不再相信至善之神的存在，他们认为世界的产生和演化是完全偶然的随机的过程，人类的存在也是偶然的没有目的的。我们生活在一个没有任何目的和意义的宇宙中。如果我们每个人都是向善的，为什么整个人类的存在就和至善无关呢？可以说现代人内心深处是悲观主义者，这是现代人放弃了目的论理性主义的结果。然后，蒂迈欧说："因此，神在看可见事物时，发现这些事物不稳定，到处乱窜，于是就把秩序引入这无序运动中。他认为，秩序无论在哪个方面都比无序好。他是完善的；除了做好事外，他不会做其他的事。因此，他思虑后得出结论，认为在可见事物中有理性的存在在整体上优于没理性的存在；而理性除了存在于灵魂之中不能在别处存在。因此根据这相似解释，我们认为这个宇宙作为生命体是拥有灵魂和理性的。这是神的恩赐。"[1]此处，柏拉图似乎认为宇宙的开端是无序和混乱的，秩序和理性是后来被神引入到宇宙之中的。按照后面的有关论述，实际上柏拉图认为载体、理念和生成在宇宙产生之前就存在。其中理念和载体都是纯粹理性的存在(载体可以接受理念形式的随意塑造，因此载体同样是纯粹理性的存在)，理念是差异性的理性存在，而载体或者质料是同一性的理性存在。所以在宇宙开端之前就已经存在纯粹理性的形式、质料和造物主神。因此，虽然宇宙的开端是混沌，但是理性和秩序却要先于混沌和无序，秩序和理性比无序和非理性更加原初和古老。如果宇宙混沌比理性和秩序还要古老，如果柏拉图不首先肯定存在宇宙生成之前的纯粹理性存在，那么柏拉图的宇宙论就和《普罗泰戈拉》中普罗泰戈拉的宇宙神话无法区分了。而批判智者的宇宙论是柏拉图宇宙论的基本目标之一。在智者哲学和现代哲学看来，混沌先于秩序，非理性先于理性。所以他们都推崇混沌和非理性，而贬低秩序和理性。而柏拉图认为秩序要先于无序，理性要先于非理性。神是宇宙的理性和秩序的原因。灵魂、秩序、理性和完善是一回事。

第二，柏拉图认为宇宙是一个生命体，是按照绝对生命体创造的。这

---

[1] 柏拉图：《蒂迈欧》，谢文郁译，上海人民出版社，2003年版，第27页。

个绝对生命体就是宇宙灵魂,它是包含一切生命体的生命体。宇宙并不是一个纯粹的物理学的机械过程。这是柏拉图宇宙论和原子论的宇宙论的重大区别。原子论认为宇宙的产生是一个纯粹偶然性机械论的过程。其中排除了任何生命因素,也排除了任何理性和至善的目的的因素。现代宇宙论和古代原子论宇宙论也非常相似。但是我们需要认识到,地球本身是存在生命的,人类也是生命的存在,而地球和人类都是宇宙的一部分,我们怎么能否定宇宙本身的生命性呢?如果宇宙本身不是有生命的,我们的生命来自何处呢?简单地把我们的生命解释为原子的机械组合,并不能够说明生命的本质和意义。因此,柏拉图的宇宙论是一种生物学的宇宙观,同时他在论述宇宙观时使用了很多数学原理,被后人看作是数学的宇宙观。可以说,柏拉图的宇宙论是生物学和数学结合的宇宙论。而现代性的机械论宇宙论则发挥了这种数学理性主义的宇宙论,却否定了柏拉图宇宙论中的生物学特性和至善论原则。而尼采出于反对现代性理性主义的目的,而把宇宙世界看作是生命的权力意志的游戏场所,否定了现代的机械论宇宙论,肯定了非理性的生命的真实性,赋予了世界以生物学的特性。但是他否定了灵魂和理性,否定了目的和至善,否定了世界的理性主义方面。而柏拉图认为灵魂和生命是一回事,灵魂是理性的承载者,宇宙本身也是包含了理性的。

第三,蒂迈欧认为,宇宙是唯一的,是永恒的。他否定了多个宇宙的存在。因为造物主和宇宙灵魂都是至善的存在,宇宙是按照灵魂的绝对生命体创造的,所以这个宇宙必然是最完善的,最接近于宇宙灵魂的。如果造物主创造了多个宇宙,那就意味着造物主还创造了很多不完善的宇宙,这是不符合造物主的理性本质的。造物主不可能创造不完善的宇宙。所以宇宙的唯一性和永恒性是理性主义至善论的必然结论。佛教认为存在多个宇宙,不同的宇宙是不同的佛土。诸佛在不同世界宣讲佛法,教化众生,趋向佛国。虽然佛教否定了造物主的存在,但是所有的宇宙佛土都以理性的涅槃寂静为唯一解脱和最高幸福。所以它们都是殊途同归的。

第四,宇宙本身是可见可感的。为了说明宇宙的可见性,蒂迈欧提出了类似于恩培多克勒的四元素说的观点。他认为造物主使用了火、土、水、气四种元素按照一定的比例创造了宇宙。❶ 在此，柏拉图使用了数学原理来说明。对于柏拉图此处使用的数学原理，我们不必太认真。柏拉图是为了说明宇宙本身的理性、和谐和秩序而使用了数学原理。在雅典民主制时代，自然哲学和智者宣传的宇宙论都没有强调宇宙的理性秩序原则，而毕达哥拉斯派是唯一强调了宇宙的数学因素的学派。柏拉图继承了这种通过数学说明宇宙的理性和秩序的思路。即使柏拉图的数学原理是错误的，他认为宇宙存在基本秩序和理性的观念也不是错误的。柏拉图讨论宇宙论问题的根本意图之一就是要扫除自然哲学和智者哲学的混沌宇宙论，为理性的美好的政治生活确立一个宇宙论基础。而后来的所谓柏拉图主义者伽利略片面地认为"自然是数学写成的大书"，片面强调宇宙本身的数学精确性，忽视和否定了宇宙本身存在的生物学和至善论因素，导致现代科学无法认识和解释很多非理性现象，最终导致现代科学本身的危机，即后来浪漫主义和后现代主义对现代科学理性主义的批判。而柏拉图从未把宇宙看作是单纯符合精确数学原理的机械论宇宙，他肯定了宇宙中的无序和非理性的存在，并且试图以至善论来解释这些非理性现象。同时，现代性的机械论理性主义只关注人的尘世的肉体欲望的需要，因此包含了更多的对自然的支配和控制的意图。而柏拉图并不关注人的肉体欲望，而是首先关注哲学生活的教养，所以他的宇宙论根本没有征服自然的意图。

第五，造物主还把宇宙设计成圆球体。因为圆球形是包含了各种形状在内的绝对图形。它从中心到圆周各点都是相同的，这是一种最自我相像的图形。造物主还把宇宙外表造得绝对平滑，即宇宙表面没有眼睛、耳朵、手脚等。因为宇宙是唯一的，至大无外，外面没有什么可看、可听、可动的。宇宙是自己作用于自己的，一切都在宇宙之中。自我满足者要比依赖于他物者要好。这样的宇宙是完善的统一体，它的部分也是完善的。宇宙是永恒的，或者正确地说是接近永恒的。因为宇宙是有形体的被造物，宇宙会有成、住、坏、空的变化，那么宇宙的永恒应该是成、住、坏、空的"永恒轮回"。这种永恒轮回就接近于永恒，是对永恒的宇宙灵魂的

---

❶ 这和佛教中的地、水、火、风的四大元素说是一致的。

模仿。所以柏拉图认为宇宙是有限之神。可以说，柏拉图对宇宙的圆球形的看法接近于现代宇宙论的发现，现代宇宙论认为宇宙是一个从奇点爆炸开始不断膨胀的圆球。我们还应该看到，宇宙的自足性和哲人的自足性是同构性的。所以哲人是自足的无所求的。哲人依据自然而生活就是达到了绝对的自足的境界。哲人是效法自然、以自然为师的人。哲人就是模仿宇宙的自足性的人。

第六，宇宙是运动的，因为宇宙是被造物，而被造物都是运动的、变化的。但是宇宙的运动不同于在它之中的被造物的运动。宇宙的运动必然在最大程度上模仿静止不动。因为宇宙的运动最接近理性和至善。理性和至善是最高的和永恒的，而最高的和永恒的东西必然是静止不动的。运动就意味着不足和欠缺。正如亚里士多德指出的，理性之神必然是静止不动的，所以宇宙的运动不能像其他事物那样进行位移的运动。可以说，宇宙既是运动的又是静止的，这种既运动又静止的运动就是在原地做同一运动，在自身中不断自我旋转。这种自我旋转运动是最接近理性的运动形式，是最高贵和最神圣的事物的运动方式。在《理想国》中，他认为天体的圆周运动是最合乎理性的运动形式。在《法律篇》中，柏拉图也把灵魂的本质看作是自我运动，并且对各种运动方式进行理性主义的等级划分，而自我旋转运动是最接近理性的最有神性的运动形式。

第七，造物主把宇宙灵魂安置在宇宙中心，并且把它扩展到整个宇宙，使宇宙灵魂充斥了整个宇宙身体，宇宙身体的每个部分都包含了理性。可以说，柏拉图的这种宇宙论类似于泛神论。而宇宙灵魂则是纯粹理性的载体，宇宙身体凭借宇宙灵魂而分有了纯粹理性的元素。同时，灵魂是宇宙运动的推动者，这意味着宇宙的运动则是由纯粹理性推动的。因为理性是最高的神圣存在，所以理性不能是被推动的，只能是第一推动者。这也是亚里士多德把神看作是第一推动者的原因。理性是神圣的，所以宇宙被称为有限之神。彻底的理性主义原则必然要求我们把理性看作是宇宙运动的推动者。可以说，柏拉图对宇宙的设想都贯彻了他的理性主义立场。不把握他的这个基本原则，我们就不能真正理解柏拉图的宇宙论的基本精神。现代宇宙论并不把理性作为宇宙运动的第一因。万有引力定律虽然可以解释宇宙中的被造物的运动，但是并不适合解释宇宙的最初产生和爆炸。而且万有引力定律本身只是对物理现象的机械论运动的解释,同样排除了至善论的理性主义的原则。这都为基督教信仰主义保留了地盘,所以现代宇宙论是不彻底的不严格的科学。

2. 宇宙灵魂的属性和创造

蒂迈欧指出,宇宙灵魂先于宇宙身体被创造。造物主在创造宇宙身体时就已经把宇宙灵魂造好了。造物主是首先创造了灵魂,使之更老练,更有能力,成为身体的统治者和主人。否则当身体和灵魂结合时,就会出现"后生统治先生"的"反自然"的情况。这里和《法律篇》的观点也是一致的。在《法律篇》中,柏拉图就指出,灵魂、理性等是比物质更加古老的东西,只有灵魂才能被称为"自然"。而诗人和智者等人认为只有花草树木之物才被称为自然的观点是错误的。因为灵魂的本质是理性,理性是最高最神圣的东西,只能是理性统治其他事物,而不是其他事物统治理性。所以宇宙灵魂统治宇宙身体也是柏拉图理性主义的必然结论。而现代物理学认为物理的事物先于人类的事物,在人类的事物中非理性的东西先于理性的东西,因此理性是后来的,理性并不具有优先性,因此理性不是神圣的最高的,由此掀起了反理性主义的浪潮,并且还把这种反理性主义看作是历史的进步,是科学的进步。

然后,蒂迈欧讨论了造物主创造宇宙灵魂的方式和所用的材料。其方式就是把存在、相同和相异结合起来。相同是保持自身的同一性,相异是背离自身的同一性。然后造物主再把这个三位一体的混合体按照一定的数学比例关系进行划分。每个部分都包含了存在、相同和相异。在完成了这种结构分割后,造物主又把这个整体按照长度一分为二,分别取其中点相接,使其形状如同十字,然后再把它们各自弯曲,两头相接成圆形,再在相接处两圆交叉,然后使之在原处做旋转运动。一个在内圈做相同化的运动,一个在外圈做相异化的运动,以此保持宇宙灵魂的统一和完整。所有的运动都是按照比例进行的。由此可见,柏拉图的宇宙灵魂的内部也包含了比例性的结构和性质,这种结构和性质来自存在、相同和相异三个基本概念。"灵魂内涵了理性和和谐。她是根据永恒智慧的本性创造出来的最好的东西。灵魂渗透于同、异和存在这三个部分,比例划分都合适和谐。"(柏拉图:《蒂迈欧》,37a)在创造了宇宙灵魂之后,造物主使宇宙灵魂和宇宙身体结合，使灵魂遍布于宇宙天体的中心和边缘，把所有天体包含在内，使它们做自我旋转运动。灵魂等同地感知着宇宙的一切方面，准确地统治宇宙万物。这样宇宙的生命才真正开始了。

这里涉及到柏拉图对灵魂的内部结构和性质的规定，首先，我们来分析柏拉图关于灵魂内部三个概念的含义。宇宙灵魂包含了这三个基本概念，或者具有这三种基本性质。第一，宇宙灵魂是永恒的生命体，灵魂本身就是存在，所以宇宙也必然分有了存在。但是宇宙又是变化生成的，所以它又不完全是存在，还包含了非存在。宇宙是存在和非存在的结合体。第二，宇宙灵魂包含了同一性的性质。因此宇宙才是其所是，一切事物才是其所是，没有这种同一性，一切事物都无法保持自我同一。这种同一性是理性认识得以可能的前提条件。但是如果事物始终保持在自身同一性中，就没有任何运动和变化。这是不合乎宇宙的真相的。第三，宇宙灵魂必然包含了差异性。因此一切事物都分有了相异，也就是说，一切事物都在变化，都在走向自己的对立面。所谓"反者道之动"。一切事物都是其所是，而不是其所不是，如果没有差异性也就没有秩序和和谐。可以说这三个概念是我们认识宇宙灵魂的最基本概念，其他概念都是从这三个概念中派生出来的。[1] 柏拉图认为宇宙灵魂是用这三个基本概念创造的，宇宙灵魂还包含了对立面的自我循环运动。宇宙灵魂是宇宙的理性的来源和根据。

其次，这里柏拉图还强调了灵魂的和谐。灵魂的和谐是柏拉图关于灵魂的基本规定。他认为和谐并不是万物同一的混沌状态，而是包含了存在、相同和相异三种基本差异和比例的和谐。可以说，和谐是柏拉图哲学中的一个非常重要的概念。和谐本身就是一个彻底理性主义的概念。因为和谐是异质之物的比例关系。只有精确地合乎比例，一个事物才能够达到和谐。为了表达这种和谐的概念，柏拉图才大量使用了数学原理来进行论述。在柏拉图这里，数学只有服务于和谐的目的才是有意义的。

---

[1] 黑格尔在《逻辑学》中认为存在、虚无和变易是最初的三个基本概念。而《周易》中的"易"也包含了不易、简易和变易三个含义。这些概念似乎可以分别和柏拉图的存在、相同和相异进行比较。

数学是手段,和谐才是目的。手段必须服从于目的。脱离了和谐的目的来理解柏拉图的数学,就是盲人摸象,舍本逐末。在《理想国》中,他指出,护卫者的教育就是使他们达到灵魂的和谐。在《法律篇》中,他也指出教育的目的就是达到理性和情感的和谐。柏拉图对和谐的重视和我国古代哲学中对和谐的重视是一致的。“天命之谓性,率性之谓道,修道之谓教。道也者,不可须臾离也,可离非道也。是故君子戒慎乎其所不睹,恐惧乎其所不闻。莫见乎隐,莫显乎微,故君子慎其独也。喜怒哀乐之未发,谓之中;发而皆中节,谓之和;中也者,天下之大本也;和也者,天下之达道也。致中和,天地位焉,万物育焉。仲尼曰:‘君子中庸,小人反中庸,君子之中庸也,君子而时中;小人之中庸也,小人而无忌惮也。’”(《中庸》)为什么和谐是古典哲学中的最高概念呢?因为世界是由各种异质性事物构成的,而且这些异质性事物也是处在不断变化之中的。也就是说,万事万物是周而复始、相生相克、相反相成的关系,只有使它们保持合适的比例才能使一切事物处于最佳状态。因此真正的智慧并不是单纯推崇某个方面,以达到某个极端状态,而是时刻使万事万物保持最佳比例和关系。只有在我们忽视和遗忘了事物之间的相生相克的关系之后,我们才会追求极端状态。这就是无知和愚昧的表现。

第三,柏拉图强调了灵魂的知识和智慧,灵魂是依据自身的知识和智慧统治宇宙的。在《斐德罗》等对话中,柏拉图也指出灵魂内部就包含了理念。各种纯粹的灵魂定期去宇宙之外的理念世界观看理念,观看理念是灵魂获得营养和快乐的唯一方式。当有的灵魂往下看而逐渐堕落到地球上后,就逐渐和肉体结合在一起,忘记了自己曾经看到的理念世界。只有在灵魂获得了刺激,重新回忆起生前的理念世界之后,灵魂才可能逐渐净化自己,重新上升看到自身内部的理念世界。所以真理和知识就内在于灵魂本身,只要灵魂自我净化、回光返照,就能够发现自己内部的真理,并且依据这种真理而获得永恒的生命和幸福。我们可以进一步说,宇宙灵魂对宇宙身体的统治和理想国中哲人对国家的统治都是一种彻底理性主义的基本原则。宇宙灵魂对宇宙身体的统治本质上是哲人对国家的统治的“宇宙论模拟”。两者具有严格的同构性关系。同样,哲人也是以灵魂理性绝对精确地统治中着自己的身体欲望。这就是柏拉图所揭示的个人、国家和宇宙的三位一体的同构性关系。

3. 宇宙身体方面的创造

宇宙身体的创造就是天体的创造。造物主按照灵魂创造了宇宙，灵魂是原本，宇宙是摹本，宇宙尽可能地符合灵魂的本质。但是两者又不可能完全等同，所以造物主创造了永恒的天体和有规律的天体运动以模仿永恒。这种永恒的动态形象就是时间。在天体创造之前是没有时间的，永恒本身是没有现在、过去和将来之分的。只有在天体创造出来后，才有了现在、过去和将来的时间划分。所以把过去和将来看作是永恒的部分是错误的。“只有‘现在是’才准确描述了永恒者，因而属于它。‘过去是’和‘将来是’是对生成物而言的。”（柏拉图：《蒂迈欧》，38a）因为只有生成物才会在时间中发生变化，而永恒者是不会发生变化的。然后造物主造了 7 个天体，以决定和分辨时间的数。接着，柏拉图讲诉了这些天体的运行方式，最终目的都是为了使宇宙尽可能成为完善的生命体，以模仿绝对的生命体灵魂。

如何理解柏拉图关于永恒和时间的观点呢？首先，从客观性方面看，时间是根据永恒者创造出来的，时间是对永恒的模仿，是尽可能与永恒相似的。所以只有时间才存在过去、现在和将来。永恒本身无所谓过去、现在和将来。但是永恒也不是在时间之外的，因为存在于时间之外就意味着永恒有自己独立的空间，但永恒是非空间的。如果永恒同样占有空间，那么永恒就是变化的。永恒必然是贯穿于时间之中又超出时间之外的，贯穿于空间之中又超出空间之外。所以永恒必然时时刻刻存在于此时此地。这就是所谓的“当下即永恒”。柏拉图的“现在是”就是我们一般所说的“当下”。如果我们认为在时间之外还存在一个永恒，这只是颠倒梦想的幻觉。其次，从主观性方面看，过去和将来都是我们起心动念产生的主观构想的产物，因此并不是真实的。在胡塞尔看来，过去和记忆相关，将来和期待相关，现在和感知相关。所以时间的三种形式不过是三种主观形式，其中只有现在的感知才是“存在”的。海德格尔认为时间和生存筹划活动相关，现在和沉沦相关，过去和被抛相关，未来和生存可能性相关。虽然他们的思考都不彻底，但是他们也认识到时间总是和我们的主观性相关的。如果我们消除了自己的感官主观性，超出了对生存活动的关切，时间的假象也就消失了。因为现在、过去和将来的划分是以存在固定不变的东西为前提的,但是固定不变的东西是我们过于依赖迟钝的感官认识的结果。纯粹理性会告诉我们“一切皆流,无物存在”。“方生方死、方死方生”。根本没有任何事物是固定不变的。一切可见的事物都是“水中花,镜中月”,都是不可执着无法执着的。生存本身是虚幻的,所以时间也是虚幻的,时间本身就是一种“假有”。我们的感官认识试图抓住事物,试图在空幻的时间中抓住实在的永恒的东西,这就是时间产生的主观性原因。相反,如果我们超越我们的感官认识,达到了纯粹理性的认识,我们就能够超越时间进入永恒。当我们以理性的静观觉知关注当下,关注事物的自然流逝时,就会体会到“一切皆流,无物存在”的虚幻性,认识到除了变化没有什么是永恒不变的,这样我们就可能摆脱对持久存在的东西的执着,内心就能够真正进入永恒的静止的涅槃安乐状态。当体验到永恒静止的状态后,我们就从刹那当下进入了永恒。“当下即永恒”。当下是和静观觉知相关的,而永恒就是安住在纯粹的静观觉知的状态中。

(二)诸神的创造

然后,造物主开始创造其他生命体。包括天空中的诸神,空中飞行的动物,水中居住的动物和陆地行走的动物。四种被造生物分别对应着火、气、水、土四种元素。这四种生命体一个比一个滞重,因此它们的理性等级也是逐渐降低的。

诸神由火构成。诸神包含了宇宙诸神和奥林帕斯诸神。宇宙诸神似乎是其他星体,是光明可见的神。它们具有圆球形,具有高超的理性,被安置在天空各处,点缀整个宇宙。它们有两种运动,即自我旋转运动和圆周运动。蒂迈欧认为要搞清楚这些星体的运动方式是困难的。他进一步认为奥林帕斯诸神是宇宙诸神的后代。虽然我们必须信任这些诸神,但是我们也找不到确实的证据证明奥林帕斯诸神的真实性。这里柏拉图是以宇宙诸神取代了奥林帕斯诸神。正如在《会饮》和《法律篇》中,他也推崇宇宙诸神而贬低奥林帕斯诸神一样。因为宇宙诸神是理性之神,它们遵循理性的运动方式,而奥林帕斯诸神是政治之神,是纯粹的传说。理性之神高于政治之神。

然后,蒂迈欧设想了造物主对诸神的训示。其中心思想是,造物主首先告诉诸神，自己是诸神的创造者，禁止诸神试图毁灭宇宙。宇宙是和谐完善的，毁灭和谐完善的事物是罪恶的。其次表明诸神是不朽的，要求诸神像他创造诸神一样创造其他生物，按照诸神的本性创造其他生物。但是他将创造这些生物的灵魂，而诸神是将把永生的灵魂和可朽的肉体交织在一起创造生物。在这些凡物中也存在神圣的部分，分有了永生的名字。诸神需要抚养这些生物，让其自行生长，在它们死后，再把它们收回来。正如《圣经》上所谓的"来自尘土，归于尘土。"在狄奥尼索斯宗教中，据说人在死后肉体回归尘土，灵魂回归狄奥尼索斯。

（三）人的创造

1. 造物主对人类灵魂的创造 41d—42e

造物主再把宇宙灵魂搅合在一起，倒入没有用完的材料，这样的灵魂就变得不再那么纯洁了。而且每搅合一次，灵魂的纯洁度就降低一次。然后，他把这些灵魂进行划分，其数目和天上的星星一样多，每个灵魂对应一个星星。然后他让灵魂们上了神车，告诉他们宇宙的本质，宣布了灵魂的命运的法则。他对每个灵魂的命运都一视同仁，并不偏袒任何一个。人类的灵魂会被安置在身体中，他们具有相同的感觉器官，以便对外界做出反应，其次他们还具有相同的欲望和情感。造物主认为："他们只有控制了这些情感，才能过一种合适的生活；反之，如果受制于这些情感，那就不是合适的生活。"（柏拉图：《蒂迈欧》，42b）那些生活得理性而美好的灵魂就会回到指定的星星上去，过幸福和谐的生活，而那些邪恶的灵魂就再次轮回，变为理性贫弱的女人。如果他的罪恶还没有改善，就轮回到更低层次的生物中，直到四种元素各自分离的原始状态。这就是灵魂的命运的法则。然后，造物主让年轻的诸神创造人类的身体，装备人类灵魂所需要的一切。并且让诸神做人类的统治者，以最好最智慧的方式引导他们。而造物主这样做的目的就是"表明将来人类灵魂的罪恶都和他没有关系。"

对于柏拉图的这段话，我们可以做如下理解。第一，人的灵魂的纯洁度低于诸神。因为诸神没有身体欲望的困扰，而人的灵魂则有肉体的困扰。这种困扰使得灵魂的理性本质变得模糊不清，所以只有在摆脱了肉体干扰后，人的灵魂才能获得解脱。在《斐多》中柏拉图就明确表达了这种观点。第二，柏拉图表现了以理性控制情感的理性主义立场。这种立场和《理想国》、《高尔吉亚》、《斐多》中的立场是一致的。哲人就是以理性克服了情感和欲望，摆脱了永恒轮回之苦的人。只有纯粹理性的哲人才是生活得美好幸福的人。其他有情众生则被情感和欲望支配，它们必然接受和承受轮回之苦的命运。所以一个人只有摆脱了欲望和情感对理性认识的影响，才能获得真正的智慧和幸福。这仍然是柏拉图对哲学生活的歌颂。同样，孔子也认为："爱之欲其生，恶之欲其死；既欲其生又欲其死，是惑也！"第三，造物主和诸神的关系。这里，柏拉图为了确保造物主的至善性，他让造物主并不是人类的直接创造者。造物主只是灵魂的创造者，而肉体则是诸神的创造。诸神的创造不可能像造物主那么完美，所以人类世界中的恶就是不可避免的。也就是说，人类世界中的恶都是出于肉体的欲望和贪婪，是激情和欲望支配理性认识和选择的结果。对于一个理性的智慧的哲人则完全可以避免一切恶。"在任何条件下，好人都不会作恶"。所以归根到底，善就是智慧，恶就是无知。无知是一切恶的根源，智慧是消除恶的唯一法门。理想国是哲人统治的国家，也就是消除了恶的国家。正如无知是不真实的，智慧是真实的一样，柏拉图也认为恶是不真实的，恶只是善的缺失，恶只是非存在，善才是存在。进一步，我们还可以说，造物主和诸神的关系就是理想国中哲人王和护卫者（或者僭主）的关系。哲人是绝对不能作恶的，因为哲人没有私欲和无知。而护卫者（或者僭主）是难免作恶的，护卫者（或者僭主）有时候必须使用恶的手段去制止恶。

这样，柏拉图以彻底理性主义的原则解决了他面临的神义论问题，即一个至善的造物主为什么创造了一个存在恶的不完美的宇宙。相反，在基督教中，上帝是世界的创造者，如何解释这个世界中的不幸和罪恶就成为基督教必须解决的问题。这就是基督教必然面临的神义论的问题，或者说如何解释恶的起源的问题。在《约伯记》中，恶的问题是通过诉诸于上帝的伟大和神圣进而贬低人类的受苦而消除的。人类受苦是上帝至善的意志和规划的一部分，上帝的大能和意志是不可知的，其中的奥秘不是卑微的人类能够认识的。所以真正信服上帝的人就应该无条件地接受上帝施加到自己身上的一切痛苦。奥古斯丁则以人类的自由意志来解释恶的问题。因为上帝是自由的，自由是最宝贵的，所以上帝宁可人类犯罪，也要赋予人类以自由意志。自由意志先于善恶，善恶都来自自由意志。柏拉图和基督教（包括现代性）的思路代表了两种不同的解释方式。但是只有柏拉图的解释才是彻底的哲学理性主义的思路。

2. 诸神对人的身体的创造 42e—48a（未完待续）

诸神遵循造物主的教诲，他们取来四种元素揉搓成团，用极微小的活栓连接起来，把四种元素揉成不同的物体，以拴住灵魂的进进出出，因此灵魂的活动既受控制又不受控制。但是身体运动杂乱无章，六种运动方式样样都有。身体在和外界的接触中，感受到各种刺激，并且把这些刺激传给灵魂，这就是感觉。这些感觉刺激是很强大的，阻止了相同的和相异的运动，使灵魂的运动变得无序和无理性。当感觉进入并且控制灵魂的运动时，灵魂还以为是自己在控制，因此灵魂一旦进入身体，就开始丧失理性。这就是灵魂的堕落。在《斐多》和《斐德罗》中都谈到了灵魂的堕落。在一个人刚刚出生和年幼的时候，他的理性认识和控制力必然是非常低的。但是随着人的成长和成熟，灵魂的运动会逐渐安静下来，开始有自己的固定运动，错乱运动得到纠正，相同和相异也得到恢复，理性重新出现。这是法律教育和哲学教育的结果。“如果一个人以真心修养和教育来回应这理性，他就会成为一个健康而完善的人，避免那些糟糕的疾病。反之，一个人如果忽视理性，就会过着一种残缺不全的生活，没有理性，最后回到地狱中。”（柏拉图：《蒂迈欧》，第 41 页）在这里，柏拉图表明，相同和相异的运动是灵魂的最初的合乎理性的运动。肉体感觉的刺激使灵魂的运动发生了紊乱，理性的作用逐渐被肉体感觉和欲望所遮蔽。只有灵魂重新回复自己的理性本质，才能获得健康而完善的生活，否则灵魂就会重新回到地狱之中。柏拉图表现了对肉体和感觉刺激的贬低。

诸神首先根据宇宙的样子创造了一个圆球形，这就是头颅。并且赋予它两种运动，大概是自我旋转运动和向前运动。头是身体的最神圣的部分，是理性灵魂的居所，是身体的其他部分的统治者。然后，诸神设计了脸面，为灵魂配置了各种器官，作为运动的引导者。诸神最先造的是眼睛。诸神创造的火和我们身体中的纯火同类，可以流入眼睛，这就是视觉。在此，柏拉图也继承了恩培多克勒的同类相通说和流射说。所谓同类相通说认为人和物有同样的本原,人的根和物的同类的根相接触时("流射"),人体感官就会产生感觉,以火知火,以水知水等。但是柏拉图指出,人的感官感觉是不准确、不清晰的,而思想是更加流畅的、全面的、清晰的感觉。这里表现了柏拉图的理性认识高于感性认识的基本观点。严格说来,感官并不认识,真正进行认识的主体是理性或者心灵,感官只是心灵的不合格的工具。如果我们要进行精确的认识,就必须尽可能地扬弃感官感觉对认识的干扰,以纯粹理性的心灵去认识,这样才能使事物"就其自身显示自身"。

柏拉图推崇视觉,认为视觉是给我们带来最大的福气的通道。因为我们凭借视觉可以看见太阳、月亮、星星等,然后才有了数字和时间的概念和研究宇宙的能力,因此才有了哲学,而哲学是诸神给予人类的最大福气。因此,柏拉图认为视觉和哲学具有重要关系。"造物主将视觉赋予我们,是要我们能够注视天上智慧的运行,并且把它们应用于相类似的人类智慧的运行,包括正常的和不正常的。进而,我们通过学习而分享它们,然后通过模仿造物者的完善运行来调节我们的游离运动。"(Plato. *Timaeus*. 47c)柏拉图的这段话包含了几层意思。第一,这里揭示了视觉和哲学的关系。柏拉图的这种观点被称为"视觉中心主义",因为视觉首先是和理性认识相关的。理性的本质就是纯粹的静观觉知,而视觉则是对理性的模仿和分有。理性的静观觉知就是老子所谓的"玄鉴",能够使事物的本来面目呈现出来。事物的本来面目就是至善,哲学本质上就是对至善之道的认识。所以理性是和至善、和谐相关的。"我们应该承认两种原因,并且做出区分,一类是理性原因,产生正义和美好的事物。当理性原因缺乏时,就会产生偶然无序的事物,没有设计没有目的。"(Plato. *Timaeus*. 46e)热爱理性的人应该追求理性的原因。在人的各种感觉中,视觉是最高贵的,其次是听觉,听觉和音乐相关。而触觉的价值等级最低。因为触觉和理性认识最远,和动物性最接近。所以柏拉图和亚里士多德对人的感觉的等级划分是和他们的理性主义立场相关的。后现代主义对理性主义的反对也必然导致对视觉中心主义的反对。第二,还揭示了哲学和宇宙学的关系。哲学是对自然的研究和认识,最初的哲人是自然哲人。他们遗世独立,独来独往,关注天象,蔑视人间事务,把自己的生命热情投入到对宇宙自然的研究中。这显示了哲人的高贵性。而苏格拉底和柏拉图进一步认识到，对自然的研究并不是对物理自然的研究，而首先应该是对人的自然的研究。这种对人的自然的研究也就是政治哲学的出现。对人的自然的研究是我们认识更大的自然的唯一出发点。这种研究导致柏拉图提出了"作为自然的自然"的理念论哲学。真正的自然并不是物理现象的感性自然，而是理性的自然。第三，对宇宙的认识和效法是达到秩序和谐的关键。哲人研究天文地理，不应该是出于单纯的好奇心，而应该是出于对如何安排我们的生活，什么生活是最美好的问题的关切。因为宇宙是异质性的整体，这个整体是存在规律和秩序的，这种规律和秩序本身就是理性作用的体现。正如老子所说的，宇宙的基本法则是"天之道，损有余而补不足"。即宇宙以中道和谐的原则安排万事万物，使一切事物都各得其所，各司其职，从而组成一个和谐秩序的整体。所以哲人也应该效法宇宙天道，把宇宙天道带入到人类的政治生活中，使人类生活也能够达到获得和谐幸福。哲人本人则超越人世政治生活，使自己的灵魂达到了纯粹理性的和谐，获得了超然物外的安宁和至乐。这就是所谓的"天人合一"。"和谐的运动和我们的灵魂运行具有相似的性质。缪斯将和谐赐给艺术的爱好者，不是像现在人们所想象的那样为了获得非理性的快乐，而是为了用它来矫正灵魂内在运动的无序，帮助我们进入和谐一致的状态。"[1]否则，我们终日只是投身于荣华富贵、功名利禄、勾心斗角、争权夺利、爱恨情仇之中，这种生活是卑贱的愚蠢的。只有当我们按照宇宙法则生活时，就是依据自然而生活，我们的生活才是最崇高、最神圣、最美好的。我国古代哲人也是如此效法自然而获得了智慧和幸福。正如《周易》中指出的："古者包牺氏之王天下也，仰则观象于天，俯则观法于地，观鸟兽之文与地之宜，近取诸身，远取诸物，于是始作八卦，以通神明之德，以类万物之情。"(《周易·系辞》)

（四）宇宙的非理性方面的补充解释 48a—69a（插入）

在讨论宇宙的理性原因后，柏拉图突然转向对偶然性或者不定因的讨论。因为他似乎感到只说明宇宙的理性原因是不够的，还面临很多不

---

[1] 柏拉图：《柏拉图全集》，王晓朝译，人民出版社，2003 年版，47d，第 199 页。

确定性的因素。可以说,理性的原因是确定因,偶然性的原因是不定因。宇宙是理性和偶性的结合的产物,宇宙分为理性、秩序和偶然性、非理性两个方面。理性是美好事物的原因,非理性是不美好的事物的原因。理性和秩序、完善、美好相关,而偶然性、非理性、无秩序和恶相关。在理性和非理性的关系方面,柏拉图认为理性通过"说服"统治偶然性和非理性。"这个世界是必然和理智的共同产物。理智是通过说服来驾驭必然的。理智是统治力量,它说服了必然而把大多数被造物引向完善。因着它的说服,理性带领着必然而把宇宙按着模式制造出来。"(柏拉图:《蒂迈欧》,48a)这里的"必然"(necessary)其实是偶然(chance)。按照谢郁文先生的解释,这里的必然是指:"那种无目的、无秩序、不定、不可预计的无理性运动。就概念而言,准确的翻译应该是'不定运动',或'无序运动'。"(柏拉图:《蒂迈欧》,第109页)这种偶然性大概是由于原始三角形在相互结合的时候,因为大小不同等原因产生的。还有就是由于一切物质性因素本身存在的惰性以及宇宙最初的混沌无序状态。其中关键是理性和偶然性的关系问题。第一,理性对非理性的统治是首要的宇宙论原则。理性比非理性更加根本和原初。宇宙一方面是理性的,特别在天体运行中充分体现了秩序和理性的法则。宇宙的秩序法则是可知的,正如春夏秋冬、生老病死的基本原则。另一方面,宇宙中仍然存在大量的无法预测的偶然性元素。但是在理性和非理性的两个方面,理性支配非理性是绝对主导性的原则。一切非理性、偶然性都是在理性秩序的原则和框架下产生的。因此柏拉图既强调宇宙是可知的,我们可以认识宇宙的法则,又强调由于偶然性的存在和干扰,我们只能对宇宙进行相似性的解释,而不能进行科学的精确认识。第二,理性通过说服统治非理性。理性完全是非暴力的。理性的统治是通过说服和感化而起作用的。正如苏格拉底反复强调的,哲人或者好人在任何条件下都不会以恶抗恶。因此可以说,柏拉图设想的宇宙是一个文明化、理性化的宇宙,正如理想国是一个完全非暴力的理性化国家一样。需要注意的是,这里的说服是"理性的说服",和后面指出的"意见的说服"是不同的。在《高尔吉亚》中柏拉图就区分了两种说服。这种意见的说服低于理性的说服,是对理性的说服的模仿。在人类政治生活中,我们可以通过"意见的说服"达成一致。

那么，这种“不定因”是如何产生的呢？柏拉图认为只有解释了宇宙的偶然性或者非理性的方面，我们对宇宙的认识才是全面的。当然，这种认识不是精确科学的，而是大体相似的解释。因此，柏拉图认为需要对存在或者自然进行更加完整的划分。于是他把存在分为三类，第一类是理念或者灵魂，是永远自身同一的理性的存在。第二类是派生的可见的宇宙。第三类是一切生成物的载体（receptacle）。载体是不容易说清楚、认识清楚的，是最难以理解的。柏拉图首先以四种元素的情况进行比附和说明。四种元素不是独立的实体（substance），它们可以相互转化。例如水聚结时就形成了土石，蒸发时就变为风和气，燃烧后就成为火，火熄灭就变为气，气凝结而成为水，水又生成土石。所以我们应该把它们看作是四种性质（nature），而不能用“这”或者“那”这类指示代词指称它们。与此相似，第三类存在也不是特定的实体。“那个能承受一切有形体的存在，永远是同一存在；当它承受万物时，她完全不丧失她的本性；也不以任何方式在任何时候占据任何一种形式，尽管事物进入她时是拥有形式的。她是承受一切形式的铸造材料，由她所承受的各种形式所改变、所表现，并因此在不同时候看上去不一样。”（柏拉图：《蒂迈欧》，50c）柏拉图的这段话包含了以下几层意思。第一，载体是无任何形式的，它构成了形式、理念的绝对对立面。一切生成物、可见物都是形式和载体的结合。柏拉图把载体概念引入到自己的哲学体系中，是为了说明生成物、可见物的生成问题。只有引入载体的概念，柏拉图对生成物的解释才是完整的。第二，载体是不可见的，因为一切可见物都是有形物，而载体没有任何形式。但是柏拉图又认为载体是可知的，因为载体也分有理性。这种观点是非常晦涩的。一般来说，可知和形式相关，形式或者理念是事物的可知性的原因。而载体没有任何形式却同样是可知的，这就令人无法理解。我们只能说，因为载体可以接受任何的变形，可以被理念形式随意的塑造，对理念没有任何的对抗。在这个意义上，载体分有了理性，是可知的。载体是天下的“至柔”之物。这样，柏拉图就区分了三种存在，即理性的理念、纯粹的载体和生成中的事物。他把载体称为母亲，把理念称为父亲，把可见事物称为儿子。这种比喻和我们古代哲学中把地称为母亲，把天称为父亲的观点非常一致。天地孕育了万事万物，一切事物都应该遵从天地的法则,人的生活也应该如此。这就是所谓的“天、地、人”三才。

柏拉图在此对形式和载体的区分在柏拉图对话中是绝无仅有的。其他对话中很多地方谈论了理念问题,而提及载体问题的地方几乎没有。这种划分和亚里士多德对形式和质料的区分是一致的。首先两者是截然不同的,纯粹形式是差异性原则,纯粹质料是同一性原则。两者是相反相成的。其次,纯粹质料和纯粹形式也具有相似性,它们都是无形无相的,因此也是离言绝相的。从一定意义上说,海德格尔的“存在”概念更多和柏拉图的“载体”概念接近,存在本身虽然有所谓的“存在论差异”,但是存在本身是完全“非形式”的。可以说,海德格尔实际上是以存在—载体的概念来反对柏拉图的存在—理念的概念。但是柏拉图的存在概念包含了形式、质料和生成三个方面。形式是认识论的差异性的概念,而载体是同一性的概念。海德格尔只肯定了同一性的质料概念,否定了差异性的形式概念。否定了形式概念,就无法说明世界的差异性。否定了差异性,也就取消了认识的可能性。所以柏拉图的存在概念要比海德格尔的存在概念丰富得多。柏拉图除了存在概念之外,还有至善的理念。“至善引导存在”,这是柏拉图哲学中的根本原则。而海德格尔则完全否定了至善概念。

我们还可以说,形式和质料的关系也和我国古代哲学中的阴阳关系相近。“一阴一阳之谓道,继之者善也,成之者性也。”形式是差异性原则,是阳刚性的,类似于《易经》里面的乾卦。质料是阴柔性的,类似于《易经》里面的坤卦。“夫乾,天下之至健也,德行恒易以知险。夫坤,天下之至顺也,德行恒简以知阻。”(《周易·系辞下》)《易经》就是说明阴阳相互对立、相互依存、相互转化、相反相成的原理。“夫《易》广矣大矣,以言乎远则不御,以言乎迩则静而正,以言乎天地之间则备矣。夫乾,其静也专,其动也直,是以大生焉。夫坤,其静也翕,其动也辟,是以广生焉。广大配天地,变通配四时,阴阳之义配日月,易简之善配至德”(《周易·系辞上》)

柏拉图此处提出的载体概念和老子的道非常相似。道是最源始的存在,它贯穿一切事物之中,又不是任何事物。道是一切事物的创生者,万事万物都是从道产生出来的。“道生一,一生二,二生三,三生万物。万物负阴而抱阳,冲气以为和。”同时道又是恍恍惚惚、窈兮冥兮,是不能以语言去描述的，但是却是极为真实可信的。“视之不见名曰夷，听之不闻名曰希，搏之不得名曰微。此三者不可致诘，故混而为一。其上不皦，其下不昧。绳绳不可名，复归于无物。是谓无状之状，无物之象，是谓惚恍。迎之不见其首，随之不见其后。执古之道，以御今之有，能知古始，是谓道纪。”(《道德经》，第十四章)“孔德之容，惟道是从。道之为物，惟恍惟惚。惚兮恍兮，其中有象。恍兮惚兮，其中有物。窈兮冥兮，其中有精。其精甚真，其中有信。自古及今，其名不去，以阅众甫。吾何以知众甫之状哉？以此。”(《道德经》，第二十一章)庄子也认为：“夫道，有情有信，无为无形；可传而不可受，可得而不可见；自本自根，未有天地，自古以固存；神鬼神帝，生天生地；在太极之先而不为高，在六极之下而不为深，先天地生而不为久，长于上古而不为老。”(《庄子·大宗师》)道本身是一切事物的质料，一切事物都是从道中生成的。而且道本身是可知的，但是对道的认识不是通过感性认识，而是通过理性认识达到的。但是在老子和庄子哲学中似乎也缺少理念、形式的概念，即他们都没有说明万物的差异性是如何产生的。只有借助于理念、形式概念才能说明事物的差异性。也许我们应该认为老子和庄子的“道”更多和柏拉图的“至善”相似，而不是和“载体”这种纯粹质料相似。至善是柏拉图哲学中的最高概念。至善不是存在的一部分，它高于存在，三种存在都是在至善的引导下组合和运动的。只有至善才是一切存在的最终原因和目的。柏拉图在讨论宇宙论时也时刻以至善作为最终目标。我们不要忽视了柏拉图宇宙论中没有出场又时刻在场的至善理念。

接下来，柏拉图再次反思了自己的哲学原则。他反问是不是存在火本身或者事物本身；或者是不是感觉认识到的现象是唯一真实的存在，而理念什么也不是，只是一个语词而已。这是柏拉图对自己的哲学的最公开和最大胆的反思和质疑。他认为如果理性和感觉没有差异，那么感觉的东西就是唯一真实的东西。如果认为理智(understanding/mind)和真实意见(true opinion)存在区别，那么就存在不可感觉但是可以理性认识的理念。最终，他仍然坚持了感觉和理性之间的基本区别。“我们必须肯定它们之间的区别，因为它们的起源和本性都不同：其一是靠教导(instrument)植入我们心中，另一个是靠说服(persuasion)；一个总是伴随真实理由，另一个则是没有理由；一个不会被说服所动，另一个则会；最后，人人都可以拥有真实意见，而理智只为诸神和极少数人所拥有。”（柏拉图：《蒂迈欧》，51d）这种知识和意见、感觉和理性的区别是柏拉图哲学的基本原则。否定了这个原则也就否定了柏拉图哲学。所以在《美诺》中，苏格拉底就认为自己对知识和意见的区分是有知的。这个基本原则也成为后来传统形而上学的基本原则，但是却在很大程度上歪曲了这个基本原则。

对于柏拉图的这段话我们可以进行如下解释。第一，理性是依赖教导培养出来的。在《理想国》中，柏拉图指出：“理性只有经过艰苦的奴隶般的努力才能获得”。也就是说，理性虽然是人之为人的天赋能力，但是只有学习了艰苦的哲学辩证法的训练才能发展理性，而没有接受哲学教育的人就没有发展理性的能力。意见是通过说服获得的。这里的说服是指意见的说服。在《高尔吉亚》中，他就区分了两种说服即理性的说服和意见的说服。意见介于有知和无知之间，是对知识的模仿和分有。意见没有经过辩证法的反思和考察。第二，理性总是追求原因，总是要探究万事万物的原因。在《申辩》中，苏格拉底说，未经反思的生活是不值得过的。反思就是对政治意见进行反思和考察。而意见是道听途说、人云亦云的公共常识和舆论。人们只是盲目地遵守和相信这些常识和意见，并不追求原因和真理。而苏格拉底的反思使他超越了政治生活，达到了无知之知的智慧。第三，理性或者知识是对事物的自然的真理性认识，所以理性知识是确定性、绝对性和普遍性的，是不会犯错的，是不会改变的。意见则是反复无常的。在《美诺》中，苏格拉底认为知识是绝对正确的、不会错误的，而意见是没有被理性绑住的知识，是容易溜走和改变的。第四，意见是人人都具有的，意见是政治生活的基础，每个人都会认为自己拥有知识和真理，但是他们拥有的只是意见。意见受制于肉体感觉和欲望，所以只是关于事物的影像的认识。真正的知识只能被极少数哲人拥有。因为他们超越了肉体感觉和欲望的束缚和遮蔽，看到了世界和灵魂的实相。只有看到了实相才是拥有知识。

这样，柏拉图将存在分为三种。第一是理念—形式，不生不灭，既不容纳他物于自身，也不进入他物。不可见不可感觉，只能被思维认识。第二是可见事物，它们和理念同名，并且和理念相似，可以被感知，被产生，总是在运动，可以通过知觉和信念把握它们。第三是空间(space)本身，不生不灭，是一切生成物的运动变化的场所，不可被感觉，只能依靠一种完全和一切感知感觉无关的(all sense is absent/that does not involve sense perception)异常的(bastard/spurious)理性(reason)来认识，它很难是信念(conviction)或者意见的对象。柏拉图认为看空间存在就像看梦中的东西，它根本不占有任何空间，但是它却是实实在在的，只是我们无法给它真实的说明。与之不同，理性本身则是确定而真实的存在。“那真实而确切的理性是决定真实存在的本性的；在它看来，两件不同的东西就是两件不同的东西，不能是你中有我，我中有你的，也不能既是一也是二。”(柏拉图:《蒂迈欧》,52d)在此，柏拉图以空间的概念取代了载体的概念。显然，载体和空间是一个含义，都是纯粹质料的含义，只是名称不同。我们可以根据载体概念来理解这里的空间概念。虽然载体或者空间的真实性是难以认识和无法言说的，但是只有预设了它们的存在，可见事物的生成才能得到圆满的说明。同时，柏拉图指出理性和存在是一回事。理性认识的对象是理念和至善，理性就是对理念的直观和沉思的能力。理性是绝对真实的，所以事物的形式—理念也就是绝对真实的。各个理念是绝对异质性的，它们本质上是互不依赖的。大就是大，小就是小；并不是大因为小才是大，小因为大才是小。如果我们认为各个理念相互依存而存在，就可能陷入相对主义的危险。我们应该看到，这三个存在概念都同属于至善概念之下。❶ 虽然在此柏拉图没有提及至善的概念，但是无疑这个宇宙是依照至善原则建立起来的。至善引导存在。

现代宇宙学也认为，宇宙是由物质、能量和意义(形式)三个方面构成的。宇宙并不是一种单纯的物质、能量的偶然随机的产物，而是本身具有意义和形式的层面，这种意义和形式的方面和物质、能量的方面同样重要和根本，它赋予物质、能量以形式和法则。因此，把宇宙看作只是物质能量的偶然混合的观点不能解释宇宙本身的存在和规律。所以柏拉图正确地把世界分为物质(质料)和形式的两个方面，世界万物是物质质料和形

---

❶ 柏拉图的存在和至善的区别就类似于我国古代哲学中的“道器之辩”。

式意义结合的产物，单纯的任何一个方面都不可能构成世界的现实存在。

2. 宇宙混沌时期的状态

柏拉图开始描述宇宙演化过程。最初的存在是理念或者存在(Being)、空间或者载体(Space)、生成(Becoming)。它们在宇宙产生之前就已经存在了，所谓“先天地生”。它们是宇宙得以构成的三种基本原则或者材料。宇宙的创造是三种存在的混合过程，大体上经过了从三种存在到混沌无序，再到秩序和谐的过程。他之所以认为生成是最初的，是因为宇宙是变化的，而理念和载体都是不变化的，宇宙的变化只能从生成进行说明。这样一来，柏拉图就否定了混沌是最原初的存在的观点。相反，诗人例如赫西俄德和智者例如普罗泰戈拉似乎都认为混沌是最原初的存在。这是理性主义和非理性主义的重要区分之一。混沌是非理性的，无差异的。混沌论必然蕴含非理性先于理性的观念。而理念论强调了理性的优先性，强调了可知性的优先性。庄子的一种说法和柏拉图的这种观点是一致的。“古之人，其知有所至矣。恶乎至？有以为未始有物者，至矣，尽矣，不可以加矣！其次以为有物矣，而未始有封也。其次以为有封焉，而未始有是非也。是非之彰也，道之所以亏也。道之所以亏，爱之所以成。”(《庄子·齐物论》)朱熹的“先天地有一个理”，也合乎柏拉图的这种宇宙论设想。也就是说，在思考宇宙问题时，我们应该首先提出和确定非物质性的理性主义的原则和存在，这是“知之至”。相反，如果我们把宇宙开端设想为混沌，那么这就是非理性主义的表现。

宇宙生成的孕育者首先进行液化和火化，所谓“天一生水”。并且接受了土和气的性质(character)，获得了和这些性质相关的各种可见属性(properties)。但是因为充满宇宙的各种力量既不相似也不平衡，这种不平衡导致它的没有规律的摆动(sway)，这种摆动又导致进一步的不平衡，导致各种形式和性质的部分相互分离。这四种元素被载体摇晃不已，相似者则越来越近，越紧凑，不相似者彼此分开，愈来愈远。“同类相聚，异类相斥”。“轻者上升浊者下降”，四种元素在整合为宇宙之前首先分别各处，都还没有比例和尺度，所以还不是真实意义上的四种元素。在造物主赋予它们形式和数之后，它们才拥有了独立的结构，让它们尽可能地完善起来，摆脱了最初的混乱状态。

这种宇宙演化论和德谟克利特的原子论非常相似。原子论认为宇宙是由大小不一,形状不一的原子构成的,原子之间的组合是无限多样的,因此存在多元宇宙的可能性。柏拉图的宇宙论和原子论的宇宙论的最大差异就是原子论是非目的论的,柏拉图的宇宙论是目的论的,因此只能是唯一的宇宙。柏拉图之所以得出目的论的宇宙论是基于他对人类自然本性的认识,并且坚持了“天人合一”的原则。人是宇宙的一部分,人的自然也就是宇宙的自然。人是目的论的动物,宇宙本身也是目的论的存在,人都在追求善,宇宙本身也是向善的生物。这就是柏拉图采取“推天道以明人事”的方法的原因。而德谟克利特对人性的事实和真理缺乏认识,完全脱离了人性研究宇宙,因此不可能是正确的。

接下来,柏拉图论述了四种元素是如何获得独立结构的。他需要找到四种完善的立体。这种完善的立体应该是纯粹几何形式,和感性事物无关,因为一切感性事物都是不完善的。首先他指出,四种元素是立体的,立体是由面构成的,面是由线构成的。直线两两相交构成三角形。一切三角形都归结为两种直角三角形,即等边三角形和不等边三角形。这种原始三角形就是宇宙的本原(这就是一生二)。当然这只是一种相似解释。然后他从两种原始三角形推出了四种完善的立体(这是二生四)。土由等腰直角三角形构成,而水、火、气由不等腰三角形(等边三角形的一半)构成。土和其他元素是不可相互转化的,而其他三个元素则可以相互转化。最后,他把四种完善的立体分配给四种元素。土的立体图形是正方体,火的立体图形是正四面体,气的立体图形是正八面体,水的立体图形是正十二面体。土是惰性最大的,也是可塑性最大的。其次,水是最不活跃,然后是气,最后是火。然后造物主按照严格的比例分配了数、运动和能力,说服了偶然性,把宇宙引导向完善。

我们应该知道,柏拉图对数学的使用是为了说明宇宙的和谐秩序,是他的目的论理性主义的要求和表现。也就是说,宇宙是和谐的秩序的存在。这种和谐和秩序来自理性的设计和安排。这种理性设计是可以通过数学来认识和解释的。例如谢郁文先生也指出:“柏拉图在谈论为什么采取这个体系时指出,因为它是完善的。这里的完善性主要是指它的简单性,而它的简单性来自人的直觉。简单性是不可论证的。因此当柏拉图要求人们提出更完善的几何图形时，更多的是从美感的角度出发的。毋宁说，这不是一个论证过程。”(柏拉图:《蒂迈欧》,第121页)所以我们不要过于关注其解释的正确性，而是要关注他的意图。我们也不要过于关注其几何学数学的演算，这几乎也是柏拉图的“消遣”。柏拉图是在宇宙和谐论的背景下谈到几何学的，而他又是在政治哲学的背景下讨论宇宙论的，所以，他对于数学的讨论归根到底是对人类的政治生活的秩序和谐的探讨。正如在《法律篇》等对话中他对数学的使用。可以说柏拉图反对单纯的数学研究，正如在《泰阿泰德》中他对塞奥多洛的含蓄批判一样。现代人则背离了柏拉图的这种基本原则，把哲学科学和政治人生分离了，并且似乎认为这种分离是现代科学发展的条件。我们越认同和相信这种分裂，就越背离了科学研究的目的和意义，也就越无法真正理解柏拉图对话。

然后，柏拉图开始对现实的可见事物进行解释。他分别解释了火、水、土、气四种基本物质的性质和变化现象，以及它们的相互混合转化的过程。他还讨论了这些物质的感觉性，例如热冷、软硬、轻重等。接着他又解释了和这些感觉相关的快乐和痛苦。他认为:“痛苦和快乐可以这样来看:一种影响强烈地打乱了正常状态，如果这是突然发生的，则是痛苦的;而正常状态的恢复则是快乐的。”(柏拉图:《蒂迈欧》,64d)所谓正常状态就是身体内的四种元素的比例和谐。接下来他又解释了感官上的感觉，例如眼、耳、鼻、舌、身，以及与其对应的色、声、香、味、触。

最后，柏拉图提醒我们，他的这种解释只是一种理智的消遣和娱乐，这些解释只是一些相似解释。“如果有人想付诸实践检验，那就是对人性和神性的区别一无所知。也就是说，神具有能力把多合为一，又把一分为多;而人现在将来都不能这样做。”(柏拉图:《蒂迈欧》,68d)柏拉图的这句话包含以下几层含义。首先，他明确否定了通过实验方式对事物进行严格精确的认识的可能性和正当性。因为实验实践的方式也是感性的方式，而感性的方式并不能够达到绝对的精确性和严格性。现代科学对实验仪器的使用也并不能确保现代科学的严格性和确定性。当代宇宙论似乎越来越陷入无法自圆其说的地步。后者不断否定前者的理论，并且又不断被后来的新理论推翻。当代宇宙学最终成为漫无目的和标准的认识论或者想象力的游戏。其次，他并不是在强调神的不可知性，并不是在强调人的理性的有限性。在他看来，人的理性是无限的，却被肉体感官所束缚，所以表现为是有限的。而对于超越了肉体束缚干扰的哲人来说，他的理性是无限的，没有什么是不可知的。因为心的本质就是宇宙的本质，只要我们认识了人心的本质，也就是认识了宇宙的本质。我们不要用现代人的意识形态去理解柏拉图。其三，柏拉图告诫我们，不应该沉溺于对宇宙的奥秘的苦思冥想，而应该更多关心自己脚下生活的大地，关心自己人格的完善和发展。按照色诺芬的说明，苏格拉底就反对哲学家单纯的求知，反对人们出于好奇目的而研究量地学、天文学和神学。“他并不像其他大多数哲学家那样，辩论事物的本性，推想智者们所称的宇宙是怎样产生的，天上所有的物体是通过什么必然规律而形成的。相反，他总是力图证明那些宁愿思考这类题目的人是愚妄的。”❶苏格拉底认为人们应该把自己的精力更好地用于训练自己成为高尚而善良的人。因此苏格拉底区分人事和神意，尽人事，听天命。“他说，人的本分就是去学习神明已经使他通过学习可以学会的事情，同时试图通过占兆的方法求神明指示他那些向人隐晦的事情，因为凡神明所宠眷的人，他总是会把事情向他们指明的。”❷因此迷恋于这些宇宙问题的人都是病态的，都是本末倒置的。这种人要么是炫耀自己的学问，即“古之学者为己，今之学者为人。”要么是出于功利主义的目的，即试图通过研究自然事物的结构和规律，来控制自然。例如现代科学的研究本质上都是出于功利主义、享乐主义的目的。但是我们越是迷恋于认识自然，就越是对自己无知，越是试图控制自然，就越是无能控制自己。而控制自己才是最根本和最重要的。这就是人格的智慧和德性的训练和修养。所谓“太上立德”。正如色诺芬指出的：“每一个人的本分岂不就是把自制看作是一切德行的基础，首先在自己心里树立起一种自制的美德来吗？有哪个不能自制的人能学会任何的好事，或者把它充分地付诸实践呢？”❸如果我们不能控制自己，那么我们对世界的控制能力越强大，其后果可能就越可怕。所以柏拉图认为对自然宇宙

---

❶ 色诺芬:《回忆苏格拉底》，吴永泉译，商务印书馆，1984 年版，第 4 页。

❷ 同上，第 3 页。

❸ 同上，第 33 页。

的研究必须以对美好生活的追求为目的，而追求美好的生活的方法就是完善自己的人格。人性的事实和真理是唯一具有确定性和自明性的，只有和人性的事实和真理结合起来，我们对宇宙的认识才是有标准和有意义的。如果脱离了这个最根本的原则和标准，我们就不可能找到更加确定和健全的真理标准。即使能够在实验室中验证观察和数学知识，我们对宇宙的解释也仍然是“相似解释”。而且即使我们认识了宇宙的全部奥秘，如果生活没有因此变得更加完善和美好，那么这种认识又有什么意义呢？

柏拉图认为虽然这些可见事物都是借助于偶然性构成的，但是造物主却试图引导它们走向完善。偶然性是造物主手中的工具，造物主在变化的事物中创造好的事物。因此柏拉图把事物的原因分为两个即偶然的和神圣的。“我们应该在万物中追溯着神圣的原因，为的是我们的本性所要求的幸福生活。为了追溯这神圣的原因，我们追溯这必然性；如果不认识这必然性，我们就无法认识研究那些对象，并窥视它们，或与之发生关系，从而无法分有它们。”（柏拉图：《蒂迈欧》，69a）柏拉图的这段话表明，第一宇宙分为理性和非理性、秩序和偶然性、可见和不可见两个方面。我们的认识方法就是所谓的“透过现象看本质”。通过非理性的、偶然性的、可见的方面去认识理性的、神圣的、不可见的方面。我们认识宇宙的偶然性因素的目的是为了认识宇宙的神圣原因或者理性原因。宇宙的神圣原因才是宇宙的本质方面，才是我们最应该关注的。而且，我们认识宇宙的神圣原因的目的不是为了满足无聊的好奇心，而是为了更好的理性生活，更好地实现理性对非理性的支配。当我们明白了宇宙的理性支配非理性的基本原则后，就应该按照宇宙理性的原则来生活，这种生活就是合乎自然的生活。否则，如果我们仍然听任欲望和情感的非理性的支配，就是恶的生活，我们就会受到自然的惩罚。

（五）人的身体的创造（续）

在探讨了宇宙的偶然性或者不定因之后，柏拉图又开始讨论人的身体的构造。他为什么在人的头颅和身体之间插入大段的关于偶然性的讨论呢？可以说柏拉图是为了解释人的非理性部分而插入了关于宇宙的偶然性方面的说明的。头是理性的所在地，而身体是非理性的所在地，在人的头和身体之间存在的巨大的非理性的不和谐的因素。在人的生活中特别存在混乱和秩序的问题,而且没有什么比人更加需要秩序和理性。偶然性或者不定因本身或许是非理性的,但是对偶然性的认识和解释却是理性的。因此只有在说明了偶然性或者不定因的问题后,我们才能达到理性智慧的顶峰。我们凭借对偶然性的认识就超越了偶然性。通过关注神圣原因,我们就摆脱了偶然性,美好生活就依赖于对神圣性的追求和对偶然性的超越。

1. 身体其他部分

诸神创造可朽的物体,它们把造物主创造的不朽的灵魂即理性置于头颅中,然后它们又创造了可朽的灵魂即欲望和激情。"这可朽灵魂受制于强烈的不可抗拒的情感。首先是快乐,向恶的最强大的刺激物;其次是痛苦,这是离开了善的标志;还有鲁莽和胆怯,两个不明智的顾问;难以平息的怒气,容易走入迷途的期望;再加上非理性的感觉,只遵循必然法则的无法无天的爱欲,它们由此造就了人。"(Plato. *Timaeus*. 69d)这是柏拉图对人的非理性方面的一个总述。诸神把不朽的理性方面和这些可朽的非理性方面结合起来就创造了人。正如宇宙本身是理性和非理性的结合,人本身也是理性和非理性的结合的产物。其中理性是神圣的方面,而非理性是凡俗的方面。人的美好生活就是以理性支配和控制非理性。

诸神为了保护灵魂的神圣部分不受欲望和激情的污染,所以在头和躯体之间加入脖子,使两者既保持距离又能够联系起来。然后,他指出身体也分为高贵的部分和低贱的部分。"诸神把灵魂的勇气和竞胜部分置于靠近头部的部位,即在脖子和膈膜之间,这样它就会听到理性的声音,并当欲望不愿意服从从要塞而来的命令时,就与之一起来强制欲望。"(柏拉图:《蒂迈欧》,70a)柏拉图这段话表明,首先,身体的高贵部分是胸部。胸部是激情的所在地。激情和愤怒相关。这种愤怒、激情是超越了日常性的功利性和平庸性的生活状态,能够使人体验到超常的生命热情。激情的真正价值在于配合理性的工作。也就是说,理性本身是非力量的,理性本身并不导致任何行动。理性要能够现实地发挥作用,必须和激情结合起来。正如在理想国中,哲人王的工作必须和护卫者结合起来。单独的哲人王是无法进行统治的。通过激情的配合,理性能够现实地支配身体的活动。其次，身体的低贱部分是腹部。腹部是欲望灵魂的所在地。欲望是身体的生存所必需的。腹部就像是食槽那样供给身体营养。诸神认为欲望就像是没有理性的教养和驯化的野兽，所以诸神使欲望部分尽可能远离理性的居所，尽可能减少欲望所引起的骚动和喧闹，从而使最高决策者能够平静地思考整个身体的福祉。

然后，柏拉图对人的心、肺、肝、脾、肠、骨头、肌肉、关节、皮肤、毛发、手脚、植物神经、血管、呼吸、死亡进行了解释。总之，整个身体的设计都是为了尽可能地过理性的节制的生活。否则，人们沉溺于吃喝玩乐，不去追求智慧和德性，就是违反了理性的要求和命令。所以他认为诸神宁可把人造得短命而高贵，而不是长寿而低贱。对于死亡，他指出："对抗自然是痛苦的，而顺其自然则是快乐的。因此，如果是因为疾病或者受伤而致，那是对抗自然，是痛苦的；如果是顺其自然，年老而死，那是伴随快乐的，没有悲哀，没有痛苦。"（柏拉图：《蒂迈欧》，81e）这也就是我们通常所说的"寿终正寝"，"活到天年"，"善始善终"。据说柏拉图就是在参加朋友的婚礼上无疾而终的。无疾而终本身就是最高智慧的表现。因为圣人是依据自然而生活的，也就是说，哲人超越了一切人间的爱恨情仇、功名利禄的争斗，他的一生都清心寡欲、知足少欲、清静无为，所以哲人都健康而长寿也就是自然而然的。所谓"仁者寿"，"圣人必善养生"。苏格拉底本人到 70 岁时身体还非常健康。他在《斐多》中也表现得视死如归，泰然自若。庄子在《养生主》中认为："吾生也有涯，而知也无涯。以有涯随无涯，殆已；已而为知者，殆而已矣。为善无近名，为恶无近刑。缘督以为经，可以保身，可以全生，可以养亲，可以尽年。"《黄帝内经》中也指出："上古之人，其知道者，法于阴阳，和于术数，食饮有节，起居有常，不妄作劳，故能形与神俱，而尽终其天年，度百岁乃去。今时之人不然也，以酒为浆，以妄为常，醉以入房，以欲竭其精，以耗散其真，不知持满，不时御神，务快其心，逆于生乐，起居无节，故半百而衰也。夫上古圣人之教下也，皆谓之虚邪贼风，避之有时，恬淡虚无，真气从之，精神内守，病安从来。是以志闲而少欲，心安而不惧，形劳而不倦，气从以顺，各从其欲，皆得所愿。故美其食，任其服，乐其俗，高下不相慕，其民故曰朴。是以嗜欲不能劳其目，淫邪不能惑其心，愚智贤不肖不惧于物，故合于道。所以能年皆度百岁，

而动作不衰者，以其德全不危也。”(《黄帝内经·上古天真论》)

我们可以把柏拉图的这段论述看作是他的“身体哲学”。他认为头脑就是理性的居所，胸部就是激情的居所，腹部就是欲望的居所。在他看来，人的身体也合乎理性统治非理性的基本原则。人类的身体构造也符合理性统治非理性的激情和欲望的关系。身体各部分也分为高低贵贱的等级，理性最高贵，所以处于最高处，而欲望最低贱，所以处于身体最低端。理性应该联合激情共同统治欲望。人类身体的各个部位并不就是平等的无差别的，而是体现了价值上的等级制。可以说，柏拉图的身体哲学也是对理想国的模仿。他对人的身体三个部分的划分和他在理想国中对国家三个部分的划分是一致的。他都区分了理性、激情和欲望三个部分，三者的基本关系都是理性联合激情统治欲望。在理想国中，哲人王(理性)支配护卫者(激情)和劳动者(欲望)。这就是身体、灵魂和国家的同构性和一致性。这是柏拉图的理性主义原则的彻底性的表现。柏拉图的这些论述总结了当时的医学，并且按照理性主义原则把这些医学知识整合起来。即使这些医学解释不一定正确，但是他的身体理性主义原则是绝对正确的，是我们应该继续坚持的。因此我们不要在乎这些医学中的错误，而是要关注柏拉图的这些解释中的基本意图。相反，近代启蒙主义哲学家拉美特利的《人是机器》也是要把身体理性化，完全排除身体的神圣性。身体被比作一个机器，身体的各个部分是按照机械论力学的原则构造和工作的，身体就只是自我维持的力学系统。这似乎也是对身体的理性主义解释。但是在这种解释中，目的论的元素被排除掉了，身体的价值等级制被取消了。因此这个身体力学系统并不追求理性和德性，这个身体最终就是一个享乐主义的主体。因此《人是机器》的基本主题是身体的非理性主义化或者享乐主义化。现代身体现象学也试图重新理解身体，但是因为缺少了目的论的引导，他们对身体的解释似乎也没有重新回到理性和德性的目的，他们对身体的非理性化就是不可避免的。

柏拉图的这种身体哲学可以和我们古代中医相比。中医也是把身体的五脏六腑都政治化或者理性化了，把身体各个器官看作是对国家政治生活的模仿。《黄帝内经·灵兰秘典论》里说：“心者，君主之官也，神明出焉。主明则下安，以此养生则寿，殁世不殆；主不明则十二官危，使道闭塞而不通，形乃大伤，以此养生则殃。”肺是“相傅之官，治节出焉”。“相傅之官”就是对上对下均有责任。肝是“将军之官”，主谋虑的，“因思而远谋谓之虑”。脾为“谏议之官”，脾主统血。脾在志为思，思虑过度，也会伤害脾。“六腑为阳”，六腑象丈夫一样，经常驻在外活动，人体的气机才能转起来。“胆者，中正之官，决断出焉”。所谓“中正之官”指正气、正义，相当法治系统。“脾胃者，仓廪之官，五味出焉”。“小肠者，受盛之官。化物出焉。”“大肠者，传道之官，变化出焉。”等等。因此圣人在治身方面也是采取无为之治的原则。《黄帝内经·阴阳应象大论》中说：“圣人为无为之事，乐恬淡之能，从欲快志于虚无之守，故寿命无穷，与天地终，此圣人之治身也。”

2. 身体的疾病

柏拉图又讨论了疾病的原因。身体由四种元素组成，要是它们违反了自然比例的和谐，例如过度或者不足，就会产生疾病。“疾病违反自然”。要使身体的各个部分健康完好，就必须以始终同样的次序、方式和比例进行吸收和排泄。一般认为生老病死都是自然，但是柏拉图认为疾病是违反自然，因为自然是合乎比例，不合乎比例就是违反自然。所以柏拉图的自然概念本质上是一个理性和秩序的概念。他的理念论本质上就是自然论。真正的自然并不是可见事物构成的自然界，而是支配这些可见事物的理性原则和秩序。所以我们的认识活动就是要超越可见事物的自然，而上升到不可见的理性的自然。理性的自然才是严格意义上的自然。这是我们理解柏拉图的自然概念非常重要的线索。否则，我们就无法克服现代哲学关于自然和文明的划分的根本错误。柏拉图一直反对医学和医生。在《理想国》中他就认为，一个社会中如果医生成为了好职业，那么这就意味着这个社会的败坏和堕落。在一个健康的合乎自然的社会中，是没有任何疾病的，因此也是不需要医生的。由此可见，我们的现代社会是在多大程度上背离自然，违反自然。

3. 灵魂的疾病

接下来，柏拉图开始讨论灵魂的疾病。灵魂的疾病就是愚蠢。愚蠢分为疯狂和无知。“灵魂的最严重的病态是作乐过甚或者悲恸不已。一个人在悲欢过度的状态中既看不清楚也听不清楚，只会乱扔乱抢。这是一种狂乱状态，其理性处于最低潮。”（柏拉图:《蒂迈欧》，86c）因为灵魂的本质就是智慧和理性，而丧失了理性也就是丧失了健康，而陷入疾病。愚蠢的灵魂就是病态的灵魂。灵魂的健康来自智慧。智慧的根本就是对至善实相的认识，对实相的认识同时就是对现象的虚假性的认识。这种认识的一个结论就是人世间的一切事物都是不值得追求的。因此智慧使得哲人超越了人世间的一切利害得失，看到了人世间的一切都是不可执着的，并且达到了“不以物喜，不以己悲”、“荣辱不惊”的状态。这种状态就是一种纯粹理性的状态，是一种没有欲望和激情的平和状态。哲人保持了理性主义的平静中和状态，没有什么可以使他过分快乐或者痛苦。可以说，只有哲人才能始终保持灵魂的理性和健康。健康和理性是一回事，而疾病和非理性是一回事。非理性的状态就是一种情感和欲望过于强烈的状态。情感和欲望的过于强烈的原因在于把人世间看得过于真实，在追逐名利上变得没有节制，没有看到人世间事物的虚幻性。欲望和情感的激烈活动必然导致理性的衰落，这就是愚蠢产生的根源。所谓“情迷心窍”、“利令智昏”、“人慌失智”等。所以柏拉图反复强调“智慧是善，无知是恶”的观点。只有消除了情欲的过度活动，才能达到清明空灵的理性境界，所谓“无欲则刚”，“君子坦荡荡，小人长戚戚。”

柏拉图还认为灵魂的疾病是由身体的疾病导致的。例如性欲过度就是一种身体的病态。他对此进行了解释。他认为我们不应该批判那些过分追求快乐的人。因为“没有人故意做坏事。人变坏是因为体内的功能机制出问题了，缺乏良好的培养。那些恶事对于任何人来说都是违背意志，不受欢迎的。”（柏拉图:《蒂迈欧》，86e）灵魂的快乐和痛苦都是身体的疾病的结果。“至于灵魂的痛苦，也是因为身体的疾病。”

如何理解柏拉图的这种观点呢？首先，身体的疾病会引起心灵的变化，身体不好的人一般精神状态也不好。身体健康的人一般比较乐观开朗，而身体不好的人则比较低沉阴郁。通过改善人的体质来改善人的灵魂，这是运动医学已经证明的真理。身体锻炼有助于培养坚强、勇敢、刚毅的灵魂品质。这样体育的作用就不简单是锻炼身体的问题，而且还涉及灵魂健康的问题。因此体育就具有至关重要的地位和作用了。如果我们要消除灵魂的疾病，就必须首先消除身体的疾病。而消除身体的疾病首先就需要体育和医药。当然,柏拉图反对医学,推崇体育。但是我们现在却越来越忽视体育。如果一个国家是由一些身体孱弱的人组成的,那么这个国家就不可能是一个健康的国家。所以斯巴达并不推崇文化教育,而是重视身体训练,使公民身体强健,而内心纯朴。这样的公民是好公民。雅典对于文化的推崇导致浅薄浮华之风盛行,人心不古,这也是人心败坏的表现。柏拉图在《法律篇》中也强调一个健康的公民必须是严格自律的,必须在饮食睡眠休息等方面进行严格控制,而不是贪图安逸,好逸恶劳。老子也认为:"圣人之治,虚其心,实其腹;弱其志,强其骨。常使民无知无欲。使夫知不敢弗为而已,则无不治。"(《道德经》,第三章)其次,这个观点还涉及一个人种改良的问题。单纯的体育锻炼是有限的,如果我们需要彻底地改造人的体质,就需要进行人种改良。所以在《理想国》和《政治家》中柏拉图都提到了人种改良的问题,其具体做法就是使两种极端的体质即偏向于沉静的人和好动的人相互通婚,使他们的后代的体质能够具有"动静相宜"的中和体质,如果我们塑造了健康中和的身体素质,就能够克服灵魂的疾病。第三,身体的疾病很多情况下也是由心灵的疾病或者情志活动的不和谐导致的,例如所谓的"心因性疾病"。中医认为喜、怒、哀、乐、悲、恐、惊都会伤害人的健康。喜伤心,怒伤肝,悲伤肺,恐伤肾等,这表明情感活动过于剧烈就会导致身体相应器官的疾病。如果要保持身体的健康,心灵就必须保持清心寡欲、精神内守、恬淡虚无的理性心态。因此身残志坚的人,如果心灵不垮,即使身体残疾也无伤大雅。例如《庄子》中就列举了很多身体残疾而精神健康的圣人。第四,我们应该强调身心是相互作用的。心灵的病态会导致身体的疾病,身体的疾病也会导致心灵的疾病。身体健康并不一定导致灵魂的健康。很多身体健康的人,心灵却是败坏的。所以我们应该看到,柏拉图认为身体疾病导致灵魂的疾病的观点更多强调的是身心和谐的关系。我们应该致力于使自己的身体和心灵同时达到健康的状态。健康就是一种比例的和谐平衡。身体中的比例关系不和谐时,身体就会生病。如果身体中的各种元素的比例和谐了,那么身体就会健康。所以和谐才是健康的本质,而疾病就是各种元素的不和谐。智慧就在于对身体各种元素的比例关系进行调整,使之始终处于比例和谐的状态。当然这里似乎存在一个循环论证的问题，即只有智慧才能使身体的比例和谐，但是只有身体的比例和谐了才能达到智慧。但是这种循环论证更多体现的是良性循环的问题，我们应该尽可能使自己的身心相互促进，逐渐达到平衡和谐的健康状态。对一个哲人而言，他的心灵是最为健康的，所以他的身体就是最健康的。真正的智慧必定可以使我们在身心两个方面同时保持健康。

接下来，柏拉图指出如果这些病态的人生活在一个坏政府之下，从小就缺乏教育以抵抗身体的疾病，他们的思想和言论也不会好。他们的败坏就是由于身体和灵魂的两方面的疾病导致的。因此“应该责备的乃是父母，而不是子女；乃是给营养者，而不是接受营养者。当然一个人还是应该尽最大的努力，通过教育、探索和研究等来避恶趋善。”（柏拉图：《蒂迈欧》，87b）从这里我们可以看到，柏拉图进一步把身体的疾病或者健康的问题和政治制度、教育问题联系起来。所谓“上医治国，中医治人，下医治病。”因为治理身体（修身）和治理国家（治国）是同一个原理，都是对理性主义原则的运用。治国者就是最高的医生，他应该能够时刻关注人民的疾病和健康，并且能够有效地治疗人民的各种身心疾病。公民的疾病和健康都是和统治者息息相关的。治国者是人民的好坏的最终责任人。所以《三字经》也指出：“养不教，父之过；教不严，师之惰。”孔子也认为：“其身正，不令而行；其身不正，虽令不从。”这就是政治学的第一原理即“上行下效”。统治者相当于理性，人民相当于欲望。统治者对人民的统治也就是理性对欲望的统治。如果统治者没有获得真正的理性，那么他就不是合格的统治者。所以最根本的是治理官员，而不是强制百姓。没有好的统治者，就不可能有好的公民。柏拉图在《理想国》中设想的哲人王才是唯一合格的统治者，因为只有哲人达到了完全的身心合一的健康状态。只有在哲人王的治理下，人民才能达到完全的幸福和健康，才能真正消灭不幸和痛苦。

4. *治疗和保养*

然后，柏拉图讨论如何保持身心健康的问题。人总是追求善的生活，而不是追求恶的生活。“善的生活是美的，而美的则不会比例失调。因此善的生命体必然比例和谐。”（柏拉图：《蒂迈欧》，87c）这里，柏拉图表明，善和美是比例协调的问题。他首先肯定了美的本质是比例和谐。这是他对美的基本看法。美首先不是单纯的感觉，而是一种客观性的比例和谐。这种比例和谐不是人为的，而是自然的。合乎自然就是合乎比例。自然是判断比例和谐的根本标准即是美的根本标准。其次，他认为，美是善的显现，美是一种善。人们追求美本质上是对善的追求。既然美是比例和谐，那么善也是比例的和谐。所以善不是任何一种“存在”，而是引导存在达到比例和谐的一种尺度或者原则。在《斐莱布》中苏格拉底也强调了善的比例和谐问题。因此宇宙本身的善和美都依赖于比例的和谐。我们对事物的认识就是对事物的比例关系的认识。进一步，我们可以指出，真的问题也是比例关系的问题。在《政治家》中，柏拉图指出，技艺的本质就是合乎中道，合乎中道就是合乎自然。合乎自然也就是合乎比例。使一切都恰到好处、恰如其分，这就是中道之真理。因此归根到底，真、善、美是一致的，都是比例和谐的问题。最高的善就是数学比例的和谐。宇宙、国家和个人的善都是数学比例的和谐，这是唯一标准，也是最高标准。所以柏拉图关心数学的目的就是为了达到比例的和谐，达到真善美。离开这个目的，我们就不可能理解柏拉图的数学。

柏拉图继续指出，身体和灵魂的比例和谐是最重要的，其他方面的比例和谐都是次要的。他列举了两种不和谐的状态。一个是强劲有力的灵魂和弱小无力的身体的结合。这种强健的灵魂的强烈活动可能会搞乱身体的结构，在内部引发各种疾病。如长时间的学习、演讲、论辩会导致身体不舒服。一个是强壮的身体和弱小的理智的结合。这样的人可能会变得四肢发达，头脑简单，对学习文化没有兴趣，灵魂就会变得呆滞、笨拙和健忘，这样就导致最坏的疾病即愚蠢。柏拉图认为：“人的自然中有两种欲望，即身体上的食欲和神圣部位的求知欲。”归根到底，身体和灵魂的结合是这两种欲望的和谐问题。最好的结合是强大的灵魂和强大的身体的结合。强大的灵魂可以有力地支配身体，使身体遵循正确的生活方式。强大的身体则可以承担灵魂的艰苦的学习活动，使灵魂获得更好的发展和完善。可以说，苏格拉底和柏拉图就是强大的身体和强大的灵魂结合的典范。而尼采是强大的灵魂和弱小的身体的结合的典范。所以柏拉图指出：“不做无视身体的灵魂运动，也不做无视灵魂的体力活动。这样就可以使两者各得其所，和谐健康。”（柏拉图：《蒂迈欧》，88b）进行紧张的脑力活动的人应该加强锻炼，使身体也得到运动。进行身体训练的人也应该加强文化知识的学习，使灵魂也得到锻炼，这样的人才称得上是接受了高贵的教育的人。这都体现了柏拉图哲学的中道和谐的思想。后来古希腊的"逍遥学派"应该就是接受了这种观点。孔子也强调文和质的和谐。"质胜文则野，文胜质则史。文质彬彬，然后君子。"偏向于任何一个方面都是狭隘的。君子就是接受了高贵教育、身心健康和谐的人。这也就是所谓的"文武之道"。这都是哲人认识和遵守中道和谐的表现。正如中医治病也是"辨证施治"，健康就是达到阴阳平衡的状态。

柏拉图还认为："人体的许多部位都应循此原则来调养以模仿宇宙的构造。"在他看来，我们的身体不断面临风寒暑湿燥火的干扰，如果我们以静待动，就会被外邪征服和毁坏；如果我们模仿宇宙的运动，使身体尽可能运动起来，运动维持在适中的水平，使之保持体内和体外的秩序平衡状态，就像宇宙秩序一样，这样就能够避免疾病，保持健康。柏拉图不提倡通过药物来治病，他认为药物会刺激病乱，小病就会成为大病。相反，人应该严密地管理和控制各种身体的不适，而不是用药物来刺激它。这是柏拉图的"天人合一"、"效法自然"的思想。正如老子指出的，"天之道损有余而补不足"，天道就是保持中道和谐的状态，我们的生活也应该模仿天道的中道原则，在身体和心灵两个方面都达到刚健中正的状态。

5. 理性的培养

柏拉图讨论如何培养理性即身体的控制者的方法。我们的身体中存在三种灵魂即理性、激情和欲望。理性是灵魂中的最高级部分，是造物主给予人的指导者。理性居住在身体的最高部位，把我们的视野从地上提升而朝向天上的无限性。如果人沉溺于欲望和虚荣，他得到的就是可朽物。因此人应该培养自己的理性，而不是强化自己的情欲。只有理性才是达到永恒的幸福的根本。培养理性的方法就是追求智慧，学习哲学。"如果他心思意念乃是爱学问和真智慧，并首先训练的就是这个方面，那么，他就一定会想到永恒和神圣的事。而且他还会把握住真理，从而充分地把握住人性中所隐含的永恒性。因为他总是热心于培育他的神圣部分，使他的指导者在良好的居所居住，这样，他就将是最幸福的。我们看到，我们只有一种方法可以照管一切事情，这就是给它以适当的营养和运动。我们身上的神圣部分的运动也就是宇宙的思想和运动。这是人人都应该遵守的。我们应该改正在出生时被弄乱的大脑运动，通过了解知道世界的和谐运转，并且根据其原始本性把理性部分带到理性自己的相似者那里去。这样我们就能完全实现诸神在造人时所安排的最好生活，无论是现在还是将来。”（柏拉图：《蒂迈欧》，90c－d）

柏拉图的这段话可以说是哲学的颂歌。第一，柏拉图表明了理性和永恒、神圣、真理、幸福的根本关系。理性来自造物主，欲望和激情来自诸神。理性是神圣的不朽的，欲望和激情是世俗的可朽的。如果执着于可朽的事物，那么我们就必然是可朽的；如果关注不朽的事物，那么我们就会获得永恒。理性是对永恒之物的认识，理性和真理相关。我们对永恒真理的追求同时就是对最高幸福的追求。真和善是一回事。永恒则是和最高的幸福相连的，哲人的幸福才是真正的幸福，其他人的幸福只是对哲人的幸福的一种模仿和分有。第二，因为宇宙、自然最好地展示了理性对非理性的统治，所以真正美好幸福的生活是“效法自然”的生活。哲人的生活是效法自然，哲人依据自然而生活，而不是依据习俗礼法而生活。这就是“天人合一”的含义。真正的幸福和至善就是达到“天人合一”的境界。哲人是达到了纯粹理性的人，所以哲人是超越了大多数俗人的“超人”。虽然哲人也有自己的欲望和激情，但是哲人把自己的欲望和激情转向了智慧和真理，从而实现了理性对非理性的引导和控制。第三，虽然理性是造物主首先赋予人的，但是人在出世时，欲望和感觉最为强烈，人被情欲诱惑，遗忘了自己的灵魂的理性本质。只有经过哲学的学习，理性才能再次恢复，灵魂才能变得纯洁。只有理性才是我们的真实自然，欲望和激情则不是。哲人才是真正的理性或者神性的本质的实现者，在这个意义上，我们才说哲人是最接近于神的人。只有哲人可以回到造物主和诸神那里去，因为他在自己的生活中关注理性及其训练，使理性恢复到了其“本来面目”。这里的描述和《斐德罗》中的描述是一致的。最好的生活就是哲学生活。这是柏拉图对哲学生活的再次歌颂。

（六）其他生物的创造和轮回

接下来，柏拉图讨论了其他生物的创造和灵魂轮回的问题。他认为那些胆小鬼和老做错事的男人来生都会转为女人。这里似乎暗示了柏拉图对女人的蔑视。但是我们还要具体分析。胆小是缺乏智慧和激情的表现，做错事是因为缺乏理性的表现。女人是不是更多具有这些品质呢？在《理想国》中，他主张男女平等的原则，认为男人和女人可以进行同样的学习和训练。但是他也认为女人要弱一些。古希腊男同性恋成风的一个原因就是认为女人缺少理性，因而不是严格意义上的人。我们应该看到，柏拉图贬低女人的观点来自对他的理性主义原则的贯彻，而不是社会学或者生物学的原因。我们不能因为现代意识形态的原因就一定要肯定男女的绝对平等，不敢承认女人的理性能力的贫乏。我们应该根据柏拉图的理性主义原则来理解他的这种观点。但是，柏拉图在这里却是通过男女两性在性欲活动上的差异来解释的，这种解释是不好理解的。

下面的论述同样体现了他的理性主义原则。他认为鸟是那些不害人但是智力低下的人变成的。这些人研究过天文，却简单地认为最确实的证据就是眼见为实。这是对感觉的信任，而感觉只是理性的模仿。因此我们应该相信理性，而不是感觉。早期自然哲学家就是这种只关注天象而不关注人世的人。其次，地上的走兽是不追求智慧而无视天文的人。他们向上的道路断了，只是被胸中的灵魂支配。这种人可能类似于理想国中的护卫者。最后，生活在水中的鱼类是最愚蠢最呆笨的人转变的，它们的灵魂完全混乱和污染，这是对蠢人的最极端的惩罚。这可能是理想国中第三等级的大多数俗人的来世命运。由此可见，柏拉图的轮回思想仍然是他的理性主义原则的一种体现。一般而言，理性能力越是低下，那么轮回的结果就越是低下。哲人是理性的人，所以哲人在死后就直接上升到造物主和诸神那里，而永远脱离生死的轮回苦海，而大多数俗人则只能在生死苦海中继续轮回。

最后，柏拉图总结："宇宙拥有各种生命体，可朽的和不朽的，因而它自己就成了一个可见的生命体，其中包含一切可见物和理智的形象。它是可见的神，在优越性和完美性上都是无可比拟的。因此，它是独一无二的。"（柏拉图：《蒂迈欧》，92c）这可以说是柏拉图的"宇宙颂"。在他看来，宇宙是生命体，是不朽的，是理性的，是神圣的，是唯一的，是可见的，是完美的。这是所有宇宙中最好的宇宙，因为这个宇宙是按照理性主义原则建立起来的宇宙。而理性和至善是一回事。我们应该看到，这个最完善的宇宙和"理想国"是一回事，和哲人"灵魂中的政体"也是一回事。在柏拉图的对话中，宇宙、国家和哲人是同构性的，都体现了理性或者至善对非理性的最高统治。这样柏拉图就建立了一个完整的理性主义体系。可惜时至今日，我们也并未真正理解柏拉图的这个理性主义体系的意义。

柏拉图为什么要设想这样一个最好的宇宙呢？我们可以推测，因为他认识到，如果我们相信自己生活在一个最好的宇宙或者国家中，那么我们就会消除内心的怨恨、不满和贪婪，我们的内心就会获得最高的幸福、安宁和满足。他通过对人性的事实和真理的研究认识到，我们的人生命运本身如何并不重要，关键在于我们如何看待和评价自己的生存处境。如果我们从理性和至善的角度看待自己的人生，相信我们经受的一切都是最好的，那么我们就能够获得完满的人生。如果我们不是从理性和至善的角度看待世界和人生，那么即使我们生活在完美的世界中，我们也不能体验到幸福和满足。因此我们的认识和评价体系会直接影响到我们对于自己的命运的感受。例如我们可以愉快地承受肉体的痛苦，可以快乐地接受自己的死亡，也可以痛苦地评价自己的快乐。这些人性现象都反映了我们的认识评价体系对我们的肉体感觉的超越性和控制性，这种评价可以使痛苦变为快乐，也可以使快乐变为痛苦。所以对于人性的事实和真理而言，肉体感觉并不是绝对不变的正当标准，它的意义和价值在很大程度上依赖于我们对它的理性评价。但是在启蒙运动中，基于对基督教灵魂和天国信仰的批判，人们普遍地怀疑和否定了这种观点的真理性。例如伏尔泰在《老实人》中对这种观点进行了激烈批判。但是启蒙运动对人性的事实和真理的认识是非常肤浅的，他们并未真正认识人性的事实和真理。或者说，他们没有区分哲人和俗人，把俗人不可能达到的理想境界扩展为所有人不可能达到的理想境界，最终只片面地推崇人的肉体和欲望的重要性，而否定了理性智慧在人的生活中的重要性。其实，我们对外在肉体快乐和功名利禄的追求都是为了使我们的内心达到幸福和满足。如果这些外在条件不能使我们获得内心的幸福和满足，我们就不会追求它们；如果这些东西会损害我们内心的幸福和快乐，我们就一定会拒绝这些东西。可以说，我们内心的幸福和满足是我们追求外在功名利禄的唯一动力。认识到这一点，我们就能够合理地认识和解释人类的一切行为。进一步，柏拉图还认识到，如果可以完全不依赖这种外在条件，直接可以在内心中达到这种幸福，那么就应该完全放弃对外在事物的执着和追逐，通过追求内心的理性净化和智慧，获得最真实的幸福和满足。哲人苏格拉底就为我们展示了这样的人生。所以柏拉图区分了哲人和俗人，清楚地展示了哲人能够达到的绝对理性的完美境界，并且把哲人作为万物的标准和尺度，以此设想了完美的宇宙和完美的国家的原型。可以说，当我们的内心凭借理性和智慧获得了完全的满足和幸福时，我们就会对人生和世界充满了感恩，这种感恩是人性能够获得的最宝贵和最重要的真理。幸福和感恩是一回事。没有完全的感恩就不会有真实的幸福。当我们内心充满了幸福和感恩时，就会自然地去无私地奉献自己，救度他人。这就是人性的事实和真理。所以柏拉图的宇宙论最终要告诉我们的就是对造物主的感恩、对宇宙感恩、对生命的感恩，这是我们达到终极幸福的唯一道路。

四、结束语

"至善引导存在"，这是柏拉图哲学中的根本原则。柏拉图的"存在"概念包含了理念形式、质料载体和生成三个方面。可见，柏拉图的存在概念是非常丰富和完备的。除了存在概念，柏拉图还有一个更加重要的概念，也就是至善本身。至善并不是存在。在《理想国》中，柏拉图就指出，至善并不是存在的一部分，但是至善比存在更加实在和有权能。因为存在的目的指向至善，至善引导存在。造物主创造宇宙也是按照至善原则来创造的。在《斐多》中，苏格拉底在反思自己的哲学学习过程中就指出至善是我们理解一切存在的根本原理。不认识至善，就不可能认识存在。至善才是我们理解一切存在的根本依据。如果忽视了柏拉图的至善概念，就不能真正理解他的存在概念。这样一来，柏拉图的宇宙论或者存在论最终是至善论—目的论的宇宙论或者存在论。

现代宇宙论和柏拉图的宇宙论非常不同。现代宇宙论本质上是机械论，最初来自对古代的目的论的宇宙论的反叛。现代宇宙论认为目的论是人类学或者生物学的特征，不能以生物的目的性活动认识和解释整个宇宙的运动和活动，要达到客观的宇宙论就必须排除人类学的因素。所以现代宇宙论认为非目的论才是合乎科学主义的精神的哲学，只能使用非目的论的方法才能认识宇宙，而用目的论的生物学或者人类学的特性解释整个宇宙，是片面的产物。在机械论看来，非人类学或者非生物学的现象和事实才是更加真实的原始的。或者说，无机物的运动和变化才是更加原始的和真实的，所以才以机械论力学的方式解释有机物的存在和变化，整个宇宙本身也被解释为一个无机物的运动场所。可以说，机械论的基本理想就是“直面事实本身”，就是“就其自身认识自身”，因此机械论是出于人类对真理的追求而产生的。但是因为机械论对人性的事实和真理一无所知，所以他就不可能真正认识宇宙的事实和真理。人是宇宙的一部分，人是小宇宙，如果我们对人性的真相一无所知，我们怎么可能认识宇宙的真相呢？可以说，现代宇宙论是由于现代性以来的天人二分或者主客二分的原因造成的。这种主客二分是现代形而上学的基本根源和特征。现代科学不再把对人性的认识看作是对宇宙自然的认识的根本出发点，它们试图撇开人性的主观性直接认识自然的客观性。但是这种哲学恰恰是柏拉图反复批判的。在柏拉图看来，真理和至善是一致的。离开了至善就谈不上真理。但是现代科学认为至善是道德问题，真理是科学事实的问题，所以必须区分道德和事实。现代宇宙论不再认为宇宙是神圣的，有生命的，不朽的，完善的，不认为在宇宙创造之前存在“至善”，也不承认在宇宙创造之前存在形式、质料和空间三种存在。宇宙世界成了一个根本没有任何价值属性的纯粹物质的机械运动场所。

现代宇宙论在排除了基督教上帝的创世论的可能性，把上帝逐出了物理世界的领域之际，也同时把人性的因素逐出了物理世界的领域。在这样一个纯粹机械论力学体系的物质世界中，人类的生命意义还存在吗？因此才有了帕斯卡尔的著名说法：“我不知道是谁把我安置到世界上来的，也不知道世界是什么，我自己又是什么？我对一切事物都处于一种可怕的愚昧无知之中。我不知道我的身体是什么，我的感官是什么，我的灵魂是什么，以及甚至于我自己的那一部分是什么——那一部分在思想着我所说的话，它对一切、也对它自身进行思考，而它对自身之不了解一点也不亚于对其他事物。我看到整个宇宙的可怖的空间包围了我，我发现自己被附着在那个广漠无垠的领域的一角，而我又不知道我何以被安置在这个地点而不是在另一点，也不知道何以使我得以生存的这一小点时间要把我固定在这一点上，而不是在先我而往的全部永恒与继我而来的全部永恒中的另一点上。我看见的只是各个方面的无穷，它把我包围得像个原子，又像个仅仅昙花一现就一去不返的影子。我所明了的全部，就是我很快地就会死亡，然而我所为最无知的又正是这种我所无法逃避的死亡本身。正像我不知道我从何而来，我同样也不知道我往何处去；我仅仅知道在离开这个世界时，我就要永远地或者是归于乌有，或者是落到一位愤怒的上帝的手里，而并不知道这两种状况哪一种应该是我永恒的应分。这就是我的情形，它充满了脆弱和不确定。由这一切，我就结论说，我因此就应该不再梦想去探求将会向我临头的事情而度过我一生全部的日子。也许我会在我的怀疑中找到某些启明；但是我不肯费那种气力，也不肯迈出一步去寻求它；然后，在满怀鄙视地看待那些究心于此的人们的同时，我愿意既不要预见也没有恐惧地去碰碰这样一件大事，并让自己在对自己未来情况的永恒性无从确定的情形之下，恹恹地被引向死亡。”[1]这已经揭示了现代宇宙论的某种深刻的危机。如果我们生活在一个非人的宇宙中，我们的生活将变得毫无意义，我们的生命意义将被完全剥夺。因此，现代存在主义、浪漫主义和后现代主义开始反对现代性的这种理性主义和科学主义，试图重新确立人类在宇宙中的地位和意义。但是它们却试图肯定宇宙或者人性的非理性的部分，否定机械论力学宇宙论的真理性，以此重新赋予人类生命的意义。我们应该看到，这种非理性主义也是片面的错误的，不能正确理解理性和非理性的关系。因为非理性主义也是理性主义的一种认识，但是它却没有认识到自己的理性本质，所以是一种更加糟糕的认识理论。

可以说，只有认识了人性，我们才能认识宇宙。所谓“心外无物”。只有把人性作为思考的起点，我们才能认识一个完整的真实的宇宙。而人性只有在政治生活中才能存在，所以对人性的认识就要求我们对政治的认识。通过对政治生活的观察我们才能真实地认识人性。柏拉图对人性的一个最基本的认识就是“人是理性的动物”和“人是向善的动物”。这是

---

[1] 帕斯卡尔：《思想录》，何兆武译，商务印书馆，1980年版，第105页。

一个确切无疑的认识，因此也就是一个确切无疑的起点，柏拉图正是从这个起点开始了他的整个哲学对话的思考和写作。如果不紧紧把握柏拉图的性善论，就不可能理解柏拉图的对话。在柏拉图对话中，宇宙论、政治学和人性论是完整地结合在一起的，建立了三者的同构性的理性主义体系。所以离开了人性，我们就不可能获得真实的宇宙论。[1] 我们只有认识了人性的真理，才能认识宇宙的真理。“人或政治是通向万物的线索，是通向自然之整全的线索，因为它们连接或结合了最高的与最低的，或者说，因为人是小宇宙，或者说，因为人或政治事物和它们的对应物是最高原则显现自身的形式。”[2]也就是说，我们首先要区分天和人，把人性作为独立的问题进行研究，不要把人性和其他事物混淆起来，这就是“明人事”的政治哲学的起源。理性是人性的真正本质，排斥了理性，我们就不能真正认识人性。在对人性有了清楚认识后，我们才能进一步“推人事以明天道”。这样才能达到最高的智慧。如果我们像自然哲学家一样首先把人性和其他事物混淆在一起，以研究物理事物的方法研究人性问题，那么我们最终必然同时丧失两者的真理。正如庄子指出：“知天之所为，知人之所为者，至矣！知天之所为者，天而生也；知人之所为者，以其知之所知以养其知之所不知，终其天年而不中道夭者，是知之盛也。虽然，有患：夫知有所待而后当，其所待者特未定也。庸讵知吾所谓天之非人乎？所谓人之非天乎？且有真人而后有真知。”(《庄子·大宗师》)因此人性的事实和真理才是我们研究一切问题的真理性的最终依据。

根据柏拉图纯粹理性主义的立场可以推测，宇宙的真理只有在人性达到了纯粹理性状态后才能呈现出来。这种纯粹理性的状态就是在《斐多》中柏拉图指出的哲学就是“实践死亡”的目标。哲人“先行处于死亡中”，就意味着哲人试图完全消除情感和欲望对理性认识活动的影响。只有在哲人那里，人类的主观性才被超越和克服了，所以哲人对宇宙的认识

[1] 天人合一的宇宙论就是现代全息论的宇宙论。“一是一切，一切是一。”“我看宇宙的那只眼睛就是宇宙看我的那只眼睛”。一切都以全息的方式存在了，宇宙的发展只是把这种潜在的存在转换为现实的存在，然后又回到潜在的存在，如此周而复始生生不息。全息论或者种子论的宇宙论才是真正的宇宙论。

[2] 施特劳斯等：《苏格拉底问题》，刘小枫编，华夏出版社，2005 年版，第 41 页。

才是真实的和客观的。这就是天人合一的最深刻的根源。它同时满足了人对客观性的追求和不能设想一种没有人类存在的宇宙的两种要求。这样就既消除了人类的主观性和个人的主观性,达到了绝对的客观性,又没有否定人性的理性的因素,为人类的自我完善和提升提供了无限可能性的空间。可以说,理性只有在欲望和情感都被消除后或者驯服后才能获得真正的提升和发展。这种纯粹理性状态是一般世人所无法理解的,表现为一种超人或者非人的状态。但是这种纯粹理性才是心灵的"本来面目",才是排除了情欲的主观性的状态,真正达到了绝对客观性的状态。这种客观性的理性状态是我们认识宇宙的真实面目的绝对条件。相反,现代宇宙论设想的纯粹机械论的宇宙并不是一个客观的宇宙,而是一个反人性或者非人性的宇宙。康德也试图把人的先验主观性引入到世界宇宙中,主张世界不是离开人的自我的自在之物,世界只是一个经验性的整体的理念。我们对世界的认识只能是经验性的,而经验是有限的序列,因此我们永远不能达到对世界整体的认识,所以世界只是一个调节性的理念。康德的宇宙论仍然是机械论的,他设想的世界同样是一个只遵循纯粹物理学定律运行的体系,并未给人性的事实和真理保留地位。根据宇宙论和政治学的一致性关系来看,不同的政治制度要求不同的宇宙论观念。现代物理学宇宙论是现代学术原则的产物,因此是现代自由民主制的一部分。所以现代宇宙论并不是对真理的认识,而是迎合现代民主制的产物。

我们还应该注意,柏拉图在这篇对话中虽然提出了造物主的概念,仿佛是一种"神道设教"的"方便法门",但是宗教家一般要以神谕方式表达自己的观点,并且要诉诸自己的神秘体验。柏拉图在这里却仍然采取了对话的形式,对话没有任何神秘主义元素,对话本身是完全世俗化的。对话形式不是一种合适的宗教式的宣布神谕的方法。可以说,柏拉图是以一种世俗化的方式讲述神圣性的问题,这样诸神的神圣性就被"扬弃"了。所以我们不要一看到谈论神或者造物主,就立刻认为这是宗教神学。其实,在柏拉图的思想中,只有哲学是唯一神圣的,只有哲人是唯一神圣的人,宗教根本就不是神圣之物,他从来没有把宗教作为独立的问题来看待,而是把宗教作为世俗的政治生活的一部分来认识。但是现代性以来,基于哲学和宗教的对抗性关系，哲学为了反对神圣的基督教，哲学就只能是世俗的。哲学的世俗化才导致哲学和政治的结合，产生了建立"哲学王国"的启蒙理性主义。可以说，哲学的世俗化是最大的现代性事件。而在柏拉图那里，唯有哲学是神圣的，宗教和政治都是世俗性的，它们是一体化的，并不存在独立的宗教问题。神圣的哲学和世俗的政治的结合是不可能的。世俗的政治应该朝向神圣的哲学，哲学是不应该俯身于世俗科学或者世俗政治的，否则就是"反自然"。

第六节　中和之道——《政治家》解读

《政治家》虽然篇幅短小，但是内容复杂丰富，思路峰回路转，整部作品像是一个迷宫，使人捉摸不透柏拉图的写作意图。人们对《政治家》的评价一向不高。例如萨拜因在《政治学说史》中就指出："由于文笔方面的缺陷，与《理想国》相比，阅读《政治家》的人一向很少，也许还一直存在着一种把这部作品文笔质量下降的现象与知识力量下降的问题相混淆的倾向。"[1]他对《政治家》的论述几乎一笔带过。但是列奥·施特劳斯则认为："《政治家》似乎比《理想国》更清醒。可以说，《政治家》比《理想国》更科学。"[2]他认为《政治家》中说出了《理想国》中没有说出的思想。一般认为《理想国》阐述了人治的原理，而《法律篇》则阐述了法治的原则，《政治家》从写作时间上看介于《理想国》和《法律篇》之间，这样《政治家》似乎就是柏拉图从人治到法治的转变的著作。但是通过对《政治家》的解读，我们将会发现并不存在这种转变。相反，柏拉图通过对人治和法治的比较，更加深化了他在《理想国》中曾经阐述的人治的政治理想，对哲人王统治的正当性进行了充分的辩护。柏拉图最终暗示只有哲学家才是真正的政治家，这和《理想国》的主题是一致的。可以说，《政治家》是最接近《理想国》的一篇对话。

---

[1] 萨拜因：《政治学说史(上卷)》，邓正来译，上海人民出版社，2008年版，第101页。

[2] Leo Strauss, Joseph Cropsey. *History of political philosophy*. Rand McNally Company. 1963. P43.

一、引子

对话的主要人物是异邦人和小苏格拉底。从对话中我们可以看到，这篇对话是在《泰阿泰德》之后进行的。泰奥多洛是苏格拉底和异邦人的引介人。这个"异邦人"我们可以理解为是真正的哲学家。哲学家对于任何国家都是异邦人。因为哲学家是超出了一般意义上的普通人。普通公民总是低于国家，而哲学家是高于国家的。哲学家认识到了一切国家和法律的本质，因此在理性上超出了国家的法律和习俗。但是哲学家仍然同时也是某个国家的公民，哲学家在行为上会仍然遵守国家的法律，甚至比普通公民更好地遵守法律，所以一个哲学家同时也是最好的国家公民。但是他已经不再是一般意义上的国家公民了。我们可以把哲学家看作是一切国家的异邦人。

泰奥多洛表明异邦人会非常精彩地以言谈"制作"政治家和哲学家。但是苏格拉底显然并不认可泰奥多洛的说法。因为泰奥多洛把政治家、数学家和哲学家相提并论。而苏格拉底认为他们三者的地位和境界相差甚远。他的言外之意是，哲学家是最高的，政治家其次，数学家最低。而泰奥多洛对苏格拉底的这种观点一无所知。哲学家是人性的可能性的顶峰，他的本质和形象远远超出了一般人的想象力，所谓"大象无形"。只有通过理性化的诗意的想象力才能构想哲学家的本质和形象，而一般人对哲学家的认识都太片面和狭隘了。哲学家是"人极"，如果不能理解哲学家的本质和形象，就不能理解人性和宇宙的奥秘。柏拉图的全部著作就是在展示哲学家的本质和形象。在《美诺》中，柏拉图指出，最好的政治家是凭借"正确的意见"而不是知识进行统治的，所以最好的政治家也不如哲学家。这也意味着只有哲学家才是真正的政治家。数学家的智慧和地位就更低，我们可以从《泰阿泰德》中苏格拉底对数学家的批判看到这一点。他们只是研究数学领域的问题，这些问题相对于人类的公共生活而言并不是至关重要的，他们的研究方法也是凭借"假设"而不是原理进行的。柏拉图在《理想国》的线段喻中也表达了这种观点。数学的这种假设性导致数学不可能是最高的科学。哲学是凭借"原理"进行思维的。这种哲学原理才是绝对真理。结合柏拉图的主要思想，我们可以说这种原理就是“一是一切，一切是一”。只有达到了“一是一切，一切是一”的绝对原理，我们才是达到了真正的严格科学。在《巴门尼德》中柏拉图对这个绝对原理进行了论证。现代科学的基础是数学和实验，和哲学的绝对原理相比，现代科学在认识真理方面是极其有限的。

接下来，泰奥多洛问异邦人是先谈政治家还是哲学家。因为政治先于哲学，所以当然是先谈政治家。但是异邦人不想和泰阿泰德进行对话，而是想让小苏格拉底和他对话。苏格拉底则表示两个年轻人都和他有亲缘关系。泰阿泰德和他的相貌相似，小苏格拉底则和他同名。可以说，相貌相似只是外在的，而同名则暗示了更大的一致性。可以说，小苏格拉底和苏格拉底更加一致和接近，这个小苏格拉底就是苏格拉底的另外一个面相。异邦人和小苏格拉底的关于政治家的对话可以说是对大苏格拉底的一种政治教诲。从历史的层面看，如果柏拉图对真实的苏格拉底持有某种批判意见，这种批判意见应该就是苏格拉底不懂政治。正如在《巴门尼德》中巴门尼德对青年苏格拉底进行了哲学启蒙，在《政治家》中异邦人对小苏格拉底进行了政治启蒙。

二、政治家是人民的牧者

《政治家》的目标是定义什么是真正的政治家。异邦人采取的方法论是“二分法”。二分法可以说是定义法和辩证法的一种形式。定义一般就是种加属差。这种对种和属差的划分就类似于二分法。我们对一个观点或者事物进行定义，就是对这个观点或者事物进行本质的考察。这种定义使我们不断直观事物或者观点的本质，因此定义法可以说是一种“本质直观”。这种本质直观最终会要求我们超出一切语言文字去直观事物的本质。这就是“回忆说”所表达的灵魂对自我内部的事实和真理的认识和直观。

异邦人首先从知识开始划分。他依据知识和行动的关系，把所有知识区分为实践的和认知的两个“种”。例如数学知识和木匠的知识。这种划分类似于我们现在所谓的“理论知识”和“实践知识”。他认为政治家的技艺属于认知的技艺，而不是实践的技艺。其根据在于如果一个人不是政治家，但是却拥有治国之术，或者政治家应该拥有的知识，那么这个人就是真正的政治家。异邦人认为只要具有了政治知识，不论他是不是拥有政治权力，都可以成为王者。“不论谁拥有统治的知识，不论他是实际的统治者，还是一介布衣，难道他的技艺无论如何不都应该被正确地看作与王者的技艺严格地一致吗？”❶也就是说，在异邦人看来，真正的统治者并不是掌握政治权力的人，而是具有政治知识的人。因为只有知识才能引导我们进行正确的决策和行动，如果没有知识，人类的行为就和动物的行为没有区别。这里柏拉图强调了知识或者智慧对于政治生活的首要性。这里的知识是对事实—自然的直接认识，和现代科学知识是具有本质差异的。同时，柏拉图对知识的强调也贬低了财富和势力对于政治生活的重要性。我们衡量一种政治生活的好坏的标准不是财富和势力，而是这种政治生活所凭借的知识。而在现实的政治生活中，财富和权势则占据了主导性的地位。这反映了人们对于幸福和至善的无知。如果政治生活被财富和权势控制，那么政治生活的败坏就是不可避免的。

异邦人关于王者的这种定义几乎和中国儒家传统中的“素王”观念是一致的，也和佛教中的“法王”观念也是一致的。儒家传统认为在上古时代，德位合一，统治者和圣人是同一的。但是后来德位分离，有德者没有位，有位者没有德。所以圣人只能是没有位的圣人即素王。孔子就是这种素王的代表。儒家传统始终认为，素王是“大成至圣先师”，是“万世师表”，是“王中王”，一切实际的统治者都必须效法素王。真正的统治者首先必须具有智慧，其次则必须具有德性。在没有智慧的情况下，德性是最好的保障，否则一个没有智慧和德性的统治者就是“昏君”。昏君则是“独夫民贼”，不能被看作是君主。

同时，异邦人还指出，治国和齐家没有本质不同。“在我们刚才考察的所有事物中，存在着处理这些活动的知识。而这一门知识，无论称之为王者的、政治的还是家政的，在我们看来，并没有什么不同。”❷这种观点和色诺芬的观点一致。色诺芬在《回忆苏格拉底》中也指出：“不要轻视善于

---

❶ Plato. *Statesman*. Translated and with Commentary by Seth Benardete. The University of Chicago Press. 1986. 259b.

❷ 柏拉图：《政治家》，洪涛译，上海人民出版社，2006 年版，295c。

管理家务的人，尼各马希代斯，因为管理个人的事情和管理公众的事情只是在大小方面有差别，在其他方面彼此是很相类似的；最重要的是两者都不是不用人就管得好的，而且也并不是个人的事用一种人经管，公众的事用另一种人经管；管理公众企业的人所用的人和管理私人企业所用的并不是另一种人而是同样性情的人，凡是知道怎样用人的人，无论是私人企业或公共企业都能管理好，而那些不知道怎样用人的人在两方面都要失败。”[1]而亚里士多德则批判这种观点，他在《政治学》中指出：“主人的权威异于政治家的权威，各种权威（统治制度），并不像有些思想家所说，全部相同。政治家所治理的人是自由人；主人所管辖的则是奴隶。家务管理由一个君主式的家长来掌握，各家家长又以君臣形式统率其附从的家属；至于政治家所执掌的则为平等的自由人之间所托付的权威。”[2]他认为家长统治的是奴隶，而政治家统治的是自由人，所以家政和治国不是一回事。这种看法反映了亚里士多德对人性和政治的无知。在柏拉图看来，我们对人性的本质进行定义不能根据一个人的政治社会身份。如果一个政治身份的自由人不能根据理性原则生活，而是按照非理性原则思考和行动，那么这个人仍然是一个奴隶，而不是自由人。也就是说，只有理性的人，或者理性完全支配了非理性的人才是自由人。一切真正的人性活动都是理性指导行为，理论指导实践。一个奴隶主管理家庭和一个政治家管理城邦，都是以理性指导非理性，使非理性的情感欲望合乎知识和理性。只有这样才能使家庭和国家都达到整体的和谐和幸福。相反，亚里士多德更多强调了政治社会因素在人性的定义中的重要性。可以说，亚里士多德在苏格拉底和柏拉图的哲学革命面前退缩了。

在中国古代的儒家传统中，也把齐家和治国看作是一回事，把“国”和“家”看作是一回事。一个真正美好的“国”就像是一个“家”。家庭是社会的细胞，国家是由无数家庭组成的，如果家庭治理好了，那么就会逐渐扩展开来，在整个国家形成好的风气，国家就能够不需要直接管理就自然和谐了。如果家庭不和谐，国家也不可能和谐。这种国家观包含了深刻的

---

[1] 色诺芬：《回忆苏格拉底》，吴永泉译，商务印书馆，1984 年版，第 96 页。

[2] 亚里士多德：《政治学》，吴寿彭译，商务印书馆。1965 年版，1255a15。

政治哲学原则，但是我们现代人已经很难理解这种国家观了。不但如此，修身和齐家、治国也是一致的，因为它们都是按照理性统治非理性的原则进行的。所以《大学》中才认为："自天子以至于庶人，一是皆以修身为本。其本乱而末治者否矣。其所厚者薄，而其所薄者厚，未之有也。此谓知本，此谓知之至也。"也就是说，一个修身达到了最高境界的人才是真正的主人和政治家。如果一个人不能自我统治，也就是自律，他就不可能真正地统治他人。在柏拉图看来，一个哲学家就是一个真正实现了自我统治的人，所以他才可能是一个真正的主人和政治家。

接下来，异邦人对认知的技艺进行了划分。认知的技艺又分为指导的和分辨的，王者的技艺属于指导的技艺。指导的技艺可以分为指导他人的和自我指导的。因为政治家在城邦中是最高的，不可能从其他人那里获得指导，所以他是自我指导的，并且是城邦中的一切人的指导者。因此政治家的技艺既包括自我指导的技艺，也包括指导他人的技艺。政治家的技艺首先是自我指导的技艺，即修身的技艺，也就是自律的技艺。这种自我指导的核心是提高自己的理性能力。正如《理想国》中指出的，提高自己的理性能力需要非常艰苦的努力，只有极少数哲人才能达到纯粹理性的境界。这种纯粹理性的境界就是直观到至善理念实相的境界。哲人凭借这种实相智慧超越了人世间的利害得失，达到了人性的最高境界。同时，哲学家不是离群索居的隐士，他的工作就是需要对他人进行指导。这种指导的目的就是帮助他人成为自己，获得自我实现，达到真正的幸福和至善。所谓"大海航行靠舵手。"所谓"仁者爱人"、"成己成物"，"与物为春"。"统治者，凡是我们所能想象的，都要进行指导并发布命令，其目的在于使某些类型得以生成。"（柏拉图：《政治家》，261a）可以说，真正的政治家就是大乘佛教中的既成就自己，也成就他人的"菩萨"。

其次，异邦人又从被指导者（生成者）方面进行划分。被指导者分为有灵魂的和没有灵魂的，对有灵魂的动物的指导分为对个体动物的指导和对群体动物的指导。异邦人认为政治家的技艺属于对群体"动物"的指导。这里本应该明确称为"人"，但是异邦人却用了"动物"一词，这就暗示了异邦人对人类的蔑视。而真正的哲人总是对人类持有蔑视或者慈悲的态度的，因为哲人远远高出人类之上，他更加看重的是理性、智慧和自由，而不是单纯地为了生存而争斗的人类。小苏格拉底则认为:“在言说时无论取哪一个名称都行。”这说明小苏格拉底对人类也持俯视的态度,也是最接近哲人的境界的。所以异邦人对小苏格拉底非常赞许:“说得漂亮,苏格拉底!倘若你警惕,不对名称太当真的话,那么,你步入晚年时,将会更富有智慧。”(柏拉图:《政治家》,261e)也就是说,如果我们始终把人类看作一种动物,始终保持超越人类的视野来思考和生活,那么我们就能够超出人类的意见和习俗,而过一种哲学生活。如果我们始终沉溺于人类事务之中,满足于其中的意见和习俗,那么我们就不可能获得超人世的知识和智慧。所以如果我们要成为一个哲人,就必须时刻提醒自己不要“人性的,太人性的”。但是哲人也并不是反人性的,哲人始终使自己保持清醒的理性觉知,不让欲望和情感左右和支配自己,所以哲人才是人性的真正实现者,并且能够引导众人接受理性的统治。另外,我们也可以说,这里还包含了要超越语词直接认识事物的要求。人类总是习惯于按照语词认识事物,但是这种认识方式并不是最严格和真实的。因为语词可能揭示事物,也可能掩盖事物。如果我们总是习惯于依据语词认识事物,那么我们就可能错失事物的本质真相。所以在《克拉底鲁》中,苏格拉底说明了超越语言认识事物的认识论的重要性。这种认识方式就是“就其自身而显示自身”的方法。这种认识是离言绝相、无关文字的最高认识和智慧。对理念的直观就是这种认识方法的一种表达。

当小苏格拉底把群体动物分为人和动物时,异邦人打断了他的划分,认为他太心急了,没有严格遵守二分法的原则。因为他拿出比较小的一部分和较大部分对立,这是不顾“种”进行划分。“仅切下极其微薄的一片是危险的。从中间来进行分割是安全的。在中间你更有可能遭遇到各种相。正是这造成了在探究中的所有不同。”(柏拉图:《政治家》,262c)这段话大致包含了两层意思。第一,他认为小苏格拉底仍然把人类看得太重要了。在他看来,人类不过是众多群居动物中的一种。一个超越人类的哲人应该平等地关心人类和其他动物。正如老子所说:“天地不仁,以万物为刍狗;圣人不仁,以百姓为刍狗。”因为过多地关心人类恰恰会损害人类的利益,而现代人道主义恰恰显示了这种弊端。第二,是对方法论的说明。真正的二分法是一种坚持从中间进行划分的方法,这种方法可以说是对后面提到的“中道论”的一种表述。这种中道论要求认识者保持一种不偏不倚的态度，始终客观地认识事物的本质。

所以异邦人进一步把群体动物分为驯养的和野生的，人属于驯养的动物。经过复杂的二分法，最终异邦人认为人作为驯养的动物，是和猪最接近的。“我们人类与最高贵、最随和的一类维系在一起”，猪的高贵在于它总是被当作献祭品，猪的随和是猪的自然特征。这里异邦人似乎在暗示民众是像猪一样的人，政治家是人民这种像猪一样的动物的牧者。“牧—人的技艺现在很清楚了，可以把政治家和王者置于牧群之上，就好像他是一位御者，把城邦的缰绳交给他，因为人民是属于他的牧群，他具有牧—人的知识。”(Plato. *Statesman*. 266e)这可以说是柏拉图对普通人的蔑视，但也是他对人类的本性的认识。如果我们联系到《理想国》中的“猪的城邦”就能够很好地理解这种观点了。当苏格拉底构想了一个小国寡民的满足于口腹之欲的城邦后，格劳孔蔑视地把这种城邦称为“猪的城邦”，而苏格拉底认为这是真正的国家，美好的国家。正如老子所认为的：“不尚贤，使民不争；不贵难得之货，使民不为盗；不见可欲，使民心不乱。是以圣人之治，虚其心，实其腹；弱其志，强其骨。常使民无知无欲。使夫知不敢弗为而已，则无不治。”因为人生的目标就是追求幸福，而幸福就是心满意足，小国寡民能够最简单有效地使人获得心满意足，因此小国寡民是最好的国家。这其中包含了对人性的最深刻的观察和思考。相反，在一个繁荣昌盛的国家中，人人都欲壑难填，不再安分守己，那么他们就越来越难以获得心满意足的幸福。可以说这是老子和苏格拉底都推崇小国寡民的原因，也是柏拉图把人民比作猪，把政治家比作牧者的原因。这里我们也可以看到，异邦人还进一步把人类区分为政治家和民众，政治家和民众是不同类型的人。这种区分和《理想国》中关于哲人和俗人的区分也是一致的。柏拉图暗示真正的政治家就是哲学家。

三、政治家是人们的照料者

异邦人立刻开始反思自己关于“政治家是人民的牧者”的定义。他发现这个定义仍然是不精确的。因为在城邦中有很多人例如商人、医生、农夫等人也都自称是民众的牧者。我们可以说，这种政治家身份的模糊在民主时代尤其严重。因为在民主时代,统治者和被统治者的身份不再明确,每个人都自认为是国家的主人和统治者。所以什么是真正的政治家就无人知道和关心了。苏格拉底和柏拉图面临的就是这种"政治危机"。这可以说也是柏拉图要写作这篇对话的原因。所以为了区分那些真正的政治家和自称的政治家,把真正的政治家和模仿者、竞争者区分出来,就必须对"牧者"的精确定义进行考察。

为此,异邦人借用神话来说明什么是真正的牧者。他首先提到三个神话故事,即阿特柔斯使太阳倒转的神话,克洛诺斯王国的传说和早期人类从大地中诞生的神话。这三个神话分别对应于宇宙学神话、政治学神话和人类学神话。然后,他对这三个神话进行了重构,改编为宇宙三个阶段的神话。这可以说是"古事新编","旧瓶装新酒"。他试图以此精确地定义王者—牧者的概念。

异邦人认为宇宙经过了三个阶段,即克洛诺斯王国的神牧时代、宇宙倒转的自治时代和神治、人治相结合的宙斯时代。第一个阶段是克洛诺斯时代。克洛诺斯时代是黄金时代,那时造物主和守护神共同治理宇宙各个部分和人类,守护神精确地照料各种生物,包括人类。在守护神的精心治理下,人类处于最幸福的状态,没有政治,没有私有制,没有对过去的回忆,衣食无忧,无须劳作,始终处于闲暇之中,没有任何痛苦。这时人类的出生就像是种子发芽一样,直接从大地中出生,不是两性生殖的方式。每个灵魂都必须经受若干次回归,直到穷尽他出生的次数。第二个阶段是自治时代。在人类灵魂穷尽了自己的轮回次数以来,神牧时代终结了,造物主离开了,进入了纯粹观照状态中❶。而诸守护神察觉造物主离开后,也离开了自己分管的领域。宇宙进入自治时代或者无神论的时代。宇宙在惰性的物质欲望冲动的引导下,开始按照相反的方向旋转,这种动荡导致大量动物种类陷入毁灭。然后宇宙进入到和平稳定的状态,独自照料宇宙的各种事物,成为万事万物的权威和主宰。这个时代的最大特点就是返老还童,即虽然一切生物仍然从大地中直接出生,但是都是从老年逐渐回到童年,最终消失。一开始宇宙还记得造物主的教诲,能够精确

❶ 类似于自然神论的神。

地照料万事万物。但是随着时间的推移，宇宙中的物质因素和无序性的不和谐的力量逐渐占据了支配地位，宇宙慢慢陷入差异性的混乱状态，宇宙及其自身内部的各种生物面临毁灭的危险。第三个阶段是宙斯时代。为了避免宇宙的毁灭，造物主又重新回来照管宇宙，他消除了自治时代的种种错误和混乱，反转了宇宙的旋转方向，各种生物又恢复了从小到老的生命过程，宇宙重新达到了不朽。但是这个时代不同于黄金时代。首先，它们的生殖方式是不同的，黄金时代是直接从大地中出生的，宙斯时代应该是两性生殖的方式。两性生殖的方式是对立统一的形式，是合乎现在宇宙的基本原则的。现代的宇宙就是一个对立统一的庞大体系，一切事物都按照对立统一的方式产生和消失。其次，在这个时代中，守护神没有随之而来，宇宙各个部分包括人类仍然只能独立自治。人类丧失了守护神的精确照料，只能自己照顾自己，人类的生活变得艰难困苦。这种生存的艰难要求人类必须通过技艺来保护自己。而在黄金时代，人类在守护神的精确照料下根本无须任何技艺。所以诸神将各种自然能力、指导和教育给予人类，例如取火、炼铁、农业种植等各种技艺，使人类得以维持和安排自己的生活。这就是当前人类的生活状态。人类的技艺是人类自我照顾的标志，也是脱离了守护神照料的幸福生活的标志。

这个神话故事包含很多内容，可以和《蒂迈欧》、《普罗泰戈拉》、《法律篇》中的相关神话的比较。第一，这个神话故事和赫西俄德的五代故事非常相似。克洛诺斯时代对应的是黄金时代，宙斯时代对应的是黑铁时代。它们似乎都是一种"历史衰败论"。赫西俄德要求黑铁时代的人们要勤劳善良，努力维持自己的生活。但是柏拉图始终是以哲学的兴衰来考察各个时代的。第二，对哲学的歌颂。柏拉图认为如果黄金时代的人们利用他们的闲暇从事哲学研究，那么他们的幸福就比现在的人类高出一千倍。如果他们只是满足于口腹之欲，而不从事哲学研究，那么他们的幸福就是不足称道的。相反，在宙斯时代，人类的生活变得艰难，但是因为拥有哲学，所以宙斯时代比克洛诺斯时代更加幸福。而从纯粹政治生活角度看，克洛诺斯时代更加幸福。这就是哲学的幸福和政治的幸福的一种对立冲突。这种冲突在《理想国》中也被暗示过。第三，从哲学概念角度，神治时代是同一性的状态，自治时代是差异性的状态，宙斯时代是对立统一的状态。同一性状态是最高的最初的存在状态，一切事物都产生于原初的“太一”。差异性状态是太一分裂的状态，是从太一的本体、本原中脱离出来的状态。而对立统一的状态是同一性和差异性进行辩证结合的状态，也就是当前宇宙和一切事物的存在状态。这个过程就像老子所说的“一生二，二生三，三生万物。”第四，我们可以把这三个阶段和黑格尔的辩证法进行比较。即神治时代对应的是绝对精神的肯定阶段，自治时代对应的是绝对精神的否定阶段，宙斯时代对应的是绝对精神的否定之否定阶段。神治时代万物都达到并且保持了最完美的状态，在自治时代万物开始丧失这种完美状态，在宙斯时代万物只能努力重新恢复完美状态。第五，柏拉图确立了三类存在。神是纯粹灵魂或者精神的存在，宇宙是灵魂和物质、质料和形式共同构成的存在，肉体是纯粹物质的存在。这三类存在和《蒂迈欧》中关于三类存在的观点是一致的。柏拉图认为纯粹灵魂是纯粹形式的方面，是理性和秩序的根源。物质是惰性的方面，是非理性的和无序的根源。宇宙就处于这种理性和非理性、有序和无序的中间状态。第六，从政治哲学的角度看，神治时代是哲人依据智慧直接进行统治的时代，自治时代是没有哲人统治的民主制时代，宙斯时代是代理制时代，即依据哲人的法律进行统治的时代。可以说，神治时代对应的是讲授哲人王的《理想国》，而宙斯时代对应的就是讲授法治的《法律篇》。第七，对技艺的反思。在黄金时代，在守护神的精心养育下，人类不需要技艺，正如在牧人的照料下，牛羊不需要技艺一样。也就是说，黄金时代接近于“猪的城邦”，真正合乎自然的人类是不需要技艺的。技艺的产生是人类脱离了自然、丧失了原初的幸福的标志。技艺是人为之物，人们越是信赖技术，就越是不信赖人性。对技术的要求和期待越高，对人性的要求和期待就越低。这样必然导致人性的堕落，而堕落了的人性则不可能掌握他发明的技术。正如《欧绪德谟》中指出的，制造的技艺是一回事，使用的技艺又是一回事。所以我们就能够理解，老子、庄子对技艺的批判就是因为看到了技艺的人为性及其蕴含的危险。

在讲完这个神话后，异邦人却立刻指出这个故事存在两个错误，第一个是他们谈论的是神，而不是人。第二个是他们还没有讨论政治家的统治方式。对于第一个错误，他认为只有守护神才能被称为真正的牧者，而作为人的政治家不能享有这个名称，政治家作为人不能做到像守护神那样精心照料人类。所以和守护神相比，人类的王者不是牧者，他几乎和其他人类是一样的，仍然是被统治者，而不是统治者。“我认为神圣牧者的形象仍然太伟大了，与国王并不一致。这里的那些政治家，就其自然而言，与被统治者更相似，而不是神圣牧者。他们接受的教育和培养更接近于他们的被统治者。”(Plato. *Statesman*. 275c)也就是说，神圣牧者的技艺是一种养育(nurture)的技艺。养育的技艺是一种精确的技艺。这种精确性和严格性来自诸神的智慧。这种智慧使得诸神可以全心全意地和准确无误地完全认识和顺应人类牧群的自然天性，使每个人都得到最完美的成长和实现。因此“牧者”(herdsman)的称呼过于伟大和神圣，只适合于诸神，因此不能把“牧者”这个词给予政治家。

异邦人认为使用“照料”(caring)似乎更加符合实际。照料是一种粗略的方式。这种粗略来自人类的智慧的有限性。也就是说，政治家无能精确地完全按照每个人的自然天性对之进行完美的教化和指导，所以只能把政治家的统治方式称为一种照料。从这个意义说，政治家的技艺只能是对守护神的技艺的模仿。这里暗示了异邦人对政治家的贬低。一方面我们必须“崇高地”设想政治家，没有政治家的治理，人类的生活将是混乱严酷的。但是另一方面，我们也必须“低下地”设想政治家，政治家只能被称为人民的照料者，不能精确地养育每个人。因此现实的政治家不符合“牧者”的定义。这意味着只有哲人王才能最接近“牧者”的定义，因为哲人凭借其智慧无限地接近于诸神。针对第二个错误，异邦人认为必须进一步把照料的技艺区分为强制的和自愿的，也就是把君主的统治和僭主的统治区分开来，不能把它们视为同一个类型。僭主的技艺就是对屈从于强制的人的照料，君主的技艺就是对自愿被统治的人的照料。只有君主的技艺才能被称为政治家的技艺。

四、中道的讨论

在把政治家定义为人民的照料者之后，异邦人感到这个定义仍然不够完美。因为同样存在很多人和政治家争夺“照料者”的名号，仍然不能把真正的照料者和虚假的照料者区分开，所以必须进一步探讨政治家的精确含义。

他认为对于伟大的事物必须使用“范例”(paradigm)来说明,而前面的神话的范例对于一般民众是难以理解的。所以他认为应该通过更加日常性的平易近人的范例来说明政治的技艺。这种范例就是编织的技艺。在他看来,王者的技艺和编织的技艺是最相近的。他在把编织的技艺和梳毛工技艺、漂洗技艺、生产工具技艺等区分开来之后,认为编织技艺就是对经线和纬线进行编绕的技艺。政治的技艺也就类似于编织的技艺。

这时,异邦人意识到自己冗长的言说可能让人感到厌烦,也容易忽视对话的最初目的。所以,他转而关注和反思自己的言说,认为现在的言说之所以是冗长的,乃是因为我们思考的问题是复杂而重要的,这样他对自己的言说进行了辩护,并且插入了关于“中道”的说明。

言说是一种显示的技艺,通过言说我们可以理解对象本身。但是言说也可能是一种遮蔽,在言说中我们可能只关注语词,而忘记了对象本身。一种真正的言说必须能够完全严格地显示对象本身,“就其自身显示自身”,没有过与不及。言说的正当性在于和所谈的对象相称。这种正当性就是中道的含义。中道的技艺也就是一种度量的技艺,能够区分适度、过和不及。异邦人认为度量的技艺可以分为两个部分,一个是大小彼此相对而言的,即“大”是相对于“小”而言的。另一个是大小就其自身而言的,即“大”本身就是大,无需和“小”相比较才是大。前者是强调大小的相对性,后者是强调大小的绝对性。中道就是相对于事实本身的绝对性而言的。“在言说中,或许还有在行动中,都有相对于中道之自然的过,据中道而言的不及——接着,我们是否认为,中道就其存在而言乃是生成性的,在它之中,好人与坏人有着最为显著的差别”。(柏拉图:《政治家》,283e)柏拉图这里的中道论观点非常晦涩。我们可以说,这种中道论其实和柏拉图的理念论是一致的。理念论强调的是事物的本质的独立性和绝对性。例如大本身、美本身、善本身等。这种本质是不依赖于和它相反的对立之物的,否则这种本质就是没有确定性和规定性的。这种本质的独立性和绝对性是哲学科学得以成立的前提,严格的哲学科学就是对这种独立和绝对的本质之物的认识和直观。同样,中道论也是强调事物本质的独立性和绝对性,强调我们对事物的认识必须合乎事物本身。如果我们的言说和行为合乎事物的独立本质，那么我们的言说和行为就是合乎中道。两者的区别在于，理念论更多是一种本体论的理论，而中道论更多是一种方法论的理论。理念论是理论科学的最高概念，而中道论是实践理性的最高概念。

是不是肯定理念论和中道论是区分辩证法和诡辩论的重要标准。辩证法和诡辩论的区别就在于辩证法坚持理念论和中道论的原则，而诡辩论以相对主义否定了中道论和理念论。诡辩论认为一切事物的存在和规定都是相对的，没有绝对的存在。大之所以是大是因为和小相对才是大，小之所以是小是因为和大相对才是小，大小本身没有自己的本质规定性。普罗泰戈拉的"人是万物的尺度"可以说是这种相对主义的典型代表。所以柏拉图在很多对话中对这个观点进行了批判。相反，哲人的科学哲学原则认为每个事物都有其独立的规定性，我们认识的目的就是精确地认识每个事物的独特规定性，并且按照这个事物的独特个性而对待之，引导之，使之最终达到至善。因此哲人和智者的区别就在于此。哲人是坚持中道论和理念论的，强调对绝对实相的认识。智慧就是认识中道，持守中道。而智者否定了绝对实相的存在，沉溺于相对主义的诡辩论中，最终否定了一切科学认识的可能性。

异邦人认为中道和技艺相关。一切技艺的好坏在于技艺是不是适合对象本身。好的技艺正好适合于对象的自然本身，否则就是坏的技艺。中道强调技艺和对象本身的一致，因此中道和技艺是一回事。"如果中道存在，则诸技艺存在；如果诸技艺存在，则中道存在，两者中若有一方不存在，另一方亦不存在。"(Plato. *Statesman*. 284d)作为直面事物本身的严格技艺，合乎中道就意味着合乎自然。这是中道论的绝对性原则。另一方面，每个事物都是独特的，为了合乎事实本身，任何普遍的规定和法则都必须及时改变，以保证达到随时和个别对象本身保持一致，而一切固执不变的做法都可能表现为过和不及，过和不及都是恶，中道则是善。这是中道论的相对性原则。可以说，中道论是绝对性和相对性相结合的原则，缺一不可。中道把事物本身作为技艺的最高标准，这要求我们的一切行为和规定都应该以事物本身为中心，尽可能做到"按照事物本身对待事物"，尽可能降低和弱化自己的主观意志对事物本身的干扰。因此遵守中道的人就是好人，因为他能够做到合乎事物本身；违反中道的人就是坏人，因为他固执己见、不顾实际。其次，中道也是原则性和灵活性相结合的。一方面，中道本身是不变的，合乎中道是一切技艺的最高标准和原则，一切其他原则都必须合乎中道原则，因此中道是“以不变应万变”。另一方面，中道的技艺要求我们的具体认识和行为应该随事物本身的变化而变化，不应该固守任何保守性的观点和规定，这是中道论的灵活性。最后，中道是一个质和量相统一的概念。中道既是一个量的概念，即任何事物都是大小、长短等数量规定性，同时中道也是一个质的概念，即任何量都是某种具有质的事物的量。离开了这个事物的质，我们就不能精确地认识事物的量。因此中道要求我们同时对事物进行定性和定量的研究。技艺的本质就是合乎中道或者合乎自然。概而言之，中道论的核心就是“解放思想，实事求是”。

基于中道的这种特点，中道原则是很难把握和实行的。但是只有通过严格地维护中道才能制定出一切善与美的东西。“合乎中道乃是一个难题。恰恰是严格地通过这一方式，即维护中道，才能制作出一切善和美的东西。”（柏拉图：《政治家》，284b）可以说，智慧就是合乎中道。中道体现的是对事物的客观性和绝对性的尊重和认识。对于一个政治家而言，他必须具有超人的智慧、勇敢和经验，才能坚持中道论的原则。否定了中道论，就否定了技艺的可能性，否定了政治的技艺的可能性。这种中道原则对于理解下面的技艺和法律的关系具有重要意义。

我国古代哲学中对中道非常重视，中道是智慧的核心。孔子有很多中道相关的言论。“君子中庸，小人反中庸，君子之中庸也，君子而时中；小人之中庸也，小人而无忌惮也。”（《中庸》）“天下国家可均也，爵禄可辞也，白刃可蹈也，中庸不可能也。”（《中庸》）“不得中行而与之，必也狂狷乎！狂者进取，狷者有所不为也。”（《论语・子路》）“中庸之为德也，其至矣乎！民鲜久矣。”（《论语・雍也》）老子的道从方法论的角度看也是支配万物周而复始的运动的中道。“反者，道之动；弱者，道之用。”（《道德经》，第四十章）也就是说，物极必反，万事万物都要向自己的对立面转化。所以万物都在围绕一个中心运动。这个中心就是道。所以道是支配一切对立统一的东西。道就是在万事万物的对立统一中体现自己的作用。“天下皆知美之为美，斯恶已；皆知善之为善，斯不善已。故有无相生，难易相成，长短相较，高下相倾，音声相和，前后相随。”（《道德经》，第二章）中道是万物都遵循的原则。万物都是对立统一的存在。这是一切事物本身的最高和最普遍的原则，也是我们认识和把握一切事物的根本方法论原则。庄子的《齐物论》中似乎体现了很多的诡辩论的思想。例如“物无非彼，物无非是。自彼则不见，自知则知之。故曰彼出于是，是亦因彼。彼是方生之说也，虽然，方生方死，方死方生；方可方不可，方不可方可；因是因非，因非因是。是以圣人不由，而照之于天，亦因是也。是亦彼也，彼亦是也。彼亦一是非，此亦一是非。果且有彼是乎哉？果且无彼是乎哉？彼是莫得其偶，谓之道枢。枢始得其环中，以应无穷。”但是我们要善于体会庄子的言外之意，庄子试图通过揭示事物的相对性，使我们不再固执于自己的主观成见，从而使事物本身显现出来。因此庄子的意图是使我们直面事物本身，达到对事物的真理性和客观性认识，而不是根据自己的主观成见去认识事物。这和柏拉图的中道论的观点是一致的。佛教也充分表达了中道论的思想。例如龙树菩萨在《中论》中指出：“不生亦不灭，不常亦不断；不一亦不异，不来亦不出；能说是因缘，善灭诸戏论；我稽首礼佛，诸说中第一。”《坛经》中也指出：“出语尽双，皆取对法，来去相因，究竟二法尽除，更无去处。”（《坛经·付嘱品》）而现代哲学和现代科学对中道论的思想已经十分陌生了。

最后，异邦人把度量的技艺分为两个部分，即“一个适当的部分是所有有关对数量、长度、深度、宽度、速度及其相反之对应关系的度量技艺，另一个是适当部分则是所有那些相关于中道、适宜、时机、需要以及所有安于中庸而远离极端之度量技艺。”（柏拉图：《政治家》，284e）可以说，第一种技艺是科学的技艺，第二种技艺是政治的技艺和哲学的技艺。现代科学的基础是数学，数学是对事物的数量性质和关系的认识和研究。现代科学只有把事物转换为数量因素才能对事物进行认识，或者说，现代科学只能认识事物的数量性质。这里体现了现代科学的根本局限性。政治家的技艺则是面对复杂的人事局面，能够做到审时度势、当机立断、顺势而为。所谓“时势造英雄”。真正伟大的政治家都是善于认识和把握复杂的政治形势，最终引导政治形势向有利于自己的方向发展。但是政治家在政治活动中往往也受到各种利益的限制和诱惑，同时也受到自己的理性能力的限制，往往不能完全按照合乎事实本身的中道原则行事，或者说，他往往只是根据正确的意见行事，不能保证自己的政治认识和政治决断都始终是正确的。哲学家的技艺则是最高的技艺，哲学家精确地认识到了事物的本质实相，也超越了一切世俗利益，不被任何利益、欲望、情感所支配，能够按照最完美和精确的标准认识现象，引导现象，使之趋向完满性。根据《理想国》的说法，哲学家的眼光始终注视着理念世界，并且依据至善来认识和参与政治生活。所以只有哲学家才是严格意义上的政治家。

孔子也更加重视政治和哲学生活中的中道原则。"君子之于天下也，无适也，无莫也，义之与比。"(《论语·里仁》)也就是说，君子对于政治事务和政治问题，没有什么是一定支持的，也没有什么是一定反对的，他的所作所为都是完全依据事实本身而行事。这种依据事实本身而行事的原则就是中道的原则。"可与共学，未可与适道；可与适道，未可与立；可与立，未可与权。"(《论语·子罕》)也就是说，有的人可以和他一起学习，但是不一定有相同的志向和理想；有的人可以是志同道合的，但是不一定可以和他共事；有的人可以与他共事，但是不一定能够和他一起随机应变、审时度势。言外之意是真正的君子和政治家必须是善于权变的。这种权变就是中道的技艺。孟子曰："大人者，言不必信，行不必果，惟义所在。"(《孟子·离娄下》)"义者，宜也。""宜"也就是适度和中道。真正的大人或者君子就是善于随机应变、审时度势，而不是固守某些教条和信约，这种本本主义和教条主义者就是"德之贼"的"乡愿"。

通过对中道方法的探讨，异邦人要求小苏格拉底要保持耐心，不要因为对话的冗长而放弃言说。当前的言说之所以是冗长的，是因为我们正在谈论最伟大最荣耀的问题，即政治和哲学的问题。只有通过这种繁复的言说，政治和哲学的问题才能被精确地显示出来。所以言说的长短不是根据言说本身来度量的，而是根据所谈问题的大小来度量的。而且真正的适度的言说必须是通过"种类"的划分和结合实现的。我们必须善于在相同的种类中看到差异性，也必须善于在不同的种类中看到同一性，这就是后来所谓的分析法和综合法。这样我们才能达到对事物的本质的精确认识。

五、政治知识的探讨

政治的技艺类似于编织的技艺，政治的技艺是对于城邦事物的编织。所以，异邦人开始进入到对城邦各要素的分析。城邦包括物的要素、人的要素和知识要素三个方面。

在物的要素方面，异邦人认为物质要素是城邦的助因，而不是本因。没有制造工具的技艺，城邦不可能存在，但是制造工具的技艺并不是政治的技艺。然后，他把物质要素分为工具、容器、载器、防御物、玩具、原料、养料等七类。

在人的要素方面，他划分了八种和真正的政治家争夺权力的人，其目的仍然为了区分真正的政治家和“所谓的政治家”。这些人包括奴隶、商人、雇佣者、传令官、辅助者、预言阐释者、祭司，最后是智者。他认为智者是伟大的魔法师，很难将他们和政治家区分开，然而又必须把他们区分开。

为了区分真正的政治家和冒牌的政治家，异邦人首先从政体问题入手。根据统治人数的多少，他把政体分为一人统治，少数人统治和多数人统治。其中每一种根据是不是依据法律而统治又可以分为两种，这样就分为六种政体。他认为可以通过这六种政体发现真正的政体。因为在对话一开始曾经把王者的统治定义为一种知识，所以唯一正当的政体就是知识政体。“如果我们追随前面的论述，我们就会认识到，关于那些正当政体的明确标志(界限)不应该是少数或者多数，自愿或者强制，贫穷或者富有，而只能是知识。”(Plato. *Statesman*. 292c)既然知识是政体的正当性的唯一标准，那么这意味着只有拥有政治知识或者政治技艺的人才是真正的政治家。正如任何其他技艺一样，真正的精通者永远都是极少数人。异邦人认为只要是出于知识和技艺的统治，不论采取何种手段都是正当的，不必在乎法律的规定。“在各种政体中，那卓绝之正当政体，就是可以发现其中统治者真正依照技艺而不仅仅在表面上拥有它们的唯一政体，而不管其统治是否依照法律，是否出于臣民之自愿、统治者必然是穷人还是富人，因为依照正确性，所有这些东西都不必被当作要素来考察。”

(柏拉图:《政治家》,293d)异邦人还指出,当政治家面对无法教育的人,面对来自愚昧者的强大的反对意见时,他可以采取说服的方式,也可以使用暴力强制例如死刑、驱逐等方式,因为人们往往不能判断何种事务对于他们是最好最重要的。[1] 这都是在强调只有知识或者技艺是政体正当性的唯一标准。只有拥有政治知识的人才是真正的政治家。

知识是对自然的认识,对柏拉图而言,也就是对理念的认识。知识政体的正当性在于它是依据自然的统治。一切技艺必须合乎中道,而合乎中道就是合乎自然。依据自然而统治的正当性意味着,由于人的自然是千差万别的,所以我们必须给予他们不同的引导和教育。对每个人顺其自然而教育就意味着实现其人性自然的完成和完善,这种人性的完善也就是人民的幸福和正义的最终实现。所以因材施教是最合乎自然正义的政治技艺。合乎自然就是合乎正义,合乎自然的正义就是绝对的正义。自然的正义就是按照每个人的天性自然给予他应得的照料和养育,最终使得他们各得其所、各尽其能、各安其位。如果一种统治是随时随地因地制宜的统治,那么这种统治就是最接近正义的统治。依据自然也就意味着不是依据人为。因为自然高于人为,人为低于自然,因此政治家只是在协助自然完成自然本身。如果是依据技艺和知识的统治,那么法律或者政体的形式就不再重要了。

只有哲学家才是真正拥有知识包括政治知识的人,因此只有哲学家才是严格意义上的政治家,而一般意义上的最好的政治家也只是拥有政治意见的人。因为哲人始终以合乎自然的正确性作为自己的目标,所以哲人王是永远不会犯错误的。"智慧的统治者在任何事情上都不会犯错误,只要他们坚持这个伟大之事——只要他们始终运用其心智和技艺,尽可能地把正义施与城邦中的人们,保障他们的安全,使得他们变得越来越好。"(Plato. *Statesman*. 297b)所以知识政体恰恰不是我们通常所熟知的任何一种政体,它根本就不是任何一种现实的政体。而哲人王的统治和任何实际政体都可能是兼容的,他会努力促进他所生活于其中的政体的

---

[1] 对比孔子的"民可使由之,不可使知之"。而现代政治的民主同意原则也大大背离了知识政体的原则。

改善。可以说，正当政体是“无法”的知识政体，最好的统治是人治而不是法治。“现在清楚了，在某种意义上，立法的（技艺）属于王者的（技艺），最好的情况不是使法律，而使人——一个有智慧的国王——拥有权力。”（Plato. *Statesman*. 294a）这和《理想国》的主题完全一致。因此可以说《政治家》是《理想国》中的缩简版本。

接下来，异邦人对其他政体即法律政体进行了反思和批判。他认为法律政体是对知识政体的模仿，法律政体低于知识政体。依据法律的统治则不是依据自然的统治，因此法律的正义低于知识的正义。基于人性的多样性复杂性，法律的统治作为一种关注大多数人的情况的方式，只是一种粗糙的统治，“我认为，立法者的立法，不论是以成文的形式还是以不成文的形式——即当他以祖传惯例的形式立法时——都是着眼于多数人和人群中的最大部分。正是以这种方式，他会以一种对于个体比较粗糙的方式来制定法律。”（Plato. *Statesman*. 295a）为了维护城邦的秩序，法律必须首先关注于大多数人，这样法律就会固执于特定的目标，不允许任何人违反其规定，所以法律是简单的粗暴的。但是对于从来不是简单的人性，法律就不可能使所有事物同时永远处于最好的状态。“一个法律从来不能精确地理解对于所有人同时是最好的和最正义的东西，并且使他们享有这种最好东西。因为人类及其行为存在的差异性，所以几乎没有人类事物能够允许，任何技艺对于无论何种情况，都能做出简单而永恒的断言。”（Plato. *Statesman*. 294b）另外，在具体实践操作中，我们也无法做到对每个人的自然进行精确地识别，然后为他量身打造适合他的人生规划，法律只能用一种比较粗糙的适合于大多数人的方法进行安排和培养。所以这种法律制度安排很可能不适合某些人，从而给他们造成一些伤害和扭曲。因此单纯依据法律的统治就不可能是正义的政体。在法律的统治下，人们几乎或多或少都会受到不公正的对待。对法律的固执则会导致整个社会变得因循守旧，僵化停滞，人们的生活会因为没有技艺而变得更加艰难。对于法律的过度推崇，最终会导致技艺的毁灭。“我们所有的技艺都将彻底毁灭，而且以后也不再会有技艺，因为法律禁止技艺的探索。”（Plato. *Statesman*. 299e）所以异邦人对法律统治进行了尖锐的批判，把依据法律的统治称为“第二次航行”，而依据自然和技艺的统治就是

"第一次航行"。

孔、孟、老、庄也对支持法律至上的人进行了批判。孔子和孟子批判了乡愿，认为他们只关心是不是合乎道德礼法，而不关心每个人的具体的情况，没有理解古代圣王制定道德礼法的动机，没有依据自然统治的能力，这最终会颠覆人们对道德礼法的信任，所以称之为"德之贼"。老子认为："上德不德，是以有德；下德不失德，是以无德。上德无为而无以为；下德无为而有以为。上仁为之而无以为；上义为之而有以为。上礼为之而莫之应，则攘臂而扔之。故失道而后德，失德而后仁，失仁而后义，失义而后礼。夫礼者，忠信之薄，而乱之首。前识者，道之华，而愚之始。是以大丈夫居其厚，不居其薄；居其实，不居其华。故去彼取此。"(《老子》，三十八章)庄子也认为："夫至德之世，同与禽兽居，族与万物并，恶乎知君子小人哉！同乎无知，其德不离；同乎无欲，是谓素朴；素朴而民性得矣。及至圣人，蹩躠为仁，踶跂为义，而天下始疑矣；澶漫为乐，摘僻为礼，而天下始分矣。故纯朴不残，孰为牺尊！白玉不毁，孰为珪璋！道德不废，安取仁义！性情不离，安用礼乐！五色不乱，孰为文采！五声不乱，孰应六律！夫残朴以为器，工匠之罪也；毁道德以行仁义，圣人之过也。"(《庄子·马蹄》)

进一步，异邦人说明了知识和法律的关系。法律是对知识或者技艺的模仿。"尽管法律是真理的模仿，但是它们分别都尽其所能地转抄自那些有知识者。"(Plato. *Statesman*. 300c)也就是说，法律低于知识或者技艺，但是法律仍然分有了技艺的部分真理。可以说，法律构成了民众的意见的核心。技艺和法律之间的关系也就是知识和意见的关系，或者是智慧与正义的关系。柏拉图对话的目的就是引导人们从意见上升为知识。由于智慧是稀缺的，所以在没有知识政体的情形下，我们必须接受法律的统治，"如果我们前面提到的政体是唯一正当政体，在此条件下，其余那些政体必须使用成文法以保证它们的安全，这种做法现在是值得赞许的，尽管不是最正确的。你知道吗？"(Plato. *Statesman*. 297d)也就是说，法律的制定是不得已而为之的，必要的法律维持了人类社会的秩序，使得他们免于受到混乱的危害，免于受到来自他人或者自己欲望的伤害。所以在没有智慧的条件下我们必须自愿地接受法律的统治。法律的正义是我们首先必须尊重和维护的，只是不能把法律的统治绝对化。因为只有自然正义才是真正的绝对的正义，而法律的正义是粗糙的正义，是包含了非正义的正义。我们必须善于透过法律的正义去发现自然的正义，以自然的正义校对法律的正义。所以真正的政治家不拘泥于任何成文法，而是随时随地因地制宜地进行统治。只要他看到具体情况发生了变化，他就会废弃自己的法律。所以他的统治是灵活性和原则性的结合。他的原则性在于他始终以事实为依据，以合乎自然为最高标准。但是因为事实随时在变化，每个人的自然各不相同，他必须随时根据实际情况进行改变，不能拘泥于任何成文法，所以他是最灵活性的统治。这样他既避免了主观性的随意性，也避免了僵化的教条性。从理性主义角度看法律和技艺的关系，法律并不是彻底的理性主义的表现，只有知识和技艺才是理性主义彻底化的表现。所以法律至上论试图坚持理性主义，限制政治欲望和权力，但是它没有把理性主义贯彻到底。只有重新澄清了知识政体的正当性，我们才能真正把理性主义贯彻到底。而把理性主义贯彻到底就会发现，法律其实并不是最重要的和最高的，法律只是对智慧和真理的模仿，知识和技艺才是最根本的。

由此可见，六种政体中的“政治家”都是名义上的“所谓的政治家”。他们大多只知道法律的正义，缺乏顺应自然进行权变的知识和技艺，因此他们的统治或多或少都是不正义的。就幸福而言，异邦人认为生活在君主制下是最幸福的，而生活在僭主制下是最痛苦的，贵族政体和寡头制都既不很好也不很坏，而民主制或者暴民制是三种好政体中最坏的，也是三种坏政体中最好的。僭主制也是不依据法律进行统治的，但是僭主的统治不是依据技艺，而是依据自己的“欲望和无知”。所以是不是依据自然和技艺，是区分真正的政治家和所谓的政治家的最根本的标志。真正的政治家的技艺是依据自然的统治，而其他人的统治都是要么依据法律，要么依据自己的欲望。最终一切政体大体上可以分为知识政体和法律政体，唯一正当的政体就是知识政体，其他六种政体可以称为法律政体。法律政体低于知识政体，因此都是不完美的政体，是对知识政体的模仿。可以说，归根到底，只存在唯一一种政体即知识政体。只有拥有知识的哲学家才是真正的政治家。

那么知识政体中的知识究竟指什么呢?接下来异邦人又对“政治知识”的概念进行探讨。在知识要素方面,他把知识分为诗乐知识、修辞术、战争知识、司法知识和政治知识。他认为政治知识就是“就其存在而为王者之知识,其自身不是行动,而是对有能力行动者的统治,它能够洞见、发起并开创城邦之伟业的时机,而其他的则必须按它所规定的去做。”(柏拉图:《政治家》,305d)可以说,政治知识就是决断知识,就是审时度势和当机立断。政治知识并不是实践知识,而是理论知识。因为理论认识的正确性决定了实践行动的正确性,所以理论理性优先于实践理性。其次,政治知识是一种整体性的知识,就是根据城邦整体的具体情况进行决策和协调的知识。而非政治知识都是局部性的知识。所以非政治知识必须从属于政治知识。“统治所有这些知识及法律的、照料所有城邦事务的,并且将它们以最正确的方式编织起来的——我们是否应该给予一个通名,以理解这一权力,看起来,最恰当的莫过于称之为政治知识。”(柏拉图:《政治家》,305e)政治家就是对城邦整体性进行统筹规划的人。这意味着政治科学并不是所有科学中的一门科学,而是高于所有科学,所有其他科学都必须回归到政治科学中,才能获得真正的价值和意义。由此可见,当代科学把政治科学看作是各种科学中的一种科学的观点是非常错误的。

知识来自对自然的认识,而意见来自对习俗法律的接受。所以拥有政治知识的人只能是哲学家。因为哲学家是以探究自然为目标的人,他关心自然、研究自然,包括人性和城邦的自然。这种对于自然的探究使得哲学家不再循规蹈矩,墨守成规,而是认识到了政治礼法存在的本质和意义,因此哲学家最终超越了一切政治礼法,他可以随心所欲地建立或者废弃一切固定不变的政治礼法,引导城邦和人民走向最佳状态。哲学家是依据自然和技艺进行决断,而不是依据人为的礼法进行决断。因此只有哲学家才是真正的政治家,而其他一切政治家都只是“所谓的政治家”,他们顶多是对真正的哲学家—政治家的模仿。在这部分对话中,《政治家》的对话达到了自己的顶峰。

我们可以进一步指出,依据自然而决断就是“权”,依据法律而决断则不是权。所谓“权”的最初含义就是指秤砣,其本质是既要合乎事实,有多少就称量出多少,又要变,随时根据称量对象而变化。所以权是中道和技艺的最好象征。孔子的一句话“可与共学,未可与适道;可与适道,未可与立;可与立,未可与权。”对“什么是权”进行了最好的说明。同时,他也对顽固坚持礼法的人和当代的从政者都不屑一顾。在《子路》中,子贡问什么是士,孔子回答第三等的士是:“言必信,行必果,硁硁然,小人哉!抑亦可以为次矣。”子路又问:“今之从政者何如?”孔子说:“噫!斗筲之人,何足算也!”(《论语·子路》)因此孔子和柏拉图一样,是深谙中道的权变技艺的哲学家。因此政治知识是“权”的知识。“权”就是权变和权衡,这种权变和权衡的最终根据是智慧和知识,而智慧和知识是关于自然的知识。因此“权”意味着因地制宜、因时制宜,而不能墨守成规、因循守旧。“法无定法”、“权大于法”是政治知识的根本标志。因为知识和技艺始终以合乎自然为根本目标,“权大于法”的原则就是对知识政体的辩护。可以说,“权大于法”是这篇对话的核心和灵魂。柏拉图通过展示“权大于法”的政治思想,为哲学家的统治进行了最高的辩护。

六、政治家的中和之道

接下来,异邦人开始展示“政治知识”的具体含义。他重新回到关于政治技艺是编织技艺的观点上来。政治技艺是对城邦中的何种事物的编织呢?我们知道,政治城邦的最高目的是谋求国家的团结、友爱和统一。要实现团结统一,就必须把国家内部的各个部分完美地协调在一起。国家不是一个单纯的利益联合体,而是一个德性的共同体,国家必须依据德性才能存在。德性本身划分为各种德性,因为国家存在不同阶层的分化,所以需要不同的德性来规范各个阶层,不同德性适应城邦的不同需要,各种德性都是城邦所需。但是异邦人却发现了一个令人震惊的现象,即各种德性之间却存在不可调和的矛盾。也就是说,在正义、节制、勇敢和智慧之间存在不可调和的矛盾,这种矛盾将危害国家的团结、友爱和统一。如果说《理想国》展示了正义和智慧的矛盾,那么《政治家》就展示了节制和勇敢之间的矛盾。所以如何协调德性内部的矛盾就成为政治家技艺的首要工作。

异邦人首先认为在节制和勇敢之间存在矛盾:“在某种意义上,它们两者有充分的理由彼此为敌,而且得承认,它们的许多方面相互抵牾并且处于冲突之中。"(柏拉图:《政治家》,306b)异邦人认为存在两种天性的人,即倾向于阳刚气的好斗的人和倾向于沉静的和平的人,也就是理想国中的第二等级和第三等级两类人。性格和平安静的人只关心自己的事务,只做自己想做的事情,逐渐养成了一种不好战的性格,这导致他们容易被攻击者掠夺,逐渐被人奴役而失去自由。而倾向于勇敢的人则始终让自己的城邦处于战争状态,从而陷入异族城邦的憎恨之中,最终可能使城邦被异族所奴役。如果两种人因为自然不同而相互敌视和隔阂,互不来往,最终都会走向毁灭。阳刚气的人如果任其自行发展,必然因为疯狂而毁灭。而沉静的人如果任其自行发展,必然因为优柔寡断丧失行动能力而毁灭。

所以,真正的政治家要进行干预和引导,政治技艺就是对节制和勇敢两种德性的编织的技艺。"在我看来,王者之技艺也正是这同一种方式,其自身拥有监管技艺之权能,任何法定的教育者和看护者的所作所为,只能是通过依照一种混合来进行制作,以有益于被教育者的适宜的性格的完善,而与此无关的事皆不被允许。"(柏拉图:《政治家》,308e)如果节制是纬线,勇敢是经线,政治家的技艺就是对节制和勇敢的两种德性的编织或者调和。这种编织或者调和的方法分为神圣的结合和人的结合。所谓"神圣的结合"也就是美德和人的灵魂自然的结合,也就是给予具有阳刚气的人以节制的德性教育,避免变得野蛮和残忍;给予沉静的人以勇敢的德性教育,避免变得天真和无知。这就是人的"性格的完善",这种性格的完善以中和为基本原则,也就是要消除不同天性的人的自然缺陷,纠正其天性中的偏差,最终实现性格的均衡和中和。这种均衡和中和可以看作是对自然的整体性的模仿,因为自然就是中和性的,这种性格的中和就是人的自然的自我实现。所谓"人的结合"就是通过两种体质的人之间的结婚,或者通过城邦之间的联姻和孩子的互换,从而生产出生物学意义上的体质中和的后代,避免生物学上的偏差和极端。在这个意义上,柏拉图赞美了婚姻。政治家的技艺就是消除节制和勇敢的争执,使节制和勇敢达到和谐的技艺。"使阳刚性格和节制性格不相互分离,通过信念、荣誉、耻辱、名声(意见)、双方的婚约等结合方式,把他们夯实成一个整体,并且把他们编织成一个平滑的织物,如常言所说的好布料,从而始终确保城邦的统治者兼具这两种性格，这是王者编织术技艺的唯一和全部的工作。”(Plato. *Statesman*. 310e)真正的政治家就是完美地培养和协调勇敢和节制两种美德的人，政治家追求的政治理想就是这种城邦的“中和之道”。这就是异邦人对政治家的最终定义。

人的天性各有不同，各有所偏，真正的政治家必须针对每个人的天性进行因材施教。也就是说，政治家的首要工作是要善于发现每个人的自然天性的倾向，通过游戏的方式对每个人的自然进行识别和拣选，然后以相反的德性对其进行因材施教地教育，纠正其自然的偏差，使其性格达到中和与完善。正是通过这种性格完善的德性教育，才能最终实现政治国家的团结、友爱和统一。政治家的使命和职责唯在于此。[1] 这种工作是不能通过普遍性的法律解决的。这意味着不可能通过制定某种法律终极性地解决个人天性自然的识别和教育的问题，不存在通过法律制度一劳永逸地实现自然正义的解决方法。因此只有知识政体或者哲学家的统治才是真正的唯一正当的政体。通过对政治家的定义的寻找，柏拉图仍然暗示了只有哲学家才是真正的政治家。只有在哲人王的统治下，各种德性的矛盾的协调才是可能的，因此城邦的团结统一性才是可能的，而在一切现实的政体中，城邦都是处于对抗和分裂状态的，所以一切现实的城邦都是低劣的，它们都无能达到自己的政治理想和目的，这样柏拉图就贬低了现实政治。通过对理想政体的探讨来贬低一切现实政体，《政治家》的潜在目的似乎又回到了柏拉图的一贯主题即为哲学辩护。

我们看到，《政治家》中的这种理想和《理想国》的思想是非常一致的，因为《理想国》的目标也是全体人民的和谐和幸福，是对城邦中的三种自然或者三个阶层的调和。关于两者的区别，施特劳斯敏锐地指出：“《政治家》展示为对实践知识的理论讨论，与此相反，《理想国》则是从实践的或政治的生活上升到哲学的或理论的生活，《理想国》是对理论的实践性探讨。”[2]也就是说，《理想国》探讨的是哲人的从实践到理论的上升之路，而

---

[1] 这种观点和《理想国》中的关于护卫者的教育的观点是一致的。

[2] Leo Strauss, Joseph Cropsey. *History of political philosophy*. Rand McNally Company. 1963. P51.

《政治家》探讨的是哲人的从理论到实践的下降之路，是哲人的政治行动。可以说，《政治家》是对《理想国》的补充，是对哲人王如何对理想国中的第二等级和第三等级进行协调的补充说明。《政治家》更加强烈地体现了柏拉图对严格的政治科学的追求。

柏拉图的这种政治理想可以说是一种真正的普遍的政治理想，和儒家传统政治理想是一致的。孔子对自己的弟子的自然天性有清楚的认识，“赐也达；求也艺。”（《论语·雍也》）“柴也愚，参也鲁，师也辟，由也喭。”（《论语·先进》）这些不同的天性都必须通过学习和教育进行完善。如果不进行教育和学习，就会导致不同的人格缺陷。“好仁不好学，其蔽也愚；好知不好学，其蔽也荡；好信不好学，其蔽也贼；好直不好学，其蔽也绞；好勇不好学，其蔽也乱；好刚不好学，其蔽也狂。”（《论语·阳货》）而他的人格理想是培养中和的性格。“质胜文则野，文胜质则史。文质彬彬，然后君子。”（《论语·雍也》）《中庸》中也指出：“天命之谓性，率性之谓道，修道之谓教。道也者，不可须臾离也，可离非道也。是故君子戒慎乎其所不睹，恐惧乎其所不闻。莫见乎隐，莫显乎微，故君子慎其独也。喜怒哀乐之未发，谓之中；发而皆中节，谓之和；中也者，天下之大本也；和也者，天下之达道也。致中和，天地位焉，万物育焉。”也就是说，政治之道就是培养人民完善的中和品质，即所谓的“致中和”。

七、结束语

柏拉图通过对政治家的定义，其目的仍然是对哲学生活的辩护，强调哲学对于政治生活的重要性。柏拉图对于哲学生活的辩护并不是出于个人的利益和兴趣，而是出于对政治生活的深刻观察。人类政治社会中的政治权力是必然存在的，是不可能消除的，试图消灭权力的做法是非常愚蠢和极为危险的。所以我们唯一的办法就是尽可能使政治权力文明化，而哲学生活的存在是政治权力文明化的基本条件。所以当古人把“权”和“力”结合在一起组成“权力”概念时，“权力”的概念本身就包含了对政治暴力性的限制。权的本质和基础就是智慧或者技艺，也就是说，一个真正的统治者的基本素质要求就是智慧和技艺，智慧和技艺是检验一个统治者是不是合格的基本条件。所以政治权力的正当性在于其“权”，而不是作为暴力的“力”。当然权要和力结合起来，才能具有效力。但是力必须建立在权的基础上。如果力最终压制了权，那就是政治的野蛮化。在柏拉图看来，只有坚持哲人王的理想，政治权力的文明化才是可能的。即使这种可能性是微小的，也是必须为之奋斗的，这就是“知其不可为而为之”的根本原因。舍此就没有其他的办法，即使这种办法不是完美的。所以柏拉图坚持哲学知识和政治权力的同一，并且坚持这种同一性必须是人格性的，也就是哲学家和政治家的同一，一切非人格化的同一都是错误的。这就意味着我们必须致力于培养哲学家。哲人“自在地”就是王者，王者本质上就是哲人。所以，一个追求王者荣耀的人就应该首先做一个哲学家，如果他能够成为哲学家，那么他自然地就是政治家，而没有必要通过获得政治权力而成为所谓的政治家。所以，在《政治家》中，柏拉图在《理想国》中关注的哲人和政治的矛盾似乎消失了。但是，也许恰恰因为哲人自然地是王者，所以他才与现实的王者产生了冲突。

本篇对话中对法律的反思值得我们注意。现代性一个最大特点就是对完美的法律制度的迷恋和追求，其目的同样是出于对政治权力的驯服。它试图打造一个完美的“法律帝国”，把政治权力限制在合理可控的范围之内，使权力不至于成为人类社会的最大危害。现代性通过分权的方式，通过民主制的方式，通过技术科学的方式，通过划分国家和社会的方式来限制政治权力。但是现代性在这种限制权力的方法中，忽视了对于崇高和完善的人格的培养，也就是说，如果我们的人格都败坏了，法律制度再完善也不可能限制权力。我们精心打造的这些法律制度同样可能恰恰成为政治野心家的工具。在强大的野心家面前，这些法律制度都不过是形同虚设，他们根本不会被这些固定的法律限制和束缚。对于这些潜在的野心家，我们只能用无限的哲学智慧来满足他们的欲望，如果哲学智慧不能驯服他们的欲望，我们只能无奈地面对这种政治灾难，直到其自然地终结。如果我们的人性败坏了，我们制定再多的法律也是无济于事的。当我们都迷恋于制定各种法律制度时，我们忘记了人才是政治生活中最重要的因素。所以柏拉图特别强调人治的重要性，也就是“人存政举，人亡政息”的政治原理。这个政治原理在今天构建法治国家的理想下显得特别不合时宜，但是它确实是政治生活的第一原理和最高理想。

在现实条件下，我们仍然需要哲学，没有好的哲学就不会有好的法律。通过对于哲学智慧的追求，我们超越了对于政治权力的迷恋和狂热，我们把自己的人格的完善作为最重要的最崇高的事业和目标，而不是把获得政治权力作为最高目标。我们要改造世界，就必须首先改造自己。我们只有完善自己，才能完善世界。

第七节　寻找立法者——《米诺斯》解读

本篇对话的第一个主题是探讨法律的本质。苏格拉底认为法律的本质不是意见，而是对实在的认识。如果法律来自意见，其正义性就无法获得完全的保证。法律只有来自知识，其正义性才能得到保证。法律的本质是对理性智慧的分有和模仿。苏格拉底又因此贬低了法律的权威性和真理性。第二个主题是寻找最好的立法者。苏格拉底认为古代立法者米诺斯是最好的立法者。但是当他指出米诺斯的智慧来自宙斯，而宙斯是哲人的象征时，他实际上认为哲人才是最好的立法者。也就是说，苏格拉底暗示古代立法者高于政治家和悲剧诗人，而哲人立法者则高于古代立法者。因此这篇对话仍然是苏格拉底对哲学和哲人的歌颂。

一、关于法律的三个定义

1. 法是合法的东西 313b

苏格拉底开篇直接问同伴法律是什么，当同伴问他是指哪一种法律时，苏格拉底说，他不是在问哪一种法律，而是问一般意义上的法律的本质。他以黄金的例子来说明他的问题的性质。正如黄金本身是没有差别的，法律本身也没有差别。同伴似乎有所理解，他认为法律就是合法的东西。但是苏格拉底指出，法律是衡量一个事物是不是合法的前提和依据，只有在制定了法律之后，才能确立一个事物是合法的还是非法的，所以不能根据合法的东西来理解法律。这个定义是颠倒因果，倒因为果，以低于法律和后于法律的东西理解法律。苏格拉底暗示应该以高于法律和先于法律的东西来理解法律。

2. 法是公众的意见 314b

接下来，苏格拉底以视觉、事物和眼睛三者的关系启发同伴。只有三种共同作用，我们才能认识事物。这类似于佛教中关于根、境、识的关系的观点。同样，如果人们凭借法律才能确定合法的东西，那么法律是通过什么方式使我们把一些东西视为合法的。也就是说，我们是如何依据法律判定某些事情合法，某些事情不合法的。例如对于同样事情，有的人认为合法，有的人认为不合法。所以合法或者非法并不是事情本身决定的，甚至也不是法律本身决定的，必须经过一种中介，两者才能联系起来。他以技艺来比喻这种中介性的东西。正如医生通过医术判断健康和疾病，占卜师通过占卜术判断吉凶。我们可以推测，苏格拉底的这个问题的言下之意是这种中介性的东西应该是指技艺或者知识。因为法律总是普遍性的、人为的；事实总是特殊性的、自在的，两者之间存在根本的差异。法律不可能直接应用到事实本身。只有在我们对事实的本质和法律的本质都有所认识后，才能正确地把法律和事实结合起来。例如冤假错案不是因为法律的错误，而是因为法官理性判断的错误。所以法律的起源或者产生来自人的理性认识。这种理性认识把法律和事实联系起来。

但是同伴还不能把法律和理性认识联系起来，他认为法律是城邦的公共意见。公众意见决定了哪些是合法的，哪些是非法的。这表明同伴受到了雅典民主政治的深刻影响。苏格拉底暗示，公共意见是一个非常含混的概念。因为公共意见是很多人的意见，往往是不同的意见。有些意见是正确的，有些意见是错误的。或者说，有的人聪明一些，有的人愚蠢一些，所以并不是所有人的意见都有资格成为公共意见。只有那些聪明人的意见才有资格成为公共意见。聪明人的意见往往是正确的意见，正确的意见有利于城邦，而错误的意见有害于城邦。真正的法律是不能有害于城邦的。所以法律并不是任何人的意见，只能是智慧者的意见。只有智慧者的意见才能保证法律的正义性和正确性。但是智慧者的意见已经不是意见，而是知识。真正的法律应该来自知识或者智慧。所以苏格拉底接下来就要阐明知识的概念，即知识就是对实在的认识。

3. 苏格拉底的定义:法律是试图成为对实在的发现 315a

苏格拉底继续表明,法律是有用的有益的意见。有用的意见就是真实的意见,而真实的意见就是对实在的发现和认识。法律是真实的意见,所以法律就是试图认识实在。

如何理解苏格拉底此处的实在概念呢?根据柏拉图整个哲学思想,我们知道,所谓实在就是指理念之类的存在。只有永恒不变的东西才能被称为实在。而理念就是永恒不变的东西,所以对理念实在的认识就是知识。相反,一切感官现象都不是实在的,它们是介于存在和不存在之间的东西,对感官现象的认识就是意见。在《理想国》中,苏格拉底强调哲人的工作就是对理念实在的认识,这种认识使哲人获得了智慧和真理。然后他们根据智慧和真理来判别和修正人们在实际政治生活中出现的偏差,使得政治生活不断趋向完善。因此理念实在是事物的本质和存在,是我们认识和衡量现实事物的标准和尺度。如果丧失了这个标准,我们就无法正确判断现实事物。进一步还可以说,实在是指至善。至善高于理念,一切理念指向至善。理念的完善性来自至善本身。至善是一切事物的最终目的。所以城邦的目的是追求至善,法律也是指向至善的,法律是我们达到至善的手段。我们的立法和变法都是为了达到至善。哲人就是始终关注至善本身的人。只有哲人才能把国家和人民带领向至善和幸福。

这样,苏格拉底就把法律和知识联系起来,而超越了把法律和意见联系起来的层次。真正的法律不是意见,而是知识。知识才是最高的法律。在《美诺》中,苏格拉底也肯定了正确的意见,政治家就是依据正确意见统治的。但是政治家获得正确意见的方式并不是通过理性认识,而是通过灵感。因此政治家的正确意见是没有理性根据的,他并不真正知道自己的意见是不是正确。借此苏格拉底贬低了政治家。哲学家是通过理性认识获得真理和知识的,而知识则是绝对不会错误的。所以哲学家也是绝对不会犯错误的,这意味着只有哲人的统治才能使城邦完全避免错误和不幸。这仍然是对《理想国》中的哲人王思想的呼应。因此哲人王理想不仅仅是理想国中的一个观点,而是柏拉图全部对话的核心观点。

这也提示我们要意识到民主协商和共识的局限性。民主协商往往不是基于对实在的认识，而是各方力量的妥协。所以民主共识只是意见，而不是永恒不变的知识，不能成为万世不变的法律的基础和来源。只有认识至善实在才能保证我们制定的法律是与世长存的，因为至善实在本身是永恒不变的。所谓“不谋全局者不足以谋一域，不谋万世者不足以谋一时。”我们现在比较推崇英国式的经验主义，仿佛他们的成功不是来自关心更高的永恒的问题，只是满足于谨小慎微地进行局部的细节的灵活变革。但是我们必须看到如果英国人不是一直从古典哲学中吸取智慧，不是一直对永恒的根本的问题进行不断思考，那么这种谨小慎微的探索和改革是不可能持久的。

二、苏格拉底的三次辩护 315a—318b

1. 人们的法律观念是相同的

同伴不能理解苏格拉底的这个定义，他认为如果法律是对唯一实在的发现，那么我们就应该始终使用相同的法律。但是实际情况是，我们和其他国家总是使用多种多样的法律，甚至同一个国家也使用不同的法律。这意味着没有唯一的实在，即使存在唯一的实在，我们也无法认识。这可以说是一种法律的相对主义的观点。古希腊智者们正是借此否定了法律的自然性或者正当性，认为法律是人为的习俗，是对人性的自然的压抑和束缚，所以真正的合乎自然的生活就是不要法律、道德和宗教的生活。正是这种观点的流行和传播导致了雅典政治生活的“礼崩乐坏”。苏格拉底的所有思考正是为了批判这种反政治反法律的相对主义观点。

苏格拉底指出所有人都认为正义的事物正义，不正义的事物不正义。虽然在关于什么事物正义的问题上，人们的看法是不同的，但是人们总是把他认为正义的事物看作是正义的，把他认为不正义的事物看作是不正义的。同样，虽然存在各种法律规定，但是人们关于法律的观念是相同的，人们对于法律的需要是相同的。也就是说，多种多样的法律的存在并不是对法律本身的正当性的否定，相反是对法律本身的肯定。也就是说，虽然人们制定了不同的法律，但是他们却都不得不制定法律，不得不求助于法律。所以法律本身是所有人都共同需要的。但是苏格拉底的这种观点并未说服同伴。或者说同伴仍然没有理解苏格拉底这种观点的含义。

这里,苏格拉底告诉我们,必须区分法律内容和法律观念。我们首先不要关心法律的具体内容的差异性,而是首先关注法律观念的一致性。我们不要因为人们在法律内容上的差异性就否定人们在法律观念上的同一性。而智者就是根据法律的多样性否定了法律本身的唯一性和正当性,因此智者对法律的否定是错误的。我们应该善于在多元性中看到同一性,多元性和同一性是不可分割的。如果我们仅仅停留在多样性中,推崇多样性和差异性,而不能看到多样性背后的同一性,那只是表明我们还没有学会真正的辩证法思维。而辩证法思维是学习哲学的唯一法门。

2. 法律是知识

苏格拉底再次论证,法律的多样性的差异只是表面上的,法律的本质是相同的,都是对知识和至善的追求。"在认识相同的东西上,那些有智慧的人,无论是希腊人还是外邦人,都会相互一致。"[1]这就是所谓"东方有圣人,西方有圣人,此心同,此理同。"因为至善实在是唯一的,圣人都能够通过现象看本质,不会被现象的差异性所干扰,都能够直接认识纯粹的至善实在本身,而至善实在本身是唯一的,所以他们的智慧和知识也是相同的。只有在现象和意见层面才存在差异性和多样性。苏格拉底以医生和医学著作为例,说明医学的著作就是关于医术的法律,园艺的著作就是关于园艺的法律,政治家的著作是关于城邦的法律等。他们都是拥有关于相关实在的知识的人。所以真正的法律来自知识。知识是对实在的认识。因为实在是唯一的,所以知识是唯一的,法律也是唯一的。有知识的人的法律是相同的,不会变来变去。这种法律才是真正的法律。可以说,《法律篇》就是试图制定这种万世不易的"根本大法"。即使法律的某些条款有所变化,也是针对现象事物的不断变化的一种应对措施,而这种应对措施的正确性只有依据对至善实在本身的认识或者根本大法才能得到保证。否则,法律的不断变化、朝令夕改就是对至善实在的无知的表现。所以苏格拉底进一步指出,不论在什么领域中,关于实在的知识才是法律。这表明,在法律的观念上,苏格拉底试图以知识取代意见。

---

[1] 柏拉图:《米诺斯》,316d,林志猛译,华夏出版社,2010年版。

法律是对实在的认识和模仿。实在是唯一的，所以法律也应该是唯一的。法律的多样性来自现象事物的多样性。理念是单一的，但是现象是多样的。如果关注现象本身，那么就不可能获得唯一真实的知识，而是会有各种各样的意见和法律。知识永远是正确的，意见则可能是错误的。人们之所以会产生各种各样的意见，都是因为没有达到对实在本身的认识，而被现象所干扰和束缚了。如果人们认识实在本身，他就能够超出现象的束缚而得出唯一的真理。在实在上犯错的人就会在法律上犯错。只有对实在的认识才保证法律的正确性和唯一性。这意味着只有哲人对实在的认识才是法律的真理性的唯一保证。法律本质上是对知识的模仿和分有。因此正如《政治家》中指出的，立法是一种技艺或者知识，这种技艺只有极少数人即哲人才能掌握。

可以说，苏格拉底试图把政治意见提升到哲学智慧的层面。政治生活的根本是公共意见，鉴于政治和哲学的区别，我们不可能使政治意见完全成为哲学知识。根据哲学知识反思政治意见的意义在于，只有我们时刻认识到自己的观念的意见性质，即可错的性质，我们才有可能反思和改正自己的意见，从而使我们趋向于智慧知识。如果我们没有了哲学知识的标准和原则，就会沉溺于自己的意见中而不自知，误把意见看作是真理。这才是最大的无知。这种无知会使得政治生活变得越来越狭隘和野蛮。所以不断以知识取代意见的尝试是使政治生活理性化和文明化的重要保证。这就是哲学的政治意义。

3. 法律是分配的知识

苏格拉底进一步指出，法律是和分配相关的知识。正义的最初概念就是分配的正义。法律是正义的保证和实现。所以法律的正义就是分配的正义。一般意义上的分配是论功行赏，按劳分配。但是这种分配还不是绝对的正义。

那么，什么样的分配才是合乎绝对正义的分配呢？在这里，苏格拉底把法律和灵魂联系起来。首先灵魂高于身体，灵魂支配身体，一个人的灵魂的性质决定了这个人的性质。所以灵魂，而不是身体才是和人相关的实在。真正的分配针对的是人的灵魂，而不是肉体。其次每个人的灵魂的自然是不同的，每个人的灵魂都各有所偏颇，但是他们都应该达到自然的完善。真正的分配必须依据每个人的灵魂的自然。真正的分配就是因材施教,因势利导,使每个人都各得其所、各尽其能,这样才能达到绝对的正义即自然的正义。因此,依据自然的正义才是绝对的正义,而论功行赏的分配正义只是相对意义上的正义,是对自然的正义的模仿和分有。第三,要达到这种严格的自然正义,我们就必须对每个人的灵魂的自然进行认识。因此对实在的认识就是对每个人的灵魂的自然的认识。只有按照灵魂的自然进行正确分配的法律才是真正的法律。一般人并不能够如实地认识自己,总是试图获得超出其自然应得的份额,不能进行恰如其分的分配。只有哲人凭借其知识才能进行恰如其分的分配,哲人的分配才能达到绝对的正义。理想国就是依据自然建立起来的绝对的正义的国家。

到此为止,苏格拉底提出了两种关于法律的观点,即法律是对实在的认识和法律是和分配相关的知识。这两种观点并不矛盾。第一种观点主要是回答法律的本质和来源的问题。第二个观点主要是回答法律的作用和意义的问题。这两种观点的关系也就是理论和实践的关系。法律是对实在的认识,但是这种认识仍然是理论认识,仅仅停留在理论认识层面是不够的,还应该进一步转换为实践知识。而分配知识就是实践知识。法律同时包含了理论和实践两个方面。这样,苏格拉底关于法律的理论来源和实践意义做出了完整的回答。

三、对米诺斯的颂扬

1. 米诺斯是最好的立法者

接下来,苏格拉底要寻找最好的立法者。只有好的立法者才能制定好的法律。法律是立法者的产物。立法者的品质决定了法律的品质,所以要探讨好的法律,就必须探讨好的立法者。我们探讨法律的本质,就必须进一步探讨立法者的本质。最后他将表明,真正的立法者并不是米诺斯,而是哲人王。

苏格拉底问同伴在古代王者中谁是最好的立法者,谁的法律因为其神圣性而保留至今。同伴认为,在希腊人中斯巴达及其立法者吕库古首先使用了最古老的法律。但是苏格拉底表示,斯巴达的法律不是最古老的。据说吕库古周游列国,研究各国法律,他到了克里特,将其法律带回了斯巴达。所以斯巴达的法律来自克里特，克里特的法律才是希腊人中最古老的法律。而米诺斯和拉达曼提斯则是克里特的最古老的立法者。他们是宙斯和欧罗巴的儿子。米诺斯是真正的好立法者。

在这里，苏格拉底强调了最好的法律的两种属性，即神圣和古老。他似乎把最古老和最好结合在一起了。法律的古老表明它的永恒性。永恒性表明了法律的权威性和真理性。因此古老是好法律的必要元素之一。相反，新法律总是难以获得人们的支持，变法的危险也就在于此。但是苏格拉底并不是保守主义者。保守主义的错误在于把祖先的看作是最好的。而苏格拉底则认为真正的好法律在于智慧和理性，而不是祖先的制度，或者说好法律是诉诸自然，而不是祖先。他对哲人立法者的推崇表明他恰恰是要打破把最古老和最好等同起来的观点。

2. 米诺斯的真实形象

同伴认为拉达曼提斯是个正义者，而米诺斯是一个野蛮、残暴不义的人。苏格拉底表示这只是阿提卡悲剧中的神话。其实米诺斯并不是这样的。如此理解米诺斯是非常不虔诚的，必须非常注意提防。如果我们在关于诸神的言行上犯错，就会在神一样的人身上犯错。所以我们在赞扬或者批评某人时应该深思熟虑，才不会言语失当，否则就会遭到神的惩罚。我们必须学会区分好人和坏人，好人是最神圣的，坏人是最卑劣的。

接下来，苏格拉底引用荷马和赫西俄德的诗歌来澄清米诺斯的形象。米诺斯每隔九年去和宙斯相会，向宙斯请教。苏格拉底认为这是荷马对米诺斯的最大赞颂，其他人都没有这个资格和机会去觐见宙斯。米诺斯还负责对亡灵的审判。宙斯是智慧的象征，米诺斯的智慧来自宙斯。米诺斯的法律最终来自宙斯和他的智慧。苏格拉底把这种相会定义为进行“美德教育”的相会。米诺斯是宙斯的儿子和门徒，而不是宙斯的玩伴和酒伴。例如米诺斯的法律并不反对喝酒，但是反对喝醉。这就证明了米诺斯法律的智慧。[1] 克里特和斯巴达使用这些神圣的法律获得了永恒的幸福。

苏格拉底则贬低了拉达曼提斯。拉达曼提斯受教于米诺斯。米诺斯

---

[1] 《法律篇》一开始就是对喝酒的讨论。

也没有传授他全部的统治术，只是传授他辅佐王者的司法的技艺。他只是个好法官和护法者。也就是说，米诺斯负责法律的制定，而拉达曼提斯负责法律的执行和维护。法律的制定和法律的执行都依赖于人们的理性认识。但是制定法律似乎比执行法律需要更高的理性能力。

我们应该看到，宙斯、米诺斯和拉达曼提斯分别象征不同的人。宙斯是哲学家的象征，是智慧的拥有者。在《斐德罗》中，苏格拉底就表示哲人站在宙斯的队列之中，宙斯是哲人的导师和领袖。米诺斯只是一个受教于哲学家的立法者，他的智慧来自哲人。拉达曼提斯是君主或者政治家的象征，政治家低于立法者，政治家只是遵守和执行立法者的法律而已。所以三者的关系是哲学家高于立法者，立法者高于政治家。可以说，苏格拉底站在哲学家的立场上，以颂扬米诺斯的方法贬低了米诺斯。

3. 米诺斯的悲剧形象

苏格拉底指出，米诺斯的恶劣形象来自雅典的悲剧诗人。因为米诺斯曾经攻打雅典，导致雅典悲剧诗人的愤恨。所以诗人才塑造了一个卑劣的形象以诋毁米诺斯。悲剧是最古老的发明之一，在雅典具有巨大影响力，最能取悦于人们，最能迷惑人心。所以苏格拉底警告不要招致诗人的嫉恨。

从这里我们可以看出，苏格拉底似乎并不是爱国者。他没有因为米诺斯对雅典的战争而嫉恨米诺斯。[1] 而诗人似乎是忠诚的爱国者。这里暗示了哲人和诗人的一个重要差别。哲人苏格拉底是超政治的，哲人并不把自己和自己的国家认同起来。他尊重的是智慧，而不是国家。同样，哲人是理性的人，是摆脱了一切情感和欲望的人，他没有嫉恨或者激情，他的内心是宁静平和的。诗人则是政治性的，诗人把自己和国家完全等同起来，国家的敌人就是自己的敌人。同样，诗人也是非理性的人，他们并不试图克服自己的情感，不能摆脱怨恨和激情，他们在生活和著作中都是放纵情感和欲望的。这也是哲人和诗人的对立和冲突的重要方面。

苏格拉底最后指出，米诺斯因为洞察城邦的实在的真相，而实在是永恒不变的，所以他的法律也是永恒不变的。好法律的标志就是它的永恒

---

[1] 《克里托》和《斐多》表明苏格拉底因为雅典人去向米诺斯朝圣而多活了一个月。当然苏格拉底并不会因此感激米诺斯。

性。永恒性是实在的重要标志之一,追求实在就是追求永恒。法律的永恒性是对理念的永恒性的一种模仿。在《法律篇》中,柏拉图也尽可能追求法律的永恒性,消除导致法律改变的因素,例如对游戏的限制、对私生活的限制等。

这里苏格拉底表明了他对立法者的推崇和对悲剧诗人的贬低。在哲学家和立法者的关系中,他推崇哲学家,而贬低立法者,但是在立法者和悲剧诗人的关系中,他推崇立法者,而贬低悲剧诗人。因为立法者必须依赖理性和智慧才能立法,而诗人则离理性和智慧更远。

4. 最后的问题

对话的最后,苏格拉底提出了一个问题:好立法者和好分配者把食物和劳动分配给身体,以食物使身体成长,以劳动使身体强壮。那么好立法者和分配者把什么分配给灵魂使灵魂变好?他表示如果我们对灵魂中的善恶一无所知,这是可耻的。这就暗示好的立法者必须把关于善恶的德性分配给灵魂。真正的教育是德性的教育。美德教育几乎是柏拉图所有对话的核心主题。他认为政治的根本工作和任务就是德性教育。只有通过这种德性教育,才能把人塑造为人,使人获得真正的幸福和完善。在《法律篇》中,雅典客人区分了两种德性,即神圣的德性和世俗的德性。神圣德性和人的灵魂相关,包括智慧、正义、节制和勇敢四主德,而世俗德性是指力量、美貌、健康和财富。他推崇神圣德性,而不是世俗德性。世俗德性必须从属于神圣德性。真正的法律就是把神圣的德性分配给灵魂的法律。立法者必须以神的名义制定和颁布法律。只有这种神圣的法律才能根据因材施教的原则完美地塑造人的灵魂。

《法律篇》是紧接着《米诺斯》开始的。可以说《米诺斯》是《法律篇》的序言。但是在《法律篇》中,雅典客人对米诺斯和克里特的法律进行了批评。即米诺斯的法律更多着重于战争和勇敢,而不是和平和德性。这意味着米诺斯对真正的德性缺乏充分的认识,也对人性的自然缺乏充分的认识。所以米诺斯并不是最好的立法者,米诺斯的法律并不是最好的法律。柏拉图以此暗示只有哲人才是真正的合格的立法者,哲人立法者比米诺斯等一切古代立法者都要好。这样,苏格拉底就再次对哲学和哲人进行了歌颂。应该说,这就是苏格拉底探讨法律和立法者的本质的根本目的。

我们要知道,苏格拉底和柏拉图面临的历史处境是智者运动导致的法律危机。智者认为法律是人为的产物,法律、道德是违反人性的。所以真正的生活是合乎自然的生活,也就是没有法律的生活。苏格拉底和柏拉图既要反对智者们对法律道德的否定,也要重新反思法律的本质。他们得出的基本结论应该是:一方面,法律是人为的习俗,必须是因地制宜的,因此不同国家有不同的法律。这是法律的习俗性的。另一方面,法律也是自然的,即任何国家都需要法律,法律作为法律是同一的,是政治生活所必需的。因此道德和法律是合乎自然的,是人性所需要的。但是即使如此,法律也在某种程度上是反自然的。因为法律是一种普遍的固定的东西。而实际的事物和生活都是个别的具体的,法律不能完全合乎自然。这意味着我们对法律既要肯定其自然性和必要性,也要看到其弊端。我们既不能像智者那样完全否定法律,也不能像道学家那样盲目地推崇法律。

四、结束语

法律是政治生活的核心。法律的不同决定了政体的不同。虽然人们在实际生活中遵守法律,但是似乎并不会思考法律的本质是什么。这就是苏格拉底所批判的无知。同样,作为立法者的米诺斯也并未探讨法律的本质。如果立法者不反思法律的本质,就意味着他不知道自己在做什么,这样他就仍然处于无知的状态。相反,哲人苏格拉底却探讨了法律的本质。他对法律是什么的询问正如他对其他问题的询问一样,就是把法律作为一个反思和考察的对象。一旦我们把一个对象作为问题进行考察,我们就消除了这个东西对我们的束缚和限制。所以对象化的方式是理性主义的重要方法,是哲人达到自由和智慧的重要方法。也就是说,苏格拉底把法律作为对象进行考察时,他就已经超越了法律,是站在法律之外考察法律的。这种法律之外的视角只能来自超政治生活的哲学。这就是哲人高于立法者的原因。哲学和法律构成了人间世的两极。那么哲人为什么还要立法呢?因为世人私欲炽盛,难调难伏,又愚昧无知,总是事与愿违,害人害己,所以哲人才要立法,规范和引导世人谋取真实的幸福和利益。哲人或者其他立法者制定法律,遵守法律,并不是为了法律本身,而是为了整个国家和人民的和谐幸福。正如孔子指出的:"听讼,吾犹人也。必也使无讼乎!"(《中庸》)有子曰:"礼之用,和为贵。先王之道,斯为美;小大由之。有所不行,知和而和,不以礼节之,亦不可行也。"(《论语·学而》)所以法律是手段,而不是目的。法律的目的在于达到社会的和谐和幸福,如果一个社会不需要通过法律的手段就能够达到全体幸福,那么确实就不需要法律了。理想国就是一个没有法律的国家,因为它是完全依据智慧和自然建立的国家,能够达到最高的完全的整体的幸福。

第八节 哲人的"神道设教"——《法律篇》解读

《法律篇》是柏拉图最后的著作。对于柏拉图来说,法律首先不是指成文法,正如在《理想国》中他曾经批判的。因此我们不要在现代成文法的层面理解柏拉图的法律概念。他的"法律"概念包括了习俗、道德、法律和礼仪等各个方面,简单地说就是生活方式。法律是对人的生活方式的全面规定和安排,一个人从出生到死亡都时刻处在法律的统治之下。所以法律是政治的首要问题,不同的法律意味着不同的生活方式和价值取向。什么样的法律是最好的,或者法律的目的是什么,是法律首先要解决的问题。对这个问题的回答就必须回溯到智慧的问题。《理想国》是哲人直接统治的国家,即依据智慧统治的国家。所以法律在《理想国》中被放弃了。但是因为哲人是稀缺的,哲人的统治更是稀缺的,所以对法律的需要就变得更加重要和迫切了。可以说,法律是智慧的替代品,法律是对智慧的模仿。因此《法律篇》中的国家就只能是次好的国家,而不是最好的国家了。从目的角度看,在理想国中的智慧统治之下,国家达到了最高的和谐和正义。而在法律统治下,只能达到次好的和谐和正义。依据法律而统治不可能达到依据智慧而统治那样的和谐和正义。对于这一点,柏拉图在《政治家》中进行了充分的说明。但是无论如何，依据法律统治仍然是比较切实可行的解决政治秩序问题的方法。法律是人类社会秩序的根本保证。这样柏拉图的法律概念也就和我国古代的“礼制”的观念接近了。例如孔子曰：“夫礼，先王以承天之道，以治人之情。故失之者死，得之者生。《诗》曰：‘相鼠有体，人而无礼；人而无礼，胡不遄死？’是故夫礼，必本于天，殽于地，列于鬼神，达于丧祭、射御、冠昏、朝聘。故圣人以礼示之，故天下国家可得而正也。”(《礼记·礼运》)这种法律是规范人们的生活方式和行为标准的尺度。真正的法律不是写在纸上的，而是写在人的灵魂中的，它关心的是人性或者人格的塑造。所以法律的最终目的应该是塑造心灵和谐的健全人格。只有健全人组成的社会才是一个和谐正义的社会。

对话的人物是雅典客人、斯巴达人梅奇卢斯和克里特人克列尼亚斯。他们都已经步入老年，智慧已经成熟，对人类事务已经了如指掌，明察秋毫。所以他们最适合谈论人类最根本的问题，即法律、教育等问题。对话的时间是公元前四世纪克里特岛上的一个夏日。对话的地点是从米诺斯的克洛诺斯王宫到宙斯神庙的漫长路途，显得是从世俗政治到诸神之王宙斯的“朝圣之旅”。柏拉图通过这种方式暗示了《法律篇》的“神道设教”的性质。

一、法律与德性

第一卷

本卷的主题：通过对斯巴达和克里特的立法目的的考察，说明法律的目的是和平和美德，而不是战争和勇敢。

（一）对斯巴达和克里特的立法目的的考察

1. 法律的来源

雅典客人问斯巴达和克里特的法律是人制定的还是神制定的。克里特人克列尼亚斯和斯巴达人梅奇卢斯认为神是法律的制定者。客人提到了这是荷马的说法。克列尼亚斯提到了米诺斯的兄弟雷达曼萨斯，认为他是正义者的楷模。客人提议在从克洛诺斯王宫到宙斯神庙的漫长路途中可以对政治法律制度进行探讨，以消磨这炎热而漫长的旅程。他们表示赞同。

对话被安排在从米诺斯的克洛诺斯王宫到宙斯神庙的旅途，这显得是崇拜宙斯的朝圣之旅。在《斐德罗》中，哲人就被看作是处在宙斯的队列中，可以说，宙斯是哲人的化身。而且《法律篇》和《斐德罗》还有很多相似之处。《斐德罗》中的时间也是炎热的夏日，也是在神庙附近，也有可供乘凉的绿荫。而《斐德罗》的主题是探讨修辞的技艺。这似乎也暗示了《法律篇》的修辞学性质。《法律篇》是哲人柏拉图的修辞之作或者神道设教的作品。立法的核心就是“神道设教”。在《理想国》中，太阳象征真理和至善，是洞穴外的境界，而洞穴是政治世界的象征。因此，太阳下寻找荫凉也就意味着，他们是在政治洞穴之外，并且试图创建政治洞穴。这个政治洞穴就是法律的洞穴。而立法者诉诸的最高权威和根源就是神。或者说，一切法的本质都应该是“神法”。因此向宙斯神庙的前进就是创建神法的过程。所以，按照施特劳斯的说明，阿维罗伊认为《法律篇》是讲天启和预言的书，也就是说是关于神法的书。克洛诺斯王宫是古老王国的政治中心，是古老法律的发源地。宙斯是哲人和自然的象征，是新法律的诞生之地。这也意味着从“法先王”到“法后王”的转变。“法先王”的前提就是认识先王制定法律的原因和根据，这种原因和根据就是我们重新制定法律的原因和根据。而且法律的制定不能是庶民的行为，而是圣人的行为，正如孔子所说，“非天子，不议礼，不制度，不考文。”(《中庸》)所以柏拉图把探讨法律起源的对话安排在三个处于政治生活之外的老年人，表明关于法律的对话是隐匿的对话。

客人提到了荷马，也显示了试图挑战荷马的意图。荷马史诗是对诸神的故事的言说，显得是对古希腊政治生活的立法活动。但是柏拉图并不推崇诗人荷马的立法，更加推崇梭伦、喀莱古斯等立法者。在柏拉图看来，荷马属于诗人的传统，荷马对诸神的言说实际上导致了不良的政治后果。在荷马的神话立法中，战争被看作是首要的问题，诸神被看作是非道德的，诸神的统治是凭借暴力，诸神推崇的德性也只是荣誉之类德性。在柏拉图看来，对于谋求建立一个良好的国家来说，这种神话显然是不合适的。所以柏拉图才要重新立法。但是他并不要完全否定荷马，而是在荷马神话外衣下，赋予新的内涵和德性，这可以说是柏拉图的“托古改制”。他们把这个假想的新国家叫作“马格尼西亚”。

正如《理想国》所揭示的，一切立法或者变法的终极依据就是自然，或者说是人性的自然。自然本身超越一切礼法，是一切礼法的终极依据。但是大多数人并不真实地认识自然，或者对自己的天性没有正确的认识，所以依据自然而立法或者变法就显得不够权威，人们未必能够接受自然作为立法的依据。所以哲人立法者在进行立法时必须掩盖法律的自然基础和起源，必须把立法的起源说成是诸神，这样他的立法才能被民众接受、认可和服从。柏拉图只提到了神，把神作为法律的最终依据。哲人的立法既要诉诸自然，也要掩盖自然。所以施特劳斯认为柏拉图的《法律篇》是“包含了法律的解毒剂的关于法律的书”。在《法律篇》开头对神的揭示暗示了对神的否定，但是在《法律篇》最后对神的提示则暗示了对神的引入。所以《法律篇》是柏拉图的“神道设教”的典型之作。

2. 法律的目的

接下来客人询问克里特人为什么实行公餐制、体育训练和特殊武器装备。克列尼亚斯认为这些制度的目的都是着眼于战争。因为在立法者看来，所谓的和平只是一场虚构，真正的事实是所有城邦都已经在进行不宣而战的战争。如果我们在战争中不能保护自己，那么在和平时代积累的财富都将成为他人的战利品。所以立法者的意图就是确保在战争中打败他人，以此保卫国家和财富。在克里特和斯巴达，勇敢被看作是唯一的美德。

但是客人显然并不同意这种看法，他进一步提问，如果国家和国家处于战争状态，那么村落和村落、家庭和家庭、个人和个人、甚至个人内部是不是都处于战争状态呢？克列尼亚斯承认不仅在公共领域，而且在私人领域中都是处于普遍的战争状态，并且认为每个人的最大胜利就是战胜他自己。如果被自己打败，那就是最坏的结果。所以每个人身上也发生着自我反对的战争。

柏拉图对这种战争状态的揭示是非常尖锐的。在现代哲学家中，霍布斯曾经强调了这种战争状态，把战争状态看作是政治状态的起源的前提。这和斯巴达等的立法着眼点是非常一致的。所以，霍布斯的政治哲学虽然显得非常科学和现代，但是仍然和斯巴达的立法者没有根本区别。柏拉图并未否定这种战争状态，相反把这种战争状态彻底化或者激进化了，即把战争状态推进到了个人内在生活领域。这样他就更加彻底地思考了政治或者法律的目的，并且因此得出了立法目的是德性的结论。这个结论实际上就否定了立法者把战争作为立法的首要目的的正当性。如果战争不仅是国家和国家之间的事实，而是国内的事实，也是个人的事实，那么立法就不能仅仅是针对其他国家，也必须针对国内的群体之间和个人内部之间，甚至个人内部的和平才是立法者最应该关注的。如果每个人都能够在内心达到和平，那么国内群体之间也就能达到和平，而这也是《理想国》的根本目标。如果我们每个人的本心不能实现完全的和谐，又如何能够和他人之间实现和平呢？个人的内在和平的本质也就是理性和非理性的完全和谐。

客人进一步指出，这种要么打败自己，要么被自己打败，不仅发生在个人内心世界，也发生在公共领域。一个国家中的优秀的部分征服了恶劣的部分，这样的国家就是“征服了自己“，这个国家就是良好的国家，否则就是恶劣的国家。例如大量邪恶的人结合起来打败了少数善良的人。所以，不论是国家还是个人，打败自己就是优于自己，被自己打败就是劣于自己。客人进一步以“兄弟喻”来说明自己的想法。如果一个家庭内部有很多兄弟，其中有好有坏，那么一个法官应该如何治理这个家庭呢？要么是杀死坏兄弟，只留下好兄弟。要么是让好兄弟统治，让坏兄弟们自觉自愿地服从。要么是由法官进行统治，他制定家规，使兄弟们永远和平共处。一个好法官必定是着眼于家庭的和谐，为了指引他们的未来而制定法律。克列尼亚斯认为第三种方法是更好的。

柏拉图在这里是以家事比喻国事。他始终认为国事和家事是一回事，修身、齐家和治国是一回事。因为两者的根本依据都是以理性治理非理性，达到理性和非理性的和谐。也就是说，打败自己的含义就是以理性战胜自己的欲望，被自己打败就是理性被欲望征服。所以法律的目的就是实现理性和非理性的和谐。这就意味着法律的目的是着眼于和平，而不是战争。立法者制定法律首先考虑的是国家内部的和谐，而不是对外战争。内部和平才是国家的最大的善。立法者应该把有关战争的法律作为和平的工具,而不是把和平的法律作为战争的工具。[1]

接下来客人对雅典诗人提尔泰奥斯提出批评。诗人专门写作战争诗歌,歌颂勇敢,把勇敢看作是最重要的德性。在客人看来,诗人并未区分两类战争即内战和外战。在两类战争中,内战比外战更加艰难,因为它的不道德程度更大,对人的道德的摧毁也更大。所以立法者应该首先着重于内部和平,而不是对外战争。这样客人就贬低了勇敢,认为勇敢只能是第四位的德性。对比霍布斯和尼采,霍布斯几乎驱逐了勇敢的德性,而尼采则又把勇敢作为首要美德。这都包含了对智慧的贬低。

客人进一步试图说明,克里特和斯巴达的立法者在制定法律时绝不仅仅是着眼于勇敢,而是德性的整体。立法者的目的只能是德性,并且是美德的整体,而不仅仅是其中一种德性。客人指出克里特的立法者的错误只是在于他们没有意识到这个目的。如果这些立法者意识到了他们的立法意图,就不可能单纯地推崇勇敢了。客人似乎比克里特立法者更加清楚地看到了他的立法意图。这也就意味着客人将进行比他们更加完整的立法活动,将把德性整体作为法律的根本目的。这种差异性来自柏拉图对人性的自然有了更加清晰和完整的认识,这得益于苏格拉底的"政治哲学转向"。正是在这种政治哲学的视野中,人性被首次作为独立的问题加以研究和认识,因此获得了更加正确和完整的人性论,这样立法活动才能变得真正"科学"。而克里特和斯巴达的立法者缺乏这种完整的人性论知识。

客人把德性分为两类,一类是世俗的人的德性或者利益,一类是神圣的神的德性或者利益。一方面,神圣的利益高于世俗的利益,神圣的利益决定了世俗的利益。另一方面,神圣的利益包含了世俗的利益,没有神圣的利益就不可能有世俗的利益。客人指出,在世俗的利益或者德性中,首要的是健康,其次是美貌,再次是力量,最后是财富。财富应该是智慧的仆人。在神圣的利益或者德性中,首要的是智慧和判断力。其次是自我节制或者自律,再次是正义,最后是勇敢。这意味着所有这些利益都指向

---

[1] Plato, *The Laws of Plato*, Translated by Thomas L. Pangle, Basic Book, Inc. 1980. 628d. P32.

智慧和理性。立法的最高目的是理性和智慧,或者说是哲学。

柏拉图对德性和利益的这种观点旨在告诉立法者,他们应该按照这种顺序进行立法。神圣美德也就是灵魂的美德,世俗德性也就是和身体相关的德性。灵魂高于肉体,所以神圣美德高于世俗美德。如果违反了这种顺序,就是错误的立法。不能把世俗利益或者德性看得高于神圣的德性,不能把财富看得比健康更重要,不能把勇敢看得高于智慧或者正义。在这里,客人把德性和利益等同起来,表达了"德性就是利益"的观点。人们往往把道德和利益区分开,认为道德是虚假的,而利益才是真实的。这是片面的错误的。单纯的物质利益不可能给人带来什么福利,只有在道德的指导下我们才能正确使用物质财富,也因此才能有利于我们的人生。因此道德才是真正的利益,物质利益只有从属于道德才是真正的利益。这决不是虚伪的道德说教,而是基于对人性和生活的观察得出的智慧之论。但是现代性的基本精神就是把世俗性的利益或者德性置于神圣的德性或者利益之上。从霍布斯开始至今,现代立法者都把物质财富的重要性置于最高地位,而对人性的德性反而不再关注了。这种对世俗财富的无节制地追逐和推崇导致现代国家的功利主义和强权主义的倾向。即使卢梭和康德强调国家的道德目的,他们也并未根本否定功利主义的首要性。他们的道德主义显得不过是对功利主义的补充和完善。因此,现代性的立法者背叛了柏拉图的立法原则。

客人还指出,立法者的法律是对每个人的整个一生进行的统筹安排,每个人的一生都是在法律的安排下度过的。法律就是一种形式,给予人生以明确的阶段性和形式性,给予人生的每个阶段以明确的内容规定。可以说,法律是一个人的首要的父母和保护者。因此法律就是政治文明的核心和首要事实。离开了法律,我们就不能使用"文明"这个语词。但是现在我们却在非常混乱或者错误的意义上使用文明这个词,包括尼采对政治文明的理解都没有触及法律的根本事实。客人还指出,法律必须对人的行为给予明确的荣誉或者耻辱的标准。这是对人的行为进行引导的必要方法。如果没有奖惩标准,人们往往不会严肃对待自己的行为,也不会引起特定的情感体验,例如荣耀或者羞耻等。而这些特定的情感体验对于法律的实行和人格的塑造是非常重要的。所以客人要求立法者必须关注人们的各种情感变化和需要，并且应用法律手段给予褒贬。这就是“缘人情以治理”的根本含义。因为人在是理性的动物之前，就已经是情欲的动物。而且情欲的力量似乎比理性的力量更加强大，要驯服情欲合乎理性的引导，其实是非常困难的事情。但是只有理性和非理性达到了和谐，才能达到人性或者人格的完满性。理性和非理性是人性的不可分的两个方面，只有统筹协调好理性和非理性的关系，才能最终实现人性的教养。这才是一切立法者的终极目标。

最终客人指出，所有这些礼法都组成一个“理性的整体”。这里，柏拉图显示了法律的理性主义基础和起源。法律归根到底是理性的产物，正如在《政治家》中，柏拉图曾经指出的，法律乃是理性的产物，是对理性的模仿。这样他就把理性的因素引入政治生活中，打击了“强权政治”的观点。否则我们就不能真正理解法律的本质，就会把法律看作是强者为了自己的利益而制定的，正如在《理想国》中色拉叙马霍斯曾经尖锐地指出的。这无疑是对法律的本质的错误理解。可以说，《理想国》的整个对话都是建立在对这个观点的批判之上的。不能彻底地批判这种观点，就不能达到政治生活的文明化和理性化。政治生活的野蛮化和愚昧化是始终威胁政治生活的力量，我们必须时刻和这种力量进行斗争。而使政治生活文明化和理性化才是哲人思考的根本目标之一，才是合乎性善论的基本事实的。

所以客人指出，作为理性的整体，法律只关注正义和节制，而不考虑财富和野心。❶ 这里也显示了道德和理性的关系。道德也是理性的产物，是对理性的模仿和分有。在没有获得完全的理性之前，我们必须以道德的理性来指引我们的行为。即使在我们获得了真实的智慧以后，也不能在行为上抛弃道德理性。所以道德也是理性的产物，而不是强权主义或者功利主义的产物。而且，神圣美德高于世俗美德，即灵魂的美德高于身体的德性。法律必须把神圣德性作为首要目标，而世俗德性只能从属于

---

❶ Plato. *Laws*. Translated by Trevor J. Saunders. In *Complete Works*. Edited, with Introduction and Notes, by John M. Cooper, Hackett Publishing Company. 1997. 631e-632d.

神圣德性。总而言之,立法是一种崇高的技艺,其目的是培养人民的德性,并且协调各种美德,使得国家成为一个美德的整体。

虽然霍布斯也把和平作为立法的最高目的,但他对于和平的意义的理解和柏拉图是不同的。霍布斯认为和平服务于人们的舒适生活,而他的自然法,或伦理法也必须服务于和平和舒适生活。这是我们理解霍布斯的道德哲学的关键。所以他牺牲了神圣德性,只承认世俗的德性。在世俗的德性中,他只肯定了有利于和平的德性,即尼采所谓的"畜群道德"。这种畜群道德无助于提升人性。柏拉图的德性肯定的首先是神圣德性,即所谓的四主德。和平的意义是有助于培养人的神圣德性,德性才是人性的真正生成。德性中首要的是智慧,智慧是一切德性的来源和保证。在他看来,世俗的德性不可能完全满足人性的需要,即使我们希望把人类生活限制在单纯的吃喝玩乐上,同样是一个不可能实现的低俗的乌托邦。霍布斯恰恰就是希望建立一个这样的乌托邦。但是这个乌托邦比柏拉图的乌托邦还"不靠谱",因为它违反了人性的自然。所以柏拉图否认立法的目的是战争,但是也反对立法的目的仅仅是为了和平。

(二)对培养勇敢和节制的制度的考察

1. 培养勇敢的方式 632e—635e

德性是立法的目的。客人对斯巴达和克里特的各种培养勇敢美德的方法进行考察。他首先考察斯巴达的培养勇敢的方法,大致上包括公餐制、体育训练、打猎和忍受痛苦等方法,例如秘密服役和裸体比赛等。

客人认为这些培养勇敢的方法是不全面的。因为他们对勇敢的理解仅仅限于对恐惧和痛苦的抵制,而没有把希望和快乐包括在内。因为人不仅有痛苦和恐惧,还同时有希望和快乐,德性的培养就必须同时包含对两类情感的控制和支配,否则就是不完全的。真正的勇士必须不能被痛苦征服,也不能被快乐征服。一个人"被自己征服"往往就是被快乐的诱惑所征服。"被自己征服"就是"被快乐征服"。斯巴达和克里特的立法者都只关注培养抵制痛苦的攻击,没有把征服快乐的德性作为自己立法的内容。

客人的观点表明,培养勇敢也应该包括抵制快乐的能力。立法者必须全面考虑到人们的各种感受和情绪,然后针对这些感受做出不同的法律规定。这就是所谓的“缘人情以治理”。也就是说,法律作为理性的产物是管理人的情欲的。人往往被自己的情欲所支配,这就是受苦和生病,法律就是要消除这种疾病。因此,法律就是一种药物,它的目的就是治疗人的情欲之病。所谓“贫贱不能移,富贵不能淫,威武不能屈”,这才是对德性的全面地培养和训练。仅仅关注其中的任何一个方面都是片面的。因此,真正的立法者必须同时把抵制快乐的诱惑和进攻作为立法的内容。快乐才是人的最危险的敌人,一个人必须能够抵制“糖衣炮弹”的进攻。可见,《法律篇》的内容和《普罗泰戈拉》中的关于勇敢和快乐的论述是一致的。

客人接着指出了他们的法律中的一个最好的规定就是禁止年轻人探究法律的是非曲直,全体公民都应认为这些法律是优秀的,是由神制定的。(Plato. *Laws*. 634e)这是维护法律的权威性的必要条件。年轻人往往血气方刚,智慧没有成熟,这时他们并不能够真正理解法律的目的和意义,如果允许他们随意发表自己的看法,他们往往会得出很多错误的见解,并且最终危害法律的权威性和神圣性。如果公民不认为国家法律是神圣的权威的,那么法律就不可能得到真正的尊重和实行。法律自身并不能够自我实行,要依靠公民对法律的服从和接受,而只有把法律看作是神圣的,公民才可能心悦诚服地遵守法律,法律才能达到自己最大的效果。否则,法律就只是形式上的对人的行为的控制,其有效性就大打折扣了。以此反观我们的自由民主制国家,人们可以随意地谈论法律,随意地修改法律,结果就导致法律权威性的丧失。人们逐渐就变得藐视法律,无法无天。“民之多幸,国之不幸”。这也就是真正的法律都需要一个神圣的外衣的原因。

客人继续指出,在对待快乐的问题上,克里特和斯巴达的立法者只是试图使公民避开快乐。客人认为这种方法是不好的,因为如果一个人从来没有感受过快乐,当他接触快乐时就容易难以抵制快乐的进攻,很容易地成为快乐的俘虏和奴隶。(Plato. *Laws*. 635c)在他看来,人们大部分都是快乐的奴隶,只是在极为有限的意义上才能被称为勇士和自由人,也就是在他们能够真正以理性支配自己的情欲的情况下。否则,一个自由民即使摆脱了他人的统治,如果不能摆脱自己的情欲的控制,他就仍然不是自由人。这就涉及柏拉图对“自由人”的本质的看法。在他看来，真正的自由人并不是不受统治的人，而是理性支配自己的情欲的人，也就是“理性人”。只有理性人才是自由人，而一般政治意义上的自由人都只是表面的和片面的。这样他就深化了关于自由人的观念。也就是说，柏拉图把自由和自律联系起来，自由就是自律。而且这种自律还不是自我强制，而是自我立法，自我服从。这样也就否定了一切外在的法律的必要性。也就是说，如果每个人都是理性的自律的人，那么，政治含义上的法律就是没有必要的了。这和卢梭、康德的道德法律的观念是一致的，但是卢梭和康德的道德法律的观念仍然是现代性的，和柏拉图的这种自由观仍然有很大差异。

2. 培养节制的方法 635e—650b

客人接下来开始探讨培养节制的问题。客人敏锐地指出任何一种特定的生活方式总是在促进某方面时也在损害另一些方面。(Plato. *Laws.* 636a)也就是说，任何法律都是针对特定情况而制定的。人事易变，所以任何法律都会很快就时过境迁，变得不合时宜。这也就意味着我们不可能一劳永逸地建立一种一成不变的完美的政治制度，在这种制度下，人类可以过一种永远正义幸福的生活。所以政治制度的改革就是不可避免的，我们不得不及时改变原先的法律。正如法律的制定依赖理性，法律的改革也不可避免地依赖于智慧和理性。理性和智慧是对自然的认识，只有理性和智慧才能揭示事实状况，因此才能“依据自然”恰如其分地制定适合的法律，引导国家走向德性和至善。

根据这种看法，客人指出了斯巴达的公餐制和体育训练的危害。他认为这种制度容易导致同性恋，同性恋者会结成同党，一旦情形不利，他们就可能发动叛乱。而且同性恋是反自然的，既破坏了两性的自然快乐和生育，也使得同性恋者更加放纵，没有节制。因为快乐和痛苦是自然放出的两股泉水，如果一个人或者国家在恰当的时机从恰当的泉水中饮用，就能够获得幸福的生活，否则就是痛苦的生活。国家和个人都是一样的。(Plato. *Laws.* 636e)因此一个人不但要学会控制好自己的痛苦，也要控制好自己的快乐，这样他才能达到中道和谐的至善境界。

斯巴达人梅氏对自己国家的禁酒习俗进行辩护。他认为斯巴达立法者制定禁酒的法律是防止国人因为饮酒变得放纵和愚蠢。客人认为禁酒并不是最好的。虽然斯巴达的男人刚毅勇敢,但是斯巴达妇女的放荡却是出名的,这同样是斯巴达法律的缺陷的表现。我们应该指出,这种法律类似于禁欲主义的立场。禁欲主义把快乐视为洪水猛兽,竭力避开一切快乐,认为快乐会导致人的堕落。但是禁欲主义也是不正确的。正如享乐主义被快乐征服一样,苦行主义或者禁欲主义对快乐避之唯恐不及,这也是被快乐征服。因此禁欲主义的逃避快乐不是理性地对待快乐的方法。只有在我们充分体验到快乐,但是又不为所动时,我们才算是真正地控制了快乐,获得了人格的高度独立和自由。所以在《法律篇》中,如何对待饮酒特别是酗酒问题就成为重要问题。因为这涉及对人的欲望和情感的控制和引导的问题。

客人首先列举了色雷斯人、波斯人等对喝酒的相反的法律。梅氏则不以为然,认为斯巴达人可以轻易战胜他们。客人则指出这种"以胜败论英雄"是不对的。这种"以胜败论英雄"的态度是功利主义的,也是狭隘的,并不是一种正确地思考问题的方式。在柏拉图看来,我们应该"依据自然"来思考和评价一种习俗是不是好的,而不是依据它取得的效果。因为结果往往取决于多种因素,一个优秀的民族也可能被一个野蛮民族征服,但是不能因此就认为野蛮民族优于优秀的民族。正如在近现代以来,我们往往以在对外战争中屡次失败来否定自己的传统文化,把国家的"积贫积弱"归因于传统文化。这种思维方式是一种非常错误和片面的思维方式。近现代国人的这种评价原则实际上是一种"强盗逻辑",是野蛮化的强权主义的思维方式,是野蛮对于文明的胜利的表现。当然没有一种完美的文化,任何文化在一成不变的因循守旧中都可能变成野蛮的僵化的因素。应该说,传统文化本身是好的,即合乎自然的,只是在"如何使用"的问题上产生了偏差。

接下来,客人提出了考察评价一个文化习俗的正确方法。他认为在探讨一种习俗时,如果其意图是为了肯定或者否定它,那么就不可能做出正确的考察。因为这是"先入为主"的态度和方法,我们的"偏见"会妨害我们中立地或者自然地对待这种习俗,使我们不能"面对事实本身",不能做到"解放思想,实事求是"。他认为应该"从整体上"考察一种习俗,而不是简单地称赞或者批判一种习俗。也就是说，要把任何一种习俗或者问题放在"因果关系"中来考察。首先，必须考察立法者的用意和初衷是什么，只有理解了立法者的用意和初衷，才能够理解他制定的法律和习俗的意义，这样对习俗的评价才是合理的。其次，还必须考察这种习俗建立以来的效果是怎样的。如果其结果违反了立法者的意图，那么这种习俗就可能是错误的或者片面的。因为法律本质上都是对人的情感、欲望和行为的引导和控制，如果一个习俗或者法律能够正确引导人民的情欲和行为，达到理性和非理性的和谐，那么这种习俗就是正确的，否则就是错误的片面的。当然再错误的法律也包含了对于正确性的追求。因此关键就在于能够从因果关系中来考察一种习俗，这是达到科学和智慧的根本方法和原则。如果能够把这种智慧贯穿到法律的制定之中，就能够使整个国家也能够趋向于和保持于这种同一性和整体性，而不是倾向于任何一个片面的极端。

于是，客人通过对酒会的考察，以说明立法者在制定法律时面对的真实情况。酒会是人们追求快乐的场所，但是酒会也是最容易失控的场合。如果我们能够很好地组织酒会，人们能够"饮而不醉"，在饮酒的快乐中学会征服快乐，我们就能够很好地培养节制。对于培养节制来说，滴酒不沾显然并不是正确的，饮而不醉才是最高境界，这样的人才是有德性的人。这就和《会饮》的情景和主题结合起来了，苏格拉底就是饮而不醉的人格典范。因此客人认为如果酒会举办得好，对于国家就会有很大利益。客人以战争胜利后的现象进行说明，单纯苦行主义的教育会导致人们因为战争获胜而产生快乐和骄傲，这种快乐和骄傲将会导致他们犯下很多罪恶。这是很多历史事实证明了的。所以组织酒会对于人们的完整的德性教育是有利的。征服快乐能够培养人们的节制德性，征服痛苦能够培养人们的勇敢德性。节制和勇敢共同构成了人们的德性的两个方面，两者都是以理性态度控制两种强烈的情感和欲望。这就是所谓"发乎情，止乎礼"。

3. 饮酒和教育

在客人看来，一切习俗都是对人进行培养教育的方法，饮酒习俗也是一种教育的方式。所以如果要正确评价一种习俗，就必须首先对教育问题进行认真考察。于是克氏和梅氏都鼓励客人继续考察。

客人首先提出了“什么是教育”的问题。他赞同“教育必须从娃娃抓起”的观点，认为任何人要从事一项职业，就必须从小熟悉相关的内容，在游戏中加入教育，即“寓教于乐”。这样当孩子长大后就能够很自然地精通这项职业。但是客人认为我们还必须精确地定义教育的概念。他认为一般关于教育的观点都是职业技术教育，这种教育根本不能被称为教育。他认为教育必须是和德性相关的。“我心中的教育是一种从童年起就接受的美德教育，这种教育能够使人们产生一种成为一个完善的公民的强烈愿望，这种完善的公民知道如何依照正义的要求去进行统治和被统治。”(Plato. *Laws*. 644a)所以他认为必须把教育和培训区别开来。并不是什么活动都可以被称为教育，旨在获得金钱、强健、职业技术等的行为只能称为培训。只有和德性结合起来的行为才是真正的教育。受到真正教育的人才是好人，好人就是“能够自我控制的人”，相反，不能自我控制的人就是坏人。所谓自我控制就是以理性节制非理性，这仍然是和节制相关的德性问题。所以柏拉图认为我们绝不能轻视教育，每个人都必须支持教育。真正的教育是塑造完美人格的必要方法。这里体现了柏拉图对于教育的道德目的的强烈诉求。但是我们现代的教育却几乎不再关注德性问题，而日益变为职业技术培训。

为了进一步说明德性问题，客人指出每个人都被四种力量拉扯着，即快乐、痛苦、恐惧(对于痛苦的预知)、期望(对快乐的预知)。法律就是对这四种情感力量的计算。“把这四者加以计算，我们就判断出快乐和痛苦的相对优点，当它表现为一个国家的公共决策时，它就获得了法律之名。”(Plato. *Laws*. 644d)也就是说，人心首先是被各种情感和欲望控制的，类似于心灵的“无政府状态”，其中哪一种力量更加强烈，就可能控制心灵，并且进而支配人的行为。如果我们通过法律的形式强化某些我们认为正确的情感和欲望，而削弱某些我们认为不正确的情感和欲望，那么就相当于控制了人的心灵，并且进而控制了人的行为。所以立法者必须对人性中的各种情感和欲望有正确而清晰的认识，并且制定明确的法律，来引导和控制人们的情感和欲望，进而控制人们的行为和生活方式。这也就是柏拉图提出的“法律计算说”的作用和意义。这里和《政治家》、《普罗泰戈拉》中的“度量的技艺”或者“衡量的技艺”是一致的。法律就是度量的技艺的一种应用。度量的技艺的核心是中道，所以法律的计算的本质也就是中道，体现为对各种情欲的力量的计算和平衡。它首先是一种量的关系，而不是质的关系。这种衡量的技艺的目的是获得更大的快乐，而不是更强烈的快乐。我们应该为了未来的更大的快乐而节制当前的较强烈的快乐。但是人们往往追求更加强烈的快乐，这样他们的欲望和行为就可能因为走向极端而危害到他们自己。通过这种法律的计算，就能够使人避免这些极端情感和欲望的伤害。法律就是计算，法律的计算是为了人的更大的快乐和幸福，这种计算是高尚的神圣的，是理性的最完美最重要的实践使用。这可以说是柏拉图对法律的本质的说明。从这里我们可以体会到，柏拉图并不是所谓的道德主义者或者法律至上论者，他的着眼点还是在于对人的情欲的协调和引导，而不是消灭人的情欲。柏拉图这里的计算也不是功利主义的计算，因为其中包含了精神快乐。而功利主义的计算几乎取消了精神快乐的因素。基督教的来世报偿等观念也可以说就是这种计算的产物，即放弃和降低现世的幸福和快乐以换取来世的永恒幸福和快乐。这同样是对人的身体欲望和快乐的引导和控制方式。

但是两位对话者都几乎不同意客人的这种说法。客人接着提出了“傀儡喻”加以说明。他认为我们可以把人看作是诸神的傀儡。作为诸神的傀儡，人为什么被创造出来，这是无法探知的。但是人确实被各种欲望和感情所支配，这却是自明的认识。这些欲望和情感往往相互对立斗争，把人拉来拉去。美德和邪恶就是在这种斗争中体现出来的。美德就是以理性引导欲望和情感，而邪恶就是理性被低贱的欲望和情感支配。或者说，高贵的爱欲是对智慧和大道的追求，而低贱的爱欲就是对肉欲快乐的追求。法律就是支配人这种傀儡的最重要的绳索，法律引导人更加倾向于选择高贵的情欲，而避免低贱的情欲。所以客人认为，法律的绳索是黄金做的，而且是柔软的。其他绳索是低贱的坚硬的。法律是每个人的生活的向导和老师。每个人都应该和法律合作，因此可以增加我们身上的黄金元素。如果我们忽视或者蔑视法律，就会导致低贱的爱欲的泛滥。因此不论个人还是国家都应该完全服从法律，按照法律的要求生活和做事。

接下来客人转入对饮酒问题的探讨。他提出如果我们给这些傀儡喝酒会产生什么影响。毫无疑问,这个傀儡的情感的力量会加强,而理性的力量会减弱。他的自我节制就会逐渐处于最低的水平,这是非常糟糕的状态。但是如果不断进行喝酒的训练,人就会逐渐学会控制这种醉酒状态,正如在体育锻炼的痛苦阶段后,身体会强壮起来一样,在度过了喝酒导致的虚弱状态后,人也会逐渐强大起来。这就是喝酒带来的好处。人将逐渐学会对快乐的控制。客人进一步解释自己的看法。人有两种恐惧,一种针对邪恶,一种针对不名誉,这后一种恐惧就是羞耻感。羞耻感是对在朋友面前失去尊严的恐惧。羞耻感可以防止我们沉溺于快乐,使我们在快乐面前不会变得贪婪,例如饮酒带来的快乐。客人认为羞耻感非常重要。要使一个人不惧怕任何恐惧,他就必须学会面对一切恐惧,学习战胜它们。在客人看来,饮酒是学习与快乐做斗争的最好的方法。所以他把酒称为"神赐的药物"。人在饮酒后会变得自我膨胀和放纵,如果一个人能够在这种状态下控制自己,那么他无疑是勇敢和节制的人的典范。这同样是一种学会抵抗恐惧的训练。这种恐惧来自对快乐的恐惧,来自在朋友面前失态的恐惧。经过这种训练的人就不会在战争胜利后的快乐中妄自尊大、忘乎所以。因为他们已经学会了和快乐进行斗争,而不是对快乐妥协。这是用娱乐的方式进行德性的训练和培养。这种饮酒的训练就是政治的技艺的一种方法。通过给人们饮酒,然后对他们的灵魂的品质和天性进行观察和训练,就可以选拔出优秀杰出的人物。这样的人的灵魂将受到更加全面的训练,养成更加全面的德性。因此在客人看来,这才是培养节制的德性的好方法。之前的立法者的错误就在于都忽略了对人的抵制快乐的能力的训练,因此导致人的灵魂的残缺。

二、教育和音乐

第二卷

本卷的主题是关于诗教和乐教的立法。教育的目的是达到情感和理智、美和善的和谐。其中的主要问题是反对把快乐作为音乐的唯一标准。

客人继续对教育的本质进行探讨。为了正确认识教育的本质,就必须认识人的灵魂的自然。教育的目的是培养美德。教育必须是针对人的情感和欲望的自然状况制定的，是对人的欲望和情感的理性引导。“我认为，教育是儿童最初获得的美德，也就是使快乐和喜爱、痛苦和憎恨在那些还不能进行推理的灵魂中得到正确安排。然后，当他们能够进行推理时，这些激情和理智能够保持和谐一致，通过适当地训练养成正确的习惯。这种整体性的和谐就是美德。”(Plato. *The Laws of Plato*. 653b)也就是说，儿童的德性教育非常重要。儿童的最初感觉就是快乐和痛苦，如果能够用理性的方式进行引导和训练，使他们自然地热爱美好的东西，憎恨邪恶的东西，那么这就是对他们的灵魂德性的教育。等他们能够使用自己的理性的时候，他们就不会产生理性和非理性的矛盾和冲突。当然因为非理性的干扰，一个人获得正确判断力和观点是非常困难的。一个人能够在老年达到这种理性智慧也是难能可贵的。甚至一个人的人格完善就在于此。理性智慧首先以法律的形式存在。法律就是最初规定什么是正确，什么是错误的标准和权威。因此法律是人格教育的主要内容，教育和法律是一回事。所以和法律道德无关的教育都不是教育。人类世界中存在很多不同的法律，不同的法律意味着不同的教育。但是只有好法律才配得教育的美名。一个人必须首先接受法律的教导，经过正确地训练，使快乐和痛苦正确地汇集到灵魂中，等他长大成人，习惯成自然后，他已经养成了良好的德性，这样他就会自然地仇恨那些邪恶的东西，热爱那些美德的东西。“非礼勿视、非礼勿动、非礼勿听、非礼勿言”。这样的人就是受到良好教育的人。因此美德教育的目标是情感和理智的和谐协调，是对快乐和痛苦的正确训练。“缘人情以治理”的本质是对人的各种情感进行引导，最终达到情感和理性的和谐。(Plato. *Laws*. 653a)可以说，情感和欲望是质料，法律文明是形式。形式高于质料，教育就是把法律的理性形式注入人的情感和欲望之中，赋予质料以形式。通过对这些情感进行褒贬的方式引导人的价值选择和生活方式。所以一个人的灵魂的教育就是形式和质料的结合与和谐。进一步我们可以说，情感和理智的和谐也就是认识和行为的和谐一致。“知行合一”是人格和谐的最基本的表现。如果一个人虽然在认识上达到了真理，但是在行为上没有遵守真理，那么他就不是一个和谐的人、正义的人。或者他的认识并不是真正的认识，他的认识仍然是表面的浮浅的。如果我们在行为上摆脱了欲望的支配，完全按照理性行事，那就是“知行合一”的正义的人。从这里我们可以看到，灵魂的和谐是柏拉图的道德教育的终极目标。这也是我们理解柏拉图的教育观念的关键。

客人接下来指出，在一个人的生命过程中，人们对快乐和痛苦的约束会逐渐减弱，甚至消失。这也就是意味着人的感觉可能会变得僵化和顽固。如果一个人始终处在法律规范之下，就可能变得盲目或者丧失生活的乐趣。如果人们始终生活在严厉的道德法律约束下，不敢越雷池一步，他们的人生必然也是可怜的，他们的生命也是颓废的。在这里柏拉图似乎对盲目推崇法律的观点进行含蓄批评。我们必须推崇法律道德，但是我们对法律道德的推崇必须是有限的。我们必须看到我们制定法律道德的目的和意图，不能使得法律道德最终反过来成为人性的伤害者。这和孔子、孟子等人批评的“乡愿”是一致的，或者和耶稣曾经批评的法利赛人一样。他们只关心道德法律本身，而对人性的痛苦和快乐却缺乏尊重。而避免痛苦，获得幸福才是一切立法的最终目的。所以客人提到了“宗教歌舞”的问题。他认为人类生活是艰辛痛苦的，诸神可怜受苦的人类，把宗教节日作为从劳动中获得休息的日子。因此诸神给人类送来了缪斯、阿波罗和狄奥尼索斯。在这些宗教节日中，人类又恢复了自己的生命活力。在这里，柏拉图似乎把宗教节日看作是对道德法律的超越和扬弃，在宗教庆祝的节日活动中，人们摆脱了道德法律的束缚，可以适当地放纵一下，体验一下生命的激情和奔放，以此缓解他们生存的艰辛和法律的束缚。尼采在《悲剧的诞生》中关于诸神的看法可能就是接受了柏拉图的这种观点。我们也因此可以体验到柏拉图对人类的深深的悲悯情怀。这种慈悲或者悲悯就是他的智慧的体现。拥有智慧的人必然是慈悲的，没有慈悲的人必然是没有智慧的。“悲智双运”，慈悲和智慧是一体两面的。

在客人看来，宗教歌舞既包含了秩序，也包含了快乐，宗教歌舞是秩序和快乐的典型结合形式。因此宗教歌舞也就是教育的最好形式。所以客人认为“教育最初来自阿波罗和缪斯。”(Plato. *Laws*. 654a)这意味着只有接受过合唱训练的人才是有教养的人，否则就是没有教养的人。因此很多纯朴的民族都是能歌善舞的，歌舞就是他们实行和接受教育的方式。人们在歌舞中不但体验到了生命的快乐，同时也养成了法律意识。歌舞训练使人能够养成秩序感和团队意识。所以柏拉图几乎把教育和歌舞等同起来。孔子的“兴于诗，止于礼，成于乐”也是这种意思。仅仅有礼是远远不够的，乐才是最高的层次，是人性的自然的完成。所以礼教是低层次的，而乐教才是最高层次的。在乐教中，人的灵魂达到了一种理性和情感的和谐状态。只知遵守礼制是浮浅的低俗的，是对人性的事实和真理一无所知的。

一个不能歌善舞的人不是好人，但是一个能歌善舞的人也并不一定就是好人。一个天才的艺术家仍然可能是一个恶棍。因此客人认为必须考察“好”是什么意思。如果一个人只是机械地模仿这些歌舞动作，丝毫没有从中体会到快乐，那么他也肯定不是一个受到良好教育的好人。这样的人就是乡愿或者法利赛人。而另一个人即使在歌舞动作方面有些偏差，但是只要他能够从中充分体会到快乐，他仍然要优先于前者。所以能否把握住歌舞中的好东西，是评价一个人是不是受到良好教育的标准。这种好东西只能是德性或者说人格的完善。所以孔子以仁来复兴周礼，如果不能在礼中体验到仁，那么礼就是僵化的没有意义的形式，所谓“人而不仁，如礼何？人而不仁，如乐何？”(《论语·八佾》)同样，耶稣以爱上帝和爱邻人来复兴犹太教律法，如果律法不是体现了我们对上帝和人的爱，那么这种律法也就是没有意义的形式。

客人继续指出，并不是所有人对于好东西都一致认可，几乎不可能存在一致公认的好东西，所以我们不得不面临一个困惑，即“好”本身是因人而异的，还是客观存在的。如果“好”是因人而异的，那么这就难免陷入主观主义和相对主义。这实际上最终就取消了任何道德好坏之分。如果“好”是客观存在的，那么“好”存在于什么地方，以什么方式存在呢？这是柏拉图在对话中反复探讨的一个问题。他不能承认好或者善的相对性，但是他似乎也不能明确肯定“绝对意义上的好”究竟是什么。在《理想国》中他认为我们都是在追求善好，但是对善究竟是什么却没有清楚正确的认识。他最终只能以太阳比喻善本身，认为善是最客观真实的存在，是整个世界的终极目标。善的真实性是毋庸置疑的，但是我们却无法用语言表达出善本身，善本身是离言绝相的。

客人接着指出，大多数人都把好和快乐等同起来，认为一种音乐歌舞能够给人带来最大的快乐就是好的。客人反对这种看法。他指出有些表演是“令人愉快的但是堕落的”，因此快乐和善好并不是一回事。有的人往往不去做那些他认为是正确的，却去做那些他认为不正确的事情，就是人的理性和情感之间不和谐的表现。正如《圣经》中的保罗书信中曾经指出的灵魂和肉体的交战状态一样。客人把这种理性和情感的不和谐状态称为做梦一样的“半清醒状态”。大多数人都处于这种不和谐的“半清醒状态”。正如《理想国》中，柏拉图指出的“俗人一生都在梦中。”这种状态也就是不正义的状态。真正正义的状态是理性和非理性的和谐状态，因此只有哲人处于绝对的正义的清醒状态。关于快乐和善好的区分也是柏拉图对话的基本问题之一。在《斐莱布》、《普罗泰戈拉》等对话中都进行了探讨，其主要观点就是善高于快乐，善引导快乐。严格说来，人们追求的是善，而不是快乐。快乐只是大自然为了使人追求善而设下的诱饵而已。人们甚至会为了善而牺牲快乐。如果人们沉迷于快乐本身，就会忘记善，这样快乐就成了恶的东西。所以我们必须着眼于善来追求快乐，必须把善置于快乐之上。只有病态的人才会把最强烈的快乐或者快乐本身作为追求的目标。

客人坚持“文以载道”的原则。他认为如果诗人或者作家不关心作品的德性，只关心作品是不是能够带来快乐，这肯定是堕落的作品。但是客人也看到了这种要求和原则的困难。他指出这种要求只有在埃及被认真地执行了。在埃及，一切艺术创作都受到神圣题材形式的限制，任何超出这些法定的题材和形式的创作都是被禁止的。虽然人们追求新奇的冲动或者喜新厌旧的天性会颠覆这些神圣法规。但是无论如何，我们不能把追求喜新厌旧的快乐置于道德的人格善之上。好的音乐与德性相关，坏的音乐与邪恶相关。真正的音乐应该致力于培养人的德性。如果文艺作品摆脱了道德教育的引导和原则，只以哗众取宠、追求快乐作为唯一标准和目标，那么就必定是堕落的。这就是柏拉图著作中强调哲学和诗歌之争的根本原因。柏拉图是站在德性教育的善的立场反对诗歌只追求哗众取宠的快乐取向。

客人假定如果进行一场快乐比赛，哪个作品带来的快乐大就获胜，那么谁有资格进行评判呢？在他看来，并不是所有人都能够对作品的好坏发表评论，或者并不是所有人的评价都是一样的，并不是所有人的快乐都是一样的，只有那些德高望重的人的快乐才是最高标准。因为他们的快乐是合乎理性和德性的快乐。这样的快乐才是真实的正确的快乐，因此才能作为唯一的评价标准。同时，评判者还必须具有很大的勇气，敢于不去迎合、附和人民群众的喜好，他必须做群众的老师而不是学生。这样才能防止诗人为了迎合民众的低级趣味而进行创作。当人们习惯于从邪恶的事物中获得快乐，他就会变得越来越邪恶。只有能够从美好的东西中获得快乐，才能变得越来越美好。最后，客人进行了总结。教育是引导儿童接受正确原则的过程。这些正确原则是被法律确认的，并且得到了德高望重的人的认同。儿童应该习惯于接受礼法许可的事物，按照立法者的希望和要求生活。教育者应该用娱乐和唱歌的方式吸引年轻人，但是必须在娱乐中灌注理性道德的原则，这就是"寓教于乐"的方式。诗人的作品是在教育青年，不能只是迎合人们的低级趣味。所以诗人的创作必须服从立法者的法律，只描绘有德性的人的生活，贬低那些没有德性的人。因为"榜样的力量是无穷的。"所以柏拉图主张"文以载道"。我们看到在我国古代传统中，"文以载道"的原则一直得到比较好的遵循，虽然也存在一些低俗的作品。

克列尼亚斯并不认可客人的这种说法，他认为现在各地都是不断创新，搞出很多新奇花样。客人只得承认他的想法并不是来自事实，而是一种"希望"。虽然现实的力量可能是很强大的，但强大的并不就是正确的。正如在《理想国》中他指出的，我们不能因为一个完美的人从来没有出现过就否定他的完美性。因此我们在进行理论思考的时候，不要太关心实践。关键是我们必须知道正确的理论原则和标准是什么，至于能不能做到，那是另外一个问题。我们不能因为在实践上做不到就降低理论的标准。理论高于实践，理论是实践的向导。这样理论才能引导我们提高我们的实践。如果理论低于实践，不断地迎合实践，正如现代性以来的哲学理论一样，那么哲学理论最终就越来越败坏，而成为一种政治意识形态，而人的实践也会因为理论标准的降低而失去标准，实践最终就会变为盲目的冲动和野蛮。这将是人类的政治生活的最大失败。所以理论的败坏是最大的败坏。我们必须重新提高理论的品格，不能再一味地使理论迎合实践。这就是柏拉图的哲学对话所要告诉我们的。重新拉开理论和实践的距离，重新确立理论的崇高性和神圣性，这才是当代哲学应该追求的。

接下来客人考察了斯巴达和克里特的相关规定，指出诗人应该接受立法者的教导，把德性和幸福结合起来，宣传“好人好报，恶人恶报”的教义。如果一个人仅有健康美貌，没有美德，是不可能幸福的。如果一个人拥有健康、财富和权力，拥有勇敢和永生，但是没有正义，他仍然是不幸福的是可耻的。对此，克列尼亚斯并不赞同。于是客人区分了两种生活方式，即快乐的生活和正义的生活。他认为必须把两种生活联合起来，即正义的生活就是快乐的生活，不正义的生活是不快乐的生活。凡人无能判断善恶，应该接受立法者的引导。立法者应该说服或者强迫诗人根据正确标准（即情感和理智的和谐，道德和幸福的和谐）进行创作，宣传“善有善报、恶有恶报”的观念。

这个观点能够被人普遍接受确实存在很大的困难，所以客人接下来谈到了“谎言”的问题。“哪怕是一个平庸的立法者，如果有足够的勇气，为了年轻人的利益，成功地向他们扯一个谎，难道他不会扯一个比这更有用的谎或更有效的谎，使每个人在他们所做的每件事情中都自愿和不受强制地实行正义吗？”(Plato. *Laws*. 663e)这个谎言问题柏拉图也曾经在《理想国》中提到过，并且对尼采哲学产生了深刻影响。这种谎言的核心是确立道德和幸福的一致性。对于一个真正智慧的哲人来说，道德和幸福的一致性是无须怀疑的，哲人确实达到了道德和幸福的和谐一致。但是对于一般俗人而言，他们的理性和非理性没有达到完全的和谐一致，所以他们的道德和幸福之间是存在分裂的。为了消除这种分裂和不和谐，需要一个神圣的谎言。这个谎言是为了把理性德性置于快乐之中，使人们在体验到快乐的时候也同时学习其中的德性，其目的仍然是达到理性和情感的和谐。这种谎言就是神道设教的重要内容，神道设教的目的也是为了达到人格或者灵魂的和谐。尼采看到了柏拉图所说的神道设教的深意，看到了文明道德本身的非理性的根源，但是他没有坚持把理性和非理性的和谐作为根本原则，而是忽视了人性的自然，认为人性可以随意地塑造，这是他进行价值重估的原因。康德也看到了道德和幸福的不一致性，认为在这个世界上道德和幸福永远不可能达到一致，所以他才强调只能把这种和谐一致投入到天国和来世的信仰之中。当然德性和幸福的结合才是至善，仅仅是德性或者快乐都是不完满的。但是我们也应该看到，善本身就是报偿，善本身给人带来的快乐超越了一切其他快乐，是最美好的快乐。所以不必在德性之外寻求幸福，德性本身就是幸福。道德和幸福并不是脱节的，而是密切联系在一起的。因此柏拉图至少认为存在德性和幸福的同一的可能性，而康德则彻底否定了这种可能性。这反映了康德的悲观主义和对人性的奥秘的无知。

克列尼亚斯认为这种办法肯定会取得成功，因为历史已经证明了这一点。虽然一个故事是不可信的，但是仍然能够说服人们相信。客人以西顿人的例子说明，年轻人的灵魂是能够被任何事情说服的，因此立法者最需要关心的是哪一种说服对国家最有好处。但是一切神圣的谎言的中心主题是诸神都一致承认“正义的生活就是快乐的生活”。如果人们能够对这个谎言深信不疑，那么就可能超出感官快乐的范围，而把正义至于自己生活的中心。这体现了柏拉图对人性的深刻观察。他看到，人是极大超越了自己的感官感觉的动物。人们相信的东西并不一定局限在他的感觉范围内，他的信念确实是在很大程度上超出了他的感觉范围。根据他的信念，一个人可以对自己的感觉观念进行各种解释和评价，赋予自己的感觉以各种不同的意义，而不是被自己的感觉局限在狭小的范围内。例如一个人可以在肉体的快乐中感到精神的痛苦，也可以在肉体的痛苦中感到精神的快乐。动物则是封闭在自己的感官感觉之中的。可以说，人是凭借想象力或者理性超越了他的感觉局限性的。因此正确的想象和正确的感觉同样重要，关键就是如何引导人的想象力或者信念的问题。正如基督教的童贞女怀孕、死后复活等说法虽然极大违背了人们的常识经验，但是人们仍然坚信不疑。所以说一个正确的神圣的谎言可以填补人类想象力的真空，并且因此帮助人们更好地控制和超越他的感觉局限性。

客人还谈到了如何实行和宣传这种谎言的问题。这就涉及歌舞队的组成问题。他认为歌舞队分为三队，即儿童合唱队、青年合唱队和中年合唱队。儿童合唱队的神是缪斯，他们在众人面前演唱诗人根据这些学说谱写的诗歌故事。30 岁以下的人组成青年合唱队,他们由阿波罗统领,祈祷阿波罗为他们言说的真理做见证,并且以此去说服年轻人。30 到 60 岁组成的中年合唱队是由狄奥尼索斯统领。60 岁以上的老年人不再唱歌,而是把这些故事讲给后人听。

克列尼亚斯对客人的这种安排感到不理解,因为中年人随着年龄增大,就会越来越没有热情唱歌。客人解释说,中年合唱队是最高贵的组成部分,由于它的成员的年龄和洞察力。当然他们会对在公众面前唱歌感到无聊和厌烦,为了使他们重新开始喜欢唱歌,客人认为必须借助于酒。所以第一条法律就是规定 18 岁以下的年轻人不得饮酒,因为血气未定。30 岁以下的人可以适度饮酒,但不可喝酒过量。30 岁以上的人可以随意喝酒,并且祈祷酒神降临。酒是酒神为了消除因为年老而产生急躁情绪的礼物或者药物,可以使中老年人重新焕发青春热情,使他们的心灵摆脱麻木而重新变得温和柔顺。这样就可以重新塑造中老年人的灵魂,他们就会喜欢在公众场合唱歌了。

这里似乎暗示柏拉图试图通过饮酒降低成年人的冷漠和德性等理性意识,激活人的激情和欲望等非理性意识,使成年人的古板灵魂重新得到塑造和纠正,并且能够达到灵魂的和谐。根据柏拉图的这种设想,我们可以说,推崇非理性当然是非理性的,但是单纯地推崇理性也是反理性的。例如启蒙主义的理性主义本身就是反理性主义的。理性地对待非理性是理性的,非理性地对待理性也是非理性的。我们必须理性地对待理性和非理性及其两者的关系。而最终的目的是灵魂的和谐。因此灵魂的和谐是法律的真正目标。这也就是柏拉图并不反对酒神的原因。可以说,饮酒问题只是揭示人的自然的一种方法。最根本的是我们必须完整地考察人的灵魂的自然,这是我们反思一切法律的正当性和合理性的基础。没有对人的自然的认识,一切立法和变法都是没有根据的。《法律篇》前两卷可以认为是对人的灵魂的自然的展示。

接下来,客人开始探讨中年合唱队应该演唱什么样的"正确的音乐"。他首先批判了克里特和斯巴达几乎没有产生过正确的音乐。斯巴达把国家搞得像一个军营,而不是人民公社。它的目的仅仅是把青年培养成一个战士,而不是公民。而克列尼亚斯认为客人低估了他们的立法者。客人开始探讨"正确的音乐"的原则。我们一般不会承认音乐和艺术存在正确和错误之分。但这是不正确的。他指出一切事物具有吸引力的原因有三个,或者是因为事物本身,或者因为它的正确性,或者因为它的有用性。在他看来,一切艺术都是模仿的艺术,一切音乐创作都是对美的模仿和再现,所以精确性、逼真性就是一切艺术的唯一标准。艺术或者音乐的正确性就在于它模仿和再现原型的比例和尺度,所以在一切艺术创作之前都必须首先认识对象本身,对对象的各个部分和比例有精确的认识,否则就不能进行精确的模仿,因此也就不可能判断作品的好坏。同样,既然艺术是对美的模仿和再现,就不能把快乐作为艺术的标准,而应该把正确性作为艺术的标准。所以一个真正的艺术品必须是真、善、美的三位一体。"任何人想成为艺术再现的明智的评判者,例如绘画、音乐或者其他领域,他应该能够确定三点:第一,他必须知道,被再现的对象是什么。第二,对象是如何正确地被再现的,第三,通过语言、曲调和旋律再现的对象的道德价值。"(Plato. *Laws*. 669a)第三支歌舞队就是演唱这种音乐。他们每个人都应该熟悉曲调和旋律的基本单元,从中挑选出适合他们的年龄和性格所唱的歌曲。这样他们就给予自己无害的快乐,也使年轻人快乐地接受道德习俗。真正的艺术家必须按照这个原则进行创作,而不能根据人们的喜好进行创作,不能迎合人民的低级趣味。人们对自己的审美趣味实际上是一无所知的,他们的评价也是不值得重视的。

这里柏拉图表达了自己的艺术观,提出了真善美"三合一"的艺术原则。真善美都必须"合乎自然",合乎事实本身。在美与真的关系上,他认为真先于美,美以真为前提,没有真就没有美。因为美是比例造成的和谐,比例是美的客观基础和来源。而事物的比例关系是理性认识的结果。所以认识先于再现。美不是非理性的,而是理性和非理性的结合。在美和善的关系上,他认为善先于美。没有善就没有美。美是善的外观和显现。邪恶的东西不可能美。美带来了无害的快乐,无害的快乐就是"游戏"。由此可见,柏拉图否定了现代所谓的"表现艺术"。表现主义是主观主义的表现,因为抛弃了客观主义的基础,所以现代表现主义艺术几乎是无法理解的。但是一切主观性都来自客观性。一切表现都最终来自再现。这和《斐德罗》中的"认识先于创作"的观点是一致的。归根到底,真善美都必须合乎自然，自然是真善美的最高的和唯一的标准和尺度，真善美恰恰就是在合乎自然中达到了完全的一致性。

鉴于酒对于政治生活具有重要作用，客人对酒神进行了辩护。他指出不要相信传统的神话传说，认为酒神是出于报复才把酒传递给人类的。肆意的酗酒当然是必须禁止的，但是完全禁止饮酒也是错误的。如果立法者把酒驱逐出自己的国家，没有酒神滋养的国家必定是枯燥的、单调的、死板的、僵化的。一个完全道德化的国家也是可怕的，一个过于严肃的国家是无趣的。相反，酒神可以使得死气沉沉的国家重新焕发活力。柏拉图似乎更加偏爱那种游戏化的国家。“游戏”似乎是柏拉图观察和思考政治生活的基本视角。这可以看作是柏拉图对非理性的酒神的理性化和对非政治的酒神的政治化。正如尼采也要把酒神引入自己的时代一样，他也认为自己的时代和国家也陷入了理性的知识的地狱，要使得欧洲重新焕发活力，就必须推崇酒神。但是柏拉图对酒神的推崇和尼采对酒神的推崇仍然是不同的。柏拉图以政治法律的角度看待酒神，而尼采则是形而上学的角度或者历史主义的角度看待酒神。尼采并未专注于和谐，而柏拉图则专注于和谐。柏拉图对待喝酒采取了中庸之道。这种中庸之道是柏拉图哲学思想的核心。

客人认为教育的全部内容就是把歌唱和跳舞结合在一起。正如在《理想国》中指出的，音乐和体操是最初的教育方法，是在人还没有获得理性之前的教育方法。它们适合人的灵魂的最初自然。音乐和舞蹈是理性和非理性的最好的结合形式，最适合儿童和年轻人学习，通过这种学习，他们学会了把理性和非理性结合起来，最终养成了灵魂的和谐。客人认为不需要继续进行另外关于体育的探讨了，而是继续把关于饮酒的讨论推向高峰，制定了关于饮酒的法律。

三、政制与智慧

第三卷

本卷的主题是探讨政制的起源和败坏的根源。通过对政制的败坏的考察，客人揭示了智慧对于政制的重要性。有智慧的立法者必定建立一种混合制的国家，而任何单一政体的国家都不可能是完善的。因为混合制最有利于国家的和谐，能够实现立法者的目的即自由、团结和智慧。最佳政制就是混合制。

（一）国家的起源和演变

前两卷都是在考察人的灵魂的自然和教育，这表明了人的灵魂自然和教育是政治法律针对的目标。只有在认识了人的自然之后，我们才能进行立法。立法就是对灵魂自然的教育塑造活动。不同的法律造就不同的灵魂自然。在柏拉图看来，我们必须尽可能引导人的灵魂趋向于德性。忽视了这一点，就不可能进行合乎自然的好的立法。从本卷开始，客人开始探讨政治制度的问题，考察国家盛衰变迁的历史和原因。

客人首先谈到了人类的灾难和毁灭问题。他并未直接讨论人类的起源。因为人类的起源是不得而知的，而且探讨这个问题对于政治制度的设计也没有直接意义。他认为，人类一再被各种灾难所毁灭，幸存下来的只是人类的一小部分，现代人类是在以前人类的毁灭之后幸存下来的人繁衍而成的。客人谈到了大洪水的灾难，这类灾难在上古传说中经常出现。平原上的城市被毁灭了，工具被毁灭了，一切发明创造都消失了，到处是一片荒芜，但是还有一些牧羊人和牛羊幸存下来。这时没有国家，没有法律，没有技术、没有铁器，没有罪恶和美德等。人们散居各地，很少交往，战争和内战也都消失了。这些牧羊人没有什么技能，也不聪明，对城市人的勾心斗角、尔虞我诈等心思一无所知。这种隔绝使他们彼此友好。他们并不缺乏食物和衣服，不会因为食物而相互斗争。当然他们也不富裕。他们对战争技艺一无所知，仅仅懂得制陶和纺织等技术。他们心地纯朴善良，对自己听到的东西都非常相信，把关于神和人的说法作为真理接受下来，并且依照这种说法来生活。他们都比较天真，比较有男子气概，更加节制和正义。这里柏拉图没有提到智慧，因为他们缺乏的恰恰就是智慧。他们也没有文字记录，没有法律，他们的生活所遵循的是沿袭下来的习惯和祖传的法律。这种法律都是不成文法或者习惯法。不成文法的效力往往比成文法的效力要大。客人还认为在这种自然状态中就已经存在政治制度了。这就是“王制”(dynasty)或者父权制。客人用荷马的诗为自己作证。父母亲凭借天然的权威统治儿女。这是最自然的第一种政治形式。因此在柏拉图看来，人类最初的生活方式就是政治性的，前政治性的“自然状态”是不存在的。人是政治的动物。设想一种在非政治状态下的人类生活恰恰是反自然的。

接下来是家庭联合体的阶段。几个家庭合并起来，发展农业，建立城堡，这时仍然没有法律。在这种大家庭联合体中开始产生了矛盾，即每个小家庭都遵循自己特有的习俗，不同的习俗反映着不同的意图。例如祖先倾向于冒险，后代就倾向于冒险；祖先倾向于保守，后代就倾向于保守。于是每个小家庭都带着自己的习惯法参加了这个联合体，并且以此教育自己的后代。可以明白，每个家庭都自然地赞成自己的法律而不喜欢他人的法律。这就必然引发各种习俗之间的冲突。在客人看来，这种冲突就是立法的起源。法律就是协调各种习俗冲突的产物。❶ 于是家庭联合体就选举出若干代表审查每个家庭的家规，并且向王者推荐他们认为好的家规以作为共同体的法律。这些推荐者就是立法者，并且建立了君主制或者贵族制。这是第二种政治制度。

在大洪水之后的好多年，人们对大洪水的记忆已经消失了。人们开始从山上下来移居到平原，并且建立了城邦。客人提到了伊利昂城邦。可以说，城邦制是第三种政治制度。城邦是以市镇为中心的包括很多农村的一种政治形式，类似于一般所说的“小国寡民”的状态。在古希腊，城邦制最早也是君主制，后来逐渐演变为民主制。接着，客人提到了希腊人发动的对伊利昂的远征，战后他们回到故乡却遭到了暗杀或者驱逐等。流放者返回后改名多里安人，建立了第四种政治制度，即城邦联盟的形式。他们把希腊划分为三个国家，即阿尔戈斯、迈锡尼和斯巴达。他们凭借城邦联盟的法律相互起誓，只要国家稳定，统治者绝不扩大自己的特权，人民也宣誓只要国王遵循他们的誓言，他们也不会推翻国王的统治。而且他们还凭借法律建立攻守同盟的约定。即如果任何一个国家破坏已有的法律，其他两个国家就要同它作战，以保护法律。“不许移动界标”就成为维护既定法律的主要口号。但是希腊人并不反对改革。梭伦、克里斯提尼等人的不断改革把雅典带入民主制时代。这里似乎在暗示不论是

---

❶ 这里柏拉图似乎把法律和习俗区分开了。

支持变法还是反对变法都可能是危险的。反对变法固执于传统书面规定，就是对事实本身的视而不见。而盲目地支持变法，可能导致法律秩序的混乱，就是对法律本身不够尊重，这样新法律也不可能被认真对待和执行。所以立法者和变法者都必须与时俱进，都必须以事实为根据。

这一段可以看作是柏拉图的自然状态理论。这里的描述和《政治家》、《理想国》中的自然状态理论相似，和《普罗泰戈拉》中普罗泰戈拉讲述的神话故事差别很大。这种自然状态理论和近现代的自然状态理论也存在很大差别。霍布斯认为自然状态是战争状态，这和柏拉图是不同的，而和《普罗泰戈拉》中普罗泰戈拉讲述的神话故事接近。卢梭的自然状态是和平状态，这类似于此处的自然状态理论。但是卢梭的自然状态是非政治状态，而柏拉图的自然状态就是政治状态。柏拉图根本不承认非政治状态或者前政治状态。这也是对"人是政治动物"的观点的肯定。在柏拉图看来，所谓的自然状态就是政治状态。根本不存在前政治状态的自然状态。所以我们认识人性并不是要到政治生活之外去认识，而是当下直接地认识人性的自然。而现代自然状态理论则虚构了一个前政治状态的自然状态，认为如果要寻找人性的真实，就必须在自然状态中寻找，而在政治状态之中的人性自然是不真实的。这都是由于现代哲学家对自然和文明的片面区分导致的。这种区分既不能正确认识自然，也不能正确认识文明或者政治。

（二）国家衰败的原因

接下来，客人提到了亚述人和希腊人的战争，提到了希腊军队的强大。但是三个兄弟王国很快衰败了，除了斯巴达仍然坚持古老的立法之外。那么是什么原因导致国家的衰落呢？

在客人看来，帝国或者立法失败的原因就是缺乏智慧，特别是对人类最重要的事情的无知。也就是说，根本性的无知导致了国家法律的失败。因为缺乏智慧，所以不能制定完备的法律，同样因为缺乏智慧，即使制定了完备的法律，也不能正确的使用，最终导致法律的失败。也就是说，后继者不会使用法律这种强大的力量，是导致国家衰败的根源。这里仍然涉及"使用的技艺"的问题，正如《欧绪德谟》中对制作的技艺和使用的技艺的区分一样。制作法律是一回事，使用法律是另一回事。制作法律的人可能是智慧的，但是不能保证使用法律的人也是智慧的。再好的法律如果落在不会使用的人手中也会逐渐败坏，成为坏的东西。所以不论我们拥有什么样的好东西，如果我们不会使用它，它可能就是一种灾难。不但在国家事务中，就是在个人事务中也是如此。人间之事不如意者十有八九，人们都去祈祷神灵，希望实现自己的愿望，但是如果我们不能认清自己的愿望是不是好的，就去祈祷神满足我们的要求，其实是很危险的。因为我们的欲望的实现最终可能给我们带来厄运。所以我们最应该祈祷的是获得智慧和理性，而不是其他任何东西。这样柏拉图就仍然暗示了哲学智慧对于政治法律的首要性，哲学对于政治的必要性。理性认识是第一位的。没有智慧我们就不会正确使用法律，也不会在恰当的时机改革法律，如果我们固执地坚持法律，那么最终也会导致法律的衰败，立法者的最初意图也无法得到实现。

克列尼亚斯和梅奇卢斯都称赞客人的智慧。客人主张立法者必须尽可能在国家中消灭愚昧。这里似乎显示柏拉图支持对公民的启蒙教育。但是我们必须看到，柏拉图的这种启蒙主义不同于近代以来的启蒙主义。因为他们对于人性的自然的认识不同，对智慧本身的看法也不相同。近代以来的启蒙主义有一个强大的反宗教的背景，启蒙就意味着反对宗教。为此，它必须发动民众参与到反宗教的精神战争中。所以近代启蒙主义有一个很强烈的普遍主义和民主主义的诉求。所以抽象的人性论就成为近代启蒙主义的基本立场。柏拉图的启蒙主义没有这种反宗教的意图和目的，所以他也没有发动群众的要求，也就没有走向普遍主义或者民主主义的立场，也就没有抽象的人性论。在如何理解智慧的问题上，近代启蒙主义认为智慧就是知识，只要遵循普遍的方法论，每一个人都可以获得和发现真理。所以真理的传播是可能的，知识的普及是可能的。书籍和出版业因此发展起来。但是在柏拉图看来，智慧是不可传授的，可以传授的智慧也是愚昧的。而且人民对于智慧没有兴趣，强行向人们灌输智慧本身就是不智慧的行为。我们只能在极少数对智慧有兴趣的人中间启蒙智慧。智慧是不可言传的，智慧只能是通过“致良知”的方式，通过“发明本心，回光返照”的方式被发现。而且能够进行这种认识的人是少之又少的，所以智慧总是稀缺的。认为智慧可以随着人类历史而进步，认为普及科学就可以促进民智,这种思想本身就是愚昧的。这些想法都对于智慧的本质一无所知。

客人解释了他认为的“最大的无知”的含义。“如果一个人不喜欢而是憎恨高贵和善的东西,喜爱和欢迎邪恶和不义的东西,那么以快乐和痛苦为一方,以理性的观点为另一方的不和谐,就是极度的和最大的无知。……最美好最伟大的和谐应该最公正地被称为最伟大的智慧。”(Plato. *The Laws of Plato*. 689a－d.)也就是说,在柏拉图看来,灵魂中的欲望与理性的不和谐就是愚昧和无知的表现。这种情况不但发生在个人身上,也发生在国家身上。在此,灵魂的和谐成为柏拉图评价一个人或者国家的智慧与否的标准。一个灵魂和谐的人就是智慧的人,他的内心中没有欲望和理性的分裂,所以是健全的完善的正义的人。可见,智慧并不就是近现代以来的理性主义,而是达到理性和非理性的和谐状态。这种和谐状态是各种异质性因素得到合乎自然的安排和处置,消除了对立和冲突的结果。其中,当然是理性处于对欲望和情感的支配和主导的地位,而欲望和情感都完全驯服地服从理性的引导,没有丝毫的对立和反抗。否则,如果一个人被欲望推动,理性无能控制欲望,这样的人就是一个无知的人和不正义的人,无知的人是内心没有达到和谐的人。这样的人不是自己的主人,他也不可能是国家的主人,如果赋予他政治权力,他只能败坏权力,也被政治权力所败坏。因此政治权力只能给予智慧的哲人。哲人就是内心和谐正义的人,他完全摆脱了一切困扰和冲突,达到了真正理性主义的自由逍遥境界,所以他才是最有资格掌握政治权力的人。这里仍然体现了柏拉图的哲人王的基本立场。

但是达到这种理性和非理性的和谐是非常困难的。所以接下来,客人列举了人世间常见的七种权威或者权力,即父对子、长对幼、主对奴、强对弱、智对愚、神对人。同时,客人也指出,这些权力原则彼此之间相互冲突,因此造成了国家中权力关系的混乱。所以一个立法者或者政治家必须努力解决这些彼此冲突的权力关系。其中首要的权力原则应该是智者对于愚者的统治,其他权力原则必须从属于智慧原则。但是在现实政治生活中,智慧原则却不断受到其他六种原则的挑战,智慧的原则往往是无能为力的,其他原则例如强者原则往往成为主导性的原则。例如在《理想国》中色拉叙马霍斯所推崇的强权政治。父亲原则也是常见的权力原则，因为父亲相对来说比儿子经验更多，更有智慧，对事情的认识和分析更加合乎事实本身，所以父亲统治的原则根本上也是对智慧原则的一种认可。当然父亲原则也并不就是一贯正确的，必定存在一些愚蠢的父亲和聪明的儿子，这时父亲就应该听从儿子的。主人原则也是如此，一般来说，主人比奴隶更有智慧，只有主人具有更高的智慧，他对于奴隶的统治才是正当的，否则就是不正当的。总而言之，如果我们能够确保一个国家中智慧原则成为主导性原则，那么这个国家就可能是一个稳定繁荣、消除了内在分裂的国家。这就是《理想国》所要展示的基本原则。

接下来客人谈到了节制。因为智慧在一定意义上就是节制，节制最接近于智慧。相反，无知则导致贪婪，贪婪则导致毁灭。他在考察阿尔戈斯和迈锡尼王国的失败时，提到了赫西俄德的诗句："一半经常多于全部"，或者"如果一半是有序的，整体是混乱的，那么一半就优于整体。"也就是说，有节制的自足比无节制的贪婪要好。但是人们往往得陇望蜀，得寸进尺，所以"一半"不能满足他们，他们总是在追求更多。但是他们在追求强大充足之际，就不再关心质量，只关心数量，数量上的庞大最终超出了他们的掌控能力，最终他们获得的也很快丧失掉。因此一个人如果不受理性和节制的控制，他就不能承担重大的责任，他的灵魂会因为无知之疾病而毁灭。客人指出正是这种无节制的贪婪获取毁灭了帝国。国王违反了早先法律的誓言和规定，他们总是试图获得超出自己的份额的东西，这种贪欲打破了原有的比例和和谐，最终毁灭了他们。所以国王的智慧和节制才是国家保持与世长存的关键。但是鉴于智慧和节制的稀缺，任何国家或早或晚都难免陷入失调和崩溃就是不可能避免的了。

如何防止这种不和谐的无知病，就是立法的技艺的核心。根本方法就是保持比例意识。"一个第一流的立法者的工作就是要有比例意识，并保卫这种比例意识不受侵犯。"(Plato. *Laws*. 691d)这种比例意识是国家和灵魂的和谐的基本前提和保证。因为一切和谐都是异质性因素的调和，世界整体包括人类社会都是各种异质性力量构成的，所以一个伟大的政治家必须善于把这些不同元素按照适当的比例结合在一起，这样才能达到最高的和谐。和谐是政治家或者哲学家追求的最高目标。智慧就是始终恰如其分地保持事物的比例关系，从而使一切事物都始终处于最佳的状态。总而言之，国家的败坏就是从统治者破坏秩序（比例关系）开始的。谁败坏了这种比例关系，谁就破坏了正义。正义就是和谐，就是合乎自然的比例。《斐莱布》也提到了这种比例，认为在善的生活中，比例是首要的第一位的。这种比例意识是保持节制和中道的关键。"凡事勿过度"就是对这种比例和谐意识的强调。

（三）对三个国家的政制的考察

根据这种比例和谐的思想，客人开始对三个国家的政治形式进行考察。

1. 对斯巴达政制的考察（中和的形式）

客人显然对斯巴达的政制持比较认可的态度。在第一位立法者建立了斯巴达政制之后，第二位立法者通过"双王制"把政治权力限制在合理的比例上，又把斯巴达人的固执勇敢与老年人的小心谨慎结合起来，建立了 28 人组成的"长老制"。第三位立法者又建立了"五长官制"，以此进一步限制国王的权力。所以斯巴达政制就是保持了比例与和谐的政制，由此保持了国家的稳定性。客人反对绝对王权："建立一个过分强大的或者极端的王权是错误的。因为一个国家应该是自由的，明智的，和平的，立法者在制定法律时必须着眼于此。"(Plato. *Laws*. 693b)一个国家在不同时期具有不同的目标是正常的，因为它的目的是平衡、比例与和谐。相反如果一个国家始终坚持一个目标，那么它就必然会越来越陷入极端和片面。

客人接着提出了混合制的政制构想。他指出政制的两种基本形式是君主制和民主制，其他政制都是两者的变种。最佳政制是应该把两者结合起来。只有把两种政制结合起来，才能保证友爱、自由和良好的判断力。(Plato. *Laws*. 693d－e)这里柏拉图对政体的划分和《理想国》、《政治家》中的划分不同，他显然把政体问题简单化了，而且支持混合政制。混合制和我们一般意义上的共和制比较接近。混合制或者共和制是最符合比例和平衡的政制形式。也就是说，混合制是最能够把各种不同政治力量协调在一起的。但是这并不意味着柏拉图反对哲人王政制。政治的技艺就是编织的技艺，也就是把各种力量协调统合在一起。哲人王就是调和各种元素的艺术家。因为哲人王是直接统治，因此哲人王政体不是任何特定的政制形式。或者说，它不是我们熟悉的任何一种现实政制形式。虽然《法律篇》把混合制作为最佳政制，但是哲人王仍然要比混合制合乎自然和正义，仍然是人类最理想的政体形式。

2. 对波斯政制的考察(极端专制的形式)

接下来，客人开始考察波斯帝国的政制形式。在居鲁士的统治下，波斯帝国混合了自由和服从，并且给予被征服国家的人们一定的自由和平等的权利，整个国家团结一致，繁荣昌盛。但是他的失误在于忽视了家政即儿子冈西比斯的教育。他的儿子被妇女们宠坏了，成为一个胡作非为、纵欲无度的人，后来他的儿子的统治导致波斯的混乱。继任者大流士因为不是皇族出身，受到比较好的传统教育，使国家得到复兴。他制定新法律，给予人民以自由和平等。但是他同样没有吸取居鲁士的教训，他的儿子薛西斯同样被骄纵。当他儿子执政后，国家陷入衰败。从此波斯再也没有产生伟大的国王。波斯国王都过度剥夺了人们的自由，推行集权制，败坏了国家中的友爱和公共精神。统治者不再按照人民的利益制定法律政策，而是根据自己的利益制定法律。他们的野蛮残酷也使国家变得不堪一击，最终陷入衰落和毁灭。客人认为要使得国家长治久安，富人和穷人、人民和国王都应该受到同样的尊敬和教育，城邦的荣誉不能给予财富、美貌和力量，也不能给予没有节制的善。波斯人没有保持政制问题上的中庸之道。

为此，客人又讨论了德性问题。他认为四种德性的基本关系是智慧产生节制，节制产生正义，正义导致勇敢。一个国家如果要成为千年王国，它就应该适当的分配荣誉和耻辱，把神圣德性或者精神品质(即四种德性)放在第一位。身体的德性放在第二位，最后才是财富。如果把财富的原则置于最高的位置，这就是一种愚蠢的政制。但是我们看到大多数国家都是按照财富分配权力的，或者拥有财富的人努力获得政治权力，财富和权力的结合必然败坏国家。这就是极端君主制的国家的结果。

3. 对阿提卡政制的考察(极端自由的政制)

客人又考察阿提卡的政制。他首先指出了这种民主制产生的第一个原因，即希波战争。在战争之前，希腊人保持了优良的政制，如根据财产划分的等级制、人民对法律的敬畏和服从、国内的合作精神等。但是在希波战争之后，雅典人不得不动员穷人参加战争，并且许诺给他们以利益。虽然雅典人最后战胜了波斯人，但是他们也付出了沉重的代价，政治家不得不改变政体，给予平民更多的政治权力，这使民主制走向极端化。他暗示这场战争是雅典走向民主制的基本原因。这可以称为“礼崩”。第二个原因是音乐教育的败坏。这可以称为“乐坏”。在古代，人们都是法律的奴隶，自愿服从法律，但是现在人民已经变得过度自由，无法无天。这种情况的产生是首先从关于音乐的法律的变化开始的。最早，音乐分为诸神的颂歌或者祷词、哀歌、阿波罗颂歌、酒神颂歌，还有牧歌。这些歌曲类型不允许混淆。如果谁不按照规定创作，就要受到惩罚。另外，在剧场中观众受到严格控制，他们要安静的观看表演，不允许狂呼乱叫或者喝倒彩，不允许他们在亢奋中做出任何判断。后来出现了一些诗人作家，他们对艺术标准一无所知，打破了古代关于音乐的立法。他们把各种类型的歌曲拼凑在一起，认为在艺术创作中根本不存在对错好坏的标准，把给予公众最大的快乐作为艺术创作的标准。这样他们就使得公众开始蔑视关于音乐的立法，并且把自己看作艺术创作的评判者。于是一种新型的“剧场政制”兴起，取代了音乐中的“贤人政体”。这就是音乐中的民主制的产生。这种音乐中的革命或者造反很快就进一步向其他领域扩展。于是对法律本身的普遍蔑视扩大开来，彻底的放纵紧随而来，这种放纵被称为自由。习惯于自由和放纵的人们不再尊重比自己高明的人，不再愿意服从任何权威，不再尊敬父母和师长，不再尊重任何法律、誓言和许诺。他们身上的野蛮力量复活了，过着一种邪恶的生活。客人认为这种完全不受任何权威控制的自由制度要比中等程度的专制还要坏。这是客人对雅典的极端形式民主制的分析。雅典人也没有保持政制问题上的中庸之道。

客人重申了自己的目的是考察治理国家的理想方法以及个人生活的最佳原则。如果立法者的目的是自由、团结和智慧，那么极端的君主制和极端的民主制都是不好的，不能实现立法者的终极理想。只有君主制和民主制的混合制才能保持中等程度的自由和服从，才能有利于实现最好的政制理想。任何一个国家如果只追求单一的君主制或者民主制，都不可能取得很好的治理，它必须善于在君主制和民主制之间不断协调和变化,始终保持各种元素的协调和平衡。这就是政治生活中的中庸之道。中庸之道的本质就是追求和谐。中国传统的政治著作《春秋》的名称就体现了对政治和谐的追求。春秋是冷热均衡的状态,这种均衡状态也就是不偏不倚的中庸之道的体现。只有中道和谐才是政治生活最常态和最根本的原则。一切改革和原则都必须以达到均衡和谐为最终目标。

克列尼亚斯认为自己遇到雅典客人非常幸运,因为克里特人准备建立一个殖民地,他们把这个工作交给了克洛诺斯人,而后者又委派他和其他九个官员负责此事,他现在的目的就是给这个新国家制定最好的法律,这场关于法律的谈论正好适用。于是客人就进一步开始探讨首先"在理论上"建立一个良好国家的问题。这和《理想国》的基本目的是一致的。理论是实践的向导。《理想国》也是一个"言辞中的国家"。但是《法律篇》的现实性显然比《理想国》要更加强烈。《理想国》几乎不考虑其现实性和可行性,而《法律篇》则更多关注可行性和现实性。但是《法律篇》对可行性的追求仍然要比《利维坦》对可行性的诉求要小得多。霍布斯几乎是完全在可行性的支配下思考政制问题的,他把《利维坦》看作是未来政治家的参考书。在他那里,实践性压倒了理论性。这也是现代政治哲学成为"政治意识形态"的根本原因。如果现代政治哲学始终在这种可行性的原则下思考政治问题,那么它就不能摆脱成为政治意识形态的命运。而作为政治意识形态的政治哲学只能是为国家政治服务的仆人,而不是高于政治的哲学。而柏拉图的对话则是理论性压倒了实践性,因为柏拉图对真理的关心胜过对于事功的关心。哲学是对真理的追求,我们不能因为政治而牺牲真理。

四、建国的条件和法律的序言

第四卷

本卷的主题是建国的条件和法律的序言。

(一)建国的四个条件

1. 地理位置问题

客人首先考察这个未来新国家的地理位置。他认为新国家最好是一个内陆国家。这个国家不能靠近海港，不能依赖外国，必须能够自给自足。附近没有国家，这样就避免了频繁的战争。土地不能太肥沃，也不能太贫瘠，崎岖地区多于平坦地区。这样的地理环境才有利于产生有德性的国家。如果这个国家靠近海港，物产不能自足，就必须通过海上贸易进行大量的批发运输，这种海上贸易会在人的灵魂中培养起卑劣欺诈的习惯，使人们变得彼此不信任和怀有敌意，那么这个国家就不可能是一个好国家。同样，如果一个国家物产过于繁盛，人们就会淹没在金币之中，也无法发展正直高尚的德性。客人又提到了未来国家的木材产出问题。在他看来，没有丰富的木材产出是好事。因为如果木材生产好，就容易发展海军。而海军的德性比陆军的德性要差得多。步兵会坚守阵地，勇敢顽强，视死如归，而水兵则一般采取快速前进又快速后退的战术，所以他们不会坚守阵地、视死如归，也不会对弃械投降感到羞耻。

这里似乎体现了柏拉图的“地理环境决定论”，即地理环境对于人的品性的影响。这种观点在后来的孟德斯鸠《论法的精神》中被发扬光大了。但是柏拉图是着眼于人的道德品质来思考地理环境问题的。虽然地理环境对人民的品性具有影响，但是道德法律的作用比地理环境的作用更加重要。正如他反复说明的，法律的目的是德性，特别是德性的整体。所以立法者不能牺牲法律的德性目标，去追求财富或者强大。只有道德和智慧才是人的尊严和自由的真正体现。一个人并不是仅仅活着，而是尽可能成为有德性的人。

2. 人民组成问题

客人认为单一民族优于混合民族。单一民族具有相同的语言和法律，遵循相同的宗教仪式和法规，容易形成高度团结的政治共同体。这也就是古代政治家重视祭祀祖先的原因之一。但是在这种情况下，要他们相信另外一种新法律，就会比较困难。也就是说，这个民族的保守主义力量会很强大，会顽固地拒绝任何变革和创新。如果这个单一民族曾经反对自己的法律，已经养成了对法律的蔑视态度，那么要他们接受新法律也是困难的。也就是说，如果这个民族已经是一个败坏的民族，那么对他们的教化就是比较困难的。同样，如果人民由各种不同的群体组成，他们或许会更容易接受新法律，因为他们对自己的法律不再奉如神明。但是他们之间必然存在各种习俗的差异和冲突的麻烦，要使他们同呼吸共命运是困难的，也就是说他们彼此之间是离心离德的，很难组成一个万众一心的政治共同体。可见，建立一个国家是对人类的能力的最大挑战，也是人类的能力的最高体现。这也表明政治问题是人类生活中的最大问题，政治技艺是人类生活中的最大的技艺。只有把政治的问题解决好了，人类才能获得长治久安的幸福生活。

3. 立法者问题

一开始，客人表现得比较悲观。他认为，人类几乎从来没有立法，各种事变和灾难才是世界的真正立法者。人类的立法总是受到各种偶然性或者事件的影响。政治制度不断改变，法律不断重新制定，或者出于战争的压力或者出于极度的贫困，甚至疾病也会导致人们改变法律。因此人类的法律是脆弱的，几乎不配称为法律。人们总是修修补补地制定法律是无益的，是对法律的威严的损害。

这似乎暗示了柏拉图对万世不变的法律的一种渴望，他试图征服世界和人事中的偶然性。这可以说是一种人类理性的巨大野心或者抱负。只有我们征服了偶然性和不确定性，才能使一切都处于我们的控制之中，这样我们的幸福生活才是可能的。否则我们的幸福就是建立在未知的沙堆上的，不堪一击。一切哲学或者科学似乎都是追求这个目标。现代科学在一定意义上也是对偶然性的征服。科学是对因果规律的认识，其基本意图就是如果我们彻底认识了自然的因果规律，就能够提前预知事物的发展结果，就能够完全控制事物的演变，这样我们就不会被物所奴役。同样，尼采和马克思则谋求对人类历史命运中的偶然性的征服。马克思试图通过生产力的极大发展，消除人类历史中私有制下的偶然性，使每个人最终都能够掌握自己的命运，因此共产主义状态是消除了偶然性的状态，即自由人的自由联合体。尼采则认为他发现了人类历史的秘密，即人类历史是由各种道德价值引导的，在不同的价值引导下，人性就会发生巨大变化。所以如果我们有意识地创造新价值，而不是无意识地被各种价值盲目引导，那么我们就能够决定人类历史的发展趋势，这样我们就能够克服历史中的偶然性。因此他试图通过超人的新价值理想引导人类历史的发展和上升，使人类达到对自己的命运的绝对支配。但是我们必须指出，只有苏格拉底的哲学人生才正确地展示了克服偶然性的方法和道路，后来人的很多设想都是错误的。

客人接着提到了统治人类事务的三种力量。第一是神，神被看作是人类事务的真正的统治者。在希腊神话中，诸神统治人类，人类的一切行为都是诸神的支配，例如特洛伊战争。因此我们一般把自己不能理解或者掌握的事情都归因于神的意志。神是世界产生的原因，也是人类命运的原因。但是客人并未对这个问题进行深入地说明。如果我们想详细了解柏拉图关于神的本质的观点，可以阅读《蒂迈欧》。在柏拉图看来，诸神的本质当然是可知的，诸神的本质也是理性和至善。只要我们回光返照，明心见性，就能够洞见世界和诸神的本质。并不存在不可知的诸神或者上帝。而且在柏拉图的对话中，神的问题并不是所谓的"宗教问题"，而是政治法律问题。其次是偶然性和机遇。偶然性辅助诸神，而不是违背诸神。这个因素在上面已经谈到了。这里客人把偶然性和神意联系起来，偶然性似乎是神意的一种传达方式。偶然性意味着奇迹。奇迹意味着神的意志的彰显。因此我们可以借助于偶然性显示神的存在。这样神和偶然性就是一致的。这又似乎暗示了对诸神的贬低。因为在希腊神话中，诸神必须服从命运女神，命运女神是必然性的象征。第三是技艺。技艺是人类可以完全掌握的。神和偶然性是超出人力的范围，是人类无法控制的，技艺是人类可以控制的。但是技艺并不是反对诸神和偶然性，而只是辅助前两者。技艺低于诸神和偶然性，这是对人类技艺的清醒定位。人类技艺只是在一定程度上可以征服偶然性，在很大程度上只是协助自然。亚里士多德也认为人类的技艺只是促进自然，协助自然。他们都对技艺持比较低的评价，这是和他们对自然的推崇一致的。这种观点和现代人对技艺的推崇和对自然的贬低是完全不同的。现代性的错误在于认为人类技艺可以超越自然和偶然性。

4. 杰出的独裁者

客人认为任何新国家的建立都需要一个权威的独裁者。独裁者要年轻，有很强的记忆力，才思敏捷，年富力强，勇敢无畏，品德高尚。所有这些品质还必须和节制结合在一起，因为在最深意义上，节制和智慧是一回事。在客人看来，一个国家如果要尽快地有效地建立起幸福美满的政制，独裁者的统治是最快最有效的。独裁制的好处在于，一个专制君主可以大权在握、雷厉风行，遇到的阻力就会比较小，国家会比较迅速地被改变。但是新国家还需要一个卓越的立法者，这种立法者应该就是哲人。只有哲人才是严格意义上的立法者。哲人立法者和独裁者的结合也就是政治权力和智慧理性的结合。如果一个哲人立法者和一个独裁者联合起来，那么对于国家的更新是最有利的。但是克列尼亚斯对这种独裁制并不熟悉，似乎也很反感。客人认为独裁制或者僭主(tyrant)可以不必花费很大的精力而有效地改变国家道德法律，他只要第一个走上他希望人民也走的道路，并且树立个人的榜样，给人民一幅完整的道德图景，赏罚分明，把强制和说服结合起来，就能够最快地最容易地改变国家的法律。

我们现代人一听到独裁制就感到恐惧，这就是霍布斯所说的“恐暴症”。但是柏拉图似乎并不对独裁制如此敏感和担忧。柏拉图在此强调的是独裁制的有效性，这和霍布斯对专制君主制的推崇有相似之处。哲人和僭主都是超越法律之上的人，都蔑视法律。但是僭主蔑视法律是基于自己的强大欲望，哲人蔑视法律是基于他对法律的本质的认识。僭主拥有的是政治权力，立法者拥有的是智慧。如果两者结合起来，就能够建立最好的政治制度。这仍然是柏拉图对哲学和政治、智慧和权力的结合的设想。在他看来，这两者的结合是人类生活的最大幸福的保证和条件，否则只能是无穷的灾难。一个国家具备良好的法律是罕见的，但是如果出现了哲人和僭主的结合，那么迅速改变法律也是容易的。虽然柏拉图对僭主制几乎持完全否定的态度，但是在涉及国家法律改革时，他却非常依赖僭主制。君主制是“守成”的，而僭主制则是“制度创新”所需要的。君主制守成有余而创新不足，僭主制是创新有余而守成不足。所以伟大的政治家往往都是独裁者，例如彼得大帝的改革就促进了俄罗斯的全面转变，虽然彼得大帝的改革没有真正实现，但是他的改革也确实体现了集权制的优势。可以说，僭主如果拥有了节制的德性，那么僭主就几乎是一个完人了。柏拉图似乎公开地批判僭主，但是暗地里却不得不求助于僭主。这是哲人对于僭主的隐秘的诉求。在他看来，法律的目的是要达到美德，如果独裁制有利于达到美德，那么独裁制就不是坏的。所以在他的对话中，似乎始终暗示了僭主和哲人的联合的形式，这种联合有可能带来国家德性的全面的提高。现代人似乎认为独裁制必然是坏的，绝对的权力产生绝对的腐败。因此只要权力是分散的，腐败就能够避免，所以分权制就是好的。但是分权只是我们约束权力的方式，分权本身并不是目的。因此集权和分权本身没有好坏之分，它们都是人类政治权力的两种形式。如果哲人能够控制僭主，集权本身就会成为导向德性和智慧的手段。相反，在分权制下，如果人们只是把追求财富作为自己的唯一目的，而不是提高人民的道德德性，那么分权制也不是好的政制。因此只要我们善于"使用"政制，任何制度都可以成为我们促进德性的手段。但是哲人和僭主的结合、哲人说服僭主几乎是不可能的。他自己的政治命运几乎就已经证明了这一点。所以我们应该更加倾向于苏格拉底的完全的非政治化和非暴力化的哲人立场。

客人指出，其次好的政制是君主制。君主制是依据法律的统治，如果君主能够听从立法者的建议，果断改变自己的法律，那么也比较容易建立新国家。当然他必须消除人们对旧法律的信仰。再次好的政制是民主制，因为民主制是接近无政府状态的国家，人们对于法律没有太高的信仰，因此建立新法律就比较容易。关键是如何使新法律得以推行和遵守。寡头制是第四位，因为在寡头制下存在很多有权势的势力团体，他们是既得利益者，拼命维护传统的政治格局，所以难以形成一种新秩序。

这里柏拉图对各种政体的好坏的排序是根据立法和变法的难易程度划分的。这体现了他对人类政治生活的深刻的观察和思考，值得我们认真思考和借鉴。

（二）法律的序言

新国家的各种因素都考虑好了，客人正式进入立法的程序。客人首先强调，最好把这种立法看作是一种"高尚的游戏"。游戏是柏拉图对话中非常重要的一个概念。我们必须认真理解这个概念的含义。因为人世无常，一切都是转瞬即逝的，所以几乎没有任何东西是永远实在存在的，这意味着我们不要过于认真地看待人世，否则就是执迷不悟，把虚假的东西看作是绝对真实的东西。但是我们却不得不活下去，而且在生活时，我们不得不重视一些事情，例如政治问题。虽然人世不是永恒的真实的，但是我们却仍然不得不重视它，这种思考就使柏拉图提出了游戏的概念。对于游戏，第一，我们不能太认真，游戏就是游戏，太认真了就不是游戏了，我们必须知道它是虚假的东西。第二，我们必须认真，因为如果不认真，玩游戏就没有任何意思了，我们仍然要认真地投入。所以关键是要拿捏游戏中的这种认真和不认真的分寸。拿捏好这种分寸，我们就达到了人类智慧的顶峰。我们就能够时时处处处于自由的境界。柏拉图已经达到了这种境界，他经常以玩笑的口吻谈论严肃的事情，也以严肃的口吻谈论戏谑的事情。因为他知道即使是最严肃的问题也是游戏的一部分，把严肃的只看作是严肃，就仍然不是智慧。同时他也知道最嬉闹的事情也包含了严肃的成分。因此既举重若轻，又举轻若重的人才是智慧的人。正是在这个意义上，柏拉图认为人生就是游戏，立法是一种游戏，创建国家本身也是一种语言游戏。游戏是对世界人类生活的本质的洞察是智慧的最高境界。

（三）法律的宗教之维

客人首先邀请诸神参与国家法律的创建。“让我们祈求神来建立国家。让他倾听我们，并且让他仁慈而吉祥地加入到我们中间来，帮助我们创建国家和法律。”(Plato. *The Laws of Plato*. 712b)这里充分体现了柏拉图对话中的神道设教思想。在他看来，真正的法律就是神法，以神的名义订立法律，只有以神的名义制定的法律才能保证人民对法律的尊敬和遵守，才能确保法律的权威性和有效性。这也体现了柏拉图关于法律是强制和教育相结合的原则。他认为真正的法律必须把法律的强制性力量融合到教育说服的方式中，这种结合的方式就是把法律建立在神圣性宗教的基础上。因为人们对神普遍有敬畏之心，这种敬畏之心就会表现在对神法的敬畏之上，所以人民就容易真心实意地遵守法律。如果法律只是人为建立的，那么人民就会对法律缺少敬畏之心，就不会认真遵守法律了。只有把国家和法律建立在神的基础上，才能把说服和强制最好地结合起来。所以柏拉图的法治国家依然是一个宗教国家。宗教本质上就是哲人神道设教的产物。正是在这种意义上，阿维罗伊认为《法律篇》是关于启示和预言的书。即使后来的所谓“启示宗教”也仍然是哲人的神道设教的产物。这种神道设教的思想要求我们不能形而上学地理解宗教，而应该政治性地理解宗教。没有独立的宗教问题，宗教问题本质上是政治问题。现代性以来的基本错误就是形而上学地理解所谓的“启示宗教”，而不是把启示宗教看作是政治生活的一部分。这是现代哲人和古代哲人的基本差异。这种差异意味着现代性本质上仍然是宗教性的和形而上学性的，现代性并未达到自己反形而上学和反宗教的目的。

接下来客人问梅奇卢斯和克列尼亚斯应该给这个新国家哪种政治制度，如果要在民主制、寡头制、贵族制或者独裁制之间进行选择的话。他们回顾了斯巴达和克里特的现行政治制度，感到难以确定。因为斯巴达和克里特似乎混合了独裁制、民主制、贵族制和君主制的各种元素。客人表示这种混合制才是真实的政体。也就是说，关于各种政体的划分只是一种思维上的划分，是一种经过了抽象的“理想型”。任何具体现实的国家都不可能完全符合这种思维的抽象形式，而是各种政治元素的混合形式。客人认为我们不能根据国家的政制来称呼一个国家，新国家通常都是按照统治者来命名的，因此客人认为最好的办法就是根据某位神的名字命名，以此表明神才是国家的真正的统治者，是所有人的主人。

为了说明这种思想，客人提到了克洛诺斯时代。在克洛诺斯时代存在一种政治形式，它是一种伟大的政治成就，为我们提供了立法依据。克洛诺斯时代是神治的时代。因为克洛诺斯认为人不可能很好地治理人。“人类无能管理人类事务，当人自己拥有独裁一切的权威时，他不可能不变得狂妄、傲慢和不义。”(Plato, *The Laws of Plato*. 713c)所以克洛诺斯给人类派来的国王和统治者都不是人，而是守护神。对于守护神来说，照料人类是轻而易举的事情，对人类而言，却是极大的恩惠。因为守护神关注的是和平、对他人的尊敬、良好的法律、绝对的公正、世界各族人民的幸福和平。因此在诸神和守护神的统治下的黄金时代，人民过着衣食无忧的幸福生活。客人指出，这个传说的意义在于“哪里的国家统治者不是神而是人，人民就不可能摆脱辛劳和不幸。教训是我们应该尽力模仿克洛诺斯领导下的人民的生活方式，管理我们的公共生活和私人生活，我们的家庭和城邦，以服从我们身上的神性的微小火花，并把这些理性的法令尊称为‘法律’。”(Plato. *Laws*. 713e)否则在单纯的人治下，人类的道德生活的败坏是不可避免的。人们就会被追求快乐的欲望支配，成为快乐的奴隶,他们必定蔑视践踏法律,导致人类的灾难。

这里柏拉图论证了神权政治的合理性。一个真正的立法者必须采取神道设教的方式,否则他的立法就不可能是正义的,他就不可能实现自己的目的。也就是说,只有神法才合乎人的整体的利益,既包括世俗的肉体的利益,也包括神圣的灵魂的利益。相反,人法只会关心人的肉体的世俗利益,而不会关心人的灵魂的神圣利益。而且人法必然是容易败坏的,执行力必然大大降低。因此,从法律政治的意义看,神的问题首先不是形而上学的问题,而是政治问题,神的法律作用是不可替代不可忽视的。我们看到,神的存在贯穿了柏拉图在随后制定的各种法律包括婚姻法、教育法、刑法、民事法、渎神法、外交法等中。在《政治家》中柏拉图也提到了克洛诺斯时代,只是基于哲学的原因他贬低了这个黄金时代。但是,从政治的角度看,这无疑是最美好的时代。这也意味着神治高于人治,神法高于人法。当然我们还是应该在神道设教的意义上理解神法和神治。

在确立了神道设教的立场后,客人立刻提到了"正义就是强者的利益"的观点。这就和《理想国》第一卷联系起来。克列尼亚斯似乎认可这种说法。可见这种观点具有很强的影响力和说服力。客人认为必须抵制和反对这种说法。而整个《理想国》都是建立在对这个观点的批判之上的。他提到古代诗人品达也认可这种说法,错误地把这种规则称为"自然法则"。客人认为我们必须消除这种说法对国家法律的不利影响。这样我们就可以理解,他之所以要把诸神作为法律的来源和基础,就是为了消除强者对于法律的践踏和垄断,防止强者只为了自己的利益而制定法律。他认为统治者不应该为了自己的利益,而应该为了全体人民的利益而统治。所谓"天下为公"。统治者只为了自己的利益,而不是为了国家整体的利益而制定的法律都是"伪法律"。这样的立法者不是国家公民,而是党派分子,这样的法律没有人会遵守。所以为了限制统治者的权力欲,必须把神作为更高的统治者确立起来。神才是最高的立法者和统治者。统治者本人也必须是服从诸神的法律的人。神权国家是指向神圣德性的国家,只有这样的宗教国家才可能是德性高尚美好的国家。如果法律只是服从人的利益和权威,那么国家的灭亡就为期不远了。所以柏拉图的神道设教思想是出于“驯服权力”的目的而提出的。他看到了权力的危害性和野蛮性，同时坚决反对权力的这种野蛮性。以神道设教的名义驯服权力正是《法律篇》的主题之一。从这里我们也可以看到，柏拉图的“政教合一”立场是十分明确的。他并不承认现代以来的“政教分离”原则，因为根本不存在政教分离的可能性。任何一种政治如果要追求整体的完善，追求崇高的生活，它就必须是神圣的，不论这种神圣是什么内容和形式的。否则它就不可能得到人民的拥护和信任，不可能得到有效的运作。所以关键不在于是不是进行政教分离，而是确立什么样的政治理想作为国家的最终目标。这个最终目标决定了这个国家的道德品质。因为现代性把享乐主义作为国家的最终理想，所以现代国家才肯定了政教分离的必要性，现代国家才成为了“世俗国家”。但是这种世俗国家恰恰是以对人性的贬低为代价的。

接下来客人发布了关于诸神的法律序言。神是正义的，掌管一切事物的开始、中间和结束。神从不离开自己的职位，惩罚背弃神圣法律的人，奖赏遵守法律的人。每个人都应该努力成为神的追随者，这样才能被神喜爱，所谓“同类相亲”。因为神是智慧的、节制的、自足的，所以谦卑、节制、自足的人才是神的朋友，不节制、不谦卑、不正义的人则不是神的朋友。好人的灵魂是洁净的，坏人的灵魂是不洁净的。好人通过祈祷和祭品和诸神保持交往，这是他得以过幸福生活的基本保证。但是坏人这么做却不会有任何结果，为诸神做再多事情都是徒劳的，他必然遭到神的遗弃。

这里，柏拉图从政治法律的角度确立了“神是万物的尺度”的基本原则。只有按照神法生活的人才是正义的。这是对普罗泰戈拉的“人是万物的尺度”的批判。普罗泰戈拉把个人的感觉作为万物的尺度，也就是把人的主观性作为真假对错的标准，这必然导致政治生活中的主观主义、个人主义和相对主义的泛滥。因此把神逐出了政治法律生活，必然导致政治生活的混乱和危险。基督教把上帝作为万物的尺度，只有上帝的法律才是一切事物的标准和一切问题的答案。这样就消除了政治生活的个人主义、主观主义和相对主义，确保和维护了政治生活的神圣秩序和神圣目标。所以我们应该把基督教作为一种政治法律才是恰当的，而不仅仅是把它看作是一种关于内在的抽象的灵魂得救的启示宗教。柏拉图的这种教化方法和佛陀的教法也是极为一致的。佛陀要求世人专注于自己灵魂的德性，而不是关注世俗利益，所以他不允许自己的弟子占卜算卦。如果是为了自己的私利而去祈祷或者做功德，那是不可能获得神的帮助的。

接下来客人列举了诸神的次序：奥林匹斯诸神和城邦保护神，地狱之神，守护神，英雄，祖先，父母。对于诸神和英雄，客人没有任何论述，但是他却详细论述了孝敬父母的问题。他认为对父母的义务是最早最沉重最神圣的义务。一个人必须尽其所能地孝顺父母，应该照顾他们的饮食、身体和灵魂，而不是仅仅照顾他们的饮食。这和孔子的思想完全一致。"子游问孝。子曰：'今之孝者，是谓能养。至于犬马，皆能有养；不敬，何以别乎。'"(《论语·为政》)一个人不能说父母的坏话，否则会遭到报应。对于父母的葬礼也要根据习俗，不能奢侈也不能过于简单。可见，柏拉图同样把孝看作是重要的法律序言。这和我们古代对孝的重视是一致的。"百善孝为先"。孝的问题是一个人情问题，是一个教育问题，也是一个政治问题。如果一个人不能对自己的父母孝敬，他就几乎不可能尊敬任何人，他的心灵就不可能得到很好的驯化，也不可能成为国家的良好公民。有子曰："其为人也孝弟，而好犯上者，鲜矣；不好犯上，而好作乱者，未之有也。君子务本，本立而道生。孝弟也者，其为仁之本与！"(《论语·学而》)

客人希望自己的这些话语能够劝导民众趋向美德。但是他也看到人民是极其难以驯化的。真正渴望完善其德性的人是极其稀少的。"吾未见好德如好色者也。"他引用了赫西俄德的诗句来证明自己的观点。但是诗人的诗句显然并不符合立法者的教化要求。当诗人在揭示这个真理的时候，他实际上就鼓励了人民对于德性的违背。这里仍然体现了诗人和哲人立法者的潜在冲突。所以客人认为必须首先教导和说服诗人。诗人可能会揭示某些事实，但是诗人却并不确定哪些事实包含了真理。因此仅仅揭示事实是远远不够的。法律是普遍性的规范，法律不允许模棱两可，不允许对同一个事实有两个说法。但是任何普遍法律总是面对各种不同的具体的事实，事实总是千差万别的，所以法律无法去做到实事求是，恰如其分地对待不同事实。这里体现了法律的普遍规定的局限性。而诗人只是描述个别的具体的事实，不关心普遍的真理和法律；立法者只关心普遍的真理，不关心个体的事实。所以只有把诗和法律结合起来才能建立最好的真正的法律。诗歌的真正价值就是作为法律的序言。宗教则是诗歌的主要内容。诗人必须配合立法者，服从立法者，甘心做立法者的仆人。

因此客人指出，单纯的法律规定是不够的，必须加上鼓励和说服，否则就是"不教而诛"。客人举了医生的例子说明这种看法。奴隶的医生并不关心病人，只是简单地开处方。自由的医生则努力使病人和他合作，争取得到病人的同意，这样可以使人更好地恢复健康。奴隶的医生就相对于拙劣的立法者，而自由的医生则相当于哲人立法者。自由的医生或者哲人立法者就是使用了把强制和说服结合起来的双重方法。他以婚姻法的例子来说明了这种方法的意义。克列尼亚斯对这种双重方法表示认可。客人认为以前的立法者的错误就在于他们只使用了一种强制的方法，而不附加说服的方法。这可以说是客人对早期立法者的第二个批判。神道设教的方式就是最完备的双重方法。此时，客人提示现在已经到了中午，并且到达了休息之地。这暗示法律的序言才是立法活动中最重要的内容，就相当于夏日中午的太阳。法律的序言就是照亮人类灵魂的太阳。

本卷最后他再次强调，他们之前的讨论都是法律的序言。正如音乐都有序曲，所以立法也应该有序言。一切法律都应该有自己的序言。序言的作用是说服和教育，而法律条文则是强制，所以说服的部分应该放在法律的前面，正如一篇讲话的开场白。从一定意义上，法律的序言比法律本身还重要。法律的序言是积极的肯定性的方面，而狭隘意义上的法律则是消极的惩罚性的。两者的结合才能构成完整意义上的法律观念。可以说，我国的"三纲五常"就是把法律的强制性和教育的说服性结合起来的最佳范例。序言相当于人生观、世界观方面的教育。如果这些教育做好了，我们几乎就不需要多少法律规定了。[1] 所以古代法律条文很少，就

[1] 但是这也成为现代国人认为中国没有法律的攻击之词。

是因为古代人首先在法律的序言上下功夫。如果我们不首先在序言方面下功夫,只是忙于制定各种法律条文,那么人民对于这些法律条文不理解也不知道,所以这些法律规定就形同虚设。法律只是在人民犯了错误后对人民进行惩罚,这就是"不教而诛",就是孔子所说的"暴政"。法律条文应该是越简单越清晰越好,这样人民才会从内心中服从法律。否则人民只是在行为上被迫服从,而在内心中没有任何认同,这就是立法者的失败。

五、法律的序言与政制纲要

第五卷

(一) 法律的序言(续)

1. 法律的道德之维(Plato. *Laws*. 726a－730a)

客人认为道德方面的规训也属于法律的序言的内容。这些内容都是尽人皆知的"老生常谈",但却都是永恒不变的至理名言。只要人还是人,这些话就是正确的、有益于人生的。

客人认为一个人应该最关心自己的灵魂。灵魂是人的主人。灵魂仅次于诸神,是所有人类的事物中最神圣的。但是人们并不懂得如何敬重自己的灵魂,往往都在玷污自己的灵魂。例如把过错推给别人,不能承担责任,沉溺于感官的快乐,贪图安逸,不能忍受不幸、痛苦、辛劳、恐惧等。例如人们认为身体比灵魂重要,好死不如赖活着,把活着看得高于一切,无知地畏惧死亡,好色重于好德,贪图不义之财等。如果一个人不是努力向善,他就不是在敬重自己的灵魂,而是在蔑视自己的灵魂。德性是神圣的,是灵魂的自然的完成。如果没有德性,灵魂就会受到损害。总而言之,敬重灵魂就是"诸恶莫做、众善奉行"。在对待身体方面,客人坚持中庸之道。他认为身体应该介于强健和疾病之间。过于强壮的身体会使人变得鲁莽草率,过于虚弱的身体则使人可怜和卑微,只有适度强壮的身体才适合产生美德。对于财富和金钱也是如此。过多的财富会使人骄奢淫逸,产生仇恨和不和;过分的贫穷则使人受到奴役;适度的财富才有助于产生美德。人们不应该为子女留下过多财富,应该让子女学会谦卑、敬畏和节制。教育孩子最好的方法是以身作则，身体力行，而不是打骂训斥。接下来客人还讲到了如何对待亲戚、朋友和外国人等原则。

在做人方面，客人提倡的基本原则就是“仁义礼智信、温良恭谨让”。例如诚实是百善之首，任何人要幸福就必须诚实。一个人必须不做坏事，但是更好的是具有正义感，阻止别人做坏事，一个人还应该具有节制、良好的判断力，要尽可能把这些美德传递给其他人。一个人必须严格要求自己，不要轻易原谅自己，不要过于自爱，应该严于律己，宽以待人。凡事勿过度，一个人必须节制过分的快乐和痛苦。他指出，人都受到快乐、痛苦和希望三种力量的支配。人们都在追求快乐，逃避痛苦。人不可能过一种没有快乐和痛苦的生活。贪图享乐的生活肯定是一种痛苦较多，快乐较少的生活。人们应该选择快乐较多，痛苦较少的生活，这种就意味着高尚的生活。这种高尚的生活必然是崇拜神的生活，必然是以德性为根本的生活。所以客人指出了四种高尚的德性的生活，而且德性的生活本身就是幸福的生活。幸福生活分为节制的生活、智慧的生活、勇敢的生活和健康的生活。与之相反，是四种痛苦的生活，即放纵的生活、愚蠢的生活、胆怯的生活和患病的生活。节制的生活在一切方面都是温和的，温和的快乐、痛苦和欲望；放纵的生活则是极度的快乐、痛苦和欲望。在节制的生活中，快乐超过了痛苦，在放纵的生活中，痛苦超过了快乐。放纵是因为无知或者缺乏自制力。健康的生活和不健康的生活也是如此。在健康的生活中，快乐超过痛苦，在不健康的生活中，痛苦超过了快乐。身体健康并且具有美德的生活比败坏的生活更好。这种生活能够使人获得美好的名誉，过着幸福的生活。人不能贪图一时的快乐，这种快乐必然导致更大的痛苦。如果人们能够始终从整体上看待快乐和痛苦，就不会贪图一时的快乐了。

我们可以说，这是柏拉图在用非道德的方式讨论道德，从快乐和痛苦的角度劝导人们遵守道德。这就是“缘人情以治理”。这才是真正合乎道德的。因为他看到了道德的本质和意图。因此，他不是道德主义者。但是他也不是享乐主义者，而是理性主义的立场。享乐主义恰恰是违背人的自然的。因为它试图否定人的理性本质和道德需要，把人看作是纯粹受到情感和欲望支配的动物，忽视了理性和德性在人的生活中的重要作用。只有理性主义把理性和情欲结合起来，才是合乎人性的自然的。在《普罗泰戈拉》中他也论述了这种关于快乐和痛苦的计算的技艺或者权衡的技艺，这种技艺和方法就是“中庸之道”。

总而言之，法律的序言就是宗教和道德方面的内容。正如亚里士多德认为伦理学是政治学的导言一样。宗教和道德的内容构成了政治法律制度的导言。单纯的政治法律制度对于人的教育是有限的，如果我们在宗教道德问题上做好了，那么政治法律的负担就小得多，就不必忙于制定无数复杂的法律条文。只有在宗教道德方面的教育衰败之后，我们才不得不不断地制定各种复杂的法律，以此约束人民的行为。但是这时为时已晚是失败的立法。

（二）政制纲要 735a

在讲完了宗教和道德方面的法律序言后，客人正式进入立法程序。他首先提到了人民的选择问题。正如牧养畜群一样，牧人都会首先对牧群进行拣选，剔除劣质品种，只留下优良品种一样。建立国家也必须对人民进行拣选。他认为最好的方式是激烈的方式。僭主制是最行之有效的。温和的方法只能取得有限的成功。这种关于净化城邦的思想在《理想国》、《政治家》中也有所提到。在《政治家》中，他指出政治的技艺就像编织衣物一样，只能用好的丝线才能编织出好的织物，否则人们就不可能织出好的织物。同样政治的技艺只有使用良好的人民，才能建立其美好的国家。国家的好坏就在于组成国家的人民的好坏，尤其取决于统治者的好坏。现代国家在这个问题上似乎走向了两个极端。在自由民主制国家中，人们更多关心统治者的优良品质，而不太关心人民的优良品质，对人民的品质几乎没有任何要求。虽然在国家中统治者是主导性的因素，但是人民也是国家的组成部分，没有良好的人民就不可能有良好的国家。民主制推崇人民的意志，却不考虑人民的品质。我们要限制和监督统治者，但是却无法限制和监督人民。这无论如何是片面的观点。但是在极权主义国家中，统治者试图通过不断的大清洗，使国家在道德上政治上变得纯洁和统一。但是这些大清洗往往不是出于净化国家的目的，而是出于统治者个人私利和排除异己的目的。所以这些大清洗并不是真正意义上的净化国家。而柏拉图讨论人民的拣选是出于净化城邦的目的，城邦净化的问题是建立一个良好国家所必须的。但是这种选择在实际操作中几乎很难做到，就像在《理想国》中谈到的优生学一样。

接下来，客人首先谈到了两个比较重要的问题即财产问题和官职设置问题。

在财产分配方面，如果新国家能够避免财产纠纷，那么这是新国家的幸运。如果不能避免，就只能循序渐进的改革，并且几乎很难取得好的结果。人们对于财富的欲望是无限的，如果不以道义来节制贪欲，就不可能达到真正的幸福。所以解决财富问题的唯一方法就是“重义轻利”。“避开这种困难的办法是通过一种和漠视财富相联系的正义观；我们能够避开这种困难的其他道路都是没有的，无论道路是宽还是窄。”（Plato. *Laws.* 737a）所以圣人对道义的提倡是出于对贪欲的节制。节制贪欲才能带来幸福，否则就不可能有幸福，人民就会陷入无休止的争斗之中。这将是国家的灾难。所以重义轻利是不需要讨论的真理。

客人认为如果要达到幸福，还必须实行“均田制”。土地和房屋应该尽可能得到平均分配。土地必须大到可以供给人民过一种节制的生活，同时也不能过于大，使人民过一种奢侈的生活。人和地产是始终结合在一起的，而且应该始终维持不变。国家太大或者太小都是不好的。一般统治者都希望自己的国家强大，但是在追求强大的过程中，统治者就不能保证国家的质量。随着国家质量的下降，一切庞大的国家似乎很快就分崩离析，统统化作历史的尘埃。客人指出，人民的总数只有在考虑人民和邻国的情况下才能确定。人民的总数应该既可以保持国家不被外国侵略，又能够给相关国家提供支持。他认为这个人数应该是5 040户。5 040是$1\times2\times3\times4\times5\times6\times7$的总和，或者是$12\times420$的结果。所以，客人认为立法者必须懂得数学，必须知道这个国家中哪个数字最有用。这是柏拉图对数学的使用。我们应该指出，数学在柏拉图哲学的重要性在于柏拉图把数学看作是和谐的技艺。毕达哥拉斯学派对数学的研究和推崇也是出于对和谐的追求。柏拉图继承了这种观点，试图通过数学达到和谐。在《蒂迈欧》中，他也使用了数学方法揭示宇宙的和谐。如果我们只是从纯数学的角度理解柏拉图的数学，就不可能理解柏拉图的意图。柏拉图没有“为科学而科学”的纯粹数学的精神。

接下来客人谈到了和土地划分相关的庙宇问题。立法者应该接受流传下来的祖制,首先划拨出土地以兴建庙宇。庙宇应该由国内各个团体共同组建,以诸神或者精灵的名字命名。立法者必须把诸神或者精灵或者英雄分配给不同的部落,公民必须共同祭祀,这样他们就能够彼此熟识,并且因此培养相互之间的友爱。这样的国家就是一个"熟人社会"。"对于一个国家没有比公民相互熟识有更大的利益了。"(Plato. *Laws.* 738e)相反,在一个彼此素不相识的国家中,没有哪个人会受到应有的尊敬,或者担任他应该担任的公职,或者得到他应该有的法律判决。这意味着在一个人口众多的陌生国家中,人们几乎不可能保持比较高的道德水准。柏拉图的这种看法和儒家传统是相似的。只有在熟人社会中,人们之间才能相互监督,才能保持较高的道德水平。这里也体现了古代圣人都坚持"小国寡民"的中庸之道的原因。

客人继而对于自己的意图进行了说明。他认为在立法者和政治家并不是同一个人的情况下,我们只能描述最好的、次好的和第三等好的国家的类型,然后交给政治家去选择。"最正确的做法是不仅描述理想社会,而且也描述第二等好和第三等好的社会,然后让负责创建社会的人从中做出选择。"(Plato. *Laws.* 739a)如果立法者和政治家是同一个人,那么他就能够选择最好的国家体制,但是如果不是同一个人,那么就只能在不同的体制之间进行选择了。这和尼采在《道德的谱系》中对道德类型的描述的意图是一样的,他也是寄希望于未来的政治家的选择,其中当然暗含了他的价值判断。但是最好国家的实现无疑受制于各种因素,所以只能因地制宜地建立次好的国家。如果偏执于建立最好的国家反而导致政治生活的混乱和危机。

然后客人先对最好的理想国进行了描述,这是对《理想国》的回应。这也表明柏拉图并未改变自己的立场,并未把《法律篇》置于《理想国》之上。客人没有强调最好的国家是哲人王统治的国家,而是"朋友之间,不分彼此"的国家。也就是说,他强调了理想国的护卫者阶层的"共产、共妻、共子"的方面。客人同样强调特别是在身体这种最私人化的财产方面也应该达到同一性。"无论如何,在这样一个国家中,私有财产的观念是千方百计地从生活中彻底根除了。每一种可能有的东西都是共有之物,哪怕是那种天生是'我自己的'的东西，如眼睛、耳朵和手，其意义从表面上看，就像如同眼睛、耳朵和手在音乐会上的情形一样。每一个人都对相同的东西感觉到欢乐和痛苦，所以他们做出的赞扬和谴责也都是完全一致的。"(Plato. *Laws.* 739c)可以说，《理想国》体现了最激进的公有制构想。柏拉图推崇公有制的目的是为了消除私有制，因为私有制的存在隐含了国家分裂的危险。因为存在私有制，人们必定"各扫门前雪"，人们就会为了各自的利益斗争，国家就可能分裂为各种利益集团，这样国家就实际上处于分裂的状态了。而在公有制条件下，人们没有了利己之心，消除了这种分裂的可能性，国家就能够达到最高程度的同一性，实现国内的团结、和谐、友爱。因此理想国是万众一心、情同手足、同甘共苦的国家。可以说，这是"国家"能够达到的最高程度的同一性，只有理想国才最符合"国家"的本质理念。❶ 如果我们要设想一个理想国家，那么柏拉图的理想国无疑就是唯一理想的国家形式。和理想国相比，一切现实的国家都是残缺的不完美的，都没有实现国家的本质理念，都只能是对理想国的模仿和分有。柏拉图确实为我们提供了一个"样本"，以此衡量一切现实的国家究竟处于什么样的状况，也就是分裂到了什么样的程度。我们应该看到，古往今来的一切国家之所以实行私有制，只是为了顺应人性的利己之心，这种顺应只是不得已而为之的"权宜之计"，我们不能因此就肯定私有制的绝对正当性，否则就必须牺牲关于国家的最高理想。因此，消灭私有制是达到国家的高度团结友爱的基本条件。但是仅仅通过外在方式消除私有制是远远不够的，还必须同时伴以内心的"灵魂革命"，即消除私有之心。只有人人都是大公无私的人，理想国才能建立起来。但是我们必须面对现实，也就是说，消除人的私心几乎是不可能的，只有极少数人才能做到。所以柏拉图的理想国并不是"人人都是圣人"的"君子国"，而是在哲人王统治下的国家，其公有制也仅仅局限于统治者阶层。在理想国中，哲人王凭借其智慧的统治达到了国家能够达到的最高的正义和幸福状态，理想国就是"王道乐土"，消除了一切不幸和痛苦，消除了一切偶然性的政治生活。可以说，理想国至少比乌托邦、君子国之类的政治构想更少

---

❶ 基督教的天国也类似于是对这种理想状态的追求。

乌托邦的色彩。这样柏拉图就似乎已经考虑了其可行性问题。在理想国中,柏拉图实际上为第三等级的劳动者保留了私有制,承认了私有制的正当性。但是现代国家绝对地肯定了私有制的合理性和神圣性,这只能说明现代人对国家的概念理解不准确的表现,也就是说,现代人对国家没有了更高的要求和期待,而这种没有更高要求和期待的出现是现代人对国家和人性失去信心和希望的表现,否定了国家和人性的最高完善的可能性。所以现代人本质上是悲观主义者。当然客人也认为这样的国家也许只存在于诸神的国家中,人间是无法实现的。这也显示了理想国的政治意图就是对一切政治理想主义的抵制和批判。但是我们或许应该指出,柏拉图关于理想国的描述也许过于大胆和鲜明了,导致后来的各种政治理想主义思想和运动的泛滥。如果他能够比较隐晦地描述自己的政治设想,这种政治动荡也许会小一些。

鉴于理想国的难以实现,客人开始描述"第二等好"的国家。土地和房屋是共同的,这样保留了公有制。同时,土地和房屋必须进行平等分配,而不是"吃大锅饭"。这样既保持了私有制也保持了公有制,是一种折中的方式。客人还指出,这样的分配制度还必须是长久不变的,户数保持不变,实行长子继承制。这可以说是政治国家对永恒性的模仿。一个真正好的国家必须尽可能保持稳定不变、长治久安,否则一个始终处于变动中的国家很容易陷入动乱和崩溃,造成普遍的生命和财产的损失。

客人对商业经营活动持否定态度。商业活动增加了人们的侥幸心理,投机取巧,不利于德性的维护。公民的财富应该只局限于农产品,不应该从卑下的交易活动中获得财富。这是柏拉图的"重农主义"。农业文明是"一分耕耘一分收获",消除了人的投机取巧的心理,有利于人的道德培养。所以我们应该看到,不同的文明样式对应着不同的道德习性的塑造。现代人推崇商业文明,这必然是以人性的败坏为代价的。人们会变得越来越唯利是图、投机取巧、尔虞我诈。正如老子指出的:"不尚贤,使民不争;不贵难得之货,使民不为盗;不见可欲,使民心不乱。是以圣人之治,虚其心,实其腹;弱其志,强其骨。常使民无知无欲。使夫知不敢弗为而已,则无不治。"(《道德经》,第三章)可以说古代圣人看重的是人的德性，而不是财富。所以他们才推崇农业文明，贬低商业文明。我们不能只看到表面现象，必须结合人性的道德教化来看待农业或者商业文明的问题。现代人对商业文明的过度推崇体现了现代人对人性的无知和蔑视。

客人还认为私人不能占有金银，但是可以拥有货币。借贷不要利息。这些都是限制人对财富的欲望，着眼于人性的德性。但是一般立法者却认为国家必须强大富有，推崇帝国主义的法律制度，认为这样的立法更加现实可行，而执着于德性的立法是不现实的不可行的。客人指出幸福和德性是相伴而来的。没有德性就不可能有幸福，只有财富的幸福并不能够使人得到幸福。而现代人似乎对财富有一种“形而上学”的期望，认为财富的巨大增长可以根本改变人的生存状态，因此改变人性的本质。例如自由主义认为财富的增长可以消除因为贫困导致的战争的可能性，因此有可能实现世界和平。共产主义认为幸福的巨大丰富可以消除人为了生存而劳动的不幸，使劳动成为人的自觉活动，最终可以实现人的本质的解放。这都是一种财富的形而上学。这都是对人性的本质缺乏充分认识的表现。

客人指出德性和巨大财富是不相容的，同时拥有巨大的财富和巨大的美德几乎是不可能的。因为只用正义的方式获得的财富永远低于同时使用正义和非正义的两种方式获得的财富，而把财富用于正义目的的人的支付必定多于用于正义和非正义两种目的的人，所以君子的财富积累永远不可能高于无赖的财富积累。一个用正义手段赚钱和花钱的君子永远不可能特别富有。无赖往往在赚钱和花钱上都是不节制的。这和我国古人的“为富不仁”的观点是一致的。富翁往往都是无赖。财富的积累必然伴随血和泪，获得财富的过程往往是不仁的，使用财富的过程也往往是不仁的。纨绔子弟也多是败类。所以柏拉图认为占有中等财富是合乎中庸之道的，是最好的。因为人们追求财富的目的是为了身体和心灵的幸福，财富必须服务于人的身心发展，对金钱财富的追求必须限制在培养德性的范围之内。如果忘记了这个目的，而只关注财富的手段，就是本末倒置了。所以在金钱、身体和心灵三个方面，人们必须把灵魂放在最高地位，身体次之，财富最后。如果法律把健康置于美德之上，或者把金钱置于健康和德性之上，都是错误的。立法的目的不能只关注国家的富有和强大，而忽略国家的团结友爱，必须把国家的团结友爱放在立法的第一位。一切制度和政策都必须以这个目的为核心。

客人也看到，在国家给予公民以平等的追求财富的机会时，人们对财富的获得必定是不平等的，总有人幸运一些，有人倒霉一些，就会出现财富的不平等。所以客人认为在选拔官员等问题上，不但要考虑个人的美德和能力，也要考虑其财富。公民应该按照财富的数量划分 4 个等级，应该尽可能遵守“合乎比例的不平等”原则，因为这种“合乎比例的不平等”恰恰是平等制的根本原则。平等主义必须是合乎自然的差异性的。以不平等对待不平等，这是平等的根本精神。平等主义不是平均主义。平均主义是算数的平等主义，而不是几何学的平等主义。真正的平等主义是几何学的平等主义。这是现代的平等主义者应该注意的地方。现代平等主义只是重视算术的平等，而忽视了几何的平等。客人还指出国家必须尽可能防止贫富分化，以及因为贫富分化导致的内战。内战是国家的最大的灾难。所以他规定以自食其力为基本单位，一个人拥有的财产最多只能是 4 倍，超过 4 倍就必须上缴国家。柏拉图在这里的论述可以说是《法律篇》和《理想国》最不同的地方。在理想国中不考虑财产的问题，对人的等级制的划分就是根据每个人的自然天性进行。这才是一种严格意义上的平等和正义。而《法律篇》中，则把财产作为划分公民等级的基本原则，这实际上已经是对自然的一种偏离。这种对自然的偏离也正是《法律篇》中的国家低于理想国的原因。理想国是按照严格的自然正义建立起来的国家，而《法律篇》中的国家则偏离了人的自然，向人为之物（财产）做出了妥协，所以这种国家就不是严格意义上的正义的理想国家。当然这种设想和古代的立法者的设想是比较一致的。因为按照严格的自然正义的原则建立国家依赖于哲人王的智慧，而哲人王的智慧始终是稀缺的，所以理想国是难以实现的。我们只能退而求其次，依据财产划分社会等级，一个人拥有的财富越多，他的能力一般也越强，在国家中的影响力也往往越大，所以他们的统治相对比较合乎正义。

接下来，客人谈到了国家领土的划分和首都的设置。土地、人口、首都、诸神都划分为 12 份。虽然这种划分几乎无法完全做到，但是却仍然必须如此划分,因为这种划分合乎"理性的精确性"。理想先于现实,只有在我们完全按照理性的完美性构想了国家之后,我们才需要考虑其可行性问题,不能因为可行性而降低完美性。按照数学的原理,整个国家直到划分为 5 040 个部分为止。由此产生了氏族、行政区划、村落、军事单位、行军行列,还有铸币单位、液体量器、固体量器、砝码等。客人指出,法律必须管理所有这些细节,以便发现合理的比例。立法者必须关心细节,按照数学原理统治国家,在国家制度的每个方面都贯彻数学原理。每个公民也都必须按照数学原理生活,不要越过限度和界限。数学在这个国家中具有至高无上的地位。"数学的最大优点是,它唤醒那些懒散的笨家伙,使他们很快变得明白事理、坚强、机敏,由于这种神奇的科学,一个人才做得比他的天赋能力所允许的更好。"(Plato. *Laws*. 747b)但是客人也指出,如果数学没有被正确地学习和使用,那么它可能就会培养出一个善于算计的奸诈之人。这体现了数学和一切科学的两面性。而柏拉图是把科学和人性结合在一起的,他对数学的重视表现了他对人性的德性的重视,表现了他对节制、秩序和和谐的追求。柏拉图是以哲学家和政治家的态度看待数学的,而不是以单纯的数学家的态度理解数学的。

六、政制纲要(续)

第六卷

在官职的设置方面,客人认为国家的第一批统治者必须是最接受法律和维护法律的人,否则这个新国家就难以为继。但是这些新移民来到新国家,彼此不认识,也没有受过教育,让他们接受刚刚制定的法律是很难的。最好的办法是当这些人还是孩子的时候就给予他们这些法律的教育。当他们长大成人,习惯了这些法律,就可以参加国家职位的选举了。

在国家官员的设置和选拔上,客人谈得非常具体。包括了 37 名执法官,200 名监督官,军事官员,议会人员,神职人员,武装警察即市政官和市场管理员,教育人员,司法人员等。官员的工作就是执行法律,这也是官员崇拜诸神的最好方式。因为法律都是以神的名义制定的。官员是人民的公仆，他的工作就是为人民服务，而不是对人民的自上而下的“统治”。客人认为在各个官员职位中，教育官员是最重要的。人是驯养的动物，如果他受到了最好的教育，就是最神圣的动物，而如果受到不恰当的教育，就是最野蛮的动物。所以儿童的教育是最重要的工作。这仍然体现了柏拉图对教育的重视。可以说国家最重要的事情就是教育。真正教育是人格的塑造和品德的培养，而不是单纯知识的传授和职业技能的培训。一个忽视了教育的国家必然是一个低劣的国家，失败的国家。

在官员的选拔上，客人支持选举制，反对抽签制。选举制是君主制和民主制的一种折中，是根据个人的能力进行委派。抽签制是一种粗糙的平等制，是一种算数的平等。所以客人指出，“平等产生友谊”，这句话是含糊的。一个主人和一个奴隶，一个老实人和一个流氓是不可能平等的，也不可能产生友爱。“对一切人的不加区别的平等就是不平等，两方面都会使公民之间充满着不平等。”(Plato. *Laws.* 757a)在此，客人明确谈到了两种平等的概念。度量或者算数的平等是简单的平等。真正的平等制是一种几何学的平等。这种几何学的平等是给大人物多一些，给小人物少一些。因此真正的平等就是合乎自然，就是“恰如其分”。不及或者超过其自然的就是不平等。政治家的目的就是追求平等，但是平等就是合乎自然。合乎自然才是严格的正义。这种严格的正义就是平等制的核心。因此一切不合乎自然的讨好和宽容总是会毁灭自然要求的精确性，无法实现严格的平等制。抽签制就是为了讨好人民而做出的妥协。这种妥协破坏了政治哲学的严格性和精确性。当然，实现这种严格平等和正义是极其困难的，这种平等需要“宙斯般的智慧和判断力”。或者说，只有在哲人王的国度中才能实现。但是我们可以说这种对精确的正义和平等的追求是非常必要的。也就是所谓的“取法乎上仅得其中，取法乎中仅得其下”。只有我们坚持严格的正义和平等，在实践中才能达到相对意义上的正义和平等，如果我们在理论上都不坚持严格的正义和平等，那么在实践上就更加不可能达到严格的正义和平等了。同样，如果我们不能在政治哲学中追求这种严格性和精确性，我们就必然也会在其他方面丧失这种严格性。可见，亚里士多德反对柏拉图对政治哲学的这种严格性的追求，认为政治哲学只能是模糊的，这体现了亚里士多德对政治科学的严格性原则的背叛。这种背叛会进一步体现到对其他科学的严格性精确性的否定上，最终也就体现到对哲学的严格性的否定。在《泰阿泰德》中，苏格拉底对塞奥多洛只追求数学的科学性，而否定政治人文科学的科学性进行的批判，是非常值得我们重视的。

以上四个方面的政制纲领涉及宗教、道德、财产和官员设置方面，类似于我们通常所说的“宪法”方面的问题，也就是属于政体的问题。这不属于具体的立法，就像是立法前的图纸一样。通过草图的形式，确定下大的框架，然后接下来的具体立法才可能是恰当的。宪法或者政体是国家的根本问题。只有首先确立了国家的政体，才能进一步讨论法律细节问题。现代法律的问题恰恰就是体现在宪法问题上的危机。如果说宪法和“道”相关，而法律只和“术”相关。我们越来越多关注法律细节的制定，恰恰说明我们在根本大法宪法方面是无能为力或者漠不关心的。这是因为我们整个世界观和人生观出现了问题。也就是说，我们关于自然的观念出现了问题。我们不能正确理解自然，所以我们也就不能正确理解人事。而对自然的理解关键在于对人性的理解。因为我们不能正确理解人性，所以我们不能正确理解自然。可以说，柏拉图对话是我们理解人性自然的最好的教材。因此柏拉图对话是我们重新理解人性自然，进而消除宪法危机问题的重要教材。

在具体的进行立法之前，客人又指出立法就像是绘画。立法者必须尽可能使立法精确和完美。但是立法者也是会死的人，所以他必须考虑接班人的问题，以便使他的立法工作得到不断改进，而不是昙花一现，走向没落。所以培养未来的年轻护法者的工作就是至关重要的。立法者必须通过培养接班人或者通过实例的方法告诉未来的立法者如何改进法律，使之达到完满无缺。于是在进行立法之前，客人首先假想向未来的护法者进行了纲领性的训导。这种训导是为未来的改进法律提供了一份纲领性的说明。当前的立法只是纲要性的，其中的很多细节只能在国家建立起来之后进行。一切立法和变法的基本精神是“我们生活的目的应该与人类的精神美德相联系。”(Plato. *Laws*. 770d)也就是说，法律的目的必须致力于人类的美德，变法也必须根据这个基本精神进行，这才是“法的精神”。只有后来的护法者或者变法者把握了这个基本精神，才能够把立法者的工作延续下去了。任何人或者国家都不能违背这个"法的精神",否则国家就是让小人进行统治,这样还不如遁世隐居更好。对比孟德斯鸠的《论法的精神》,我们就可以发现,现代的立法者已经把德性驱逐出了公共生活的领域,利益财富成为了国家公开的赤裸裸的追逐目的。这种立法已经远远偏离了柏拉图的"法的精神"。所以现代立法者都是柏拉图的"逆子"。

接下来,客人首先提到了婚姻法,其中包括财产、奴隶、妇女和生育等方面,还穿插了关于建造城池的问题。婚姻法是具体的立法工作中的第一项法律。婚姻应该有利于国家,而不是出于个人的喜好。婚姻的目的应该是生出心智健全的孩子,婚姻也是服务于神的行为。这和基督教中关于婚姻的看法是一致的。把婚姻神圣化是把欲望理性化的基本方法。把人的欲望理性化也就是人的文明化,这样就把理性和非理性结合在一起了。因此在婚姻法中,客人强调了人口质量的优化问题即公民的性格完善和中和,即联姻的两家应该是性格天性互补的,否则可能逐渐趋于极端而相互危害,而导致最终的灭亡。这和《政治家》中关于婚姻的看法是一致的。在财产法中,客人重点讨论了奴隶问题。他认为斯巴达的希洛人制度也许是最受到争议的。客人承认存在很多杰出的奴隶,比他的主人更加优秀。但是也存在很多低劣的奴隶,所以很多主人像对待动物一样对待他们。同时,他强调奴隶的存在符合国家的需要。对待奴隶的正确方式是,首先奴隶不能来自同一个国家,操同一种语言。这样奴隶就不会认为他们的境遇有什么不幸,也不会制造事端。古埃及人显然就没有意识到这个问题,当时的希伯来人恰恰就是同一个民族,所以他们才容易团结起来,最终出逃埃及。其次是要恰当地训练奴隶,不要傲慢地苛刻地对待他们,对他们的伤害甚至要少于对自由人的伤害,否则他就不可能是正义的。主人对于奴隶的态度和命令必须是明确的,必须和奴隶保持一定距离,不能和奴隶打成一片。这类似于孔子所说:"唯女子与小人为难养也,近之则不孙,远之则怨。"(《论语·阳货》)主人必须善于维护主人的权威,否则对于主人和奴隶都是一种损害。柏拉图不反对奴隶制,并不是因为他的奴隶主的阶级立场,而是因为在他看来,专门从事体力劳动的奴隶的存在有利于其他人在道德、文化和精神方面的发展。在建造城池的问题中，他强调庙宇应该建在城市的中心，市场和行政机构应该围绕神庙，这也体现了柏拉图的法治国是一个宗教国家。在修建城墙的问题上，客人认为修建城墙是一个坏的做法，这样就会助长人们的懒惰和软弱之心，人民会错误地认为自己躲在城墙后面就可以避免和敌人交战，就可以放心大胆地睡大觉了，仿佛他们来到尘世就是为了过放纵享乐的生活。这又使我们联想到长城，当然我们不能简单地把两者进行比附。这里主要体现了柏拉图对公民人格品德的要求。在家庭生育法中，客人认为："如果立法者把私人生活排除在他的立法之外，并期望公民们会在他们的社会公共生活中遵守法律，那他犯一个大错误。"(Plato. *Laws.* 780a)也就是说，如果每个人在私人生活中可以随心所欲，想干什么就干什么，那么人们就会逐渐养成了放纵的习惯，在公共生活中也很难做到自觉遵守法律，自我约束。所以古代立法者为了国家公共生活的德性水准，否定了私生活的正当性。在古代封建社会中根本就没有"私生活"的观念，没有"隐私"的观念，每个人都必须把自己的个人生活放在公众的评价和监督之下。相反，古人特别强调"慎独"，认为越是在私下里就越是应该严格要求自己，在小事上放纵，就会逐渐在大事上放纵。"勿以善小而不为，勿以恶小而为之"。人是理性的动物首先就体现为人是道德的动物，是法律的动物。人的尊严和特性就来自人的理性，否则就是衣冠禽兽。所以古代立法者在立法时，致力于维护人的特性和尊严不会丧失，使人性趋于崇高和完美。这种观点和现代自由主义的观点非常对立。自由主义恰恰强调私人生活的不受干预，认为个人有权利按照自己的个人意愿安排自己的生活方式，因为每个人都有能力以最好的方式做出自己的选择。并且认为这是实现个人发展和自由的必要前提，是社会文明进步的重要体现。但是这种观点却是以对道德生活的降低为代价的。也就是说，人的自制能力是极其脆弱的，人的理性选择能力也是极为有限的。并不是每个人都能够按照最好的方式做出选择，所以一个健全的社会应该提供一套完整的权威的价值标准和原则指导个人的生活，而不是让每个人的个人生活都处于非理性的状态。因此，自由主义对人性采取了放纵的态度，这就意味着对人性采取了低水平的要求。它相信人性的善良本性，但是它同时又是极度悲观的，即否定了人性的无限完善的可能性。这样人性就会逐渐趋于动物化，自由主义本质上是享乐主义。这样自由主义最终就为虚无主义和极权主义准备了条件。本来，自由主义对于私人性的重视是抗辩性的，是出于对基督教信仰中的上帝之眼的反抗，对封建专制主义的反对，对他们所设想的极权主义政治的反对。这种抗辩性决定了自由主义对人性的思考，同时也埋下了巨大的隐患。

客人认为新婚夫妇应该像婚前一样参加公餐制。在他看来，以前的公餐制虽然对于培养男人是有利的，却没有把女人纳入进来。女人由于软弱总是倾向于工于心计。于是立法者盲目地忽略和纵容了女人，让她们做自己喜欢做的事情，这样就逐渐失去了对其他许多事物的控制。所以在客人看来，立法者忽略女人不是失败了一半，而是全部失败。如果立法者把男人和女人一起教育，那么国家就更容易达到幸福。女人占国家人口的一半，而且她们还天生承担了生育和教育子女的责任，如果女人不能获得良好的教育，下一代也不可能获得良好教育，这最终意味着整个国家的人格品质的下降和教育活动的失败。例如我国古代重视妇道，强调女人的“三从四德”，都是重视对女人的教育的表现。所以客人认为应该让女人也参加公餐制。这种公餐制消除了家庭私有制，同时也保持了私有制，所以是公有制和私有制之间的折中形式。但是这种做法无疑会受到很大的嘲笑和反对，所以妇女问题是非常难以解决的问题。这里涉及到了《理想国》中的第一次浪潮，即男女平等、接受同样的教育的问题。联系到妇女教育的问题，在孩子的生育问题上，客人指出生孩子是为了国家，所以必须生出最好的孩子，也必须把孩子献给国家，不能把孩子看作是私人财产。接下来就是孩子的教育问题。

七、教育法

第七卷

教育法是第二项法律。客人首先提到了家庭教育。他认为在家庭私生活方面，有许多细小的活动是绝不能公开的，但是这些活动却可能和立法者的意图相违背，并且使公民具有各种相互冲突的性格。所以真正的法律和教育必须涉及每个人的生活的方方面面，绝不能遗漏任何方面。“只要私人生活管理不好，国家的一般法律就不会有一个坚实的基础，对于这一点心存侥幸更是愚蠢的。”（Plato. *Laws*. 790b）从这里我们也可以理解儒家传统强调“家国同构”的根本原因，就是出于对人的道德教育的考虑。对人而言，最重要的东西就是德性，一切教育和统治的根本目标就是培养人的德性。而孝道恰好满足了这种道德要求。因此孝道成了人的所有德性教育的基础和根本。孝道既是家庭伦理，也是政治伦理。

客人认为人在小时候的教育是最重要的。孩子教育的第一阶段是胎教。孕妇必须经常散步锻炼，怀孕期间也必须保持心情的愉悦和平静。这样对于孩子将来德性的养成是有利的。孩子出生后进行第二阶段的教育即幼教。孩子0—3岁时必须经常被带到农村或者庙宇等地，充分锻炼跑动。孩子必须由国家统一抚养，而不能交给每个家庭，这样才能保证孩子教育的质量和统一。在孩子的道德人格教育的方面，他首先谈到了勇敢的培养，主要是通过运动锻炼的方式进行训练，培养孩子的良好的性格品质。“幼儿园里无小事”。越是在孩子小的时候就必须越是对孩子严加管教，等孩子养成良好的习惯以后，就可以稍微放松一些了。他认为对于孩子既不能过于溺爱，也不能过于严厉。溺爱会养成孩子的坏脾气，为鸡毛蒜皮小事暴跳如雷；过分的严厉也会使孩子养成卑躬屈膝的奴隶性格。所以在克列尼亚斯认为孩子必须被大量的快乐包围时，客人对他进行了批评。“我的看法是人生的正确道路既不是一味追求欢乐，也不是绝对避开痛苦，而是恰当地满足于两个极端之间的状态。这种状态正是我们常说的神本身的状态。”（Plato. *Laws*. 792d）任何人都应该避免极端快乐和极端痛苦的状态，始终保持两者之间的中间状态。这就是“不喜亦不惧”的平静安详状态。这种状态并不就是麻木不仁，而是处于摆脱激情和欲望的理性寂静状态。这个观点和《斐莱布》中的观点是一致的。所以在孩子的教育上必须遵循中庸之道，人格教育的核心就是中和性格的塑造。孩子的性格应该在玩耍游戏中养成。

第三个阶段是3—6岁的学前教育。客人首先提到了“不成文法”对于儿童教育的重要性。全部孩子都必须集中在村庄的神庙中，由保姆统一管理，都必须学会遵守纪律，但是要有分寸。他认为祖制传统是整个社会的粘合剂，人民本能地遵守这些祖传的不成文法，保护了当前的成文法。如果它们出了问题，那么整个社会就会崩溃。单纯的成文法具有很大的局限性，迷信于简单的法律条文是不可能成功的，必须依靠不成文法加以维护。如果立法和教育要取得成功，必须重视这些源远流长的传统。“我们必须尽可能不忽视任何事物，无论是大的或小的，是法律、习惯还是政制，因为它们都是把国家粘合在一起所需要的，而且每种习俗的稳固性都是相互依存的。”(Plato. *Laws*. 793d)这里我们也可以看到，现代性的最大错误就是对传统礼法的破坏和蔑视。现代性以创新和进步作为自己的基本精神，由此对一切古老的观念和习俗都毫不顾忌进行批判和破坏，认为只要建立了合理的法律制度，人们就可以摆脱愚昧的传统，每个人都能够成为理性的公民。这种观点在今天看来已经显得非常幼稚和天真了。

第四阶段是6—9岁正规学习阶段。在6岁以后，男孩和女孩就必须分开。每个孩子都要上课。男孩学习骑马、射箭等“六艺”之类，女孩子也可以学习。在客人看来，男女的差异是后天文明教育造成的。他认为人的自然是同一的，男女可以接受同等教育。他甚至认为我们的左右手的习惯的差异也是由于教育的不同造成的，通过教育，我们可以训练每个人在使用双手方面都能够全面发展。他暗示人可以像蜡一样被塑造，人性似乎没有先天的规定性。这里体现柏拉图的反传统的激进主义立场。但是我们也必须指出，人性是有限的，所以对人的教化也是有限的。我们不可能无限地塑造人性。在现代性的启蒙主义以后，我们看到，对人性的无限改造导致了巨大的政治灾难。我们一方面可以说对极少数人来说，他的人性确实是无限的，可以无限地提升和塑造。但是对于大多数人来说，他们的人性是极为有限的，他们沉迷于自己的感官生活，不能在智慧或者德性方面无限进步和完善。但是我们不应该因为他们的这种有限性而蔑视他们，尤其不应该试图通过政治的方式改造他们。这是现代性的历史命运带给我们的警示。

接下来客人谈到的体育课程包括舞蹈和摔跤以及作战技能教育。跳舞的作用在于培养人的庄严和文明的风度气质，其次才是培养身体的健康、敏捷性和漂亮。在摔跤方面，客人强调人们不能只是卑下地关注获胜，而是应该以增进健康和气力为主要目的。这里表现了柏拉图对于竞技体育的看法。竞技体育不能成为单纯追求金牌的运动，这样就使竞技体育堕落为功利主义的角斗场。竞技体育的根本精神是提高人体的潜能，激发人的灵魂的活力，保持人性中昂扬的斗志。

在人格教育方面，主要涉及文艺问题。客人首先谈到了游戏对于立法的作用。他指出："没有哪个国家有人真正懂得儿童的游戏对于立法有如此重大的影响，可以决定已经制定的法律制度的存废。"（Plato. *Laws*. 797a）在他看来，如果立法者控制了儿童的游戏，儿童总是遵循同样的规则，从同样的游戏中体验到同样的快乐，那么在他们长大成人后就能够对同样的事物拥有同样的看法，这样就能够保持国家的团结一致。但是事实上，游戏总是在不断变化，总有新游戏发明出来，年轻人总是追逐新游戏，这样他们就会有不同的偶像，不同的原则和标准，他们的品位和观念就变得不同，在行为举止方面也会不同。这无疑是对国家团结统一的最大威胁。由于年轻人习惯于藐视旧事物，乐于胡思乱想，追逐新奇之物，最终他们将颠覆国家的传统法律制度。在新游戏中长大的孩子必然变得和他的父辈不同，进一步他们就会要求不同的生活方式，这种要求会使他们追求新制度和法律。如果立法者对儿童游戏不加关心，他的法律秩序就会被打破，立法最终也会失败。所以游戏不是儿戏，必须对游戏进行立法，不能随意改变游戏规则，不能随意创造新游戏，尽量不要让年轻人在歌唱和舞蹈中追求新事物，因为不同的游戏造就不同的人格。同时客人也认为，必须禁止诗人作家一味讨好民众，不顾及国家的法律和道德原则。通过在游戏方面立法，就有可能保持法律制度的持久性和稳定性，这种长久不变的道德礼法才能具有神圣的权威性和有效性。"如果这些法律由于一些天赐的好运，在很长时间内保持不变，人民在这些法律的教育下长大，他们都既没有记得也没有听说过事物曾经是和现在不同的另外的样子，那么，整个灵魂就会尊重传统法律，并且畏惧对传统法律的任何改变。"（Plato，*The Laws of Plato*. 798b）所以柏拉图是出于国家长治久安的考虑才反对一切变化，包括游戏中的变化的。任何变化都会削弱法律道德的神圣性和权威性，导致国家社会秩序的混乱和灾难。

柏拉图关于游戏的观点非常重要。游戏本身就是教育活动，儿童首先是在游戏中获得人格的培养。游戏问题是政治问题。在《理想国》中，柏拉图也反复说明了这个问题。这也是我们反思当前儿童教育和游戏问题的一个重要指导。

因此客人认为立法者首先必须把全部歌舞和音乐奉如神明，为此要确定节日的时间安排。其次必须把节日作为崇拜神明的仪式，决定向哪个神献祭，跳何种舞蹈等。任何人都不得违反相关规定。为此，客人对文艺活动进行了立法。首先在节日中只能表达吉祥的话语，不能说些不吉利的话。其次只能向自己的诸神祈祷，不得崇拜其他的神，禁止"非其鬼而祭之"的行为。再次祈祷不能包含恶的目的，不能崇拜财神。诗人的创作不能同国家的正义、道德、审美等法律观念冲突，一切作品必须经过护法者审查后才能演出。同样古代作品只有符合法律标准才可以流传和演出，有些修改和删定后可以演出。再次是对英雄的崇拜。最后是对先人的崇拜，让他们彪炳史册，光照千秋。但是在一个人活着的时候不能进行任何崇拜，否则就会引起"个人崇拜"的麻烦，只有在他盖棺定论后才能决定是不是可以进行崇拜。最后客人还强调文艺作品必须区分适合男人和女人的不同歌舞作品。这些作品和歌舞活动必须有利于培养男人和女人的性格和品质，我们的性格影响着我们的生活。

在《理想国》中，柏拉图也表达了关于文艺创作原则和书报审查的思想。他的这种思想当然会遭到现代人的反对。但是如果我们看到柏拉图瞄准的是更高的道德目标，我们就能够理解柏拉图的文艺立法的原因了。我们现代人的文艺原则是自由主义思想的一种表现，这种过度的自由制度实际上正在导致人性的混乱和沉沦，我们已经陷入了享乐主义、悲观主义的泥潭。如果柏拉图的文艺检查制度是不好的，我们的文艺自由主义也是同样不好的。

接下来，客人讲到了奇怪的插曲。他感叹道："并非人类事务都值得认真关注，但是认真对待它们却是我们不得不做的。"(Plato. *Laws*. 803b)这句话的含义比较耐人寻味。柏拉图似乎对人间事务或者政治生活是漠不关心的，因为人类事物或者政治生活非常繁琐乏味，大多是一些功利性的事务，它们不可能给予人最高的快乐和满足。同时，这句话也显示了哲学生活的高贵性和神圣性，只有在哲学生活中才能获得更高的人性实现、快乐和自由。因此一个习惯于哲学生活的人就会鄙视政治生活。但是柏拉图也告诉我们,政治生活是哲学生活的母体和基础,如果哲人不关心政治生活,那么政治生活就会变得更坏。也就是说,“如果我们不去追求好的政治,坏的政治就会来找我们。”在坏的政治生活中,哲学生活就变得更加艰难。所以为了哲学的利益,哲人也必须关心政治。当然,政治生活变化无常,即使我们付出了很多努力和代价,也未必能够如愿。

客人又重复了前面关于“人类是诸神的玩偶”的观点,认为所有善良的人都应该把神放在心中,每个人都应该演好自己的角色,在游戏中度过自己的一生。这里柏拉图似乎认为人生就是游戏,而且是一场神圣的游戏。这并不表明柏拉图对世界人生持一种玩世不恭或者审美主义的态度,而是体现了他的反道德主义和理性主义立场。一方面,道德主义没有认识到人生的真相,把法律道德都看作是最终的最高的,从而导致对人性的压抑和贬低。可以说,道德主义仍然是处在人类学的层次上,而柏拉图的超道德主义已经进入到了天地境界。在这种天地境界中,一切人类的道德礼法都被超越了,游戏的快乐才是人生的最高意义。另一方面,游戏的态度也体现了彻底理性主义的立场。也就是说,在彻底的理性主义看来,人类的存在和世界的存在是无法得知的,“本际不可得”,所以我们不要费尽心机去探究世界和人生的真相,而是把握好自己的有限的人生,争取在自己的一生中获得最大的幸福和智慧。因此柏拉图的游戏概念包含了他对世界人生的深刻认识。正如庄子在《逍遥游》、《齐物论》中表达的思想一样。

所以客人认为一般人都把战争看作是更加严肃和重要的事务,因为备战是为了保护和平成果的必要条件。但是人们却并未真正充分享用更加宝贵的和平时期,而在和平时期的教育更没有受到重视。在客人看来,更加重大的事情是和平和教育,而战争是不值得过分关注的小事情。如果一个国家为了战争而制定法律,那就是在浪费时间和人生。所以战争不是目的,和平才是目的。关注和平应该高于关注战争。在战争中人的生活是艰苦贫苦短暂的,因此是不幸的。只有在和平时期,人类才能过真正的生活。“一个人应该在‘游戏’——献祭、唱歌、跳舞——中度过他的一生。这样他才能赢得诸神的恩宠,保护自己不受敌人的侵犯,并且在战斗中战胜他们。"(Plato. *Laws.* 803e)从这里我们可以看到,柏拉图的游戏概念首先是指歌舞。这种歌舞是生命的洋溢和舒展,人们在这种歌舞中体验到生命的美。其次,这种歌舞游戏是神圣的,它的目的是对神的崇拜和献祭,而不是一种追求玩乐的世俗活动。最后,这种歌舞游戏也是军事训练,有利于人民在战斗中取得胜利。因此柏拉图认为真正的生活也就是这种贯穿了歌舞游戏的生活,这种生活才是最好的生活,是他们自己的天性要求过的生活。这类似于一种审美主义的人生观,但是仍然和现代审美主义是不同的。现代审美主义是作为理性主义的对立面出现的,是非理性主义的一种形式。而柏拉图的审美精神则是他的道德化的理性主义立场的一种表现。

客人还指出,这种以神为崇拜中心的歌舞生活是一种人类作为诸神的玩偶的生活,也就是说,人类作为一种物种,其存在的终极目标是什么,是不得而知的。我们何所来,何所往,都超出了我们的认识能力。但是客人认为作为诸神的玩偶的生活仍然是接近真理的生活。"他们在大多数情况下是诸神的玩偶,但是也能够分享到一些真理。"(Plato. *Laws.* 804b)这类似于柏拉图在《理想国》中的洞穴喻所表明的。在洞穴中,人们只能看到真实事物的影像,而不能看到事实本身。所以人们只能获得意见,而不能获得真理。但是现象是对理念的分有和模仿,意见也包含了真理的颗粒,也是对真理的分有和模仿。从这个意义上,人类仍然能够获得一定程度的真理。即使如此,梅奇卢斯也认为客人"贬低了人类"。他似乎认为人类可以完全认识真理。其实客人并未贬低人类,而是基于他对人类的认识能力和真理本身的洞见而提出的。在柏拉图看来,我们对于存在本身的认识是极为困难的,这种认识要求极高的主观性条件。只有极少数哲人才能超越感官现象,认识事实本身,获得最真实的知识和真理。而且即使哲人认识了存在的真理,也很难用语言传达,因为存在的真理是离言绝相的。即使能够用语言传达,他人也无法理解,因为语词本身是指示性的,并不是事实性的。

于是客人为自己的上述话进行解释:"在我说这话的时候,我一心想着神,完全忘记了自己,所以,如果你高兴,那就让我们认为我们人类并不是毫无价值的，还是有些重要性的。”(Plato. *Laws*. 804c)这句话表明柏拉图似乎认为自己已经处于神一样的地位。也就是说，他是从宇宙整体性上观照人类生活的，人类不过是他眼中的芸芸众生中的一种，所以他并不特别地关心人类，正如老子所说：“圣人不仁，以百姓为刍狗。”“万物并作，吾以观复”。庄子看待人类的眼光也是完全超人类的：“民湿寝则腰疾偏死，鳝然乎哉？木处则惴慄恂惧，猨猴然乎哉？三者孰知正处？民食刍豢，麋鹿食荐，蝍蛆甘带，鸱鸦耆鼠，四者孰知正味？猨猵狙以为雌，麋与鹿交，鳝与鱼游。毛嫱丽姬，人之所美也，鱼见之深入，鸟见之高飞，麋鹿见之决骤。四者孰知天下之正色哉？自我观之，仁义之端，是非之途，樊然殽乱，吾恶能知其辩！”(《庄子·齐物论》)所以真正的哲人都是超越了人类中心论的局限性，以超人类的视野看待人类的。接下来，柏拉图似乎出于对梅奇卢斯的安慰，肯定了人类的重要性。因为他现在还是人类中的一员，他不得不关心人类。而且人类的自然确实又不同于其他生物，人是理性的动物，因此一个人可以凭借理性的能力上升到神的地位，使自己达到接近于神的完满境地，这样就能够体现人类的重要性和神圣性。

接下来，客人继续探讨女性教育的问题。他认为每个人都必须接受教育，不论是男孩还是女孩。他对比了色雷斯、雅典、斯巴达、萨尔马西亚等国家对女性的教育。他认为希腊忽视了对女人的教育，男人和女人没有共同的生活目的，立法者没有把他们投入到同一种活动中。这样几乎每个国家都只是半个国家，只发挥了一半的潜力，这是立法者所犯的重大错误。色雷斯人把女人当作奴隶一样对待。斯巴达则折中一些，对女人进行艰苦的训练，让女人管理家务，教育孩子，但是不让她们参加战争训练。萨尔马西亚的女人像男人一样能征善战。客人认为一个真正的立法者必须是一个完全的立法者，不能是一个半拉子的立法者，不能只管男人，不管女人，听任女人随心所欲的生活，沉溺于奢侈浮华的生活中，这样女人最终也会把男人带坏。

客人接着谈到了自由人的日常生活的安排。自由人并不需要直接参与劳动，他们的生活是相对悠闲的，能够保证日常生活用品的供应。但是如果这种相对悠闲的生活没有工作和责任，就不是正常的和恰当的。正如孔子所说的:“饱食终日,无所用心,难矣哉”。这样生活的人必然受到惩罚,当他面对艰苦和危险的时候必然束手无策、无能为力。所以一个自由人必须居安思危,在日常生活中保持警觉和劳作,努力培养自己的体育才能和道德品质。这样的男人必须有一个时间表,计划好每一分钟要做的事情,日常生活必须严格按照时间表进行。客人甚至认为一个贪睡的人是卑贱的,长时间的睡眠对于身体和灵魂都是不好的,必须尽可能延长觉醒的时间。正如孔子对宰我昼寝的批评:“朽木不可雕也,粪土之墙不可圬也;于予与何诛?”这都是强调一个人应该严格地自我约束,勇猛精进,而不应该懒散懈怠,否则就会一事无成。

第五个阶段是文化教育,包括文学、七弦琴和数学。第一个内容是在10—13岁进行文学教育。客人认为如果让孩子学习全部作品或者诗集,是很危险的。因为很多作品没有经过审查和检验。客人认为最好的作品就是自己的法典。“因为我不需要花费时间去寻找典范。你明白,当现在我回顾我们的讨论,这讨论已经从清晨一直持续到现在——我认为这次讨论受到了上天的启示——在我看来,就是一部文学作品。也许不必惊讶,当我看到我的全集作品时,我被一种巨大的满足感征服了。也就是说,因为我所学过或者听过的讲话,无论用的是韵文还是像我所用的散文,这些都给了我一种印象,即它们是最能为年轻人所接受和适合于讲给他们听的。因此我用不着向法律维护者推荐更好的典型了。”(Plato. *Laws*. 811c)这意味着柏拉图似乎认为他的《法律篇》以及他的全部对话就是最好的诗歌作品,是最适合于年轻人学习的内容,学校的教师应该教授他的法典或者对话。也就是说,柏拉图把自己的作品看作是新国家的法律基础。真正的诗歌作品应该是包含了法律和哲学智慧的作品。他在此提示我们,他的对话是基于对人性的正确和透彻的观察和认识的基础上的,我们阅读和研究柏拉图的对话不应该是一种所谓学究性或者学术性的研究,而应该是通过阅读他的对话,达到对人性的正确认识,并且把这种认识运用到政治生活中。如果不认识人性的事实和真理,我们即使“读书破万卷”,也是没有什么实际意义的。只有把握了人性的事实和真理,我们才能提升自己,完善自己,也才可能去完善他人,提升他人。真正的读书是我们完善自己的人格,提高我们的智慧的认识,而不是掉书袋的

"学术研究"。正如古人认为"半部《论语》治天下",阅读柏拉图的对话不也是具有这种政治意义吗?他的对话同样是"为天地立心,为生民立命,为往圣继绝学,为万世开太平"。他的这种观点使我们想到了《圣经》。《圣经》无疑是写得最好的法典,也是流传最广的诗歌作品。《圣经》把法律和诗歌完美地结合在一起。

第二个方面是儿童在13—16岁学习七弦竖琴,由年老的狄奥尼索斯歌手进行教育。这些老年人应该向全社会演出并且歌唱最好的歌曲,以此控制年轻人的灵魂,学会秩序、节制和和谐,引导他们的灵魂沿着美好的道路前进。因此七弦琴不应该用来演奏不受任何约束的悦耳的靡靡之音。因此音乐并不是单纯的娱乐活动,而是对灵魂进行教育诱导的活动。只有把音乐和人的灵魂的品质结合起来,我们才能真正理解和对待音乐,否则,音乐就会逐渐败坏,变为靡靡之音。这样的音乐必须消除。在《理想国》中,柏拉图也谈到了不能在音乐中翻新,这种在音乐中的翻新会导致人们的心性品质的变化,进而导致人们在政治领域进行变革。可以说柏拉图是非常重视音乐对于人的灵魂品质的影响的,音乐对于人的灵魂的品质具有巨大的影响力。所以他要求严格控制音乐的类型和作用。现代我们则不对音乐进行任何控制,音乐被看作是完全娱乐性的活动,音乐创作和演出处于一种完全无政府状态。这显示了现代人对人的心性德性的塑造的无知和漠视。

客人奇怪地重新提到了跳舞和军事训练,这部分内容似乎应该放在前面相关部分。他强调女人也应该参加军事训练。在跳舞中,他区分了战争之舞和和平之舞。这些舞蹈都是为了培养人民的道德品质,以便人民的身心的全面发展。他认为立法者必须给这些舞蹈制定基本原则,法律维护者则因地制宜制定关于舞蹈的法律。舞蹈的最终目的是用于献祭,哪一种舞蹈适合于哪一种献祭,不得改动。客人坚持认为:"同一个国家和同一些公民(他们尽可能是同一个种族的人),应该以同样的方式享受同样的欢乐,这是幸福和神圣的生活的秘密。"(Plato. *Laws*. 816d)在《理想国》中,柏拉图也强调,真正的国家就像是一个"巨人",真正国家中的人民应该是"万众一心"、"同呼吸,共命运",消除了人民之间的尔虞我诈、勾心斗角、离心离德。这确实是一个我们能够设想的最好国家。国家的理念本质上就要求高度的同一性。任何一个国家统治者的政治理想其实都是使国家尽可能趋向这个理想目标。一切现实国家都只是这种理想国家的不完美的形式。但是这种同一性不能是表面上的,不能是依靠恐怖和威慑造成的,而是依靠共同的信念和情感形成的。这反映了柏拉图的“政治理想主义”,也反映了他对现实政治生活的无奈和批判。

客人接着指出,我们仅仅熟悉严肃的培养优美身体和高贵灵魂的合唱表演是不够的,必须同时知道展示丑陋的身体和灵魂的表演。要学习严肃事物必须同时学习可笑的事物。我们只有学会认识滑稽可笑的事物,才能避免由于对滑稽可笑的无知而做出或者说出可笑的事情。但是公民不能进行这种模仿表演,只能由奴隶或者外国人进行,这种表演被称为喜剧或者闹剧。这里也体现了柏拉图的辩证法的观点,就像对话一开始对饮酒问题的讨论一样。没有对立面就没有认识。我们必须同时从相互对立的两个方面看待同一个事物,这样才能完整地把握事物。智慧就在于同时看到事物的两面。这就是中道原则。正如孔子指出的:“攻乎异端,斯害也已。”只有掌握了这种中道思维方式,我们才能够达到最高的智慧。

客人认为自己属于严肃作家或者诗人的行列,把自己看作是悲剧作家。“我们自己都是悲剧作家。我们的悲剧作品都是我们能够创作出来的最好作品。不论如何,我们整个国家的建设都是一种‘表现’,它表现的是一种最好最高尚的生活——这种生活就是真正的悲剧。”(Plato. *Laws*. 817b)这表明在柏拉图看来,哲人就是真正的立法者,而立法本身就是艺术创作活动。哲人作为诗人和其他诗人不同的地方在于,哲人关注的是人的人格品质,哲人的立法诗是把人生或者人的灵魂作为自己的对象,以塑造人的灵魂或者人格的品质为目的。一般的诗人是通过文字进行工作,关注的是表达或者迎合人的情感喜好,而不关心塑造人的性格或者灵魂。也就是说,法律就是形式,人民就是质料,伟大的立法者就是用法律的形式规范人的灵魂的质料,赋予灵魂的质料以理性法律的形式,他塑造的是人的灵魂品质。所以客人指出,一切诗人的作品只有达到或者超过我们规定的诗歌标准才能获得表演的机会,否则就要被封杀。至于悲剧的观念,按照尼采的看法,悲剧是文明的奠基石,喜剧则是文明的解构者。

因为悲剧创造了生存的幻相,人们可以在这种生存幻相中生活。而喜剧则是试图消解这种生存幻相,使人放弃体验生命的深度和意义。所以他才呼唤悲剧的诞生,重新建立被启蒙主义破坏的生存幻相,以此表明他对新文明的呼唤。在《会饮》中,柏拉图暗示哲人是同时掌握了悲剧和喜剧的人,苏格拉底最终战胜了阿伽通和阿里斯托芬。这也意味着哲人既是以悲剧方式建立生存幻相的奠基者,也是这种幻相的解构者。哲人超越于一切文明之上。

第六阶段是儿童在16岁以上学习数学、几何学和天文学。这些课程是成为立法者、护法者或者政治家的基本要求。因为客人认为,研究数学和天文学可以使人理解"必然性"。也就是说,在数学和天文学中存在精确的规律和原则,这种必然性的原则是神圣的,连诸神也不能违背的。立法者只有把握了这些必然性,才能合乎自然地立法。也就是说,通过对这种必然性的研究,立法者就可以认识这种必然性中的理性秩序,这种理性秩序是消除他们的狂妄自大的最好方式。这种必然性我们也可以称为理性的必然性。对必然性的认识就是对理性的认识,只有理性是神圣的,只有理性是自然的。这些必然性向我们展示了宇宙的真正本质。我们只有遵循这种理性必然性才能获得美好的生活。但是大多数人却对这种必然性持否定的或者漫不经心的态度,所以他们始终处于无知和痛苦的生活状态。对政治家和立法者来说,这些知识是必不可少的,根据这些知识,他们进行合乎自然的管理和分配,达到整个社会的秩序与和谐。数学是达到秩序和和谐的必要途径。

我们还要看到,数学和天文学的教育属于精英教育,只有极少数被拣选出来的杰出青年才能学习。这种学习已经接近哲学辩证法的教育了。在这里,柏拉图区分了大众教育和精英教育。他更加重视的是精英教育。因为只有培养出良好的精英阶层,整个社会才能得到安定和幸福,底层民众的要求是有限的和较低的,是比较容易满足的。而精英人士的要求是较高的,是比较难以满足和安抚的,所以只有对他们进行完善的教育,才能使他们骚动不安的心灵欲望得到满足。如果他们获得了满足和良好的教育,整个社会也就能获得和平稳定。

但是客人对于哪些课程应该学习,学到什么程度,什么时候学习等问题，感到难以确定，希望以后再讨论。于是克列尼亚斯鼓励客人继续把想说的话说出来，不要隐瞒。于是客人指出："对于全部领域的无知并不是危险或者灾难，对于一门课程知道得详尽却教学无方，这才是最危险的。"(Plato. *Laws*. 819a)这里表现了客人对于知识及其传播的看法。如果一个人像乡间农民一样纯朴无知，他也知道自己的无知，那么他的无知是比较善良可亲的。如果一个人学习了一点知识，就往往容易自高自大，目中无人，更有甚者，会有人蔑视国家的道德和法律，而犯上作乱。正如陀思妥耶夫斯基的《罪与罚》所揭示的。这才是知识学习和传播过程中最大的危险。所以古人贬抑知识，认为"无才便是德"。但是我们不能因此否定知识。也就是说，真正的知识并不会使我们变得自高自大，相反，当我们的知识真正达到完全圆满后，知识反而会被扬弃掉，而像苏格拉底一样重新回到"无知之知"中，我们就会知道无知之知才是真正的知识，我们会重新获得谦逊和温和。这是一个人的知识达到纯熟高明的表现。只有那些一知半解的人才会被知识所毒害，害人害己。其次，这里还有一个因材施教的问题。我们获得了知识，就想迫不及待地传授给别人，也不关心对方的资质和特点，这同样是错误的，古代人在对待知识的传授方面非常谨慎，总是对自己的弟子百般考察，只有觉得合适时才进行传授。这确保了知识和学习者的双赢。所以孔子认为："可与言而不与之言，失人；不可与言而与之言，失言。知者不失人，亦不失言。"(《论语·卫灵公》)反观我们现代人的观点和做法，就会发现其中存在很多错误和危险。现代人鼓励知识的学习和传播，以为只要传播了知识，就能够推动社会的进步，丝毫没有考虑到知识的危险性。现代性在知识问题上无疑是过于乐观和幼稚了。现代性本质上是出于反抗宗教信仰的需要而推崇知识的，因此对于知识采取了一种错误的偏激的立场。但是正如在《欧绪德谟》中，柏拉图指出的制作的技艺和使用的技艺不是一回事。我们发明或者制造了很多知识，但是使用这些知识却是另一回事。知识的发明需要智慧，知识的使用同样需要智慧。我们现在似乎是更关注于知识的发明，而不关心知识的使用。于是人们被各种知识和发明搞得昏头涨脑，陷入普遍的焦虑和困惑之中。我们越来越面临如何使用知识的难题。从一定意义上说，知识的使用比知识的发明更加重要和困难。所以知识爆炸并不等于知识的进步，我们必须慎重对待知识的制作和传播。

客人表示他对人类的普遍无知感到羞耻。他举例说明人们在数学知识上的一知半解状态。他举例了线、面、体的关系，认为人们通常都是“只知其一不知其二”，并且因此沾沾自喜，自以为是。这样一来，对于知识的片面的学习不能消除愚昧，只能产生新的愚昧。客人的这种羞耻说明了他对哲学智慧的狂热追求。但是这种狂热追求并不意味着知识可以在全人类中普及。人们往往都是半途而废的，都是以无知为有知的，“熟知非真知”。他们学习了一点知识就自以为有智慧，骄傲自大，这恰恰违背了知识的根本意图。真正的知识不是可以教条性地学习的。真正的知识是无知之知，是自我认识和自我净化的产物。这种知识也必然是对一切语言概念知识的扬弃，因此只有借助于辩证法，我们才能真正理解知识。无知之知才是唯一真正的知识。无知之知是无法普及和传播的。所以正如福楼拜指出的，愚昧与人类同在。人类是不可能完全克服自己的无知的，一个完全消除了愚昧的世界也是不可想象的。期待人类可以从根本上摆脱愚昧，这种想法本身就是一种愚昧。所以人们完全没有知识是不可怕的，可怕的是一知半解，最终害人害己。这样我们就能够理解上古圣人对于理想国家的设想都不把知识作为基本条件的根源了，反而强调对于知识和技术的抑制。

接下来，客人讨论天文学。他首先批判了一般的看法，即认为不应该研究宇宙和诸神的问题，认为这是一种不虔敬的行为。客人指出对宇宙的认识才是真正的虔敬。他认为人们普遍不重视太阳、月亮和其他天体，这是错误的。这里我们可以看到，柏拉图把天体和诸神等同起来，他首先推崇的是这些天体诸神，而对奥林匹斯诸神不置一词。因为天体诸神的运行充满了规律、理性和秩序，而奥林匹斯诸神没有特定的规律和秩序。这里体现了柏拉图的理性主义立场。奥林匹斯诸神来自传说和神话，因此是虚无缥缈的。而太阳、月亮等天体则是清晰可见的。对天体的研究将有助于人的理性能力的发展，而对其他诸神的崇拜只能增长人的愚昧。客人认为精英分子应该研究天文学，从对天体的研究中增长自己的理性和智慧，并且借此可以增加人民对天体诸神的崇拜。这样，天文学同时就是神学，可以称为“天文神学”或者“宇宙神学”。在《法律篇》最后，客人又重新谈到了宇宙神学的问题。在《蒂迈欧》中,柏拉图系统阐述了宇宙神学,这可以说是哲人的最高的立法或者神道设教行为。他试图以哲人的理性之神取代传统的诸神。这种观点和近代科学诞生之初的看法是一致的。近代科学家研究天体的最初动因就是为了发现和理解上帝的创造。但是这种科学研究很快演变成了反对基督教的"精神战争"。而随着基督教的衰落,科学的宗教动机也会随之衰落,科学的发展动力就会成为科学的最大问题。

在谈完了数学和天文学之后,客人奇怪地提到了关于狩猎的规定。我们当然可以认为这是柏拉图还没有来得及修改自己的作品的表现,《法律篇》是一篇杂乱的作品。但是施特劳斯认为这是柏拉图在《法律篇》中故意忽略了哲学的教育。因为在数学和天文学的教育之后应该是哲学教育,但是柏拉图却避而不谈了。因为在谈论政治法律的著作中不应该谈论哲学。这是基于对哲学和法律的冲突的意识,所以避免提到和展现这种冲突。当然,我们也可以推测,客人提到狩猎的目的仍然是关注于培养公民的德性。因为立法者如果只是单纯的制定了法律,而没有关注公民的德性的培养,那么他的立法就是不成功的。"徒法不足以自行"。法律以道德为最终目的。只有良好的德性才是法律能够被真正执行和遵守的关键,机械地偏执地遵守礼法本身并不值得赞扬。立法者必须把培养公民的德性放在首要地位。良好的德性必须成为一种自然而然的习惯,这样的德性才是坚实的稳固的。所以立法者必须对狩猎活动进行立法,必须推崇狩猎中的道德品质,而反对纯粹追逐猎物的做法。面对猎物,年轻人必须学会不被猎物的利益诱惑,也不被猎物的强大所吓倒。在狩猎方式上,不能使用陷阱、鱼篓和网子,不能残忍,不能投机取巧,不能进行夜猎。这些都是"胜之不武"的方式。捕获陆地动物只能使用狗,不能使用网子和陷阱;捕获鸟类不应该在耕地和圣地上;捕获水中的动物不能在港口和圣河等地。这都是为了打击人们的贪婪和机巧之心。这样的狩猎活动有助于培养公民的良好的道德品质。当然,我们还可以认为,这种狩猎也包含了对未来哲学家或者护法者的拣选和猎取。正如在《智者》中,柏拉图把智者和哲人都比作是猎人。通过狩猎活动中的表现,客人可以拣选那些优秀青年,培养他们成为国家的未来接班人。如果没有好的接班人，再好的法律也是不能长久的，所以接班人的选择问题就是至关重要的。

八、节日法

第八卷

客人制定的第三项法律是节日法。摆脱了谋生之苦的人如何度过自己的一生，这就是客人考察的重点。他认为自由人的一生应该在各种节日中度过。因此每年节日的次数不少于 365 次，这意味着每天都是节日，每个节日都是对某位神的献祭。法律将规定 12 个节日以纪念 12 位神，12 位神代表了 12 个部落。献祭的主要内容是进行合唱队表演和文化体育比赛。比赛内容依据神的不同而变化，并且要适应四季的变化。还必须对地狱之神和天上的神分别进行祭祀，不能把地狱之神当作是恐怖的，而是当作人类的朋友进行崇拜。这和《理想国》、《克拉底鲁》中对地狱之神的尊崇是一致的，都是为了消除人类对死亡的恐惧和强化人类对勇敢德性的追求。

节日法的重要性在于有利于实现人性的最大幸福和崇高。因为公民都是从艰苦劳动中解脱出来的人，他们不必从事生产劳动，有大量的闲暇时间，这些闲暇时间应该是在节日中度过的。在这种节日中，他们载歌载舞，充分体会了生命的快乐和充实，充分实现了人性的最大可能性。这样我们就能够理解节日在柏拉图的《法律篇》中的重要性。这可以说是柏拉图对人类生活方式的最高设想。正如马克思的共产主义设想中，人类摆脱了劳动的束缚，可以自由地发展自己的个性，柏拉图也设想到这一点。他们的公民都是从劳动中解放出来，可以自由地生活和发展的人。人生的最高意义体现在闲暇中是柏拉图和马克思的共同看法。他们的不同在于，柏拉图凭借的是奴隶制和人的德性，马克思凭借的是生产力的极大发展。在柏拉图看来，劳动是低贱的，单纯为谋生而劳动的人的生活质量是低下的。所以在《理想国》和《法律篇》中都没有谈到劳动的问题。劳动或者生产力在柏拉图对话中根本不是问题。现代人则赋予劳动更多形而上学的意义和地位，因为现代人把个人的生存和享乐作为更加根本的问题。

第二个不同在于，柏拉图的政治设想是小国寡民的状态，因此是道德的宗教的生活。马克思的政治设想是世界大同的状态，是非道德的非宗教的生活。

客人认为一个国家只有拥有美德，才能避免战争的危险，才能生活在和平之中，否则就可能陷入战争的危险之中。在和平时期，公民必须进行军事训练。男人、女人、孩子都必须参加。这被称为“战争游戏”。战争游戏要尽可能接近真实战争。国家根据每个人在战争游戏中的表现进行赏罚。如果在战争游戏有人被杀死也必须被宣布无罪，因为这种不幸和整个国家陷入战争的不幸相比要小得多。在客人看来，这种军事训练是节日的比赛项目，有利于国家的美德。但是客人也看到每天进行军事训练，必然面临两个困难。第一个困难是人们对于财富的贪婪。人们往往把主要精力都用在追求财富上，像军训这类和财富无关的事情人们往往没有兴趣。这种对财富的贪婪导致老百姓成为商人或者佣人，使勇敢的人成为强盗或者窃贼。所谓“人为财死，鸟为食亡”。第二个困难是非正义的政治制度，即民主制、寡头制和僭主制。这些制度都不是真正的制度，它们被称为“党派政治”，即国内分裂成为各种党派，相互斗争。在这些制度中，每个人都生活得很不幸。统治者肆意妄为，他们的权力没有得到人民的同意和支持，所以只能依靠暴力维持，他们也不愿意培养人民的德性，使人们获得财富、力量和勇敢。被统治者也在这种统治下受到压迫和剥削，过着不幸的生活。这反映了柏拉图对“每天都是节日”的生活安排的可行性的担忧。

除了军事比赛之外，还有体育比赛，包括赛跑、摔跤、轻步兵比赛、赛马，最后是合唱队比赛和各种艺术比赛。因此在这个第二等好的国家中，人民始终处于各种比赛活动中。在各种比赛活动中，人民不再关注财富，而更加关注名誉，不再关注生存，而是生存的品质。可见，柏拉图设想的第二等好的国家也是一个非常美好的国家，在现实国家也几乎是很难见到的。

客人意识到，每个人都一生从事献祭、节日庆祝和合唱演出如何可能呢？人们能够满足于这种神圣的生活方式吗？这意味着人们必须控制和摆脱那些使人沉溺于其中的情感和欲望。但是控制这些情欲是比较困难的，特别是控制和摆脱性欲冲动。克里特和斯巴达似乎对这个问题都没有很好的立法。在那里，人们仅仅根据动物的本能，反对人类之间的同性恋，但这是不可能成功的。因此克里特和斯巴达的人民对爱欲持普遍的放纵态度。客人强调，立法必须着眼于美德。哪些立法有助于美德，哪些立法无助于美德，这是立法者思考的根本问题，不能有任何偏离和动摇。因此客人试图为爱欲立法，他要把立法触及人们的最难以触动的问题。这无疑需要极大的勇气和胆识。他认为为爱欲或者性事立法必须正直无畏，特立独行和唯理性是从。

爱欲是人们的基本欲望，这个欲望显然比对财富的欲望更加难以控制，而且这个欲望似乎成为破坏人们的节日生活的潜在危险。如果不能解决这个问题，就不能完善地规定人们的生活。首先，客人区分了三种爱欲。一种是比较平静的友爱，它产生于两个比较相似的人之间，应该是同性之间的关系。一种是比较强烈的爱欲，它产生于两个比较不同的人之间，应该是异性之间的关系。还有一种是纯粹精神性的爱情。他认为立法者必须贬低前两种，而鼓励第三种，即人们应该追求精神的爱欲。这就是人们通常所说的"柏拉图式的爱"。"在这种状态下，身体的欲望变得无足轻重，爱者注视着被爱者而没有任何欲望——一种灵魂对灵魂的成熟和真正的渴望。用身体满足身体，他认为是可耻的；他对自我控制、高度原则性和良好判断力的敬畏和尊敬，使他想过一种纯洁的生活，纯洁的爱者和被爱者在一起。"(Plato. *Laws*. 837d)这种爱欲更多类似于哲人的爱欲，两者类似于男童恋的关系。在《理想国》、《会饮》和《斐德罗》中，柏拉图同样思考了爱欲的升华问题。对理念本身的爱是最高的爱，是爱的最高形式。我们不能压抑和消除爱欲，那么最好的部分就是使爱欲指向更高的对象。这也说是柏拉图对爱欲的净化。在《会饮》中，柏拉图几乎穷尽了爱欲的所有可能对象和爱欲的等级类型问题。在《斐德罗》中柏拉图曾经比较充分地说明了这三种爱欲。其次，客人认为必须寻求宗教的支持。他认为人类之所以能够消除乱伦，就是基于宗教的共同态度，即所有宗教都谴责和禁止乱伦，所以没有人敢于对抗法律和舆论。因此当立法者需要控制人类的强烈欲望时，他必须寻求宗教的支持。宗教是法律的最牢固的基础。"当立法者想要驯服非常强烈地控制着人类的一种欲望时,他能够很容易地找到他的进攻办法。他必须设法使每个人——奴隶和自由民、妇女和儿童,以及无例外的整个国家——相信,这一共识得到宗教的支持。他不可能把他的法律建立在一个比这更加牢固的基础上。”(Plato. *Laws*. 838e)这也表明了柏拉图的神道设教的立场。客人认为性行为只能出于生育的需要,否则任何性行为都必须受到谴责。因为自然安排人的性行为是为了传宗接代,只有以生育为目的的性行为才是合乎自然的。不以生育为目的的性行为是反自然的,也就是说,以追求性行为中的快乐为目的是反自然的。性行为中的快乐只是一种诱饵和手段,而不是目的,把这种快乐作为目的就是反自然的。第三,客人认为军事训练或者体育比赛也是控制性欲的好方法。如果一个人专注于体育训练和取胜,他的性欲就会降低甚至消失。比体育比赛更好的方法是进行征服快乐的比赛,这种胜利才是最高尚的。这种看法可以在心理学中得到支持。在心理学中有个“糖果实验”。如果一个孩子能够抵制糖果的诱惑,那么他在日后最可能获得成功并且生活得幸福。第四,最等而下之的方法是保密。人们往往为了性欲的快乐而活得“禽兽不如”,外遇、偷情等是屡见不鲜的。因为我们不可能完全消除偷情,所以应该适度地容许偷情等行为。但是一个人必须不能以此为荣,到处炫耀这种乐事。他在有外遇后应该尽可能不让他人知道,如果他不能保密,就必须羞辱他。保密原则也是一种控制“性解放”、“性自由”的方法。

接下来,客人探讨了饮食法、农业法、手工业法、进出口法、贸易等问题。这些法律的基本主旨都是为了促进公民的德性,消除公民的贪婪、嫉恨、放纵等恶行。

九、刑法

第九卷

这一卷主要是探讨刑法的问题。客人首先认为制定刑法是一种羞耻。因为如果我们对公民进行了完善的教育,那么就不应该有任何人会犯罪,所以就无需制定刑法。但是由于人性的弱点,难调难伏,总有一些人是难以教育的,他们总是被自己的欲望和弱点控制而犯罪,所以就必须制定刑法对他们进行惩罚。这里体现了柏拉图对于惩罚的基本态度。在他看来，惩罚是"不得已而为之"的权宜之计，在能够对人进行教育的情况下就不要惩罚。所以一般来说，刑法制定得越少越好，法律越复杂繁多，就越难以执行。客人规定的惩罚包括了死刑、监禁、鞭打、羞辱、缴纳罚金等。在死刑的问题上，客人显然支持死刑，因为全体公民的德性要比某个邪恶之人的生命重要得多，国家不能对"害群之马"姑息迁就，必须及时铲除，以免导致整个国家德性的败坏。现代人对死刑的废除只是表明现代人更加重视生命，而轻视德性了。这是现代文明的自由主义和享乐主义思想的一种体现，其结果就是整个国家的道德水平的下降。而没有了道德尊严和道德约束的人类必然进一步变得利欲熏心，为所欲为，最后普遍的战争和杀戮将是不可避免的。这种灾难当然比处死一个恶棍的生命严重得多。

在本卷中客人提到的犯罪包括了盗窃圣物罪、叛国罪、谋杀罪、伤害罪等。当克列尼亚斯在提到一般的盗窃罪时，客人对自己的立法进行了反思。他认为真正有意义的活动是教育公民，而不是惩罚公民，所以重要的工作应该放在教育公民上，惩罚的问题是不得已而为之。他也注意到公民犯罪的一个重要原因就是诗人对于公民的误导。诗人试图否定立法者的作品，告诉人们应该如何度过自己的一生。但是立法者的作品才是最好的和值得学习的。因此他批判了荷马、提尔泰奥斯等诗人，而颂扬了莱喀古斯、梭伦等立法者。一个国家中流传最广的作品应该是立法者的作品，其他人的作品必须和立法者的作品相一致，否则就应该被抛弃。这也是柏拉图一直提到的哲学和诗歌的冲突的根源。

对教育问题的反思使得客人重新思考善和正义的问题。善和正义无疑是立法的核心，是法律的弓箭瞄准的靶子。如果我们不能对这个问题有一个清晰的认识，立法活动就不可能是成功的高尚的。一般认为善和正义是一回事，客人认为惩罚不是善，但惩罚是正义的，所以善和正义并不是一回事。这里又涉及德性的内在矛盾问题。这个问题在《政治家》、《普罗泰戈拉》、《理想国》中都提出过。如果我们都承认无人故意作恶，那么是不是就可以对犯罪者不进行惩罚了？性善论会面临这个难题，客人必须解决这个困难，所以他必须区分善和正义。每个人的目的都是在追求善,但是很多人的行为却是在作恶。虽然作恶违背了他自己的向善的意志,但是我们不能因此原谅他,不对他进行惩罚。即使一个人无意犯错,只要他对他人造成了伤害,也应该对他进行惩罚。作恶就必须被惩罚,这才合乎正义。非正义和非自愿不是一回事,不能因为非正义的行为是非自愿的,就应该对之加以原谅,这样无疑会对罪恶姑息迁就,纵容人们的犯罪倾向。所以立法者必须"以牙还牙、以眼还眼",正如孔子强调"以直报怨,以德报德"。惩罚的目的是达到人们的友爱,而不是仇恨。因此法律必须把教育和强制结合起来,使罪犯日后不再犯罪。而对于不可救药之人就必须处于死刑,"以儆效尤",维护国家的德性水平。

客人进一步指出了犯罪的三个原因。一个是避免痛苦即嗔恨,一个是对快乐的追求即贪欲,一个是无知即愚痴。[1] 其中无知分为简单的无知,即一般对某个事物或者问题的无知。一个是加倍的无知,即不仅被无知支配,还认为自己无所不知,这就是"以无知为有知",人们往往对这种无知缺乏认识。当这种无知获得了权力后,就会成为一切邪恶的根源。所以只有消除这种无知,才能消除罪恶和痛苦。最后客人对正义和非正义下了定义。"我对非正义的一般描述是这样的:愤怒、恐惧、欢乐、痛苦、嫉妒和欲望掌握着灵魂,不管它们是不是导致实际的损害。但是不管国家或者个人怎样认为,它们都可能达到善,因为正是关于什么是善的概念控制着每个人并且影响着他的灵魂,即使他犯了错误。如果是这样,那么人们所做的每个行为都与这种善相一致,并且人性中被善支配的任何部分,我们都可以称它为'正义',这对于整个人类生活是最好的。"(Plato. *Laws*. 864a)也就是说,非正义就是灵魂中充满了仇恨、贪婪、无知,正义就是灵魂中充满了仁爱、无欲和智慧。因此这种正义观并不是首先在政治生活领域中界定的,而是在个人灵魂范围被界定的。一个灵魂中正义的人才是绝对意义上的好人。这种人只能是哲人。这和《理想国》中的正义观也是一致的。如果我们只是局限在公共政治生活中理解正义,显然就太狭隘了。而且在这里,柏拉图还认为恶也通向善,也是我们达到善的方式。善高于恶,善是最高的最终的目的,善是最真实的终极性的东西,

---

[1] 这种观点和佛教中的"三毒"贪、嗔、痴是一致的。

而恶不过是善的缺失。人世或者宇宙都是以善作为终极性目的的。整个宇宙都是通向至善的等级次序和等级结构。这种思想体现了柏拉图对人性的深刻观察和认识。人性是向善的，但是人们却往往因为无知而犯错，所以对人的教化才是第一位的。基于人性善的事实，我们可以进一步把至善确立为宇宙的终极性目标，这样人性的最高完善就获得了一个宇宙论基础。否则人性的道德完善就是没有最终依据的。总而言之，柏拉图认为，贪、嗔、痴构成了人类犯罪的三大根本原因，所以要消除犯罪和罪恶，就必须消除贪、嗔、痴。真正的立法者就是致力于消除人类的贪、嗔、痴的犯罪根源，使人们都能够获得的幸福人生。苏格拉底的整个教导就是力图消除人们的贪嗔痴。

在探讨杀人罪的过程中，客人分析了杀人罪的三个原因。一个是对财富的贪欲，一个是对名誉的追求，一个是对胆怯的恐惧。他以"轮回说"来教育世人。"对这些罪行的报应在身后是丝毫不差的。当一个人重又回到现世时，他必须偿付自然法所规定的惩罚——接受他自己给予他的受害者相同的对待，即通过经受受害者的类似命运来结束他在尘世的存在。"(Plato. *Laws*. 870e)这类灵魂轮回说是非常普遍的宗教学说。在埃及宗教、婆罗门教、佛教等宗教中都普遍存在。我们很难断定这种思想的真实性，这甚至也是现代科学研究的问题之一，因此我们最好不要轻易否定之。

在探讨伤害罪之前，客人又谈到了人类为什么要制定法律。人必须为自己制定法律，并且在生活中遵守法律，否则人们就和禽兽无异。因为人没有足够的能力去分辨善恶，并且也没有能力把自己的认识应用于实际生活中。正如在《圣经》中指出的那样，法律就是对善恶的明确的硬性的规定，法律通过强迫人们去遵守，使人们在一定程度上能够辨别善恶，从而避害远祸。如果在公共政治生活中没有明确的善恶标准，人们就会莫衷一是，自以为是，政治生活就会陷入混乱和灾难。

客人接着指出了其中的困难。第一是人们很难明白政治技艺的对象是公共利益，而不是个人利益。正是公共利益把国家团结在一起，私人利益则会导致国家分崩离析。如果公共利益得到了很好的保护，那么国家和个人都能够从中受益。第二，即使人们能够明白公共利益高于个人利益，但是掌握了最高权力的人仍然会目空一切，不会把国家利益置于个人利益之上。他的天性总是驱使他首先关注自己的利益,最终导致国家和个人的灾难。这两个原因是柏拉图对政治生活的观察的结果。人们总是以权谋私,总是贪婪成性,所以人们才普遍相信“绝对的权力导致绝对的腐败”,并且因此限制最高权力的使用,实行分权制衡的原则。但是分权制并不就是最好的办法,法治并不就是最好的解决办法。客人接着提到,如果某个人由于自然的天赋或者神的仁慈,具有杰出的天赋和才能,那么他就不需要法律来束缚他。“因为没有任何法律或者规则比知识更强大,使理智像一个奴隶一样从属于任何其他事物都是不正确的。相反,依据自然,如果理智的确是真实的和自由的,理智应该统治一切。”(Plato. *The Laws of Plato*. 875d)这里仍然体现了柏拉图对知识理性的推崇。一个人只有完全凭借理性行事,不受感情控制,才能不但使国家达到严格的正义,也使自己达到绝对的正义。这样的人就是哲人。当然客人也知道,这样杰出卓越的哲人总是少之又少的,所以我们只能选择第二等好的情况即接受法律和规则的统治。但是法律和规则体现的是一般的状态,不能普遍使用于一切个别情况。个别是具体的,一般是抽象的,个别总是超出了一般,所以在把一般的法律使用于个别事例时必须灵活应用,这种灵活使用仍然依赖于智慧和知识。所以归根到底,知识高于法律,哲学高于政治,人治第一,法治第二。这和《理想国》、《政治家》中的基本立场完全一致。

十、渎神法

第十卷

这一卷主要探讨了渎神法的问题。鉴于现代性以来的宗教问题的重要性,这一卷显得非常重要。客人首先陈述了关于渎神法的序言。在这个序言中,他分析批评了三种渎神观点:无神论、自然神论和贿神论。

(1) 分析和批判无神论。很多诗人、演说家、预言家等人都在宣传无神论思想,所以必须首先说服这些无神论者。客人认为这些无神论都是出于无知,这种无知却被当作最高的智慧。一些古老的诗人著作讲述了关于诸神的故事,但是在教导人民尊敬父母等方面却做得不好。一些新近诗作认为太阳、月亮、星辰等都是泥土、石头做的,根本不关心人类。这里柏拉图重点强调的不是奥林匹斯诸神，而是宇宙诸神。他认为必须证明宇宙诸神是善良的神，比人更加尊重正义。他首先指出虽然年轻人容易受到智者学说的影响，但是没有一个人会把无神论思想坚持到老年，因此不要冒险去亵渎诸神。一个人最重要的事情就是获得关于诸神的正确思想，有了这种正确思想就能够过美好生活，否则就是邪恶的生活。然后，他开始从自然和习俗的区分对智者的无神论思想进行分析。他指出智者或者诗人把一切存在的事物都归结为自然、人为或者偶然性，认为最大最好的事物都是自然和偶然性的产物，而细小的东西是人工制品。自然的工作是重要的伟大的，人工制作的东西是次要的。在关于宇宙起源的问题上，这些学说认为首先存在的是水、火、土、气等原初物质，这些原初物质的无规则运动产生了地球、太阳、月亮等宇宙天体，然后形成了四季、各种生物等。这个过程是自然的偶然性的产物，没有理智、诸神或者人为的因素。技艺等人为之物都是后来产生的，它们都是不真实的影像，例如绘画、音乐等。而农耕、医药、体育等都是和自然合作的产物。国家更加和自然无关，是纯粹的人工制品。立法也不是一个自然过程，而是一种人为。因此，诸神也都是人为之物，在自然中没有对应物。诸神是法律的虚构，在不同法律中诸神各不相同。所以在自然中，根本不存在正义，正义只是法律的产物。人们在道德正义的问题上争论不休，朝令夕改。正义的这种人为性最终取消了正义的神圣性和真实性。人们不再信任正义，而是相信暴力原则，任何人用暴力取得的东西都是正义的。这导致对他人的无限制的征服。客人指出，智者哲学把自然和人为错误地割裂和对立起来了，对人类的文明的根基产生了巨大的摧毁作用。这种思想在希腊民主制时代非常流行。这种观点和现代性的很多思想也非常一致。例如霍布斯就认为国家是人造物，法律是人为的产物。柏拉图毕生竭力反对这种思想，他认为政治状态就是自然生活，但是这种政治—自然状态是不完美的状态，政治文明是对自然的模仿，自然比文明完美，所以人类要过一种合乎自然的生活就需要提高自己的文明，尽可能合乎自然，而不是否定文明，抛弃文明。智者的错误就在于把文明和自然对立起来，认为只有抛弃文明才是合乎自然的，但这样其实却是反自然的。亚里士多德继承了柏拉图关于自然和文明的观点，认为城邦是自然的产物，“城邦之外，非神即兽”，人不能设想在政治城邦之外寻找合乎自然的完美生活。

客人接下来为诸神的存在进行辩护。这种辩护是一种全新的思路。我们可以称为“运动学说”的辩护，即把灵魂或者诸神看作是“第一因”。(Plato. *Laws*. 892a－899d)他指出，几乎所有人都误解了灵魂的本质。他认为灵魂才是最初的创造物，产生在所有物质之前，并且是物质运动和变化的根本原因。这就意味着理性、法律、技艺、观念等精神产物都先于重和轻、粗糙和光滑等物质事物。物质自然都属于理性和技艺的产物，是第二位的东西，灵魂才是最原初的存在，灵魂才是真正的“自然”。灵魂比物质更加原始。接下来客人决定自问自答，进行更加深入的论证。他区分了十种运动，把能够移动自己，又能够移动他物，适用于一切主动运动和被动运动，并且是一切存在物的运动和变化的原因的运动称为第十种运动。这种运动是最高贵最优越的，应该被称为第一种运动，也就是“初始运动”或者“自我运动”。自我运动是一切运动的源泉，既是静止事物又是运动事物的最初力量，是一切变化中最早和最强的运动。他把这种运动和灵魂的本质定义结合起来，认为灵魂就是“能够使它自己运动起来的运动。”(Plato. *Laws*. 896a)可以说，这种运动实际上就是自我旋转运动。自我旋转运动就是“不动的推动者”。它围绕自己运动，所以它是不动的。但是它的旋转运动同时又推动了其他事物的运动。因此灵魂就是一切事物的静止和运动的最初原因，是第一位的，事物是第二位的。灵魂是主人，事物是仆人。这样，一切人为之物如习惯、风俗、意见、计算、记忆等理智活动都先于长度、宽度、高度、强度等物理属性。灵魂也是善恶、美丑、正义和非正义等事物的原因。客人又指出灵魂至少存在两个，即善良的灵魂和邪恶的灵魂。善良的灵魂就是理性的灵魂，邪恶的灵魂就是非理性的灵魂。善良的灵魂意味着秩序和必然性，邪恶的灵魂意味着混乱和偶然性。这里似乎是二元论的立场。

灵魂的各种运动就是希望、思考、预见、建议、判断、真实、虚假、快乐、痛苦、恐惧、仇恨、热爱等。灵魂使用这些运动推动天空、大地、海洋里一切事物的运动。接下来它们又推动第二类运动，即物体的运动以及相伴随的性质，如冷热、轻重、硬软、白黑、干湿，以此指引事物的减少和增加、分离和结合。如果智慧是灵魂的助手，借助于这些工具，灵魂就能够使一切事物达到正确和快乐的状态。如果愚蠢成为灵魂的伴侣，结果就会完全相反。在客人看来，如果善良美好的灵魂控制宇宙，那么天体及其整个运动反映着理性的运动、旋转和计算，整个宇宙按照正确理性的方式运行。如果邪恶的灵魂掌握宇宙，天体的运动是不平衡的和无规则的。在他看来，宇宙天体的圆周运动是最接近理性的运动，它们都是围绕一个中心点做圆周性的有规则的周而复始的运动，这种运动显得是出于一个单一的计划和步骤，这充分体现了宇宙天体中的理性因素。所以客人得出结论说，天体宇宙是受到了善良、理性的灵魂的控制的，而不是受到邪恶的非理性的灵魂的控制的，因此天体是最有神性和理性的存在。最终的结论就是"每个事物中都充满了神"，也就是充满了理性。可以说，柏拉图是理性主义的宇宙神学的创建者。应该说柏拉图的这种论证是真诚的，并不单纯是神道设教的行为。在《蒂迈欧》中，柏拉图则把这种理性主义的宇宙神学更加明确和清晰地进行了阐述。

(2) 分析和批评自然神论。这种思想认为如果存在诸神，它们也不关心人类事务。这种思想的起源是对日常生活中的坏人胡作非为，但是并未受到惩罚的观察。虽然人类的法律是有限的，但是诸神是全能的，如果诸神关心人类，就应该惩罚这些坏人。但是现实生活中的观察表明，诸神似乎并不惩罚坏人，所以诸神并不关心人类。对于这种渎神思想，客人进行了"道德学说"的论证。(Plato. *Laws*. 899d－905d)他认为诸神关心人类，诸神的工作就是照管宇宙。诸神是善良的，这种善良就意味着审慎或者理智。诸神对于宇宙的照管必然是细致周到、无微不至的。诸神没有邪恶的品质，例如疏忽大意、游手好闲、玩忽职守等。所以诸神不可能忽视任何微小的事物。正如"细节决定成败"，忽视了细节，就忽视了整体。诸神不会允许自己在细节上犯错误。同时，诸神也是有力量的，既然它们有力量关心干预巨大事物，同样也有力量管理微小事物。最后，诸神也是智慧的，是洞察一切的监督者。诸神是人类的主人，人类是诸神的所有物。所以诸神是善良的、审慎的、有力的和智慧的，诸神不可能不惩恶扬善。

客人对这类不信神的人进行了大段的开示，这和《蒂迈欧》的内容基本一致。他认为宇宙创造者安排了每一个事物，目的是使每个事物都得到维持并且繁荣起来，使得它们的各部分按照各自的能力起到主动或者被动的作用。这些部分都处于诸神力量的控制之下，每个部分和细节都是完善的，每个存在物都是为了宇宙整体的善而存在。如果不是为了整体的美好至善，任何一个部分都不会被创造出来。部分是为了整体，而不是整体为了部分。所以每个人的存在都是为了宇宙整体的善。诸神的职责就是按照每个灵魂的德性安排其恰当的位置，使之各得其所。所以任何人的位置和生活都是最好的。诸神完成这个任务是非常容易的。诸神使不死的灵魂和会死的身体结合，让灵魂推动身体的一切活动。但是灵魂包含了善良和邪恶两种因素。灵魂中的善良的因素是有益的，邪恶的因素是有害的。诸神预见到了一切，它们按照灵魂的善恶，为灵魂安排不同的位置。这种安排可以保证美德在宇宙整体目的中获得胜利，邪恶在整体目的中遭到失败。但是诸神并不是全部大包大揽，而是把灵魂转变的决定权交到了每个灵魂手中，让我们自由选择。这种自由意志和自由选择就是我们当前处境和命运的根本原因，而不能归因于诸神。因此一切灵魂的命运的最终原因就在我们自身之中。如果灵魂的过失不大，它们就能够在大地上生活；如果它们罪大恶极，就会堕落到地狱。如果它们一心向善，就能够升入天国。每个灵魂都经过了无数次的轮回转世，没有一个灵魂能够逃脱"诸神的判决"。这个判决永远跟随每个灵魂，根据它们的善恶，对它们做出准确无误的判决，决定它们下一次的轮回。"善有善报，恶有恶报"，丝毫不差。诸神的惩罚就跟随它们死后的灵魂。所以我们不能因为看到现实生活中有些人为非作恶却不受惩罚，就认为诸神不关心人间事务。

柏拉图在此提出了至善论的宇宙论，即宇宙本身的存在是追求至善的，一切个体部分都是服务于宇宙整体性的至善。我们必须通过这种整体性的至善来理解每个个体的命运。这和我们现代宇宙学是不同的。现代宇宙学的根本思想是宇宙本身并不包含一个至善的目的，一切都是偶然的随机的。人的存在因此也没有根本的意义，一切最终都要在宇宙的坍塌或者热寂中消失殆尽。因此现代宇宙论是非常悲观主义的，现代人是绝望的虚无的。柏拉图的宇宙论则是生机勃勃的，合乎人性的。我们不能设想一个没有生机和至善目的的宇宙，因为我们的存在本身就是生机的和追求善的，而我们是宇宙的一部分，所以宇宙的本质不可能也不应该和我们人类的本质完全不同。我们的生命和向善本质上也就是宇宙本身的生命和向善。我们和宇宙是一体的。我们对自己的认识也就是对宇宙的认识，或者我们的自我认识就是宇宙的自我认识。设想一个完全非人的宇宙是违反人性的，也不可能合乎宇宙的本质。柏拉图的这种观点也和佛教的业报轮回的思想惊人地一致。佛教强调因果报应的思想，认为"一切皆空，因果不空"，人的一切造作都会不差毫厘地得到报应。"欲知前世因，今生受者是，欲知后世果，今生作者是。"所以一个人的不幸必然和前世相关，一个人的今世的善行或者恶行也必然和来世相关。这种报应超过了人的今生的有限认识，而最终在无限的因果之链中得到应验。而这一切都是为了实现宇宙的至善。

（3）分析和批判贿神论。诸神是宇宙的统治者，宇宙中充满了善良和邪恶的斗争。如果认为诸神得到一点礼物就会宽恕邪恶的人，那是非常不敬神的想法。这就意味着诸神不是善良的和正义的。客人指出，诸神是所有保护者中最伟大的，他们保护宇宙的最高利益，不可能被邪恶的人收买。平常人都不会那么容易被收买，何况诸神呢。所以诸神不会被收买。这种贿神思想在很多宗教中都存在。例如婆罗门教或者一般民间宗教中的"祭祀万能"的思想认为，祭祀是人和神的交往行为或者交易行为。如果一个人能够很好地祭祀，他就能够得到神的保佑，否则就会受到神的惩罚。甚至人们会认为，如果一个人能够很好地祭祀诸神，即使做了坏事也能够幸免。这是错误的看法。客人认为如果神能够因为获得了祭祀而饶恕恶人，那么邪恶的人就会放纵自己的行为，更加肆无忌惮、胡作非为。因此客人反对这种看法，也反对祈祷，认为只有品行端正才是敬神的最好方式。可见，柏拉图的宗教观点表现出强烈的道德倾向，反对宗教中的功利性倾向。这样他实际上也强化了宗教中的理性主义因素，提升了宗教信仰的理性品质，降低了祭祀仪式在宗教生活中的重要性。这和康德的道德神学是比较接近的。

最后客人得出结论，诸神是存在的，诸神关心人类，诸神也不会被收买，向不正义的事情妥协。当然这个诸神更多是指宇宙诸神，而不是奥林匹斯诸神。

在第二部分，客人开始为渎神罪立法。渎神者会根据罪行分为两类。严重的如伪君子可以处死，不严重的如一般无知之人则给予监禁、训诫和感化。他还规定，任何人都不得在私人住宅中设立神龛，一个人想要献祭时必须到公共神殿去祭祀。任何人都要一起参加祈祷。其目的就是防止不信神的人通过私下的献祭和祈祷获得诸神的恩赐，从而使他们的邪恶更加扩大。

十一、民事法

第十一卷

在本卷中，客人论述了财产、奴隶、商业交易、手工业、孤儿抚养和遗产、离婚再婚、孝敬父母、投毒、诽谤、作证等民事法问题。在财产法中，他强调私人财产的合法性，任何人都不得非法占有他人物品。而在《理想国》中他根本不讨论财产问题。人们应该宁要灵魂中的正义，也不要口袋中的钱财。“不许动不该动的东西”应该成为普遍的观点。在奴隶问题上，他认为主人可以随意地在限度许可的范围内对待奴隶，如果奴隶逃跑了，就必须逮住他。即使获得了自由的奴隶也应该履行他对主人的义务，他的婚姻也必须获得前主人的同意，他的财产也不能超过前主人。在商品交易中，任何人都必须在指定的市场进行，不得随意改变价格，不得制假售假，不得倒买倒卖，欺行霸市。任何人都有义务揭露交易中的虚假行为，否则也要受到处罚。总之，客人强调的是商业交易中的道德因素，反对人们唯利是图、见利忘义。他还强调，商业活动是低贱的行业，所谓“无奸不商，无商不奸”，就反映了这种道德评价。虽然商业活动本身是好的，但是奸商败坏了商业的形象。因为人们对财富的欲望是无穷的，商业活动则进一步激发了人们的贪婪。所以立法者应该教导人们学会对治贫穷和富有带来的害处。富有会因奢侈腐蚀人们的灵魂，贫困则因痛苦使灵魂变得无耻。“饱暖思淫欲，饥寒起盗心。”一个文明社会中，商人阶层应该尽可能地小，不能使他们的腐败行为危害国家。因此一个自由民不应该从事任何商业活动。在孝敬父母的问题上，客人指出，诸神是和父母站在一起的，父亲和祖父才是一个人真正应该崇拜的神，一个好人会把父母看作是神的使者。子女必须尽可能为父母进行祈祷,孝敬父母是诸神所喜欢的。可见,柏拉图也是十分讲究孝道的。可以说孝道是政治德性的核心。古代儒家关于孝的强调恰恰就是基于这种考虑。孝的问题既是一个家庭情感伦理问题,也是一个国家的政治统治问题。孝本身就包含了统治和被统治的关系,同时又把情感因素纳入进去,所以孝就显得“合情合理”,从而成为政治统治的最佳典范。如果一个人习惯于孝顺父母,就习惯于遵守国家法令,所以孝子就容易是一个好公民,不孝之子就不可能是一个好公民,因为他习惯于犯上作乱,习惯于按照自己的欲望和意志而放纵自己。

客人也指出,尽管人类可以制定很好的制度,但是任何制度都是天生有缺陷的。这些缺陷最终就把制度本身给损害了。例如正义当然是非常美好和重要的,但是人们却会利用法律的正义,在辩论中使用各种技巧颠倒黑白,不论对错,都能够获得胜利,这样就玷污了正义的美名。这是对智者的辩论术的批判。正如孔子所说:“听讼,吾犹人也。必也使无讼乎!”所以客人认为应该限制这些技巧的使用。这和《政治家》中对法律的反思是一致的。法律的正义不可能做到完美无缺,但是没有法律,人类生活将是不可想象的。我们必须建立法律制度,但是我们却不能迷信法律制度。

十二、法律和夜间议事会

第十二卷

本卷分为两个部分,第一部分是继续探讨各种法律,第二部分是对夜间议事会的探讨。

第一,客人继续讨论了外交法、军事法、监察法、葬礼法等。在监督法中,客人指出,为了防止官员中有人违法乱纪,胡作非为,就必须接受监督。监察官的职责就是保护国家的制度,防止国家解体和毁灭。所以监察官应该比一般官员更加杰出,并且以绝对正义的方式行使职权,整个国家就会繁荣昌盛;否则各个官员自行其是,拉帮结派,勾心斗角,就会把国家分裂为众多小国家和小团体,国家就会迅速走向毁灭。因此监察官必须在道德上是德高望重的人。然后客人讲述了监察官的选举程序。监察官经过多重选举程序产生,并且在太阳神面前进行明示。当然其中还存在监察官的自我监督的问题。他们必须受到国家最隆重的对待,他们同时也是为阿波罗神工作的祭司。主席职位每年轮值。在他们去世后,他们的葬礼也是最高规格的,他们的墓穴也是最尊贵的,公民每年都要通过举行音乐、体育和骑马的比赛等活动祭祀他们。但是如果一个监察官在任职期间也胡作非为,就必须对他提起诉讼,他就会被免职和罚款,死后也不能享受崇高的荣誉。

在外交法方面,客人认为国与国的交往会导致各种风俗习惯的混合,外国的奇风异俗会感染本国的风俗习惯。这种状况对于依据最好法律进行统治的国家是有害的。当然大多数国家并不依据最好的法律进行统治,所以国际交往对它们的影响就不是很大。但是拒绝和其他国家来往也是很难做到的,该国会被看作没有开化的野蛮国家。虽然人们在自己的德性修养方面有所欠缺,但是他们在判断他人善恶方面还是比较正确的,甚至恶人也能够进行正确判断。如果一个人想要成为完全意义上的好人,他本人就必须首先向善行善,以这种方式感化他人,使他人也过一种善的生活,舍此别无他法。同理,新国家必须以这种感化方式赢得他国的尊敬。所以新国家不能闭关锁国,而是要和那些并不好的国家交往。但是它必须对国际交往进行立法。未满四十岁的人不能出国,任何人不能因为私事出国。国家只能允许信使、外交使节、观察家等人出国。他们在回国后可以将外国的政治制度劣于本国制度的情况告诉年轻人。假如一个国家闭关锁国,不和人类的善良和邪恶打交道,那么它就不可能使自己处于较高的文明程度。因为一个国家如果仅仅是通过法律习惯的方法,而不是通过理性智慧的方法,也无法使法律得到真正的维护。所以必须选出一些杰出人士,派往国外,通过研究他国的得失,进而改善本国法律的不完善之处,这样才能使国家法律得到维护。这就是“他山之石,可以攻玉”。没有这种观察和研究,维持法律的完善就几乎是不可能的。所以这样的观察员必须是具有良好声誉的人,必须年满五十,在国外十年后可以回国述职。国家组织成立一个议会,由各种重要人士组成。归国人员应该出席会议,做出报告,就法律的制定、教育等问题进行说明。对于外国来访者，他区分了四种，即商人、游客、使节和观察员，对于他们应该给予不同的对待。所有人都应该把国家的朋友当作朋友，把国家的敌人当作敌人，不允许出现汉奸之类卖国贼。

客人指出，立法者和护法者都应该参照其他国家的法律来立法和变法。法律是神赐的，是理性的启示。其他作品和法典相比都是次要的不完美的。所以学习法律典籍就是最好的学习，对于提高年轻人的素质是最好的方式。法典应该被作为整个国家和人民的珍宝，它会保障和强化善良的人，使他们沿着正义的道路前进。对于尚可救药的人，使他们从无知、放纵、怯懦的恶行中解放出来，但是对一个天性顽劣、不可救药的人，就必须尽快通过死刑来拯救他，防止害群之马危害整个国家的道德生活。

最后的法律就是葬礼法。涉及我们该如何对待一个人生命的终结。他认为我们应该尊重神谕解释者，听从他们以诸神的名义对献祭活动的建议，也要对立法者言听计从，相信他关于“灵魂超越肉体”的观点。一个人的最重要的是他的灵魂，而不是他的肉体，肉体不过是灵魂的工具而已。在我们的肉体死后，灵魂就到地下诸神那里去报到了。这种法律对于恶人是可怕的，他会受到地狱诸神的惩罚，而对于善人则是好事，他将受到奖赏。所以我们必须在生前就尽力过一种道德生活，避免在死后受到惩罚。在葬礼方面，客人主张薄葬，反对厚葬，主张“丧尽礼”，“礼，与其奢也，宁俭；丧，与其易也，宁戚。”(《论语·八佾》)但是不要大声哭泣，不要挽歌之类，应该保持庄严肃穆。

这样所有的立法都已经完成了。

第二，夜间议事会。立法工作结束了，客人立刻感到他似乎面临一个更大的问题，那就是法律的维护和保存问题。他意识到，在变化无常的人世中，任何立法都不可避免地走向衰败，再好的法律也都会因为时过境迁而变得不再适宜，法律本身也受到命运女神的支配。所以必须确立一种保证法律不被颠覆的规定。为此，客人要求建立一个夜间议事会。这个夜间议事会由10名最年长的法律维护者、所有获得国家最高荣誉的人和合格的外国观察员构成。他们还要求每人要带一名30岁以上的青年才俊作伴。青年人也要经过严格的考核检验，他们是未来的国家接班人。会议要在夜间进行，避免被公私事务所干扰。议事会的职责是保护国家的法律，它相当于国家的头脑和灵魂。灵魂具有理性的功能，而头脑具有视听等感性功能。任何生命体的存在都必须依赖理性和感性的结合。正如一艘船必须配备船长和水手，船长相当于理性，水手相当于感觉。两者只有密切配合，才能使船只在任何天气状态下都安然无恙。这样，客人就把国家比作是一个巨人，那些青年才俊相当于国家的头脑上的感觉器官，他们密切关注整个国家，记下他们听到、看到的一切，并且报告给年长者。年长者则相当于理性，他们在很多事情上都具有过人的智慧。两者的结合就可以保证国家的长治久安、万世不易。

客人认为一个国家如果想要保护好自己的法律，只有在国家对自己的目标有明确认识的情况下才是可能的。于是客人对国家的目标再次进行了说明。虽然几乎所有国家都把正义作为自己的目标，但是国家实际上会存在很多各种目标。有的国家的正义不过是服从统治者个人的统治，根本不关心善恶德性。有的国家把利益作为国家的目标，对于自己是否因此被奴役则漠不关心。有的国家片面追求所谓的自由，最终只是导致个人的放纵。这都是立法者和统治者不知道国家真实目标的表现。国家的真实目标是塑造人民的德性，所有立法都必须围绕公民德性的目的而制定或者修改。国家有四种德性，即智慧、节制、正义和勇敢，其中智慧是最高的，其他三种德性都以智慧理性为指导。但是客人立刻指出，四种德性具有不同的功能、作用和地位。它们之所以都被称为德性，意味着它们必定有共同点，并且能够组合成一个完整的德性整体。因此国家本质上是一个德性共同体。

国家的主要工作就是给予不同的人以不同的德性的教育和训练，使得他们各尽其才、各得其所。客人在此提到了更高程度的教育，即哲学教育。第一个内容是哲学辩证法的教育。一个护法者不仅善于在多种事物中确定自己的目标，还要能够达到对“多中之一”的认识，并且根据这种认识统摄其他一切细节，把各个细节置于整体的合适的位置上。因此他必须善于从各种形形色色的事物中看到“一”，这样他的认识才是最真实的正确的。这实际上就是哲学辩证法的知识。通过这种哲学辩证法知识，护法者就能够看到四种美德中的共同点的“一”。正是这个“一”使得四种美德都被称为美德。联系到《理想国》的看法，这个“一”应该就是“善本身”。当然在这里客人并未明确指出这一点。正是善本身构成了美德的本质核心，所以护法者必须紧紧抓住善本身来思考一切事物。客人还提到了美和善的关系问题。美是服务于善的，正如在《会饮》中苏格拉底曾经指出的。第二方面内容是神学知识。客人指出神学是所有知识中最好的，在人类力所能及的范围内相信诸神的存在是非常重要的。一般人仅仅是遵守法律就足够了，但是护法者必须学习神学上的论证。不努力学习神学知识的人就不能成为护法者。客人又重申了在第十卷曾经论述的神学问题，其中主要的观点就是，灵魂是所有事物中最古老的最神圣的，灵魂的自我运动推动了其他一切事物的运动。其次，整个宇宙的运动都依赖于理性，理性赋予了宇宙天体以规律和秩序。可以说，哲学知识和神学知识构成了护法者的知识学习的必要内容。

最终客人指出，议事会的成员必须由掌握了必要的知识的人来确定，而且只有经过事前的教育和广泛讨论之后，他们才能成功地担负自己的使命。这仍然是在强调知识和权力的结合。因为立法的技艺或者国家的创建是最大的技艺，是独一无二的技艺，也是充满了巨大危险的技艺。但是这种尝试是值得的，是为了人类的最大幸福在冒险。创建者可以因此获得巨大的荣誉，至少会被看作是勇敢者。任何后继者与之相比都会相形见绌。所以国家最后必须交给议事会管理。客人指出，这种把头脑和理智结合起来的夜间议事会可能是一个梦想，但也是完全有可能实现的。只要我们精心选拔议事会成员，给他们以适当的教育，并且在受过教育后入主国家的要害部门，成为护法者。他们的保护能力就是前所未有的。这样看来，议事会实际上也就是哲人组成的团体。

《法律篇》的最后实际上就进入了《理想国》的主题，也就是哲学家的教育培养问题。我们也看到，《法律篇》中的对话时间是从早上到晚上，而《理想国》的对话时间是从晚上到早上，两者刚好构成了完整的一天，也就是一个整体。法律是光明的公开的，而哲学是隐晦的秘密的。所以我们可以说，《法律篇》和《理想国》是相互依存，相辅相成的，同时也说明了哲学和法律是相互对立、相互统一的关系。只有从哲学和法律之间的关系中，我们才能理解柏拉图的所有对话和哲学精神。所以《法律篇》仍然是从政治向哲学的上升。通过对古老的传统法律制度的起源的探讨，哲人超越了传统法律制度的遮蔽，看到了法律的自然基础，最后，《法律篇》终结于哲人王团体（夜间议事会）的教育。也就是说，《法律篇》最后指向了《理想国》。而制定法律本身是从哲学向政治的下降，是从自然到人事的下降，立法就是对自然的模仿。

十三、结束语

现在我们可以总结一下《法律篇》的内容了。首先，《法律篇》中探讨的是“第二等好的国家”，是法治国。它是在哲人王的立法下存在和运作的。柏拉图建立法治国的原因不在于他变得更加现实，而在于他看到完美哲人是稀少的，而且哲人的生命是有限的，他的统治必将随着他的死去而消失。如果哲人要把美好的智慧保留下去，就必须借助于法律的形式。其次，这个法治国家是宗教国。整个国家的公民的一切活动都是围绕诸神、英雄或者祖先安排的。他们生活在一个更大的意义空间之中。可以说哲人建立的国家会以宗教国家的形式出现和存在，而不是以无神论的形式存在。柏拉图没有无神论国家的概念。第三，这个国家是道德国家。这个国家尽可能贬低了一切欲望和情绪，对于财富、权力的追求都被弱化了，所以它不可能是一个富裕的国家。节制和勇敢是这个国家的基本德性，它也在一定程度上实现了完全的正义。当然这些德性最后都统一于智慧的法律。第四，这个国家是一个欢乐的国家。整个国家的公民都免除了一切辛苦的谋生和劳作之苦，公民们每天的生活只是进行体育和艺术的比赛，以崇拜诸神，他们的一生都是围绕游戏和比赛而展开的，把灵魂的理智和情感欲望的和谐作为人生的根本目标。第五，这个国家是小国寡民的国家，因此是一个熟人社会。柏拉图严格限定了它的规模，它不是一个庞大的国家，也不把追求强大作为自己的目标。因为立法者追求的是公民的道德人格的塑造，追求庞大的国家必然以道德的败坏为代价。帝国疆域和人口越是庞大，越是意味着我们治理水平的降低，人性的提升就越是困难。我们不可能精确地治理一个大国，却可能精确治理较小的国家。第六，它是一个永恒的千年王国。客人尽可能地消除了国家中的一切变化的因素，因为任何微小的变化都可能最终导致巨大的颠覆。所以它在一切方面都尽可能消除变化的可能性。这种对永恒性的追求是一个立法者追求完美法律的必然要求。一个只是谋求暂时立法的人不可能建立好的法律。当然从根本意义上看，法律对人的引导是有限的，人也不可能无限地创制新法律，因为人性的自然是有限的，因此人对幸福生活的想象是有限的。

从一定意义上，柏拉图构想的这个国家是我们能够设想的最好国家。正如施特劳斯指出："无论如何我都认为，柏拉图和亚里士多德所解释的πόλις，这种条理清楚、限于城邦、道德上σπουδαία[严肃]、以农业为基础、由gentry[贤人们]统治的社会，从道德上和政治上看，是最理性和最可喜的东西。"[1]而孔子所说的："兴于诗，立于礼，成于乐。"（《论语·泰伯》）也是我们理解《法律篇》的主要线索。因为《法律篇》始于对礼乐的探讨，通过音乐教育的方式来认识人的灵魂的自然，然后依据人的灵魂的自然建立法律，以道德法律全面地塑造人的灵魂，但是如果我们认为人类活着的目的就是遵守法律道德，那也是错误的。人的最终目的是体验到生存的最高自由和快乐，也就是达到灵魂的和谐，这才是人生的最高意义和归宿。可以说，立法本身就是在谱写乐曲，立法就是在人的灵魂上谱写乐曲。从音乐角度理解政治和法律是非常重要的。柏拉图经常把哲学和音乐对比，把政治家比作是艺术家和音乐家。他治理国家就如同谱写音乐。所以在他那里，哲学、政治和音乐是一回事，它们的根本精神都在追求和谐。这种和谐是对一切矛盾的对立面的协调。政治人生的最高境界就是游戏—逍遥游。

《法律篇》虽然是谈法律的书，但是在中世纪阿拉伯哲人阿维罗伊看来，《法律篇》是关于天启和预言的书。他似乎以《圣经》的方式理解《法律篇》，把《法律篇》和《圣经》等同起来了。实际上阿维罗伊是以《法律篇》的方式理解《圣经》，是通过柏拉图来理解摩西的。或者说，他把柏拉图置于摩西之上。《法律篇》和《圣经》的共同本质就是神道设教。神道设教的基本含义就是以神的名义立法。《周易》的《观》卦《彖》曰："大观在上，顺而巽，中正以观天下，观。'盥而不荐，有孚颙若'，下观而化也。观天之神道，而四时不忒，圣人以神道设教，而天下服矣。"摩西在西奈山上的"十

[1] 施特劳斯等:《回归古典政治哲学》，朱雁冰、何鸿藻译，华夏出版社，2006年版，第334页。

诚"本身也可以看作是"神道设教"。只有神道设教是合乎人性自然的方法,因为只有神道设教的方式才能更好地提高和完善人性。所以《法律篇》和《圣经》是可以对观的。根据《法律篇》理解《圣经》将意味着对《圣经》的非神学化理解。这是哲人对待《圣经》的唯一正确的方式。而基督教哲人对待《圣经》的态度几乎没有摆脱神圣化方法。这也是现代性的最根本的起源。

同济大学中央高校基本科研业务费专项基金资助

哲学的颂歌

——柏拉图对话的现代解读

（下册）

李革新　著

同济大学出版社
TONGJI UNIVERSITY PRESS

内 容 提 要

本书对柏拉图的主要对话进行了系统而完整的解读，试图揭示柏拉图对话的字里行间的“微言大义”。在解读过程中，作者首先突出和强化了柏拉图对话中蕴含的理论性和体系性，确立了柏拉图的古典理性主义原则。其次参考和引用了儒释道等中国古代哲学的很多观点，以扩展和深化对柏拉图基本观点的理解，并且揭示柏拉图哲学和中国古代哲学的内在一致性。再次，依据柏拉图古典理性主义对近现代西方哲学中如霍布斯、康德、尼采、胡塞尔、海德格尔等人的哲学思想进行分析和批判，以求反思现代性的起源、矛盾和出路。通过这种解读，作者试图使我们重新理解哲学和政治的基本含义和关系，以及重新理解哲人、知识、语言、理性、爱欲等重要问题，并且对我们全面理解柏拉图古典哲学、近现代西方哲学和中国古代哲学有所帮助，最终对我们的人格成长和政治完善有真正的助益。

本书可供西方哲学、政治哲学的爱好者及研究者参考。

图书在版编目(CIP)数据

哲学的颂歌：柏拉图对话的现代解读：全2册/李革新著. —上海：同济大学出版社，2015.5
(同济人文社科丛书/江波主编. 第5辑)
ISBN 978-7-5608-5734-3

Ⅰ.①哲… Ⅱ.①李… Ⅲ.①柏拉图(前427～前347)—哲学思想—研究 Ⅳ.①B502.232

中国版本图书馆CIP数据核字(2014)第312305号

哲学的颂歌——柏拉图对话的现代解读(下册)

李革新 著

责任编辑 丁会欣 熊磊丽 责任校对 张德胜 封面设计 张 微

出版发行 同济大学出版社 www.tongjipress.com.cn
(地址：上海市四平路1239号 邮编：200092 电话：021-65985622)
经 销 全国各地新华书店
印 刷 同济大学印刷厂
开 本 850mm×1168mm 1/32
印 张 29.25
字 数 517000
版 次 2015年5月第1版 2015年5月第1次印刷
书 号 ISBN 978-7-5608-5734-3

定 价 88.00元(全2册)

目 录

绪论

第一章 哲人的理论沉思 ………………………………………… (1)
第一节 直观至善——《理想国》解读(哲人篇) ……………… (2)
第二节 无知即真知——《泰阿泰德》解读……………………… (68)
第三节 走出“语言的洞穴”——《克拉底鲁》解读 ………… (107)
第四节 展示“不二法门”——《巴门尼德》解读 …………… (134)

第二章 哲人的政治行动 ……………………………………… (155)
第一节 傲视政治——《申辩》解读 ………………………… (156)
第二节 顺服法律——《克里托》解读 ……………………… (177)
第三节 大悲哲人心——《斐多》解读 ……………………… (187)
第四节 内圣外王——《理想国》解读(政治篇) …………… (229)
第五节 “推人事以明天道”——《蒂迈欧》解读 …………… (327)
第六节 中和之道——《政治家》解读 ……………………… (380)
第七节 寻找立法者——《米诺斯》解读 …………………… (408)
第八节 哲人的“神道设教”——《法律篇》解读 …………… (419)

第三章 哲人与智者 …………………………………………… (517)
第一节 伪哲人的真相——《智者》解读 …………………… (518)
第二节 美德出于智慧——《普罗塔戈拉》解读 …………… (557)
第三节 驯服修辞学——《高尔吉亚》解读 ………………… (603)
第四节 论辩也疯狂——《欧绪德谟》解读 ………………… (627)

第四章 哲人与诗人 …………………………………………… (649)
第一节 文以载道——《斐德罗》解读 ……………………… (650)

第二节　爱欲止于至善——《会饮》解读 …………………… (693)
第三节　技艺高于灵感——《伊安》解读 …………………… (764)

第五章　哲人与政治人 …………………………………………… (771)
第一节　修身为本——《阿尔喀比亚德》解读 ……………… (771)
第二节　破除"法执"——《欧绪弗洛》解读 ………………… (789)
第三节　勇敢出于智慧——《拉凯斯》解读 ………………… (802)

第六章　哲人与年轻人 …………………………………………… (810)
第一节　因智慧得快乐——《斐莱布》解读 ………………… (810)
第二节　与"道"为友——《吕西斯》解读 …………………… (837)
第三节　节制指向至善——《卡尔米德》解读 ……………… (851)
第四节　致良知——《美诺》解读 …………………………… (866)

结束语 ……………………………………………………………… (888)

参考文献 …………………………………………………………… (892)

后记 ………………………………………………………………… (894)

第三章
哲人与智者

哲人和智者非常相似，两者都享有智慧之名。但是哲人是世间稀有的罕见的，而智者是充斥世间的常见的。智者经常冒充哲人之名。因此区分哲人和智者非常重要。大致上说，智者是自然哲人的学生，智者的根本错误就是对于人性的事实和真理的无知，他们往往并不知道或者承认自己的这种无知。他们是被追逐名誉和财富的欲望所支配的，虽然他们往往更加容易享有智慧之名，但是却并不真正具有智慧。苏格拉底和柏拉图一生都在和智者进行斗争。他们的目的就是揭示人性的事实和真理，维护智慧之名，从而维护政治生活的和谐和健康。

在这一部分中，首先，讨论了《智者》中关于哲人和智者的区分问题。柏拉图认为智者是不诚实的模仿者，是无视事实本身的人。为此柏拉图对存在或者真实的问题进行讨论。其次，讨论了《普罗泰戈拉》中智者的重要观点即美德可教的问题。这个问题既关系到对美德的理解，也关系到对教育的理解。苏格拉底认为美德不可教，既是为了揭示普罗泰戈拉的平等主义理论和不平等主义的实践之间的矛盾，也是为了强调美德出于知识，没有智慧或者知识，就不可能具有美德。真正的知识是对事实本身的直接知识，因此当苏格拉底认为美德是可教的时候，他的言外之意是真正的教育只能是自我教育，而哲人就是通过自我教育而成为哲人的。一切外在的教育都只能通过自我教育才能发挥作用，出于强制和惩罚的教育是没有真正意义的。再次，讨论了《高尔吉亚》中智者推崇的修辞学问题，涉及修辞学和哲学辩证法的本质和关系的问题。柏拉图贬低了修辞学，认为如果修辞学不以追求真理为目的，仅仅为了自己的私欲而致力于说服或者取悦他人，这种修辞学就不能被称为技艺。哲学辩证法则是以认识事实本身为根本目的的真正的技艺。所以修辞学必须接受辩证法的原则和精神。而《欧绪德谟》则展示了智者对于论辩的疯狂和败坏。

第一节　伪哲人的真相——《智者》解读

这篇对话的主题是对智者进行精确的定义，并且借此把哲人和智者区分开。哲人和智者最为相似，都享有智慧之名，但是两者却又具有巨大差异。首先柏拉图从外在的技艺方面对智者进行了定义。这个定义实际上揭示了贪欲是智者一切活动的根源，智者不能征服自己的欲望，这种欲望使智者不能把对智慧的追求进行到底。因此智者是理性被欲望和情感所支配的人，而哲人是以理性彻底驯服和控制了欲望和情感的人。其次，柏拉图认为智者的技艺实际上和模仿的技艺相关，而模仿的本质是和存在、非存在相关的。于是他转入对非存在的思考。他对"非存在不存在"的观点进行了批判，肯定了"非存在存在，存在不存在"的辩证法观点。最后他认为非存在并不是虚无，而是相异或者不同，智者的虚假判断就来自非存在的相异。智者的错误根源就在于他把自己局限在语言概念的领域，完全无视语言概念所指向的事实本身，这样他才最终取消了真实和虚假的区别，取消了这种区别就取消了哲学认识真理的可能性。语言概念能够帮助我们认识事实，但是语言概念也可能成为我们直面事实本身的阻碍。在柏拉图看来，智者必须抛弃对语言概念的迷恋和执着，才能真正面对事实本身。他认为只有经过辩证法的净化才能扬弃概念语言，直面事实本身。可以说，关于"非存在存在"的讨论实际上就是对"辩证法净化"的演示。哲人是通过辩证法获得了理性的完全净化的人。而真实和知识就是灵魂的净化状态。所谓"得意忘言"，如果我们能够直面事实本身，语言和陈述是没有最终意义的。

一、引子 216a—218a

本篇对话的主要人物是异邦客人和泰阿泰德。客人是巴门尼德学派的传人，是真正的哲人的代表，泰阿泰德则是一个年轻的数学家，也许是未来哲人的代表。这篇对话的意图就是把泰阿泰德之类的年轻人引导成为哲人，而不要成为智者。这篇对话是寻找和定义智者，如果我们要定义什么是智者，就必须首先认识什么是哲人。当然，哲人和智者是极其相似的，他们都以智慧之名现身，但是他们之间仍然存在巨大的差异。这篇对话的主要目的就是要把哲学家和智者区分开来。两者的区分涉及未来哲学家的教育培养的重大问题。

在塞奥多洛介绍了客人的背景后，苏格拉底奇怪地说，这位客人也许不是人，而是一位我们还不熟悉的神。因为荷马曾经说诸神伴随仁慈正义的人，其中有监督人类的有序或者无序的异邦之神，这位异邦客人可能就是这种神之一——一位主管辩论的神，他观察和揭露我们在辩论中的错误和弱点。这里表现了柏拉图对巴门尼德的推崇。在赫拉克利特和巴门尼德之间，柏拉图选择了巴门尼德。巴门尼德是柏拉图唯一推崇的前苏格拉底的自然哲人。

塞奥多洛立刻纠正了苏格拉底的判断，指出这位客人并不是喜欢语词辩论的人，他要理智得多，称呼客人是一个神不合适，虽然他也有神圣的东西，但任何哲学家身上都有神圣性。也就是说，喜欢进行语词辩论是智者的特征，而不是哲人的特征。巴门尼德是沉默而神圣的。这是对哲人和智者的区别的一种暗示。同时，这里柏拉图也暗示了哲人的神圣性。哲学家的这种神圣性来自他对智慧的追求，这种对智慧的追求使他超出了人世间的爱恨情仇、功名利禄的追逐，达到了纯粹理性的清明虚静状态。这种状态是最接近于神的。在古典哲人的设想中，神就是这种纯粹理性的存在。这种神和奥林帕斯诸神完全不同。可以说，哲学家是半神，是超人。在他看来，只有哲学和哲人才配得神圣之名，其他一切包括宗教都是世俗的。但是当代哲人和哲学丧失了神圣性，变得非常世俗化。这种世俗化是现代哲学和基督教进行斗争的结果。这种斗争使哲学和政治结合，哲学成为现代政治社会中的一个组成部分。因此现代人对哲学和哲人的理解都"人性、太人性"了。这也是现代哲学成为政治意识形态的根本原因。要理解哲学的本质就必须重新理解哲学的神圣性。

接下来，苏格拉底又说，哲人并不比诸神更加容易觉察，哲学家可以多种面目显现自身。"这些真正的哲人，而不是冒牌的哲人，他们周游各国，高高在上地俯视人间。由于世人的无知，他们以各种形象显现出来。

有人认为他们不值一提,有人认为他们高高在上;有时他们伪装成政治家,有时伪装成智者。有时候看上去就像是疯子。”[1]这是柏拉图对哲学家多面性的揭示。第一,哲学不是一种学科,也不是一种职业,也不是社会各部门的一个组成部分。哲学是完全超出政治社会的构成的。所以哲人可能以各种现象展示出来。这也意味着当哲学成为现代大学的一个学科时,哲学就已经被意识形态化了,哲学就已经败坏和堕落了。第二,这种哲人的变形隐身术和《普罗泰戈拉》中普罗泰戈拉提到的智者的隐身术十分接近。普罗泰戈拉提到的“智者”是指哲学家或者教师。他们首先是为了躲避政治迫害而伪装自己,暗示了哲人或者智者共同面临来自政治生活的迫害。哲人或者智者的教学活动可能会危及政治生活的权威性,政治势力对哲人或者智者的迫害就是无法避免的。苏格拉底事件就是这方面的代表。因此哲人必须“明哲保身”,必须伪装成各种形象以保护自己。第三,哲人的隐身术也是为了更好地教化他人。哲人必须因材施教,因病与药,针对不同的根基进行教化。哲人必须顺应世事、随机应变,因此他没有固定不变的社会形象,没有固定不变的观点,不把自己固定或者封闭在某种特定形象中,否则哲人就仍然是过于人性的和政治性的。当然,即使苏格拉底揭示了哲学家的隐身术或者变形术,我们仍然不能轻而易举地辨识出谁是哲学家,也几乎不可能提前知道一个特定的哲学家会以什么形象出现在我们面前,所以即使我们面前就存在一个哲学家,我们也几乎不能辨认出他是哲学家。

接下来,苏格拉底继续澄清哲人的真相。他问客人智者、政治家和哲学家究竟是一个类型、两个类型还是三个类型?客人认为他们是本质上不同的三个类型。这种观点是容易理解的。三者确实是不同的,但是仅仅指出他们的不同远远不够。也就是说,如果不首先确定哲人的至高无上的神圣地位,就无法真正认识三者的差异。可以推测,其实在苏格拉底看来,三者可以是一个,也就是说,他们可能都是哲人随机应变而采取的不同面目。哲人苏格拉底曾经被认作是智者,例如阿里斯托芬的《云》中

---

[1] Plato. *Sophist*. In *The Collected Dialogues of Plato*, Edited by Edith Hamilton and Huntington Cairns, Princeton University Press, 1963. 216d.

所揭示的。世人几乎无法区分智者和哲人。同样，哲人也可以以政治家的面目显现，正如在《政治家》中，苏格拉底暗示的真正的政治家就是哲学家。哲人是随缘的，因此哲人是多面的。哲学家的多面性意味着哲人根本没有固定的形象，我们几乎无法为哲学家画像，无法为哲学家进行定义。所谓"大象无形"。所以柏拉图没有写作以哲学家命名的作品，但是他的哪一篇对话不是在描写哲学家呢？

客人认为要给智者、政治家和哲学家下定义是不容易的。苏格拉底请求客人不要拒绝。客人认为如果对话者比较温顺的话，对话就比较容易进行下去。苏格拉底就推荐了泰阿泰德。我们要注意泰阿泰德和苏格拉底的相似性。在《政治家》中，苏格拉底一开始就提到了泰阿泰德和自己面貌的相似性。相同的面貌意味着相同的心智和性情，所以我们可以认为泰阿泰德是哲人苏格拉底的替身或者是年少的苏格拉底。这样一来，这篇对话和《巴门尼德》就非常相似了。在《巴门尼德》中，巴门尼德教导青年苏格拉底。在这篇对话中则是巴门尼德派的传人教导面貌心智酷似苏格拉底的泰阿泰德。所以苏格拉底立刻提到了他和巴门尼德的对话，暗示这篇对话和《巴门尼德》的亲缘性。客人决定不再使用对话方式，而是进行长篇大论。但这并不是为了显示自己的口才，而是基于问题的需要。关于对话和长篇大论的差异，柏拉图在《普罗泰戈拉》、《高尔吉亚》等对话中都有涉及，这是哲人和智者的根本区别之一。

二、智者的第一个定义 218a—231e

第一，客人认为对智者进行定义是困难的，智者是一种难以猎取的动物，所以他决定用一个简单的小例子即钓鱼来说明。钓鱼是一种技艺。一切技艺分为生产的或者创造的与获取的。获取的技艺分为自愿地交换和征服。获取的技艺又分为明争和猎取，猎取的技艺分为针对有生命的东西和无生命的东西，猎取有生命的技艺分为针对陆地动物的打猎和水中动物的打渔，打渔的技艺分为网捕和打击，打击分为夜渔和钩鱼。钩鱼分为叉鱼和钓鱼。这个钓鱼的例子暗示了智者就是钓鱼者，猎取的动物是人。对人的猎取分为暴力性的和说服性的，说服的技艺分为公开的和私下的，私下的说服分为雇佣的和献媚的或者奉承的，最终他得出了关于智者的第一个方面的定义,“智术是猎取人的,私下进行的,受人雇佣的,以金钱作为交换的,与教育相似的,旨在猎取富家子弟。”(Plato. *Sophist*. 223b)这个定义主要是刻画智者的功利主义面目和猎人性质。智者猎取的是年轻人的灵魂,通过传授美德获得年轻人的金钱。因此智者总是通过争取更多青年人的加入,扩大自己的知名度和影响力,进而从中获得更多的好处。相反,哲人不是猎人,哲人无欲无求,并不谋求个人利益。哲人首先关心的是自己心灵的完善。哲人虽然也关心未来哲人的教育和培养,他对于未来哲人的自然天赋是要进行严格拣选的,否则哲人宁可不收学生或者徒弟。因为智慧是无法传授的,因此哲人并不以教师自居,哲人本质上并不需要学生。

第二,客人继续进行分析。获取的技艺分为猎取和交换,交换分为馈赠和出售。出售分为出售他人的产品和出售自己的产品。交换又分为零售和批发,零售分为出售身体的粮食和精神的粮食。精神粮食分为艺术或者表演的和知识的。知识分为美德的知识和其他种类的知识。智者是出售美德知识的商人。这个侧面主要是突出智者通过贩卖美德知识获得利益的商人性质。这是智者对知识和美德的玷污。这就是学术的败坏。世间的最大败坏就是学术的败坏。和学术的败坏相比,杀人放火的危害要小得多。如果知识和美德成为商品,成为谋生的工具,那么其危害的后果将是长久的巨大的。知识和学术的真实目的是为了个人心灵的提升和净化。正如孔子所说:“古之学者为己,今之学者为人。”哲学科学是最高的最神圣的,所以哲学科学不能服务于任何世俗的目的。捍卫学术的纯正和知识的意义正是苏格拉底和柏拉图的主要目的所在。他们面对的知识状况恰恰就是当时雅典由于智者教学活动导致的学术的败坏。他们所要挽救的就是学术科学的纯正品质。真正的哲学科学是不可能作为商品出售的。凡是可以出售的知识都不是真实的知识,只是意见。现代哲学科学也背叛了古典哲学科学的神圣性,而服务于世俗化的政治生活,这是现代哲学科学败坏而成为政治意识形态的根本原因。因此现代科学就是智者哲学的一种形式。

第三,智者是交换和出售自己或者他人的产品的人。智者可能自己生产知识,也可能出售他人的知识。他人的知识是指前苏格拉底的自然哲学。我们确实可以看到，智者哲学大部分是从前苏格拉底哲学家那里借用来的。智者是前苏格拉底自然哲人的信徒，他们把自然哲人的哲学带入城邦政治生活中。他们对自然和习俗的区分恰恰是继承自然哲人思想的结果。但是智者和前苏格拉底哲人仍然是不同的。前苏格拉底自然哲人至少是远离人间的政治生活的，他们也可能参与政治，但是本质上是独立于一切政治生活的。自然哲人是纯粹理论的、沉思的，而不是实践的。但是智者本质上却是入世的、庸俗的，甚至是贪婪的，他们并未继承前苏格拉底哲人的出世的高洁品质，而是用自然哲人的哲学来迷惑世人，一方面他们否定了人世政治习俗道德的真理，一方面又试图从人世中获得名和利。追逐名利是智者的本质。因此智者哲学可以说是自然哲学结出的必然果实。出于这一点，我们也应该反思和批判自然哲学。自然哲学对人类政治生活和人性的自然的独特性缺乏严肃的、独立的认识，这种错误导致自然哲学最终衍生出了智者哲学这种错误的、有害的遗毒。真正的哲人没有任何产品，或者说，因为哲人致力于自己的完善和净化，所以哲人的真正产品就是哲人自己或者哲人的生活本身，并且因此对人类最高的最完善的生活进行了设定。所谓“太上立德”。所以哲人是不生产的。

第四，获取的技艺包含争斗的技艺，争斗的技艺分为竞争的和打斗的技艺，打斗的技艺分为暴力的和语言论战的，语言论战的分为公开的法庭上的和私下里的辩论，私下里的论辩分为以契约交易为目的的和探讨正义或者法则之类的争论，争论分为费钱的饶舌和赚钱的。智者就是通过私下里的争论而赚钱的人。智者是用语言进行斗争的人。他们并不是为了真理而进行论辩，而是满足于在论辩中战胜对手。所以他们善于进行长篇大论，因为长篇大论能够更好地迷惑人，使对方被淹没在语言的海洋中，没有反思的时间和机会，最终被他们说服。这样智者的言说就不是为了真理，而是为了金钱。他的言谈就受到利益目的的左右和驱动。对于哲人而言，真理是无法用语言传达的。语言既可能显示真理，也可能遮蔽真理。哲人认为语言只是启发性的工具，最终必须是受启发者自己看到自己心中的真理，如果他看不到心中的真理，那么哲人也是无能为力的。所以哲人并不推崇和依赖语言。认为可以通过语言传达真理，这是对语言和真理都缺乏正确的认识的表现。

第五，智者是参加论战的运动员。智者哲学不满足于沉思，而是以政治实践为目的。他们传授演说术、修辞术等，以此帮助年轻人能够在政治实践生活中突显出来，最终能够获得政治权力。这是对智者的运动性的揭示。智者因为利欲熏心，显得骚动而浮躁。他们的内心几乎一刻也不能安静下来，他们四处流窜，在各地引诱和招揽青年人，内心时刻盘算着怎么能够吸引更多人，赚到更多钱。但是在真正的哲人看来，静止是高贵的，运动是低贱的。运动是不完善的表现，静止是完善的表现。静止高于运动。亚里士多德的神就是不动的，因为神是完善的自足的，所以神是不动的。真正哲人是平和而宁静的，他超越了人世间的一切利害关系，处于永恒的静观之中。因此哲人的存在是对理性之神的模仿。

第六，划分的技艺分为两种，包括区分相似与差异的划分和区分好与坏的净化。所谓净化就是去除坏的保存好的。净化分为针对有生命体的和无生命体的净化。在谈到了身体的净化后，客人突然提到了辩证法。首先辩证法对所有技艺都一视同仁，认为所有技艺都是相似的和平等的，它不因为技艺者的地位身份而推崇一种技艺或者贬低一种技艺。也就是说，所有其他技艺都和身体的净化或者猎取某物相关。这是所有其他技艺的共同本质。其次，辩证法的技艺是独一无二的技艺，是和灵魂的净化相关的技艺。而所谓灵魂的净化就是理性的净化。理性的净化就是消除欲望和情感的控制，消除灵魂中的无知和愚昧，使理性在灵魂中占据主导性地位。这正是哲人所要达到的智慧境界。

客人进一步指出，生命的净化分为身体的净化和灵魂的净化。灵魂的净化就是消除灵魂中的恶。灵魂中的恶分为罪恶和无知两种。罪恶是灵魂的疾病，意见和欲望、快乐和愤怒、理智和痛苦等相互分离对立和冲突。因此罪恶是缺乏匀称和适度的不和谐状态，是违反自然的表现。无知是灵魂趋向目标过程中偏离目标误入歧途的表现。无知分为愚蠢的无知和聪明的无知，聪明的无知是知道自己无知，而愚蠢的无知就是自己不知道而认为自己知道。“以无知为有知”的无知是理智所犯错误的全部根源。可以说自知无知是哲人的基本特征，而以无知为有知是智者最突出的特征。

客人认为罪恶和无知都是灵魂的畸形。畸形就是缺乏适度的和谐。所以不理性的灵魂就是畸形的和缺乏对称和谐的。我们用体育和医药医治身体的畸形和疾病，用教育医治灵魂的无知畸形。教育分为粗暴的和温和的，粗暴的教育称为“训诫”，训诫是强制性的、外在的，不能真正实现教导人的目的，所以是不好的。自以为聪明的人是不会喜欢和接受这种训诫的。所以最好的方法就是温和的教育。温和的教育就是辩证法的驳斥。“当一个人认为自己说出了一些真理，但其实他什么也没说时，哲人就对他的言辞进行盘诘，使他容易地相信自己的观点中的自相矛盾之处。然后，他通过辩证法的过程，搜集这些矛盾，并且把它们逐一排列在一起，显示它们关于同一事物，或者和同一事物相关的，或者在相同的方面，是相互矛盾的。明白这一点后，这个人必然会对自己感到愤怒，而对其他人变得温和起来。这样他就能够从巨大的偏见和顽固的观点中被完全拯救出来。这种方式对听众是有趣的，对接受这种方法的人来说也能够产生持久的良好效果。正如医生认为只有消除了身体内部的障碍，身体才能从进食中获得好处，灵魂的净化者意识到，只有他的病人受到驳斥，并且从中学会谦虚，病人才能从知识的使用中获得好处。他必须首先从他的偏见中获得净化，并且认识到他只知道自己知道的，而对其他都一无所知。……因此我们必须承认驳斥是最伟大最重要的净化方法。没有受到驳斥的人，即使他是一个伟大的国王，都处于可悲的不洁净的状态。他在这些问题上是没有教养的和畸形的。在这些问题上一个真正有福的人应该处于最公正和最纯洁的状态。”(Plato. *Sophist*. 230b－e)

在这一段中，柏拉图揭示了辩证法净化的根本特征。第一，辩证法的反讽和驳斥是为了对付那些自以为是的人。这些人如果不受到驳斥就不会认识到自己的无知，就不会接受真正的知识。所以辩证法反讽是苏格拉底和柏拉图针对雅典人的傲慢而采取的“因材施教”的方法。第二，辩证法是灵魂的净化。无知和愚蠢是灵魂的疾病和邪恶，也就是灵魂的不纯洁状态。只有理性的智慧状态才是灵魂的纯洁状态。通过辩证法驳斥，使对方认识到自己的无知，这种对自己的无知的认识本身就是智慧，这就是苏格拉底始终使用这种辩证法的根本原因。而孔子也是实行这种辩证法驳斥的大师。他曾经表明：“吾有知乎哉？无知也。有鄙夫问于我，空空如也；我叩其两端而竭焉。”（《论语·子罕》）其目的就是达到“知之为知之，不知为不知，是知也。”同样，这种辩证法的驳斥也十分类似于龙树菩萨的中道论。龙树菩萨就是通过中道的方法达到“善灭诸戏论”的目的。一切观点、立场、原则、“主义”都是戏论，这些观念使灵魂实际上处于被污染和被遮蔽的状态。“善灭诸戏论”就是消除灵魂中的各种观念和思想，所以辩证法、中道论就是最伟大的灵魂的净化的技艺。第三，人是观念的动物，人不经过文明化概念化就不可能成为人，因此没有人认为自己是无知的愚蠢的。但是人因此始终受到各种观念的束缚，看不到观念的局限性，看不到这些观念使我们远离了事实本身，这就是人所特有的愚昧。因此人的最大解放或者自由就在于从所有观念中解脱出来。这才是真正的启蒙。一个人只有从一切观念中解放出来，心中没有了任何观念，即达到了无知之知，这样才能达到“灵魂的净化”。这意味着在苏格拉底看来，政治文明的状态就是蒙昧状态的生活，而扬弃了文明状态的无知状态才是自然状态。自然状态则是启蒙状态、自由状态的哲学生活。所以自然状态是扬弃文明状态的最高状态。这也就意味着哲人是完全意义上的自然人。哲人因为自然而自由。这种观点是和现代的关于自然状态和文明状态的理解完全相反的。现代人认为自然状态是低级的、原始的状态。文明状态是从自然状态发展而来的。而苏格拉底和柏拉图认为自然状态高于文明状态。文明状态就是蒙昧状态，自然状态是理性状态。理性—自然状态必须以文明—蒙昧状态为起点，我们必须从文明状态才能达到自然状态。这种上升的过程就是辩证法的净化过程。辩证法的净化目的就是达到无知之知。无知之知之所以是智慧，是因为智慧是对事实本身的认识。只有在我们摆脱了一切文明的概念的污染遮蔽后，我们才能认识到事实本身。所以获得智慧的前提就是首先倾空自己的灵魂，使自己的灵魂达到无知、无念、无思的空灵状态。可以说，无知之知是获得智慧的必要条件。因此智慧和无知之知是一回事。

这种以达到无知之知为目的的辩证法技艺是哲人的技艺，所以客人不想把拥有这种技艺的人称为智者，而是称为哲学家。哲学家就是对各种观念和思想进行考察、审查、辨析，最终使得对方从这种思想观念中解脱出来的人。哲学家本人没有任何观点和立场，他的内心是无知的，是无念的，是无执的。可以说，哲学家就是"精神病医生"，他所医治的就是人们内心中由于各种观念导致的固执、傲慢等精神病。

最后客人对智者的六种面相或者技艺进行了总结。

三、智者的第二个定义

但是客人对智者的六种面相或者技艺表示了不满。因为从名称上看一个人只能拥有一种技艺，但是智者却有六种技艺，这意味着我们没有真正把握智者的真实面目。客人指出这是因为智者几乎对任何问题都能够发表看法，并且能够教育人针对各种问题进行论辩，所以智者显得几乎是全能全知的。但是按照常识，没有人能够知道一切事物，所以这里面肯定存在问题。也就是说，虽然智者以智慧之人的面目显现，但是他们肯定不是真正拥有智慧，他们的知识肯定只是"虚假的"知识，而不是真实的知识。客人使用了一个比喻来说明这种想法。如果一个人说自己能够用一种技艺生产出一切事物，包括整个世界的所有事物，那么这种技艺只能是表演的技艺或者模仿的技艺。这就意味着智者只能是以表演或者模仿为职业的人，其本质是魔术师或者模仿者。这可以说是智者的第二个定义。

客人指出智者模仿真实事物的方式是语言。智者使用语词并且在语词中模仿事物的形象，并且让年轻人以为这种模仿的形象就是真实的事物，从而使得年轻人远离了事物真相，只有在年轻人的理性变得成熟，与真实事物有了比较亲密的接触，能够按照事物的本来面目认识事物时，他才能意识到智者的错误和欺骗。所有在言辞中创造出来的幻象才能被真实的生活中遇到的真实事物推翻。所以我们应该尽可能接近真实事物，而不要被语词创造的事物欺骗。(Plato. *Sophist*. 234c－e)

这里包含了几层含义。第一，柏拉图揭示了语言和事物的关系。一方面语言是指示性或者中介性的，语言的本质就是显示，语言的意义是显示事物。所以我们必须通过语言显示事物。这就是能指和所指的关系。但是另一方面，语言也可能掩盖真实事物。人们大多习惯于执着于语言，会沉溺于语言制造的假象中遗忘了事物本身，以为我们通过语言可以认识真实事物。但是真实事物恰恰不可能在语言中展示出来。如果要认识真实事物，我们甚至必须扬弃语言才能认识事物本身。第二，哲人和智者在使用语言的技艺中有什么区别呢？可以说，哲人只是以语言显示事物本身。哲人强调的是语言的指示性，关键是借助于语言认识事物本身，如有需要也可以抛弃语言，直接认识事物本身。但是智者关注的是通过语言制造虚幻的形象，以此吸引和迷惑年轻人的心，扩大自己的知名度，最终使更多的年轻人心甘情愿地掏钱付费。所以在使用语言的技艺上，哲人关注的是事实本身，而智者关注的是名声和财富。从这个意义上看，智者是最远离自然事实的人，所以他才是哲人的最大的对手。

接下来客人开始对制造形象的技艺进行划分。模仿分为制造相同东西的模仿和制造相似东西的模仿。但是客人立刻陷入了困惑，如果我们把艺术家归为制造相似东西的系列，智者应该归入哪一个系列？

三、关于非存在和存在的讨论 236e

客人认为关于智者的第二个定义还是非常不清楚的。因为他意识到一个非常困难的问题，即存在和非存在的问题。他认为要清晰地定义智者，就必须首先对存在和非存在的问题进行讨论。

1. 对“非存在存在，存在不存在”的论证

这时客人表示他遇到了一个极为困难的问题，即究竟应该如何划分真实和虚假，区分“显得是”和“真的是”的标准是什么。例如我们可以谈论“飞马”或者“金山”，它们都是“非存在”或者“虚无”，因为它们无法在现实生活中找到。但是当我们说“飞马”和“金山”不存在的时候，它们毕竟也以语言的或者观念的形式存在了。语言或者观念中的存在不是一种存在吗？我们把“现实”(reality)作为真实和虚假的标准，现实的就是真实的。但什么是现实？现实难道就仅仅是可以被感知的东西吗？而被感知的东西是变动不居的，所以仅仅被感知的东西不能作为真实性的标准。柏拉图就反复批判了对感官认识的盲目信念，认为只相信感官真实性的人是野蛮的人。而且感觉主义本身不是感觉。所以真实的标准就不能在感知世界中寻找，而只能在理性世界中寻找。但是理性的真实是什么样的真实呢？一般情况下，我们对真实性问题是没有任何怀疑的。我们的存在是真实的，这个世界是真实的，这些都是无须怀疑的。但是如果进一步追问我们这种确信的根据，我们就可能陷入迷茫。我们根据什么来确

定何者为真实的，何者为虚假的？我们一般是根据自己的感官经验来确定真实性的。但是感官经验真的能够足以作为区分真实和虚假的标准吗？例如我们做出一个判断"今天是晴天"，如果看到今天实际上是阴天，那么我们根据自己的感官认为这个判断是假的，所以我们往往都是感觉主义者，都认为"眼见为实"。但是感官经验往往并不一定带来真实，同样也存在"眼见为虚"。例如筷子放到水中会"显得"弯曲，太阳"显得"围绕地球旋转，月亮"显得"会有圆缺等。所以感官经验并不真正提供给我们真实性。还有，我们认为存在七种颜色，但是狗的眼中只有两种颜色，那么谁的感知是正确的？是合乎事实本身的？我们的感觉经验受到了我们的人类学属性的决定性影响，如果我们以自己的感觉为判断真假的标准，我们就只是在以我们的人类学属性为真实性的标准，那么我们就仍然没有摆脱自己的人类学属性，也就没有达到事物本身。这就是培根所谓的"种族的洞穴"。要达到事实本身，就必须超越自己的"人类学洞穴"，不能把我们的感官作为真假的标准。感官只是一种工具，感知经验确实是微弱的。我们通过感官接触世界，但是做出最终判断的却是"理性"。我们确定事物是不是真实的最终依赖的是理智的认定。这就意味着我们只能和必须以我们的理性认识能力为标准。但什么是理性呢？可以说，理性只能是一种直观。它是让事物自身直接显示的能力。也就是说，理性认识要求认识者必须摆脱自己的感官的人类学属性，摆脱自己的欲望和情感的局限性，让他的理性就像镜子一样映照万物，使事物本身在理性之镜中完全呈现出来，而不是作为一种人类规定性的东西呈现出来。如果一个人不能使自己的理性之镜变得纯洁，他就不可能真正接近事物本身。可以说，只有理性才能克服人类学的局限性，真正认识事物本身。当然在实际生活中，能够让理性摆脱欲望、利益和情感的干扰，使理性达到非常纯粹的境地的人是非常少的。但是唯有让理性之镜得到净化，达到纯粹性，才能认识事物的真相。这是理性主义认识论的最高理想和原则。

由于对感官真实性的信任，我们平时几乎不会想到真实性的问题，但是只要我们进行反思，就会发现真实性的困难。我们可以把这个问题称为"存在之谜"。面对存在之谜，客人首先提到了巴门尼德的观点即"存在存在，非存在不存在"。客人试图违背导师的遗训，对这个教导进行考察。

巴门尼德的本来意图是区分真实和虚假,区分本体和现象,区分存在和变化。他认为存在是真实的不变的,但是不可感知的。现象是变化的,因此是虚假的非存在。因此我们应该追求存在的真实,而避开现象的非存在。追求存在是哲人达到永恒的基本方法。智者实际上也把这个遗训作为自己的基本立场之一。但是智者对巴门尼德这个命题进行了转化。智者认为非存在不存在,对于非存在我们不能有任何思考和言说,这也就意味着我们的一切言说都是关于存在的,我们的一切言说和思考都是真实的正确的,所以根本不存在虚假和欺骗。智者把这个命题作为自己进行诡辩,抹杀真假的根本立论。例如,如果我们把智者定义为制造相似形象的"造像者",智者就会反问什么是"像"。因为智者认为真实事物和相似事物都是真实的。这样智者实际上否定了巴门尼德的存在,而肯定了巴门尼德的非存在,并且把非存在等同于存在,最终取消了存在和非存在的区分。而智者之所以能够抹杀存在和非存在的差异,就在于智者把自己完全封闭在语词之中的,他根本不观看事实本身。这也就意味着我们要区分真实和虚假,就必须超出"语言的洞穴",达到事实本身。事实本身才是我们区分真实和虚假的根本标准。

智者借助于语言现象否定了非存在,也因此否定了存在。客人认为智者是闭着眼睛或者没有眼睛的人,智者就隐藏在"非存在的黑洞"之中。如果我们能够把"非存在之谜"解答了,就能够成功捕捉智者,否则就不可能捕获智者。但是客人也似乎承认了智者的观点。"一个人不能合法地发出非存在这些语词的声音,也不能言说和思考它;非存在是不可思考,不可言说,不可发声,不可表达的。"(Plato. *Sophist*. 239c)如果认为非存在不存在,那么对于非存在我们确实不能有任何思考和言说。如果我们已经对其进行思考和言说了,那么非存在就已经存在了。所以对非存在的反驳是不可能不陷入自相矛盾的。这就是关于"非存在的悖论"。所以客人认为批判非存在是最困难的问题,他要求泰阿泰德不要指望他能够给予非存在的任何回答,只希望泰阿泰德努力配合他的思考。

他指出形象或者影像是对真实事物的模仿,那么形象就是非存在或者不真实的。但是这种相似的形象或者影像仍然具有一定的存在。反过来,既然相似的形象是存在的,那么其对立面真实事物似乎就应该是不存在的了。所以泰阿泰德感到真实和不真实、存在和非存在是相互纠缠在一起的。客人也认为这似乎表明非存在也是具有存在的。所以客人意识到，不能把非存在理解为存在的对立面，不能把非存在理解为虚无，而是应该理解为另外一种含义。智者把非存在等同于虚无的观点是错误的。

客人表示，非存在必定以某种方式存在。虚假和错误必定是存在的，它们的存在就是以非存在的方式存在的。非存在是一切虚假和错误的根源。智者通过把非存在等同于虚无，否定了非存在的存在，然后智者又把存在和真实直接地等同起来，认为"存在的就是真实的"，因此取消了真实和虚假、正确和错误的区分的可能性。由此我们看到黑格尔的"存在的就是合理的"观点也具有很大的智者因素。这种观点不去认真考察和分析真理和错误，而是含糊其辞、似是而非地为存在—真实进行辩护，同样也可以用来为罪恶和无知进行辩护。所以黑格尔也是一个不辨是非真假的现代智者。同样，海德格尔把存在和真理结合起来，他认为非真理是真理的必然部分，这样就同样混淆了真理和谬误的问题。"存在就是真理"，这可以说是智者哲学思想的顶峰。

客人坚持把存在和真实区分开，要在存在领域中区分真实和虚假。存在的可以是不真实的，存在也同样会以某种方式不存在。所以存在和非存在之间并不是截然对立的，而是相反相成的。既然非存在可以分有存在，那么存在也分有非存在，例如影子是存在的，但是同样分有了非存在。必须强调，柏拉图在此实际上区分了两种存在概念。柏拉图这里的存在不但是理念论意义上的存在，而且也包含了可见现象领域上的存在。如存在是完全指理念论意义上的存在，那么存在就是真理；但是如果存在是现象意义上的存在，那么这个存在就包含了真实和虚假两个方面了。按照《理想国》中的观点，一切可见事物都是介于存在和非存在之间的，和现象相关的意见也就是介于知识和无知之间的。因此柏拉图也把存在赋予了现象和意见的领域。如果我们否定了现象和意见的存在和真实，那就意味着我们生活于其中的世界就是绝对的虚幻之物，这不但违背我们的常识，而且也否定了哲学必须从常识开始的基本原则。存在必然贯穿于一切现象事物，但是一切现象事物也分有了非存在，所以现象事物是存在的又是变化的，意见可能是正确的，也可能是错误的。我们必须在肯定现象世界的同时也保持对现象世界的超越和批判。完全否定现象世界和完全否定理念世界都是片面的。而智者就是完全否定了理念论意义上的存在,而仅仅肯定了现象的存在。这样智者就否定了现象存在的非存在方面,从而取消了现象存在中的错误的可能性。这可以说是柏拉图的辩证法的基本观点,也是我们能够在存在领域中区分真理和错误的原因。

客人"存在分有非存在"的观点主要是指现象的存在中也包含了虚假。现象的存在并不就是等同于真理,不能把现象的存在完全等同于真实的,否则,我们就没有学会"概念的辩证法"。柏拉图也区分了两种非存在的概念,一种是作为虚无的非存在,一种是作为现象存在的非存在。对于绝对的虚无,我们是无法思考和言说的。所以作为虚无的非存在是不存在的,或者对于我们而言是没有任何意义的。只要我们能够对其进行思考和言说,它就已经分有了存在。所以"无"必然以某种方式是"有",或者"无"最终只能作为一种观念而存在,但是观念的"无"同时是一种观念性的"有"。❶ 例如我们说一个人死了,但是他仍然以"无"的方式存在,所以我们才需要"事死如事生",才有对祖先的祭祀活动的必要性。这些活动都表明了逝者以存在者的方式存在。例如认为"非存在'真的'不存在。"那么这个"真的"就已经赋予了非存在真实性了,非存在就已经是一种存在了。因此我们一般所说的非存在都是现象存在意义上的非存在。现象同时包含了存在和非存在两个方面。正是现象的非存在的方面才产生了虚假和错误。也就是说,如果我们只看到了现象的存在方面,没有看到现象的非存在方面,就会产生虚假和错误。因此柏拉图告诉我们,即使非存在分有了存在,也并不意味着非存在就是真实的,或者"存在的就是合理的"。例如"眼见为实"的判断本身就是不可见的。如果我们把不可见者确立为可见者是否真实的标准和原则,这就意味着不可见的东西比可见的东西更加真实,所以狭隘的感觉主义者是自我否定的,是根本不成立的。动物是完全的感觉主义者,但是动物恰恰不知道自己是感觉主义者。所以真正的感觉主义者是不会认为自己是感觉主义的,如果他认为

❶ 在这个意义上,黑格尔的逻辑学认为存在是没有任何规定性的纯粹概念,所以存在就是虚无,这就是对存在和虚无的同一性的揭示。

自己是感觉主义者，他就已经不是感觉主义者了。

最后客人提出了自己的观点："不存在的东西在某些方面具有存在，反过来也一样，存在的东西以某种方式是不存在的。"（Plato. *Sophist*. 241d）这实际上就是"非存在存在，存在不存在"的辩证法观点，以此颠覆了巴门尼德的"存在存在，非存在不存在"的教条主义观点。也就是说，非存在并不是绝对的虚无，而是以某种方式存在的。正因为存在和非存在相互分有，所以我们才可能得到错误的和虚假的判断。非存在和虚假相关，存在和真实相关。客人认为只有接受了这个辩证法观点，关于虚假判断的问题才能得到解答，否则坚持存在和非存在的僵化的教条的区分和对立，就不可能驳斥智者的观点。可以说，智者显得是相对主义者，但是相对主义恰恰是以教条主义为基础和前提的。智者本质上是教条主义者。他恰恰是以存在和非存在的僵化区分和对立为前提的。根据这种教条主义原则，智者最终否认了真实和虚假的区分，否认了真理的可能性。智者正是在教条主义的前提下进行他的相对主义说教的，相对主义是教条主义或者绝对主义的不可避免的结果。因此智者根本不懂"概念的辩证法"，哲学家才是真正的辩证法家。辩证法才是一切教条主义和相对主义的对立面。哲人依据事实而思考，而不是固执于人为的概念和语词，因此哲人能够认识事实本身。而智者沉溺于语词本身，而无视和遗忘了事实本身。恰恰是对语言的固执和僵化，使智者对事实本身一无所知，由此而陷入了相对主义和教条主义。这样智者对于真理的否定本身也是作为真理呈现出来的。"没有真理"，这个判断本身必须"作为真理"才有意义。所以我们最终是无法否认真理的，关键是我们应该坚持什么样的真理。是不是存在真理，这不是问题，什么是真理才是一切问题中的问题。因此关键是要把存在和真实区分开来，并且进一步把存在划分为真实和虚假。对真理的追求最终要求我们必须要超出语言本身，只有根据事实本身才能判断我们的语言和思考是不是真实的。不诉诸事实本身，我们永远无法判断真实和虚假。但是当我们确实诉诸事实本身的时候，我们却已经无法求助于语言了。

2. 对存在问题的讨论

客人在确立"非存在存在，存在不存在"的辩证法观点后，进一步讨论存在问题。他认为我们不但在非存在的问题上是含混不清的，在存在问题上也是含糊不清的。如果非存在以某种方式存在，非存在的真实性和存在的真实性有什么区别？因此接下来的问题就是"什么是存在和真实"，于是对话的目的就转向"寻找真实"。非存在和虚假相关，存在和真实相关。如果确定了存在和真实的含义，我们就能够进一步理解非存在和虚假的问题。在这个讨论中柏拉图展示和贯彻了哲人的"辩证法净化"的根本意图。

(1) 一和多之争 242c

客人首先对自己的老师巴门尼德等自然哲人进行批判，认为他们的观点都太简单，缺少论证。例如有的认为存在事物是三，伊奥尼亚派认为存在事物是二，如冷热、干湿等。爱利亚派则认为存在事物是一，赫拉克利特派中的激进派则认为存在既是一又是多，分就是合，合就是分，而温和派主张分与合、一与多相互代替，有时结合有时斗争等等。但是他们都没有对自己的观点进行充分的论证。

客人认为我们对真实和非真实都没有确定的认识。自然哲人在寻找所谓真实之物时，他们对自己使用"存在"(being)这个语词并没有明确的意识和反思。所以我们必须从研究"存在"开始。对于二元论者，他们区分了很多对立面，例如冷热、运动和静止、本原和现象等。客人提出，他们是指对立双方都是存在的，还是其中之一是存在的。如果他们把存在给予对立双方，那么存在就是对立双方之外的第三者。这样存在的东西就不是两个，而是三个。客人认为不论是主张二元论还是主张一元论，最终都只是一个存在，而不是两个或者三个。也就是说只有存在是存在的，而其他对立双方都不是存在。所以不论主张一切是一，还是主张一切是多，都是错误的片面的。

接下来客人对于"一切是一"进行考察。[1] 这里的"一切是一"是指自然哲人的本原论学说，并不是辩证法含义上的"一切是一"。可以说，柏拉图主张辩证法或者至善论意义上的"一切是一"，而否定自然哲学意义上的"一切是一"。在自然哲学的意义上，对于"一"的理解包含两种对立的观点。

---

[1] 《斐莱布》、《巴门尼德》中也探讨了这个问题。

第一，一是指最初的本原。这是自然哲学的本原论的一元论。一切来自一，一切又都回归于一。只有一是真实的存在，其他事物都是从一变化而来的，因此不是真实的。持有这种立场的哲人认为"存在是一"，同时他们也会认为"存在是某物"，例如水或者火之类的本原。这样同一个东西就会有两个名称，例如本原是"水"和"一"。客人认为他们一方面认为只有"一是存在"，但是"一"却有两个名称，这是自相矛盾的。在他看来，认为名称也是存在，是没有意义的。"允许任何人断言名称也具有一种存在，同样是十分荒谬的。因为这是非常费解的。"（Plato. *Sophist*. 244d.）[1]如果名称也是存在，那么或者认为名称和事物是不同的，这样就是肯定了存在两个东西；或者认为名称和事物是相同的，那么名称就不是事物的名称，名称本身就是事物，这也和我们的基本常识相矛盾。如果认为名称必须是某物的名称，那么名称就只能是名称的名称。"一"就只是"一"这个名称的名称。

这里涉及了对名称和事物的关系的看法。我们知道，在名称的问题上，大致存在三种观点。第一种认为名称是某种事物的名称，这是合乎常识的基本观点。这种观点肯定了名称的人为性或者习俗性，表明名称是指示性的。第二种认为名称就是名称，名称不是任何事物的名称，名称没有任何意义，这是极端唯名论的立场。第三种认为名称是独立的存在，名称的存在比事物的存在更加真实，这是实在论的立场。我们应该肯定第一种观点，即名称是一种存在，名称对于我们认识理解事物具有重要影响，我们通过名称认识事实本身。名称的存在性必须给予肯定。但是名称的存在和事物的存在不同，名称是人为性的观念性的存在，名称是"假名"，是指示性、中介性的。事实本身似乎才是最终的真实性。所以我们要认识事实本身，首先依靠名称，但是最终我们必须超越一切名称才能达到纯粹的事实本身。

第二，"存在之一"是指整体性。客人接下来对"整体之一"进行考察。这种观点的代表就是巴门尼德派。巴门尼德派认为，存在就是同质的均匀的球体，具有中心和边缘的部分，部分和部分之间具有统一性，因此整

---

[1] 这和《克拉底鲁》中432d的观点是一致的。

体性就是部分的总和统一体。这种整体性的存在才是真正的存在，其中的现象都是虚幻的。但是客人指出，这种整体性的东西不能称为单纯的"一"。因为根据一的定义，真正的一是不能分为部分的，所以由许多部分组成的一并不符合一的定义。存在是部分的统一性，存在就不是一；但是存在是部分的统一性，所以存在必定是整体。如果存在不是整体，那么存在就是非存在了。所以存在和整体必定是相同的。如果存在是整体，存在就是多，而不是一。但是如果存在和整体不同，那么存在就不是"一"，而是包含存在和整体的"二"。如果根本不存在整体，那么"存在"也同样不存在，并且始终不能成为存在。因为成为存在就是整个地成为存在，不存在存在的整体，就谈不上存在和生成。不是整体者就没有大小可言，因为有大小可言的必然是一个整体等等。所以巴门尼德派也必然面临无数困难。

此处，柏拉图对两种关于"存在是一"的观点进行了批判。可以说对本原论的批判是对形而上学的批判。形而上学的根本观点就是认为在现象背后存在另一种存在，用这种本原存在解释现象存在。柏拉图对自然哲学的本原论的批判显示了柏拉图的反形而上学的立场。柏拉图哲学并不是形而上学。因为他的哲学的根本观念是至善，而不是任何本原。理念并不是本原，理念是事物的自然的理想化形式，事物合乎理念就是至善。而后来人像海德格尔等人认为柏拉图哲学是形而上学的开端是错误的。对巴门尼德的批判可以说主要是对教条主义的批判。巴门尼德坚持"存在"处于"现象"之外，存在是一个不同于现象的球形之物。但是把存在理解为整体之"一"也是错误的。这种对存在的理解也是形而上学和教条主义的。

可以说，这种双重批判显示了柏拉图的"辩证法的技艺"。他通过"双遣双非"的辩证法方式对每一方都进行批判，指出双方都存在片面性，然后以此消除双方对自己的自以为是的观点和立场的偏执态度。他旨在表明他们在进行认识和判断，但是他们却没有意识到自己的认识活动本身，没有对认识判断活动包括语言的使用进行反思。这样柏拉图就展示了无知之知的真正智慧。这类似于康德进行的"哥白尼革命"。康德认为我们必须在认识之前对自己的认识活动本身进行反思。但是康德因为局限于为现代科学奠基和为现代自由辩护的目的，所以他没有达到无知之知的最高智慧。无知之知实际上是“辩证法的净化”的唯一结论。

这段对话涉及存在是“一”还是“多”的基本问题。我们可以做如下理解。一方面，我们必须辩证法地理解一和一切的关系，理解“一切是一，一是一切”的含义。第一，一和多是相互依存的。没有一就没有多，没有多也没有一。第二，一和多是相互对立的，即一是一，多是多，我们不能简单地认为一是多，多是一，其中必须包含了丰富的环节。正如黑格尔的逻辑学展示的。第三，一和多是相互转化的。一中包含了多，多中包含了一。一贯穿于多之中，多也贯穿于一之中，一并不是在多之外的，多也不在一之外。这才是完备的关于一和多的关系的揭示。这是概念的辩证法，而不是本原论的理解。前苏格拉底哲学只是追求认识事物的本原，但是没有反思对概念语言的使用，没有达到概念辩证法的高度，因此他们的智慧是有限的和片面的。而概念辩证法的意图在于通过对概念的关系的认识，达到对概念本身的扬弃，从而直接认识事实本身。但黑格尔所谓的事实根据概念辩证法而演化的观点同样是错误的。另一方面，根据柏拉图的整个对话和思想，我们可以进行扩展性的阐释。在柏拉图看来，“一”是指至善，“多”是指存在。至善高于存在，引导存在。只有合乎至善的才是真实的，不合乎至善的就不是真实的。这是区分存在和非存在、真实和虚假的最根本的唯一的标准。那么什么是善？善是比例和谐。一切事物都有自己内在的本质性的规定性，这种规定性就在于其内部的比例和谐。所以事物的自然就是事物的比例关系的和谐。我们不能设想一种没有任何部分或者不作为部分处于某个整体之中的事物。自然总是差异性的和谐。善就是这种自然和谐的实现。只有灵魂获得了净化才能真实认识事物的自然—和谐—至善。对事物的自然—和谐—至善的认识就是哲人的最高目标。善—道本身才是最真实的，一切语言都无法形容至善之道的真实性。“至真非真”。当我们达到了至善的绝对真实性的时候，就不能用一般意义上的真实或者虚假来界定真实。如果我们要为真实性排列一个次序，那就是至善是最真实的，不可见的“存在”（理念和载体）次之，可见现象最次。所以真、善、美是同一性的，我们不能思考和设想一种和善无关的真。对真实性问题的探讨必须最终回到对善本身的探讨。所以一切哲学思考的根本目的是引导我们的心灵和至善相互结合。如果我们把心灵关注于至善之“一”本身，那么我们就超越了存在的“多”。这就是心灵的净化。这种灵魂的净化是通过辩证法的技艺得到实现的。前苏格拉底哲人没有把这个问题阐释清楚，所以他们的理论是非常不完备的。

至善和存在构成了柏拉图哲学的两个最根本的概念。柏拉图关于“存在”的理解不同于黑格尔、海德格尔等人。他理解的存在从来都是存在者的存在，他探讨了至善本身，但是从来没有讨论存在本身。在《蒂迈欧》中，柏拉图把“存在”划分为理念形式、质料载体和生成三个方面。造物主创造宇宙也是按照至善原则来创造的。在《理想国》中，柏拉图就区分了至善和存在，认为至善并不是存在的一部分，但是至善比存在更加实在和有权能。因为存在的目的指向至善，至善引导存在。至善才是我们理解一切存在的根本依据。这是柏拉图哲学中的根本原则。如果忽视了柏拉图的至善概念，就不能真正理解他的存在概念。柏拉图的存在和至善的关系就类似于我国古代哲学中的“道器之辩”。老子就指出：“孔德之容，惟道是从。道之为物，惟恍惟惚。惚兮恍兮，其中有象。恍兮惚兮，其中有物。窈兮冥兮，其中有精。其精甚真，其中有信。自古及今，其名不去，以阅众甫。吾何以知众甫之状哉？以此。”（《老子》，二十一章）庄子也认为：“夫道，有情有信，无为无形；可传而不可受，可得而不可见；自本自根，未有天地，自古以固存；神鬼神帝，生天生地；在太极之先而不为高，在六极之下而不为深，先天地生而不为久，长于上古而不为老。”（《庄子·大宗师》）

（2）有形和无形之争 246a

接下来，客人考察在存在问题上的另一种诸神和巨人之战。我们可以把巨人派称为感觉主义者，他们比较接近智者派。他们只相信可见的事物，认为只有他们的感觉接触到的事物才是真实的，否则就是虚假的。真实的存在就是有形体的东西，一切不可见的事物都必须还原为可见事物才是可信的，如果谁认为没有形体的东西也是真实的，他们就会嗤之以鼻，不屑一顾。在《泰阿泰德》中柏拉图也提到了这种人，认为他们是粗野的缺乏教养的。这种思想和近现代哲学有很多相似性。近现代哲学的基本观点之一就是认为物质是有广延性的，广延性实际上是以触觉为真实性的最根本根据。所以，近现代哲学本质上就是经验主义、感觉主义、实证主义的思想路线。他们最终否定了精神或者灵魂的实在性，而导向唯物主义和享乐主义的观点。

诸神派我们可以称为理性主义者，主要就是巴门尼德派。他们坚持可见的东西都是虚假的，不可见的东西才是真实的。因此"多"是虚幻的，运动和变化是不真实的。但是这种理性主义也不同于近现代哲学中的理性主义。近现代哲学中的理性主义仍然是经验主义或者物质主义的，近现代理性主义只是在方法论上和经验主义不同，他们同样把形体或者广延性作为物质的根本属性，甚至德国唯心主义和理性主义也只不过是近现代哲学的物质主义的补充形式，黑格尔的"精神"同样是服务于唯物主义或者功利主义的。

客人对两派观点都进行了批判。他认为理性主义者比较文明，容易进行对话，而智者派的感觉主义比较粗野，难以驯服。

第一，和感觉主义智者派的对话。客人认为必须首先设想智者派感觉主义已经被驯服，这样才能进行友好的对话，以便能够在真理问题上达成一致。客人指出，智者派承认存在会死的动物，那么他就必须承认会死的动物是由肉体和灵魂组成的。死亡就是灵魂离开了身体，灵魂才是控制身体的作用者。这样智者就必须承认灵魂是真实的。接下来客人指出，灵魂有正义的和非正义的、聪明的和愚蠢的区分。这是符合我们的日常生活经验的，也是智者必须承认的。如果正义或者非正义、聪明或者愚蠢可以在灵魂中存在或者缺失，那么它们就必然是真实的。因为只有真实的东西才能存在或者消失，所以智者派感觉主义必须承认灵魂和智慧、德性都是真实的。而灵魂和智慧德性都是不可见的无形体的，它们却都对有形体的东西产生了作用，因此灵魂和智慧德性这类起作用的东西似乎比身体更加具有真实性。这样客人就对真实进行了定义。"我认为具有真实存在的东西总是具有某种力量，或者影响其他事物，或者被其他最微不足道的作用者影响，不论多小的程度，即使只有一次。我正在提出这样一个界定，即真实的事物只不过就是力量(power)。"(Plato. *Sophist*. 247e)也就是说，真实就是力量。真实的就是能够对其他事物产生作用的力量，即使它是不可见的。所以不能把可见或者不可见作为真实性的标

内容的东西。”❶他认为通过概念的辩证法可以最终实现完全而丰富的存在概念。黑格尔虽然把存在和生命、理性结合起来，但是黑格尔哲学是完全历史化和政治意识形态化的，因此他的存在和思维的同一只是一种抽象的理论化概念化的表述而已，本质上是和柏拉图的这种思想完全对立的。尼采也认为在形而上学中，存在成为“最后一道青烟”。所以他对形而上学进行了最激烈的批判，认为“‘存在’乃是受生成之苦者的虚构。”所以把存在和生命—生成结合起来。“‘存在’——除‘生命’外，我们没有其他关于‘存在’的观念。”❷但是因为他否定了理性认识的重要性，所以他的存在和生命的结合就是一种非理性主义的思想。这种非理性主义本身是无法成立的。海德格尔也认为虽然在日常生活中存在之领会是自明的，几乎每个人随时随地都与存在(是)打交道，但这种自明性并不说明存在对我们来说不成为问题。因为人们到处碰到存在者，如桌椅、山河、日月等，却从未遇到过存在。也就是说，存在本身看不到，摸不着，它从不在人的感知经验中显现自身，它超出了人们的感觉经验之外，甚至超出了人们对它的言说能力。所以海德格尔指出：“在对我们来说几乎只还是一个词，而它的意义还是一团飘忽不定的迷雾。”❸因此，存在对我们来说又是最晦暗的。但存在又决不是绝对的虚无(Nicht)，而是最原始的、最具有存在特性的现象。所以海德格尔认为存在问题是最广泛、最深刻、最原始的问题。但是他把存在和存在者区分开，试图直接思考存在本身，他还认为存在是无法用理性认识的，这样他就把存在问题神秘化和非理性化了。这和柏拉图的基本观点是完全对立的。他也没有正确理解存在问题，没有像柏拉图那样把存在和理性、生命结合起来。

3. 对非存在问题的讨论

客人又质疑了这个结论，认为存在问题并未得到最终解决，存在问题仍然处于黑暗之中。这种困惑似乎在这个对话结束时也并未得到解答。这就是“存在之谜”或者“真实性的黑洞”。他察觉到，当我们说存在是既

❶ 黑格尔：《小逻辑》，贺麟译，商务印书馆，1980年版，第73页。

❷ 尼采：《权力意志》(上卷)，孙周兴译，商务印书馆，2007年版，第180页。

❸ 海德格尔：《形而上学导论》，熊伟译，商务印书馆，1996年版，第50页。

运动又静止时，我们又面临运动和静止之类的辩证关系问题。如果运动和静止是相互对立的，就不能同时并立。肯定两者并立的人实际上就是肯定运动就是静止，静止就是运动。如果存在不同于运动和静止，存在本身似乎就既不是运动的也不是静止的，但是这种存在是无法设想的，因为存在总是存在者的存在。而存在者非动即静。同样，在一和多的问题中，我们可以用多个名称指称一个事物，一个事物可以有多个名称。这似乎表明一和多是可以结合的。以此类推，其他相互对立的概念也是可以相互结合的，否则我们就不能进行任何思考和言说。因为思考和言说就是概念之间的相互结合或者分离。客人认为应该对这些概念的相互关系进行考察。

首先，客人考察了认为概念不可结合的分离派。❶ 分离派坚持概念之间的独立性，拒绝概念之间的相互结合。客人指出，如果运动、静止、存在等概念之间没有任何联系，那么运动和静止就不是存在的。这样分离派就否定了世界是运动或静止的观点，因为运动和静止都不和"存在"结合。但是世界是存在的，也是包含运动和静止的。同样，分离派也否定了事物既结合又分离的观点，因为结合和分离都是运动或者静止的表现形式。事物的结合和概念的结合是一致的。如果否定了概念或者事物之间的结合，只能是沉默。因为他们在提到某事物的时候不可能不用"存在"、"除外"、"从其他"、"靠自身"等语词，他们只能使用这些表达方法，并且在做论断时把它们结合起来。(Plato. *Sophist*. 252c)因此分离派的理论是不能坚持到底的，最终就走向了自我否定。也就是说，作为一种理论，如果分离派是成立的，那么它就必须依赖概念之间的结合，但是它是肯定概念之间是不能结合的，所以它只有否定它自己，它才能成立。这样它的存在就依赖于它的不存在。它的理论和它的意图是自相矛盾的。

其次，客人考察了认为一切事物或者概念可以相互任意结合的混合派。❷ 这种观点认为运动就是静止，静止就是运动，大就是小，小就是大等等。这种观点的错误在于混淆了概念和事物之间的本质差异性。这种观

---

❶ 类似于先秦时代的公孙龙的"离坚白"的思想。

❷ 类似于先秦时代的施惠的"合同异"的思想。

点在智者派中是比较流行的。他们随意混淆事物和概念之间的本质差异性，扰乱人们对事物的固定的常见看法。他们也并不承认在超越概念和事物的差异性后可以达到更高存在的认识。所以他们否定了哲学认识的可能性和必要性，最终导向相对主义诡辩论。这种观点似乎和庄子的观点相似。例如庄子认为："物无非彼，物无非是。自彼则不见，自知则知之。故曰彼出于是，是亦因彼。彼是方生之说也，虽然，方生方死，方死方生；方可方不可，方不可方可；因是因非，因非因是。是以圣人不由，而照之于天，亦因是也。是亦彼也，彼亦是也。彼亦一是非，此亦一是非。果且有彼是乎哉？果且无彼是乎哉？"(《庄子·齐物论》)但是庄子对于概念之间的相互对立的否定是以对道本身的认识为目的的。庄子的目的并不是否定概念之间的本质差异，而是强调如果我们仅仅看到事物或者概念之间的差异性，而看不到其中的同一性，那么我们就无法达到对道体本身的认识。因为道体本身是离言绝相的。而这种混合派仅仅局限于否定事物和概念之间的本质差异性，没有指出通过这种扬弃达到对道体的认识的根本目的。柏拉图之所以提出理念论的观点，一个目的就是反对智者派对于事物和概念之间的本质差异性的随意混淆。但是柏拉图也看到了如果我们仅仅肯定事物和概念的差异性，也不能达到对更高存在即至善的认识。所以他才在通过理念论肯定了事物和概念的本质差异性后进一步考察它们的同一性，以此达到对至善本身的认识。

在批判了这两种错误观点后，客人提出了第三种观点，即认为有些事物和概念是可以结合的，有些事物和概念是不能结合的。这种方法被称为辩证法。"根据种类划分事物，既不是把相同形式的看作是不同形式的，也不把不同形式的看作是相同形式的。这不就是辩证法科学的主题吗？"(Plato. *Sophist*. 253d)辩证法的技艺就是指出哪些种类可以结合，哪些种类不能结合，还指出哪些种类超越所有种类，把它们联系在一起。所以辩证法的技艺是最重要的最高的技艺。辩证法家能够清楚地觉察到，在同类事物中存在一种普遍的形式理念，这种形式理念贯穿于多个事物。他也能够看到各种不同的形式可能会被外在的表面形式所包含。他还能够看到一种形式通过许多整体而联成一体，还有各种形式是完全分离的。他知道如何区分种类，知道各种种类能够以什么方式相互结合或者不能结合。在《政治家》中，柏拉图曾经详细展示了这种二分法的划分的技艺，他试图通过划分的技艺为政治家寻找精确的定义。如果我们要理解柏拉图关于划分的辩证法技艺的思想，还应该参考《政治家》。

客人指出，辩证法家就是哲学家，就是依据种类或者理念对概念或者事物进行辩证考察的人。他对自己首先发现了哲学家感到惊异，因为他的目的本来是寻找智者。这似乎也暗示了哲人和智者的亲缘性和相似性。客人立刻指出了哲人和智者的区分。"智者藏身于非存在的黑暗之中，他以此为家，并且以此为生。非存在的黑暗使他难以被发现。……而哲人的思想始终依据真实之自然，他之所以难以被认识，是因为他的存在领域过于光明，而普通人心灵的眼睛是无法长久凝视神圣的东西的。"(Plato. *Sophist*. 254b)这是柏拉图对智者和哲人的区分的诗意化说明。哲人效法自然，以自然为最高标准，"依据自然而生活"，哲人是生活在自然之光中的人。这种立场和态度使哲人远远超出了人世间，摆脱了人世间的是非善恶的普遍标准，所以哲人是超然的、安宁的、神圣的和幸福的。其他人和哲人相比都是微不足道的，甚至不能被称为人。智者则对自然一无所知，对依据自然而生活的超越境界一无所知。他只看到了人世间的事物，不断追求功名利禄和荣华富贵，因此智者是俗人的一种样式。但是智者仍然是比一般俗人要有智慧的，只是他的智慧是虚假的，俗人也最容易被智者所迷惑和欺骗。可以说，哲人站立在存在的光明之中，而智者则躲在非存在的黑暗之中。所以客人要求我们必须同时紧盯着哲人和智者，在两者的相似性和差异性中进行考察。

接下来，客人开始对各种基本概念进行辩证考察。他首先对存在、运动和静止进行考察。他认为存在可以和两者结合，而运动和静止不能结合。其次他又考察了相同和相异，认为相同和相异可以和一切概念结合。相同是指一个概念和自身的关系(A 是 A)，而相异是指一个概念和其他概念的关系(A 不是 B)。客人又认为运动和静止也可以在某种意义上相互分有，只是它们在实际中并不相互分有。也就是说，运动和静止仍然是相对的，没有运动就没有静止，没有静止就没有运动，两者至少以观念的形式相互分有了。同样，相同和相异不同，而相异又和自身相同，这就意味着相同也包含了相异，相异中也包含了相同。相同和相异也是相互分有的。同样，存在和运动、静止、相同、相异都不同，其他四个概念都不是“存在”，却都存在。因此客人认为“非存在”不是“存在”，非存在也同样可以分有存在，所以非存在必定存在。这是柏拉图对非存在存在的通种论的论证。当然我们可以反驳他说，虽然其他概念都不是存在，但是却可以分有存在，这并不一定意味着非存在也可以分有存在，非存在同样可能不存在。但是我们要去理解柏拉图的意图。他的目的是通过对“非存在存在”的哲学论证来反驳智者的“非存在不存在”的命题。如果“非存在存在”是不能证明的，那么智者的“非存在不存在”也是不能证明的。这种论证本身就已经是对智者的一种反驳了。

客人进一步考察非存在的概念。他指出非存在存在是可能的。例如运动或者静止本身不是存在，运动或者静止就是非存在。相同或者相异不是存在，所以相同和相异也是非存在。但是它们都分有了存在，所以它们又都存在。同样，存在不是运动或者静止，不是相同或者相异，这就意味着存在本身就是非存在。非存在不是存在，非存在也不是静止或者运动，非存在也不是相同或者相异，存在是非存在自身，所以非存在是存在的。运动不存在时，静止就存在了，运动存在时，静止就消失了，但是只有存在的东西才能够不存在，所以非存在必定存在，才能够成为非存在。正如斯宾诺莎指出的，“肯定就是否定”，任何事物的存在都意味着对其他事物不存在。例如我们说“这是一本书”，那么这个判断同时就否定了“这是一支笔”，或者“这是一朵花”。所以客人指出，当我们说“非存在”的时候，我们的意思并不是指与存在对立的东西，而是与存在相异的东西。正如我们说一个东西“不高”，这并不就是指这个东西“矮”，也可以是和其他东西“一样高”一样。我们不能采取“非此即彼”的僵化对立的思维方式，而要看到第三种可能性。如果认为一个否定词就是表示一种对立，那是狭隘的片面的错误的观点。这个否定词最多只是表示与后缀词不同的东西。从这个意义上看，非存在实际上就是和存在的相异或者不同(difference)，而不是和存在的对立。非存在并不是虚无，而是指和存在不同的存在者。正如美和不美都是存在者一样，正义和非正义也都是存在。因此存在和非存在也是存在的。“非存在无疑也是一种具有自身本质的东西，正如高就是高，美就是美，非高就是非高，非美就是非美；在此意义上，按照同样的原则，非存在过去和现在都是非存在，应该被看作是多种存在中的一种形式。”(Plato. *Sophist*. 258c)也就是说，任何一种种类的事物既是它自身，同时又不是其他事物，因此任何种类的事物都既是存在，又是非存在。非存在是存在领域中的无数种类中的一个种类。非存在只是表明一个事物不是其他事物，并不意味着这个事物不存在。因此，他表明自己违反了巴门尼德的教导，即“证明非存在的东西的存在是不可能的，你们应该使自己的思想远离这种研究途径。”

最后客人进行了总结。第一，种类之间是可以相互结合的。第二，存在和相异贯穿所有种类，并且相互渗透。第三，相异分有了存在，所以相异存在。因为存在和相异不同，所以相异就显得是非存在。第四，相异只是相异本身。相异和其他种类的存在都不同，相异不是这些种类中的任何一个，也不是它们的总和。“存在并不是亿万事物的总和，其他种类也不是，不论从部分还是从整体看，存在都是在很多方面存在，在很多方面不存在。”(Plato. *Sophist*. 259a-b)这就是柏拉图的通种论或者辩证法。可以说，通种论展示的还是概念的辩证法。这种概念的辩证法一方面坚持概念自身的本质规定性，不能混淆概念之间的本质差异性。这种本质规定性并不依赖于人的假设和认识，是自在的独立的。智者否定了事物和概念的这种差异性的客观性和真实性由此陷入相对主义诡辩论中，柏拉图最初提出理念论就是要重新确定事物和概念的这种本质差异性。另一方面，概念的辩证法又要求我们必须考察概念之间的辩证关系，如果仅仅坚持概念之间的自在性，那么我们的思考和言说就是不可能的，但是我们确实又在思考，这就已经证明了概念之间的联系是可能的。所以我们必须在概念的差异性和同一性之间认识事物本身。最终这种概念的辩证法要求我们善于扬弃一切概念，直面事实本身。这在《巴门尼德》中柏拉图进行了充分地展示。

通过把非存在解释为相异，柏拉图似乎最终解决了“非存在的悖论”，论证了“非存在存在”的合理性，反驳了智者的“非存在不存在”的基本观点。柏拉图当然承认对于绝对虚无意义上的非存在是无法思考无法言说的。凡是能够言说的事物都不是非存在。当然，不可说并不等于不可知。当我们在使用“非存在”这个语词时，我们就不能把非存在理解为虚无，而是应该理解为差异和不同。作为差异和不同，非存在同样分有了存在。因为任何事物在是其自身的同时就不是其他事物，因此任何事物都同时包含了存在和非存在。当然我们可以指出柏拉图的这种论证中可能存在某些“错误”，但是我们更加需要关注的是柏拉图的意图，也就是说，柏拉图的目的是批判智者的相对主义，批判智者对真理和虚假的混淆，指出认识和判断是存在虚假和错误的。如果像智者那样认为的一切判断都是正确的，最终会毁灭哲学和真理。可以说，只要其意图和目的是正确的，即使论证的细节是错误的，那也没有关系，我们可以进一步完善他的论证。如果他的目的是错误的，那么论证再严密，细节再正确，也是没有意义的。

4. 非存在和虚假判断

客人接下来从主观性的方面考察非存在是否可以思考和言说的问题。既然非存在是存在的一种形式，那么非存在自然可以被思考和言说。而思考和言说是对各种概念或者理念的结合。他认为如果否定概念或者理念之间的相互结合，最终是对和谐的损害，是对“哲学缪斯”的伤害。“试图把一切事物分离开来，不仅损害了音乐的和谐，而且也可以算是对哲学缪斯的粗野的蔑视。”(Plato. *Sophist*. 259e)可以看到，柏拉图认为哲学和音乐都是追求和谐。所谓和谐就是比例适当。一切比例适当都是异质性事物之间的比例适当。和谐就是把差异性的事物结合成为一个统一性的整体。和谐是差异性和同一性的最高形式。取消了不同事物和概念的结合就取消了和谐。音乐是这种和谐精神的最典型的表现形式。音乐精神的本质是和谐，是各种音符构成的旋律和节奏的和谐，因此音乐在人的灵魂和谐的培养中具有重要作用。关于这一点，柏拉图曾经在《理想国》、《法律篇》等对话中进行过说明。同样，柏拉图也认为哲学精神的本质是和谐。这种和谐包括了政治生活的和谐，也包括个人生活的和谐。和谐的本质是理性控制和引导非理性。哲学是理性的提升和训练，这种提升最终将导致理性对于灵魂的欲望和激情的支配，使得欲望和情感都服从于理性的引导，这就是灵魂的和谐。可以说，哲学家就是达到了最高和谐的人，他消除了自身的矛盾和斗争，他的理性和欲望情感是完全一致的。所以哲学家是最快乐、最幸福、最正义的人。相反，不和谐的人是理性不能控制和引导非理性的人，他的灵魂中的理性和情感、欲望之间充满了矛盾斗争，因此他是非正义、不幸福的人。我们必须把哲学与和谐的关系作为理解哲学的基本线索。

客人认为否定事物之间的结合就是取消了言谈和思考。“这种把每个事物都相互分离的做法意味着对一切言说的彻底取消。因为我们拥有的任何言说的存在都在于把各种理念或者形式编织在一起。”(Plato. *Sophist*. 260a)这是对谈话的性质的探讨和揭示，也是对言谈和哲学的本质性关系的揭示。第一，言谈、对话是我们认识真理的主要方式，言谈是形式，真理也是形式，只有在言谈中我们才能够发现真理。这就是言说比行动高贵的原因。即使一个人的行动是违背真理的，但是他仍然试图在语词中证明自己的真理。如果我们不能首先在言说中发现和贯彻真理性的原则，那么我们就无处找到真理。所以维护语言的纯洁性是非常重要的，这是我们认识真理的首要方式。语言是学术存在的基本形式，语言学术的败坏将首先损害我们对真理的探究和认识，因此学术本身的败坏是最大的败坏。可以说，在发现真理方面，我们必须首先依靠言说和论辩。而行动则更加和质料相关。因为行动表现的是形式对于质料的支配，这是形式最终实现的表现。因此在实现真理方面，行动优先于言说，我们最终需要落实于行动，行动就是这种结合的表现。形式必须和质料结合起来，没有这种结合，真理就仍然没有最终得到实现。第二，柏拉图也揭示了理念和语词之间的关系。语言首先是理念或者形式的表达。例如“门”这个词可以指称不同的门，这个词指向的是各个门之间的共同性，所以理念首先指的是同类事物的共相或者类本质。这意味着我们使用一个名称语词首先并不是指向具体事物，而是指向超感官现象的理念。语词名称的意义不在于感官现象事物，而是在于超感官的可知之物。在一个语词中既是具体个别之物的显现，也是一类事物的共相或者类本质的显现。可以说，柏拉图是首先通过对语言现象的思考进入到理念问题的思考的。我们的说话就是对理念之间的连接，这也证明了理念之间的连接的可能性。所以取消了对话就取消了哲学。

客人认为虚假判断就产生于对非存在的思考和言说。“如果非存在不和思考言说结合，一切事物都必然是真实的，如果非存在和它们结合，我们就会有虚假的思想和谈话。因为我认为思考和言说非存在就是思想和语言中产生的虚假。”(Plato. *Sophist*. 260c)正如非存在和其他事物结合,非存在也和思考言说结合,如果非存在和思考言说结合,那么就产生了虚假判断。也就是说,非存在是存在领域中的一个真实存在的种类,非存在就是相异或者不同。例如,我们要言说A,但是我们把B当作了A,那么B对于A来说就是非存在。所以非存在不是不存在,而是对认识对象的误认。我们之所以会产生这种错误,就在于我们对事实本身的认识不够充分和正确。如果我们的思考和言说指向了相异的对象,那么就会产生虚假判断。如果存在虚假,也就存在欺骗,各种错误的理论观点都会存在,智者就是通过这些错误理论进行欺骗的。智者哲学的本质就是通过肯定“非存在不存在”,否定“非存在存在”,否定了虚假的存在,认为一切思考和言说都是真实的,最终取消了真理和错误的问题,取消了哲学科学的可能性和必要性的问题。

客人指出智者可能会狡辩说,既然有的东西分有非存在,有的东西不分有非存在,那么思想和言说就是不分有非存在的东西,所以在思想中没有虚假和错误,一切思想都是真实的。这和当代的相对主义和多元主义是一致的,相对主义和多元主义的基本立场就是认为一切思想都是真实的正确的,在精神领域中我们根本没有任何绝对的普遍的客观的标准,所以只能使之处于放任自流的无政府状态。我们最终无法在各种思想之间进行辨析和分别,我们只能建立一个“思想超市”,随便什么人根据自己的想法和喜好选择自己认为好的思想商品。所以相对主义和多元主义就把人的最重要的精神问题置于非理性的境地,任凭个人的喜欢决定最重要的问题。这就是现代性特有的冷漠和无知。我们对私生活中的小事都会仔细考虑,但是在精神选择上我们却放任自流,而这种无知却自喻为进步和开放。

于是,客人开始考察思考言说和非存在的结合的可能性。第一,他指出一个陈述句必然由名词和动词构成。陈述不同于单纯的名称,它提供了关于事实的信息,目的是使人认识事实本身。正如有些音节不相配,有些相配一样,有些语词相配,有些不相配。只有那些相配的语词结合在一起才能构成一个陈述句。第二,陈述语句并不是封闭于自身的,人们说出一个陈述,总是意指陈述句之外的一个事物,使这个事实在陈述句中展示出来，让对方看到和知道。所以任何陈述总是关于某事物的陈述。这就是陈述句的意向性本质，也是一切语言、思考和言说的意向性本质。语词都是意向性的，也就是指示性的中介性的，语词总是在自身内必然地关涉他物。所以不存在一个不是关于任何事物的陈述。智者的诡辩的本质就在于取消语言概念和事实本身的本质性的意向性关系，随意玩弄概念和判断。所谓“得意忘言”，如果我们能够直面事实本身，语言和陈述是没有最终意义的。第三，任何陈述句都必然具有某些性质，正如一切事物都具有性质一样。陈述句的这种性质就是真实和虚假。如果这个陈述句是对事物的真实状态的描述，那它就是真实的，如果是对虚假状态的描述，就是虚假的。真实的陈述是对存在的事物的显示，而虚假陈述是对非存在（相异）的事物的展示。有多少存在的事物，就必然有多少非存在的事物作为其对立面。客人总结说即使一个陈述符合陈述的定义，但是如果它对非存在做了陈述，就如对相异作了陈述一样，那么这个陈述仍然是一个虚假的陈述。所以虚假陈述是存在的。第四，思维、判断和幻象也是如此。陈述是有声的对话，思维只不过是心灵与它自己的无声的对话，所以也同样存在虚假思维，虚假思维就是关于非存在的思维。判断也存在虚假和真实问题。判断是思维的结论，有肯定和否定两种形式。判断如果和感觉结合在一起，就产生虚假的幻象。

客人对于这么容易地发现了言说和思想方面的虚假感到意外。可以说，客人的论证是简单的，甚至是草率的。这种简单草率说明客人并不认真看待自己的这种论证。这意味着他暗示我们要更多关注其结论或者意图，而不必关注其论证。客人的意图是证明思考和言说可以和非存在结合，以此反对智者对虚假思想和判断的否定。他是在这个基本目的下进行论证的，也就是目的和意图在先，证明在后。所以证明并不是重要的，意图和目的才是重要的。如果非存在可以和思想结合，那么就存在虚假的思想。这样我们区分真假才是必要的和有意义的。智慧就是要区分真假。否定了真假的存在，也就否定了智慧的存在。真就是合乎自然，假就是不合乎自然。客人所确立的是我们思考的基本原则和方向，这一点是正确的，不必怀疑的。

四、智者的最终定义 264e

在结束了对"非存在存在"的论证后,客人要求继续对智者进行定义,剥去智者和他人的共同点,只留下智者的最根本的特征,这样就能够最终捕捉住智者了。

客人重新从模仿问题开始。模仿是一种生产,生产分为原物的生产和影像的生产。智者的生产是生产影像。接着客人又认为生产分为神的生产和人的生产,他要求我们接受关于神的一般看法,即一切事物的理性的神圣的原因就是神。这种看法和《蒂迈欧》的立场一致。这种理性之神似乎是哲学理性主义的必然结论。泰阿泰德接受了客人的这种观点。客人把两种生产结合起来,神的生产分为原物的生产和梦境、黑影等的生产,人的生产分为真实事物的生产和影像的生产。形象的生产分为相同的和相似的,相似的生产分为使用工具的和使用自身的。使用自身的生产就是模仿(mimicry),模仿的生产分为有知识的人的模仿和无知识的人的模仿。有知识的人的模仿受到知识的引导,可以称为"熟知的模仿"(mimicry by acquaintance),而无知识的人的模仿受到意见的引导,可以称为"狂妄的模仿"(conceit mimic)。狂妄的模仿分为诚实的(sincere)模仿和不诚实的(insincere)模仿。诚实的模仿是经过辩论的历练,对自己的知识保持怀疑和疑虑,他并不知道那些在他人面前假装知道的事物,试图在世人面前掩盖自己的无知;而不诚实的模仿则是以不知为有知,缺乏自我反思的意识和能力。不诚实的模仿者也分为两类,一类是在大庭广众之下公开发表长篇大论,这种人被称为政治家或者演说家。另一类只在私下里使用较短的论证,迫使对话者发现自己的观点中的自相矛盾。这种人就是智者。智者是对哲人的模仿。但是哲人是为了发现真理,而智者只是玩弄语词,颠倒是非,并不追求真理。这里柏拉图表明政治家和智者都是依据意见进行模仿的不诚实的模仿者。他们并不试图认识和揭示事实真相,而是满足于制造假象,通过这种制造,他们旨在蛊惑世人,欺世盗名,最终是为了实现自己的目的,满足自己的欲望。

经过这番复杂的论证,客人最终得出了智者的定义。"智者的技艺就是制造矛盾的技艺,来自一种不诚实的狂妄的模仿,属于制造相似的东西的种类，派生于制造形象的技艺。它不是神性的生产，而是人性的生产的一部分，表现为一种影子般的语言游戏。这样的血统和世系可以完全真实地指派给真正的智者。”(Plato. *Sophist*. 268d)智者是模仿者，他使用语词模仿事实，他们善于巧言令色，花言巧语，使用语词模仿或者制造假象，但是对事实一无所知或者视而不见。一切语词的目的都是指向事实本身的，我们通过语词活动认识事实本身。但是智者完全无视和遗忘了事实本身，只是沉溺于语言游戏的狂欢之中。

这里，柏拉图并未指明“依据知识的模仿者”是什么人，也没有说明依据意见的诚实的模仿者是什么人。我们可以推测依据知识的模仿者是哲人，哲人的模仿对象只能是自然或者事实。哲人是对自然的模仿，即“师法自然”。因为哲人是效法自然，所以哲人最终超出了人世间的一切标准和观念，哲人是真正的唯一神圣的人。同样，哲人也可以看作是对神的模仿，但是柏拉图的神不过是自然中的纯粹理性原因，不是超自然的存在。而哲人的立法就是一种“神道设教”的行为，这种行为就是对自然本身的模仿。智者是依据意见的不诚实的模仿者，所以智者的模仿会产生虚假和错误。因为意见本质上介于知识和无知之间的。在《美诺》中柏拉图指出了从意见上升到知识的方法就是回忆，也就是回光返照，直指本心。哲人就是通过回忆的方法直观到真实的理念而获得了知识。智者就缺乏这种回忆的功夫和能力，仍然停留在意见的领域，并且最终以所谓的“智慧”来欺世盗名，获取名利。

总而言之，智者和哲人的区分是在对话的最后才被发现的。这就暗示智者和哲人是多么相近。难怪在对话的过程中，客人首先发现了哲人。哲人有时甚至会以智者的面目显现自己。但是两者仍然具有根本的不同。哲人和智者的最大区别就在于哲人是依据真实知识进行模仿，而智者是依据意见进行模仿。知识必然是正确的，而意见则存在真假。哲人使用语言的目的是认识真理，而智者则对认识事实和真理没有任何兴趣。换言之，哲人和智者的区别以是否以自然为标准来判断的。哲人是精确地以合乎自然为自己的最高标准的。而智者则对自然一无所知，他完全沉溺于人间事物，完全被自己的欲望所支配。但是智者在理智活动中具有过人之处，尤其在使用语言方面，所以他们是哲人的模仿者，也是哲人的最大的对手。

五、结束语

这篇对话的意图是区分哲人和智者。区分智者和哲人是非常困难的。首先我们要从自然和文明的区分澄清两者的区别。

智者哲学是自然哲学的延伸。自然哲学没有把人事作为自己的认识对象,而智者则把自然哲学运用于人事领域,提出了自然和文明、自然和习俗的区分,并且根据自然对人类文明习俗进行否定和批判。但是这种批判是片面的错误的。因为他们对自然的认识是错误的,没有真正认识自然。在苏格拉底看来,自然并不是同质性的,而是差异性的。自然是由各种不同种类的事物构成的统一体。也就是说,人类文明并不是自然之外的东西,不过是自然的一种存在形式,人是文明的动物。所以关键不是像智者那样否定文明的自然性,而是考察一种文明如何才是合乎自然的。只有合乎自然的文明才是真实的美好的文明。因此,他开始对人类政治文明进行独立的研究,而不是简单地把文明看作是虚伪的反自然的东西而加以否定。所以苏格拉底是政治哲学的开创者,其考察的最终结论表明,只有哲人王的统治才是真正合乎自然的文明。也就是说,人类的政治生活并不是像动物那样生活才是合乎自然的,而是在哲人王的统治下才是合乎自然的,而在其他政体下的生活都是或多或少地违反自然的。可以说,哲人和智者在推崇自然方面是一致的。但是他们对自然本身的理解是完全不同的。苏格拉底的基本观点就是只有合乎自然的文明才是真正的文明,而不合乎自然的文明是反自然的。智者则彻底否定了文明本身,认为所谓自然就是像动物那样的非理性的自然。这样智者就否定了"人是政治文明的动物"的基本观点。这样也进一步导致哲人和智者对人性的理解的差异性。智者认为人类应该像动物一样过一种非文明非政治的生活,一切道德礼法宗教都是反人性反自然的。但是这种观点本身就是反自然的错误的幻想。因为人类的天性从来都是处在公共政治生活中的,"城邦之外,非神即兽。"这样智者就是自相矛盾的,即一方面他们推崇自然,一方面他们的设想却是反自然的。所以关键就不是到政治文明之外寻找人类的合乎自然的美好生活,而是考察什么政治文明才是合乎自然的。只有生活在合乎自然的文明中，才是真正美好的生活。自然是最高的唯一的标准，人类的文明必须尽可能合乎自然才是真实的、健全的。因此智者虽然推崇自然，但是智者并未做到依据自然而生活，仍然依据习俗而生活。因为智者被自己的欲望和对政治的热情所支配和控制了。哲人是依据自然而生活的，也就是依据纯粹理性而生活的。哲人才真正超出了一切文明政治，“独与天地精神往来”，哲人不属于政治的任何部分。哲人对于一切政治文明的超越是政治能够保持合乎自然的关键条件。因为合乎自然就是理性统治非理性，非理性统治理性就是反自然。哲人达到了纯粹理性的境界，哲人才能把理性带入到政治生活中，使政治生活保持理性对非理性的控制。

但是近现代哲学并没有真正理解苏格拉底和柏拉图对自然和文明的这种观点。近现代哲学本身也是首先从对宇宙论的研究开始的。他们试图认识一种完全和人的活动无关的自然法则。按照这种设想，整个宇宙都是按照这种法则运行的，人类只是生活在这种自然铁律的宇宙之中。这就是在近现代哲学中的自然观。这种自然观是高度数学化和力学化的，宇宙就是一个完美的机器。在这种自然观中，只有绝对的因果律，没有任何人性的因素。然后，近现代哲学开始把这种原则运用到人类政治生活中。霍布斯试图按照机械论力学法则建立一个独立的和完美的“国家机器”。这种国家机器是自然机器的模仿。在这种国家机器中，没有任何偶然性的因素。按照因果律运行的国家机器本身就已经解决了一切问题，所以统治者的个人品质是无关紧要的。实证主义法学试图建立的“法律帝国”也是霍布斯这种政治哲学设想的延续。近现代哲学同样按照机械论力学的法则认识人性。虽然笛卡尔的二元论区分了精神实体和物质实体，但是他仍然是按照机械论的原则认识人性的。也就是说，精神实体的意义就在于对物质实体的认识和控制，这种认识和控制的目的就是做自然的主人，实现人类的物质和精神的双重进步。但是近现代启蒙主义的机械论理性主义其实是感觉主义和享乐主义。它并不承认或者看到人性的独特性，没有对人性进行独立的认识和研究，也没有认识到坚持“从人性认识自然”的路线。这种对人性的独特性的无意识使近现代哲学和古希腊自然哲学、智者哲学是非常一致的，而和柏拉图的目的论理性主义是完全不同的。在尼采和和海德格尔等人的非理性主义哲学中,他们试图重新认识人性。尼采的权力意志和海德格尔的此在现象学其实就是人性论。但是由于他们出于反对启蒙主义理性主义的需要,他们对理性的理解也是完全基于启蒙主义对理性的理解,因此他们最终否定了理性的根本性,他们也没有真正认识人性的理性本质,是非理性主义的人性论。这种人性论不可能是真正的哲学的人性论。他们最终也否定了真理的可能性。但是对真理本身的否定就是真理。"没有真理只有解释。"这本身就是一个真理性的判断,但是这个判断却对自己的真理本质一无所知。可以说,近现代哲人几乎没有一个是严格意义上的哲人,都是智者。但是我们却都认为他们是伟大的哲人。这不是最为可悲可怕的事情吗?近现代哲学"发展"到今天,只是重新回到了苏格拉底曾经面临的智者哲学导致的基本问题。因此认识到近现代哲学的智者哲学本质是非常重要的。这是我们能够对近现代哲学做出一个整体性认识和评价的基本原则,否则我们就不能真正理解苏格拉底和柏拉图的哲学革命的意义和价值,也就不能重新回到苏格拉底的哲学目的论和政治哲学。

其次,哲人和智者的区别还主要在于对智慧本身的理解。第一,从最高的意义看,如果我们认为智慧是可以传授的,是可以通过语言传播的,那么这种观点就是智者的观点。因为一切可以传播传授的观点都是意见。真正的智慧非关文字。智慧来自回忆。回忆是自我观照,是回光返照,是直指本心。如果不实行这种回忆,就不可能获得智慧。智慧就是对事实理念的直观,是灵魂和理念合一的状态。当我们达到这种智慧的时候,我们的心灵就处于完全空灵虚静的状态,没有这种空灵虚静的状态,理念本身就不会展示出来。这种空灵虚静的状态本身就是一种无知无念无住无我的状态。这就是苏格拉底的无知之知的含义。无知之知是无法传授不可传授的。可以说,自知无知是人类的理性认识能够达到的最高认识,无知之知才合乎人类的理性的自然。第二,从通俗的较低的意义看,智慧是对自己的无知的认识。这种无知意味着人类的一些重要问题是没有恒定不变的答案的。但是如果只承认人类的无知,那就否定了人类的理性,不合乎自然。理性的自然不是无知,而是无知之知,这就是对人类的理性的肯定。哲人坚持了理智的诚实。理智的诚实就是苏格拉底的无知之知。所谓“诚者天之道，诚之者人之道”。例如，我们不知道什么是真实和虚假，这就是唯一的真实。我们不能因为找不到真实和虚假的绝对确定的标准，就否认了真实和虚假的区分。我们不知道何者为真实，这就是对于我们而言的真实。我们不知道什么是确定性的，但是这种不知道就是最确定的。因此苏格拉底的无知之知本身恰恰就是唯一的知。借此我们就摆脱了彻底的无知，从而获得了真知。这样无知和真知就本质性地联系在一起了。如果我们不能反过来看到这种无知的真知，我们就会否定人类的认识能力，认为一切都是不可知的，并且因此认为一切都是依赖于人类的创造，这就必然陷入主观主义之中了。但是否定人的理性认识能力本身也是人的理性认识能力的结果和表现，从这个意义上看，理性是不可否定的，因此理性是最确定的，是至高无上的。除了理性，没有什么是值得我们推崇的。这就是苏格拉底仅仅只推崇理性的原因。但是苏格拉底对理性的推崇不同于现代启蒙主义者，现代启蒙主义者是用非理性主义的态度和方式推崇理性的，所以根本上仍然是非理性主义的。苏格拉底是以理性的方式推崇理性，这就表现为他对一切观点的考察和反思。他自己没有任何观念和立场，因此他才能对一切观点进行考察。他就类似于一个考察人类的精神观念的医生，他所做的不过就是分析人类的各种观念，寻找其中的真理性而已。这就是苏格拉底的理性主义的基本特点。所以唯一的知识就是无知之知。除此之外再没有其他知识。我们不可能超出这个认识而获得所谓的“进步”。

第二节　美德出于智慧——《普罗塔戈拉》解读

本篇对话的主题是探讨美德是否可教。苏格拉底和普罗泰戈拉在这个问题上的理解是不同的。苏格拉底认为美德不可教的时候，他是在强调美德是知识，知识必须通过返观自照的“回忆”才能获得，不能通过外在灌输的方式进行传授。而普罗泰戈拉强调美德不可教是因为他认为人性是反道德的，所以美德是不可教的，只能通过规训和惩罚的方式实施。

同样,苏格拉底认为美德是可教的,他是在暗示人和人在美德和智慧上是不平等的,在美德和智慧上较低级的人应该接受在美德和智慧上较高的人的教导。只有承认人和人在美德和智慧上是不平等的,我们才能肯定教育的必要性和可能性。而普罗泰戈拉认为美德是可教的,是因为他对人的自然一无所知,并且想要通过教授美德达到追名逐利的目的。因此,苏格拉底旨在通过和普罗泰戈拉的论辩,揭示普罗泰戈拉的理论和实践之间的内在矛盾。一方面普罗泰戈拉以美德的教师自居,这意味着他认为真理是存在的,人和人在美德和智慧上是不平等的。另一方面,他传授的理论却是平等主义和相对主义,这意味着不存在真理,人和人是平等的,根本不存在老师和学生的区分,所以美德就是不可教的。普罗泰戈拉对自己的理论和实践之间的自相矛盾缺乏认识。其次,苏格拉底和普罗泰戈拉的论辩集中在如何理解美德的本质的问题上。我们首先要认识美德和教育的本质,然后才能回答美德是不是可教的问题。他们的论辩分为关于美德是一还是多的讨论,关于获得美德难还是保持美德难的讨论,勇敢和知识的关系的讨论。三个讨论的核心都是为了证明智慧(理论德性)是美德(道德德性)的根本。只有出于智慧的美德才是真正的美德。一切美德都是对智慧的模仿。没有智慧,就没有美德。智慧是“体”,美德是“用”。体是“一”,用是“多”。因此哲学高于政治,智慧高于德性,理论理性高于实践理性。这篇对话仍然是对哲学的颂歌。

一、引子

对话开头是不知名的朋友和苏格拉底相遇。朋友问苏格拉底从哪里来,并且认为苏格拉底刚刚追求阿尔喀比亚德回来。我们知道,阿尔喀比亚德是政治人,出身高贵,容貌俊美,才华出众,非常希望在政治上有一番作为。此人后来也确实在希腊政治生活中很抢眼,但是结局不好。对于苏格拉底和阿尔喀比亚德的关系,我们不能简单地以同性恋来理解。苏格拉底追求阿尔喀比亚德并不是出于情欲,而是出于教育他的目的,也就是为了驯化政治人,使他们更有知识,从而能够完善政治生活。从历史上看,苏格拉底似乎没有实现自己的目的。当苏格拉底把阿尔喀比亚德称为“年轻小生”时,我们可以推测这是在暗示哲人对于政治生活的超越性。

哲学高于政治，政治低于哲学。哲人是俯视政治生活的，对于哲人来说，政治人始终是幼稚的，因此政治生活必须接受哲人的引导和教育。而阿尔喀比亚德的美貌则暗示了政治生活的诱惑。政治对于人的诱惑是巨大的，政治权力带来的荣耀和利益都是巨大的。智者也自称是帮助年轻的政治人能够在政治上获得成功。因此哲人和智者的关系就显得十分紧密，他们的冲突就更加明显。本篇对话就是展示了哲人和智者对年轻政治人的灵魂的争夺战。

接下来苏格拉底表示，虽然他刚才和阿尔喀比亚德在一起，阿尔喀比亚德站在他的一边，替他说了不少好话，但是他几乎把他忘记了。这一方面暗示了政治人和哲人的结盟，另一方面他忘记了政治人则是在暗示哲人和智者的斗争是尖锐的，智者才是哲人最为强劲的对手，哲人必须全力以赴地对付智者，否则就难以把智者驯服。当朋友问苏格拉底是不是因为发现了更美的人才忘记了阿尔喀比亚德时，苏格拉底反讽地回答说，是的，因为他见到了普罗泰戈拉，普罗泰戈拉比阿尔喀比亚德更美，因为在他看来，有智慧才美。这是苏格拉底对智慧的赞美，而不是对普罗泰戈拉的赞美。因为智者只有智慧之名，而无智慧之实。智慧之美是最高的最真实的美。在苏格拉底看来，真、善、美是同一的。在朋友的要求下，苏格拉底开始讲述自己和普罗泰戈拉的对话。

二、苏格拉底揭示智慧和灵魂的关系

早上天还没亮，希珀克拉底就迫不及待地来敲苏格拉底的门，要求苏格拉底和他去见普罗泰戈拉，去学习智慧。虽然苏格拉底是希腊最有智慧的人，但是几乎没有人知道或者认为他是有智慧的，可见，真正的智慧之人并不享有智慧之名。苏格拉底知道他好强又性急，就说只要付费普罗泰戈拉就会把智慧传授给他。为了“挫其锐”，苏格拉底认为天色尚早，不如先到院子里转转，问他几个问题以试探他的决心。

苏格拉底认为我们做任何事情都有目的，必须事先想清楚，不能稀里糊涂地做。我们去找医生是为了学习医术，找雕刻家是为了学习雕刻技艺，那么找普罗泰戈拉的目的是为了什么。既然他是一个智者，找他学习自然就是为了成为智者。当希珀克拉底说出自己也想成为一个智者时，他脸红了。因为智者在雅典的名声并不好。他们的思想观念离经叛道，和传统的道德观点是非常对立的。智者可以说是私学的创始人，在此之前都是官学。官学衰败、私学兴起的原因之一是“礼崩乐坏”。官学的传统内容已经无法满足人们的需要，不能解答人们面对政治生活时的困惑。智者的私学的兴起恰恰满足了人们的这种困惑和需要，但同时却扩大了这种离心离德、礼崩乐坏的倾向，对于政治和哲学都产生了很大的危害。所以苏格拉底才要和他们进行论战，以重新恢复正确的政治和哲学的观点。

苏格拉底告诉他，他虽然要和普罗泰戈拉学习，但他不一定就能够成为智者。正如我们学习文法、音乐和体育一样，这些技艺并不是为了让我们成为某个方面的专家，而是为了让我们成为合格的公民。因为它们是政治教育的一部分，并不是一种“专业”。正如我们学习其他技艺也不一定就能够学好一样，跟随智者学习也不一定成为智者。这是苏格拉底在暗示人的自然天性的不同。也就是说，后天的学习对于人的塑造和教育是有限的，我们很难通过学习“改变”自己的天性，而是必须因材施教，因势利导，根据每个人的天性自然对他们进行教育，从而使其自然天性成长为完善的政治德性。否则如果一个人的天性不能获得适当的教育，就可能成为害人害己的性格或者品德上的缺陷。同样，如果学习者的天性和智者的智慧不和，他就不可能成为智者。同时苏格拉底也是在暗示，智者的智慧是虚妄的，智者实际上没有任何智慧，我们不可能从他那里学到任何智慧。当然智慧本身也是无法传授的，因为智慧必须“发明本心”，才能获得。这已经暗含了对于智者的批判。

当苏格拉底进一步问希珀克拉底是否已经想清楚了自己跟随普罗泰戈拉学习的具体目的时，希珀克拉底表示不能确定。为了把问题说清楚，苏格拉底提到了灵魂的概念。他认为接受教育就意味着把自己的灵魂交付出去，然后被打造被塑造，被赋予形式。因此只有在我们已经对智者的本质有所认识后，我们才能决定是不是把灵魂交给他。如果我们对智者的本质一无所知，就把自己的灵魂交给他，这无疑是最为危险的。

于是，苏格拉底就问智者是什么人，希珀克拉底首先说智者在言辞方面非常厉害。这揭示了智者是能言善辩之人，类似于我们春秋战国时代的“名家”。苏格拉底对“能言善辩”显得不以为然。因为一个能言善辩的人往往是爱慕虚荣的人，他们往往对真正的问题或者事实茫然无知，只是试图通过语词获得他人的认可和崇拜，因此他们生活在别人的眼中，被自己的虚荣心控制。另外，智慧和真理是不可言说的，一个喜欢在言辞上战胜别人的人不可能是有智慧的人。

苏格拉底进一步表明只是强调智者在言辞方面厉害是远远不够的，因为在不同问题或者技艺方面都会有言辞厉害的人，所以必须弄清楚智者在哪一方面厉害。希珀克拉底表示自己不清楚。苏格拉底说这意味着他是在拿自己的灵魂去冒险。如果我们要把身体交付给谁，使得身体变得强壮或者衰弱，我们都要反复思量考虑，但是我们要把自己的灵魂交给他人，却不反复考虑，对对方也不了解，这是草率鲁莽和非常危险的。苏格拉底把灵魂和身体进行了对比。在他看来，灵魂比身体更加重要。灵魂是形式，身体是质料。灵魂是主导性的决定性的方面，身体是被决定者。灵魂是自动者，是身体运动的发起者，不被其他东西推动，但推动其他东西。所以关心灵魂更加重要。当然我们可以否定灵魂观念，但是身体是由一种东西支配和决定的，却是毫无疑问的事实。当我们说“我的身体”时，“我”并不等同于“我的身体”，我们的身体是由“我”来照料的。这个“我”就可以理解为“灵魂”，也可以称为心灵或者意识。只有认识了“这个东西”，我们才能更好地“决定”我们的生活。因此对“这个东西”进行教育或者考察更加重要。所以在《斐多》、《理想国》、《法律篇》等主要著作中，柏拉图都反复探讨了灵魂的问题。只有彻底理解了柏拉图的灵魂观点，我们才能真正理解柏拉图的哲学。

苏格拉底表明了自己对智者的看法。智者就是贩卖滋养灵魂的知识的人。这与《智者》中的观点是一致的。不同的知识造就不同的灵魂。并不是所有知识都可以滋养灵魂，有的知识会败坏灵魂。这样苏格拉底就提出了知识和灵魂的关系问题，也因此暗示了美德和知识的关系，即不同的知识进入灵魂就转化为美德或者邪恶。所以我们必须对知识本身进行考察。智者的错误在于他们并不知道自己的知识对灵魂是好还是坏，他们只是吹嘘自己的知识，正如一切商人吹嘘自己的商品一样。因为他们对于灵魂的本性茫然无知。苏格拉底认为只有“心灵的医生”能够鉴别甄别知识的好坏。这里的"心灵医生"应该就是指真正的哲人。

这里可以说暗示了哲人和智者的最大区别所在。智者并不认识和关心人的灵魂,而哲人对人的灵魂的本性有真切认识。智者之所以并不认识人的灵魂,原因在于智者对政治文明的无知。智者认为政治、道德、法律都是违反人性的,只有动物式的自然才合乎人的本性。这样就导致他们在认识人性时发生巨大偏差和错误。所以他们就不能根据人的自然区分知识的好坏。苏格拉底式的哲人认为人是政治的动物,政治生活才是合乎人性自然的生活,所以道德、法律是合乎人性的自然的。这意味着我们必须通过完善道德、法律的政治生活来达到更加合乎人性的生活。或者说,人是观念的动物,人的生活是由一定的世界观、人生观、价值观来引导的,在不同的价值观念下,人的生活方式会有所不同。因此知识是灵魂的食物,灵魂依靠知识而生成,知识或者观念对于灵魂具有强大的塑造作用。所以我们必须严肃地对待知识问题,这关系到我们灵魂的健康或者疾病。而且哲人进一步看到,一切道德和法律达到的完善性都是有限的,只有智慧本身才最合乎人性的自然。哲人的智慧是无知之知。哲人本身没有任何知识,他通过无知之知扬弃了一切意见和观念,使自己的心灵始终保持在空灵、自由和安宁的状态之中。同时,他也对各种世间的思想、观念、知识进行反思审查,试图纠正这些虚假的政治观念给人们带来的偏执和危害。虽然人是观念的动物,但是人们一般只是道听途说、人云亦云地因循着生活,从来不对这些观念进行反思,把自己的观念看作是绝对真理,盲目地受到这些观念的支配。他们都停留在政治生活的直接性中,而没有进入哲学反思的间接性。而且,当时的雅典处于"百家争鸣"的状态,各种思想知识处于非常混乱的状态。人们盲目推崇思想自由,言论自由,认为这种自由可以带来真理。❶ 但是这种自由只是导致了思想观念领域的巨大的无政府状态。混乱的思想导致混乱的生活,混乱的生活导致各种危害。所以苏格拉底把哲人比作医生表明哲人就是"药王"和"医王",

---

❶ 自由民主社会中的这种思想和言论自由导致的一个最坏结果就是再也没有人认真严肃地对待任何思想了。因为随便任何人都可以发表自己的新观点,不论是正确的还是错误的,都无所谓,思想讨论的意义被大大降低了,因此助长了蒙昧主义和虚无主义。

哲人就是医治人的灵魂的疾病的人，而灵魂的疾病就是由各种观念和偏执造成的，特别是坏的知识造成的。当然好知识如果不能正确对待和使用，同样也会变为坏知识。所以对于世俗观念的考察是必要的。在《泰阿泰德》、《理想国》中，柏拉图也暗示了哲人是医生。

所以苏格拉底认为购买知识的危险比购买食物的危险还要大，因为购买知识时灵魂就已经被改变了，或者变得更好，或者变得更坏。我们在读书和学习方面必须小心谨慎。苏格拉底认为他已经给这个年轻人打好了预防针，所以就决定和他一起去拜会普罗泰戈拉。

三、从可教和不可教的角度探讨“美德就是智慧”314c

他们到了大门口，看门人不给他们开门，认为他们也是智者。可见，一般民众是无能区分哲人和智者的。即使是希珀克拉底也并不认为苏格拉底有智慧。这表明哲人是“和光同尘”，“顺遂世俗”而生活的，他们在外表上和凡人没有任何差别。所谓“大隐隐于市”。而且智慧本身就包含了对智慧的否定。智慧就是自知无知，智慧不可能显得是智慧。显得(appear)智慧就不是(is)智慧。所谓“无所得智”，认为有智慧可得就仍然是没有智慧的。所以哲人自然地就隐身了，他的日常生活和常人无异，也没有智慧之名。由此反观，凡是有智慧之名的人往往是没有智慧的人。

当苏格拉底说明自己不是智者后，看门人才给他们开了门。他们看到普罗泰戈拉正在廊前踱步，并且用他的“俄耳甫斯般的声音”迷住了一大群人，这些人都前呼后拥，小心翼翼地跟随着普罗泰戈拉。这段描写展示了智者普罗泰戈拉的名声和威仪之盛大。与之相比，苏格拉底就相形见绌了，几乎没有人理他。这也是哲人和智者的区别之一。智者拥有并且喜欢世人的追捧，而哲人则是汲汲无名的，并不追求世人的追捧，远离世人的喝彩。正如《卡布斯教诲录》中记载的柏拉图的故事一样。当柏拉图听到一个人赞扬他时，他痛哭流涕，认为自己被一个傻瓜赞美说明自己也是傻瓜。

接着柏拉图引用了荷马叙述奥德修斯进入地狱召唤英雄们的亡魂的一句话，即“跟着他，我瞧见。”(据 Frédérique Idefonse 本注)这里柏拉图把智者和地狱的亡魂联系起来，意味着他把智者贬入了地狱。苏格拉底看到希琵阿斯正在给一些年轻人讲着天象学之类的东西。普罗狄科也在给一群人讲着什么,但是听不清。这里暗示柏拉图认为智者的思想观点都是含糊不清的,他们也不知道自己在说什么。这也体现了柏拉图对于智者的一贯批判的立场。阿尔喀比亚德在苏格拉底之后到来。

他们到屋里后,见到了普罗泰戈拉,并且说明了自己的来意,让普罗泰戈拉决定是单独谈还是大家一起谈。普罗泰戈拉认为苏格拉底想得很周到,他说自己作为外国人到处演讲授课,招收门徒,必然遭到人们的嫉妒和算计,所以必须小心谨慎。接下来普罗泰戈拉就首先谈到智者的隐身术。这里的智者(sophists)我们应该在比较宽泛的意义上理解,也就是"教师"、"夫子"或者"有智慧的人"的意义上理解,而不是特定的古希腊民主时代的智者群体,否则我们就无法理解为什么普罗泰戈拉把荷马等人也算作是智者了。他说自古以来,智者们就必须善于伪装自己,以躲避世人的政治迫害。有的以诗人的面目展现,例如荷马、赫西俄德和西蒙尼德等诗人;有的以秘仪和神谕歌谣的形式,例如俄耳甫斯;有的以体育教练的方式如伊克柯斯、赫若狄克斯等;有的以音乐家的方式如阿伽托克勒斯等。接着普罗泰戈拉话锋一转,提到了自己。他说自己不与这些人为伍,他们都试图躲避政治迫害,但是他们都没有成功,反而落得骂名。所以他不屑于效法他们。"我哩,采取的做法与他们的完全相反,我承认自己是个智术师,就是教育人的;依我看,这比他们的做派要更为审慎些,也就是,承认比否认更为审慎。"❶

首先,我们应该看到,任何社会的有识之士都是极少数的,他们和自己的国家社会的关系往往都是紧张的。因为他们的智慧和思想往往违背国家的主流价值观。在《理想国》中,柏拉图的洞穴喻曾经深刻展示了这一点。施特劳斯也反复强调哲人和政治社会的冲突。所以哲人要学会独善其身,明哲保身,要学会隐藏自己的观点和思想,不要轻易招来杀身之祸。其次,普罗泰戈拉为什么不再隐藏自己的智者身份呢?我们可以从主观和客观两个方面进行解释。在主观方面看,普罗泰戈拉以收费授课为谋生方式,这就要求他必须公开自己的智者教师的身份,否则就没有人

❶ 柏拉图:《普罗泰戈拉》,刘小枫译,电子版,317b。

跟随他学习,他就没有办法生存。这反映了智者对他人的依附性,也反映了他对于财富的贪婪欲望。他必须按照别人的需要和兴趣进行思考和教授。"著书只为稻粱谋"的结果就是丧失了思考研究的独立性。相反,哲人并不招收门徒,所以哲人保持了自己的独立性。从客观方面看,在一个非民主制的政体中,整个社会没有进入礼崩乐坏的状态,人们的观念往往比较保守和严肃,人们也没有学习新思想新观念的需要,私学就没有兴起的条件。相反,这时的古希腊社会处于民主制时代。民主时代是自由、平等、开放、宽容的时代,人们对传统观念都嗤之以鼻,对各种新奇思想观念趋之若鹜。各种新思想就容易兴起和被接受。所以普罗泰戈拉公开自己的智者身份就不那么危险了,甚至很多人都还要伪装为智者,以骗取名声和钱财。虽然这时他还自鸣得意,但是联系到在这次对话15年后普罗泰戈拉也因为渎神罪被判死刑,当然他逃跑了,那么他的行为仍然是不审慎的或者不明智的。或者说,自由民主制时代也并不是那么宽容和无原则,正如其他一切社会一样。但是民主社会仍然倾向于是一个胆大妄为的社会,胆大妄为是我们理解民主时代的人们的首要线索。

1. 苏格拉底对美德不可教的论证317c

为了迎合普罗泰戈拉的虚荣心,苏格拉底建议把普罗狄科和希琵阿斯都叫过来。当大家都落座以后,苏格拉底又把来意说了一番,请普罗泰戈拉说明自己可以从他那里学习到什么。普罗泰戈拉立刻说自己的教育可以使人变得更加优秀。苏格拉底认为他的这种说法似是而非,他必须说明自己究竟可以在哪个方面使人更加优秀。普罗泰戈拉认为自己可以在使人"齐家"和"治国"方面变得更加优秀。所谓"齐家"就是善于治理家务事方面的技艺,"治国"则是善于治理城邦事务的技艺。

普罗泰戈拉没有提到修身的技艺,也就是他并不知道自我教育的重要性。相反,苏格拉底关注的则是修身的技艺,也就是他知道自我教育的重要性。智者并不关注自我,哲人首先关注自我。在苏格拉底看来,如果我们不能在修身的技艺上有所进步,就不可能在齐家和治国的技艺上进步。因为这两种技艺是同一种技艺。修身的技艺是一切技艺的根本。正如《大学》所说:"古之欲明明德于天下者,先治其国。欲治其国者,先齐其家,欲齐其家者,先修其身。欲修其身者,先正其心。欲正其心者,先诚其意。欲诚其意者，先致其知。致知在格物。物格而后知至，知至而后意诚，意诚而后心正，心正而后身修，身修而后家齐，家齐而后国治，国治而后天下平。自天子以至于庶人，一是皆以修身为本。其本乱而末治者否矣。其所厚者薄，而其所薄者厚，未之有也。此谓知本，此谓知之至也。”修身技艺的核心就是以理性控制非理性，使自己的整个活动处于理性的观照和认识之下。我们只有学会了治理自我，才能学会治理他人。《阿尔喀比亚德前篇》的核心观点就是强调修身的重要性，认为修身是参与政治生活的根本和关键。而智者对自我教育和自我治理一无所知。这和前面表明智者对灵魂的本质一无所知是一致的。正如孔子所说：“古之学者为己，今之学者为人”。这可以说是智者和哲人的最大区别。

苏格拉底简洁地把普罗泰戈拉的教育归结为“政治的技艺”，也就是把人培养成为“政治上的好人”。这种政治上的好人包括好公民和好政治家，培养好公民和培养好政治家没有原则性的区别。我们知道，政治上的好人当然不一定是自然意义上的好人。政治上的好人依赖于特定的国家和历史条件，必然是相对意义上的好人，而自然意义上的好人则是绝对意义上的好人，他独立于一切特定的政治历史条件。自然意义上的好人就是哲人。政治意义上的好人是公民。两者未必一定发生冲突。只有真正的好人才能是真正的好公民。一个真正的好公民也必然是一个真正的好人。所以苏格拉底就是好人和好公民。片面强调好人和好公民的对立是错误的。

但是苏格拉底却认为政治技艺不可教，也就是德性不可能像水一样可以从一个杯子倒入另一个杯子。相反，普罗泰戈拉是美德的教师，当然认为美德是可教的。这样苏格拉底和普罗泰戈拉的对立就突出出来了。

苏格拉底的言外之意是政治的技艺也是一种技艺，正如任何技艺的学习都必须依赖于学习者的个人天赋自然，传授政治的技艺也必须考虑到学习者的天赋自然。如果学习者没有相应的天赋自然，就不可能真正学会和掌握这种技艺。所谓“法不轻传”。如果传授者不加区分地传法，最终可能害人害己。所以苏格拉底认为美德不可教的观点隐含着对个人的天赋自然的强调和重视。而智者却不考虑和关心人的天赋自然，而只关心尽可能地多地吸引学习者，特别是富家子弟的追随和供养。

苏格拉底对美德不可教进行了论证。首先，他认为在公共生活方面美德是不可教的。在涉及某个专业方面的事情时，我们会让专家来做，如果非专业人士也提出自己的看法，会被认为是疯子。但是在政治事务上，随便什么人似乎都可以发表高见，没有人会认为他没有资格发表意见。苏格拉底的这个观点隐含了对民主制的批判。在民主时代，每个人都可以参与政治事务，每个人似乎都是天生的政治家。相反，苏格拉底认为政治问题也是一种技艺问题。技艺和知识相关，是知识的同义词。所以把政治问题看作是一种技艺问题，也就隐含着把政治和知识结合起来的主题。同样，正如其他技艺不可能所有人都掌握一样，政治技艺也不可能是所有人都能够掌握的。政治技艺是只有极少数人才能掌握的知识。按照柏拉图哲学的主题，真正掌握政治技艺的人只能是哲人王。因为智慧是不可教的，所以政治的技艺也是不可教的。这种观点也表现了苏格拉底对政治生活的严肃性和重要性的重视。而在民主制时代，政治问题的重要性和严肃性被大大低估了，政治生活被儿戏化了，人们对待政治是无知而草率的。

其次，苏格拉底认为在私人生活问题方面，美德也是不可教的。他列举了政治家伯利克勒斯的例子。他虽然在政治生活上很优秀，但是在教育儿子上，他要么请老师教育，要么听任儿子们自己去寻找美德，他的儿子最终一事无成。这里苏格拉底暗示了道德教育和人的自然天性的关系。苏格拉底认为人的自然不同于动物的自然。动物的自然不需要道德教育，而人的自然恰恰需要道德教育。道德教育是人的自然的完成和实现。没有道德教育，人的自然就无法实现和完善。所以道德教育并不是反人性反自然的。这种观点本身就是对智者的观点的批判。智者认为人的天性是不需要道德和法律的，道德和法律是对人性的压抑和束缚，真正合乎人性的生活就是像动物那样的非道德非政治的生活。苏格拉底和柏拉图批判了这种错误观点，提出了"人是政治的动物"，"城邦之外，非神即兽"的观点。政治生活就是自然的生活。另一方面，如果认为道德教育能够把所有人都教好，那也是幼稚而愚蠢的。"江山易改本性难移"。教育只能触及人的自然的微小的一部分，比如大概就是1%，其他冰山下的99%都是教育无法触及的。教育可及的这微小部分就是人性的自然的独特性所在,或者就是人之为人的自然。“人之异于禽兽者几希”。所以我们唯一能做的就是对人进行道德教育,即使在道德教育方面我们所能做的非常有限,我们也必须努力去做,这是我们人力所能做的唯一一点工作。否则放任自流或者不教而诛都是违反人性的。

总而言之,苏格拉底关于美德不可教的看法基于他对人性的自然的洞察。人性既需要道德教育,同时道德教育又是有限的。一切教育都只是人为,只是对人的人性自然的协助和补充,人为低于自然。在这个意义上,他认为美德不可教。美德不可教的观点并不是要否定美德教育的必要性和重要性,而是强调道德教育的困难。所以这个观点意味着我们在实际进行教育时必须小心谨慎,必须尽可能做到因材施教,即根据受教育者的自然天性进行针对性的教育,这样才能取得好的效果。如果轻视教育的困难,就会遭到失败。“图难于其易,为大于其细。天下难事,必作于易;天下大事,必作于细。是以圣人终不为大,故能成其大。夫轻诺必寡信,多易必多难。是以圣人犹难之,故终无难矣。”(《道德经》,第六十三章)所以苏格拉底才是真正重视教育和认识教育的。相反,智者把人的自然等同于动物性的自然,认为道德教育最终就是对人的外部的灌输和强制,这样一来,智者就会认为文明和教育是对人的自然的压抑和扭曲。所以智者虽然在大谈道德教育,但是他们在内心深处是认为美德不可教的。他们是道德教育上的悲观主义者和虚无主义者。而且他们不看重和关心人的自然的差异性,所以他们不懂教育的本质,不懂得因材施教的重要性。

2. 普罗泰戈拉对美德可教的论证 320c

普罗泰戈拉反对苏格拉底的看法,认为美德是可教的。苏格拉底要求他进行证明。普罗泰戈拉的论证的基本精神是道德平等主义,包含了三个方面。

第一,普罗泰戈拉的神学论证。他首先用神话故事进行证明。这个故事的主人公是普罗米修斯和厄琵米修斯。他们是一对性格迥异的兄弟。普罗米修斯善于思考,机智有远见。厄琵米修斯笨拙且心不在焉,总是事后聪明。普罗泰戈拉说诸神在造就万物,到了它们走出洞穴见到光明的时刻,诸神要求他们给万物分配特性和能力。厄琵米修斯主动要求承担这个工作，他以“平等方式”为万物分配了能力和特性，以避免它们任何一种毁灭。但是因为厄琵米修斯的愚蠢，他在把所有能力都分配给野兽后，却忘记了人类，没有什么可以分配给人类了，人类面临灭亡的危险。于是普罗米修斯从天神赫斐斯托和雅典娜那里偷来了火种和其他技艺。人有了这些技艺，得以维持生存。普罗米修斯因此犯了偷窃罪，受到宙斯的惩罚。在此普罗泰戈拉没有提到对普罗米修斯的惩罚。但是人此时还没有政治技艺，政治技艺在宙斯那里，普罗米修斯无法偷来。

可以猜测，普罗米修斯象征哲人，勇敢而智慧；厄琵米修斯象征智者，大胆而愚蠢。普罗泰戈拉没有提到或者看到哲人的受难，这表明智者故意掩盖了哲人的无私和高贵，而智者做不到这一点。普罗泰戈拉的神话强调了智者对于政治世界的统治权。柏拉图则确立了哲人对于政治世界的统治权，他的全部对话几乎都是服务于这个目的。这就是哲人和智者争夺政治话语权的斗争，其他任何斗争都远远低于这种斗争。这也充分体现了哲人和智者的亲缘性、相似性关系。这种亲缘性的关系在《智者》中也反复进行了揭示。他们都是智慧的人。虽然智者的智慧是可疑的，哲人的智慧是真实的，但是和其他人相比，他们仍然是极为相似的。哲人甚至也会以智者的面目显示自身，所以苏格拉底才被认为也是智者。

普罗泰戈拉继续说，因为人类具有了属神的技艺，所以人成为了信奉神的动物。人类凭借技艺发明了语词和名称，发明了衣食住行的各种所需。但这时人类分散居住，没有城邦。虽然人类凭借这些技艺可以生存，但是因为人类没有政治的技艺，也就是说人类仍然处于“自然状态”，并不能够确保人类抵御动物的攻击，也不能消除人和人之间的相互残杀，人类始终处于普遍的“战争状态”，仍然面临灭亡的危险。

对普罗泰戈拉的这段话我们可以做两个方面的解释。首先，可以和《政治家》中的神话进行比较说明。第一个不同是，普罗泰戈拉认为技艺是属神的，人因为推崇技艺所以才崇拜神，生存、技艺和诸神是联系在一起的。这样他就暗示了人对于神的崇拜是基于生存的需要，而不是基于对理性和高贵的需要，这种观点体现了普罗泰戈拉的无神论倾向，即他对于宗教信仰的无神论解释。这种无神论解释在现代哲学中是司空见惯的。在《政治家》中，异邦人也认为人类的技艺是神的赐予，但是人对于神的崇拜是基于对理性和高贵的需要。神是纯粹理性的象征。第二个不同是，普罗泰戈拉认为技艺是从神那里偷来的，因此是不义的。而在《政治家》中，技艺是神主动赐予人类的，因此是正义的。这表现了人类和诸神的不同关系。在普罗泰戈拉的神话中，诸神和人类是对抗性的、战争性的，这种战争性也是人和人的战争性的一种形式。而在《政治家》中诸神和人类的关系是和睦的、亲密的。第三个不同是，普罗泰戈拉的神话中没有黄金时代，也就是一个在神的统治下的无忧无虑的时代。人类一开始就处于相互厮杀的战争状态，并且一开始就依赖各种技艺和发明而生存。而在《政治家》中，柏拉图表明人类生活的开端是黄金时代，在黄金时代不需要技艺，技艺是人脱离了神的照管的替代物，所以技艺和生存的痛苦相连，因此技艺不是最高贵的，依赖技艺的生活并不是美好的。这就暗含了对作为人为之物的技艺的贬低。这种贬低恰恰是智慧本身所要求的，即智慧本身就包含对智慧的否定。因为智慧是对自然的认识，真正的智慧就是对人为的智慧的扬弃和对自然的复归，所以对技艺的贬低也是对自然的推崇所要求的，是对“自然高于人为”的揭示。对比老子的话：“不尚贤，使民不争；不贵难得之货，使民不为盗；不见可欲，使民心不乱。是以圣人之治，虚其心，实其腹，弱其志，强其骨。常使民无知无欲，使夫智者不敢为也。为无为，则无不为。”（《道德经》，第三章）而普罗泰戈拉否定了黄金时代，这样对于技艺的推崇和依赖就是不可避免的。我们越是信赖技艺，就越是忽视德性和智慧，最终必然陷入对文明、技术进步的人类中心论式的信仰。对技术的要求和期待越高，对人性的要求和期待就越低。这样可能逐渐导致对人性的蔑视和人性的堕落。而堕落了的人性则不可能掌握他发明的技术。正如《欧绪德谟》中指出的，制造的技艺是一回事，使用的技艺又是一回事。

其次，普罗泰戈拉的神话肯定了一种前政治状态的自然状态。这种自然状态理论和霍布斯的自然状态理论几乎是完全一致的。第一，普罗泰戈拉的神话表明人的自然是非道德的非政治的。人在具有政治技艺之前就已经具有其他技艺，这就意味着人在组成政治社会之前就已经是人了，政治生活并不是人的本性所必须的。而霍布斯同样强调在人进入政治生活之前，就已经是一个自然人了。第二，在普罗泰戈拉看来，自然状态就是战争状态，不但是人和人的斗争，还包括人和动物的斗争。这样，政治技艺就被看作是消除人和动物、人和人的斗争的技艺，因此政治的技艺就是关于和平的技艺，而战争技艺则是政治技艺的核心部分。这样一来，政治的目的就是划分敌友，政治的最高目的就是实现和平。而在古典政治哲人看来，政治的技艺是为了更加高尚的生活，而不是为了和平或者战争，和平只是人类获得高贵生活的条件，而不是最终目的。因此普罗泰戈拉的这种思维方式仍然是以战争需要来思考政治生活的本质，体现了普罗泰戈拉的政治观和斯巴达政治观的相似之处。这也成为后面苏格拉底探讨斯巴达政治的伏笔。同样，在近现代以来的政治哲学思路例如霍布斯的政治哲学构想中，自然状态等同于战争状态，政治技艺的目的就是消除战争，维护和平，政治生活的更高目标被否定了。可以说，普罗泰戈拉是马基雅维里和霍布斯等现代哲人的真正老师。近现代哲学的主要论点几乎都可以在古希腊智者哲学中找到。近现代哲学和古希腊智者哲学具有极大的相似性和亲缘性。

普罗泰戈拉继续说，宙斯因为担心人类的灭亡，就吩咐赫尔墨斯把羞耻感和公正之类的政治技艺给予人类。赫尔墨斯问宙斯应该按照什么方式分配这两种德性，是只给少数人还是给所有人，普罗泰戈拉认为宙斯会把这两种德性给予所有人，如果只有少数人获得这两种德性，那么城邦就不会产生。宙斯还下令，凡是没有能力获得这两种德性的人都一律处死。

在这段话中，普罗泰戈拉似乎认为羞耻感和公正就足以维护城邦或者人类的和平，所以他在这里更没有提到节制和智慧。羞耻感接近于勇敢，"知耻近乎勇"。但是羞耻感似乎还不是勇敢，只有出于智慧的勇敢才是真正的勇敢，这是后面苏格拉底的论证的主题。可以看到，普罗泰戈拉已经开始简化政治生活的道德划分和道德需要。也就是说，在民主制社会中，由于个人主义和平等主义的观点占据主导地位，人的"身份"或者"名分"逐渐被忽略了，所以人类的德性也不需要分为很多类型和方面，这种对道德划分的简化在霍布斯和康德哲学中获得了典型表达。

总而言之，普罗泰戈拉通过神话的方式论证了政治美德和政治技艺是所有人都具有的。虽然其他技艺只有少数人具有，但是政治技艺或者美德却是人人都具有的，人们聚在一起商讨政治问题，每个人都可以参与政治,否则城邦政治生活就不会存在。这可以说是普罗泰戈拉为美德可教和民主制进行的神学辩护。其神学论证的基本精神就是平等主义。平等主义是民主制政治生活的基础和前提。美德是可教的意味着民主制是正当的和合理的,大多数人的统治是可能的和正当的。美德是不可教的意味着民主制是不正当的不合理的,少数人的统治是正当的合理的。美德是不是可教的问题最终涉及民主制的正当性问题。我们应该看到苏格拉底和普罗泰戈拉的斗争的政治含义。

普罗泰戈拉接下来又进行了一段理论证明。这段证明表明了他关于道德政治和人的自然天性的关系的看法。他认为在日常生活中,虽然一个人可能在其他方面有各种缺点,例如撒谎等,但是他在思考政治问题时仍然会比较公正,人们仍然会认真听取他的意见,所以没有一点政治美德的人是不存在的。他进一步指出,虽然人人都具有政治美德,但是政治美德并不是天生的,而是后天教育的结果。人们不会对先天的生理缺陷进行惩罚或者责骂,因为这是自然的,和个人的后天教育没有关系。但是如果一个人在道德上有缺陷,就会招来责骂训斥。他提到了两种主要的坏品质即不正派和不规矩。人们通过惩罚的方式使他们能够在道德上变好。这意味着在他看来,教育的主要方式就是惩罚。而在苏格拉底看来,教育是人的自然的完善,是人性的自然所需要的。这也许是他和苏格拉底等古典哲人最为对立的地方。

普罗泰戈拉之所以把教育看作是惩罚,就在于他认为人的自然是反道德反文明的,所以对人的道德教育就是外部的灌输和强制,不是人的本性自然所需要的。他的所谓的"美德可教"是以惩罚为基础的。道德教育只能是"规训和惩罚"。所以他在后面反复提到了惩罚,并且为惩罚辩护。这类似于我们日常生活中经常提到的"棍棒底下出孝子"的观点。或者说,智者的观点就非常接近"法家"的立场。由此可见,普罗泰戈拉的教育观点基于文明和自然的对立,把人的自然和动物的自然等同起来了。可以说,智者不能真正理解道德教育的意义,教育被片面地理解为对人性的"规训与惩罚",而不是对人的自然的形成和完善。他不能理解人的自然的独特性,也就不能理解自然本身的整体性和异质性。古典哲人认为人是天生的政治动物,在政治生活之外根本不存在人的自然,政治或者道德文明就是人的自然的独特性。因此道德教育是人的自然的养成的必要手段,惩罚只能是教育的辅助手段,是“不得已而为之”的手段。在《法律篇》中柏拉图曾经把制定刑罚看作是立法者和政治家的失败。孔子也认为“不教而杀谓之虐;不戒视成谓之暴;慢令致期谓之贼;犹之与人也,出纳之吝,谓之有司。”(《论语·尧曰》)这里仍然体现了哲人和智者关于自然和文明的看法上的对立。

普罗泰戈拉接下来说明优秀人的困惑,即为什么他们要么依靠其他老师,要么束手无策,不能把自己的优秀传递给他们的儿子。他认为人人都分有美德,美德是“一个”东西。在这里,他又提到了节制和虔诚两种德性。他认为优秀的人也会教育自己的儿子。他首先列举了教育的三个阶段。在学龄前阶段,人们都会教育孩子什么是对,什么是错等。后来他们去学校接受教育,学习文法、音乐和体育等课程,以养成良好的习惯、节律、体魄和心志等。最后他们进入政治生活,按照法律进行统治和被统治,而不是凭借自己的喜好而生活。所以不论在私人生活还是公共生活方面,人人都致力于美德。至于优秀的人为什么不能教育出优秀的儿子,他被迫诉诸个人的自然天赋。如果他们有好的天赋自然,就可能成为优秀的人。而且普罗泰戈拉不得不低劣地认为和其他人相比,他们的儿子其实已经很优秀了。

但是我们应该指出,如果他承认优秀的人的儿子很优秀,超出了一般人,那么他就必须否定自己的平等主义立场。如果他要坚持彻底的平等主义,他就不能承认有的人优秀,有的人不优秀,他应该承认所有人都同样地优秀或者不优秀。但是他没有意识到自己的这个论证中的自相矛盾。而苏格拉底之所以讨论这个问题,其目的是强调个人的自然天性的个体差异性。这种自然差异性必然表现为自然的不平等性,即差异性总是意味着有的人的自然好些,有的人的自然坏些。这种自然的好坏差异性就会表现为每个人接受教育的能力是不同的。对于天赋较好的人可以进行较高层次的教育,而对于天赋较低的人则难以进行教育。这种自然上的不平等是不可能通过文明上的平等消除的。子曰:“唯上知与下愚不移。”(《论语·阳货》)教育的结果取决于学习者对于教育活动的接受意愿和接受程度。只有那些自愿接受美德教育的人才能被通过教育被塑造。

子曰:“中人以上,可以语上也;中人以下,不可以语上也。”(《论语·雍也》)这也意味着一切教育归根到底是“自我教育”。只有学习者自觉自愿地接受美德,才能真正做到“化性起伪”,“变化气质”,否则再多教育也是无用。因此,人为的教育只是促成自然,但不可能改变自然。普罗泰戈拉根本不关心个体的这种自然差异性,他关心的是如何更大范围地进行他的教育,以便能够赚到更多的金钱。

普罗泰戈拉接下来说,因为人人都致力于美德,每个人都是美德的专家,所以每个人都是美德的教师。但是当智者把自己看作是美德教师时,在他的理论和他的实践之间就陷入了逻辑矛盾。❶ 也就是说,按照普罗泰戈拉的平等主义理论,他必须承认人人都是美德的教师,这就意味着没有人是美德的教师,因此美德是不可教的。但是如果他承认美德不可教,那么他收费教学就是不合理的,所以他必须坚持美德是可教的。如果他坚持美德是可教的,那么他就肯定自己在美德问题上比其他人更优秀和高等,这样他就违背了他的平等主义理论。普罗泰戈拉对自己的平等主义中蕴含的这个矛盾茫然无知。苏格拉底就要揭示他的这种平等主义中蕴含的逻辑悖论。而苏格拉底对美德不可教的论证目的是要揭示被智者所忽略的“人的自然及其差异性”。如果对人的自然一无所知,我们就不可能实行真正的美德教育。

四、从存在和生成的角度探讨“美德就是知识”328d

苏格拉底似乎完全被普罗泰戈拉的话迷住了,仿佛陷入了痴迷失神状态。这暗示了普罗泰戈拉的言辞或者长篇大论对人们的魅惑性。苏格拉底当然不会被迷惑,但是其他人却完全可能被迷惑。他反讽地承认自己现在相信美德是可教的了,但他又表示自己还有个小问题需要解答一下。他首先提到了演说家的通病,即他们要么像书本一样既不能解答问

---

❶ 在施特劳斯看来,智者的实践否定了智者的理论。智者的理论是民主政治,但是智者的实践最终推动了寡头政治。因为智者贪恋财富,他们希望收取更多的学费,因此智者在授课中并不看重学生的自然,而是关注学生的学费。这样只有富人的子弟才能接受教育,富人子弟更有可能参与政治掌握权力。所以他们的政治实践实际上颠覆了民主制,而推动了寡头制。

题,不能反躬自问,要么像个铜盆一样,一旦被敲一下就响个不停,说个没完没了。在他看来这些都不是正确的对话方式,真正的对话必须是言简意赅又能问答辩难,这样才能有助于触及并且塑造人的灵魂。这就是苏格拉底推崇的辩证法或者助产术。这种辩证法也是因材施教、因势利导的方法,它总是根据对话者的个人灵魂及其问题进行问答。因此辩证法是哲学的根本,对辩证法的维护就是对哲学的维护。演说术和辩证法的对立是哲人和智者的对立的重要方面。

1. 美德是"一"还是"多"329a

如果前面的对话揭示和批判的是普罗泰戈拉的平等主义,下面的对话揭示和批判的就是普罗泰戈拉的相对主义。

苏格拉底问普罗泰戈拉美德是不是"一个"东西。因为普罗泰戈拉提到了公正、节制、虔诚和羞耻感,它们都被看作是美德,但是它们却有不同的名称。如果它们是一个东西,那么它们为什么有不同的名称。或者说,如果它们是相同的东西,那么它们之间的共同点是什么。苏格拉底对于美德的共同点的追问也就是对"美德是知识"的暗示。在他看来,智慧或者知识是美德的本质共同点,只有出于智慧或者知识的美德才是真正的美德。如果没有智慧,就没有美德。这是苏格拉底对美德和智慧的关系的深刻洞见。但是普罗泰戈拉没有看到美德和知识的关系,在他看来,美德就是意见或者习俗,是和人的自然天性对立的,是对人性的自然的压抑和束缚。因此他是敌视美德、习俗和智慧的。

普罗泰戈拉首先认为美德是一个整体。各种不同的美德构成了美德的整体,它们都是美德的部分,它们之间就像人的脸上的器官一样互不相同。苏格拉底指出,如果美德是这样的,那就意味着一个人可能拥有其中一种美德,而不一定同时拥有其他美德,例如有的人公正却不勇敢,有的人公正却不智慧等。于是苏格拉底逐一考察各个美德的特性。他的目的旨在揭示,既然美德各不相同,它们就不能相互分有,因此公正就是公正,虔诚就是虔诚。进一步的推理就是,公正可能不虔诚,虔诚可能不公正。但是这个推论结果就显得很荒谬。这里苏格拉底仍然在暗示,如果美德各不相同,它们就不能被称为美德。也就是说,如果我们把各个美德孤立对立起来,我们就必然陷入这种困难。

苏格拉底要求考察各个美德之间的共同点和相似性。但是这个推论结果似乎也很奇怪,即我们必须承认公正就是虔诚,虔诚就是公正等。这样一来美德之间的差异性就消失了。普罗泰戈拉不同意把各个美德等同起来,但是他似乎也没有兴趣反驳苏格拉底的观点,因此表示了赞同。苏格拉底认为他不能这样含糊其辞,于是普罗泰戈拉就开始为美德的相似性进行辩护。他又发表了一番演讲,大意是任何东西都具有相似性,所有东西都是相互一样的,即使看起来极端相反的东西也彼此相似,所以美德之间也是彼此相似的。

这是普罗泰戈拉对美德的相似性的辩护,这种辩护是智者的相对主义的典型表现。这种相对主义也表现为“人是万物的尺度”的个人主义和主观主义的观点。这种相对主义类似于自然哲人的“一切是一”的观点❶,它看到了事物的相似性的一面,却抹杀了事物的本质差异性,使人的头脑陷入混乱,却还自以为是、自鸣得意。柏拉图的理念论就是反对智者的这种相对主义的科学,他坚持事物的本质差异性,认为我们必须从尊重和认识这种差异性开始,达到对于事物的本质理念的精确认识。但是我们最终还必须超越这种差异性,而返回和达到绝对的同一性。在柏拉图看来,“一切是一”的命题必须通过理念论的补充才能成为真正严格的科学。而相对主义则是一种非常恶劣的思维方式,只能导致对一切严格科学的可能性的否定。

针对普罗泰戈拉展示的相对主义理论,苏格拉底展开了进一步的批判。他开始考察审慎和智慧。通过一系列盘问,苏格拉底得出任何事物的对立面只有一个,如果智慧和审慎都和愚昧相对立,那么智慧和审慎就是一回事,这就否定了普罗泰戈拉一开始关于美德各不相同的观点。苏格拉底接下来又考察审慎和不义的关系。如果审慎只是考虑周全,那么审慎同样可以用于做坏事,这样审慎就不能被称为美德。由此苏格拉底暗示审慎并不是智慧,因为智慧作为德性不可能做任何坏事,智慧不可能和不义结合。

---

❶ 我们要记住,智者是自然哲人的学生,智者只是把自然哲人的理论运用到人类政治生活之中。

这里苏格拉底似乎在暗示普罗泰戈拉对于财富和名誉的欲望是不义的。因为普罗泰戈拉一开始曾经说明自己公开承认自己的智者身份更加审慎。但是他的审慎不过是为了满足自己的欲望，骗取别人的钱财和赞美。所以这种审慎并不是美德。而且欲望或者钱财并不一定是好东西，可能给人带来伤害，所以追求钱财和名声并不是智慧。真正的智慧是对好东西的追求，它不可能给人带来任何伤害。这里苏格拉底暗示了智者的利己主义的动机和行为的不义。

所以当苏格拉底问普罗泰戈拉，好东西是不是就是有用的东西时，他意识到自己不义的尾巴被苏格拉底抓住了，或者他开始感到理屈词穷的窘迫。他变得很恼火，辩解说即使一些东西没有用处，也可以称为好东西。面对普罗泰戈拉的恼火，苏格拉底变得小心翼翼，继续追问，所谓的“没利”是指对人而言没利，还是它自己本来就没利。普罗泰戈拉气急败坏地发表了一大段关于“好”的言论。他的基本意思是认为没有绝对意义上的好。有些东西对人有利，有些没利，有些既谈不上有利也谈不上没利，有些对人有利，有些对马或者其他什么有利。总而言之，“好是某种相当复杂、种类繁多的东西”。(柏拉图:《普罗泰戈拉》,334b)

苏格拉底的这个问题是对至善或者绝对意义上的好的暗示。他认为如果一切好坏都是相对于人的，或者相对于个人的主观感觉和判断的，那么就意味着没有绝对意义上的好坏。如果不存在绝对意义上的好坏，那么人们就不可避免地陷入道德上的相对主义和虚无主义。这必然危害整个政治生活。而普罗泰戈拉对绝对意义上的善好的否定也就表明了他的主观主义和利己主义的思想实质。他实际上认为利益才是真正的好东西，而道德不过是无用的或者骗人的，是人们用来掩盖自己追求利益的工具。因此普罗泰戈拉的这番言论仍然是道德的相对主义和虚无主义的观点。苏格拉底和柏拉图都试图确立绝对意义上的善。这种绝对的善并不依赖于人们的个人和主观的感觉或者判断，这种至善是一切相对意义上的善的最终标准。人们的主观意义上的善必须在这种绝对意义上的善面前进行考察。可以说，柏拉图的理念论和至善论就是试图确立绝对的自在的善的存在，其目的旨在克服道德的相对主义和虚无主义。而且苏格拉底还试图证明美德和利益的一致性。他认为美德才是真正的利益，没有美德的利益并不是利益。例如人们都追求名利，但是名利并不一定给人带来幸福，也可能给人带来伤害。《理想国》甚至柏拉图的全部对话都是在确立美德和利益的一致性。这种一致性是证明“绝对的至善”所必需的，也是苏格拉底的“严格的道德科学”的根本观点。可以说，相对主义和功利主义是相互依存的，都是对严格的道德科学的否定。因为否定了绝对真理，否定了哲学科学的可能性，所以人们探究真理的欲望就消失了，就必然转向实践上的功利主义和享乐主义，这种功利主义和享乐主义则进一步否定了哲学科学的可能性。智者一方面是美德理论的教师，一方面是利己主义的实践者，所以智者的言行是自相矛盾的，是投机主义者的典型。因此，要克服实践上的享乐主义和功利主义，必须克服理论上的相对主义，要克服理论上的相对主义，必须建立绝对主义的严格科学。这种绝对主义的理论科学就是理念论。柏拉图的理念论就是要证明某种至善的东西存在。只有坚持存在绝对的好，才能维护美德的原则。

总而言之，美德是“一”还是“多”的问题关系到“美德是知识”还是“美德是意见”的问题。如果美德是“一”，那就意味着“美德是知识”；如果美德是“多”，那么“美德是意见”。但是意见也最终来源于知识，是对知识的模仿和分有，或者是知识的不完美形式。所以美德根本不是意见，美德归根到底是知识。“美德就是知识”的观点表明知识使美德成为美德。只有出于知识的美德才是真正的美德，没有知识就没有美德。只有哲人才有知识，俗人只有意见。这意味着只有哲人才真正具有美德，俗人的美德都是因袭的或者被迫的。在《斐多》中柏拉图也明确表明了这种观点。

2. 美德和言辞的关系 334c

普罗泰戈拉的言论赢得了满堂彩，这表明相对主义观点具有很大的煽动性和迷惑性。苏格拉底又一次表现得不知所措，他表示自己记性不好，不适合这种长篇大论，而普罗泰戈拉则能长能短，因此发言应该尽可能简短些。普罗泰戈拉不接受苏格拉底的这种要求。苏格拉底看到普罗泰戈拉顽劣傲慢、不服管教，于是决定退出对话。卡利阿斯则拉住苏格拉底，要求继续辩论。阿尔喀比亚德站在苏格拉底一边，要求普罗泰戈拉不能躲躲闪闪地不回答问题。普罗狄科认为应该继续讨论，不要争吵。希琵阿斯则提出折中的方案，建议苏格拉底不要固执于简洁的方式，普罗泰戈拉也不要总是长篇大论，“漂入言辞的海洋”，所以最好选举一个监督人，监督双方的言辞。但是苏格拉底反对这种方法。他认为如果监督人和双方水平相当，就没有必要。如果比双方还差，就不能起到监督作用。如果高于双方，特别是高于普罗泰戈拉，那么就是对普罗泰戈拉的不尊敬。所以他建议由普罗泰戈拉提问，他来回答；之后再反过来，他提问，普罗泰戈拉回答。大家一致赞同了苏格拉底的这个方法。普罗泰戈拉被迫接受了这种提议。哲人暂时驯服了智者。

这段插曲仍然涉及哲人和智者的不同言说方式。那么它和关于美德的探讨有什么关系呢？这涉及如何理解言辞和美德的关系。第一，一个能言善辩的人往往是虚荣的人，他们试图通过语词获得他人的认可和崇拜。一个受到虚荣心支配的人不可能真正追求真理。第二，一个喜欢在言辞上战胜别人的人是不仁厚的。如果他不能在语言交流上尊重他人，他也不可能在其他行动上尊重他人。同样，一个在言辞上不能节制的人，在行为和思想上也是不能节制的。所以古代人强调“谨言慎行”，通过观察一个人对于言辞的控制力就可以看出他的整个德性。第三，如果一个人说话的目的是为了迎合和讨好他人，这表明此人并不尊重事实和真理，必定心思奸猾，品性低劣，不可信任。孔子对能言善辩之人也持贬低的态度，“巧言令色鲜矣仁”，而“刚毅木讷近乎仁”。老子也说：“信言不美，美言不信。善者不辩，辩者不善。知者不博，博者不知。”（《道德经》，第八十一章）第四，能言善辩之人往往认为掌握了语言就是掌握了事实，控制了语言就是控制了世界。他们对真正的事实本身最终是茫然无知的。因为语言不是事实，把握语言并不就是把握事实。语言只是我们交流并且获得知识的工具，而真正的知识并不是能够通过语言可以传达的。所以庄子强调“得意忘言”。如果我们仅仅局限在语言中，我们就永远不可能获得智慧。

通过这段插曲，在言说秩序混乱的状态下，柏拉图让每个人都表现自己的言辞，借此展示了每个人的德性。普罗泰戈拉不能节制自己的演说欲，他也就不能节制自己的其他欲望，他就必然是一个放纵之人。苏格拉底的节制暗示了他的知识和美德，而普罗泰戈拉的不能节制则暗示了他的无知和无德。苏格拉底能够在言辞上节制自己，所以他就能够在其他行为上也节制自己。而节制本身就是知识的表现,不能节制则是无知的表现。所以这段插曲最终展示的还是美德和知识的关系问题,言辞正如行动都会透露一个人的德性修养。

3. 美德的获得(to become)和保持(to be)338e

普罗泰戈拉试图通过西蒙尼德的叙事诗说明他对于美德问题的理解。他认为一个人的教育就体现在他能够区分好诗和坏诗,并且能够对诗歌进行解析。他要通过展示自己对古诗的解读能力,证明自己有能力做美德的教师,挽救在苏格拉底的攻击下的失败。

首先要知道,西蒙尼德是公元前6—前5世纪的诗人。但是至少在这篇对话中我们不能把他理解为诗人,而是应该把他理解为一个智者。正如普罗泰戈拉说的,他是以诗人的身份隐藏自己。而且按照 Frédérique Idefonse 本的注释,据 M. Detienne 的考证,他是第一个收费教学的人。同时,我们必须把七贤之一的匹塔科斯理解为哲人,他的公开身份是公元前7世纪勒斯波岛上米蒂利尼的行政官。这样我们就能够把西蒙尼德和匹塔科斯的论争和这篇对话联系起来,把他们的论争看作是哲人和智者的论争。

智者普罗泰戈拉喜欢表现自己的学识和才华,认为自己发现了西蒙尼德这首诗中的矛盾。诗开头说“成为(to become)一个好人很难”。但是接下来西蒙尼德却反对匹塔科斯的同样的说法,即“做(to be)一个好人很难”。普罗泰戈拉对自己的这个发现自鸣得意,而听众也都钦佩欢呼。苏格拉底也似乎感到不知所措,于是他求助于修辞学大师普罗狄科,让他分析“成为”(to become)和“是”(to be)是不是一回事,普罗狄科认为两者不是一回事。据此,苏格拉底认为西蒙尼德并不自相矛盾。于是苏格拉底对这首诗进行解读。

苏格拉底首先提到了斯巴达(拉克岱蒙)的政治美德传统。他说爱智慧在希腊十分古老和盛行,在斯巴达和克里特尤其如此。斯巴达的有智慧者最多,因为他们害怕其他人也学习智慧,所以他们并不承认自己的智慧,而是隐藏自己的智慧,只是“显得”在“勇敢”方面出类拔萃。当他们要进行智慧的讨论时就下逐客令,让外国人都离开。他们也不允许年轻人去国外,以免使他们的心智受到干扰。所以苏格拉底认为斯巴达人接受了最好的教育，他们懂得哲学和言说，虽然他们都显得不善言辞，但是却一语中的。言辞简洁精炼是智慧的表现。他认为那些盲目崇拜斯巴达的人只看到了斯巴达表现出来的勇敢，并且疯狂地模仿这种勇敢，而没有看到斯巴达的真正智慧。他认为像泰勒斯、匹塔科斯、梭伦等人才是斯巴达教育的真正追随者，他们都仰慕斯巴达的智慧，而不是斯巴达的勇敢。因此，他们在德尔斐神庙的石碑上刻下了“认识你自己”和“凡事勿过度”的格言。

应该如何理解苏格拉底的这段话呢？一般认为斯巴达是以尚武或者勇敢著称的，几乎没有人承认斯巴达有智慧。但是苏格拉底却强调了斯巴达的智慧，而不是勇敢。因为在他看来，喀莱古士的立法似乎相当成功，使得斯巴达成为希腊各城邦中的佼佼者。立法的成败和智慧的高低相关，这种成功的立法就是富有智慧的使用和表现。所以苏格拉底认为斯巴达的真正成功在于它的智慧和立法，而不是勇敢。斯巴达的内在的美德是智慧，勇敢只是外在的美德。和勇敢相比，智慧才是更为重要的美德。据此，我们可以理解，在《法律篇》、《理想国》中，柏拉图都表现了对斯巴达的一定程度的尊重和推崇。这种推崇是对斯巴达的法律和道德传统的推崇，也就是对其立法者的推崇。柏拉图提示我们要把对斯巴达的注意力从勇敢转向其智慧。

接下来，苏格拉底却直接提到了匹塔科斯的“私下里”流行的说法即“做(to be)好人太难”，也就是“保持”美德很难。如何理解匹塔科斯的这种说法呢？在他看来，随着时间的流逝，斯巴达的智慧逐渐消失了，只保留下了勇敢，斯巴达成了一个单纯尚武的城邦。在这个勇敢的城邦中，各种恶劣的行径如贪婪、放纵等也屡见不鲜。因此匹塔科斯感叹斯巴达古风的衰落，斯巴达已经不再是以前的智勇双全的斯巴达，对斯巴达进行了含蓄的批评，发出了这种感叹。因此匹塔科斯的话意味着，出现一个有智慧的立法者是容易的，一个有智慧的立法者创建一种优秀的政治制度也是容易的，但是要把这种政治习俗传统长久保持下去是困难的。随着智慧之人的死去，随着各种条件的改变，随着人们对于传统的熟悉和麻木，人们对于政治习俗传统的敬畏和遵守就会降低，这些政治美德的意义就会被逐渐遗忘，这样一种优秀的政治美德的衰落就是不可避免的。因此，匹塔科斯认为获得(to become)智慧是相对容易的,而长久保持(to be)美德则更难。

苏格拉底认为匹塔科斯说出了一个事实和真理,而诗人西蒙尼德写这首诗的目的是出于智者的虚荣心。西蒙尼德认为如果他能够成功地批判匹塔科斯,他就能够睥睨当世,扬名立万。所以他为了出名,就写作了这首诗。批评名人才容易成为名人。于是苏格拉底按照这个思路来解释西蒙尼德的这首诗。这首诗的大意是获得(to become)美德更难。西蒙尼德认为与保持美德相比,获得美德更难。人总是受到外界环境的逼迫,去偶然做点坏事也没有什么。坏人责备和背叛自己的父母或者祖国也没有什么大不了。他也承认自己会被迫称赞僭主。虽然好人不会责备自己的父母和祖国,而是替他们隐瞒过错。他还认为如果人已经获得了美德,他就能够很容易地保持这点美德。所以与哲人称赞完美的人相反,他宁可称赞那些不完美的普普通通的俗人。他之所以攻击匹塔科斯是认为匹塔科斯说的不是真理,而匹塔科斯却认为自己在说真理。所以他说:"你瞧,一切都美着哩,并没有掺杂丑的东西"。

应该如何理解他们之间的这种分歧呢?我们应该把他们之间的分歧看作是哲人和智者的分歧。

第一,从哲学概念的角度看。保持(to be)对应的哲学概念是存在,而获得(to become)对应的哲学概念是生成。所以关于美德的获得和保持的关系问题也就是存在和生成的关系问题。我们知道,哲人和智者的斗争就是关于存在(to be)和生成(to become)的斗争。哲人是存在的支持者,智者则是生成的支持者。哲人推崇存在,所以推崇保持和不变。智者推崇生成,所以推崇获得和变化。存在高于生成,知识高于意见,所以保持高于获得,保持美德比获得美德更难。因为知识就是关于存在的认识,意见则是关于生成的认识。所以存在和生成的斗争也就是知识和意见的斗争。正如柏拉图在《克拉底鲁》、《泰阿泰德》中曾经反复提到的这场斗争一样。在这篇对话中,这种斗争也在进行和发展。例如普罗泰戈拉的"人是万物的尺度"的观点就是对生成的辩护,对于生成的推崇导致他最终必然否定一切知识,只承认意见的真实性。这样他就认为美德只是意见,美德和生成相关,和意见相关。哲人则认为美德和存在相关,和知识相关。

这就意味着美德的获得和保持的问题仍然涉及美德是知识还是意见的问题。“保持美德更难”是和“美德是知识”的问题结合在一起的，而“获得美德更难”的观点必然是和“美德是意见”的观点结合在一起的，这是存在与生成的斗争在道德问题领域上的表现。

第二，对人性完美性的不同认识。智者西蒙尼德的意思是认为人无完人，不要对人有太高的道德要求，不要妄图去寻找或者成为完人，而是要安于人性的不完美。人不可能战胜欲望，人受到欲望的支配而犯错也不必过于大惊小怪。对于较高德性的追求特别是对于哲学智慧的追求是不可能的，我们应该满足于这种较低水平的道德。可见，他把道德要求降低到普通人可以达到和接受的程度，为民主制准备了思想基础。西蒙尼德的这首诗是支持民主制、讨好民众的诗，反映了智者的平等主义。这种平等主义表现为智者对民众的生活方式和传统意见的无条件认同。所以智者是平庸的人，他们迎合民众，支持政治上的民主主义。同时他们的平等主义也反映了他们对人性的悲观主义。他们不相信人性的完美的可能性。也就是说，智者的平等主义来自对更高美德和人性完善的怀疑和否定。这种怀疑和否定的根源在于智者对哲学的否定。他们不相信理性的力量，因此他们对崇高的道德缺乏信心，不相信理性节制欲望和激情的力量，而满足于现实的道德水平。所以智者否定真理，没有理想，没有原则。

而哲人是人性的乐观主义者，表现了对人性的完美性的崇高信念。他们相信理性的力量，坚持真理的可能性，保持了对于真理的狂热追求。哲人认为总有可能有人能够完全以理性决定自己的欲望和激情，可以超越政治环境的支配，决定自己的行为，从而达到智慧和德性的完美境界。所以完人的可能性是始终存在的，因为自然的可能性是无限的。可以说，哲人就是完人的化身，可以同时具有所有美德。因为他拥有智慧，而智慧是一切美德之母，拥有智慧就会拥有一切美德。其他人几乎不可能同时具有所有美德，甚至根本不具有任何美德。可以说，柏拉图的全部对话都是在确立一个完美的哲人的理想形象。我们不能因为现实生活中没有发现完美的人，就否定完美的人的可能性。正如在《理想国》中他表述的关于理想国的设想一样。这种对于真理和完人的理想出于哲人的理性化的想象力。这种理性化的想象力是和知识智慧结合在一起的，所以才是真正的想象力。那种天马行空般的想象力并不是想象力，而是无知的妄想。所以哲人必然同时是精英主义和乐观主义的。

第三，对美德概念的不同理解。哲人认为美德的本质在于智慧，只有出于智慧的美德才是真正的美德。因为真正美德是出于对善的理性认识。人们在行为上合乎道德规范不是因为出于利己的动机，而是出于心甘情愿地自觉自律的认识。人是向善的动物，如果人们真正知道了善，就必然能够按照善的原则行动。人们之所以在行动上违背理性和道德，原因在于他们并不是真正的知道什么是善，但是他们却自以为知道什么是善。人们总是在追求他认为的善，但是他们认为的善并不是真正的善，他们把善的事物和善本身等同起来，所以他们必须为自己的无知受到惩罚。总而言之，人们的知行分裂的根源在于无知。从这个意义上看，知比行更难。

智者对美德的理解是外在的、表面的、习俗性的。他们没有看到美德的哲学智慧基础，仅仅把美德看作是政治习俗和外在行为规范，只是在行动实践的意义上理解美德。他并不关心人们在行为上遵守道德规范的内在动机，因此他们对人的灵魂缺乏深刻的认识。哲人认为如果行为的动机是不良的，仅仅在行为上表现为善，那也不能称为道德行为。智者没有看到只有出于智慧的美德才是真正的美德。所以他们认为获得美德是困难的，即在行为上合乎道德规范是困难的。并且认为只要一个人在行为上获得了或者做到了合乎道德，接下来的保持美德就容易了，这就是所谓的"习惯成自然"。所以他们的分歧反映了哲人和智者对美德的不同理解。

第四，对自然和习俗的关系的不同理解。智者把人性的自然和动物的自然等同起来，认为美德是一种从外部的灌输和强制，道德和法律等都是对人性的束缚和压抑。这当然意味着获得美德更难。这种对自然和习俗的割裂导致智者思想的自相矛盾。因为智者割裂了自然和习俗，他对人的习俗和文明保持一种激进的反对和否定的态度。所以我们可以把智者称为是自然主义者。但是智者在对人的自然失望之际，就会立刻变为习俗主义，即认为可以对人进行随意地教育和塑造，而不必顾及人的自然，表现了对人的自然的漠视。当智者倾向于习俗主义的时候，他们就又转变为保守主义,即他将反对一切对传统习俗的反思和改革,而片面地推崇对于传统习俗的维护,因此成为传统道德观念的维护者和支持者。这样智者在实践上始终是激进主义的。他们教授的各种新思想以及对于自然和习俗的区分都显得非常反传统。这体现了智者哲学中的自相矛盾。所以智者的自然主义、习俗主义和保守主义归根到底是一回事,其根源都在于没有正确理解人性的自然和道德习俗的关系。

哲人认为人是政治的动物,人的依据政治习俗的生活就是合乎自然的,人性的自然需要政治美德和法律的教育和完善。或者说,人的自然必须在文明教育中才能从潜能转变为现实。好的教育造成好的现实,而坏的教育造成坏的现实。因此归根到底,文明和自然并不是对立的,文明是自然的一种形式。我们对文明的本质的认识不能脱离其自然本质。哲人同样认为自然高于文明,但是他却反对以此否定文明。因为文明是对自然的模仿和分有,因此人类的道德文明应该不断根据自然进行校正。推崇自然并不是否定道德文明,而是以自然校正文明。哲人研究自然,依据自然而生活,所以哲人是高于道德文明的。但是哲人并不反对国家的道德和法律,甚至是它们的维护者和复兴者。所以哲人会显得是保守主义的。但是哲人要求对道德法律进行彻底的理性考察,反对因循守旧、故步自封,所以他的这种认识活动又隐含着非常激进主义的要求。可以说,智者和哲人的激进主义和保守主义也正好是相反相成的。总而言之,哲人没有把人的自然和道德习俗对立起来,认为人是道德的动物,并不存在一个"前道德"的"自然状态",人的生活自始至终都是处于道德状态中的。但是人却往往受到自己的欲望的支配,会经常在行为上违背道德。所以哲人认为保持美德更难。而且道德标准越高,要维持它就越是困难。因此孔子称赞颜回:"三月不违仁。"曾子说也引用《诗经》的话:"战战兢兢,如临深渊,如履薄冰。"(《论语·泰伯》)"勿以善小而不为,勿以恶小而为之。"这都表明了保持美德的困难。但是智者把人的自然和道德习俗对立起来,认为人的行为在合乎道德之前不是道德的,而是自然的,人的自然是反道德的,所以人要获得道德,就必须克服自己的自然,因此他认为获得美德更难。不理解人性的自然,我们就不可能理解美德是什么。

第五，从哲学和政治的关系看。哲学是追求智慧，政治是追求美德。匹塔科斯认为保持美德更难，是对智慧稀缺的感叹。也就是说，如果没有哲学，政治就无法维持自己的美德，就会在因循守旧中故步自封。哲学是审时度势、实事求是、随机应变、与时俱进的，所以才能对政治美德进行适时适当的调整和校正，从而保持政治美德不会退化。只有哲学智慧才能使政治美德能够保持，如果没有哲学智慧，政治美德的保持就是困难的。因为政治事务涉及更多人、更大范围，它的历史比一个人的生命要长久，所以面临更多不确定性，所以保持政治美德比获得哲学智慧更难。而追求哲学智慧，只要我们发心努力，就能够有所得，即孔子所谓的"我欲仁，斯仁至矣"。所以哲学美德在于个人的主观能动性，相对比较容易。而政治事务更多依赖于各种不确定的机遇和偶然性，所以政治美德更加难以维持不变，几乎无法避免最终扭曲和变质。反观历史，我们看到这似乎也是一切优秀政治美德传统的宿命。因此孔子才认为："可与共学，未可与适道；可与适道，未可与立；可与立，未可与权。"(《论语・子罕》)这样，苏格拉底通过引述匹塔科斯的话表明德性的进步以智慧的进步为前提。随着知识的退化，美德的退化就是不可避免的。在没有智慧的情况下，勇敢会逐渐变质，成为胆大和放纵。这就是斯巴达的美德退化的根源。这从相反方面证明了美德对于知识的依赖性，或者知识对于美德的决定性。所以智慧才是美德的根本，没有知识就没有美德，智慧或者知识是一切德性之本。而西蒙尼德并不看重哲学，或者并不知道哲学意味着什么，不知道哲学对于政治的重要意义。

总而言之，哲人匹塔科斯的看法则是保持美德(to be)比获得(to become)美德更难。其隐含的意义在于肯定了哲学智慧对于政治生活的重要性。如果脱离了哲学智慧，政治美德的衰败是不可避免的。所以如果政治生活要维持自己的美德，就必须依靠哲学，追求哲学。而智者西蒙尼德完全颠倒了匹塔科斯的观点，认为获得美德比保持美德更难。其隐含的意义在于否定了哲学智慧的重要性，肯定了政治美德的重要性。他们之间的对立也就是哲人和智者的对立。智者认为道德是意见或者习俗，因此智者必然是平等主义、相对主义、民主主义、习俗主义和保守主义。哲人坚持美德是知识或者智慧，必然反对智者的平等主义、相对主义、习俗主义和保守主义的立场。

五、以勇敢和知识的关系为例探讨“美德就是知识”347b

苏格拉底解读完这首诗后表示，大家聚在一起讨论诗歌非常无聊乏味。谈诗的人仿佛显得很有学问或者文化，但实际上却是不知所云，只是附庸风雅而已。“诗人讲的什么，其实根本问不出个名堂来。说话引用诗句的时候，情形多半是，这个说诗人的意思是这样，那个说诗人的意思是那样，争来争去始终都不着边际。”（柏拉图：《普罗泰戈拉》，347e）如果我们就诗歌中的问题进行争论，反而会可能遗忘自己关心的真正问题，偏离讨论的正确轨道，最终得不出个所以然。所以他还是喜欢哲学辩证法，认为真正的谈话应该是自己说自己的，把自己的话说明白，通过来来往往地问难答疑，以此考察真理和我们自己。所以他建议现在他开始提问，普罗泰戈拉回答。这里也表达了苏格拉底对于诗歌的态度。诗歌最大的问题就是不关心是非对错，只关心是不是吸引人的眼球和激发人的情感。诗歌的这种特性注定诗歌是低级而庸俗的。如果它不能和正确的思想结合起来，必然是非常坏的东西。所以苏格拉底一贯要求诗歌必须克服自己的虚荣心，不能以迎合人民为目标，诗歌必须接受哲学的统治，诗歌必须传达真理，否则就应该驱逐诗歌。

1. 勇敢和大胆的区分 349b

苏格拉底先以反讽地方式赞扬了普罗泰戈拉在言辞上的能长能短，以此安抚他。然后他重提前面的问题，即公正、勇敢、智慧、审慎、节制是一个美德的五种名称，还是各自不同、各有所是、各有所用。

苏格拉底对这个问题的重新探讨是为了使普罗泰戈拉看到或者承认美德的基础是智慧，并且迫使他意识到自己的民主主义立场的自相矛盾。如果承认美德是相同的，那么它们的共同点只能是知识，知识就是美德的本质。智慧是“体”，美德是“用”。体是“一”，用是“多”。如果承认它们是不同的，那么民主制的平等主义就是不能成立的。因为民主制恰恰是以美德的同一性为基础的。也就是说，在民主制社会中，人的等级身份都消失了，所以人的美德差异性也就消失了。在民主制生活中，美德问题获得了极大的简化或者退化。因此只有承认不同的美德是相同的，民主制的道德基础才能够成立。民主制的美德同一性是行为标准上的同一性，不同于苏格拉底的智慧本身的同一性。我们看到，现代政治道德就是一个逐渐简化道德标准的过程，这个过程最后在康德的普遍的“绝对命令”得到了集中的体现和表达。在这个过程中，古代的繁琐的道德标准被简化为一条适用于所有人的道德标准，这是现代民主政治的基本精神和需要。所以这个问题既关系到美德是不是知识的问题，也关系到民主制的正当性问题。

这一次，普罗泰戈拉细化了自己的观点，他认为其他各种美德彼此相似，但是勇敢却不同于其他美德。一个人可能不具备其他美德，但是仍然可以是勇敢的。他的言外之意是其他美德都和知识相关，而勇敢却和知识最不相关。这表明普罗泰戈拉已经对“美德是知识”有所认识了，但是仍然没有真正理解和赞同“美德就是知识”的观点，或者没有看到知识对于美德的决定性。

苏格拉底立刻反问他，勇敢是不是大胆。普罗泰戈拉认为“勇敢就是面对可怕的事情向前冲”。这个观点似乎把勇敢和大胆等同起来了。苏格拉底表示如果没有知识，向前冲就只是大胆，而不是勇敢。大胆并不就是勇敢。美德是好东西，它只会给人带来好处。勇敢作为美德只能带来好处，大胆或者鲁莽可能带来害处。苏格拉底认为有知识的人往往更加大胆，正是知识使大胆变为勇敢。这样，苏格拉底就把勇敢和智慧联系起来，没有智慧的勇敢只是大胆。这意味着只有哲人才是真正的勇敢的人，而其他的人的勇敢都只是大胆或者鲁莽。正如孔子指出的：“仁者必有勇，勇者不必有仁。”

普罗泰戈拉对于勇敢和大胆的关系进行了辩解。勇敢就是大胆，但是大胆并不就是勇敢。大胆依靠的是技艺、血气和疯狂，勇敢则是天性和灵魂教育得好。这段话表明他已经贬低了勇敢中的血气，把勇敢和教育联系起来。我们也看到，苏格拉底也贬低血气之勇或者匹夫之勇，正如他对于斯巴达式的尚武美德的贬低。只有出于智慧或者理性的勇敢才是值得推崇的。这和孔子对血气之勇的贬抑是一致的。子路曰：“君子尚勇乎？”子曰：“君子义以为上。君子有勇而无义为乱，小人有勇而无义为盗。”(《论语·阳货》)可以说，只有对出于智慧或者正义的勇敢的推崇才是文明的态度和立场，片面地推崇血气之勇则是野蛮和愚昧的表现。对血气之勇的推崇导致对文明教育的否定和贬低，最终导致军国主义、虚无主义和蒙昧主义的泛滥。纳粹主义就是这种军国主义和虚无主义的典型。

2. 勇敢和快乐的关系 351b

面对普罗泰戈拉的辩解，苏格拉底意识到他仍然没有承认“美德就是知识”的观点。于是他尝试从另一个方面即从快乐和勇敢的关系方面重新解释勇敢的含义。苏格拉底问他是不是有的人活得好，有的人活得不好。活得好是不是意味着快快乐乐的活和快快乐乐的死。普罗泰戈拉毕竟也是非常聪明的人，他认为只有在美好的东西中获得快乐才是活得好，如果不是在美好事物中获得快乐就不能算是好，因此他没有把好和快乐等同起来。而单纯的快乐主义者则简单地把快乐和好等同起来。在《斐莱布》中，苏格拉底对快乐主义进行了批判，对快乐和善的关系进行了辨析。在此，苏格拉底也要求把快乐和善好区分开来。苏格拉底表示快乐和痛苦的好坏必须看它们引发的结果，只有导致好的结果的快乐才是好的，而导致坏的结果的快乐就是坏的。这类似于一种功利主义或者后果主义的观念，即从行为的后果评价行为的好坏。但是苏格拉底思考的问题远远超出了功利主义的计算，旨在把讨论引向哲学生活。所以我们以功利主义理解苏格拉底的这种讨论是不准确的。

为此，苏格拉底提到了人们对于知识的两种看法。“尽管知识经常出现在人身上，但支配人却并非知识，而是别的什么——这会儿是血气，那会儿是快乐，过会儿是痛苦，有时是情爱，更多时候是恐惧——他们如此简单地看待知识，就像他们看待一个奴隶，任由其他所有东西拉来扯去。……抑或认为知识乃是一种高贵的、有能力支配人的东西，要是一个人知道了好和坏，就不会被任何事情压垮，做任何事情都不会不按知识对自己的要求，反倒认为能助人一臂之力的恰恰就是知识。”（柏拉图：《普罗泰戈拉》，352b－c）他的意思是人应该接受快乐或者欲望的引导还是接受知识的引导。前者就是大多数人的选择，后者则是哲人的选择。前者是情感主义的生活方式，而哲人则是理性主义的生活方式。这就是两种人的生活方式或者哲学生活和政治生活的基本差别所在。苏格拉底鲜明地指出了这种差别。普罗泰戈拉也非常明智地认可苏格拉底的这种看法，并且站在苏格拉底的一边，说他感到可耻的是所有人都几乎不承认知识和智慧乃是人间事物中最有力量的东西。苏格拉底立刻表示世上大多数人都被快乐所征服，他们不是依据知识而生活，而是依据欲望或者情感而生活。即使他们知道什么是好的，他们也能够做到，但是他们却仍然不会去做。所以苏格拉底要求普罗泰戈拉和他一起去劝导世人。但是普罗泰戈拉并不喜欢去劝导人民，也并不认真对待人民的看法，他对此不感兴趣。

这样，柏拉图暗示苏格拉底和普罗泰戈拉已经达成了和解和共识。正如在《理想国》中，苏格拉底和色拉叙马霍斯也达成共识和解一样。通过这种和解和共识，哲人实现了对于智者的驯服。在柏拉图的对话中，哲人和智者的结盟是一个基本的原则。因为两者本身非常接近，他们都是在理智上出类拔萃的人，都远远高出一般人之上。智者的特长是能够劝导大众，而哲人则缺乏这种能力。所以哲人的智慧是隐微的，只能局限在很小的范围内，而智者善于面对大众，驾驭大众。如果他们能够联合起来，就能够有效地改变人民大众的政治生活，发挥巨大的政治影响力。在柏拉图看来，这是改善政治生活的最好方法，所以他的对话经常暗示哲人和智者的联合。但是智者并不真正关心人们的道德教育，他们从事教育不过是为了财富和名誉。哲人和智者的联合是困难的。

苏格拉底继续劝导普罗泰戈拉，要求继续探讨勇敢的含义。普罗泰戈拉勉强接受了苏格拉底的建议。苏格拉底提问，“被快乐征服”是什么意思，因为这个短语和勇敢的问题有关。人们显然承认有些快乐是坏的低俗的，因为可能导致痛苦和疾病等坏的结果；而有些痛苦是好的，因为带来健康或者财富等。这都是根据它们导致的结果来决定的。所以情感本身的好坏必须根据它们导致的结果来决定，而不是根据快乐或者痛苦的感觉体验本身来决定。因此我们就不应该单纯地追求快乐或者避免痛苦，而是应该考虑它们随后导致的结果。我们不能为了即时的快乐或者痛苦而进行选择，而应该根据其最终的结果来选择。苏格拉底又假设，如果世人能够把快乐和好区分开，那么他们就会认为自己是被好征服，但是这样他们就自相矛盾。所以苏格拉底要求世人必须善于在即时快乐和将来的快乐之间进行“权衡”。我们不能因为将来的快乐远在天边就认为它不重要，而当下的快乐近在咫尺就认为它重要。苏格拉底认为我们应该选择更大的快乐，而不是当下的快乐，“拯救生活”就必须依靠“权衡的技艺”。凭借权衡的技艺，我们才能超越当下快乐的诱惑，以追求将来更大的快乐。“衡量的技艺才会戳破这个幻影，使得真理昭然若揭，让咱们的灵魂因牢牢把持住真理而拥有安宁，从而拯救了咱们的生活”。（柏拉图：《普罗泰戈拉》，356e）

应该如何理解柏拉图此处提到的权衡的技艺呢？所谓更大的快乐和更小的快乐具体是什么意思？权衡的技艺最终带来的快乐意味着什么呢？权衡的技艺是在更大快乐和当下快乐之间进行选择，使我们去选择将来的更大的快乐，而不是选择当下的较小的甚至带来痛苦的快乐。权衡的技艺就是关系到过度和不足的中道的知识。这种权衡的技艺也就是在《斐莱布》中曾经提到的“混合的技艺”，也是在《政治家》中提到的“度量的技艺”和“中道的技艺”。我们必须让衡量和中道的知识技艺支配我们的生活，而不是让快乐或者痛苦支配我们的生活。所以拯救生活就是依靠权衡的技艺，正确地选择快乐和痛苦，在更多和更少、更大和更小、更远和更近之间进行选择。权衡的技艺教导我们应该选择最大的快乐，最大的快乐并不是最强烈的快乐。可以说，权衡的技艺追求的乃是心灵的和谐，或者说是理性和非理性的和谐。和谐是指各种异质性元素的调和状态。各种异质性元素都各得其所，各安其位，心灵不再被各种欲望和情感所分裂和纠缠。因此和谐意味着心灵的安宁，就是没有被快乐或者痛苦扰动的状态，安宁是心灵的静止的“不动心”的状态。这种静止状态就是纯粹的快乐。这种快乐是和一切欲望和痛苦没有关系的状态，类似于儒家推崇的“孔颜乐处”或者陶渊明的“纵浪大化中，不喜亦不惧”的快乐。一般所谓的快乐是动态的快乐，是和痛苦相伴随的快乐，因此是智慧的人应该避免的。真正的快乐就是精神的和谐和安宁。这种和谐和快乐只有通过衡量的技艺才能达到。

首先可以进一步指出，这种安宁和谐的快乐就是哲学生活的快乐。权衡的技艺所追求的应该是哲学的至善带来的快乐。权衡的技艺就是根据至善进行选择。至善或者终极幸福才是我们人生的一切选择的最终根据。这种最大快乐或者终极幸福首先就意味着过一种理性的哲学生活。在苏格拉底看来，当我们学习了哲学，我们就能够获得纯粹的快乐，而不是世人的那种和痛苦伴随的快乐。这样我们就不再需要任何其他的东西，而从一切欲望和激情中解放出来。柏拉图的全部对话都试图揭示哲学生活的最高幸福。其次，如果我们无能选择过哲学生活，那么我们就应该选择过一种次等的快乐生活，这种生活要求我们必须超越今生的局限性，而预设来世的存在。如果我们仅仅在今生的范围内来进行权衡和选择，我们很难做出正确的选择。而这种今世和来世的结合才意味着更大更完整的整体性，只有在这种整体性中才能进行更好的权衡。如果有来生，我们就会为了来世更大的快乐而选择放弃今生的快乐，这样我们在今生就可能过得比较理智和高贵。如果我们认为只有今生，没有来生，我们都容易成为亡命之徒，都不会负责地对待自己的人生。所以柏拉图在他的对话中反复讲到灵魂轮回的问题，这都是为了使我们能够更好地使用权衡的技艺，从而能够过一种次等的快乐美好生活。所以权衡的技艺最终意味着首要的真正的选择就是在哲学生活和政治生活之间进行的选择，其次是在有来世的生活和无来世的生活之间进行选择，而其他类型的个人的自由选择都是微不足道的。

最后苏格拉底指出，人们之所以在快乐和痛苦之间进行选择时犯错误，就是因为缺乏权衡的技艺，也就是缺乏知识。所以"被快乐征服"本质上就是被愚昧无知征服。愚昧的人只追求眼前的快乐，而不是追求更大的和将来的快乐。只有愚昧的人才被快乐征服，被快乐征服的人也就是胆怯的人，他们缺乏抵制当下快乐的勇敢。所以勇敢并不仅仅是面对可怕的事情向前冲，面对快乐的诱惑也能够坚决抵制，能够抵御糖衣炮弹的进攻而不被征服，这才是真正的勇敢。苏格拉底所理解和推崇的乃是这种勇敢。在《法律篇》的开头，柏拉图谈到了饮酒的问题，饮酒的问题也就是如何面对快乐进攻的问题。快乐中蕴含的危险有时比可怕的事情更大，因此面对快乐唤起的勇敢更加可贵。"威武不能屈，贫贱不能移"的勇敢容易做到，而"富贵不能淫"的勇敢就很难做到了。"英雄难过美人关"也表明，所谓的英雄只能抵抗可怕事物的攻击，而无能抵抗快乐事物的攻击，抵御快乐的进攻的勇敢是更加难能可贵的。所以真正的勇敢是和理性以及智慧联系在一起的。没有智慧的勇敢不是真正的勇敢。其他美德也是如此。

苏格拉底假想了一段联合普罗泰戈拉共同对民众发表的讲话。他反讽地指出，普罗泰戈拉是美德的教师，是专门治疗愚昧这种疾病的人，而世人却认为美德不可教，不舍得自己的钱财，不请教智者治疗自己的愚昧，结果把自己的生活搞得一团糟。

应该如何理解苏格拉底的这段话呢？我们要看到，苏格拉底的这段话是面对民主制社会中的大众发表的。这涉及民主制本身的性质问题。相比于其他任何政体的社会，民主制社会是更加欲望化的。其他政体都把法律和秩序作为首要因素，而民主制社会则把欲望和非理性因素置于更高地位。纵观历史，我们知道，民主制的兴起是通过以财富为诱饵，发动穷人而实现的。所以民主制不得不放纵人民对于财富的欲望。同样，由于民主制推崇大多数人的生活方式，它必须以自由和平等作为自己的基本原则，肯定人的自然的同质性和平等性。这样民主制必须否定政治的等级制，而政治的等级制是以人的自然的差异性为基础的。正如在《理想国》中苏格拉底暗示的，政治等级制严格来说是根据人的理性能力的差异性划分人的自然差异性，并且把这种差异性确立为政治等级制的基础。如果我们坚持理性主义的原则，那么这种等级制的划分就是不可避免的。相反，民主制必然以对理性主义的贬低为前提，以对人的非理性的欲望的放纵为根本原则。民主制倾向于放纵人的欲望，降低对人的教导和监管，使人变得为所欲为和胆大妄为。与此一致，民主制倾向于否定美德的异质性和差异性，而支持美德的同一性，甚至倾向于否定美德本身。我们看到，即使在寡头制下，人对财富的追求也是含蓄的羞怯的。但是在民主制下，人对财富的追求就是赤裸裸的，毫无羞耻的。在对财富的追求中，总有人更有能力或者更加幸运，他们在财富的博弈中更快更多地聚集了财富，由此导致了社会的贫富分化，这种分化导致穷人对富人的仇恨和剥夺。这种剥夺是以穷人推举强人作为领袖来实现的。强人领导穷人剥夺了富人，强人最终掌握了政治权力，民主制转变为僭主制。这意味着民主制最终转向僭主制就是不可避免的。这就是《理想国》中第八卷揭示的政治演化。[1] 由此可见，欲望和快乐是民主制的根本精神。“物极必反”，这种非理性的倾向最终会瓦解民主制本身，民主制可能在追求快乐的欲望的大海中倾覆。所以苏格拉底认为，克服民主制的弊端的方法就在于对欲望和快乐的征服。这样哲人和智者必须共同担负起维护和改进民主制的责任。在他看来，改进民主制的最好方式就是增加民主制中的理智元素，降低其非理性的因素，这种理性的元素就是权衡的技艺所指示的。我们在追求快乐的时候应该进行反复衡量，不要被快乐所征服，而是要征服快乐。面对快乐的诱惑，我们同样需要勇敢。勇敢不仅仅是血气之勇，不仅仅是面对可怕向前冲，勇敢本质上是一种知识或者智慧支配下的行为，它可能表现为节制的，也就是对于衡量的技艺的恰当使用。权衡的技艺的根本在于理性和智慧。只有凭借理性才能做出正确选择，这种正确选择就是对欲望的驯服。

3. 勇敢和知识的关系 358a

苏格拉底在结束了一大段模拟的对大众的讲话之后，问其他人是不是赞同他的看法。这些人都一致同意。既然勇敢取决于智慧，胆怯来自愚昧，他接下来对智慧和愚昧进行了界定。“被自个儿征服不折不扣就是愚昧，而征服自个儿就是智慧。”(柏拉图：《普罗泰戈拉》，358c)征服自我就是以理性战胜欲望，就是自制。因此征服自我才是勇敢的真正含义和精神。能够自制的人才是智慧的人和勇敢的人。这和老子的“自知者明，自胜者强”的看法是一致的。而愚昧就是似是而非的意见和在重要事情上无知。愚昧的人是被欲望征服的人，他不能支配自己的欲望和情感，不能做到自制，因此愚昧的人就是胆怯的人。

---

[1] 现代政治本质上也是民主政治，因此现代性也遵循了降低道德要求的做法。马基雅维利把政治和道德(严格说来是基督教道德)分开，使得政治活动成为纯粹的技术活动或者力量的角逐。霍布斯同样降低了政治生活中的道德要求，他的政治道德就是和平的德性，用尼采的术语来说就是“畜群道德”。这些都是降低道德标准的做法，目的就是迎合民众，符合民众的道德口味，最终把道德驱逐出政治生活。虽然后来卢梭和康德等人力图提升政治的道德标准，但他们的道德意识根本上仍然是顺应现代性的功利主义政治哲学要求的，并不是为了根本改变现代性的价值取向。所以康德推崇实践理性，而不是理论理性。这恰恰是康德的现代性的立场的表现。现代民主制如果要获得长久的维持和发展，就必须不断从古典政治哲学中吸取智慧的资粮。

苏格拉底进一步从目的论角度说明关于勇敢和智慧的看法。没有人去追求自认为坏的东西，没有人会去追求恐惧和可怕的事情，所以勇敢并不就是冲着可怕的东西去，而是冲着更高尚更好的东西去。这种更好的东西就是荣誉。勇敢的人会受到整个城邦的推崇和尊敬，所以勇敢的人是在追求这种荣誉和尊敬，并不是冲着可怕恐惧去的。因此我们不能根据恐惧说明勇敢，勇敢并不是一种纯粹的血气之勇。同样，胆怯的人并不就是胆怯，他们同样是大胆的，他们的大胆就表现为他们“敢于”承担可耻的“勇气”，“敢于”不追求高尚和美好的勇气。这种在可耻的事情的大胆就是出于愚昧无知。他们不知道什么是真正的“好”，或者把苟且偷生作为好。那些怯懦的人并不是怯懦，而是无知愚昧，他们也并不胆小，而是胆大的。

这样，苏格拉底就颠覆了我们一般人关于勇敢和怯懦的看法，把勇敢、怯懦都和智慧联系起来。愚昧无知的人不可能是勇敢的人，勇敢也来自智慧，正如其他美德也来自智慧一样。勇敢的人没有可耻的恐惧，也没有可耻的胆大。而怯懦的人则既有可耻的恐惧，也有可耻的大胆。勇敢就是知识，怯懦就是无知。苏格拉底贬低了血气之勇或者匹夫之勇。这样我们就可以理解，本篇对话之所以强调勇敢和智慧的关系，是因为勇敢最显得与知识智慧无关，这是普罗泰戈拉认为勇敢比较特殊的原因。但是苏格拉底最终证明，勇敢也是出于智慧，只有在智慧的支配下勇敢才是勇敢。这种观点本身就是对哲学的辩护，因此也就是对智者的最大批判。通过把勇敢纳入到智慧之下，智慧的最高地位被最终确立起来。在《拉凯斯》中也同样贯穿了这种意图。

面对苏格拉底的这个结论，普罗泰戈拉沉默不语了。因为如果他承认苏格拉底的这种看法，他就不得不反对自己前面关于勇敢是一种特殊的和知识无关的美德的看法。他并不愿意承认这一点，但是他最终不得不同意苏格拉底的看法，并且辩解说他是在为苏格拉底的好胜心而服务。但是苏格拉底立刻纠正他，说自己并无所谓的好胜心，只是因为自己对美德问题不清楚，所以才来问他。可以说，这是普罗泰戈拉“以小人之心度君子之腹”，他并不理解苏格拉底对智慧的狂热，反而认为哲人也是出于虚荣心进行辩论。

苏格拉底接下来表示，如果美德是知识，美德就是可教的，因为知识是可教的。而普罗泰戈拉则似乎倾向于认为美德不可教，因为他不承认美德是知识。他们似乎都最终走向了自己的原来观点的反面。

在这里，苏格拉底对美德可教的看法实际上蕴含了他对个人的自然差异性的强调，也蕴含着他对教育的本质的看法。首先，人和人的自然是不平等的，这种不平等就表现在人的理性能力的差异性上。这种理性能力的差异性主要来自人的爱欲的差异性。不同的爱欲决定了人追求的东西是不同的，因此导致人们的理性能力的发展的不同。大多数人被自己的欲望和情感支配，他们只是追求和身体感官相关的现象之物，所以他们"一生都在梦中"，只有意见，没有智慧。而哲人超越了感官肉体的局限，不被欲望和情感支配，追求善本身，而不是善的影像。所以哲人拥有智慧和知识。对哲人和俗人的划分是柏拉图政治哲学的基本出发点。其次，教育的本质就奠基于这种理性的等级差异性。这种理性能力的不平等是一切教育得以存在的根本原因。如果我们承认教育的可能性和必要性，就必须肯定理性能力的等级差异性。因此教育的本质就是理性智慧高的人教育完善理性智慧低的人。这意味着只有哲人才是真正的教育者。苏格拉底的这段话旨在告诉普罗泰戈拉，如果他真要教育人，就必须追求智慧，而不是财富和名声。如果他坚持民主制的平等主义，就是对教育的否定。这就是一切智者自相矛盾的地方。所以，不论苏格拉底认为美德是可教的还是不可教的，都蕴含了他对人性的自然的肯定和强调，特别是蕴含了他对于人的理性能力的不平等的肯定。当苏格拉底认为美德不可教时，他在暗示教育是人性的自然的完善，美德教育必须合乎人性的自然，而不是外在的灌输和强制，否则就不可能获得效果。当他认为美德可教时，他是在强调人的理性能力的不平等。理性能力低下的人必须接受理性能力高超的人的教育。人性是向善的，人们只是因为无知才犯错误，才遭受痛苦和不幸，所以对人的教化是可能的。相反，普罗泰戈拉支持平等主义，他实际上就否定了美德可教的前提。

苏格拉底再次表示美德问题并未通过这次讨论变得清晰，而是变得更加混乱了。所以他要求重新探讨什么是美德，以及美德是不是可教的问题。然后他提到了普罗泰戈拉神话中的普罗米修斯和厄琵米修斯，认为这种混乱可能是厄琵米修斯捣乱的结果，并且说“我更喜欢这个故事中的普罗米修斯，而非厄琵米修斯”。这就暗示了苏格拉底和普罗米修斯之间的亲缘性关系，他们都是智慧而勇敢的人，因此都是哲人的象征。而厄琵米修斯则是愚昧而大胆的人，是智者的象征。他说自己要跟随普罗米修斯，把自己的整个生命想想清楚，彻底探究美德是什么的问题。

普罗泰戈拉表示他赞赏苏格拉底的求知热情，同时表示自己不是坏人，也没有嫉妒心，并且说：“我也确实对许多人说过你，在我所遇到的所有人中——尤其同你年岁相若的人当中，我最惊异的就是你。”（柏拉图：《普罗泰戈拉》，361e）这句话表达了智者对哲人的敬畏和顺从，哲人的神圣和崇高得到了确认，智者的愚昧大胆和狂妄傲慢得到了暂时的纠正。这和《会饮》中阿尔喀比亚德对苏格拉底的颂扬是非常一致的。普罗泰戈拉最后表示愿意以后继续讨论这类问题，但是现在该结束谈话了。

苏格拉底也表示他该去办“正事”了，他只是为了让卡利阿斯高兴才留下来的。苏格拉底似乎暗示哲学谈话并不是正事，政治之事才是正事。因为政治是“无所逃于天地之间的”（庄子语），政治生活是一切生活的基础和根本。任何人都必须认真面对政治。如果不能尽可能地完善政治生活，哲学生活也是不能独善其身的。因此哲人和智者都必须尊重政治，认真严肃地对待政治，而不能肆意地非圣无法，恃才傲物，妖言惑众。正如老子所说：“人之所畏，不可不畏。”而孔子也说：“素隐行怪，后世有述焉，吾弗为之矣。”所以哲人总是顺遂世俗的，他在任何政治制度中都是游刃有余的，并且尽可能地使他所生活于其中的政治社会变得更好。当然，我们也不能因此贬低哲学，哲学是人世间最美好、最高贵的事情，只有哲学思考才是最伟大的事业。坚定地维护哲学，为哲学生活辩护是一切哲人的最重要的使命。只有保持了哲学的智慧和良知，政治生活才能保持自己的美德。总而言之，哲学必须在政治事务中限定自己，正如政治必须在哲学中限定自己一样。两者是相反相成的。

六、结束语

这篇对话中一共出现了三对哲人和智者的形象，即苏格拉底和普罗泰戈拉、普罗米修斯和厄琵米修斯、匹塔科斯和西蒙尼德。柏拉图展示了一个哲人和智者的论战的广阔场景，也展示了他们的相似性和亲缘性。哲人和智者的斗争关系到对于政治话语权的斗争，因此关系到人们的灵魂的塑造和教育的问题。从这个意义上看，哲人和智者的斗争是最高等级的斗争。

美德是否可教的问题是哲人和智者斗争的一个主要问题。简单地说，哲人认为美德是知识，智者认为美德是意见。这种分歧关系到对美德的本质和教育的本质的理解，也关系到对很多根本问题的认识。

第一，美德是知识意味着美德出于智慧，只有建立在智慧基础上的美德才是真正的美德。虽然智慧被看作四种美德之一，但是智慧不同于其他美德。智慧是“体”，美德是“用”。体是“一”，用是“多”。因为智慧是人认识理念实相本身，不被感官和现象之物迷惑，不被欲望和情感支配，因此哲人就不会见利忘义、贪生怕死、为所欲为，保持正义、勇敢和节制。而一般人之所以“显得”正义、勇敢和节制，只是因为受到外界环境的制约或者社会舆论的监督。如果没有了这种外在的约束，一般人几乎不会拥有任何美德，正如格劳孔在《理想国》中说的那个古格斯指环的故事一样。所以如果一种道德行为只是在规范上合乎道德，而其目的和动机却是不合乎道德的，那么这种道德行为同样不能是一种道德行为。只有真正理解了道德的本质，我们对道德规范的遵守才是真正的遵守。从这个意义上说，哲人认为美德是知识，就意味着哲人对道德怀有崇高的期待和敬意，这也是对人性的期待和敬畏。正如康德的绝对律令和善良意志表明的那样。也就是说，真正的美德是自制和自律的结果。如果我们仅仅是因为对惩罚的恐惧而“显得”具有德性，或者不能抵制快乐，这都不能算是有德性。相反，智者认为美德只是习俗和行为规范，根本不关心人的内在动机和意图，一种行为只要合乎标准和规范就是合乎道德的。这意味着智者对道德和人性都没有崇高的期待和敬畏。

第二，从道德和欲望的关系看。哲人认为道德的目的或者作用是为了防止欲望对于人的伤害。人的欲望的特点是无限性，这种无限性的欲望对于人是危险的。所谓“欲壑难填”，“人心不足蛇吞象”，就是对人的欲望的无限性和危险性的揭示。人在这种无限性的欲望的驱动下就会做出无法无天、害人害己的行为。哲人通过立法和道德来限制人的欲望，以此避免被自己或者他人的欲望的伤害。所以当苏格拉底在谈到对于快乐的选择和衡量时，他暗示道德就是计算，是一种理性的衡量的技艺。这种计算或者衡量揭示了道德的非道德起源。通过这种道德的计算，使人们不至于被快乐诱惑和伤害。一个道德主义者根本不知道道德的意图，道德的视野遮蔽了理智的视野。从这个意义上，苏格拉底是非道德主义者，他处于"善恶的彼岸"。在他看来，道德是一种工具和药物，用来医治人的欲望之病。如果我们忘记了道德的这种意图和作用，不论我们是遵循道德还是反对道德都是没有基础的。智者恰恰没有看到道德作为药物的意义，只是在习俗的意义上理解道德，所以他们才片面地反对美德，没有如实地认识道德的作用。

第三，从道德和理性的关系看。在哲人看来，道德的起源在于理性。道德是理性的立法，道德是对理性的分有和模仿。道德首先是政治性的，作为政治生活的核心而产生和存在。但是道德的起源却是哲学性的。道德是哲人的理性设计，是哲人的立法工作之一。正如法律起源于哲学理性，道德必然也是哲学理性的立法的一部分。因此"人是理性的动物"首先就表现为"人是道德的动物"。"人是政治的动物"和"人是理性的动物"是必然联系在一起的。所以苏格拉底对正义、勇敢、节制等道德本质的追问是对道德的理性本质的考察，是要求我们回到道德的理性起源上去。他认为只有在对政治道德问题的考察中才能发现和理解人的自然本质，也就是理性本质，否则就会把人的自然和动物的自然等同起来。所以最终道德、理性和自然是同一的，道德就体现了理性，理性就是人的自然的本质。理性对于非理性的支配才是合乎人的自然的。所以哲人才真正理解美德的实质。❶

我们还应看到，虽然道德起源于理性，但是道德的非理性的教条化和习俗化也是必不可少的。没有这种习俗性和教条化，道德的权威和延续几乎是无法维持的。因此作为意见习俗的道德同样是必不可少的。真正的道德立法者同样需要这种道德的教条化和永恒性。只是因为苏格拉底

❶ 尼采对道德的理性起源一无所知，他把道德看作是纯粹的权力意志的结果，没有看到道德现象的理性根源，所以尼采的道德哲学是错误的。

是在和希腊最有智慧的智者进行讨论，所以他就更加看重道德的理性起源，而不是道德的非理性习惯或者传统。道德主义的错误就在于只看到了道德的习俗方面，并且把这个方面作为唯一的和根本的东西，认为面对道德和法律，我们唯一要做的就是服从。这样作为习俗意见的道德最终必然会走向自己的反面，成为压抑和束缚人性的东西，最终也必然会走向衰败。也就是说，对于道德的非知识的理解必然最终导致道德主义，这种道德主义也就是孔子和孟子批评的“乡愿”的观点。而真正的反道德者就是乡愿式的道德主义者。所以在哲人看来，为了保持一种美德就必须不断地诉诸智慧。如果道德丧失了哲学的起源和反思，那么道德最终就会败坏。

第四，从道德科学的角度看。“美德是知识”表明在道德问题上就存在是非对错，我们可以并且应该对道德中的真理进行考察。所以苏格拉底追求一种严格的道德科学。他认为如果我们不能科学地探讨道德问题，那么我们也就不可能科学地探讨其他问题。因为对道德的需要也是人性的自然需要之一，所以对道德的探究是对自然的探究的一方面。如果道德科学是不可能的，那么其他自然科学也是不可能的。如果我们要建立一种严格的科学，就必须对道德问题也进行严格科学地考察。因此这个问题关系到科学哲学本身的可能性问题。相反，智者认为道德是意见，只是约定俗成的东西，因此和真理、事实没有关系。这种观点就否定了道德中存在是非对错，否定了道德中的真理性问题，所以智者必然陷入道德问题上的相对主义和虚无主义，并且最终否定一切其他科学的可能性。因此哲人和智者在这个问题上斗争最终关系到哲学科学的可能性问题。

第五，通过对道德的哲学理性起源的揭示，“美德是知识”还要求我们必须从道德的层次上升到理性的层次，从政治的层次上升到哲学的层次。道德是政治生活的根本，知识是哲学生活的根本。“美德是知识”就意味着从政治向哲学的上升。因为道德是理性的产物，所以对道德的探究就最终上升到对理性本身的认识，对道德的推崇就上升为对理性本身的推崇。因为德性和法律只是对理性的模仿，并不是理性的完全实现，我们最终要实现理性自然就必须扬弃德性和法律的理性，也就是扬弃文明，达到完全的理性自然本身。这就是人性的最高实现和成就，就是所谓的“自然高于文明”。人性的完善和上升就是通过德性和法律的现象上升到背后的自然—理性本身。所以人性的实现恰恰必须从德性和法律上升，而不是否定它们，把它们看作是对人性的压抑。当智者错误地把人的自然和道德文明区分开后，他就丧失了从道德礼法上升到理性自然的可能性，而走向对文明道德的否定，走向对理性真理的否定，把反道德和反传统文明作为人性的解放。或者转向对道德传统的无条件推崇，最终走向保守主义和道德主义。现代政治和现代哲学走的正是这条思想道路。

第六，当我们真正上升到自然理性的境界之际，就获得了真正的智慧，这时我们才能够理解“美德是知识”的最高含义。一方面，从肯定的积极的方面看，智慧就是对理念实相的直观认识。这种肯定的、积极的智慧观类似于佛教中的如来藏系的智慧。这种智慧的根本含义就是对实相的认识，也被称为“实相般若”或者“无所得智”。对实相的认识需要我们超越感官和现象的局限，当我们超越了感官和现象对局限后，我们就不会无知地追求感官和现象之物，而是直观认识实相本身。正如柏拉图在《理想国》中指出的，哲人专注于对理念世界的观照，而无暇顾及人世，不会为人世的琐屑事务烦恼。另一方面，从否定的、消极的方面看，智慧就是无知之知。这种无知之知的智慧类似于般若系的智慧。例如龙树菩萨的中观论就是特别发挥了这种智慧观。这种无知之知是相对于世人的知识和观念而言的。世人都受到某些观念的支配而不自知，他们其实对自己相信和遵守的观念并未认真地反思和考察，这就是以无知为有知。而哲人看到了世人的观念的虚假性，不再相信和遵循世人的主流观念，显得对世人的观念是无知的。这就是无知之知。这种无知之知其实是对世人观念的一种否定和拒绝。所谓“大智若愚”。总而言之，真正的智慧就是消除世人观念的主观性和局限性，实现向自然本身或者事实本身的复归。因此实相般若和无知之知揭示的是“天人合一”的实相境界，它显示了人所能够达到的最高成就。

因此“美德是知识”意味着，理性智慧削弱和抵制了一切实践的欲望和冲动。美德的实践性就被削弱了，最高美德就成为一种静观的理论生活。因为真正的美德就是静观的理论生活，所以苏格拉底和柏拉图肯定了理论生活对于实践生活的优先性和崇高性。[1] 可以说，实相智慧和无知之知必然伴随无为。无为就是最大的有为，因为无为也是要通过有为才能达到的。在古典哲人看来，在无为中包含了人性的可能性的最高成就。静观或者无为是对一切有为的否定，因此它是最大的作为。在这种静观无为中，才会涌现出最大、最纯粹的快乐和幸福，人类的幸福莫过于此。当然，这种无为的理论静观或者沉思对于人类的政治实践生活同样具有重要意义。如果没有这种理论静观，人类最终就可能在人为的习俗传统中，在疯狂的实践冲动中走向毁灭。所以智慧是最高德性，作为德性，智慧不是任何政治的习俗性的实践德性，它表现为对一切实践德性的反思和考察。通过这种反思和考察，实践德性会认识到自己的片面性和盲目性，从而避免极端化和激进化，因此理智德性才成就和保全了一切实践德性。如果我们只看到了实践德性，看不到这种理智德性，那么最终一切实践德性也会衰败。这就是老子所谓的"上德不德，是以有德；下德不失德，是以无德。"(《道德经》，第三十八章)的含义。单纯的道德主义恰恰才是道德的真正敌人，它首先否定一切非道德的东西，否定一切道德的对立面，然后就会逐渐忘记道德的意义，而最终否定道德本身。可以说，智慧德性使得政治德性成为可能，没有哲学德性就没有政治德性。这就是纯粹的理论生活对于政治实践生活的重要意义。所以古典哲人坚持知识高于德性，理智德性高于实践德性。获得智慧的根本方法就是"认识你自己"。认识自我是认识世界的基础和开端。自我知识是一切知识的根本。通过认识自我，我们才能够认识世界。这就意味着我们必须回光返照，明心见性，才能达到这种知识，因此知识不假外求，知识就在你心中。知识德性是不可教的，不是可以从外部灌输进去的。这就是《美诺》要揭示的主题。

最后，从教育的本质来看。哲人认为文明是自然的一种形式，接受文明的教育是人性的自然需要之一。所以道德教育并不是违反人性的，而

---

[1] 亚里士多德也区分了理智德性和道德德性，最后把神看作是不动的推动者，也继承了柏拉图的"美德是知识"的思想。

是对人性的自然的真正完成。只有通过教育，人性的自然才能从潜能转变为现实的美德。处于潜能中的自然并不是真实的自然。正如孔子指出的："好仁不好学，其蔽也愚；好知不好学，其蔽也荡；好信不好学，其蔽也贼；好直不好学，其蔽也绞；好勇不好学，其蔽也乱；好刚不好学，其蔽也狂。"(《论语·阳货》)相反，智者把人性的自然和文明对立起来，认为道德教育是违反人性的，道德教育只是一种外在的强制性的灌输，所以在他们看来，教育最终就是一种"规训和惩罚"。这无疑是对人性的最大蔑视和无知。

第三节　驯服修辞学——《高尔吉亚》解读

本篇对话的主题是如何理解修辞学。在这篇对话中，苏格拉底和三个智者高尔吉亚、波卢斯、卡利克勒进行了舌战。从整个对话过程可以看出，这三个人一个比一个大胆放肆。在智者的教育中，修辞学是用来迎合民众，谋求个人利益的工具，而苏格拉底认为修辞学只有用于追求正义和美德才是合理的。哲人的哲学和智者的修辞学也体现了某种程度的对立。修辞学是放纵的欲望的表现，哲学是理性的节制的表现。哲学对修辞学的驯服也就是理性对欲望的驯服，也就是哲人对智者的驯服。正如《普罗泰戈拉》中苏格拉底对普罗泰戈拉的驯服一样。

一、引子

对话开始是高尔吉亚刚刚做完了一场演讲。苏格拉底想知道高尔吉亚在传授什么和他的技艺的范围。凯勒丰和波卢斯首先争论如何命名或者称呼高尔吉亚。因为任何人都是根据他的技艺获得名号的，例如医生、画家、鞋匠之类。但是高尔吉亚似乎没有特殊的名称，智者或者教师并不是关于某种技艺的名称。最后波卢斯辩解说，人类有许多技艺，不同的人以不同的方式分有不同的技艺，而高尔吉亚的技艺是最高尚的技艺。苏格拉底指出波卢斯并未回答凯勒丰的问题即高尔吉亚的技艺是什么。波卢斯更擅长演讲,而不是对话。

对高尔吉亚的技艺和名号的讨论是对智者的本质的一种探讨。这也是对智者的技艺的含混性的一种暗示。在苏格拉底看来,智者和诗人一样没有任何技艺。在《智者》中,苏格拉底把智者看作是哲人的模仿者。或者说,虽然智者往往赢得了哲人之名,但智者是伪哲人。苏格拉底对演讲和对话的划分是对哲人和智者的区分。哲人擅长对话,因为对话或者辩证法是指向真理或者事实本身,语言只是认识真理的中介性的工具,这时的语言是无蔽的解蔽的。智者的演讲则使人迷失在语言编造的虚幻的海洋之中,而对事实和真理一无所知。这时的语言就是遮蔽性的。所以苏格拉底反复强调对话和演说的区别,要求对方进行对话,而不是进行演讲。当然,哲人也是没有技艺的。哲人拥有的是道(智慧),而不是技艺。所以哲人也是无名的。正如老子所说:"古之善为道者,微妙玄通,深不可识。夫唯不可识,故强为之容:豫兮,若冬涉川;犹兮,若畏四邻;俨兮,其若客;涣兮,其若凌释;敦兮,其若朴;旷兮,其若谷;混兮,其若浊。"(《道德经》,第十五章)我们也无法界定哲人,最多只能通过诗意的方式展示和呈现哲人的形象。柏拉图对话就是对哲人的本质形象的一种展示。

二、和高尔吉亚的对话 449a

这时,高尔吉亚加入讨论。他认为自己拥有修辞学的技艺,是一个修辞学家。苏格拉底再次要求高尔吉亚使用简短的对话方式,而不是长篇大论的演讲方式。这也是《普罗泰戈拉》中苏格拉底对普罗泰戈拉的要求。

(1) 修辞学的本质。苏格拉底首先问修辞学的范围是什么。高尔吉亚认为是说话(speeches)。苏格拉底指出很多技艺都和说话有关。他把技艺分为四类,有些技艺主要是由行动完成的,几乎不需要语言,例如绘画、雕刻等;有些技艺是完全通过语言进行的,几乎不需要行动,例如算术、跳棋等;有些技艺是语言和行动一样多;有些技艺是语言多于行动。他认为修辞学应该是通过话语产生影响的技艺。高尔吉亚同意这个定义。苏格拉底接下来问,修辞学使用语言讨论的主题是什么。高尔吉亚认为是最伟大最高尚的事物。苏格拉底认为这个回答太含混，因为不同的人对最伟大最高尚的事物有不同的看法。例如医生、教练或者商人会分别认为健康、俊美或者财富是最伟大最高尚的。高尔吉亚必须精确地回答。高尔吉亚认为最伟大的幸福就是给人类带来自由，给每个人带来控制其他人的自由。具体而言，就是使用话语去说服法庭上的法官、议事会的议员、国民大会的公民或者各种集团等。拥有这种技艺的人可以成功地说服任何人，使医生、教练或者商人等都能够为我所用。于是苏格拉底就进一步把修辞学的技艺定义为说服的技艺。修辞学在听众的心灵中产生了说服。但是苏格拉底接着考察说服的意思是什么。因为其他技艺也存在说服，例如算术的说服。于是，高尔吉亚认为修辞学的说服是在法庭或者集会中使用的说服，涉及正确和错误。苏格拉底认为说服可以成为两种，一种是知识导致的说服，一种是意见导致的说服。知识和意见不是一回事。知识是真理，是唯一的，所以没有真实的知识和虚假的知识之分；意见则有真实的意见和虚假的意见，存在真假之分。所以凭借知识被说服和凭借意见被说服是不同的。他问修辞学属于哪一种说服？高尔吉亚认为修辞学是属于意见的说服。于是苏格拉底指出修辞学家并不关心对错，而是关心说服。

这里苏格拉底揭示了高尔吉亚的虚伪和无知。高尔吉亚并未真正思考过真理和错误的问题。我们知道，他实际上彻底否定真理的存在。他的名言是“无物存在（否定客体）；即使有物存在也不能被认识（否定主体）；即使被认识也不能被传达。”因此真理是不存在的，哲学是无意义的。重要的是修辞术，通过修辞术改变听者的观点。最终，他也回避道德问题，提倡强权政治，推崇技术，认为文明是技术发明推动的。在这里，高尔吉亚实际上把说服和真理等同起来。真理就是不择手段地说服他人。但是高尔吉亚仍然具有一定的自知之明。他仍然承认自己的说服是意见的说服。凭借意见被说服就是“以无知为有知”，也就是人云亦云、道听途说。一般的公共舆论、康德的“信以为真”就是这种说服。真正被知识说服的人是极少数的。只有苏格拉底是完全被知识说服的人，只有他完全按照论证的结论说话、思考和生活。

(2) 修辞学的用处。苏格拉底接着考察修辞学的用处，也就是说，人们和修辞学家交往会获得什么好处。高尔吉亚认为修辞学家可以提出很多建议，就像是伯里克利等政治家一样。这里高尔吉亚似乎把智者和政治家等同起来了。但是后面苏格拉底将对两者进行区分。高尔吉亚认为修辞学的技艺包含了其他所有技艺，是统治其他技艺的技艺。如果修辞学家和其他人争论起来，那么修辞学家可以在民众面前很好地说服任何人。不论讨论的主题是什么，修辞学家都比任何人都更具有说服力。但是高尔吉亚也意识到修辞学的滥用和危害问题。所以他接着指出，人们应该正确地使用修辞学，如果一个修辞学家错误地使用修辞学去作恶，人们不能责怪、怨恨他的老师，把他的老师驱逐出境。因为修辞学的老师教导学生要正确使用修辞学，而学生却滥用了这种技艺，因此人们应该惩罚这个学生。

这里体现了高尔吉亚已经意识到了城邦对于智者和修辞学家的敌意，是在为智者或者修辞学进行辩护。这也就是一般所说的智者和城邦的冲突问题。在《普罗泰戈拉》中，普罗泰戈拉也提到了这种冲突和他自己的策略。此处高尔吉亚的错误在于他只关心说服，不关心真理，所以他并不关心说服中是不是包含了正义和真理，他也不能确定自己的说服是正确的。如果我们不关心真理，那么修辞学的滥用就是不可避免的。同样，如果我们关心真理，那么修辞学似乎就是不需要的。正如孔子所说："巧言令色，鲜矣仁"、"刚毅木讷，近乎仁。"在《欧叙德谟》、《斐德罗》中，苏格拉底就讨论了修辞学的使用问题。所以最终不在于修辞学是否被滥用的问题，而在于我们是不是关心真理的问题。

接下来，苏格拉底揭示了高尔吉亚的修辞学中的无知。他认为修辞学家是无知的，这样的无知者比有知识的行家更能够在无知者中产生影响。例如修辞学家比医生更令人信服。高尔吉亚承认修辞学家不需要知道任何事实真相，只需要知道一种说服的技艺。由此可见，修辞学的潜在危害是巨大的。如果一个无知的人不会使用修辞术，不能说服其他人，那么他产生的危害是较小的，如果一个无知者掌握了修辞术，能够说服大多数人，实际上就是把他的无知扩大了，这在政治生活中将会产生巨大的影响和危害。通过揭示修辞学的这种无知，苏格拉底表明修辞学根本就不是技艺。因为根据技艺的概念，技艺包含了对事物真相的认识。在《政治家》中提到的中道原则表明技艺以事实本身为最终根据。没有对事实的认识就没有技艺。而修辞学家没有任何技艺，他只是更加善于揣摩人的内心活动，更加善于迎合他人的心理，因此他们比专家更能够在无知者中产生影响力和说服力。他们只是使自己在大众面前显得是拥有关于正义等问题的知识，他们只是使自己显得是好人，实际上他们并不是好人。可以说，他只是一个对幸福和真理一无所知的心理学家。而哲人同样也是心理学家，但是哲人却对幸福和真理有真知灼见，能够正确引导人走向真理和幸福。

苏格拉底决定首先考察修辞学是否与正确和错误、高尚和卑劣、正义和非正义等问题有关。他问一个人不具有正义和对错的知识是不是可以学习修辞学。高尔吉亚认为一个人不拥有关于对错的知识也可以学习修辞学。因为他前面就已经指出修辞学是关于正确和错误的技艺，学习了修辞学就必然同时学习了关于对错好坏的知识。如果高尔吉亚承认一个人不拥有正义和对错的知识就不能学习修辞学，那么他就会显得无能，而他不愿承认自己的无能。所以他必须把修辞学和是非对错的问题等同起来。对此，苏格拉底指出如果他使某人成为修辞学家，那么这个人必定已经拥有对错的知识，这种知识或者是他以前已经知道的，或者是高尔吉亚传授给他的。高尔吉亚不得不表示同意。苏格拉底继续指出，如果一个人已经拥有对错的知识，那么这个人也就是正义的。因为每个人都是做自己认为正确的事情，一个人不可能拥有正义的知识还去做错误的事情。最后，苏格拉底推出的结论是修辞学家必定是正义的人，他不会做不正义的事情。所以修辞学不会不涉及好坏对错的问题。修辞学只会被正义地使用，修辞学的错误使用是不正义的。这表明高尔吉亚的观点是错误的。一个不关心是非对错的修辞学家是卑劣的。

这是苏格拉底对高尔吉亚的驯服。高尔吉亚和后面的波卢斯、卡利克勒相比是节制的，有羞耻感的。他和苏格拉底的冲突是比较温和的。苏格拉底表明，如果我们对真理和正义一无所知，修辞学就必定是邪恶的帮凶。他也表明只有哲人才能正确使用修辞学。只有使修辞学服务于哲学的真理，修辞学才能摆脱其在政治生活中的滥用和潜在的危害。

三、和波卢斯的对话 461b

波卢斯年轻而又轻浮，他对高尔吉亚轻易妥协和认输感到非常不满，认为高尔吉亚是出于对道德法律的羞耻心而没有明确表达自己的观点，而他则要进一步抛弃这种羞耻感。他要求苏格拉底必须表明自己对修辞学的看法。

（1）修辞学的本质。苏格拉底认为修辞学根本不是技艺，因为修辞学不关心事实和真理。他指出，波卢斯在一篇文章中认为修辞学是一种产生快乐和满足的程序（knack）。这意味着修辞学和烹调一样都属于"奉承"（flattery）的活动。这种奉承活动不是技艺，而是一种和人打交道相关的大胆而精明的活动。苏格拉底把技艺分为四种，即医学和体育、立法和正义。医学和体育是与身体相关的技艺；立法和正义是与灵魂相关的技艺，是政治的技艺。他认为医学和体育、正义和立法是相互蚕食的。立法高于正义，体育高于医学。但是正义逐渐吞食了立法，医学逐渐吞食了体育。他进一步把奉承也分为四种，即美容术、智术、烹调术和修辞术。烹调冒充医学。烹调的目的是快乐，对好的事物一无所知。它没有任何原则去规范事物，也不能认识事物的本性和原因。美容术模仿体育，美容术是一种欺骗性的卑劣的活动，以表面的美取代了凭借锻炼产生的自然美。修辞术模仿和冒充正义。修辞术只是讨好灵魂，就像烹调术只是讨好身体一样。智术模仿和冒充立法。智术和修辞术属于同一个领域，处理相同的题材，极易被混淆。

苏格拉底认为灵魂高于身体，身体必须处于灵魂的控制之下。如果身体不是处于灵魂的控制下，而是处于自己的控制下，由身体的快乐来裁决，那么阿那克萨戈拉的哲学就成了真理，即万物都处于无差别的混沌状态。奉承和技艺就是没有区别的了。而波卢斯则更加大胆和明确地坚持修辞学和快乐欲望的关系。一方面，修辞术或者演讲术并不关心和传达真理，只关心迎合民众，讨取民众的欢迎和支持。另一方面，智者可以通过传授修辞学来满足个人的利益和快乐。可以说，在追求利益和快乐上，智者和民众是一样的。智者根本不配做民众或者青年人的教师。这里体现了苏格拉底的哲学理性主义原则。他认为修辞学的本质是奉承，奉承的本质是快乐，以快乐诱惑人。而技艺的本质是事实和真理，以实事求是为基本原则。因此奉承和技艺是对立的。快乐和理性不是一回事。奉承是快乐主义的范畴，而技艺则是理性主义的范畴。所以不能用“技艺”之名称呼不合乎理性的事物。我们应该追求理性和技艺，而不是快乐和奉承。修辞学根本就不是任何技艺。

(2) 修辞学的用处。波卢斯认为这种看法似乎把智者看作是奉承别人的可怜虫，苏格拉底则认为根本没有人把智者当回事。这里苏格拉底暗示民众并不真正相信智者，民众只是在利用智者，而智者只是为了自己的欲望和利益而讨好民众。相反，波卢斯认为智者在城邦中是最有权力的人，因为智者确实参与了很多重大活动。但苏格拉底认为智者没有任何权力。在他看来，只有拥有理性和智慧的人才拥有伟大的权力。波卢斯认为智者像僭主一样，可以随意杀人剥夺他人的幸福，把最优秀的人驱逐出城邦。苏格拉底认为他们实际上都不能随心所欲，只能做在他们看来是最好的事情。没有理智的人做了在他看来最好的事情，并不能被称为好，也不能被称为伟大的权力。因为伟大的权力只有在对它的拥有者是好的前提下才是伟大的权力，如果权力对拥有者没有好处，那么这就是没有权力。他认为在没有知识的情况下做自认为好的事情必然是一种恶，所以智者并不是在做他们想做的事情。因为人们做任何事情或者是自愿的，或者是为了某种目的。人们想要的是行动所实现的目的，而不是行动本身。人的一切行动都在追求好的目的。即使一个人在杀人放火，他也认为这是出于好的目的。人总是为了实现好的目的而行动，没有人会做坏事或者不好不坏的事情。如果一种行动是坏的，那么这个人就不是在做自己想做的事情。这里苏格拉底表明了理性主义性善论的立场。他认为只有合乎理性的目的才是善的，不合乎理性的目的就是不善的，只有合乎理性的行为才是在做自己想做的事情：智者因为没有做合乎理性的事情，所以智者就不知道自己在做什么，他所做的也不是他想做的。

因此苏格拉底认为智者的权力并不值得羡慕，只能表示遗憾。因为不正义地杀人的人是可悲的，正义地杀人也不值得羡慕。不正义地被杀的人是可悲的不幸的，但是并不比杀他的人更可悲更不幸，也不比正义地被杀的人更可悲更不幸。因为作恶比受恶更不幸,“作恶是最大的恶。”[1]而受恶不是最大的恶。波卢斯并不相信这种观点,认为自己更愿意作恶,而不是受恶。苏格拉底表示自己两种恶都不愿意。如果他必须挑选,他会选择受恶,而不是作恶。因此苏格拉底表示不愿成为僭主,而波卢斯认为做僭主可以自由地随意地做任何事,在一切事情上都随心所欲。苏格拉底认为在这个意义上每个人都拥有伟大的权力,每个人都可以为所欲为,但是“拥有伟大的权力并不就是做一个人想做的事情。”(Plato. *Gorgias*, 469e)也就是说,我们必须以理性主义的标准衡量一种行动的好坏对错,而不是简单地以快乐主义为标准。波卢斯认为这是因为作恶者受到惩罚,如果没有受到惩罚,就是好的。苏格拉底认为如果一个行动只有取得合乎理性的利益,才是一件好事,否则就是坏事。一种权力越是违反了理性,就越是一种恶。

这也是苏格拉底在《申辩》、《克里托》中表达的思想。“一个人无论在什么情况下都不能作恶。”在他看来,一个人拥有理性和智慧是最重要的,智慧是最大的善,无知是最大的恶。虽然我们都在追求善,但是由于无知,我们不能正确地认识善,我们对善的追求最终都收获了恶的果实。因为哲人拥有理性和智慧之善,所以哲人不害人,也不会被他人害。但是哲人毕竟也生活在政治社会中,他也不得不面对恶人的伤害。苏格拉底的论证证明受恶比作恶是更大的恶,我们宁可受恶也不能作恶。最终他以自己的行动证实了自己的思想。

这时,波卢斯和苏格拉底的争论涉及好坏对错的标准问题。苏格拉底认为做正义的事情就是好的,做不正义的事情就是坏的。事情的好坏不能以利己主义的标准来衡量。而波卢斯以阿凯劳斯为例,认为为所欲为做了很多坏事的人才是幸福的。苏格拉底认为衡量一个人是不是幸福的,要看其教育程度和是否正义。但是波卢斯否认这是幸福的标准。苏格拉底认为只有高尚的善良的人才是幸福的,邪恶的卑劣的人是不幸福的。面对这种分歧和争论,苏格拉底认为必须进行严格的检验。因为这

---

[1] Plato. Gorgias, translated by Donald J. Zeyl. In *Complete Works*. Edited, with Introduction and Notes, by John M. Cooper, Hackett Publishing Company. 1997. 469b.

是一个知识最高尚、无知最可耻，有知识的人幸福还是无知识的人幸福的根本问题。

苏格拉底和波卢斯从两个方面对这个问题进行了辩论。第一，关于作恶比受恶更不幸的论证。波卢斯认为受恶比作恶更不幸。苏格拉底认为作恶者任何情况下都是不幸福的。作恶不是在痛苦方面超过受恶，而是在邪恶方面超过受恶。作恶比受恶更邪恶。但是人都在追求善，因此没有人会选择更加邪恶的事情。所以没有人会选择作恶，而是会选择受恶。波卢斯不得不承认了这种观点。第二，逃避惩罚比接受惩罚更不幸的论证。波卢斯认为作恶者不受惩罚是幸福的，受到惩罚是不幸福的。苏格拉底指出，惩罚是正义的，正义是好的，接受惩罚就是接受好，接受好就是使我们摆脱邪恶和不义。正义的惩罚可以治疗人的不义和邪恶。幸福不仅是摆脱邪恶，而且是从来不沾染上邪恶。灵魂中没有邪恶的人是最幸福的，其次是摆脱了邪恶的人。作恶者和不能摆脱邪恶的人是最不幸的。所以作恶是第二位的，最大的恶是作恶并且逃避惩罚。所以作恶者比受恶者更不幸，逃避惩罚比接受惩罚更不幸。如果修辞学用来为自己的罪恶辩护，为自己的亲人或者国家犯下的罪恶辩护，那是没有任何好处的。修辞学的真正用处在于使作恶者首先责备自己，然后责备亲人和朋友，使作恶者接受惩罚，勇敢面对惩罚，追求善良和光荣，重获幸福和健康。这才是修辞学的真正用处。因此对于根本不作恶的人来说，修辞学没有任何用处。

这段论证是苏格拉底对波卢斯的驯服。苏格拉底和波卢斯的讨论是对和高尔吉亚的讨论的深化。高尔吉亚只表明修辞学是说服的技艺，是以意见而不是知识进行说服，修辞学根本不关心真理和事实。而波卢斯进一步表明了修辞学和欲望快乐的关系，揭示了修辞学追求的快乐欲望的本质。由于对快乐的追求，修辞学成为作恶的工具，成为僭主的帮凶。苏格拉底指出修辞学不能成为作恶和逃避惩罚的工具，修辞学只有和正义、真理结合起来才能带来真正的利益。

四、和卡利克勒的对话 481b

卡利克勒比波卢斯更加无所顾忌，像色拉叙马霍斯一样疯狂和强悍，比任何人都更加难以驯化。苏格拉底最终似乎并未驯服他。他首先问苏格拉底的观点是认真的,还是在开玩笑。因为他认为苏格拉底的话和大多数人的生活观念是完全相反的。苏格拉底首先表明了他对卡利克勒的看法,认为他比较能干,善于迎合他人,大胆直率。可以说他是一个僭主式的人物。卡利克勒则认为苏格拉底像是一个夸夸其谈的演说家,他利用了高尔吉亚和波卢斯对于习俗法律道德的顾忌,使他们自相矛盾,其实他们都不同意苏格拉底的论证。这意味着他将更加大胆无耻地把一切道德礼法都置之不顾。

接下来他进行了大段的演说。他的论点分为三个方面。第一,习俗和自然的区分。他认为自然和习俗在大部分场合是相互对立的。在他看来,苏格拉底的机巧是如果一个人的观点以习俗为基础,他就依据自然进行提问;如果一个人的观点是以自然为基础,他就依据习俗进行提问,这样通过正反两个方面的提问,使对方陷入自相矛盾。例如依据自然,受恶更可耻;而依据习俗,作恶就更可耻。他认为苏格拉底似乎在自然和习俗之间"打太极"。第二,自然正义论。卡利克勒认为立法者是一群弱者,弱者总是大多数。弱者为自己的利益立法,是为了防止强者超过他们,夺取他们的权力。弱者规定超过他人是可耻的邪恶的。卡利克勒认为这些弱者才是邪恶的,希望享有和强者一样的对待,从中获得满足。平等是弱者的发明。他认为强者谋取弱者的利益才是正义的。因为人越是能干,就应该获得越多。这是自然的法则。如果有人天生强大,他就会起来摆脱各种控制,打碎一切枷锁,破坏一切道德、法律和习俗的约束。强者才是真正的主人,使自然的正义照耀我们。他还以品达的诗歌作为自己的证据。第三,哲学无用论。卡利克勒认为苏格拉底应该放弃哲学,追求更加伟大的东西。哲学只适合一个人在年轻时学习,如果超过必要的程度还继续研究哲学,就会把人给毁了。哲学研究使哲人对于城邦的法律一无所知,不明白人生的享乐和风情。总而言之,哲人完全缺乏人生经验,不懂人情世故,他们参加公共生活或者私人生活都显得幼稚可笑。他们从来不去市场和市中心,一生躲在角落中和他人窃窃私语,不能以高尚和自由的方式说话。如果人们抓住这个哲人,控告他犯罪,他会张口结舌、惊慌失措。如果有人要处死他,他也只能被处死。哲学既不能给他提供帮助，也不能使他摆脱危险的处境。因此聪明人应该放弃哲学，追求一些能够带来好名声和好处的事情，享受生活的幸福。

针对他的三个论点，我们可以如此回应。第一，智者哲学以对自然和习俗的区分为核心。智者哲学是建立在前苏格拉底的自然哲学的基础上，是自然哲学在政治社会问题上的扩展和应用。但是智者对自然的理解是片面的。智者和自然哲人理解的自然是完全排除人类文明以后的自然，是纯粹物理学的或者动物学意义上的自然。这种自然和文明是无关的，甚至是对立的。他们推崇物理自然，而贬低政治文明。在苏格拉底看来，自然和文明并不是对立的，自然本身就包含了文明，文明不过是自然的"一种"形式。也就是说，自然并不是同质性的，而是异质性的，包含了多种多样的形式。文明不过是自然的各种形式之中的一种。文明是部分性的概念，而自然是整体性的概念。自然和文明的关系是整体和部分的关系。文明低于自然，但是自然并不排斥文明。文明和自然根本不处在同一个层次。或者说，文明是对自然的分有和模仿。部分从属于整体，文明的作用在于协助自然、完成自然。文明应该依据自然进行完善和校正。包含了文明的自然概念才是自然的完整概念，大全的自然是苏格拉底政治哲学的基础。大全的自然高于文明，大于文明。这才是对自然的真正推崇。一个哲人应该从文明的局部上升到自然的整体。进一步说，人的自然只有在文明中才能形成和显现出来，没有文明就没有人的自然。并不是脱离了文明的人才是动物，处在文明中的人也仍然是动物。人是政治的动物也就是说人是文明的动物。我们应该在政治文明中认识和理解人的自然，而不是脱离政治文明理解人的自然。智者的错误就是试图脱离政治文明理解人的自然，他们关于自然和习俗的区分实际上是把文明看得太高了，因此把自然看得太低了。现代性也是以智者哲学对自然和习俗文明的区分为前提的，把自然和文明看作是一种对立的关系。所以苏格拉底对智者哲学的批判对于我们理解现代性的基本错误也有重要意义。第二，因为智者完全把理性排除在了自然概念之外，因此智者的自然概念是一个片面的狭隘的非理性的概念，其核心是强力、暴力或者权力意志。智者的"自然正义"就是动物式的弱肉强食的正义。在苏格拉底看来，自然是大全的概念，自然是理性和非理性的结合形式，其中，理性支配非理性构成了自然的基本特征。例如春夏秋冬的交替、日月星辰的运转、生老病死的过程都是有秩序的，这种秩序就是自然的理性的体现。在苏格拉底看来，理性比非理性更加根本和重要，理性才更是自然的本质概念。即使智者否定理性，把强力的正义作为正义的本质，这种观点本身已经是一种理性的认识了。所以在古典政治哲学看来，自然正义是合乎理性的正义，而不是强力的正义。苏格拉底因此才把《理想国》称为“依据自然建立的国家”。这是对理性主义自然观和自然正义观的表达。第三，卡利克勒描述的哲人形象和《泰阿泰德》中描述的哲人形象是一致的。但是卡利克勒描述的哲人形象是前苏格拉底的自然哲人的形象，而不是苏格拉底和柏拉图意义上的哲人形象。苏格拉底就始终在市场、广场上活动。可以说，前苏格拉底的这种哲人形象恰恰是错误地研究哲学的结果。在《理想国》中，苏格拉底就指出当前从事哲学的方式是错误的，即认为对哲学一知半解就足够了，而没有把哲学辩证法进行到底。柏拉图认为哲人不能对政治生活一无所知，哲人必须是世事洞明、人情练达的。哲人虽然老于世故，但是哲人并不会变得圆滑世故，而是凭借对人世的认识而超越了人世，处于人世的彼岸，并且能够以自己的人生智慧指导每个处于困境中的人。哲学的智慧虽然没有产生直接的经济效益或者政治利益，但是哲学的无用乃是大用。这种无用之用对于个人和城邦都是必不可少的。

1. 修辞学的本质

(1) 快乐和善

面对卡利克勒的这种激进观点，苏格拉底认为卡利克勒的这段话是自己的灵魂的试金石，可以用来检验他的灵魂是否成熟，因此他非常高兴。他认为要考察一个人的灵魂需要三项要素，即知识、善意和坦率，而卡利克勒具有这些品质。所以他要和卡利克勒进行深入的对话。

他首先问卡利克勒“自然的正义”是什么意思。卡利克勒认为自然的正义就是强大和优秀是一回事，强大的就是优秀的。但是苏格拉底认为大多数人都认为正义就是平等地分享，作恶比受恶更可耻。这个观点不仅是习俗的，也是自然的，所以自然和习俗并不是对立的。苏格拉底推论的依据是大多数人是强大的，同时大多数人的观点构成了习俗的基本内容。这就驳斥了卡利克勒的自然正义的观点。于是卡利克勒只能把前面的定义称为是自己的口误。他又认为比较强大就是比较高贵。苏格拉底认为这种观点仍然什么也没说。于是卡利克勒认为比较强大就是比较聪明，比较优秀和比较聪明的人应该统治比较低劣的人，并且获得更多利益。强大的人就是在国家事务中比较聪明，拥有管理国家最好方法的人。而且强大聪明的人还比较勇敢。这样卡利克勒逐渐把强大转变为德性，把强大和正义、聪明、勇敢结合起来。但是他没有提到节制，因为他对节制一无所知，他的坦率就是他缺乏节制的表现。于是苏格拉底又问强大的人和自己是什么关系。或者说，一个人不需要统治自己而只需要统治他人吗？卡利克勒同样对"统治自己"一无所知。苏格拉底告诉他，统治自己就是指节制和控制自己的欲望和快乐。卡利克勒认为这种节制的人就是傻瓜。自然的正义就是凭借勇敢和聪明，不限制欲望，使自己的欲望得到最大程度的放纵和满足。由于很多人做不到这一点，所以他们就谴责能做到这一点的人，借此掩饰自己的无能，认为不节制是可耻的，节制的人是优秀的。卡利克勒认为对于那些能够夺取权力当上僭主的人，或者对于国王的孩子，没有什么比节制和正义更加可耻的。所以我们应该尽可能让欲望膨胀，并且尽可能地满足自己的欲望。这才是善和美德。

卡利克勒的这段话和《理想国》中色拉叙马霍斯、格劳孔的观点是一致的，都可以称为"僭主颂"。僭主是欲望的化身，是无法无天、随心所欲、为所欲为的人的代表。他们几乎完全颠倒了习俗道德对美德和善的理解，对正义和节制进行了贬低和批判。这种观点把个人的欲望和力量置于最根本最核心的地位，因此是个人主义和享乐主义的典型代表。如果把这种观点推广到政治领域，就是强权主义的思想，只有强者才是王者。而国家和国家的关系就是你死我活的战争关系。如果把这种观点推广到思想领域，就是虚无主义和蒙昧主义的思想，因为这种观点否定了一切理性思考的必要性和可能性，一切理性思考都是出于对欲望和权力的追求。近现代以来的政治哲学思想就是以这种强权主义为基础的。例如马基雅维里在《君主论》中就公然推崇这种思想，并且由此成了近现代政治哲学的先驱。苏格拉底和柏拉图始终坚持批判这种非理性主义观点。我们必须清楚，柏拉图始终推崇理性和正义，而批判非理性和非正义。柏拉图之所以如此充分地展示这种个人主义和强权主义的观点，是为了更好地批判这种非正义思想。古典哲人认为在批判对手的观点以前，有义务充分地展示而不是隐瞒对手的观点。正如他在《理想国》、《泰阿泰德》等对话中的做法一样。我们不能把柏拉图关于非理性和非正义的这些观点认作是柏拉图的"隐秘教诲"，否则就是对柏拉图的最大误解和亵渎。如果柏拉图地下有知，肯定会痛哭流涕的。

苏格拉底认为卡利克勒的这种进攻是猛烈的、坦率的、鲁莽的。因为这个问题事关"人应该如何生活"的重大问题，所以他需要和卡利克勒认真地讨论。苏格拉底认为那些没有任何欲望和需要的人才可能是最幸福的。所谓"知足常乐"、"无欲则刚"。但是卡利克勒认为这样的人就是石头和木头。于是苏格拉底举了两个比喻，可以称为筛子喻和罐子喻。筛子喻和奥尔菲斯教相关，认为身体就是一个坟墓，愚蠢的人的灵魂就像是筛子，蠢人的灵魂无法满足而且容易遗忘。这种无法满足的不节制的灵魂是不可能幸福的。罐子喻认为一个人的罐子是满的完好的，他满足于自己罐子里的东西，不去为自己的罐子奔波劳碌。另一个人的罐子一开始是满的，但是因为有裂缝，他的罐子不断地漏，他不得不日夜操劳去填满他的罐子。❶ 正如古人所说的"欲壑难填"。苏格拉底认为前一个人的生活是有节制的生活，后一个人的生活是无节制的生活。有节制的人的生活是幸福的，没有节制的人的生活是不幸福的。但是卡利克勒认为节制的人将不能发现任何快乐，因为罐子一旦装满就不会有快乐，也不会有痛苦。而快乐的生活需要最大的流入，只有在欲望的不断满足中才能获得快乐的生活。苏格拉底指出，这也意味着需要巨大的流出，他把这种生活成为"海鸟的生活"。

卡利克勒的这种观点就是在解放欲望和放纵欲望。这种观点和马基雅维里、霍布斯的观点是一致的。马基雅维里首次颂扬人的征服欲，认为："征服的欲望是很自然的人之常情，只要能够做到，就总会受到颂扬而

---

❶ 佛教三法印之一就是"有漏皆苦"，佛教的最高目标就是获得漏尽通，达到涅槃解脱的境界。正好和苏格拉底的这个比喻契合。佛教还认为人的灵魂是完满自足的，人只需要回光返照、明心见性就能够获得真理和幸福。但是因为无知无明的缘故，人们不识本心，向外去追逐名闻利养，认为可以借此获得幸福和满足，却因此陷入无休止的痛苦轮回之中。

不是非难。”❶可以说他的《君主论》实际上是《僭主论》。霍布斯认为：“我们要认识到，幸福不在于心满意足而不求上进。旧道德哲学家所说的那种终极的目的和最高的善根本不存在。欲望终止的人，和感觉与映像停顿的人都同样无法生活下去。幸福就是欲望从一个目标到另一个目标不断地发展，达到前一个目标不过是为后一个目标铺平道路。”❷因此，他认为权力欲、征服欲、占有欲等构成人类生活的核心。而理性不过就是计算，理性的作用就在于服务于人的欲望。在这种现代哲学的冲击下，古代哲学中的乐天知命、知足常乐的道德观和幸福观被否定抛弃了，而代之以对欲望的无穷推崇和放纵。但是时至今日，我们看到，现代人越来越受到这种无穷欲望的折磨和煎熬，越来越认识到古代道德观和幸福感的真理性。

苏格拉底以挠痒和男妓的生活来反驳卡利克勒，指出其观点的实质是对快乐的性质不加区分，认为快乐和快乐是一样的，快乐就是善和幸福。于是苏格拉底开始对快乐和善进行区分。我们都承认，知识、勇敢都是好的，但是知识、勇敢都和快乐不同，所以好和快乐是不同的。另一方面，欲望是欠缺，欠缺就是痛苦，欲望的满足才是快乐。这意味着只有在痛苦的同时才能享受快乐，在痛苦消失以后，快乐也就消失了。痛苦和快乐会同时消失，也就意味着欲望和欲望的满足都不是好的，也不是坏的。所以快乐不是善好，痛苦也不是坏。然后苏格拉底又证明，好人的快乐和坏人的快乐是不同的。例如一个胆小鬼和一个勇士的快乐是不同的，一个聪明人和一个愚蠢的人的快乐也是不同的。最终苏格拉底迫使卡利克勒承认快乐和快乐是不同的，有些快乐是比较好的，有些快乐是比较坏的。好的快乐产生身体的健康和强壮，坏的快乐产生疾病和虚弱。好的快乐是有利的，坏的快乐是有害的。同样，痛苦也不都是坏的，也有好坏之分，好的痛苦是有利的，坏的痛苦是有害的。因此我们应该选择好的快乐和痛苦，而不选择坏的快乐和痛苦。这意味着善才是一切行动的目的，一切事物都以善为目的而存在和行动。“我们做其他一切事情，包括快乐

---

❶ 马基雅维里：《君主论》，冯克利译，上海人民出版社，2005 年版，第 13 页。

❷ 霍布斯：《利维坦》，黎思复译，商务印书馆，1985 年版，第 72 页。

的事情，都是为了善的目的，而不是善以快乐为目的。”（Plato. *Gorgias*, 500a）

这是苏格拉底对善和快乐的关系的根本观点。这里对快乐和善的区分和《斐莱布》的观点是一致的。卡利克勒认为快乐和快乐没有任何差别，于是他就把快乐的强烈程度作为评判快乐的标准。即强烈的快乐是好的，微弱的快乐是坏的。但是快乐的这种“程度差别”不是快乐的“性质差别”。我们不能把快乐的程度差别看作是区分快乐的唯一标准，快乐的性质差别才是决定性的。在现代性的政治享乐主义的教导下，我们认为快乐都是一样的，认为快乐就是好；对快乐的性质差别视而不见，只追求快乐的强度刺激。但是苏格拉底教导我们，快乐和好并不是一回事，快乐以好为目的，以好为标准，以好为动机。如果一种快乐违背了好，我们就必须勇于舍弃这种快乐，而理性地选择善好。我们必须从一味地追求快乐的感受，转变到追求理性的善好上来，而不是让单纯的肉体快乐引导和决定我们的生活选择。我们应该善于通过快乐的表象发现善好的实质。可以说，快乐的性质差异是由引发快乐的事物决定的。基于道德或者智慧而产生的快乐绝对不同于单纯的欲望满足产生的快乐。所以灵魂的快乐高于身体的快乐、静态的快乐高于动态的快乐、视觉的快乐高于触觉的快乐，等等。因此各种快乐实际上形成了一个高低不同的价值等级层次。基于这种认识，柏拉图和亚里士多德对世界的各种事物，甚至对身体的不同器官进行了等级划分。我们应该追求高级的快乐，而避免低级的快乐。当然，这种选择依赖于我们的理性认识和对理性的人的服从。

苏格拉底又指出，并不是所有人都能够对好的快乐和坏的快乐做出选择，这意味着我们需要专家。这个专家当然就是哲人。于是苏格拉底进一步区分了哲学生活和政治生活。这种区分是柏拉图对话的最根本最重要的区分。他以此告诉我们，只有哲人以至善本身为目的，俗人都以善的影像为目的。俗人的快乐是动态的快乐，这种快乐是短暂而易逝的。因此俗人的快乐都伴随着痛苦、紧张、焦虑，都不是纯粹的真实的快乐。俗人的快乐是对哲人的快乐的模仿和分有。哲人的快乐才是永恒的、纯粹的、真实的快乐。哲人从至善中获得的快乐就是至乐，这种至乐是任何世俗的快乐都无法想象和体会的。如果要追求快乐，我们就应该追求哲学生活的快乐，而放弃世俗政治生活中的快乐。只有选择哲学生活才是唯一正确的选择。哲学生活的快乐是唯一“正确的快乐”。正如《论语》中记载的“孔颜乐处”的快乐。“饭疏食饮水，曲肱而枕之，乐亦在其中矣。不义而富且贵，于我如浮云。”（《论语·述而》）“贤哉，回也！一箪食，一瓢饮，在陋巷，人不堪其忧，回也不改其乐。贤哉，回也！”（《论语·雍也》）庄子在《逍遥游》中指出：“若夫乘天地之正，而御六气之辩，以游无穷者，彼且恶乎待哉！故曰：至人无己，神人无功，圣人无名。”只有超越了世俗的利害得失、荣华富贵的哲人才能体会到真正的自由和快乐。

苏格拉底对快乐和善的区分是为了辨明修辞学的本质和目的。苏格拉底以此考察修辞学应该是以快乐为目的还是以好为目的。他指出，很多人都只是在追求快乐，而不考虑什么是好。他以吹笛子、弹七弦琴和悲剧诗歌为例，指出诗歌和修辞学是一回事。“诗歌就是一种修辞学的公开演讲，诗人就是在舞台上从事修辞学的人。”诗歌和修辞学的目的都是只关心快乐的满足，而不关心好坏善恶。因此诗歌和修辞学都属于奉承的机巧。这样我们就可以理解，苏格拉底对于诗歌和修辞学的批判本质上是因为它们都是奉承讨好为目的，而不是以善好为目的。因此哲学和诗歌、修辞学的斗争并不是为了荣誉和利益，而是基于对快乐和好的区分，基于“人应该追求好，而不是快乐”的理性主义人生原则。这关系到一个人应该如何度过自己的一生的重要问题。

接下来，苏格拉底继续问现实城邦中的演说家的目的是尽可能使公民完善，还是为了讨好公民。卡利克勒认为两种情况都存在，并且认为塞米司托克勒、喀蒙、伯里克利等人都是优秀的政治演说家。但是苏格拉底认为他们都是在迎合、讨好公民，而不是使公民尽可能完善。真正的政治家或者演说家应该考虑公民的美德，而不是公民的快乐。真正的演说家应该关注灵魂的正义，使正义、节制和善在公民的灵魂中扎根，消除灵魂中的不正义和邪恶。正如身体的健康和俊美是从节制和规范中产生出来的，法律也是着重于灵魂的秩序和规范。做一个遵守法律的人是幸福的基本保证。如果灵魂是邪恶的、愚蠢的、无纪律的、不正义的、不虔诚的，它的欲望就应该受到约束，只能做有益于完善它的事情，这样做对灵魂才是最好的。所以受纪律约束就比不受纪律约束要好。这意味着即使在专制的社会中也比在无法无天的自由社会中要好。苏格拉底的这段对话表明了现实中的修辞学只是服务于快乐的目的，而不是服务于善的目的。现实中的修辞学是邪恶的，因此是需要改善的。我们必须把修辞学引导到追求善的目的上来。

但是我们看到，在现代性的“恐暴症”的环境下，在自由民主制的状态中，人们往往倾向于为所欲为的自由，而厌恶任何形式的专制。现代人认为无法无天的自由要比一切专制都要好。被娇惯坏了的人民越来越不能容忍对他们的管制和教导。同样，现代政治家也越来越喜欢向公民妥协，越来越刻意讨好他们，为此放弃正义和德性也在所不惜。他们也越来越不能接受古典政治哲人的教导和真理。这意味着现代政治和现代人正在向野蛮和无知大步前进，等待人类的或许就是前所未有的大灾难大屠杀了。

这时卡利克勒已经不耐烦了，他辩解说自己不知道苏格拉底在说什么。苏格拉底认为卡利克勒不愿接受完善，不愿接受讨论中的治疗和纪律。但是卡利克勒认为自己对苏格拉底的讨论完全不感兴趣，只是为了满足高尔吉亚的要求，他已经不想和苏格拉底继续讨论下去了。由此可见，卡利克勒是难以驯服的。这里柏拉图暗示了哲学论证和理性说服的困难。柏拉图展示了哲学论证的高尚，同时也展示了这种论证的有限性。面对强大的无知和欲望，哲学的论证是有限的，能够被哲学论证说服的人是有限的。柏拉图以此告诫我们不要陶醉在哲学论证之中，不要对无知和愚蠢的强大和顽固“视而不见”。但是他同时也指出，我们在认识到这一点的同时，仍然必须坚持哲学的理性，必须尽可能使自己的行为和生活合乎哲学论证的理性。因为这是唯一正确的生活方式和人生原则。我们不能因为哲学理性在大众面前的无力而放弃其中的真理性。

(2) 善好与理性

虽然卡利克勒不愿意配合苏格拉底，但是苏格拉底仍然坚持把对话继续下去。他首先重申了快乐和好不是一回事，快乐以好为目的的观点。然后，他进一步探讨了善好的本质。他认为好是通过秩序和正义体现出来的，这种秩序和正义来自技艺。“不论是器具、身体、灵魂，还是动物，任何事物的好的出现都不是偶然的，而是通过分配给它们中的每一个的秩序、正义和技艺。”(Plato. *Gorgias*, 506e)因此好和秩序、技艺相关。任何事物的好都归结为秩序和安排。秩序(order)是一切事物得以成为好的原因。有秩序的灵魂比无秩序的灵魂要好。有序就是节制,有节制的灵魂就是好的灵魂。愚蠢的不节制的没有秩序的灵魂就是坏的灵魂。节制的人必定是正义的、勇敢的、虔诚的,他会按照社会义务而正义地做事,会按照诸神的职责而虔诚地行事,同样他也勇敢地完成他的职责和义务。好人无论做什么都是好的恰当的,好人也必定是快乐的幸福的。坏人必定是不幸的,他即使获得荣华富贵也是不幸的。所以所有希望获得幸福的人必须追求节制和实践节制。这是一个人追求的唯一正确的目的。相反,努力去满足自己的不受约束的欲望,必定是一种无止境的痛苦。不节制的人不会和他人友好,也不会和诸神友好。“聪明人认为,仁爱、友爱、秩序、节制、正义把天和地,神和人联系在一起。这就是为什么他们把这个宇宙称为有序的宇宙,而不是无序的混乱的宇宙的原因。”(Plato. *Gorgias*, 508a)所以柏拉图推崇几何学,认为“几何学的平等”对于人和神来说都拥有伟大的权力。卡利克勒之所以想要更大的份额,就是因为他不懂几何学。一切不节制的人都因为不懂几何学。

这里,苏格拉底揭示了善好、节制、秩序和技艺的关系。其中,几何学的平等是柏拉图哲学的重要观点。在《法律篇》中他也提到了这种几何学的平等,认为几何学的平等才是真正的平等。而对对象不加区分的平等只是平均主义,平均主义的平等并不是真正的平等。亚里士多德也区分了数学的平等和几何学的平等,认为几何学的平等是平等的真实含义。所谓正义就是每个人获得自己相应的份额。因此正义就应该是几何学的正义。几何学的原则也是节制的体现。节制就是不要贪求超过自己的份额的利益,而安心于自己应得的份额。节制是理性的表现。节制最接近理性,是最接近智慧的德性。而智慧则是一切德性的本质。归根到底,智慧就是善好,善好就是智慧。因此对几何学的研究有助于我们认识事物的本质,也有利于培养德性和智慧。据说,在柏拉图学园门口有个标语即“不懂几何学者请勿入内”。这也意味着几何学的技艺是最根本的技艺。只有几何学的技艺才能完美地安排事物的部分和整体,使一切事物乃至整个宇宙都处于和谐的状态。这种对几何学的推崇也和《蒂迈欧》中的观点是一致的。《蒂迈欧》就是按照几何学的原则“解释”宇宙。几何学原则对神也是适用的，神也必须遵守几何学平等的原则。

2. 修辞学的使用

(1) 拒绝“奉承的修辞学”

苏格拉底在重申了作恶比受恶更不幸的观点后，进一步提问，一个人应该如何帮助自己从作恶或者受恶这两个方面获得益处。也就是说，如果一个人要避免受恶，他是不是必须获得力量(power)才能避免受恶。卡利克勒认为必须获得力量。同样，如果一个人不选择作恶，是否就能够不作恶，或者也必须具有某种力量和技艺才能避免作恶。如果他不去实践这种技艺，他就不能避免作恶。那么这种不受恶和不作恶的技艺是什么。

苏格拉底首先问，一个人是不是必须“同流合污”才能避免受恶，为此他必须或者成为僭主或者成为僭主的朋友。卡利克勒对此表示赞同，认为只有拥有最高权力或者和最高权力一致，才能避免受恶。这表现了他对“同流合污”、“为虎作伥”、“依附权贵”、“仗势欺人”观点的支持。但是苏格拉底立刻指出，这样的人不会设法不作恶，而是会尽可能地作恶，并且尽可能避免受到惩罚，把作恶作为避免受恶的方式。这也就是所谓“先发制人”，即在敌人伤害到自己之前首先干掉对方。这样一来就难免使自己的灵魂陷入了罪恶。而灵魂比身体更珍贵，如果一个人的灵魂获得了难以医治的疾病，生命就是没有意义的。对于一个坏人来说，活着并不比死了更好。这个坏人一定会活得不幸。所以真正的力量并不是这种作恶和避免受到惩罚的力量。这种力量和技艺只是着眼于尘世有限的生命和富贵。但是人世的荣华富贵、功名利禄都不过是过眼云烟。这些东西最多只是我们自认为的幸福和善的条件，而不是幸福和善本身。幸福和善本身甚至根本和这些东西无关。如果我们不能正确对待这些东西，它们不但不能给我们带来利益，而且可能危害我们。

苏格拉底指出，真正的力量和技艺应该是帮助我们的灵魂脱离罪恶的苦海。他以船长的技艺说明这一点。船长的技艺并不是讨取人们的欢心，而是使我们尽可能地完善。“高贵和善并不是保存生命或者被人救命。一个真正的人不应该关心他能活多久。他不应当迷恋活命而应当把这类事情留给神，他应当相信妇人说的话，没有人能够逃脱他的命运。

他应该考虑一个人应当如何尽可能好地度过他的余生。"(Plato. *Gorgias*, 512e)所以苏格拉底认为，在照料身体和灵魂的活动中，以身体和灵魂的快乐为目的的活动是卑贱的，应该尽可能地使自己的身体和灵魂变得完善。否则提供再多其他的服务都是无用的。正如孔子所说的："生死由命，富贵在天。"人们不应该过多考虑自己的富贵和生命，而应该更多考虑并尽可能地完善自己的德性和智慧，这样才能度过有意义的一生。

依据这种观点，政治家的任务就是尽可能地促进公民的完善，一个人在从事政治以前必须考虑一下自己是否曾经改善过他人。苏格拉底认为塞米司托克勒、伯里克利等人并不是好政治家。在他们的统治下，雅典人变得愚蠢、胆怯、邪恶、自大。正如驯养牲口的人使自己的牲口变得野性大发，以至于那些牲口开始对主人又踢又咬。人也是动物，是需要驯养的动物。正义的人是驯服的，不正义的人是不驯服的。政治家就是管教和驯养人民的人。而伯里克利等人使人民变得更加不驯服，更加野蛮和不正义。所以苏格拉底认为在这个城邦中没有一个人是优秀的政治家。他们不关心法律和正义，只是以税收、军队、城墙之类讨好城邦，使公民的欲望泛滥和放纵，而不是把他们的欲望引导向完善的方向。因为不会有任何统治者会被他的城邦不正义地毁灭掉，所以这些政治家最后的命运都是正义的。这就是所谓的"罪有应得"、"咎由自取"、"多行不义必自毙"。

苏格拉底又批评了智者。智者在很多事情是聪明的，他们一方面声称自己是教人为善的教师，另一方面却又经常责备他的学生对他们不好，因为这些学生不交学费，对他们所得的恩惠不知道感恩。所以智者又是愚蠢的。苏格拉底指出，如果学生变好了，变得正义了，他们就会正义地对待自己的老师。如果他们没有正义地对待老师，根源在于老师没有使他们变得正义。智者对学生的责备只能表示智者并未使得自己的学生变好。因此智者的教育活动是彻底失败的，智者根本不是教人向善的教师。智者的这种责备就是对自己的责备，就像是有人想统治城邦，使城邦变好，但是他却在不停地责备人民的败坏。反过来说，即使学生不付费，如果智者真的使学生变好了，这些学生能够很好地为城邦服务，那么这也证明了智者教育的成功。智者的这种责备和抱怨只是证明了智者的私心,智者只以自己是否获得回报为标准,智者是自己的欲望的奴隶。而一个抱有私心的教师不可能是合格的教师。所以智者并不是合格的教育者,也不可能教育出好学生。

苏格拉底的这种论证并未说服卡利克勒。他还是认为应该尽可能地为城邦提供快乐的服务,而不是引导人民向善。苏格拉底则坚持应该使公民变好,即使他在城邦中遭受邪恶和麻烦,他也不会为了讨好谁而说话。如果有人控告他,这个人一定是一个恶人,因为好人不会把无罪的人拉上法庭。如果他被处死,也没有什么大惊小怪的,他甚至期待这种情况的发生。因为他认为自己是从事真正的政治技艺的极少数雅典人之一。他在任何场合的讲话都不是为了博得他人的欢心。他的目的是最优秀,而不是最快乐。他认为他的受审就像是一个医生受到厨师的控告,而法官则是一个儿童。面对儿童法官,医生将无法为自己辩护。医生的目的是健康,厨师的目的是快乐,厨师更加能够赢得人民的支持。但是他并不羡慕那些提供快乐、享受快乐的人。他在法庭上也没有什么要辩护的。如果人们指责他败坏青年,他也无法澄清事实真相,证明自己是正确的。卡利克勒认为生活在自己的国家,却不能为自己辩护,不能帮助自己,这样的人不能是活得好的人。苏格拉底表示,他对诸神和凡人的言语和行为都尽可能不作恶,这就是他帮助自己的方式。这才是真正的力量(power)。他只会为自己不能提供这种帮助而羞耻。他只是由于缺乏"奉承的修辞学"而死去。但他是自豪的,他也会冷静地谈论自己的死亡。因为没有人胆小到只害怕死亡,只有作恶者才害怕死亡。因为带着恶行的灵魂到另一个世界是一切罪恶中最坏的。这是《斐多》的主题。

可以说,这是对苏格拉底的审判的预言和暗示,也是另一篇《苏格拉底的申辩》。这里也展示了哲人的哲学对话和智者的修辞学的差异。他以此表明真正的力量来自德性和智慧,而不是来自权力和财富。理性就是力量,知识就是力量。但是这种知识是关于灵魂的知识,而不是如培根所说的关于物质的知识。关于物质世界的知识仍然是服务于人的肉体欲望的。可以说,在近现代以来,人们不再关注灵魂的净化,而只关注肉体的享乐。现代科学和技术归根到底都是奉承的机巧。奉承的修辞学是修辞学的错误使用，是对人的真正理性力量的削弱和损害。

(2) 展示"真正的修辞学"

最后，苏格拉底向卡利克勒讲述了一个死后灵魂的神话。这个神话是苏格拉底的"神道设教"，是对真正的"哲学修辞学"的展示。他试图以"哲学修辞学"取代"奉承的修辞学"。哲学修辞学是修辞学的正确使用，是人的真正理性的力量的体现。

苏格拉底表示卡利克勒会认为这个故事是虚构的，但是他认为这个故事是真实的。在克洛诺斯时代，有一条关于人类的法律，即过着虔诚和正义生活的人死后到地狱中的福岛居住，过着完全幸福的生活。而罪恶的人死后要去接受惩罚的塔塔洛斯监狱。但是那时是活人审判活人，这些审判往往是不准确的。所以在宙斯时代，放弃了这种法律。人类必须放弃预测自己的死亡，在审判时必须剥去衣服，防止以貌取人。审判的法庭在两条道路的交叉口。一条通往福地中的福岛，一条通往塔塔洛斯。

苏格拉底认为死亡就是灵魂和身体的分离，它们分离以后仍然保持它们活着时的状态，生前的经历和印记都刻画在身体和灵魂中。审判官可以根据这些经历进行审判。灵魂会因为奢侈、放纵、贪婪、愚蠢充满了畸形和丑恶。僭主、国王和权贵的灵魂往往是这样的。这样的灵魂就被直接送往监狱受罚。这种惩罚会使其变好。那些罪大恶极的灵魂是无法治好的，所以不能接受惩罚的好处。他们会一直处于监狱中，并且对其他罪恶的灵魂起到警示作用。这样的灵魂都是僭主、政治家、君主等人中选出的。因为大多数掌握权力的人是罪恶的。拥有权力而过着正义生活的人是极少的。但是哲人的灵魂是完全正义的。他生前专注于哲学，哲学学习使得他的灵魂获得了净化，这样他的灵魂会被直接送往福岛。苏格拉底表示他正在考虑如何把最好的灵魂奉献给法官。他认为大多数人追求荣华富贵是错误的，应该追求永恒不变的真理。他劝告所有人都尽可能过这种生活，在这方面展开竞争，这种竞赛的意义超过其他一切竞赛。这和《理想国》、《斐多》、《蒂迈欧》的最后的神话是一致的。

他最后指出这个故事的真实性经过理性论证的严格证明，再也不能找到其他的结论。所以我们必须相信这个故事的真实性。一个人首先应该学习如何做一个好人，无论是在公共生活中还是在私人生活中，必须警惕不要作恶。其次是通过惩罚使自己变成好人，不能希望逃避惩罚，避免各种形式的奉承。只有在我们接受了这种训练后，才能进入公共政治生活。修辞学必须只用于追求正义。最好的生活方式就是在追求正义和其他美德中生活，在追求正义和其他美德中死去。

五、结束语

在这篇对话中，苏格拉底舌战群儒，和高尔吉亚、波卢斯和卡利克勒进行了针锋相对的激烈辩论。他们三个人一个比一个大胆放肆、无所顾忌。高尔吉亚认为修辞学的本质是说服，虽然这种说服只是意见的说服，但是也关系到正确和错误。因此高尔吉亚对习俗正义的态度还是比较谨慎的。波卢斯把这种谨慎看作是不必要的羞耻心。他抛弃了顾忌道德习俗的羞耻心，进一步揭示了修辞学的追求快乐、不关心对错善恶的本质，认为修辞学的本质就是一种关于满足和快乐的活动。智者通过修辞学的说服来暗中迎合民众，以满足自己的快乐欲望，包括为了获得利益而作恶和逃避惩罚。卡利克勒则更加赤裸裸地肆无忌惮。他认为快乐就是善，美德就是不择手段地最大程度地满足自己的欲望，正义就是强者的利益。苏格拉底指出，快乐并不是善，人的本性是追求善，而不是快乐。善的本质是理性、节制和秩序。理性、节制和秩序既是道德法律的基础，也是道德法律的结果。要满足欲望、获得快乐就应该具有德性和智慧。因此一个人应该追求德性和智慧的完善。哲人就是这样的人，所以哲人并不需要修辞学或者演说术。正如孔子所说的："不知其仁，焉用佞？"哲人更多的是进行沉思和静观，在这种沉思和静观中他达到了最高程度的理性和智慧的境界。同样，一个政治家也应该追求公民的德性和智慧的完善。因此真正的政治演说家应该是哲人。只有哲人才是真正的演说家。苏格拉底就是这种演说家。这就意味着修辞学必须服从哲学，哲学修辞学才是真正的修辞学。柏拉图对话本身就是哲学修辞学的最好表现形式。哲学修辞学的核心就是"文以载道"、"神道设教"。

第四节　论辩也疯狂——《欧绪德谟》解读

这篇对话展示了智者的论辩，特别是智者对论辩的滥用，以及智者从这种对论辩的滥用中寻求狂欢。其中的嬉笑怒骂、插科打诨非常类似于阿里斯托芬的喜剧。这篇对话中的人物是苏格拉底、克里托、智者欧绪德谟兄弟、智者的学生、写演讲稿的人。智者欧绪德谟兄弟的“脱口秀”是核心剧情。对于智者欧绪德谟兄弟的“脱口秀”，哲人苏格拉底最后表示服从，年轻学生则不断模仿、欢呼和崇拜。公民克里托表示不解和忧虑。写演讲稿的人则表达了对他们的蔑视。苏格拉底实际上对智者滥用论辩的做法是持批评态度的，但是智者对论辩的演示和推崇却是他所赞同的，因为智者的论辩和哲人的论辩最接近。但是智者却误用了论辩，没有用论辩来追求真理。因此苏格拉底对智者欧绪德谟的服从实际上是对哲学论辩的颂扬。然后，他以对论辩的推崇批判了好公民克里托以及他维护的政治道德，因为克里托和政治德性都轻视哲学论辩，因此他们都轻视论辩带来的智慧。但是他又以克里托的忧虑和以“写稿子的人”的态度批判了智者欧绪德谟，说明了他们对这种智者滥用论辩的担忧和蔑视。最后，他又以这种辩证对话批判了“写稿子的人”的傲慢，揭示了这种人的无知和自大。这些不同角色之间的关系构成了我们理解这篇对话的完整视角。

一、苏格拉底和克里托的对话

这篇对话是苏格拉底对克里托的讲述。克里托是我们理解这篇对话的关键人物之一。他是苏格拉底的老朋友，是一个富有的商人，是好公民的代表。他虽然也关心时代的知识潮流，但更多是出于对孩子的教育问题的关心。他严守传统的道德礼法，对一切违背传统的观点和行为似乎都不以为然，只是在礼崩乐坏的时代他感到困惑和迷茫。苏格拉底恰恰把智者的智识狂欢展示给了这样一个好公民。我们只能理解为，他在试图以这种方式启蒙或者颠覆克里托的政治道德观念。

苏格拉底告诉克里托自己刚刚和欧绪德谟、狄奥尼索多洛兄弟俩交谈过，其中还有年轻人克里尼亚和克特西普。克特西普是狄奥尼索多洛的情人。苏格拉底说他们兄弟俩是智慧的人，什么都能干，几乎是全能冠军，他们可以成功地驳斥任何人说的任何话，所以想拜他们为师。克里托则认为他太老了，不适合学习新知识了。苏格拉底则表示反对。这表现了克里托对知识的漠然和苏格拉底对智慧的狂热追求。

二、苏格拉底的回忆

对话的地点是体育场的更衣室。苏格拉底刚要离开，又一次听到了内心的声音，阻止他离开。于是苏格拉底就遇见了欧绪德谟兄弟。因此这次对话是苏格拉底的内心的灵机引导的，这和其他很多对话的缘起都不同。这种灵机，我们只能解释为理性。哲人苏格拉底只服从理性的引导，而不服从任何其他东西。

苏格拉底首先反讽地称赞他们在军事、摔跤、法庭、论辩中都几乎无所不能。这里展示了智者的强悍和能干，并且暗示他们的害处更大。但是他们反倒不以为然，认为自己更大的才能是传授美德，他们是传授美德的人民教师，使大量的年轻人的追随和模仿他们。苏格拉底对他们的这个观点感到惊讶，希望他们能够展示一下自己的智慧和美德。他问道，他们使人具有美德是在他人相信他们的观点时还是在怀疑他们的观点时，在这两种不同情况下，他们传授的方法或者技艺是不是一样的。苏格拉底的言外之意其实是问知识或者美德是不是可教的，在这两种情况下，教学方法应该是不同的。也就是说，在对方相信他们的情况下，他们不必使用论辩的方法，在对方不相信他们的情况下，就必须使用论辩的方法。但是不论使用哪种方法，都必须以智慧和美德是可教的为前提。如果智慧和美德是可教的，那么这种智慧和美德就不是真正的智慧和美德。这和《普罗泰戈拉》的主题是一致的。狄奥尼索多洛对这个问题根本没有意识，所以他认为没有什么不同。从后面的对话中，我们可以看到狄奥尼索多洛的智识能力远远低于他的兄弟欧绪德谟，更像是一个蹩脚的学习者或者论辩的小丑。

欧绪德谟以和克里尼亚的对话展示自己的论辩才能。他的问题是

"学习者问题",即聪明人学习还是无知人学习。与此相关的另一个问题是,知道的人学习还是不知道的人学习。不论克里尼亚如何回答,欧绪德谟都加以驳斥。这两次对话把克里尼亚几乎摧毁了,旁观者则欢呼鼓掌大笑。苏格拉底赶紧救场,并且模仿普罗狄科的方式对"学习"这个词进行了辨析,告诉克里尼亚,他们只是利用语词的不同含义把人搞得晕头转向而已。因此他们的这种对话只是一种游戏,不要灰心。于是他决定演示一下应该如何进行哲学对话。

苏格拉底首先从他的哲学目的论开始,即每个人都希望活得很好。这是苏格拉底对世人的生活进行观察得出的基本结论。在他看来,人是目的论的动物,人的一切行为都是有目的的;进一步,人的各种目的最终都可以归结为对善好的追求。由此他从目的论得出性善论。目的论必然导致性善论,性善论是目的论的必然结果。可以说,性善论是我们理解和观察人性的唯一正确的思想。当然我们更多看到人性的恶,但是人性的恶只是表面现象,人性恶是基于对善的无知,性善才是人性的本质内涵。如果我们把对人性的观察思考进行到底,我们就会承认这种目的论和性善论,性恶论是没有把理性的思维和考察进行到底的结果。因此我们必须时刻从苏格拉底的这个基本观点开始,并且始终按照这种原则来思考,否则我们就可能迷失在错误的思考中。

在确立了性善论的目的论的前提下,苏格拉底进一步考察我们该如何生活得好。他认为我们必须拥有一些东西才能活得好,包括身体方面的如健康和美貌;财产方面的如富裕;政治方面的如出身、权力和荣誉等;德性方面的如节制、正义、勇敢;最后他提到了智慧。接下来他突然提到了好运,并且把好运放在了首位。但他立刻把智慧和好运联系在一起,认为智慧就是好运,拥有智慧就拥有好运,没有智慧就没有好运。"智慧在一切情况下都使人拥有好运。我认为智慧决不会犯错误,而是永远正确,永远幸运,否则它就不再是智慧了。"(Plato. *Euthydemus*, 280a)如果好运是偶然性的,而智慧则是必然性的。这样他就以智慧的必然性克服了好运的偶然性。总而言之,幸福就是拥有这些好东西。他立刻又指出,仅仅拥有这些东西还是不够的,还必须能够使用这些东西。但是仅仅能够使用还是不够的,还必须会正确的使用。如果错误地使用这些东西,它们的害处反而更大。正确使用它们的向导就是知识或者智慧。这样他就把智慧放在了美好生活的首位。没有智慧,一个人做得越多,犯的错误就越大,犯的错误越大,就越是不幸。所以和穷人相比,富人更容易不幸;和软弱的人相比,强壮的人更容易犯错和不幸;和地位低的人相比,地位高的人更容易犯错和不幸;和迟钝的人相比,聪敏的人更容易犯错和不幸。“如果是无知在引导它们,它们就是比它们的对立面更大的罪恶。因为它们更有能力服务于这个恶的主人;但若是善意和智慧在引导它们,它们就是更大的善。但就其本身来说,它们无善恶可言。……除了智慧是善、无知是恶以外,其他任何东西都无所谓善与恶。”❶

首先,这里的智慧概念主要是“实践理性”的含义。智慧同时还有理论理性的含义。理论理性是指对事物的自然本质的认识,事物的自然本质只有在我们心灵达到了绝对静止和无我的状态下才能显现出来,所以理论理性是一种纯粹的静观状态。实践理性的智慧以理论理性的智慧为前提,也就是说,只有对事物的自然本质有了清晰正确的认识以后,我们才能真正地使用事物,成就事物。其次,苏格拉底把智慧和善、无知和恶等同起来,对善和恶进行了界定。可以说,善和恶的问题是人类生活面临的最大问题。而且在不同时代,人们对善恶的内涵具有不同的界定。例如,在基督教中世纪时期,善就是上帝和信仰上帝,恶就是不信仰上帝。近现代以来,善恶问题变得复杂了。例如霍布斯认为和平是最大的善,战争是最大的恶。所以他的哲学思考的目的就是竭尽所能地消除内战的可能性。尼采认为善就是勇敢和诚实,这种诚实也就是尽可能真诚地勇敢地忠实于自己的思考和写作。可以说善恶问题是我们理解一切人的哲学的关键。但是苏格拉底把智慧和善、无知和恶联系起来,智慧才是真正的善,无知是真正的恶。这才是对至善的最好界定。智慧就是至善,至善就是智慧,我们只有理解了这个基本观点,才能理解苏格拉底的哲学。

苏格拉底继续说,因为智慧带来好运,所以每个人都在追求知识,为

---

❶ Plato. *Euthydemus*, in *The Collected Dialogues of Plato*. Edited by Edith Hamilton and Huntington Cairns. Princeton University Press. 1963. 281d.

了得到知识而侍奉他人，即使做他人的奴隶也不可耻。他又指出，只有在智慧是可以传授的，在智慧不是一种与生俱来的东西时，这种传授和学习才是可能的。但是这个问题并未得到考察。我们知道，这个问题也是《普罗泰戈拉》的主题。苏格拉底其实是在暗示，智慧无法传授，因为"智慧非关文字"。文字只是工具，只有超越文字，亲自看到事实本身，才能获得智慧。因此苏格拉底强调智慧是对理念本身的直观。但是智者不能真正理解智慧的含义。他们只有坚持智慧是可以传授的，才能收取学费，满足自己的私欲。因此智慧对于他们只是一种工具。

苏格拉底的这种演示可以看作是苏格拉底对智者的教导。他暗示智者不会使用自己的智慧，他们的智慧不是真正的智慧。因为智慧本身必然包含正确使用智慧，否则就不是智慧。智慧是看到事实本身。智者往往沉溺于语言制造的幻相中，而忘记了语言指向的事实本身。或者说，他在告诉他们，智者不会使用语言论辩的技艺。他们虽然是制造语言的大师，但是他们却并不会使用语言。制造语言和使用语言不是一回事。在苏格拉底看来，要学会正确使用语言的技艺，必须懂得政治的技艺。因为语言活动是政治活动的一部分，必须从政治生活的角度理解语言活动的意义。智者并不理解政治生活的本质，所以他们也不能理解语言活动的本质。所以在后面，他和克里托的对话提到了政治的技艺。

狄奥尼索多洛反问苏格拉底的这种说法是认真的还是开玩笑，因为他认为使一个人变得聪明就是使他成为另一个人，也就是毁掉现在的自己。他的话引起了他的情人克特西普的愤怒，克特西普加入论辩。于是欧绪德谟克向特西普提出"说谎不可能"的观点。因为说谎者说出了一个相反的陈述，他的说谎实际上是在说另一个事实；既然他在说一个事实，那么他就没有说谎。这和《智者》中智者关于"非存在不存在"，"虚假判断不存在"的观点一致，即我们不能言说或者思考非存在。如果我们能够言说非存在，那么非存在就已经是一种存在了。既然非存在不存在，它不能以任何方式存在，也不可能存在于我们的言说和思考之中。因此我们的一切言说和思考都是关于存在的，既然一切都是存在的，存在的就是真实的，所以我们的一切言说和思考都是真实的，因此说谎是不可能的。欧绪德谟指出一切演说家都没有说谎，演说家在演说(speak)的同时就是在行动(do)和制作(make)。演说本身就在制造事实,演说总是符合事实,所以演说都是真理。这和尼采的"真理都是人类创造的"观点十分相似,和普罗泰戈拉的"人是万物的尺度"的观点是一致的。这种观点表明智者认为不存在独立于人的客观事实,一切都是修辞学的,一切都是主观性的和人为的。言说就是一切,主观性就是一切。这样智者也就最终否定了真理和错误的可能性。智者的这种思想的基础是主观主义。但是如果一切都是主观主义的,那么就不存在主观主义。因为一个主观主义者必须同样肯定和承认他人的主观主义,他的主观主义就不得不面临无数的主观主义,这些主观主义之间当然会产生冲突和对立,他人的主观主义对于他就是一种客观主义。这样任何一种主观主义都不再是想当然的,它必须证明自己的正确性,必须诉诸主观主义之外的东西,因此它不再是单纯的主观主义了。这样智者最终就否定了自己的主观主义。或者,一切彻底的主观主义者都不会认为自己的感觉或者想法是主观的,而是真实的客观的,例如精神病人。一个人肯定主观主义之际,他必然以非主观性的东西为参照系和前提。同样,如果一切都是人为的自由创造,那么就根本不存在任何创造,因为我们没有区分创造和发现的客观性标准。所以主观主义不可能坚持自己的逻辑而不陷入悖论。当智者的主观主义认为"说谎不可能"的时候,他也同样肯定了"说真话是不可能的",因为没有真话和假话的区分。这样智者对于"说谎不可能"的论证"作为真话"也是不可能的,这种论证本身是没有任何意义的。

克特西普辩解说,说谎者没有按照事物的存在方式说话。狄奥尼索多洛则认为人根本不可能按照事物的存在方式说话,我们不能以大的方式言说大,不能以热的方式言说热,不能以坏的方式言说坏等。这是智者对事物存在和言说方式的差异性的揭示。这表明智者看到了语言和事实的差异性,看到了语言的主观性和习俗性。但是由此智者也就否定了语言和事实的同一性关系。也就是说,语言和事实虽然是不同的,但是它们仍然具有一定的同一性,即语言是对事实本身的显示。我们总是通过语言谈论和显示某个事物。语言总是超越自己指向自身之外的事实。因此我们在认识事实本身以后,必须彻底抛弃语言,这就是所谓的"得意忘言",而不是固执于语言本身,使语言活动脱离事实的基础和背景。智者的错误就在于他们试图否定语言背后的事实本身，沉溺于玩弄语言游戏，而忘记了语言对事实的指示性和中介性。这类似于后现代主义者对能指和所指之间的关系的看法。他们强调能指和所指的脱节和滑动，否定了能指和所指之间的真实关系，最终也是沉溺于语言游戏之中。智者对于语言的这种主观主义的观点和他们对于习俗文明的主观主义观点是一致的。他们认为习俗是完全人为的主观的，因此是虚假的，反自然的。所以他们区分了自然和习俗，把习俗看作是人类主观创造的产物，其中没有什么客观性真理。一切习俗都是主观主义相对主义的。但是他们没有看到，习俗和语言的意义可能是人为的主观的，但是习俗本身或者语言本身并不是主观性的，而是客观性的，或者是自然的。人需要习俗和文明，这是合乎人性的自然的，而不是违反自然的。因此习俗和文明是对自然的模仿和分有，而不是对自然的违反。我们应该以自然修正习俗和文明，而不是以自然否定文明。这正是苏格拉底和柏拉图要告诉我们的。

苏格拉底又出来救场，决定接受智者的考察。但是克特西普不甘心失败，他也强烈要求继续论辩。狄奥尼索多洛抛出了"反对他人不可能"的论证。这个论证和前面的论证相似，即立论者和反对者说的不是一个事实，反对者不能反对立论者。所以"反对他人是不可能的"。这种论证显然诉诸事实本身，即他强调了事实不同于言说，不同的言说意味着不同的事实。但是他立刻又因此否定了事实本身。因为他认为言说和事实没有差别，语言就是事实，事实就是语言。语言之外没有客观的事实作为依据，一切言说都指向事实，所以没有虚假判断，没有谎言，一切言说都是真实的。这仍然是智者的主观主义的表现。这类似于黑格尔的"概念就是实在"、"主体就是实体"的观点。他似乎认为事实本身只能在概念中存在，事实只有合乎概念才是真实的，这样他就把语言置于事实之上，也就是以主观性压倒了客观性。应该看到，言说和事实既是相关的，又是不同的。言说和事实当然属于不同存在，事实本身并不依赖于言说，但是我们必须通过言说显示事实，否则我们对事实就一无所知。如果我们只关注事实，无视语言本身，也不能认识语言的本质。我们必须善于把握语言和事实之间的辩证关系，不能只顾及事实而忽视语言，也不能只顾及语言而忽视事实。我们需要在两者之间持守中道的智慧。

苏格拉底认为他们只是在“为说话而说话”,因为否定了撒谎、反驳的可能性,就取消了真理的可能性,也就取消了无知的存在。取消了无知也就取消了无知和智慧的区别,这样他们就否定了自己的教学活动的理论基础。也就是说,智者必须肯定存在无知的人和智慧的人,才能作为教师进行教学和收费。如果没有无知的人,那么智者的教育就没有必要了。但是狄奥尼索多洛认为这是他们以前的观点,苏格拉底必须反驳他们现在的观点。苏格拉底指出这种“要求反驳”本身是自相矛盾的,因为承认反驳的存在就意味着承认存在真理和错误了,这样就否定了刚才的“反对者不可能”的观点。智者在以语言打嘴仗,他们似乎在坚持逻辑的彻底性,谋求在论辩中获胜。但因为他们无视事实本身,对语言的本质一无所知,因此他们实际上对自己的观点中的逻辑矛盾和错误视而不见。

苏格拉底要求他们认真地进行证明,而不是做游戏。苏格拉底决定先和克里尼亚做个示范。他们从一个共识即“我们必须热爱智慧”开始。苏格拉底再次承接前面关于制造的技艺和使用的技艺的区分。在他看来,如果只是知道某种东西而不知道如何使用这种东西,这不会带来好处。例如我们知道点金术,却不知道如何使用黄金,那么黄金就没有任何好处。所以我们的知识必须同时结合制造和使用两个方面,否则就不是完整的知识和技艺。“制造的技艺是一回事,使用的技艺则完全是另一回事。”(Plato. *Euthydemus*, 289c)苏格拉底认为制造语言的技艺是法官或者议员等人,也就是政治家之类的人。他们用这种技艺吸引和说服他人,但是他们仅仅凭借这种技艺并不能够带来幸福。同样,对于智者而言,制造语言的技艺和使用语言的技艺也是不同的,善于制造语言并不等于善于使用语言。如果他们只是关心制造语言,而不知道如何使用语言,那么他们的智慧就仍然不是完整的有益的,这种智慧就不是智慧。这和《斐德罗》中的观点是一致的,《斐德罗》似乎就是展示我们如何正确使用语言的技艺。

苏格拉底认为将军的技艺是能够带来幸福的技艺,但是克里尼亚却否定这种说法。他认为将军的技艺和猎人的技艺是同一类的,他们都是制造的技艺，而不是使用的技艺。同样，几何学家、天文学家和算术家等人的技艺也类似于猎人的技艺，他们也不懂得使用的技艺。克里尼亚聪明地认为他们应该把自己的发现交给辩证法家，将军的猎物应该交给政治家。我们看到，克里尼亚的这种观点表明他已经是潜在的哲学家了，但是他的智慧仍然没有成熟。而且他正在受到智者的误导，他很可能在这种误导中败坏了自己。柏拉图以此显示了他对于具有哲学家天赋的年轻人的担忧。如果他们能够受到真正的哲学教育，那么他们就会是杰出的人，幸福的人，如果他们受到智者的误导，他们所犯的错误可能更大，最终害人害己。

制造的技艺和使用的技艺的区分可以看作是理论和实践的区分。理论就像是猎人，它去捕获知识。但是理论家并不一定懂得如何使用自己的成果，所以必须由实践家来使用。两者必须结合起来，否则就是灾难性的。真正的智慧必须是理论和实践的和谐之道，单独偏向任何一方都是危险的。理论就是实践的路标，实践如果没有理论，就如同盲人走路一样。跑得越快，离目标越远。同样，理论如果脱离了实践，不以追求真善美为目标，理论思辨就成为危险的或者无聊的东西。智者的哲学论辩显得脱离了政治实践的约束，最终成为一种智力和言辞的狂欢。这种狂欢是不可能产生任何好结果的。

三、苏格拉底和克里托论政治的技艺

这时，对话突然“跳出”了苏格拉底的回忆，进入和克里托的对话。克里托对克里尼亚能够说出这种智慧的看法感到不可思议。以克里尼亚的年纪，他还不可能达到这种高超的智慧。苏格拉底表示自己可能记错了，这种看法可能出于一种“更高的力量”。这种更高的力量当然应该是哲学的智慧。苏格拉底的“疏忽”一方面表明他对于优秀的年轻人怀有很高的期待，希望他们能够尽快达到这种智慧认识，另一方面他试图以此把哲学的实践智慧引入到智者的纯粹语言制造活动之中，校正智者只关心语言游戏的偏差。只知道语言就不可能知道语言，正如只知道理论就不可能知道理论，只知道哲学就不可能知道哲学一样。我们必须善于同时“就其本身”和“就其对立面”来认识同一个事物。这就关系到使用的技艺的问题。

克里托问苏格拉底有没有找到使用的技艺。苏格拉底表示这几乎是不可能的。但是他立刻提到政治的技艺就如同国王的技艺。“将军和其他技艺的人应该把他们制作的东西交给这种技艺，因为只有这种技艺知道如何使用它们。它显然就是我们要找的技艺，也是城邦里的公正行为的原因，确实像埃斯库洛斯所描述的那样，这种技艺独自掌握政权，指挥一切，统治一切，使一切都有用。”(Plato. *Euthydemus*, 291d)也就是说，政治的技艺是全局性的整体性的，各种其他技艺则是局部性的。因此政治技艺是关于使用的技艺的顶峰。政治的技艺统帅其他一切技艺。因为只有政治的技艺才知道如何正确使用各种技艺。这样，苏格拉底就把主题引向了《政治家》。柏拉图在《政治家》中探讨了政治的技艺。政治的技艺是关系到如何使用各种技艺的技艺，是知识中的知识，是技艺中的技艺。政治技艺高于一切技艺。政治技艺指向整体性的幸福。整体高于部分，所以政治的技艺高于其他技艺。

但是苏格拉底似乎对政治的技艺的最终目的难以确定。医生的技艺带来健康，农业的技艺带来丰收，政治的技艺能够带来什么。这意味着政治生活的复杂性。政治的技艺当然应该指向全体人民的幸福。这应该是政治技艺的唯一目标。但是人们经常错误地利用政治权力，使之成为谋求个人私利的工具。再者，如果政治的技艺只是关心全体人民的物质福利，那么这样政治的目的是不是又太过低俗呢？因此，苏格拉底最终在暗示政治的技艺应该导向哲学，“人们可能归因于政治家的技艺的其他一些结果有很多，例如使民众普遍富裕、自由，不受党派的干扰——这些东西自身都无所谓善恶，但是政治的技艺应该使民众聪明，使他们分享知识，因为知识对他们有益，使他们幸福。”(Plato. *Euthydemus*, 292b)对此克里托表示认同。这表明了克里托的智识兴趣。这里似乎表明苏格拉底也是启蒙主义者。但是苏格拉底的这种启蒙主义和近代意义上的启蒙运动是不同的。他的知识启蒙更多和美德相关，更多是对少数哲人的启蒙。如果这些哲人能够掌握权力，他们就能够通过他们的智慧给人民带来更高的利益。正如《理想国》中的哲人王所表现的。但是现代启蒙主义则和物质功利相关，是仅仅指向“普遍的富裕和自由”。苏格拉底否定了这种目的的正当性。

当苏格拉底问政治是不是使所有人在一切方面都变得善良，传授一切知识时，克里托则并不认同。也就是说，政治的技艺不可能达到这种目的。因为人和人的自然是不同的。我们必须因材施教，使每个人各得其所。所以并不存在一种普遍主义意义上的全社会的启蒙。这样也就否定了现代启蒙主义政治理想的可能性。现代启蒙主义认为通过科学知识的传播，可以在全社会实现普遍的启蒙，这样就可以实现整个社会的幸福。既然政治的技艺不能实现这样的目标，那么政治的技艺到底传授什么知识呢？或者什么东西可以使人变好呢？这些都显示了政治技艺的含混性。所以苏格拉底表示："要想知道能使我们幸福的知识是什么，我们还差得很远，进一步说，我们还不知道什么是能使我们幸福的知识。"(Plato. *Euthydemus*, 292e)苏格拉底表示自己陷入了极度的困惑。当然，我们应该看到，在苏格拉底看来，真正使人幸福的就是哲学智慧，但是哲学智慧是无法在整个国家社会中传播的。热爱哲学的人可以通过哲学研究达到最高的幸福，但是他并不能够使其他人也获得这种最高幸福。哲人可以通过帮助他人实现自己的自然，从而获得相应程度的幸福。但是这并不是一种政治的技艺。《理想国》应该是政治的技艺的最好实践。因为它是完全依据人性的自然建立起来的。所以理想国是一个实现了普遍幸福的国家。

克里托是个好公民，苏格拉底和他谈论政治的技艺是适宜的。通过论政治的技艺的目的，苏格拉底似乎在对克里托进行政治启蒙，正如智者对克特西普进行哲学启蒙一样。真正的政治理想不是简单地因循守旧，而是依据自然来校正政治生活。同样，真正的哲学论辩也不是在言辞上逞强，而是通过语言显示自然事实，同时应该考虑到哲学论辩的政治后果。这样，两段对话实际上就是关于哲学的对话和关于政治的对话。柏拉图暗示我们应该以政治的技艺引导哲学的辩论，这种引导可以限制哲学辩论的无节制和无目的性。通过和克里托的对话，柏拉图试图使读者从智者的狂欢中跳出来，以政治的技艺作为清醒剂，冷却一下智者论辩的狂热。

四、苏格拉底继续忆述

接下来是一些更加狂热的辩论。我们难以确定柏拉图是不是在认真地写这些诡辩。如果他是认真的，那么我们就必须找出这些诡辩中隐含的真理。如果他不是认真的，那么我们就不必认真地对待这些诡辩，否则就太过于严肃，太缺乏情趣，太不懂得语言游戏的魅力。因此我们最好首先在头脑中想象出柏拉图描述的这个智者的诡辩的狂欢景象，让这幅画面映现在我们的脑海中，然后再去反复体会其中的深意吧。

首先是欧绪德谟向苏格拉底展示"知道一切"的论证。欧绪德谟的逻辑是一个人只要知道一些事物，就知道一切事物。因为一个人不可能既知道又不知道。[1] 在他看来，如果一个人既知道又不知道，那么他就既是他又不是他。这样，欧绪德谟似乎坚持形式逻辑的矛盾律原则。既有知识又没有知识是违反逻辑矛盾律的，正如智者推崇的"存在存在，非存在不存在"一样。因为所有人都多多少少知道一些事物，所以所有人都知道一切事物。他们认为自己知道一切事物，例如星星和沙子的数量等。而且他们也认为自己无所不能，没有什么是他们不会的。接下来，欧绪德谟继续问苏格拉底是凭借什么知道一切的，苏格拉底回答凭借"灵魂"，欧绪德谟指责苏格拉底回答的"太多"。因为智者根本否定灵魂的概念。苏格拉底只能说凭借"一个东西"。于是欧绪德谟就认为，既然人能凭借"这个东西"知道一个事物，也能够凭借它知道一切事物。苏格拉底不得不承认欧绪德谟对辩证法的掌握比他还要好，但是他仍然不承认自己知道一切。我们应该指出，欧绪德谟的这种论证否定了有知和无知的区别，也就否定了真理和错误的区别，也否定了他作为美德教师的意义。智者的相对主义诡辩术恰恰依赖形式逻辑，是形式逻辑误用的结果。哲人则发现了"辩证逻辑"，辩证逻辑才能引导我们直面事实本身。这是哲人的辩证法和智者的诡辩术区别开来的关键。

狄奥尼索多洛提出了"父子论证"。在这个论证中，他省略和随意调

---

[1] 在《泰阿泰德》中，苏格拉底认为"既知道又不知道"是可能的，他以此解释虚假判断的可能性。

换定语，最后得出“苏格拉底没有父亲”的结论。克特西普也模仿他们的论证，加入到和欧绪德谟的论辩中，他也变得越来越放肆和大胆，最终得出“狗是克特西普的父亲”的结论。在“喝药”和“带武器”的论证中，狄奥尼索多洛表明既然好的事物越多越好，就应该吃更多药，或者携带更多武器。金子论证也是如此。既然金子越多越好，人们就应该把自己变成金子做的。这些论证完全不顾及事实。因为即使是好的东西也并不就是越多越好，而是要适可而止。所以智者根本不关心节制。

接下来，“沉默的论证”是最晦涩的一段，我们也许应该避免“过度诠释”。狄奥尼索多洛问克特西普关于沉默的谈论（a speaking of silent）是不是可能的？克特西普认为是不可能的。那么谈论的沉默（a silence of the speaking）是不是可能的？克特西普认为更加不可能。狄奥尼索多洛立刻说，当我们谈论石头、木头等东西的时候不就是“沉默的谈论”吗？克特西普进行反驳，并且要求继续证明“谈论的沉默”。欧绪德谟试图驯服克特西普，指出当他沉默的时候就是对一切事物都沉默，这就意味着他在谈论事情的时候也是沉默的，因为石头等东西并不说话。但是克特西普认为一切事物都是沉默的，欧绪德谟认为不是。克特西普就反驳说难道一切事物都在说话吗？欧绪德谟只能贯彻自己的逻辑，认为一切事物都在说话。但是克特西普则表示他是在问一切事物是沉默的还是说话的。狄奥尼索多洛则插话说克特西普无法对付“既沉默又说话”的论题。克特西普认为这个“既……又……”完全败坏了论证。在《巴门尼德》中柏拉图恰恰就是展示了这种“既……又……”的辩证逻辑。我们可以同时说事物是“既……又……”的，事物本身正是在辩证思维方式中真正展示出来。在这种辩证思维中，语言概念才被最终扬弃了。语言是一种显现方式，事实在语言中显现自身。但是语言同时也是一种遮蔽，即事实作为语言的对应物显现出来，这样事实可能就不是“按照自身”显现出来。因为事实是离言绝相的，事实既不是可说的，也不是不可说的。因为只有对于人而言，才有言说和沉默的问题，事实根本超出说话和沉默之外。沉默也是一种显现方式，这种方式扬弃了一切言说，更加能够显现事实本身。智者并不理解这种辩证思维，所以他们不能扬弃语言概念，不能看到事实本身。他们只是玩弄诡辩术的小技巧。

克里尼亚被克特西普的论证完全迷住了。这或许是苏格拉底不愿看到的。因此苏格拉底加入谈话，问他为什么对这么严肃美好的论证发笑。对此，狄奥尼索多洛则问苏格拉底是不是见过美丽的事物，美丽的事物和美丽的事物是不是相同的。苏格拉底回答美丽事物与美丽本身是不同的，但是美丽的事物都分有美。苏格拉底并不能回答如何分有的问题，所以狄奥尼索多洛认为他和牛在一起就分有了牛，苏格拉底就成了牛。苏格拉底感到他甚至也无法抵制智者诡辩术的吸引力，试图模仿智者的诡辩术。这暗示了智者的诡辩术具有很强的传染性。当苏格拉底称赞他们的辩证法非常完善，做任何事情都恰当和适宜时，又引发了狄奥尼索多洛关于铁匠、厨师的论证。他完全颠倒主语和谓语的关系，证明切割和烹饪厨师、锻打铁匠等都是适宜的。这里显示了智者的无法无天、无所顾忌。他们随意地制造语言的论辩，沉溺于这种论辩之中乐此不疲，完全没有任何政治道德的顾虑。因此他们的"智慧"是可怕的荒唐的。

最后的"渎神的论证"是所有论证诡辩的顶峰。在这个论证中，智者的反政治道德宗教的品格淋漓尽致地表现出来。他们的论证逻辑是"有生命的是动物，对于动物可以自由处置；神是有生命的，所以神也是动物；我们也可以随意处置神。"在场的人对这个论证都欢笑鼓掌直到精疲力竭。苏格拉底则完全被这个论证打倒在地。克特西普欢呼这是个"优美的论证"，赞美他们是战无不胜的。正是凭借这种逻辑论证，他们反驳和嘲弄一切神圣的观念。他们是语词的大师，展示了语言的力量和论辩的力量，根本不在乎政治和现实。

这个"渎神的论证"和智者区分自然和习俗的观点相关。他们认为诸神是习俗的产物，根本不是神圣的，因此对诸神的崇拜是可笑的愚昧的。可以说，智者和哲人一样都是"非圣无法"的，但是智者却陷入对一切观点都嬉笑怒骂、无所顾忌的放纵态度，并且沉溺于这种亵渎的狂欢中。哲人却更进一步看到了道德礼法对政治生活的重要性，并且开始从哲学智慧的角度自觉维护道德礼法。所以哲人的智慧是更加完满的，而智者的智慧是偏颇的虚假的。这当然是古希腊"礼崩乐坏"的表现。我们可以设想，他们总有一天也会厌倦自己的这种乐趣。

苏格拉底似乎也禁不住赞扬他们，向他们表示祝贺。他认为，他们的言语论辩是精彩的，但最重要的是他们并不在乎多数人怎么想，也不在乎那些严肃的或拥有巨大声望的人怎么想，而只注意像他们一样的人。这段话似乎是对智者的“非圣无法”的推崇，也就是说，智者只是沉迷于逻辑论辩，对道德礼法一类的事物毫无顾忌。这意味着追求智慧必须敢于对人们公认的权威观念、主流意识形态进行挑战，“科学无禁区”。否则，如果人们过多考虑道德礼法的限制，哲学对智慧的探究就可能被压制。这显示了苏格拉底对哲学智慧的肯定和对道德礼法的贬低。因为人们大多都是道德礼法的遵守者和维护者，所以他也指出，人们对这种论证所知甚少，很少有人会赞美这些论证，人们会认为用这种论证去反驳他人是可耻的。因此智者的论辩技艺是属于极少数人的技艺，是不为公众所擅长和认可的。

苏格拉底还指出，他们的论证中表现出了一种公共精神（public spirit）和仁慈（kindness）。这仍然是苏格拉底对哲学智慧的推崇，和对智者的启蒙教育活动的肯定。智者和哲人具有很大的相似性，正如在《智者》中苏格拉底所揭示的。他们都是进行个别的私人的论辩启蒙的人。但是他们却有着本质上的不同。哲人以追求真理为目的，而智者则以说服他人，追求名利为目的。所以接下来，苏格拉底就批评他们不应该否定真善美。因为一切思考和论辩的目的就是追求真善美。否定了真善美，我们的思考和论辩就没有意义了。所以他才认为如果去掉这些论证中的“无礼”的成分，也就是去掉论辩中的那些反道德反宗教反人性的东西，他们的论证是很好的。如果哲学论辩不能无视道德法律的权威性，我们就不可能进行启蒙。因此他劝告智者不要在公开场合论辩，最好是在私下里，智者的学生们也不要公开争论，只和他的老师争论。

这段话可以说是苏格拉底对智者的政治教育。他要求智者把哲学论辩限制在私人领域，不要危害到公共政治生活。或者说，哲人也是蔑视政治道德的，但哲人是“超出”政治道德法律的，而不是“反对”政治和道德的，所以哲人会回到洞穴，维护道德礼法。因为维护政治是维护哲学的必要前提。而智者却是无所顾忌的，放肆大胆的，这种无所顾忌会危害政治生活，并且最终危害到哲学生活。

最后苏格拉底表示要和克里尼亚一起做他们的学生。这里似乎表现了哲人对智者的服从。这和《普罗泰戈拉》、《理想国》中展示的哲人和智者的关系都不同。在其他著作中,柏拉图显得彻底否定了智者,但是在此处他却赞美了智者。当然,我们可以把苏格拉底的服从理解为"反讽",但是此处并不像是反讽,并且没有接下来的论辩,而是真心实意地表示服从。我们最好把苏格拉底对智者的服从理解为他对哲学论辩本身的服从,或者是对智者的引导和教育。哲人在论辩上并不会输给智者。智者只是比哲人更胆大妄为。这种胆大妄为是以智者对哲学和政治的双重无知为前提的,而哲人对哲学和政治的本质都有清楚的认识。智者的论辩是对哲人的论辩的模仿,因此是拙劣的模仿,正如《智者》中所说的是不诚实的模仿。智者的论辩无疑败坏了哲人的论辩。因为他们并不以真理为目的,而是单纯以反驳他人为能事。当然智者比那些只相信物质利益的力量的人仍然要高尚一些。

五、苏格拉底和克里托的对话

克里托表示自己也喜欢学习。这样我们就可以理解他为什么能够和苏格拉底成为朋友。他表示自己不是欧绪德谟之类的人,而是另外一类人。这类人应该就是"公民",克里托是一个具有强烈的道德法律意识的好公民。他并不喜欢智者的这类论辩,他宁可被驳斥也不会学习欧绪德谟的诡辩术。克里托并不是追求智慧的人。然后,克里托提到了一个无名人。这个人也旁听了论辩,但是他从人群中挤出来,认为智者都是在胡说八道、咬文嚼字、小题大做,谈论一些根本没有价值的事情,认为哲学一文不值,苏格拉底在论辩中像个大傻瓜,非常丢人,智者的论辩方式也是卑鄙的可笑的。

苏格拉底把这个人称为"挑哲学毛病的人"。他问这个人属于哪类人,是法庭辩论者、演说家、还是专门写演讲稿的人。克里托认为他是写演讲稿的人。苏格拉底表示他正想去寻找这样的人谈话。[1] 根据普罗狄科的看法,苏格拉底认为这类人是"处于哲学和政治之间的居间者"。他

---

[1] 这类人和《斐德罗》中的修辞学家吕西亚斯比较相似,因此《欧绪德谟》可以看作是《斐德罗》的前导。

们认为自己是最聪明的人，并且获得了举世公认的智慧之名，他们相信，如果他们否定和贬低哲学，把哲学说得一文不值，就能够获得更大的智慧的名声。但是他们在私下的辩论里很可能输给智者，因为他们善于修辞而不善于辩论。所以苏格拉底指出，他们的聪明并不是在于辩论，而是因为他们在哲学和政治两个方面都有比较好的修养和知识，能够避免哲学和政治之间的冲突和危险。但是要他们认识这两个领域的真理并不容易。因为哲学的真理和政治的真理是不同的。当他们认为自己对两者都有所认识时，其实他们对两者都没有认识。所以他们比那些只从事哲学或者只从事政治的人都要差一些。

如何理解苏格拉底这段话呢？写演讲稿的人不是哲学家，也不是政治家，我们可以把他们称为作家或者“政治文人”。他们一方面在理论修养上要比政治家高，因为政治家往往因为忙于实际工作，无暇提高自己的文化修养。政治文人要为政治家、演说家写稿子，所以他自认为比政治家有智慧，能够对政治问题做出更好的认识。另一方面，他们在公共实践生活的影响和名声方面比哲学家要大，因为哲学家往往远离公共生活，只是进行私下辩论。因此政治文人似乎在哲学理论和政治实践方面都要非常精通，消除了哲学和政治的冲突和隔阂，这导致了他们的自我膨胀。但是在苏格拉底看来，他们其实对哲学和政治都缺乏真实的认识。因为哲学的真理是无知之知。这种无知之知是不可能通过语言演讲的方式传达的，只能通过对对话者的启蒙和反讽达到。智者或者哲人可以只关心真理和辩论，而不关心政治和民众。这样智者和哲人就能够达到更加纯粹的哲学认识的真理，即超政治的真理。这是政治文人不能理解和做到的，因为他们不得不同时关注政治的真理。同样，政治的真理是中道和谐的技艺，政治家必须善于协调各种关系和力量，使得国家能够达到和谐团结和友爱。所以政治家必定深谙政治的真理，懂得契合实际，而不是固守某些文字教条，他必须善于解放思想，实事求是。而政治文人往往容易固守某些政治教条，而不能直面事实本身。他可能并不关心任何真理，只关心如何迎合民众。所以不论是政治家还是哲学家都在某种程度上超越了语言的有限性。而写稿子的人因为同时受到哲学和政治两方面的限制而不能在任何一个方面达到彻底性和严格性，因此不能认识两者的真理。写稿子的人往往只是面对语言文字本身，而不是事实本身。正如在《斐德罗》中，苏格拉底对写作本身的局限性的揭示，他告诫我们不要认为把握了文字就把握了真理。真理在语言之外，真理是对事实本身的直接认识。虽然真理需要通过语言展示出来，但是真理本身并不依赖于语言文字。所以我们要理解柏拉图对"作家"的真实态度，就必须结合阅读《斐德罗》中关于写作的批判。最后苏格拉底表示只要他们也在追求智慧，就应该对他们表示尊敬。这仍然体现了苏格拉底对智慧本身的推崇。而对于克里托，他的评价可能反而没这么高了。

最后，克里托提到孩子的教育问题，表明他对教育孩子感到非常困惑和忧虑。如果把孩子交给智者去教育，他感到非常可怕。苏格拉底则表示无论哪一行都是愚蠢卑劣的人多，严肃高尚的人少。不能因为某个行业中存在愚蠢可笑的人，就不让孩子从事任何一行。就这篇对话而言，苏格拉底在告诫克里托，不要因为大多数智者的这些愚蠢行为就贬低哲学，总有少数人在严肃认真地从事哲学。这样的人才是真正的哲人，哲人是一切人的老师。这里苏格拉底似乎肯定了智者也是搞哲学的人。因为和其他类型的人相比，哲人和智者更具有亲缘性关系，更像是一家人。最后苏格拉底再次为哲学进行了辩护，"不要为实践哲学的人担心，无论他们是好是坏。只是要认真仔细地考察事物本身。如果哲学在你看来是样坏东西，那么就让所有人都回避它，不仅是你的儿子。但若你对哲学的看法也和我一样，那么如谚语所说，让你自己和你的家人鼓足勇气去追求它，实践它。"(Plato. *Euthydemus*, 307c)这和《斐多》中对克里托的告诫是一样的。

六、结束语

这篇对话是苏格拉底对好公民克里托展示智者的论辩，正如其他的公民一样。好公民克里托并不能够理解智者的这种语言论辩游戏的含义。这表明了克里托的纯朴或者愚昧，但是这种纯朴或者愚昧是好公民的必要条件。他不会对主流价值观进行反思和嘲弄，苏格拉底的讲述并未触动好公民克里托的价值观。克里托只是把这种论辩看作是无聊的游戏，他关心的是孩子的教育问题。这个问题成为了这篇戏谑作品中唯一严肃的主题，也因此构成了对这种论辩戏谑的批判。因此这篇对话就是在戏谑和严肃之间进行的，在戏谑的表面现象下暗含了严肃的关注和忧虑。这也表明了在礼崩乐坏之际，智者的教育活动并不能够承担教育的重任。柏拉图以年轻人的教育问题，暗示智者的论辩必须有一个限度，并且以克特西普的例子表明了智者的论辩的危险性和危害性。在智者的这种语言游戏中，当然包含了一些可贵的真理。这是苏格拉底对智者表示臣服的原因。如果我们要追求真理，就必须以对最神圣的观念的反思为前提。获得智慧的代价是我们的纯朴性的丧失。智者的论辩表明了他们试图从政治观念的上升。但是智者是半途而废的，他并未把追求真理的道路进行下去。而哲人则以追求真理为根本，不会沉溺于玩弄论辩游戏。所以在追求真理的道路上，他们分道扬镳了。智者既是哲人的朋友，也是哲人的敌人。这篇对话展示了智者进行论辩时的无所顾忌的疯狂，展示了智者是如何败坏哲学论辩的。但是，苏格拉底仍然对智者的这种论辩给予了很高的评价，相比于不热爱智慧和哲学的人，智者得到了苏格拉底的更多肯定。

这篇对话的结构是哲学对话和政治对话交叉进行的。柏拉图把苏格拉底和智者的哲学对话用苏格拉底和克里托的政治对话包裹起来。一方面，这是以政治包裹哲学，由此柏拉图暗示哲学如果超出了政治，完全不顾及道德政治，就可能会变得非常邪恶而自我败坏，所以必须把哲学纳入到政治的生活之中。另一方面，政治如果没有哲学的刺激，政治也会变得循规蹈矩，最终败坏自己。所以政治生活需要哲学的考察和改善。此外，柏拉图还展示了一个以写作为业的无名的“政治文人”的角色。由于他受到文字写作本身的局限，政治文人对哲学和政治的结合是浮浅的，只有哲人王才能最终实现哲学和政治的完全和解，哲学和政治的结合只能在这种对立冲突的方式中结合起来。因此这篇对话仍然是对哲学和政治的关系的关注和反思。

另外，这篇对话的主题还涉及对制造的技艺和使用的技艺的区分，以及对什么是使用的技艺的探讨。智者是语言或者论证的制造者，但是智者并不懂得如何使用这种论证。他们是玩弄语言的大师，首次使得语言问题成为首要关注的对象。正如在《斐德罗》中，柏拉图认为智者也是掌握了一定真理的人，只是他们并不懂得使用语言的技艺。智者展现了语言游戏的顶峰。但是作为一种语言的狂欢，它本身就是自我否定的。因为语言游戏的乐趣并不是来自语言本身，而是语言背后的政治生活。例如在渎神的论证中，当他们把神看作动物时，他们体验到的是一种亵渎的快乐，在使他人张口结舌、哑口无言之际的获胜的快乐。这种亵渎的快乐并不来自这些语词，这些语词都指向语言之外的事实生活。因此语言的意义并不是来自语言本身，而是来自政治生活。既然如此，使用语言的技艺就不是单纯的语言本身的问题，而是一个“政治问题”。所以制造和使用语言的技艺必须从属于政治的技艺。离开了对政治的关心，我们就不可能认识语言的本质，也不可能掌握语言使用的技艺。苏格拉底认为必须以政治的技艺来规范协调一切技艺，包括使用语言的技艺。智者忽视了语言问题首先是一个政治问题。这是苏格拉底对智者的论辩的非政治性的揭露和批判。这种非政治性恰恰是智者的无知的表现。所以苏格拉底和克里托谈论政治的技艺，而不是和智者兄弟谈论政治的技艺。在智者兄弟的对话中，政治是完全被遗忘的。但是政治仍然构成了这种对话的基础和背景。

哲人的技艺比智者的技艺更加完整和全面。哲人既懂得制造的技艺，也懂得使用的技艺，把制造的技艺和使用的技艺结合起来。因为他同时看到了哲学和政治两个方面。这种全面的认识使哲人达到了无知之知的智慧。因此哲人并不看重语言论辩，而强调对事实本身的直接认识。哲人也是要通过哲学论辩破除人们的观念。他的目的也是要消除人们的各种“观念疾病”。“善灭诸戏论”。但是哲人关注的是事实本身，认为只有破除了对观念的执着，我们才能关注事实本身。因为真理是离言绝相的，是无法通过语言传达的，“只可意会不可言传”，所以我们必须通过语言超越语言。只有关注事实本身，我们才能获得智慧，我们的生活才能最终达到中道和谐。相反，智者并不关心语言之外的事实，他完全把自己封闭在语言之中。智者的狂欢是一种语言的狂欢。这种狂欢仍然近似于寻求刺激的活动，只是这种刺激来自语言观念，而不是感官刺激。智者陶醉于他人的喝彩和崇拜，陶醉于对一切主流价值观的反讽和嘲弄。相反，哲人凭借真实的智慧达到了最高的沉醉和迷狂。哲人免除了一切感官的和观念的刺激,始终处于超然的静观之中。这种超然的静观是“万物并作,吾以观复”的静观。他知道万事万物的本质自然,知道它们的运行规律,并且使自己完全处于这种运动之外。在这种单纯的静观中,体会到了宁静的快乐,即孔子所谓的“不惑”和孟子的“不动心”的快乐。这种快乐是没有扰动的深层的快乐,可以称为极乐。这种静观中的这种纯粹快乐被看作是神一般的幸福。所以哲人的智慧显然远远高于智者的智慧。可以说,智慧分为纯粹理论静观的方面和使用实践的方面。纯粹理论静观的方面是对理念实相的直观,在这种直观中达到了智慧,正如在《斐多》中苏格拉底曾经指出的那样。只有在看到了理念实相后我们才能说自己具有了智慧。但是智慧还有其实践性的方面。这种实践性的方面就是“成己成物”,也就是帮助一切人和物都能够实现自己的本质自然。智慧的理论方面和实践方面是相辅相成的,如果我们不能在理论静观中看到事物的自然实相,我们就不能使事物成就自己,这样我们就只是在模仿智慧,我们也就不能真正使用智慧,包括使用语言的智慧。智慧成就万物。

如果我们扩展地理解这篇对话的这个主题,制作的技艺就是指现代人推崇的发明和创造。现代人极大提高生产力,创造了前所未有的财富,认为一切苦难和痛苦似乎都可以凭借技术进步得到最终的解决,技术发明已经成为了现代人的基本信仰,GDP崇拜成了现代人基本的形而上学信念和希望。但是财富的积累本身并不就意味着幸福,幸福的获得不仅和财富的增长相关,还和对财富的使用相关。如果我们不会正确使用财富,巨大的财富也并不会给人类带来幸福。财富和技术的增长并不必然意味着幸福的到来。现代人能够创造巨大的物质财富并不意味着他同时解决了财富的使用问题。财富的使用也就是财富的分配。如果不能进行正确的分配,单纯财富的增长并不能够直接地带来幸福。从一定意义上说,如果制作的技艺或者财富的积累是相对容易控制的,财富的使用却是相对难以控制的。现代人看到了发明和创造的重要性,但是忽视了使用和分配的重要性。如果不能得到正确的使用,一切发明对人类来说就是灾难。一切思想学说也是如此。我们可以发明各种新思想、新学说,但是如果我们不能正确认识和使用这些思想学说,就会被这些思想观念学说迷惑,被那些有害的思想学说误导,它们对于人类来说也同样是灾难。因为一切技艺、思想或者财富的使用和分配涉及对每个人的本性的认识,只有智慧的人才能合乎自然正义地进行使用和分配,所以人类的幸福最终仍然依赖于哲人王的智慧。这意味着政治家必须同时具有智慧,或者哲学家同时具有政治权力。这样就回到了《理想国》的主题。

第四章
哲人与诗人

哲人除了和智者进行斗争，也在和诗人进行斗争。诗人在政治生活中或者民众中往往具有更大的影响力，更加容易获得民众的支持和赞美。诗人似乎比智者显得更加精通人事，但是诗人对于人事的认识往往是肤浅的和表面的。诗人也往往是智者的学生和朋友，宣传一些背离道德和真理的观念。和智者一样，诗人的缺陷同样在于对人性的事实和真理缺乏正确的认识，因为他们并不认识超越政治的永恒不变的东西。柏拉图试图以哲学思辨的方式揭示诗人的错误和无知，进一步强化了哲学和诗歌的古老争吵。但是柏拉图并不是要否定或者消灭诗歌；相反，他的对话创造了一种新型的诗歌即“哲人剧”。这种哲人剧可以说是哲学和诗歌的完美结合。其中既有哲学的理论思考，也有诗歌的艺术元素，体现了理性和非理性的结合，实现了对“存在者整体”的完美模仿。而尼采或者海德格尔等人关于哲学和诗歌的结合则没有达到这种完美性。

在这一部分中，首先讨论了《斐德罗》中关于写作的技艺的问题。柏拉图以一篇文章为例子，说明考察一篇文章的好坏，必须根据哲学的真理来衡量。写作只有和哲学辩证法结合起来才是真正的技艺。进一步，柏拉图贬低了写作的技艺，认为言说高于书写，因为哲学本质上就是对话和言说，而写作不能因人而异地进行这种活生生的对话，难以达到对人的灵魂的有效塑造。其次，讨论了《会饮》中关于爱欲的问题。在诗人或者民众看来，哲人是没有爱欲的，“圣人无情”。柏拉图揭示了爱欲的本质，认为对至善的爱欲是最真实的爱欲。人的爱欲只有在至善中才能获得最终的实现和满足。因此柏拉图说明了只有哲人真正实现了爱欲的本质，哲人才是真正拥有爱欲的人。最后，讨论了《伊安》中关于灵感和技艺的问题。诗人和诵诗人都是凭借灵感而活动的，但是这种灵感并不是真正的理性技艺，灵感低于技艺。这体现了柏拉图对理性和非理性的基本关系的看法。

第一节　文以载道——《斐德罗》解读

这篇对话是关于修辞学的探讨，和《高尔吉亚》的主题接近。第一部分是对文章写作的演示，其核心是对哲学之道的展示。但是哲学是无形无相的思辨和静观，是无法自我展示的，只有通过诗意的方式才能展示出来。这种展示和《会饮》中苏格拉底的讲词对至美至善境界的展示是一致的。第二部分是我们应该如何正确地写作。只有写作和善道结合起来，写作才是有价值和意义的。这就是所谓的"文以载道"。哲学和诗歌的冲突的根本原因在于诗歌是不是应该以传达哲学的智慧为根本目的。如果诗歌或者修辞学文章只是为了媚俗，只是为了获得大众的喝彩，那么这种诗歌就是无道的，反哲学的。这是柏拉图批判诗歌的根本原因。第三部分是对文字写作的贬低。柏拉图似乎认为即使我们的写作和善道结合起来，做到了文以载道，写作本身的意义也是有限的。这是由文字本身的有限性决定的。对于传道而言，面对面的对话和言说更加有效。因为这种言说和对话能够做到"因材施教"，"因病予药"，而文字写作却不能鉴别其对象，不能针对不同的对象进行不同的教导。其次，文章写作只是追求德性和智慧的活动之中的花朵和果实。完善人格的养成才是最重要的。这就是所谓"立德"。"有德者必有言，有言者不必有德"。如果我们不能养成完善的人格，只会写作华美的文章辞赋，那么这也是"不务正业"。真正的正业是修身立德，而不是舞文弄墨。"行有余力则以学文。"因此古人从来没有把写作文章看作是重要的工作，舞文弄墨的写作只是雕虫小技，立言被看作是"三不朽"的最低层次。可以说，我们应该如何写作，如何看待写作，这绝对不是一个微不足道的问题，而是事关世道人心的问题，苏格拉底对写作技艺的探讨就是对"立言"的立法。

一、引子 227a

斐德罗和苏格拉底在城外相遇。城里和城外意味着不同的政治处境，因此可以进行不同类型的谈话。哲学对话是超政治的，所以在城外才比较安全和正当。苏格拉底问斐德罗和吕西亚斯、厄庇克拉底在一起干什么，斐德罗要求苏格拉底和他一起散散步聊一聊。苏格拉底显得非常高兴。斐德罗说吕西亚斯写了一篇文章，主题是美少年应该接受一个不爱他的人，而不是接受一个爱他的人。

苏格拉底把吕西亚斯的观点看作是一种诱人的"民主理论"。根据这种民主理论，他应该说不应当接受富人而应当接受穷人，不应当接受青年而应该接受老人。苏格拉底请斐德罗背诵一下这篇文章，但是斐德罗表示他不能背诵。苏格拉底认为他肯定背过这篇文章了，现在正想表现一下自己，希望有人可以分享他的狂热，所以他就不要再装模作样了，赶快背吧。于是斐德罗愿意试试看，但是他不能逐字逐句地背诵，只能说几个要点。但是苏格拉底看到了斐德罗左手拿着一个东西藏在衣襟下面，他猜想就是这篇文章。于是苏格拉底要求斐德罗直接读这篇文章。通过这种方式，苏格拉底对斐德罗的热情进行了打击，也暗示了他对吕西亚斯这篇文章的贬低，为他后面讲解如何写作埋下了伏笔。

苏格拉底建议沿着伊立苏河走，找个安静的地方读文章。斐德罗表示这很容易，他们正好都光着脚，趟水没关系，而且夏天在河里走很舒服。他们走了一段时间，苏格拉底说前面有棵梧桐树，有树荫、凉风和草地，还可以在那里躺下。可以说，这里的"河水"象征"爱河"，他们正在穿越爱情之河。另外，河流的意象也暗示了赫拉克利特的"一切皆流，无物常住"，在《克拉底鲁》中苏格拉底曾经对这个观点进行了分析。夏天的火热象征爱情之火，因为这篇文章谈的就是爱情，凉风和树荫象征对爱情之火的冷却。

斐德罗问苏格拉底此处是不是波瑞阿斯掠走俄里蒂亚的地方，苏格拉底表示肯定。但是他又提到在下游一里远的地方，穿过狩猎女神的圣地，有一座波瑞阿斯的祭坛。这个神话故事也是爱情故事。狩猎女神意味着对灵魂的捕捉。斐德罗问苏格拉底是不是相信这个故事，苏格拉底表示如果他不相信，倒是很时髦的。因为一些有知识的人，应该是指无神论者和智者，对这个故事提出了新的科学解释。苏格拉底表示这些科学解释其实都是虚构的，而且似乎都有些"残忍"。这种"科学的残忍"我们可以通过尼采的一段话进行理解。"一切生者在周围都需要一个氛围，一个充满神秘的气氛;如果把它这个外罩取去,如果判决一个宗教、一个艺术、一个天才,就像是没有氛围的星辰在运行,那么人们就不该再惊讶它迅速的枯败、僵化与不能生产了。所以一切伟大的事物实在都是这样的。"❶也就是说,我们的生存需要神话传说,揭穿这些神话就会破坏人们的生存热情,所以真正的哲人是维护这些神话传说的。苏格拉底恰恰是出于这样的考虑而对这些新科学不以为然。所以他说:"我还不能做到像德尔斐神谕所说的'认识你自己',在我认识自己之前去研究其他事物,这对于我来说确实是可笑的。因此我不去研究它们,而是接受流行的观点;正如我现在所说,我并不是研究它们,而是研究我自己。"❷苏格拉底的观点和孔子的"古之学者为己,今之学者为人"的立场是一致的。真正的学习就是"认识你自己",自我认识是一切认识的基础和前提。自我认识是修身的技艺的一部分。自我认识是自我完善的根本方法。完善我们自己才是我们的一切学习和研究的最终目的。但是很多科学研究都是在舍本逐末,都不再是为己之学,而是为人之学。

苏格拉底表示他非常喜欢这个水草丰茂之地,附近还有神庙,称赞斐德罗是好向导。斐德罗认为苏格拉底一点不像本地人,反而像个陌生人需要带路。因为苏格拉底几乎从来不去外国,甚至几乎从来不出城。苏格拉底表示自己爱好学习,把所有的时间和精力都用在学习上了。山川草木不可能教他知识,所以他始终和人在一起。苏格拉底表示要躺下休息,听斐德罗读文章。他的这种姿势也似乎暗示了对这篇文章的不屑。

这段话显示哲人苏格拉底和政治城邦的关系。哲人是既入世又出世的,介于入世和出世之间。一方面,哲人和政治生活及其主流价值观念保持距离。对真理的追求使他必须考察政治城邦的主流价值观,这种考察和反思使得哲人超出了政治城邦的价值观,他不可能在政治生活中感到满足和亲近,也不可能无反思地接受和认可城邦的价值观。所以哲人是出世的。另一方面,哲人又把自己融入人群,"和光同尘",而不是离群索

---

❶ 尼采著:《历史对于人生的利弊》,姚可昆译,商务印书馆,1998 年版,第 46 页。

❷ Plato. *Phaedo*. In *The Collected Dialogues of Plato*, Edited by Edith Hamilton and Huntington Cairns, Princeton University Press, 1963. 230a.

居、独来独往的。因为智慧首先就是对人性人心的认识。而自我认识是一切认识的基础。自我认识只有在和他人的交往中才是可能的。我们必须在人群中考察自己的想法的真实性，而不能闭门造车，自以为是。和他人的对话是验证自己的想法的手段和方法，真理则是最终目的。通过自我认识，我们就能够更好地认识人性本身。而对人性的认识是完善人性的必要前提。完善人性则是一切认识的最终目的。否则，我们的科学认识就没有了方向和意义。如果我们能够对比在《泰阿泰德》中苏格拉底对塞奥多洛讲的那段离题话，就可以更好地理解苏格拉底的这种生活方式。

二、对一篇文章的分析和苏格拉底的仿制 231a

1. 吕西亚斯论爱情的文章

斐德罗开始念这篇文章。文章的大意是劝告美少年接受不爱他的人，这比接受爱他的人要好。爱他的人为了得到他的爱会做出很多许诺，但是一旦成功就会反悔；而不爱他的人则量力而行，保持理智。爱他的人会算计自己的付出能够得到的回报；而不爱他的人不会算计。爱他的人不能自我控制，会移情别恋；不爱他的人则没有这个问题。不爱他的人范围更大，因此更有可能选择好的人。爱他的人会到处炫耀吹嘘；不爱他的人则能够控制自己，不爱慕虚荣。如果他和爱他的人交往，会受到他人的非议，而和不爱他的人交往则没有这种麻烦。爱他的人会出于嫉妒心而限制他的交往，因此会引起争吵；不爱他的人则没有嫉妒心，鼓励他和他人来往。爱他的人一旦爱情消失，友谊也会随之消失；不爱他的人则能够始终保持友谊。爱他的人会一味讨好他，使情欲伤害他的判断力；不爱他的人则不是爱情的奴隶，为了当前和将来的利益，保持清醒的头脑。总而言之，他不应该把爱情给予那些需求迫切的人，而应该给予那些知恩图报、患难与共、忠心耿耿、理智尊严、能够保持一生友谊的人。

苏格拉底听完了文章，反讽地说他已经神魂颠倒了，和斐德罗一起陷入了迷狂。但是他却把这种状态归因于斐德罗的眉飞色舞，而不是这篇文章。苏格拉底认为这篇文章只是简洁明了，首尾一贯，辞藻华美，内容则不值一提。斐德罗认为文章的内容更好，没有人能够写得更好。苏格拉底不同意，他表示以前听到过无数这类文章，比这篇文章要好。

吕西亚斯的这篇文章的主题实质上是对爱情的否定和贬低，不要被爱情冲昏头脑，要冷静地以功利主义的态度对待爱情。这说明吕西亚斯对利益的重视超过对爱情的重视，劝导青年人不要沉迷于爱情。斐德罗对这篇文字的推崇也表明了他对于爱情和利益的态度。我们可以进一步联系在《会饮》中斐德罗关于爱情的态度。在那里，他似乎还在爱情的无私牺牲和自我利益之间摇摆不定。但是在这里他已经完全转向了对个人利益的看重。所以苏格拉底批判了这篇文章和斐德罗对这篇文章的赞美。但是苏格拉底也不是爱情至上论者，他不会单纯推崇爱情本身，他要揭示的是爱情中更高的精神意义，也就是说，他试图把爱欲进行升华，把爱欲引导或者转换为对理念世界的爱。只有精神的利益才是真正的利益，物质利益必须服务于精神利益。这才是爱情的真正价值和意义。如果只是以个人利益来衡量爱情，那么就不是真正理解爱情。

2. 苏格拉底论肉体之爱 235c(凡俗的迷狂)

这时，苏格拉底表示有种外来的声音进入他的脑袋，并且形成了一篇文章，他可以把头脑中的这篇文章朗诵出来。于是斐德罗要求苏格拉底以"没有爱情的人比有爱情的人更加富有理智"为题再写一篇。两人经过几次交锋，苏格拉底装作被逼无奈而屈服，开始朗读这篇文章。但是他似乎非常羞愧写作文章，表示要把头蒙起来，飞快地把话说完，以免因为害羞而中断。这里已经显示了哲人苏格拉底对写作的否定和贬低。这种对写作的贬低其实是和他对对话的推崇相一致的。这也是他一生不写作的原因，这是以对智慧的认识为前提的。正如在《欧绪德谟》中，苏格拉底对写作的人的贬低一样。

苏格拉底的文章主题是有个美少年，很多人都爱他，其中一个人爱他但是控制了自己的爱情，这个人劝美少年接受不爱他的人，而不是接受爱他的人。接下来，苏格拉底认为首先应该对爱情进行定义，然后才能对爱情是好还是坏进行讨论。苏格拉底暗示吕西亚斯的这篇文章的错误在于没有对爱情进行定义和分析，只是笼统地谈论爱情。

于是苏格拉底从理性和欲望的关系角度对爱情进行定义。他认为每个人都有自己的主导性原则，这种原则大体上有两种，一个是追求快乐的天生的欲望；一个是追求善好的后天的理智。这两个原则有时是一致的，有时是不一致的。当我们在理性的判断力的指导下追求至善时就被称为节制，当我们被欲望支配追求快乐时就被称为放纵(wantonness)，例如饕餮之徒和酒鬼等。然后他对爱情进行了定义。“当非理性的欲望超过了做正确事情的理智的冲动，追求在美中的快乐时，它的力量又被人体中对美的同类欲望所加强——它就成为超过一切欲望的最强烈的欲望，这种欲望就从这种力量中获得了它的名称，被称为爱情。”(Plato. *Phaedo*. 238c)苏格拉底的这个定义符合我们一般人对爱情的理解，即爱情是一种最强烈的欲望，这个欲望消除了一切理性成分。而且这个定义强调的是爱情的肉欲方面的因素，是对“世俗的爱情”的定义。并不是他对爱情的最终定义。所以苏格拉底认为这个定义并不是自己下的，而是在神灵的感召下做出的。这个神灵可能就是指酒神，所以他暗示自己的文风和酒神相似了。酒神是非理性的象征。在古希腊时期，人们在酒神崇拜活动中往往冲破习俗禁忌、伦常规范，陷入一种无所顾忌的放纵和迷醉的状态，释放在理性道德法律束缚中的本能。对此尼采在《悲剧的诞生》中有所说明。这里，苏格拉底首先把爱情和酒神等同起来，似乎就是在强调爱情的非理性特征。

根据这个定义，苏格拉底对爱者进行了批判。在心灵方面，爱者只是快乐的奴隶，他只会和比他弱小的人交往，尽可能削弱被爱者。爱者喜欢被爱者的缺点如胆小、无知、迟钝等。爱者善于嫉妒，限制被爱者和他人交往，限制被爱者的成长。因此爱者对于被爱者的心灵成长没有好处。其次，在身体方面，爱者更喜欢那些弱不禁风的少年人，这些少年人足不出户，不劳作不锻炼不健康，只靠涂脂抹粉取悦他人。再次，在财富方面，爱者把被爱者看作是自己的私人财产，希望被爱者一无所有，并且一辈子独身，无儿无女，这样就能够独自霸占被爱者。爱者在情欲的支配下享受肉体的快乐，少年人始终忍受监视、屈辱和闲言碎语。爱者在有爱情时是有害的，在没有了爱情时也是有害的。当他的理性和节制逐渐取代了爱情和疯狂，他既不能履行自己的承诺，也不能承认自己的过错，最终背信弃义，溜之大吉。被爱者只好追赶着讨债。因此爱者只是为了满足自己贪婪的欲望，所以不要接受有爱情的人。

如何理解苏格拉底的这篇文章呢？第一，苏格拉底的这篇文章似乎主要是指一种肉体之爱。这种肉体之爱是一种世俗之爱,也就是说,和后面的精神之爱相比,这种肉体之爱是比较低俗的爱情。所以苏格拉底不可能对这种单纯的肉体之爱有太高的评价。第二,我们也可以把这种爱情理解为“政治关系”。古代人经常以爱情关系比喻君臣关系。美少年似乎可以比喻为政治权力,爱他但是掩饰自己的爱情的人似乎是指哲人,爱他但是不掩饰的人似乎是指政治家。这样,苏格拉底在暗示,政治家对政治的爱是为了满足自己的私欲,最终只会败坏政治。哲人也关心政治,但是他会克制自己对政治权力的贪欲,远离政治权力,以知识改善政治。如果政治能够接受哲人的关心,那么政治就能够获得改善。第三,苏格拉底也表明了对理性和欲望、快乐和至善的区分。他认为只有以理性引导爱欲,使爱欲从对具体对象的追求转变为对不可见对象的追求。这才是爱欲的最终升华和实现。只有在至善中才能获得真正的快乐。这种观点在后面的“理念之爱”中会得到充分体现。我们也可以对比《会饮》中苏格拉底的颂词中对爱欲的升华。

3. 苏格拉底论灵魂之爱 241d(神圣的迷狂)

在批评了世俗之爱后,苏格拉底表示他已经说完了。但是斐德罗认为他只说了一半,还没有说被爱者有什么好处。苏格拉底说,爱者的害处就是被爱者的好处,他没有必要再浪费语言了。他认为自己的作品是缪斯附体的结果,他的文风已经改变为“史诗”风格了,至于这篇文章会产生什么结果就交给命运,他要过河回家了。这里的河仍然是比喻爱河,暗示苏格拉底穿越了肉体的爱河。如果酒神风格是非理性的象征,史诗风格可以说是理性的象征。苏格拉底以史诗中的理性否定了酒神中的非理性。荷马史诗记载的特洛伊战争就起因于爱情,这场爱情引起了人间的巨大的战争灾难,荷马史诗似乎谴责了爱情。苏格拉底通过把爱情定义为非理性的迷狂,也对爱情进行了理性的批判。这种理性的批判并不是要否定爱情,而是要谋求爱情的升华。

斐德罗表示现在正是“灼热的正午”,应该等凉快一点再走。这里可能是暗示肉体之爱的狂热,我们还没有驯服肉体之爱。史诗意义上的对爱情的理性的否定并不是真正的对爱欲的削弱,只是对爱欲的不正确理解,或者对爱欲的压抑,这种压抑只会导致爱欲的进一步的狂热。所以不论是贬低爱情还是歌颂爱情，都没有真正理解爱情的本质。因此苏格拉底表示斐德罗的热情似乎帮助他催生出另一篇文章。他的“灵机”再次出现了，它禁止苏格拉底离开，必须赎回对诸神的亵渎。他认为自己现在像个预言家，心存惶恐，唯恐冒犯神灵。他觉得自己刚才的文章是“可怕的理论”，冒犯了爱神爱若斯和阿弗洛狄特，否定爱欲是渎神的。因为他批评了有爱情的人，颂扬没有爱情的人。所以苏格拉底认为自己最好立刻再做一篇，救赎自己的过错。他要像公元前七世纪的抒情诗人斯特昔科鲁那样，后者曾经因为骂海伦而瞎了眼睛，但是诗人立刻写了一首翻案诗，所以他又复明了。荷马也因为冒犯了爱神才瞎了眼睛，但是荷马还不知道自己的错误。苏格拉底表示这次他要露出脸来讲话。一位真正有人性有爱心的人一定会蔑视刚才的两篇文章，它们根本不懂得爱情的本质。苏格拉底推脱说刚才的文章是斐德罗的意思，并不是他的意思。他现在要以斯特昔科鲁的意思重新作文。这样他的文章就从史诗转变为抒情诗，所以下面的文章属于抒情诗的范畴，在后面他则把这篇文章称为“节日赞美诗”。

可见，苏格拉底的文章经历了从酒神风格到史诗风格到抒情诗风格的转变，我们要把握其中的意义。酒神风格是一种非理性的爱欲，是对爱情的非理性的颂扬和歌颂。史诗接近客观冷静的理性，因此对爱情持贬低和否定的态度。但是这两种态度都不是对爱情的本质的正确理解，也就是说没有实现爱情的升华。而抒情诗则是对理性和非理性的结合，这种爱情的升华也就是对不可见对象的爱，也就是对理念世界的爱。这是以理性对象引导爱欲的升华。这种升华的结果就是心灵的自由、解脱和和谐。这种心灵的自由和和谐是最高的至善境界，这才是对爱情的本质的真正理解，才是爱欲的真正的实现和满足。吕西亚斯对爱情的否定是出于世俗的功利主义，苏格拉底对爱情的否定则是出于禁欲主义，这种禁欲主义并不理解爱情的本质，所以如果片面地坚持禁欲主义原则，最终必然导致爱欲的普遍反抗。因此接下来苏格拉底要说明真正爱情的本质，实现爱欲的升华，达到理性和非理性的和谐。

苏格拉底首先指出，认为有爱情的人是疯子，没有爱情的人是理智的，这种看法是错误的，认为“迷狂（madness）是一种邪恶”也是不正确的。

因为最大的赐福也是通过迷狂的方式出现的，迷狂是诸神的恩赐。苏格拉底在此表达了对迷狂的推崇。这是非常难以理解的。苏格拉底被认为是理性主义哲学家，不可能推崇非理性的东西。因此这里首先涉及到对理性的看法。如果我们把理性仅仅看作是推理和计算的能力，那么我们就没有真正理解理性的本质。但是推理和计算只是理性表现出来的一种能力，这种能力并不能够代表理性本身。按照古希腊哲学的含义，理性本质上是一种静观和沉思。这种静观和沉思本身是超出一切计算和推理的，只有在这种静观的前提下，推理和计算才是可能的。那么这种静观是一种什么状态呢？按照柏拉图的观点，这种静观是一种对不可见理念的静观，也就是对事物的本来面目的静观。不可见的理念是至美至纯至善的，所以对这种至美至纯至善的对象的直观也就会使人达到最迷狂的极乐状态。这种理性的静观可以说就是一种迷狂的状态，这种迷狂是理性主义的迷狂。可以说，理性主义的顶峰就是这种至乐的迷狂。

但是现代哲学中对迷狂的推崇逐渐成为非理性主义的概念。近现代哲人中，康德的“天才说”可以说是对迷狂的推崇，这种迷狂是在对美的理念的直观中产生的。浪漫主义对想象力的推崇也是对迷狂的推崇。尼采的酒神崇拜也是对非理性的迷狂的推崇。如何理解理性的迷狂和非理性的迷狂的关系呢？非理性的迷狂是沉默的，它并不能够为自己辩护。一切对非理性的迷狂的推崇和辩护都是理性的认识和活动。或者说，非理性迷狂是一回事，对非理性迷狂的推崇是一回事。所以一切对非理性的推崇最终都涉及对理性的本质的认识，也涉及对一切非理性对象的认识。这样，理性将表明自己才是最终之物和最高之物。一切非理性之物都必须最终回归到理性之中来。非理性的迷狂也必须最终回归到理性的迷狂中。只有理性的迷狂才是值得追求的，非理性的迷狂则是不值得追求的。这样柏拉图就实现了对迷狂的理性主义的驯化，使理性和非理性协调起来，达到灵魂的和谐。如果我们不能把非理性的迷狂理性化，哲学理性就仍然是片面的不完备的。把迷狂纳入到哲学理性中是哲学思考的必要的一部分。

苏格拉底列举了四种迷狂。四种迷狂都涉及人和神的交往，所以迷狂是神圣的。第一种是预言的迷狂，是阿波罗神的附体。他从事实和名称两个方面说明预言的迷狂。德尔斐的女预言家和多多那圣地的女祭司在迷狂中做出了正确的预言，给希腊人带来了福泽。给事物命名的人把预言的技艺和迷狂联系起来，认为只有在迷狂中才能正确给事物命名，迷狂是一种神赐的礼物。第二种迷狂是秘仪的迷狂，是酒神附体的迷狂。有些人因为前世的罪孽遭到天谴而发疯，他的家人就祷告神灵，进行赎罪除灾的秘仪，那些发疯的人在迷狂状态中获得了痊愈。第三种迷狂是诗歌的迷狂，是缪斯的附体。凭借缪斯的附体，诗人的灵魂上升到出神入化的境界，写下了优美的抒情诗，赞美古代的丰功伟绩，为后世垂范，否则诗人就不可能写出华美的诗歌。因此苏格拉底说不要害怕迷狂，不要认为理智就一定比迷狂好，迷狂是诸神的恩赐，是为了爱者和被爱者的共同利益。这种观点将会在智慧者中间流行，虽然不一定能够在博学者中流行。博学者只是掌握了一些肤浅表面的文字知识，而对世界的真相、对人性的事实和真理是一无所知的。

为了说明迷狂的本质，苏格拉底决定对灵魂的自然以及它的生活和命运进行考察。灵魂既包括人的灵魂，也包括神的灵魂。下面就是苏格拉底对神圣的迷狂的著名论述。

(1) 灵魂的定义

灵魂是不朽的，因为它是自动的。它推动其他一切事物，是一切事物的第一原则。一切其他事物的运动都来自灵魂，因此灵魂不可能是产生出来的，灵魂的灭亡和产生都是不可能的，否则一切生成之物都要毁灭，所以“灵魂的本质就是自动”。(Plato. *Phaedo*. 245e)如果一个事物的运动来源于外物，就是没有灵魂的，如果它的运动来源于自身，就是有灵魂的。灵魂既没有出生也没有死亡，所以灵魂是不朽的。

柏拉图为什么以运动解释灵魂？他对运动一直持贬低的态度。但是运动是普遍的现象，所以如何理解运动现象是至关重要的问题。灵魂本身是不动的，其他事物不可能推动它，但是灵魂又是运动的，它是其他事物的推动者，所以灵魂是不动的第一推动者，灵魂是既动又不动的。这样灵魂的运动只能是自我中心的旋转运动。通过这种方式，柏拉图把运动也归因于灵魂，然后又把运动纳入到不动或者静止。这样柏拉图最终克服了运动，坚持了“静止高于运动”、“存在高于生成”的基本观点。正如老子所言“重为轻根，静为躁君。”(《道德经》，第二十六章)灵魂的“本来面目”就是不动者，灵魂的运动是表面现象。事物的运动更加是表面现象，是对灵魂的运动的分有和模仿。不动性才是灵魂的“本来面目”。所以追求灵魂的宁静也就是回到灵魂的“本来面目”了。亚里士多德把神看作是“不动的推动者”，仍然是对柏拉图的灵魂观念的继承。晚期希腊哲学都把“不动心”作为哲学追求的最高目标，也是这种理性主义立场的表现。这种理性主义的原则就是通过运动回归静止，通过物质回归灵魂。如果我们不把事物的运动归因于灵魂，世界和灵魂就无法结合起来，灵魂就似乎成了和世界运动无关的存在，这样就必然导致精神和物质的二元论，既无法坚持灵魂的理性本质，也无法说明世界的运动的理性根源。

接下来苏格拉底讲述了灵魂的组成。他用马车喻比喻他对灵魂的看法。和《理想国》中的思想一致，他把灵魂分为理性、激情和欲望三个部分。驭手象征理性，良马象征激情，劣马象征欲望。诸神的灵魂的驭手和马匹都是好的。人的灵魂则不然，人的灵魂的马匹中有良马和劣马。在这里苏格拉底把灵魂看作是一个整体，但是这个整体并不是单一性的，而是复合性的。正如城邦和宇宙一样，都是异质性元素的复合构成的。在这种复合性的整体中，就必然涉及哪个元素是首要的，哪个元素是次要的，它们之间的关系应该如何的问题。如果把灵魂简单地理解为单一性的东西，就似乎倾向于前苏格拉底自然哲学和智者哲学的基本观点。这种观点并未理解灵魂的本质。柏拉图的这种看法仍然适用于现代心理学的基本观点。但是在《斐多》中，苏格拉底肯定了灵魂是单一性，因为只有灵魂是单一性的，灵魂在肉体死后才不会随之分解。如果灵魂是复合的，那么灵魂的分解就是不可避免的。当然，灵魂的单一性主要是指理性的单一性。只有理性才是灵魂的最终本质。按照柏拉图对灵魂的三分法，那么灵魂的“不动的中心”应该是理性，激情和欲望则是旋转的部分。因此在灵魂中，激情和爱欲都围绕理性中心而旋转。而爱欲和激情的旋转则推动了世界物质的运动。所以整个宇宙就成为一个以不动理性为中心的，由爱欲推动的运动系统。这样我们就能够理解，在灵魂本身中就包含了存在和生成的区分。理性是静止的，属于存在；爱欲是运动的，属于生成。理性的存在是生成的不动的中心。所以理性高于欲望，静止高于运动。从外围到中心的回归也就是从爱欲到理性的回归。纯粹理性的生活就是不动的静观的生活。“致虚极，守静笃。万物并作，吾以观复。夫物芸芸，各复归其根。归根曰静，是谓复命。”(《道德经》，第十六章)

(2) 理念的盛宴

诸神和各种灵魂的根本目的是观照理念。灵魂以理念为食物，只有通过对理念的观照才能获得滋养。最初所有灵魂都在整个宇宙中飞行，照管一切没有灵魂的事物。宙斯、赫拉、阿波罗等诸神一共统领12路队伍，在天界游行，各尽职守地照料万事万物。其他各类灵魂可以自由地跟随他们。在理性主义哲人苏格拉底看来，理念世界高于诸神的天界，理念世界处于天外世界(the place beyond heaven)。所以，诸神和各种灵魂如果要去观照理念获得滋养，就必须沿着笔直道路努力上升。苏格拉底说这种“天外的景象”还没有被诗人歌颂过，他认为我们必须把天外境界说出来。这个世界实际上就是理念世界。“这个世界的存在无色无形无体；存在的本来面目，即所有真实知识的主题，只能被理性这个灵魂的舵手所看见。神的心灵也需要理性和纯粹知识所滋养，正如任何一个灵魂一样，都要关注适宜于其自身的食物。当它最后发现和直观着真实的存在时会非常高兴，以之为食，并且感到心满意足。直到天体的周期性运动带领它回到起点。在这条道路上，它将看到正义本身、节制本身和知识本身——这种知识和变化无关，和变化相关的知识是可变的，因为它认识那些我们认为真实存在的事物。不，真正的知识是关于事物的本来面目的知识。”(Plato. *Phaedo*. 247c—e)

这是柏拉图对理念世界的最高赞美，本质上也是对哲学的赞美。第一，理念世界是“不生不灭、不垢不净、不增不减”的，是真正知识的对象。真正的知识必须是关于理念世界的知识。第二，只有理性才能看到理念，理性本质上就是一种直观和看的能力。所以理性是灵魂的本质，对理念的观看需要以对爱欲的克服或升华为前提。第三，理念是至美至纯至善的，对理念的直观会给灵魂带来最大的快乐。这就是哲人的至乐和迷狂。第四，理念世界高于诸天诸神，诸神也需要理念的滋养。这样他就无形中贬低了诸神，也就把神学理性化或者哲学化了。第五，理念世界并不爱人，也就是说，最高的事物是不爱人的，但是它能够使爱它的人获得最大的净化、幸福和至善，所以理念本身是可爱的可欲的。第六，理念世界是无色无相的，因此是不可呈现的，只能通过“诗意呈现”的方式展示理念世界的基本形象。

近现代哲学基本上否定了柏拉图的这个客观的纯粹的理念世界的存在。他们把认识的目光转向现象世界，科学的目的只是认识变化的事物中的不变的规律性，而且这种科学认识是为了控制和改造事物，把事物纳入到自己的功利主义和享乐主义的实践之中，以满足自己的欲望的需要。这种欲望的满足和灵魂的至乐迷狂相比其实是微不足道的。为了肯定科学的真理性，现代哲学家不得不把科学知识的真理性置于人类的主观性之中。例如康德认为知识科学的真理性只在于人类的先天主体性。所以科学的认识也不依赖于任何灵魂的净化。还有，柏拉图对哲学的推崇和对神话宗教的贬低是不动声色的改造。而近现代哲学几乎是在反对基督教神学的前提下发展起来的。在柏拉图对话中，哲学和宗教的关系不是对立性的，而在近现代哲学中两者才成为对立性的关系。

苏格拉底继续指出，所有灵魂都以理念世界的知识为营养，灵魂去观看理念就是“赴宴”。但是有的灵魂能够上升到诸天绝顶观看天外的理念景象，有的灵魂不能跟随诸神上升看到理念世界，最终就堕落到地面上。这些灵魂之所以不能跟随诸神上升，是因为他们的羽翼(wings)受到了损害。因为羽翼的特点是带着沉重的东西向上升。羽翼具有更多神性，它的本质是美丽、聪明、善良，灵魂可以从这些优秀品质中获得营养。但是如果碰上相反的性质如丑陋、愚蠢、邪恶的品质，羽翼就会萎缩损毁。

这里的羽翼应该就是指爱欲(love)。爱欲是动力学原则，羽翼就是比喻这种动力的来源。按照柏拉图的这种观点，爱欲指向理念就会变得美好，指向现象就会变得恶劣。所谓“近朱者赤，近墨者黑”。如果我们用美好的东西喂养灵魂，灵魂的羽翼就会变得强壮有力，这样我们的灵魂就能够不断上升，直到看到理念世界的美景，获得最高的满足和幸福。所谓“人之初，性本善，性相近，习相远”。如果我们不能以美好的东西喂养灵魂，灵魂和丑恶的事物接触，灵魂就会逐步堕落和下降。所以对于我们的爱欲，重要的不是压制它，而是给它以美好的东西，使之逐渐变得纯洁和美好，成为我们向善的动力。

理念是灵魂的真正食粮，如果灵魂获得了足够的理念食粮，就会变得强壮和纯洁。如果灵魂不能从理念世界获得足够食粮，灵魂就不可避免地堕落。一个堕落的灵魂会最终失去羽翼，不断掉落，直到碰上坚硬的东西例如身体。灵魂和身体结合的状态就是生命。这就是人的出生。因此人的出生是灵魂的堕落的结果。灵魂的堕落是因为贪恋现象世界的事物导致的。现象之物都是不纯粹的不完美的，如果灵魂贪恋这类事物，就会同样变得不纯粹不完美。理念世界是至纯至美的，所以对理念的爱欲可以使灵魂变得至纯至美。诸神的灵魂是至纯至美的，所以诸神没有身体和生命，是不朽的。而人的生命是不完美的，是可朽的。所以，就人的灵魂而言，有些灵魂(应该是指哲人)能够紧紧跟随诸神的灵魂，努力去观看理念世界，但是他的灵魂仍有劣马之累，会时升时降，很难看清整个理念世界，只能看到其中的一部分。其他灵魂(应该是指俗人)虽然也希望上升观看理念，但是他们的羽翼软弱无力，束缚于凡俗的现象世界之中，天界对于他们都可望不可及，何况天外的理念世界。他们在尘世的彼此争斗相互伤害也使得他们的灵魂羽翼受伤，于是只能满足于真理的模仿者即意见。

柏拉图对人的灵魂类型进行了区分，即区分了哲人的灵魂和俗人的灵魂，指出了他们的灵魂的根本差异。哲人和俗人都是天生的，是由于他们的灵魂的纯洁性不同而导致的。成为哲人也就是要净化自己的灵魂。同时他也仍然延续了知识和意见的区分，知识是对理念本身的观看，意见是对现象事物的认识。知识就是真理，而意见则是可错的。知识能够滋养我们的灵魂，而意见则蒙蔽我们的灵魂。正如在《美诺》中，苏格拉底指出的，只有我们"用理性把意见绑住"，也就是对意见进行了理性的考察，意见才能变为知识。

苏格拉底指出各类堕落的灵魂都有不断轮回投生的过程。各类灵魂的命运以它对理念的认识和迷狂相关。越是体验到理念的迷狂的灵魂就越是美好，他的命运就越好。相反，越是没有体验理念的迷狂的灵魂就越差，他的命运就越差。他认为灵魂运行一个周期需要一千年，要在十个周期，也就是一万年以后才能恢复羽翼。如果一个灵魂连续三次选择过哲学生活，那么在三千年后，这个灵魂就可以恢复羽翼，高飞而去，上升到天界诸神那里。其他灵魂在第一个周期后要接受审判，有的灵魂会下地狱受罚，有的灵魂则会进入天堂。两类灵魂都要自愿选择下一辈子的生活。有的从人变为兽，有的则可以从兽变为人。但是只有见过理念的人才能投生为人。如果灵魂能够紧紧跟随一个神而看到真理，就能够永远不受伤害，没有悲伤，否则就会遭遇不幸和罪恶，然后堕落人间。他列举了九类灵魂的命运。第一类灵魂是哲人的灵魂。他们看到了大多数理念，成为智慧或者美的追求者，或者缪斯的热爱者。第二类灵魂看到的理念要少些，会成为国王、勇士等。第三类灵魂成为政治家、商人。第四类灵魂成为运动员、教练员或者医生。第五类灵魂成为预言家或者秘仪祭司。第六类灵魂成为诗人或者模仿性的艺术家。第七类灵魂成为匠人或者农民。第八类灵魂成为智者或者鼓动民众的政客。第九类灵魂成为僭主。

这里柏拉图表达了他的灵魂轮回说。其中哲人和僭主构成了两极。哲人的灵魂可以最终获得理性的净化而超出轮回，而僭主的灵魂则不可能获得理性的净化而超出轮回。这种灵魂轮回学说在他的很多对话中都有所表达。其中的基本精神是灵魂和理念的关系，或者按照人的理性能力，把人划分为三六九等。这种等级划分是根据灵魂中的理性成分的大小多少进行的。可以说，这种等级制是他的理性主义原则的表现，也是他的平等主义原则的表现。真正的平等是根据理性的能力大小进行确定的，而不是仅仅根据“人”的概念来确定。理性主义的等级制才是合乎人的自然理性的平等主义。正是根据这种理性主义的立场，柏拉图才坚持了真正的平等主义。而现代平等主义是贬低了理性主义原则，要求一视同仁地看待所有人，这样反而是最大的不平等。因为人和人的自然是不同的，需要差别对待，所以这种一视同仁就是实质性的不平等。

(3) 回忆说

苏格拉底接下来鲜明地表达了回忆说的观点。“一个从来没有见过真理的人不能投生为人，因为人必须理解和普遍理念相关的语言，把杂多的感知整合为一个理性统一体，这个过程就是对理念的回忆，我们的灵魂出生前在和诸神游行的时候曾经看到过它们，当时灵魂漠视我们现在认为真实的事物，而仰望真实的存在。”(Plato. *Phaedo*. 249c)这段话包含以下几层含义。第一，凡人皆有理性，人是理性的动物。这里柏拉图没有提到人的理性的差异性，而是强调理性的相同性。第二，人是说话的动物，理性和语言相关，说话是理性的运用。语言和理念相关，语言所指示的是理念，理念是语词的对应物。说话就是编织理念。第三，理念是至真至美至善的东西，并不存在于这个现象世界中。现象世界的东西是对理念世界的模仿。因此现象世界的东西都是不完美的不真实的。第四，认识就是回忆。灵魂的原初状态是理性的纯洁的，灵魂在和肉体结合之前看到过纯粹理念。但是灵魂进入肉体后就变得污秽沉重和迷失，把现象世界的东西看作是真实的，而忘记了自己的本性，忘记了理念世界。所以灵魂要认识理念获得理性，就必须净化自己，这种净化就是消除欲望和激情对灵魂的干扰，使灵魂重新达到纯粹理性的状态。纯粹理性才是灵魂的真实本性，激情和欲望只是后天染污的结果。[1] 只有在纯粹理性的净化状态中，灵魂才能回忆起至真至美至善的理念世界，从而恢复自己的本性和快乐。所以理念并不外在于灵魂本身，而是内在于灵魂之中，灵魂的认识只是对自己的内在之物的认识。现象世界的感官事物不过是起到了触媒的引发作用或者唤起作用。摆脱灵魂轮回之苦的方式就是回忆和直观理念世界，尽可能超出感官世界。

由此可见，柏拉图的“回忆”并不是我们一般理解的回忆，而是一种认识论和方法论。对于理念的“第一印象”是在灵魂投生前就内在于灵魂之中的，认识不过是灵魂对自己内在的理念之印象的回忆。或者说，回忆就是灵魂的内观，是灵魂的自我认识和自我观照。真理就内在于灵魂之中。认识真理的基本方法不是向外关注，而是反观自身。灵魂越是外求，就越是误入歧途。回忆也是灵魂上升的基本方法。回忆就是内观。通过回忆，灵魂越来越摆脱了对现象世界的依赖，而转向对理念世界的直观，并且在这种直观中获得最高的真理。这似乎是古往今来的智慧之人的共同教诲。例如老子认为：“不出户，知天下；不窥牖，见天道。其出弥远，其知弥少。是以圣人不行而知，不见而名，不为而成。”（《道德经》，第四十七

[1] 在《斐莱布》中，柏拉图还指出，欲望也是以回忆为前提的，这也就是强调理性比欲望更加原初，没有理性就没有欲望。现代哲学则强调欲望先于理性，理性只是欲望的工具，甚至是欲望的对立面。这都是违反了柏拉图的基本原则的。

章）庄子的“坐忘”：“堕肢体，黜聪明，离形去智，同于大通，此谓坐忘。”（《庄子·大宗师》）孟子的致良知论：“万物皆备于我矣。反身而诚，乐莫大焉。强恕而行，求仁莫近焉。”（《孟子·告子下》）李翱的《复性书》也认为：“是故诚者，圣人性之也，寂然不动，广大清明，照乎天地，感而遂通天下之故，行止语默无不处于极也。复其性者，贤人循之而不已者也，不已则能归其源矣。”。佛教也认为不可“心外求法”，只求“明心见性”。他们都认为真理就在我们心中，感官认识不能给予我们真理。只有通过自我反思才能认识真理。这和回忆说的基本精神是一致的。

学习哲学就是进行回忆。回忆就是对理念的静观。对理念世界的静观凝视使哲人超出了世俗世界，他的感官逐渐和现象世界分离，他的灵魂变得越来越纯粹和纯洁，因此他的灵魂的羽翼就重新恢复了。“只有哲学家的灵魂可以恢复羽翼，这是适宜而正确的，因为他的灵魂尽可能地专注于对这些事物的回忆，而对这些事物的接近使一个神成为真神。因而如果一个人正确地运用回忆的方法，不断地达到对完善的神秘之物的充分观照，他并且只有他才变为真正完善的人。”（Plato. *Phaedo*. 249d）所以回忆是人的灵魂净化、自我完善的方法和过程，也就是使理性从激情和欲望中摆脱出来的过程，使人摆脱了外在世界的诱惑和困扰，安住在自己的内心世界之中，安住在事实真相之中。因为哲人聚精会神地观照内心中的神圣的理念，所以他必然漠视凡人重视的东西，他就不可避免地受到民众的指责和误解，被看作是疯子。但是民众不知道哲人是被神附体的。因为神的本质也就是对理念的全神贯注的关注。神是纯粹的灵魂，没有肉体和欲望的束缚，所以神的灵魂始终和理念保持绝对的同一。柏拉图的“神”实际上是思维和存在的永恒的绝对同一的状态。这样的“神”不是信仰的对象，而是严格科学的真理的标准。哲人追求思维和存在的同一，就是最接近神的人。这里柏拉图也肯定了哲学的神圣性，是他对哲学的辩护。在《理想国》中，柏拉图曾经指出，只有哲学是神圣的，其他都是人事。但是现代哲学却忘记了自己的神圣性，和世俗政治结合在一起，这是哲学的堕落和败坏。现代哲学把宗教看作是神圣性的，而柏拉图从来没有认为宗教是神圣的。所以现代哲学是以神圣的眼光看待宗教，以世俗的眼光看待哲学。这和柏拉图的基本观点是对立的。

(4) 哲学的迷狂

接下来，苏格拉底提到了第四种的迷狂，即哲学的迷狂。他认为这种迷狂是所有迷狂中最好的。一切迷狂都是忘我的出神状态，但是其他的迷狂都是为哲学的迷狂而铺垫的。哲学的迷狂和其他的迷狂有所不同。其他迷狂是非理性的迷狂，而哲学的迷狂是理性化的迷狂。其他迷狂是一种激动的疯癫状态，迷狂者受到某个对象的激动，完全被对方同化，完全投入到其中，成为对方的代言人，其意识和行动完全被对方所支配，对自己的行为和话语没有任何意识。哲学的迷狂也是一种出神的"无我之境"，但是在这种无我之境中，哲人并不是激动的，而是安宁的、平和的和超然的。他完全投入到一种广大的无涯无际的境界之中，因此我们可以说哲人的迷狂是"天人合一"的境界，他并不依附于某个对象，而是达到了和宇宙本身的同体，也就是古人所说的"天地境界"。正如庄子所言的"吾丧我"的境界。这种境界达到了"吾心即宇宙，宇宙即吾心"的万物一体的真理，从而体验到了一种"万物皆备于我"的喜悦和迷狂。这种哲学的迷狂是一种纯粹快乐，是一种在理念世界的"逍遥游"，是一种超然的静观，它免除了一切行动的欲望，达到了一种无欲无为的喜悦和宁静。可以说，哲学的迷狂是真、善、美的三位一体。哲学的迷狂是最高真理的实现，是对真正的永恒的存在的完全投入。哲学的迷狂是至善的实现，这种至善带给人最高幸福。哲学的迷狂也是至美的实现，这种审美的快感是最纯粹的。可以说，哲学的迷狂中综合了前面的三种迷狂。哲学的迷狂中包含了预言的迷狂、秘仪的迷狂和诗歌的迷狂，其他三种迷狂都是对哲学的迷狂的模仿和分有。只有哲学的迷狂才是正确的真实的迷狂，才是真正值得追求的。哲学的迷狂是一种空明寂静的不动心境界和状态，而不是一种激动的状态。

如何能够看到理念世界，如何能够体验到哲学的迷狂呢？柏拉图认为我们必须借助于"美"。"这是所有被神附体的形式中最好最高贵的一种，不论是对他本人还是和他相关的东西，爱美少年的人如果体验到了这种迷狂，就会被称为爱者。"(Plato. *Phaedo*. 249e)正确的爱是对美的爱，但是对美的事物的爱应该上升为对美本身的爱。对美本身的爱会给予我们最好的迷狂。可以说，美的迷狂是哲学的迷狂的最初形式。也就是说，我们只有首先体验美的迷狂,才能进一步达到哲学的迷狂。美的迷狂是我们最容易体验到的迷狂。对美的迷狂可以帮助我们超越世俗的功利主义,所以我们歌颂爱情的纯洁和无私,这都是因为我们在美中体验到非凡的迷狂的表现。在日常生活中,如果没有这种美的迷狂,我们就几乎不可能超越世俗的功利性的生活。这也许就是柏拉图首先推崇和看重美的迷狂的原因,并且把这种迷狂作为体验到理念的迷狂的"方便法门"。当然,并不是所有的灵魂都能够很好地通过对美的事物的爱升华为对美本身的爱。有的灵魂在落到地面后沾染了尘世的罪恶,忘记了天外的景象。只有少数灵魂具有回忆的能力,他们见到天界事物在人间的摹本,就欣喜若狂,但是又不知其所以然,因为人的器官是迟钝的。所以最终只有极少数哲人能够通过摹本看到原型,通过美的事物上升和看到美本身。对美本身的回忆和直观将带给他们最好和最高的快乐和满足。

在苏格拉底看来,对美本身的爱和迷狂是引导我们进入理念世界的入口。苏格拉底认为在天外的理念世界中,美的理念和其他理念同放光辉,不同之处在于美是处于可见和不可见之间的,美的理念处于理念世界的大门口。美是人从感官世界向理念世界上升的最好帮助。它最容易被感官所认识,又能够引导我们超越感官认识。"因为只有美注定了最能向感官显示,并且最为感官所爱。"(Plato. *Phaedo*. 254d)智慧高于美的理念,但是智慧却是不可见的。美是智慧最好的助手。正如在《会饮》中一样,他认为我们应该从美的事物上升到美本身,看到了美本身的理念,就能够进一步认识其他理念。通过美的理念最终可以进入理念世界本身。因此,哲人首先被美的理念所陶醉而陷入迷狂,这种迷狂是最真实美好的迷狂。接下来,苏格拉底讲到了美的秘仪。灵魂看到美本身获得了极乐体验,然后他们加入了一种秘仪,看到了最终的完整(whole)、单纯(unblemished)、静谧(steadfast)、欢喜(blissful)的景象,然后他们沐浴在最纯洁的光辉之中,此时还没有堕落和被埋葬在身体的坟墓中。但是当灵魂和肉体结合后,在秘仪中得到的景象就逐渐模糊,人就变得迟钝,看到美的摹本时并不能够立刻看到美本身,也不再敬重美,而是受到快乐欲望的支配。只有哲人能够"敬美如敬神",感到美的迷狂,美的迷狂使他的灵魂得到滋养。所以他把对美的爱看得高于一切,对父母亲友、财富名誉、道德礼仪等都弃之不顾。这种对美的体验就被称为“爱若斯”(eros)。这种美的迷狂也是一种纯粹快乐，是一种心旷神怡般的超凡脱俗的体验，因此也是一种超然的静观和喜悦。在此，苏格拉底把哲人的附体看作是爱若斯和阿弗洛狄特的附体。这样我们就可以理解苏格拉底经常在自己的讲话中提到“灵机”的附体。这也意味着哲人才是真正懂得爱的人，是真正的爱者。

哲学的迷狂首先是对美本身的迷狂。这样，柏拉图也把艺术审美纳入到理性主义的范围之中。康德认为审美理念具有感性和理性双重特性，把审美理念看作是介于感性世界和理性世界之间的桥梁，这是对柏拉图的这种观点的一种继承。这都是以对理性主义的推崇为前提的。但是康德美学已经开始偏离柏拉图的基本观点了。在后来的浪漫主义中，对美的推崇变得更加非理性主义。把美和理性对立起来，认为只有排除了理性，才能真正体验到美的迷狂。后来的后现代主义进一步把这种对立激进化了。柏拉图的这种理性主义看作是逻各斯中心主义，反对理性主义也就是否定视觉中心主义，反对形而上学也就要反对逻各斯主义了。但是，当美学或者艺术脱离了哲学理性的时候，美学就逐渐分化，或者变得极端个人化而不可理解，成为了艺术家个人的梦呓一般的东西，或者变得极为大众化，而无法区分艺术和非艺术的界限。这似乎都暗示了“艺术的终结”。

(5) 爱欲的净化

苏格拉底接下来回到了这篇文章的主题，即用这种美的迷狂解释人类的爱情。他认为跟随不同诸神的灵魂的气质也彼此不同，他们都会尽力选择模仿自己的神，并且据此选择情投意合的爱人。跟随宙斯的人会选择热爱智慧和领袖气质的人，跟随赫拉的人会选择帝王气质的人，跟随阿波罗、阿瑞斯等诸神的人也是一样。被爱的人就像是神一样受到尊崇。柏拉图在这里表达的似乎是性格类型学和爱情心理学的内容。最终苏格拉底指出，爱情的目标就是模仿神。“每个爱者都跟随他的神，并且寻找天性像他的神一样的少年，他们一旦得到他，就一起模仿神，说服这个少年，训练他在各个方面都尽可能与神相似。”(Plato. *Phaedo*. 253b)因此苏格拉底表明爱情并不是“被征服”，也就是在《普罗泰戈拉》中提到的“被快乐征服”，而是正确地也就是理性化地面对爱情。

这样柏拉图就把爱情理性化和神圣化了。每个人的心中都有自己的神，也就是人性的最高完善者。每个人都应该追求自己的神，即自我完善是每个人的天职。因此他也应该在自己的爱情生活中进行自我完善。也就是说，爱情并不是追求肉体的快乐，而是寻找志同道合者，和自己志同道合的人一起完善自己。所以两个相爱的人就是相互促进、相互完善。爱情的目标不是获得世俗的利益，而是指向神，也就是人格的最高完善和成就。爱情只有在这种意义上才是值得推崇和赞美的。这就是柏拉图的精神之爱，和基督教里面对爱情和婚姻的神圣化是一样的。在基督教中，爱情和婚姻被看作是崇拜上帝的方式，上帝之爱是人类之爱的中介和升华的中保。这种神圣化当然是“神道设教”，也就是“高贵的谎言”。在柏拉图这里，爱情的神圣化也就是理性化。对爱欲的理性化才是我们对待爱情的唯一正确的方法和态度。

苏格拉底再次使用“马车喻”来说明这种现象。当灵魂看到美的对象，灵魂中就会激起爱欲之火，良马即激情温顺地听从理性的指挥，而劣马即欲望却不守规矩，难以驾驭，力图接近被爱者。当驭手被迫接近美的对象时就回忆起美的理念，看到美和节制并肩而立，站在神座上。驭手会肃然起敬，而跌倒在地。劣马会再次向前冲。驭手竭力制止劣马的冲动，直到劣马精疲力竭倒在地上。劣马的野性被驯服了，听从理性的指挥。这时爱者才带着肃静和敬畏之心接近被爱者，就像对待神一样崇敬和侍奉被爱者，被爱者也仁慈地对待爱他的人。被爱者的心中慢慢地也充满了爱欲，并且要和爱他的人结合在一起。“如果在他们的灵魂中高贵的成分获得了胜利，这将引导他们过一种指定的哲学生活。他们在人世的生活就是最幸福和分有理性的一种。现在他们是节制的并且完全控制自己，他们征服了给灵魂带来麻烦的那个部分(即欲望)，使给予美德的部分(即理性)获得自由。”(Plato. *Phaedo.* 256b)在这种神圣的爱情中，他们两人因此恢复羽翼，在来世过上更好的生活。否则，如果他们转向非哲学的生活方式，追求虚荣的生活，他们就可能受到欲望的控制，他们就是“被快乐征服”的人，他们的灵魂就不能长出羽翼，必须继续在下界轮回。

这一段描述了驯服爱欲的过程。使得非理性服从理性过程是困难的。欲望强烈地追求肉体的尘世的快乐，但是欲望对尘世对象的强烈追求是因为它忘记了理念世界的完美对象。欲望真正追求的对象应该是理念世界的对象，而不是尘世的不完美的对象。只有在理念世界的完美对象中欲望才能获得最高的快乐。所以欲望试图在尘世对象中获得快乐，但是它往往是不能满足的，而且往往被这种快乐伤害。灵魂如果沉溺于这种快乐就变得越来越污浊，最终无法获得羽翼，重新上升到理念世界，所以只能在这个世界中轮回。如果理性获得了最终的胜利，欲望和激情服务于理性，那么灵魂就会获得理性的净化，而变得纯洁和轻盈，灵魂的羽翼重新获得力量，就能够再次上升，去观看理念世界，超出这个世界，并且体验到最高的快乐和幸福。哲学生活就是理性获得了最终胜利的生活方式，因此是最神圣的最快乐的生活方式。

苏格拉底最后总结说爱者是伟大而光荣的，没有爱情的人往往是混杂着世俗的智慧和谨慎的盘算，最终不过是具有俗人的庸俗美德。最后苏格拉底请求爱神不要拿走他爱的能力，请求吕西亚斯尽可能转向哲学，不要再写这类文章了。

至此，苏格拉底完成了对爱情的歌颂和辩护。爱者是神圣的美好的，值得赞美的。否定爱情的人显然是愚蠢的鄙陋的。但是苏格拉底并不是一个现代意义上的爱情至上论者。现代人对爱情的推崇是非常个人主义和非理性主义的，一方面推崇爱情对日常伦理和功利算计的冲击和蔑视；另一方面似乎要完全抛弃爱情中的理性因素，使爱情成为一种非理性的冲动。这种爱情观对爱情赋予了很高的精神内涵，但是却不能正确地理解这种精神内涵。也就是说只有在哲学理性的意义上理解这种精神内涵，我们才能正确地对待爱情的超世俗意义。对于苏格拉底来说，哲人才是真正的爱者。哲人并不是薄情寡义的无情之人，而是怀有最崇高最神圣的爱欲的人。哲人对智慧的追求是最大的爱欲。如果没有爱欲，我们就不可能追求任何事物，我们就会形同草木，如庄子所说“哀莫大于心死”。因此爱者的颂歌本质上是哲人的颂歌。

所以我们既不要放纵爱欲，也不要敌视和贬低爱欲，更不能简单粗暴地压抑爱欲。这种压抑只能导致爱欲的反抗和放纵，正如青春期的孩子一样。吕西亚斯的文章是对爱欲的否定。但是他的否定是出于世故的利益盘算，苏格拉底的第一篇文章也是对爱欲的否定，但是出于一种禁欲主义或者苦行主义。禁欲主义和享乐主义本质上是一致的，它对爱欲的理解和享乐主义并没有区别，或者对于爱欲进行压抑，或者对爱欲进行放纵，都是错误的态度和方式。苏格拉底通过把爱欲神圣化和理性化，把爱欲纳入到哲学认识活动中。他以此表明爱欲是动力学原则，没有爱欲的推动，就不可能有认识活动。这样我们才能超越享乐主义和苦行主义的片面性。只有把爱欲神圣化或者理性化才是对待爱欲的正确态度，即对于爱欲既不要压抑也不要放纵，而是要进行正确的引导。弗洛伊德《文明及其不满》和马尔库塞的《爱欲与文明》认为文明出于对爱欲的压抑，真正的社会应该是爱欲的解放。但是爱欲的解放如果不是理性化的引导和升华，就不可避免地变为放纵。应该说，文明是理性引导爱欲的结果，而不是被理性压抑的产物。所以对于欲望，重要的是引导，而不是压制。这就是苏格拉底的第二篇爱欲颂歌的内在含义。

总而言之，柏拉图的灵魂之爱或者精神之爱有两层含义。第一，爱者是指哲人，被爱者是真理或者理念。爱欲是动力学原则，理念则是目的论原则。对理念的爱欲才是美好的，对感官事物的爱欲则是错误的。所以爱欲本身无所谓好坏对错，只是看它指向什么对象。如果用来追求至善，就是好的，如果用来追求快乐，就是坏的。我们必须学会正确使用爱欲，这是我们面临的首要问题，也是我们应该学会的首要知识。如果我们能够正确地驾驭它，它就是我们最好的助手。如果我们不能正确地驾驭它，就可能反受其害。所以柏拉图才提出理念论的目的论，给我们的爱欲设定了一个最好的和唯一正确的目标。其他的任何目标都从属于这个目标之下。第二，爱者是指哲人，被爱者是指未来哲人。哲人因为体验到理念和美的迷狂，体验到了人性的最高真理和快乐，实现了人生的最高幸福，达到了人生的顶峰。所以他希望把自己的认识和体验传达给他人。这就是他对少年人的爱情的目的。一个哲人必须善于寻找未来的潜在的哲人，对他进行培养和教育。他们之间的关系是纯粹的精神或者灵魂的关系，他们之间的爱情是对哲学生活的维持和发扬光大。如果潜在的哲人没有受到哲人的爱情和教导就可能能“泯然众人矣”，这是可悲的。在《会饮》中，苏格拉底描述了爱欲的上升过程。最初是对美的个体的迷狂，但是这种迷狂是凡俗的感官性的，最终上升为对美的理念，进而是对所有理念的迷狂。但是《会饮》没有描述哲人对潜在哲人的引导活动，所以《会饮》中的迷狂描述比较接近小乘佛教中的阿罗汉境界。阿罗汉体验到真如实相的迷狂，但是他只是做自度的“自了汉”，并不把自己对这种迷狂体验传达出去度人。在《斐德罗》中，哲人在体会到理念的迷狂后，则进一步引导其他人也去体验这种至高的迷狂，进而使得他的心灵能够超出功利性的世俗世界，也成为一个哲人。这接近大乘佛教的“自度度人”、“普渡众生”的菩萨道精神，也就是“薪火相传”的精神。这似乎可以看作是《会饮》和《斐德罗》中相关内容的差别所在。但是不论如何，哲人是真正的爱者。哲人的爱是大爱，是一种“同体大悲”的慈悲之爱。这种爱欲因为不同于世俗的爱情，所以哲人显得是无情之人。但是哲人的爱情才是真正的爱情，哲人的爱情削弱了世俗的爱欲之火，使世人尽可能不被爱欲冲昏头脑，害人害己。如果爱欲是一种疾病，哲人治愈了这种疾病，他把自己的爱欲转向了对智慧和理性的爱。正如孔子所说："吾未见好德如好色者也。"如果一个人能够像好色一样好德，那么这个必定是超人或者哲人，他也必定能够成就和快乐。所以爱欲本身是无辜的，关键是我们能不能驾驭自己的爱欲，能不能使自己的爱欲指向更加高贵和美好的事物。

综上所述，柏拉图区分了肉体之爱和灵魂之爱。他否定了肉体之爱，而推崇灵魂之爱。柏拉图对肉体之爱和灵魂之爱的区分可以说也就是对政治之爱和哲学之爱的区分。政治之爱是追求名利，是受到欲望控制的爱。哲学之爱是对智慧的追求，是摆脱了名利诱惑的爱欲。任何生活方式都是以某种爱为核心的。只有两种爱，或者只有两种爱的目标，因此只有两种生活方式，即哲学生活和非哲学生活。只有哲学生活是正义的、神圣的、美好的，是属神的生活方式。非哲学生活则是低俗的、粗鄙的、丑陋的，是动物性的生活方式。因此我们应该选择哲学生活。这种对肉体之爱和灵魂之爱的区分后来成为一种传统。例如在奥古斯丁的思想中，肉体之爱是世俗之爱，是罪恶的；灵魂之爱是上帝之爱，是神圣的。两种爱之间构成了一种对立性关系，把人们区分为尘世之城和上帝之城。所以奥古斯丁划分人们的根本标准就是爱欲的不同方向和目标。可以说，爱欲本身无所谓好坏，关键在于爱欲的对象是什么。如果我们的爱欲指向了真实的永恒的对象,那就是高贵的神圣的爱欲;如果是指向感官的对象,那就是低贱的世俗的爱欲。当然,我们看到,柏拉图使用了神话或者抒情诗的方式,来展示爱欲的上升和净化。这种诗意的展示方式可能也是一种“谎言”或者“药物”。也许没有理念世界,也许没有灵魂,但是如果我们理解了柏拉图的意图,即把爱欲指向至善本身,而不是简单的肉体快乐,也就实现了爱欲的净化和升华。

三、苏格拉底探讨写作的技艺 257c

苏格拉底展示了杰出的写作技艺,第一篇是否定爱情,第二篇肯定爱情。两者相反相成,又都信手拈来。斐德罗表示苏格拉底的文章非常好,吕西亚斯肯定甘拜下风。斐德罗还提到有位政治家已经批评吕西亚斯是专门“写演讲稿的人”,这位政治家为了顾及自己的名声,怕被人认为是智者,可能以后不会再写文章了。苏格拉底却不以为然,认为每个政治家心中都有写作的欲望,渴望给后世留下传世之作。但是他们都自我膨胀地把自己当作神。所以这个政治家并不是因为写作本身而批评吕西亚斯。写作本身并不可耻,可耻的是不正确的写作。怎么才是正确的写作呢?作品好坏的标准是什么呢?苏格拉底认为考察一篇文章的好坏是非常快乐的。因为这种快乐是和肉体没有关系的纯粹快乐,而一切和肉体相关的快乐都是先痛苦后快乐的,所以不是纯粹的快乐。这和《斐莱布》的观点是一致的。

接下来苏格拉底讲了一个蝉的故事。在这个故事中,苏格拉底似乎把蝉比喻为古代的诗人和哲人。而且和诗人相比,哲人是最高贵的,更值得赞美,因为哲人一生从事哲学并且用哲学这种音乐崇拜缪斯诸神。因此蝉的歌唱实质上是对哲学的颂歌。在此,他把哲学比作音乐,这和《智者》、《法律篇》中把哲学比作音乐是一致的。这种比拟告诉我们,哲学和音乐的精神是共通的,两者的根本目的都是追求“和谐”。音乐是有声的哲学,哲学是无声的音乐。哲学就是寂静无声的和谐之歌。在苏格拉底看来,哲学才是真正的诗歌,哲人乃是诗人中的诗人。哲人的作品就是他的人生,哲人的人生就是最美的诗歌。诗人的诗歌最多只是对哲人的诗歌的模仿和分有。这是我们理解柏拉图哲学观的关键。现代我们几乎没有人能够理解柏拉图的“哲学即音乐”的观点，这就意味着我们都没有真正理解“什么是哲学”。如果我们能够理解古人所说的“技进于艺，艺进于道”，我们就能够体会到其中的含义了。

1. 修辞和真理结合 259e

苏格拉底的基本观点是修辞和真理必须结合起来。他首先表明如果要进行好的写作就必须首先对主题具有知识。这仍然是强调知识的首要性。但是斐德罗表示他听说演讲并不需要知道什么是正义、善和美，只要知道听众对正义、善和美的看法就足够了，因为演讲的效果取决于听众的意见，而不是真理。这当然是智者的看法，智者关心的就是如何说服听众，而不是追求真理。这表现了在修辞学领域对真理的蔑视。苏格拉底反对这种观点。他以“指驴为马”的例子说明如果我们对对象本身一无所知，如果我们没有掌握真理，那么我们的演说就是在错误地引导。所以他认为我们要先认识真理，然后才能演说。另一方面，他提到斯巴达人否定修辞术是一种技艺，而是认为真理更加重要，只要掌握真理就足够了，真理本身就能够说服人。从这里我们可以理解斯巴达人都不善言辞的原因。但是苏格拉底似乎肯定修辞术是一种技艺。在他看来，我们仅仅掌握真理是不够的，还必须善于说服他人。真理本身并不一定能够说服人。而修辞术就是说服人的技艺。如果一个人不懂修辞学，即使他掌握了真理，也不就是掌握了说服的技艺。说服的技艺关系到人的灵魂，可以对人的灵魂施加影响。这里似乎表明苏格拉底反对斯巴达人只重真理轻视说服的观点。所以我们必须把修辞和真理结合起来。这种观点和《高尔吉亚》中的观点是一致的，苏格拉底试图以“哲学修辞学”改造高尔吉亚的“快乐修辞学”。

苏格拉底认为修辞术不仅在法庭等公共场合使用，而且也在私人场合使用。修辞学在私人场合的使用似乎是在暗示哲学修辞学，哲学修辞学是哲学辩证法的补充部分，哲学修辞学以诗意的方式把哲学辩证法的真理包装起来，传达出去。但是斐德罗却认为修辞术只是一种公共场合的高谈阔论。苏格拉底提到了涅斯托耳、奥德修斯和帕拉默得斯三位英雄。在《克拉底鲁》中他认为英雄是缪斯的后代，是修辞学家。因为英雄必须善于演说，才能够鼓舞士气，战胜敌人。所以英雄必须是演说家，不懂演说术，就不可能是真正的英雄。但是斐德罗否定苏格拉底的这种说法。他认为如果苏格拉底说的涅斯托耳是指高尔吉亚，奥德修斯是指色拉叙马霍斯，帕拉默得斯是指芝诺，他是可以接受的。苏格拉底对此不置可否。这里苏格拉底似乎认为荷马、英雄、智者或者修辞学家是同一路人。因为他们都是生成的支持者，只追求说服；而哲学家是全新类型的人，他们是存在的支持者，以真理为目标。

苏格拉底试图把修辞和真理结合起来。他指出人们在生活中到处都在使用修辞学翻云覆雨，颠倒黑白。在他看来，如果人们能够这么做，说明他们必须能够对事物之间的相似性有所认识，否则就不能把不同的事物等同起来。他们能看到事物之间的相似性，说明他们已经知道了事物的真理。通过这种方式，苏格拉底实现了从修辞学向哲学真理的回溯。他力图说明即使是荒唐错误的演说也已经以哲学认识和真理为前提了。他肯定演说家也是一些掌握了一定真理的人，并不是无知的人，他们只是不知道或者隐瞒了自己的认识。如果修辞术不顾及真理，修辞术就不是一种技艺。"如果一个演说家不认识真理，只追随信念，他的技艺就是一种可笑的技艺，或者说根本不是技艺。"(Plato. *Phaedo.* 262c)也就是说，在苏格拉底看来，只有修辞术包含了真理，修辞术才是一种技艺。因此哲学修辞学才是一种技艺。技艺的本质就是追求真理。一切技艺都以合乎真理为根本，技艺必然已经包含了真理，不包含真理的就不是技艺。如果修辞术只关心说服，不关心真理，那么修辞术就不是技艺。如果修辞术不是技艺，那么它就什么也不是，根本不值得作为技艺进行教学和传授，那些流行的修辞学书籍和原理都是毫无意义的。

苏格拉底以吕西亚斯的文章为例子来说明自己的看法。他再次否定了自己有演说或者修辞的技艺，认为自己刚才的文章是诸神的恩赐。哲人之所以否定自己的演说术，是为了强调自己以真理为目的，而不是以说服为目的。如果说服成为了首要目的，那么真理就不再是首要目的，哲人就不再是哲人了。他要找出吕西亚斯这篇文章的错误。首先他区分了两类语词，一种是含义确定的，如铁或者银等；一类是含义不确定的，如正义、善良。他启发斐德罗，修辞术是在意见不一致、语词含义模糊的地方才有效。所以一个修辞学家必须首先区分两类语词，知道人们对于哪些语词是模糊的，对于哪些语词是确定的。然后他必须敏锐地辨别出一个具体语词属于哪一类，这样他才能够有效地进行说服。这仍然是在暗示修辞术必须以哲学认识为前提。然后他提到了“爱”这个语词的含义是模糊的，这样我们才能一会儿把爱说成是好的，一会儿把爱说成是坏的。吕西亚斯的第一个错误就是没有事先对爱进行定义，把爱看作是含义确定的语词。其次，他指出吕西亚斯的第二个错误是这篇文章结构混乱，缺乏条理。他认为一篇好文章应该像一个有机体，每个部分都应该和整体和谐恰当。这些错误都表明吕西亚斯对哲学辩证法一无所知。苏格拉底则首先对爱的含义进行了界定，但是他把这种定义看作是赫尔墨斯之子潘的修辞术的附体，再次否定了自己的修辞学技艺。我们可以参考《克拉底鲁》中苏格拉底对潘的词源学分析。

2. 探究真理的技艺

既然修辞术以真理为前提，苏格拉底开始讨论探究真理的技艺，也就是辩证法的技艺。他说自己的这篇文章是节日赞美诗，其中使用了两种相反相成的方法，即综合归纳法和分析法。综合法是把各种杂乱又相互关联的事物归入同一个类型下，从整体上加以把握，使得论述主题可以更加清晰地展示出来。分析法是把整体分解为各个部分，但是不能把部分肢解。在《政治家》中苏格拉底也说，他是分析和综合的爱好者，借此他获得了思考和说话的力量。他把这种综合和分析的方法称为辩证法。“我本人就是一个分析和综合的热爱者，我因此才能思考和言说；如果有人能够区别事物的一和多，那么我就‘在他后面，追随他的足迹，仿佛他就是一个神。’这个名称是不是正确，只有神知道，但是我将把那些能够正确地这样做的人称为‘辩证法家’。”(Plato. *Phaedo*. 266b)因此辩证法就是分析和综合的交互使用。只有这种方法才能完整地正确地认识事物的本质。哲学就是辩证法。关于辩证法的技艺我们还应该结合《理想国》、《政治家》、《巴门尼德》等对话进一步理解。

苏格拉底以上面两篇文章为例说明自己对辩证法的使用。他认为爱是一种迷狂。根据分析的方法，迷狂划分为两种，一类是凡俗的，一类是神圣的。凡俗的迷狂应该是指人和人的爱情，而神圣的迷狂则是指和四类神灵相关的。根据综合的方法，这四种疯狂都可以归入“非理性”一类。

正如文章是一个有机整体,他的第一篇文章描述的是肉体的疯狂,经过划分的方法,直到发现真挚的爱情为止。但所谓真正的爱情是非常含糊的。第二篇文章描述的是灵魂的爱情。经过划分,直到发现最神圣的最高贵的"哲学的疯狂"。它是人类的最大幸福的源泉。这是苏格拉底对自己的方法论技艺的说明,向我们展示如何思考和写作的技艺。这样他就把辩证法的技艺贯彻到修辞学的技艺之中。这也就意味着修辞术的技艺并不是一种独立性的技艺,而是一种依赖于辩证法的技艺,辩证法是修辞学的灵魂。如果修辞学对辩证法一无所知,那么修辞学就是粗俗恶劣的东西。这可以说是苏格拉底以哲学真理对修辞术的驯服。这和《高尔吉亚》中苏格拉底对高尔吉亚等人的驯服是一致的。

但斐德罗仍然表示他对修辞学感到茫然。于是苏格拉底开始考察一般人所讲的修辞学到底是什么。他提到了修辞学的基本结构,如绪论、陈述、论证、引证、结尾等方面;并且提到了厄文努斯、提西亚斯、高尔吉亚、普罗狄科、希庇亚斯、波卢斯、普罗泰戈拉等一大批智者。接下来他提到了修辞术的作用。斐德罗指出它在公共集会上特别重要。苏格拉底认为这些演说家只是掌握了"初步知识"(即正确的意见)的人。他们就像一个只有初步医学知识的人,就认为可以给人治病,但是他们对于如何使用这些知识仍然一无所知。或者像一个能够写点小东西的人,就认为自己是诗人和教师,一个会弹高音和低音的人,就认为自己是和声大师。这些修辞学家对于辩证法实际上一无所知,因此他们根本不会正确使用演说术。只有掌握了辩证法,才能正确地使用修辞学。

因此苏格拉底指出一个人要成为一个伟大的演说家,首先必须具备天赋、知识和训练三个方面,欠缺任何一个方面都不可能成功。他说:"一切伟大的技艺都需要有一种补充,这就是对事物的自然的研究。"(Plato. *Phaedo*. 270a)这种对于事物本身的研究就是哲学辩证法的目的和工作。哲学以认识自然的真理为目的,这种真理是超出政治的习俗性传统和观念的,所以哲学家并不看重人们的意见,也并不试图迎合人民的意见。这样他们才能引导或者驾驭人民,使得人民能够尽可能地接近真理,而不是被人民的意见或者欲望支配。然后他提到伯利克勒斯的成功就在于他跟随哲人阿那克萨戈拉学习,获得了高度的思辨能力,认识了智慧和愚蠢的本质,因此他能够正确使用修辞术。他以医学的技艺说明修辞学的技艺,他认为修辞学和医学是同一种技艺,因为它们都是对事物的自然的科学研究。医学研究身体的自然,修辞学研究灵魂的自然。我们用医学保持身体健康,用修辞学促进灵魂的信念和美德。如果不把灵魂作为整体加以认识,就不可能认识灵魂的自然,甚至像希波克拉底所说的,也不能认识身体的自然。这意味着认识灵魂的自然是认识身体的自然的基础和前提。灵魂是形式,身体是质料。灵魂的自然决定了身体的自然,灵魂是身体的决定者,身体是灵魂的从属者。这种观点仍然是强调修辞学演说术必须以哲学辩证法为根本内容和基本精神。

接下来,苏格拉底从客观性和主观性两个方面讲解如何认识自然。首先从客观性方面,他讲到了如何认识事物的自然。第一,确定认识对象是单一的还是复合的。第二,如果对象是单一的,就认识它是如何影响其他事物和被其他事物影响的。第三,如果对象是复合的,就认识其中的组成部分,认识每个部分的自然,确定是主动的还是被动的。这就是对事物进行辩证法研究的基本方法。他认为如果不首先进行这种研究,我们就不能进行任何演说,以免错误的认识影响听众的灵魂。这意味着哲学的认识先于修辞的说服。其次,从主观性方面,因为演说旨在影响人的灵魂,所以还要对人的灵魂的自然进行认识。第一,确定人的灵魂是单一的还是复合的,这就是第二篇文章所揭示的。第二,描述灵魂通过什么方式对其他事物起作用。第三,他还要划分灵魂的类型,以及灵魂受到影响的方式,解释产生各种情况的原因。然后,确定谈话的方式,哪一种谈话方式适合哪一类灵魂,以及通过谈话要在灵魂中创造或者打消一个信念,并且说明这么做的原因。苏格拉底最后表示这是唯一正确的科学研究的方法论。

在这里,苏格拉底强调了因材施教的重要性。苏格拉底首先发现了个体灵魂的自然差异性,并且把这种差异性作为自己的一切教法的根本起点。能够发现灵魂中的这种差异性是智慧的基本表现。人的灵魂具有本质共同性,也就是理性的同一性,即人是理性的动物。但是人的自然又是有差异的,这种差异性就是爱欲的差异性。正是爱欲才使得人和人的差异性得以出现。所以真正的教法必须根据人的爱欲差异性进行。这就使苏格拉底的教法区别于一切智者的教法。孔子的教法、佛陀的教法也都强调因材施教的重要性，都以对个体的灵魂的自然差异性的认识为前提。所以哲人没有固定的教法，他们的教法都是"因病予药"、"随语应答"的教法，其最终目的都是为了达到灵魂的完善和谐。所谓"殊途同归"。因此人格或者灵魂的中道和谐才是唯一最终的目标。只有在这个终极性目的下，我们才能理解哲人们的教法之间的共同点和差异性的根本原因。

苏格拉底最终说明了正确写作的基本原则。"首先，我们必须考虑，我们想要拥有科学知识并且能够把这种知识传达给他人的对象是单一的还是复合的；如果对象是单一的，我们就必须研究它的自然能力能够对其他事物产生什么作用，通过什么方式起作用，或者其他事物通过什么方式对它起作用；如果对象是复合的，就要列举它的组成部分，对每个部分进行考察，就像我们对单一对象进行考察一样，要弄清楚它的自然能力，弄清楚它是主动的还是被动的，弄清楚它的构成。"(Plato. *Phaedo*. 271d)苏格拉底实际上就把科学认识和研究置于一切修辞学演说之前。一切修辞学和演说术应该以哲学辩证法为前提。这样的修辞学才是完整地写作和演说的技艺。如果做不到这些，就不是真正的演说。苏格拉底再一次批判了智者不顾及事物的自然和灵魂的自然，只以说服听众为目的的错误做法。总而言之，真正的修辞学是结合了哲学辩证法的修辞学，虚假的修辞学是对事物的自然和灵魂的自然一无所知，对哲学辩证法一无所知的修辞学。

我们知道，哲人的心灵始终处于清醒的反思状态，他试图觉知和考察一切，而不是投入到对象之中。他要求和对象保持距离，他摆脱和超越了一切对象，包括他自己的各种存在、感受和体验，所以他处于不动心的状态。相反，诗人在进行艺术创作时，他必须使自己的心灵激动起来，并且使自己丧失自我反思，进入到一种忘我的"出神"状态，通过移情和投入达到和对象的同一性，在这种同一性中，诗人和对象完全融为一体，所以他才能够栩栩如生、生动活泼地把对象描述出来。但是诗人本人却并不知道自己是如何描述的，是如何达到和对象的同一性状态的。如果诗人只是凭借"出神"般的想象力进行创作，而对真理一无所知，那么他的创作就不可能是正确的。所以柏拉图认为最好把艺术化的想象力和哲学的理性思辨结合起来，并且以哲学的理性真理引导和规范艺术化的想象力。可以说，在这篇对话中苏格拉底对“神圣迷狂”的描述就是辩证法和修辞学完美结合的巅峰之作。这样我们就能够理解为什么这篇对话似乎分为两个完全不相关的部分了。他把灵魂的神圣迷狂的文章看作是“抒情诗”或者“节日赞美诗”。他在这首抒情诗中表达和贯彻的是哲学真理的内容，即用神话修辞学的方式传达了哲学辩证法的真理。这篇文章是“一石二鸟”或者“一箭双雕”的，它既表达了哲学的爱欲迷狂的真理，也展示了真理和修辞结合的写作技艺。通过这篇文章的“范例”，苏格拉底在教导我们如何把真理和修辞完美结合起来的技艺。他要求我们不能仅仅局限在枯燥的对真理的探究中，还必须善于把真理艺术化地表达出来。进一步说，柏拉图的所有哲学对话都是哲学辩证法和诗歌修辞学的完美结合的写作技艺的典范。如果说历史上的苏格拉底是完全非艺术化的，而柏拉图则是强调哲学和艺术的结合。这也可以看作是柏拉图和苏格拉底的根本差异性。反观现代哲学著作，康德、黑格尔等人的哲学著作只有科学真理，没有修辞；尼采、海德格尔等人的著作则只有修辞，没有真理。两者都是片面的错误的。

3. 书写和对话 274b

苏格拉底接下来考察写作的正当性问题。在这种考察中，他提到了文字和对话的区别。正当性的问题也就是如何才是合乎自然的问题，即书写和对话哪一个更加合乎自然，能够做到恰如其分、因人而异、因时制宜。他的基本看法是书写无法做到合乎自然，而辩证对话才是合乎自然的。如果修辞学家懂得合乎自然，那么他就成为了哲学家或者辩证法家。修辞学必须做到合乎自然，不合乎自然的修辞学就不可能是真实的修辞学。合乎自然也就是合乎真理。这是我们理解柏拉图关于修辞学的思考的关键。

首先，苏格拉底表明了文字写作的不恰当性。他讲到来自埃及的古老故事。他强调这个故事的真相只有古人知道，他并不知道。但是他又认为只要我们自己可以发现真理，就无需这类故事了。在埃及有个古神塞乌斯，在《克拉底鲁》中曾经提到过，他是各种技艺的发明者，例如数字、几何、天文学、跳棋，特别是文字。塞乌斯来到埃及国王萨姆斯这里，说明了各种技艺的作用，要把各种技艺传授给他，然后再传给全部埃及人。对于文字，他认为这种技艺可以使埃及人更加聪明，治疗他们的遗忘。但是国王却说，发明技艺的是一个人，而使用技艺的是另外的人。如果人们使用文字的技艺，他们就会依赖外在的东西，而不再努力进行记忆，这样只会在他们的灵魂中播种遗忘。他们也不再回忆，只是用外在符号回想，所以文字的“药物”只是起到提醒的作用，并不能够医治遗忘。另外，人们会借助于文字的帮助，自己学习很多东西，他们会以为自己掌握了真理。但是在大部分情况下，他们实际上仍然一无所知，他们的内心装满了智慧的赝品，而不是智慧本身。因为认识真理必须直接看到事实本身，合乎自然，这不是仅仅依靠书本知识就能够做到的。那些只掌握了书本知识便自以为有知识的人会误用知识，正如那些修辞学家那样，最终给自己和他人带来灾难。从一定意义上说，书本知识带来的灾难远远大于没有任何知识的灾难。

我们这些习惯于和书本文字打交道的人几乎已经不能理解苏格拉底这个故事的深意了。第一，智慧非关文字。自启蒙运动以来，我们一直认为只要普及知识，普及识字率，就能够消除人类的愚昧，促进人类的进步。可以说，这种启蒙运动的理想本身恰恰就是最大的愚昧。这种理想其实对于人性的自然和真理一无所知，只是一种片面的假想。我们现在对文字的依赖已经到了无以复加的地步，我们都以为可以通过文字书籍就能够认识世界，掌握真理，其实这恰恰已经违背了真理。正如在《普罗泰戈拉》中，苏格拉底坚持的“美德不可教”一样，两者是同一个道理。因为获得智慧需要发明本心，回光返照，而这不可能是大多数人能够做到的，所以使大多数人都变得聪明是不可能的。真理必然是超越一切语言文字的。真理是合乎自然事实，而语言文字只是符号，不是事实。停留在文字符号上，就远离了事实本身。但是我们往往愚蠢地把文字书籍看作是真理本身，仿佛真理就存在于语言文字之中。文字只是起到了提醒的作用，也就是佛教中所说的指和月的关系。我们必须通过语言文字看到事实本身。在《克拉底鲁》中，苏格拉底暗示了扬弃语言文字直接认识事实本身的可能性。老子则指出：“道可道，非常道；名可名，非常名。”庄子也指出：“道隐于小成，言隐于荣华”。第二，文字书籍不能识别阅读者。这种普遍阅读的做法会导致没有能力阅读和写作的人也加入其中,他们的片面观点最终歪曲了真理。例如,在中世纪几乎没有人读《圣经》。而在文艺复兴以后,读《圣经》成了大多数人都可以做的,结果就发现了《圣经》中的大量错误,由此出现了"圣经批判科学",最终导致基督教的危机。古代圣人看到并不是每个人都有资格和能力阅读书籍,所以古代圣人并不努力普及知识和识字率。古代人在选择弟子或门徒的时候都非常小心谨慎,"法不轻传",只有在他对学生的才能和德性进行了充分的考察之后,才决定是不是进行传授,否则,传法给错误的人,对人对法都是非常有害的。例如在武侠小说中,我们看到武林秘籍在"所传非人"后,导致生灵涂炭,武林大乱。故孔子才说:"可与言而不与之言,失人;不可与言而与之言,失言。知者不失人,亦不失言。"(《论语·卫灵公》)所以苏格拉底并不写作。老子的《道德经》据说是在强制情况下写出来的。这都是对书写的贬低和怀疑。第三,老师的教导重于文字知识。苏格拉底还强调了老师(善知识)的重要性。如果我们认为通过自己阅读书籍就可以轻而易举地理解书中的含义,这是非常片面的。文字只是死东西,不能进行交流,书籍不能回答人们的问题,它们是沉默的。古代哲人当然理解这个道理。在他们看来,重要的是要阅读包含了真理的书籍,并且要让有能力的老师进行讲解。只有这样的老师才能透过文字的面纱揭开书籍中隐藏的真理,而不是依文解义,断章取义,障蔽真理。按照佛教的看法,读书和写作都只能是"文字般若",而不是"实相般若"。如果我们只是停留在文字般若上,实相就隐匿了,这被称为"知识障"。如果不能通达实相,读书越多就越愚昧。

我们还可以进一步扩展苏格拉底的这段话的意义。第一,不要依赖任何技艺,正如在《政治家》和《普罗泰戈拉》中神话故事中所暗示的。人类越是依赖技艺,就越是不能信赖自己的德性和智慧,而被物所奴役。这样人类最终就可能在自己的各种发明和技艺中毁灭。因此古代人能够不依赖任何文字背诵大量的诗文,这实际上对记诵者的心智能力提出了很高的要求,并且也大大提高了他们的记诵能力。例如佛经是在佛陀灭度以后,阿难凭借记忆背诵下来的。所以文字的发明并不能够促进人类的进步。第二,不要所传非人。技艺的发明是一回事,技艺的使用又是一回事，我们往往忽视了其中的差异，认为一切发明的技艺都是好的，它们都能够给人类带来利益。但是这种想法忽视了世道人心的复杂性，就像一颗石头投入水中会激起多少浪花一样，很多事情我们是无法提前预知的。这些技艺并不一定给人类带来利益，正如自然物会危害人类的生活，这些人类的发明物也同样会危害人类的生活。就此而言，人类的生活和思想应该是越简单越好。相反，人类越是试图通过技艺打造一个完美的人类世界，他就越是丧失了和自然整体性的联系。但是单纯人类世界却是建立在巨大的未知世界之上的，这个世界几乎注定是不可能建立起来的。一叶孤舟怎么能够在茫茫大海上永恒长存呢？如果我们生活的世界完全被各种极为复杂的技艺包围，那么我们最终也无法理解和使用自己的各种发明和技艺。在我们追求这些复杂性的时候，我们就同样把自己置于不可控制的地步，各种人为之物组成的世界同样是一个未知的世界。我们试图把未知的世界转变为已知的世界，在这个已知的世界中，一切危险似乎都消除了，自然的异己性不存在了。似乎世界是可知的，世界就是安全的。但是仅仅凭借认识和掌握外在世界的方式，不可能达到安全和幸福。如果对人性一无所知，我们就不可能对世界有真正的认识。归根到底，只有对人性有真正的认识，能够完善人性，才能达到最终意义上的安全和幸福。所以古代圣人重视的是对人性的认识和教化，而不是外在的技术发明，外在的技艺发明仍然是身外之物，我们不可能通过控制身外之物达到自身的幸福。我们只有和自己的内心达到和谐，才能实现最终目的即幸福。我们必须根据自己的目的来选择我们的手段，而不是在手段的道路上迷失自己的目的。把手段当作目的，最终反而遗忘了自己的目的。我们必须把手段和目的整体性地结合起来思考世界和人生。

斐德罗赞美苏格拉底讲故事能够信手拈来，苏格拉底解释说宙斯神庙中的祭祀说，最初的预言是从一棵橡树中发出来的。橡树如何能够说出预言呢？我们可以如此理解，即能够倾听橡树的语言就是能够倾听天籁。天籁是寂静无声的，并不是人言。人言需要约定俗成的意义，才能传达信息。天籁并不依赖这种人为的约定，所以它是永恒的自然的。也就是说，黄金时代的人并不是特别地依赖技艺，依赖人为。他们处于天人合一的状态，没有因为“文明”从“天人合一”的自然整体性中脱离出来，他们保持了无我的纯粹质朴性。所以他们能够倾听橡树或者石头的语言。对比《政治家》中的说法，这个上古时代应该是指黄金时代。黄金时代的人可以和动物交谈，能够听懂动物的语言。但是因为他们仅仅满足于口腹之欲，他们的质朴单纯同时也就是愚昧无知。在越来越文明化的世界中，虽然人类显得聪明，能够听到各种不同的人的讲话，但是他们只是局限在人事（文明）之中，不能再理解万事万物的真理。人类越来越不能聆听天籁了，越来越封闭在自己的世界中，世界整体性被遗忘了，人类就变得越来越狭隘和愚蠢，但是他却还以为自己越来越文明和进步，最终他将在这种狭隘和封闭中毁灭自己。

斐德罗赞同苏格拉底的说法，苏格拉底接下来说："那些认为留下成文的作品就可以不朽的人，那些接受了这些文字并且认为书籍可以产生清楚确定的结果的人，一定是对于阿蒙神的预言非常天真和确实无知的；即他们没有理解，写下来的文字只对那些已经知道作品的内容具有一点提醒的作用而已。"(Plato. *Phaedo*. 275c)这是苏格拉底对书写的否定，所以他一生"不立文字"。这样我们也可以理解老子、庄子等人对书写的态度。文字是人为的习俗的产物。对文字的依赖就是对人为之物的依赖。一切人为之物都是转瞬即逝的，所以根本不值得更多关心。只有超越文字才能超越习俗，进而直接认识自然。我们必须关注更加永恒的自然之物，而我们的人生本身就是需要首先关注的自然。我们应该关心自己的人生胜过关心自己的文字。不能因为关注文字而忽视自己的人生，正如希腊人蔑视那些为了拿奥运会金牌而专门训练的人一样。他们为了某个部分而忽视了整体。正如任何工作和技艺一样，文字必须服务于人生，从属于人生。我们的一切工作都是为了成就我们的人生，而不是把我们的人生奉献给某个更低级的东西，人生才是最高的东西，它不能奉献给任何东西。我们必须把提升自己的人生作为首要任务。相反，我们现在越来越多地进行文字工作，对写作的盲目性和危险性一无所知了。我们生活在一个越来越符号化的世界中，对真实的世界越来越无知。现代人似乎越来越热衷于写作，出版业空前发达。似乎每个人都可以写作，每个人都有了不起的真知灼见，也有越来越多的人以此为能事，炫耀自己的所谓"才华"。在书籍越来越多的世界中，书灾越来越严重，真正的好书被掩埋起来，人们越来越把自己掩埋和耗费在“文字垃圾”之中。可以说最大的毒害莫过于书籍的毒害了。真理是无法传播的。它们不是在传播真理，而是在扭曲真理。正如孟子所言：“尽信书，不如无书。”

写作是一个技艺和工具，我们的目的乃是传达真理，所以我们就不能把手段看得高于目的。手段从属于目的。写作的唯一好处似乎就是可以“传之久远”，我们把自己发现的真理写下来，可以被遥远的后人看到，能够对后人有所帮助，这似乎是写作唯一高于对话的方法。但是苏格拉底立刻指出这种想法是幼稚的。如果后人并不关心真理，那么即使你在文字中写下了真理，他们也无动于衷。如果他们关心真理，那么他们自己最终也能够发现真理，因为真理是唯一的绝对的。所以通过写作传达真理的作用是十分有限的。而且书籍文字本身并不说话，“你会认为作品正在说什么，好像它们拥有理智。但如果你知道更多一点，而向它们提问，那么它们也只能用老一套来回答你。如果事情一旦被文字写下来，它就到处流传，传到能够看懂它的人手里，也传到与它无关的人手里。它不知道该向谁说话，不该谁说话。如果受到曲解和虐待，它总是要它的作者来援救，自己却无力为自己辩护，也无力保护自己。”(Plato. *Phaedo*. 275d)也就是说，人们即使阅读包含了真理的书籍，也未必就能够从中发现真理，反而可能曲解其中的含义，最终误导危害他人。所以苏格拉底在自己的言说中才反复说自己的话不可信，不要太当真，他可能就是为了防止自己的观点被他人误解而危害他人。文字本身会消失，人们的写作习惯、说话习惯也经常变化，以前的文字和书籍很快就难以被后人理解了。我们不能重视文字胜于重视真理本身。真理非关文字。但是我们仍然不得不借助于文字这种工具。所以柏拉图并未完全否定写作，只是教导我们不能把写作太当真。柏拉图也是通过文字书籍留下了美名和智慧，如果他没有写作，我们又如何能够看到他的作品，知道他这个人呢？

与贬低写作一致，苏格拉底非常推崇辩证对话。他认为辩证对话才具有正当性，因为它是合乎自然的合乎真理的。“它是把知识写在学习者的灵魂中的谈话，它能为自己辩护，也知道对谁说话，对谁保持沉默。”(Plato. *Phaedo*. 276a)斐德罗回应说，“你指的是活生生的话语，而书面文字只不过是它的影像。”书写只是对对话的模仿，对话才是第一位的本原的。所以对话是从事哲学的唯一正当的方式。而柏拉图没有写作学术论文,而是写作了模仿对话的“哲学戏剧”。这种哲学戏剧尽可能地保持了对话的原貌。

对于哲人来说,对话就是治疗。因为每个人存在差异性,也就是说每个人的起点是不同的,不同的人的问题不同,他们所处的矛盾不同,所以要根据不同的病症,给予不同的治疗。哲人的教化或者治疗是“因病予药”,“随缘教化”,“随语应答”。他们经常对相同的问题进行不同的回答,没有任何固定的观点和主张,都是针对每个人的不同根性而进行的。所以要“条条大路通罗马”就必须善于针对每个人的特点进行教化,否则就不可能达到目的。古代圣人重视的是自然和真理,而不是固守人为的观念。一切谈话治疗的目的都是人格或者灵魂的和谐和完善。也就是说,真理是一,是“中和之道”。这种和谐状态是心灵的宁静,是性格的完善,是理性和非理性的和谐状态。因此达到中和状态是圣人进行教化的最终目的。这种思路和目标和中医的思路非常相似。中医讲究“辨证施治”,因此“同病异治,异病同治”,最根本的目的仍然是为了实现身体的阴阳平衡,阴平阳秘。所以柏拉图总是在对话中提到医药,佛陀也被称为药王和大医生。

苏格拉底夸奖了斐德罗,他讲了一个“种子喻”,并且指出:“他不会看重那些用墨水写下和播种的东西,也不会用笔写下那些既不能为自己辩护,也不能恰当地教授真理的文字。”(Plato. *Phaedo*. 276c)所以在哲人看来,写作只是消遣或者儿戏,不能太当真。柏拉图的目的是要我们看到写作本身的局限性。这种告诫本身就是真理所需要的,也是柏拉图的隐微写作手法之一。他通过贬低自己的作品掩盖了自己作品中的真理,因此也保护那些不会阅读的人,这样,那些人就真的不会认真对待他的作品了。同时也启蒙那些热爱智慧的人,使他们能够自己去发现真理。真理必须自己发现,知识是不可教的。“法不可言传”。这是真理所必然包含的根本属性之一。真理在语言之外。语言作品只是工具性的东西,作品之外的东西才是作者要传达的。至于读者能不能领会到“言外之意”,能不能看到真理,那是作者无能为力的。在一定程度上,我们必须依赖写作,因为人生短暂,我们能够教诲的人有限,我们还想保留下自己的思想,所以只能通过写作的方式。但是鉴于写作本身存在的局限性，我们又不能过于依赖写作。所以我们必须善于把握写作的这种两重性，不能使自己的真理成为他人的毒药。这种对写作的两重性的拿捏本身就是一种中道的技艺。我们必须处于既认真又不认真之间。正如佛教中的观点："依文解义，三世佛冤；离经一字，即是叛道。"依文解义就是只局限在文字本身，被文字所阻碍，看不到文字所指的东西；但是如果离开语文随意发挥，就可能曲解书籍的含义。我们必须善于在文字之内和文字之外同时进行思考，这里面的分寸必须好好把握。一般阅读者是无能做到这一点的，所以必须有善知识好老师的引导。不论是阅读还是写作，都是充满危险性的，如果我们对其中的危险性一无所知，盲目地阅读和写作，就可能酿成大祸，扰乱世道人心。

斐德罗肯定这是一种非常高尚的消遣方式。但是苏格拉底立刻指出："我想要是能够用辩证法的技艺来严肃地讨论这些话题，那就更加高尚了。辩证法家会选择一个恰当的灵魂，把伴随知识的对话种植和播种到这个灵魂中，这些话语既能为自己辩护，也能为种植它们的人辩护。它们不是华而不实的，而是可以开花结果的，可以在别的灵魂中生出许多新的话语来。这些对话可以使这个种子生生不息，直到永远，也能使拥有这些话语的人享受到凡人的最高幸福。"(Plato. *Phaedo*. 277a)也就是说，在苏格拉底看来，和写作相比，辩证法对话才是最高尚的。一个从事辩证对话的人就是一个哲学家。过一种进行辩证对话的生活就是过一种哲学生活。所以这是柏拉图对哲学生活的颂歌。而柏拉图的哲学写作是对哲学对话的模仿。哲学对话高于哲学写作。哲学写作是不得已的"退而求其次"的做法。只要有可能进行哲学对话，就应该以对话为主。写作是消遣，哲学对话则不是消遣，而是严肃的教育。通过这种教育，我们使一个活生生的个人获得了提高和启蒙，而书籍只能等待未知的后人。我们要成就自己，同时也要尽可能成就他人，这意味着哲人应该首先关心和教育我们身边的人。

4. 为写作立法 278b

最后，苏格拉底总结了自己的观点。首先，在谈话或者写作之前完成的工作。第一，必须对讨论或者写作的主题的真相有所认识，能够对它进行定义和划分，直到最小部分。第二，必须拥有对个人的灵魂的自然的洞察能力，找到适合各种灵魂自然的谈话和文章，用不同的灵魂对不同的灵魂讲话。其次，是在谈话或者写作中，“任何作品，无论是吕西亚斯还是别人写的，无论是过去写的还是将来写的，无论是私人作品还是国家官吏的立法建议，如果作者认为自己的作品包含着永远适用的重要真理，那么这作者就应该受到指责，无论这种指责有没有人说出来。因为一个人没有区分关于正义和不正义、善良和邪恶的幻影和真实，即使他得到民众的赞扬，也不能逃避这种指责。”(Plato. *Phaedo*. 277d)也就是说，柏拉图认为文字写下来的对象都是幻相，并不是真实。真理必须要学习者本人亲自看到。否则，只凭借文字是不能认识真理的。这和他对现象世界和理念世界的划分的原则是一致的。文字始终只是可见世界的事物，它应该指向理念世界的对象，我们应该通过文字观看理念对象本身，而不是局限在文字语言中。所谓“得意忘言”。因此真理比文字作品更加重要。我们必须把对真理的追求放在写作冲动的前面。如果我们没有对真理的认识，就擅自写作，只能自取其辱。当然，在现实生活也看到，写作冲动似乎压倒了真理冲动。人们更加看重写作而不是真理。这都是对柏拉图的这种告诫的违背。他认为写作的唯一目的只能是为了教诲，为了人格的塑造。“只有那些为了理性和教诲而写下来的作品，那些为了灵魂的正义、高贵、善良而写下来的作品，才能做到清晰、完美，值得严肃对待。这样的话语才能被称作人的合法的子女：首先这些话语是在他自己的灵魂中发现的，然后是在他的儿子和兄弟的灵魂中自然地生长出来，只要他们的灵魂值得；最终他回归到自身。”(Plato. *Phaedo*. 278a)苏格拉底认为只有这样的人才是值得效仿和赞美的。也就是说，一切写作都必须以人格教化为根本目的。如果我们不是以人格教化的目的而写作，那就是错误的非法的。这就是柏拉图对写作的立法。

进一步，柏拉图也反对在任何作品中包含和宣扬一种普遍适用的真理。这是柏拉图对普遍主义真理观的最清晰的批判。现代性的主要观点就是普遍主义真理观，认为我们通过严格确定的方法论可以找到放之四海而皆准的真理，然后通过在整个社会推广这种普遍真理，实现全人类的进步和解放，最终可以建立一个终极性的完美世界。但是现代性却陷入了虚无主义的深渊。我们应该如何理解真理呢？首先，真理总是具体的当下的，因为事实本身千差万别，脱离了一切事实的普遍主义的抽象真理是不存在的。所以苏格拉底认为，唯一的理论的普遍真理就是无知之知。“放之四海而皆准”的真理恰恰就是没有“放之四海而皆准”的真理。我们保持真理的唯一方式就是对一切观点进行不断审视和反思，这种反思使我们保持在无知之知的状态中。最终，这种无知之知的理论真理取消了一切政治实践决断的可能性，而使人停留在无为的状态之中。所以真理并不指导实践，反而取消了实践。这种对实践的否定本身就是最大的实践，因此是实践的最终完成。理论的真理是实践的顶峰和终点。其次，真理就是至善，至善就是和谐中和，而事物本身却是千差万别的，所以我们要达到中道和谐，就必须根据具体情况进行完善和改善，没有普遍适用的方法可以使每个不同的事物达到相同的和谐状态。真理实现的和谐状态恰恰是无法通过普遍的方法达到的，它必须是基于对不同个体的情况进行的。和谐是一种动态的平衡状态，随时建立但也可能随时崩溃，所以我们必须时时刻刻进行维护，才能保持这种和谐状态，一劳永逸地达到和谐状态是不可能的，认为有一种持续不断地向和谐状态的进步也是不可能的。维持这种和谐状态恰恰需要针对各种异质性的元素的构成和比例，随时不断地进行调整，这样我们才能始终处于和谐的平衡状态。这在实践操作中是非常困难的，所以认为自己的作品中能够包含普遍适用的真理本身就是错误的，就是违反真理的。

然后苏格拉底要求仙女们能够为他传话，传达给吕西亚斯等写作演讲稿的人，给荷马等写作诗歌的人，给伯利克勒斯等写作政治文章的人，他们应该尽可能使自己的作品依照真理写作，并且能够使他们的作品为自己辩护，写作必须包含真理和知识，否则就是没有意义的。这样他们才能够配得“爱智慧”的名称，也就是哲人的名称。如果一个人只能绞尽脑汁，改了又改地写作，那么他们就只能被称为写演讲稿的人、诗人或者政治家等名称。所以哲人是最高的名称，是真理的维护者。而其他人都只是对哲人的模仿，是不完整的人。

最后斐德罗提到了年轻的伊索克拉底，他后来成为希腊著名的修辞学家。在苏格拉底看来，他天赋很高，品性很好，如果他能够不满足于面前的写作,而准备从事更加伟大的事业即哲学的话,他的成就就会更大。这是苏格拉底对未来哲学家的期待。最后,苏格拉底要求在离开此地之前,进行祈祷。他对主管修辞学的大神潘祈祷:"亲爱的大神潘,还有你们所有这些出没于此地的神灵,请赐予我内在的美,这样我拥有的外在的东西就不会与我的内心产生冲突了。让我相信有智慧的人是富足的,至于财产,请让我拥有一个有节制的人可以承受和携带的也就可以了。"(Plato. *Phaedo*. 279c)这个祈祷可以看作是苏格拉底为未来哲学家而进行的祈祷,希望他们都能够按照这个祈祷来生活。哲学生活才是最神圣的生活,最幸福的生活。

四、结束语

这篇对话的内涵和层次非常复杂和深奥。我们可以分别从几个方面进行总结说明。

在爱情问题方面,苏格拉底反对平庸的世俗性的功利主义态度,这是吕西亚斯在文章中表达出来的观点。这种态度是对爱情的贬低,把爱情作为功利主义的工具。我们对这种态度是非常熟悉的。苏格拉底第一篇否定爱情的文章表达了禁欲主义的态度。这种态度我们不太熟悉。在古代,禁欲主义是比较普遍的。但是禁欲主义同样不能够正确对待爱欲,也不能真正净化爱欲。所以禁欲主义仍然是一种错误地对待爱欲的态度。第二篇文章则转向对爱欲的理性化和神圣化的引导和升华。其中,最重要的就是美的迷狂和哲学的迷狂。对于爱欲,重要的不是压抑和放纵,而是引导。这才是正确而智慧的态度。因此哲人才是真正的爱者,哲学生活是最好的爱欲生活。

在修辞学方面,苏格拉底强烈要求修辞学必须和哲学辩证法结合起来,虽然哲学真理本身可能是含混的,但是对哲学真理的追求却不是含混的,而且是唯一正确的人生追求。他试图把哲学引入修辞学中,改变修辞学只关心说服他人,而不关心真理的错误。只有和哲学辩证法结合在一起,修辞学才是一种具有真理的技艺,否则宁可像斯巴达人那样抛弃修辞学。这种尝试同样在《高尔吉亚》中进行了反复说明。我们可以进一步对比《高尔吉亚》来理解这个问题。在民主制社会中,因为不存在确定的权威性的真理标准，人们都能够自由发表自己的看法，人们更加容易受到语言的迷惑和控制。在其他政体中，因为存在既定的权威性的真理标准，人们不需要对什么是正确和错误进行辩论，所以对演说术的需要就不强烈。这意味着在民主制社会中，人们在真假对错的问题上更加困惑和迷茫，这也就意味着更大的危险，比任何其他危险都要严重。这要求我们必须具有更强大的思维和判断对错的能力，这种判断力恰恰是人们最缺乏的，而判断力则涉及到了对人生的选择。

在书写和言说方面，柏拉图推崇对话而贬低写作。因为对话是活生生的，可以针对不同的个体进行不同的教诲。这是基于对人的自然差异性的发现而提出的。写作不能区分阅读者的个体自然，不知道该不该让这个人阅读。写作是包含了很大的不确定性，即写作本身先天包含的危险性。所以我们必须在写作问题上严格控制，不能让不成熟的著作到处流传，祸乱人心。苏格拉底“不立文字”，孔子“述而不作”，佛陀也一字未写，耶稣也是如此。他们把一生用于自己的人格完善和对他人的教诲。正如庄子所谓的“若夫乘天地之正，而御六气之变，以游无穷者，彼且恶乎待哉？故曰：至人无己，神人无功，圣人无名。”（《庄子·逍遥游》）尼采也指出：“哲学家的成果是他的生活（这种生活比他的著作还要重要）。他的生活就是他的艺术作品，而任何艺术作品首先是属于艺术家的，其次才属于其他人。”[1]柏拉图对话是柏拉图写的，但他是以苏格拉底的名义说话的，所以又不是他写的。虽然他说了很多话，但是他却一句话都没有说，这正是智慧本身所要求的。正如庄子所说的：“无谓有谓，有谓无谓，而游乎尘垢之外。”柏拉图对文字写作的贬低实际上是要求我们不要关注他的文字，而以事实和真理本身为旨归。

需要进一步指出，柏拉图为什么把两个看似不相干的问题即爱情和修辞学放在一篇对话中呢？可以说，柏拉图是在告诉我们，对待爱欲的技艺和对待修辞学的技艺是同一类技艺，爱欲和修辞学都是非理性的力量，它们都需要接受理性的引导，这样就可以最终达到理性和非理性的中和

---

[1] Nietzsche: *philosophy and truth*, ed. And tr. by Diniel Brezzeale, Humanities Press International Inc.. 1979. P109.

之道。理性和非理性的中和之道是一切技艺的共同目标。

第二节　爱欲止于至善——《会饮》解读

《会饮》是唯一一篇以事件命名的对话。据说,《会饮》的写作时间是公元前380年,其中描述的事件发生在公元前416年,是阿伽通第一部悲剧得奖的第二天。这个时间也是阿尔喀比亚德鼓吹远征西西里,然后被控告渎神罪,致使他叛逃到斯巴达的前一年[1]。《会饮》或多或少都和这些历史事件相关,但是并不构成决定性的因素。在这次会饮中,与会者都展示了自己的爱欲观,构成了对爱欲这个主题的多面的立体视角和看法。从总体上说,柏拉图实际上展示了三种观察爱欲的视角:斐德罗、泡赛尼阿斯、厄里克希马库斯是以低于政治的视角看待爱欲的;阿里斯托芬和阿伽通是以政治视角看待爱欲的;苏格拉底是以超政治的视角看待爱欲的。或者说,只有苏格拉底是以整全的视角看待爱欲的,只有他完全地揭示了爱欲的本质。

爱欲是最强烈的欲望,如果我们认识了爱欲的本质,也就理解了一切欲望的本质。苏格拉底告诉我们,在非理性的爱欲中也蕴含着理性,我们的一生就是从非理性逐渐上升到理性,最终实现人性的最高完善。在他看来,即使在最低俗的爱欲活动中也包含了追求最崇高的至善和真理的理性的萌芽,因此我们要善于从日常的低俗的爱欲上升到至善和理性本身。人的理性的无限性或许就在于人的欲望的无限性。相反,动物的欲望的有限性决定了它们的理性的有限性。柏拉图最终告诉我们,爱欲不能在政治生活中获得最终的满足,只有在哲学生活中,只有在理性看到了理念本身获得智慧之后才能获得最终的满足,这种最终的满足状态就是至善。爱欲止于智慧或者至善。这是对爱欲的净化,是对哲人的爱欲(圣人有情论)的辩护,是对爱欲、理性、至美、智慧和至善之间的一体性关系

---

[1] 参见施特劳斯《论柏拉图的〈会饮〉》中的观点。

的充分揭示。理解柏拉图的爱欲观对于我们正确理解爱欲乃至我们的生命意义是至关重要的。换言之,苏格拉底为爱欲进行了真正理性主义的辩护,把爱欲纳入到了理性主义的范围。这意味着把爱欲和理性、至善对立起来的观点是错误的。相反,现代人在反对传统形而上学和道德礼法之际,在为人的欲望和自由进行辩护时,把爱欲和理性、道德对立起来,因此现代人对爱欲的理解是非理性的片面的,不能真正认识爱欲和理性的关系及其本质。应该说,《会饮》的主题仍然和柏拉图其他对话的主题一样,是说明或者协调理性和非理性的关系问题。《会饮》仍然是对哲学生活的一种辩护。

一、道听途说

一开始,我们感到这是一个口口相传的故事。故事是阿波罗多洛斯讲述给无名的朋友的。这种无名人可能象征的是未来的哲人,他们应该知道苏格拉底的故事,并且努力效法苏格拉底。阿波罗多洛斯是一个"情种",是苏格拉底的骨灰级粉丝。他曾经给格劳孔讲过。格劳孔是一个歌者和勇士,是一个崇尚激情生活的人。格劳孔想了解这件事,但是他认为从别人那里听来的不清楚,所以来问阿波罗多洛斯。阿波罗多洛斯表示自己并未参加那次会饮,他是听阿里斯托得莫斯说的。阿里斯托得莫斯也是苏格拉底的一个有情人。他个子矮小,喜欢模仿苏格拉底光脚的行为(这也意味着他崇尚苏格拉底的智慧)。阿里斯托得莫斯参加了那次会饮,但他是作为一个旁观者或者见证人参加的。❶ 可以说,阿波罗多洛斯和阿里斯托得莫斯都是苏格拉底的"副本"或者影子。他们都是哲人的追随者或者模仿者,但是他们离真正的哲人仍然相差甚远。他们的意义在于正是通过这些有情人——门徒,苏格拉底的事迹和奥秘才被传播出来。而苏格拉底并未讲述这件事,只是证实了这件事。整个对话就是在爱欲的背景氛围中传播开来的。❷ 这为爱欲的主题进行了铺垫,并且暗示了从爱欲到理性的上升之路。

---

❶ 我们应该注意见证人的重要性。

❷ 对比《圣经·福音书》的传播。

阿波罗多洛斯表示他愿意再把会饮的事情讲一次。因为要他谈哲学和听人谈哲学,他啥时候都乐意,既受益又快乐。要是谈别的事,他就觉得百无聊赖。而其他人却对哲学不感兴趣,只对其他事情感兴趣。阿波罗多洛斯表示为这些人感到惋惜。这里展示了哲人的门徒和常人的差异,表明哲人的爱欲和常人的爱欲是不同的。哲人追求智慧和真理,而常人只关注现象和意见。这位朋友表示阿波罗多洛斯总是责骂自己,责骂别人,认为除了苏格拉底,所有人,首先是他自己,都是悲惨的,所以他才得了个"黏乎乎"或者"软蛋"的称号,也就是非常情绪化的人。这里显示了哲人苏格拉底和其他常人的明显差异,即只有哲人才是完美的幸福的,而其他人都是不幸的可悲的。同时也表明阿波罗多洛斯虽然接触了哲学,但是他的理性并未成长起来,他还没有真正扬弃爱欲,上升到智慧。阿波罗多洛斯承认自己疯疯癫癫、不通世故。而疯疯癫癫、不通世故也正是哲人的基本特征。在《智者》、《泰阿泰德》等对话中,柏拉图都暗示了哲人的这种特征。❶ 他在效法哲人苏格拉底,但他仍然是哲人的模仿者或者影子。阿波罗多洛斯表示通过苏格拉底,他意识到了自己的卑微,不再对日常生活感到满足,但是他却无力过真正的哲学生活。他仍然是介于哲人和常人之间的人。❷

二、开场的情景

阿里斯托得莫斯偶然碰上了苏格拉底。苏格拉底显得刚刚打扮过,洗过澡并且穿了鞋子,这是很少见的。也就是说,苏格拉底平时很少洗澡,不修边幅,几乎从不穿鞋子。这揭示了苏格拉底的生活方式,表明他蔑视身体和物质方面的需要,对生活的物质要求降到了最低。这意味着哲人的生活必然是贫困的,但是哲人并不以贫困为苦,而是乐在其中,安贫乐道。"子曰:'贤哉,回也!一箪食,一瓢饮,在陋巷,人不堪其忧,回也不改其乐。贤哉,回也!'"(《论语·雍也》)

---

❶ 柏拉图其实也批评了这种特征。哲人应该是王者,他应该精通世俗之事,能够给人民提供最好的引导和意见。参见色诺芬的《回忆苏格拉底》。

❷ 对比《福音书》中彼得的自责和悔恨。

苏格拉底表示他要去参加帅哥阿伽通的宴会，因为阿伽通刚刚在比赛中获胜。这里暗示了苏格拉底和阿伽通的竞争关系，也就是哲人和诗人的竞争关系。所以阿伽通的讲辞和苏格拉底的讲辞是紧挨着的。这种竞争就是对智慧的竞争。当然哲人不会争夺智慧之名，这对于哲人是无所谓的。哲人之所以要参与这种竞争，是为了保卫智慧本身。诗人还是哲人享有智慧之名关系到对智慧本身的理解。而哲人对于智慧的理解才是真实的，这将在苏格拉底的讲辞中得到说明。其次，苏格拉底之所以要打扮一下，也表明了美和智慧的关系。在《普罗泰戈拉》中，苏格拉底就指出智慧才美，没有智慧就不美。哲人对于智慧的追求同时就是对美的追求。诗人也以智慧自居，认为自己是国家政治生活的奠基者，并且因此迷恋自己的智慧之名，暗中渴望来自他人的喝彩和崇拜。而哲人并不享有智慧之名，也不迷恋智慧之名，因为哲人的智慧是无知之知。

苏格拉底要求阿里斯托得莫斯做个不速之客，也去参加会饮。阿里斯托得莫斯对苏格拉底的话言听计从。苏格拉底引用俗语为自己的这种邀请辩护。但是他以“漂亮人办宴，漂亮人不请自来”取代了谚语“好人办宴，好人不请自来”。他认为自己的这种替代虽然不如谚语本身好，但是比荷马的“好人办宴，坏人不请自来”要好。这句“好人办宴，好人不请自来”的谚语体现了严格的道德要求，应该是立法者创立的，既说明了“人以群分，物以类聚”、“同类相亲、同气相求”、“勿友不如己者”的原则，也是对“见贤思齐”，“从善如流”的道德风尚的推崇。因为好人和好人经常在一起，有利于维持社会的较高的道德水准。当然这个好既可以是政治意义上的好，也可能是哲学意义上的好。而荷马的话是表明阿伽门农这个真正的英雄和优柔寡断、多愁善感的墨涅拉奥斯混在一起，荷马似乎鼓励好人和坏人混杂在一起，他们之间没有了明确的道德意识和道德界限，这意味着国家道德生活的败坏。所以在荷马史诗中，道德原则几乎是不存在的，对诸神的描述是完全非道德化的。而苏格拉底的话则以美取代道德意义上的善(好)。这种取代只有在把美和智慧等同起来的意义上才是成立的，即对美的追求本质上是对智慧的追求。同时，智慧是对善的认识和追求，这种善不是道德之善，而是智慧之善。道德之善是智慧之善的模仿和分有。因此苏格拉底贬低了道德之善，而代之以智慧之美。一般意义上的美也低于智慧之美。在《斐德罗》中，美被看作是通往理念世界的中介。

但阿里斯托得莫斯认为自己既不美也不善，如果不请自来，会有失尊严，所以他要求苏格拉底必须给自己一个说法。苏格拉底表示路上总能想出办法来。于是他们一起上路。两人赴宴的情节显得和《普罗泰戈拉》开头的情节很相近。当然恰恰是因为阿里斯托得莫斯的参加，会饮这件事才被传播出来，否则就只是极少数高尚人士的高雅聚会而已，就会被埋没在历史的尘埃中。阿里斯托得莫斯正是作为苏格拉底的"副本"见证了会饮。正如《红楼梦》中金陵十二钗都有自己的副本，形成了一个高低错落的秩序一样。虽然哲人并不需要学生，但是哲人必须有自己的低俗的对应物或者模仿者，才能形成存在的整体性。

苏格拉底在半路上却陷入了沉思（meditation）。在后面阿尔喀比亚德的讲辞中，也提到了苏格拉底的沉思。这种沉思的内容是什么，我们不得而知。要理解这种沉思很困难。但是苏格拉底的沉思无疑是具有重大含义的，我们必须尽可能去理解。对于这种沉思，施特劳斯认为："自我认识基于——某种程度也在于——关于善的认识。所以当苏格拉底把注意力转向自身时，也就意味着他把注意力转向了善。"❶我们可以进行如下推测。首先，从外部的政治角度看，在一个组织完美的国家中，公民是不思考的。国家需要的品质是服从、团结和友爱。正如卢梭指出的，沉思的人是病态的。也就是说，在公民对国家生活感到完全满足和认同时，他是不会思考的。只有当一个人不能从国家的政治生活中获得满足时，他才开始思考。所以苏格拉底的思考本身就展示了他对于国家生活的扬弃和超越，展示了苏格拉底的非公民的特性。哲人是超政治的，他依据超政治的原则和真理而生活。所以苏格拉底的沉思暗示了哲人的超政治性。其次，一个人的所有活动包含思考、言说和行动三个方面。言说和行动是公开性的，而沉思是无法公开的。因为言说和行动都是公共性的，必然涉及其他人，所以言说和行动都必须有所顾忌，或者必须考虑到国家的道德法律，不能肆无忌惮。但是在沉思中，因为沉思的内容是绝对隐匿的，所以

---

❶ 施特劳斯：《论柏拉图的〈会饮〉》，邱立波译，华夏出版社，2012 年版，第 41 页。

沉思可能是最狂妄和大胆的，正如一般人的白日梦一样。所以苏格拉底的沉思暗示了哲人的狂妄或者疯狂。但是一个哲人的智慧必须同时体现在他的思考、言说和行动三个方面，如果一个哲人能够在言说和行动中严格地自我控制，那么他也必定能够在沉思中严格地自我控制，而不是信马由缰、天马行空、胡思乱想。如果一个哲人不能在思考中严格地自我控制，他就不可能在言说和行动上严格地自我控制。具体而言，联系到苏格拉底的基本教诲即无知之知，可以说这种沉思乃是“无思之思”。这种“无思之思”是消除一切思维和观念的思维，也就是“对思维的思维”。“对思维的思维”根本上就是“静观”。无思之思就是静观。这种静观消除了一切行动的冲动，所以它是不引发任何行动的思考。相反，其他思考都是为了行动的思考，因此都是不彻底的。换言之，一切思考都是静观，即使为了行动的计算和思考也体现了思考的静观性，即我们必须对整个事情有一个通盘考虑，才能采取正确的判断和行动，这种判断的前提就是对事情的“观看”。因为一般的思考都是为了行动，就受到了行动的目的的局限，必须根据现实性和可行性进行取舍和选择，所以一般的思考虽然也包含了静观的方面，但是都是不彻底不严格的静观。而哲人的思维是“对思维的思维”，这种思维是免除了行动、实践冲动的负担和目的的思维，所以他的思维就是纯粹的理性或者静观。这种静观也就是对自己内心中的一切思维活动的内观或者反思。所以这种沉思可以称为“自我认识”。这种自我认识就是审视和反观自己内心中的各种观念，看清这些观念的存在和活动，而不被这些念头牵着走，并且最终摆脱和超越它们，这样就达到了“无思之思”的境界。这种纯粹的思本身是不思的，也就是说，是不动的静止的，它只是对其他一切思维的静观，它观照一切思的起起落落、生生灭灭，而它本身不生不灭，仿佛是一个沉默的见证人。所以沉思本身是“不思之思”。进一步，对于哲人而言，纯粹的沉思或者内观本身就是至善，因为它消除了一切欲望和情感的控制，消除一切低俗之物，它是最高贵的和最神圣的。它是理性的最纯粹的形式或者最充分的发展，因此它是人性的自然的最彻底的实现，是人性的巅峰状态。一个人只有在这种纯粹理性的沉思静观中才能达到最高的纯粹性和神圣性。柏拉图或者亚里士多德把这种状态看作是最接近于神的状态，把纯粹思维或者静观看作是神本身。这种理性之神是不动的，但又是第一推动者。如果神本身是被推动的，它就不是最高的，因为它是最高的，所以它不能是被推动的。而一切运动者都是由不动者推动的。所谓“静为躁君”。所以当苏格拉底陷入了沉思的时候，他就展示了纯粹的理性和至善。

阿里斯托得莫斯尴尬地一个人来到了阿伽通家。阿伽通非常友好地请他进去。这显示了阿伽通的良好教养，也表明他对人事的精明练达。当他让人去请苏格拉底时，被阿里斯托得莫斯阻止了。这显示苏格拉底的副本是苏格拉底这个纯粹哲人的护卫者，只有他尊重苏格拉底的沉思，虽然他并不明白沉思本身的含义。而诗人阿伽通显然并不认真对待苏格拉底的沉思。因为诗人并不思考，也不推崇沉思。这种对思维的不尊重表明，阿伽通虽然显得非常具有民主和自由的作风，但是这种自由民主作风可能随时被颠覆。

苏格拉底直到饭局进行了一半时才来。这暗示苏格拉底对吃饭没有兴趣，他对沉思本身的爱欲超越了其他一切爱欲。阿伽通招呼苏格拉底在他旁边躺下，苏格拉底处在最后的位置，这也意味着是最高的位置。阿伽通打趣说如果他们挨近一些，可以分享一下苏格拉底刚刚发现的智慧。这表明了阿伽通对智者学说非常熟悉。苏格拉底反讽地说如果智慧能够从充满的人身上流到空虚的人身上，他就可以沾到阿伽通的智慧。因为阿伽通的智慧是美妙的，而他的智慧既浅陋又像梦一样不可靠。这可以说是诗人和哲人的第一次交锋。苏格拉底表明了智慧不可教，阿伽通认为智慧可教。这也是《普罗泰戈拉》的基本问题。苏格拉底认为智慧和美德是不可教的，必须回光返照，自我发现。诗人和哲人的斗争也就是关于智慧的交锋。这种交锋关系到对智慧的理解。诗人以智慧自居，诗人的智慧是特别关于人事的智慧，最能揭示人事的奥秘，所以诗人显得是人民群众的教师，能够轻易地赢得广大人民群众的欢呼和追随。悲剧诗人一般是国家文明的奠基者和维护者。而哲人则仰望苍穹，超越人世，所以对人事显得懵懵懂懂、一无所知。但是哲人对自然的研究使得他们更加真实地认识人世。哲人认为，只有通过研究比人事更高级更永恒的事物即自然，才能真正认识人世的奥秘。如果我们只关心人事，就不可能理解人事。当然不认识人事也不可能认识自然。两者相反相成。因为人事变化无常，对变化的东西的认识必须借助于对不变的东西的认识。所以只有通过不变的东西，我们才能认识变化的东西。这就是哲人研究自然的原因。这种研究的结果就是理念之知，理念比一切感官现象都更加真实、不变、永恒和完美。理念之知高于现象之知。进一步，哲人认识到，一切理念的共性是善或者完美，所以理念之知进一步推进到至善之知，至善之知就是最高知识。在哲人看来，至善是最真实的、绝对的和永恒的，关于至善的认识才是最重要最根本的，而一切宇宙现象都是对至善的分有和模仿，因此是善的影像。哲人对于至善的追求和认识是哲人智慧的根本内容。哲人专注于对至善本身的直观观照。这种直观观照本身是无法用语言传达的。所以苏格拉底说自己的智慧是梦幻般的，不可传授的。哲人几乎没有什么可以告诉世人的。相反，诗人只能认识至善的影像，所以诗人的智慧是不完善的不真实的。但是诗人认为可以告诉世人确定的真理，他迷恋于各种情节和故事，借助于故事揭示人物的内心活动，并且因此揭示人性的真理。诗人确实展示了一定的人性的真理，但是因为诗人并不进行自我反思，所以他对于人性的认识就是有局限性的。很多人性的真理是无法通过故事的方式展示的。正如苏格拉底的沉思本身所展示的，沉思本身是没有任何情节可言的。对于沉思的外在展示并不等于沉思本身，沉思的内容是绝对隐匿的。这种无情节性对于诗人来说是乏味的或者无聊的。当哲人进入至善之知或者无知之知时，就根本不是诗歌所能够展示的了。但是恰恰在这种沉思状态中，人性的真理才能显示出来。所以沉思是自我认识，而自我认识是认识一切的起点，因此也是一切智慧的起点。诗人无能于这种自我认识，不可能通过戏剧的方式展示哲人的沉思。沉思揭示了诗人的局限性。所以诗人和哲人对智慧的争夺并不是为了智慧之名，这种名声是虚假的，而是在于如何理解智慧本身。

阿伽通立刻认出了苏格拉底的狂傲或者狷狂，表示关于智慧的事情等会儿再说，并且要让酒神狄奥尼索斯做裁判。这里点明了诗人和哲人之争的主题。阿伽通指认苏格拉底的狂狷的含义是什么呢？哲人是好学而深思的。他唯一确定的是无知之知，对无知的意识促使他去探究一切知识，并且扬弃一切知识。他不可能以任何知识去炫耀或者展示，因此哲人当然是谦卑的，智慧必定是温和的。另一方面，哲人对无知的意识也使他意识到一切所谓的知识都是虚假的，经不起推敲和辩难。从这个意义上看，哲人又是自信的甚至狂妄的。他几乎预见性地判定了对方知识的虚假性，他的任务只是揭示其知识的虚假性而已。可以说，无知之知本身是解构主义的，同时也是建构主义的。在这种无知之知面前，一切知识都可能被解构，哲人的无知使他没有任何固定的立场和教条，苏格拉底是解构主义的大师。同时，无知之知本身就是一种知识，它并不否定人对知识的认识能力，它没有陷入怀疑主义或者相对主义，而是抵制了后现代主义之类的解构主义导致的怀疑主义和相对主义。哲人仍然是有所教诲的，只是这种教诲是不可能通过理论学习的方式传授的，必须通过回光返照的自我认识而获得。可以说，哲人是“无为而无不为”的。无为是无知，无不为是有知；无为是狷，无不为是狂。哲人必定同时兼具无为和无不为两种品质于一身，始终在狂与狷之间确定自己的位置，在无知和知识之间保持“中道”。

那么阿伽通为什么让酒神做裁判呢？当然首先是针对会饮本身。会饮就是饮酒，所以必须让酒神做裁判。其次，酒神也是悲剧诗人的神，悲剧演出时演员要戴上酒神面具，悲剧比赛的最高裁判官就是酒神。所以，阿伽通似乎要和苏格拉底进行悲剧的比赛。最后，酒神是非理性的象征。在喝酒过程中，人的理性控制能力是逐渐减弱的，如果谁能饮而不醉，就证明谁是节制的、理性的或者智慧的。只有能够在一切爱欲活动中保持理性的节制的人，才是最高贵的人。所以让酒神做裁判的含义就是看谁最后能够不醉，不醉者将赢得比赛，将获得酒神祝福。在会饮最后，阿伽通是最后一个喝醉的，而苏格拉底没有喝醉，所以他们在智慧上是最接近的，当然苏格拉底更高一筹。在《法律篇》中，雅典客人就把饮酒作为培养人的节制德行的方法，以便我们能够战胜快乐的诱惑。如果禁止饮酒，就无法有效地培养人的节制德行，就会在人格教育上存在缺陷。

在进行完必要的仪式后，他们开始会饮。泡赛尼阿斯首先说，酒应该如何喝才有意思。因为昨天刚刚喝过，宿醉未醒，所以今天不应该大喝。阿里斯托芬、厄里克希马库斯、阿伽通等人也赞同泡赛尼阿斯的提议。医生厄里克希马库斯接着说，苏格拉底不能算在内，因为他两样都行。这表明苏格拉底对欲望和情感具有高度的节制力，即使他敞开喝也不会喝醉，这是“随心所欲不逾矩”的境界。同时他也可以滴酒不沾，对于一切感官刺激没有任何嗜好。苏格拉底是完全征服自我欲望的自由人。接着厄里克希马库斯又从医学角度谈论了醉酒的坏处，斐德罗表示赞同。最后所有人都一致同意，这次会饮不往醉里喝，喝多少各人随意。这显然是一次民主制的会饮。但是我们看到，民主制的会饮最终仍然背离了自己的初衷，几乎所有人都喝醉了。这里似乎暗示民主制并不能够保证人们的理性和清醒。或者说，自由民主制实际上对人性提出了更高的要求，自由民主制能够成立的前提和基础是理性和自由。正如康德的道德哲学所展示的，自由就是自律，没有自律的自由就是人性的堕落和毁灭。如果人民或者公民的自律水平不能随之提高，那么自由民主制就可能在不知不觉间走向自己的反面。并不是每个人都能够很好地自我控制和自律。其次，这是第二次会饮，第一次会饮显然是没有任何节制和约束的，也就是说没有任何理性的介入的。但是第二次会饮因为苏格拉底的加入，聚会的人试图把理性引入会饮。每个人都试图变得节制，因此这是一次试图提升自己的喝酒品位的会饮。但是结局仍然暗示这种理性的引入是失败的，只有苏格拉底本人能够全身而退。

按照刘小枫先生的注释，“醉”在古希腊经常被用来描绘无知状态，进入到醉酒状态也就是进入到无知状态。醉的对立面就是清醒，清醒就意味着理性和节制。喝酒适量的要求当然反映了每个人的节制能力。节制在一定意义上就是智慧，节制最接近智慧。就此而言，苏格拉底不醉就意味着苏格拉底已经克服了无知，当然他是通过无知之知克服了无知。最大的无知是以无知为有知，或者说是不知道自己无知。而知道自己无知就已经接近智慧本身。这意味着除了哲人，几乎没有人不是处于醉的状态，也就是无知的状态的。其他人的宿醉就已经暗示了这种无知的状态。正如《理想国》中的洞穴喻揭示的，俗人一生都在梦中，只有哲人是清醒的。这种梦也是无知的比喻，只有走出洞穴的无知和梦，才能达到知识和清醒的境界。

然后，厄里克希马库斯提议把吹箫女也打发走，这仍然是“哲学让女人走开”的喻义，和《斐多》中苏格拉底让人把他老婆送走一样。箫属于狄奥尼索斯神，竖琴属于太阳神阿波罗。箫可能类似于靡靡之音之类的音乐。吹箫的人是被柏拉图拒于理想国的大门之外的。吹箫女有“三陪小姐”之嫌，人在醉酒后很难把持自己，所以驱逐吹箫女是为了防止会饮最后成为做爱派对。这就意味着这次会饮只谈爱，不做爱。也就是说，这次会饮只有言说，没有行动。只有爱，没有性。这也表明每个人都试图在苏格拉底面前提升自己，表明了这次会饮的理性的高雅和节制。我们不能设想会饮到最后，男人们都开始和吹箫女做爱的结局。这会完全败坏这次会饮的高雅。但是在其他会饮场合这是完全可能的。会饮的高雅是值得推崇的，即使高雅是伪装出来的，也是值得推崇的。这种伪装本身也是一种合乎人性的真实。我们不能认为那种抛弃任何伪装的为所欲为才是真实的、合乎人性的。至少两者都合乎人性的真实。

厄里克希马库斯提议会饮的主题是颂歌爱神。因为斐德罗总是和他抱怨，说爱神被遗忘和忽视了，几乎没有人歌颂过爱神。所以这次会饮应该歌颂爱若斯，并且由斐德罗第一个来。根据注释，爱若斯(Eros)是指一切强烈的欲望和情感，尤其和性爱相关。其次是指爱神。我们可以推测，之所以爱神被遗忘是因为爱神不是神，只是一个精灵，他的地位远远没有宙斯、雅典娜或者阿波罗等神的地位崇高。也特别因为他是一个内在于人的神，其他神是外在于人的。作为内在于人的神，他就不可能那么高贵了。人们不崇拜他，遗忘了他，就是正常的了。[1]

苏格拉底立刻表示支持这个提议，认为没有人会反对这个提议。他事先堵住了反对的可能性。他还说“我除了懂情事，别的都不懂。”这个话题正好符合苏格拉底的兴趣或者特长，他似乎是一个爱情专家。这显然暗示了爱欲问题的重要性。并且在一个喝酒的场合，一个比较容易放纵的场合，谈论一个比较非理性的话题，就是对人性的考察和检验。如果一

[1] 施特劳斯在他的《论柏拉图的〈会饮〉》中似乎特别强调对爱神的歌颂实际上就是对爱神的批判，就是对宗教的批判。这种思路表明施特劳斯似乎也受到了近代以来的哲学和宗教的对立的现代性思想的影响，比较强调柏拉图哲学的无神论的倾向。我们可以说，柏拉图并没有特别地反对宗教的兴趣。柏拉图并不否定诸神的存在，他只是在理性的原则下修正人们关于诸神的错误的看法。因为诸神的本质是可知的，诸神的本质也是理性和至善，只是比人类处于更高的层次上而已。只要我们在理性和至善上精进修行，我们自然就会接近诸神的层次。这样哲人既不否定诸神的存在，照顾到了人们对于诸神的信（转下页）

个人的理性品质或者修养能够在这种场合经得起检验，那么他几乎就能够在任何场合经得起检验了。这是每一个人都必须面对和解决的问题。如果我们把爱欲理解为生命的根本，结合现代以来的生命崇拜和爱欲崇拜，这个问题对于我们现时代的意义也是非常巨大的。从整个作品来看，苏格拉底试图揭示出爱欲中包含的理性和至善，表明了即使在最低级和最日常的爱欲活动中也包含了人们对至善的追求。这是对爱欲的自然本质的揭示，也是对爱欲的最好辩护。

苏格拉底还特别讽刺了诗人阿里斯托芬，说他总是泡在狄奥尼索斯和阿弗洛狄特上。狄奥尼索斯是酒的象征，阿弗洛狄特是性的象征，所以苏格拉底以此讽刺阿里斯托芬整天泡在酒和性上，是非理性的人的代表。从后面阿里斯托芬的讲辞中我们也可以看到这一点。阿里斯托芬的非理性主义对哲人苏格拉底的理性主义构成了的强大挑战。阿里斯托芬对于本能原欲的推崇，对于理性文明的反叛也在我们当代文化中具有强大的吸引力和影响力。

在达成一致后，爱神颂开始。

三、斐德罗的颂词（爱情与利益、牺牲）

斐德罗天性可爱，柔弱，富有热情，兴趣广泛。他在《普罗泰戈拉》中被描述为智者希庇阿斯的学生，他们在一起探讨宇宙学的问题，对传统神话持怀疑态度。他和厄里克希马库斯是同性恋关系，是后者的情伴或者

（接上页）仰和需要，同时也使诸神观念起到了良好的政治作用，即成为神道设教的东西。对于古典哲人来说，肯定诸神的存在并不意味着贬低理性的至高无上性，肯定理性的崇高性并不需要否定诸神或者上帝的存在。他真正反对的是"祭祀万能"，是在宗教方面的功利主义和蒙昧主义。他特别强调对诸神的信仰必须合乎理性的道德和法律的原则，如果只是出于自私或者无知而祈祷诸神，那么可能会事与愿违。所以柏拉图没有现代无神论的思想。现代无神论的出现是把哲学和宗教对立起来的结果。而这种对立又是近代以来，政治王权和基督教教权的冲突导致的。柏拉图更加关心的是政治，而宗教不过是政治的一个方面，所以他没有把哲学和宗教对立起来。他的哲学启蒙不会特别反对宗教，而且宗教从来都是作为政治生活的一个部分被看待的，所以宗教诸神根本不是哲学的对立面。我们并不需要以否定诸神的存在来肯定哲人的至高无上性。只要我们认识到，诸神也服从哲人，正如世人服从诸神一样，这样诸神和哲人就不是对立的关系了。

被爱者。

首先，斐德罗认为爱若斯是最古老的，而最古老的就是最好的，所以爱若斯是值得称颂的。我们看到，斐德罗虽然受到了智者启蒙运动的影响，但是他仍然把古老和好联系起来。这暗示了他思想中的含混性。可以说，把好和古老联系起来，以古老为好是古代传统社会的主要观点之一。例如赫西俄德神话中的黄金时代，柏拉图对话中的早期社会，还有儒家传统中的尧舜禹的时代，老子、庄子所说的至德之世，都把最好的社会定位于历史的开端。而相比之下，当下的社会是日益败坏的社会。当然，古老本身是不是真的好，是无法确定的，它可能是最好的，但更有可能是低劣的。应该说，古老的就是最好的，这种观点并不是一个历史事实问题，而是一种政治决断。作为政治决断，当我们把美好和古代等同起来后，我们就为"祖先崇拜"奠定了道德基础。因为只有古代是美好的，祖先崇拜才是有意义的和有必要的。甚至可以说，祖先崇拜是古代美好论的必要前提。如果不把美好赋予祖先，那么对祖先的崇拜就成为纯粹的种族崇拜，不能满足人性对道德崇高性的需要。所以人们必须把祖先和美好联系在一起。如果人民拥有共同的祖先，而且他们的共同祖先是美好的，那么人民就能够更好地组成一个政治国家，而不是一个单纯的追逐利益的乌合之众。如曾子所说："慎终追远，民德归厚矣。"把祖先和美好等同起来具有重要的教化意义，厚古薄今是出于人性教化的考虑。只有把古代和美好等同起来，我们才能尊重古代流传下来的东西，并且努力从中获得智慧。这种对古代的尊重就是对文明的尊重。传统对于我们的教化的重要性是不言而喻的。放弃传统就是放弃文明，重返野蛮。所以古代是不是真的美好并不重要，重要的是我们如何教化自己，获得美好的人生。当然固执于传统，也会变得野蛮。所以最终我们必须善于在维护传统和改革传统的两种做法中持守中道。相反，现代性的基本观点是历史进步主义。这种观点认为开端是低级的、原始的、野蛮的，后世是越来越进步的、文明的、高级的。这样现代性把好和新等同起来，最新的就是最好的。于是人们就越来越陷入对创新的追逐中，越来越妄自尊大，陶醉于自己的"伟大"之中。如果把好和古老结合起来时，就意味着最好是我们无论如何达不到的，因为我们不可能回到过去，这样就限制了我们的自高自大的倾向。如果把好和新等同起来,就会认为这种好是我们可以达到的,人们的自高自大就是不可避免的。于是现代人以俯视古代的眼光看待古代,对古人随意地评判,导致对古代传统的蔑视。这种对于古代传统的蔑视也导致现代人对人性教化的蔑视。人们在追求标新立异、奇淫巧技中变得越来越无知和粗野。可以说,现代性的结果最终就是重返野蛮。最后,我们应该看到,不论把好和古老等同起来,还是把好和创新等同起来,都只是一种政治性的权宜之计,而不是哲学性的判断。在哲人看来,好的唯一标准就是合乎自然,自然是衡量好坏的唯一标准。我们平常所说的"恰如其分"、"各得其所"就是对自然标准的指示。这意味着自然和合乎自然的根本法则就是中道。但是合乎自然本身或者合乎中道是困难的,依赖于哲人当下的认识和决断。而哲人从来都是稀少的,世事又变化多端,所以随时随地都能够达到真正的好是困难的。在无法做到合乎自然的好的情况下,我们只能退而求其次,即诉诸人类或者政治的标准。这种解决方式就包含了两种选择,或者把好和古代联系起来,或者把好和现代联系起来。但是当我们把好和人类事物联系起来,我们也就降低了好的标准,这其中就蕴含着某种相对主义和虚无主义的危险了。

总而言之,斐德罗把好和古老联系起来,是对好的一种习俗性的论证,而不是一种哲学性的论证。他列举了诗人赫西俄德、哲人巴门尼德和诗人阿库西勒俄斯的观点来说明。两者相比,诗人认为大地先于爱欲,所以诗人贬低爱若斯。哲人则认为爱欲最早,所以哲人更加推崇爱欲。也就是说,诗人虽然以多情为本,但是他们只是展示人世的爱欲,并不真正理解爱欲的奥秘。而哲人虽然显得无情,但是哲人才更加深刻地认识到爱欲的奥秘,因此哲人才是真正推崇爱神的人,哲人比诗人更"多情"。因此斐德罗选择站在哲人一边,更加推崇哲人巴门尼德的观点。这也暗示斐德罗受到了更多的哲学启蒙。

斐德罗继续说,爱若斯不但是美好本身,而且是一切美好事物的原因。他指出爱情带来的好处包括了勇敢之德性和诸神的奖赏。他认为一个人如果想要过美好生活,就不能依靠家世、名望、财富,而是必须靠爱欲来引导自己,也就是追求美好的东西,厌恶丑恶的东西,否则就不可能成就美好的生活。他首先说明了爱若斯对于爱者的意义。在爱神的激发下，爱者害怕自己的懦弱行为被被爱者看到，爱者在战斗中会变得非常勇敢。如果一个国家的军队由这些同性恋者组成，那将是无往不胜的。

这是对爱欲与勇敢的关系的揭示。但是如果爱者是因为害怕被被爱者看到自己的懦弱而表现得很勇敢，那么他的勇敢就不是真正的勇敢。"知耻近乎勇"，但是还不是勇，勇敢应该是出于理性，出于对生和死的一视同仁。一个人在强烈的爱欲支配下可以超越对死亡的恐惧，正如一切英雄在生死考验面前的视死如归一样。如果一个人不是在这种爱欲激情的支配下更加视死如归，那么他实际上具有更高的勇敢德性，正如《斐多》中展示的苏格拉底对于死亡的超然勇敢。但是斐德罗并不理解这种真正的勇敢，所以当他提到天性美好的人时，他显得是贬低了这种出于自然的勇敢。[1]

他接着举了三个例子。第一个例子是爱若斯使阿尔刻斯提替自己的丈夫去死。这是对爱与死之间的关系的暗示。女人通常是被爱者，不是爱者。但是在这个例子中，阿尔刻提斯似乎是爱者，她为爱而死，她的行为受到了诸神的赞赏，她死而复活了，并且赢得了美好的名声。斐德罗还提到她丈夫的父母却不肯为儿子而死。这个例子显示了斐德罗对爱欲中包含的牺牲精神的推崇。或者说，是斐德罗对爱欲的属己性的否定。人并不一定只爱属己性的东西，更高的爱欲必然超出对属己性的关注，把自己奉献给更崇高更神圣的对象。斐德罗的这种观点和苏格拉底的对属己之爱的超越是一致的。哲人对至美至善之对象的热爱是非功利性的。孔子也指出"君子怀德，小人怀土"。第二个例子是诗人俄耳菲斯不肯为了自己的妻子去死。在他妻子死后，他没有立即跟随妻子去死，所以当他去阴间想带回妻子时，没有如愿以偿。因为他的爱不够狂热，他的爱情没有战胜他的自私和胆怯。斐德罗显得特别推崇爱情中的狂热和无私，为爱而死似乎是他最推崇的。他又一次贬低了诗人。第三个例子中他对被爱者阿喀琉斯进行了赞颂。被爱者的阿喀琉斯为了给爱者帕特洛克罗斯复仇，甘愿去死。他还批评了埃斯库洛斯对于这个故事的伪造，指出诸神更加看重被爱者的美德，虽然爱神在爱者身上，更加有神性，但是诸神却更

[1] 古代儒家传统中对"慎独"的重视，也是对这种自然的美好的强调。

敬重被爱者。

对于斐德罗的讲辞，可以从以下几个方面理解。第一，施特劳斯认为斐德罗是从好处或者利益角度颂扬爱情的。在他看来，斐德罗是作为被爱者而推崇爱情中的无私和奉献。这种推崇实际上是对自己的利益的推崇。爱者越是表现得无私和奉献，被爱者就越是能够从中获得好处和利益。所以斐德罗的讲辞的核心是利己主义。第二，我们看到，斐德罗似乎并未意识到自己的利己主义，也并未意识到自己的讲辞和自己的身份之间的悖论。因为他缺乏智慧，因此缺乏这种自我意识或者自我认识。但是斐德罗并不满足于这种利己主义或者功利主义。他在主观意识中试图超越这种利己主义。所以他的讲辞是对爱情中的无私、自我牺牲、非功利性的歌颂。作为一个年轻人，他看重爱情中的这些品质是正常的，因为他也会厌恶日常生活中人们的普遍的功利主义，而激情狂热的爱情则意味着对日常的算计性和功利性的一种扬弃和超越。今天我们也可以看到年轻人对爱情中的这种非功利性和自我牺牲的追求。总而言之，斐德罗试图通过揭示爱情的非功利性提升爱欲。但是他对爱欲的非功利性和狂热的推崇是非常空洞的。他是用传统神话为自己的这种非功利主义的爱情观进行辩护的。当斐德罗逐渐不再相信传统神话后，不再相信为爱而死能够获得诸神的奖赏后，他就逐渐不能借助于神话为自己的观点进行辩护了。这样他就完全转向了《斐德罗》中的斐德罗的利己主义立场。苏格拉底才真正为爱欲中的非功利主义进行了证明和辩护。第三，斐德罗是作为被爱者而歌颂爱情的无私和奉献的，但是他似乎并未被爱情激发起来，还不具备这些品质，虽然他似乎希望自己也能够拥有这种品质和激情。所以他对被爱者阿喀琉斯的自我牺牲更加推崇，因为被爱者的自我牺牲更加没有利己主义和非理性主义色彩，也就更加具有理性主义的倾向。当他认为被爱者的德性高于爱者的德性时，也就意识到了德性的起因并不是爱欲，而是爱欲的对立面——理性。爱欲并不能够真正成就人的德性。如果爱欲连勇敢这种最低德性也激发不出来，更不用说激发更高的德性了。他没有看到爱欲和理性的关系。正如《普罗泰戈拉》中揭示的，只有理性智慧是德性的唯一原因，其他都不是德性的起因。如果爱欲并不就是美好德性的原因，那么斐德罗对于爱若斯的歌颂就完全失败了。

虽然斐德罗也接受了哲学启蒙，但是他的理性主义思维能力还没有发展起来，还不能通过理性主义的方式揭示爱情中的非功利性和自我完善。这种理性主义将在苏格拉底的爱欲论中得到真正的升华。第四，爱情追求利益好处是合乎人之常情的，没有谁会在爱情中追求恶。关键就是什么是真正的利己和好处。真正的利己或者自爱就是自我完善或者修身，只有在修身中我们才能真正实现利己和自爱，其他的自爱都是错误的。这是苏格拉底要揭示的，而斐德罗显然还不明白。

四、泡赛尼阿斯的颂词（爱欲与肉欲、法律）

斐德罗虽然已经意识到了爱欲和德性之间的紧张关系，但他仍然强调了爱欲和德性的正面关系，即爱欲可以促进德性，特别是勇敢。但是爱欲也可能导致消极败坏的行为。这正是泡赛尼阿斯批评斐德罗的出发点。当然这是和泡赛尼阿斯自己的生活和行为相关的。他是阿伽通的有情人，年龄较长，也是男童恋的支持者。他把肉欲的快乐看作是唯一的善，但是他的道德感却使他贬低和批判了这种善。或许他在自己的生活中感受到了更多的因男童恋带来的罪恶感。他的讲辞的意图可能就是以道德礼法的名义，肯定男童恋的肉欲快乐的正当性，由此消除自己的罪恶感。我们用比较粗俗的话形容泡赛尼阿斯，就是“既想做婊子，又想立贞节牌坊”。柏拉图和色诺芬似乎都强调了他的纵欲主义的倾向。施特劳斯也特别强调了这一点。爱欲和道德的关系仍然是重要的不可忽视的问题，对于我们理解爱欲本身具有重要意义。

泡赛尼阿斯首先强调了爱若斯的动物性基础，即爱若斯是和阿弗洛狄特相关的。爱若斯和阿弗洛狄特的区别并不明显，一般来说，爱若斯和美貌、迷人相关些，而阿弗洛狄特是和性欲相关的。所以爱若斯比阿弗洛狄特要显得更加“文明”一些。但是爱欲和性欲不可分离，甚至没有性欲，就没有爱欲，性欲比爱欲更加原始和古老，而爱欲并不是最古老的。这样泡赛尼阿斯就否定了斐德罗的观点，也暗示了他的纵欲主义倾向。而在施特劳斯的解读的文本中，这句话被翻译为“没有爱若斯，就没有阿弗洛狄特。”正好和刘小枫先生的译本相反。当然这是一个类似于鸡生蛋还是蛋生鸡的难题。但是孰先孰后并不是一个纯粹的事实问题，而是和其目的意图相关。例如弗洛伊德会认为性欲比爱欲更原始，而基督教则认为上帝作为纯粹的爱比宇宙更加原始。因此关键就在于我们从这个观点推论出什么结论，达到什么目的。我们需要反思和关注的是我们的目的，而不是某个观点本身的正确或者错误。

他紧接着指出阿弗洛狄特和爱若斯都有两个，即属天和属民的，或者高贵的爱若斯和低贱的爱若斯。只有高贵的爱若斯才是值得推崇的，低贱的爱若斯是不值得推崇的。斐德罗则没有对这两种爱若斯进行区分。这种区分的标准是道德和法律。这说明泡赛尼阿斯关注的是爱欲和道德法律的关系。在他的设想中，既能够获得最大快乐，又能够合乎道德礼法，无疑才是最好的爱欲。如果能够获得最大快乐，却不能合乎道德法律，这无疑是他不能接受的。或者说他试图解决道德法律施加给他的负罪感。他不能改变自己的同性恋倾向，所以他就只能设法改变道德法律。而改变道德法律的前提就是肯定道德法律都是人为的主观的规定，并没有天经地义的真理性和正当性。因此他首先强调："所有行为就其作为行为来说，并没有美丑可言。"他的言外之意是说，一切行为或者事物依据其自身没有好坏美丑之分，一切好坏美丑之分都是人为的结果。进一步，他说行为的美不美只有依靠行事的方式才能决定其正当性。这种恰当不是依据自然，而是指合乎风俗礼法。这就类似于普罗泰戈拉的"人是万物的尺度"的主观主义了。这种观点否定了依据自然的好坏美丑，也就是否定了道德法律的自然基础。相反，真正的哲人承认存在依据自然的好坏美丑的事物，好坏美丑并不是单纯依据人的规定。因此哲人试图从习俗的好坏美丑进一步上升到自然的好坏美丑。自然的好坏美丑是永恒的，习俗的好坏美丑只是对自然的好坏美丑的模仿。

他指出一般人崇拜属人的阿弗洛狄特，这类人爱女人或者男孩，他们爱的是身体而不是灵魂，而且爱的对象越愚蠢越好，不管自己的爱情是不是好的或者合法的，使爱情成了不光彩不正派的事情。相反，属天的阿弗洛狄特年纪较大，和对少男的爱情相关，目的是激发少男对成年的富有理智的男性的爱，从而能够使少男逐渐变成有理智的成年男性，这才是高贵的爱情。这可以看作是他对男童恋的第一个辩护。这个观点可以说是雅典同性恋的主流观点。成年男性和少男的爱情是为了少男的理智成长，而理性是人之为人的本质。但是在泡赛尼阿斯这里，他的隐秘目的只是为了自己的纵欲享乐辩护，而不是真的为少男的理智成长。只有在苏格拉底的男童恋中，这种理性主义目的才得到了真正的实现。

接着泡赛尼阿斯考察了各国相关法律在男童恋上的差异性。他指出，在其他城邦这类法律都很简单。例如在厄利斯和玻俄提亚，法律就完全支持人们的男童恋。而在伊奥尼亚和僭主制下，法律则彻底禁止男童恋。但是雅典和斯巴达的法律则比较复杂。一方面，爱者受到了鼓励，爱者无论做什么都会赢得人们的支持和赞美，甚至连发假誓言也被法律或者诸神所原谅。而出于其他目的而不择手段，例如追求金钱或者权力，则会被认为是可耻的。但是泡赛尼阿斯说的这种情况只是在自由民主制社会中才是常见的，人们在爱情上的宽容只是因为每个人都受到爱欲的控制和支配，每个人都是爱欲的奴隶，所以人们才显得宽容。这是基于对人性的软弱的谅解。相反，在“封建社会”中，人们对于自己的爱欲看管得非常严厉，因为立法者认为如果人们在爱情上是放纵的，那么人们在其他方面也可能是放纵的。当人们习惯于在爱情上放纵时，人们就在其他方面也会变得放纵。所谓“勿以善小而不为，勿以恶小而为之。”另一方面，法律又禁止男童恋。少男的父亲也严格管教自己的孩子，不允许自己的孩子早恋。于是泡赛尼阿斯又求助于两种爱欲的区分，即好人的爱情和坏人的爱情。坏人的爱不专一，好人的爱专一。专一性、持久性似乎成为高贵爱欲和低贱爱欲的区分标准。这和我们对爱情的理解显得是一致的。我们一般认为喜新厌旧、移情别恋是不好的，而天长地久、白头到老是好的。专一性意味着以理智和道德约束爱欲，意味着道德性。这也是泡赛尼阿斯对爱欲的道德属性的强调。所以他最终认为真正的法律必须支持好人的爱情，而禁止坏人的爱情。他认为应该制定两条法律，第一，被爱者不应该太快地答应爱者的追求，必须考验一段时间。这是为了降低他在追求少男过程中遇到的阻力，也为少男的拣选提供余地。第二，被爱者不应为了金钱或者政治利益而答应爱者的追求，因为这些东西和爱情相比都是转瞬即逝的，不是永恒的。

最后，泡赛尼阿斯提出了男童恋的正当性的标准在于“为了美德”。他认为必须把关于男童恋的法律和关于哲学等德性的法律结合在一起。

爱者必须善待被爱者，被爱者必须对爱者百依百顺，爱者必须全心全意促进被爱者在德性方面的进步，被爱者则凭借依从而获得美德的完善。这样可以使得双方的智慧和德性共同得到促进。他认为为了道德的爱情高于为了金钱和权力的爱情，被爱者即使搞错了，也不会受到非议。所以为了美德而进行的男童恋始终是正确的。这样男童恋中对纯粹肉欲的低贱快乐的追求就被掩盖起来了。这种观点和我们熟悉的“革命与爱情”的主题比较接近。也就是说，当人们的爱情是为了非爱情的崇高目的，那么爱情就从单纯的动物性的爱欲升华为精神性的爱情。

综上所述，泡赛尼阿斯是一个理论上的道德主义者，却是一个实践上的享乐主义者。他在理论上是道德的，但在行动上却是不道德的。他的行为背叛了他的理论。这就是他的反讽。因此他不知道自己在说什么和做什么。相反，一个哲人可以在行动上是合乎道德的，在理论上却是超道德的。泡赛尼阿斯一方面沉溺于爱欲的享乐中不能自拔，一方面又试图超越这种低贱享乐，把爱欲和美德理智结合起来。但是他对美德和理智的自然本质一无所知，所以他也不能实现爱欲和理智美德的结合。或者说，他的理性只是道德法律含义上的理性，不是哲学意义上的理性。他的道德只是对真正的道德的模仿和分有，而不是理性意义上的道德。他没有区分哲学德性和道德德性，只看到了政治德性，而没有看到理智德性。而道德德性只是理智德性的影子，并不是真实的德性。只有苏格拉底才真正揭示了道德德性的理智基础，表明爱欲只有在真正的理智德性中才能最终实现自己的自然。

五、厄里克希马库斯的颂词(爱欲与技艺、控制)

接下来，本来应该是阿里斯托芬讲，但是他却突然因为打嗝不能讲了，因此要求厄里克希马库斯先讲。我们可以把阿里斯托芬的打嗝看作是对泡赛尼阿斯的道德主义的反讽。泡赛尼阿斯的道德主义显得是对身体感觉的蔑视或者贬低，阿里斯托芬用打嗝揭示了身体的存在，身体的不可忽视，表明身体的存在可以打乱和改变既定的法律秩序和规则，同时也是对泡赛尼阿斯的享乐主义的暗示，暗示他没有看到道德和爱欲之间的冲突。打嗝是身体秩序的紊乱，同时打嗝也是对会饮的高雅的解构，这是和喜剧诗人阿里斯托芬的“低俗”相一致的。这同时也揭示了人类生活中低俗的不可或缺性。没有低俗，就没有高雅，低俗与高雅总是相反相成的。因此所谓“出淤泥而不染”才是正道。

厄里克希马库斯的讲辞是要通过非道德的技艺来提升爱欲。他首先把爱欲泛化了，认为爱欲并不单纯是人事，同时也是宇宙的要素，爱欲充满了整个宇宙。这被施特劳斯称为“泛爱欲论”。这种泛爱欲论来自恩培多克勒哲学，可以看作是爱欲的宇宙学或者本体论。这种泛爱欲论可以看作是对爱欲的自然化，它扩展了人们对于爱欲现象的理解，暗示了爱欲的非人品质。如果我们仅仅把爱欲看作是一种人类学现象，我们对爱欲的理解就是狭隘的，就不能理解爱欲的本质。爱欲的这种超人品质在苏格拉底的爱欲论也会进一步展示和提升。这种泛爱欲论也可以看作对泡赛尼阿斯的狭隘的爱欲论的批评。

厄里克希马库斯一共提到了四种技艺。首先，他从医术的角度颂扬爱欲。医术涉及可见的身体。他认为身体的自然包含了两种爱欲，即健康的身体的爱欲和生病的身体的爱欲。好的爱欲就是爱身体的健康的部分，坏的爱欲就是爱生病的部分。医术就是认识身体上的好的爱欲和坏的爱欲，以好的爱欲取代坏的爱欲。或者说，医术就是使得两种爱欲相互协调起来。他把这种医术归功于阿斯克勒皮奥斯。他进一步举例说明，健身术和农业也是受到爱神引导的，两者都涉及对立面的协调。例如农业的技艺和风调雨顺、冷热寒暑相关，这就是对立面的和谐。按照柏拉图的看法，只有健康才合乎身体的自然，生病则违反了身体的自然。医术低于健身术。健身术是保证身体的健康自然，而医术只是纠正违反自然的身体。所以自然就意味着好，反自然则意味着坏。但是厄里克希马库斯没有这样理解自然，没有把健康和自然等同起来，也没有理解自然的本质。当他强调技艺就是达到对立面的和谐时，他似乎应该支持异性恋，但是他本人却又是同性恋，所以他的理论和他的行为也是自相矛盾的。第二，他提到了音乐技艺。音乐技艺是涉及不可见的灵魂的技艺。他列举了赫拉克利特的话为自己的观点进行证明。赫拉克利特的话是：“他们并不知道，它何以与自己相分又相合，分分合合有如调整弓弦和竖琴。”也就是说，音乐的技艺可以使相互对立的东西达到和谐。厄里克希马库斯认为在音乐技艺中没有二分的爱欲，只有好的爱欲。但是根据我们的经验，音乐中同样存在坏的爱欲，例如靡靡之音。而他认为音乐技艺中没有坏的爱欲，可能只是说明了他对于音乐的无知。进一步，厄里克希马库斯认为如果把音乐应用于人生，就困难了，必须需要良师。真正的良师应该是品行端正的人，只有对品行端正的人的爱才是好的爱欲。他所谓的品行端正的人应该是技艺超群的人，而不是泡赛尼阿斯意义上的道德君子。这种技艺超群的人能够凭借自己的技艺使得各种对立面达到和谐，而无需要顾忌习俗性的道德法律问题。同样，没有这种高超技艺的人就是坏人，他无能协调各种爱欲，可能导致人们没有节制。而医术就应该像烹调术一样既可以给人带来快乐又不至于害病。这里似乎体现了厄里克希马库斯想通过技艺（房中术）来解决男童恋中的纵欲危害。第三，他提到了天象术。天象术涉及可见的宇宙天体，是对日出月落、斗转星移、四季交替的规律的认识。他认为好的爱欲导致风调雨顺、阴阳平和、万物安宁。坏的爱欲则导致瘟疫、朽坏、病患等自然灾害。天体运行是可见的，并且是有规律可循的，因此我们可以凭借天象术对人事活动进行安排，建立人世的政治秩序，例如日历、节气、节日等的设置。通过天象术，我们可以协调或者支配天体的爱欲活动。因此自古以来天象术或者天文学在人类生活中就具有至关重要的地位和作用。第四，他提到了占卜术。占卜术关系到不可见的诸神。占卜术可以让人和神相互沟通，其目的就是护理和治疗爱欲。凡是人们在崇拜诸神和孝敬父母方面不好的，都是因为不敬重端正的爱欲，而服从了没有美德的爱欲。因此敬天爱神就是好的爱欲，否则就是坏的爱欲。好的爱欲会受到诸神的护佑，坏的爱欲就会受到诸神的惩罚。最后，厄里克希马库斯说爱神的作用是巨大的，但是只有爱神以明智和公正扶助好的事物，才能在人和神方面显示巨大的作用，为我们带来福分。否则如果遵从坏的爱欲，就会带来灾难。这样，厄里克希马库斯从对医术的赞美最终上升到对占卜术的赞美。医术是治疗人的爱欲，巫术是治疗神的爱欲。医术和巫术显得就是一回事了。

厄里克希马库斯的目的是颂扬爱欲，他最终却以对技术的颂扬贬低了爱欲。在他看来，一切美好和谐是技艺导致的，而不是爱欲导致的。他的根本思想是技艺高于爱欲，技艺应该控制爱欲。他否定爱欲的美好和重要，试图千方百计控制爱欲，这样他就断绝了从爱欲上升到至善的可能性。所以施特劳斯认为他是乏味的迂腐的，根本"不解风情"，他的爱情生活只是追逐时尚，"附庸风雅"而已。爱欲需要引导，这种引导的根本就是理性。技艺是理性的产物，但是技艺并不是理性的完全的展示，只是理性的影子，所以技艺并不是完全意义上的理性。技艺关注的是善的表象，因此不是善本身。以技艺控制爱欲是不明智的不智慧的。完全意义上的理性只有在对至善的直观中才能实现。只有苏格拉底才真正实现了以完全的理性对爱欲的引导，实现了爱欲的理性升华，因此否定了一切对爱欲的人为压抑。厄里克希马库斯也展示了爱欲和理性的关系，正如泡赛尼阿斯看到了德性和爱欲的关系一样。但是他们对于爱欲、理性和至善仍然是无知的。

厄里克希马库斯可以称为是一个崇拜技艺的技术主义者。他以技术主义的非道德主义反对泡赛尼阿斯的道德主义。但是他们都是享乐主义者。因为技术主义的本质是非道德主义的享乐主义。这种技术主义在现代文明中达到了登峰造极的地步。技术进步成为现代人的主要信仰，人类的一切困难、不幸和灾难都最终诉诸技术进步。技术进步成为人类未来生活的唯一希望。技术进步成为现代文明发展的引擎。人们确实凭借技术进步克服了一些困难，但是技术进步同样带来了很多负面影响。而且人们在越来越强大地控制了外在事物之际，他们的内心世界却越来越不受控制，人们在各种行为上也越来越无所忌惮，他们的欲望被技术进步激发起来，又进一步推动他们去追求技艺的进步，由此陷入了一个持续的恶性循环。例如随着各种避孕技艺的发明，人们在性行为上越来越肆无忌惮，性行为越来越成为单纯地追逐快乐的活动。性行为和它的自然目的即生育分离了，以至于人们越来越不能正确地理解性行为，或者对性行为的理解越来越主观化和个体化了。这种推崇技术的技术主义最终导致对自然的压制和遗忘。对技艺的颂扬意味着对自然的贬低。技艺仍然是人为之物，最多是对自然的模仿。自然高于技艺，技艺低于自然。因此古代哲人大多贬低技艺，推崇自然。柏拉图在《政治家》中就曾经描述了没有技艺的神治时代的美好。他暗示了技艺本质上是生存之痛苦的产物，而且还可能进一步导致更多痛苦，所以依赖技艺无助于消除痛苦。老子也指出:"绝圣弃智,民利百倍。绝仁弃义,民复孝慈。绝巧弃利,盗贼无有。此三者以为文不足,故令有所属:见素抱朴,少私寡欲。"(《道德经》,第十九章)当孔子看到蔡文仲养了一只大乌龟时,说:"藏文仲居蔡,山节藻棁,何如其知也?"(《论语·公冶长》)因此孔子反对占卜,认为"不占而已矣。"佛陀也反对占卜。因为占卜仍然是对利害得失的执着,都是不重视德性修养的表现。如果我们更加关注德性修养,那么自然就会有好的人生。柏拉图也反复强调不要祈祷和占卜,因为世人并不知道他的祈祷是不是能够给他带来真正幸福。真正的哲学是对自然的认识和效法,哲学是"道",不是单纯的技艺能够达到的,真正的有智慧有德性的人不屑于各种技艺。所谓的"技进于艺,艺进于道",技艺的顶峰是非技艺的。哲学本质上是非技艺的。技艺的目的是控制,但是只有智慧才能带来真正的控制。真正的控制是自我控制,哲人是自我控制的典范。

六、阿里斯托芬的颂词(爱欲和本能、圆满)

阿里斯托芬先是和厄里克希马库斯斗嘴,他提示身体的通泰需要像打嗝之类的事情。这是喜剧诗人对丑陋之物的重要性的揭示。身体的通泰当然是秩序的恢复和良好。但是秩序的良好总是伴随低俗丑陋的事物,没有这些低俗丑陋的事物,高贵的秩序是无法维持的。正如施特劳斯指出的,阿里斯托芬教导我们必须重视粗陋的低俗的事物,在这些低俗事物上也存在高贵的萌芽。只是阿里斯托芬似乎并不承认高贵事物的存在,他只是满足于丑陋低俗事物,满足于对人世的文明和道德进行冷嘲热讽,玩世不恭。虽然医生厄里克希马库斯似乎要做一个文明秩序的维护者,但是他不能理解阿里斯托芬对于人性的深刻洞察,不能理解阿里斯托芬喜欢搞笑的原因。

阿里斯托芬的讲辞一上来就放弃了对高贵爱欲和低贱爱欲的区分。因为他根本否定理性和文明的意义,所以他也不承认前面两人的颂词包含了理性文明成分的高贵爱欲,只承认不包含理性成分的低贱爱欲。同时他也放弃了理性的论证的方式,而改用讲故事的方式。这也体现了阿里斯托芬对理性的拒斥。苏格拉底则指出即使在最低贱的爱欲中也包含了理性的因素。阿里斯托芬表示迄今为止人们根本不理解爱神的"力量”，这意味着他将展示爱若斯的力量。他指出在所有神中，只有爱神对人最友好，帮助人，为人医病，似乎爱若斯是一个医生。在此，阿里斯托芬似乎也把自己看作是医生，他是用喜剧来医治人生的悲剧性命运。下面他将展示人类的这种悲剧性命运。同时，哲人也往往被看作是医生，也是医治世人的疾病，特别是观念的疾病。苏格拉底的辩证法本质上就是对人的观念之病的治疗。

阿里斯托芬认为必须首先理解人的自然及其遭际。于是他讲述了关于人的起源的神话。他认为在最早时代，人的自然和现代人类的自然不同，他从人的生物学特征谈起。首先是性别的不同。那时除了男性和女性，还有男女合体的第三性。其次，那时的人是圆球形的，所有器官都是成双的，可以翻滚飞跑。这种圆形人是对自己的祖先即天体的模仿。再次，这三种人分别是太阳、大地和月亮之类的宇宙诸神的后代，而不是奥林匹斯诸神的后代。这些人类具有强大的体力和精力，因此有非分之想，要和奥林匹斯诸神较量。这样就意味着人类和奥林匹斯诸神是对立的。这时的人类类似于巨人种族。

阿里斯托芬把人类看作是宇宙诸神的后代，似乎体现了他对人类起源的“无神论”理解。而奥林匹斯诸神则更多是习俗礼法的产物，具有更多的文明政治因素。所以早期人类对奥林匹斯诸神的反叛就是人的自然对于道德习俗的反叛。这种对立就是自然和习俗礼法的对立。因此阿里斯托芬的哲学基础仍然是智者关于自然和习俗的区分。喜剧诗人同样是智者哲学的信徒。他虚构的那个“前政治状态”或者“自然状态”的人类，和智者普罗泰戈拉的神话、霍布斯的自然状态理论非常一致。他也认同了智者的这种区分，而没有对这种区分进行反思和批评。这就为他把爱欲和文明对立起来奠定了一个神话学基础。

宙斯和诸神商量如何对付这种人类。他们出于自私的考虑，既不能把人类消灭掉，又不能让人类无法无天下去。最终宙斯决定把人类劈成两半，并且让阿波罗把人的脸和脖子扭到切面，好时刻看到自己的伤口。这样既削弱了人类的力量，又能够让人类活下去。但是阿波罗没有完全履行宙斯的命令，只扭了人类的脸，没有扭人的脖子。可见诸神之间也无法做到完全的服从。在被切成两半后，人类因为奥林匹斯诸神（文明的象征)变得虚弱了,但是人类并未变得老实服从,而是急切地寻找自己的另一半,紧紧抱住不放,恨不得重新合为一体。由于他们不吃不喝,人类很快就要死光了。于是宙斯决定拯救人类,他把人的生殖器移到了前面。在此之前,人的生殖器都在后面,人类的生殖不是通过交配,而是通过把精子和卵子下到地里完成的。在把人的生殖器移到前面后,当男女拥抱时就可以交配,并且生育后代,不至于会死绝。当男人和男人拥抱时可以发泄一下,能够继续做日常工作和其他事务。这样一来,恢复最原初的自然,让分开的两半合为一体就成为现代人类的最强烈欲望。

这一段意味着在阿里斯托芬看来,早期人类是无性的,因而是自足的。这是阿里斯托芬对性欲的原初性的否定。他不承认性欲的原始性,性欲是后来的产物,甚至是阿波罗神的失误的结果。这似乎和弗洛伊德不同。因此他也就不承认从性交中获得快乐的正当性。现代人类由于这种分裂是不自足的。性欲是人类重新回到原始统一性的欲求,现代人类就不得不承受性欲的折磨,然后从性欲的满足中获得短暂的安息。人生是苦,性欲的满足是对人类的现实苦难的一种安慰。可见,他对人世的痛苦真相有更加真切的体认。这里充分体现了阿里斯托芬的悲观主义。一个搞笑的喜剧诗人的内心世界其实充满了悲观的情绪。一个真正的喜剧诗人如何能够不是一个悲观主义者呢?

每个人都不再是完整意义上的人,而是原人的碎片。因此每个人都在寻求自己的另一半。阿里斯托芬讲到了异性恋和同性恋的原因,并且对男同性恋进行辩护。他认为这样的男人比较有男子气,比较勇敢,因此在成年后将成为参与政治的高手。这样阿里斯托芬还是把勇敢作为政治生活的首要德性。这也就意味着他对斯巴达和克里特政体的推崇。当然这也可能是他对政治生活的玩世不恭的嘲笑。但是在柏拉图看来,哲人才是原人,哲人才是人的自然的真正完成,大众俗人都是对哲人的模仿,是哲人的碎片。同样,智慧,而不是勇敢,才是政治生活的首要德性。

接下来,他提到了一种更加微妙和深刻的东西。他说这些恋人虽然终日厮守在一起,但是却说不出想从对方那里得到什么,不是为了做爱的快乐,这种感觉超越了做爱的感觉,两个人都愿望着某种东西,却不知道究竟是什么东西,只是能够隐隐约约地感觉得到。然后阿里斯托芬又举了赫斐斯托斯的比喻来说明，以此暗示是赫斐斯托斯揭示了人类欲望的秘密自然。赫斐斯托斯是瘸腿的丑陋的，并且被妻子欺骗戴了绿帽子。首先是这个神认识到两个恋人的共同愿望是想融为一体，同生共死，回归原初的自然。于是阿里斯托芬给爱欲下了一个定义，“我们先前的自然本性如此，我们本来是完整的。渴望和追求那完整，就是所谓爱欲。”[1]在这一段，阿里斯托芬揭示了人类生命最深处的“一体感”。这种一体感是最原初时代的完人的感觉。这是人最原始的一种冲动和欲望。人对更高更大的整体性和统一性的追求可以说都是这种一体感的体现。可以说，人们在不同的层次上通过不同的方法都在追求这种一体感，例如在家庭、国家、人类、宇宙的层次上的追求。尼采在《悲剧的诞生》中所描述的就是这种原始一体感。可见阿里斯托芬对人性的观察更深入和透彻。但是因为他否定了理性和文明，所以阿里斯托芬的这种原初自然意味着无知无识的混沌状态，他根本不能正确理解和维护这种感觉冲动。

最后阿里斯托芬奉劝人们要敬畏神，以免被诸神再切一次。要让爱神引导和统领我们，不可亵渎爱神，得罪诸神通常都是由于得罪了爱神。如果能够和爱神相处好，就能够找到和拥有自己的爱人，爱神就能够让我们重返自然。爱欲是人重新回归自然的唯一方法。对诸神的敬畏既可以使得我们免遭厄运，也可以使我们复归自然。这种“不可得罪爱神”的说法在《斐德罗》中苏格拉底也明确说过。苏格拉底因为害怕自己的文章亵渎了爱神，所以赶快另外做了一篇文章来称颂爱神。

这里阿里斯托芬要求人们虔诚的根据是基于对诸神的恐惧。他开头暗示人的原初自然是反文明诸神的，在人的自然被削弱的情况下，人就必须服从诸神。但是阿里斯托芬已经看到，诸神本身是非道德的，是暴力的，诸神只是意味着更加强大的力量，所以对诸神的崇拜只是对力量的崇拜。诸神世界只是动物世界的翻版。诸神的世界应该低于人的世界。但是诸神同时是礼法的来源和象征，是文明的基础和开端。这就意味着文明的基础是反文明的，法律的基础是反法律的，道德的基础是反道德的。这种认识使得阿里斯托芬不再对道德、文明、法律怀有敬畏之心。所以他

[1] 柏拉图：《会饮》，刘小枫译，华夏出版社，2003 年版，193a，第 52 页。

对诸神和文明没有好感,他的不虔诚是出于对诸神和文明的暴力性本质的认识,从而更加推崇能够给人提供快乐和安慰的爱欲,爱欲被设想为文明的对立面。他奉劝世人的虔诚只是对诸神的欺骗。通过欺骗诸神,我们就可以顺利地享受爱欲带给我们的一体感,这种一体感虽然不是原初的一体感,但是最接近原初一体感。在苏格拉底和柏拉图看来,道德和法律的真正来源是理性,理性才是真正的超道德和超法律的东西,由此他们走向对理性主义的推崇。而阿里斯托芬错误地把这种超道德和超法律的东西理解成暴力、恐惧和野蛮,这就和智者、尼采等人的观点走到了一起。因此诗人阿里斯托芬对人的自然的理解完全是非理性主义的。在他把爱欲看作是人的自然时,根本没有把理性作为人性的自然。这样他对人性的自然的理解就是错误的。他必须通过理性的思维把自己的观点表达出来,但是他却根本看不到理性的存在和作用。因此他缺乏自我反思和自我审视的能力。这表明他也不知道自己在说什么,并未意识到自己的无知。

下面,我们对比赫西俄德的黄金时代、《圣经》中的伊甸园、霍布斯的自然状态论、弗洛伊德的精神分析学和尼采的生命哲学来理解阿里斯托芬的这个神话。赫西俄德的黄金种族没有痛苦和悲伤,衣食无忧,死亡像睡眠一样,死后变成了人类的守护神。柏拉图则认为在黄金时代,人类被各自的守护神治理,他们满足于简单的口腹之欲,生活得无忧无虑。《圣经》中的伊甸园是无性的,也就是说亚当和夏娃是自足的圆满的,他们不需要通过性交获得一体感。但是当他们一旦涉及性,自足性就消失了,他们就感到了自己的残缺和不足,所以象征圆满的伊甸园就消失了。霍布斯的自然状态论是前政治状态,是人人相互为敌的状态。阿里斯托芬虽然没有直接描述巨人种族是人人为敌的状态,但是我们可以设想这些巨人是人人为敌的,因此他们也才对诸神表示不驯服和反抗,巨人种族是一个好战的种族。只有在他们的好战天性遭到削弱以后,他们才能进入政治社会,也就是对诸神的服从,但是他们好战的本性仍然保留下来了,所以阿里斯托芬强调服从和虔诚的必要性。阿里斯托芬的理论也和弗洛伊德的精神分析学非常接近。这个巨人或者原人就类似于弗洛伊德的本我或者力比多,被切割以后的状态就相当于自我,诸神相当于超我。人们对于礼法的服从只是出于对被再次切割的恐惧，他们都追求回归本我或者原欲，也就是对混沌的复归。弗洛伊德把文明的起源看作是对爱欲的压抑的结果，这和阿里斯托芬是一致的。同样，阿里斯托芬的爱欲论和尼采的生命哲学也非常一致。他们都推崇这种生命的原始一体感，但是这种生命的原始一体感只是意味着混沌。

阿里斯托芬的这种理论是苏格拉底所反对的。首先，阿里斯托芬否定了政治的一体感的可能性，他推崇的是非政治化的乡村田园般的生活状态。而柏拉图则描述了政治一体感的可能性。《理想国》就是柏拉图对这种政治一体感的可能性的论证。在这种政治一体感中，公民们万众一心，肝胆相照，情同手足，同呼吸共患难。其次，从原初开端状态来看，阿里斯托芬的原初一体感是肉体的一体感，而柏拉图的回忆说则表达了灵魂的一体感。回忆说揭示了灵魂和理念的原初统一性状态，人的出生本身意味着从这种原初一体感的堕落。再次，从追求目的来看，阿里斯托芬推崇的是肉欲性的混沌的一体感。而柏拉图推崇的是灵魂的理性直观的一体感。这种一体感是天人合一的境界。这种同一性境界不是混沌状态，而是理性的绝对清明、宁静和至乐状态。哲人只是观看者，“夫物芸芸，各复归其根。”他消灭了自我欲望，内心不起任何分别，达到绝对的觉知和清醒，同时又彻底投入到万物之中，和光同尘，与物沉浮，逍遥自在。因此阿里斯托芬的一体感是没有差异性的一体感，而柏拉图的一体感是始终存在异质性的一体感。

阿里斯托芬的立场，一言以蔽之，就是“反文明”。他推崇爱欲，但是他只看到爱欲的非礼法性质或者反文明性质。阿里斯托芬对人的自然爱欲的理解仍然是智者式的，错误地认为爱欲是反文明的，文明是对爱欲的压抑。他推崇远古意义上的自然状态和乡村生活，但是他并不真正认识和理解这种乡村自然生活的真相。正如现代很多“复古主义”者所表现的那样。复古主义者并不理解自己推崇的对象的真实状态，只是把古代作为反对现代的一个武器加以利用而已。这种利用本质上还是一种现代应用。阿里斯托芬对诸神的卑鄙的嘲笑，也就是对礼法和理智的嘲笑，他对虔诚的推崇就是一种反讽和嘲笑，只是他必须隐藏自己的不虔诚。阿里斯托芬是玩世不恭的人，是破除偶像的人。他要撕掉人世的虚伪的面纱，其中就包括泡赛尼阿斯和厄里克希马库斯以道德和技艺掩饰自己的男童恋的纵欲主义的虚伪。但是这种虚伪中也包含了某些真实的东西，所以当阿里斯托芬完全抛弃这种虚伪时，他就陷入了另一种错误和片面。他的错误表现在他对理性的彻底拒斥和否定，他对人的理性视而不见，只字不提，认为理性是人为的虚假的派生的，这也是他反对和批评苏格拉底的原因。但是他却又是一个悲观主义者，他知道人要回归原初的同一性是不可能的，因为肉体上的合二为一是不可能的。所以在他的思想的最深处，他认为人生是苦，爱欲是苦。他的一切搞笑都包含了苦涩的泪。他和叔本华的意志主义、弗洛伊德的死本能观点似乎走到了一起。

七、阿伽通的讲辞（爱欲与优美、文明）

在阿里斯托芬的讲辞之后，厄里克希马库斯表示对苏格拉底和阿伽通还是有信心的。但是苏格拉底表示他心里没底，不知所措，这当然是他表面上的反讽。因为他清楚地看到了他们的讲辞中的错误和片面。阿伽通表示这是苏格拉底在设法使他心慌。苏格拉底则认为阿伽通面对众多观众都神情自若，不可能面对他们几个人感到不知所措。阿伽通立刻指出，少数聪明人比多数愚蠢人更让人心慌。这也表明了这次会饮的规格和水平之高。苏格拉底指出那天的演出他们也都在场，阿伽通并没有把他们看作是聪明人。一个人如果做了丢人的事情，他会在聪明人面前感到羞耻，但是不会在大多数人面前感到羞耻。斐德罗及时制止了他们的交锋，恢复了酒令的秩序。

这是诗人和哲人的又一次斗争，涉及荣誉的问题。荣誉是文明的根本标志之一。所以是不是看重荣誉，表现了一个人对文明本身的态度。阿伽通是悲剧诗人，悲剧诗人是神的故事的传达者，因此是文明的奠基者，悲剧诗人显得是站在文明之上的人，他追求来自世人的荣誉。但是诗人对高于荣誉的智慧是一无所知的。相反，苏格拉底并不看重荣誉，因此也不害怕丢人，并不看重他人的评价，他看重的是智慧或者真理。为了追求智慧或者真理，是不是丢人并不重要。所谓“不耻下问”。但是诗人则不会如此，诗人并不追求真理。因此在智慧面前，诗人其实是很没有荣誉的。当然此刻他们都不害怕，他们都很自信。

阿伽通正式开始自己的讲辞。[1] 他表示之前人们的讲辞似乎都不是在赞美爱神，而是在称颂从爱神那里得到的好处，所以他必须首先说明爱神的本质和作用是什么。他提到了斐德罗，他的讲辞显得主要是针对斐德罗的。可能因为他们都是被爱者，他们都无须为男童恋进行辩护。因为斐德罗是从爱神带来的好处开始自己的讲辞的，他似乎要克服斐德罗的功利主义。所以他是从审美主义或者唯美主义的角度开始自己的讲辞。这种唯美主义将导致他远离人世间的真相，从而显得非常柔弱和虚幻。这表明唯美主义和功利主义其实是一体两面，相反相成的。这种关系我们在现代性以来的启蒙主义和浪漫主义那里也可以看到。只有在苏格拉底的理性主义那里，这种分裂的关系才得到了完全的克服。可以说，阿伽通的唯美主义也不可能真正把握爱欲的本质。阿伽通的讲辞的特点是显得非常有条理，这是他的良好的理性训练的表现，但是他对于理性却几乎只字未提，因此他也不知道自己在说什么。

他首先谈了爱若斯的身体外形之美。他认为爱若斯是所有神中最有福气的，因为爱神最美和最好。这里他显得把美和好等同起来了。这充分体现了他的唯美主义的立场。“美就是好”，显然比“好就是利益”的观点更崇高一些。但是美并不就是好。苏格拉底的讲辞将表明美和好的真实关系。一方面美低于好，另一方面美又能够导向好或者善。只是在人们把美看作好时，人们才追求美。如果美不是一种好，人们就不会追求美。所以正如利益、道德、技艺、同一性都是在被看作好的前提下才被追求一样，美也是因为被看作好才被人们追求。在苏格拉底看来，一切都是在被理解为好的前提下被追求的，对好的追求才是人类最根本的和唯一的欲望。但是阿伽通的唯美主义却没有看到这一点，他对于爱欲的认识是不彻底和不清楚的。

他列举了爱神之美的四个方面。第一，爱神最年轻。因此他不同意斐德罗的观点。如果爱神最古老，那么诸神之间就不会发生那些相互残杀之类的事情，而是会相互友爱，和平相处。因此诸神的残暴是在命定女

[1] 阿伽通是高尔吉亚的学生。他的悲剧已经变得缠绵悱恻，剧情也不再取材于传统神话，而是自编自创的。因此阿里斯托芬把他看作是危险的创新者。

神(Necessity)统治时期发生的,在爱神统治了诸神之后,诸神之间就实现了和平和友爱。可见,诸神之王似乎不是宙斯,而是命运女神或者爱神。古代人认为在宇宙中存在一种不可违背的必然性,这种必然性是诸神也必须遵守的。一切违背必然性的行为都会受到惩罚,因此这种必然性意味着正义和秩序。智慧就在于认识这种必然性,并且心甘情愿地认可和遵守。但是这种必然性命运并不能够提前阻止诸神之间的残酷斗争。相反,爱神意味着和平和友爱,爱神可以阻止诸神之间的斗争。因此爱神就意味着文明,意味着文明的开端。在阿伽通看来,开端是野蛮的,后来才是文明的。所以他并不是厚古薄今的复古主义者,而是推崇新潮文明的现代派。文明意味着和平,野蛮意味着战争,文明高于野蛮,和平高于战争,阿伽通是反对战争的和平主义者。第二,爱神是轻柔的。他举了荷马对阿特女神的描绘,但阿特女神却是伤害和蒙昧的象征。爱神则居住在世间最轻柔的地方,也就是神和人的灵魂之中。而且爱神并不是住在所有灵魂中,它只住在最柔软的灵魂中,而不会住在刚硬的灵魂中。正如我们一般所说的,富有爱心的人都心地温柔,刚硬的心一般没有爱心。文明意味着柔软温和,所谓"温良恭俭让"。野蛮意味着冥顽不化。但是柔软的心也可能是多愁善感、喜怒无常的,因此也可能比较情绪化和滥情。所以他也没有提及爱欲中的理性因素。第三,爱神是优雅的,粗俗或者不优雅和爱神水火不容。优雅意味着文明,粗鲁意味着野蛮。爱欲是文明的根源。文明意味着一种形式(礼仪),野蛮意味着无形式。文明形式意味着秩序,野蛮则意味着混乱。所以我们不能否定文明形式的重要性。但是文明也不能迷失在"文"中,不能对"质"视而不见。我们必须看到"文"的根源在于"质",不能以"文"害"质",也不能以"质"害"文"。子曰:"质胜文则野,文胜质则史。文质彬彬,然后君子。"(《论语·雍也》)阿伽通显得比较尚文,有些以"文"害"质"了。孔子似乎更加崇尚"质"。子曰:"先进于礼乐,野人也;后进于礼乐,君子也。如用之,则吾从先进。"(《论语·先进》)第四,爱神气色鲜美,只生活在花艳香浓的地方,不会生活在残花败柳之中。他似乎要确立美好事物的优先性和至上性,也就是要确立文明的优先性。阿伽通对爱神的赞颂同时就是对文明本身的歌颂。他把爱神和文明等同起来,把无爱和野蛮等同起来。但是这样一来,他就要否定和贬低残花败柳，把爱神和那些残缺的不完美的事物分割开来。他只是选择了世界的一半，不得不舍弃世界的另一半。这和《巴门尼德》中青年苏格拉底的观点非常接近，而巴门尼德则批评了青年苏格拉底的这种片面性。因为残缺的事物例如残花败柳也是世界的基本组成部分。如果我们忽略了那些卑微的事物，蔑视那些低贱的事物，那么爱神就不意味着整全，我们就不可能同时公正地对待完美的事物和不完美的事物。苏格拉底将教导我们不要忽视那些不完美的事物，在不完美的事物中隐藏着完美的事物，我们要善于从不完美的事物上升到完美的事物。

其次，阿伽通歌颂爱神的德性。爱神显得具有正义、节制、勇敢和智慧四种美德。第一，爱神是正义的。爱神既不会伤害人或神，也不会被神或人伤害。爱神是非暴力的，也就是文明的，正义和文明是同一的。而暴力则意味着不正义和野蛮，不正义和野蛮是阿伽通反对的。法律是文明的核心，所以他提到了法律，而正义就是法律，这样他就对自然的正义一无所知。在他看来，爱欲是文明的根源，文明法律和爱欲是和谐一致的。这也表明他没有看到爱欲的反文明或者超文明的特性。苏格拉底则揭示了爱欲的超文明特性。阿里斯托芬则强调爱欲和文明法律的对立性，没有看到爱欲和文明的一致性。这也体现了悲剧诗人是国家的立法者，悲剧创造了诸神，诸神则构成了法律的终极权威。喜剧则是对悲剧的这种创造的嘲讽和揭露，喜剧注定是不虔诚的。但是悲剧和喜剧是相互补充的，两者对于人类的健康存在都是必需的。只有哲学实现了悲剧和喜剧的最高统一。第二，爱神是节制的或者明智的。节制就意味着对快乐和欲望的控制。爱欲是最强烈的快乐，是一切快乐的主人，能够统治各种快乐和欲望，所以爱神肯定是节制的。阿伽通是以快乐的强烈程度作为划分爱欲的高低等级的标准，强烈的快乐和欲望能够抑制不强烈的快乐和欲望，这也就意味着他把最强烈的快乐等同于最好的快乐。爱欲就只是对强烈快乐的追求。而这是苏格拉底曾经反复批评的观点。在《斐莱布》中，苏格拉底就指出，最强烈的快乐并不就意味着最好的快乐，最好的快乐是和至善或者理性相关的快乐。因此理性和至善才是爱欲或者快乐的真正主人。只有在理性的支配下，一个人才是真正节制的。第三，爱神是勇敢的。爱神导致和平，爱神是反战的。真正的勇敢并不是表现为战争中的勇敢,而是对战争的克服和超越。阿伽通认为战神阿热斯也不能抵御爱神,而被爱神俘获了,俘获者胜于被俘获者。这是阿伽通对勇敢的文明化理解,和苏格拉底、孔子等人的勇敢观念是一致的。苏格拉底强调非暴力性的勇敢观念。在他看来,真正的勇敢并不是不怕死,而是对至善的无畏追求。猛士的勇敢只是匹夫之勇。第四,爱神是最智慧的。在此阿伽通歌颂了自己的技艺。爱神是诗人中的诗人,使得诗人成为诗人。爱神能够使对诗艺一窍不通的人立刻成为诗人。因此爱欲具有无穷的创造力,对于和诗艺相关的一切都样样精通。诗人是根据灵感创作的,灵感的来源是爱神的激发。这是阿伽通的"灵感论"或者天才论。他进一步提到所有生命都是爱神的智慧创造的。爱神是孕育新生命的推动者,和生命的繁衍相关。这里显示阿伽通否定了同性恋的正当性。苏格拉底也在一定意义上肯定了爱欲和生育的关系。但是苏格拉底却同样肯定了同性恋的正当性,因为苏格拉底把理性和至善看作是真正的自然,真正的生育是灵魂的智慧和德性的生成。如果同性恋是指向理性和至善的,就同样是合乎自然的。而阿伽通对自然的理解仍然是非理性的。他还进一步认为其他技艺也都是爱神激发的,凡是崇拜爱神的艺人都成就非凡,声名远扬。不崇拜爱神的艺人都没有成就,寂寂无闻。他列举了诸神中的各种情况,例如阿波罗、缪斯、赫斐斯托斯、雅典娜,甚至宙斯都受到爱神的激发,发明了各种技艺。最后阿伽通说明"爱神就是对美的热爱",诸神在爱神的统治下变得文明友爱了。

在这里,第一,阿伽通揭示一种对名誉的爱。这种爱是前面的人都没有提到的。如果诸神是有爱欲的,那么诸神的本质就是对名誉的爱。因为诸神是文明的开端,所以对名声、荣誉的爱是文明的开端。这种爱超越了单纯的身体的生存和满足。这种爱欲是人不同于其他动物的秘密之一。人类的尊严和高贵也在于对名誉的追求和维护上。这就是文明和名声的关系。可以说,诗人的首要目标就是这种对名誉的爱。名声才是阿伽通最为看重的。第二,阿伽通认为爱欲是技艺之母,技艺和文明相关,因此爱欲就是文明的创造者。阿伽通的爱欲崇拜、天才崇拜根本上还是文明崇拜。相反,厄里克希马库斯则没有正确揭示爱欲和技艺的关系,试图以技艺压抑或者控制爱欲。第三,如果阿里斯托芬的爱欲是身体的爱欲,那么阿伽通的爱欲就是灵魂的爱欲。灵魂的爱欲显然高于身体的爱欲。当然一切爱欲都是灵魂的属性,只是因为爱欲的指向性不同,所以爱欲就显出了高低贵贱的区别。阿伽通的唯美主义是对人的生存层面的超越,只关注生存的人是低贱的,没有尊严的。当然如果不关注人的生存,同样可能是危险的野蛮的。第四,他强调智慧和名声的关系。他似乎是从名声理解智慧的,或者说他是在通过智慧追求名声。在他看来,智慧和名声是等同的,拥有名声就是拥有智慧。但这是对智慧的误解。智慧并不等于智慧之名。智慧和智慧之名是两个东西。哲人并不追求名誉。也许我们可以说,阿伽通对美的爱实际上是对名声的爱,他其实并不是爱美本身,而是爱美所带来的名声。这或许是阿伽通的讲辞中蕴含的内在意向。

最后,他谈论了爱若斯的作用或者恩惠。他用高尔吉亚式的辞赋风格表达了爱神的恩惠。因为爱神是最美和最好的,所以它才使得其他事物都成为美的和好的,使“人间充满和平,大海平滑如镜,风暴已经沉默,忧伤也已酣睡。”可见,他对爱欲的歌颂和阿里斯托芬对爱欲的歌颂是非常不同的。阿伽通把爱欲看作是文明的基础,阿里斯托芬把爱欲看作是文明的对立面。作为悲剧诗人,阿伽通看到的是爱欲和文明的和谐,喜剧诗人阿里斯托芬看到的是爱欲和文明的冲突。他们两个人各自都是片面的。只有把他们两个人的讲辞合在一起才是真实的,苏格拉底实现了两者的最高结合。阿伽通虽然称颂文明,认为文明的起源是爱欲,他也称颂了技艺,看到文明的核心是技艺,但是和阿里斯托芬一样,对于理性和至善却只字未提,说明他也根本没有看到理性和至善在人类文明中的根本作用。例如对名誉的爱也是战争的原因之一,所谓“冲冠一怒为红颜”。如果没有理性的引导,单纯的名誉的爱是不可能带来最高的和平的。因此他对于爱欲和文明的认识也是片面的,也是非理性主义的。阿伽通的整个讲辞用一句话概括就是“让世界充满爱”。但是世界的问题绝不是一个“爱”字就能够解决的。

我们看到,阿伽通的唯美主义导致他对人间的苦难视而不见,阿里斯托芬则揭示了这种苦难,所以悲剧诗人显得是喜剧性的,而喜剧诗人则显得是悲剧性的。悲剧是创造性的,而喜剧是揭露性的。悲剧创造了人类生活的精神“氛围”，喜剧则揭示了这种氛围的虚假性。悲剧是人类文明的开创者，但是悲剧在阿伽通这里已经堕落了，也就是说，悲剧诗人开创文明的能力正在逐渐丧失。正如尼采对悲剧衰落的批判性分析揭示的，欧里庇德斯是悲剧衰落，从而是文明衰落的开端。在尼采看来，欧里庇德斯的堕落是苏格拉底的哲学启蒙的结果。所以尼采真正批评的是哲学家苏格拉底，而不是悲剧诗人欧里庇德斯。阿伽通作为欧里庇德斯的后学，其堕落就显得更加明显了。但是我们要看到，尼采对苏格拉底的批评是错误的。因为悲剧文明的衰落在于悲剧本身的“基因缺陷，”也就是悲剧缺乏人类最重要的自然因素即理性，这种理性的贫乏构成了悲剧的先天缺陷，因此悲剧的衰落是不可避免的。而苏格拉底创建了一种蕴含了充分的理性因素的文明，这种理性的文明是整全的，是合乎人类的自然的，所以才是天长地久、与世长存的。

阿伽通的唯美主义在后现代性中得到了巨大展现。后现代性本质上是一种审美主义，这种审美主义根本上是作为启蒙理性主义的反叛者而产生和发展的。这种造反因为其极端性和片面性注定是错误的和不能长久的。对阿伽通的唯美主义的理解有助于我们理解当前的审美主义文化潮流。

八、苏格拉底的讲辞(爱欲与理性、至善)

1. 苏格拉底盘诘阿伽通

苏格拉底首先表示自己在阿伽通的讲辞后已经没有什么可说的了。但是他对阿伽通和其他人的讲辞的片面性看得一清二楚，因此他只强调了阿伽通讲辞辞藻的华美，而没有称赞他的讲辞内容。

他反讽地强调自己的处境很可笑，因为他对赞颂之辞从来就是一窍不通。他以为赞颂就是只说真话，有根有据，挑出最美的讲。但是他听了前面的这些人的讲辞才知道，赞美就是把一大堆漂亮话堆到对象身上，即使说的是假话也若无其事。所以他们都不是在真正赞美爱若斯。这意味着赞颂从来都不可能是真实的，因为赞颂本身就要求把对象的阴暗面隐藏起来，但几乎没有什么事物是没有阴暗面的，所以赞颂不可能是真实的。这表明了苏格拉底似乎对于人们的这种通常做法一无所知，同时也表明他其实对世道人心看得最真切最透彻，因此他要坚持“理性的诚实”，而不是像世人那样对理性不够诚实。于是苏格拉底要求按照自己的方式讲实话。别人都一致赞同。这段表明哲人和俗人的区别就在于是不是坚持“理性的诚实”。所谓“至诚如神”。哲人始终在理性的觉知和洞察下生活，而俗人则没有这么清晰的理性洞察力，所以他们大多数时候都不知道自己在说什么做什么，他们对于自己的生活缺乏反思性、觉知性的洞察力。这也就是他们都处于“根本无知”的梦或者醉的状态的原因。

接下来，苏格拉底开始盘问阿伽通。他问爱欲是不是对某人或者某物的爱。这暗示了爱欲的非自足性。正如父亲、母亲或者兄弟等称呼都是关系性的概念，而不是自足的概念。同时他也暗示爱欲是非属己性的，而父亲或者母亲等关系则是属己性的。他进一步表明爱欲是欠缺的，不欠缺就不会欲求。即使人们追求现在已经拥有的东西，也是为了将来能够继续拥有。在苏格拉底看来，爱欲的本质就是欠缺和不足。阿伽通只能接受苏格拉底的这种观点。接着，苏格拉底开始对阿伽通的观点进行分析。如果爱是对美的爱，那么爱欲就是缺乏美的，就是趋向自己的对立面。这样苏格拉底就否定了阿伽通关于爱神最美的观点。阿伽通只能承认自己不知道自己在说什么。接下来，苏格拉底又问美和善好是不是一回事。阿伽通认为美和善是一回事。苏格拉底问如果爱若斯不美，那么它就不善。所以爱若斯既不美也不善。阿伽通勉强同意。苏格拉底说你不能驳倒真理，但是驳倒苏格拉底是容易的。苏格拉底的言下之意是真理高于任何个人，不能只是听从或者反对某个人，必须把对真理的追求看得更高。所谓“依法不依人”。

这一段苏格拉底表明爱欲是不自足的，是不美的，也是不善的。爱欲在前人那里的优点几乎都被否定了。爱欲就是一无所有，就是虚无，所以爱欲才要追求真、善、美等事物。这是苏格拉底对爱欲的真实面目的首次揭示。当然苏格拉底对爱欲的虚无本质的揭示只是初步性的或者预备性的，下面他将开始对爱欲的提升。他把爱欲和理性结合起来，爱欲将在理性之眼的引导下达到最完满的实现。苏格拉底认为爱欲是处于贫乏和丰盈之间的，因此爱欲是从缺乏到丰盈的上升之路，从虚无到实在的上升之路。只有在对至善的观照中，爱欲才能达到最高的丰盈和完满。爱欲只有此时才能止息，即实现自我扬弃。在基督教的思想体系中，爱和欲望被区别开来，爱被做了一种完全神学化或者精神化的解释，并且最终和信仰结合起来。爱不被看作是欠缺，而是完满。基督教认为上帝的本质就是完满的爱，上帝出于完满的爱创造了世界。真正的爱是完满的，它不是欠缺和欲求，而是奉献、创造和牺牲。这两种爱欲观都揭示了爱欲的最高形式。哲学是通过理性的引导达到爱欲的最高实现，基督教是通过信仰的引导达到爱欲的最高实现。从古典政治哲学的角度看，理性和信仰的对立是哲人和俗人的对立的一种形式。信仰是对理性的模仿，正如俗人是对哲人的模仿。

2. 苏格拉底忆述蒂俄提玛的教诲

苏格拉底表示教给他爱欲之奥秘的是一个外邦女先知。当时苏格拉底还年轻，就像在《巴门尼德》中一样。这位女先知可以设想为是成年后的苏格拉底，是对人性和爱欲的本质有了清楚认识的苏格拉底。这也暗示哲人就是先知，具有预言的能力，是真正掌握诸神或者人性的奥秘的人。苏格拉底其实是借助女先知的口来传达自己的观点。这样，他就通过神秘传达的方式既表达了又隐藏了自己的观点，既说了又没说，既降低了他的观点的冲击性，又使他的观点更加具有感染性。这表现了苏格拉底修辞术的最高展示和应用。正如《庄子》中充满了这类寓言一样。女性的身份也意味着苏格拉底已经消除了自己的野性或者血性，体现了他对血气之勇的扬弃，包括对强烈爱欲的扬弃和升华。而青年苏格拉底还不理解爱欲的本质，也像阿伽通一样认为爱若斯既美又善，是一个年轻的浪漫主义者或者唯美主义者。也就是说，他还没有看到爱欲中隐藏的理性和至善的奥秘。因此蒂俄提玛批评了他，并且将教导他，爱欲和理性、至善其实是一回事，理性和至善就包含在爱欲之中，所以不要蔑视爱欲，但是也不要盲目推崇爱欲。爱欲应该顺着理性的指引上升到至善，这样我们才能达到人性的顶峰，这才是爱欲的真正实现。

女先知从爱若斯是谁，什么样子，有什么作为三个方面开始讲述爱欲的奥秘。

(1) 爱若斯的居间性 201e—204c

这段的主题是揭示爱欲的意向性或者居间性。当苏格拉底说爱若斯既然不美,就是丑的时,蒂俄提玛提示说不美并不就是丑,正如在无知和智慧之间存在正确的意见。她首先否认爱若斯是神,接着否定爱若斯是不死的,但也不是会死的,而是介于会死者和不死者之间。最后揭示爱若斯就是一个“精灵”,也就是守护神之类的东西。精灵是处于人类和诸神之间的存在。本来人和神是不来往的,正是凭借这个精灵的能力,神和人才得以沟通和交流,它把人类的祈求和献祭传达给神,把神的指令和酬报传达给人。于是精灵就把人类和诸神联系起来,世界因此达到了一个整体性。于是精灵感发了所有献祭、谶语、算命之类行为。这是女先知对自己的技艺的说明。先知就是被爱神激发的,先知是处于神和人之间的居间者。此处也可以说是苏格拉底对厄里克希马库斯的回应。厄里克希马库斯的技艺似乎是对爱欲的征服和控制,而苏格拉底则揭示没有爱欲,就没有占卜技艺或者通灵术。其他技艺则不值一提。因此苏格拉底并未否定占卜、献祭之类事情,他并不是现代意义上的无神论者。

接着,苏格拉底问到了爱若斯的起源,即他的父母是谁。这是对斐德罗的爱若斯没有父母的说法的反驳。蒂俄提玛说爱若斯的父亲是波若斯即丰盈,母亲是珀尼阿即贫乏。在阿弗洛狄特出生那天,珀尼阿来行乞,趁着波若斯睡着之际,珀尼阿想到自己的缺乏,就睡在了波若斯身边,并且怀上了爱若斯。因此爱若斯是在阿弗洛狄特出生那天投胎的,所以爱若斯是阿弗洛狄特的帮手和仆从。这是对泡赛尼阿斯的回应。爱若斯兼具了丰盈和贫乏双重属性。一方面继承了母亲的自然,是脏兮兮的,既粗鲁又不修边幅,居无定所。这是对阿伽通的爱神是最美的观点的否定。一方面,又继承了父亲的自然,总是在追求美和好的东西,勇敢、热切、硬朗,追求知识,热爱智慧,是一个猎手、施魔者、巫师、智者。所以它介于死和不死、贫乏和富有、智慧和无知之间。相反,神不爱智慧,不搞哲学,因为神是有智慧的。凡夫也不爱智慧,因为他们总是以无知为有知。所以只有哲人才追求智慧,始终处于智慧和无知之间。如果爱欲是对美的爱,那么智慧就是最美的,对美的追求就是对智慧的追求。这是对阿伽通的纠正和回应。

这一段柏拉图显然是按照苏格拉底的样子描述爱若斯的。苏格拉底就是爱若斯的化身。哲人才是真正的爱者。哲人就是爱神,哲人就是居于人和神之间的精灵，这样我们就可以理解苏格拉底的“精灵”。苏格拉底本人就是一个精灵。所以亚里士多德才认为哲人是人类中最接近于神的人。当然哲人的神是指纯粹理性本身，并不是奥林匹斯诸神和宇宙诸神，因此哲人是半神，是超人。如果我们不能理解哲人的这种身位，就不能真正理解哲学。这种爱欲的居间性或者中介性暗示了哲人的居间性或者中介性。当然一般人也在爱和追求，但是他们爱和追求的东西并不是真实的，而是真实对象的影子。虽然他们也在追求善，但是他们却对善本身一无所知。而且他们把爱欲和理性错误地分离或者对立起来。所以他们都不能被称为爱者。只有哲人才认识爱欲中的理性，才知道爱欲指向至善，所以哲人不追求虚假的东西，而是追求至善本身，并且最终把爱欲中的理性提升为理性的直观，实现了爱欲的真正自然。所以哲人才是真正的爱者。因为世人的爱欲中的虚假性，所以世人的爱欲中包含了快乐和痛苦。因为哲人的爱欲的真实性，所以哲人的爱欲中将只有快乐，没有痛苦。这是柏拉图对阿里斯托芬认为哲人没有爱欲的最有力的反驳。

爱欲的居间性暗示哲人始终处于任何对立的事物的两边，而不固守或者局限在任何一边。哲人是贫穷的，因为他从来不为自己的物质财富操心，但是哲人又是富有的，因为他充满了智慧，内心也充满了求道的快乐。哲人是会死的，正如任何一个人都会死一样，但是哲人又是不死的，因为他看到了生和死的虚假性，生和死都没有最终的真实根据。所以他超越了生和死的虚假对立。哲人也是无知的，正如世人一样，但是哲人知道自己的无知，这种自知无知本身就是智慧和真知。而世人虽然也无知，却不认为自己无知，而是固执于自己的知识，这才是最大的无知。因为看到了无知，所以哲人不教条性地固执任何观点，因为认识到了无知，所以哲人并不否定理性认识的真理性。所以哲人就是处于贫穷和富有、有死和不死、有知和无知之间的人。这种“不落两边”的处境就是“依顺中道”的智慧。这也是一切大哲人的共同认识。例如孔子就认为自己的心灵就处于“无可无不可”的状态。庄子也说他要处于“有用和无用之间”。老子也说：“圣人无常心，以百姓心为心。”“知，不知，上；不知，知，病。夫唯病病，是以不病。圣人不病，以其病病，是以不病。”（《道德经》，第七十一章）佛陀也强调不要落入断见和常见两种偏执性的立场。“自作自觉则堕常见，他作他觉则堕断见。义说、法说，离此二边，处于中道而说法。所谓此有故彼有，此起故彼起，缘无明行，乃至纯大苦聚集。无明灭则行灭，乃至纯大苦聚灭。”(《杂阿含经》，第三百经)居间者就是没有任何规定性，也没有任何局限性。这种居间性是中道智慧的体现，中道智慧就是居间性的智慧。既破又立，随立随破。凭借这种居间性，哲人们都达到了自由无碍的大自在大安乐的境界。

(2) 爱欲的好处 204c－207a

蒂俄提玛讲授了爱欲的好处和利益。爱总是对美的爱，但是人们追求美是为了使美成为自己的一部分，或者人们追求善就是使善成为自己的一部分，善成为自己的一部分就意味着幸福。幸福似乎是人的终极目的，无须进一步追问了。幸福不再为了其他目的，幸福就是目的本身。那么什么是幸福呢？幸福当然不是一种个人单纯的主观感觉，因为如果把幸福看作是个人的主观感受，那么不同的人对于同样的事物有不同的感受，这样幸福就无法得到一个客观的规定和考察。如果一个人能够产生某种幸福感，那么这应该是一种主观和客观相符合的状态。因此幸福就是一种主观和客观的一致状态。这和真理的定义几乎是一致的。只是真理是从认识论的角度界定的，而幸福是从爱欲论的角度界定的。因此，作为主客观相一致的原则，幸福是一种包含了客观规定性的完满状态。即幸福意味着无所欠缺，幸福就是无所欲求。如果爱欲意味着欠缺，而幸福就意味着没有欠缺，因此幸福的状态就是没有爱欲的状态，也就是静止的状态。这就是幸福的至上性和完满性。当亚里士多德认为神是最幸福的时，神就是处在无所欲求的完满的静止的状态。而人类的自然就注定是对幸福的追求，幸福是人类的最自明、最自然的的目的。因此只有从幸福出发，我们才能理解人性的自然和人类的一切活动。幸福是我们认识人性之谜的一个关键。在人性的问题上，幸福论的目的论的唯一结论就是性善论，所有人都在追求幸福，即使是杀人犯、纵火犯之类，他的行为中也包含了对幸福的追求。因此性善论是唯一正确的人性论。即使在基督教的体系中，天国的幸福取代了尘世的幸福，使得幸福的问题变得比较复杂，但是也仍然以幸福为旨归。在苏格拉底这里，“天国的幸福”和尘世的幸福并不是分裂的，而是内在地交织在一起。在现代性的思想体系中，完全否定了更高的幸福，只把尘世的肉体的幸福看作是唯一的幸福。这样对幸福问题的理解就显得非常狭隘和片面，不符合人性的真实需要。

蒂俄提玛继续说，虽然所有人都在追求幸福，追求善，但是我们并不把所有人都称为爱者，只把某一些人称为爱者。虽然所有人都是爱者，但是只有在少数人身上，爱欲才表现得特别突出，我们才把这些人称为爱者。正如存在各种各样的创作，凡是无中生有的活动都可以称为创作。因此诗也是一种创作，但是并不是所有创作都被称为诗，只有和音乐、节律相关的创作技艺叫作诗。因此诗被看作是所有创作的代表，诗人就成为所有创作者的代表。其他的创作者并不被称为诗人。同样，只有整个全身心地热情投入某一种爱欲的人才被称为爱者。而热衷于赚钱、搞体育和搞哲学，都不能被称为爱者。这里蒂俄提玛强调了爱欲的狂热性、投入性和彻底性。只有忘我地狂热地投入到爱欲中的人才被称为爱者。如果人们在爱欲中没有达到这种彻底的忘我，他就不能被称为爱者。因此搞哲学如果不是全身心地忘我地投入，也不能被称为哲人，哲人就是忘我地投入到对智慧的追求的人。一边搞哲学，一边赚钱，这样的人是不能被称为哲人的。因此，虽然所有行为都出于爱欲，这是爱欲的普遍性。但是并不是所有的行为都配得爱欲之名，只有和整个人格的存在相关的行为才是爱欲行为。爱欲就是一种彻底的投入。在这种投入中，一个人超越了自己的自我和算计，进入到一种疯狂状态。哲人的疯狂就是基于哲人的爱欲。这种彻底的狂热投入才改变了哲人的人格存在，导致哲人的灵魂的转向和上升。没有这种狂热，灵魂的转向就是不可能的。这显得是对斐德罗的自我牺牲的爱欲的一种回应。爱欲凭借狂热的投入，超越了日常性的世俗利益，显得是超功利性的和自我牺牲的，但是这种狂热和牺牲却指向了更高的好处和利益，即真正的智慧和幸福。这样哲人的爱欲行为才是可以被理解的。这段对爱欲的好处和利益的探讨可以看作是对斐德罗的讲辞的回应。

接下来，蒂俄提玛批评了阿里斯托芬的说法。她说爱欲并不就是指向自己的另一半，恢复到所谓的整体性。只有这一半或者整体是好的，才是值得追求的。即使是手足坏了，人们也会砍掉。因此人们除了好的东西，什么都不会追求。当阿里斯托芬认为人类是在追求原初的整体性时，他没有看到只有在人们把整体性看作是好的情况下，人类才会追求整体性，否则人类就不会追求整体性。所以他只看到了现象，没有看到本质。最后，蒂俄提玛给爱欲进行了定义，“爱欲就是追求自己永远拥有的好的东西。”(柏拉图:《会饮》，205a)在这里，蒂俄提玛把爱欲和善好紧密联系起来。善是爱欲的唯一目标。只有从善的角度，我们才能理解人类的爱欲行为。除此之外，没有其他的角度。我们不要被人类行为的表面上的差异性所蒙蔽，而是要看到这些行为的共同性。这是对善的根本性和目的性的强调。这样苏格拉底就打开了一扇理解爱欲奥秘的大门。这是任何其他人都没有认识到和揭示出来的。爱欲论就和至善论的目的论结合起来。哲人追求的善和世人追求的善本质上是一致的，只是俗人追求的是善的影像，而哲人追求的是善本身。哲人的爱欲既是超功利性的，又是功利性的，因为它和物质利益无关，所以显得是非功利性的。但是它仍然是对善的追求，只是这种善是善本身，而不是善的影像。一个人如果获得了这种善本身，就永远拥有善好。因此这是一种永恒的利益和好处，而世俗的利益却是短暂的和虚幻的。

蒂俄提玛进一步解释了爱欲行为是如何追求和实现善的。她认为爱欲行为就是在美中孕育和生产，既凭借身体也凭借灵魂。人都有生育能力和愿望，但是人只会在美中生育，而不会在丑中生育。生育是神圣的，只有美才能和神圣相结合，而且只有美可以解除生产的痛苦。所以爱欲并不是对美的爱欲，而是借助于美进行生育。进一步，凭借生育，生命才会延续，会死的才成为不死的。生育是会死者中的不死的方面。所以爱欲归根到底就是追求不死。但是对不死的追求同样是因为不死被认为是好的，对不死的追求也是对好的追求。不死为什么被看作好呢？因为生命本身就是好的，而且生命也都追求好，所以追求不死也是追求善的一种表现形式。不死也就是好的一种形式。如果不死是不好的话，人们就会宁可立刻死去。

苏格拉底在此贬低了美。爱欲的对象是善，美并不是爱欲的真正目标，美只是媒介、手段和工具，美是助产者。美是服务于善的。美不是自足的独立的，这是对阿伽通的批评，也是对一切唯美主义者的批评。唯美主义对美的崇拜注定是片面的和狭隘的。他们推崇的所谓的“审美教育”

根本就是不可靠的，是对人性的奥秘一无所知的表现。如果不把美和善结合起来，我们就不能理解美的本质。现代唯美主义显得是对功利主义、理性主义的反叛。美和善、真无关，美似乎是非理性的和非功利的独立存在。但是这样一来，对美的理解就变得非常狭隘和抽象了。美就变成了一种不可捉摸的幽灵。相反，古代学术讲究“文以载道”，文服务于道，也就是认为美不能脱离善和真。在当代学科分化的状况下，美学、伦理学、哲学、科学等分离开来，这使我们对美的认识变得越来越困难，对人性的真理的认识也变得越来越困难。这就是“道术为天下裂”。所以只有把学术重新整合起来，我们才有可能认识真理。

我们要记住，苏格拉底是丑的，这和他的不生育相关。虽然他也生育了身体的儿女，但是他并不看重这种生育。而且他也不写作，不追求名誉的不朽。他把自己的技艺比喻为助产术，他只是为其他人的灵魂进行接生。他认为智慧是美的，他的灵魂在哲学的训练中就变得美。他的灵魂的美只是诱惑年轻人的一种手段。但是这种美仍然是善。美只是善的一种表现形式。因此苏格拉底似乎既不追求身体上的不死，也不追求灵魂上的不朽。苏格拉底为什么不追求这种不朽和不死呢？我们只能推测苏格拉底认为他在“当下”就已经达到了不朽和不死，所以他不需要追求外在的或者人世的不朽和不死。这个“当下”就涉及苏格拉底的智慧的奥秘了。如果我们始终生活在当下，我们就立刻进入了永恒。当下和永恒并不是对立的两个东西，而是相互依存的。当下就是永恒。因为当下和永恒都是没有任何规定性的，我们无法真正把握它们，因为“一切皆流”，当下是流变不息、转瞬即逝的，而永恒就是流变本身，所以只有变化本身是不变的永恒的。一切规定性都是“假名安立”的，并不是对事实本身的把握。哲人苏格拉底看到了人世意见的虚假性，也就意味着他看到了事实的真相，因此他超越了生死的假象，进入了直接观照事实本身的永恒境界。

(3) 爱欲的原因 207a5 - 212a

蒂俄提玛说明了爱欲的原因。她先后提到了三种爱欲：生命之爱、名声之爱和智慧之爱。她先是表明这些爱欲都是对不死的追求，对不死的追求本质上就是至善的追求，只有在对美本身的直观中才能达到至善的境界。

她首先谈到了生命之爱。生命之爱的核心是传宗接代。人和动物都追求生育,为了后代不惜牺牲自己的生命。因为任何个体总是处于不断的流变生灭状态,不论是身体方面,灵魂方面,还是知识方面。所以任何个体都是有死的。但是爱欲的本质是介于有死和不死之间的,因此个体动物和人要超越自己的死亡,就必须通过传宗接代的方式延续自己的生命,依靠新陈代谢来实现种的保存和永恒。这样个体显得是“种”的存在方式。种高于个体,个体事物通过“种”而获得了永生不死。

蒂俄提玛在此提出了一种全新的生命观。这种生命观摆脱了日常的利己主义或者个体主义的思维方式,试图从更高的视野,更加整体性地认识事物。也就是说,她从个体事物的层次上升到种类事物的层次,试图从种类保存的角度认识个体事物的存在意义。可以说,种类事物是个体事物的意义的根源。只有通过种类的存在才能理解个体的存在。“人以群分,物以类聚”,一切个体事物都是从属于某个种类的,而且种类的存在确实比任何个体事物都要持久,所以我们肯定个体事物的真实性,就不得不同时肯定种类事物的真实性,对种类的真实性的肯定是不可避免的。甚至可以说,没有种类事物,就没有个体事物。因此从存在论上看,共相先于殊相,普遍先于特殊,一般先于个别。这是合乎理性认识的。如果脱离了种类的保存,只是局限在个体事物的范围内,我们就不可能理解个体事物的行为和存在的终极意义。从实在性来看,种类的实在性要比个体的实在性更加根本。种类的实在性更加接近于永恒。永恒存在是善的更高形式,而个体存在比种类存在在善的等级上要低。这也意味着因为永恒存在被看作是善,所以一切个体才追求永恒存在。对于永恒存在的追求本身就是对至善的追求的一种表现形式。这就是苏格拉底对不死和善的关系的一种揭示。这也是我们理解柏拉图的理念论的基本思路。理念论就是确认了种类之物的永恒性、真实性和绝对性,而扬弃了个体事物的真实性和绝对性。这也是对一切经验主义和个体主义的否定。尼采的权力意志的生命观就没有达到这种高度,没有从“种类高于个体”的视角看待生命。虽然他批判了叔本华的个人主义生命观,但是他的权力意志的生命观仍然是个体主义的。只不过叔本华是追求个体生命的保存,而他是要追求个体生命的强大。他们都没有超出个人主义生命观的局限性。而且尼采的权力意志是非形式的，纯粹质料性的。这是他出于对柏拉图的形式—理念论的批判。

但是苏格拉底显得对这种说法非常惊奇和怀疑。可能苏格拉底蔑视生命和生育的低俗性，而对个人的灵魂的完善抱有更高的希望和追求。此时他还没有真正理解生命的奥秘和意义。蒂俄提玛则以智者的态度要求苏格拉底尽管相信她的话就可以了。这似乎是柏拉图在暗示苏格拉底并未提出理念论，理念论是柏拉图自己的“发明”。这是不是表明苏格拉底的哲学是“贵无论”，而柏拉图的哲学是“崇有论”呢？

接着，蒂俄提玛谈到了第二种爱欲即名声之爱。名声之爱的核心就是名垂千古。她说人们希望流芳百世的成名欲如此强烈，甚至超越了身体方面的爱欲，可以牺牲自己的生命和儿女。她认为阿尔刻提斯、阿喀琉斯和科德洛斯的死都是为了名声而死的，并不是像斐德罗所说的那样是为了爱而死。在她看来，对名声的爱欲仍然是对不朽的爱欲。对名声不朽方面的爱欲属于灵魂方面的生育。所谓灵魂的生育就是依靠智慧（审慎）或者其他美德进行生育，并且因此获得不朽的名声。她提到了诗人、技艺发明家、政治家和立法者之类的人。诗人和搞发明的手艺人都属于这种生育。其中最重要最美的生育是用于治国齐家的节制和正义之类的德性。她没有提及勇敢。虽然勇敢也可以使人获得不朽的名声，但是勇敢毕竟是比较低级的德性。接下来，蒂俄提玛表明了男童恋的真实意义。男童恋的目的就是生育灵魂的子女，也是为了获得不朽的名声。人们宁愿要灵魂的子女，而不要身体的子女。她提到了荷马、赫西俄德和其他伟大诗人，还提及了斯巴达立法者吕库戈斯和雅典的立法者梭伦。他们都通过立功、立德、立言，生育了各种美德，留下了不朽的名声。这仍然是对泡赛尼阿斯、阿里斯托芬等人的回应和修正。

当蒂俄提玛把诗人和立法者的爱欲看作是第二种爱欲时，她实际上贬低了诗人和立法者的爱欲。因为对名声的爱欲仍然是“有所待”的，名声仍然是人间性的，是世间法的。任何名声最终都会在历史消失，如果某个国家灭亡了，那么这个国家或者民族的名人也就会消失。如果人类灭亡了，那么所有的声名都会消失。所以对于声名的爱欲只能是第二等的爱欲。真正的哲人并不追求不朽的名声。

最后蒂俄提玛提到了第三种最高的爱欲即智慧之爱。智慧之爱的特点就是“神游象外”。她不知道苏格拉底是否有能力领悟这种爱欲，但是她仍然决定要把这种最高秘密毫无保留地泄露给苏格拉底。施特劳斯认为这是柏拉图对公元前416年的宗教秘仪泄露事件的暗示。但是我们还是要撇开历史方面的考虑，只关注文本和思想本身。可以说，蒂俄提玛之所以这么做是因为她已经认识到青年苏格拉底的自然适合这样的教诲。这也意味着青年苏格拉底还不是一个哲人，正是在接受了这种爱欲秘密后，苏格拉底才成为哲人。成为哲人依赖于对爱欲秘密的认识。后来的事实证明苏格拉底确实领会了蒂俄提玛的爱欲教诲。这也表明真理或者智慧并不适合向所有人传播，真理离言绝相，并不是可以通过语言传达的普世性教条。如果一个人认为自己掌握了真理，就迫不及待地向所有人布道，希望所有人都立刻相信他的话，这本身就是没有掌握真理、愚昧狂妄的表现。正如孔子所说的，真正的哲人要做到既不失人，也不失言。对该讲的人不讲，使对方失去了接受教诲的机会，没有尽到教育的职责，耽误了他的人格和智慧的成长，这就是失人。同样，对不该讲的人讲了，对方根本不接受真理，反而嘲笑和诽谤，真理就被玷污和嘲弄了，这就是失言。真正的哲人必须因材施教，随机设教，必须尽可能避免这两个方面的过失。

接着她谈到了爱欲（灵魂）的上升之路。她把爱欲的上升划分为五个层次。第一阶段是爱一个美的身体。第二阶段是爱所有美的身体，第三阶段是爱美的操持和礼法。第四阶段是爱各种知识的美。第五阶段是爱美本身。蒂俄提玛认为美本身是自在永在，不死不灭，不增不减的，是绝对的纯粹的自身同一。所有美的事物都是对美本身的分有，美的东西生生灭灭，而美本身却永恒存在。然后蒂俄提玛对自己的说法进行了总结，并且指出，只有到了这个境界，人的生命才是值得过的。在看到了绝对的纯粹的美本身后，这个人就会达到“常、乐、我、净”的至乐境界，对世间的一切美的事物就不再感兴趣了，“一旦一个人惊鸿一瞥，借助于必不可少的精神凝视瞥见美本身，与之融为一体，过去那种可怜的生活还值得过下去吗？难道你不觉得，她说，只有当精神的眼睛亲眼见到那仅仅对精神的眼睛才显现的美,一个人会触及到真实而非影像,从而生育真实的美德(δέ ἀρετήν ἀληθή),而非美德的影像(εἴδωλα ἀρετῆς)?”(柏拉图:《会饮》,212a)最后,苏格拉底表示对蒂俄提玛的这番教导心悦诚服,认为爱若斯是按照人的天性能够找到的最好的助手。他希望所有人都能够敬奉爱若斯,投入到真正的爱欲之中,最终能够过上美好的生活。

这个所谓的秘教实际上就是哲人的培养之路。一个人要成为一个哲人,首先必须从爱美的事物开始,逐渐上升到爱美本身或者美的实相。灵魂爱欲的这种上升过程是一个从个别到一般,从具体到抽象,从感性到理性的过程。其中,第一和第二阶段是对身体的美的爱,是形象的感性的阶段。第三和第四阶段是对灵魂的美的爱。行为举止(操持)、礼法和知识都是灵魂的知性的产物,是知性的阶段。行为和礼法属于实践领域,而知识属于理论领域。理论高于实践,理论比实践更加抽象。第五阶段对美本身的直观,这是纯粹理性的阶段,是爱欲上升为理性直观的顶峰和终点。也就是说,哲人爱欲的上升之路就是哲人的灵魂从感性阶段,到知性阶段,最后达到理性阶段的过程。在感性阶段,未来哲人仍然处在爱美的影像的阶段,但是他已经开始通过这种爱欲产生理性(逻各斯)的能力。只是这个阶段的理性还处于萌芽阶段,不能导致灵魂的根本转变。男童恋的目的就是借助于爱欲培养理性。在知性阶段,哲人的灵魂开始学习各种知识,包括实践的政治知识和纯粹理论知识(例如数学)。对知识之美的爱欲就是学习,学习是培养理性的最好方式。这个阶段的理性虽然已经开始超越了感性阶段,已经不再依赖于感性事物,但是理性还依赖概念、语言进行学习和认识,仍然没有真正成熟起来。在理性阶段,理性已经摆脱了概念和语言,直接观照美本身。纯粹的理性就是静观的理性。理性本质上就是直观和观看。对美的实相只能直观,不能占有,因为美的实相是没有形象的,正如阿伽通所暗示的。因此美本身是“无相的美”。对“无相的美”的直观不是通过感官的眼睛,而是通过理性的眼睛。理性不再关注事物的影像,而是直接关注事实本身。理性对美的实相的直观洞见是灵魂获得智慧的根本。只有在看到实相之际,智慧才真正出现。这就是佛教中所谓的“转识成智”。

理性对美的实相的直观最终将带来爱欲的转变。在此过程中,爱欲也经历了三个阶段。在第一个阶段，爱欲是贫乏的追求的爱欲，这也是我们一般人所处的爱欲阶段。在第二个阶段，在理性之眼看到了美的实相之后，爱欲获得了最高的满足，达到了自足丰盈的状态。爱欲的欲求、缺乏的方面被最终扬弃掉了，爱欲因此转变为一种充足和满足的状态。这种状态就是佛教所谓“寂灭为乐”的状态。这种境界就是至善的境界。可以说，至善就是理性对美的实相的直观和爱欲的最高满足丰盈的结合状态，也就是理性和非理性都达到了自己的顶峰的状态。在此，美的实相也是获得至善的德性的手段和媒介。至美和至善是同一个东西。哲人因为看到了美的实相，所以对美的影像就不再感兴趣，借此他就超越了这个现象或者影像的世界。在对实相境界的理性直观中获得了最高的满足，哲人的灵魂达到了至善的状态。获得至善意味着灵魂不再骚动不安，获得了常人无法体验的大自在大安乐。哲人的灵魂达到了无欲无求、自由自在的境界。他对世间的一切都不再抱有爱欲和渴望。哲人的非爱欲本质上是他的爱欲获得了最高满足和实现的表现。因此在古典哲人看来，至善的状态也就是神的状态。哲人的灵魂也就是趋向于神的状态。在第三个阶段，爱欲并不会最终停留在这种满足和寂静状态，它必然会在这种大自在大安乐中进入更高阶段即“流溢”的阶段。对于实相的洞见和顿悟，使得哲人的慈悲心升起，他看到世人都在追逐那些事物的影像，而感到深切的悲悯。这种悲天悯人的心情使他的爱欲流溢出来，普及到他人的灵魂，试图引导他人的灵魂也逐渐走上转变升华之路，获得最高的满足、幸福和至善。这就是“普度众生”、“同体大悲”的境界。没有这种内在的甚深的至乐和自由，一切启蒙和救度都是没有根基的。在这个阶段，爱欲就变为布施和奉献。所以和理性的三阶段相对应，爱欲也经历了三阶段的转变过程。

还需要指出的是，灵魂的上升之路也就是灵魂的自我回归之路。因为至善至美并不外在于人的灵魂，而是内在于人的灵魂之中。“心外无物”。只有在灵魂的爱欲获得了理性的净化后，灵魂才能发现自己的内在的美和善。也就是说，只有在理性足够成熟，逐渐摆脱了对事物的影像的追逐，最终达到了对实相的认识后，灵魂就会意识到事物的实相只在自己的内心之中，并不在外境。人们把事物或者真理或者至善看作是外在于灵魂的东西,都是错误和愚蠢的。所以对至美至善的追求并不是灵魂的外向追求,而是灵魂的自我实现和回归。这个过程和柏拉图在《斐德罗》中描述的灵魂上升过程基本是一致的。在《斐德罗》中柏拉图描述了灵魂出生前对理念世界本身的凝视,而在灵魂进入肉体后就逐渐遗忘了理念世界的美和善,在经过灵魂的净化后,或者理性对欲望的驯服后,灵魂的翅膀才能逐渐上升,再次看到理念世界。所以理念并不外在于灵魂本身,而是作为潜能存在于灵魂内部。因为理念世界内在于灵魂本身,对理念世界的认识只是灵魂的自我认识。在灵魂回归自我,理性洞见到实相后,理性达到了智慧,即"转识成智"。因为实相本身就内在于灵魂之中,所以这种智慧就不是外在性的智慧,只是灵魂的"本来面目",本质上就是佛教的"无所得智"。当然,在《会饮》中,柏拉图只提到了美的理念,没有提及其他理念。也许在他看来,其他理念都是种或者类,而种类的存在并不是永恒性的,只是接近于永恒,因此其他理念都是有限的。只有美本身或者善本身才是无限的永恒的,才是爱欲的最终目标。美本身仍然只是至善的诱因。

柏拉图描述的这种灵魂的上升过程可以和黑格尔的《精神现象学》中描述的精神上升的过程进行比较。在《精神现象学》中,精神首先关注的就是感性的"这一个"。感性的"这一个"是没有任何规定性的,因此是最抽象的。然后精神逐渐上升,经过"苦恼的意识"等知性的概念的阶段,最后上升到精神哲学的理性阶段,首先是在宗教、艺术中,最终在哲学的绝对知识中获得完成自身。黑格尔和柏拉图的不同在于他把精神现象学同时也看作是历史过程,因此黑格尔的精神现象学同时是历史哲学,彻底背离了柏拉图的非历史主义哲学。对于古典哲人柏拉图来说,哲人人格的塑造和培养是哲学的最高目的,而所谓的人类历史只是政治史,而政治和政治史都低于哲学。如果我们要提升和完善政治,就必须培养出优秀的哲人。而黑格尔则更重视政治,低估了哲学。他认为哲学不能脱离历史和时代,试图使哲学服务于政治,使较高东西服务于较低的东西。可以说,黑格尔仍然没有摆脱基督教文化对哲学的贬低。

在此,还需要对爱欲、理性和至善的关系进行进一步说明。

在爱欲和理性的关系问题方面。首先,从个人灵魂的成长来看,爱欲是人性的根本动力来源。我们不能忽视和贬低爱欲。如果否定和贬低了人性中的爱欲,我们就不能正确认识人性。其次,理性比爱欲更加原初。理性才是一切灵魂的根本奥秘。或者说,爱欲中必然也包含了理性。爱欲是理性中的动力性原则,理性是爱欲中的方向性原则。爱欲必须在理性的引导下,顺着理性认识的方向上升。可以说,纯粹理性是从爱欲中提纯出来的。纯粹理性是爱欲的精华部分,是爱欲的灵魂。爱欲的存在本身就揭示了理性和至善的存在,但是爱欲不能真正认识这种理性和至善。再次,在最高的理性层次上,爱欲中的理性将升华为理性的直观。只有理性是唯一真实的,是一切变化中不变者,是一切运动中的静止者。理性静观一切事物的变化运动,而理性本身却是不动的。❶ 爱欲只有在理性对美的实相的直观中才能获得最终的满足和实现。因此哲人是最爱欲化的。他全身心地投入到对真实存在的追求中,而不关注世人追求的影像。哲人最终摆脱了生生灭灭的领域,进入到不生不灭的领域。这个不生不灭的永恒绝对领域不是通过感官可以认识的,但是我们的爱欲却追求这种永恒绝对的领域。爱欲是人格存在的核心,爱欲比感官更加原始和根本,所以爱欲的认识比感官的认识更加真实和深刻。爱欲能够把握的,感官可能无法把握,感官把握的对象最终是爱欲把握的对象。如果爱欲的指向性本身就要求存在领域的真实性,那么"存在领域"就在爱欲的追求得到了证明或者辩护。这样苏格拉底就把人的爱欲从这个世界引向了永恒的世界。这个永恒的世界才是爱欲的真正对象。这种领域是超越人类的领域。人类世界只是对这个真实世界的模仿。诗人、立法者的德性都是对真正德性的模仿,所以低于哲人的德性。

在爱欲和至善的关系问题方面,一切爱欲都是对善的追求。爱欲指向善,人们对任何事物的追求都是因为人们把追求对象看作是善的。世人的错误在于他们的理性没有完全成长起来,不能看到理念的实相,只满足于对世间美好事物的追求,只是在追求善的影像。至善只有在理性直观到理念实相后,爱欲获得最高满足和寂静后,才能出现和获得。人格的

❶ 因为理想国是爱欲获得完满实现的国家,所以理想国显得是完全非爱欲的。其中的每个人都是非爱欲的,都不受到爱欲的支配,它是扬弃了爱欲的天国。

至善是爱欲的最终对象。在苏格拉底看来，即使在最低俗和最卑鄙的行为中也包含了对至善的追求。至善就存在于最日常或者最低俗的事物之中，我们不要脱离低俗或者日常性事物去追求至善。或者说，本体或者道体必然在现象界显现，只是显现得并不充分，我们需要智慧去发现现象中蕴含的实相。正如庄子所讲的一个寓言，东郭子问庄子："所谓道，恶乎在？"庄子曰："无所不在。"东郭子曰："期而后可。"庄子曰："在蝼蚁。"曰："何其邪？"曰："在稊稗。"曰："何其愈下邪？"曰："在瓦甓。"曰："何其愈甚邪？"曰："在屎溺。"（《庄子·知北游》）佛教的佛性论也认为"秽土就是净土"，因为众生心灵不净，所以认为这个世界污秽不清净。但在佛陀看来，这个世界就是净土，"众生罪故，不见如来净土，非如来咎，舍利弗，我此土净，而汝不见。"（《维摩诘所说经·佛国品第一》）泛神论的思想也认为神存在于一切事物之中，一切事物都分有神性。所谓"体用不二"也类似于这个意思。苏格拉底在人的一切爱欲追求中看到了至善的影像，爱欲的本质是对至善的追求。如果像斐德罗所说的爱欲是为了获得好处，或者像泡赛尼阿斯所说的爱欲是为了单纯的快乐，或者像厄里克希马库斯所说的爱欲是技术支配的对象，或者像阿里斯托芬所说的爱欲是对原始整体性的追求，或者像阿伽通所说的爱欲是对美或者名声的追求，他们都没有真正理解爱欲的本质，都没有把这些东西看作是善本身的一种表现形式，都没有把爱欲和善本身联系起来。爱欲中就包含了善的因素，所以把爱欲理解为一种纯粹的盲目冲动是不正确的。即使在最低级的爱欲中也包含了最高级的理性和至善的因素。只有把爱和善联系起来，才是对爱欲的真正辩护。这种爱欲论基于苏格拉底的至善论的目的论。苏格拉底的哲学目的论告诉我们，目的决定了本质，我们只有从爱欲的目的才能认识爱欲。爱欲是人性的根本，爱欲的本质就是对善的追求，那么人性本善也就是合乎逻辑的结论了，由此苏格拉底确立了性善论的乐观主义立场。"存天理，灭人欲"根本上就是引导爱欲趋向天理，偏离了天理，人欲就会遭到扭曲。所以最终不是消灭人欲，而是引导人欲趋向至善。人的爱欲只有在至善中才能获得终极满足。如果人的这种最深刻的追求不能被满足，人们就会追求那些表面上的刺激和满足，以此来弥补内在的空虚和不安。如果人的最内在的欲望得到了满足，那么人就不再追求感官上和表面上的刺激和满足。因此我们应该更加关注内在的欲望，而不是感官欲望的刺激和满足。这可以说就是苏格拉底的重要的哲学教诲。而哲人达到的至善境界就是理性对实相的直观和爱欲获得最终满足的结合状态。

苏格拉底关于至善的这种观点是古典哲学的最高观念。康德关于至善的观点似乎比较接近这种观点。但其实它们具有本质的不同。苏格拉底的至善是纯粹理性对理念实相的直观中达到的，灵魂的理性和快乐同时达到最高状态。康德的至善观念是道德和幸福的结合，这种结合是以道德和幸福的根本冲突为前提的。康德虽然肯定了质料性的爱欲快乐的正当性，但是他否定了纯粹理性的直观智慧的可能性，不承认纯粹理性直观中本身的快乐，只承认实践理性意义上的道德行为。这种对理论理性的否定恰恰是古典哲学所根本反对的。

总而言之，在苏格拉底的讲辞中，爱欲、理性和至善构成了三位一体的关系，这是苏格拉底的爱欲论的根本内容。在这种爱欲论中，包含了理性和爱欲的两条平行的线索。一个是理性的上升过程，从感性阶段到知性阶段再到理性阶段。理性直观的美的对象也逐渐从感性之美，上升为知性之美，再上升为美本身。在理性对美的实相的直观中，理性转变为智慧。这就是“转识成智”。与此同步，爱欲也经历了三阶段的转变过程。即从追求获取的贫乏状态，再到因为理性直观到美本身达到智慧的最高的满足状态，也就是充实丰盈的状态。在这种状态中，爱欲变得像水面一样寂静、安宁和止息了。这就是“寂灭为乐”的至善状态。最后，爱欲从这种寂灭状态转变为流溢的状态，也就是在“同体大悲”的慈悲之爱中，爱欲开始施予和布施，就像阳光照耀万物一样，爱欲的这种流溢并不就会使自身减少，而是不增不减，不生不灭。因此，爱欲引领我们从非存在趋向存在，从贫乏趋向充盈，从追求占有的状态到充实施予的状态，从恶趋向善。理性的上升和爱欲的上升是同步进行的。在这里，理性似乎是服务于爱欲的，而不是控制爱欲。理性对美本身的认识就是为了使爱欲获得最高的满足。可以说，至善包含了理性对美本身的认识和爱欲的最高满足两个方面，两者缺一不可。这种爱欲慈悲和理性智慧同时出现的过程和状态我们可以称为“悲智双运”。这也就是人性的最高程度的完善，因此也就达到了接近于上帝之爱的高度。灵魂的至善状态或者爱欲的充盈状态非常类似于基督教中的“上帝之爱”。上帝出于爱创造了世界,出于爱创造了人类,上帝的一切作为都是在爱的流溢中完成的。这种爱欲状态也类似于佛教的“慈悲之爱”。一方面,佛教批判了世间的爱欲,认为“一切众生,从无始际,由有种种恩爱贪欲,故有轮回。……是故众生欲脱生死,免诸轮回,先断贪欲及诸爱渴。”(《圆觉经·第五品》)另一方面,佛教又提倡菩萨道的普渡众生的慈悲心和菩提心,同体大悲的精神都是来自慈悲。慈悲不是出于强迫性的,而是灵魂爱欲的充实和满足之后的自然流溢。可以说,慈悲之爱是爱欲的最高表现和完成。

按照施特劳斯的观点,这一段描述是柏拉图对哲学的本质奥秘的“诗意呈现”。我们可以这样理解施特劳斯的观点。因为哲学是纯粹的理性直观,哲学本身是无形无相的,是无法呈现的。如果不通过“表法”的形象化方式展示出来,我们对哲学的奥秘就一无所知。所以苏格拉底的这段描述是对哲学奥秘的诗意呈现。可以说,对爱欲的奥秘的展示就是对哲学的奥秘的展示。这种诗意呈现是想象力的产物。这种想象力是理性化的想象力,理性化的想象力是唯一合乎理性和人性的自然的想象力。因此想象力的好坏并不是在于是否具有独创性,而在于是否合乎理性。合乎理性也就是合乎自然。合乎理性自然的想象力才是最高的唯一的想象力。认为想象力就是天马行空的胡思乱想,这是对想象力的本质非常无知的表现。

我们还可以结合古人的“太上立德”的思想理解柏拉图的观点。在柏拉图看来,对美本身的认识可以生育至善的德性。这种至善的德性才是真正的德性。真正的德性不是政治德性或者道德德性,而是对自然(理念)本身的认识,即亚里士多德所说的“理智德性”。自然高于人类,自然是永恒的真实的,只有在对自然的认识中才能获得真正的德性。自然的德性是真实性的,道德的德性是模仿性的。真正的道德并不是人类学的产物,而是天地之德的产物。人类的德性只是对天地之德的模仿。也就是说,善恶本身不仅仅是单纯的人类学规定,而是一种宇宙本身的实质性组成部分。所以一切人类文明都强调对于善恶的分别,都强调积德行善,这种共同性本身就是对道德善恶的宇宙学本体论性质的揭示。但是这种天地之德却显得是“无善亦无恶”的非道德或者超道德的,而任何人类学意义上的道德都显得是狭隘的和低级的。"至善非善"。因此各大文明的"太上立德"之圣人都深切地看到,人类是整体的一部分,作为部分,它当然低于整体。再伟大的人类事物都是渺小的。即使没有诸神,人类也绝不是最高的和最终的存在。凭借这种认识,他们都超越了有限的人类文明的层次,达到了天地道德的层次。他们确立了健全的道德人格,成为文明的奠基者和开创者。只有超越人类,才能利益人类。所以我们要善于通过人类学的道德上升到宇宙学的道德。超越任何一种特定文明的道德的束缚,上升到天地宇宙的道德本身,这种上升才是灵魂爱欲的真正升华。可以说,柏拉图的对理念世界的直观从而生育出至善之德的观点,和张载所说的"为宇宙立心,为生民立命,为万世开太平"的观点是非常一致的。

我们还可以结合佛教的观点理解这段话。可以说,这里描述的灵魂的上升就类似于佛教的进入涅槃的"出世间法"。柏拉图描述的对理念世界的迷狂和佛教的涅槃境界是相似的。理念世界是不生不灭的,而"一真法界"也是不生不灭的,可以说理念世界就是一真法界。"一,即无二;真,即不妄。交彻融摄,故称法界。即是诸佛平等法身,从本以来不生不灭,非空非有,离名离相,无内无外,惟一真实,不可思议,故称一真法界。"(《华严经疏钞卷六十·华严经疏钞玄谈卷一》)涅槃境界是对理念世界的认识和融合。"贪欲永尽,瞋恚永尽,愚痴永尽,一切烦恼永尽,是名涅槃。"(《杂阿含经》,卷18)涅槃境界具有常、乐、我、净的特点。第一,涅槃是永恒的,它超出了三界轮回的命运,达到了不生不灭的境地。理念世界同样是不生不灭的境地,它处于天外境界,是诸神朝拜的圣地。第二,涅槃不可能是死寂的状态,而是至乐的状态。这种至乐是灵魂深处的幸福感、满足感、愉悦感,是静态的,深度的,和一般的动态快乐完全不同,和任何感官的身体的快乐状态没有任何关系。柏拉图描述的对理念世界的沉醉也是一种迷狂的状态。这种沉醉迷狂是纯粹灵魂的,和肉体没有任何关系。第三,涅槃是有我的,这个我是纯粹的理性直观的意识,并不是一般意义上的欲望之我。这种理性—神识是摆脱了一切欲念和情感的,是一切轮回流转中不变的那个东西。柏拉图描述的对理念世界的直观也是灵魂的直观,这种灵魂是摆脱了肉体束缚的灵魂,是纯粹的灵魂本身。所以涅槃的同一性不同于阿里斯托芬描述的对原始混沌的回归,那种回归是无我的,是自我的泯灭,而在对理念世界的直观中是有我的,只是这个我不是一般意义上的我,而是纯粹理性活动的主体和最终目的。第四,涅槃是清净的,因为它摆脱了一切对有形有相的执着和贪恋,因此是静止的洁净的。柏拉图的理念世界也是纯粹的形式世界,没有质料的掺杂和染污,灵魂也摆脱了肉体质料的束缚。因此善本身或者理念世界都是"一真法界",属于出世间法。对善本身的爱欲将引导我们超出世间,而趋向出世间的理念世界。

九、阿尔喀比亚德的讲辞

1. 阿尔喀比亚德突然到来

苏格拉底讲完后在场的人都赞扬他,只有阿里斯托芬想说什么,因为苏格拉底的一段话影射到他。但是阿尔喀比亚德突然不请自来,这使得这场"谈笑有鸿儒,往来无白丁"的会饮立刻下降到现实政治生活中来,也暗示了爱欲的下降之路。阿尔喀比亚德已经喝得烂醉如泥。醉酒状态是一种激情状态,这暗示了他的政治激情。阿尔喀比亚德的性格特点是豪迈彪悍、无所顾忌、我行我素、独断专行。他头戴常春藤和紫罗兰编织的花冠。常春藤象征崇拜酒神狄奥尼索斯,紫罗兰象征崇拜阿弗洛狄特。这暗示了政治家的两个偶像。他在门口说为阿伽通加冕的。这显示了政治家想和悲剧诗人联合。他取下自己的飘带给阿伽通戴上。这时他还没有看到苏格拉底,正好坐在阿伽通和苏格拉底中间。这暗示了政治家在哲人和诗人之间的中间地位。政治家可能跟随诗人,也可能跟随哲人。但是政治家可能首先跟随诗人,而无视哲人,因为哲人的真实面目并不容易被辨认出来。这样诗人、哲人和政治人也形成了一种三角的竞争关系。但是哲人似乎并不愿意加入这种竞争。

当阿尔喀比亚德看到苏格拉底之后,大叫起来,说苏格拉底总是出乎他的意料,还说苏格拉底应该挨着阿里斯托芬躺着,而不应该挨着最美的阿伽通躺着。这里暗示了哲人的隐匿性,哲人虽然处于众人之中,但是哲人并不容易被辨认出来。阿尔喀比亚德具有对哲人的辨认能力。他的提议暗示了苏格拉底和阿里斯托芬的隐秘关系。哲人本质上是喜剧性的。

苏格拉底向阿伽通求救，表示阿尔喀比亚德的情爱让他不堪其扰。自从他爱上了阿尔喀比亚德，对方就禁止他和别人来往，否则就总是忌恨他，攻击他。所以他请求阿伽通赶快调节一下，否则阿尔喀比亚德的疯狂和作为有情人的狂热会让他感到害怕。当然这是苏格拉底的反讽和调侃。但是这里苏格拉底先说他是阿尔喀比亚德的有情人，然后又说阿尔喀比亚德是他的有情人，似乎前后矛盾。应该说，苏格拉底故意混淆了两者的身份。这里显示了哲人和政治人的复杂关系。我们知道，苏格拉底不参与政治，他对于政治生活是敬而远之的，但是政治又是不可逃避的。他不得不面对阿尔喀比亚德之类的政治人的敌视和骚扰。他必须设法改善政治人，以试图改善自己的政治处境，所以他就显得是政治人的有情人。当政治人感受到哲人的人格和智慧的魅力后，就受到哲人的吸引，谋求改善自身，从而提高自己的政治能力，这样政治人反过来就成了哲人的有情人。但是哲人和政治人并不会因此真正成为恋人。他们的内在矛盾和冲突仍然是不可调和的。因此阿尔喀比亚德认为他和苏格拉底之间没有调和的可能性。

然后，阿尔喀比亚德要求阿伽通解下几条飘带，给苏格拉底戴上，因为阿伽通只是赢得了一场比赛，而苏格拉底赢得了所有比赛。这是对苏格拉底的哲人身份的确认和颂扬。阿里斯托芬虽然看到了苏格拉底的高超，但是他根本否定这种高超的意义。阿伽通似乎没有看到苏格拉底的高超。只有阿尔喀比亚德认可了哲人的这种高超。然后阿尔喀比亚德就专制地“选举”自己做酒司令，这是他的僭主性格的表现。他要求先和苏格拉底喝，并且保证苏格拉底绝对不会喝醉，这也暗示了苏格拉底的节制和理性的超能力。厄里克希马库斯又提议让他赞颂爱若斯，但是阿尔喀比亚德认为当着苏格拉底的面，他只能歌颂苏格拉底，不能歌颂任何人或者神，否则苏格拉底就饶不了他。苏格拉底表示只要说真话就可以。似乎苏格拉底认为自己应该受到这种颂扬。这反映了苏格拉底的狂傲。这种狂傲是哲人发现了自然真理、又不得不面对世人的无知愚蠢时的基本表现之一。正如佛教中宣扬的“四无畏”一样。哲人不可能只是一味地谦卑。他的谦卑是面对自然的真理时的态度，而他的狂傲是面对世人无知时的态度。于是阿氏就开始颂扬苏格拉底。这似乎是柏拉图在显示哲人高于僭主，僭主服从哲人。阿氏表示他现在喝醉了，要有条理地讲出苏格拉底的神奇，是有困难的。这暗示了哲人的“大象无形”，所以要颂扬哲人的伟大和神圣，不是凡人可以用语言做到的。当然，我们也可以说，即使阿氏是清醒的，他也几乎不能完成对哲人苏格拉底的真正颂扬。柏拉图以这种方式表达了对哲人苏格拉底的崇敬和对哲学生活的辩护。

2. 阿尔喀比亚德颂扬苏格拉底

如果说苏格拉底的讲辞是揭示哲人的爱欲的上升之路，展示的是哲人的“出世间法”，那么，阿尔喀比亚德的讲辞就是展示哲人的爱欲的下降之路，也就是哲人的入世行为。这样苏格拉底的讲辞和阿尔喀比亚德的讲辞就构成了一个哲人的爱欲的辩证运动的完整图景。如果只是展示哲人的爱欲的上升之路，仍然是不完全的。哲人灵魂爱欲的上升是哲人的自我完善和自我净化，但是如果哲人只是停留于这种自我完善，仍然是远远不够的。哲人还必须进一步把自己的智慧和完善普及推广开去，使得整个政治社会也可以得到提升和完善。这才是哲人的爱欲生活的完全实现。可以说，哲人的出世行为和入世行为是密不可分的，哲人的出世行为同时就蕴含在他的入世行为之中。这样我们也就能够理解苏格拉底从来没有离开过城邦，面对城邦的不义判决，他也没有试图逃跑。他以出世的眼光看待自己的世间命运，他根本没有受到世间命运的支配和束缚，因此他始终是自由自在、宁静喜乐的。

如果苏格拉底的讲辞是从内在的方面展示爱欲的奥秘，那么阿尔喀比亚德的讲辞就是从外部的和行为的角度展示哲人的爱欲。柏拉图通过一个醉汉的口来展示哲人的真相是一种明哲保身的安全策略。醉话既可能是真话，也可能是假话，人们分不清这话的真假，也就不会把这话太当真，这样苏格拉底就不至于遭到他人的嫉恨，同时柏拉图也以这种方式为自己的老师进行了辩护。借助于这种方式，哲人的真相既被展示出来，敏锐的听众会理解他的话的含义，同时哲人的真相又被掩盖了，不敏锐的听众就会当作笑话一笑了之。柏拉图以玩笑的方式展示真理，不仅是他对修辞术的正当应用，更是哲人的真理所要求的。以真理在握的严肃态度和方式言说真理，本身就是对世人的愚昧和狂妄的无知的表现。因此智慧往往以玩笑的方式表达自己。

阿尔喀比亚德表示自己要使用比喻。虽然使用比喻是雅典人经常用的搞笑的方式。但是比喻仍然有更加深刻的内涵。正如在《圣经》中，门徒问耶稣为什么总是使用比喻，耶稣就指出“神国的奥秘，只叫你们知道；若是对外人讲，凡事就用比喻，叫他们看是看见，却不晓得；听是听见，却不明白；恐怕他们回转过来，就得赦免。”（《马可福音》，4：11－12）可以说，使用比喻一方面是为了和听众更加容易沟通，比喻就是使用听众能够听懂的语言解说听众不懂的道理。比喻的语言是浅显和通俗的，但是比喻指示的内容却是深奥的，是听众不熟悉的。这样通过比喻的方式就可以以浅显的方式讲授深奥的内容。甚至可以说，一切语言本身都是比喻性的，也就是指示性的。即语言只是对事实本身的指示，事实本身都是离言绝相的，不能把语言和事实混淆起来。但是我们一般都只首先关注语言，而忽略了事实。所以要认识真理，就不能局限在语言层面，必须超越语言层面去认识事实本身。

阿尔喀比亚德对苏格拉底的颂扬主要是展示哲人苏格拉底的人格完善性，也就是展示哲人的智慧、节制、正义和勇敢。哲人是集四种美德于一身的人，因此哲人是“完人“的化身。所谓“太上立德”。一切德性的核心和根本是智慧。他首先认为苏格拉底就像是雕刻铺前摆的那些希勒诺斯，或者像是马尔苏亚的萨图尔。根据刘小枫先生的注释，希勒诺斯是林神，奇丑无比，经常喝得烂醉，肚子里装满各种神像。它经常和萨图尔混用，后来与酒神联系起来。据说希勒诺斯知道一些秘密，如果被人逮住就会说出一些秘密，但是后来人已经不了解他的智慧，只知道他曾经说过“没有智慧最好。”这似乎是对苏格拉底的无知之知的暗示。智慧必须包含了对智慧的自我扬弃。智慧当然是对自然真相的认识，但是智慧也是人为之物，而一切人为之物都使我们远离了自然真相。所以只有扬弃智慧，我们才能真正获得智慧。正如在《金刚经》中，佛陀就指出：“若人言，如来有所说法，即为谤佛，不能解我所说故。须菩提，说法者，无法可说，是名说法。”（《金刚经·非说所说分第二十一品》）以智慧为智慧就仍然不是智慧。而希勒诺斯肚子里的神像暗示苏格拉底凭借无知之知，达到了诸神的高度，掌握了诸神的奥秘。如果诸神是文明礼法的奠基者，那么就意味着苏格拉底洞悉了文明礼法的奥秘。这就暗示了苏格拉底对于礼法文明的超越。他不再受到礼法文明的影响和支配,而是“依据自然而生活”的哲人。他的心中有大自在大安乐。这也暗示苏格拉底的神圣性。苏格拉底像个巫师,这就和厄里克希马库斯的讲辞结合起来。哲人比巫师更加具有神性,哲人凭借智慧而高于诸神。

阿尔喀比亚德首先认为苏格拉底是狂傲的。在神话传说中,马尔苏亚的萨图尔曾经带着笛子参加音乐比赛,去向阿波罗挑战,结果失败并遭到了痛斥。阿伽通曾经指出苏格拉底的狂肆,阿尔喀比亚德再次指出了苏格拉底的这种面相。施特劳斯认为《会饮》就是展示苏格拉底的放肆和狂放。如何理解苏格拉底的狂傲呢?苏格拉底一方面自认为是无知的,他的智慧就是无知之知。这种无知之知是对一切人类所谓的知识的扬弃和解构,他看到了人世所谓的知识的虚假性,他根本不承认所谓的人类知识的正当性。因此他已经不再被任何人类的知识所迷惑和障碍了,他的内心是空空荡荡的,是无所挂碍的,处于极度的清晰、明澈、空灵的境界,也是高度自由自在的。他安住在没有任何观念知识干扰的境界中。另一方面,苏格拉底实际上是无所不知的。他的灵魂达到了纯粹理性的静观觉察的最高层次。通过这种纯粹理性的洞察能力,他知道人心和各种事物都是生生灭灭的,是各种条件因缘和合而生的,因此对于它们的知识都不是真知。只有不生不灭的东西才是真实的,对它们的认识才是真知。这就是柏拉图提出的理念之知。但是理念实相和对理念实相的认识却不是可以用语言表达和用概念认识的。所以我们几乎也不可能对它们有一般意义上的知识。可以说,人类知识的最终结论就是无知之知,无知之知才是真知,无知之知也就是无所不知。这样,我们就可以解释苏格拉底的预言能力。他凭借无知之知超出了人世,达到了宁静祥和的出世的超然境界。所谓“宁静致远”。这种宁静祥和导致他的理性极度灵明,对人世的一切都达到了无所不知的洞察觉知。因此他具有对人心的超常的洞察力,能够觉察每个人内心世界的活动,当事者对于自己内心活动的察觉都远远低于苏格拉底对于其内心活动的觉知。可以说,苏格拉底具有一双“上帝之眼”,也就是佛教所谓的“他心通”。这也是苏格拉底非爱欲化或者彻底理性化的结果。因此苏格拉底的骄傲是他的智慧的体现,也是对世人的无知的洞察。我们可以把苏格拉底的狂傲和庄子的狂傲进行比较。两者的狂傲是完全一致的。庄子式的狂傲显示的恰恰就是对于人间事务的蔑视。在他看来人间事务是短暂的有限的，根本不值得认真对待。只有自然是永恒的真实的，真正的人生应该依据自然而生活，而不是依据人类文明道德而生活。我们对超人间的自然越是有了深刻的认识，就越不会在意人间功名利禄之类的事物。俗人都不觉悟，把这些低级的人类事物看得高于一切，并且执迷不悟，拼命追求。这在哲人看来是幼稚愚蠢可笑的。但是哲人的超然也必然同时遭到世人的误解、嘲笑、排挤和嫉恨。苏格拉底、庄子之类哲人和世人的关系正是如此。当然我们不能简单地把这种颂扬看作是对苏格拉底本人的颂扬，而应该看作是对哲学生活本身的颂扬。苏格拉底就是哲学的化身。这应该是苏格拉底没有阻止阿尔喀比亚德的原因。

阿尔喀比亚德从言、行、思三个方面展示了苏格拉底的智慧的秘密。正如德谟克里特所说："智慧生出三种果实，善于思想，善于说话，善于行动。"

首先，阿尔喀比亚德颂扬了苏格拉底的言辞。智慧首先表现为言辞，所谓"辩才无碍"、"口吐莲花"之类都是智慧在言辞上的展示。他认为苏格拉底的言辞具有超常的魅惑力。在他看来，苏格拉底本人就是一个马尔苏亚式的吹箫手。马尔苏亚用乐器使人着迷，其乐曲是通神灵的，具有占卜的作用。和马尔苏亚不同的是苏格拉底是使用语言的大师，所有人一听苏格拉底说话都立刻被迷住。他一听到苏格拉底的话，心就狂跳不已，眼泪直流，而伯利克勒斯和其他演说家都没法和他相比。他的灵魂被搅成一团乱麻，不能自主，甘愿做苏格拉底的奴仆，并且认识到自己现在过的生活是没有价值的，不能再这样活下去。即使现在，他也抵挡不住苏格拉底言辞的魅力。他认识到自己忙于政治事务，却忽略了自己的灵魂。因此他感到非常羞愧，恨不得捂住耳朵，像逃避塞壬们一样，躲避苏格拉底。他知道不能违背苏格拉底，苏格拉底的话都是对的，但是一旦离开他，他就不免受到世人的逢迎和蛊惑。所以他就老是逃避苏格拉底，只要见到苏格拉底，就会因为曾经答应苏格拉底的事情没有做到而无地自容。他甚至因此都希望苏格拉底早点死去。但是如果苏格拉底死去了，他也会很难过，所以简直不知道怎么对付苏格拉底。

这段话表明阿尔喀比亚德接受了哲学教育之后，就试图改过自新、重新做人。但是这种美好的哲学生活并不是所有人都能够一贯坚持的，因为人对于感官快乐和政治荣誉的迷恋和执着根深蒂固。因此他虽然受到了苏格拉底的深刻影响，但是他最终也没能真正完全改变自己的生活。他仍然积极参与政治活动，最后死于非命。他认识到苏格拉底的话是真理，但是他却无能做到，这让他感到羞愧，甚至因此希望苏格拉底能够死去。这和《圣经》中的彼得面对耶稣的羞愧是一样的。这里透露了深刻的心理学规律。所谓"至诚如神"。苏格拉底凭借他的纯粹理性智慧具有了一双"上帝之眼"，能够洞察人心的一切，几乎任何人都不能逃脱他的法眼，人们在他面前是无法自我辩解和掩饰的，这更加使人觉得无地自容。这种极度的自我贬损最终会使人无法承受，从而导致人们对哲人或者上帝的报复，试图以此消除自己的羞愧感，掩盖自己的欠缺和丑陋。所以世人讲"水至清则无鱼，人至察则无朋"。同时世人也希望没有完人，说"人无完人"，因为在一个完人面前，所有人都将感到焦虑和羞愧，这将导致对完人的仇恨和报复。正如在《普罗泰戈拉》中揭示的，否定了完人的可能性，世人就能够满足于自己的不完美和低劣性，能够快快乐乐地活下去。但是世界上可能确实存在完人，我们不能否定完人存在的可能性。哲人就是完人。苏格拉底就是这样的完人。他的魅惑力就来自他的人格完美性。而这种人格完美性则来自他的理性智慧，来自他对真理和人的灵魂的洞察力。首先他能够洞察真理，其次他能够洞察每个人的内心世界。只有达到纯粹理性的人，只有不被欲望和情感所迷惑的人，才能具有这种洞察力。世人之所以不能成为完人，归根到底，不是能力的问题，而是认识的问题。也就是说，人们仍然没有看到实相，没有获得至善和智慧，仍然被感官和现象所迷惑。一般人所谓的认识和知道只是言辞和知性上的，不是理性的智慧的认识。世人往往只是追求美好的东西的影像，而不是真正的美好本身。即使人们认识到什么是正确的，仍然往往都追求错误的东西。人们在认识和行为上的这种普遍的分裂在于他们没有认识至善，只是把至善的影子看作是至善本身。所以我们还要在认识中下功夫。只有突破了现象和感官的局限性，看到了真如实相，获得了真正的智慧和德性，我们的行为才能真正发生转变，对于哲学智慧的服从才是真心实意、心甘情愿的了。正如孔子所说："我欲仁，斯仁至矣。"因此"知难行易"才是真理。"知易行难"其实是低估了认识或者智慧的重要性。正如王阳明所说："知是行的主意，行是知的工夫；知是行之始，行是知之成。"

其次，阿尔喀比亚德颂扬了苏格拉底的行为。智慧也表现在行为的节制上。他指出没有人真正认识苏格拉底的真实面目。苏格拉底表面上既显得对漂亮人色迷迷的，似乎被美色搞得不知所措，但又显得对什么事都一无所知。阿尔喀比亚德指出其实苏格拉底的内心对于美色、富有、优越等东西根本不在乎，这些东西在他看来都一文不值。他的内心充满了节制，他的外表只是在装样子，和世人搞笑而已。这种节制使苏格拉底的内心世界是神圣的、尊贵的、美妙的、神奇的，以至于苏格拉底无论让他做什么，他都愿意做。

他列举了两类事情显示苏格拉底的节制。第一类事情是苏格拉底对快乐的节制力。他讲述了他和苏格拉底的交往过程。他对自己的美貌引以为傲，试图以此诱惑苏格拉底，但是苏格拉底始终无动于衷。他首先是和苏格拉底单独相处，其次是一起进行裸体锻炼，再次是共进晚餐，最后是同床共枕。当阿尔喀比亚德表白自己的心意，认为只有苏格拉底能够让自己变得优秀起来时，苏格拉底却用装傻的口气说，其实他是想和自己做交易，用哲学智慧的美换取外貌的美，以仅仅看起来的美换取实实在在的美，这是"以铜换金"，是想占他的便宜，他才不干。阿尔喀比亚德感受到了苏格拉底令人窒息的高傲和狷狂。他感到自己受到了鄙薄，但是又倾慕他的天性、节制和男子气概。他本来以为自己不可能碰到一个如此节制和忍耐的人，但是他却碰上了，用钱财、功名和美貌都不可能诱惑苏格拉底。所以他不知道该如何和苏格拉底交往。第二类事情是苏格拉底对于痛苦的忍耐力。他们共同参加了波特岱亚战役，苏格拉底表现出了对饥饿、寒冷的超人般的忍耐力和对美味佳肴的节制力。他还提到了苏格拉底救了他一命，但是苏格拉底却拒绝了应得的荣誉。在德利乌门战役中，当全军溃败时，苏格拉底比将军拉克斯还要镇定自若，威风凛凛，以至于敌人都不敢攻击他。他最后说，无论在古人还是今人中，再也找不出像苏格拉底那样整个人都值得赞叹的人了。没有任何人可以和苏格拉底的神奇相比，除非不拿人和他相比，只有希勒诺斯和萨图尔等神灵可以和他相比。

这一段表现了哲人对于人世事物的蔑视和超然。苏格拉底的节制、忍耐和他的高傲、狂狷是一回事。他能够蔑视快乐的诱惑和痛苦的折磨。他体验到这些感受却无动于衷，不为所动。其他人却无法蔑视这些感受，只能被这些感受的支配和控制。这样他们就和动物没有区别。苏格拉底才显现了人性的真正尊严和高贵。因此当其他人都无能做到节制和忍耐，苏格拉底却轻而易举地做到时，他的人性的神圣和高贵就立刻表现出来了。同时其他人的人性的鄙陋和软弱也就显现出来了，他们意识到自己屈从于这些欲望和快乐，而感到自惭形秽。苏格拉底对于自己的感受的蔑视就显得是对他们的蔑视了。

苏格拉底的节制和忍耐都来自他的理性化或者非爱欲化，也就是他不再受到自己的情感和欲望的支配。这种非爱欲化就在于他的爱欲在理性对实相的直观中获得了终极性的满足，他的爱欲追求已经止息了。因此他的满足了的爱欲就显示为一种非爱欲化。他认识到了爱欲追求的终极目标是至善，而至善不是人间事物的善，人间事物的善只是至善的影子，他要追求实在的至善，而不是追求至善的影子，其他人都是在追求至善的影子。苏格拉底体验到了更高的快乐和幸福，他才对人世间的这些快乐幸福不再感兴趣。所以他的节制不是出于人为的控制，而是自然而然的，是基于苏格拉底的爱欲的终极性满足。就像一个人喝了琼浆玉液，就不愿意再喝白开水一样。在这种爱欲的终极性满足状态中，苏格拉底的灵魂和他的肉体感受产生了分离，他仍然会感到痛苦，但是因为他的灵魂处于宁静安乐的状态，这种肉体上的痛苦对于他的觉知来说就是极轻微的，因此是非常容易忍受的。如果节制只是出于人为的意志的控制，那么这样的节制就仍然不是节制，或者只是俗人的节制。苏格拉底的节制在于他的智慧对实相的认识。因为他认识了实相，并且对实相有了更高的快乐体验，所以他才对感官的快乐变得无动于衷了。我们可以推断，他的内心充满更加纯粹洁净的快乐。这种快乐来自理性的静观觉知。可以说，他对爱欲的扬弃在于他的人格的纯粹理性化。这种纯粹理性就是静观觉察的能力，也就是智慧。智慧首先就显现为节制，节制仅次于智慧。

所以色诺芬就十分强调苏格拉底的节制。哲人的纯粹理性化使得哲人是最接近神的人。而神在苏格拉底那里就是纯粹理性本身。哲人比英雄更是半神或者神人。这就是苏格拉底的灵魂的奥秘。

最后,阿尔喀比亚德还特别展示了苏格拉底的沉思。在他讲述波特岱亚战役中,他提到苏格拉底曾经在大夏天从一清早一直站在一个地方出神,直到第二天清早太阳升起,祷告了太阳之后才离开。人们都对苏格拉底的这种沉思能力感到惊异。这里当然也体现了苏格拉底对酷热的忍耐力,同时也是对会饮前苏格拉底的沉思的一种回应。苏格拉底的沉思是一种超人般的沉思,类似于佛教中的禅定状态。从根本意义上说,言说和行为都依赖于沉思。只有在沉思中获得了智慧,才能在言说和行为中展示出来。我们只能推测,他在这种沉思状态中内观自己的各种觉知和欲念活动,并且始终保持在这种静观觉知之中。所以苏格拉底的沉思就是自我认识,自我认识就是"对知觉的知觉",或者"对感知的感知"。通过这种方式,就达到了直接性、简单性、绝对性和原初性。这也就是"返璞归真",就是老子所谓的"致虚极,守静笃。万物并作,吾以观复"。在这种感知中,他达到了对实相的清晰的觉知,一切都了然于胸,洞若观火,明察秋毫,纤毫毕现。随着觉知的提升,他的欲望和观念活动就逐渐停息下来,他就体验到了超常的安宁和寂静,这种深度的安宁和寂静同时给他带来了深沉的愉悦和满足。正如佛教所谓的"寂灭为乐"。这种愉悦和满足是在任何日常感受中都不能达到的。由此,他超越了日常性的快乐的诱惑、对痛苦和死亡的恐惧。这也就是孟子所说的:"万物皆备于我。返身而诚,乐莫大焉。"他从外部世界中抽身而出,返回了自我的绝对世界中,体验到了自我的绝对独立性和超越性,因此他对外部世界的一切都不为所动,能够绝对地支配他自己和外部世界。由此他达到了人性的最高境界和最高完善。我们可以推测,通过沉思,苏格拉底达到了人性的至善的顶峰。即使是在战场上这种非常行动化和无思想的状况下,苏格拉底也能够进入沉思状态。这种沉思状态就是纯粹理性的状态。理性状态就是绝对意义上的自然状态。可以说,这种沉思和静观本身就是人性的至善的展示。人性的至善只有在这种静观觉知中才能完全实现。或者说,通过这种静观,苏格拉底最终和至善合二为一了。人性的至善的实现显得是超人的境界，或者类似于神的状态。苏格拉底在这种沉思—觉知中达到了“天人合一”的忘我境界。正如庄子《齐物论》中的一段：“南郭子綦隐机而坐，仰天而嘘，荅焉似丧其耦。颜成子游立侍乎前，曰：‘何居乎？形固可使如槁木，而心固可使如死灰乎？今之隐机者，非昔之隐机者也。’子綦曰：‘偃，不亦善乎，而问之也！今者吾丧我，汝知之乎？女闻人籁而未闻地籁，女闻地籁而未闻天籁夫！’”（《庄子·齐物论》）苏格拉底在这种出神沉思中就是在倾听天籁的声音。他向太阳祈祷，因为太阳神阿波罗是理性之神，《理想国》的主神就是太阳神。

阿尔喀比亚德最后又回到了对苏格拉底的言辞的赞美上。他表示人们最初会觉得他的言辞很可笑，因为他总是谈一些铁匠、鞋匠之类的东西，但是往里面看就会发现其中的真理。苏格拉底的言辞实在是神明端正，包含了各种美德的神像，对于每个希望变得美好高贵的人来说，其中所有的东西都值得好好学习。所以他总是试图以有情人的身份勾引青年人，包括卡尔米德、欧绪德谟等人。最后那些年轻人反而成为了有情人，苏格拉底反而变成了情伴。这表明苏格拉底是非爱欲的，但他是“不动的推动者”。苏格拉底接近年轻人是出于对智慧和至善的爱，而不是出于对年轻人的爱。这种对智慧和至善的爱欲导致他希望年轻人也能够学习哲学，获得智慧，从而获得美好的生活。最后，阿尔喀比亚德警告阿伽通不要受到苏格拉底的诱惑和欺骗。这似乎是在暗示诗人不要受到哲人的启蒙诱惑。但是我们必须明白，只有经受了哲学的训练，人格才能真正变得完善，才能真正获得最高的快乐和幸福。

柏拉图之所以选择阿尔喀比亚德歌颂苏格拉底，暗示了哲人和政治人的复杂关系。阿尔喀比亚德对苏格拉底的歌颂和臣服，似乎显示了政治人对于哲学家的驯服。我们知道，柏拉图始终在谋求哲人和僭主的联合。在他看来，只有这种联合才能实现对人性的大规模的改善。在《理想国》、《法律篇》中，柏拉图都暗示了这种联合。这种联合的必要性在于哲人和僭主各自的局限性。哲人是非暴力的，所以哲人的教化是极为有限的。这是哲人的局限性。如果哲人要把自己的教导扩大，就必须和僭主结合。僭主是暴力的原则，是欲望和激情的体现。缺乏真正的智慧是僭主的局限性。如果僭主能够接受哲人的教导和法律，就能够把哲人的智慧和教导在政治社会的范围内推广开来，这样就能够达到最好的人性教化的结果。可以说，哲人和僭主的联合是柏拉图的一贯主题。但是这种结合可能只是柏拉图的一种理想化的假设。色诺芬在《论僭政》中就已经提示，哲人想说服僭主几乎是不可能的。哲人和僭主的矛盾很难消除。柏拉图在自己的政治行为中屡次失败受挫也证明了这种结合的困难。当代最著名的海德格尔的纳粹事件也说明了哲人和僭主结合的危险性和不确定性。哲学家如果要说服僭主，其可能性是微乎其微的，最终可能就是害人害己、身败名裂。所以一个哲学家想在政治上有所作为，最好的方式就是教书育人，"得天下英才而育之"。如果能够培养出好的人格，就已经是在参与政治了，哲人不必一定亲身参与具体的政治事务。哲人凭借他的智慧，就已经是王者了，他并不需要任何行政职务和权力。孔子也在政治上的屡次受挫后，选择把教育活动作为自己的终生事业。当有人问孔子为什么不参加政治时，孔子说："《书》云：'孝乎惟孝，友于兄弟，施于有政。'是亦为政，奚其为为政？"(《论语·为政》)中国古代的"帝王师"传统似乎继承了哲人王的理想。哲人的王位只意味着他对于人民的教育活动，而不意味着任何具体的政治职务。所以苏格拉底始终强调自己不参与政治，拒绝任何这类联合，苏格拉底对哲人和政治的关系的观察可能更加敏锐和深刻。他放弃了柏拉图式的政治幻想，所以他也不写作。柏拉图似乎仍然没有摆脱自己的功名心或者对政治的幻想，并且因此向暴力妥协了。在理论层面上向暴力妥协是非常危险的。

从佛教哲学的角度看，苏格拉底的至善就表现在他消除了贪、嗔、痴三毒。首先，他没有任何贪欲，他家徒四壁，从来不去经营家务，从来没有对财富的欲望。他也没有对名誉的欲望，从来不顾忌自己的脸面，也不会为了获得他人的认可和赞赏而做任何事情。他也没有对性的欲望，他的婚姻完全是出于对城邦法律的服从。他对于自己的儿女也没有特别的关爱，他把一生都奉献给对至善本身的追求。其次，他没有嗔恨心，他从来不发怒。即使别人嘲笑他，他也无动于衷。他的内心始终是安乐祥和的。"不怨天不尤人"，安于自己的任何处境。他不会出于情欲而做出任何行动。最后，他也消除了无明愚痴。他达到的无知之知同时就是无所不知。他达到了纯粹理性的静观觉知的境界，消除了情欲带来的无明、无知，随时对自己的任何行为和处境都一清二楚。因此苏格拉底和佛教的圣人几乎没有本质性的区别。苏格拉底和《维摩诘经》中描绘的维摩诘居士的形态非常相似。“执持正法，摄诸长幼。一切治生谐偶，虽获俗利，不以喜悦。游诸四衢，饶益众生。入治正法，救护一切。入讲论处，导以大乘。入诸学堂，诱开童蒙。入诸淫舍，示欲之过。入诸酒肆，能立其志。”（《维摩诘经·方便品第二》）苏格拉底也和老子描述的圣人非常接近。“绝学无忧，唯之与阿，相去几何？善之与恶，相去若何？人之所畏，不可不畏。荒兮其未央哉！众人熙熙，如享太牢，如春登台；我独泊兮其未兆，如婴儿之未孩，儽儽兮若无所归！众人皆有余，而我独若遗。我愚人之心也哉，沌沌兮！俗人昭昭，我独昏昏；俗人察察，我独闷闷。澹兮其若海，飂兮若无止。众人皆有以，而我独顽似鄙。我独异于人，而贵食母。”（《道德经》，第二十章）

十、结尾

在阿尔喀比亚德说完这些话后，在场的人都笑了，认为阿尔喀比亚德的这些话只是表明他还在热恋着苏格拉底。苏格拉底认为阿尔喀比亚德是在打马虎眼，他的意图不是赞美苏格拉底，而是想离间苏格拉底和阿伽通。苏格拉底打趣说不能让任何人离间他和阿伽通。这表明苏格拉底以玩笑的方式把哲人的真相重新掩盖起来，哲人的隐匿性再次得到了强调。苏格拉底要求阿伽通躺在他身边，以表明哲人和诗人的友好，表明哲人苏格拉底要引导和教育青年诗人阿伽通。这样苏格拉底处在阿尔喀比亚德和阿伽通中间。这强调了哲人在政治人和诗人之间的中心地位，政治人和诗人都应该接受哲人的教导。苏格拉底的这种提议遭到了阿尔喀比亚德的反对，他的政治野心使他不愿意服从哲人。最后，阿伽通表示希望得到苏格拉底的赞美，要按照苏格拉底的要求做。这表明诗人开始意识到哲人的神圣和智慧，希望得到哲人的教导。但是这时突然闯进来一大群醉醺醺的夜游神，躺在了他们中间。整个大厅变得乱哄哄的，秩序全乱了，个个互相逼酒，不再遵守任何规矩。这群人象征“无名的大众”。在这些庸俗大众中，任何美好和高贵的教导都是难以实行的。但是哲学教化却必须在这种政治社会生活中才能存在和发展。这是一副更加整全的画面。

阿里斯托得莫斯讲到，厄里克希马库斯、斐德罗等人先走了，他也睡着了，等到鸡叫醒来时，看到阿伽通、阿里斯托芬和苏格拉底还在喝酒。如果我们把斐德罗的功利性、泡赛尼阿斯的道德和厄里克希马库斯的技艺都看作是文明的一部分，那么，他们的观点都可以归入到阿伽通的关于文明的观点中。这样，我们就可以理解为什么在会饮最后只剩下阿伽通、阿里斯托芬和苏格拉底三个人在对话。苏格拉底带领他们在聊天，内容是苏格拉底要求他们承认同一个人可以兼长悲剧和喜剧。掌握技艺的悲剧诗人也会是喜剧诗人。他们似乎不得不同意。但是他们也没有认真听，都困得不行，阿里斯托芬先睡着了，最后阿伽通也睡着了。这种次序也表明在柏拉图看来，悲剧诗人高于喜剧诗人。在他们睡后，苏格拉底起身离开。阿里斯托得莫斯像平常一样陪着他。苏格拉底到卢凯宫待了一天，傍晚才回家。这意味着哲人苏格拉底始终处于纯粹理性的清醒觉知状态，他永远不会陷入昏睡。昏睡意味着非理性状态，这和哲人的本质相违背。

这一段似乎暗示悲剧诗人高于喜剧诗人，阿伽通高于阿里斯托芬，而哲人是同时兼长喜剧和悲剧的，所以哲人高于一切诗人。悲剧诗人是建构主义的大师，是政治文明的奠基者和创造者，喜剧诗人则是解构主义的大师，是对政治文明的反思和嘲讽。悲剧是文明的奠基者，而喜剧是反文明的。悲剧强调了爱欲和文明的和谐关系，而喜剧则强调了爱欲和文明的对立关系。从理性主义的角度看，悲剧高于喜剧，意味着理性高于非理性，文明高于野蛮。哲人则是掌握了建构主义和解构主义的两种技艺的大师。他能够随时根据需要进行解构或者建构的工作。随立随破，随破随立。他没有固定的教条化的原则和观点，而是因机设教。因为哲人的最高权威和标准是自然，自然高于文明，一切文明是对自然的模仿，哲人不论是创立文明还是解构文明，都是依据自然。凡是合乎自然的，他就支持；凡是违背自然的，他就反对。哲人是完全依据自然而生活的。只有依据自然，我们才能理解哲人的思想和行为。哲人完整地把握了自然和文明的关系。人类生活需要政治文明，抛弃政治文明，人类就无法生活，人性就不是人性。但是如果把政治文明绝对化，把道德法律绝对化，那么政治文明就成为对人性的压抑和束缚，所以必须善于处理文明和自然之间的辩证关系。两者对于人类的健康生活都是等同重要的。哲人能够同时从这两个方面把握两者的关系，哲人能够凭借智慧，把握时机，当机立断，决定在特定的时间和场合采取建构主义还是解构主义。哲人同时兼备文明和反文明的两种能力，而悲剧诗人和喜剧诗人则各有所偏，他们都没有真正认识自然。可以说，哲人苏格拉底的无知之知就是建构的技艺和解构的技艺的统一。

十一、结束语

《会饮》始于爱神颂，终于哲人颂。会饮中的每个人都想为爱欲辩护，都想升华爱欲。在他们的讲辞序列中，几乎后一个都是对前一个的扬弃和否定。斐德罗从利益这个最常见和普遍的问题入手。但是他并不知道爱欲的真正利益，他对爱欲的利益的认识是狭隘的低俗的。所以泡赛尼阿斯从道德主义的角度否定了斐德罗的爱欲颂，他要论证爱欲的道德目的和作用。这种观点显然比一般利益的观点要高尚一些。但是他只是看到了美德的影子，并未看到爱欲不能完全被纳入到道德规范之中。厄里克希马库斯否定了泡赛尼阿斯的道德主义，而从技术主义的角度看待爱欲，试图把爱欲纳入到技术控制的范围。但是凭借技术控制爱欲的观点本身就是反爱欲的。所以阿里斯托芬重新提出爱欲的自然本性的问题，他几乎把爱欲完全等同于本能，以反文明、反理性的非理性主义的方式颂扬爱欲，他看到了爱欲的超文明的特性，但是错误地把爱欲和文明理性对立起来。他的这种观点遭到了阿伽通的反对。阿伽通的唯美主义揭示了爱欲的文明特征，强调了爱欲和文明的和谐关系，认为爱欲是文明的奠基者、创造者。但是强调爱欲和文明的一致性仍然是世间法和有为法，爱欲毕竟不能在世间法中获得完全的满足。所以苏格拉底的理性主义强调爱欲的本质是对至善的追求，爱欲最终就是对至美本身的理性直观和沉醉。这可以说是苏格拉底的“出世间法”和“无为法”。只有在“出世间法”或者“无为法”中，爱欲才能最终实现自我，达到最终的完满。所以苏格拉底对爱欲的歌颂是最高层次的。他的颂词包含了爱欲带来的好处，爱欲对美德的实现，爱欲对技艺的创造，爱欲对一体感的追求，爱欲对文明的塑造，以及爱欲包含的理性和至善的超文明特征。可以说，前面的所有颂词都以修正的形式包含在了苏格拉底的颂词之中，他的颂词是对所有颂词的扬弃和修正。因为苏格拉底的这种洞见和真知灼见，所以他才受到了阿尔喀比亚德的歌颂。如果说前面六个人的颂词都是限于言辞方面，那么阿尔喀比亚德的颂词是对苏格拉底的"行动"方面的展示和歌颂。这样他就以"行动"扬弃了"言辞"。所谓"听其言，观其行"，只有言辞和行为相结合，才能达到整体性。这样整个会饮就构成了一个言辞和行为结合的整体。所以阿尔喀比亚德是整个会饮的终结者和裁判者。如果现象界对应于政治生活，本体界对应于哲学生活，那么《会饮》最终暗示了政治生活不能最终满足人的爱欲，我们的爱欲只有在超政治的哲学生活中才能获得真正的净化和最终的满足。这就是柏拉图对哲学生活的辩护。

如果把爱欲理解为现代哲学熟悉的"生命"，那么我们就会在更大的范围内理解柏拉图的《会饮》。"娑婆世界，爱欲为本。"生命的本质就是爱欲。人皆有爱欲，人的爱欲总是对某物的爱欲，例如对金钱、财富、爱情、权力或者名誉的追求等。但是人们并未意识到他们在追求这些东西时都是把它们看作是善的。所以爱欲本质上就是对善的追求。但是生命爱欲可能并不真正认识善，这些东西可能给人类带来厄运。生命会去追求错误的目标。当然这个错误的目标也是真实的目标的影子，也分有了真实的目标。所以柏拉图要求我们沿着这个影子去认识真实的目标。至善只有通过理性的静观觉知才能显现出来。爱欲只有沿着理性的指示去追求才能达到善的目标。因此理性为生命提供了目标。理性是生命的灯塔，否定了这个灯塔，就否定了生命的本质。因此生命由爱欲和理性两个方面构成，爱欲是生命的动力性原则，理性是生命的方向性原则。或许可以说，"爱欲没有理性则盲，理性没有爱欲则空。"因此两者必须结合起来，才能理解生命的奥秘。既然爱欲指向至善，所以人性就是以善为本，这就是苏格拉底的性善论的基本思路。通过坚持性善论的立场，苏格拉底就达到了理性主义的乐观主义。凭借这种理性主义的乐观主义，苏格拉底最终克服了斐德罗的功利主义、泡赛尼阿斯的道德主义、厄里克希马库斯的技术主义、阿里斯托芬的悲观主义和阿伽通的唯美主义，并且把他们的观点都系统地进行了修正和提升。因为苏格拉底的这种智慧和爱欲，所以只有苏格拉底才配得最高的颂扬。柏拉图借助于阿尔喀比亚德的醉话赞美了自己的老师苏格拉底，塑造了一个哲人的完人形象，引导我们去“效法苏格拉底”。苏格拉底达到了人格至善的最高境界。哲人就是地上的爱神，就是现实政治生活中的爱神。这样柏拉图的最终教诲就是“做人就是做哲人，就是做苏格拉底那样的哲人。”

第三节　技艺高于灵感——《伊安》解读

本篇对话的主题是探讨诵诗的技艺。最后的结论是诵诗根本不是技艺。因为诵诗不是基于对事物的认识，而是凭借非理性的灵感。诵诗人关心的是以情感去感染他人，并且通过这种方式获得个人的利益。这样哲人苏格拉底就以理性主义揭示了诵诗人伊安的无知和自大。

一、诵诗是不是技艺

苏格拉底见到伊安，伊安告诉他自己从埃皮道伦来，那里在举办阿斯克勒庇俄斯节。伊安参加了诵诗比赛，并且获得了奖。正是春风得意、趾高气扬的时刻。阿斯克勒庇俄斯是希腊的医药之神。在《斐多》中，苏格拉底最后临死前要求给这个医药神献祭一只公鸡，以暗示他治愈了死亡的疾病。本篇对话以此为背景，也是在暗示“哲人是医生，哲学是药物”的观点。也就是说，苏格拉底要治疗伊安的自我夸耀的无知之疾病。

苏格拉底首先表示非常羡慕诵诗人的职业，因为诵诗人可以打扮得光鲜亮丽，到处招摇，而且诵诗人还对杰出的诗人非常熟悉，尤其是荷马这位最伟大最神圣的诗人。诵诗人必定能够解释诗人作品的思想，而不是仅仅朗诵诗人的作品。通过这种反讽，苏格拉底进一步激发了伊安的自我炫耀之心，使他更喜欢展示自己的才能，从而更充分地显出自己的无知。

伊安认为没有人能比他更好地谈论荷马。苏格拉底问他是只熟悉荷马，还是也熟悉赫西俄德、阿基洛库斯等诗人。这里暗示了没有比较就没有鉴别。伊安认为自己只熟悉荷马就足够了。苏格拉底指出，如果荷马和赫西俄德说了同样的题材和内容，那么伊安应该也能够同样好地解说赫西俄德。苏格拉底以占卜的技艺为例指出，他们都描写了占卜的技艺。但是苏格拉底暗示，虽然诗人描写了占卜的技艺，诗人其实不会占卜，只有占卜者才能更好地解释各种征兆和启示。同样，诗人的描写虽然涉及各种内容，但是诗人并不是真正地认识和掌握这些内容，他们只是从表面上记叙和描述这些事情。这里苏格拉底暗示了诗人的无知，诗人对于各种事物的描写都是表面的。苏格拉底接着指出，荷马和赫西俄德处理的题材是相同的，都是关于政治和战争，诸神之间的关系，诸神和凡人的关系，善人和恶人的关系，普通人和技艺家的关系等问题，总之是关于人类的政治生活。这也意味着诗人对于超政治的哲学生活一无所知。

苏格拉底表示如果荷马和其他诗人处理的主题是相同的，那么伊安就不应该厚此薄彼，或者只知其一，不知其二。伊安认为他们的不同只是在于处理的方式不同，荷马的方式比其他诗人要好。这里暗示了写诗的技艺的差异性问题。同一种技艺，总是有的人好一些，有的人差一些。苏格拉底表示如果一个谈论得好的人也能够谈论得差，能够识别好的人也能够识别差，那么伊安也必定能够识别好的诗人和差的诗人。这是苏格拉底在迫使伊安解释自己的诵诗的技艺，要他说明自己是如何区分诗人的好坏的。也就是说，苏格拉底试图对伊安的理性认识能力进行检验和甄别。

但是伊安表示自己对其他诗人没有兴趣，只有在谈论荷马时他才精神焕发，热情洋溢。他不明白其中的原因。苏格拉底认为伊安谈论荷马的能力并不是来自技艺和知识。因为如果这种能力来自技艺，那么我们就应该能够同时很好地谈论所有诗人。技艺的本质就是对相同的题材进行同样的处理。一种技艺能够同样好地处理所有同类对象和题材。这就是技艺的普遍性。虽然人和人的技艺的水平有所不同，有的人技艺好，有的人技艺差，但是技艺的普遍性是不能否认的。这里仍然暗示了诵诗作为技艺的虚假性和诵诗人伊安的无知。

二、诵诗依据灵感

伊安仍然对自己只对荷马“来电”感到不解。于是苏格拉底提出了灵感说或者附体说。他认为诗人的才能不是来自技艺，而是来自缪斯的灵感。(我们也承认写诗要凭借天赋和灵感，而不是靠学习诗歌理论。)诗人只有在拥有灵感时，才能写出精彩绝伦的诗句。在灵感的支配下，诗人往往会忘记自我，丧失理智，虽然他说出了美妙的诗句，但是他却不知道自己在说什么。“只有神灵附体，诗人才能作诗或者预言。”苏格拉底进一步解释说，因为诗神是多个，不同的诗人被不同的诗神附体，因此不同的诗人擅长不同的诗歌题材。神之所以对待诗人像对待预言家或者占卜者一样，是因为诗人只是神的代言人，神灵依附在诗人身上，支配着诗人，所以真正说话的是神，而不是人。人们通过诗人聆听的其实是诸神的话语。诗人是神的话的传达者和解释者。诵诗人则是诗人的话的传达者和解释者。所以苏格拉底要求伊安回顾一下自己在朗诵史诗时是不是神志不清，不自觉地陷入“迷狂”之中。

伊安对苏格拉底的这种解释非常满意。他自己确实如此，而且还使成千上万的听众也陷入迷狂状态。听众也随着诵诗人的朗诵而流露出悲哀、害怕、惊讶等表情。伊安表示如果他能够成功地使听众哭了，他在领取报酬时就会笑，如果他不能使听众哭，他在丢失报酬时就该哭了。这里显示了伊安的功利主义动机，他是以诵诗来谋生的。所以伊安关心的不是诵诗的技艺的优劣，而是关心报酬的多少和名誉的好坏。

然后，苏格拉底又以“磁石喻”解释了这种迷狂现象。最初对这个环节产生作用的是神，神通过附体或者给予灵感的方式吸引了诗人，诗人又吸引了诵诗人、合唱队的舞蹈演员，大大小小的乐师等，观众是最后一环，由此构成了一个传递情感波浪的巨大的非理性链条。对于苏格拉底的这种描述，传统观点认为这里体现了柏拉图的文艺理论，是柏拉图对文学的一种解释和说明。我们认为，柏拉图主要显示诗人对世界的认识的非理性的性质。诗人凭借灵感认识世界、传达真理、吸引人们。苏格拉底似乎也承认这种非理性主义的认识方式可以使我们获得某种程度的真理，即正确的意见。诗人的迷狂也是对世界真相的一种认识，但是诗人是以非理性的方式认识到的。或者说，诗人也能够揭示某些真理，但是诗人并不知道这就是真理，他也不能以理性的方式证明自己的真理。而哲人的迷狂是理性直观理念世界本身产生的。理念世界是至善至美的天外世界，对这种至善至美世界的直观产生了至乐的体验。这种狂喜和至乐就是哲人的迷狂。在《斐德罗》中，苏格拉底展示了哲人的迷狂。可以说，哲人的迷狂是理性主义的迷狂，而诗人和诵诗人的迷狂是非理性主义的迷狂。诗人是政治生活的缔造者，诗人就以这种非理性的方式发现和传达了一定程度的真理，这样政治生活就包含了真理的颗粒，“哲学的真理”则以颗粒的形式隐藏在“政治的真理”中。在《美诺》中，苏格拉底也指出，政治家也是凭借灵感获得“正确的意见”。最终，苏格拉底要求我们必须善于从哲学的真理下降到政治的真理，也必须善于从政治的真理上升到哲学的真理。❶

三、诵诗不是技艺

苏格拉底继续问伊安对荷马史诗的哪些部分最拿手，伊安认为他对荷马史诗的所有部分都拿手。苏格拉底认为荷马史诗中的有些内容肯定是伊安不擅长的，例如驾车的技艺。在他看来，技艺和技艺是相互不同的。一个人不论如何努力和杰出，都不可能掌握所有技艺，只能掌握少数技艺。每一门技艺都是关于某一类事物的知识，不同的技艺使我们认识不同的事物，不同的技艺有不同的知识范围。因此人们给不同技艺起不同的名称。如果一个人不拥有某种技艺，他就不能正确知道属于这种技艺的语言和行为。驾车的技艺只能是驭手拥有的，诵诗人并不拥有这种技艺。其他技艺例如医生的技艺、钓鱼的技艺、占卜的技艺等也是如此。所以诵诗人不可能知道一切，诵诗的技艺也不可能包含一切技艺。

但是伊安认为诵诗人还是在某些事物上能够进行判别的，例如男人和女人、奴隶和自由人、统治者和被统治者，应该分别说什么话，分别谈论哪些事情是正当的。伊安这里提到的这些内容实际上是政治生活的内

---

❶ 康德推崇“美学天才”，认为美是连接知识和道德、有限和无限的桥梁。美学似乎是高于知识的。当然康德的知识本质上是柏拉图的意见。

容，他把诵诗的技艺等同于政治的技艺。可以说，他受到了民主政治的强烈影响，认为政治事务并不是特殊的技艺，政治是人人都可以参与的，人人都可以发表看法的。这体现了民主政治中人们对政治技艺的蔑视和无知，这种无知中恰恰蕴含了最大的政治危险。在《政治家》中苏格拉底充分展示了这种政治的技艺，以纠正人们普遍蔑视政治技艺的错误。进一步，对政治技艺的无知也体现为对技艺的本质的无知。因为人们根本不重视政治生活中的各种技艺，所以他们也不会依据技艺的原则去观察反思政治生活。苏格拉底坚持从技艺现象出发对政治生活进行考察。一方面，技艺活动或者劳动分工是人类政治生活的主要内容。技艺是最日常最普遍的政治生活要素。任何人都是在从事某种技艺或者行业的。人类的政治生活是由各种技艺或者劳动分工组合而成的。离开了技艺分工或者劳动分工，我们就不可能真正认识人类政治生活。所以对技艺活动的考察也就是对人类政治生活的考察。[1] 另一方面，人的技艺活动是人的理性能力的体现。技艺总是和理性知识相关。理性作为人类的自然能力是“一”，但是理性必须运用于各种不同的行业和技艺的领域，这又是“多”。所谓“理一分殊”。技艺是我们日常生活中常见的，容易理解，而理性作为自然能力是抽象的，不容易理解。苏格拉底旨在通过对技艺现象的考察使我们上升到对理性本身的认识。这就是庄子所谓的“技进于艺，艺进于道”。只有上升到理性之道本身，才是达到了认识的真理性。因此技艺现象是我们考察和认识人类的政治生活和哲学生活的共同起点。只有坚持从这两个方面同时考察技艺现象，才能真正理解和掌握苏格拉底的理性主义。所谓“授人以鱼，不如授人以渔”。苏格拉底的这种技艺考察原则恰恰是他的理性主义原则的表现。根据这种技艺理性主义原则，诗人和诵诗人都依赖于非理性的灵感，因此都没有任何理性的技艺。而且，任何技艺都和某种事物或者事实相关，诗人和诵诗人没有任何技艺也就意味着他们对事实本身一无所知。在古典哲人看来，“人是理性的动物”，所以诗人和诵诗人都不认识人的本质，只有哲人才真正认识人的本质，因此拥有真实的知识和技艺。

---

[1] 从这里我们可以理解马克思把劳动分工作为考察社会生活或者社会关系的正确性。

伊安最后认为自己拥有将军的技艺，诵诗的技艺和将军的技艺是同一种技艺。他认为一个优秀的诵诗人也能是一名优秀的将军，却否认一名优秀的将军能是一名优秀的诵诗人。苏格拉底问他为什么没有被选为将军而是只做诵诗人，伊安认为是因为自己的城邦被雅典人统治，所以没有被选为将军。但是苏格拉底立刻指出，西泽库人阿波罗多洛却多次被选为将军。伊安最后无言以对。伊安为什么会认为自己拥有将军的技艺呢？或许是因为荷马史诗主要是对战争的描述，他熟悉荷马史诗同时也就是熟悉了战争的技艺。或者他认为将军的技艺是最容易掌握的，战争需要的无非就是勇敢，这样他对战争和将军技艺的理解都是肤浅的。

最后苏格拉底指出，伊安欺骗了他。伊安认为自己拥有关于荷马的知识，认为对荷马描写的所有题材都非常熟悉，但是他其实一无所知；如果他肯承认自己是无知的，只是凭借荷马附体而说出很多优秀诗句，那么他至少没有欺骗人。苏格拉底要求他做出选择，是做一个声称拥有技艺其实却没有任何技艺的骗子，还是做一个凭借灵感而诵诗的人。伊安认为做后者更好一些。苏格拉底最终迫使伊安承认了自己的无知，医治了他的狂妄自负的疾病。

四、结束语

这篇对话是哲人和诵诗人的对话，因此也是哲学和诗歌、哲人和诗人的斗争的一种表现。柏拉图通过揭示诗人的非理性的灵感，贬低了诗人和诵诗人的技艺。对此，我们可以从哲学智慧的角度和政治教育的角度来理解。从哲学智慧的角度看，诗人并不认识至善，也并不拥有智慧。诗人的智慧是对人世的观察和反映，但是诗人并不能够彻底清楚地说明善恶好坏的本质。哲人看到了至善，拥有智慧，他能够以理性主义的超然安详的视野看待人类生活。从政治教育的角度看，诗人和诵诗人的目的是引导和控制听众的情绪反映，也就是媚俗和煽情。他们不知道也不关心这种情绪活动是好还是坏，这种对情感活动的强化会导致公民更加难以治理和教育。哲人的目的是强化公民的理性控制能力，使公民的情感活动尽可能地降低，使公民尽可能地拥有法律和德性。在《理想国》中，苏格拉底就指出，诗人的目的就是渲染和刺激人们的情绪活动，这对于培养健康理性的公民是没有好处的。所以他才要驱逐诗人。因此,如果要更好的理解《伊安》,还应该联系《理想国》第十卷关于哲学和诗歌的古老冲突以及哲人对于理想国家的设想来理解。哲人和诗人的冲突的核心是什么是美好的人生,人应该如何度过自己的一生。苏格拉底对诗人和诵诗人的贬抑旨在引导青年才俊走向哲学,而不是诗歌。我们不要学做诗人,要学做哲人。

当然,哲人和诗人、理性和非理性的结合才是最完美的。因为哲人和诗人的理性能力的差异,哲人高于诗人,哲人能够成为诗人,但是诗人却不能成为哲人。只有在我们真正理解了哲学之后,才能学习写作诗歌。正如在《普罗泰戈拉》中,苏格拉底也展示了自己解释诗歌的才能。在《法律篇》中柏拉图指出,哲人才是真正的诗人,哲人的作品才是真正的诗歌。据说,柏拉图在遇到苏格拉底之后,把自己以前写的诗歌作品统统烧毁了,他后来写的哲学对话则是哲学和诗歌的完美结合的最高典范。

第五章
哲人与政治人

哲人是超出了政治生活的隐士。但是政治关系到每个人的切身命运，所以哲人也必须关心政治。除了在理想国中，哲人直接参与政治活动之外，在一切现实政治生活中，哲人并不直接参与政治，而是通过教育政治人和年轻人的方式参与。在柏拉图看来，这种教育活动本身就是参与政治的活动。只有能够培养出真正拥有政治智慧的人去参与政治，政治生活的完善才有可能。这意味着哲人应该就是“帝王师”。

在这一部分中，首先讨论了《阿尔喀比亚德》中苏格拉底对于阿尔喀比亚德的教导。柏拉图告诉我们，如果只有参与政治的热情和抱负，如果参与政治只是为了自己的私欲，而没有政治智慧，没有接受哲学教育，那么参与政治就是灾难性的。因此要参与政治，必须首先以修身为本。可以说，修身和治国是一回事，都是理性对非理性的引导和升华。其次讨论了《欧绪弗洛》中关于虔诚的观点。一切政治生活都是宗教性的，宗教虔诚和政治狂热是一回事。但是柏拉图认为这种狂热和偏执是危险的可怕的，需要通过理性反思消除。也就是说，政治生活必须不断接受理性的净化和引导。最后，讨论了《拉凯斯》中关于勇敢的问题。勇敢是政治生活中的重要德性。但是政治生活的首要德性是智慧，而不是勇敢。如果过分推崇勇敢，对于政治生活必定是灾难性的。在柏拉图看来，没有智慧，就没有勇敢。哲学生活对于政治生活是必不可少的。

第一节　修身为本——《阿尔喀比亚德》解读

本篇对话展示了哲人如何驯服和引导政治人。苏格拉底教导阿尔喀比亚德如果想要参与政治，就必须把关心自己即修身作为根本前提。修身是从事政治的前提。如果我们对于政治和真理一无所知，就贸然参与政治，结果只能害人害己。而政治人修身的方法就是接受哲人的教育。哲人是帝王师，是天生的王者。所以这篇对话是在谋求哲学和政治或者哲人和政治人的结合。这种结合不同于现代性中哲学和政治的结合。现代性中哲学和政治的结合是要消除哲学和政治的差异性，而在柏拉图看来，这种差异性或者紧张关系是不可能消除的。另外，本篇对话中反映的苏格拉底和阿尔喀比亚德的关系也在《会饮》中有一个展示，似乎是对《会饮》的一个补充性说明。两篇对话可以结合起来阅读。

一、引子

苏格拉底主动接近阿尔喀比亚德，挑明他本来是阿尔喀比亚德的第一个情人。当时很多人都在追求阿尔喀比亚德，但是现在那些人都离开了他，只有苏格拉底对他不离不弃，而且一直没有表白过心声，因为他的精灵阻止了他。现在他的精灵已经不再阻止他了。苏格拉底认为那些追求者都比不上阿尔喀比亚德，因为他拥有的超过了任何人，从身体到灵魂都完美无缺。他高大英俊，家世显赫，拥有最多最优秀的亲友，而且家财万贯，非常富有。阿尔喀比亚德认为自己在任何事情上都不需要任何人的帮助，但是苏格拉底并未因此离开阿尔喀比亚德。

对于这段开场白，首先要明确两个人的身份，他们之间的对话应该根据他们的身份来理解。苏格拉底是哲人，阿尔喀比亚德是政治人。所以这场对话是哲人和政治人的对话。苏格拉底对阿尔喀比亚德的爱比喻的是哲人对政治的关注。一方面哲人是超政治的，哲人在哲学生活中获得了最高的智慧和幸福，实现了人性的最高可能性。为了维护哲学生活的美好，哲人应该远离政治。但是另一方面，哲人也必须关心政治，因为政治生活是一切生活的根本和基础。政治是任何人不得不处身其中的境遇，是无所逃于天地之间的。如果政治生活陷入了败坏和灾难，哲学生活也很难维持。可以说，哲学和政治的关系是一个高低层次的关系，哲学和政治并不处于同一个层次。哲学是最完美最神圣的生活，而政治是不完美不那么高贵的生活方式。这种不完美的政治生活恰恰是我们通向完美的哲学生活的出发点。如果破坏了这个基础，就无法上升到最完美的生活。因此，哲学和政治并不处于同一个平面上，它们之间的冲突并不是平等的敌对性的冲突，而是高低的层次性的冲突。这样我们就可以理解苏格拉底对他的精灵的服从了。也就是说，哲人并不服从低层次的政治的道德或者法律，而只服从更神圣的纯粹理性。苏格拉底的精灵只能是指纯粹理性。但是理性是什么？哲人的理性并不就是推理或者计算，理性比推理更高。算计或者计算只是理性的低级层次的使用。可以说，哲人的理性是直观觉知，是扬弃了一切概念知识的无知之知的静观，从而也是对人间世的一切功名利禄、成败得失的超越。这种理性的静观在世人看来就是无为的无知的。在这种纯粹理性中，哲人达到了最高的安宁、智慧和幸福。世人只是凭借推论性或者技术性的理性追求幸福和知识，但是他们往往事与愿违，适得其反，不能如愿。所以我们必须从世俗的理性的低级形式上升到理性的高级形式。苏格拉底的无知之知的智慧就达到了理性的最高形式。所以苏格拉底并不需要从政治生活中获得自己的好处，而其他人从事政治都想从中获得个人的好处。最终只有苏格拉底才能真正关心政治，改善政治，也就是对阿尔喀比亚德不离不弃。

阿尔喀比亚德回答说，他也想问苏格拉底这个问题。他不明白苏格拉底为什么总是以一种奇怪的关心来骚扰他。这反映了政治人对哲人的无知和困惑，政治人无能知道哲人的意图和目的。这也是政治人低于哲人的一个表现。关于这一点在《会饮》中有清楚的说明。即苏格拉底总是使得阿尔喀比亚德自惭形秽，他无法抵御苏格拉底的智慧和魅力，但是他又不能按照苏格拉底的教诲去做。所以他对苏格拉底既爱又恨，希望苏格拉底尽快死去，但是又怕他死去后自己不知所从。这暗示哲人想提升政治人的素质和品格，但是政治人却无法达到哲人的要求。这可以说是哲学和政治的冲突的最根本原因。我们必须在这个意义上理解哲学和政治的冲突。

苏格拉底表示如果阿尔喀比亚德只是想庸庸碌碌的活一辈子，他早就离开他了。在平庸的享乐生活和崇高的政治生活之间，阿尔喀比亚德肯定会义无反顾地选择政治生活，他希望拥有城邦的最高权力，还会追求对整个希腊、整个欧洲，甚至包括亚细亚的统治权。他希望自己的权力和名声能够传遍整个世界。阿尔喀比亚德表示同意。最后苏格拉底指出，如果没有他的帮助，阿尔喀比亚德的所有愿望都不可能实现。因为他虽然拥有崇高的政治抱负,却缺乏必要的政治智慧。所以当阿尔喀比亚德已经长大成人,他的精灵就不再阻止他,要求他来教育阿尔喀比亚德。

这段话说明哲人苏格拉底拥有政治智慧,拥有参与政治生活的必要知识。正如在《政治家》中指出的,哲人是天生的王者。任何人如果想要在政治上有所作为,都应该向哲人请教学习。哲人是政治人成就帝王事业的导师。例如亚里士多德对亚历山大的教育。当然,智者也持有相同的观点。但是苏格拉底和智者最大的不同在于他们对于智慧的不同理解。智者的智慧观点是狭隘的错误的。他们认为智慧就是善于应用演说术和修辞术,自如地掌握和控制民众,使他们按照自己的意志行事,而至于事实和真理则可以不必关心。苏格拉底的智慧观点认为事实和真理才是第一位的。只有认识了理念的事实和真理,才能真正引导城邦走向幸福和正义。所以苏格拉底关心政治并不是为了自己的利益,而是为了城邦的利益。而智者首先是为了自己的利益。另外,这里隐含的另一个主题是哲人和僭主的结合。可以说,哲人和僭主的结合始终是柏拉图对话的一个隐含的主题。柏拉图并不像现代人那样害怕僭主,现代人具有霍布斯所说的"恐暴症"。在柏拉图看来,如果我们能够对僭主进行很好的教化,那么僭主就可能成为最好政治的实践者。当然,理性的说服是有限的,哲人驯服僭主是极其罕见的。例如孔子和孟子的政治遭遇,包括苏格拉底和柏拉图本人的政治遭遇。但是这却是参与政治、改善政治的唯一的正当途径,也就是孔子所说的"知其不可为而为之"。因为相比于改造全体民众,改造僭主还是较为容易的。如果说改造僭主是可能的,而改造民众则是绝对不可能的。

阿尔喀比亚德当然不认为自己没有苏格拉底就一事无成,他认为苏格拉底是在自我标榜,认为自己比他还要优异出众,变得不老实本分了。他希望苏格拉底能够说明一下。于是苏格拉底决定以问答法的方式进行说明。

二、揭示阿尔喀比亚德对政治事务的无知

苏格拉底表明,如果阿尔喀比亚德要参与政治生活,他就必须具备比他人更多的必要的知识,否则就没有参与政治生活的资格。那么他有没

有这种政治知识呢？如果有的话，他是如何获得的呢？苏格拉底指出，获得知识只有两种途径，即自己发现和向他人学习。在学习方面，苏格拉底认为阿尔喀比亚德只学习过书写、弹琴和角力，并未专门学习过政治知识。如果我们要学习一种技艺，就必须请教专门的人。同样，学习政治的技艺，也需要请教专门的人。只有掌握一门技艺的人才能为其他人提供良好的建议和指导。阿尔喀比亚德认为自己拥有政治知识，他能够在关于城邦的问题上提供良好的建议，特别是关于战争或者和平问题上提供更好的建议。这样问题就从一般技艺转向了政治的技艺。

苏格拉底问所谓的"更好"是什么意思。当我们在决定战争还是和平时，所依据的标准是什么？苏格拉底指出，所谓的"更好"应该是指"正义"。正义是政治生活的根本问题，也是政治生活追求的最高目的。所谓更好就是更加合乎正义。阿尔喀比亚德承认这种看法。苏格拉底进一步指出，人们都在追求正义，正义是每个从事政治的人都需要的，人们做任何事情都必须寻找一个正当的借口。即使一个人的行为是违反正义的，他也要说成是正义的，以便说服自己，也说服他人。这种情况说明了正义之类的观念在人们的生活中的重要性。政治名词绝不仅仅是人们追求私利的借口，它同时也制约着人们的行为。所以"正名"对于政治生活是非常重要的。人们的行为必须以正义为标准和根据。只有这样人们才不会无法无天、无所顾忌地追求自己的私利。

所以苏格拉底认为如果阿尔喀比亚德要参与政治生活，就应该向懂得正义的老师学习。但是什么是正义呢，谁是正义的老师呢？阿尔喀比亚德显然并不知道谁是正义的老师，也不知道正义的含义。所以他辩解说正义是他自己发现的，并不一定要向他人学习。苏格拉底继续追问，如果正义是他自己发现的，那么他必须首先寻找正义；如果他要寻找正义，就意味着他一开始并不知道正义。如果一个人从小就知道正义的含义，他就不会寻找正义。如果一个人从小对正义一无所知，他也不可能寻找正义，发现正义。所以阿尔喀比亚德认为正义是自己发现的观点也是不成立的。

阿尔喀比亚德认为自己是从城邦民众那里知道正义的，是通过耳闻目染、潜移默化的方式获得正义的。但是苏格拉底认为大众没有做正义的老师的资格。如果一个人能够做老师，就必须在某些事情上有知识。拥有知识就意味着拥有真理。相反，民众在正义等问题上莫衷一是，不能达成一致，所以他们不可能是好老师。但是阿尔喀比亚德认为大众还是可以教导一些东西的，例如教授语言，在教授什么是石头、木头、计量、算术等问题上也可以是好老师。但是在什么是美德、正义等问题上，他们就众说纷纭，不是好老师了。苏格拉底认为阿尔喀比亚德或许是从荷马史诗中获得了正义观。荷马史诗就表现了人们在正义问题上的分歧，这种分歧导致了战争和死亡。他认为人们在正义问题上的分歧就说明了人们对正义问题的无知。如果人们在正义问题上达成一致，就不会发生战争。最后，阿尔喀比亚德不得不承认自己对正义一无所知。

苏格拉底接着指出，所有这些观点都是阿尔喀比亚德自己说的，他不要把这些观点归因于苏格拉底。这里体现了苏格拉底的辩证法或者助产术的特殊作用和意义。在《智者》中，苏格拉底曾经表明自己的辩证法就是一种助产术，目的就是把对方头脑中的观点接生出来，而他本人是不能生育的，也就是没有任何观点的。在此，他试图让阿尔喀比亚德对自己的观点进行反思，认真地面对自己的无知。而认识到自己的无知是认识自己和完善自己的第一步。

阿尔喀比亚德认为希腊人和其他人都没有真正思考过正义的问题。因为人们更关心的是利益，而不是正义。很多人做了不正义的事情，从中获得了好处。而他自己做了正义的事情，却没有获得好处。在他看来，利益和正义不是一回事，人们更关心利益，而不是正义。这种观点和《理想国》中格劳孔的观点是一致的。人们往往是假借正义之名谋利益之实，正义本身不能带来任何利益。苏格拉底在《理想国》中的整个论辩都是在为正义和利益的同一性进行辩护。他旨在表明真正的正义同时就是真正的利益。利益和正义并不是分裂的。如果我们不具备真正的德性和智慧，那么所谓的利益并不能够真正带来好处。

于是，苏格拉底要求考察什么是利益。人们似乎对利益具有清楚的认识，例如财富、地位、权力、名声之类。如果阿尔喀比亚德拥有关于利益的知识，那么谁是关于利益知识的老师呢？苏格拉底认为这个问题也是没有答案的。也就是说，人们对利益和好处同样没有清晰的认识。人们只是简单地把名利之类的东西看作是利益，但是它们往往不能带来真正的好处，人们因为财富、权力或者名誉而伤害自己或者他人的情况司空见惯、屡见不鲜。所谓“熙熙攘攘皆为利来，痴痴蠢蠢皆纳祸去。”苏格拉底在此揭示的这种对利益的无知非常值得我们深思。他的言下之意是只有拥有了智慧，我们才能懂得如何去面对财富、权力或者名誉，这些所谓的利益才不会带给我们伤害，否则它们同样会成为害人害已的东西。

苏格拉底继续问，是不是有的事物是既有利又正义的？阿尔喀比亚德认为自己没有能力继续进行讨论，他不再喜欢继续讨论下去。苏格拉底怕他逃避哲学思考，就开始激励他。他区分了集会演讲和私下对话两种方式，他要求阿尔喀比亚德也以私下对话的方式和他讨论问题，尝试一下能不能证明正义是不利的。如果正义和利益不是一致的，那么正义就必然是不利的。否则，正义和利益就是一致的。他列举了营救战友而牺牲自己的例子。在阿尔喀比亚德看来，这种情况就是正义而不利的。营救战友是正义的，而牺牲自己的生命是不利的。那些没有去营救战友而保全了生命的人虽然是不正义的，但是有利的。这样阿尔喀比亚德似乎认为和生命、财富等相关的行为是有利的，而勇敢地营救战友的道德行为则是正义的，所以正义和利益是对立的。苏格拉底认为这种观点同样是含混的。因为正义本身可能就是有利的，德性和幸福有时候是一致的。没有德性和智慧的人不可能是幸福的。

这种把正义和利益对立起来的观点也就是近代哲学中功利主义和康德的道德主义的对立。功利主义认为功利是和人们的肉体快乐或者痛苦相关的东西，道德不能违反功利和生命。功利就是道德。功利主义把生命和利益看作是最真实的最根本的标准。相反，康德认为如果人们把利益和道德等同起来，实际上就是取消了道德。道德应该是超功利的。只有在超功利的行为中，人们才能体现人的尊严。人不能是仅仅认同于自己的生命情感和欲望的动物。人的尊严就体现在人对自己的生命情感和欲望的控制和超越之中。这种区分进一步导致对道德和政治的区分。即认为政治是非道德的，政治是一种纯粹技术性的活动，是人们追求自己的利益的活动。这样就把政治生活的目的和意义完全贬低了。我们要看到，功利主义和道德主义都是片面的狭隘的。不论是追求利益还是追求道德，都是人们对善的追求。不论是功利还是道德，人们都把它们看作是善的。所以功利和道德的对立其实是关于善的认识的差异，最终我们要回溯到对善本身的理解上。真正的善包含了利益和道德，甚至主要是和道德相关的。这样我们就能够超越功利主义和道德主义各自的片面性，在更高的层面上思考善的问题。

最后，阿尔喀比亚德承认了自己的无知。苏格拉底也指出："那些你自认为知道的话，其实你并不知道其意思。"并且还指出，"对于你不知道的，当你意识到了自己不知道它，你还会困惑于这些东西吗？"[1]也就是说，在苏格拉底看来，如果意识到了自己的无知，对于不知道的事情就可以委托给其他专家。这样我们就避免了犯错误。所以知道了不知道，就不会再困惑于不知道了。这是理解苏格拉底的最高教诲即无知之知的一个重要说明。当然这里的含义似乎更多的是一种世间智慧，但是在哲学智慧的层面上，无知之知也同样是最高真理。苏格拉底的所有对话都在展示无知之知。无知之知本身就是最高智慧的体现。无知之知就意味着超越了一切有限的相对知识，达到了无限的绝对知识。安住在无知之知中，我们的内心世界才能处于空灵和安宁的境界。这也是人能够达到的最高幸福。相反，我们的一切错误都在于"对无知的无知"，即自认为知道了，其实并不知道。我们受到了虚假的观念和知识的控制，根据这种虚假知识，我们就会犯错误。也就是说，知道的人不会犯错误，不知道的人也不会犯错误，只有那些不知道却以为知道的人才会犯错误，并且必须为自己的这种无知接受惩罚。在苏格拉底看来，无知是恶的原因，并且是可耻的愚昧。如果这种无知关系到重大的事情，那么这种无知和可耻也就越大。而正义、高尚、善和利益则是最大的事情，如果我们在这些事情上是无知的，那么我们就不能贸然参与政治，因为这样做的最终结果就是害人害己。所以只有在我们获得了这种知识后，才能参与政治。

苏格拉底说这种无知并不仅仅表现在阿尔喀比亚德身上，在其他政治家身上也同样存在，伯利克里可能稍微好一些。阿尔喀比亚德认为伯利克里也不是天生有智慧，而是他不断向哲人例如阿那克萨戈拉、达蒙等

---

[1] 柏拉图：《阿尔喀比亚德前篇》，梁中和译，华夏出版社，2009年版，117c。

求教的结果。但是苏格拉底却否定了伯利克里的智慧。因为如果我们在某一方面有智慧,我们往往也能够使他人获得知识。但是伯利克里却既没有使自己的儿子获得智慧,也没有使其他雅典人获得智慧。这是苏格拉底对雅典的教育失败的批判。联系到《美诺》中苏格拉底对"正确的意见"的看法,他可能认为伯利克里只是依靠"灵感"获得了正确意见,他并无知识和智慧。当然,在苏格拉底看来,真正的智慧也是不可教授的,必须依靠学习者回光返照、明心见性才能获得。但是这里苏格拉底并不是在强调智慧是不可传授的,而是强调政治家的无知。

三、揭示阿尔喀比亚德在其他方面的劣势

接下来,苏格拉底问阿尔喀比亚德有什么打算,是一直像现在这样,还是想有所作为。阿尔喀比亚德当然非常自负和狂妄,认为目前这些治理城邦的人除了极少数,都是没有受过教育的。他认为自己已经非常优秀,不必再学习什么了,以他的各项条件轻易地就超过了他们。苏格拉底表示为他感到悲哀,因为他把自己和这些低劣的人相比,而不是和高贵的人相比。他认为阿尔喀比亚德应该和斯巴达王、波斯国王相比才是正确的。这里体现了他对雅典民主政治的蔑视。在过度自由和民主的社会中,人们都因为过于自由而变得低下了。但是他们却认识不到这一点,相反却自以为是,沾沾自喜,不思进取。

苏格拉底列举了斯巴达王、波斯国王在出身、教养、土地和财富等方面的情形,认为在这些方面他们都远远超过了阿尔喀比亚德。其目的是为了使阿尔喀比亚德感到自惭形秽、相形见绌,看到自己的不足和差距,从而能够奋发有为。所以在此,我们不必过于关注他的论述的真实性。在《法律篇》第三卷中,柏拉图也对三者进行了比较。在那里,他对波斯和斯巴达都进行了批判。他指出,波斯国是过度奴役的代表,雅典政治是过度自由的代表,只有斯巴达比较合乎中道,是最好的。但是他也批判了斯巴达和克里特的法律。因为他们都以战争和勇敢来思考政治问题,所以不是最好的。最好的立法是他在《法律篇》中的立法。

最后,苏格拉底指出,他们才是我们真正的敌人,而不是阿尔喀比亚德身边的那些人。如果我们想要超过他们,就必须关心自己,完善自己,

提高自己。除了使自己变得优秀之外，没有其他出路。也就是说，自我修养是治理城邦的首要条件。真正的关心自己就是要提高和训练自己的智慧和德性。

四、修身的教育

如何才是关心自己呢？苏格拉底认为关心自己对每个人都适用，包括对他本人，但其中也有差别。也就是说，苏格拉底通过他的精灵即纯粹理性本身来完善自己，而其他人则因为理性能力的薄弱，情感和欲望的力量更加强大，理性无法完全支配和引导他们。哲人是纯粹理性的人，具有完全的智慧和德性，所以只有哲人才能使其他人变得更加优秀和卓越，使他人获得自由和幸福。

苏格拉底进一步问道，如果我们都想变好，成为一个优秀的卓越的人，那么是在哪个方面变好。他认为，优秀的人当然是有头脑的人。如果我们希望在哪个方面变好，就应该在这个方面具有知识。但是，一个鞋匠或者木匠之类的人并不算是好人，因为他们在自己的技艺方面和追求钱财方面都是不节制的或者无知的。在阿尔喀比亚德看来，一个真正的好人应该是一个治理城邦的政治家。苏格拉底问道，一个好政治家应该具有什么知识呢？阿尔喀比亚德认为好政治家应该具有管理人的技艺，具有谋划的技艺，也就是具有远见卓识、雄才大略、德高望重的卓越品质。只有这样的政治家才能更好地治理和管理城邦，使整个城邦成为团结友爱、万众一心、同心同德的国家。这和《理想国》的观点是一致的。政治家的最高理想就是使整个国家像一个人那样。这是我们衡量一切国家好坏的根本标准，也是苏格拉底对阿尔喀比亚德进行的政治教诲。政治国家的目的不能是为了获得霸权，而是为了实现国内的和谐和德性。

苏格拉底继续问道，什么技艺才能达到这种政治目标。如果一个国家中的人们都各自做自己的事情，各行其是，正义就是各行其是，他们必然相互分离，就不能达到团结一致。所以苏格拉底认为自己不知道这种统一性是什么，也不知道这种统一性能够在什么人之间产生。阿尔喀比亚德也承认自己不知道。

这里我们需要说明，苏格拉底在《理想国》中曾经对正义进行了充分的讨论。正义的根本含义就是自然正义，即按照每个人的天性对其进行教育和工作安排，使每个人的天性和他在国家中的岗位达到完全一致。这是绝对的自然的正义，是正义的最严格的概念和含义。为此，苏格拉底认为必须借助于高贵的谎言。这个高贵的谎言一方面强调了国家所有人的共同起源，一方面又强调了他们的自然等级和差异。这个谎言是为了消除人们因为自大和无知而产生的怨恨而设置的，是维护国家同一性的基本意识形态。为了达到国家的正义或者一致，苏格拉底还设想了共产共妻的原则。因为在共产共妻的条件下，护卫者阶层就不再区分自己和他人，把"国"和"家"等同起来，消除了家庭利益可能产生的对国家利益的危害，因此可以达到国家的最高同一性。所以苏格拉底在此认为自己对正义一无所知，其实是隐藏了他关于正义的观点，促使阿尔喀比亚德自己对正义和统一进行反思。他认为只要我们意识到自己的无知，我们就开始向智慧进步，开始完善自己了。这仍然是自知无知的"妙用"。

苏格拉底继续问道，什么是关心自己。因为我们往往并不关心自己，尽管我们都以为在关心自己。他认为，人们更关心身体和身外之物，把自己认同于身外之物和身体，而不是真正的关心自己。我们不应该关心属于自己的事物，而是关心自己。当然，关心自己必须首先认识自己，只有认识自己才能关心自己。如果不认识自己就不可能关心自己。而认识自己并不是容易的事情，并不是所有人都能够做到。所以接下来的问题是："什么是我们自己？"通过这种反思，我们能够认识到，"我"不是我的身体。身体是"我"的财产和附属物。同样，我也不是我的其他附属物，例如财产、家庭、地位、国家等。这都是身外之物。我不是其中的任何一个。在此苏格拉底区分了用者和被用者。用者和被用者是不同的。他认为用者是灵魂，被用者是身体和其他东西。所以灵魂才是人的本质，"人只能是灵魂。"(柏拉图:《阿尔喀比亚德前篇》，130c)因此，关心自己就是关心自己的灵魂，而不是身体和身外之物。人的本质是灵魂，人和人的关系就是灵魂和灵魂的关系，人和人的交流也是灵魂和灵魂的交流。但是人们更多的是在关心自己的财富、身体、地位、名誉，而不是关心自己的灵魂。例如手艺人是低下的人，他们都不关心灵魂。这可以说就是"劳力者鄙”。❶ 只有关心人的灵魂，才是对人的真正关心。只有哲人完全抛弃了政治生活和世间的一切功名利禄，完全专注于自己灵魂的提升和净化。可以说，只有哲人才是真正关心和完善灵魂的人。

关于柏拉图的灵魂观，第一，柏拉图认为灵魂分为三个部分：理性、激情和欲望。灵魂的自然秩序或者正义就是理性统治欲望。在《理想国》、《斐德罗》、《蒂迈欧》等对话中，柏拉图都进行了说明。第二，柏拉图认为灵魂是不动的“第一推动者”。在《法律篇》中，他对这个观点进行了说明。灵魂是围绕自我中心进行旋转运动的，灵魂的自我旋转运动导致宇宙万物的运动。第三，他把人的灵魂和人的身体区分开来，认为灵魂是人的本质，灵魂是身体的推动者。灵魂是决定性的，身体是被动性的。关心灵魂才更加重要。而灵魂始终又是观念性的，所以对观念的辨析和辩证就是决定性的。苏格拉底的一切对话都是灵魂中的观念的辩证，这种辩证本身就是对灵魂的净化和完善。可以说，灵魂才是人的本质，是人的真我、本心、自性。

苏格拉底强调他关心和热爱的是阿尔喀比亚德的灵魂，而不是他的美貌和名利，所以他才是他的唯一情人。苏格拉底之所以接近阿尔喀比亚德，是因为他害怕阿尔喀比亚德会被雅典人宠坏，他接近他，是为了使他的灵魂变得美好。阿尔喀比亚德在参与政治以前必须学会完善自己。直到他有了解毒药，才能参与政治。这里所谓的“解毒药”应该是指哲学。在苏格拉底看来，我们应该首先以哲学来修身养性，使自己对政治生活中的贪婪、野心和危险具有比较清醒的认识，这样才能避免参与政治可能带来的巨大危险。哲学高于政治，政治生活的完善性永远比不上哲学生活的完善性。如果我们能够达到哲学生活的完善性，看到哲学的神圣性和完善性，我们就能够不再被政治生活的不完善性所损害。政治生活应该以哲学生活为根本目标。

为了进一步说明灵魂的本质以及自我完善的方法，苏格拉底使用了

---

❶ 樊迟请学稼，子曰：“吾不如老农。”请学为圃，曰：“吾不如老圃。”樊迟出，子曰：“小人哉，樊须也！上好礼，则民莫敢不敬；上好义，则民莫敢不服；上好信，则民莫敢不用情。夫如是，则四方之民，襁负其子而至矣；焉用稼！”

“视觉喻”。他认为灵魂的本质是看或者视力，看或者视力是灵魂的最重要的特征。“用眼睛看眼睛，看其中最美的，即它本身会看的那部分，这样就看到它自己了。”（柏拉图：《阿尔喀比亚德前篇》，133a）对于这种视觉喻，如果我们进一步联系柏拉图关于灵魂的三种划分，就可以知道，灵魂的眼睛就是指理性。理性本质上就是一种视觉和观看的能力。理性是灵魂的本质，欲望和激情都不是灵魂的本质。理性作为认知的能力，是灵魂中最美的部分。所以灵魂的完善就是理性的完善。理性的完善就是理性的自我观照，即以理性之眼关注理性自身。这就是理性的自我认识。这种理性的自我观照也就是灵魂自身的回光返照，明心见性。因为真理智慧不是向外求的，“心外无物，心外无理”。真理智慧就存在于灵魂之中。因此这种自我认识是智慧的最高形式，理性是智慧的居所。

这里可以说是这篇对话中最晦涩和深奥的地方。在《理想国》中，苏格拉底也把灵魂和眼睛进行比附。“人的灵魂就好像眼睛一样。当他注视被真理与实在所照耀的对象时，它便能知道它们了解它们，显然是有了理智。但是，当它转而去看那暗淡的生灭世界时，它便只有意见了，模糊起来了，只有变动不定的意见了，又显得好像是没有理智了。”（柏拉图：《理想国》，508d）“知识是每个人灵魂里都有的一种能力，而每个人用以学习的器官就象眼睛。——整个身体不改变方向，眼睛是无法离开黑暗转向光明的。同样，作为整体的灵魂必须转离变化世界，直至它的‘眼睛’得以正面观看实在，观看所有实在中最明亮者，即我们所说的善者。”（柏拉图：《理想国》，518c）也就是说，在苏格拉底看来，灵魂的本质就是理性，就是认识。理性的认识就是关注永恒不变的理念世界，而不是生灭变化的现象世界。只有关于理念的认识才是知识。只有对永恒的理念世界的观照才能使理性变得越来越强大，使灵魂变得越来越纯洁，使灵魂从身体的束缚中解脱出来。这就意味着不再受到这个世界的利害得失、荣华富贵的诱惑而害人害己。这应该就是此处认识自己、关心自己的基本含义。

我们还可以联系中国哲学中相关思想进行说明。例如《大学》中讲“诚意正心”。“所谓诚其意者，毋自欺也。如恶恶臭，如好好色，此之谓自谦。故君子必慎其独也。”❶诚意的含义就是“勿自欺”，就是对自己保持绝对的诚实。诚意是心灵的自我认识的根本原则。通过对万物的本性的认识，回归到对心灵的本性的认识。孔子所谓的“知之为知之，不知为不知，是知也。”(《论语·为政》)曾子的“吾日三省吾身——为人谋而不忠乎？与朋友交而不信乎？传不习乎？”(《论语·学而》)《中庸》的“诚者物之终始，不诚无物。是故君子诚之为贵。”❷等都是对“诚意”的强调。诚意的目的就是要对自己的思想和行为都保持高度的警惕和细致的观察，做到见微知著、谨小慎微、防微杜渐，使自己逐渐达到人格的无限完善。意是心之用，心为意之体。诚意的目的就是正心。“所谓修身在正其心者，身有所忿懥，则不得其正，有所恐惧，则不得其正，有所好乐，则不得其正，有所忧患，则不得其正。心不在焉，视而不见，听而不闻，食而不知其味。此谓修身在正其心。”❸我们的理性认识活动从显现的用深入到隐藏的体，从对情绪等现象活动的认识深入到对心之本体的认识。通过诚意的观照力的训练，我们对自己的心体的一切意念活动都观照得一清二楚，我们的心体就会逐渐摆脱意念活动的困扰，逐渐安定在诚意观照的超然状态中。这时我们的心体不再以利害得失为中心，只以事实本身为中心，并且随时精确地应对事实，随时在变而又随时不变。这就是正心的含义和妙用，是心体的自由和解脱的状态。老子认为：“致虚极，守静笃。万物并作，吾以观复。”庄子认为：“瞻彼阕者，虚室生白，吉祥止止。夫且不止，是之谓坐驰。夫徇耳目内通而外于心知，鬼神将来舍，而况人乎！是万物之化也，禹、舜之所纽也，伏戏、几蘧之所行终，而况散焉者乎！”(《庄子·人间世第四》)禅宗讲“以心观心”，禅师每日所做的就是观照自己的心，使心不造作不妄动。“何期自性，本自清静；何期自性，本不生灭；何期自性，本自具足；何期自性，本无动摇；何期自性，能生万法。”(《坛经·行由品》)这些不同的说法都可以说是提倡理性的自我观照。通过这种理性的自我观照，我们就可以超出可见的现象世界，而达到对真如实相的认识和洞察。所以灵

❶ 朱熹：《四书章句集注》，辽宁教育出版社，1998 年版，第 5 页。

❷ 朱熹：《四书章句集注》，辽宁教育出版社，1998 年版，第 34 页。

❸ 朱熹：《四书章句集注》，辽宁教育出版社，1998 年版，第 6 页。

魂或者自我的完善就是理性观照能力的提升，通过这种提升使自己不再受到这个世界的事物的干扰和支配，不会受到政治权力和世俗名利的诱惑和控制。这就是灵魂或者人格的自由和解脱。

苏格拉底进一步认为理性是像神一样的部分。“我们灵魂中像神一样的，不就是能认识和思考者吗，还有其他的吗？”（柏拉图：《阿尔喀比亚德前篇》，133c）可以说，把理性和神等同起来是柏拉图所有对话的基本观点。柏拉图改变了传统宗教中关于神的看法，把神和纯粹理性联系起来。这可以说是理性主义的神学观。在《中庸》中，也提出了“至诚如神”的观点。即如果一个人能够始终对自己的意念活动保持绝对诚实，他就会逐渐具有像上帝一样的明察秋毫的洞察力和无微不至的观照力。这可以说是理性观照能力发展的顶峰，而神就是纯粹理性的存在。神是完善的人的一面镜子，哲人就是最接近神的人。“无论是谁看到他自己那像神者，都会来了解神和聪慧，这样也就可以最好地认识自己了。”（柏拉图：《阿尔喀比亚德前篇》，133c）亚里士多德在《形而上学》中也认为“神就是思维对自身的思维”，也就是理性的自我观照。神之所以比我们的理性灵魂更加纯净、清楚和明亮，就是因为神没有身体的干扰。而我们人类的理性总是受到身体和欲望的干扰，所以人的灵魂理性很难达到绝对的纯净和明亮。在《斐多》中，苏格拉底就说明了这一点。所以，认识自己就是认识理性本身，关心自己就是提高自己的理性观照能力，达到理性之神一样的智慧。这是一切哲学理性主义的最高成就。可以说，智慧是自我认识和自我完善的最终目的。只有具有了这种智慧，我们才能真正拥有其他美德。从这个意义上说，智慧是唯一的美德，一切其他美德只有来自智慧才是真正的美德，否则就只是对美德本身的模仿。

接下来，苏格拉底强调认识自己的意义就是节制。所谓“自知之明”。节制最接近于智慧，不认识自己就不能节制，也就不认识自己灵魂中哪些是善，哪些是恶。同样，如果我们不能认识自己，也就不能认识哪些是属于我们的，哪些不是属于我们的。不知道属于自己的，也不知道属于他人的。如果不知道属于他人的，就不知道属于家族的和属于城邦的，也就不能成为“齐家”的主人和“治国”的政治家。而且，不能认识自己的人就不知道自己在做什么。他的一生就像是在梦中。既然他不知道自己在做什么，他就会犯错误。犯错误就会受到惩罚，这样他和他人都不会幸福。正如庄子所说："克核大至，则必有不肖之心应之，而不知其然也。苟为不知其然也，孰知其所终！"（《庄子·人间世第四》）所以认识自己、属于自己的和属于他人的是同一种技艺，即都源于自我认识或者修身的技艺。所以苏格拉底指出，如果要正义地统治城邦，就应该与公民分享美德。但是如果需要使城邦获得美德和幸福，就必须首先自己具有美德。"你自己或其他人需要管理和关心自己的和属于自己的，以及城邦的和属于城邦的事物，就要首先获得美德。"（柏拉图：《阿尔喀比亚德前篇》，134c）这个美德是建立在智慧的基础上的真正的美德。

可以说，修身或者自我认识是一切智慧的开端和基础。正如《大学》中所说："古之欲明明德于天下者，先治其国。欲治其国者，先齐其家，欲齐其家者，先修其身。欲修其身者，先正其心。欲正其心者，先诚其意。欲诚其意者，先致其知。致知在格物。物格而后知至，知至而后意诚，意诚而后心正，心正而后身修，身修而后家齐，家齐而后国治，国治而后天下平。自天子以至于庶人，一是皆以修身为本。其本乱而末治者否矣。其所厚者薄，而其所薄者厚，未之有也。此谓知本，此谓知之至也。"修身就是对自己的认识，对自己的认识就是对灵魂的认识，就是对人性和人心的认识，这种认识使人看到世间荣华富贵的虚假性，使人从对荣华富贵、功名利禄的追求中解脱出来，使人从无知、愚昧、不幸和灾难中解脱出来。这就是智慧和美德的来源。而美德是幸福的必要组成部分。只有智慧和美德才能真正使人获得幸福。因此幸福、智慧和美德是三位一体的关系。道德主义和功利主义的错误就在于把道德和幸福对立起来，没有在更高的意义上理解幸福。所以认识自我是修身的根本。修身则是一切事物的根本。所谓"君子反求诸己"、"推己及人"、"己所不欲，勿施于人"、"成己成物"、"己欲立而立人，己欲达而达人。"

在苏格拉底看来，想要统治城邦，没有必要一定掌握政治权力。"你没必要拥有权势来做你自己和对城邦想做的事，而是要拥有正义和自制。"（柏拉图：《阿尔喀比亚德前篇》，134c）因为哲人是天生的王者，哲人凭借智慧而自然地治理城邦，并不需要政治权力。在《政治家》中，柏拉图就指出："无论谁拥有这一知识，不管他是实际上的统治者，还是一介布衣，他的技艺不都应该被看作是与王者之技艺完全一样的吗？”（柏拉图：《政治家》，259b）这里也强调参与政治的重要方法和条件并不是掌握权力，而是拥有美德和智慧。这样的哲人也就是中国古代的素王或者无冕之王。哲人是以私人的方式参与政治的，他的方法就是尽可能使他周围的人变好。这也是改善政治生活的重要方法，甚至比政治制度的设计更加重要。而我们现在更多关注的是制度本身，忘记了我们都是活生生的人，都是在追求善和幸福的人。如果我们的制度设计不能和人性的本质相应，那么就不可能产生好的结果。而且再好的制度也会随着人事变迁而变得不再适用，甚至变为戕害人性的毒药。

苏格拉底指出，只有拥有智慧和美德，才能和神接近，获得神的青睐。只有这样才能正确而良好地做事，才能最终使自己和整个城邦获得幸福。如果没有智慧和美德，做事不正义，眼睛盯着不敬神者和黑暗，就会害人害己。一个人想做伟大的事情，但是却没有智慧和头脑，那么结果就一定很不幸。所以最重要的不是拥有君主权力，而是拥有智慧和美德。他还指出，在我们拥有美德和智慧之前，就应该接受他人的教导。“在拥有美德之前，被一个更好的人管理而不是自己去管理，对于大人和孩子都要好些。”（柏拉图：《阿尔喀比亚德前篇》，135b）更好的人就是拥有智慧和美德的更高尚的人。只有美德和智慧才使人自由。而不可教化的坏人就应该成为奴隶，奴隶不应该有自由，这样对他更好，否则他就会害人害己。所以当苏格拉底问阿尔喀比亚德是自由的还是不自由的，阿尔喀比亚德不得不承认自己的无知和不自由。苏格拉底最终表明，我们要获得自由，就必须获得美德和智慧。

阿尔喀比亚德认为他们最好互换角色，苏格拉底作为被追求者，而阿尔喀比亚德作追求者和侍从。这意味着政治人必须接受哲人的统治，从哲人那里获得智慧和教导。苏格拉底表示，他对阿尔喀比亚德的爱反过来成为政治人对他的爱。这意味着政治的目标应该是哲学。只有不断关注哲学，政治生活才能获得改善和提高。哲人才是国家的最高目标和统治者。我们知道，现代性的目的就是使人人都成为哲人，成为具有完全自律精神的个人。例如康德的《实践理性批判》的目的就是试图为哲学的千年王国进行道德奠基。但是现代性的错误在于忽视了人的自然天性的差异性，认为可以通过哲学教育使每个人都成为哲人，这无疑是对哲学和政治的最大无知和危害。这种理解既降低了哲学的神圣性和崇高性，也过于拔高了政治的目标和意义。而苏格拉底和柏拉图既肯定了哲学和政治的紧张关系，强调不可能使所有人都成为哲人，因为人和人的自然是不同的，同时他们也始终强调哲学高于政治，政治的完善只有通过哲学的引导才能实现。

最后，苏格拉底表示他并不是担心阿尔喀比亚德的真诚和本性，而是担心城邦的力量比他们的力量都强大。这似乎暗示了他们两个最后的命运。苏格拉底被城邦民众处死，阿尔喀比亚德也最后叛逃雅典，被波斯总督所杀。

五、结束语

这篇对话展示了哲人对政治人的驯服和教化。哲人和政治人的结合也就是政治权力和知识的结合。在苏格拉底和柏拉图看来，知识和权力的结合是防止权力败坏的根本方法。从一定意义上说，柏拉图的所有对话都是在追求知识和权力的结合。知识和权力的结合也可以用"学而优则仕"的观点进行说明。不论是古希腊人还是古代中国人，古代人的"学"都不是单纯的知识学习。在他们看来，单纯地追求知识是邪恶的。他们没有为知识而求知识的兴趣。因此他们的"学"都是和自我的完善、政治的完善相关的。政治生活是无所逃于天地之间的，每个人都不得不关心。个人的价值和意义只有在政治生活才能真正体现出来。所以我们必须尽可能地完善政治。而自我的完善是政治的完善的前提。如果我们要想参与政治活动，就应该完善自己，即"修身为本"。所谓"人存政举，人亡政息"。单纯地追求制度建设和制度完善是远远不够的。如果没有优秀的人的参与，再好的制度也是没有意义的。同样，青年人往往充满了美好的政治抱负和政治理想，都希望可以在政治上大有作为。但是政治生活是险恶的，名利场的斗争是残酷的。所以只有在我们不再被政治权力和荣华富贵诱惑，能够保持超然物外时，我们才能参与政治。如果没有一颗"天下为公"、"精忠报国"的雄心壮志，很容易就会变得利欲熏心、无法无天，最终害人害己。所以《理想国》坚持认为，让不热爱权力的掌权，才能保证权力不会腐败。而我们能够不被政治权力所败坏的一个重要条件就是对更高生活和更高快乐的追求。这种更高生活就是哲学生活。也就是说，哲学生活高于政治生活，一个人要想在政治生活中大有作为，就应该首先学习哲学，从哲学中体验到崇高的快乐，这样他就可以对政治生活中的荣誉、权力和地位保持超然的心态，这时他才可以参与政治。苏格拉底的工作就是为城邦教育这样的政治人。

第二节　破除"法执"——《欧绪弗洛》解读

本篇对话发生在苏格拉底接受审判之日（公元前 399 年 4 月），是苏格拉底和道学家欧绪弗洛关于虔诚的对话。虔诚是特别和诸神相关的宗教德性，和现代以来的"信仰"接近。在这篇对话中，柏拉图展示了一个宗教、道德、法律的狂热信徒的无知，试图以此破除人们对宗教、道德和法律的狂热。柏拉图似乎告诉人们，建立宗教法律的目的是为了引导人们过美好生活，但是如果像伪道学家欧绪弗洛那样不认识宗教法律的目的和意图，就会陷入可怕的疯狂和愚昧。这同样是一种过于推崇"文明"而导致的野蛮。

一、引子

欧绪弗洛问苏格拉底为什么来到王宫前廊，仿佛要打官司。苏格拉底证实了他的看法。欧绪弗洛认为肯定是别人控告苏格拉底，苏格拉底不会控告他人。这也证实了《申辩》中苏格拉底表示自己从来没有上过法庭的话。这显示了哲人是不会和任何人发生纠纷和官司的好公民。所谓"君子无所争"。也正如《理想国》中所指出的，好的国家是没有法律官司和法官的国家。

苏格拉底说自己被美勒托等人起诉，指控他败坏青年和引入新神、不信城邦之神。对于败坏青年的问题，苏格拉底反讽地认为美勒托正确地关心政治，因为关心政治的首先表现就是关心年轻人的教育。"参与政治的正确方法就是关注年轻人，并且使他们尽可能变好。”❶这种关心对于国家政治是非常有益的。正如《论语》中记载：“或谓孔子曰：‘子奚不为政？’子曰：‘《书》云：‘孝乎惟孝，友于兄弟，施于有政。’是亦为政，奚其为为政？’”（《论语·为政》）也就是说，在孔子看来，参与政治的首要方法就是教育年轻人。没有优秀的人才，就不可能有优秀的政治。因此政治的首要问题是人格教育问题，而不是制度建设问题。对于引入新神的问题，欧绪弗洛认为这是大众对于他们的歪曲和诬告。他自己就经常在国民大会上发表宗教或者未来之事的看法，而遭到大众的嘲笑，被看作是疯子。他认为这是大众出于嫉妒心的表现。这里欧绪弗洛强调了他和苏格拉底的相似性，似乎把他和苏格拉底看作是同一路人。苏格拉底表示他并不在乎大众的嘲笑，他在乎的是大众嫉妒和禁止有知识的人传授智慧。欧绪弗洛并不在乎这个问题。苏格拉底认为欧绪弗洛是小心谨慎的，不愿把智慧传授给他人，而他给公众的印象是喜欢到处传授自己的智慧。这里苏格拉底暗示了他们两个人的差异性。

欧绪弗洛是神学家或者预言家一类的人。在他看来，苏格拉底和他都关心神圣的问题，他们都引起了民众的关注甚至敌意，所以他们是同一类的人。苏格拉底也确实经常暗示自己的预言能力。在苏格拉底看来，这种相同只是表面上的。即使欧绪弗洛可以正确地预言未来之事，但是因为他的预言是通过非理性主义的方式获得的，他其实对自己的预言一无所知，或者说，由于对至善本身的无知，他不能正确认识吉凶祸福的意义。苏格拉底是哲人，哲人的预言能力来自他的彻底的理性主义认识。他的目标是理性地认识世界的实相，这种对世界的实相的认识就是智慧和至善。在这种智慧和至善中，一般人所谓的吉凶祸福都被化解掉了，所以哲人不需要任何预言。正如孔子所说：“不占而已矣。”欧绪弗洛并不知道哲人的真相，对于他和苏格拉底的差异也是一无所知的。

---

❶ Plato. *Euthyphro*, translated by G. M. A. Grube, in *Complete Works*. Edited, with Introduction and Notes, by John M. Cooper, Hackett Publishing Company. 1997. 2d.

二、亲情与虔诚

然后，欧绪弗洛说起自己的官司。他要控告自己的父亲杀人。因为一个奴隶杀了家奴，他父亲捆绑了这个奴隶，不慎导致其意外死亡。在他的亲戚和父亲看来，这个奴隶本身也是个杀人犯，不必太在意。欧绪弗洛认为他父亲确实犯了杀人罪，所以必须接受法律的制裁。人们认为儿子控告父亲是不虔诚的，也像杀人一样。欧绪弗洛对民众的这种观点不以为然。

这里显示欧绪弗洛和苏格拉底都受到了"不虔诚"的谴责，但是正如苏格拉底认为自己是最虔诚的，欧绪弗洛也认为自己是最虔诚的。当然他们的虔诚或者不虔诚也是不同的。苏格拉底的虔诚是基于他的彻底理性主义认识，是以他对法律的正义的有限性的认识和对法律的必要性的认识，以及他对更高的自然理性正义的认识为基础和前提的。因为他在理论认识上是俯视法律的，所以他是不虔诚的。但是他在行为上又是心甘情愿地遵守法律的，所以他又是最虔诚的。欧绪弗洛的虔诚是他自认为的对法律道德的狂热推崇和维护。他没有看到，在政治社会中，父亲是最初的法律权威，因此控告父亲的行为本身就是"犯上作乱"。所以即使他出于维护法律的目的而控告自己的父亲，他的这种行为本身就已经是危害法律的"不虔诚"的行为了。他所谓的虔诚只是对这种悖谬一无所知的表现，是一种对法律道德的非理性的狂热维护。当他把法律道德看得高于一切人情人性时，就表明他对法律道德的目的和意义是一无所知的。这种无知才是最大的最可怕的无知。正如历史上的假道学家一样，对世道人心、人情世故一无所知，只是片面地狂热地维护僵死的法律道德之类的文明规范，这样的人对政治生活的危害同样是巨大的。可以说，欧绪弗洛确实是一个道德主义的疯子或者狂人，他的行为是违反人之常情的。如果一种行为违反了人之常情，那么很可能是不正确的。因为任何法律或者观念都是建立在对人的正常生活的维护上的。人的正常生活由情和理两个方面构成的。违背了其中任何一个方面都可能对人的正常生活造成伤害。正确的行为必定是"合情合理"的，违反了任何一个方面都可能是不正确的。我们考察任何行为都必须依据情和理两个方面进行。一切反常的行为都必须为自己的正当性辩护。所以苏格拉底才首先问欧绪弗洛是不是他的亲人被他父亲伤害了，如果是他的亲人被他父亲伤害，欧绪弗洛的指控还是合乎人情的，还不是过于疯狂的。如果是因为非亲非故之人而控告自己的父亲，那就是不合乎人情的，这种控告就是疯狂的。所谓"世事洞明皆学问，人情练达即文章。"如果我们没有对人情世故的洞察，就不可能很好地从事政治生活或者哲学生活。

苏格拉底非常惊讶，他问欧绪弗洛是否认为自己拥有关于神圣之物的知识，知道虔诚和不虔诚的知识，并且因此控告自己的父亲。因为任何声称自己拥有神圣知识的人都可能被看作是不虔诚的。欧绪弗洛认为自己拥有神圣知识，这正是他和他人不同的地方。于是苏格拉底就表示愿意做他的学生，学习神圣知识，因为他一直认为神圣知识是最重要的。这也对他的官司有帮助。我们知道，奥林匹斯诸神的神话构成了古希腊政治文化习俗的基础，是古希腊习俗和法律的权威性和正当性的来源。但是在古希腊民主时代，关于奥林匹斯诸神的宗教神话已经开始衰败，古希腊社会陷入了礼崩乐坏的状态。而欧绪弗洛对这种时代状况缺乏认识，仍然以奥林匹斯诸神及其法律作为自己行为的根据，这本身就反映了他对政治宗教问题的无知。哲人苏格拉底则重新思考了神圣的问题。从哲学生活的角度看，哲人的神就是纯粹理性本身，纯粹理性就是静观觉知，这种理性的静观觉知是对理念实相的直接直观，这种直观只有在扬弃了感官认识和概念分别的前提下才能实现，因此是一种最高的认识方式。在哲人看来，神就是能够直接进行这种直观认识的最高存在者。正如亚里士多德所说的，神就是"关于思维的思维"。从政治生活的角度看，神本身究竟是怎么样的，可能我们无法确定，但是我们可以从政治需要的角度确定我们需要什么样的神圣知识。例如在《理想国》中，苏格拉底讨论神的本质问题时就是从公民的美德教育角度出发的。他制定了两条关于神的本质的标准。第一，神是善的。神只是善的原因，不是一切事物的原因。第二，神是不变的。神一旦改变就意味着神变坏了，这和神的本质是违背的。而且神不能有任何形象。所以神也不会乔装改扮欺骗世人。[1]

[1] 参《理想国》第二卷。

在《法律篇》中，神被看作是道德法律的最高权威和根据。这种政治之神可以说是对哲学之神的模仿和分有。

三、关于虔诚的对话

1. 虔诚与守法

为了验证欧绪弗洛的神圣知识，苏格拉底要求欧绪弗洛给出虔诚的定义。他首先开始第一个问题：虔诚是不是在所有行为中都是相同的；不虔诚是不是也在各种不虔诚的行为中是相同的。欧绪弗洛认为虔诚就是如他现在所做，起诉任何罪犯，不论这个罪犯是父母还是其他任何人；不控告他们就是不虔诚。他认为人们必须完全依照法律的正义行事。他以宙斯等诸神弑父的故事证明自己的行为的正确性。宙斯是正义的神，它就曾经捆绑自己的父亲克洛诺斯，以惩罚他不正义地吞食自己的儿子。克洛诺斯也因为同样的原因阉割了他的父亲乌拉诺斯。既然诸神可以出于法律的正义而惩罚自己的父亲，他也可以出于法律的正义而控告自己的父亲。诸神的行为就是人的行为的法律根据。人们不能颂扬诸神的这种行为，而否定他的行为。

苏格拉底表示他对这样的诸神故事非常厌恶，并且认为人们对他的指控就是因为他表现出这种厌恶之情。他问欧绪弗洛是否真的相信这些故事。欧绪弗洛当然相信这些故事。苏格拉底指出，这也就意味着他相信诸神之间存在战争、仇杀、殴斗以及其他各种可怕的事情。但是他没有继续探讨下去，只是指出欧绪弗洛以虔诚的一种表现当作虔诚的定义了。苏格拉底的言外之意是如果诸神之间存在这种不正义，那么诸神的行为就不应该成为我们的楷模和典范，也不应该是法律和道德的最终根据。但是欧绪弗洛却对诸神之间的这种不一致和不正义熟视无睹、茫然无知。其实这个问题关系到诸神和法律的关系。在一个哲人立法者看来，为了使法律获得权威性和神圣性，为了使人民更好地遵守法律，应该把诸神作为法律的最终立法者。这是神法的本质和根源。因此一切法律如果要达到最好的效果，就必须采取神道设教的形式。我们不能轻易否定法律的神圣起源，否则容易导致人们对法律的蔑视和违抗。在《理想国》中，苏格拉底就表达了自己对诸神的看法，认为荷马和赫西俄德等诗人把诸神描写得丑恶不堪，例如诸神的弑父、明争暗斗等，使人们无法对诸神感到敬畏，无助于培养公民的美德。

2. 虔诚与神意

苏格拉底认为欧绪弗洛给出的定义是虔诚的一种表现，而不是虔诚的本质。他要知道的是使一切虔诚的行为成为虔诚的理念。凭借这种理念，虔诚是虔诚的，不虔诚是不虔诚的。所以他要求欧绪弗洛能够告诉他虔诚的理念是什么，这样他就可以把它作为衡量一切行为是不是虔诚的标准，与之相同的就是虔诚，与之不同的就不是虔诚。

欧绪弗洛给出了第二个定义，"凡是令诸神喜欢的就是虔诚，令诸神不喜欢的就不是虔诚。"苏格拉底指出，诸神是不同的，它们之间相互反对和敌视。人们在大小、长短、轻重等问题上的分歧显然不会引起敌视，只有在善恶、是非等问题上才会产生分歧和敌对。"难道不是在正义和不正义、美好和丑陋、善和恶等问题上存在分歧，当我们不能在这些问题上达成一致时，你和我还有其他人才会变得相互敌视吗？"(Plato. *Euthyphro*. 7d)诸神也和人类一样。有的神把一件事当作正确的，有的神则认为是错误的，每个神都喜欢他认为正确的、高尚的和善的，而痛恨他认为错误的、卑劣的和恶的。这样诸神之间产生了分歧和斗争。诸神不可能对同一件事情具有同样的看法和爱恨，同样的事情可能是诸神既喜欢又痛恨的，这意味着同样的事情既是虔诚的又是不虔诚的。这就是所谓的"诸神之争"。所以欧绪弗洛的这个定义也是不成立的。

欧绪弗洛辩解到诸神都认为杀人偿命是正确的。苏格拉底则指出诸神和人并不会因为自己做错了事情而拒绝抵罪，没有人会为做错事不必抵罪而辩护。人们的争论的目的是为了证明自己的正确性。因此关于正义或者不正义等才是人们争论的焦点。这样苏格拉底就回到了性善论的立场，即无人自愿作恶。每个人都在做自己认为正确的事情。人们会为自己的行为和决定的正确性进行辩论，而不会为自己犯了错误不要惩罚进行争论。可以说，性善论是理性主义的人性论的唯一正确形式。理性主义人性论的必然结论就是性善论。性恶论是性善论的主要对立面，是非理性主义的人性论。性恶论认为人的欲望是强大的，理性是微弱的，理性只是服务于欲望。因此性恶论必然包含了对理性的贬低。或者说，性恶论只看到了人的追名逐利的行为中的欲望，没有看到这些行为中的理性认知因素，也没有看到人的理性认知对欲望意志的决定性引导作用。性恶论认为每个人的行为都是利己主义的，人和人之间进行着无休止的利益战争。“人对人是狼。”即使人们做出一些善良的利他的事情最终也是为了自己的利益。所以性恶论的必然结论就是法家思想。也就是说，性恶论必然推崇严刑峻法，认为只有严刑峻法才能抑制人的强烈的利己行为，才能带来政治生活的安定。但是性恶论没有进一步分析人们利己的原因。利己主义的原因在于人们把自己的利益看得高于一切，而这种利益总是和自己的生命、享乐、幸福相关。在苏格拉底看来，利己主义背后的理性根据是认为这些物质利益就是唯一的好的。因为这些利益被看作是好的，所以他们才去追求。如果人们认识到了更好更高的东西，他们甚至连自己的生命也会牺牲掉。所以人们最终追求的不是利己主义，而是善好。性善论才是对人性更加全面、深刻和真实的观察和认识。性善论导致的必然结论就是把人性的人格教育置于最高的地位，以正确的教育引导人性走向真实的至善的目标，而不是仅仅满足于追求至善的影像。

在苏格拉底看来，如果诸神之间存在分歧，那么诸神之间的分歧也就是关于正义和不正义、善和恶、高尚和卑贱的问题的分歧。同样，如果诸神之间也存在这种分歧，这意味着诸神也会思考。如果诸神也会思考，就意味着诸神也存在疑惑，也没有看到世界的实相。进一步的结论就是诸神并不拥有智慧，也只是像哲人一样在追求智慧。这样一来诸神就只是在“不死”上和人有区别，在智慧上和人没有区别。如果诸神是这样的，那么对诸神的虔诚就是一种力量崇拜或者不死崇拜，对这样的诸神的崇拜就是不明智的，这样的诸神无法引导我们在智慧上进步和完善。所以在柏拉图对话中，苏格拉底才改变了对诸神的定义，把智慧作为神的本质，而不是把力量或者不死作为诸神的本质。以智慧为本质的神就是理性的神，这样的智慧之神就是哲人的原本，而不再是诗人和道学家的诸神。而智慧的神就不再是诸神，而只是一神了。这也就暗含着一神论的诉求。只有一神论才能解决诸神之争的问题。但是一神论同样面对一个难题，即恶的问题。这也是后来基督教面临的主要问题之一。即使我们在一个宗教系统中达到了一神论，在国家和国家之间、文化和文化之间，宗教和宗教之间,也广泛存在诸神之争。建立一个普世宗教或者世界国家超出了人类的能力范围。可以说,思想观念上的分歧和斗争是人类生活的永恒内容,我们不能设想一种消除了这种争斗的状态。但是我们也不能因此放弃对绝对的唯一真理的追求,因为人们之所以会进行争论,恰恰就是因为他们认为存在唯一的绝对的真理,否则人们就不会争论了。多元主义试图肯定这种诸神之争的永恒性,但是却放弃了追求真理。这是片面的。一元论绝对主义则试图否定诸神之争的永恒性,而过于强调了人类对真理的追求。这同样是片面的。苏格拉底的“无知之知”既肯定了诸神之争的永恒性,也肯定了追求绝对真理的永恒性。也就是说,无知之知本身就是绝对真理,因此无知之知就否定了多元主义;同时无知之知也否定了一元论绝对主义的真理性,因为真正的真理只是扬弃了一切概念性理论的纯粹静观觉知。欧绪弗洛对人性的奥秘一无所知,对诸神的奥秘也同样一无所知。他声称的神圣知识同样是“以无知为有知”的无知。

3. 虔诚与喜爱

苏格拉底决定退让一步,不再在诸神之争上纠缠,他引导欧绪弗洛给出了第三个定义,即虔诚就是诸神全都热爱的,不虔诚就是诸神全都痛恨的。

苏格拉底继续考察这个定义。他问道,虔诚是因为虔诚而诸神才喜欢,还是因为诸神喜欢的才是虔诚的。他区分了原因和结果。因和果是不同的。他认为先有因,后有果。虔诚是一回事,神的喜爱是一回事,虔诚是因,喜爱是果。虔诚和喜爱是不同的。一个人的虔诚是诸神喜爱的原因。虔诚是人的行为,喜爱是神的行为。这样欧绪弗洛还是没有给出虔诚的本质定义,只是揭示了虔诚可以导致诸神的喜欢。但是诸神的喜爱并不是虔诚的本质。欧绪弗洛把虔诚和喜爱等同起来是错误的。

苏格拉底的意思是如果虔诚只是讨好诸神的手段,那么虔诚就是一种为了谋求自己的好处和利益的利己主义的行为。如果我们不考察诸神的善恶,只是讨取诸神的欢心,那么我们的虔诚就不是正义的。除非我们认为诸神是好的,诸神也对我们好的行为感到喜爱,那么这种虔诚才是正义的。在这里,苏格拉底最终要揭示的是诸神喜爱的应该是善本身,诸神应该和至善是一致的,诸神应该是至善的代名词。但是这样一来,我们就必须对好本身或者至善进行认识。如果存在诸神之争，那就表明诸神在至善的问题上也是无法确定的。在苏格拉底看来，至善就是智慧，对至善实相的认识是获得智慧的唯一方法。正如在《理想国》中指出的，如果我们对至善一无所知，即使我们拥有了各种知识和美德，也是没有意义的。这就意味着虔诚必须转变为智慧和至善，正如意见必须上升为知识。所以在这里，苏格拉底试图以智慧和至善取代虔诚，知识才是一切美德的根本，没有知识就是没有美德。根据这种观念，虔诚（信仰）根本不是一种独立性的美德，甚至根本就不是德性。虔诚的本质只是以无知为有知。

4. 虔诚和正义

欧绪弗洛被苏格拉底的提问搞得晕头转向，认为一切都在围绕自己旋转，没有什么是固定不变的。他认为苏格拉底就是代达罗斯。苏格拉底认为自己是艺术家，能够使所有人的作品都旋转不停。但是他仍然希望得到固定的坚实的结论。所以他要求欧绪弗洛打起精神继续讨论。他给出了第四个定义，即虔诚就是正义。这个定义可以说是五个定义中最高的一个定义。

苏格拉底开始对这个定义进行考察。他认为需要区分虔诚和正义。他以害怕和敬畏的区分为例，认为诗人的说法"有害怕之处必有敬畏"是错误的，正确的说法是"有敬畏之处必有害怕"。因为害怕比敬畏的外延要大，敬畏是害怕的一部分。同样，他认为虔诚是正义的一部分，有正义之处不一定有虔诚，但是有虔诚的地方一定有正义。正义的外延比虔诚要大。那么正义中的哪一个方面和虔诚相关呢？欧绪弗洛认为虔诚是正义中和诸神的伺奉相关的部分。但是苏格拉底问道这个伺奉（care）是什么意思。对诸神的伺奉应该不同于对其他事物的照料。例如并不是每个人都知道如何照料马，所以也并不是每个人都知道如何伺奉诸神。这里暗示真正的虔诚是一种只有少数人才能掌握的技艺，或者虔诚以知识或者智慧为前提才是可能的。这意味着只有哲人才知道什么是虔诚，如何表现虔诚。其次，如果对诸神的虔诚就是对诸神的照料，而任何照料都是为了对象的利益，那么对诸神的照料就是为了使诸神变得更好，获得利益。而人的照料可以使诸神变好，这无疑是耸人听闻、大逆不道的渎神之论。所以欧绪弗洛坚决否定了这种说法。苏格拉底再次问虔诚的伺奉是什么意思。欧绪弗洛认为应该像是奴隶伺奉主人那样的伺奉，是“下对上”的德性，而不是“上对下”的德性。因为诸神高于人，诸神是人的主人，人是诸神的奴仆。苏格拉底问诸神会因为我们人类的伺奉得到什么好处呢？欧绪弗洛认为诸神会做很多好事，就是使家庭的个人生活和国家的共同利益获得保全，而不虔诚则会使这一切遭到毁灭。

这里苏格拉底开始引入虔诚和正义或者善的问题。虔诚是一种和诸神相关的宗教德性，这种宗教德性也是一种有利于城邦的政治德性。在古希腊，宗教和政治是不可分的。古希腊的政治城邦本身就是宗教城邦。宗教德性对政治城邦的团结和和谐是至关重要的。所以欧绪弗洛特别推崇虔诚这种宗教德性。但是在苏格拉底看来，一切政治德性或者道德德性必须以理智德性或者哲学德性为前提才是可能的。正如在《普罗泰戈拉》中指出的，知识就是美德。只有智慧才能产生真正的美德。只有智慧才能带来真正的幸福。至善就是智慧，智慧就是至善。只有追求智慧才是唯一正确的选择。至善非善，至善是我们应该追求超出一切道德礼法、功名利禄的智慧之善。如果我们只拥有政治德性或者道德德性，而对哲学德性或者理智德性一无所知，那么这种政治德性或者道德德性也会走向自己的反面。

5. 虔诚和交易

苏格拉底对欧绪弗洛的这个定义仍然不满意。他指出，虔诚是正义中和诸神的伺奉相关的技艺，虔诚就是献祭和祈祷的技艺。所谓献祭就是把东西送给诸神，祈祷就是恳求诸神的恩赐。这样虔诚就是向诸神乞讨和给予的知识。这意味着虔诚是诸神和凡人之间相互交易的技艺。这可以说是关于虔诚的功利主义或者实用主义的定义。这个定义无疑是最低层次的定义。

苏格拉底继续考察这种定义。任何交易都是为了获得好处，那么虔诚的交易会得到什么好处？欧绪弗洛指出，通过这种交易，人从诸神那里得到他想要的一切东西，而神得到人的崇拜、荣耀和感恩。在这里，苏格拉底似乎把虔诚的道德性或者神圣性给取消了，揭示了虔诚表面下的功利主义动机。如果虔诚只是功利性的交易，那么一个坏人通过虔诚的祈祷而得到诸神的恩赐，诸神就是助纣为虐的帮凶，而坏人做了坏事，最终不但伤害了他人，也伤害了他自己。这样的虔诚不就是走向了自己的反面吗？如果诸神不分辨人们的动机的善恶，只是以谁更加虔诚为标准，恶人的虔诚也会受到诸神的眷顾，对这样的诸神的虔诚就是对正义和美德的背叛。所以苏格拉底的最终意图还是告诉我们，虔诚最终应该以德性和至善为前提和标准。我们应该首先关注自己的德性和智慧，而不是对诸神的虔诚。如果我们在智慧和德性上不断提高和完善自己，那么即使我们不去祈祷和献祭，也会赢得诸神的欢心，获得幸福。正如孔子所说："丘之祷久矣。"如果我们只是关注自己的物质利益和权力地位，只祈祷诸神满足我们的这种名利欲望，这种祈祷和虔诚反而可能伤害自己或者他人。[1] 我们最终应该把德性和智慧作为自己的最高目标，单纯的祈祷和虔诚是没有任何意义的。这种虔诚只是愚蠢和无知的表现。正如孔子所说："务民之义，敬鬼神而远之，可谓知矣。"(《论语·雍也》)

接下来，苏格拉底指出，虔诚是使诸神喜悦(pleasing)的东西，而不是有用的(beneficial)东西或者喜爱的(dear)的东西。但是欧绪弗洛认为喜悦和喜爱是一回事，那么虔诚就是使诸神喜爱的东西。这样这次的论辩又回到了前面的定义。对话陷入死胡同。这里苏格拉底所说的"喜悦"和"喜爱"究竟有什么不同呢？我们可以这样理解，喜悦是一种自足的安宁，喜爱是一种欠缺后的满足。喜悦是神的快乐，而喜爱是凡人的快乐。哲人的喜悦类似于神的喜悦。只有通过智慧认识到至善和自足，我们才能获得这种安宁的喜悦。正如《斐莱布》最后所揭示的美好生活一样。至善就是至乐，至乐就是至善。这种大喜悦大宁静的至乐是人生能够达到的最高境界。正如庄子所说："夫得是至美至乐也。得至美而游乎至乐，谓之至人。"(《庄子·外篇·田子方》)

三、尾声

苏格拉底认为应该从头开始，重新探讨虔诚的定义。因为如果不能得到关于虔诚的定义，那么欧绪弗洛以虔诚的名义控告他的父亲就是没

---

[1] 我们可以进一步联系《阿尔喀比亚德》来理解这种观点。

有根据的,会引起诸神的愤怒和人们的非议。但是欧绪弗洛以有急事为由逃跑了。苏格拉底一无所获,他希望通过请教欧绪弗洛来战胜美勒托的希望落空了。苏格拉底以自己的无知之知揭示了欧绪弗洛伪道学家的真实面目。

虽然苏格拉底没有获得关于虔诚的定义,虔诚也不是柏拉图的四主德之一。但是我们必须看到,虔诚是一种和宗教相关的特殊政治德性。特别在古代的祖先崇拜中,祭祀的对象都是自己的祖先,这种祭祀活动对于政治共同体的认同感、归宿感和使命感往往有极大帮助。曾子曰:“慎终,追远,民德归厚矣。”所以古代哲人重视祭祀,并且重视祭祀中的虔诚。正如孔子指出的:“祭神如神在”。如果没有这种虔诚,我们的祭祀就失去了团结人民的作用。可以说,礼法问题的实质是虔诚或敬畏,如果人们对于礼法没有了虔诚和敬畏,那么再多再完备的礼法也无济于事,形同虚设。“民之多幸,国之不幸”。

四、结束语

这是一个“大义灭亲”的故事。大义灭亲从一定意义看当然是正确的,也就是说,国家的利益高于个人和家庭的利益,如果国家的利益受到损害,个人利益最终也会受到损害。或者说,法不容情,法律的正义和权威是不能亵渎的,只有坚决维护法律的正义,才能保证整个社会的安定团结。我们必须看到,法律的目的是为了使人们过上和谐和睦的生活,而不是为了引起人世的争端。正如有子所说:“礼之用,和为贵。先王之道,斯为美;小大由之。有所不行,知和而和,不以礼节之,亦不可行也。”(《论语·学而》)先王制定礼法的目的是人世的和谐和睦,所以我们要维护礼法,不能破坏和违背礼法。但是我们也不能片面地维护和推崇礼法,使道德礼法成为人世冲突的根源。所谓“人而不仁,如礼何? 人而不仁,如乐何?”(《论语·八佾》)相比之下,欧绪弗洛的行为显得鲁莽、草率、无情,说明他对于世道人心、人情世故一无所知,他的脑中被一些似是而非的道德礼法观念所束缚了,只知礼法,不懂人情,这样就不可能真正地维护礼法,反而是败坏礼法的。正如一切道学家所做的那样。他对于自己的行动和决定的原因不能做出理性的说明,他不知道自己在做什么。他或许是真诚的，不是为了沽名钓誉，显得自己是大义灭亲，但是他的真诚恰恰是他的无知的表现。

那么应该如何解决这个故事中的难题呢？有趣的是在《论语》中也记载了一个类似的故事。“叶公语孔子曰：‘吾党有直躬者：其父攘羊，而子证之。’孔子曰：‘吾党之直者异於是。父为子隐，子为父隐，直在其中矣。’”（《论语·子路》）在孔子看来，父子亲情是人伦的核心。在礼法和亲情之间，我们必须采取中道的做法。孔子认为真正的正义是儿子应该对父亲的错误保持沉默，或者父亲对于孩子的错误保持沉默。“言及之而不言谓之隐”。当然这种沉默不是包庇和袒护，而是沉默的批评。因为父亲的罪行肯定会有人控告的，为了维护亲情，儿子不应该控告父亲。即使要大义灭亲，也应该采取私下的温和的方式，例如劝告自己的亲人投案自首，使其能够得以减轻处罚。这才是合乎人之常情的做法。在《荀子》中记载了一个故事，也是父亲控告儿子，于是孔子派人立刻把儿子抓起来，并且三个月不让父子相见，最后父亲主动撤诉，请求赦免自己的儿子。这样孔子就既维护了法律，也维护了父子亲情。这才是有智慧的圣人的做法。正如老子指出的：“上德不德，是以有德；下德不失德，是以无德。上德无为而无以为；下德无为而有以为。上仁为之而无以为；上义为之而有以为。上礼为之而莫之应，则攘臂而扔之。故失道而后德，失德而后仁，失仁而后义，失义而后礼。夫礼者，忠信之薄，而乱之首。前识者，道之华，而愚之始。是以大丈夫居其厚，不居其薄；居其实，不居其华。故去彼取此。”（《道德经》，第三十七章）也就是说，真正有道德有智慧的人并不拘泥于特定的法律和教条，而是顺势而为、因地制宜，始终使自己的行为和观念合乎事实本身，从而成己成物，始终保持在和谐和正义的境界中。这种和谐正义的状态也是一切法律和道德的目的。但是因为法律本身的僵化教条的性质，法律并不能够很好地达到这个目标。礼法只是在道德和智慧衰败之后的产物，是对智慧的模仿和分有。哲人必须始终用智慧去纠正法律可能导致的不正义。而那些狂热维护礼法的人对道德礼法的这种目的和局限性缺乏认识。所以我们不应该舍本逐末，而应该正本清源。关键是认识本源，获得智慧，而不是停留在维护礼法的表面现象上。因此只有像苏格拉底、柏拉图、老子和孔子那样，“世事洞明、人情练达”，“随心所欲不逾矩”，我们才能真正从事政治和哲学。

第三节　勇敢出于智慧——《拉凯斯》解读

本篇对话讨论的主题是勇敢，起因是关于年轻人的教育问题。对话的人物是拉凯斯和尼西亚斯。其中拉凯斯是有勇无智、粗犷直率的一介武夫，和他探讨勇敢正是苏格拉底因材施教的表现。尼西亚斯则已经接受过苏格拉底的谈话疗法，所以比拉凯斯显得更有头脑。最终苏格拉底表示对年轻人的教育首先应该关心自己的教育。只有在教育好自己后，我们才能教育年轻人。

一、引子

对话是在人们观看完了战士的穿盔甲作战表演之后。吕西玛库和美勒西亚邀请拉凯斯和尼西亚斯一起去请教苏格拉底。起因是关于自己的孩子的教育问题。他们认为不应该让年轻人放任自流，而是应该尽力关心他们的教育，尽到做父亲的责任。他们认为，他们这一辈人和父辈相比已经落后了，父辈们曾经创立了辉煌的业绩，而他们根本没有什么成就可言。因为他们的父辈忙于政治事务，忽视了孩子的教育问题。所以他们认为自己应该好好教育孩子，使他们将来能够建功立业。这种穿盔甲作战的技艺似乎适合年轻人的教育，或者他们想知道，哪一种技艺适合年轻人的教育。

见到苏格拉底后，拉凯斯首先赞美了苏格拉底在代里昂战役中的勇敢表现，认为他维护了国家的荣誉。吕西玛库询问苏格拉底关于穿盔甲作战的技艺的看法，年轻人是不是可以从中受益。尼西亚斯认为这种技艺对年轻人有益，可以强身健体，可以在列阵作战和单独作战中使用，还可以使人喜欢其他高深的技艺如排兵布阵，可以使人显得大胆果断，显得非常威武。但是拉凯斯则认为这种技艺没有益处，只是一种骗人的把戏。斯巴达人从来没有使用过这种技艺，他们虽然推崇这种技艺，但是他们在实际战争中根本没有杰出的表现。于是吕西玛库希望苏格拉底谈谈自己的看法，苏格拉底表示对于相互冲突的观点，应该依据知识而不是人数来判断其正确性。因此我们应该请教专家，而不是普通人。这和《克里托》中的观点是一致的。

苏格拉底认为，讨论这个问题的根本目的是年轻人的心灵的教育问题。因此我们应该请教对灵魂的修养最成功和最熟悉的人，把他们作为老师。苏格拉底接着反讽地指出，智者是唯一能够改善道德的教师，而他因为贫穷，付不起学费，所以无法向智者学习。尼西亚斯和拉凯斯是否可以在这个问题上提供一点帮助。

尼西亚斯表示他喜欢和苏格拉底讨论。拉凯斯表示他对这种讨论有两种态度。对于知行合一的人，如果这个人在讨论各种美德时，配得上这个主题，那么他会把对方的言和行进行比较，观察两者之间的和谐，把这样的人看作是真正的音乐家，他会从中感到无比快乐。而对于言行不一的人，他则感到厌恶和仇恨。对于苏格拉底，他表示已经见识了苏格拉底的勇敢，他的行为已经证明他的高尚，但是对于他的言论还缺乏了解。如果苏格拉底的言论和行为是一致的，那么他将非常乐于和苏格拉底对话。

这里表明拉凯斯是一个粗狂直率的将军，喜欢直来直去，不喜欢拐弯抹角。因此他推崇言行一致的做人原则。言行不一的人往往是虚伪的或者无知的。“巧言乱德。”这样的人往往试图用花言巧语迷惑他人，为自己捞取好处。如果一个人言大于行，这个人一般是不可信的。“巧言令色，鲜矣仁。”所以自古以来，哲人就推崇谨言慎行。“古者言之不出，耻躬之不逮也。”“君子欲讷于言而敏于行。”谨言慎行是智慧或者忠信的基本体现。一个真正的君子应该“先行其言而后从之。”“君子耻其言而过其行。”言行一致也是一个识人的根本原则。正如孔子所说：“始吾于人也，听其言而信其行；今吾于人也，听其言而观其行。于予与改是。”当然，这个原则非常难以做到。在对话的最后，苏格拉底似乎表明没有人能够做到言行一致，拉凯斯的自诩也是出于无知。因为我们的行为往往都是出于似是而非的意见，而不是真正的知识。

二、和拉凯斯的对话

苏格拉底表示，如果我们要讨论青年人的美德教育，必须首先知道美德是什么。如果我们对美德是无知的，就无法向他人提供建议。如果我们知道美德的性质，那么就一定能够说出来。这里似乎暗示"可知的就是可说的"。所以苏格拉底建议从美德的一个部分例如勇敢开始，看看我们是不是对美德拥有真正的知识。

(1)"勇敢的人就是坚守阵地，和敌人作战的人。"拉凯斯的这个定义着眼于阵地战，因此苏格拉底以运动战来反驳他。苏格拉底又指出，勇敢不仅指在战争中的勇敢，还有政治事务中的勇敢，处于贫穷、疾病中的勇敢；不仅包含抵抗痛苦和恐惧的勇敢，还包含抵制欲望和快乐的勇敢。有些人在抗拒快乐中表现得勇敢，有些人在忍受痛苦中表现得勇敢，有些人在克制欲望中表现得勇敢，还有些人在克服恐惧中表现得勇敢。因此他要问的是各种各样的勇敢中的共同本质是什么，不能把勇敢的一种形式或者表现作为勇敢的本质定义。

(2)"勇敢就是灵魂的某种忍耐(endurance)。"苏格拉底指出并不是每种忍耐都称得上是勇敢。因为勇敢是一种好的美德，所以只有聪明的忍耐才是勇敢。但是如果聪明的忍耐只是为了获得更大的利益，那么这种忍耐也不是勇敢。这是暗示了勇敢或者一切美德的超功利性。如果勇敢是基于利益的算计，那就不是勇敢。为此，拉凯斯不得不认为没有知识的人才能够真正做到勇敢。但是这样一来，他就把勇敢和鲁莽等同起来了，认为愚蠢的忍耐才是勇敢。而愚蠢的忍耐不可能是美德。这样拉凯斯就陷入了自相矛盾。

接着，苏格拉底又提到了拉凯斯对言行一致的推崇。他指出，我们都没有做到言行一致，虽然我们都是勇敢的，但是我们却不知道勇敢的定义。这也是对拉凯斯的"自以为是"或者无知的打击。可以说，苏格拉底的对话都是对对方观点的一种"解构"，通过展示对方的无知，使对方从这种自以为是的无知中解放出来，获得自由和智慧。

三、和尼西亚斯的对话

苏格拉底进入和尼西亚斯的对话。尼西亚斯显然比拉凯斯更富有理性。这可能是因为他曾经和苏格拉底有过交往谈话的结果。可以说，拉凯斯强调了勇敢的非理性方面，尼西亚斯强调的是勇敢的理性方面。两个人的观点结合起来，才是勇敢的完整含义。

（1）他提到了苏格拉底的一个观点即“好人就是聪明人，坏人就不是聪明人”，并且指出勇敢是一种智慧。他的定义是“勇敢就是在战争和其他情况下关于害怕和希望的知识。”这个定义显然更加接近苏格拉底的理性主义立场。

拉凯斯认为这个定义很奇怪，因为勇敢和智慧不是一回事。他否认了勇敢的理性方面。例如我们并不把有技艺的人如医生、农夫、工匠等人称为是勇敢的人。尼西亚斯认为这些人的知识只是局限在自己的专业领域，他们没有真正的关于整体的知识。整体是部分的原因，关于整体的知识才是智慧。勇敢是出自于这种智慧。他还认为预言家也不知道希望或者害怕的原因，预言也只是一种技艺，预言家只知道某些征兆，并不知道真正的原因。这和苏格拉底的观点是一致的，苏格拉底并不否认某些预言家确实可以知道未来的吉凶祸福，但是预言家并不知道真正的好坏善恶，也只是以一般人的是非善恶的意见作为自己的标准，因此预言家也没有任何智慧。

苏格拉底指出，如果把勇敢和知识等同起来，拥有知识就是拥有勇敢，没有知识就是没有勇敢。例如动物没有知识，所以没有动物是勇敢的。这里强调勇敢是一种后天的教育的美德。一个人可能天生是大胆的，但是大胆并不是勇敢。大胆如果没有知识，就只是鲁莽，鲁莽往往带来不幸，而美德不会带来不幸。真正的勇敢则是美德，勇敢不可能带来不幸。对此，在《普罗泰戈拉》中，苏格拉底进行了充分的论证，最后迫使普罗泰戈拉承认勇敢和知识的本质关系。而拉凯斯此时还不同意这种观点。

苏格拉底继续指出，勇敢是美德的一部分。美德还包括正义、节制等。他没有提到智慧，因为尼西亚斯知道这一点。所有这些加在一起才能称为美德。美德是“一”，是整体。这个整体或者“一”是以智慧为根本的。因此，在苏格拉底看来，智慧才是美德之所以成为美德的关键，拥有智慧才拥有美德。没有智慧就没有美德。美德的“多”只有在智慧的“一”中才能统一起来。虽然智慧往往被看作是美德的一部分，但是其实，智慧才是美德的根本，理智的美德高于实践的美德。这也是《普罗泰戈拉》对话的根本主题，也是后来亚里士多德在《尼各马可伦理学》中区分理论德性和道德德性的原因。

然后，苏格拉底开始考察尼西亚斯的这个定义。他指出，第一，害怕和希望都和未来相关。对于已经发生的事情，人们没有害怕或者希望。第二，害怕和希望都和好坏相关，人们总是对好产生希望，对坏产生害怕。第三，不存在关于未来、过去和现在的三种知识，因为相同的事物(即善恶)是不变的，所以三种知识是一种知识。最终他得出结论，勇敢是关于善恶好坏的知识。

(2)“勇敢就是关于善恶的知识。”这个定义和《卡尔米德》中关于节制的最终定义是一致的。也就是说，勇敢是对善好的追求。这也是《普罗泰戈拉》中的基本观点。人们总是追求好，逃避坏。在勇敢的美德上也是如此。例如战争中的勇敢或者出于对荣誉的追求，英雄可以受到全国人民的爱戴和推崇；或者出于贪婪，因为战争胜利可以分得很多的战利品；或者出于恐惧，因为后退或者当逃兵会被处死；或者出于激情，因为战斗是非常刺激的事情，这种刺激可以激发人们的生活热情等。但是，不论这些勇敢行为的动机是什么，他们都把动机看作是“好”的，勇敢也是好的，是一种追求好的目的的好的手段。同样，在和平时期也需要勇敢，特别是对欲望和快乐的抵制就需要勇敢。一个经不起糖衣炮弹进攻的人同样不是勇敢的人。在探讨真理上也需要勇敢，人们必须“当仁不让吾师”，不能屈服于权威和舆论。在承担自己的政治责任上也需要勇敢，不能推卸自己的责任，必须见义勇为。但是不论动机如何，条件如何，正是在追求自认为好的东西中，人们才表现出来百折不挠、坚强不屈、英勇无畏的忍耐精神。但是自认为的好坏并不就是真正的好坏。如果我们不知道真正的好坏善恶，只把自以为是的好坏作为好坏的标准，那么很可能因此而给自己带来恶运。因此我们必须对好坏善恶有真实的认识，必须从意见上升到知识。

(3)“勇敢来自智慧,智慧高于善恶。”苏格拉底指出,如果一个人知道所有善恶,知道它们过去和现在的状况,知道它们将来是否出现,那么这个人就不再需要正义、节制和虔诚了。他自己可以区分可怕和不可怕、自然和超自然,就会采取适当的防范措施,确保一切事物的完善。但是这样一来,勇敢就不是美德的一部分,而是美德的全部了,所以我们又陷入了自相矛盾。我们还是不能发现勇敢的定义。

在这里,苏格拉底设想了一种“全知”的智慧。这种全知的智慧无疑是哲人乃至人类的最高欲望。如何能够获得这种全知呢？从现象的角度看,事物的生成和变化是无穷无尽的,人类不可能穷尽所有的关于现象的知识。但是从本体的角度看,事物的类型和变化是有限的。所以柏拉图认为每一类事物都有自己的理念,如果我们认识了所有事物的理念,也就能够认识所有的事物。可以说,这种理念之知就是全知。进一步,一切理念都是完美的至善的存在,一切理念的共同性就是对至善的分有和模仿,所以至善既是世界万物存在的根据,也是人类认识的最终对象。归根到底,对至善的认识就是全知或者智慧。如果我们认识到了至善,我们就能够达到最高的幸福和智慧。在这个意义上,智慧也就是至善。达到智慧的至善需要我们扬弃一切人类学的因素,也就是扬弃肉体感官的束缚和概念语言的分别,进入到一种天人合一的无我之境。这种无物无我的同一性境界就是智慧和至善的境界。这是哲人追求的最高目标。“至善非善。”至善的境界也就是“无善亦无恶”的绝对真理。只有超出人类学意义上的善恶,我们才能真正认识和拥有关于善恶的智慧。因此,如果我们追求绝对真理,拥有智慧,就必须超出一切人类学的因素,达到“天地境界”。在这种境界中,我们的心灵安住在不加分别的空灵之中,“应无所住而生其心”,不再去追求普通人追求的好坏善恶,不再盲目追求世俗的欲望和快乐,不再对死亡和恐惧盲目逃避,因此也没有什么可以伤害我们。我们处于无我无欲无为无住的超然境界。这时我们已经没有了所谓的勇敢。因为一切善恶或者美德都是人为的妄想分别的结果和表现。当我们依据至善之知对一切道德善恶都不加分别时,我们就超越了一切道德善恶。但是因此我们却能够表现出最高的勇敢。这样的勇敢就等于节制,就等于智慧。正如在《斐多》中，苏格拉底面对自己的死亡表现出来的泰然自若、谈笑风生的勇敢一样。正是在这个意义上，我们认为勇敢最终来自智慧。只有哲人才是真正的勇敢者。

四、尾声

拉凯斯对尼西亚斯的失败感到幸灾乐祸。尼西亚斯指出拉凯斯并不关心真理，只关注他人的无知。人们总是关注他人的错误，而不反观自己的错误。这确实是人性的基本缺点。拉凯斯也承认，在教育孩子的问题上不要请教自己和尼西亚斯，而是请教苏格拉底。但是尼西亚斯指出苏格拉底总是推辞不就。苏格拉底表示他并不拒绝帮助任何人变好，但是他自己是无知的，所以没有资格担当这个责任。最后他表示，我们每个人都应该为自己找一个老师，首先是为自己，其次是为年轻人。我们应该"不耻下问"，"活到老，学到老"，努力完善自己，然后才有资格教育年轻人。否则我们就是言行不一的。

这里表明在苏格拉底看来，成年人必须以身作则，率先垂范，在关心年轻人的教育之际，首先应该关心自己的教育。如果成年人没有把自己教育好，又有什么资格教育年轻人呢？"古之学者为己，今之学者为人。"这恰恰是教育衰败的表现。如果我们学习知识只是为了向他人炫耀，而不是为了完善自己，那么我们的学习有什么意义呢？这样对话从最初的关心年轻人的教育转变为成年人的教育。所以这篇对话虽然讨论的主题是勇敢，但是其更加根本和重要的问题乃是人的心灵的教育问题。

五、结束语

现代性以来，我们已经不能正确理解勇敢的含义，不能正确处理勇敢的地位。霍布斯的政治哲学试图把勇敢从政治生活中驱逐出去。他在自然法或者道德法中没有提到勇敢。他从维护国家统一性的立场出发，把勇敢排除出了政治德性的范围。在他看来，勇敢精神可能危害政治生活的和平，而和平是最高的善。于是在霍布斯开辟的基础上，现代性逐渐走向和平主义。这种和平主义实际上和享乐主义是一脉相承的，是享乐主义的一种形式。这种享乐主义和和平主义导致了后来者的反对和批判。

最突出的人物就是尼采。他认为这种和平主义和享乐主义会导致人类精神的衰败。于是他极力推崇勇敢,试图以勇敢精神拯救现代性的堕落。但是尼采对勇敢的推崇是非理性主义的,没有正确认识到勇敢在政治生活中的意义和地位。可以说,不论是现代性还是后现代性都否定了苏格拉底把勇敢建立在理性和智慧之上的根本原则,都没有重视苏格拉底对勇敢德性和尚武精神的解释和定位。正如孔子也始终批评子路的尚武精神一样,苏格拉底也在很多地方贬低了勇敢精神。在四种德性中,勇敢被置于最后的位置,而智慧才是所有德性的核心和根本。

第六章
哲人与年轻人

哲人认为最重要的事情就是年轻人的教育,所以哲人总是和年轻人在一起,和他们谈话,对他们进行教育。任何教育只有顺应每个年轻人的自然天性,才能取得切实的效果。因此,这种教育是因材施教、因人而异的。苏格拉底总是根据每个年轻人的不同观点、不同情况,进行个体化的因势利导的谈话,引导他们走出各种错误和无知,走向智慧和至善。

在这一部分,首先讨论了《斐莱布》中关于快乐的问题。每个人都在追求快乐,但是并不是所有人都知道什么是真正的快乐。苏格拉底对快乐进行了细致的分析,告诉我们,只有借助于智慧和理性,才能真正获得善的快乐的生活。其次,讨论了《吕西斯》中关于友爱的问题。年轻人特别看重和需要友谊,但是如果我们不知道什么是真正的友谊,就不可能从友谊中获得益处。柏拉图最终指出只有善或者道才是我们真正的朋友。"与道为友"才是真正的友爱,与善道为友是我们的一切友爱的最终原因。再次,讨论了《卡尔米德》中关于节制的问题。年轻人血气方刚、性情未定,容易放纵自己的欲望,不懂得节制的意义。柏拉图认为真正的节制是建立在这种至善的境界上的,否则节制就只会成为谋求利益的工具,因此节制知识最终是关于至善的知识。最后,讨论了《美诺》中关于回忆说的问题,或者关于如何获得至善之知的问题。柏拉图认为必须通过"致良知"即反躬自省,消除内心的欲望和观念的障碍,才能获得至善之知。真正的知识不是外求的,而是通过内观和内求获得的。

第一节　因智慧得快乐——《斐莱布》解读

这篇对话的主题是论快乐,也就是寻找真正的纯粹的快乐。苏格拉底首先对各种快乐进行了区分,认为快乐是异质性的,不能简单地把快乐等同起来。苏格拉底批判了三种关于快乐的错误观点,即快乐主义、反快乐主义和快乐不是目的。这三种观点都有一定的真理性,但都是片面的。他对快乐的最主要的区分就是真实快乐和虚假快乐的区分,以及和痛苦结合在一起的快乐和没有任何痛苦的快乐的区分。其中,不和痛苦结合在一起的快乐才是真正的纯粹的快乐。他认为单纯的快乐生活和单纯的理性生活都是不存在的。真正快乐的生活必然是理性和快乐结合在一起的快乐。这种混合的生活才是善的生活。但是在理性和快乐之间,只有理性才和善更加接近。所以我们要获得真实的快乐,正确的快乐,纯粹的快乐,就必须依据理性和智慧而生活。智慧和理性就是不同事物之间的尺度和比例的和谐。因此只有借助于智慧和理性我们才能真正获得善的快乐的生活。最后他劝导我们应该从虚假的快乐中挣脱出来,追求正确的快乐。这就是柏拉图的"快乐的科学"。

一、揭示快乐的多样性 11a－14b

对话的主要人物是苏格拉底和普罗塔库,普罗塔库是斐莱布的信徒,斐莱布则是快乐主义的信徒。虽然篇名被命名为《斐莱布》,但是斐莱布在整个对话中显得对和苏格拉底的辩论毫无兴趣,普罗塔库甚至把他称为"打瞌睡的狗"。这也暗示了快乐主义者对一切理论探讨都缺乏兴趣,因为他的理智已经沉睡了或者丧失了。因为驱逐理性才符合快乐主义的原则,否则就不是快乐主义了。在和普罗塔库的对话中,苏格拉底显得旨在说服他放弃斐莱布的快乐主义,而最终普罗塔库似乎也认同了苏格拉底的理论,放弃了快乐主义。

对话一开始,苏格拉底首先表述了斐莱布的快乐主义和他的理性主义在善的问题上的分歧。"斐莱布认为对于所有生物而言,所谓的善就是享受、快乐和高兴,以及无论什么可以归入这类事物的东西。但是我们认为这些并不是善,而认识、理解、记忆,以及与此相关的东西,如正确的意见和真实的推理等才是善。它们比快乐更好,更让那些拥有它们的人愉快。"[1]

---

[1] Plato. *Philebus*, translated by Dorothea Frede, in *Complete Works*. Edited by John M. Cooper. Hackett Publishing Company. Icn. 1997. 11b.

人人都在追求善，人的每个行为几乎都和善联系在一起。我们一般首先把善和快乐等同起来。所以追求善就是追求快乐。但是善是快乐，快乐未必是善。快乐主义就是把善和快乐完全等同起来的一种思想。第一，快乐主义认为善就是快乐，快乐就是善。这是古代小苏格拉底学派中昔勒尼学派的主要观点，同时也是大多数人的观点。追求快乐就是追求善，追求善就是追求快乐。这和我们当代的享乐主义是完全一致的。第二，快乐主义认为快乐和快乐没有什么不同，没有高低等级的差异。这种快乐主义在自由民主制中特别流行。在自由民主政体中，人们通常都会把快乐作为自己的最高理想。为了快乐，人们可以做任何他想做的事情。但是在其他政体中，人们往往不会首先把个人快乐作为首要目标。例如在贵族政体中人们首先把荣誉德性作为自己的首要目的，人可以为了荣誉牺牲自己的生命，更不用说快乐。但是在苏格拉底看来，快乐主义是片面的错误的，他试图以理性主义批判快乐主义。他认为善是理性和智慧，只有和理性相关的活动才是更快乐的。快乐和快乐是不同的异质的，理性带来的快乐才是真正的快乐。

面对这种快乐主义，苏格拉底提出灵魂实际上存在两种状态，即快乐的状态和理智的状态。这两种状态类似于我们对感觉和理性的区分。康德也在《实践理性批判》中区分了本体的和现象的，质料的和形式的，感性的和理性的两种对立的状态。接下来，苏格拉底还提出了第三种状态即两者的混合状态。这种混合状态比较类似于后面的被称为善的状态。这种理性和快乐结合的状态才是最重要的最根本的论述主题。康德也设想了理性和快乐或者道德和幸福的结合状态，但是在一般意义上，道德和幸福不能结合在一起，只有通过信仰才能达到这种结合的状态。

苏格拉底指出一般意义上的快乐就是指女神阿弗洛狄特，普罗塔库对此表示认同。在《会饮》中，泡赛尼阿斯就区分了阿弗洛狄特和爱若斯两种给人带来快乐的爱欲，认为阿弗洛狄特是低贱的属民的爱欲，更多和肉体相关；爱若斯是高贵的属天的爱欲，更多和灵魂相关。也就是说，我们一般人都在追求特别和身体相关的快乐，而不是灵魂的快乐。苏格拉底在此没有提到和爱若斯相关的快乐。我们可以推测，和理性结合在一起的快乐就是爱若斯意义上的快乐。这是后面苏格拉底将要探讨的主要问题。

接下来,苏格拉底首先对快乐的多样性进行初步的分析。他指出快乐之名虽然是一,但是其形式却是多种多样的,快乐的各种形式是非常不同的。例如一个无赖的快乐、一个道德的人的快乐、一个理性的人的快乐是各不相同的。只有傻瓜才会认为所有快乐是相同的。这是苏格拉底对快乐的多样性和异质性的揭示。这种揭示对于我们理解快乐问题非常重要。我们一般都会被快乐之名所诱惑,并不进一步去思考快乐的本质和差异。因此我们虽然都把快乐作为人生的最大追求,但是对快乐是什么却几乎一无所知。这种无知就是我们往往在追求快乐中收获痛苦的原因。只有消除了这种无知我们才能真正获得快乐。

普罗塔库认为快乐的来源虽然不同,但是快乐作为情感体验却是同一的,一个快乐并不和另一个快乐不同。苏格拉底列举了颜色的例子加以反驳,各种颜色虽然都是颜色,但是颜色之间各不相同,甚至相反。快乐也一样,它们之间各不相同,甚至相反。使人快乐的东西可能是好的,也可能是坏的。好的东西引起的快乐才是好的,坏的东西引起的快乐才是坏的。但是普罗塔库仍然坚持所有快乐都是同一的。于是苏格拉底又举例说明,知识或者技艺是复数的,一种知识和另外一种知识不同,所以快乐也应该是复数,快乐之间各不相同。普罗塔库接受了这种说法。也就是说,根据苏格拉底的哲学目的论的立场,目的才是本质,目的才是标准。我们应该根据事物的目的确定事物的性质。同样的行为,目的不同,其性质就不同。因此快乐的原因或者目的决定了快乐的性质,而快乐体验本身并不决定快乐的性质。

既然快乐不是善,苏格拉底就提出一个问题,即我们应该把善好的生活给予快乐还是给予理智。这是柏拉图所有对话的核心问题。快乐的生活就是俗人的政治的生活,理性的生活就是哲人的哲学的生活。柏拉图试图引导我们走向哲学生活,因为哲学生活才具有更大的快乐和幸福。政治的俗世生活虽然显得是快乐的,但是往往都是以痛苦为结果的。没有理性和智慧,就不可能有真正的快乐。这也是色诺芬在《回忆苏格拉底》中指出的两条道路的选择问题。

二、方法论的插入

在揭示了快乐的多样性后,快乐显得既是一又是多,苏格拉底决定转向对一和多的关系问题的考察。他指出(像自然哲人那样)空泛地简单地认为"一就是多、多就是一"是含混的错误的。❶ 如果认为一是有生灭的东西,那么这个命题就没有任何意义;如果认为一是不生不灭的东西,那么这个命题就面临很多麻烦。例如对于这种永恒不变的一我们怎么才能认识到它?这种永恒不变、不生不灭的一又如何能够在多中出现?存在于多中的一和一本身究竟是不是同一个一?等等。在《斐多》、《蒂迈欧》中他都提到并且批判了阿那克萨哥拉的"万物同一"的观点。也就是说,如果我们只是简单地说"一是一切,一切是一",那么这是以抹杀事物的差异性为代价的。这种万物同一的观点实际上构成了快乐主义对快乐本身不加区分的哲学基础。所以对快乐的差异性的分析要求我们必须进一步探究一和多的关系。苏格拉底认为这种观点特别容易被青年人接受,会到处炫耀这种观点,并且以此去攻击和伤害他人。他的这种观点惹恼了普罗塔库等年轻人,要求苏格拉底必须把话说清楚,否则就饶不了苏格拉底。

苏格拉底表明要首先说明自己的方法论即他的理念论。他认为诸神(主要是普罗米修斯)给予人类一种礼物,这种礼物被人们以讲故事的方式流传下来,即一切事物都是由一和多组成的,是由有限和无限共同构成,这是我们理解一切事物的秩序的基本原则。但是在一和多之间其实还存在很多多样性的"理念"(种类)。因此我们必须首先找到一类事物的理念,然后再寻找其他事物的理念,直到认识了所有的理念,这样我们才能最终把握一和多的关系问题。(Plato. *Philebus*, 16c - 17a)可以说,柏拉图提出理念论是出于对"一切是一,一是一切"的问题的思考。理念论并不是要否定和反对这个命题,而是要使这个命题更加丰富和完备。在理念论中,每个理念既是一又是多。理念首先是一,它是类本质,是同一类事物的共同本质或者共相。同时,它又是多,即理念本身是异质性的,

❶ 这和他在《智者》中对一和多的关系问题的论述是一致的。

各个理念各不相同，白的理念不同于黑的理念，美的理念不同于善的理念等等。这样柏拉图就在一和多之间设置了理念的世界。他认为我们只有认识了所有理念之后，才能正确地精确地认识一和多的关系。因此我们不能脱离一和多的关系来理解理念论，同时也只有在理解理念论之后才能理解一和多的关系问题。所以他认为我们绝对不能一下子从一跳到多或者从多跳到一，必须考虑"诸神给予我们的居间者"，可以说，这种居间的东西就是理念。通过居间者（理念）思考一和多，否则简单地说"一切即一，一即一切"，会导致年轻人陷入相对主义诡辩术，抹杀各种事物和概念本身的异质性，最终把年轻人和其他人都败坏了。根据理念论，"一"是整体性，而整体性并不是浑然同一的，而是由异质性的部分即"多"组成的。"多"并不是指个体性事物，个体性事物必然是生生灭灭的，因此并不是整体性的"一"的组成部分，"多"乃是同类的个体性事物的共同性，这种共同性就是种类或者理念。种类或者理念比一切个体性事物具有相对的永恒性。整体性的"一"就是由多样性的异质性的理念构成的，这才是"一"和"多"的科学关系。理念论使得我们的精确科学思考变得丰富而严格，最终使得我们对"中和之道"的追求变得可能。❶ 可以说，理念论是柏拉图在对一和多的传统问题的思考中得出的，是对前苏格拉底哲学的关于一和多的科学认识的深化的结果，是他追求严格科学或者精确科学的结果，是我们理解一和多的关系的基本原则。像自然哲人那样只是含糊地说"一就是多"或者"多就是一"是不符合精确科学的原则和理想的。可以说，理念论的提出改变了自然哲人对一和多的关系的思考的简单化倾向，使得我们对一和多的关系的思考更加合乎严格科学的理想。现代科学虽然继承了柏拉图的理念论的分类原则，但是现代科学只是停留在分类原则中，没有在一和多的关系中思考分类学问题，并未理解柏拉图提出的理念论的分类原则的意义，并未达到严格科学的完备性。

苏格拉底列举了字母的例子说明自己的观点，即每个字母的发音既是一又是多。他又把理念论和音乐进行了比较，认为我们仅仅知道高音、

---

❶ 对比僧璨的《信心铭》："一即一切，一切即一。但能如是，何虑不毕。信心不二，不二信心。言语道断，非去来今。"

低音和音高是远远不够的,还必须掌握高音和低音之间的音节的数目和性质,以及音符和音域等才算是掌握了音乐。他还列举了古埃及的塞乌斯创制字母时的方法来说明理念论。可以说,理念论实际上就是一种音乐,作为音乐,理念论就涉及了事物的共相或者类本质的数目和尺度的问题。因为存在异质性的类别或者理念,对于它们的本质的认识和对于它们的关系的协调就成为首要问题,因此和谐才成为哲学的首要问题。而异质性因素的和谐则被柏拉图看作是人生乃至宇宙的追求的最高善。可以说,柏拉图的理念论最终是和技艺问题,和和谐问题,最终和善的问题结合在一起的。至善就是和谐,和谐是至善。达到和谐的方法就是技艺,因为技艺是对事物的自然或者理念的认识以及对各种理念之间的协调。

三、善与理性 20b

在进行了方法论的说明之后,苏格拉底又转入对快乐生活和理性生活的考察。

1. 界定善的生活

苏格拉底提到自己在一位神的帮助下回忆起一些事情,或者想起了在梦中听到的一种说法,即快乐生活和理性生活都不是善的生活。善的生活和两者都不同,比两者都好。这样苏格拉底就提到了第三种生活。根据后面的论述我们知道,这种生活就是快乐生活和理性生活的混合生活。但是苏格拉底为什么把这种善的生活说成是神的启示或者梦中的传说呢?这可能暗示善的生活就是神圣的生活,而善的生活最终就是哲学生活,所以哲学生活是唯一的神圣的生活。

苏格拉底对什么是善进行了考察。他认为善首先必须看作是完善的(perfect),自足的,没有欠缺的,也就是说它必须同时包含理性和快乐两个方面。第二,善也必须是恰当的(adequate),恰如其分的,适宜的,也就是合乎比例和尺度的。这在后面实际上被看作是善的首要因素。第三,善必须是一切事物都在追求的终极目的(goal)。一切事物都在追求圆满和自足的善,都希望获得和变成善,所以善是最高的目的论原则。[1] 我们必须记住苏格拉底关于善的三个基本规定,他在以后的对话中实际上就是在不断推进这种观点。这三种基本因素也可以看作是对哲学生活的一种概括和说明。或者,只有通过这三种因素我们才能理解柏拉图所说的哲学生活究竟是什么含义。

接下来,苏格拉底分别对单纯的快乐生活和单纯的理性生活进行考察。他首先假定单纯的快乐生活中完全没有理性、思考和判断,那么一个人就对自己是不是在享受快乐都无法进行判断。同时,因为他没有记忆和回忆,他对自己过去是不是享受过快乐生活也一无所知。同样,因为他不能进行判断和筹划,他对自己未来是不是能够获得快乐也一无所知。最终苏格拉底得出结论,一个完全没有理性的人是不可能快乐的。其次,假定存在只有纯粹理性的生活,其中完全没有任何快乐,对任何快乐都一无所知,这种生活是不是值得追求呢?普罗塔库立刻拒绝了这种纯粹理性的生活,并且表示他对于这两种生活都加以拒绝,而对既有理性又有快乐的混合的生活表示接受和认可。苏格拉底和他达成一致,即混合生活才是一切事物都在追求的善的生活。单纯的快乐生活和单纯的理性生活都是不足以被称为善的生活。

苏格拉底的这种观点让我们立刻想到了康德。康德认为道德生活是纯粹的实践理性的生活,道德生活或者理性生活就是没有任何快乐可言的生活。只有这样的理性生活才符合人性的尊严。但是这种没有任何快乐可言的生活几乎是没有一个人愿意或者能够去过的。所以他也承认这种德性生活是很难让人认可和追求的。他认为德性生活应该和幸福生活结合起来,才是至善的生活。但是康德认为道德和幸福的结合并不是现实的,因此必须诉诸于一种关于来世和灵魂不死的信仰。柏拉图并不诉诸于这种“信仰”。柏拉图的思想中根本没有信仰的任何位置。在他看来,一种真正的理性生活本身就包含了快乐和幸福。如果我们能够达到纯粹理性的生活,就必然同时也感到纯粹的快乐和幸福。这种理性生活带来的快乐要比任何政治世俗生活中的快乐更加纯粹和愉悦。所以智慧和幸福是自然而然地同一的,不需要借助于对所谓上帝的信仰来实现二

[1] 在《会饮》中柏拉图充分地揭示了这种观点。

者的统一。可以说柏拉图的这种思考方式才是哲人的思考方式。康德没有摆脱信仰主义的情结,或者没有克服基督教的思维方式。

2. 方法论的插入 23c

善的生活就是理性和快乐混合的生活。混合的生活无疑是第一位的,那么快乐和理性哪一个更加接近善的混合生活呢,或者快乐和理性哪一个是亚军呢?要说明这个问题就必须对善的生活的原因进行考察。

在探讨善的原因之前,苏格拉底又进行了一个方法论的说明。如果上次的方法论说明是对事物的质的方面进行的考察,即发现一和多之间的异质性的理念,这次的方法论说明主要是从量的方面进行的考察,即在一和多之间存在的数量方面的差异性。他指出,一切事物都分为无限的、有限的、混合的以及混合的原因四类。无限性(不定性)主要表现在比较关系中,即较热或较冷,较多或较少等。在这种比较关系中没有特定限度的性质,我们可以把这种比较性的关系一直向无限性延伸。但是如果我们赋予较热或者较冷一个确定的数量值,那么这种热或者冷就是有限的确定的,这种确定的数值就是该事物的有限性的性质。所以我们可以这样说,无限性是不确定的,存在于一个事物和其他事物的比较关系中,而有限性是确定性的,存在于事物和自身的关系中。强烈、非常、微弱等概念属于无限性的范围,而相同、相等、倍数、尺度等概念属于有限性的范围。苏格拉底关于无限和有限的观点也涉及到他曾经反复提到的两种度量的技艺的问题。例如在《政治家》中他区分了两种度量的技艺,一种技艺是对于事物之间的关系的比较,一种技艺是对于事物本身的度量。

第三种是无限(不定)和有限(确定)相互混合的情况。他认为无限和有限的混合是产生和谐的必要方法。他再次列举了音乐。音乐的音调方面的高低快慢是比较性关系,属于无限性的范畴,只有引入了"等同"的有限性范畴后,音乐的技艺才能建立起来。也就是说,一个音高必须是自身确定的即合乎自然的,而不是仅仅在比较关系中来确定,否则我们就无法达到精确性,也就无法达到自然与和谐。所以事物的自身等同性是我们确定事物的自然的必要条件。理念论就是要确定事物的自然或者自身等同性,这样才能反驳一切推崇任意性的主观主义和相对主义。相对主义就是通过对事物的自然或者理念的否定而建立起来的。正是通过无限和有限的混合，我们可以消除过度和不及，达到尺度和均衡。而尺度和均衡是和谐的本质。所以苏格拉底指出一切美好的善的事物都是无限和有限相互结合的产物。和谐就是有限和无限、确定和不确定的相互结合。

他还立刻把这种观点引导向政治生活方面，敏锐地指出："正是女神看到我们的邪恶使我们在无节制地追求快乐和满足多么地过度和过分，所以她把法律和秩序作为限度施加给人类。"(Plato. *Philebus*, 26b)我们因为贪婪和无知往往认为这些法律和秩序是对人性的压抑和控制。其实，没有这种有限的法律和秩序，我们就不可能获得任何快乐的生活。快乐意味着无限和不定性，法律和秩序意味着有限和确定性，无限意味着无节制和无尺度，有限性则意味着有节制和限度，只有两者的结合才能创造出善的生活。所以不论是对于万事万物，还是对于人类生活而言，有限和无限的结合都是善的生活的原因。

3. 理性是善的原因 26e

接下来苏格拉底探讨善的原因。他指出，原因和造物主实际上是等同的概念，只是名称不同。造物主或者原因具有优先性，被造物是附属性。被造物分为无限者、有限者和混合者。而造物主即原因则属于与它们都不相同的第四类。按照《蒂迈欧》的观点，造物主是根据至善创造宇宙世界的。至善才是万事万物的最终的最高的原因。至善不是存在，但是至善是引导存在，使存在结合在一起的根本原因。因此，至善是柏拉图哲学中的最高概念。正是基于这个至善的概念，在《斐多》中苏格拉底在夫子自道中才对前苏格拉底的自然哲学进行了批判。

那么理性和快乐哪一个更加可能是善的原因。在他看来，快乐和痛苦属于包含了"较多"和"较少"的无限性的东西，因为人们总是试图追求更多的快乐和更少的痛苦，它们似乎不是包含限度的有限性。他进一步指出一切事物要么由盲目的非理性的力量支配，要么由理性支配。对此，普罗塔库认为正常人都会认为事物由理性支配，世界是有序的。苏格拉底也认为只有傻瓜才会认为事物是非理性支配的，世界是无序的。理性和有限性相关，非理性和无限性相关。理性意味着节制和尺度，非理性意味着无节制和无尺度。这样苏格拉底轻而易举地肯定了理性对于宇宙的支配和统治地位，并且得出结论即理性和原因相关，理性是善的原因，快乐则不是善的原因。没有理性就没有善。理性才是万物之王，世界的和谐和秩序来自理性。在《蒂迈欧》中柏拉图就指出，神是宇宙的理性和秩序的原因。所以柏拉图的神就是理性的象征。在《欧绪德谟》中，苏格拉底也强调智慧就是善，没有智慧就没有善。因为智慧和使用相关，仅仅拥有某种东西是远远不够的，关键是如何使用它，而只有智慧才能正确引导我们如何使用它，使它能够给我们带来快乐和幸福。

四、善与快乐

1. 考察和痛苦相连的快乐

苏格拉底指出快乐和痛苦只能属于第三类的混合者。他首先考察纯粹身体上的快乐和痛苦。当身体的自然状态混乱时就产生痛苦，当身体的自然状态和谐时就产生快乐。例如饥饿就是混乱状态，是痛苦，而吃则是恢复自然状态的和谐，所以是快乐。在《蒂迈欧》中，他指出，健康就是合乎自然的状态，而疾病是反自然的状态。健康和快乐相关，疾病和痛苦相关。其次，单纯灵魂的快乐和痛苦。客人认为灵魂的苦乐似乎和身体感觉没有必然关系，存在一种纯粹灵魂的痛苦和快乐。从饥饿和进食的例子我们看到，灵魂在期待快乐时就感到快乐，在期待痛苦时就感到痛苦。灵魂的状态并不总是和身体的状态完全一致的。第三，苏格拉底进一步提出了第三种状态即既无痛苦也无快乐的状态，并且要求普罗塔库努力记住这个观点。他认为这种状态和纯粹理性的生活状态相关，并且认为这种生活是更加接近于神的生活。(Plato. *Philebus*, 33c)这种生活状态就是哲学生活的状态。哲学生活是理性和快乐结合的神圣生活。在此苏格拉底试图阐释他对哲学生活的理解。我们看到，在后面的对话中对于哲学生活的考察决定了他的整个思考路线。正是对于哲学生活的无视和遗忘使得我们不能理解古典哲人的快乐。

接下来，苏格拉底开始考察纯粹灵魂的情感。他认为纯粹灵魂的快乐和痛苦与记忆相关。要知道什么是记忆，首先要知道什么是感觉。他指出，灵魂对于身体的经验不一定都有感觉。有的身体经验对于灵魂根本没有触动，灵魂对于这些身体活动根本没有感觉，例如植物神经的活动，这种情况被称为“无感觉”。有的身体经验对于灵魂产生了影响，被灵魂感觉到了，这种情况就被称为感觉。记忆是对感觉的保存，回忆就是对被遗忘的感觉的重现。苏格拉底还指出，欲望也是属于灵魂的范畴。这和我们一般人的理解完全相反。在他看来，欲望和回忆相关，有欲望的人想要某种东西，这种东西是身体正好缺乏的，例如饥饿，但是对于一个"第一次"感到身体缺乏的人，他是想不到要补充的。他之所以想要补充这种缺乏，是因为他的灵魂中存在一种对于满足的记忆。正是根据这种记忆，他才想到了补充，而这种补充就是欲望，欲望就是补充，是对缺乏的感知。如果没有这种记忆和回忆，灵魂就不会想到补充，因此不会产生欲望。没有回忆就没有欲望。所以欲望不是身体的正在经历的状态，而是灵魂通过回忆对补充的需要。欲望和身体正好相反，欲望不是身体的范畴，而是灵魂的范畴。这样苏格拉底就从身体和灵魂的对立性关系肯定了欲望的灵魂属性。灵魂被看作是动物的决定性原则。"灵魂产生了一切冲动和欲望，灵魂确实是整个生物界的决定性原则。"(Plato. *Philebus.* 35d)

这里展示了苏格拉底对于人的心理活动的深刻洞察和理性主义解释。第一，他认为欲望并不是单纯的缺乏，而是出于对缺乏的记忆。而记忆是一种和理性非常相关的能力。这样他就把欲望和理性联系起来，并且把欲望置于理性的认识之中。第二，他认为满足先于缺乏。因此欲望并不是最初的，欲望是在发生了缺乏并且对缺乏有所记忆之后。这种对欲望的原初性的否定是理性主义的必然要求。现代哲学倾向于肯定欲望的首要性，因此就否定了理性的首要性，所以现代哲学本质上都是非理性主义的。第三，他认为欲望是灵魂的属性，而不是身体的属性。这意味着肉体本身是没有欲望的，肉体本身是惰性的非能动的。灵魂才是推动肉体运动的动力。因此灵魂高于肉体。而理性是灵魂的本质，所以理性就成为整个身体的主宰者和推动者。这也是彻底理性主义的必然结论。如果认为肉体是自动的，肉体的存在和运动并不依赖灵魂，那么这必然导致对理性的第一因的否定。

2. 考察虚假的快乐 36c

苏格拉底指出，身体的匮乏是痛苦，欲望的满足是快乐，这就是我们一般体验到的痛苦和快乐混合的状态。身体的痛苦和快乐是相互依存的。所以有人认为没有痛苦就没有快乐，没有快乐就没有痛苦。既然快乐总是和痛苦相伴随的,那么这种快乐是不是真实的呢?苏格拉底提出了快乐的真假问题。普罗塔库否认快乐存在真假,认为快乐都是真实的,正如感觉不分为真假,情感也不分真假。可以说,这是一种对感觉和情感的无条件认同的观点。我们非常容易认同这种观点,因为这种否定似乎建立在一种无可争议的"内在的自明性"上。例如,现象学就诉诸这种内在的自明性。现象学认为我们有可能看错了,或者对于看的对象的判断发生了错误,但是"我在看"这种行为本身是真实的。于是现象学家就把这种行为本身看作是具有自明性的科学认识的起点。现象学的这种观点即认为一切感知行为本身都是真实的,和普罗塔库的观点其实没有区别。但是在苏格拉底看来,感知行为本身也可能是错误的。他反问到恐惧是不是存在真假。我们应该承认恐惧是分为真假的,对虚假的对象的恐惧就是虚假的,对真实的对象的恐惧就是真实的。在苏格拉底看来,感知和情感行为的真假取决于感知对象的真假,并不存在独立的自在自为的感知行为。正如感觉是对某种东西的感觉,情感也是对某种东西的情感。感觉的真假就决定于被感觉之物的真假,而情感的真假也决定于被感受的东西的真假。情感的意向性的对象决定了情感的性质。这里实际上涉及现象学中讨论的感知和情感的意向性问题。现象学对对象的存在的"悬搁"实际上是在逃避真假问题,它为了达到所谓的科学的自明性和严格性,而放弃了对科学的至善性的探讨。当然根据心理学的研究,认为假快乐也可能转换为真快乐,引起人们的快乐体验。但是苏格拉底在此关心的并不是如何使人们快乐的问题,而是什么快乐才是正当的合理的。单纯获得快乐不是苏格拉底关心的问题,什么是真正的快乐,我们应该追求什么样的快乐才是他关心的问题。

普罗塔库认为感觉不分真假,只有意见或者判断才存在真假。苏格拉底指出快乐或者痛苦总是与意见相关。正如意见有真假,快乐也存在真假。如果快乐是对正确意见的快乐,那么就是真实的快乐,如果快乐是对虚假意见的快乐,那么快乐就是虚假的快乐。苏格拉底并未就此打住,而是继续考察意见和观念是如何产生的。他指出人们的意见和判断首先通过感觉和记忆产生。人们总是对自己的感觉进行判断,如果这些判断符合感觉对象,就是真实的,否则就是错误的。所以他认为灵魂像是一本书,感觉和记忆不断在上面书写。我们在得出了意见和判断后,和意见判断相关的图像会被去掉或者遗忘。但是在将来我们要根据意见和判断采取行动时,会再从灵魂之书中提取我们的意见和判断,而这时灵魂会把和意见判断相对应的图像重新复原,这时灵魂就像是一幅画。我们会根据这幅画而体验到痛苦或者快乐。这种现象表明纯粹灵魂的快乐或者痛苦优先于身体的快乐或者痛苦。"仅仅属于灵魂的快乐和痛苦先于单纯属于身体的快乐和痛苦。"(Plato. *Philebus*. 39d)所以苏格拉底发现在我们的灵魂中充满了各种关于快乐和痛苦的欲望和期待,这些纯粹灵魂的情感决定了身体的状态。错误的意见不符合事实本身,正确的意见则是合乎事实本身。根据错误的意见产生的快乐是虚假的,根据正确的意见产生的快乐是真实的。坏人的快乐或者痛苦是虚假的,而好人的快乐或者痛苦是真实的。虚假的快乐是对真实的快乐的模仿。"虚假的快乐确实存在于人的灵魂中,它实际上是对真实的快乐的一种可笑的模仿。对痛苦来说也是一样。"(Plato. *Philebus*. 40c)错误的快乐比错误的感觉还要错误。因为错误的快乐会引导我们继续犯错误,而错误的感觉会被我们很快察觉并且改正。

这里苏格拉底区分了真实的快乐和虚假的快乐。快乐的真假来自意见判断的真假。意见判断的真假来自灵魂中的记忆和图像的真假,而图像的真假来自事实的真假。所以最终判断情感的真假的标准是事实本身。只有和事实本身完全一致的快乐才是真实的快乐。他认为在快乐和其他情感问题上同样存在严格的科学的标准和原则。在各种快乐中只有一种快乐是真实的快乐,即哲学生活的快乐,只有在哲学认识中,事实本身才能"就其自身显示自身",所以只有哲学的快乐才是值得追求的。这就是苏格拉底试图确立的"快乐的科学"。取消快乐问题上的真假就为一切非理性主义准备了条件。

3. 考察既不快乐也不痛苦的第三种状态 41c

苏格拉底回顾了之前的讨论,再次提到了既无快乐也无痛苦的第三种状态。他开始对这种状态进行考察。他敏锐地指出我们并不总是能够意识到我们的身体活动,我们大多数情况下几乎对自己的身体生命活动没有任何意识。苏格拉底的这种观察也符合我们的日常经验,例如我们只有在身体生病时才格外感觉到身体的存在,在健康时我们几乎注意不到自己的身体状态。我们总是忙碌于和身体没有直接关系的事情之中,实际上只是程度不同地意识到我们的身体状态。我们往往只对剧烈的身体变化才有感觉,而对中等和微小的身体变化几乎没有感觉。所以苏格拉底得出结论,我们不能认为身体的成长或者衰退之类缓慢的变化过程会对我们的快乐或者痛苦产生作用。言外之意是如果我们在意识中最大程度地忽视或者贬低身体的感觉,我们就会达到"无感觉的状态"。这种无感觉的状态就是既不快乐也不痛苦的状态,也就类似于古典哲人的"不以物喜、不以己悲"的"不动心"的状态。所以第三种状态是存在的真实的,哲人就处于这种超然物外的状态之中。这种超然状态其实是最纯粹的快乐的状态。因此快乐和痛苦并不必然地联系在一起。我们不能认为除了快乐的状态就是痛苦的状态,不能认为快乐的生活就是没有痛苦的生活,把快乐和痛苦绝对性的联系在一起是错误的。所以没有痛苦和感到快乐并不是一回事。

从这种观点出发,我们看到,叔本华的思想非常接近这种把痛苦和快乐联系在一起的观点。他认为人生就是处于痛苦和无聊之间,在欲望没有满足时就是痛苦,在欲望满足时就是无聊。人生就在痛苦和无聊之间不停摆动,因此人生是痛苦的没有意义的。所以他最终走向了悲观主义。而苏格拉底之所以如此设想,乃是为了发现"纯粹快乐",为没有痛苦伴随的纯粹快乐做准备。他意在表明纯粹理性的生活就是纯粹快乐的生活。对纯粹理性生活的追求就是对纯粹快乐的生活的追求。理性主义必然是乐观主义的。所以苏格拉底走向了理性主义的乐观主义。

接下来苏格拉底考察了一种和快乐主义相反的观点即反快乐主义。这种反快乐主义被苏格拉底称为斐莱布的敌人。反快乐主义者似乎是一些科学家,他们认为快乐根本不存在,所谓快乐就是没有痛苦的状态。苏格拉底如此描述了这种反快乐主义的立场。"他们反对快乐的力量,拒绝承认其中存在任何健康的东西,他们把快乐的吸引力看作是一种诡计,而不是快乐。"(Plato. *Philebus.* 44d)他认为这种看法是出于"执拗"(dourness)和顽固。我们只能利用其中的合理的元素,而抛弃其中错误的元素。苏格拉底认为这种反快乐主义也是错误的,因为它同样把快乐和痛苦联系在一起的,把快乐看作是痛苦的对立面,如果我们要消除痛苦,我们也必须消除快乐。这是反快乐主义的最根本的理论依据。因此快乐主义和反快乐主义其实是一回事。反快乐主义依赖于快乐主义,并不能够真正克服快乐主义。只有找到痛苦和快乐之外的第三种状态,我们才能否定把快乐和痛苦联系起来的观点,才能最终找到和痛苦无关的纯粹快乐。

这种反快乐主义和古代的苦行主义或者禁欲主义非常相似。苦行主义否定快乐,敌视快乐。和快乐主义相反,它推崇痛苦和禁欲,认为巨大的痛苦和彻底的禁欲能够净化灵魂。但是这种苦行主义和禁欲主义对于快乐的理解与快乐主义对快乐的理解是一致的,它也并不理解什么是真正的快乐。可以说,苏格拉底对快乐主义和反快乐主义的批判非常类似于佛陀对于快乐主义和苦行主义的批判。在佛陀时代,顺世外道属于快乐主义,苦行主义则是作为快乐主义的对立面产生的。佛陀曾经迷恋于苦行主义,但是最后认为苦行主义无助于发现真理,他最终抛弃了苦行主义,而走向了推崇宁静的快乐的"中道"立场。这种中道论的立场扬弃了把快乐和痛苦对立起来的片面性,从而找到了纯粹的真实的快乐,也就是涅槃寂静的快乐。

苏格拉底对反快乐主义的批判是从所谓的"最大的快乐"的现象入手的。我们一般把身体的快乐作为最大的快乐,虽然我们一般认为这种最大的快乐在健康人那里比较大,但是苏格拉底认为这种最大的快乐实际上是在病人那里显得更大。因为最大的快乐总是和最大的欲望相关,例如高烧的病人感到的口渴或者寒冷更加激烈,他的欲望的满足就更加快乐。所以最大的快乐来自病人而不是健康人。同样,在愚蠢和放纵的人那里也会发现最大的快乐,而在节制的人那里只能发现较小的但是可能更多的快乐。最大的快乐只会出现在身体和灵魂都处于病态的人那里。换句话说,越是强烈的快乐越是和不节制相关,而越是纯粹的快乐越是与节制相关。在身体感觉方面,苏格拉底列举了抓痒的例子。在纯粹灵魂情感方面,苏格拉底列举了幸灾乐祸的例子。这些巨大的快乐都是身体和灵魂处于病态时体验到的。

如果人生也是痛苦和快乐相互结合的,人生的快乐也建立在一种身体或者灵魂的病态之上，那么这样的人生也是病态的。从这里我们可以看到，苏格拉底实际上是暗示我们大多数人的人生都是病态的，都没有认识和理解什么是真正的快乐，而是把自己的快乐建立在痛苦的停止之上。只有在真正的健康人那里，我们才能发现没有痛苦的纯粹的快乐。俗人都是病人，真正的健康人是哲人。哲人追求的是纯粹的快乐，而不是最大的快乐。这种纯粹快乐是和理性完全结合在一起的，是完全受到理性的引导和支配的。在《普罗泰戈拉》中苏格拉底也提到了最大的快乐和最好的快乐之间的区分。我们应该追求最好的快乐，而不是最大的快乐。

4. 发现真正的纯粹的快乐 50d

通过以上论述，苏格拉底指出，既存在虚假的快乐，也存在很多和痛苦混合在一起的快乐，这些都不是真正的快乐。接下来他开始考察纯粹的快乐。

首先，苏格拉底举出了两种纯粹快乐的例子。第一是感觉审美的快乐。“那些和所谓的纯粹的颜色、形状、气味、声音相关的东西，在缺乏时并不感到缺乏和痛苦，而它们的出现却是可感的和快乐的。”（Plato. *Philebus*. 51b）最突出的是视觉上的审美快感。这种美的形式不是感官性的，而是几何学式的，是纯粹的不混杂的。现象的美是相对性的粗糙的，而几何学式的形式之美是纯粹性的，是没有任何痛苦伴随的。这类似于康德的关于审美经验的论述。纯粹的审美经验是没有任何功利性的，因此是没有痛苦的，即使我们没有体验到视觉上的美，我们也不会感到痛苦。其次是听觉上的审美经验，即音乐的美。音乐的美也是自在性的，音乐产生的美是内在于它们自身的，也不包含痛苦体验，不是相对性的。再次就是香味的美。它比视觉和听觉审美都低，但也不与痛苦混合在一起，所以也是一种纯粹快乐。这种快感来自审美对象本身，即使缺少了它们，我们也不会感到特别的痛苦。第二是理论学习的快乐。学习的快乐是纯粹理性的思维本身的快乐，和身体感觉没有直接关系。而且随着学习认识的提高，我们会感到一种灵魂的进步的快乐。同样即使我们忘记了已经学过的内容，也不会感到特别痛苦。毕达哥拉斯把学习数学当作是灵魂的净化方式，就是追求一种把灵魂从身体感觉中解放出来的纯粹快乐。当然，学习的快乐只是极少数人能够感到的快乐，并不是所有人都能够体验到的。在柏拉图对话中，纯粹的快乐就是对理念世界的直观，就是进行辩证法的思考，也就是过一种哲学生活中体验到的快乐。哲学生活就是没有痛苦的最纯粹的快乐生活，当然这种快乐不是最大的激烈的快乐，而是一种超然的静观的快乐，也就是一种纯粹理论的快乐。

其次，苏格拉底把纯粹快乐和真实性联系起来。他认为纯粹快乐必须具有最大的真实性。和痛苦伴随的快乐以及虚假的快乐都不是真实的快乐。纯粹的快乐比不纯粹的快乐更加真实。"任何一种纯粹的快乐比相对不那么纯粹的大量的快乐更加快乐，更加真实，更加美好。"（Plato. *Philebus*. 53c）按照《理想国》中的观点，理念是真实的存在，现象是不真实的存在。因此和理念相关的快乐才是真实的快乐，和现象相关的快乐就不是真实的快乐。认识理念的快乐就是最具有真实性的快乐。理念是最具有永恒性的存在，认识理念的快乐就是最具有永恒性的快乐。这是苏格拉底从真实性方面对纯粹快乐进行的说明。这也就意味着哲学生活的快乐才是最真实的快乐。政治生活的快乐都不是真实的快乐。

最后，苏格拉底把纯粹快乐和善联系起来，认为纯粹快乐以善为目的，而不是善以快乐为目的。这里他提到了第三种关于快乐的观点，即认为当下存在的快乐是没有的，快乐只是某种永远不会到来的将要产生的东西，所以我们无法把快乐作为目的去追求。这种观点否定了快乐作为目的的可能性。这里涉及到了目的论的问题。苏格拉底认为一切事物分为两类，即自在自为的事物和以其他事物为目的的事物。自在自为的事物才是目的，而以其他事物为目的的事物不是目的。自在自为的事物当然具有优先性和首要性，附属性的事物则是次要的。从善和快乐的关系看，善的事物是首要的，快乐是附带性的。我们可以说，一切快乐都是附带性的，都是在某种具体事实出现后才产生的内在体验。这种内在体验又推动我们去做那些能够带来快乐的事情。如果这类事情不能再产生快乐，那么我们就不会再去做这类事情了。另一方面他又把事物分为变化的和不变的两类，即存在和变易。存在是目的，变化不是目的。我们总是追求存在，而不是变化。据此推断，善是存在，快乐是变化。一切目的都和善相关，善是终极性的目的，快乐以善为目的，附属于善本身。因此善才是快乐的目的，快乐本身并不是善，作为目的本身的快乐是不真实的。这意味着如果我们在变化事物中寻找快乐，那是不可能成功的。因为与变化相关的事物必然包含衰败和死亡，衰败和死亡则意味着痛苦，所以在变化的事物之中我们不可能找到纯粹的快乐。这就要求我们应该选择一种超越了变化和死亡的纯粹快乐的生活。在苏格拉底看来，这种生活必然是哲学生活。哲学生活是注视永恒不变的理念世界和至善本身的生活，因此也是最快乐的生活。这样苏格拉底为真正的神圣的理性生活进行了辩护，确立了快乐必须以善为目的的基本观点。这和《高尔吉亚》中的观点是一致的。

五、制作善的生活——理性和快乐的混合 55c

在考察了善和理性、善和快乐的基本关系后，苏格拉底开始考虑如何把理性和快乐混合起来的问题，也就是制作善的生活的问题。

（1）苏格拉底首先指出，我们应该对知识和理性本身进行考察，不能不加分别地推崇知识。正如快乐和快乐是不同的，知识和知识也是不同的，所以我们必须对知识本身进行划分和考察。不同的技艺处理不同的事物，因此具有不同的精确性。他根据精确性的原则对各种知识进行了划分。他区分了技术知识和文化教育知识。他认为技术知识更加接近纯粹的精确科学，而文化教育知识似乎是指政治知识，不接近严格科学。技术知识是以数量、尺度和重量等为基本对象的，如果把这些度量去掉，单凭不严格的经验的估量，技艺就不再是精确性的。例如在音乐的技艺中，我们必须按照严格的音节的尺度来调音，如果我们只是凭借手指去调音，那么其准确性就会大大受到影响。在医疗、建筑、航海等技艺中也是如此。所以涉及数的技艺是精确的技艺，数学家就是研究纯粹数的技艺的人，他首先关注的是精确性，其他工匠则是偏于实用性，不太注意精确性。所以数学家的技艺比工匠的技艺更加符合纯粹知识科学的精确性原则。苏格拉底进一步指出“辩证法的技艺”比数学的技艺还要真实，还要符合精确性的原则。“在我看来，任何拥有理性的人都会认为辩证法的技艺是认识存在、真实之物和永远自身同一的事物，辩证法知识是所有知识中最真实的。”（Plato. *Philebus*. 58a）因此苏格拉底要求我们不要顾及所谓的科学是不是有用，应该努力发现最具有精确性的科学，“我现在要发现的不是哪一种技艺或者知识在庄严、高贵或者有用等方面超过其他知识，我们在此关心的是哪一种技艺或者知识追求清晰性、精确性和在最大程度上追求真理，即使它是很小的，也没有什么用处。”(Plato. *Philebus*. 58c)这实际上就是苏格拉底试图在寻找和定义哲学知识。哲学辩证法关心的就是精确性和真理。这种精确性和真理要求直面事实本身，使事实本身“就其自身显示自身”。这就要求认识对象本身必须是永恒不变的，因为对于变化的事物我们是无法达到严格精确的认识的。因此精确性的严格的哲学科学只能在对存在之物的研究中。“我们发现，确定性、纯洁性、真理，以及我们所谓的完全清晰性，要么处于那些永远自身同一的、没有任何混杂其中的事物，要么处于尽可能与它们接近的事物中，其他一切事物都被称为次要的低劣的。”(Plato. *Philebus*. 59c)所以柏拉图排除了把可见的可变的现象作为科学哲学认识对象的可能性。因为我们对于变化之物的研究不可能达到精确性。现代科学都是对可见可变事物的认识，现代科学的目的是控制和改造事物，以达到功利主义的目的。因此现代科学是根据其有用性来衡量的，这种对有用性的关注是科学败坏的表现。现代科学成为政治意识形态的一部分。另一方面，这种严格精确的哲学科学也要求认识主体必须排除一切主观性的干扰。这种排除一切主观性干扰的状态就是纯粹理性的状态。这种纯粹理性状态就是“心鉴”。也就是说，从事哲学认识的心灵应该是纯洁的净化的空灵的虚静的，排除了任何情感和欲望的干扰，消除了任何观念、思想和分别执着的干扰，这样我们的心灵才能使一切事实“就其自身显示自身”，而不是被我们的主观性的因素所污染和歪曲。现代科学和现代哲学试图在“精神实体”或者“先验自我”中找到这种精确性的来源。这种先验自我是任何人都具有的，也是和任何情感欲望无关的，似乎合乎柏拉图意义上的净化的灵魂。但是这种先验自我只是被作为一种理论假设而提出的，并未和灵魂的净化联系起来。

这样苏格拉底就根据精确性划分了四种知识或者技艺，即政治知识、实用知识、数学知识和辩证法知识。在《理想国》中，柏拉图曾经把世界划分为可见世界和可知世界。可见世界的真实性低于可知世界的真实性。

在可知世界中,数学的理念比其他理念要低。虽然数学的理念显得比其他理念更加合乎精确性,但是柏拉图却认为其他理念比数学理念更加精确。理念的白比一切现实的白都更加白,理念的美比一切现实的美都更加美。这类理念在精确性上比数学理念更加纯粹。哲学辩证法是对其他理念的研究。这意味着在柏拉图看来,哲学辩证法是最具有精确性的科学,因此也是最纯粹的知识和理性,这样柏拉图就把哲学辩证法置于一切科学知识的顶峰。只有辩证法才是最接近事实本身的科学,也就是最合乎自然的科学。同时,苏格拉底还把知识和快乐联系起来,认为纯粹知识对应的就是纯粹快乐。如果我们找到了纯粹知识,也就找到了纯粹快乐。这意味着只有在精确的哲学科学中才能够发现纯粹快乐。这种快乐是非功利性的非感官性的至乐。“哲学带来至乐”,这就是苏格拉底对哲学生活的歌颂和辩护。现代科学是对可见的可变的事物的研究,更多是为了具有实用性,而不再关心精确性。因此从现代科学知识获得的快乐就大大低于哲学辩证法带来的快乐。

(2) 苏格拉底再次反对斐莱布把快乐和善等同起来的观点,然后他重新对纯粹理性的生活进行考察。他认为真正的快乐必然是伴随理性的,而真正的理性也必然是伴随快乐的。但是普罗塔库立刻否定了这种看法。面对这种否定,苏格拉底开始考察如何把理性和快乐混合起来的具体方法。

第一,善的生活的三要素。他指出,我们不能把所有的理性和所有的快乐混合起来。因为快乐和快乐不同,一种快乐比另一种快乐真实,知识和知识不同,一种知识比另一种知识更合乎精确性。所以我们必须把最具有真实性的快乐和最具有精确性的知识混合在一起,而把虚假的快乐、和愚蠢罪恶相伴随的快乐和粗糙的知识都剔除出去。这样一来,苏格拉底表示只接受纯粹理性知识和三种快乐的结合,即真正的纯粹的快乐,与健康和节制相关的快乐,与美德相关的快乐。他还认为必须把实在性赋予这种结合物,也就是说,这种理性和快乐的结合必须是最真实的,否则这种理性和快乐的结合就是虚假的。这样苏格拉底就构造出了纯粹理性知识、真正的快乐和实在性三种东西的结合状态,这就是善本身。善就是这三种因素混合起来的整体性状态。但是此处关于善本身的界定,我们还要和20d处的看法联系起来，才能够得到下面关于善的要素的完整看法。我们知道，康德也把至善生活看作是理性道德和快乐幸福的结合。但是康德把这种结合看作是信仰的对象，而不是认识的对象。而柏拉图则认为这种善的生活是一种彻底理性主义的必然结果。

第二，我们已经发现了善的生活的三种要素，那么应该按照什么原则实行这种混合呢？这些要素之间的等级秩序是什么样的呢？苏格拉底指出，首先，善可以在比例和尺度中发现。如果没有比例和尺度，不但毁坏了各种要素，也会毁坏善本身。可以说这种比例和尺度就是和谐，和谐是善的首要含义。其次，善可以在美中发现，美不过就是比例和尺度的关系，比例和尺度产生了美。这种观点和《蒂迈欧》中的观点也是一致的。最后，善可以在真中发现，即善同样符合真实性的原则。因此苏格拉底认为善不是单一性的东西，而是三位一体的东西，即是比例(proportion)、美(beauty)和真(truth)的混合。"如果我们不能在一种形式中找到善，我们就应该在美、比例和真三者的结合中寻找善。让我们断言，这三者应该正确地被看作是统一体，并且决定了这种混合物的性质，因为善本身使得这种混合物也成为善的。"(Plato. *Philebus.* 65a)也就是说，我们应该按照比例、美和真理的原则制造善的生活。只有这种善的生活才是真实的理性和真实的快乐的结合。

但是苏格拉底进一步强调这种制造和混合必须借助于理性来进行，而不是借助于快乐进行。接下来他论述了理性比快乐更加接近这三个因素。也就是说，理性比快乐更加接近尺度。因为尺度本身和计算相关，计算是一种度量的技艺，是理性的一种活动。理性比快乐更加接近美，因为美本身就是一种比例的和谐。而比例的和谐是和理性的认识相关的。因此只有合乎理性的东西才是美的。理性比快乐更加接近真理。理性是对事实本身的认识，这种认识就是对真理的追求。总而言之，既然理性比快乐更加接近真、美和比例，那么理性比快乐更加接近善本身。只有借助于理性才能制造善的生活。如果我们只是根据快乐制造善的生活，我们就可能变得不节制和没有尺度，从而不再是善的生活。这就是苏格拉底关于善的生活的最终回答。在此意义上，至善就是智慧，智慧就是至善；追求智慧就是追求至善，追求至善就是追求智慧。在《欧绪德谟》中，苏格拉底就直接把智慧和至善等同起来。而《理想国》中哲人王的正当性就在于智慧和至善的同一性，即只有在哲人王的统治下所有人才能达到和自己的自然相应的至善。哲学生活本身必然就是至善的生活。所以哲学生活才被称为唯一的神圣生活。

第三，价值的等级制。根据距离善本身的远近程度，苏格拉底对各种事物进行了价值等级的排序。尺度（measure）和恰当（appropriation）是最接近善的，因此是第一位的。美（beauty）和比例（proportion）是第二位的。真（truth）是第三位的。知识（sciences）、技艺（arts）和正确的意见（right opinions）是第四位的，而纯粹的快乐（pleasures）（或者和知识相关，或者和感觉相关）则是第五位的。这种价值的等级制实际上也就是我们应该追求的事物的价值等级制。越是接近于善的事物，越是值得追求的目标，相反就越是不值得追求。那些没有列在这个价值等级中的事物，则根本不在追求的行列。而我们一般人所谓的快乐根本不值得追求。

如何理解苏格拉底的这种排序呢？我们看到，在后期柏拉图对话中，关于尺度或者和谐的问题具有了越来越重要的地位。和谐或者尺度就是对各种不同的因素的调和，因此对于异质性的不同要素的混合的技艺也成为首要的问题。善的生活就是关于理性和快乐的调和，政治的技艺就是对各种异质性的德性的调和等等。因此他认为比例和尺度是善的生活的首要因素。比例和尺度就是“恰如其分”，恰如其分也就是合乎自然。同样，美就是合乎比例和尺度，比例和尺度就是合乎自然，因此美也就是合乎自然。真也是合乎自然，也就是说事实本身是什么，就恰如其分地认识它，也就是“就其自身显示自身”，不以自己的主观性干扰和歪曲，这同样是合乎自然。技艺也是合乎自然，合乎自然就是合乎中道。技艺就是中道，中道就是技艺。总而言之，合乎自然就是善，违反自然就是恶。这可以说是柏拉图的关于善的最后的看法。自然就是和谐，和谐就是自然。合乎自然也就是和谐，因此善的首要特征也就是和谐。所以快乐仅仅是一种无限度的主观感觉，根本不值得作为人生的目标。中道和谐之善才是最值得追求的人生目的，这种目的意味着我们必须善于把世界人生中的各种异质性因素按照合乎自然的比例进行调和。从这个意义上看，人生就是一种善于进行调和的技艺。正如在《政治家》中指出的，政治的技艺也是一种调和和编织的技艺一样。《理想国》中的哲人王也就是根据这种原则对政治生活进行调和的。善于认识人生中的各种因素的自然本质,然后依据其自然,按照一定的比例和尺度进行安排和调和,使之各得其所、各安其位,这就是美好的人生的根本原则。我们只有掌握了这种人生的技艺,我们的人生才是有智慧的,我们才能获得真实的快乐。相反,如果我们放纵无度,不懂得比例和尺度,就是无知和愚蠢,除了害人害己之外没有任何益处,这就是失败的人生。

因此只有智慧和至善才是值得追求的。如果我们获得了智慧和至善,我们就会获得纯粹的快乐。这种纯粹的快乐才是真实的快乐、正确的快乐,这样的快乐才是善的生活的组成部分,才是值得追求的快乐。可以说,这样的快乐并不是强烈的快乐,而是超然宁静的快乐。这种超然宁静的快乐也就是"不动心"的快乐,这也就是在俗人看来既不快乐也不痛苦的纯粹快乐。这种纯粹的理性的宁静生活被美誉为是神的生活。所以"第三种状态"是我们理解苏格拉底关于快乐生活的考察的重要切入点。而现代哲学已经完全遗忘了这种超越了快乐和痛苦之外的"第三种状态",不再能够理解古典哲人追求宁静和超然的根据和意义。

六、结束语

我们都在追求快乐,我们都在追求善。我们一般都把善和快乐等同起来,然后试图通过某种外在条件获得快乐。我们往往把快乐的条件等同于快乐本身。当我们获得了快乐的条件时,往往并未感到想象中的那么快乐。柏拉图告诉我们,所有依据外在条件的快乐都不是真实的快乐。这种快乐都是转瞬即逝的,都是或多或少地和某种痛苦联系在一起的。如果我们把快乐寄托于某种外在事物,那么这是我们对自己的灵魂和快乐的本质一无所知。所以如果想要获得快乐就必须拥有智慧,必须对事实的真相有所认识。只有获得了智慧才能获得真正的快乐,智慧和至善才是获得快乐的绝对必要条件。因此真正的快乐是不需要任何外在条件的,是不依赖任何外在事物的。真正的快乐必然是和自由自在结合在一起的。真正的快乐是和任何欲望都无关的。"无欲则刚"。只要我们把快乐和外在事物联系起来,就不可能再获得真正的快乐。也就是说,在柏拉图看来，每个人的内心深处都是自在、安乐、幸福、满足的，我们之所以不快乐，就是因为我们总是向外面追求快乐，把快乐和某种外在条件联系起来。一切追求得来的快乐都不是真正的快乐。凡是获得的东西都会失去。这就是无知，无知是痛苦的根源。其次，我们之所以不快乐，也是因为没有认识灵魂的真相，灵魂的真实才是最真实的，灵魂本身是圆满自足的。灵魂本身是空灵虚静的。所以只有回到我们灵魂本身，我们才能获得真正的快乐。这种灵魂的自我回归也就是对灵魂的真相的认识，也就是对事实真相的认识。这种认识就是最高的智慧。智慧就是至善，至善就是快乐。这种快乐是静态的，不变的。因此哲人的内心始终保持安宁快乐和满足，不会被外界的任何事物所干扰。如果我们内心不是时刻充满这种快乐、宁静和满足，我们的外在的德性行为就是没有根基的虚假的。没有智慧就没有快乐，也没有美德。

《会饮》和《斐德罗》都揭示了哲学的狂喜。这种哲学的狂喜就是至乐。这种哲学的迷狂是一种纯粹快乐，是一种在理念世界的"逍遥游"，从而体验到了一种"万物皆备于我"的喜悦和迷狂；是一种超然的静观，它免除了一切行动的欲望，达到了一种无欲无为的喜悦和宁静，而不是一种激烈的骚动不安和癫狂状态。哲人完全投入到一种广大的无涯无际的境界之中，因此我们可以说哲人的迷狂是"天人合一"的境界，他并不依附于某个对象，而是达到了和宇宙本身的同体，也就是古人所说的"天地境界"。我们可以说，哲学的迷狂是真、善、美的三位一体。哲学的迷狂是最高真理的实现，是对真正的永恒的存在的完全投入。哲学的迷狂是至善的实现，带给人最高幸福。哲学的迷狂也是至美的实现，这种审美的快感是最纯粹的。这也是灵魂从现象世界上升到理念世界的净化之乐。灵魂的净化才能带来真正的快乐。

我们熟悉的"孔颜乐处"也就是苏格拉底描述的这种哲学的至乐。孔子也把快乐分为有益的和有害的，而且他还进一步把两种快乐又各自分为三类。"益者三乐，损者三乐。乐节礼乐，乐道人之善，乐多贤友，益矣。乐骄乐，乐佚游，乐宴乐，损矣。"(《论语·季氏》)因此孔子并未简单地肯定快乐或者否定快乐。在他看来，真正有益的快乐是和智慧和德性相关的快乐。"饭疏食饮水，曲肱而枕之，乐亦在其中矣。不义而富且贵，於我如浮云。”（《论语·述而》）在孔子看来，外在的物质生活是无所谓的，关键是内在的智慧和德性的提升，这种内心的提升才是一切快乐的根本。仁的精神就包含了这种快乐。如果人们体验到了这种内心净化的快乐，那么一切世俗之类的快乐就都是索然无味和粗俗低劣的。同时孔子也夸赞颜回：“贤哉，回也！一箪食，一瓢饮，在陋巷，人不堪其忧，回也不改其乐。贤哉，回也！”（《论语·雍也》）这种理性的快乐是任何感官欲望中获得的快乐所完全无法比拟的。可以说，颜回是真正实践了孔子倡导的这种理性之快乐的人，他甚至比孔子做得更加好。老子也认为追求感官刺激的快乐是不可取的。“五色令人目盲；五音令人耳聋；五味令人口爽；驰骋畋猎，令人心发狂；难得之货，令人行妨。”所以哲人应该处于理性的虚静状态。“致虚极，守静笃。万物并作，吾以观复。夫物芸芸，各复归其根。归根曰静，静曰复命。复命曰常，知常曰明。不知常，妄作凶。”（《道德经》，第十六章）在这种理性的虚静状态中，一切骚动不安的欲望和激情都消失了，哲人只是处于对万事万物的静观觉知的状态。在这种静观觉知的状态中，事物的本来面目才能如实地呈现出来。认识到了事实的本来面目就是智慧，而智慧本身就带来快乐。因为智慧而获得的快乐才是真正的快乐状态，这种虚静的快乐也就是“与道合一”的境界。“故从事于道者，同于道；德者，同于德；失者，同于失。同于道者，道亦乐得之；同于德者，德亦乐得之；同于失者，失亦乐得之。”（《道德经》，第二十三章）孟子也提出了君子的三种快乐。“君子有三乐，而王天下不与存焉。父母俱存，兄弟无故，一乐也。仰不愧于天，俯不怍于人，二乐也。得天下英才而教育之，三乐也。君子有三乐而王天下不与存焉。”（《孟子·尽心上》）这三种快乐分别是天伦之乐、无愧之乐和育人之乐，都是和智慧和德性相关的快乐。在孟子看来，这种快乐才是真正的快乐，仅仅满足于口腹之欲并不是快乐。另外，孟子还提出：“万物皆备于我矣。反身而诚，乐莫大焉。强恕而行，求仁莫近焉。”（《孟子·尽心上》）他认为万事万物的真相都存在于人的内心世界之中。要认识真理，不需要向外去求索，只要回归内在的自我，就能够发现内心中存在的真理。这种对真理的认识会使我们感到最大的最纯粹的快乐。世界上的快乐没有比认识真理的快乐更加美好的。如果我们进一步按照这种认识去实践和生活，也就是按照“民胞物与”的殉道精神去实践，帮助他人也体验到智慧和快乐，那么我们就能够达到仁的境界。这种仁的境界就是最纯粹的快乐的境界。庄子也谈到了逍遥和至乐。他认为真正的快乐是无所待的自由和逍遥。“若夫乘天地之正，而御六气之辩，以游无穷者，彼且恶乎待哉！故曰：至人无己，神人无功，圣人无名。”(《庄子·逍遥游》)只有摆脱了世俗世界的各种负累的至人、神人或者圣人才是真正快乐的人。因为他们认识到世界人生的真相，达到了自由圆融无碍的境界。“夫至乐者，先应之以人事，顺之以天理，行之以五德，应之以自然。然后调理四时，太和万物。四时迭起，万物循生。一盛一衰，文武伦经。一清一浊，阴阳调和，流光其声。蛰虫始作，吾惊之以雷霆。其卒无尾，其始无首。一死一生，一偾一起，所常无穷，而一不可待。汝故惧也。”(《庄子·天运》)也就是说，真正的快乐是首先认识世界万事万物的自然和真相，然后顺应自然天道的法则而生活，不把自己从自然天道的大化流行中分离孤立出来，保持在和天地万物一体的状态中。这种状态就是智慧，凭借这种智慧才能获得快乐。可以说，这种快乐就是求道和得道的快乐。因此只有哲人的快乐才是真正的快乐，只有这种快乐才是值得追求的。《黄帝内经》中也教导了如何获得真正的快乐。“上古之人，其知道者，法于阴阳，和于术数，食饮有节，起居有常，不妄作劳，故能形与神俱，而尽终其天年，度百岁乃去。今时之人不然也，以酒为浆，以妄为常，醉以入房，以欲竭其精，以耗散其真，不知持满，不时御神，务快其心，逆于生乐，起居无节，故半百而衰也。”(《黄帝内经·上古天真论篇第一》)一切没有秩序和法度的为所欲为的快乐都不是快乐，最终都必然以痛苦和悔恨结束。佛教的根本目的也是教导人如何离苦得乐。佛教认为人生的本质就是痛苦。这种痛苦恰恰是人不停追求快乐的根本原因。但是世人并不认识世界和灵魂的真相，他们在追求快乐的过程中往往都是收获了痛苦的果实。所以凡夫都是苦中作乐，以苦为乐。这种和痛苦结合在一起的快乐并不是真正的快乐。如果要获得解脱和快乐，就必须有智慧，这种智慧就是对世界人生的真相的洞见。这种洞见就是看到世界和人生的一切事物或者现象都是不真实的，都是转瞬即逝的，是不可把握不能追求的。我们的痛苦就在于对这种不可把握的东西的追求。如果我们能够放弃追求那些不能追求的东西，就能够从这种执着心中解放出来，达到“常乐我净”的涅槃境界。这种涅槃寂静的状态就是至乐和极乐。所以佛教也认为无知是痛苦的根本原因，智慧是快乐的根本原因。我们要追求快乐就应该首先追求智慧。

第二节　与“道”为友——《吕西斯》解读

本篇对话的主题是关于友爱或者爱情的。因为古希腊时期同性恋成风，同性之间的感情很难界定是爱情还是友爱。一般来说，友爱比较平静，爱情比较强烈。青年人之间的友爱有时也接近爱情。交友是年轻人面对的重要问题，交友之道是非常重要的。所谓“近朱者赤，近墨者黑”，所以自古以来，人们就非常重视交友问题。苏格拉底最终把友爱的问题和向善的问题联系起来。真正的友爱应该引导年轻人向善。如果我们不能与善道为友，我们就不知道友爱是什么。

一、引子

一帮年轻人包括克特西普、希波泰勒等人遇到苏格拉底，邀请他去体育场聊天。苏格拉底要求希波泰勒告诉他，他们之中谁最美。这和《卡尔米德》的开篇相似。希波泰勒羞红了脸，因为他正在追求吕西斯，但是他不好意思直接说。于是苏格拉底要求他告诉自己，有情人应该如何表达自己的爱意，如何爱他的心上人。

克特西普立刻抱怨希波泰勒总是在各种场合用各种语言赞美吕西斯。苏格拉底认为这是希波泰勒在赞美自己，因为这样的赞美之词可以增加他的荣誉。如果他能够追求上吕西斯，这种赞美词就是胜利的颂歌。如果没有成功，就会使他显得可笑。因此，情场老手在赢得心上人之前会十分谨慎，而且过分地赞美心上人会使对方变得傲慢和狂妄，反而更难以成功。所以苏格拉底告诫他不能用赞美词把自己伤害了。于是，希波泰勒要求苏格拉底教他如何赢得心上人的欢心。苏格拉底要求带领他去见吕西斯，也许能做个榜样。

二、友爱与利益：和吕西斯的对话

他们来到了体育场，见到了吕西斯。吕西斯美貌并且高贵。美涅克塞努来到后，吕西斯也跟了过来。他们显然是情人关系。希波泰勒则藏在一边，免得被吕西斯发现。苏格拉底首先和美涅克塞努谈了几句，但是美涅克塞努很快被叫走了，于是他就开始和吕西斯对话。

苏格拉底指出，吕西斯的父母虽然爱他，希望他能够快乐，但并不让他做他想做的任何事情，反而让很多人看管他。吕西斯认为这是因为自己还没有成年。但是苏格拉底认为这并不是真正的原因。他的父母会放手让他读书、写东西或者弹琴。因此关键在于他父亲只让他做他擅长的事情，能够表现他的聪明的事情。如果他有足够的智慧，人们也会把城邦交给他管理。因此凡是我们内行的事情，人们就会交给我们做。我们可以按自己的意愿去做，我们不仅是自由的，而且还可以支配其他东西。如果我们在某些事情上是无知的，人们就不会让我们擅自行事，也不会有人把事情交给我们去做，反而会阻拦我们，让我们服从其他人。

这里苏格拉底是在暗示他的知识或者技艺原则。这是他对人类政治生活的理性主义观察的结论。人和人在技艺上是不相同的。即使人们在自然理性上是平等的，后天的教育也会使人在技艺上出现很大的差异。任何技艺都是只有少数人才做得比较好的。越是难度大的技艺，掌握和擅长的人就越少。我们只有做自己擅长的事情，才能获得好的结果。把这个原则运用到政治生活上也是如此。政治也是一种特殊的难度极高的技艺，所以政治的技艺只有极少数人才能掌握。民主制的错误就在于它否定了政治技艺是一种特殊的技艺。同样，交友也是一种技艺，如果我们对交友的技艺或者交友之道一无所知，就不能从交友中获得利益。

接下来苏格拉底开始讨论交朋友的问题。交朋友总是希望从朋友那里获得好处。这种好处当然并不是纯粹的物质利益，而是其他利益。如果我们一无所长、一无是处，就不会有人和我们交朋友。如果我们有知识，那么所有人都会喜欢和我们交往。吕西斯认为自己对很多事情还不懂，对自己也不很了解，仍然需要学习和完善。这段对话是苏格拉底想教导希波泰勒应该用这种方式和自己的心上人说话，也就是对心上人进行考察，不应该一味地奉承他，赞美他，而是应该使他自卑，这样才容易上手。但是希波泰勒却躲在人群中，不希望被吕西斯看到。

这里，苏格拉底似乎表达了一种对友爱的“功利主义”的观点，即友爱和好处相关。正如《会饮》中斐德罗的讲词也是以爱的功利主义观点开始。这种观点表明我们的一切活动都是为了获得某种好处。这种好处可能是低贱的，例如贪婪地追求财富和权力的活动；也可能是高尚的，例如和精神的道德的方面相关的活动。所以苏格拉底告诉吕西斯，如果我们想要获得好朋友，应该尽可能的学习，通过学习完善自己，这样我们才会交到朋友。因为人们总是喜欢和比自己好的人交往，以求从中获得好处，提高自己。子曰：“无友不如己者”。那么我们应该如何完善自己呢？我们知道，每个人的天赋都是偏狭的，如果要完善自己，就应该选择最适合自己的自然天赋的工作或者技艺来学习。通过这种技艺的学习，我们逐渐上升到更高的智慧和德性的完善。“技进于艺，艺进于道”。一切技艺的完善的最终目的就是智慧和德性的完善。因此我们在完善自己时，不能总是盯着自己的缺点，而是最大程度地培养和发展自己的天赋特长。如果我们能够扬长避短，把自己的天赋特长发挥到极致，那么即使我们有很多缺点，也能够随之化解。如果我们的智慧和德性都增长了，就会成为人们的楷模，就会有很多人来和我们做朋友。正如孔子所说：“德不孤，必有邻”。

三、友爱与情感：和美涅克塞努的对话

这时美涅克塞努走了回来。他喜欢争论，而且争论起来不顾一切。苏格拉底开始和他对话。苏格拉底表示自己迫切希望获得一位好朋友，但是他不但没有找到朋友，还连一个人如何成为另一个人的朋友也不知道，所以他希望请教他们，是被爱者成了爱者的朋友，还是爱者成了被爱者的朋友，或者两种说法是一回事。

美涅克塞努认为两种说法是一回事。苏格拉底认为如果只有一个人在爱，爱者没有得到被爱者的回应，被爱者并不爱爱者，甚至可能被被爱者所仇恨，那么两个人不可能是朋友。于是美涅克塞努认为只有在两者彼此相爱的情况下，两个人才能成为朋友。但是苏格拉底又指出，在一些

情况下，例如一个人爱马、酒、体育等，这些东西当然不会爱人，但是这个人似乎也是它们的朋友。美涅克塞努也承认这种说法是正确的。但是苏格拉底又指出，如果爱者是他所爱对象的朋友，不论这个对象是爱他还是恨他，这就回到了第一个观点，而反驳了第二个观点，即爱者是被爱者的朋友，被爱者不是爱者的朋友。如果这个观点是真的，但是我们却看到很多人是爱他们的人的敌人，是恨他们的人的朋友，或者一个人是他的敌人的朋友，是他的朋友的敌人。这是不可能的。所以被爱者应该是爱者的朋友。这又回到了第一个观点。如果这个观点是真的，那么对一个朋友来说，某个人不仅不是朋友，而且是他的敌人。他不仅没有得到朋友的爱，还被他的朋友痛恨。对一个敌人来说，某人不仅不是敌人，而且是这个敌人的朋友，因为他没有被恨，反而得到了被恨者的爱。所以苏格拉底最终的结论是爱者不是朋友，被爱者也不是朋友，既是爱者又是被爱者的人也不是朋友。这样苏格拉底和美涅克塞努的谈话陷入僵局。

这里苏格拉底的讨论显得非常智者化。这可能是他针对美涅克塞努的好争论的毛病而故意为难他，以此挫挫美涅克塞努的锐气。另一方面，苏格拉底在此揭示的是一种对友爱的"情感主义"的理解。他试图表明这种情感主义的理解是片面的。友爱并不只是两人之间的情感问题，仅仅局限在相互好感的基础上，是不可能理解友爱的问题的。因为在他看来，友爱问题本质上涉及善道的问题。正如苏格拉底反复指出的，一切爱都是对善的爱。只不过人们都是爱善的影子，而不是善本身。人们做恶和痛苦的根源就在于他们追求善的影像，而不是善本身。我们交朋友也不过是我们追求善的一种活动和方式。我们必须把交朋友之善放在善道本身的层面上来理解。只有在理解善道的基础上，我们才能理解友爱的问题。如果不能关心善道，我们就不可能理解友爱的意义。正如舍勒的价值情感现象学指出的，任何情感都先天地和价值相关。我们要理解情感的本质，就必须考察价值的本质。这种价值就是善及其等级的问题。

四、友爱与类别：和吕西斯、美涅克塞努的对话

1. 这时吕西斯对谈话感到不满，于是苏格拉底开始和他对话。苏格拉底首先提到了荷马的一个说法即"神总是让同类和同类相聚"。还有自

然哲人的相同观点即“同类相亲”。苏格拉底试图把友爱的问题从单纯的情感问题引向关于事物的自然本性的哲学问题。这是对友爱问题的进一步深化。苏格拉底认为这种说法只说对了一半，因为坏人相聚会产生敌意和相互伤害，所以坏人不能成为朋友。他认为诗人的真正意思只能是好人喜欢好人，好人与好人是好朋友。坏人则是变化多端、反复无常的，他们甚至与自己都不相同，不能成为同类。坏人之间不能有真正的友爱。但是苏格拉底又指出，如果同类事物对同类事物产生好处或者伤害，那么他们也对自己产生好处或者伤害。如果一个好人什么也不缺，是自足的，不需要任何东西，因此他也不关注和喜爱任何东西，好人相互之间也不会相互关心，所以好人不可能和好人成为朋友。这样苏格拉底就否定了诗人“同类相亲”的说法。

苏格拉底在这里的论辩也显得像是智者。他把论辩的矛头指向了诗人和自然哲人。他旨在表明我们仅仅根据事物的本性是不能理解友爱的本质的。他又一次特别强调了友爱问题中的善恶因素。如果不关心善恶问题，就不可能存在真正的友爱。狐朋狗友不是朋友。只有追求至善的志同道合者才能成为真正的朋友。同样，孔子区分了君子和小人。君子之交才是真正的友爱，小人之交不是真正的友爱。“君子和而不同；小人同而不和。”小人是因为利益而走到一起的，也会因为利益而斗争分裂。君子是因为善道走到一起的，因此他们会坐而论道，使自己和他人在智慧和道德上不断获得完善。“己欲立而立人，己欲达而达人。”因此君子之间的交往是极为平淡的，也就是所谓的“君子之交淡如水，小人之交甜如蜜”。或者如庄子所说的“相濡以沫，不如相忘于江湖”。因为君子或者哲人关注的是自己的智慧和道德的完善，所以他对于荣华富贵处之泰然。同样，只有君子或者哲人才能真正的爱人和恨人。“唯仁者能好人，能恶人。”如果没有智慧和德性，我们就会受到利益或者无知的支配，不可能真正地爱人或者恨人。所以真正的好人不是道德主义的好人，只有君子或者哲人才是真正严格意义上的好人。作为真正的好人，哲人或者君子就是自足的，“独与天地精神相往来。”他是无所待的，是自由自在的。他不需要什么，不会伤害任何事物，也没有什么可以伤害他。“无欲则刚”。“人到无求品自高”。可以说，哲人是超人类的，哲人本质上并不需要朋友，如果一个哲人还需要朋友，那么他就还没有成熟和自足。正如苏格拉底展示的，他没有朋友，也不需要朋友，也不需要家庭，虽然他有家庭，但是他本质上是独身的，出家的。这样苏格拉底似乎贬低了友爱的重要性。这也是对处于狂热的友爱之中的人们的净化和治疗。一切非理性的情爱狂热都是需要净化和治疗的。

(2) 苏格拉底又开始和美涅克塞努对话。他提到了另一种相反的说法，即"同类相斥"的观点。他援引了赫西俄德的说法，即"陶工与陶工竞争，工匠与工匠竞争；乞丐嫉妒乞丐，歌手嫉妒歌手"。也就是说，两种事物越是相同，它们之间就越是嫉妒、争斗、仇恨。这就意味着两种事物差别越大，它们就越会成为朋友。所谓"相反相成"、"异性相吸"。一切事物都在追求相反的东西，似乎只有从对立面中才能获得好处，所以没有任何东西像对敌对的东西那样友好了。但是苏格拉底又批判了这种同类相斥的观点。他指出，如果这种观点是正确的，那么正义就是非正义的朋友，节制就是非节制的朋友，善就是恶的朋友。这是非常荒谬的。所以同类相斥的观点也是不成立的。

苏格拉底得出的最终结论是相同的事物之间不会友好，对立的事物之间也不会友好。这种根据事物的类属认识友爱的观点我们可以称之为科学主义的立场。苏格拉底同时破除了"同类相亲"和"同类相斥"的观点。同类事物既可能是友爱的，也可能是相互敌视的。也就是说，同类事物之间只有在能够相互获得好处时，他们才会相亲，如果相互危害到自己的利益，他们就会相互排斥。他以此方式表明我们仅仅从事物的类属上认识友爱的本质是不能成立的。友爱只有建立在善道的基础上才是可能的。这种观点将在下面的对话中得到进一步阐释。

苏格拉底在此处使用了典型的辩证法技艺。辩证法的技艺就是"同时看到事物的两面"，然后揭示两个方面的错误或者片面性，以此达到对任何一个方面都不执着的直观事实本身的结果。因为任何一个方面都是"人为"的设定视角的结果，所以单纯从任何一个方面认识事物，都不能如实地对待事物本身。只有同时从对立的两个方面认识事物，才能消除一切人为的视角如实地认识事物本身。这种辩证法的技艺非常类似于龙树菩萨的"双遣双非"的中道论。"不生亦不灭；不常亦不断，不一亦不异；不来亦不出，能说是因缘，善灭诸戏论，我稽首礼佛，诸说中第一。"（龙树菩萨：《中论·第一品》）通过这种双遣双非的辩证法，我们才能够破除内心中的一切观念，非观念地直观事物本身，才能使事物本身就其自身显示自身。

五、友爱与至善

苏格拉底转而考察第三类事物，即不好也不坏的事物。他把一切事物都分为好的、坏的、不好不坏的。[1] 前面已经证明，没有任何事物和坏的事物成为朋友。同类事物之间也不能成为朋友。唯一的可能性只能是不好不坏的事物和好的事物成为朋友。他指出，如果这种观点是正确的，这就是意味着聪明的人不是智慧的朋友，因为聪明人已经拥有了智慧，不需要再追求智慧。愚蠢的人也不是智慧的朋友，因为他对于智慧一无所知。只有那些不好不坏的人才是智慧的朋友。他们介于智慧和愚蠢、有知和无知之间。因此，友爱的真正本质就是不好不坏的事物由于坏的出现而对好的事物表示友好。他以身体、健康和疾病为例，说明人们是因为身体（不好不坏）害怕疾病（坏）的出现而追求健康（好）。

这是苏格拉底对"智慧就是无知之知"的暗示。在《理想国》中，他指出一般人都是介于有知和无知之间的，这种有知和无知之间的状态就是意见，这种意见或者常识就是政治、法律、习俗。我们的哲学探究是从意见开始的，而不是从无知开始的。意见是真理的颗粒，所以我们必须尊重意见或者常识。在《会饮》中，苏格拉底则把爱神描绘成为介于贫穷和富有之间的精灵，哲人就是这种爱神或者精灵。哲人的灵魂就是介于有知和无知之间的。哲人和俗人的区别就在于哲人知道自己头脑中的意见的非真理性，不再把这些意见作为真理；而俗人不知道自己的无知，把没有经过反思的意见或者常识作为真理，内心顽固不化，狂热偏执。哲人通过对意见的考察而扬弃了一切意见和概念，使自己的内心保持无知的空灵状态，这种无知的空灵状态就是达到纯粹理性的状态，能够洞察一切事物的实相本质，从而获得了真理和智慧。但是这种真理和智慧是无法用语

---

[1] 佛教也把一切现象都分为善性、恶性和无记性。

言传达的,所以哲人显得大智如愚,大辩若讷。

吕西斯和美涅克塞努都对这个答案感到满意。但是苏格拉底立刻又表示怀疑。他仍然以身体、疾病和健康作为例子说明,不好不坏的事物之所以成为好的事物的朋友,其原因在于它对于敌人来说是一种坏,而其动机在于它对于它的朋友来说是一种好。友爱从原因角度看是针对朋友的,从动机角度看是针对敌人的。这就又回到了最初的观点即相同事物是相同事物的朋友。或者说,好的事物是好的事物的朋友。这意味着善好才是友爱的真正原因。一切好的原因又以更高的好作为原因。如果我们追问到底,那么我们就能够达到"第一原理"(first principle)或者原初事物(first thing)。所以苏格拉底指出,"原初之物才是我们真正的朋友。"❶这种原初之物就是"作为原因的原因",就是至善。原初之物或者第一因就是至善。

从柏拉图的整个哲学体系来看,世界就是一个善的不同等级和不同形式组成的体系或者网络。至善是世界的最初开端、最终目的和根本实相。一切现象之物都是至善的影像,是对至善的分有和模仿。俗人只认识和追求至善的影像,而不认识至善本身。哲人则认识到至善本身,而不追求至善的影像。这就是柏拉图的至善论的宇宙观。这种至善论的宇宙论在现代宇宙论的冲击下变得非常微弱了,但是现代宇宙论却是反人性的。因为从人类学的角度看,人们的一切活动都是追求善好,所以善构成了人类生活的根本目的。人们对善的追求本身是没有任何差别的。只是因为人们对善的理解存在差异,人们的行为和选择才出现了分歧和矛盾。为了理解人性的向善本性,我们也应该把世界整体的本质也看作是向善的,把世界的最初开端和最终原因看作是至善。如果我们不再承认宇宙本身的至善性,我们就不会尊重和爱惜任何事物,对一切事物都会漠不关心,丧失了"民胞物与"的大爱。

这样,苏格拉底提出了理性主义的"终极友爱"的观点。"当我们说因

---

❶ Plato. *Lysis*, translated by Stanley Lombardo, in *Complete Works*. Edited, with Introduction and Notes, by John M. Cooper, Hackett Publishing Company. 1997. 219d, P. 704.

为另外一个朋友的原因，一些事物成为了我们的朋友时，那么这时我们仅仅是在使用'朋友'这个语词。在真正的朋友那里，一切这类所谓的友爱都终结了。……一个真正的朋友不会因为另一个朋友才是朋友。"(Plato. *Lysis*. 220b)也就是说，只有对最终之物即至善的友爱才是真正的友爱，一切其他事物之间的友爱都是建立在这种终极友爱的基础上的。或者说，我们的爱是对善的爱，我们总是首先爱自己周围切近的善好事物，例如财富、家庭、爱情、友爱、功名等。友爱之善只是这个善的网络之中的一个环节。一切友爱都是以对好的认识为前提的。我们也必须从这个整体之善来理解友爱之善。而且我们应该从这些最切近的善逐渐上升到最高的善。我们要追求至善本身，而不是追求至善的影子。至善是最切近的，正如《论语》中指出的："'唐棣之华，偏其反而；岂不尔思？室是远而。'子曰：'未之思也，夫何远之有？'"(《论语·子罕》)只有善或者道才是我们真正的朋友。"与道为友"才是真正的友爱。与善道为友是我们的一切友爱的最终原因。我们对一切事物的友爱都是对至善的友爱的一种表现。我们应该把对某些事物的友爱最终回归到对至善的友爱上。因为智慧就是至善，所以爱智慧才是真正的友爱。只有哲人才懂得真正的友爱。可以说，"终极友爱"是苏格拉底的理性主义的友爱观。

但是苏格拉底又立刻对这个观点进行了反思。当坏被完全除掉之后，坏再也不对任何事物造成伤害后，好就变得无用了。"只是由于坏的原因，我们才赞美和追求好，仿佛好是治疗坏的良药，坏就是一种疾病。如果没有疾病就不需要医药。由于坏的存在，好才被我们这些处于坏和好之间的人所爱，但就其自身而言，好是完全没有用处的，这是好的本性吗？"(Plato. *Lysis*. 220d)也就是说，如果好要依赖于坏而存在，好的用处要依赖于坏的存在而表现出来，那么好就是相对性的。这样相对性的好就仍然不是好本身。苏格拉底是在暗示，至善是事物的最终原因或者原初之物，至善本身不会依赖任何恶而存在。因此至善和任何相对性的现象之物都不同。这类似于道和器的区分。"形而上者谓之道，形而下者谓之器。"道在器中表现出来，但是道并不依赖于任何器。我们应该从器物上升到道体本身。这样苏格拉底就似乎放弃了前面关于三类事物的划分，而改为道和器、本体和现象的划分。他指出，如果我们对至善或者道的友爱是基于对现象事物的不友好,如果现象事物都消失了,我们对现象事物的不友好消失了,我们对道本身的友好似乎也就随之消失了。也就是说,如果我们对至善的爱是出于对坏的恐惧,那么这种爱仍然不是真正的爱。真正的爱是因为事物本身的美好而出现的。这样苏格拉底就否定了人是因为坏的原因而追求好的观点。我们对一切事物的友好都是出于对至善或者道本身的友好。

这里苏格拉底是在引导我们要超出道德主义的善恶二分法以认识至善问题。我们在日常政治生活中总是根据是非、善恶、美丑等二分法来认识和选择的。一切事物都被我们分为好坏两个部分。但是这种二分法并不适合认识至善本身。因为至善是最初之物,因此至善也是整体性。一般意义上的善恶好坏都只是整体性的一部分而已。当我们达到整体性本身的时候,我们就超出了任何一个部分,也就超出了关于善恶的划分。因此至善超出我们一般意义的善恶。只有我们超出了道德主义的善恶二分法,才能认识至善。至善恰恰是在善恶的彼岸。"至善非善"。这和《拉凯斯》、《卡尔米德》等对话在最后的反思和暗示是一致的。如果我们只是简单地按照二分法的方式理解善恶,那么就不可能达到至善。"有无相生,难易相成,长短相形,高下相盈,音声相和,前后相随,恒也。是以圣人处无为之事,行不言之教,万物作而弗始,生而弗有,为而弗恃,功成而弗居。夫唯弗居,是以不去。"(《道德经》,第二章)同样,至善并不爱人。如果至善爱人,至善就不再是整体性本身,而是有分别,有对待的。因此至善把一切都一视同仁,"天地不仁,以万物为刍狗。圣人不仁,以百姓为刍狗。"圣人达到了至善的境界,所以圣人也不会特别地爱人类。因此哲人是超出了善恶二分法的人。哲人站在超善恶的角度考察人类的善恶生活。在哲人的心中没有善恶的区分。哲人的与道为友的"终极友爱"是不能用简单的道德善恶来理解的。一切乡愿或道学家都不能理解哲人的至善之爱。这里的终极友爱是这篇对话的顶峰。

六、友爱的向善性和属己性

终极性的友爱的最高原理已经揭示出来了,所以接下来的问题就是考察这种对至善的友爱是如何可能的。

1. 爱欲的向善性

苏格拉底再次考察不好不坏的事物(爱欲),他要进一步揭示至善和爱欲的关系。他设想,如果恶消失了,欲望仍然会存在,但是欲望不会伤害任何人,因为恶消失了。这样我们只会从欲望中获得好处。在他看来,欲望正如身体一样是不好不坏的。即使恶消失了,不好不坏的欲望并不会消失,同样,作为欲望的对象的善并不会随之消失,欲望对好的事物的追求也不会消失。因此苏格拉底认为欲望才是友爱的原因。有欲望就会对欲望的对象表示友爱。友爱是爱欲的一种。

这样苏格拉底再次得出了性善论的结论。也就是说,人生以爱欲为本,爱欲是对至善的爱。因此向善是人的本性。人类对善的爱欲是最原初的。人对至善的爱欲是无需以恶或者坏为前提的。即使恶消失了,人们仍然会追求和热爱善。人的自我完善蕴含在爱欲的本质之中。人的爱欲的最终目的是要使自己摆脱不好不坏的状态,而不仅仅是摆脱恶的状态。所以坏并不是我们追求善的原因。如果认为善和恶是相互依赖的,没有恶就没有善,就必然落入相对主义的二元论观点。在他看来,善比恶更加本原,没有恶也仍然存在善。这就是他的至善一元论的观点。如果不理解这种至善一元论的观点,我们就不能理解柏拉图的哲学。❶ 其次,苏格拉底表明爱欲本身是不好不坏、无关善恶的,但是爱欲却是追求善的。因此我们不要敌视欲望,而是要巧妙地引导欲望。欲望是我们追求善的动力。没有了欲望,就没有了向善的动力。一切道德主义者都敌视爱欲,不能理解爱欲的真实意义,最终导致对爱欲的压抑。同样,一切纵欲主义者也不能认识爱欲的本质,不理解爱欲和至善的本质性关系,其对爱欲的放纵只会伤害爱欲。从苏格拉底的这种观点看,“存天理灭人欲”的意思是指我们应该把爱欲引导向至善,而不是压制爱欲或者放纵爱欲。《会饮》的基本主题就是净化爱欲,为爱欲正名。

2. 爱欲的属己性

苏格拉底又进一步质疑,有欲望就意味着有欠缺,有欠缺就是表明有

❶ 这里的观点非常重要,是我们反思和批判自古以来的各种善恶二元论的基本原则。我们知道,奥古斯丁就是因为质疑和批判摩尼教的善恶二元论才走向了基督教的至善一元论。

些属己的东西被取走了，欠缺者只对想要的属己的东西表示友好。“强烈的爱情、友爱、欲望指向的对象都是属于某人自己的东西。”(Plato. *Lysis.* 211e)也就是说，我们对朋友的爱其实都是对我们自己欠缺的东西的追求。因此作为朋友的两个人必然是相互不同的。只有通过这种互补的方式，两个人才能一个完整的自己。两个相爱的人必然相互属于对方。这种相互归属的方式或者是心灵方面的，或者是性格、习惯方面的。通过这种相互归属，相互友爱的两个人达到了自己的本性中的整体性和完满性。所以我们平常都说，朋友就是另外一个自己。或者说，朋友就是一个人的一面镜子，通过观察一个人的朋友，就可以知道这个人的品性。因此苏格拉底强调了友爱的属己性。“本性上属于我们的东西把自己展示为我们必然去爱的东西。”(Plato. *Lysis.* 222a)因此，既然我们所爱的都是属己性的东西，那么真正的爱者必然会得到被爱者的回应之爱，因为自己是不会拒绝自己的。当然这也意味着一个没有欠缺的自足的人是不需要友爱的，而这样的人就是哲人。但是吕西斯和美涅克塞努都对这个结论表示犹豫不决。因为他们知道总是存在“求而不得”的单相思友爱，例如希波泰勒。

苏格拉底在此对友爱的属己性的揭示和《会饮》中阿里斯托芬的讲词是一致的。人的爱欲来源于自己的本性的欠缺。同样，人们也会对属己性的东西具有特别的友爱。例如我们会特别地爱自己的国家、自己的亲人、自己的故乡等，所谓“他乡遇故知”。这都是爱欲的属己性。通过这种友爱，我们获得了自我认同和自我肯定。而对于外在于自我的人和物则会抱有特别的敌意。“非我族类，其心必异”。但是属己性的东西并不就一定是好的。如果我们单单从属己性来界定友爱，显然是非常狭隘的。所谓“君子怀德，小人怀土。”在此，苏格拉底通过揭示爱欲的属己性表明，我们的爱欲总是希望使友爱的对象成为自己的一部分，而使对方成为自己的一部分也就意味着使自己达到更高的完善性和完满性。我们追求好的东西就是为了使自己也变好。我们对朋友的友爱最终是对自己的完善性的追求和爱。因此友爱是我们达到自我的完善性的一种方式。而自我完善的唯一方式是对至善的爱，我们追求至善就是为了拥有至善。拥有至善是我们自我完善的方式。我们的存在本身就是为了追求至善的。完善自我是我们的本性所要求的。所以在《会饮》中，苏格拉底的讲辞以对至美的理性直观结束。我们在对至真至善至美的理念实相的观照中达到了最高的完善和幸福。而阿里斯托芬并不理解这个理性的真理，所以他的爱欲的属己性并不蕴含着至善和自我完善，这也是他的爱欲论的错误所在。

3. 苏格拉底又对这个观点进行了反思

他区分了属于(belonging)我们的东西和与我们相同(being like)的东西。他问道，我们应该承认，善好属于每个人，而坏是外在的(the good belongs to everyone, while the bad is alien)；还是应该承认好属于好，坏属于坏，不好不坏属于不好不坏。他们两人都肯定了后一个观点。因为"同类相属"的观点是简单明了的，而前一个观点超出了他们的理解能力。苏格拉底指出，如果承认这种观点，就必须承认不正义对不正义是友爱的，坏对坏是友好的。但是这样的观点已经在前面被否定了。同样，如果我们认为善的和属于我们的是同一的，那么就会导致只有好的东西才会对好的友好。但是前面也已经证明，好不会对好友好，正如坏不会对坏友好一样。这意味着我们只能承认善是属于(belonging)我们的东西。

这里苏格拉底仍然是在暗示性善论的观点。他认为我们的本性就是至善的完满的。因为我们执着于肉体的感官认识，把自己和外物区分开来，迷恋和追逐外物的善，希望通过这种外物的善使自己达到完善。这种错误的认识和追求导致了人类的一切罪恶和错误。如果我们放弃了对一切外在事物的追求，而返回自己的本心，"明心见性"，我们就会认识到我们的本性是完满无缺的，就能够立刻达到完满无缺的至善。所以我们追求的目标不应该指向外物，而应该指向内心本身。

应该如何理解这种至善内在于心灵的观点呢？如果至善和我们毫无关系，那么我们也不会追求至善，因为我们对至善将一无所知。同样，如果至善完全是外在于我们的存在，那么至善就不是至善，因为至善是完满性和整体性，作为整体性和完满性，至善必然是无所不在的，至善也必然蕴含在我们的自我之中。从潜能和现实的角度看，至善首先是作为潜能存在于我们的心灵之中的，我们并不知道自己拥有至善。如果我们通过返观自照的内求法，逐渐净化自己的心灵，隐藏在灵魂之中的至善就会展现出来,这时至善就作为现实之物而被我们认识和拥有了。这就是至善的“既内在又超越。”对于既内在又超越的至善,我们只有通过回光返照、直指本心的内求方法,向我们的内心世界深入前进,不断进行自我认识和自我观察,才能最终扬弃和净化自己的有限的小我,达到无我的纯粹理性静观的境界。只有达到了无我的纯粹理性静观境界,至善作为最高的完满性才能显现出来。至善只有在我们的灵魂得到理性的净化后才能显现出来。所以至善是属于我们的灵魂的“本来面目”,“道不可须臾离也,可离非道也。”但是这种本来面目在欲望和情感等的束缚下被遮蔽了,我们不知道自己灵魂中的至善,因此至善显得是外在的,不属于我们的本性的。这就是至善的既内在又超越的含义。所谓“人之初,性本善;性相近,习相远。”可以说,我们只有通过理性的净化方法才能达到至善的超越境界。除此之外没有其他方法。古往今来的圣人之学都是在教导这种向善的道理和方法。例如老子认为:“不出户,知天下;不窥牖,见天道。其出弥远,其知弥少。是以圣人不行而知,不见而明,不为而成。”(《道德经》,第四十七章)庄子的“心斋”:“若一志,无听之以耳而听之以心;无听之以心而听之以气。听止于耳,心止于符。气也者,虚而待物者也。唯道集虚。虚者,心斋也。”(《庄子·人间世》)《大学》的大学之道:“大学之道,在明明德,在亲民,在止于至善。知止而后有定,定而后能静,静而后能安,安而后能虑,虑而后能得。物有本末,事有终始。知所先后,则近道矣。”

对话最后陷入了死胡同,苏格拉底表示他对友爱的定义一无所知。对话的结论仍然是无知之知。后来,吕西斯和美涅克塞努被醉酒的家奴强行带走了,关于友爱的对话在不友爱的情况下结束了。友爱和不友爱构成了一个整体。

我们要看到苏格拉底对话是对整体性的模仿,对话中的任何一个定义都是组成真正定义的有效部分,我们不要因为后面的定义似乎是在反对前面的定义,就否定了其真实性和重要性。其实每一个定义都组成了最终的定义的真正内容。我们只有把所有这些定义结合在一起,才能理解相关主题的真正定义。这正是辩证法对话的基本特征,也是我们理解苏格拉底的“反复无常”的关键。

六、结束语

友爱的问题是古典政治哲学的主要问题，例如亚里士多德在《伦理学》中就重点论述了这种友爱。这种友爱对于城邦的团结和稳定是至关重要的。城邦不仅仅是人和人的纯粹物质财富的关系，人们组成一个政治社会不仅仅是为了享乐，而是为了更加崇高的生活理想，这种友爱对人性的成长和城邦的团结是非常重要的。正如《理想国》中揭示的护卫者等级就是以这种友爱为根本的。所谓"朋友之间，不分彼此"。但是随着现代性的个人主义的出现，这种对友爱的重视和推崇逐渐消失了。人和人的关系越来越建立在一种相互算计的功利主义的基础上，因此从一定意义上说，现代性不能正确地理解理性的本质和意义，也不能正确地处理人的情感和欲望，在人的理性和非理性两个方面都表现出了极大的无知。

孔子的仁和苏格拉底的"终极友爱"非常相似。孔子明确指出："仁者爱人"。"唯仁者能好人，能恶人。"如果一个人开始追求善好，他就开始免除邪恶了。"苟志于仁矣，无恶也。"仁表现为一种对自己的欲望和情感的节制，是建立在对礼法的真实理解的基础上的，这样对礼法的遵守和维护才是真诚的。"克己复礼为仁"。但是仁也不仅仅是一种人和人的关系，似乎是一种高于人的终极性的东西。"仁远乎哉？我欲仁，斯仁至矣。"只有我们尽心尽力地追求这种终极性的仁，才能获得属人的仁德。如果一个人没有这种仁爱，就不可能真正获得自由和快乐。"不仁者不可以久处约，不可以长处乐。仁者安仁，知者利仁。"因此，人和人的友爱是以对终极性的仁的追求为前提的。这是我们判断朋友好坏的疾病标准。"益者三友，损者三友。友直，友谅，友多闻，益矣。友便辟，友善柔，友便佞，损矣。"

第三节　节制指向至善——《卡尔米德》解读

卡尔米德的主题是探讨节制。希腊语是 Sohprosyne，英译为 temperance，其含义有理智方面的健全、明智；待人方面的谦恭、谦虚和个人对欲望的自我约束、自我控制等三个方面。对话探讨的结果当然是没有得到关于节制的定义，所以我们是不是具有节制的美德也就无从得知了。我们应该明白，在这里，苏格拉底的根本意图还是在暗示美德就是知识，智慧是一切美德的“体”，其他美德只是智慧的“用”。没有智慧就没有美德。因为只有哲人拥有智慧，所以只有哲人拥有真正的美德。这和《普罗泰戈拉》等对话的主题是一致的。

一、引子

这篇对话是苏格拉底的忆述。对话地点是在一个体育场。对话的人是卡尔米德和克里提亚。他们首先谈论的是波提狄亚战役。然后苏格拉底开始询问雅典的情况，他仍然关心哲学和青年人。当他问有没有年轻人在智慧或者美貌方面非常杰出时，克里提亚提到了堂弟卡尔米德。卡尔米德出身高贵，他的父系是梭伦家族，他的母系也是豪门望族。当凯勒丰赞美卡尔米德的美貌时，苏格拉底指出，一个人还必须具有高贵的灵魂才是完美的。所以我们应该首先考察一下卡尔米德的灵魂。克里提亚认为卡尔米德的灵魂也是卓越的，他已经是一个哲人和诗人了。

于是克里提亚派人去叫卡尔米德，告诉他来见一位医生。因为卡尔米德正在害头痛病，而苏格拉底被比作治病的医生。哲人被比作医生也是柏拉图最常使用的比喻之一。

二、和卡尔米德的对话

1. 关于治病的谈话

苏格拉底见到卡尔米德后，立刻被他的美貌吸引了，他感到欲火中烧。这种情欲的高涨使他丧失了理性的信心。这当然只是对本篇对话的节制主题的一种反衬。因为节制的一个重要含义就是对欲望的控制。这个情节旨在揭示人的欲望是多么容易被激发，又是多么难以被驾驭，并且会使人的智商立刻降低。当然哲人苏格拉底能够被诱惑，也说明了卡尔米德的美貌之至。具有如此美貌的卡尔米德很可能被自己的高贵出身和美貌外形所伤害，也就是变得傲慢自大、目中无人。所以苏格拉底和他讨论节制的话题是非常具有针对性的，是对他的灵魂的一种治疗和净化。

正如苏格拉底和欧绪弗洛的对话，苏格拉底和普罗泰戈拉等人的对话一样，他进行的一切对话都是治疗。这种对话疗法就是医治人们灵魂中的各种疾病。每个人的灵魂不同，其灵魂的疾病也不相同，所以苏格拉底才针对不同的人进行不同主题的对话。

苏格拉底首先提到了治病的咒语。这种咒语的奥秘是不能"头痛医头，脚痛医脚"，必须从整体上进行治疗。只有整体健康了，部分才能健康。同样，我们要治疗一个人的身体就必须首先治疗他的灵魂，不能只治身体，不治疗灵魂。只有灵魂健康了，身体才能健康。人是身心合一的统一体，身体的疾病往往也是心灵的疾病的表现。因此对于一个人来说，灵魂是最重要的最根本的。我们必须关心人的心灵，胜于关心人的身体。或者说，灵魂的健康和俊美重于身体的健康和俊美。他的这些咒语就是对于灵魂的治疗。通过这些咒语，他就能够把节制种植到人的灵魂中，然后节制的美德就从灵魂中流出，分布到身体各个部位，使整个身体变得健康。

我们可以推测，苏格拉底的咒语就是哲学。哲学是心灵的美容术或者净化术。哲学是对无相的至善的认识和追求。这种认识引导人的灵魂超出了身体和欲望的束缚，超出了感官现象世界和语言观念世界的限制，在以纯粹理性直观至善的状态中获得了最高的幸福和安宁，实现了人性的最高可能性。可以说，哲人才是唯一获得了灵魂的健康，消除了一切烦恼和无知之病的人。俗人则都是病人，他们的理性被自己的欲望和情绪所支配，被自己也不清楚的各种观念所支配，处于是非不分、颠倒梦想的无知无明的病态。具体来说，每个人都有自己的天性，个人的自然天性只有在政治文明中才能从潜能变为现实。如果接受了正确的美德教育，一个人的天性种子就可能从潜能状态转变成为美好的现实状态，否则就可能扭曲变形，害人害己。[1] 但是因为每个人的自然天性都是不同的，而政

[1] 文明并不是压抑或者反对人性的自然的，人性的自然的形成和完善恰恰需要后天文明的教育。其中的关键不是像智者派那样反对和否定一切文明教育，使每个人都为所欲为、放任自流，而是在于一个人是不是接受到了适合他的天性自然的教育。通过这种正确恰当的教育，每个人才能够"成其所是"。这就是绝对意义上的正义和健康。

治法律教育是一种普遍性的教育，给予不同人以相同的教育，这样很多人的自然天性就可能因为不合适的教育而遭到扭曲和压抑。这也是政治生活中一切罪恶和痛苦的根源。而哲人的教育是个别性的针对性的。哲人和个人的谈话就是治疗其灵魂的疾病的方式。哲人的治疗是"辨证施治，因病予药"。哲人首先分析确定对话者的自然天性，探究其灵魂中可能存在的疾病，例如贪婪、傲慢、嫉妒、仇恨、狭隘等，然后给予针对性的教导和治疗，使其灵魂获得健康和健全，达到幸福、安宁和超然。同时，政治文明教育给每个人的头脑中灌输进很多观念，每个人被这些观念所支配，灵魂逐渐受到了扭曲和压抑。而哲人则试图消除这些文明观念对人们的支配和束缚，使他们从这些文明观念之中解脱出来。只有超出一切观念才能获得最终的智慧。这是苏格拉底的无知之知的教诲的最深刻含义。可以说，哲学就是以理性之药治疗人的情欲之病和观念之病。因此哲人就是心灵医生或者精神医生，而不是理论家或者形而上学家。哲人并不是专注于体系的建构和概念的思辨，而是专注于自然的发现和文明之弊的校正。现代性以来，哲学成为观念论体系性的形而上学，形而上学的根本错误就是遗忘自然，甚至否定自然。而哲人是自然的发现者和效仿者。哲人的治疗是以自然为标准对政治文明教育的一种纠正和弥补。把哲人和医生相比是柏拉图的基本观点，也是我们理解柏拉图的哲人观的重要线索。

中国古代医家也认为"养生重在养心"，"养生重在养德"。也就是说，身体的健康首先在于心灵的健康。只有心理健康的人才是真正健康的人。《黄帝内经》指出："夫上古圣人之教下也，皆谓之虚邪贼风，避之有时，恬淡虚无，真气从之，精神内守，病安从来。是以志闲而少欲，心安而不惧，形劳而不倦，气从以顺，各从其欲，皆得所愿。故美其食，任其服，乐其俗，高下不相慕，其民故曰朴。是以嗜欲不能劳其目，淫邪不能惑其心，愚智贤不肖不惧于物，故合于道。所以能年皆度百岁，而动作不衰者，以其德全不危也。"（《黄帝内经·上古天真论》）还有就是"上医治国，中医治人，下医治病。"这表明真正的政治家就是医生。他的工作就是完善每个人的自然天性，使每个人的天性获得健全的发展，纠正因为不适当的教育引发的各种人性疾病。同样，孔子认为每个人的天性中都存在不同的偏差，必须通过学习来医治这些偏差。"好仁不好学，其蔽也愚；好知不好学，其蔽也荡；好信不好学，其蔽也贼；好直不好学，其蔽也绞；好勇不好学，其蔽也乱；好刚不好学，其蔽也狂。”（《论语·阳货》）也就是说，每个人的自然天性都是不同的，都有其特殊性。只有通过后天的学习才能使其天性中的特点发展为一种文明性的美德，而不是放任自流使之成为一种人性缺陷。老子也是以理性智慧医治人的情欲之病的医王。他认为：“五色令人目盲；五音令人耳聋；五味令人口爽；驰骋畋猎，令人心发狂；难得之货，令人行妨。是以圣人为腹不为目，故去彼取此。”（《道德经》，第十二章）如果任由人放纵自己的感官感觉，就可能丧失理性和健康。所以真正的圣人就是尽可能抑制人的情欲，使人能够保持内心的理性、节制和健康。“不尚贤，使民不争；不贵难得之货，使民不为盗；不见可欲，使民心不乱。是以圣人之治，虚其心，实其腹；弱其志，强其骨。常使民无知无欲。使夫知不敢弗为而已，则无不治。”（《道德经》，第三章）佛陀也被称为大医王、大药王。“如是我闻。一时佛住波罗奈国仙人住处鹿野苑中。尔时世尊告诸比丘：‘有四法成就，名曰大医王者，所应王之具、王之分。何等为四？一者善知病，二者善知病源，三者善知病对治，四者善知治病已，当来更不动发。云何名良医善知病？谓良医善知如是如是种种病，是名良医善知病。云何良医善知病源？谓良医善知此病因风起、痰癊起、涎唾起、众冷起、因现事起、时节起，是名良医善知病源。云何良医善知病对治？谓良医善知种种病，应涂药、应吐、应下、应灌鼻、应熏、应取汗，如是比种种对治，是名良医善知对治。云何良医善知治病已，于未来世永不动发？谓良医善治种种病，令究竟除，于未来世永不复起，是名良医善知治病，更不动发。如来、应供、等正觉为大医王，成就四德，疗众生病，亦复如是。云何为四？谓如来知此是苦圣谛如实知，此是苦集圣谛如实知，此是苦灭圣谛如实知，此是苦灭道迹圣谛如实知。诸比丘，彼世间良医，于生根本对治不如实知，老病死、忧悲恼苦根本对治不如实知。如来、应供、等正觉为大医王，于生根本知对治如实知，于老病死、忧悲恼苦根本对治如实知，是故如来、应供、等正觉名大医王。’佛说此经已，诸比丘闻佛所说，欢喜奉行。”（《杂阿含经》，第三八九经）

2. 卡尔米德关于节制的定义

克里提亚希望头痛能够推动卡尔米德去改善他的灵魂，并且认为他具有节制的美德。但是卡尔米德对此不能确定。所以苏格拉底决定首先分析一下他是不是具有节制，再决定是不是对他使用咒语。然后，卡尔米德给出了三个节制的定义。

第一，节制就是平静（quietness）。这个定义强调的是节制的心灵感觉或者灵魂状态方面，类似于一种蒙昧主义的定义。在苏格拉底看来，安静或者平静类似于迟钝、缓慢、愚鲁等。他认为无论在身体还是灵魂方面，迅速敏捷和灵活显然要比迟缓、平静要好。如果节制是一种好的美德，那么节制就不可能是沉静或者平静之类品质。

这里暗示，苏格拉底认为节制不是心灵的死水一潭、麻木不仁的状态，而是一种活泼泼的状态。所谓"仁者乐山，智者乐水"。节制首先必须来自敏捷和精明的认识和智慧。智慧是一切德性之母。但是卡尔米德认为节制是平静，说明节制中包含了某种平静的特征。或者说，平静是节制的一种属性或者结果。平静是一种各种异质性因素达到均衡的状态。例如哲人的最高境界就是"不动心"。这种状态依赖于智慧的敏捷的认识。智慧则依赖于对至善的认识。只有我们的心灵和至善保持一致，我们才能始终保持节制的德性。这意味着只有超出了人间世的利害得失，能够抵御一切荣华富贵的诱惑，我们才能真正做到节制和安宁。极度的平静是灵魂获得真正快乐的表现。柳下惠"坐怀不乱"应该就是这种超然的平静。哲人是同时具备了平静和敏捷两种品质的。卡尔米德的错误就在于把这种结果或者表现看作是节制的本质定义。

第二，节制就是谦虚（modesty）。这种谦虚主要表现为胆怯或者羞怯。这是一个类似于情感主义的定义。苏格拉底首先强调节制是高尚的美好的德性，但是他又援引了荷马的一种说法即"对于乞丐来说，害羞不是好品格"。因此他推论出"谦虚是既好又坏的"。所以节制并不是谦虚。

苏格拉底的这种反驳似乎是非常轻率的。卡尔米德的意思是节制使人感到羞耻或者谦虚。而苏格拉底似乎对胆怯或者羞怯并不认可。他或许认为羞怯或者谦虚是灵魂的一种无知和软弱的表现，不是哲人应该具有的。也就是说，一味的谦虚或者羞怯会阻碍我们对真理的追求和担当。哲人必须是勇猛精进的。如果没有"当仁不让吾师"的勇猛，一个人就不可能是真正热爱真理的。因此哲人是不谦虚或者胆怯的。但是既然卡尔米德认为节制和谦虚相关,我们可以推测,节制肯定包含了谦虚,谦虚也是节制的一个部分。也就是说,如果哲人是真心追求真理,那么他就不会顾及自己的尊严或者荣誉,而会“不耻下问”,“三人行必有我师”,所以哲人在任何人面前都不会自高自大,自以为是,而是向每个人虚心求教。所谓“圣人无常师”。因此只有哲人才能做到真正的谦卑。可以说,哲人是同时具备了狂妄和谦卑两种品质的。只看到其中一点是不正确的。

第三,节制是只做自己的事情。卡尔米德的这个定义似乎暗含了“各人自扫门前雪,莫管他人瓦上霜”的利己主义的冷漠。苏格拉底强调在一个秩序良好的国家中,每个人都必须相互合作,否则如果每个人都只是自给自足地生活,就不可能构成一个真正的政治社会。也就是说,人是政治的动物。每个人在做好自己的事情的同时,还应该关心公共政治生活。如果每个人都只关心自己的事,那么最终每个人都不能做好自己的事情。因为如果公共政治生活败坏了,没有一个人可以幸免于难。只有在一个良好的政治社会中,我们只关心自己的私事才是可能的。当然节制也包含了只关心自己的利益和事情的方面,所谓“不在其位,不谋其政”。每个人必须首先做好自己的分内事,整个社会才能很好地运转。没有人可以在无能关心好自己的情况下关心好他人。卡尔米德的这个定义的错误仍然在于只看到了节制的一个方面。

三、和克里提亚的对话

这时克里提亚不能继续保持沉默了,因为这个定义就是他自己的,而且卡尔米德把这个定义庸俗化了。他必须为自己辩护。

第一,节制就是做好自己的事情(职责)。克里提亚的这个定义强调了节制的职责和技艺的因素,类似于一个技术主义或者义务论的定义。他的意思是每个人只做自己擅长和熟悉的事情,而不要超出自己的能力范围,去做自己不擅长和不知道的事情。手艺人必须各司其职、各尽其能,才能制造出精美的产品,做好自己的事情。而门外汉就是做超出了自己的本分和技艺的事情,这样的人就是不节制。因此克里提亚认为节制就是做好事。要做好事情,就必须认识自己,凡事量力而行,尽力而为,而不是眼高手低、不自量力。节制就是尽职尽责。

苏格拉底却指出，尽职尽责未必就是节制。他援引克里提亚的说法，即有节制的人并不一定知道自己是节制的，人们也可能有节制地不做不属于自己职责范围的事情。例如医生未必知道他的治疗什么时候是有益的，什么时候是无益的。一个工作者也未必知道什么时候他的工作使他受益，什么时候有害。这里苏格拉底是在暗示，人们必须对自己的工作和职责有一个完整的认识。这意味着只有站在社会整体性的利益的高度，我们才能认识自己的局部性的工作的意义，否则只关注自己的工作和职责，我们是不可能真正认识自己的工作和职责的真实意义的。只有从社会整体性的角度我们才能判断自己是不是节制的。苏格拉底试图使克里提亚上升到社会整体性的高度。他隐含的观点仍然是节制来自智慧。

第二，节制就是认识自己。但是克里提亚并未沿着这个思路上升，而是从自我认识的角度思考了节制问题，提出了“节制就是自我认识”的新定义。他认为德尔斐神庙的格言“认识你自己”就是要人们节制。“凡事勿过度”是后人的画蛇添足。克里提亚的这个定义实际上蕴含了功利主义的倾向。

苏格拉底表示应该对这个定义进行考察。首先，任何知识都是关于某物的知识，节制是关于什么事物的知识。克里提亚认为节制是关于人本身的一门学问。但是这个定义过于含混，不能满足苏格拉底。其次，任何技艺知识都会带来好处，这种知识会带来什么好处。克里提亚认为不能以是否带来好处理解节制的知识。节制的知识和其他知识不同。其他知识是实用性的知识，可以探讨它们的好处，节制的知识不是实用性的知识，所以不能带来什么好处。但是苏格拉底并不承认这一点。如果一种知识不能带来好处，我们为什么学习这种知识？最后，任何知识都有自己的主题，节制也有自己的主题或者对象，并且能够给对象带来好处。那么节制的主题或者对象是什么。这迫使克里提亚认为节制不是关于任何事物的而是关于知识自身(itself)的知识，而其他知识都是关于某些事物的而不是关于知识自身的。他又进一步补充说节制是关于知识自身和其他知识的“纯粹知识”。

苏格拉底指出，如果我们要知道什么是知识本身，也必须知道无知。只有知道了什么是无知，我们才能知道什么是知识。因为不知道对立面，就不知道自身。自身总是在对立面的映衬下得以被认识的。如果节制是关于知识的知识,而无知是知识的对立面,那么节制也是关于无知的知识。也就是说,一个节制的人就是知道自己知道什么,同时也知道自己不知道什么的人。这样苏格拉底就把克里提亚的定义转换为节制就是对知识自身(itself)和无知的认识。

他决定从两个方面对这个定义进行考察。首先,"知之为知之,不知为不知"究竟是否可能。①他通过考察视觉、听觉、感觉、欲望、爱、恐惧、意见等主观活动指出,一切主观性的活动都具有某种意向性,都和客观的事物相关,因此认识也应该具有意向性,应该和某物相关,而不只是和自身相关。②如果知识是关于某物的知识,也就具有成为"关于某物"的特定性质。任何事物的性质都是在和其他事物的比较关系中存在的,例如大小轻重等。这意味着没有绝对和其他事物无关的自身性,一切自身同时也就是自身的对立面。关于知识自身的知识就是关于事物的知识。或者知识的性质也只有通过无知的性质才能得到规定和认识。因此不存在关于知识的知识,节制不能是关于知识自身的知识。其次,苏格拉底为了使讨论继续下去,就假定存在关于知识的知识。接下来他开始讨论这种节制知识的好处。克里提亚认为一个拥有自我知识的人会认识自己。但是苏格拉底认为自我认识并不等同于对自己的知识和无知的认识。其他知识是关于事物的知识,可以帮助我们获得实际的好处,例如医学知识或者建筑知识等。节制知识不是关于任何事物的知识,因此节制知识似乎是无用的,不能带来任何好处。如果节制的知识能够产生利益,一个人就必须同时具有节制知识和其他知识。这样节制的人才不会犯任何错误,因为我们不会去尝试做那些我们不知道的事情。但是我们会去发现那些知道这些事情的人,把这些事情交给他们去做。这样一来,一切因为无知和狂妄导致的错误和罪恶都消失了。在节制知识的引导下,每个人的所作所为都是恰当的适度的,"人尽其才,物尽其用",每个人和物都各得其所、各安其位、各尽其能。家庭或者城邦都会在节制的引导下秩序井然,获得良好的治理。这是一个"至德之世"。《理想国》就是一个节制的国家。这就是节制知识的最大好处。但是苏格拉底指出节制的知识是极其罕见的。节制是非常难以做到的。这样苏格拉底似乎把节制定义为"关于知识和无知的知识”。在他看来，一个人只有同时拥有节制知识和其他知识，才能专心致志地学习任何他要学习的知识。因为他不但认识了知识的对象，而且认识了知识本身。如果一个人只拥有关于事物的知识，而不拥有关于节制的知识，那么他可能陷入“以无知为有知”的最大无知之恶中。正如在《申辩》中他在考察技艺专家时发现的那种无知。任何具有某种知识的人也应该具有节制知识，也就是知道自己的知识的限度和范围，不要因为自己具有一点知识，就认为自己具有所有知识。所以我们在考察其他人具有某种知识时，也必须同时考察他是否拥有关于节制的知识。只有那些同时具有双重知识的人才能担当大任。

应该如何理解苏格拉底在这里的讨论呢？克里提亚的意思实际上就是节制就是具有“自知之明”，也就是一个人应该知道自己的技能和知识的专业性、有限性，不要妄自尊大地超出自己的知识技能之外去做自己不擅长不熟知的专业技能。所谓“隔行如隔山”。这样的人就是具有自知之明的人，也就是节制的人。这样的人才能做好自己的本职工作，而不去插手和干涉自己不知道的行业。他的目的仍然是为了确保每个人安分守己、各司其职地工作。但是苏格拉底把这个问题深化了。他区分了无知之知和其他知识。无知之知就是“知之为知之，不知为不知”。无知之知就是关于知识的知识，即“纯粹知识”。和其他知识相比，无知之知是绝对知识，是普遍知识。而其他知识都是相对知识，是有限知识。在苏格拉底看来，我们在拥有了某种相对知识、特殊知识时，应该同时具有这种绝对知识和普遍知识，这样我们的知识才是健全的完整的。如果我们只拥有某种专业知识，而不拥有普遍知识，那么我们就不可能达到理性的健全，不可能具有真实的智慧。我们在认识到自己拥有知识的同时必须认为到自己的无知。无知并不可怕，可怕的是以无知为有知。人类的错误、愚昧和罪恶就来自这种以无知为有知的无知。[1] 从这个意义上看，只有无知之

---

[1] 我们看到，现代性正在这种“以无知为有知”的“无知之恶”中越走越远，愈陷愈深。它发展了各种专业性的科学和技术，试图以这些科学技术征服自然，改造人性，认为人类最终可以消除无知和愚昧，建立终极性的自由和理性王国。现代人越是推崇科学技术，越是对“无知之知”嗤之以鼻、茫然不知，就越是陷入自掘坟墓的穷途末路。可以说，没有比现代性的这种无知更加可怕和罪恶的了。

知是绝对真理，这个真理就是真理自身的标准，也是错误的标准。除了无知之知是绝对正确的真理之外，其他任何知识都是需要考察的，都是有可能错误的。如果我们只有专业知识，知识只是实用主义或者功利主义的东西，那么我们拥有再多的知识也是没有意义的。只有我们同时也拥有无知之知，“无用之用”，才能达到真正的智慧，才能带来真正的节制。苏格拉底就是凭借无知之知，扬弃了一切自以为是的专业知识，达到了心灵的绝对的理性清明的智慧状态。

第三，节制就是关于好坏的知识。苏格拉底立刻又质疑前面的功利主义定义，提出了类似于道德主义的定义。他提到了自己的一个梦。如果节制就是每个人只做好自己的事情或者工作，这样每个行为都按照知识节制地进行，每个人都只做适合自己的工作。节制绝对地支配我们，我们的健康、航海、安全、衣食住行等都会大幅度提高和改善。但是在这样一个像蜜蜂一样辛勤工作的人类组成国家中，我们是否能够获得真正美好的生活和幸福？

苏格拉底的这种设想正是现代性的理想。现代性的理想就是知识统治世界。在这个推崇科学和技术的世界中，人们各司其职、按部就班、忙忙碌碌、尽心尽力，努力打造一个空前绝后的财富王国。例如笛卡尔在《谈谈方法》中指出，我们应该撇开经院哲学，发现一种实践哲学，把一切事物的力量和作用认识得一清二楚，就像熟知什么匠人做什么活一样，然后就可以因势利导，充分利用这些力量，成为支配自然界的主人。但是现代性虽然拥有了关于事物的知识，现代性却大大遗忘了节制知识，即无知之知。可以说现代性虽然推崇知识，但是现代性本质上是放纵的，而不是节制的。像韦伯所说的那种资本家的勤俭并不是节制，而是被压抑因此被放大的放纵。现代性对节制一无所知，对自然和至善一无所知。现代性本质上是政治的享乐主义。但是这种物质主义和享乐主义的生活理想并不能够满足人类的精神生活的需要。人类必定需要和追求更高的生活方式和人生理想。

这样苏格拉底就引出了关于节制的第三个定义，即节制就是关于好坏的知识。他设想了一个“无所不知的人”会在什么知识中获得幸福。也就是说，一个消除了无知的人，也就是对各行各业都了如指掌、非常精通的人,他会在哪个行业或者知识中获得满足呢?一般人会在自己的专业知识技能中获得满足。但是全知的人是不会在任何一个特定行业或者知识中获得满足的。因为这些特定工作和职业都是和生存相关的低级知识,而全知的人具有更高的精神欲望,他只能在更高的知识中获得满足。这种知识就是关于好坏的知识。一个全知的人超出了社会劳动分工合作、各尽其责的层次,不再是劳动社会的一部分。正如孔子所说的"君子不器"。一个圣人或者哲人不是专家型的人才,他不会在这种具体的实用性知识中获得满足和幸福,只有在关于好坏的知识中才能获得最终的满足和幸福。关于好坏的知识也就是最接近真理的知识。如果没有善恶的知识,其他知识都是不充分的,都不可能真正给人带来好处。

因此,节制依赖于人们对好坏的认识。人们在实际生活中无论做什么事情,都认为自己的行为是在追求好,避免坏。趋善避恶是人们的所有行为的根本目的和原因。例如克里提亚认为的自知之明实际上也就是以关于好坏的认识为前提的。一个具有自知之明的节制的人只会在自己的技能范围内发挥自己的才能,而不会超出自己的能力范围,犯一些让自己和他人感到难堪的错误。所以克里提亚的定义是以发挥才能、各尽其责为好,以害人害己、败坏名誉为坏的。但是我们看到,并不是所有人都能够正确认识到自己的行为究竟是真正的好,还是虚假的好。人们大多都以社会的主流意见和舆论为导向,都是"以无知为有知",把自己认为的未经考察的好作为追求的目的。这样人们虽然都在追求好,但是却往往不能如愿,结果往往和自己的目的相反。"熙熙攘攘皆为利来,痴痴蠢蠢皆纳祸去"。因此,如果我们不能事先对好坏有所认识,那么各司其职、各尽其能的辛苦工作可能就转向反面,不能为我们带来利益,反而带来恶果。因此只有人们在对好坏有了正确认识后,人们才能真正做到节制。如果没有对好坏的正确认识,我们的节制也就不是美德,而是邪恶的工具了。如果人们不首先思考和关心好坏善恶的问题,那么"物质天堂"很可能就是"精神地狱"。

第四,节制来自智慧。苏格拉底又指出如果节制是关于好坏的知识,那么按照克里提亚前面的看法,节制知识就和利益好坏无关了。这样克里提亚就陷入了自相矛盾。因此克里提亚此时认为节制可以是关于利益的知识。而苏格拉底却指出节制不能带来健康，也不能做其他任何工作，不能产生任何利益。因此节制是无用的。

这里，苏格拉底似乎要把节制和功利区分开。在他看来，仅仅用功利主义和实用主义的观点理解节制或者善恶是错误的，同时仅仅以道德主义的观点理解节制或者善恶也是片面的。一般而言，人们都是持有功利主义或者实用主义的善恶观。但是功利主义的这种利害标准是狭隘的片面的。真正的利害并不是仅仅在功利主义层面能够解决的。同样，道德主义的善恶观也是狭隘的，它把社会道德原则作为区分善恶的唯一标准。对于道德的本质却一无所知和不闻不问。这类人就是孔子批评的乡愿，或者后世所谓的“道学家”。因此功利主义和道德主义的善恶观必须回溯到理性主义的至善论。

什么是理性主义的善恶观呢？理性主义的至善论是以对整体和大全的认识为本质的。也就是说，如果我们要认识什么是好，什么是坏，那么就必须以对整体和大全的认识为前提。只有我们对整体和大全有了真实地认识，才能对局部性的好坏有所认识。局部性的好坏只有在整体和大全中才能得到最终的确定。但是当我们上升到整体和大全时，我们就会发现其实一切好坏善恶的区分都是人为的虚假的。对于整体和大全来说，没有什么是好的，也没有什么是坏的。这种大全之知同时就是无知之知。无知之知就是扬弃了一切人类的关于事物的相对知识的知识，是和大全、整体契合无二的知识。大全知识是肯定性的表达，而无知之知是否定性的表达，两者是一回事。这种“大全知识”可以使我们超出人间性的是非好坏善恶，达到无善亦无恶、不喜亦不惧的智慧境界。这种无善亦无恶、不喜亦不惧的境界就是至善的境界。“至善非善”。因为人类的善是建立在是非善恶的二元划分的基础上的，而至善则消除了这种二元划分，达到了齐物论的境界。在这种万物同一的境界中，没有了你我、黑白、是非、对错等划分。所以至善就是无思、无我、无欲、无为。节制只有建立在这种至善的智慧境界中才是真正的节制。这样节制知识最终是关于至善的知识，而关于至善的知识才是最根本的知识。如果没有至善的知识，所有其他知识都不可能带来真正的节制和利益。在《理想国》中，苏格拉底也指出：“善的理念是最大的知识问题，关于正义等等的知识只有从它演绎出来的才是有用和有益的。现在我差不多深信你知道,这就是我所要论述的,你也听我说过,关于善的理念我们知道得很少;如果我们不知道它,那么别的知识再多对我们也没有任何益处,正如别的东西,虽拥有而不拥有其善者,于我们无益一样。或如我们拥有一切而不拥有其善者,你认为这有什么益处呢?或者懂得别的一切而不懂美者和善者,这有什么益处呢?”❶进一步,根据我们的现代性语境,哲学是关于至善的知识,科学是关于物质的知识。科学不可能给人带来真正的节制和幸福,只有哲学才能给人带来高尚的节制和幸福。因此科学只有从属于哲学,才能给人类带来真正的幸福,否则就可能带来危害。这是我们理解哲学和科学的关系的基本原则。尼采在《哲学与真理》中就曾经试图以哲学控制科学,他认为科学已经危及了人类生活,人类必须重新建立哲学,控制和抵制现代科学的畸形发展。但是尼采对哲学的理解是以现代性的哲学观为前提的,所以他对哲学的理解或者批判也是错误的。

苏格拉底之所以显得如此“反复无常”,一方面,是他坚持把论证进行到底的理性主义原则,哲人就是善于把论证进行到底。而一般人只是满足于一知半解、人云亦云。另一方面也是为了治疗克里提亚的“我执”之病。因为克里提亚是一个极其固执的人,以固执己见出名。在苏格拉底看来,我们越是坚持一个观点,就越是陷入无知和野蛮。只有消除内心中的一切观念,“勿意,勿必,勿固,勿我”,才能达到智慧。因此当苏格拉底在强调节制无用时,他实际上在强调节制的“无用之用”。哲学是无用的,哲人是无用的,但是“无用之用”是大用。恰恰通过这种“无用之用”,哲人才使自己的灵魂超出了人间性的功名利害和是非善恶,最终获得了净化和幸福。正如在《斐多》中指出的,智慧是一种净化,美德是一种净化,因此节制也是一种净化。

四、尾声

苏格拉底带着这个怀疑表示,自己关于节制的探讨完全失败了,他只能得出“节制是无用的”结论,但是他对于这个结论并不感到悲哀。因为

---

❶ 柏拉图:《理想国》,郭斌和、张竹明译,商务印书馆,1986年版,505a。

这似乎是他预料之中的结果。他对于卡尔米德感到抱歉，不能使他过上美好生活，认为自己的咒语对他也毫无用处，希望卡尔米德自己继续去探索答案。这样苏格拉底就又一次展示了他的“无知之知”。可以说，把理性论证进行到底的必然结论就是无知之知。无知之知是苏格拉底的所有对话的最终教诲。但是这种无知之知不是一般意义上的无知，而是扬弃了一切观念知识的绝对知识，是心灵的绝对空灵洞见的理性净化状态。达到了这种无知之知就达到了最高的智慧。我们只有理解了无知之知的真正含义，才能理解所有柏拉图对话。

但是卡尔米德认为自己需要苏格拉底的咒语，希望每天听到苏格拉底的咒语。这表明苏格拉底已经在某种程度上吸引或者治愈了卡尔米德，使他避免陷入傲慢自大的疾病之中。克里提亚也同意卡尔米德追随苏格拉底，认为这正是卡尔米德拥有节制的证明。当卡尔米德和克里提亚窃窃私语时，苏格拉底他问他们在密谋什么，卡尔米德说他们已经密谋好了。苏格拉底表示如果他们要使用暴力(force)，他们就是不可抗拒的，他也不会抵抗他们。

这个情节多少有些费解。但是联系到本篇对话的主题，这里似乎显示俗人在不能通过理性论证的方式达到自己的目的时，往往会倾向于使用暴力，而使用暴力就是不节制的表现。他们似乎想用暴力强迫苏格拉底传授他的咒语，或者强迫苏格拉底同意他们的追随。而哲人只使用理性论证，拒绝暴力。正如在《克里托》中论证的哲人不会以暴制暴，不会以恶抵恶一样。拒绝作恶和暴力，这就是哲人的节制的表现。但是哲人并不是姑息养奸的人，并不是纵容罪恶的人，而是尽可能以智慧理性的方式完善或者感化每个人。哲人没有反抗暴力的激情。他以理性控制一切欲望和激情，做任何事情都是恰如其分，适可而止，合乎中道，不掺杂任何个人性的利益和欲望。相反，俗人是不节制的，他们不能以理性控制情欲，他们的节制只是出于各种情感或者欲望的强迫，只是对哲人的节制的模仿。

五、结束语

柏拉图的所有对话都是从部分向整体、从表象到本质、从非理性向理性的上升过程。本篇对话中对节制的每个定义最终都可以纳入节制的本质之中。通过这种递进上升的方式,柏拉图使我们走向整体性的至善。

至善之知是一切知识中最大的知识。无知之知就是通向至善之知的道路。因为至善只有在自知无知的心灵中才能呈现出来。如果我们的心中还充斥了各种欲望和观念,那么我们的心灵就不可能认识至善。"至善非善"。我们只有超越善恶才能理解善恶。无知之知能够消除一切观念的遮蔽和扭曲,包括关于道德性的善恶的观念,最终达到赤子之心般的纯粹和洁净,从而一切事物的"本来面目"或者自然状态才能如实地呈现出来。无知之知是一种真正的净化。

可以说,事物的至善状态就是事物的自然状态。"自然之道,致中和也"。哲人是效法自然之道的人,实现自然之道的人。或者说,每个人的自然都是偏狭的,只有经过哲学知识的训练,才能消除个体自然的偏狭,达到整体性自然的至善状态。在这个意义上,自然是我们的起点,至善是我们的目标。只有同时看到自然和至善,我们才能获得拥有节制知识,而节制最接近智慧。因此至善之知就是自然之知,自然之知就是无知之知。三种知识是三位一体的关系。

第四节　致良知——《美诺》解读

本篇对话是关于美德是否可教的讨论,似乎是延续了《普罗泰戈拉》对话的主题。苏格拉底认为如果要搞清楚这个问题,就必须首先搞清楚美德是知识还是意见。为此,又必须搞清楚知识和意见的基本含义。按照他的推理,如果美德是知识,美德就是可教的,因为知识是可教的。但是我们却找不到教授美德的教师,(智者和政治家都不是美德的教师)这种现象意味着美德是不可教的;既然美德是不可教的,那么美德就不是知识。其次,如果美德是正确意见,正确意见不是具有确定性、必然性、绝对性和真实性的知识,而一切不具有确定性和真实性的东西都是无法传授的,所以作为正确意见的美德也是不可教的。但是政治家有时候确实具有正确意见,这种正确意见只能来源于神启,而神启或者灵感也是无法教授的。所以如果美德是正确意见,美德也是不可教的。最后苏格拉底表明，不论美德是知识还是美德是意见，美德都是不可教的。

我们应该结合柏拉图的整个对话来理解苏格拉底关于美德不可教的观点。美德不可教的观点暗示了苏格拉底对政治生活的贬低和对哲学智慧的推崇。一方面，他贬低了政治美德。严格来说，民众的政治美德并不是出于理性知识的美德，而是出于各种情感和欲望的相互斗争的结果。政治美德来自正确意见，而正确意见是不确定的，并不保证总是能够带来益处。另一方面，真正的美德是和知识智慧相联系的，只有智慧才是真正的美德和至善。不是建立在知识基础上的美德归根到底不是美德。而知识是绝对真实和正确的，不会犯任何错误，会一直带来好处，所以只有知识才是至善和美德。因此只有哲人才具有真正的美德。但是我们必须明白，哲人的理智德性并不是来自他人的传授。哲人并不是通过政治社会的教育而成就的。真正的哲人必然是超越了一切外在的政治社会历史条件而独立形成和出现的。这意味着哲人是天生的，美德是天生的，即孔子所谓的“生而知之”。也就是说，如果美德是可教的，那就意味着没有天生的哲人，这就贬低了哲人本身的超政治的自然性。如果美德是不可教的，那么就肯定了哲人的自然性或者天生性质。如果哲人的形成和存在依赖于外在的社会历史条件，那就不是真正的哲人。当然哲人的这种自然性暗示哲人是通过自我教育即“回忆”或者“致良知”而成为哲人的。所以根据苏格拉底的哲学立场，他最终必然肯定美德是不可教的。美德不可教的观点体现了苏格拉底对哲人和哲学生活的辩护。这个问题最终关系到如何理解哲学生活和哲人的本质问题。归根到底，来自知识的美德是哲学德性，来自意见的美德是政治德性。来自意见的美德最终根源于来自知识的美德。[1] 因此苏格拉底最终教导我们应该从追求政治美德上升到追求哲学智慧。

一、引子

美诺问苏格拉底美德是可教的、实践的还是天生的，或者通过其他什

---

[1] 亚里士多德对理智德性和道德德性的区分正是对柏拉图的两种美德划分的继承，但是他在一定程度上肯定了政治美德，这样就减弱了苏格拉底哲学中的激进性。

么方式获得的。这里美诺提供了三个选项。所谓"美德是可教的"应该是智者的观点，这种观点认为美德可以像水一样从一个杯子流入另一个杯子，这个观点构成了智者进行美德教育活动的基本前提。这意味着美德既不是天生的也不是在政治实践中获得的，而是必须经过特定的教育才能获得。这种观点体现了智者对传统道德法律习俗的不信任，即传统的道德礼法不能传授给人美德，已经不能满足人们的欲望和需要了。这是官学衰败、私学兴起的"礼崩乐坏"时代必然会出现的问题。所谓"美德是实践的结果"应该是指美德是在政治生活中自然而然地形成的，无须通过人为的有意识的教育。这意味着对人性本善的信仰和对传统道德习俗的无条件的认同。这是一种保守主义或者习俗主义的立场，这种思潮会在一切激进的变革时代出现。所谓美德是天生的，就是认为美德是人天生就具有的，无需通过后天的教育和实践。这意味着对政治文明和后天教育的贬低和否定，以及对自然德性的无条件的推崇。这种观点在苏格拉底关于哲人的理智美德的意义上是正确的，但是在俗人的政治美德的意义上是不正确的。这三种观点都有一定的合理性，但是每一个都是不完备的。苏格拉底将在后面的讨论中展示一种完备的美德观念。

苏格拉底首先对美诺的家乡表示恭维，认为那里成了智慧的故乡，而雅典则面临智慧流失的危险。同时他还指出高尔吉亚使他们养成了提问和回答的习惯，他可以回答一切问题，没有任何问题可以难住他。然后苏格拉底声称自己既不知道什么是美德，也不知道美德是否可教。在我们探讨美德是否可教之前，应该首先探讨什么是美德。

二、美诺对美德的定义

1. 不同的人具有不同美德

美诺认为美德就是不同身份的人的不同义务和责任。例如男人的美德是治理城邦，女人的美德是相夫教子，老人和孩子也有相应的道德要求。他们都具有不同的美德。所以美诺认为在人生中的每一个行动和时期，每个人都会有一种与之相应的美德，与具体的不同功能相关。但是苏格拉底指出，他想知道的是使这些不同美德成为美德的共同部分和性质的东西。正如健康对于男女老少都是一样的，各种美德中也存在一种共同的东西。这样每个人成为好人的方式才都是一样的，他们都通过拥有相同的性质而成为好的。

首先，美诺的这种定义是一种“规范伦理学”的范畴，即从外在的行为规范意义上理解道德。这当然也是美德的一部分。但是规范伦理学必须以美德伦理学为内在基础。如果没有内在的美德，仅仅在外在行为上合乎道德规范是没有更高意义的。可以说，规范伦理学只是美德伦理学的具体应用和实现。其次，美诺的道德观点也是一种义务伦理学的范畴。即美德就是义务，每个人能够承担和履行自己的道德义务，就是具有美德的。古代道德的基本特点是义务优先于权利，古代人根本不谈个人权利的问题。现代道德更多是一种权利道德。而且古代的礼仪道德非常复杂，对不同的人进行了不同的道德规定。所谓“经礼三百、曲礼三千”。而现代人的道德规范是单一化的，没有针对不同的人提出不同的道德要求。苏格拉底不满意美诺的这个定义。在他看来，美德的共同性质或者本质是智慧。智慧是美德的基础。智慧是使美德成为美德的原因。没有智慧就没有美德。道德是智慧的外在体现，智慧是道德的内在精神。智慧是“一”，美德是“多”。智慧是美德的“体”，美德是智慧的“用”。智慧和美德的关系是体用关系。可以说，一切道德规范和义务都是来自理性和智慧，是针对不同地位和身份的人容易产生的偏差进行的治疗和纠正，目的是使整个社会达到团结和谐的状态。例如孔子曰：“君子有三戒：少之时，血气未定，戒之在色；及其壮也，血气方刚，戒之在斗；及其老也，血气既衰，戒之在得。”(《论语·季氏》)有子曰：“礼之用，和为贵。先王之道，斯为美；小大由之。有所不行，知和而和，不以礼节之，亦不可行也。”(《论语·学而》)如果我们看不到道德规范的这种意图，我们就会成为狭隘的道德主义的卫道士和假道学。当然，即使我们在理论上认识了道德的本质，我们也必须在实践上坚持维护道德礼法，不能轻易地否定和违反道德礼法。

2. 美德就是统治人的能力

美诺提出了第二个定义即美德就是统治人的能力。苏格拉底认为这个定义是否适用于儿童或者奴隶，还有是不是需要加上“正义地”这个限定词。因为非正义地统治人肯定不是美德。但是如果加上这个限定词，那么就是以一种美德来定义全部美德。然后他以对形状和颜色的定义进行示范，表明我们不能以一种美德定义整体的美德。

从这个定义中我们可以看到，美诺看到了美德的主导性的作用和能力，认为具有美德的人就是进行统治的人。但是他可能更加倾向于认为进行统治的人就是具有美德的人。苏格拉底可能看到了美诺的这种倾向，所以他才表明仅仅强调统治人是不够的，必须同时强调统治者的德性和智慧。只有具有真正的美德和智慧的人才能进行统治。❶ 儿童和奴隶不能进行统治，因为他们没有智慧和美德。他们的美德不是统治，而是服从。这意味着美德不仅仅是能够统治，服从也是一种美德。在现代性的条件下，人们已经忘记了服从的美德，只看到个人的自由和独立的美德，而不关心这些个体是不是具有美德和智慧。所以苏格拉底强调了统治的正义性，认为统治本身也分为正义的和非正义的。只有正义的统治才是合乎美德的。苏格拉底进一步指出，在我们使用正义的统治时，就已经以“正义”这种美德为前提了，这就是把正义这一种美德看作是全部美德了。这里涉及到了美德是“一”还是“多”的问题。这个问题也是《普罗泰戈拉》中苏格拉底对普罗泰戈拉提出的一个问题。苏格拉底的言下之意是美德以智慧为本体，从这个意义上说美德是“一”。但是美德的实践又可以在不同领域表现为不同的美德，从这个意义上说美德是“多”。正如我国古代哲学所讲的“月印万川”、“理一分殊”。可以说，美德需要以理性和智慧的培养为前提。以智慧进行统治才是真正的统治。统治的本质是理性统治激情和欲望。美德是一种以理性统治欲望和情感的能力。儿童或者奴隶因为缺乏理性，所以他们不能统治自己，也不能统治他人。只有能够完全统治自己的人才能统治他人。

3. 美德就是追求美好事物并且有能力获得它们

这是美诺提出的第三个定义。他所谓的美好事物就是指金银财宝、

---

❶ 我国古代的“三纲”实际上也强调只有具有智慧和美德的人才能进行统治。因为“纲”的含义是表率、示范的意思，而不是统治的意思。所谓君为臣纲、父为子纲、夫为妻纲就是强调君主是臣子的表率，父亲是儿子的表率，丈夫是妻子的表率。君主、父亲和丈夫应该具有更高的智慧和美德，只有这样他们才能成为臣民、儿子和妻子的统治者，否则他们就不是合格的正义的统治者。

高官厚禄之类的东西，如果人们追求并且获得这些东西就是具有美德。苏格拉底首先把美好(beautiful)解释为善好(good)。然后他又指出，所有人都在追求善好的事物，没有人追求恶。所以真正的问题是"什么是善好"。如果我们追求的好并不是真正的好，那么这种追求本身就不是美德了。我们在日常生活中经常看到人们都追求财富、地位、权力等好东西，但是他们却往往因此获得了不幸和痛苦。所以这些东西并不是真正的好。真正的好应该只带来好，而不带来坏。美诺和一般人们都并未真正思考过好本身的问题。苏格拉底和柏拉图的整个一生都是在思考和追求真正的好本身。在他们看来，世俗之人追求的好往往只是善的影像，而不是善本身。善的影像有可能给人带来痛苦和不幸。哲人只追求好本身，而不追求好的影像。善本身不会给人带来任何伤害。哲人和俗人的差别在于哲人是有知识的，而俗人是无知的。如果我们拥有了智慧，我们就不会把善的影像当作善本身来追求，就既不会作恶，也不会受恶了。归根到底，智慧是真正的善，而无知是真正的恶。因此智慧是唯一的值得追求的美德。

其次，苏格拉底还指出我们同样必须以"正义地"限定"获得"的行为。如果不正义地获得美好的善的事物，这同样不合乎美德的本质。但是这样一来就仍然是把一种美德定义为整体的美德了。如果我们不首先知道美德的整体，那么就不可能知道美德的部分。所以这个定义也不能成立。这里我们需要注意，古典哲人认为手段和目的是不可分的，我们不能通过卑鄙的手段实现高尚的目的。如果不能通过正义的手段达到正义的目的，那就宁可不放弃和牺牲。正如孔子所谓的"君子爱财，取之有道"。所以苏格拉底在受到了不正义的判决之后，坚决拒绝逃跑以避免不正义的惩罚。真正的义人不能"以恶抗恶"。而现代人马基雅维利则首先公开否定了这种手段和目的的统一原则，认为只要目的是正义的，手段可以是非正义的。为了达到目的，可以不择手段。在他之后的所谓现代哲人们也都亦步亦趋地追随着，包括康德和黑格尔之类所谓哲人。正是这种手段和目的的分离导致奸诈虚伪之徒以高尚的名义干着卑鄙的勾当。哲学和政治的堕落和败坏从此开始。

三、学习就是回忆

美诺认为苏格拉底就像是电鳐，无论什么人只要和苏格拉底一对话，就会立刻陷入中毒麻痹的状态。他现在的心灵和嘴唇已经麻木了，什么话也说不出来。而在其他场合他则能够对美德问题高谈阔论、夸夸其谈。所以他认为苏格拉底如果要到外国去准会被当作“男巫”抓起来。苏格拉底表示他并不是自己清楚明白，然后故意去为难别人，而是自己也处于困惑无知的状态。

这段对话表现了苏格拉底辩证法的特点，即苏格拉底的对话会使对方反思和否定本来自以为是的看法和观点，使对方处于哑口无言、空空如也的无知状态。这种无知状态正是苏格拉底所要达到的目的。我们应该如何理解苏格拉底的这种辩证法呢？可以说，苏格拉底的辩证法、问答法非常类似于禅师的开示方法。禅师的开示方法是机锋转语，通过非正常的思维方式进行提问和回答，把对方逼到知性思维和认识的死角，使对方处于极为困惑的处境，最后在偶然机遇或者正确开示的激发下达到豁然开悟、洞见实相的境界。这种开悟的境界就是超出了日常观念的束缚，从一切观念中解放出来，达到了自由无碍的境界。所谓“应无所住而生其心”。这就是禅宗中所谓“起疑情”的说法。“大疑大悟，小疑小悟，不疑不悟。”苏格拉底的辩证法同样使对方“起疑情”，使对方陷入百思不得其解、不知所措的困惑，最后在内心处于完全清空的状态中获得开悟。由此可见，意见不空，知识不现。只有清空了内心的所有意见，真正的知识才能呈现出来。苏格拉底的这种提问或者思维方式本身就是智慧的表现。对智慧的追求本身就是智慧，至少最接近智慧。在《论语》中，孔子也曾经说：“吾有知乎哉？无知也。有鄙夫问於我，空空如也；我叩其两端而竭焉。”（《论语·子罕》）这种说法和苏格拉底有惊人的相似性。可见，“东方有圣人，西方有圣人，此心同，此理同。”智慧不分国界和时代。因此我们不能局限在苏格拉底的言辞之中，还必须仔细体会其言外之意，其言外之意才蕴含着真正的智慧。我们必须要“得意忘言”，而不要“依文解意”。

苏格拉底再次说明自己对什么是美德一无所知，美诺提问我们对自己无知的事情怎么能够探究和寻找呢？即使我们找到了，又如何知道这就是我们所寻找的东西呢？苏格拉底也承认，一个人不可能去发现他知道的东西，因为他已经知道了；也不可能去发现他不知道的东西，因为他根本不知道自己应该寻找什么。

为了解释这个矛盾，苏格拉底提到了回忆说。回忆说来自一些宗教祭司和诗人。他们认为人的灵魂是不朽的，灵魂在某些时候死亡，又在某些时候再生，但是不会灭绝。因此人今生今世必须尽可能正义地生活。根据这种灵魂不死的理论，灵魂必定看到过所有事物。因为事物都是同类的，所以事物是有限的，灵魂能够完全学习这些有限事物的知识。如果一个人能够学会一种知识，只要他持之以恒地学习，他就能够学会所有知识。所以"学习就是回忆"。然后苏格拉底以对男童的启发证明了回忆说的真理性。最后他指出一个无知的人可以对他不具有知识的问题拥有正确的意见(right opinion)。但是这些意见像梦一般飘忽不定，难以巩固和持久。如果我们对这些意见在许多场合进行提问和回答，就能够形成正确的坚定的知识。

应该如何理解苏格拉底的回忆说呢？第一，知识或者真理就内在于每个人灵魂中。只要我们"直指本心"，就能够认识真理。苏格拉底认为我们的灵魂始终处于有知识的状态，知识就存在于我们的灵魂之中，只是在肉体欲望的干扰下遗忘了灵魂中固有的知识。正如《理想国》中指出的："相信每个人的灵魂里有一个知识的器官，它能够在被习惯毁坏了迷盲了之后重新被建议的这些学习除去尘垢，恢复明亮。(维护这个器官比维护一万只眼睛还重要，因为它是唯一能看得见真理的器官。)"(柏拉图：《理想国》，527e)这个器官就是纯粹理性或者良知。纯粹理性容易被感性感觉和知性概念所蒙蔽和遮盖，所以不能充分发挥作用。但是纯粹理性是不会被损害的，只要我们扬弃了感性直观和知性概念，我们就能够进行纯粹理性的直观认识。一旦纯粹理性被重新激发起来，它就能够自然地认识理念。真理就包含在纯粹理性良知之中。当我们达到纯粹理性的状态后，世界的实相真理就会呈现出来。第二，回忆说表明知识不是来自传授，而是来自"提问"。提问也就是"启发"。回忆说是一种启发式教学法。启发式教学法的意义在于针对对话者的问题和根基进行教育。孔子也说："不愤不启，不悱不发。举一隅不以三隅反，则不复也。"(《论语·述而》)教育者有所启,而学习者必须有所发。两者必须结合起来,才能形成完整的教育活动。苏格拉底的辩证法也就是启发式教学法。提问使得被提问者回光返照、直指本心。这意味着真正的知识不是来自灌输,而是来自学习者的反躬自问,来自学习者的自我教育。第三,回忆就是"致良知",就是自我教育。自我教育是无法由他人的教育传授的。自我教育是一种自然天赋的东西。如果我们不能进行自我教育,他人教育就是没有最终意义的。所以认识真理没有其他途径,只有返回我们自己的内心。正如老子所说:"不出户,知天下;不窥牖,见天道。其出弥远,其知弥少。是以圣人不行而知,不见而明,不为而成。"(《道德经》,第四十七章)回忆说就是一种"先验"认识论。回忆是内省或者内观的功夫。回忆首先是对自我的内心世界的认识。这种内省和内观也就是"致良知"或者"认识你自己"。自我知识是一切知识的根本。认识自我是认识世界的基础和开端。因为自我是自然的一个缩影,认识自我也就是认识自然。通过认识自我,我们就能够认识世界。第四,回忆就是净化。回忆或者内省的前提条件是对欲望和情感的净化。如果我们要在回忆中看到理念本身,那么就必须对内心的欲望和情感进行净化,正如只有把镜子擦拭干净才能映照事物一样。回忆和净化是一回事。可以说,获得知识智慧的根本方法是回忆说或者内求法,即灵魂的自我反思。苏格拉底的"沉思"或者"出神"状态就是在进行回忆和内省。所谓"内省不疚"。这种内省功夫是无法传授的。既然学习就是回忆,只有通过回忆我们才能获得知识,那么一切外在的语言文字性的传授活动都不是严格意义上的教育。

回忆说是柏拉图哲学中的重要内容。在《斐多》、《斐德罗》、《理想国》等对话中都曾经出现过。在《斐多》中,回忆说用来证明灵魂不死。在《斐德罗》中,回忆说用来证明哲学的迷狂。在《理想国》中,回忆说则用来证明智慧的可能性。这里回忆说似乎是为了维护我们对认识和探究真理的热情,我们不要因为真理的难以认识而放弃寻找真理的热情。苏格拉底认为如果关于实在的真理一直存在于我们的灵魂中,人们就应该勇敢地发现他不知道的东西,也就是进行回忆。如果我们努力去探索不知道的事物,而不是否定这种探索的意义,我们就会变得更好更勇敢。

四、对“美德就是知识”的论证

美诺又回到了开始的问题，即美德是可教的，还是天生的。苏格拉底认为在回答“美德是什么”的问题之前不能回答这个问题。但是既然美诺执意探讨这个问题，他只好让步，使用假设(hypothesis)开始探讨。

1. 美德就是知识

苏格拉底首先假设，如果美德是知识，那么美德就是可教的；如果美德不是知识，那么美德就是不可教的。这时的关键问题就是探讨美德是不是知识。苏格拉底首先指出，美德是好东西，好东西是有益的，因此美德也是有益的。这里我们不要简单地把苏格拉底看作是一个实用主义者。古典哲人是推崇知行合一的。因为没有人是知行分裂的，或者没有人是追求知行分裂的。知行分裂是出于无知。也没有人会为了知识而追求知识。一切对知识的追求本身就是一种行为。知行合一是必然的。所以美德并不是一种非功利性的东西，美德必然指向好的结果。但是在现代性和康德哲学中，道德和功利被片面地分离了。启蒙主义强调一种物质主义的功利主义，而康德则强调一种超越一切功利性的道德主义。其实功利性和美德都是指向善，只有在我们对善本身有所认识之后，我们才能确定道德和功利的关系。因此关键是对善本身的理解，而不是片面地区分美德和功利性。所以苏格拉底最终否定了功利性的独立性，也否定了狭隘的道德主义。没有美德的功利性是没有好结果的。功利主义本质上是无知的表现。

因此，苏格拉底指出，很多所谓的好东西例如美貌、财富等会带来好处，但是有时也带来坏处。因此这些好东西本身无所谓好坏，关键是能否正确使用这些东西。正确的使用可以使它们成为有益的，错误的使用就使它们成为有害的。同样，心灵中的很多品质例如节制、正义、勇敢、聪明等，如果不能正确使用就是有害的，如果能够正确使用就是有益的。例如无理性的勇敢是有害的，有理性的勇敢就是有益的。同样有智慧的学习是有益的，没有智慧的学习也是有害的。所以人的心灵所追求和承受的一切东西，在智慧的指导下才是有益的，在愚蠢的指导下就是有害的。“如果美德是心灵中的某种东西，并且是有益的，那么美德一定是知识，因为灵魂中的所有性质本身都既不是有益的也不有害的，但是因为智慧或者愚蠢的相伴，它们才是有益的或者有害的。这个观点表明美德作为有益的东西，必定是一种智慧。”[1]这就是苏格拉底的“美德就是智慧，智慧就是美德”的观点。这也意味着智慧就是至善，至善就是智慧。至善、美德和智慧最终是一回事。智慧是多中的一，变中的不变。智慧使美德成为美德。没有智慧就没有美德。例如只有在智慧的指导下，我们才能正确使用财富或者欲望。智慧者的心灵是正确的使用者，愚蠢者的心灵是错误的使用者。归根到底，“所有人类的活动的善都取决于心灵，而心灵的善则取决于智慧。”(Plato. *Meno*. 89a)智慧是有益的，美德也是有益的，智慧决定了美德。智慧的善是无条件的、绝对的。智慧的善决定了其他一切事物的善。没有智慧之善，一切事物的善都无从谈起。当然，智慧首先是对理念世界的直观和沉思，即理论理性。其次才是对具体实践活动的指导，即实践理性。对至善理念的直观和沉思是智慧的本质。这种直观使哲人超出了尘世的世界，看到了世界中一切现象事物的实相和本质，这种实相和本质也就是事物的至善状态。因为哲人看到了事物的至善实相，因此哲人才能够在实践中引导事物走向自己的完善状态。哲人的智慧既是自己的完善的引导者，也是一切事物的完善的引导者。如果没有首先直观到事物的至善实相，我们就不可能引导任何人和事物走向完善。

苏格拉底接下来问，如果美德是知识，知识是可以传授的。那么这种观点就意味着好人并非生来就是好人，而是通过学习知识才成为好人的。但是他马上提出一个假设，即如果存在“天生的好人”，他能够把儿童中天生的好人识别出来，然后我们就把他们送到城外的卫城去，比保管金条还要小心保护和教育他们，不让他们受到不良事物的腐蚀，这样就能够确保他们在成年后可以为国家服务，使国家走向至善。

如何理解苏格拉底这里的观点呢？首先，关于知识是可以传授的问题。我们可以说，凡是可教的知识都不是真正的知识。书本的文字的知

---

[1] Plato. *Meno*. translated by G. M. A. Grube, in *Complete Works*. Edited, with Introduction and Notes, by John M. Cooper, Hackett Publishing Company. 1997. 88d.

识都不是真正的知识。真正的知识来自回忆,来自学习者的自我反思和自我教育。一切外在的教育都只有通过自我教育才能起作用。这是我们理解苏格拉底或者柏拉图的知识观的关键。例如同样学习数学,有的人就能够学得很好,能够成为数学家,有的人则学得不好,始终不能入门和开窍。学习音乐、体育、医学等也是如此。不去具体考察人的自然,笼统地思考知识是不是可教的,是片面的。所以苏格拉底只是把这个观点看作是一种“假设”(hypothesis)。其次,是不是存在天生的好人的问题。这种天生的好人意味着他不受到自己生活的任何具体环境的影响。也就是说,真正的好人的好是出于自然,而不是人为。出于自然的好才是绝对意义上的好,而出于人为的好是相对意义上的好。自然的好永远高于人为的好。正如孔子所说:“君子素其位而行,不愿乎其外。素富贵,行乎富贵;素贫贱,行乎贫贱;素夷狄,行乎夷狄;素患难行乎患难,君子无入而不自得焉。”(《中庸》)当然,天生的好人并不是刚刚出生时就是一个好人,不需要任何教育,而是他善于通过自我教育使自己成为好人。这种自我教育是隐含在每个人内心中的能力。每个人都或多或少有自我教育的能力,而天生的好人具有最高的自我教育能力,是聪明睿智之人,所以他虽然没有接受过任何学校的教育,却同样可以成为更加杰出的人物。这就是所谓的“天才”。而接受了正规教育的人则不一定能够成为“天才”。在苏格拉底的意义上,这种天才就是哲人。在《理想国》中,苏格拉底就认为自己是天生地或出于神意地成为了哲学家。所以美德是否可教的问题关系到如何理解哲学生活和哲人的本质问题。对哲学生活的推崇要求我们必须认为存在天生的好人。即使我们没有遇到过这种天生的哲人,也不应该否定存在这种天生的哲人的可能性。这也意味着哲学并不是学习得来的,而是通过“回忆”或者“致良知”的功夫而成就的。哲人通过这种内在的自我认识和自我探索才能成为哲人,不是通过单纯的书本知识的学习造就的。因为哲人是通过致良知的功夫成为哲人的,所以哲人才摆脱和超越了外在的社会环境和政治文明,最终达到了“依据自然而生活”的境界。只有哲人是严格意义上的好人。

总而言之,这两个问题都涉及人的自然差异性的问题。人和人的天赋自然是不同的。有的人确实高洁一些,有的人确实卑劣一些,这不是后天的人为教育的结果，反而是后天教育得以发生作用的条件和基础。后天的教育必须合乎个人的自然天赋才能起作用，否则就不会起任何作用。所谓“师傅领进门，修行在个人”。同样的老师能够教育出不同的学生，根本原因就是学生的天赋自然的差异，使他们在学习知识上是不同的。所谓“用心”、“有悟性”都是对这种自然天赋的指示。这种自然差异是无法通过社会性的教育抹平的，外在的教育恰恰需要通过这种自然差异才能起作用。孔子曰：“生而知之者，上也；学而知之者，次也；困而学之，又其次也；困而不学，民斯为下矣。”(《论语·季氏》)老子也指出：“上士闻道，勤而行之；中士闻道，若存若亡；下士闻道，大笑之。不笑不足以为道。”(《道德经》，第四十一章)因此我们经常看到，处于相同环境中的人往往会有不同的习性和观点，“性相近，习相远”。如果我们过分强调后天教育的作用，就会无视人的自然差异性，而走向“教育万能论”。这种教育万能论是忽视自然而推崇文明的一种表现，而没有看到一切文明都必须依据自然才能存在。文明的作用只是在于协助自然，成就自然而已。

2. 寻找美德的教师

苏格拉底对“美德是知识”的观点立刻表示怀疑。如果美德是知识，美德就是可教的，那么就应该存在教授美德的教师和学习美德的学生。如果不存在美德的教师和学生，那么美德就是不可教的。如果美德是不可教的，那么美德就不是知识。

(1) 和阿尼图斯的对话

这时阿尼图斯来到，他是青年政治家的代表。他的父亲很富有和聪明，而且是个好公民，言行举止都非常合乎礼法，从不自夸和傲慢。阿尼图斯也接受了最好的教育，人民选举他担任最高公职。这个人就是《申辩》中控告苏格拉底的人。所以我们可以把他们的谈话看作是另一次《申辩》，主题都是探讨“谁是美德的教师”的问题。

苏格拉底认为智者是美德的教师，阿尼图斯明确指出，没有人会去向智者学习，免得被他们腐蚀，向智者学习的人是疯子。他表明自己从来没有和智者打过交道。在他看来，任何一个合格的雅典公民都是美德的教师，都比智者要好。而智者都是外国人，智者不可能是一个美德的教师。这里体现了阿尼图斯是一个狭隘的爱国主义者。于是苏格拉底问他雅典公民的美德是从何而来的。阿尼图斯认为是从和他们一样拥有这种美德的人那里学来的,因为雅典城邦有很多好人。苏格拉底进一步提到了雅典政治家塞米斯托克勒、伯里克利和修昔底德等人。在《高尔吉亚》中波卢斯也曾经提到了他们,苏格拉底对他们进行了批评。这里也是如此。苏格拉底指出,他们似乎都是好政治家。政治家是人民的榜样和楷模,一个国家是不是良好和优秀,就必须首先观察他们的领导人。如果领导人是优秀的,他的人民也不会坏到哪里去。苏格拉底指出他们都把自己的儿子抚养成人,并且教给他们体育、骑马、音乐等。但是他们都没有使自己的儿子成为拥有美德的好人。所以苏格拉底认为他们不是美德的教师。这样苏格拉底就否定了智者和政治家是美德的教师的看法。如果没有美德的教师,那么美德是不可教的。如果美德是不可教的,那么美德就不是知识。

阿尼图斯认为苏格拉底的这种言论太容易得罪人了,人们会认为他在污蔑政治家,警告他还是小心为好。阿尼图斯对苏格拉底开始心怀不满了,苏格拉底却似乎不以为然。这里暗示了将来阿尼图斯对苏格拉底的控告。

(2) 和美诺的对话

苏格拉底问美诺,他们国家的人如何看待美德是不是可教的问题。美诺认为人们在这个问题上很不一致。他们有时说美德可教,有时说美德不可教。美诺说他非常敬重高尔吉亚,因为高尔吉亚并不自称是传授美德的教师,只是传授修辞学或者演说术。而美诺并不真正理解高尔吉亚的思想的意义。我们可以说,高尔吉亚其实是一个道德虚无主义者,他站在自然和习俗的区分上,推崇自然,否定习俗,根本否定了道德的价值和意义,否定了美德可教的观点。而苏格拉底否认美德可教和高尔吉亚是完全不同的。苏格拉底并不是一个道德文明的虚无主义者,而是一个道德文明的理想主义者。他是站在道德理想主义的角度否定道德的。也就是说,他站在理智德性的角度否定了道德德性的独立性。他追求的是更加完美的道德生活即哲学生活,哲学生活是道德生活的最高峰。苏格拉底试图通过对美德问题的探讨使我们从道德文明上升到哲学智慧,即超出道德的视野和范围,达到超道德的自然的视野和高度。

苏格拉底指出诗人塞奥格尼也在这个问题上自相矛盾。所以在考察了智者、政治家和诗人以后，他认为我们找不到美德的教师。既然不存在美德的教师，所以美德不是知识，既然美德不是知识，那么美德就是不可教的。

五、对“美德就是正确意见”的论证

既然美德不是知识，那美德是什么呢？美德在现实生活中确实存在，确实有好人和坏人的区分。正如美诺指出的，要么存在好人，要么不存在好人；如果存在好人，好人是如何产生的。

1. 美德是正确的意见

苏格拉底在放弃了“美德是知识”的观点后，认为如果一个人拥有正确的意见，即使没有知识，也能够成为好的向导。也就是说，一个人虽然并不知道真理，但是可以根据真理行动。因此真实的意见并不比知识的用处少。“真实的意见和知识一样也是正确行动的好向导。”(Plato. *Meno*. 97c)但是这样一来，知识和意见就无法区分了，推崇知识也就变得没有必要了。于是苏格拉底指出了知识和意见的差别。他认为知识就是被理性绑住的意见，意见就是没有被理性绑住的知识。正确的意见只要能够被理性绑住，就可以用来做各种好事；如果没有被理性绑住，它们就会从心灵中溜走，就没有任何价值。用理性绑住意见的过程就是“回忆”。意见只有被理性绑住才能变为知识，这就是知识比意见更有价值的原因。苏格拉底指出，自己虽然几乎不知道什么，但是在知识和意见的问题上，他至少是知道的。在《会饮》中，苏格拉底还自称对爱情之事略有所知。

这里表明回忆是从意见上升到知识的过程。意见是见闻之知。人是观念的动物，每个人的头脑中都充满了各种各样的意见或者观念，这些意见或者观念来自政治社会的教育。意见是现象之知，是人们凭借感官认识事物获得的知识。感官是粗糙的，现象是变化不定的，所以意见是不完全正确的、不完全真实的，存在虚假和真实的区分。按照《理想国》中的观点，意见是介于知识和无知之间的状态。另一方面，知识是关于理念实相的认识，理念实相是感官现象的本质和基础，感官现象是对理念本身的模仿和分有。所以知识是实相之知。理念实相是纯粹的绝对的永恒不变的，所以知识是绝对知识、本质知识。知识是理性以直观和回忆的方式对理念实相的直接认识而获得的。所以知识是绝对的、真实的、正确的，没有虚假和错误的区分。意见和知识的关系在于意见是对知识的模仿和分有，知识是意见的本质和根源。在柏拉图看来，获得知识的方式就是回忆，就是灵魂的目光摆脱了感官和现象的虚假性，对灵魂内在的理念实相进行认识。这种转向灵魂本身的回忆也就是灵魂的自我净化过程。这种净化就是消除欲望和情感对理性的干扰和污染，使得纯粹理性本身变得清晰起来，使得潜在于灵魂内部的理念实相得以呈现出来。只有获得了净化的灵魂才能通过回忆认识理念本身。所以回忆就是一个从意见上升到知识的过程。意见或者常识是我们进行学习和回忆的起点，知识和真理则是回忆的终点。

在苏格拉底看来，意见和知识都能够指导人们的行动。但是意见有正确和错误之分，当正确的意见指导人们的行动时就能够获得好的结果，而错误的意见指导人们的行动则会产生坏的结果。知识永远是正确的，人们在知识的引导下永远不会犯错误，永远都会获得好的结果。对某个具体目的来说，正确意见的作用并不比知识小，拥有正确意见的人并不比拥有知识的人用处小。如果美德不是知识，美德只能是正确的意见。这样苏格拉底就提出了“美德就是正确意见”的观点。正确意见可以引导人们在实际生活中做出正确的行为，获得好处。但是正确意见不同于知识，不具有完全的确定性、必然性、绝对性和真实性。我们可以说，这种作为正确意见的美德只能是政治美德或者政治习俗，也就是一般所说的道德、法律和习俗，或者说是亚里士多德所说的“道德德性”。作为意见的美德的特点就是它的实践性或者政治性。它们构成了人的政治生活的基本原则。这可以说是苏格拉底对美德的政治界定。而“美德是知识”的观点则是对美德的哲学界定。在这里，苏格拉底区分了政治德性和哲学德性，肯定了政治美德的真实性。也就是说，我们不能完全否定政治生活中的各种观念和意见，它们是我们获得知识的必要起点。如果我们像现代哲人尼采、海德格尔那样完全否定传统观念，就不可能真正获得知识。进一步，苏格拉底指出知识和意见的使用范围是有区别的。意见是政治生活的向导，知识不是政治生活的向导。知识和意见的区分也就是哲学和政治的区分。意见是政治生活的根本内容，知识是哲学生活的根本内容。这里体现了苏格拉底区分哲学和政治的一贯立场。而且从哲学的严格意义上看，他坚持美德首先和知识智慧相关，只有出于智慧的美德才是真正的美德，基于正确意见的美德并不是严格意义上的美德。所以苏格拉底并未要真正否定“美德是知识”，而是要否定“美德是意见”。

正确的意见是政治生活的向导，正确意见来自政治家。政治家是城邦政治生活的领导者，政治家的观念决定了城邦的观念。政治家是一切意见，包括正确意见和错误意见的提出者。也就是说，城邦政治家在立法或者做出各种决定时，并不是凭借知识，而是凭借意见做出决断。由于意见本身不是绝对正确的，所以政治家的错误就是难免的，这样一来，城邦中的罪恶和不义就是不可避免的。政治家也不可能使城邦中的每个人都成为好人。这可以说是苏格拉底对伯里克利等政治家没有使自己的孩子变好的一种解释。这里，苏格拉底暗示只有哲人王才能使每个人变好。因为哲人能够清楚正确地拣选出那些真正具有哲学天赋的人，然后以因机施教、因材施教的方式进行启发和提问，使他们能够进行学习和回忆，发现自己心灵中的知识和真理，把他们培养教育成为哲人和好人。对于没有哲学天赋的人，哲人也能够因材施教，使他们达到自己能够达到的最好境界，真正做到“成其自身”、“是其所是”。而且在哲人王的城邦中，哲人王是凭借知识来统治的，知识和意见成为一回事，知识和意见的区分被消除了。因为知识永远是正确的，所以哲人王的统治也是永远准确无误的，能够消除一切不正义和罪恶。在哲人王的国度中，每个人都能够各尽其能、各得其所。因此只有哲学家才是真正的政治家。只有哲学家才能真正使他人变好，才能培养出真正的哲学家和政治家。

2. 正确意见来自神启

如果政治家是凭借正确意见统治城邦，那么政治家的正确意见是怎么获得的呢？苏格拉底开始考察政治家如何获得正确意见的问题。他指出如果知识和意见都不是天生的，也不是人为教育的结果，那么美德只能是其他方式获得的。既然美德是后天获得的，那么就并不存在天生的好人，好人都是以某种方式成为好人的。他认为政治家获得正确意见的方式就如同预言家和祭司一样，在神的启示下说出很多真理，但是他们对自己所说的事情并无知识,只有意见。政治家虽然成就了伟大的功业,但是他们却不知道自己在说什么、在做什么,他们只是在神灵的启示(inspired)下采取了正确的意见和行动。他还反讽地说,正如我们把祭司、预言家、诗人称为神圣的(divine),也可以把政治家称为神圣的。最后苏格拉底说,美德既不是天生的,也不是教育得来的,而是通过神的恩赐而获得的。也就是说,政治家虽然也能够获得一些正确意见,但是这并不是来自政治家的智慧,而是来自政治家的非理性的偶然性的灵机一动或者突发奇想。但是阿尼图斯并不同意苏格拉底的这种观点。

这里,在获得美德的问题上,在天生的和后天的之外,苏格拉底提出了美德的第三个原因即神圣的启示。这种观点究竟意味着什么?我们推测,苏格拉底看到政治家在实际政治生活中也确实做出了一些正确的决定,但是由于他们没有经过哲学理性的训练,所以他们不是凭借理性认识能力做出这种正确的决断的。苏格拉底既要肯定这种决断的正确性和真实性,又不能把这种正确性归结于政治家的理性知识,所以他只能把这种现象归结为神的恩赐。但是苏格拉底的这种推断并不是对政治家的推崇。相反,苏格拉底实际上大大贬低了政治家,因为政治家往往是以英明智慧自居的。苏格拉底试图说明政治家并不是智慧的,只有灵机一动的意见。政治家不能享有智慧之名。这样苏格拉底就暗示政治家其实是无知的,他们只是凭借灵感或者冲动做事。联系到《伊安》中对灵感的说法,苏格拉底显然对灵感没有太高的评价,甚至对诗人的“神”也不是太认真。所以这里苏格拉底重点强调的不是政治家的神圣性,而是政治家的无知。在苏格拉底看来,只有哲学才是神圣的,其他的“神圣的”几乎是“无知”的同义词。哲人获得知识的方法是回忆或者致良知,即通过对内在于灵魂中的真理的观察和认识得到绝对知识。这种知识具有绝对的确定性和真理性,只会带来好处,没有任何坏处。所以回忆和神启在此构成了一对矛盾。回忆获得的是知识,而神启获得的是正确的意见。知识高于意见,回忆高于神启。正确的意见来自神启,依靠神启是无知的一种表现。因此苏格拉底的这种观点又激起了阿尼图斯的愤怒。可以推测,阿尼图斯就是以做政治家为自豪的。

既然作为意见的美德来自神启,获得神启当然不是人为的教育的结果。因此神启也是不可教的,作为意见的美德也是不可教的。最终苏格拉底表明,无论美德是知识,还是美德是意见,美德都是不可教的。这里暗示了苏格拉底对所谓政治美德的激进贬低和否定,同时也意味着他对“天生的好人”的推崇和肯定。哲人或者圣人就是天生的好人,他们都没有确定的老师和传承。所谓“圣人无常师”。例如孔子、苏格拉底、释迦牟尼、老子等哲人,我们都无法确定他们的老师是谁,他们接受了什么样的教育。我们可以推测,如果美德是可教的,那就否定了“天生的好人”的可能性,也就无法解释哲人存在的可能性了。因为按照《理想国》的观点,哲人只有在理想国中才是有意识地培养出来的,在任何其他国家中都是自然而然地产生的。这种自然而然地产生的哲人就是天生的好人。如果哲人的产生依赖于国家和社会的特定的学习、教育和培养,哲人的存在依赖于特定的政治时代和历史条件,那么哲学就不可能高于政治、文明和历史了,就是对哲学和哲人的严重贬低。所以哲学绝不是黑格尔所说的“时代的精华”,哲人不是政治和历史的儿子。哲学是永恒的,是对永恒的自然—理念世界的认识和上升,哲人是超越一切时代文明和历史条件的。所以苏格拉底肯定美德是不可教的,也就是表明哲学和哲人是超政治和超历史的。这也就是对哲学和哲人的永恒性的辩护和捍卫。而古往今来确实存在伟大而神圣的圣人和哲人,所以这种现实性反过来证明哲学—美德是不可教的。一切可教的美德都不是真正的美德。

最后苏格拉底重申自己对美德是什么仍然一无所知。如果我们对美德是什么都一无所知,那么探讨美德是不是可教的,也就不可能有任何结果。他又一次以展示自己的无知之知结束了对话。

六、结束语

我们回到美诺最初的问题的三个选项。首先,对于大多数普通人来说,政治美德是在政治实践生活中获得的。由于他们的天赋是有限的,所以一般政治道德礼法的教育就能够满足他们的天性的需要,所以对他们不需要进行特殊的高等级教育,他们即使受到不良教育也没有太大的危害。其次,对于少数天赋卓越的人来说,美德必须是通过高等级的教育获得的。越是高等级的教育就越是需要对受教育者的天性自然进行考察和识别，就越是需要准确完美的教育。如果他们受到完美的教育，就能够成为给人类社会带来伟大利益的人，如果他们受到败坏的教育，就会成为社会的最大的危害者。所以古人讲究“法不轻传”。子曰：“中人以上，可以语上也；中人以下，不可以语上也。”(《论语·雍也》)最后，对于更为极少数哲人而言，哲学美德是天生的，对智慧的爱欲是天生的。他们无法在人类的功名利禄、荣华富贵的生活中感到满足和快乐，所以他们坚决转向对智慧的爱。大多数人都满足于这种尘世生活的快乐，所以他们没有对智慧的爱欲追求，我们也无法强迫他们热爱哲学，追求智慧。智慧的好处也不是容易被认识和接受的。所以爱智慧的人永远是极少数的。正如孔子所说：“唯上知与下愚不移。”因此哲人是天生的。我们不可能通过人为和后天的教育大批量地生产和造就哲人。[1] 苏格拉底的对话就是在迫使我们发现人性的自然差异性。真正的教育必须依据个人的自然因材施教的进行。笼统地思考美德是不是可教的，是对人性的自然差异性一无所知的体现。在古典哲人看来，每个人的天性都是不同的，都有所偏。教育者必须首先对受教育者的天性的偏差有一个清晰的准确的认识，然后根据这种偏差进行针对性的教育和纠正，使学习者最终达到中正平和的人格完善，避免任何极端的状态。因此一切教育的目的和标准就是以受教育者的人格的中和完善为目的。可以说，这种美德教育也就是一种针对性的人格治疗。

苏格拉底对美德是否可教的问题的讨论显示了他贬低政治美德，推崇哲学智慧的基本立场。政治生活是建立在正确的意见的基础上的。这种正确意见也就是道德礼法。道德礼法是人类政治生活的秩序的保障，是人类生活须臾不可离的东西。但是政治家和人民并不真正理解道德礼法的真实意义。“百姓日用而不知”。如果我们只是片面地推崇道德礼法，不去认识道德礼法的意图和意义，就是野蛮和愚蠢的。而哲人追求智慧，认识了永恒自然，拥有了知识，因此哲人的美德才是真正的美德，只有

---

[1] 现代启蒙主义的根本错误在于试图大规模地改造人的爱欲天性，使所有人都成为哲人。因此现代启蒙主义对人性的自然差异性一无所知或者视而不见，这种观点中暗含了对人性的最大蔑视和否定。它既降低了哲学的崇高境界，也歪曲了政治的基本功能。

建立在知识基础上的美德才是真正的美德，而意见是对知识的模仿，出于意见的美德最终奠基于出于知识的美德。所以哲人推崇哲学的自然真理，而蔑视文明道德和政治礼法。正如老子指出："上德不德，是以有德；下德不失德，是以无德。上德无为而无以为；下德无为而有以为。上仁为之而无以为；上义为之而有以为。上礼为之而莫之应，则攘臂而扔之。故失道而后德，失德而后仁，失仁而后义，失义而后礼。夫礼者，忠信之薄，而乱之首。前识者，道之华，而愚之始。是以大丈夫居其厚，不居其薄；居其实，不居其华。故去彼取此。"(《道德经》，第三十七章)当然对政治文明的贬低是以认识到了自然正义和自然真理为前提的。如果我们没有对自然正义和自然真理的真实认识，就大言不惭地否定和批判道德文明，就是非常无知和错误的。所以一个哲人不会公开地和在实践上贬低道德礼法。哲人知道，政治道德是哲学智慧的基础，我们只有首先生活在一个政治社会中才能追求哲学智慧。所以哲人不会破坏他所生活于其中的道德礼法，而是尽可能地维护和改善道德礼法。哲人对道德礼法的蔑视只局限于理论智慧的层面，而在实践理性的层面则是道德礼法的维护者和完善者。所以苏格拉底的辩证法对话旨在引导我们从意见上升到知识，从文明上升到自然，也就是从政治生活上升到哲学生活。

在这篇对话中，苏格拉底同样展示了一种"双遣双非"的中道辩证法的哲学方法。一方面，他针对美德可教的观点，强调了美德的不可教性，也就是强调了人性的自然差异性。美德教育只有在顺应每个人的自然天性的前提才能成功，我们不可能随意地培养人们的美德。另一方面，他针对美德不可教的观点，强调美德的可教性。也就是说，一个具有良好天赋的人如果没有接受好的教育，他的天性就可能败坏，所以教育是非常重要的，在教育上放任自流是错误的。换句话说，我们既要看到美德的"种子"(善端)是先天地存在于人类的灵魂之中的，这是人之为人的最根本的规定性。但是我们也要看到，这种善端是潜能性的存在，它们只有经过后天的培养和教育，才能变为现实性。因此在这篇对话中，苏格拉底完美地展示了辩证法对话的本质，即体现了"道可道，非常道"和"法无定法"的哲学智慧。也就是说，哲人摆脱了一切世俗的固定的观念的束缚和局限，达到了"勿意、勿必、勿固、勿我"的无念、无我的自由境界。这种自由境界是一切哲学教育的最高目标。在他看来,美德就是知识,知识在于回忆。学习就是回忆,回忆就是"致良知"。学习哲学本质上就是致良知。教育者针对学习者的天性根基进行提问和启发,迫使他进行反思和回忆,使他能够回光返照,直指本心,直到发现心灵中的自在的真理和知识。这种真理和知识可以使学习者达到智慧和人格的最高完善。

结束语

人是向善的动物，这是柏拉图给我们的根本教诲，也是我们理解人性的事实和真理的关键。人们的一切活动都是在追求善，人们对一切事物的追求都是对善的追求。这种向善性是人性中的永恒不变的东西。虽然人们在外在行为上千差万别、变化多端，但是人性的目的和动机方面却是永恒不变的。借助于这种观察和认识，我们就能够超越尘世间的一切历史和文化的变化和偶然，在多中发现一。而哲学就是对“多中之一”的认识。我们在思考政治、哲学和历史等问题时，应该最终回溯到这个基本事实和真理上来。人性的向善本性也是我们理解整个宇宙的奥秘的关键。人性的奥秘也是宇宙的奥秘，这就是“推人事以明天道”。柏拉图的人性论和世界观展示的是一个万物都依据本性自然而趋向至善的世界。其中没有恶的位置，恶只是善的缺乏而已。恶不能得到宇宙论或者本体论的辩护。

哲学是关于至善的知识。这是哲学不同于其他一切科学的地方，是哲学之所以被称为爱智慧的原因。虽然人们都在追求善，但是他们都把善的事物和善道本身等同起来，沉溺于对善的事物的追求，而不是追求至善本身。这就是世人的最大错误和无知，他们最终会为自己的无知之恶而受到惩罚。而哲学则区分了善的影像和善本身，哲人只关注和追求善本身，摆脱了善的影像。可以说，一切都是至善本身的显现形式，世界是由一个不同的善的等级构成的世界。关键是我们要从善的事物上升到善本身，从不完美上升到完美，从低级的善上升到高级的善。哲学就是这样的上升之路。所以至善就是智慧，智慧就是至善。

哲人对至善的认识和追求使哲人超越了善的事物和影像，达到了绝对的自由。至善就是自由，自由就是至善。哲人的自由是心灵处于高度的解脱和净化的自由。他们的心灵和至善本身完全结合在一起，对于一切世间事物都达到了超然物外的境界，尘世的一切变化和遭际都不会影响和控制他们。人的尊严只有在这种自由中才能获得辩护。一般自由主义的自由只是随心所欲、为所欲为，在柏拉图看来就是欲望的奴隶。康德意义上的自由仍然是政治性的或者世间性的，主要是指道德实践意义上的自由，而不是哲学的理性静观意义上的自由。真正的理性是超出一切的静观觉知，这种静观觉知是智慧和至善的根本。这种自由必须通过理性的返观自照的“回忆”才能达到。一切“心外求法”、“心外求福”都是愚昧无知的表现。

心灵的自由和解脱就是幸福。当心灵达到了纯粹理性的程度后，完满的幸福自然而然就会在心中出现。哲人看到一切善的事物都不是幸福的必要条件，他超脱了对一切物质事物的依赖和束缚，他的心灵和至善结合在一起，达到无欲无求的自足而完满的境界。幸福就是心灵的安宁和完满状态。一切欲望的本质都是缺乏，一切欲望都表现为追求完满的运动。只有在至善中爱欲才能获得终极满足。可以说，至善就是幸福，幸福就是至善。心灵和至善的结合才是真正的幸福，其他的幸福都只是对幸福的模仿和分有。至善和幸福不必像康德认为的那样要在信仰的彼岸才能结合在一起。只有在我们对理性的作用和能力产生怀疑之后，我们才需要信仰的彼岸来填补精神的空虚和分裂。

哲人并不停留和满足于个人的幸福。他在这种至善的幸福中升起了对一切人和物的真正的慈悲之爱。哲人在智慧的顶峰认识到一切事物的本质都是完满具足的，但是它们却因为无知而遗忘了自己的圆满具足，无谓地追求个体的完满。只要它们放弃对自身的依恋和执着，认识自己的本来面目，它们就能够获得最高的自我实现，即至善。可以说，至善就是自然，自然就是至善。柏拉图的理念就是指这种至善论意义上的自然。哲人看到了自然和至善的真相，在自己的圆满和幸福中升起了万物一体的慈悲。这种慈悲引导哲人去帮助他人和万物获得同样的幸福和完满。这就是所谓的“成己成物”，“与物为春”，“参天地之化育”。

现代性的根本错误就在于以低级的善否定和取代了高级的善。例如马基雅维里公开颂扬人的征服欲。“征服的欲望是很自然的人之常情，只要能够做到，就总会受到颂扬而不是非难。”[1]霍布斯的政治科学则进一步

[1] 马基雅维里:《君主论》，冯克利译，上海人民出版社，2005年版，第13页。

确立了欲望在政治生活中的地位。“幸福不在于心满意足而不求上进，旧道德哲学家所说的那种终极的目的和最高的善根本不存在。欲望终止的人，和感觉与映象停顿的人都同样无法生活下去。幸福就是欲望从一个目标到另一个目标不断地发展，达到前一个目标不过是为后一个目标铺平道路。”❶现代性的这种观点其实是以政治的目标否定了哲学的目标。或者说，现代性本质上推崇的是“政治之善”，而否定了“哲学之善”。现代性把政治之善看作是唯一的最终的善，把理性和哲学作为政治意识形态的工具，使高级的善服务于低级的善。而且，现代性追求的政治之善实质上是柏拉图的《理想国》中的第三等级的善。因此可以说，现代性本质上是“第三等级”的造反运动。这种造反运动贬低了人的最高的哲学爱欲，违背了人性的自然和真理。这种造反表现了现代性对人性的自然和政治的本质的无知，也就是对人的理性本质的怀疑和贬低。人的理性不可能在这种低级的世间善中获得最终的满足，人的尊严和自由只有在超出政治生活的哲学生活中才能获得真正实现。所以现代性的理性主义本质上是非理性主义或者反理性主义的。而后现代主义对现代性理性主义的反对和批判同样基于现代性对哲学和理性的错误理解，其实质不过是现代性的非理性主义本质的最终爆发。可以说，现代性和后现代性本质上都是欲望造反理性的运动。它们激发起了人的无穷欲望和想象，但是它们遗忘和否定了至善的目标，它们并不理解自己的思想和行为的意义，不知道如何引导和满足这些激情和欲望。我们必须看到，只有复兴柏拉图意义上的超世间的哲学生活，现代性的困难和危机才能得到真正的克服。

我们只有回到柏拉图哲学意义上的至善和智慧，才能克服现代性和后现代性中的巨大无知和错误。我们必须学会正确地思考和想象。真正的思维和想象只有依据至善的自然才是正确的。脱离了人性的事实和真理的思维和想象都是无知和愚昧的表现。我们应该时刻和始终把至善作为自己理解一切问题和事物的关键，我们应该从至善的角度考察和反思一切事物和问题。最后，我以柏拉图在《理想国》中的两句话作为整个解读工作的结束语。“每一个灵魂都在追求善，都把它作为自己全部行动的

❶ 霍布斯：《利维坦》，梨思复译，商务印书馆，1985年版，第72页。

目标。人们直觉到它的确实存在,但又对此没有把握;因为他们不能充分了解善究竟是什么,不能确立起对善的稳固的信念,像对别的事物那样。"❶"善的理念是最大的知识问题,关于正义等等的知识只有从它演绎出来的才是有用和有益的。现在我差不多深信你知道,这就是我所要论述的,你也听我说过,关于善的理念我们知道得很少;如果我们不知道它,那么别的知识再多对我们也没有任何益处,正如别的东西,虽拥有而不拥有其善者,于我们无益一样。或如我们拥有一切而不拥有其善者,你认为这有什么益处呢? 或者懂得别的一切而不懂美者和善者,这有什么益处呢?"❷

认识至善,追求至善,其余一切,皆是虚幻。

---

❶ 柏拉图:《理想国》,郭斌和、张竹明译,商务印书馆,1986 年版,505e,第 261 页。

❷ 同上,505a。

参考文献

[1] Plato. *The Collected Dialogues of Plato*. Edited by Edith Hamilton and Huntington Cairns. Princeton University Press. 1963.

[2] Plato. *Complete Works*. Edited, with Introduction and Notes, by John M. Cooper, Hackett Publishing Company. 1997.

[3] Plato. *Statesman*. Translated and with Commentary by Seth Benardete. The University of Chicago Press. 1986.

[4] Plato, *The Laws of Plato*. Translated by Thomas L. Pangle, Basic Book, Inc. 1980.

[5] Plato. *The Republic of Plato*. Translated by Allan Bloom. A Division of Harper Collina Publishers. 1968.

[6] Leo Strauss. *Persecution and the Art of Writings*. Chicago and London: the University of Chicago Press. 1952.

[7] Leo Strauss, Joseph Cropsey. *History of political philosophy*. Rand McNally Company. 1963.

[8] Leo Strauss. *Spinozas' Critique of Religion*. Chicago and London: the University of Chicago Press. 1965.

[9] 柏拉图. 柏拉图全集[M]. 王晓朝,译. 北京:人民出版社,2003.

[10] 柏拉图. 理想国[M]. 郭斌和,张竹明,译. 北京:商务印书馆,1986.

[11] 柏拉图. 法律篇[M]. 张智仁,何勤华,译. 上海:上海人民出版社,2001.

[12] 柏拉图. 政治家[M]. 洪涛,译. 上海:上海人民出版社,2006.

[13] 柏拉图. 普罗泰戈拉[M]. 刘小枫,译. 电子版.

[14] 柏拉图. 会饮[M]. 刘小枫,译. 北京:华夏出版社,2003.

[15] 柏拉图. 斐多[M]. 杨绛,译. 北京:中国国际广播出版社,2009.

[16] 柏拉图. 阿尔喀比亚德[M]. 梁中和,译. 北京:华夏出版社,2009.

[17] 柏拉图. 蒂迈欧[M]. 谢文郁,译. 上海:上海人民出版社,2003.

[18] 柏拉图. 米诺斯[M]. 林志猛,译. 北京:华夏出版社,2010.

[19] 柏拉图. 巴曼尼得斯篇[M]. 陈康,译注. 北京:商务印书馆,1982.

[20] 施特劳斯. 论柏拉图的《会饮》[M]. 邱立波,译. 北京:华夏出版社,2012.

[21] 施特劳斯,等. 回归古典政治哲学[M]. 朱雁冰,何鸿藻,译. 北京:华夏出

版社,2006.
[22] 刘小枫,陈少明.苏格拉底问题[M].北京:华夏出版社,2005.
[23] 施特劳斯.霍布斯的宗教批判[M].杨丽,等译.北京:华夏出版社,2012.
[24] 泰勒.柏拉图——生平及其著作[M].谢随知,等译.济南:山东人民出版社,1996.
[25] 汪子嵩,等.希腊哲学史:第二卷[M].北京:人民出版社,1993.
[26] 色诺芬.回忆苏格拉底[M].吴永泉,译.北京:商务印书馆,1984.
[27] 亚里士多德.政治学[M].吴寿彭,译.北京:商务印书馆,1965.
[28] 苗力田.古希腊哲学[M].北京:中国人民大学出版社,1989.
[29] 马基雅维里.君主论[M].冯克利,译.上海:上海人民出版社,2005.
[30] 霍布斯.利维坦[M].梨思复,译.北京:商务印书馆,1985.
[31] 康德.纯粹理性批判[M].邓晓芒,译.北京:人民出版社,2004.
[32] 尼采.悲剧的诞生[M].周国平,译.北京:北京三联书店,1986.
[33] 尼采.权力意志[M].孙周兴,译.北京:商务印书馆,2007.
[34] 尼采.哲学与真理[M].田立年,译.上海:上海社会科学院出版社,1993.
[35] 海德格尔.海德格尔选集[M].孙周兴,编译.上海:上海三联书店,1996.
[36] 海德格尔.存在与时间[M].陈嘉映,译.北京:北京三联书店,1999.
[37] 海德格尔.形而上学导论[M].熊伟,译.北京:商务印书馆,1996.
[38] 维特根斯坦.逻辑哲学论[M].贺绍甲,译.北京:商务印书馆,1996.
[39] 萨拜因.政治学说史:上卷[M],邓正来,译.上海:上海人民出版社,2008.
[40] 程志敏.阿尔法拉比与柏拉图[M].上海:华东师范大学出版社,2008.
[41] 朱熹.四书章句集注[M].沈阳:辽宁教育出版社,1998.
[42] 《礼记译注》.杨天宇,注.上海:上海古籍出版社,2007.
[43] 钱穆.论语新解[M].北京:三联书店,2012.
[44] 老子道德经校释.王弼,注.楼宇烈,校释.北京:中华书局,2008.
[45] 庄子今注今译[M].陈鼓应,注译.北京:商务印书馆,2007.
[46] 金良年.孟子译注[M].上海:上海古籍出版社,1995.
[47] 坛经[M].尚荣,译注.北京:中华书局,2010.
[48] 佛经精华[M].李淼主编.长春:时代文艺出版社,1998.
[49] 维摩诘经[M].赖永海,译注.北京:中华书局,2010.
[50] 龙树菩萨.中论[M].青目释.黄山梓路寺印.
[51] 僧肇.肇论校释[M].张春波,校释.北京:中华书局,2010.
[52] 释印顺.杂阿含经论会编[M].北京:中华书局,2011.

后　记

有人说，柏拉图的每篇对话几乎都是一个谜。我在解读过程中切切实实地感受到了这一点。解读柏拉图对话就像是在猜谜。在解读过程中，我不得不常常改变自己以前的观点，感到我以前对柏拉图对话的理解是肤浅的和表面的，并未深入理解其精神实质。因此我要求自己努力理解他的字里行间的言外之意，尽可能去理解他在说出每句话时的意图是什么，而不是依文解意、断章取义地理解。我要求自己尽可能不把任何属于自己的东西添加到柏拉图的思想中，而是试图还原或者复述柏拉图在对话中没有明确说出来的思想。因为柏拉图的大部分理论思考都被省略掉了，我的工作只是基于现代性的思想语境和理论范式把他省略掉的理论思维重新呈现出来，尽可能清晰地展示柏拉图哲学的彻底理性主义的品格。因此我对柏拉图对话的解读没有任何新意，也没有任何原创性的真知灼见。如果其中掺杂了我个人的观点，那这肯定是我的失误和无知造成的。这也许就是所谓的"按照柏拉图对自己的理解来理解柏拉图"。这种解读的原则引导我逐渐沉浸于柏拉图的思想世界之中，达到了和柏拉图达到了灵犀相通的地步。这也许就是古人提倡的"贴近圣人心迹"的含义。

这本书只是做柏拉图对话的引路人，其目的就是使柏拉图的思想真正"活起来"，让那些还不习惯于阅读柏拉图对话的朋友先读引导性的研究著作，然后再去读柏拉图对话。我希望我的工作不是画蛇添足，更不要误导读者，否则我就成了柏拉图的罪人。因此我希望读者最终扔掉本书，直接阅读柏拉图。可以说，解读柏拉图对话的过程使我受益匪浅，我也希望天下的莘莘学子能够对柏拉图哲学感兴趣，能够在阅读柏拉图对话的过程中获得最美好的快乐。随着智慧的增长，我们的人生境界也将逐渐获得提升。正如颜回颂扬孔子的话："仰之弥高，钻之弥坚，瞻之在前，忽焉在后！夫子循循然善诱人：博我以文，约我以礼。欲罢不能，既竭吾才，如有所立卓尔；虽欲从之，未由也已！"柏拉图是神圣而伟大的，无论用什么语言形容都是不够的。一切荣耀归于柏拉图。

限于篇幅和精力，本书没有按照学术研究的一般规范进行解读。也就是说，在这种解读中，我几乎没有参考关于柏拉图的其他研究著作。这当然会引起很多人的批评和指责。本书确实不够专业化、学术化，很多地方难免存在主观和武断。我的陋见是，如果他人的观点和我的观点是一致的，那么我没有必要加以引用，来证明自己的正确性；如果他人的观点和我的观点是不一致的，我也没有必要去批判他人，以显示自己的正确性。或者说，在我的内心深处，我并不信任受基督教和现代性思维方式影响的现代学者能够对柏拉图对话做出多么具有真知灼见的分析和评判。他们的研究太多地依赖语言和概念，而不是依据事实本身。我认为一切研究应该依据事实本身来断定，而不应该单纯局限在语言文字的层面。而唯一的事实就是人性的事实，人性的事实才是我们能够进行古今交流的根本，才是我们超越语言、历史和文化的局限性，获得超时空的永恒真理的保证。

这种人性的事实和真理一方面可以通过严格的逻辑论证进行揭示。柏拉图哲学就是在经受了这种严格的逻辑考察后，达到了彻底的严格的理性主义，从而揭示了人性的事实和真理。而现代科学和哲学都没有接受这种严格的逻辑考察，所以对于人性的事实和真理仍然缺乏充分认识。另一方面，这种人性的事实和真理可以通过中国古代哲学的智慧来印证。我在解读柏拉图的过程中，通过对照孔孟老庄和释迦牟尼的思想，感到他们的认识和智慧是完全一致的。也就是说，在智慧的最高峰，哲人们都发现了同样的人性的事实和真理，正如庄子所谓的“道通为一”。这两点构成了我在解读过程中的基本原则和方法。我们对柏拉图对话的理解和研究必须也从人性的事实和真理本身来理解。我希望我不要如庄子所说的“师其成心而用之”，而是用“道心”去理解柏拉图对话的真精神。如果我们不能理解柏拉图的真精神，进行再多的文献考证和语言分析也是无意义的，最终只能是从概念到概念，从成见到成见。所以我不想再陷入到无穷无尽的文字争论之中了，我只想把自己认为真实和正确的东西写下来，然后默默地在自己的生活中去体会和实践。

哲学是活生生的，是从生活本身和灵魂深处流露出来的，是人对最高生活方式的设想和追求。哲学绝对不是繁琐的枯燥的文字考证，皓首穷经于故纸堆中，精于语文学训诂，而拙于对事实和真理的认识，实在不合乎柏拉图的原意。因此我希望对柏拉图对话的解读有助于我们走出西方哲学的迷宫，不再迷失在西方哲学的"概念迷魂阵"中，不再被西方哲学牵着鼻子走，"唯其马首是瞻"。因此研究西方哲学的过程是一个智力的博弈和角斗的过程，我们必须能够"战而胜之"。这不是出于文化民族主义的狭隘，而是基于对人性的事实和真理的认识。真正的智慧是没有古今中西之分的，固执于古今中西的文化争论是没有最终意义的。所谓"言语道断，心行处灭"。真正的智慧需要身体力行，仅仅停留在文字概念上是没有意义的。一切哲学智慧都应该为我所用，服务于我们当下的人生，有助于我们人格的完善和心灵的净化。

非常感谢孙周兴教授对本书出版的关心。本书的出版得到了同济大学文科办的资助，同济大学出版社的赵泽毓、丁会欣、熊磊丽女士对本书的编辑付出了辛苦的工作，在此对他们表示衷心的感谢。研究生杨开洪、揭玺、樊熙奇及包力等同学参与了部分文稿的校对工作，在此也对他们表示感谢。

最后，我不得不提的是，在书稿完成之际，我的妻子因病猝然离世。我第一次真切地遭遇死亡，深深体会到了人生的无常和悲苦！最远的距离莫过于生死。她的音容笑貌仍然历历在目，我们却已经是阴阳相隔、生死异路了。看着窗外盛开的桃花、樱花，想到她那么热爱自然，却再也无法欣赏这美丽的春景，我不禁心如刀绞、泪如雨下。我知道真正的智慧是恒常的、快乐的，可以使我们达到了生死一如的境界，能够帮助我们度过人生无常的苦海。正如庄子的妻子死了，他能够鼓盆而歌。苏格拉底面对自己的死亡，也能够谈笑自如。但我却做不到。她生前一直喜欢和崇尚圣贤之学，我谨以此书告慰她的在天之灵，希望她能早日往生西方，不再承受轮回之苦！

李革新

2014 年 3 月 26 日

于同济大学